Norbert Friedrich / Klaus Baumann /
Christian Dopheide / Johannes Eurich /
Astrid Giebel / Beate Hofmann /
Traugott Jähnichen / Frank Otfried July /
Jörg Kruttschnitt / Martin Wolff (Hg.)

Diakonie-Lexikon

Vandenhoeck & Ruprecht

Bibliografische Information der Deutschen Nationalbibliothek

Die Deutsche Nationalbibliothek verzeichnet diese Publikation in der Deutschen National-
bibliografie; detaillierte bibliografische Daten sind im Internet über http://dnb.d-nb.de abrufbar.

ISBN 978-3-7887-3089-5

Weitere Angaben und Online-Angebote sind erhältlich unter: www.v-r.de

Umschlaggestaltung: Andreas Sonnhüter, Niederkrüchten
Satz: Dorothee Schönau, Wülfrath
Druck und Bindung: Hubert & Co. GmbH & Co. KG, Robert-Bosch-Breite 6, D-37079 Göttingen

Gedruckt auf alterungsbeständigem Papier

Vorwort

»Diakonie« ist eine prägende und starke Marke. Der ursprünglich neutestamentliche Begriff, der lange Zeit in der Kirchen- und Theologiegeschichte nur eine untergeordnete Rolle gespielt hat, prägt seit knapp 50 Jahren das öffentliche Bild des institutionalisierten evangelischen Hilfehandelns und wird zunehmend auch im Bereich der Katholischen Kirche verwandt. Diakonie steht für eine Vielzahl von Einrichtungen in ganz unterschiedlichen Bereichen, für mindestens 500.000 Mitarbeitende und noch einmal ebenso viele Ehrenamtliche. Wenn man beispielsweise den Fahrzeugen diakonischer Pflegedienste vertrauen kann, ist die Sache der Diakonie einfach: Diakonie ist die Nächstenliebe der Evangelischen Kirche.

Das ist eine griffige Formel, auch wenn sie für viele Menschen zunehmend schwerer zu entschlüsseln und zu deuten ist. Denn es ist auffällig, dass viele Stellungnahmen, die sich zu Themen von Kirche und Diakonie äußern, zunächst den alle Lebensbereiche umfassenden Prozess eines gesellschaftlichen und sozialstaatlichen Umbaus thematisieren, der auch – aber nicht nur – Kirche und Diakonie betrifft.

Angesichts der Veränderungsprozesse in Kirche und Gesellschaft, die nach unserer Meinung ein erhöhtes Maß an Information und Wissen erfordern, soll das Diakonie-Lexikon in einem interdisziplinären Zugriff die gegenwärtigen Fragestellungen und den Kenntnisstand verständlich zusammenführen – für Praktiker und Interessierte.

Die umfangreiche und vielschichtige Literatur zu allen Fragen rund um die Diakonie sowie die komplexen und nur multiprofessionell zu bearbeitenden Fragen innerhalb der Diakonie haben dazu geführt, dass das notwendige Wissen »rund um die Diakonie« kaum mehr zu überblicken ist. Das Lexikon soll daher ein allgemeines und allgemeinverständliches Nachschlagewerk für die Themen der Diakonie sein. Dazu gehören theologische, ökonomische, historische und fachliche Themen (Medizin, Pädagogik, Soziologie, etc.) sowie gesellschaftliche Fragen.

Den fachlich hochkompetenten Mitarbeitenden in der Diakonie wird hier ein knapp informierendes und fachlich gut sortiertes Werk zur Verfügung gestellt, das ein schnelles Nachschlagen ermöglicht.

Als Zielgruppe haben wir uns bei der Konzeption, neben den Gremien, Vorständen und leitenden Mitarbeitenden in diakonischen Einrichtungen, insbesondere Mitarbeitende in diakonischen Unternehmen und Werken auf EKD-, landes- und kreiskirchlicher (Dekanats-)Ebene sowie Dozenten und Studierende an ev. Fachhochschulen, theologischen Fakultäten und diakonischen Ausbildungsstätten vorgestellt.

Das Diakonielexikon soll eine Bestandsaufnahme präsentieren und damit Informationsmedium sein, um zentrale Begriffe und vor allem die wesentlichen Praxisfelder der Diakonie zu erklären.

Dabei betreten wir als Herausgeber Neuland. Wir bieten einen – im Übrigen ökumenisch orientierten – Überblick über das Selbstverständnis, die Aufgaben und bewährten Praxisfelder wie auch über die absehbaren Herausforderungen diakonischen Handelns. Bisher fehlte ein solches Lexikon.

Wir wollen den gegenwärtigen Stand der Forschung und Begriffsbildung zwar umfassend, aber doch einfach und für einen großen Kreis von Interessierten verständlich darstellen. Die Artikel informieren und regen – wenn möglich – zum Nachdenken und Nacharbeiten an.

Neben längeren Grundlagenartikeln und Überblicksbeiträgen von mittlerem Umfang stehen viele knappe Beiträge, die den schnellen Zugriff auf valide Informationen eröffnen.

Eine Besonderheit stellen die kurzen biografischen Skizzen dar. Sie ermöglichen einen Blick in Biographie und spezielle Motivation handelnder Personen. Die Auswahl erhebt keinen Anspruch auf Vollständigkeit. Auf die Darstellung einzelner diakonischer Einrichtungen haben wir verzichtet. Die kurzen besonders gekennzeichneten Berichte und Zitate gehen über das Übliche eines Lexikons hinaus und sollen Anregung zum Weiterdenken geben. Die Abkürzungen der biblischen Bücher entsprechen den Loccumer Richtlinien. Innerhalb der Artikel wird das Stichwort jeweils abgekürzt, ein allgemeines Abkürzungsverzeichnis findet sich am Ende des Buches.

Ein solches Lexikon kann nicht ohne Hilfe und Unterstützung entstehen. Daher ist es eine schöne Pflicht, Dank zu sagen. Z.T. sehr namhafte finanzielle Unterstützung haben wir von unterschiedlichen Institutionen und Einrichtungen bekommen. Zu nennen sind: die Stiftung des Diakonischen Werks Rheinland, das Evangelische Werk für Diakonie und Entwicklung, die Anton Betz-Stiftung der Rheinischen Post Düsseldorf, die Bank für Sozialwirtschaft, die Bank für Kirche und Diakonie, die Evangelische Stiftung Tannenhof, die Kreuznacher Diakonie, der Verband Evangelischer Diakonen-, Diakoninnen und Diakonatsgemeinschaften in Deutschland und der Landesbischof der Ev. Kirche von Württemberg. Andere Einrichtungen haben zahlreiche Bestellungen zugesagt.

Zum Gelingen dieses Lexikons hat die überaus vertrauensvolle Arbeit im Kreis der Herausgeber wesentlich beigetragen. Man konnte sich aufeinander verlassen und profitierte von den guten Ideen der anderen. Dafür möchte ich mich an dieser Stelle bei dem großen Kreis der Mitherausgeber ganz herzlich bedanken. Ein besonderer Dank geht dabei an Pfarrer i.R. Martin Wolff, der nicht allein ein sehr aktiver Mitherausgeber war, sondern von den ersten Gedankenskizzen 2012 bis hin zur Büroorganisation alle Phasen des Projektes konstruktiv und effizient begleitet und mit geprägt hat.

Zu danken ist auch den Mitarbeitenden des Neukirchener Verlages, insbesondere seinem Lektor, Herrn Ekkehard Starke. Darüber hinaus danken wir Frau Dorothee Schönau, die die Druckvorlage und die Register erstellt hat. Sie haben dieses auch logistisch nicht ganz einfache Projekt mit den vielen Autorinnen und Autoren in bewährter Weise betreut. Und mit akribischer Gründlichkeit hat Lena Heiermann alle Artikel bearbeitet und korrigiert.

Abschließend geht ein besonderer Dank an das Team der Fliedner-Kulturstiftung, insbesondere an die Ehrenamtlichen, die immer wieder bereit waren, zu helfen.

Düsseldorf, im September 2016   Norbert Friedrich,
                                                   Klaus Baumann, Christian Dopheide,
                                                     Johannes Eurich, Astrid Giebel,
                                                      Beate Hofmann, Frank O. July,
                                                      Jörg Kruttschnitt, Martin Wolff

ABENDMAHL

1. BEGRIFF

A., Herrenmahl, Eucharistie – dies sind die gängigen unterschiedlichen Begriffe für dieselbe gottesdienstliche Mahlfeier bei den christl. Kirchen. Bereits diese verschiedenen Bezeichnungen zeigen die Unterschiede in den Auffassungen von diesem Mahl an. Jede der drei Bezeichnungen betont eine theologische Dimension des Mahlverständnisses, die sich nicht gegenseitig ausschließen, sondern einander wechselseitig ergänzen. Allerdings zeigt bereits die begriffliche Vielfalt die in diesem Themenkreis enthaltenen theologisch-ethischen, geistlichen, lebenspraktischen, kirchenrechtlichen u. kirchenpol. Spannungen bzw. Gegensätze zwischen den christl. Konfessionen an. Bei diakonischen Mitarbeitenden sind Grundkenntnisse und ein geschärftes Problembewusstsein hilfreiche Voraussetzungen für eine sach- u. menschengemäße Praxis.

2. BEDEUTUNG

In den ev.-lutherischen Kirchen spricht man vornehmlich vom A. Denn beim A. erinnert die christl. Gemeinde das letzte Mahl →Jesu mit seinen Jüngern, das er auf seinem Weg zum →Kreuz feierte. Die Bezeichnung A. bringt die Vergangenheitsdimension christl. Mahlfeiern zum Ausdruck. In der Feier des A.s gedenkt die christl. Gemeinde bis heute »des →Leidens u. Sterbens ihres Herrn Jesus Christus«. Deshalb spricht das intensiv rezipierte ökumenische Dialogdokument »Taufe, Eucharistie u. Amt« (»Lima-Dokument«) aus dem Jahr 1982 von einem »Memorial«. Im Zusammenhang mit der ökumenischen Annäherung der christl. Kirchen in der zweiten Hälfte des 20. Jh. wurde die weitreichende Übereinstimmung der Kirchen über das Verständnis des A.s als Gedächtnismahl deutlich, die in zahlreichen Liturgien ihren geistlichen Niederschlag fanden. Dieses Mahl ist im Horizont des sich seiner eigenen Gottesgeschichte erinnernden jüdischen Volkes zu sehen. Wie die christl. Gemeinde die Geschichte Jesu bei jedem Mahl vergegenwärtigt, so gedachte der Jude (→Judentum) Jesus bei religiösen Festmahlen des Exodus, des Auszugs aus Ägypten und damit der Erfahrung der Befreiung seines Volkes aus der Knechtschaft durch das befreiende, heilsame Eingreifen →Gottes. Die Vergegenwärtigung der Geschichte des Gottes Israels mit seinem Volk steht im Zentrum jeder Abendmahlsfeier, welche sich in den jüdisch-christl. Traditionsstrom des Gedenkens jüdischer Feste einfügt.

Die drei Bezeichnungen für das eine Mahl Jesu – A., Herrenmahl u. Eucharistie – veranschaulichen die Verschränkung und das Aufgehobensein von Menschenzeit in Vergangenheit, Gegenwart u. Zukunft im →Glauben an den Namen des dreieinigen Gottes als dem Herrn aller Zeit. Viele Christen bis heute, z.B. manche ev. Freikirchen, sprechen in Anknüpfung an den Apostel Paulus vom Herrenmahl. Damit bringen sie zum Ausdruck, dass es vor allem und zu allererst das Mahl des Herrn Jesus Christus ist, das die christl. Kirchen in ihren →Gottesdiensten feiern. Die Bezeichnung Herrenmahl besagt, dass Jesus Christus selbst zu diesem Mahl einlädt: »Kommt her zu mir alle, die ihr mühselig und beladen seid, ich will euch erquicken« (Mt 11,28). Dies bedeutet: Er, Jesus Christus, ist der Geber. Er selbst sagt zu seinen Jüngern: »Das tut zu meinem Gedächtnis« (1Kor 11,24). Er gibt sich in und mit diesem Mahl selbst: »das ist mein Leib« (Mt 26,26) und das ist mein Blut« (Mt 26,28). Die moderne Bibelauslegung der zweiten Hälfte des 20. Jh. lehrte die Kirchen, die sog. Deuteworte des A.s streng christologisch zu verstehen. Sie bedeuten also schlicht dies: »Das bin ich selbst in meinem Personsein – das bin ich in meiner Zuwendung zu euch.« Die Bezeichnung Herrenmahl weist auf Christus als den real präsenten Gastgeber hin. Sie bringt die Bedeutung und das Wesen des A.s auf den Begriff. Zudem drückt sie die grundlegende Gemeinsamkeit christl. Glaubens sowie den hohen Grad wechselseitiger ökumenischer Verbundenheit zwischen den christl. Konfessionen jenseits aller Unterschiede aus. Ein sprechendes Zeichen für die »wachsende Übereinstimmung« in der A.slehre zwischen ev.-lutherischer und römisch-kathol. Kirche bildet das Dialogdokument mit dem Titel »Das Herrenmahl« aus dem Jahr 1978. In ihm bekennen sich ev. und kathol. Theologen gemeinsam zu einem christologischen Verständnis des Herrenmahls: »Durch ihn (Christus) können wir mit ihm Eucharistie feiern. Nicht aufgrund menschlicher Verdienste noch durch menschliche Tüchtigkeit, sondern allein kraft seiner Gnade ereignet sich das Wunder seiner Gegenwart. Was dies bedeutet u. bewirkt, können wir nur ermessen, wenn wir offen sind für die verschiedenen Weisen der Gegenwart des Herrn [...]. Die eucharistische Gegenwart hängt mit all diesen Gegebenheiten zusammen und ist zugleich von besonderer Art. Christus ist auf verschiedene Weise in der gesamten eucharistischen Feier gegenwärtig und wirksam. Er ist derselbe Herr, der durch das verkündigt Wort sein Volk an seinen Tisch lädt, der als Gastgeber an diesem Tisch durch seinen Diener ist und der sich selbst in sakramentaler Weise in Leib u. Blut seines Passah-Opfers dargibt. Im →Sakrament des Abendmahls ist Jesus Christus, wahrer Gott und wahrer Mensch, voll und ganz mit seinem Leib und Blut unter dem Zeichen von Brot und Wein gegenwärtig« (Dokumente wachsender Übereinstimmung, 271ff). Die Gegenwart Christi beim A. wird von den Kirchen unterschiedlich theologisch ausgedrückt, aber trotzdem gemeinsam geglaubt u. bekannt.

Orthodoxe u. römisch-kathol. Christen verwenden vornehmlich die Bezeichnung Eucharistie (Danksagung). In und mit diesem Mahl danken Christen für die im Opfertod Jesu Christi am Kreuz geschehene Erlösung zur Vergebung der Sünden. So bringen sie ihre Hoffnung auf das Mahl der Vollendeten dereinst in Gottes Reich (→Reich Gottes) zur Sprache.

3. Diakonische Praxis

Um Maßstäbe für eine angemessene A.spraxis in diakonischen Einrichtungen bzw. diakonischen Zusammenhängen zu gewinnen, ist es hilfreich, sich den kirchlichen Zusammenhang zu vergegenwärtigen. Sowohl Kirchen- als auch Anstaltsgemeinden feiern das A. in der Regel im Rahmen ihrer regelmäßigen Gottesdienste. Im A. bzw. in der eucharistischen Feier kommt die Zugehörigkeit zur Gemeinde, zur Kirche Jesu Christi zum Ausdruck. Die Teilnahme am A. setzt die ökumenisch wechselseitig anerkannte →Taufe voraus. Grundsätzlich kann von daher jeder getaufte Christ am A. teilnehmen. Die christlichen Glaubensgemeinschaften führen bereits Kinder an die Bedeutung des A.s heran. Zur Mahlfeier in ev. Gottesdiensten sind alle getauften Christen eingeladen. Nach römisch-kathol. Lehre kann nur der von einem in apostolischer Sukzession – also in der ununterbrochenen Kette der Handauflegungen – stehende →Bischof geweihte Priester in kirchenrechtlich gültiger Form die Eucharistiefeier leiten. Die Spaltung am Tisch des Herrn ist als das zentrale ökumenische Problem anzusehen, das sich auch in diakonischen Zusammenhängen auswirkt. Schließlich ist es die gelebte A.sgemeinschaft, welche aus einem diakonischen Team eine →Dienstgemeinschaft im geistlichen Sinn werden lässt. Nun gehören aber in diakonischen Einrichtungen auch Mitarbeitende zur Belegschaft, die keiner Kirche oder einer nichtchristl. Religion angehören. Es ist eine offene Frage, wie der prinzipiellen missionarischen Offenheit christl. Gemeinschaft und der Sakramentalität von Taufe u. A. gleichermaßen in der Praxis Rechnung getragen werden kann.

In Behinderteneinrichtungen ergibt sich die Problemstellung, ob ein intellektuelles Verständnis des A.s Voraussetzung für den A.sempfang ist. Als allgemeine Richtschnur hat sich dabei herausgebildet, dass die Unterscheidung der A.selemente Brot u. Wein von gewöhnlichen Speisen gegeben, aber der Wunsch miteinander im Zeichen des Kreuzes Gemeinschaft zu haben als hinreichend respektiert werden sollte.

In der Frage der Zulassung zu A. bzw. Eucharistie treten konfessionelle Unterschiede zutage. Die römisch-kathol. Kirche erlaubt ihren Mitgliedern die Teilnahme am ev. A. nicht. Wird dieses Mahl christologisch als Herrenmahl verstanden, dann dürfen Diener der Kirche getaufte Christen nicht ausschließen. Dies entspricht ev. Haltung. In der kath. Kirche ist die Eucharistie an das Priesteramt gebunden, was zu einer konfessionell exklusiven Mahlpraxis führen kann. Grundsätzlich vertrauen alle Kirchen die Feier des A.s besonders beauftragten Personen an.

Auch in Altenpflegeeinrichtungen stellt die A.spraxis diakonische Mitarbeitende vor eine seelsorgerliche Herausforderung (→Seelsorge). Denn bei der Gestaltung von A.sfeiern gilt es, die differierenden Frömmigkeitsprägungen der Bewohnerschaft zu beachten. Ältere Christen sind in konfessionellen Traditionen aufgewachsen, in denen die Realpräsenz stark mit den Gaben Brot u. Wein verbunden wurde. Deshalb verbietet sich ein würdeloser Umgang mit den konsekrierten Elementen. Bei kathol. Heimbewohnern sind erfahrungsgemäß gegensätzliche Bedürfnislagen zu berücksichtigen: Die einen wollen selbstverständlich am ev. A. teilnehmen, andere legen Wert darauf, dass sie sich nicht gedrängt fühlen wollen, gegen ihr Gewissen zu kommunizieren.

Beim A.sempfang selbst ist zu bedenken, dass älteren Christen die Mundkommunion vertraut ist. Aus hygienischen Gründen legt sich heute die Intinktio nahe, das Eintauchen der Hostie in den A.swein. Das A. wird mit Rücksicht auf alkoholkranke Teilnehmende in vielen diakonischen Zusammenhängen mit alkoholfreiem Wein gefeiert. Die Verwendung von Traubensaft ist nicht angezeigt, wenn Diabetiker unter den Teilnehmenden sind.

Für ältere Menschen, die in der lutherischen Tradition aufgewachsen sind, hat vielfach das Krankena. einen hohen geistlichen Stellenwert. Hier gilt es für diakonische Mitarbeitende, mit Sensibilität für den entsprechenden Rahmen zu sorgen.

Wenn die ökumenische Problemgeschichte mit dem A. beachtet wird, dann wird eine kontextbezogene A.spraxis die Gemeinschaft diakonischer Mitarbeitender vertiefen und das Leben von Menschen in diakonischen Einrichtungen bereichern.

LITERATUR: HARDING MEYER / HANS JÖRG URBAN / LUKAS VISCHER (Hg.), Dokumente wachsender Übereinstimmung. Sämtliche Berichte u. Konsenstexte interkonfession. Gespräche auf Weltebene, 1931–1982, Paderborn 1983 • JOHANNES REHM, Das A. Römisch-Kathol. u. Ev.-Luth. Kirche im Dialog, Gütersloh 1993 • KIRCHENLEITUNG DER VELKD (Hg.), Ev. Gottesdienstbuch. Agende f. die Ev. Kirche d. Union u. f. die Vereinigte Ev.-Luth. Kirche Deutschlands, Berlin/Bielefeld/Hannover 2000.

Johannes Rehm

ABSCHIEBUNG

A. ist die zwangsweise Durchsetzung der Ausreisepflicht eines Ausländers aus dem Gebiet eines Staates. In Deutschland werden die Modalitäten einer Beendigung des Aufenthalts im AufenthG Kap. V geregelt. Nach § 58 AufenthG ist ein Ausländer abzuschieben, wenn er vollziehbar ausreisepflichtig und eine freiwillige Ausreise nicht erfolgt ist. Abschiebungen sind verboten, wenn dem Ausländer Gefahren für Leib, Leben u. Freiheit im Zielland drohen (§ 60 AufenthG).

Kritiker der Abschiebung verweisen auf die negativen Konsequenzen für die Betroffenen, wenn entsprechende Behördenentscheidungen auf fehlerhaften Informationen über die Gefährdungslage des Ausländers im Zielland beruhen. Tatsächlich ist es schon zu rechtswidrigen Abschiebungen in Folter u. Tod gekommen. Diese Irrtumsmöglichkeit von Behörden mit den inhumanen Folgen sind häufig Grund für die Entscheidungen von Kirchengemeinden, →Kirchenasyl zu gewähren.

Wolf-Dieter Just

ALMOSEN

Wie in vielen Religionen, so ist auch im →Juden- u. Christentum A. (griech. *eleemosýne*: Erbarmen, Mildtätigkeit, Mitleid) religiös geboten. Im AT oft mit →Gerechtigkeit verbunden (z.B. Jes 1,27). Im NT gehören A. zu den guten Werken, in der Apostelgeschichte sind sie Forderung an Reiche (z.B. Apg 4,34f). In AT wie NT ist das A.-Geben oft verbunden mit eschatologisch »Lohn« bzw. Sühne (z.B. Lk 12,33f), was es der Gefahr aussetzt, nur Mittel für das eigene Heil zu sein. In der Konsequenz wohnt A. die Tendenz inne, bestehende ungerechte Strukturen zu verfestigen, weil sie a) als gottgewollt betrachtet werden bzw. der Arme (→Armut) als Gott näher idealisiert wird und b) über die A. dem eigenen Heil dienen. Im Zuge der →Reformation ging das A.-Wesen vielerorts zurück. Bei der Verfestigung leidproduktiver Strukturen setzt auch die Kritik u.a. der →Sozialen Arbeit an A. an. Die konkrete, materielle Hilfe muss immer flankiert sein von politischer →Diakonie im Sinne sozial-politischer →Anwaltschaft.

LITERATUR: HEINRICH POMPEY, Das Engagement f. Arme im ausklingenden Mittelalter u.i.d. frühen Neuzeit. Kathol. u. reformat. Prägungsfaktoren d. neuen kommunalen u. staatli. Armenwesens am Bsp. d. Stadt Straßburg m. Vergleichen zu Freiburg i.Br., in: KRIMM, KONRAD U.A. (Hg.), Armut u. Fürsorge i.d. Frühen Neuzeit, Ostfildern 2011, 41–68.

Petra Zeil / Stephan Koch

ALTENHILFE

Der Begriff A. suggeriert mit der zweiten Silbe (»-hilfe«) eine defizitäre Situation und besondere Abhängigkeit zur Hilfe alter Menschen. Dieser Zusammenhang lässt sich sozialhistorisch auf seine Wurzeln in der Armenfürsorge (→Armut; Soziale Arbeit) und deren Altersbilder (→Alter) beziehen, wird jedoch modernen Ansätzen, die sich auf konkrete Lebenslagen u. Lebensstile alter Menschen beziehen und deutlich über leistungsrechtliche Maßnahmen hinausgehen, nicht mehr gerecht. Als Alternative hierzu hat sich der Ausdruck der »Altenarbeit« etabliert, mit dem ergänzende geragogische u. emanzipatorische Vorstellungen der Förderung alter Menschen verbunden sind. In vielen Publikationen werden die beiden Begriffe »A.« und »Altenarbeit« synonym verwendet.

Gesetzlich definiert soll A. ohne Rücksicht auf vorhandenes Einkommen oder individuelles Vermögen dazu beitragen, durch das Alter entstehende Schwierigkeiten zu verhüten, zu überwinden o. zu mildern und alten Menschen die Möglichkeit zu erhalten, am Leben in der Gemeinschaft teilzunehmen (vgl. § 71 SGB XI). Diese gesetzliche Vorgabe kann sich z.B. auf Leistungen zur Beschaffung u. Erhaltung der Wohnung, der Unterstützung u. →Beratung bzgl. der Heimunterbringung oder auf Leistungen zum sozialen Engagement (→Ehrenamt) beziehen, falls dies erwünscht ist. Die Entwicklung u. Gewährung staatlicher Leistungen der A. sind sowohl geprägt durch individuelle Bedarfe alter Menschen als auch durch eine steigende Anzahl alter Menschen und ihren höheren Anteil an der Gesamtbevölkerung, der einen gesellschaftlichen Wandel bedingt.

A. ist auch als fachliche Zielvorgabe förderlicher Formen der Beziehungsgestaltung zu alten Menschen zu verstehen. So zielt A. auch auf die Teilmenge alter Menschen, die als gesellschaftliche Gruppe beim Übergang in die Lebensphase Alter entsteht mit spezifischen Hilfs- u. Förderungsbedarfen beim Umgang mit kritischen Lebensereignissen, beim Umgang mit Kompetenzeinbußen, durch lebensphasenübergreifende o. sich im Alter verstärkende Formen von Benachteiligungen. Konkrete Herausforderungen können der Verlust der Arbeit (und sozialer Kontakte) sein, eine Reduzierung des Einkommens, der mögliche Verlust von Angehörigen u. Partner (z.B. bei Verwitwung), die Einschränkung o. der Verlust der Mobilität (z.B. bei Verzicht auf das eigene Auto), die Veränderung der gewohnten Wohnsituation (die für die meisten alten Menschen als Lebensraum an Bedeutung im Alter gewinnt), körperliche, psychische o. soziale Kompetenzeinbußen oder den Umzug oder gar die Übersiedlung in eine Pflegeeinrichtung. Ergänzend zielen moderne Formen der A. auch auf die individuellen Entfaltungspotentiale in der Lebensphase Alter. Diese können insofern entstehen, als Hierarchien der Berufswelt nicht mehr gelten und Rahmenbedingungen, soziale Differenzierungen der Erwerbswelt im Alter weitgehend überflüssig werden. Ein vehementes Festhalten an einem beruflichen Statusdenken kann sogar hinderlich für die Lebenszufriedenheit in dieser Lebenszeit sein. Hier entstehen weitergehende Ziele der A. u. Altenarbeit, die jenseits einer Defizitorientierung konzeptionelle Vorgaben definieren.

Da sich das Alter als eigene Lebensphase als ein Konstrukt verstehen lässt, das sich aus der Perspektive der soziokulturellen Betrachtung entwickelt und keineswegs als gegebene Konstante zeitgeschichtlich o. generativ fortgeschrieben worden ist, lassen sich auch der Wandel und die soziokulturellen Veränderungen der A. verstehen, die wesentlich durch Veränderungen der Sicherungssysteme geprägt und durch sozialpolitische Vorgaben (→Sozialpolitik) determiniert werden. Sowohl die Veränderungen der gesetzlichen Vorgaben für den Renteneintritt als auch sozialpolitische Maßnahmen, die den Verbleib in der eigenen Häuslichkeit durch →Quartiersmanagement absichern, können hier beispielhaft genannt werden.

Die Strukturen der A. differenzieren sich in die stationäre A. (Altenwohnheim, Altenheim, Altenpflegeheim, Altenkrankenheim), die teilstationäre A. (Tagespflegeheim, Tagesklinik, Altenbetreuungszentrum) und in die offene A. (Einrichtungen wie z.B. Altenclubs, →ambulante u. soziale Dienste [→Dienstleistung, soziale]). Offene A. dient zunächst der Unterstützung von alten Menschen in ihren privaten Wohnungen. Ist die Unterstützung nicht ausreichend durch die offene A. gewährt, bieten teilstationäre Einrichtungen Hilfe vorwiegend tagsüber an. Stationäre Einrichtungen betreuen u. versorgen alte Menschen 24 Stunden medizinisch u. sozial und sind meistens auch durch einen höheren Pflegebedarf gekennzeichnet. Ergänzt werden diese Strukturen durch die gemeinwesenorientierte A. (→Gemeinwesenarbeit) u. quartiersbezogene Angebote. Diese Formen der A. zielen auch auf die →Teilhabe hilfs- u. pflegebedürftiger alter Menschen und binden die nachbarschaftliche Zivilgesellschaft (→Nachbarschaftshilfe) mit ein. Hierbei geht es um die Förderung von →Solidaritäten u. intergenerativer Beziehungen, die sowohl in die Beziehungsgestaltung zu hilfs- u. pflegebedürftigen alten Menschen eingebunden werden, als auch ihre gesellschaftliche Teilhabe. Dies gilt auch für die →Inklusion von älteren Menschen mit →Demenz. Die Überwindung der Undurchlässigkeit stationärer, teilstationärer u. offener Angebote durch die Versäulung der dazugehörigen Finanzierungssysteme wird zunehmend zu einer fachlichen Forderung. Diese Überwindung könnte sowohl der Passgenauigkeit der Bedürfnisse älterer Menschen entsprechen als auch volkswirtschaftlichen Zielen, die die Nutzung der entstandenen Infrastruktur der Altenhilfe optimieren.

LITERATUR: KENAN H. IRMAK, Der Sieche. Alte Menschen u. die stationäre A. in Deutschland, 1924–1961, Essen 2002 • KIRSTEN ANER / UTE KARL (Hg.), Handbuch Soz. Arbeit u. Alter, Wiesbaden 2010 • BODO DE VRIES, Die Erfindung d. Alters. Gesellschaftliche Risiken u. Potentiale durch eine neue Lebensphase, in: Wege zum Menschen 64 (2012), 125–142.

Bodo de Vries

ALTER

I. DAS A. ALS SOZIALE VARIABLE

Das A. ist zunächst einmal eine demographische Variable, die es erlaubt, Menschen nach ihren gelebten Lebensjahren spezifische Erwartungen zuzuschreiben. So sind die Zeiten der Schulpflicht, der Volljährigkeit, des Wahlrechts und der Wählbarkeit in bestimmte Ämter, gesellschaftlich über das A. geregelt. So gibt es in Deutschland z.B. auch das A. der Religionsmündigkeit, nach dem Kinder ab dem vollendeten 14. Lebensjahr auch gegen den Willen ihrer Eltern frei über ihre Konfessions- o. Religionszugehörigkeit entscheiden können (§ 5 RelKErzG). Auch die Regeln zum Ruhestand oder zur Begrenzung von bestimmten Tätigkeiten in Ehrenämtern o. beruflichen Tätigkeiten, die besondere körperliche o. geistige Leistungsfähigkeit voraussetzen, sind zumeist über spezifische A.sgrenzen geregelt.

Auch im kirchlichen Leben sind viele Angebote bestimmten A.stufen zugeordnet, weil sich kirchliche Aktivitäten u. Gruppenarbeiten traditionell an den verschiedenen Lebensphasen u. -situationen von Kindern, Jugendlichen, Erwachsenen u. Senioren orientierten. Dies war auch so lange sinnvoll, wie sich mit den einzelnen Lebensphasen ähnliche Interessenlagen u. Erwartungen verbanden. In der modernen Multioptionsgesellschaft, in der die Vielfalt (→Diversität) der Lebensentwürfe zugenommen hat, lassen sich jedoch Vorlieben u. Aktivitäten eher aufgrund unterschiedlicher gesellschaftlicher →Milieus, denn nach A.sgruppen unterscheiden, sodass die Bedeutung des Lebensa.s für die Organisation kirchlicher Angebote zukünftig abnehmen dürfte.

2. Das A. als mehrphasiger letzter Lebensabschnitt

Als A. kann in vielen gesellschaftlichen Kontexten aber auch der Lebensabschnitt nach der Zeit der Berufstätigkeit bezeichnet werden. Die für diesen Bereich zuständige Spezialwissenschaft ist die Gerontologie, die Wissenschaft vom A. bzw. vom Altern. Definierte man früher die letzte Lebensphase im Unterschied zur Phase der Berufstätigkeit allgemein als Ruhestand, unterscheidet man heute beim A. zwischen verschiedenen Lebensabschnitten, die durch spezifische Lebensumstände gekennzeichnet sind.

Die erste Phase des A.s sind die noch erwerbstätigen »Jungsenioren« über 50 Jahren, die sich überwiegend in der letzten Berufsphase befinden, sich aber bereits auf die Zeit nach der Berufstätigkeit vorbereiten, sei es durch A.steilzeit oder eine Neuorientierung ihrer Prioritäten u. Aktivitäten und eine stärkere Konzentration auf den Erhalt der eigenen Leistungsfähigkeit und →Gesundheit. Dieser Phase folgt das sog. »Gesunde Rentena.« von ca. 65–80 Jahren, das je nach finanziellen Möglichkeiten u. Gesundheitszustand unterschiedlich aktiv als Phase der Freiheit mit Reisen, Hobbys o. ehrenamtlichem Engagement (→Ehrenamt) gestaltet werden kann. Es ist diese Phase, die das Idealbild gelingenden Alters prägt. Es folgt ab ca. 80 Jahren die Phase der »Hochaltrigkeit«, die zumeist durch nachlassende Körperkraft, zunehmende gesundheitliche Beeinträchtigungen u. verringerte Mobilität geprägt ist und am Ende bis zur dauerhaften Bettlägerigkeit mit Pflegebedarf gehen kann. So waren 2013 64,4 % der über 89-Jährigen pflegebedürftig.

Nicht alle Senioren durchlaufen in ihrem A. alle diese Lebensphasen und mitunter liegen erhebliche Unterschiede hinsichtlich der individuellen Leistungsfähigkeiten im körperlichen u. geistigen Bereich zwischen Senioren des gleichen A.s. Während die einen bis ins höchste Alter aktiv u. selbstständig bleiben können, sind andere früh auf Unterstützungsleistungen angewiesen. Dies gilt v.a. auch dort, wo Menschen im fortgeschrittenen A. von →Demenz betroffen sind und daher ihr Leben nicht mehr allein gestalten können (2014 etwa 1,2 Mio. Demenzerkrankte in der Bundesrepublik).

Die Phase des A.s ist somit für die meisten Senioren nicht einfach ein Ruhestand, sondern zunächst eine Phase zumeist teilzeitlicher Erwerbstätigkeit bzw. verstärkten freiwilligen Engagements. So waren im Jahr 2012 23,1 % der über 65-Jährigen durchschnittlich mehr als zwei Stunden pro Tag ehrenamtlich aktiv. Dieses Engagement richtet sich häufig an die eigene A.sgruppe. Zentrale Gründe für ehrenamtliches Engagement sind dabei der Wunsch nach Gesellschaftsgestaltung und sozialen Kontakten. Frauen, v.a. im höheren Rentenalter, engagieren sich dabei deutlich häufiger im Bereich Kirche u. religiöses Leben als Männer. So waren 2012 in der EKD 83 % der Ehrenamtlichen in der Seniorenarbeit Frauen.

3. Die demographische Entwicklung als gesellschaftliche Herausforderung

Mit dem medizinischen Fortschritt hat sich die durchschnittliche Lebenserwartung von Männern u. Frauen in Deutschland in den letzten 100 Jahren massiv erhöht (1910: Frauen 51 Jahre, Männer 47 Jahre; 2014: Frauen 83 Jahre, Männer 78 Jahre). Lagen früher zudem zwischen dem Beginn des Ruhestandes und dem Tod zumeist nur wenige Jahre, ist die letzte Lebensphase mittlerweile im Durchschnitt fast zwei Jahrzehnte lang (Frauen 20,9 Jahre; Männer 17,69 Jahre). Gleichzeitig hat die Zahl der Geburten abgenommen, sodass die deutsche Gesellschaft auf eine besondere demografische Herausforderung (→Demografischer Wandel) reagieren muss: Immer weniger jüngere Menschen müssen die Rente, die →Pflege und die Gesundheitsversorgung von immer mehr älteren Menschen finanzieren. Die mit der Hochaltrigkeit verbundenen höheren Gesundheitsausgaben haben zu einem verstärkten finanziellen Druck auf das →Gesundheitswesen geführt, und zur Finanzierung der Rente wurden die Renteneintrittszeiten erhöht und die Rentenhöhe abgesenkt.

Ob die steigende Lebensalterszeit für die Gesamtgesellschaft langfristig eher Vor- o. Nachteile mit sich bringt, wird v.a. davon abhängen, wie sich die Zeit der beschwerdefreien Lebensphase im Ruhestand entwickeln wird. Nur wenn die Menschen nicht nur älter werden, sondern dabei zugleich länger gesund bleiben, wird es möglich sein, den Kostenanstieg aufgrund der demographischen Entwicklung in Grenzen zu halten und zugleich die Potentiale der aktiven Ruhestandsphase der Älteren für die Gesamtgesellschaft zu nutzen. Deshalb liegen in der →Prävention u. Gesundheitsförderung auch im A. wesentliche Herausforderungen für eine älter werdende Gesellschaft.

Eine politische Herausforderung der demographischen Entwicklung ist die zunehmende Bedeutung der Älteren in allen demokratischen Entscheidungsprozessen (2009 waren bei der Bundestagswahl 49,8 % der Wahlberechtigten älter als 50 Jahre). Wenn ein Großteil der Wählerinnen u. Wähler sich im fortgeschrittenen Lebensa. befindet, wird es schwerer, Mehrheiten für eine kinder- u. familienfreundliche Politik bzw. eine dauerhaft tragfähige Lastenverteilung innerhalb des Generationenvertrages zu finden.

4. Die alternde Gesellschaft als Herausforderung für die kirchliche Arbeit

Auch für die kirchliche Arbeit stellt die demographische Entwicklung eine besondere Herausforderung dar, weil ein großer Teil der aktiven Ehrenamtlichen und der Gottesdienstbesucher zu den Seniorinnen u. Senioren gehört. Dadurch besteht die Gefahr, dass die Angebote des kirchlichen Lebens, von der Gottesdienstgestaltung bis zu den Gruppenangeboten, sich zunehmend an den Bedürfnissen der älteren Gemeindemitglieder ausrichten und damit die Attraktivität der Kirche für die jüngeren Generationen noch weiter abnimmt.

Andererseits kann das Potential der Seniorinnen u. Senioren für die kirchliche Arbeit gezielt genutzt werden. Eine Seniorenarbeit, die die Vielfalt des A.s nicht nur hinsichtlich der Phasen des letzten Lebensabschnitts, sondern auch hinsichtlich der Milieuprägungen ernst nimmt, kann Seniorinnen u. Senioren ermöglichen, sich gezielt nach ihren Fähigkeiten und ihren Lebensstiltypen zu engagieren bzw. die für ihre eigene Lebenssituation passenden Angebote wahrzunehmen. Eine allein am kalendarischen A. orientierte Seniorenarbeit wird die Aktivitätsressourcen der älteren Generation nicht nutzen. Im Kontext einer milieusensiblen kirchlichen Arbeit lassen sich hingegen Projekte u. Initiativen entwickeln, in denen die Älteren aktiver Teil einer die Generationen verbindenden kirchlichen Arbeit sein können.

5. DIE ALTERNDE GESELLSCHAFT ALS HERAUSFORDERUNG FÜR DIE DIAKONIE

Die Arbeit mit alten Menschen ist ein breites und sich kontinuierlich erweiterndes Betätigungsfeld der Diakonie. So waren im Jahr 2013 insgesamt etwa 2,6 Mio. Menschen in Deutschland pflegebedürftig. Dies gilt v.a. auch für die letzte Lebensphase, in der insbes. hochbetagte Seniorinnen u. Senioren auf pflegerische o. therapeutische Unterstützung angewiesen sind. Mit der Entwicklung der Pflegeversicherung und der Ausweitung ihrer finanziellen Möglichkeiten ist gerade auch der Altenpflegebereich ein umkämpfter Bereich des Gesundheits- u. →Sozialmarktes geworden. Auf diesem profitiert die Diakonie als Anbieter v.a. davon, dass ihr in besonderer Weise zugetraut wird, ein menschenwürdiges Leben auch in Phasen schwerster Pflegebedürftigkeit zu ermöglichen. Die unterstellte Kompetenz kirchlich getragener Einrichtungen zu einer ethisch verantworteten Begleitung von Kranken u. Sterbenden kann daher als besonderes Merkmal diakonischer →Einrichtungen gesehen werden, muss allerdings auch durch überzeugende Konzepte u. dementsprechende Arbeitsweisen in der →Altenhilfe immer wieder nachgewiesen werden.

Dabei leiden diakonische Einrichtungen allerdings wie alle Anbieter im Bereich der Pflege unter einem zunehmenden Fachkräftemangel. Angesichts der demographischen Entwicklung stehen immer mehr Pflegebedürftigen immer weniger junge Leute gegenüber, die sich für einen Berufsweg in der Pflege entscheiden. Dabei spielt sowohl die geringe Attraktivität des Pflegeberufs mit Schichtdiensten und hoher körperlicher u. emotionaler Belastung bei gleichzeitig unterdurchschnittlicher Bezahlung u. fehlenden Aufstiegsmöglichkeiten gerade im Altenpflegebereich eine wesentliche Rolle.

Angesichts des absehbar weiter zunehmenden finanziellen Drucks auch in diesem diakonischen Arbeitsfeld steht die Altenhilfe vor der Herausforderung, neue Konzepte für pflegeunterstützte Lebensformen zu schaffen, in der ein selbstorganisiertes Leben bis ins hohe A. hinein im eigenen Wohnumfeld möglich ist. Dabei wird es darum gehen, eine auf Dauer verlässliche Verbindung familiärer u. ehrenamtlicher Hilfe mit finanziell tragfähigen Strukturen professioneller Pflege u. Gesundheitsversorgung zu entwickeln.

LITERATUR: HANS-WERNER WAHL / VERA HEYL, Gerontologie – Einführung u. Geschichte, Stuttgart 2015 ♦ THOMAS KLIE / MARTINA KUMLEHN / RALPH KUNZ (Hg.), Praktische Theologie d. Alterns, Berlin / New York 2009 ♦ KIRSTEN ANER / UTE KARL (Hg.), Handbuch Soz. Arbeit u. Alter, Wiesbaden 2010.

Ralf Dziewas

Selig, die Verständnis zeigen für meinen stolpernden Fuß und meine lahmende Hand. / Selig, die begreifen, dass mein Ohr sich anstrengen muss, um alles aufzunehmen, was man zu mir spricht. / Selig, die zu wissen scheinen, dass mein Auge trüb und meine Gedanken träge geworden sind. / Selig, die niemals zu mir sagen:»Diese Geschichte haben sie mir heute schon zweimal erzählt.«*/ Selig, die es verstehen, Erinnerungen an frühere Zeiten in mir wachzurufen. / Selig, die mich erfahren lassen, dass ich geliebt, geachtet und nicht allein gelassen bin. / Selig, die in ihrer Güte die Tage erleichtern, die mir noch geblieben sind auf dem Weg in die ewige Heimat.*

Aus Afrika

AMBIENT ASSISTED LIVING

Unter A.A.L. werden technische Assistenzsysteme verstanden, die Menschen mit Assistenzbedarf in ihrem Alltag bei der Orientierung, Kommunikation, im Haushalt und bei der täglichen Alltagsorganisation unterstützen. Sie bieten u.a. Erinnerungs-, →Assistenz- u. Monitoring- bzw. Überwachungsfunktionen. »Ambient Assisted Living bedeutet Leben in einer durch ›intelligente‹ Technik unterstützten Umgebung, die sensibel u. anpassungsfähig auf die Anwesenheit von Menschen u. Objekten reagiert und dabei dem Menschen vielfältige Dienste bietet« (Georgieff 2008, 25). Ziel ist es, mit einem Leben in assistierenden Umgebungen die persönliche Freiheit, →Selbstbestimmung u. Autonomie von Menschen mit Assistenzbedarf wieder zu erlangen, zu erhöhen u. zu verlängern. Technische Assistenzsysteme sind ein Baustein der Milieugestaltung (→Milieu): »Dieser Einsatz muss unter der ethischen Prämisse, dass der Technikansatz die Selbstbestimmung des Nutzers im Fokus haben muss und nicht Selbstzweck ist, erfolgen. Ziel von Ambient Assisted Living ist eine ›Ermöglichung‹, nicht eine schleichende Entmündigung durch Technikeinsatz« (Meyer 2011, 94).

LITERATUR: PETER GEORGIEFF (2008), A.A.L. – Marktpotenziale IT-unterstützter Pflege f. ein selbstbestimmtes Altern, o.O. 2008 • Wolfgang MEYER, Betreuung u. Technik. A.A.L. f. assistenzbedürftige Menschen, in: MARKUS HORNEBER / HERMANN SCHOENAUER (Hg.), Lebensräume – Lebensträume. Innovative Konzepte u. Dienstleistungen f. besondere Lebenssituationen, Stuttgart 2011, 90–105.

Wolfgang Meyer

AMBULANT

Das Wort »ambulant« stammt aus dem Lateinischen und bedeutet in etwa »umhergehend«.

Im Gegensatz zu stationären Leistungen, die i.d.R. an einen Ort gebunden sind, handelt es sich bei a.en Leistungen um ortsungebundene Tätigkeiten, die sich mehr auf die →Dienstleistung an sich beziehen. Sie werden aufsuchend und vorübergehend erbracht.

A. Leistungen werden nach dem Grundsatz »a. vor stationär« vorrangig gewährt. Umfang und Inhalt werden zwischen allen Beteiligten konkret abgestimmt und nicht pauschal erbracht.

Sabine Hirte

ANDACHT

A. ist eine →Haltung, bei der die persönliche Aufmerksamkeit ganz auf →Gott gerichtet ist. Zugleich ist A. ein Sammelbegriff für verschiedene gottesdienstliche Kleinformen (→Gottesdienst). A.en können sich am Tages- o. Wochenrhythmus ausrichten (z.B. Morgen- o. Wochenschlussa.), aber auch am Kirchenjahr (z.B. Adventsa.en), an speziellen Anlässen (z.B. auf Personen o. Themen bezogen) oder an örtlichen Traditionen. Je nachdem, ob sie in Hauskreisen, in der →Gemeinde, in besonderen Gemeinschaften (z.B. Pflegeheim o. →Krankenhaus) oder in den Medien gefeiert werden, ist ihre Gestaltung verschieden. Es gibt liturgisch geprägte Andachten (z.B. die Vesper), zumeist finden sie aber in einer dem Anlass und der teilnehmenden

Gruppe entsprechenden freieren Form statt. Immer wiederkehrende Elemente sind Lieder u. Gesänge, Psalmen, Bibeltexte, Stille, Verkündigungsimpulse u. →Gebete. Eine wichtige Rolle spielt auch die angemessene Raumgestaltung. A.en bieten die Möglichkeit, Lieder, Verkündigung u. Gebet sachgerecht auf Zielgruppen, Situationen o. einzelne Personen auszurichten.

LITERATUR: WOLFGANG RATZMANN, Der kleine Gottesdienst im Alltag. Theorie u. Praxis ev. A., Leipzig 1999.

Hanns Kerner

ANERKENNUNG

In einem allgemeinen philosophischen Sinn ist der Begriff der A.»sowohl auf die sozialen, rechtlichen u. moralischen Formen der A. von Personen o. Personengruppen als auch auf die A. eines Allgemeinen, im Sinne etwa des Anerkennens von moralischen Gesetzen o. Institutionen« (Düwell 2011, 124) zu beziehen.

In der praktischen Philosophie, für die Hegel den transzendental-philosophischen Begriff der A. ins Zentrum gerückt hat, geht es primär nicht um *moralische* A., sondern vielmehr um das Selbstbewusstsein, das sich nur als Selbstverhältnis im jeweils eigenen Körper, im Kontext von konkreten geschichtlichen u. gesellschaftlichen Bedingungen verstehen lässt. A.sverhältnisse, soziale Auseinandersetzungen sind notwendig, um Selbstbewusstsein zu entwickeln.

Der Frankfurter Philosoph Axel Honneth hat im nachmetaphysischen Zeitalter die ethische Dimension des A.sparadigmas fokussiert und es mit dem Begriff der →Gerechtigkeit verbunden. Er»vertritt die These, dass eine gehaltvolle Gerechtigkeitskonzeption nur über eine Rezeption und Integration des A.sparadigmas erreichbar ist« (Küppers 2008, 450). Die moralische Qualität sozialer Ordnung, also ihre Gerechtigkeit, bemisst sich nach Honneth nicht nur an der »fairen oder gerechten Verteilung materieller Güter«, sondern das Verständnis von Gerechtigkeit hängt ganz wesentlich auch damit zusammen, »wie und als was die Subjekte sich wechselseitig anerkennen« (Honneth 1997, 26).

Wie Hegel ist Honneth der Überzeugung, dass der Kampf um A. stufenweise zur Entwicklung menschlicher Identität führe. Dabei komme es im sozialen Leben zu »moralischen Spannungen«, die sich »allmählich zu einem Zustand kommunikativ gelebter Freiheit« (Honneth 1998, 11) auflösen.

Honneth identifiziert drei unterschiedliche Bereiche als Sphären der A., »in denen Menschen zu einem praktischen Selbstverhältnis gelangen« (Küppers 2008, 450f); emotionale Bindung, die Zuerkennung von rechten →Werten u. die gemeinsame Orientierung an Werten. Er benennt also 1. eine emotionale, 2. eine rechtliche u. 3. eine soziale Sphäre, d.h. →Liebe, Recht u. →Solidarität.

Aufgabe eines Gerechtigkeitskonzepts ist es nun nach Honneth, »den Bestand genau der A.sbeziehungen [zu] gewährleisten [...], durch die die Subjekte in Form verpflichtender Gegenseitigkeit unter den jeweils gegebenen Gesellschaftsbedingungen zu einem Maximum an individueller Autonomie (→Selbstbestimmung) zu gelangen vermögen« (Honneth 2004, 223). Diese Aussage bringt das zentrale Anliegen der Gerechtigkeitskonzeption auf den entscheidenden Punkt: Es geht letztlich um die

Ermöglichung von Freiheit des Einzelnen, aufbauend auf einem kommunikativen Begriff von Freiheit.

In der gegenwärtigen theologisch-ethischen Debatte wird der Begriff der A. als Substitut bzw. Spezifizierung zweier Begriffe gebraucht: Zum einen spezifiziert Honneth durch ihn den Gerechtigkeitsdiskurs. Zum anderen wird er als Substitut für die Idee des Erbarmens angeführt im Blick auf die Frage danach, ob das, was Menschen heute von der Kirche erhoffen u. brauchen, überhaupt →Barmherzigkeit ist. Dahinter steckt die Grundproblematik eines asymmetrischen Verhältnisses. Die Barmherzigkeitskategorie sieht man geprägt von einem (Macht-)Gefälle: Wer sich erbarmt, scheint mächtiger als derjenige, der Erbarmen benötigt. Ein solches Gefälle widerspricht aber in den Augen der Zeitgenossen jedem Bemühen um eine Pastoral und christl. Sozialarbeit »auf Augenhöhe«. Das Paradigma der A. wird als geeignet angesehen, besser als das Barmherzigkeitsparadigma die Subjektivität der Menschen und die wechselseitige Akzeptanz zwischen Subjekten zum Ausdruck zu bringen.

Allerdings ist der A.sbegriff von seinem Bedeutungsgehalt her sehr viel umfänglicher als der jeweilige Begriff von Gerechtigkeit o. Barmherzigkeit. Vielmehr ist er als die Bedingung der Möglichkeit beider Begriffe aufzufassen. Weder Barmherzigkeit noch Gerechtigkeit sind ohne A. zu denken. Es wäre von daher ein Kategorienfehler, den einen oder anderen Begriff vollumfänglich durch den A.sbegriff ersetzen zu wollen. Auch das Spannungsverhältnis zwischen Gerechtigkeit u. Barmherzigkeit ist nur auflösbar durch ihren gemeinsamen Bezug auf den A.sbegriff. Es sind zwei Formen der A., u. A. ist nur dann vollumfänglich realisiert, wenn sie in beiden Realisationsformen ausgeübt wird. Dies scheint der einzige Weg zu sein, unter den Bedingungen neuzeitlich moderner Philosophie eine Kompatibilität von Gerechtigkeit u. Barmherzigkeit überhaupt denken zu können. Nur auf diesem Weg kann es gelingen, sowohl den Gerechtigkeitsbegriff von seiner Unbarmherzigkeitskomponente zu befreien als auch den Barmherzigkeitsbegriff von seinem Gerechtigkeitsdefizit u. Ideologieverdacht.

LITERATUR: AXEL HONNETH, A. u. moralische Verpflichtung, in: Zeitschrift für philosophische Forschung 51 (1/1997), 25–41 • AXEL HONNETH, Kampf um A. Zur moralischen Grammatik soz. Konflikte, Frankfurt a.M. 1998 • AXEL HONNETH, Gerechtigkeit u. kommunikative Freiheit. Überlegungen im Anschluss an Hegel, in: BARBARA MERKER / GEORG MOHR / MICHAEL QUANTE (Hg.), Subjektivität u. A., Paderborn 2004, 213–227 • ARND KÜPPERS, Gerechtigkeit i.d. modernen Arbeitsgesellschaft u. Tarifautonomie, Paderborn 2008 • MARCUS DÜWELL, Art. A., in: ARMIN G. WILDFEUER / PETRA KOLMER (Hg.), Neues Handbuch philosophischer Grundbegriffe Band 1, Freiburg i.Br. 2011, 124–135.

Ursula Nothelle-Wildfeuer

ANSTALT

Diakonische →Einrichtungen suchten Strukturen, die über eine privatrechtlich vereinsmäßige Organisation hinaus tragfähig waren. Sie waren überwiegend im 19. Jh. zur Linderung von Notlagen in der Bevölkerung durch die Initiative einzelner Persönlichkeiten und von ihnen gegründeter →Vereine am Rand der an den Staat angelehnten →Kirchen entstanden, wenn auch mit der Kirche zumeist durch personelle Beteiligung in Leitungsgremien verbunden. Im Bemühen um staatliche Anerkennung orientierte man sich an A.en, wie sie sich, als staatliche Verwaltungseinrichtungen aus der unmittelbaren hierarchisch geprägten Staatsverwaltung ausgegliedert, entwickelt hatten und verselbständigt wurden: Kranken-, Bildungs-, Justiz-vollzugs- u. Heila.en. Ähnlich entstanden nun Diakonissen- u. Diakonena.en, die soziale Arbeit der Betreuung und Versorgung von hilfsbedürftigen, kranken u. beeinträchtig-ten, jungen u. alten Menschen organisierten. So erlangten sie stabile Rechtsfähigkeit, manche den Status von Körperschaften öffentlichen Rechts (→Organisationsformen) und genossen Privilegien wie Amtshilfe, Befreiung von Gebühren u. Steuern bis hin zu Freifahrten der staatlichen Bahn.

Solange es um die subsidiäre Übernahme (→Subsidiarität) sozialer →Dienstleis-tungen in staatlichem Auftrag ging, erschien diese Organisationsform und ihre Staat u. Kirche nachgebildete Verwaltungsstruktur angemessen. Mit der zunehmenden Marktorientierung der →Sozialwirtschaft seit den 1990er Jahren stand dies in Frage. Aus A.en wurden zunehmend →Unternehmen, die sich unter Wahrung ihrer diako-nischen Identität an Anforderungen und Erwartungen der →»Kunden« orientieren, auf betriebswirtschaftliche Effizienz achten und eine zuvor nicht gekannte Flexibilität gewinnen mussten, wollten sie ihre Arbeit fortführen. Viele Einrichtungen gaben in diesem Zug ihre Bezeichnung als A. auf.

LITERATUR: KLAUS DÖRNER, Ende d. Veranstaltung, Neumünster 2015.

Werner Schwartz

ANTHROPOLOGIE

siehe unter: Menschenbild

ANWALTSCHAFT

Sozialanwaltschaftliches Handeln als Teil diakonischer Arbeit möchte sozial be-nachteiligten Menschen ein Leben unter menschenwürdigen Bedingungen (→Men-schenrechte) und in Selbstachtung ermöglichen bzw. sie dazu befähigen. Es bezieht sich dazu als Interessenvertretung i.d.R. nicht nur auf den Einzelfall, sondern auf gesellschaftliche Strukturen, und bedient sich insbesondere der Methoden sozialpol. Lobbyarbeit (→Sozialpolitik). Für das Selbstverständnis der Verbände der Freien Wohlfahrtspflege (→Wohlfahrtsverbände) in Deutschland, insbesondere für Diakonie und Caritas (→Caritasverband), spielt die Aufgabe der Soziala. neben den Aufgaben der sozialen →Dienstleistung und der gesellschaftlichen Solidaritätsstiftung (→Soli-darität) eine konstitutive Rolle.

Als theologische Begründungen für ihr sozialanwaltschaftliches Selbstverständ-nis nennt die Diakonie in Stellungnahmen und →Leitbildern insbes. die sog. vorran-gige Option für die Armen (→Armut), die sich aus den sozialkritischen Appellen alt-testamentlicher Propheten ebenso herleiten lässt wie aus →Jesu Identifizierung mit den Benachteiligten, die biblische Gerechtigkeitstradition (→Gerechtigkeit), die je-dem Menschen das Recht auf ein Leben in Würde zuerkennt und die alle Menschen eingedenk der Solidarität Gottes zur Solidarität untereinander verpflichtet, den Auf-trag, seine Stimme für die Stummen zu erheben (Spr 31,8), sowie das nicht nur indi-vidualethisch, sondern auch sozialethisch (→Sozialethik) zu interpretierende Nächs-tenliebegebot (→Nächstenliebe).

Soziala. gehört über die Diakonie hinaus zum professionellen Selbstverständnis (→Professionalität) →Sozialer Arbeit, wie es in den nationalen u. internationalen Berufskodizes formuliert ist. Die unaufhebbare Spannung zwischen dem notwendigen einzelfallbezogenen Ansatz und dem ebenso notwendigen strukturbezogenen, also politischen Ansatz begleitet u. befruchtet die Soziale Arbeit kontinuierlich von Anfang an. Schon die sozialen Initiativen, die im 19. Jh. als Reaktion auf den Pauperismus infolge der Industrialisierung entstanden, hatten vielfach nicht nur individuelle, sondern auch strukturelle Problemlagen im Blick. Die Zusammengehörigkeit von Wohltätigkeit u. sozialpol. Arbeit betonten sowohl der Begründer der modernen Diakonie, Johann Hinrich →Wichern, als auch der Gründer des Deutschen Caritasverbandes, Lorenz →Werthmann. Mit dem Beginn der professionellen Sozialen Arbeit im engeren Sinne im Zuge der entstehenden staatlichen Sozialpolitik an der Schwelle zum 20. Jh. wurden in mehreren Ländern die Ursachen von Notsituationen in Großstädten analysiert und man erkannte, dass →Almosen zu deren Behebung nicht ausreichen. Nach dem Ersten Weltkrieg wurde angesichts verbreiteter Notlagen ein Ausbau des deutschen Wohlfahrtsstaats notwendig. Dabei spielten die Wohlfahrtsverbände, die nun rechtlich fixiert zu Partnern des Staates geworden waren, eine wichtige Rolle, indem sie sich bspw. für Gesetze zur Verbesserung der Lebensbedingungen von Kindern und →Familien einsetzten. Nach dem Zweiten Weltkrieg waren die Wohlfahrtsverbände als korporatistische Akteure weiterhin maßgeblich am weiteren Ausbau des Sozialwesens beteiligt.

In den späten 1960er Jahren gewannen neue, neomarxistisch beeinflusste Theorien der Sozialen Arbeit an Bedeutung, die den politischen Anspruch einer Veränderung gesellschaftlicher Strukturen betonten, weil sich die strukturellen Ursachen individueller Notlagen schlechterdings nicht durch individuelle Hilfen beseitigen lassen. Seitdem gelten rein individuell orientierte Ansätze allgemein als fachlich defizitär. In den 1970er u. 1980er Jahren erlebte die politische soziale Arbeit eine Blüte. Die entstehenden Frauenhäuser verbanden ihre Nothilfe selbstverständlich mit politischer Lobbyarbeit für Fraueninteressen. Karam Khella warb für eine »Sozialarbeit von unten«, die eine Gesellschaftsveränderung durch Bewusstseinsbildungsarbeit, Solidaritätsstiftung u. Mobilisierung der benachteiligten Menschen befördern sollte. In der →Gemeinwesenarbeit entfaltete sich Sozialanwaltschaft als Parteilichkeit sowie als Aktivierung der Quartiersbewohner zur kommunalpolitischen Vertretung eigener lebensraumbezogener Interessen. Bekannt für seine ungewöhnlichen, aber erfolgreichen Konzepte wurde der Chicagoer Gemeinwesenarbeiter Saul Alinsky. Heute spielt bei der Begründung der anwaltschaftlichen Aufgabe Sozialer Arbeit insbesondere der Ansatz von »Sozialer Arbeit als Menschenrechtsprofession« eine wichtige Rolle, der im deutschsprachigen Raum von Silvia Staub-Bernasconi bekannt gemacht wurde.

Klärungsbedarf besteht im Blick auf das Verhältnis von Soziala. für die Interessen der Klientinnen u. Klienten einerseits und sozialpol. Lobbyarbeit für die (Finanzierungs-)Interessen der Träger (→Kostenträger) Sozialer Arbeit andererseits. In den meisten Fällen stehen diese Interessen nicht im Gegensatz zueinander, sondern ergänzen sich notwendig. Dennoch kann an dieser Stelle der Verdacht der Unglaubwürdigkeit entstehen, der die innerhalb der Diakonie bereits vorhandenen Vorurteile gegenüber professioneller Lobbyarbeit verstärkt. Kritisiert wird der Ansatz der Soziala.

häufig als potenziell paternalistisch. Darum wird er heute meist explizit mit dem Gedanken der Hilfe zur →Selbsthilfe und mit Strategien einer Aktivierung Betroffener und eines gemeinsamen politischen bzw. gemeinwesenorientierten Engagements mit Betroffenen als Beteiligten verbunden.

Die Rahmenbedingungen für sozialanwaltschaftliche Arbeit haben sich im Bereich der verfassten Diakonie seit den 1990er Jahren verschlechtert, während sich die Notwendigkeit für sozialanwaltschaftliche Arbeit angesichts von Sozialabbau und neuer Armut (→Hartz IV) gleichzeitig erhöht hat. Gründe für die Verschlechterung der Rahmenbedingungen liegen insbes. darin, dass die Verbände ihre privilegierte Rolle als Partner des Staates im Sinne des korporatistischen Subsidiaritätsprinzips (→Subsidiarität) weitgehend eingebüßt haben. Vor dem Hintergrund der neuen wettbewerblichen Finanzierungsmodalitäten erhöhten sich einerseits die ökonomische Abhängigkeit vom Staat u. die Konkurrenz auf dem →Sozialmarkt und andererseits der Rationalisierungsdruck u. die Arbeitsverdichtung (→Ökonomisierung). Dies beförderte eine Reduktion der Verbände auf eine reine Dienstleisterfunktion. Interne Interessenkonflikte, die sich aus unterschiedlichen Rollen der Verbände ergeben, sowie eine fehlende →Professionalisierung der sozialanwaltschaftlichen Tätigkeiten befördern zusätzlich eine verbreitete Ineffektivität.

Insbesondere Johannes Eurich und Wolfgang Maaser fordern eine Stärkung der Soziala. als Beitrag zur diakonischen Profilierung (→Profil). Stärken diakonischer Soziala. liegen in ihrer Klientennähe, ihrer meist guten regionalen Vernetzung mit Politik, Verwaltung u. Zivilgesellschaft, ihrem hohen Fachwissen sowie ihrem Vertrauensvorschuss in der Öffentlichkeit. Neben der notwendigen Professionalisierung, die bspw. von Alexander Dietz angemahnt wird, wäre eine engere Zusammenarbeit mit der (ökonomisch weniger abhängigen) →Kirche ein wichtiger Schritt zur Verbesserung der Effektivität diakonischer Soziala.

LITERATUR: ALEXANDER DIETZ / STEFAN GILLICH (Hg.), Barmherzigkeit drängt auf Gerechtigkeit. A., Parteilichkeit u. Lobbyarbeit als Thema f. Soz. Arbeit u. Verbände, Leipzig 2013 • JOHANNES EURICH / WOLFGANG MAASER, Diakonie im soz.staatl. Wandel. Analysen – Optionen – Perspektiven, Leipzig 2013 • JOHANNES EURICH / FLORIAN BARTH / KLAUS BAUMANN / GERHARD WEGNER (Hg.), Kirchen aktiv gegen Armut u. Ausgrenzung. Theolog. Grundlagen u. praktische Ansätze f. Diakonie u. Gemeinde, Stuttgart 2011.

Alexander Dietz

ARBEIT

Eine erste systematische Betrachtungsweise über das Wesen der A. findet sich bei Platon. A. sieht er unter das Diktat der Notwenigkeit gestellt, ihre Verrichtung wird folglich von Unfreien vorgenommen. Auch für Aristoteles schließt jede Form der körperlichen A., also die Gebundenheit des Lebens an den Zweck der →Ökonomie und die →Sorge um das Lebensnotwendige ein tugendhaftes Leben aus. Insofern ist für ihn eindeutig klar, dass jemand, der »das Leben eines Banausen (Handwerker) oder Tagelöhner führt«, sich unmöglich »in den Werken der Tugend üben« kann. Für Platon wie für Aristoteles gibt es aus philosophischen Erwägungen Freiheit nur *jenseits* der A.

Diese grundsätzlich abwertende Sicht der körperlichen A. ist in der jüdisch-christl. Tradition nicht zu finden. Dass dort →Gott präsentiert wird als Schöpfer, der selber Hand anlegt, um für den Menschen einen lebensdienlichen Raum zu erschaffen, grenzt sich nicht nur von zeitgenössischen mesopotamischen Traditionen, sondern auch von despotisch auftretenden Gottheiten des Griechentums ab. Die Tatsache, dass →Jesus selber Sohn eines Zimmermanns ist, seine Jünger handwerklichen Berufen nachgehen, die Verkündigung des Evangeliums als A. beschrieben wird – der Jünger ist Arbeiter im Weinberg (Mt 20,1ff)–, immer wieder in Gleichnissen die Lohnarbeit thematisiert wird, das alles sind Indizien für eine Umkehrung der Bewertung körperlicher A. Dass Menschen arbeiten, ist also aus biblischer Sicht so selbstverständlich, dass es auch nicht eigens thematisiert wird. Es gibt insofern auch keine biblische »Lehre von der A.«. Allerdings gibt es Hinweise auf die Bedeutung u. Grenze der A. Ihr regelmäßiges Unterlassen am siebten Tag ist Bestandteil der Sabbattradition. Diese Ruhepraxis ist kein Klassenprivileg der Besitzenden. Vielmehr werden diese in die Verantwortung genommen, in die Wohltat und »Lust« des Sabbats (Jes 58,13) die Abhängigen, Fremden u. selbst die Nutztiere einzubeziehen. Die sozialen Abhängigkeitsstrukturen zwischen »Herr« u. »Knecht« werden mit dem Sabbat durch den Faktor Zeit tendenziell aufgehoben. Diese Ruhe ist weder zweckgerichtet eine Ruhe *von* A. noch eine Erholung *für* die A. Sie hat eine eigene Würde. Der innere Zusammenhang von A. u. Ruhe wird dabei dreifach in kritischer Hinsicht angezeigt: *Erstens* verliert A. ohne diese sie abschließende Ruhe den Charakter von A., sie wird zur Selbst- o. Fremdausbeutung. *Zweitens* ist auch Ruhe ohne A. defizitär, eine Erfahrung, die bis heute viele Menschen in A.slosigkeit teilen. Darüber hinaus »beruhigt«, *drittens*, die Ruhe auch nicht *alle* A.sverhältnisse, sondern sie setzt indirekt A.sverhältnisse voraus, nämlich die »Werke« (2Mose 20,9), die auch schöpferische Anteile beinhalten, denn der Begriff spielt auf das Schöpfungshandeln Gottes an (1Mose 2,2). D.h., dass nach biblischer Vorstellung in der Woche auch sinnstiftende, schöpferische u. würdevolle A. vorausgesetzt wird, von der aber auch am Sabbat geruht wird.

Das Thema A. war auch Gegenstand von Sozialutopien. So bereits bei Thomas Morus (1478–1535), der in seinem Werk »Utopia« den nur sechsstündigen A.stag proklamiert mit zudem leicht gängiger u. nicht wie ein Lasttier zu erleidender A. Insofern redet er der Freiheit *in* der A. verbindlich für alle das Wort.

Eine aus dem bürgerlichen Lager entwickelte und für die spätere Bedeutung der A. folgenreiche, theoretische Grundlegung findet sich bei dem englischen Philosophen John Locke (1632–1704). Der Gedanke, dass sich Freiheit *durch* A. vollzieht, ist bei ihm grundlegend und entspricht dem bürgerlichen Selbstverständnis seiner Zeit, das sich gegen die absolutistischen Kräfte richtete. Für ihn ist nicht der König alleiniger Inhaber von Eigentumsrechten, sondern die Natur ist allen Menschen gegeben. Das Freiheits- u. Selbsterhaltungsrecht eines jeden Menschen billigt allerdings jedem zu, nach dem Maß seiner A. Eigentum zu bilden, es dem Gemeingut zu entziehen, um sich selbst zu erhalten. A., die Eigentum schafft, dient also dem Zweck der Freiheit, die durch das Eigentum gesichert bleibt. Locke schreibt in seinem wohl berühmtesten Werk »Zwei Abhandlungen über die Regierung«: »Und kraft dieses Gesetzes *wird* der Fisch, den jemand im Ozean, diesem großen und stets bleibenden Gemeingut der Menschheit, fängt, oder der Bernstein, den jemand dort aufliest, *durch* die *Arbeit*, die ihn aus jenem Zustand des Gemeinguts, in dem ihn die Natur belassen hat, herausnimmt, zum *Eigentum* dessen, der sich dieser Mühe unterzieht.«

Karl Marx hat sich angesichts der massenhaften Verelendung des Proletariats infolge der Industrialisierung des 19. Jh. kritisch gegen jede Theorie der A. gewendet, die meint, A. mit Freiheit in Verbindung bringen zu können. A. ist für ihn das elende »Reich der Notwendigkeit«, das dem Arbeiter seine Menschlichkeit entzieht und ihn zum puren Produktionsmittel verdinglicht. Die Entfremdung von sich selbst und dem Produkt seiner A. vollzieht sich hier derart brutal, dass, wie er im dritten Band von »Lohnarbeit und Kapital« schreibt, das Reich der Freiheit erst dort beginnt, »wo das Arbeiten, das durch Not und äußere Zweckmäßigkeit bestimmt ist, aufhört«. Anders als bei Aristoteles ist es bei Marx nicht die Theorie, sondern die Empirie des Elends, die Freiheit nur *jenseits* der A. einen Gestaltungsraum zuspricht.

Betrachtet man die gegenwärtige Rolle der A., so muss man bilanzieren, dass A. der maßgebliche Faktor für die Vergesellschaftung, also die →Teilhabe am gesellschaftlichen Leben ist. Es gibt in einer auf Erwerbsarbeit zentrierten Gesellschaft fast keinen Status, der nicht direkt o. indirekt durch A. definiert, betroffen o. auch qualifiziert wird. Kein gesellschaftlicher Faktor wird derart mit Projektionen, aber auch mit realen Funktionen behaftet, was seine Wichtigkeit u. Vermittlungsfähigkeit anbelangt bzgl. der Sinnstiftung, der Strukturierung des Lebens, der Sicherheit u. Vorsorge für das →Alter, des Nutzens für das Gemeinwohl, der →Anerkennung im gesellschaftlichen Gefüge. Und nichts übt auf die menschliche Existenz einen so starken Zwang aus, sich mit einem großen Anteil an Lebenszeit, mit der eigenen Kraft, Produktivität, Intelligenz, Fantasie u. sonstigen »Humanqualitäten« zur Verfügung zu stellen wie der notwendige Austausch von A. gegen Geld. Die Ambivalenz dieser zentralen Rolle der Erwerbsarbeit wird aber besonders deutlich an ihrer fragilen Qualität: Ein enorm gewachsener Niedriglohnsektor, Millionen von geringfügigen Jobs, Leih- u. Zeitarbeit, viele befristete A.sverträge, eine immer noch hohe Quote von Menschen in Langzeitarbeitslosigkeit, eine immer prekärer werdende Absicherung der Rente durch die Erwerbsbiografie u. wachsende Armut in A. Freiheit *in* A., Freiheit *durch* A., oder Freiheit erst *jenseits* der A. – alle theoretischen Aspekte sind offenbar Teil der A.swirklichkeit.

LITERATUR: JOHN LOCKE, 2 Abhandlungen über die Regierung, hg. u. eingeleitet v. WALTER EUCHNER, Frankfurt a.M. 1977 • WOLFGANG ENGLER, Bürger ohne A. Für eine radikale Neugestaltung d. Gesellschaft, Berlin 2006.

Uwe Becker

ARBEITERBEWEGUNG

A. ist eine seit dem Vormärz des 19. Jh. gebräuchliche Sammelbezeichnung aller Bewegungen abhängig Beschäftigter zu kollektiven Zusammenschlüssen mit dem Ziel der ökonomischen (→Ökonomie), politischen und sozialen Emanzipation der Lohnarbeiterschaft. Wichtige →Organisationsformen sind neben →Vereins- und Genossenschaftsbewegungen Parteien und →Gewerkschaften.

Vor dem Hintergrund der gesellschaftlichen Transformation im 19. Jh. von der ständischen Agrar- zur modernen, urbanen Industriegesellschaft und damit neuen Herausforderungen (→Soziale Frage, Pauperismus), fielen die Anliegen der A. je nach Weltanschauung unterschiedlich aus. Zielten atheistische Bewegungen auf eine völlige Neuordnung gesellschaftlicher Verhältnisse, hielten christl.-soziale Bewegungen an der überkommenen Sozialordnung fest und grenzten sich sowohl vom Liberalkapitalismus als auch vom marxistischen Sozialismus ab. Die Anliegen der A. führten zu wichtigen sozialpolitischen Errungenschaften und sind in zahlreichen Forderungen heutiger Gewerkschaften und Parteien modifiziert wiederzuerkennen (→Mitbestimmung, Mindestlohn etc.). Somit nehmen v.a. die Gewerkschaften als Erben der A. angesichts der →Globalisierung und den damit einhergehenden wirtschaftspol. Herausforderungen (internationaler Wettbewerb, Abkoppelung der Finanzmärkte von der Realwirtschaft, wirtschaftspol. Deregulierung, Privatisierung etc.) eine wichtige Stellung für die Interessenvertretung der abhängig Beschäftigten ein.

LITERATUR: GERHARD A. RITTER, Arbeiter, A. u. soz. Ideen in Deutschland. Beiträge zur Geschichte des 19. u. 20. Jh., München 1996 • KNUD ANDRESEN / URSULA BITZEGEIO / JÜRGEN MITTAG, Nach dem Strukturbruch? Kontinuität u. Wandel v. Arbeitsbeziehungen u. Arbeitswelt(en) seit den 1970er-Jahren, Bonn 2011 • DAVID MAYER (Hg.), Interventions. The Impact of Labour Movements on Social a. Cultural Development / Interventionen: Soziale u. kulturelle Entw. durch A.en, Leipzig 2013.

Maximilian Schell

ARBEITNEHMER

siehe unter: Mitarbeitende

ARBEITSGEMEINSCHAFT CHRISTLICHER KIRCHEN IN DEUTSCHLAND E.V. (ACK)

Die »Arbeitsgemeinschaft Christl. Kirchen in Deutschland e.V.« (ACK) ist der Zusammenschluss von →Kirchen u. kirchlichen Gemeinschaften verschiedener Konfessionen in Deutschland. Gegenwärtig repräsentiert sie etwa 50 Mio. Christinnen und Christen in Deutschland. Gegründet wurde sie am 10. März 1948 in Kassel von der Ev. Kirche in Deutschland (→EKD), dem Kathol. Bistum der Altkatholiken, dem Bund Ev.-Freikirchlicher Gemeinden in Deutschland (→Baptisten), der Vereinigung der deutschen Mennonitengemeinden sowie der Methodistenkirche in Deutschland und der Ev. Gemeinschaft in Deutschland, die sich später zur Ev.-methodistischen Kirche zusammenschlossen. Erster Vorsitzender der neu gegründeten ACK war Pfarrer Martin Niemöller. Der Zusammenschluss in der ACK ermöglichte es den christl. Kirchen, in dem wenige Monate später gegründeten weltweiten Ökumenischen Rat der Kirchen (ÖRK) gemeinsam aufzutreten. Von Beginn an hatte die ACK das Ziel, dass die Kirchen insbesondere nach den Erfahrungen des Zweiten Weltkriegs stärker zu einer ökumenischen Gemeinschaft zusammenwachsen und gemeinsam reden u. handeln sollten. Neben der Aufarbeitung der Vergangenheit konnten bald gemeinsame Standpunkte herausgebildet werden.

Als Folge der politischen Teilung Deutschlands, wodurch den Delegierten der Kirchen auf dem Gebiet der ehemaligen DDR die Teilnahme an Sitzungen der ACK verwehrt war, wurde 1970 offiziell die »Arbeitsgemeinschaft Christl. Kirchen in der DDR« (AGCK) gegründet. Nach der deutschen Wiedervereinigung schlossen sich 1991 beide Arbeitsgemeinschaften zusammen.

Seit 1974 sind die römisch-kathol. Kirche und die Griech.-Orthodoxe Metropolie von Deutschland Mitglieder der ACK, was einen wesentlichen Meilenstein in der

Geschichte der deutschen →Ökumene darstellt. Derzeit gehören der ACK 17 Mitgliedskirchen u. sechs Gastmitglieder an, vier ökumenische Organisationen haben Beobachterstatus. Voraussetzung der Mitgliedschaft einer Kirche o. kirchlichen Gemeinschaft in der ACK ist die Anerkennung der Satzung. Mitglieder behalten ihre Unabhängigkeit in Bekenntnis und Lehre, in Gottesdienst u. rechtlicher Ordnung sowie in der Wahrung ihrer Aufgaben. Geschäftsstelle der ACK ist die Ökumenische Centrale in Frankfurt a.M. Neben der bundesweiten ACK bestehen in Deutschland 14 regionale, zumeist an den Gebieten der Bundesländer orientierte ACKs sowie etwa 230 lokale ACKs. Zwischen den ACKs erfolgt in unterschiedlicher Weise eine Zusammenarbeit, es besteht jedoch kein Über- bzw. Unterordnungsverhältnis.

Die ACK dient der Förderung der ökumenischen Zusammenarbeit und der Einheit der Kirchen in Deutschland. Schwerpunkte der Arbeit der ACK sind das gemeinsame →Gebet, die theologische Reflexion, das Engagement für →Gerechtigkeit, Frieden u. die Bewahrung der Schöpfung sowie der Kontakt zu anderen ökumenischen Einrichtungen. Theologische Gespräche sollen zur Verständigung zwischen den Kirchen und zur Vermittlung bei Meinungsverschiedenheiten zwischen einzelnen Mitgliedern beitragen. Gemeinsame Aufgaben werden in der Öffentlichkeit wahrgenommen und gemeinsame Anliegen bei politischen Institutionen vertreten. Die Mitglieder der ACK bekennen den Herrn →Jesus Christus gemäß der Heiligen Schrift als Gott u. Heiland und trachten darum, gemeinsam zu erfüllen, wozu sie berufen sind, zur Ehre Gottes, des Vaters, des Sohnes und des Heiligen Geistes (§ 1 der Satzung).

Mit der Unterzeichnung der »Charta Oecumenica – Leitlinien für die wachsende Zusammenarbeit unter den Kirchen in Europa« im Jahr 2003 verpflichtete sich die ACK, die Beziehungen zu den Kirchen in Europa und die gemeinsame Arbeit so zu gestalten, dass sie mindestens dem Standard der Charta Oecumenica entsprechen. Die Anerkennung der Charta Oecumenica ist auch in den »Leitlinien für die ökumenische Zusammenarbeit in den Arbeitsgemeinschaften Christl. Kirchen auf nationaler, regionaler u. lokaler Ebene« niedergelegt. Die Leitlinien bringen die Absicht der ACK zum Ausdruck, ihre Praxis von gemeinsamen Grundsätzen leiten zu lassen. Neben der Darstellung der Grundlagen der Gemeinschaft u. des Selbstverständnisses der ACK werden auch Ausführungen zur sog. »ACK-Klausel« gemacht. So soll die Zugehörigkeit zu einer Mitgliedskirche der ACK in vielen Kirchen der Entscheidungsfindung bei bestimmten Fragen zugrunde gelegt werden. Mitglieder sollen die Anstellung von Angehörigen anderer ACK-Mitglieder in ihren kirchlichen Einrichtungen zulassen, wo immer dies möglich ist.

Im Bereich der →Diakonie spielt die Zugehörigkeit zu einem Mitglied der ACK als Einstellungskriterium (→Loyalität) eine Rolle. Außerdem ist sie in den Bereichen vieler diakonischer Landesverbände für die Wählbarkeit in die →Mitarbeitervertretung von diakonischen →Einrichtungen und die Besetzung der Arbeitsrechtlichen Kommissionen relevant.

Literatur: Karl Heinz Voigt, Ökumene in Deutschland. Von der Gründung d. ACK bis zur Charta Oecumenica (1948–2001), Göttingen 2015.

Annegret Utsch

Arbeitskampf

siehe unter: Gewerkschaft; Arbeitsrecht

Arbeitsmarktpolitik, aktive

A.A. bezeichnet Ansätze u. Maßnahmen der A., die darauf abzielen, Arbeitslosigkeit zu vermeiden und zu beenden. Maßnahmen der aktiven A. sind u.a. →Beratung u. Vermittlung, Bewerbungstraining, Finanzierung von Umzugskosten, Förderung der Selbstständigkeit, Fort- u. Weiterbildung (→Bildung), Lohnkostenzuschüsse u. Beschäftigung schaffende Maßnahmen (»Ein-Euro-Jobs«). Auch die Berufsberatung (Beratung) u. Vermittlung in Ausbildung ist Teil der a.A. Das Pendant zur a.A. ist die passive A., die die finanziellen Leistungen, Arbeitslosengeld, Arbeitslosengeld II (→Hartz IV), Kurzarbeitergeld, Sozialgeld u. Insolvenzgeld, meint.

Die gesetzgeberische Kompetenz für die Ausrichtung u. Maßnahmen der a.A. liegt beim Bund. Die wesentlichen Elemente der a.A., sind im Zweiten u. Dritten →SGB verankert. Zusätzlich können Bund u. Länder zeitlich befristete Sonderprogramme auflegen – die häufig aus Mitteln des Europäischen Sozialfonds mitfinanziert werden –, so z.B. »Perspektive 50plus – Beschäftigungspakete für Ältere in den Regionen« oder »Bürgerarbeit«. Die operative Umsetzung a.A. im Bereich der Arbeitslosenversicherung ist Aufgabe der Bundesagentur für Arbeit, im Bereich der Grundsicherung für Arbeitsuchende Aufgabe der Jobcenter. Jobcenter können entweder als gemeinsame Einrichtung der Arbeitsagentur und der Kommune betrieben werden oder in alleiniger Trägerschaft (→Kostenträger) der Kommune.

Agenturen u. Jobcenter greifen bei Maßnahmen der a.A. vielfach auf Angebote u. Leistungen Dritter, insbesondere von Trägern der Freien Wohlfahrtspflege (→Wohlfahrtsverbände), zu.

Hilfen der a.A. werden aus dem Haushaltstitel für Leistungen zur Eingliederung in Arbeit finanziert, der jährlich im Bundeshaushalt des Bundesministeriums für Arbeit u. Soziales festgesetzt wird.

In den 2000er Jahren haben sich die Möglichkeiten der Bewertung zu den Wirkungen aktiver arbeitsmarktpolitischer Instrumente verbessert, sodass zu den einzelnen Instrumenten umfassende Evaluationsforschung vorhanden ist.

Die Ausrichtung a.A. unterliegt stets aktuellen wirtschaftlichen Rahmenbedingungen, politischen Interessen u. normativen Vorstellungen, sie befindet sich insofern im Wandel.

Die a.A. wurde systematisch mit dem Arbeitsförderungsgesetz 1969 umgesetzt. Ziel war die Erhaltung u. die Schaffung von Beschäftigungsverhältnissen. Die hohe Arbeitslosigkeit in Folge der Wiedervereinigung rückte die Bekämpfung der Langzeitarbeitslosigkeit in den Fokus. Mit der Überführung des Arbeitsförderungsgesetzes in das SGB III (1998) und den Gesetzen für Moderne Dienstleistungen am Arbeitsmarkt (»Hartz-Reformen«, 2003–2005) wurden die Ansprüche und Maßnahmen der a.A. neu geordnet. Die Pflicht und die Verantwortung des Einzelnen wurden in den Fokus gerückt. Statt Beschäftigungsverhältnisse zu erhalten und zu schaffen, ging es nun um den Erhalt und die Schaffung der individuellen Beschäftigungsfähigkeit. Die

Vermittlung sollte erfolgreicher sein, auch durch die Aufgabe von Status- u. Berufs-schutzrechten sowie Regelungen zur Zumutbarkeit. Gleichzeitig sollte der Ausbau der Leiharbeit und des Niedriglohnsektors neue Beschäftigungsmöglichkeiten schaffen.

In den letzten Jahren ist die Arbeitslosigkeit gesunken, aber seit Jahren stagniert die Zahl der Menschen, die länger als ein Jahr arbeitslos gemeldet sind, bei ca. 1 Mio. Die Möglichkeiten arbeitsmarktpolitischer Förderung von langzeitarbeitslosen Menschen wurden durch Kürzungen im Haushalt in den vergangenen Jahren massiv eingeschränkt. Am stärksten gespart wurde bei der öffentlich geförderten Beschäftigung.

Aus Sicht der →Diakonie braucht a.A. eine ausreichende u. verlässliche →Finanzierung für eine bedarfsgerechte u. nachhaltige Förderung. Ein ausgeweitetes Angebot der sozialen Unterstützung, der öffentlich geförderten sozialversicherungspflichtigen Beschäftigung und der beruflichen Qualifizierung u. Weiterbildung sind notwendig.

Die Diakonie bietet Beratung, Begleitung, Beschäftigungsangebote sowie Orte der Begegnung. Diese Arbeit wird geleitet von der Überzeugung, dass möglichst viele Menschen in unserer Gesellschaft an der wirtschaftlichen, sozialen u. kulturellen Entwicklung teilhaben sollen. Sie sollen in der Lage sein, ihre Existenz aus eigener Kraft zu sichern (→Existenzsicherung), ihre Fähigkeiten zu entwickeln und diese einzusetzen. Hilfe ist so zu konzipieren, dass Menschen bei der Suche nach ihren Handlungsmöglichkeiten unterstützt und nicht bevormundet werden. Menschen sollen die Gestaltungskompetenz über ihr Leben behalten.

LITERATUR: DIAKONIE, Gerechte Teilhabe an Arbeit – A. m. Perspektiven f. Langzeitarbeitslose, Diakonie-Text 2.2015.

Elena Weber

ARBEITSRECHT, KIRCHLICHES

→Diakonie wie →Kirche schließen zur Wahrnehmung ihrer Aufgaben privatrechtliche Arbeitsverträge ab, die der Geltung des staatl. Rechtes unterliegen – soweit dies selbst nichts anderes vorgibt. Für bestimmte Bereiche, insbes. die kollektive Arbeitsrechtssetzung, die betriebliche Verfassung u. besondere Anforderungen an die Mitarbeiterschaft gibt es eigene kirchengesetzliche Regelungen, das k.A. »Denn der diakonische Dienst (→Dienen) geschieht im Auftrag Jesu Christi« (§ 1 Abs. 3 AVR DD).

Die *kollektive Arbeitsrechtssetzung* erfolgt auf der Grundlage des Kirchengesetzes über die Grundsätze zur Regelung der Arbeitsverhältnisse der Mitarbeiter und Mitarbeiterinnen in der Ev. Kirche in Deutschland (→EKD, Arbeitsrechtsregelungsgrundsätzegesetz – ARGG-EKD). Ihr besonderes Kennzeichen ist die verbindliche →Schlichtung als letztes Mittel der Konfliktlösung. Streik u. Aussperrung als Mittel des Arbeitskampfes sind ausgeschlossen.

Die verbindliche Schlichtung erfolgt durch eine unabhängige Dritte Person, die, nachdem die verhandelnden Parteien zu keinem konsensualen Ergebnis gelangt sind, diese um Entscheidung anrufen. Im Einzelnen sind die Regelungen für die Schiedskommissionen oder Schlichtungsausschüsse unterschiedlich ausgestaltet.

Es gibt zwei Formen der kirchl. kollektiven Arbeitsrechtssetzung: den kirchengemäßen Tarifvertrag und den →Dritten Weg.

Es gibt in einzelnen →Landeskirchen und der Diakonie auch kirchengemäße Tarifvertragsbeziehungen, z.B. in der EKBO und der Nordkirche oder Niedersachsen. Dort werden die Arbeitsbedingungen durch →Tarifverträge vereinbart. Kirchengemäße Tarifverträge setzen eine uneingeschränkte Friedenspflicht voraus. Tarifpartner sind →Gewerkschaften, in denen →Mitarbeitende im kirchl. u. diakonischen Dienst zusammengeschlossen sind, und Dienstgeberverbände (→Dienstgeber) der Kirche und der Diakonie.

Die kirchl. Tariffindung erfolgt in den meisten Gliedkirchen und der Diakonie im Dritten Weg durch Arbeitsrechtliche Kommissionen.

Die Kommissionen sind paritätisch besetzt, in ihr arbeiten mit je gleicher Anzahl Vertretungen der Dienstnehmer wie Dienstgebervertreter mit. Dabei handelt es sich um Vertreterinnen und Vertreter von Gewerkschaften und Mitarbeiterverbänden (→Mitarbeitervertretung) einerseits bzw. Landeskirchen, Landesverbänden der Diakonie u. Dienstgeberverbänden andererseits. Ausnahmsweise kann in einzelnen Landeskirchen die Interessensvertretung der Dienstnehmerinnen und Dienstnehmer auch durch den Gesamtausschuss nach dem MVG wahrgenommen werden, wenn Gewerkschaften nicht mitarbeiten. Die Mitglieder einer Arbeitsrechtlichen Kommission sind unabhängig und an keine Weisung gebunden.

Für die Diakonie gibt es eine Bundeskommission, die Arbeitsrechtliche Kommission der →Diakonie Deutschland (ARK DD). Sie verantwortet die Arbeitsvertragsrichtlinien Diakonie Deutschland (AVR DD).

Die AVR DD werden in den privatrechtlichen Arbeitsverhältnissen der diakonischen Einrichtungen vereinbart. Im regionalen Bereich einiger Gliedkirchen gelten sie unmittelbar (bei sog. AVR-Direktanwendern), in anderen werden sie durch gesonderten Beschluss der jeweiligen gliedkirchl. Kommission zur Geltung gebracht. Hier wird durch entsprechende Anpassung häufig noch regionalen Besonderheiten Rechnung getragen.

Es gibt auch Regionen, wie z.B. die der Landeskirchen in Rheinland, Westfalen u. Lippe, in denen neben den AVR DD noch ein eigenes kirchliches Tarifwerk, hier der BAT-KF (BAT in kirchl. Fassung) in der Diakonie Anwendung findet.

Für die Regelung der Arbeitsbedingungen haben in der →Dienstgemeinschaft Dienstgeber sowie Mitarbeiterinnen und Mitarbeiter (Dienstnehmerinnen und Dienstnehmer) und deren Interessenvertretungen die gemeinsame Verantwortung. Daher darf in kirchl. u. diakonischen Einrichtungen nicht gestreikt werden. Zwar ist das Streikrecht ein Grundrecht gem. Art. 9 Abs. 3 GG, jedoch steht ihm in einer kirchl. bzw. diakonischen Einrichtung das durch Art. 4 GG geschützte Grundrecht auf Religionsausübung und dem nach Art. 140 GG in Verbindung mit Art. 137 WRV geschützten kirchl. Selbstbestimmungsrechts gegenüber (Bundesarbeitsgericht [BAG] vom 20.11.2012, 1 AZR 179/11). Dies gilt nicht nur für Arbeitsrechtliche Kommissionen, sondern so auch das BAG, für den kirchengemäßen Tarifvertrag (BAG vom 20.11.2012, 1 AZR 611/11). Beide Entscheidungen sind durch Beschlüsse des Bundesverfassungsgerichtes vom 15.07.2015 (2 BvR 2292/13) und vom 28.09.2015 (2 BvR 2274/13) bestätigt worden.

Gewerkschaften wie Mitarbeiterverbände haben die Möglichkeit, sich in den Arbeitsrechtlichen Kommissionen wie in den Einrichtungen und Dienststellen koalitionsmäßig zu betätigen (§ 5 ARGG EKD).

Mitarbeitervertretung ist die kirchliche betriebliche Verfassung.

Das Betriebsverfassungsrecht gilt ebenso wenig wie die Personalvertretungsgesetze. Gem. § 118 Abs. 2 Betriebsverfassungsgesetz, § 112 Bundespersonalvertretungsgesetz und den Landespersonalvertretungsgesetzen finden diese keine Anwendung auf Religionsgemeinschaften und ihre karitativen u. erzieherischen Einrichtungen unbeschadet deren Rechtsform.

Vergleichbar den Betriebsräten und den Personalräten gibt es von den Mitarbeiterinnen und Mitarbeitern gewählte betriebliche Interessenvertretungen, die Mitarbeitervertretungen. Rechtliche Grundlage ist das Mitarbeitervertretungsgesetz der EKD. Jede Gliedkirche hat ein eigenes Ausführungsgesetz. Auch die →Freikirchen haben teilw. eigene gesetzliche Regelungen. Insgesamt sind die Mitbestimmungsrechte (→Mitbestimmung) u. Mitwirkungsregelungen materiell wie verfahrensrechtlich denen des staatlichen Rechts ähnlich.

Eine kirchliche Besonderheit liegt darin, dass in einigen Gliedkirchen Voraussetzung für die Wählbarkeit in die Mitarbeitervertretung die Mitgliedschaft in einer →ACK-Kirche (Arbeitsgemeinschaft christl. Kirchen) ist.

Streitigkeiten zwischen Mitarbeitervertretung u. Dienststellenleitung werden vor der kirchl. Gerichtsbarkeit ausgetragen. Die zweite und letzte Instanz bildet der Kirchengerichtshof für Mitarbeitervertretungssachen in Hannover (KGH.EKD)

BESONDERE ANFORDERUNGEN AN DIE MITARBEITERSCHAFT

Das EU-Recht (Art. 4 der Richtlinie 2000/78) und daraus folgend das AGG (Allgemeines Gleichbehandlungsgesetz) erlauben den Kirchen eine unterschiedliche Behandlung der Mitarbeitenden aufgrund von Religion u. Weltanschauung im Zusammenhang mit ihrer beruflichen Tätigkeit bei einer Religionsgemeinschaft. Außerdem dürfen sie nach ihrem jeweiligen Selbstverständnis ein aufrichtiges u. loyales Verhalten (→Loyalität) verlangen. Die Loyalitätsrichtlinie der EKD wie auch gliedkirchliche u. freikirchliche Vorschriften oder die Satzungen der Landesverbände der Diakonie konkretisieren dies. Sie regeln bspw., wer mit welchen Voraussetzungen, die sich aus den Besonderheiten des kirchl. Dienstes ergeben, in Kirche u. Diakonie tätig sein kann. Diese Erfordernisse richten sich an die Zugehörigkeit zu einer Kirche, können aber auch das Verbot in einem ev. →Krankenhaus als angestellte Krankenschwester ein religiös begründetes Kopftuch zu tragen, rechtfertigen. Der Austritt aus der ev. Kirche kann ein Grund zur Kündigung sein. So ist es in aller Regel als grundsätzliche Möglichkeit in den kirchl. Tarifen vorgesehen. Aus der Rechtsprechung des Bundesarbeitsgerichtes und des EGMR folgt allerdings die Notwendigkeit zu einer Interessensabwägung im Einzelnen.

Gabriele Fischmann-Schulz

ARBEITSVERTRAGSRICHTLINIEN

siehe unter: Arbeitsrecht

ARCHIV

Als ältester →Wohlfahrtsverband in Deutschland ist die →Diakonie für ihre Profilbildung (→Profil, diakonisches) und ihre historische Unternehmenskommunikation in besonderer Weise auf professionell organisierte A.e angewiesen. A.e sind Orte u. Agenturen zur dauerhaften, sicheren Aufbewahrung sowie zur formalen u. inhaltlichen Erschließung des in einer Organisation o. Einrichtung entstandenen Verwaltungsschriftgutes, i.d.R. ergänzt durch eine Sammlung eigener u. verwandter Publikationen. Sie dienen der Rechtssicherung, als »Gedächtnis der Verwaltung«, der →Öffentlichkeitsarbeit und der historischen Forschung.

Die Errichtung von Einrichtungsa.en im Rauhen Haus, in Kaiserswerth und in Bethel durch den Kirchenhistoriker u. Archivar Martin Gerhardt (1894–1952) bildete die entscheidende Grundlage der Wichern-Forschung und der Geschichtsschreibung der modernen Diakonie. Im Jahr 2015 bestehen in Einrichtungen, bei Landesverbänden und beim Bundesverband der Diakonie in Deutschland 14 hauptamtlich betriebene A.e.

LITERATUR: DIAKONISCHES WERK DER EKD (Hg.), Handbuch A.arbeit i.d. Diakonie, Stuttgart 2008.

Michael Häusler

ARMUT

A. kennzeichnet einen Zustand, in dem der Einzelne oder ein sozialer Verband (→Familie, Haushalt, Region, Land etc.) deutlich unter dem materiellen Niveau lebt, das auf dem Hintergrund vorhandener Ressourcen zur Sicherung der eigenen Existenz (→Existenzsicherung) notwendig bzw. möglich ist. Die Bestimmung eines derartigen Zustandes ist abhängig von geschichtlichen u. sozioökonomischen Bedingungen. Man unterscheidet zwischen absoluter und relativer A.

Absolute A. beschreibt einen Zustand, wo die existenzminimale Versorgung nicht mehr sichergestellt ist. Die Weltbank sieht diesen Zustand als gegeben an, wenn dem Einzelnen pro Tag weniger als 1,25 Dollar zur Verfügung stehen. Dies betraf im Jahr 2015 ca. 700 Mio. Menschen. In entwickelten Ländern wie etwa in Europa ist A. meist *relativ*, gemessen an den vorhandenen wirtschaftlichen Ressourcen. Die Europäische Kommission hat als A.srisikoschwelle das Unterschreiten der 60%-Grenze des durchschnittlichen nationalen, nach Haushaltsgröße gewichteten Einkommens festgelegt (Median – Äquivalenzeinkommen). Legt man diese A.srisikoschwelle zugrunde, dann lebt in der Bundesrepublik Deutschland fast jeder 7. an oder unter dieser Grenze. Am stärksten trifft A. Kinder, Alleinerziehende, Alleinstehende im Alter zwischen 18–30 Jahren u. Ausländer. Dagegen ist die Gruppe der Ruheständler noch etwas unterproportional betroffen, wenngleich Analysen zu Recht auf die Gefahr der Zunahme von Altersa. verweisen. Daneben gibt es weitere Festlegungen von A.sgrenzen; alle diese Grenzen stellen normative Setzungen dar, sie dienen v.a. als Orientierungspunkt, um die Zu- o. Abnahme von A. messen zu können.

A. kann auch danach bestimmt werden, ab wann eine Gesellschaft bereit ist, subsidiär und nach Bedürftigkeitsprüfung (→Bedürftigkeit) Leistungen zur Mindestsicherung zu gewähren (Sozialhilfe, Arbeitslosengeld II etc.). Dabei ist es jedoch politisch umstritten, ob die Leistungen zur Mindestsicherung eine A.grenze markieren oder ob damit A. bekämpft ist (›bekämpfte A.‹). Das Niveau der Mindestsicherungsleistungen in Deutschland liegt je nach Haushaltsgröße eher an der 50%- denn an der 60%-Grenze des Äquivalenzeinkommens.

A. bedeutet nicht nur Mangel an finanziellen Ressourcen. Die Europäische Union (EU) spricht von der *Multidimensionalität* von A. und zieht neben den finanziellen Ressourcen weitere Mängellagen etwa in den Bereichen Arbeit, →Bildung u. Ausbildung, →Gesundheit, Wohnen mit ein. – Schon zuvor haben Sozialwissenschaftler um Gerhard Weisser A. als eine defizitäre Lebenslage gefasst, die in vielfältiger Weise die Handlungsspielräume des Einzelnen beschränken. Über Versorgungstatbestände hinaus geht es hier um →Teilhabe und →Partizipation in einem umfassenden Sinne. – Wenngleich nicht mit dem Begriff *Lebenslage,* der Sache nach aber ebenfalls bezogen auf die gesamte Lebenssituation, betrachtet der französische Soziologe Pierre Bourdieu die soziale Verteilung von Kapital in der Gesellschaft. Dabei differenziert er zwischen ökonomischem, kulturellem u. sozialem Kapital (→Sozialkapital). Defizite bei einer Kapitalart können durch Überschüsse bei anderen ausgeglichen werden, umgekehrt wirken Defizite auch kumulativ. A. wird nach Bourdieu *»sozial vererbt«,* d.h. die defizitäre Ausstattung mit Kapital hat auch intergenerative Folgen. – Bei der Bestimmung von A. durch Amartya Sen kommen ebenfalls komplexe Benachteiligungen zusammen. Für ihn bedeutet A. eine erhebliche Beeinträchtigung von *Verwirklichungschancen,* sodass die menschliche Freiheit eingeschränkt wird. Anders aber als Bourdieu sieht Sen weniger gesamtgesellschaftliche Verteilungsdisparitäten, sondern vor allem institutionelle u. prozedurale Barrieren, die es durch Politik (→Sozialpolitik) zu beseitigen gilt.

Mit der europäischen A.spolitik gelangte der vor allem im angloamerikanischen und im französischen Sprachraum gebrauchte Begriff soziale →Ausgrenzung *(social exclusion, exclusion sociale)* in die politische Diskussion. Dabei soll dieser Begriff stärker die Multidimensionalität von sozialer Ausgrenzung und die Akteursebene herausstellen als etwa der Begriff A. Diese Unterscheidung zwischen beiden Begriffen ist problematisch, hat doch auch A. nicht nur vielseitige Facetten, sondern immer auch diejenigen im Blick, die verantwortlich sind für diese Lebenslage (etwa Ps 82,3f o. Lk 16,19ff). Wenn man nach einer unterschiedlichen Akzentuierung zwischen dem älteren und dem neueren Begriff sucht, dann eher mit Blick auf den Umkehrschluss, nämlich der Aufforderung zur Überwindung von sozialer Ausgrenzung durch soziale →Inklusion als Prozess u. Ziel *(social inclusion, inclusion sociale).* Die Begriffe A. u. soziale Ausgrenzung werden folgerichtig parallel gebraucht.

Dabei unterliegt A. in ethischer Hinsicht unterschiedlichen Bewertungen. Seit der hebräischen Bibel gibt es im Abendland eine lange Tradition, A. als Rechtsverletzung zu begreifen, nämlich als Beschädigung der aus der Geschöpflichkeit herrührenden unaufgebbaren Würde des Menschen. Von daher war und ist es christlich-jüdische Tradition, Menschen in →Not zu helfen, aber so, dass dadurch weder die Würde des Menschen verletzt noch die Eigeninitiative beeinträchtigt werden. Martin →Luther hebt hervor, →Reichtum nicht verwendet zur Behebung von A. sei »gestolen vor got« (Sermon vom unrechten Mammon). Auch der Islam und andere Religionen fordern von ihren Anhängern Hilfen für die Armen. Im religiösen wie im säkularen Kontext wird zwischen ›würdigen‹ u. ›unwürdigen‹ Armen unterschieden, zwischen denen also, die sich aus eigener Kraft nicht helfen können, und jenen, die ihrer Verpflichtung zur →Selbsthilfe – insbesondere durch →Arbeit – nicht nachkommen. In diesem Zusammenhang hat die paulinische Aussage – »Wer nicht arbeiten will, der soll auch nicht essen« (2Thess 3,10) – in der Geschichte der christl. Armenfürsorge eine unrühmliche Rolle gespielt: Aus dem Kontext der Situation der griechischen Gemeinde in Thessaloniki gerissen, wurde dieses Zitat für restriktive Leistungsgewährung und eine Ausweitung der Mitwirkungspflicht von Hilfebedürftigen missbraucht.

A. kann biblisch-theologisch allerdings auch eine positive Bedeutung haben, wenn sie selbst auferlegt ist und sich direkt in der Nachfolge der Menschwerdung Christi sieht: Der Verzicht auf materielle Werte soll den Blick ganz auf das Heilsgeschehen richten. Dieses A.ideal wurde u. wird insbes. in bestimmten religiösen →Orden in unterschiedlichen Abstufungen gelebt. Oftmals verbindet sich diese selbst auferlegte A. gerade mit einer besonderen Zuwendung zu den Armen.

Empirische Studien verweisen auf Zusammenhänge zwischen unterschiedlichen Erscheinungsformen von A. So ist der Bildungserfolg von Kindern in hohem Umfang von der sozialen Stellung der Eltern abhängig. Hier bietet Bourdieus analytischer Zugang zum »inkorporiertem kulturellen Kapital« eine tragfähige Erklärung, nämlich die Übertragung von Wahrnehmungs- u. Handlungsmöglichkeiten im Sozialisationsprozess sowie durch die unmittelbare soziale Umwelt über die Generationen hinweg im sog. »Habitus«. Andere wissenschaftliche Zugänge bestätigen diese Befunde über den Bildungsbereich hinaus etwa auch für den der Gesundheit (Schütte 2013). Dieses betrifft die gesamte Gesundheitsversorgung, die Christoph Lohfert mit dem Satz »Wenn du arm bist, musst du früher sterben« zusammenfasst (Lohfert 2011). Insgesamt kumulieren Defizite im Bildungsbereich, der Gesundheitsversorgung, der Wohnsituation, im Freizeitbereich u. die Belastungen durch Umweltschäden. Die Teilhabe am gesellschaftlichen Leben ist stark eingeschränkt, die politische Partizipation etwa bei Wahlen verliert bei den Betroffenen an Bedeutung.

Zu fragen ist, ob und warum es nicht gelingt, A.statbestände ursachenbezogen zu beseitigen. Gerade die kontroversen Diskussionen über die Höhe von Mindestsicherungsleistungen und die Konditionen ihrer Gewährung zeigen, dass zumindest in weiten Teilen von Gesellschaft u. Politik ein Interesse besteht, den Umgang mit A.slebenslagen materiell u. immateriell so auszugestalten, dass Erwerbsarbeit als vorherrschende Norm der Subsistenzsicherung, ggf. auch durch Sanktionen, durchgesetzt wird — gleichgültig ob in der Gesellschaft genügend und subsistenzsichernde Erwerbsarbeit vorhanden ist. Dabei wird in Kauf genommen, dass sich A. negativ etwa auf die Kinder aus armen Familien auswirkt.

Doch die Gleichung ›Einmal arm — immer arm!‹ muss nicht aufgehen. Es gibt Möglichkeiten zur Intervention, einmal das Zur-Verfügung-Stellen von *Aneignungsgelegenheiten* auf der Makroebene, also materielle Hilfeangebote (Leistungsgesetze, Strukturreformen bei den Hilfesystemen etc.). Doch häufig fehlt es bei den Betroffenen auch an *Aneignungsfähigkeiten*, also an Möglichkeiten, Hilfsangebote, sei es selbst (Mikroebene) oder innerhalb des sozialen Umfeldes (Mesoebene), zu erkennen bzw. umzusetzen. Hier kommen soziale Dienste (→Dienstleistung, soziale) und Bildungseinrichtungen für Kinder u. Jugendliche ins Spiel. Kommunen als Träger sozialer Dienste müssen in die Lage versetzt werden, selbst oder unter Einbindung der Freien Wohlfahrtspflege eine soziale Infrastruktur vorzuhalten, die diese Spirale nach unten aufhält, vielleicht sogar umkehrt. Dass dies möglich ist, zeigen neuerliche Studien mit dem Ergebnis: Der Habitus beim Menschen ist zwar in hohem Maße festgelegt, aber sehr wohl modifizierbar — etwa durch ein die Persönlichkeit veränderndes reflektiertes Bewegungshandeln, durch kulturelle Betätigungen, in jedem Falle durch neue Bindungsangebote auf der Mesoebene (Huster et al. 2012; Balz et al. 2012). Hier können gerade auch kirchliche Kreise sehr erfolgreich sein (Zimmermann 2015). Die Förderung von Aneignungsfähigkeiten bedarf aber der Ergänzung von Aneignungsgelegenheiten, so insbes. auch Beschäftigungsangebote – wenn nicht anders möglich, dann durch die öffentlichen Hände.

LITERATUR: HANS-JÜRGEN BALZ / BENJAMIN BENZ /.CAROLA KUHLMANN (Hg.), Soziale Inklusion. Grundlagen, Strategien u. Projekte i. d. Soz. Arbeit, Wiesbaden 2012 • JOHANNES EURICH / FLORIAN BARTH / KLAUS BAUMANN / GERHARD WEGNER (Hg.), Kirche aktiv gegen A. u. Ausgrenzung. Theolog. Grundlagen u. praktische Ansätze f. Diakonie u. Gemeinde, Stuttgart 2011 • ERNST-ULRICH HUSTER / JÜRGEN BOECKH / HILDEGARD MOGGE-GROTJAHN (Hg.), Handbuch A. u. soz. Ausgrenzung, Wiesbaden 2012 • Christoph LOHFERT, Wenn du arm bist, musst du früher sterben, München 2011 • JOHANNES D. SCHÜTTE, A. wird »soz. vererbt«. Status quo u. Reformbedarf der Inklusionsförderung i. d. Bundesrepublik Deutschland, Wiesbaden 2013 • GERMO ZIMMERMANN, Anerkennung u. Lebensbewältigung im freiw. Engagement. Eine qualitative Studie zur Inklusion benachteiligter Jugendlicher i.d. Kinder- u. Jugendarbeit, Bad Heilbrunn 2015.

Ernst-Ulrich Huster

ASSISTENZ

I. DEFINITION

Mit A. werden unterstützende, begleitende u. betreuende →Dienstleistungen beschrieben, die zumeist von Fachkräften für Menschen in besonderen sozialen Bedingungen erbracht werden mit dem Ziel, sie bei der Verwirklichung eines selbstbestimmten Lebens zu unterstützen. Professionelle A. (→Professionalität) bedeutet die Ablösung traditioneller Betreuungsverhältnisse (→Betreuung, gesetzliche) v.a. in der →Behindertenhilfe, in welcher Menschen mit →Behinderung oftmals Objekte institutioneller Routinen waren. Durch professionelle A. werden die Verhältnisse zwischen professioneller Fachkraft und behindertem Menschen derart gestaltet, dass individuelle Bedürfnisse und professionelle Expertise nach Maßgabe der Vorstellung des behinderten Menschen aufeinander abgestimmt werden. Das Ziel professioneller A. ist die Förderung der →Selbstbestimmung u. →Teilhabe eines Menschen. Selbstbestimmung ist Teil der →Menschenrechte, wird in Art. 2 Abs. 1 i.V.m. Art. 1 Abs. 1 GG geschützt und bedeutet, dass das eigene Leben frei und ohne unzulässige Einmischung von anderen nach eigenen Wünschen u. Vorstellungen gestaltet werden können soll. Professionelle A. stellt damit ein Unterstützungskonzept dar, in dem Menschen mit Behinderung als Auftraggeber von Dienstleistungen handeln und so über Ort, Zeit u. Art bzw. Umfang der Dienstleistung bestimmen. Damit soll die Übernahme sozialer Rollen in der Gesellschaft und die Teilhabe am öffentlichen Leben ermöglicht werden. Hintergrund für den Einsatz von professioneller A. ist die Inklusionsdebatte (→Inklusion) in der Behindertenhilfe, die seit der Ratifizierung der Behindertenrechtskonvention durch Deutschland im Jahr 2009 verstärkt geführt wird. Zielvorstellung ist die Gestaltung eines Gemeinwesens, in dem Heterogenität gleich welcher Art (z.B. Andersheit in ethnisch-kultureller, religiöser Hinsicht oder bzgl. Behinderung) nicht nur toleriert, sondern anerkannt (→Anerkennung) und befördert wird. Grundlage dieser Zielvorstellung sind die Menschenrechte, die auf alle Mitglieder einer Gesellschaft bezogen werden sollen, und zwar auch und gerade auf die, die übergangen oder an den Rand gedrängt werden. Die Anwendung von A.konzepten wird außer in der Arbeit mit behinderten Menschen auch bei pflegebedürftigen Menschen (→Pflege) oder in weiteren Handlungsfeldern − z.T. unter anderen Begrifflichkeiten − diskutiert.

2. FORMEN PROFESSIONELLER A.

In Deutschland gibt es verschiedene Formen professioneller A. in verschiedenen Feldern: in der Behindertenhilfe, in der Therapie, in Rehabilitationsmaßnahmen (→Rehabilitation), weiterhin in (früh-)kindlicher →Bildung und sogar in den Bereichen Freizeit, Inklusion o. Training mit Tieren, wobei es bei Letzteren noch keine einheitlichen Standards gibt. Der Haupteinsatzbereich von professioneller A. ist bei Menschen mit Behinderung und dies in unterschiedlichen Formen. Persönliche A. bezieht sich auf alle Bereiche des persönlichen Lebens und soll dazu beitragen, dass Menschen ihr Leben selbstbestimmt und so unabhängig wie möglich führen können. Das Besondere: diese Form der Unterstützung wird von den behinderten Menschen selbst organisiert, d.h. sie suchen sich ihre Assistent/innen selbst aus, schließen Arbeitsverträge mit ihnen ab, erstellen Dienstpläne und führen Steuern ab. Damit nehmen sie gleichzeitig eine Vielzahl von Kompetenzen wahr. Bei der rechtlichen A. geht es um die Wahrnehmung der Rechte von Menschen mit Behinderung und um den Vollzug ihrer Rechtsgeschäfte. Die UN-Behindertenrechtskonvention (→UN-Konvention über die Rechte von Menschen mit Behinderung) schreibt rechtliche A. vor, in Deutschland muss noch geklärt werden, ob das nicht gegen das Betreuungsgesetz verstößt und ggf. eine Gesetzesänderung vorgenommen werden muss. Die advokatorische A. hat vor allem Menschen mit Schwerst- u. Mehrfachbeeinträchtigungen im Blick. Auch ihre Bedürfnisse auf Selbstbestimmung sollen nicht negiert werden und auch ihnen soll die Möglichkeit zur gesellschaftlichen Teilhabe gewährt werden. So gehört es zu den Aufgaben der advokatorischen A., sich für die Vertretung der Interessen des behinderten Menschen einzusetzen sowie für die Vernetzung mit anderen gesellschaftlichen Gruppen und so auf nicht-bevormundende Weise Teilhabe zu ermöglichen. →Arbeits-A. bietet Unterstützung für Menschen mit Behinderung beim Einstieg ins Berufsleben oder bei der Verbesserung bestehender Arbeitsverhältnisse. Sie wird von Dienstleistern angeboten, von Pädagog/innen realisiert und von der öffentlichen Hand refinanziert (→Finanzierung). Zu den Leistungen gehört die Feststellung der Fähigkeiten, Arbeitsplatzsuche u. Unterstützung bei der Schaffung möglichst optimaler Arbeitsbedingungen. Im Bereich der Bildung gibt es Inklusionsassistenten, die behinderte Kinder u. Jugendliche, die auf der Grundlage der UN-Behindertenrechtskonvention Anspruch auf wohnortnahen Zugang zu inklusivem Unterricht haben, im schulischen Alltag begleiten und ihnen pädagogische u. lebenspraktische Unterstützung bieten.

Bei all diesen Formen von A. deutet sich ein Wandel im Selbstverständnis von professioneller A. an. Ausgangspunkt ist nicht länger das Expertenwissen der assistierenden Person, sondern die Bedürfnisse u. Interessen des betroffenen Menschen; bei ihnen allein liegt die Entscheidungshoheit. Damit ist auch die professionelle A. erfasst vom Wandel in den helfenden Berufen allgemein. So dominiert heute in der Heilpädagogik der individuums- u. ressourcenzentrierte Ansatz.

3. ERFORDERLICHE GRUNDHALTUNGEN IN DER PROFESSIONELLEN A.

Die unterschiedlichen Zielgruppen, mit denen es professionelle A. zu tun hat, erfordern daher eine Veränderung des Rollenverständnisses bei den Fachkräften: Gefragt sind sie nicht mehr als Förderer u. Experten, sondern als Begleiter/innen, Unterstützer/innen, befähigende Berater/innen und Koordinatoren/innen, die sich in einem gleichberechtigten Dialog mit den behinderten Menschen befinden. Damit gehört die Bereitschaft zur Selbstreflexion zu den wesentlichen Grundhaltungen (→Haltung) professioneller A. Daneben sind auch weitere professionsmoralische Haltungen sozialer Berufe grundlegend, nämlich Achtsamkeit, Aufmerksamkeit u. Anwaltschaftlichkeit (→Anwaltschaft). Gleichzeitig gilt es, eine überversorgende Fürsorge (→Sorge) zu vermeiden, denn gerade Menschen mit schweren Beeinträchtigungen haben häufig Missachtungserfahrungen erlebt. Deshalb sind sie in ihrer je eigenen Ausdrucksfähigkeit und mit ihren Wünschen u. Bedürfnissen zu achten und in ihrer möglicherweise befremdlichen Andersartigkeit zu respektieren. So kann der sozialen Scham als Folge von Missachtungserfahrungen entgegengewirkt werden. Die advokatorische Grundhaltung muss folglich darauf achten, nicht in einen versteckten Paternalismus zu verfallen. Dies ist besonders wichtig, weil Exklusionsprozesse (→Ausgrenzung) immer durch Machtverhältnisse gestützt sind, womit die advokatorische A. zur Aufdeckung solcher Dominanzkonstellationen und zur Stützung u. Steigerung von Gegenbewegungen führen sollte. Ihre theologische Fundierung finden diese Grundhaltungen in der →Gottebenbildlichkeit des Menschen, die zu Anerkennung u. Respekt jeglichen menschlichen Lebens auffordert, auch wenn im Einzelfall bestimmte Voraussetzungen o. Eigenschaften des Menschen nur schwach ausgeprägt sind (z.B. die kognitive Leistungsfähigkeit bei geistiger Beeinträchtigung).

4. KOMPETENZEN PROFESSIONELLER A.

Aufgrund der sich ausdifferenzierenden Aufgabengebiete der professionellen A. unterscheiden sich auch die Kompetenzprofile, die die einzelnen A. ausfüllen müssen. Dennoch lassen sich Kompetenzen benennen, die für alle professionelle A. zentral sind. Dazu gehört die Selbstreflexion, jedoch nicht nur als Haltung, sondern als Kompetenz in dem Sinne, dass die Bereitschaft u. Fähigkeit vorliegt, die eigene Rolle, sollte dies die spezifische Situation erfordern, zu verändern. Zudem muss professionelle A. sich von der Biografie des Anderen anrühren und in den Dienst nehmen lassen, was man als die basale Voraussetzung der Kompetenz für Inklusion bezeichnen kann. Als fachliche Kompetenzen sind die Kompetenz der Analyse der Lebensgeschichte der behinderten Menschen zu nennen neben entwicklungsbezogenen Arbeitsweisen biografischer u. verstehender Diagnostik. Ebenso ist eine Kompetenz für differenzierte Mensch-Umfeld-Analysen bei behinderten Menschen nötig wie auch eine Wahrnehmungskompetenz für die eingeschränkte Kommunikation bei geistig beeinträchtigten Menschen, um dennoch bei der Formulierung der Interessen u. Wünsche unterstützend tätig sein zu können. Im Blick auf die Aktivitäten im Sozialraum ist beraterische Kompetenz (→Beratung) auf der Basis der Methoden der Netzwerk- u. →Gemeinwesenarbeit erforderlich, um für behinderte Menschen eine gleichberechtigte Teilhabe zu erreichen. Und im Kontext der advokatorischen A. sind spezifische Kompetenzen vonnöten, die das Selbstbestimmungsrecht von Menschen auch mit schwersten Beeinträchtigungen befördern.

LITERATUR: BIRGIT DROLSHAGEN / ALEXANDRA FRANZ / EIKE MARRENBACH ET AL., Handbuch selbstbestimmt leben m. persönlicher A., Neu-Ulm 2002 • JOHANNES EURICH, A. i.d. Perspektive v. Inklusion, in: ULF LIEDKE / HARALD WAGNER (Hg.), Inklusion, Stuttgart 2016 • KERSTIN ZIEMEN, Kompetenz f. Inklusion, Göttingen 2013.

Johannes Eurich

ASYL

Unter A. wird ein Zufluchtsort/Schutzraum für Verfolgte verstanden. Der Begriff *asylos* entstand in Griechenland und meint »das, was nicht ergriffen werden darf«.

Geschichte: Die Institution des A.s war in vielen antiken Kulturen verbreitet und hat religiöse Wurzeln. Zufluchtsorte waren Heiligtümer wie Tempel, Altäre, heilige Haine o. Grabstätten. Verletzungen des Schutzes am heiligen Ort hatten die Rache der Gottheit zur Folge. Die Bibel kennt das A. im Tempel (Ps 23,5f; 61,4f), besonders den Schutz am Altar (1Kön 1,50ff; 2,13–25). Es gilt aber nur dem unschuldig Verfolgten und dem, der unabsichtlich jemanden getötet hat, nicht dem Mörder (2Mose 21,12–14 / 4Mose 35,15–29 / Jos 20,3–5). Dies sollte die Blutrache eindämmen. In der weiteren Entwicklung wurden sog. A.städte eingerichtet, in die nicht-vorsätzliche Totschläger flüchten konnten (4Mose 35,6–29 u. 5Mose 19,2–13). Solche Einschränkungen des A.rechts zeigen, dass für den Schutz letztlich nicht ein magisches Verständnis von der Heiligkeit des Ortes entscheidend war, sondern Gottes Recht und →Gerechtigkeit.

In *frühchristlicher Zeit* ging der A.schutz von den römischen Tempeln auf die christl. Kirchen über. →Bischöfe waren verpflichtet, sich für ungerecht Verfolgte einzusetzen *(intercessio)*. Diese Praxis wurde durch die Gesetzgebung des römischen Staates anerkannt und spielte vor allem im Mittelalter eine bedeutende Rolle (→Kirchena.). In einem noch schwach ausgebildeten Rechtssystem ohne Berufungsmöglichkeiten u. mangelndem Schutz vor Lynchjustiz war das A. in der Kirche eine »Rechtswohltat«.

Mit der Herausbildung des modernen Rechtsstaates hat das kirchliche A.recht seine Bedeutung verloren und wurde während des 18. u. 19. Jh. in den meisten Ländern durch staatliche Gesetze abgeschafft.

Völkerrecht: An die Stelle des kirchlichen trat das staatliche A.recht und nach dem Zweiten Weltkrieg das Völkerrecht. Völkerrechtlich basiert der A.schutz heute auf dem Grundsatz des »non-refoulement« (Nichtzurückweisung). Er besagt nach Art. 33 der Genfer Flüchtlingskonvention (GFK), dass ein →Flüchtling nicht in Gebiete ausgewiesen werden darf, »in denen sein Leben oder seine Freiheit wegen seiner Rasse, Religion, Staatsangehörigkeit, seiner Zugehörigkeit zu einer bestimmten sozialen Gruppe o. wegen seiner politischen Überzeugung bedroht sein würde«. Nach der Europäischen Menschenrechtskonvention und dem Zusatzprotokoll Nr. 6 darf darüber hinaus niemand in Gebiete abgeschoben werden, in denen ihm Todesstrafe, Folter oder unmenschliche o. erniedrigende Strafe oder Behandlung drohen (→Abschiebung).

In Deutschland erhielt das A.recht nach dem Zweiten Weltkrieg Verfassungsrang. Der Art. 16 GG »Politisch Verfolgte genießen A.recht« war eine Reaktion auf die Gräuel des Nationalsozialismus, vor denen viele Deutsche fliehen mussten und auf Schutz in anderen Ländern angewiesen waren. Als Anfang der 1990er Jahre die Zahl der A.suchenden stark anstieg und es zu zahlreichen Übergriffen auf A.bewerber kam, wurde das A.recht in Deutschland 1993 durch den sog. »A.kompromiss« stark eingeschränkt. Art. 16 GG wurde durch den neuen Art. 16a GG ersetzt. Danach haben A.bewerber, die aus einem »sicheren Drittstaat« einreisen, keinen Anspruch auf A. und Bewerber aus einem »sicheren Herkunftsland« nur einen eingeschränkten Rechtsanspruch. Gleichzeitig wurden mit dem neuen *A.bewerberleistungsgesetz* Flüchtlinge aus dem Bundessozialhilfegesetz bzw. dem →SGB herausgenommen und erhalten eingeschränkte soziale u. medizinische Leistungen. Auf diese Weise sollten *»Anreize für Wanderungsbewegungen durch ein im internationalen Vergleich eventuell hohes Leistungsniveau«* (BVerfG, 1 BvL 10/10 vom 18. Juli 2012, Absatz 121) vermieden werden. Angesichts hoher Flüchtlingszahlen im Jahr 2015 ist das A.recht durch das am 24.10.2015 in Kraft getretene A.-Beschleunigungsgesetz erneut verschärft worden.

Das Gemeinsame Europäische A.system: Seit dem ersten Schengen-Abkommen 1985, mit dem die Grenzkontrollen an den Binnengrenzen zwischen Deutschland, Frankreich u. den Beneluxstaaten abgeschafft wurden, wird die A.politik zunehmend europäisiert und mit dem Vertrag von Amsterdam (1999) »vergemeinschaftet«. Die EU-Organe haben nun die Kompetenz, die Einwanderungs- u. A.politik schrittweise durch gemeinsame Richtlinien u. Verordnungen zu harmonisieren bzw. zu vereinheitlichen. Das 2013 vom Europäischen Parlament verabschiedete *Gemeinsame Europäische A.system* besteht aus der →Dublin III-Verordnung, der Eurodac-Verordnung (Datenbank für die Fingerabdrücke von A.suchenden) und fünf Richtlinien, die der EU-weiten Vereinheitlichung der Aufnahmebedingungen u. A.verfahren dienen sollen. Dennoch sind die A.standards in den einzelnen Mitgliedsländern qualitativ sehr unterschiedlich mit der Folge, dass Flüchtlinge – entgegen der Dublin III Verordnung – bestimmte Länder bevorzugen und andere zu meiden suchen.

Angesichts des massenhaften Sterbens von Flüchtlingen an den Außengrenzen der EU ist die europäische A.politik stark in die Kritik geraten – gerade auch von Kirchen und Diakonie. Man geht davon aus, dass bis zum Jahr 2015 bereits mind. 25.000 Flüchtlinge bei dem Versuch, Europa über das Mittelmeer zu erreichen, ertrunken sind. Andere ersticken versteckt in Containerlastwagen oder scheitern an den durch hohe Zäune geschützten Landgrenzen zur EU.

Kirchen, Diakonie u. Organisationen der →Flüchtlingshilfe erinnern die EU an ihre Verpflichtungen zur Achtung von Menschenwürde (→Menschenrechte), Freiheit, Gleichheit u. internationaler →Solidarität, wie sie in der Grundrechtecharta der EU (Art. 1) verankert sind. Konkret fordern sie legale u. gefahrenlose Zugangswege zum A. in Europa, menschenwürdige Aufnahmebedingungen, die Abschaffung des Dublin-Systems und das Recht für Flüchtlinge, ihr Zufluchtsland in der EU frei zu wählen.

LITERATUR: KIRCHENAMT D. EKD U. SEKRETARIAT DER DT. BISCHOFSKONFERENZ (Hg.), »… u. der Fremdling, der in deinen Toren ist.« Gemeinsames Wort d. Kirchen zu den Herausforderungen durch Migration u. Flucht, Hannover 1997 • WOLF-DIETER JUST, Die Menschenwürde ist migrationspol. nicht zu relativieren. Soz. Menschenrechte f. Flüchtlinge im europ. Kontext, in: TRAUGOTT JÄHNICHEN et al. (Hg.), Jahrbuch des Sozialen Protestantismus Bd. 7, Gütersloh 2014, 125–152.

Wolf-Dieter Just

Asylbewerber

siehe unter: Asyl

Aus-, Fort- und Weiterbildung

siehe unter: Bildung

Ausgrenzung

I. A.en sind alltägliche Erfahrungen. Jede Beziehung zwischen Familienangehörigen, Nachbarn, Freunden o. Angehörigen eines Betriebes oder einer Religionsgemeinschaft schließt alle Nichtdazugehörigen aus. Persönliche Verbindungen sind immer selektiv wie selektierend. Solche ›soziale Schließungen‹ (Max Weber) konstituieren erst jene überschaubaren Beziehungsnetzwerke, die Identität stiften und für die verlässliche Lebensführung jedes Menschen unerlässlich sind. Umgekehrt schützen manche Ausschließungen gerade die Ausgeschlossenen: Der Ausschluss von Kindern oder von hochschwangeren Frauen vom Arbeitsmarkt dient dem Schutz ihrer gedeihlichen Entwicklung oder ihrer leiblichen Unversehrtheit.

Von diesen Formen sind grundsätzlich solche A.en zu unterscheiden, die die Ausgegrenzten extrem u. dauerhaft von lebenswichtigen Ressourcen oder gar vom gesellschaftlichen Leben überhaupt ausschließen. Diese *sozialen* A.en (›Exklusionen‹) verwehren den Ausgegrenzten (›Exkludierten‹) wesentliche Lebenschancen und führen oftmals zu einer Abwärtsspirale von Teilhabemöglichkeiten (→Teilhabe): Der (dauerhafte) Ausschluss vom Erwerbsarbeitsmarkt (→Arbeit) vermindert nicht nur beträchtlich das verfügbare Einkommen, sondern schneidet den Erwerbslosen von den Beziehungsnetzwerken seiner Arbeitswelt (Betrieb, Kollegium) ab, in denen er soziale →Anerkennung erfährt und dadurch Selbstachtung entwickelt. Beschädigte Selbstachtung belastet Beziehungen in Familien, Freundschaften o. Nachbarschaften und verstärkt die Tendenz zum Rückzug aus den lebenswichtigen sozialen Nahräumen usw. Derart geschwächt schwinden zudem die real verfügbaren Verwirklichungschancen für die eigenen politischen, kulturellen o. wirtschaftlichen Bürgerrechte, selbst wenn sie den Exkludierten formal weiterhin zu- u. offenstehen. Soziale A.en sind mehrdimensional und münden oftmals in ein ›kumulierendes Verliererschicksal‹. Kommt es besonders in den drei Kerndimensionen *Erwerbsarbeit, Bürgerrechte* u. *soziale Nahbeziehungen* zu sozialen A.en, werden nach Kronauer die sozialmateriellen Grundlagen einer demokratischen u. menschenrechtsbasierten Gesellschaft gefährdet.

II. Soziale A.en und (Lebenslagen-)→Armut stehen in einem engen Zusammenhang (Huster / Boekh / Mogge-Grotjahn 2008). Die Lebenslage eines Menschen ist nicht nur über seine finanziellen Ressourcen, sondern auch über jene Ausstattungsmerkmale bestimmt, die für die Führung eines menschenwürdigen Lebens (→Menschenrechte) elementar bedeutsam sind: Erwerbschancen/Erwerbsbeteiligung, verfügbarer Wohnraum u. Wohnlage, Bildungsabschlüsse (→Bildung), →Gesundheit u. Krankheitsrisiken, Freizeit- u. Erholungschancen, kulturelle u. politische Teilhabemöglichkeiten, soziale Netzwerke u. äußere Sicherheiten (z.B. Sicherheit des Aufenthaltstitels, polizeiliche Sicherheit) usw. Neben diesen *objektiven* Gegebenheiten an materiellen wie immateriellen Ausstattungen ist die Lebenslage eines Menschen auch durch eine *subjektive* Seite gekennzeichnet: Seine Lebenslage ist auch davon abhängig, wie er aus seiner subjektiven Binnensicht mit den ihm objektiv zugänglichen Gegebenheiten umgeht, welche Entscheidungs- u. Handlungsspielräume, welche Assistenz- u. Unterstützungsangebote er tatsächlich nutzt oder aber nicht erkennt oder gar verweigert – aus welchen Gründen auch immer. Diese subjektive Seite wird durch die verfügbare *kognitive,* die *emotionale* sowie besonders durch die *volitive* Kompetenz bestimmt: Kann die Scham, die ein prekäres Lebensereignis (Arbeitslosigkeit) auslöst und zur sozialen Isolation zu führen droht, angemessen verarbeitet werden? Kann eine ausreichende Willensstärke aktiviert werden, auch nach hundert vergeblichen Bewerbungsversuchen weitere Anstrengungen zu unternehmen, eine Ausbildungs- o. Arbeitsstelle zu bekommen? Fehlen diese subjektiven Ressourcen, so verstärkt sich die Wucht sozialer A.

III. Soziale A.en sind Ergebnisse von Prozessen, die zwischen ›Opfern‹ (›Exkludierte‹) und ›Tätern‹ (›Exkludierende‹) viele Akteure und begünstigende Faktoren kennen. Besonders wirkmächtig erweisen sich *Stigmatisierungen* vulnerabler Gruppen. Stigmatisierungen liegen vor, wenn in einer Gesellschaft eine soziokulturell dominante Mehrheit ihre Identität dadurch zu bewahren oder zu konstituieren sucht, indem sie eine andere Gruppe von Menschen allein aufgrund eines bestimmten körperlichen, sozialen o. kulturellen Merkmals oder einer Verhaltensauffälligkeit abwertet und aus dem gewöhnlichen (›normalen‹) Umgang innerhalb der Gesellschaft ausschließt. Dieser Effekt wächst, wenn das abwertende Fremdbild von den Stigmatisierten in ihrem Selbstbild verinnerlicht wird und dadurch Defizitorientierungen, Schamgefühle u. Selbstexklusionen ausgelöst werden.

Stigmatisierungen erfolgen entlang der Unterscheidung von Normalität u. Abweichung. Abweichende erscheinen befremdlich anders. Die stigmatisierende Bewertung (›Anderung‹) dieser Unterschiede ist kulturell abhängig und sozial inszeniert. Stigmatisierende ›Anderungen‹ dienen nicht zuletzt der Absicherung eigener Privilegien u. Sicherheiten. Sie erfolgen verstärkt, wenn sich die dominante Mehrheit in ihrer Identität oder in ihrem sozialen Status bedroht fühlt. In einer »Gesellschaft der Angst« (Bude), in der bereits die Nichterfüllung eines steten sozialen o. wirtschaftlichen Aufstiegs selbst in der ›Mitte der Gesellschaft‹ als soziale Exklusion gefürchtet wird, wächst das Bemühen um die Absicherung des eigenen Standards durch die Ausgrenzung Anderer: Menschen mit →Behinderung, →Flüchtlinge, Andersreligiöse usw. werden durch stigmatisierende Abwertungen auf Abstand gehalten. Rechtspopulistische Phänomene in klassischen Wohlfahrtsstaaten (Dänemark) veranschaulichen: Die Angst vor der eigenen Exklusion stiftet die Sehnsucht nach Exklusivität – nach Sicherung hoher Standards, begrenzt aber auf die Angehörigen der eigenen (ethnischen oder staatsbürgerlichen) Gruppe.

IV. A. (›Exklusion‹) u. Einbeziehung (→›Inklusion‹) sind keine originär theologischen Begriffe. Gleichwohl bezeichnen sie menschliche Erfahrungen und soziale Sachverhalte, die im Zentrum besonders der biblischen Traditionen stehen: Israel im Sklavenhaus Ägyptens ist die prominenteste Erfahrung kollektiver A. eines ganzen Gottesvolkes, dessen ›laute →Klage‹ über sein →Leid erhört wird und dem Rettung u. Befreiung durch den Auszug aus Ägypten zuteil wird. Doch auch nach der Landnahme hören die schmerzhaften Erfahrungen von A.en nicht auf; im Gegenteil, sie bilden auch innerhalb von Gottes auserwähltem Volk eine fortdauernde »Landschaft aus Schreien« (Metz), in denen sich die Klage über Diskriminierung, Stigmatisierung u. Besonderung unterdrückter Menschen Luft u. Gehör verschafft. Denn schon in biblischen Zeiten offenbart sich die Ambivalenz von Exklusionserfahrung u. Exklusivitätsbegehren, das innerhalb der eigenen Reihen neuerliche Ausgrenzungen erzeugen kann. Aber schon zu diesen biblischen Zeiten werden Ausgrenzungen von Armen, Schwachen (→Schwäche/Stärke), Kranken, Witwen u. Waisen heftig attackiert: Gerade die prophetische Sozialkritik eines *Amos* oder *Hosea* zeugt von einer Bereitschaft zu Streit und Zank, die sich – im Namen Gottes – nicht abfinden wollen mit der Praxis versteckter o. offener A. von Menschen, denen damit elementare Lebenschancen verwehrt werden.

Für die christl. Tradition ist hoch bedeutsam, dass der Nazarener sein Handeln ausdrücklich in die Tradition dieser prophetischen Verheißung stellt:»Der Herr (...) hat mich gesandt, damit ich den Armen eine gute Nachricht bringe; damit ich den Gefangenen die Entlassung verkünde und den Blinden das Augenlicht; damit ich die Zerschlagenen in Freiheit setze und ein Gnadenjahr des Herrn ausrufe« (Lk 4,18). Deshalb durchbrechen seine heilsamen Begegnungen mit kranken u. behinderten Menschen, seine Tischgemeinschaft mit Zöllnern u. Sündern oder seine Streitgespräche mit Pharisäern wie mit eigenen Anhängern Ausgrenzungen aller Art. Sie überwinden zugleich die Stigmatisierungen jener religiösen Deutungsmuster, die die Ausgrenzung von Kranken, Sündern oder sonst wie ›Anderen‹ *theologisch* legitimieren und damit *sozial* absichern sollten. Und sie sprengen sogar die eingewöhnte Grenzziehung persönlicher Zuständigkeit gegen A.en: Indem der nicht dazugehörige, der ›ausgrenzte‹ →Samariter durch seine barmherzige Tat am ›Unter die Räuber Gefallenen‹ zur Ikone christl. →Nächstenliebe wird, kennt die Liebe Gottes in Jesus Christus und in der Folge die →Solidarität der ihm Nachfolgenden im Prinzip keine (äußere) Grenze mehr.

V. Entscheidender Anknüpfungspunkt diakonischen Handelns gegen die Gefahr oder Realität sozialer A. ist die (Wieder-)Herstellung und Stärkung objektiver wie v.a. subjektiver Ressourcen auf Seiten der Ausgegrenzten. Dazu gehört vor allem die Etablierung von Gelegenheitsstrukturen u. Räumen, innerhalb derer Exkludierte gegen die Prozesse ihrer Ausgrenzung selbständig Engagement (›alltägliche Widerständigkeit‹) entwickeln und darin basale Anerkennung u. Selbstwirksamkeit erfahren können. Natürlich müssen strukturelle Mechanismen sozialer A.en o. Stigmatisierungsprozesse auf Seiten der dominanten Mehrheitsgesellschaft durchbrochen oder bestenfalls von vorneherein verhindert werden. Das erfordert auch die politische →Anwaltschaft diakonischer Akteure. Diese politische Anwaltschaft wird aber nur dann nicht selbst Ausgrenzungsprozesse verursachen, wenn sie die Betroffenen selbst beteiligt und soweit als möglich politisch wirksam werden lässt. Nur so respektiert u. fördert diakonisches Handeln jene Zugehörigkeit und Teilhabe der Betroffenen am gesellschaftlichen Leben, an denen sich der Grad ihrer sozialen A. (Exklusion) oder Einbeziehung (›Inklusion‹) bemisst. Nur so erweist sich diakonisches Handeln als praktischer Ausdruck einer ›armen Kirche der Armen‹ (Papst Franziskus).

LITERATUR: MARTIN KRONAUER, Exklusion. Die Gefährdung d. Soz. im hochentw. Kapitalismus, Frankfurt a.M. 2010 • ERNST-ULRICH HUSTER / HILDEGARD BOECKH / HILDEGARD MOGGE-GROTJAHN (Hg.), Handbuch Armut u. Soz. A., Wiesbaden 2008 • ANDREAS LOB-HÜDEPOHL, Überflüssige Interessen? Pol. Partizipation Benachteiligter als normativer Lackmustest f. eine republikanisch verfasste Demokratie. Download unter: www.ethik-und-gesellschaft.de/mm/EuG-2-2012_Lob-Huedepohl.pdf (24.03.2016).

Andreas Lob-Hüdepohl

AUSSEGNUNG

Unter A. (teilweise auch als →Einsegnung im Verbund mit weiteren einsegnenden Handlungen) wird eine liturgische Handlung verstanden, die nach Eintritt des Todes am Ort des Sterbens oder in einer A.shalle stattfindet. Sie war traditionell der erste Teil des mehrfach gegliederten Schwellen→rituals der →Bestattung und ist in der Gegenwart fast nur noch in ländlichen Gebieten (→ländlicher Raum) verbreitet.

Ihr Aufbau (nach VELKD Agende III/5, 32: Friedensgruß – Votum – →Gebet – [Valetsegen] – Lesung [mit Zuspruch] – [Abschied] – Vaterunser – →Segen) ist doppelt konnotiert. Zwar kann man den sog. Valetsegen (aus dem spätlat.: *vale-dicere)* als den liturgischen Kern der A. ansehen. Seine Fakultativsetzung zeigt aber die Schwierigkeit, die im Verständnis der A. als Segenshandlung begründet ist. Eine A. kann aber auch dann stattfinden, wenn der Leichnam bereits das Trauerhaus verlassen hat. Dann dient die A. nur mehr der Begleitung der Angehörigen und nicht auch noch der kontrovers diskutierten Segnung eines Verstorbenen.

In Frage steht, ob an einem Verstorbenen überhaupt eine Segenshandlung vollzogen werden darf, zumal sich durch die →Reformation ein Wandel im Verständnis der die Bestattung begleitenden Riten vollzogen hat: die Handlung an einem Verstorbenen wird abgelehnt, dagegen rückt die →Verkündigung des Evangeliums als Trost an die Hinterbliebenen ins Zentrum. Die Beantwortung dieser Frage hängt zum einen vom Verständnis des Segens und zum anderen vom Verständnis des Todes ab. Eine exhibitive Segenshandlung kann nur dann als sinnvoll angesehen werden, wenn eine in der →Taufe begründete Verbindung zwischen der Existenz der/des Verstorbenen vor und nach dem Tod angenommen wird. Der gespendete Segen gilt also der Person des neuen Menschen, die mit dem Eintritt des Todes schon nicht mehr in dieser Welt existiert, muss aber am Körper (→Leib) der/des Verstorbenen vollzogen werden, da die Person auch dann noch durch den Körper repräsentiert wird.

Die A. begleitet den Statuswechsel, den die/der Sterbende und die Angehörigen mit dem Eintritt des Todes vollziehen. Die/der Sterbende wird zum Verstorbenen, die Angehörigen werden zu Hinterbliebenen. Die A. kann als der eigentliche Abschied von der/dem Verstorbenen angesehen werden, da es hier oftmals zur letzten körperlichen Begegnung kommt. Sie hat daher die Funktion, diesen Abschied rituell, sprachlich u. gestisch für die Angehörigen zu formulieren. Wird im Abschied das Unweigerliche u. Trennende betont, so hat die A. zugleich den Sinn, das Bleibende und über die Todesgrenze Hinweggehende hervorzuheben. Insbesondere der Valetsegen erinnert daran, dass ein/e Getaufte/r verstorben ist, für die/den der Tod der Eingang zum ewigen Leben ist. Die A. hat daher anamnetischen Charakter: Gott »gedenkt« eines Menschen, den er in der Taufe als sein Kind angenommen hat. Das unterscheidet die A. von einem Gebet für den Toten.

Zur A. sollte ein →Kreuz aufgestellt und Kerzen entzündet werden (vgl. VELKD Agende III/5, 24). Wird der Valetsegen gespendet, dann sollte eine Hand auf das Haupt der/des Verstorbenen gelegt und ihr/sein Name genannt werden. Dadurch wird der tauftheologische Bezug in der trinitarisch gegliederten Formulierung des Valetsegens noch deutlicher.

Valetsegen:

Es segne dich Gott, der Vater, der dich nach seinem Ebenbild geschaffen hat.
Es segne dich Gott, der Sohn, der dich durch sein Leiden und Sterben erlöst hat.
Es segne dich Gott, der Heilige Geist, der dich zum Leben gerufen und geheiligt hat.
Gott der Vater und der Sohn und der Heilige Geist geleite dich durch das Dunkel des Todes.
Er sei dir gnädig im Gericht und gebe dir Frieden und ewiges Leben. Amen.

LITERATUR: ZENTRALINSTITUT F. SEPULKRALKULTUR KASSEL (Hg.), Großes Lexikon d. Bestattungs- u. Friedhofskultur, Braunschweig 2002 • ERNST NESTELE, Die A. Verstorbener, Stuttgart 1999 • KIRCHENLEITUNG DER VELKD (Hg.), Agende f. Ev.-Luth. Kirchen u. Gemeinden Bd. 3: Die Amtshandlungen, Teil 5: Die Bestattung, Hannover 1996.

Thomas Melzl

AUTONOMIE

siehe unter: Selbstbestimmung

AVERDIECK, ELISE

Die Lehrerin u. Schriftstellerin A. (1808–1907) entstammte einer Hamburger Kaufmannsfamilie. Von 1837 bis 1856 unterhielt sie eine Elementarschule für Knaben, parallel dazu engagierte sie sich in der Sonntagsschule des neupietistischen Pfarrers Johann Wilhelm Rautenberg. A. gehörte zum Kreis der Hamburger Erweckungsbewegung um Amalie →Sieveking und Johann H. →Wichern und kam so in Berührung mit den Aufgaben der →Inneren Mission. 1856 eröffnete sie in ihrer Heimatstadt das Diakonissenmutterhaus Bethesda, dessen Leitung sie bis 1881 übernahm. Die Anstalt wurde 1905 nach Rotenburg/Wümme verlegt. An der Gründung der Braunschweiger Diakonissenanstalt im Jahr 1869 war A. maßgeblich beteiligt.

LITERATUR: INKE WEGENER, Zw. Mut u. Demut. Die weibl. Diakonie am Bsp. E.A.s, Göttingen 2004.

Annett Büttner

ARBEITSVERTRAGSRICHTLINIEN (AVR)

siehe unter: Arbeitsrecht

BACH, ULRICH

U.B. (1931–2009) erkrankte zu Beginn seines Theologiestudiums an Poliomyelitis (Kinderlähmung). Als Theologe mit einer Behinderung, Pastor der Ev. Stiftung Volmarstein und Dozent machte er darauf aufmerksam, dass der weit verbreitete »theologische Sozialrassismus« als Marginalisierung und Diskriminierung behinderter und kranker Menschen biblisch und dogmatisch unhaltbar ist. Vielmehr gilt das ganze Credo ausnahmslos allen Menschen: auch kranke und behinderte Menschen sind vom Schöpfergott »gut« geschaffen; sie sind aus der Menschenfreundlichkeit Gottes gerechtfertigt und haben eine unvertretbare Sendung für Kirche und Welt.

Da das Defizitäre, laut B., in die Definition des Humanum gehört, bilden behinderte wie nicht-behinderte Menschen eine Solidargemeinschaft vor Gott. B.s »ebenerdige Theologie«, die er aus der Kreuzestheologie entwickelt, versteht er als Befreiungstheologie vom Zwang zu Stärke und Gesundheit. Sie hat in Kirche und Diakonie wichtige Impulse gesetzt.

LITERATUR: U.B., Ohne die Schwächsten ist die Kirche nicht ganz. Bausteine einer Theologie nach Hadamar, Neukirchen-Vluyn 2006 • ANNE KRAUSS, Barrierefreie Theologie. Das Werk U.B.s vorgestellt u. weitergedacht, Stuttgart 2014.

Anna Lörcher

BAHNHOFSMISSION

B.en sind caritativ-diakonische Hilfeeinrichtungen an rund 100 Bahnhöfen in Deutschland. Sie definieren sich als Anlaufstellen für sozial benachteiligte Menschen sowie für Reisende mit Mobilitätseinschränkungen. Die Arbeit der B. geschieht zielgruppenübergreifend und steht allen Menschen offen, die sich am Bahnhof aufhalten. Die angebotenen Hilfestellungen erbringen sie ungeachtet personenbezogener Merkmale in niedrigschwelliger Form: kostenlos, anonym u. ohne Voranmeldung.

Für reisende Personen bieten B.en Hilfen beim Ein-, Aus- u. Umsteigen sowie bei der Orientierung im Bahnhof. Darüber hinaus leisten B.en fachliche →Beratung, materielle Hilfen oder seelsorgerlichen Beistand (→Seelsorge) für Menschen mit besonderem Beratungs- und Unterstützungsbedarf. Neben unbürokratischer Soforthilfe verstehen sich B.en bei komplexen Problemlagen als Vermittlungsstellen, die auf das weiterführende Hilfsangebote im sozialen System verweisen. Zu diesem Zwecke streben B.en eine starke Vernetzung mit kirchlichen und öffentlichen Hilfeeinrichtungen an.

Ausgangspunkt für die Entstehung der B.en war eine wachsende soziale →Not im ausgehenden 19. Jh. Junge Mädchen u. Frauen zogen auf der Suche nach Arbeit in Städte und waren dort vielfach sozialer und sexueller Ausbeutung ausgesetzt. Auf Initiative des Pfarrers Johannes Burghardt organisierte sich zunächst durch →Diakonissen eine spontane Hilfstätigkeit für die ankommenden Frauen am Bahnhof.

1894 wurde schließlich in Berlin die erste ev. B. gegründet, 1897 folgte am Münchner Bahnhof ein kath. Äquivalent. Bald weitete sich die Hilfstätigkeit auf junge Männer aus – aus einer Einrichtung für junge Frauen wurde ein Angebot für alle Menschen am Bahnhof. Vor dem Hintergrund historischer Ereignisse haben sich die Aufgabenschwerpunkte der B.en immer wieder verändert. Während der NS-Zeit sowie in der DDR wurde die Arbeit der B.en unterbunden. B.en erheben den Selbstanspruch, konzeptionell auf gesellschaftliche Umbrüche u. Herausforderungen zu reagieren, und schreiben sich eine Seismographenfunktion zu, indem sie gesellschaftsstrukturelle Trends frühzeitig zu erfassen und auf diese hinzuweisen versuchen. Spezielle Angebote wie »Kids on Tour« oder »Bahnhofsmission mobil« – beides zu verstehen als mobile Begleitung während der Reise – sind Ausdruck dessen und Antwort auf eine zunehmende Mobilität des modernen Menschen.

Im Jahr 1910 organisierten sich die Hilfsdienste an den Bahnhöfen interkonfessionell. Es wurde eine ökumenische Arbeitsgemeinschaft zwischen den beiden konfessionsgebundenen Dachverbänden »Verband der Deutschen Ev. Bahnhofsmission e.V.« sowie »Bundesarbeitsgemeinschaft der Kath. Bahnhofsmissionen in Deutschland« gegründet, die noch heute unter der Bezeichnung »Konferenz für Kirchliche Bahnhofsmission in Deutschland« arbeitet. Die Arbeit der B.en gehört damit zu den ältesten ökumenischen Hilfseinrichtungen der offenen →sozialen Arbeit in Deutschland. Die lokalen, konzeptionell selbständig arbeitenden B.en befinden sich in unterschiedlicher, häufig ökumenischer Trägerschaft (→Kostenträger). Die lokalen und regionalen Organisationen der kirchlichen →Wohlfahrtsverbände der ev. und kath. →Kirche (z.B. →Caritasverband, →Diakonie, IN VIA) sind für die organisatorische und finanzielle Ausgestaltung der Arbeit der B.en verantwortlich. Da B.en durch ihre Hilfeleistungen i.d.R. keine gesetzlichen Ansprüche erfüllen, erfolgt ihre →Finanzierung nur zu einem geringen Teil durch öffentliche Mittel.

Unterstützt wird die Arbeit der B. durch die Deutsche Bahn AG mit der Überlassung von Räumen und der Übernahme von Betriebskosten. Seit ihrer Gründung ist die Arbeit der B.en ein Feld zivilgesellschaftlichen Engagements. Rund 2.000 ehrenamtliche Mitarbeitende (→Ehrenamt) engagieren sich in den Hilfseinrichtungen an den Bahnhöfen. B.en verstehen ihre Arbeit als Ausdruck christl. →Glaubens und sehen sich als »gelebte Kirche am Bahnhof«. Damit verbinden sie in ihrem →Leitbild das Ziel, →Nächstenliebe zu praktizieren und spirituelle Bedürfnisse der Hilfesuchenden zu berücksichtigen.

LITERATUR: www.bahnhofsmission.de • GISELA SAUTER-ACKERMANN, B. heute. Aufgaben, Chancen, Herausforderungen, in: BERND LUTZ / BRUNO W. NIKLES / DOROTHEA SATTLER (Hg.), Der Bahnhof. Ort gelebter Kirche, Ostfildern 2013, 19–37 • BRUNO W. NIKLES, Soz. Hilfe am Bahnhof. Zur Geschichte der B., in: NN, Deutschland (1894–1960), Freiburg i.Br. 1994.

Claudia Graf

BAKD

siehe unter: Bundesakademie für Kirche und Diakonie

BALANCED SCORECARD (BSC)

Die BSC verbindet die Strategiefindung, Strategiedokumentation u. deren Umsetzung in einem strategischen, ausgewogenen Managementsystem (→Management). Ausgehend von der Vision und Mission werden in den Perspektiven →Finanzen, →Kunden, Prozesse, →Lernen und Entwicklung interagierende strategische Ziele vereinbart. Die Erweiterung oder Reduzierung der Zahl der Perspektiven ist prinzipiell möglich. Von den Zielen werden Kennzahlen und Indikatoren abgeleitet und regelmäßig gemessen.

Thomas Eisenreich

BANK, KIRCHLICHE

B., deren Gründungsgedanke kirchliche Bezüge haben, gibt es nicht nur in Deutschland. Prominentestes Beispiel hierfür ist die 1929 gegründete Vatikanbank

(Instituto per le Opere di Religione IOR). Wenn in Deutschland von Kirchenb.en gesprochen wird, sind in der Regel folgende, dem Verbund der Volks- und Raiffeisenbanken angeschlossenen, Kreditinstitute gemeint:

Ev. B. eG, Kassel (entstanden aus Ev. Kreditgenossenschaft Kiel u. Ev. Kreditgenossenschaft Kassel) / B. für Kirche u. Diakonie eG – KD-B., Dortmund / B. für Kirche u. Caritas eG, Paderborn / B. im Bistum Essen eG / DKM Darlehnskasse Münster eG / Liga B. eG, Regensburg / Pax-B. eG, Köln

Die B. für Sozialwirtschaft AG Köln (BfS) ist vom Geschäftsmodell vergleichbar. Die Mehrheit der Aktien wird von konfessionellen Verbänden u. Einrichtungen gehalten. Obwohl eine AG, ist die BfS ebenfalls Mitglied im Verbund der Genossenschaften und deren Einlagensicherungssystem.

Der genossenschaftliche Aspekt der →Selbsthilfe und des Nutzenstiftens deckt sich mit den Geschäftsprinzipien dieser Institute. Die ersten wurden bereits 1917 gegründet. Sie sind Universalb.en mit den klassischen Kerngeschäften: Zahlungsverkehr, Kredite u. Anlageberatung. Insofern sind sie vergleichbar mit anderen Volks- u. Raiffeisenbanken oder Sparkassen. Der Unterschied besteht allerdings darin, dass sie sich mit ihren Angeboten im Wesentlichen an kirchliche u. gemeinnützige (→Gemeinnützigkeit) caritative u. diakonische Organisationen und deren Mitarbeitern/innen (→Mitarbeitende) richten.

Da der Zahlungsverkehr überwiegend elektronisch abgewickelt wird, spielen hier räumliche Distanzen zu Kunden keine Rolle mehr.

Die Bandbreite der Geldanlage reicht vom klassischen Sparkonto bis zur vollständigen Übernahme einer Depotverwaltung. Dabei stehen ethische und ökologische Aspekte sowie Sicherheit mehr im Vordergrund als Gewinnmaximierung.

Die öffentliche Förderung von Investitionen im sozialen Sektor deckt immer weniger den tatsächlichen Bedarf. Gemeinnützige Einrichtungen aus dem Bereich der Caritas u. Diakonie sind daher zunehmend auf Kredite angewiesen. Das für diese Kredite erforderliche Spezialwissen wird in vielen Geschäftsbanken, die ein breiteres Mandantenspektrum abdecken, nicht immer vorgehalten. Hier übernehmen die Kirchenb.en mit ihrer über Jahrzehnte gewachsenen Erfahrung eine wichtige Funktion als Spezialfinanzierer.

2014 betrug das Kreditvolumen der Kirchenb.en einschließlich der B. für Sozialwirtschaft über 18 Mrd. €. Da es sich hierbei i.d.R. um Teilfinanzierungen handelt, dürfte das tatsächliche, mit diesen Krediten realisierte Projektvolumen bei gut 30 Mrd. € liegen.

LITERATUR: www.wikipedia.org/wiki/Kirchliches_Kreditinstitut • www.sozialbank.de/381/ Geschäftsbericht 2014 • www.pax-bank.de/ihre-pax-bank/ueber-uns/geschichte.html • www.kathpedia.com/index.php/Vatikanbank.

Dietmar Krüger / Friedrich Vogelbusch

BAPTISTEN

Konfession, entstanden 1609 in Amsterdam unter englischen Exilanten, in Deutschland seit 1834, seit 1942 unter dem Namen Bund Ev.-Freikirchlicher Gemeinden in Deutschland K.d.ö.R. 1882. Eduard Schewe forderte das Diakonissenamt (→Diakonisse) für die baptistischen Gemeinden und gründete 1887 die erste baptistische Diakonissenschwesternschaft in Berlin. In Hamburg wurde 1899 die Schwesternschaften Tabea und 1907 Siloah gegründet, ab 1940 umbenannt in Albertinen nach Albertine Assor, der ersten baptistischen Diakonisse. Die →Mutterhäuser der B., der Methodisten u. Freien Evangelischen schlossen sich 1975 zum Verband Freikirchlicher Diakoniewerke zusammen und setzten die Tradition der Freikirchlichen Diakoniekonferenz 1907 und andere Treffen fort. In der zweiten Hälfte des 20. Jh. engagierten sich viele Gemeinden in Projekten: Kindergärten, →Mehrgenerationenhäuser, Winterspielplätze, →Familienzentren u.a. wurden ehrenamtlich verantwortet und als Vereine weitergeführt.

LITERATUR: ASTRID GIEBEL, Glaube, der in der Liebe tätig ist. Diakonie im deutschen Baptismus von den Anfängen bis 1957, Kassel 2000.

Gyburg Beschnidt

BARMER THEOLOGISCHE ERKLÄRUNG

Die Bekennende →Kirche als Gegenbewegung gegen die Deutschen Christen verabschiedete am 31. Mai 1934 die BThE, das zentrale Dokument des Kirchenkampfs zur Zeit des Nationalsozialismus. Die BThE verwirft »die falsche Lehre, als könne und müsse die Kirche als Quelle ihrer →Verkündigung außer und neben [dem] einen Worte Gottes auch noch andere Ereignisse und Mächte, Gestalten und Wahrheiten als Gottes Offenbarung anerkennen«.

Die 1. Bekenntnissynode der Deutschen Ev. Kirche als Zusammenschluss von Lutheranern, Reformierten und Unierten hatte vom 29.–31. Mai 1934 in (Wuppertal-) Barmen als Reaktion auf die Gleichschaltung der meisten →Landeskirchen durch die Reichskirchenleitung getagt. Die BThE ist ein wichtiges Dokument der →Theologie und →Ekklesiologie und stellt in sechs Thesen das Bekenntnis der Deutschen Ev. Kirche fest. Eingeleitet werden die Thesen jeweils durch einen expliziten Bezug auf die →Bibel, dem folgen eine positive Aussage über den →Glauben der Kirche und die Abwehr falscher Lehren und Ansprüche. These I erklärt →Jesus Christus als »das eine Wort Gottes«, These II begründet den Anspruch Gottes auf das ganze Leben und die daraus folgende Freiheit zum →Dienen an anderen. These III verweigert die Anpassung der Kirche an den politischen oder weltanschaulichen Zeitgeist (Deutsche Christen), These IV lehnt das Führerprinzip für die Kirche ab und These V proklamiert die Trennung von Staat u. Kirche. These VI erklärt unter implizitem Bezug auf den VII. Artikel des Augsburgischen Bekenntnisses (→Abendmahl, Verkündigung) das Gewiesensein der Kirche »an alles Volk«. Die BThE konnte als Grundlage für die Abwehr von Eingriffen in diakonische Tätigkeiten (→Diakonie) der Kirche genutzt werden.

LITERATUR: ALFRED BURGSMÜLLER / RUDOLF WETH, DieBThE. Einführung u. Dokumentation, Neukirchen-Vluyn 1984 • KLAUS SCHOLDER, Die Kirchen u. das Dritte Reich, München 1985 • GERHARD BESIER, Die Kirchen u. das Dritte Reich, München 2001.

Judith Becker

BARMHERZIGKEIT

Ganz normale Männer waren 1941 im Reserve-Polizeibataillon 101 an der »Endlösung« in Polen beteiligt. Eine geprügelte Generation ging aus der Erziehungspraxis deutscher Eltern und pädagogischer Institutionen der frühen Bundesrepublik hervor. Wo Unbarmherzigkeit skandalisiert und B. stark gemacht werden, wird eine transmoralische, transempirische u. vorrechtliche anthropologische (→Menschenbild) Dimension angesprochen, die auf die affektive und existenzielle Ansprechbarkeit von Personen u. Gruppen für das Leid (→Leiden) anderer zielt. Als eine Begegnung, die vom Herzen kommt, ist sie nicht nur ein Merkmal Gottes (→Gott), sondern macht das gesamte Wesen u. Werden des dreieinigen Gottes aus: »Ich glaube, dass mich Gott geschaffen hat samt allen Kreaturen [...] und das alles aus lauter väterlicher göttlicher Güte und Barmherzigkeit« →Luther, Kleiner Katechismus).

Das deutsche Wort »B.« bezeichnet als Nachbildung des lat. *misericordia* das Herz für die Elenden, des gr. *Eleos*, die →Solidarität mit den Leidenden und das Gefühl für die Unglücklichen, des hebr. *rahamim* (Mutterschoß) die aktive u. bergende Mutterliebe. Von B. ist der Sache nach in der →Bibel auch dort die Rede, wo Gott die →Armut, die →Not, die →Schuld und das Elend »sieht« (1Mose 16,13), die →Klage und das Schreien der Menschen »hört« (Ri 2,6–18), die Zerstreuten »sammelt« (Jes 54,7), des Menschen »gedenkt« (Ps 8,5) und Bedrängte aus ihrer Lage rettet, ihnen hilft und vergibt (Mi 7,18 / Ps 103,8 / vgl. 2Mose 34,6f). B. und →Gerechtigkeit verweisen aufeinander; nur ein barmherziger ist ein guter Richter (2Mose 23,6). B. verschafft dem Bedrängten Recht (3Mose / 2Mose 22,20). Kultkritik bestreitet die Möglichkeit, fehlende B. durch religiös-liturgische Praxis zu kompensieren (Am 5,23ff).

Zwischen AT und NT besteht diesbezüglich kein Gegensatz: »Seid barmherzig, wie auch der Vater barmherzig ist (Lk 6,36). Die B. Jesu (→Jesus Christus) (Mk 6,34; 8,4) und des barmherzigen →Samariters (Lk 10,25–37) ist eine aus den Eingeweiden (gr. *splagchne*) rührende vitale und unwiderstehliche Regung des Mitgefühls (»Sie jammerten ihn.«). Ohne B., die in Taten Form annimmt (Lk 10,37 / Mt 25,31ff), kein Leben im →Glauben.

Für die →Reformation ist die allem menschlichen Glauben u. Handeln vorausliegende und Gerechtigkeit schaffende B. Gottes zentral: Was immer Gott tut, ob er schafft oder erhält oder bewahrt oder rettet oder Gericht hält – sogar unter dem Anschein des Gegenteils lässt Gott seine B. walten; allerdings ist diese nur durch den geistgewirkten Glauben an Jesus Christus, in dem Gott seine Liebe (→Gottesliebe) und seinen eigentlichen Willen offenbar macht, erkennbar. Der Unglaube muss demgegenüber angesichts des Leids und der Bosheit in der Welt Gott für ungerecht und unbarmherzig halten.

Sosehr auch Welterhaltung, Weltgestaltung u. personale Zuwendung einander bedingen: Im historischen Prozess kommt es zur Polarisierung zwischen B. u. Gerechtigkeit, Gnade u. Recht. B. gilt dann tendenziell als weltflüchtig, lebensfern, illusionär u. systemstabilisierend; Gerechtigkeit in jeweiliger Definition demgegenüber als philosophisch und politisch richtig und rechtens (vgl. Johann Hinrich →Wicherns Denkschrift in Folge seiner Kirchentagsrede in Wittenberg 1848 und das Manifest der Kommunistischen Partei von Karl Marx u. Friedrich Engels).

Legitimistisch-feudale, emanzipatorisch-liberale, kollektivistisch-sozialistische u. evolutionär-biologistische Formationen propagieren, organisieren u. exekutieren spezifische Verhältnisbestimmungen von B. und Gerechtigkeit. Im Kontext paternalistisch gönnerhafter Herablassung, herrschaftsstabilisierender Sozialkontrolle bzw. effektiv-dynamischer Marktkonkurrenz, klassenkämpferisch-solidarischer Militanz u. sozialdarwinistisch-gattungsbezogener eugenischer Optimierung erscheint B. als moralisch-religiöse Idealisierung, fortschritts- u. markthemmende Fehlhaltung, ideologische Verschleierung oder auszumerzende Schwäche.

B. ist jedoch auch anschlussfähig gegenüber diesen Modellen: Sie bewahrt die Dimension der personalen Beziehung, stärkt die einzelne Person in ihrer unverfügbaren Würde (→Menschenrechte), tendiert zu rechtlicher u. institutioneller Verlässlichkeit und Sicherheit dynamisiert den Wettbewerb im Fortschritt der Qualität von Hilfe (→Helfen), zielt auf die vorrangige Option für die Armen und pocht auf die Verbindung von Bios und Ethos.

Gegenüber den dehumanisierenden u. dezivilisierenden Risiken geschlossener Weltanschauungen und ideologischer Programme ist B. als unmittelbare, personal verankerte u. kultivierbare menschliche Regung stets neu als zentrale Ressource zur Wahrung menschlicher Würde, sozialer Gerechtigkeit u. ökologischer Nachhaltigkeit zur Geltung zu bringen. Dabei sind die christlichen Narrative für das Selbstverständnis, die Selbstgestaltung und die Außenwirkung personalen, sozialen u. institutionell-organisatorischen diakonischen Handelns (→Diakonie) konstitutiv.

Der biblische Impuls der B., die den Elenden Recht schafft, gibt dem »Sehen« u. »Hören« auf das Leid der Geringen Raum, schenkt der sensiblen Wahrnehmung, der →Empathie, dem Mitfühlen Aufmerksamkeit. Die B. von Ewigkeit her vermeidet Moralismus u. Militanz zugunsten einer Gleichzeitigkeit von spontaner individueller Hilfe und langfristiger planmäßiger institutionell-organisatorischer Entwicklung in unterschiedlichsten Formen u. Intensitäten, jeweils entlang der konkreten Bedarfslage.

Sozialpolitiker (→Sozialpolitik) haben das Recht und die Pflicht, weitausschauende Reformpläne auszuarbeiten und vorzubereiten. →Soziale Arbeit hat zu untersuchen, wie neben der Fortentwicklung des →Sozialstaats die konkrete gegenwärtige Lage des einzelnen Hilfebedürftigen (→Bedürftigkeit) verbessert werden kann. Exemplarisch lässt sich die Spannung zwischen B. und Gerechtigkeit an den Armenspeisungen der Tafelbewegung (→Tafeln) unter der Perspektive »Soziale Arbeit als ›Hilfe unter Protest‹ am Beispiel der Tafeln« diskutieren.

Befürworter der Tafeln würdigen, dass Überfluss und Mangel hilfreich zusammengeführt werden. Vernichtung von Lebensmitteln und soziale Benachteiligung werden zumindest temporär und lokal faktisch überwunden. Kritiker monieren, dass die Tafeln weder Überfluss beenden noch Teilhaberechte (→Teilhabe) durchsetzen, vielmehr den Rückzug des Sozialstaats aus seiner Verantwortung fördern und ungerechte Verhältnisse stabilisieren. Diakonie im Horizont biblischer B.-Verständnisse bringt durch konkrete Hilfe protestierend einen innovativen Überschuss an Vision eines besseren Lebens ins Spiel.

Europäische u. globale Krisen wie die Finanzkrise 2008ff, die Griechenlandkrise 2015 und die Flüchtlingskrise (→Flüchtlinge) seit 2015 stellen das Verhältnis von persönlicher Hilfemotivation, zivilgesellschaftlicher Integrationskraft (→Integration), pol. Gestaltungsfähigkeit und allgemeiner Rechts- u. Vertragstreue erneut u. dramatisch vor eine Herausforderung, die sich zu einer existenzbedrohenden Belastungsprobe für die →Europäische Union entwickelt hat. Angesichts der scharfen Polarisierung zwischen einer von großen Bevölkerungsteilen getragenen spontanen »Willkommenskultur«, militanter Hilfeverweigerung durch nationalistische u. rechtspopulistische Strömungen bis hin zu gewalttätigen Übergriffen und dem Gebot der Wahrung geltenden vertraglichen u. staatlichen Rechts ist B. als die Bereitschaft u. Fähigkeit, den Elenden Recht zu schaffen, erneut herausgefordert.

»Den Blick für das fremde Leid zu bewahren, ist Bedingung aller Kultur. Erbarmen im Sinne der Bibel stellt dabei kein zufälliges, flüchtig-befristetes Gefühl dar. Die Armen sollen mit Verläßlichkeit Erbarmen erfahren. Dieses Erbarmen drängt auf Gerechtigkeit« (EKD 1997). Das »Wort« des Rates der EKD und der Deutschen Bischofskonferenz »Für eine Zukunft in Solidarität und Gerechtigkeit« mit der Forderung einer nach Kultur der Barmherzigkeit bleibt aktuell.

LITERATUR: EVANGELISCHE KIRCHE IN DEUTSCHLAND: Für eine Zukunft in Solidarität u. Gerechtigkeit Gütersloh 1997 • ANTON ROTZETTER, Art. B., in: Lexikon christl. Spiritualität, Darmstadt 2008, 49 • HANS-JÜRGEN BENEDICT, B. u. Diakonie, Stuttgart 2008 • BENJAMIN BENZ, Armenhilfepolitik. Soz. Arbeit als ›Hilfe unter Protest‹ am Bsp. d. Tafeln, in: BENJAMIN BENZ / GÜNTER RIEGER / WERNER SCHÖNIG / TÖBBE-SCHUKALLA (Hg.), Politik Soz. Arbeit Bd. 2: Akteure, Handlungsfelder u. Methoden, Weinheim 2014, 122–140.

Dieter Beese

BARTH, KARL

K.B. (1886–1968) gilt als der bedeutendste deutschsprachige ev. Theologe des 20. Jh., dessen Wirkung weltweit bis heute anhält. Es war als Pfarrer der armen Gemeinde Safenwil (Schweiz) schon früh auf Seiten der dortigen Arbeiter als SPD-Mitglied tätig. Nach seiner Auslegung des Römerbriefs erhielt er einen Ruf an die Universität Bonn und lehrte später in Basel. Er war auf Seiten der Bekennenden Kirche aktiv, v.a. als wesentlicher Verfasser der →Barmer Theologischen Erklärung. Darin wird in These II erstmals in einem theologisch verbindlichen Dokument auf »die Befreiung (des Christen) zu frohem u. dankbarem *Dienst*« hingewiesen.

Sein Hauptwerk, die »Kirchliche Dogmatik«, ist von 1932–1967 in 13 Bänden von Lexikonformat erschienen und enthält an vielen Stellen Spuren seines sozialen Engagements. Bereits auf der ersten Seite wird die »Liebestätigkeit unter den Schwachen, Kranken u. Gefährdeten« (KD I,1,1) genannt. Des Weiteren werden in einem vergleichsweise ausführlichen Abschnitt zur »Diakonie« nahezu alle die Kirche auf diesem Feld auch heute noch bewegenden Themen angesprochen.

LITERATUR: K.B., Kirchl. Dogmatik Bd. IV, 3,2, Zürich 1959, 1020–1026 • EBERHARD BUSCH, K.B.s Lebenslauf. Nach seinen Briefen u. autobiografischen Texten, München 1975 (Zürich 2005).

Martin Wolff

Lebensregeln für ältere Menschen im Verhältnis zu jüngeren

1 Du sollst dir klarmachen, dass die jüngeren, die verwandten oder sonst lieben Menschen beiderlei Geschlechts ihre Wege nach ihren eigenen ... nicht deinen ... Grundsätzen, Ideen und Gelüsten zu gehen, ihre eigenen Erfahrungen zu machen und nach ihrer eigenen ... nicht deiner ... Fasson selig zu sein und zu werden das Recht haben.

2 Du sollst ihnen also weder mit deinem Vorbild, noch mit deiner Altersweisheit, noch mit deiner Zuneigung, noch mit Wohltaten nach deinem Geschmack zu nahe treten.

3 Du sollst sie in keiner Weise an deine Person binden oder dir verpflichten wollen.

4 Du sollst dich weder wundern noch dich ärgern und betrüben, wenn du merken musst, dass sie öfters keine oder nur wenig Zeit für dich haben, dass du sie, so gut du es mit ihnen meinen magst und so sicher du deiner Sache ihnen gegenüber zu sein denkst, gelegentlich stärkst und langweilst und dass sie dann unbekümmert an dir und deinen Ratschlägen vorbeibrausen.

5 Du sollst bei diesem ihrem Tun reumütig denken, dass du es in deinen jüngeren Jahren den damals älteren Herrschaften gegenüber vielleicht ... wahrscheinlich ... ganz ähnlich gehalten hast.

6 Du sollst also für jeden Beweis von echter Aufmerksamkeit und ernstlichem Vertrauen, der dir von ihrer Seite widerfahren mag, dankbar sein, du sollst aber solche Beweise von ihnen weder erwarten noch gar verlangen.

7 Du sollst sie unter keinen Umständen fallen lassen, sollst sie vielmehr, indem du sie freigibst, in heiterer Gelassenheit begleiten, im Vertrauen auf Gott ihnen das Beste zutrauen, sie unter allen Umständen lieb behalten und für sie beten.

Karl Barth, in: Späte Freundschaft. Carl Zuckmayer / Karl Barth in Briefen, Zürich 1986, 56f

BARTHOLD, KARL

K.B. (1829–1904) wächst im Waisenhaus in Stuttgart auf und besucht dort das angeschlossene Lehrerseminar. Ab 1852 verschiedene Tätigkeiten als Taubstummen-Lehrer. Wird 1859 zum Direktor von Hephata – ev. Heil- u. Pflegeanstalt für blödsinnige Kinder Rheinlands u. Westphalens – in Mönchengladbach (heute: Ev. Stiftung Hephata) berufen.

Von Anfang an unterrichtet B. Kinder mit geistiger Behinderung, die damals als »bildungsunfähig« gelten. 1895 verfasst er die erste Fibel für »Schwachbegabte«. B. wird Vorsitzender der »Konferenz für das Idiotenwesen« in Preußen. In dieser Funktion trägt er entscheidend zur Entwicklung des sogenannten »Hülfsschulwesens« bei. Zusammen mit Pfarrer Franz Balke gibt er 1865 den Impuls zur Gründung Bethels in Bielefeld. Erster Leiter Bethels wird B.s Neffe Johannes Unsöld. Hephata wird eine Art Mustereinrichtung, die von Delegationen aus verschiedenen deutschen Ländern sowie aus Schweden, Norwegen u. Österreich besucht wird.

Nach 45 Jahren des Aufbaus und der Leitung von Hephata stirbt B. am 6.11.1904. Sein Pioniergeist setzt sich fort in Hephata.unternehmen.mensch, das sich der Inklusion verpflichtet weiß. Weitere Infos unter: www.hephata-mg.de

Dieter Kalesse

BASILIUS VON CÄSAREA

auch: »B. der Große« genannt; (um 330–379) war als Bischof von Cäsarea und Metropolit von Kappadokien die dominierende Gestalt der Theologengruppe der »Kappadokier« (mit Gregor von Nyssa und Gregor von Nazianz), die sich um die kirchliche Einheit des christologischen u. trinitarischen Glaubensbekenntnisses in Ost u. West bemühte. Er lebte und förderte die asketisch-monastische Lebensform. Am Rand seiner Bischofsstadt Cäsarea ließ er einen ausgedehnten Hospizkomplex als Obdachlosenasyl für Bettler, als Herberge für Fremde (→Xenodochium) und für die Pflege von Kranken errichten, der als »neue Stadt« (Gr. v. Nazianz) und im 5. Jh. als »Basilias« bezeichnet wurde. Pionierhaft und exemplarisch steht er für die bischöfliche Verantwortung für die (überindividuelle) kirchliche Hilfsorganisation, die mit den reichskirchlichen Freiheiten im 4. Jh. neue Möglichkeiten und Dimensionen entwickelte und sich der Nöte der Armen ungeachtet ihrer religiösen Zugehörigkeit annahm.

LITERATUR: KARL SUSO FRANK, Lehrbuch d. Geschichte der Alten Kirche, Paderborn 2002 • Die Geschichte d. Christentums. Religion – Politik – Kultur Bd. 2: Das Entstehen der einen Christenheit (250–430), Freiburg 1996 (Sonderausgabe 2010), 785–791.

Klaus Baumann

BEDÜRFTIGKEIT

B. liegt laut § 27 SGB XII bei Personen vor, »die ihren notwendigen Lebensunterhalt nicht oder nicht ausreichend aus eigenen Kräften u. Mitteln bestreiten können« und nicht von unterhaltspflichtigen Angehörigen mitversorgt werden können (vgl. auch § 1602 BGB). Sie wird somit gemäß dem →Subsidiaritätsprinzip ermittelt. Bedürftige Personen sind leistungsberechtigt und empfangen je nach ermitteltem Bedarf und unabhängig von ihren subjektiv empfundenen Bedürfnissen staatliche Geld- u. Sachleistungen. Der notwendige Lebensunterhalt soll das Existenzminimum (→Existenzsicherung) bzw. ein menschenwürdiges Leben (→Menschenrechte) gewährleisten.

LITERATUR: FRANZ STIMMER, Lexikon d. Soz.pädagogik u. der Soz.arbeit, München/Wien 2000 • DT. VEREIN F. ÖFFENTLICHE U. PRIVATE FÜRSORGE E.V., Fachlexikon d. soz. Arbeit, Baden-Baden 2011.

Petra Zeil

BEHINDERTENHILFE

Als Leistungen der B. werden hauptsächlich Hilfs- bzw. Assistenzleistungen (→Assistenz) für Menschen mit einer wesentlichen →Behinderung bezeichnet, die nach dem Sozialgesetzbuch (→SGB) XII als Leistungen der Eingliederungshilfe für behinderte Menschen überwiegend vom Träger der Sozial- bzw. Eingliederungshilfe finanziert werden. Dazu zählen u.a. Wohn- und Betreuungsangebote und →Werkstätten für Menschen mit Behinderungen. Der inzwischen fragwürdige, aber immer noch gebräuchliche Leitbegriff Behinderten*hilfe* gehört zum Instrumentarium des fürsorgenden Sozialstaats des 20. Jh., der Bürgerinnen u. Bürger, wenn sie aus Gründen des →Alters, der Obdachlosigkeit, Arbeitslosigkeit, der Krankheit (→Gesundheit/Krankheit), der Behinderung etc. nicht mehr für sich selbst sorgen können, also hilfsbedürftig sind, mit subsidiären Hilfeleistungen (→Subsidiarität) unterstützt. Die Leistungen des Sozialstaats werden inzwischen weniger als Hilfen (→Helfen), sondern vielmehr als Rechtsansprüche der Bürgerin u. des Bürgers auf Sicherung der Existenz (→Existenzsicherung: Lebensunterhalt, Wohnung) und →Teilhabe am gesellschaftlichen und beruflichen Leben gefasst. Insofern umfasst die B., deren Leistungen überwiegend von frei-gemeinnützigen Trägern erbracht werden, die der Freien Wohlfahrtspflege (→Wohlfahrtsverbände) angehören, sowohl Leistungen, die der Existenzsicherung dienen, wie z.B. die Bereitstellung von geeignetem Wohnraum und den für die persönliche Lebensführung erforderlichen Assistenzleistungen, als auch Leistungen zur sozialen bzw. beruflichen Teilhabe, z.B. die Unterstützung bei der Gestaltung des Alltags, bei Arzt- u. Behördenterminen, den Besuch von Kultur- u. Freizeitangeboten bzw. die Unterstützung bei der Teilhabe am Arbeitsleben, bislang häufig in einer Werkstatt für Menschen mit Behinderung (WfbM).

Diese Leistungen werden überwiegend für Menschen mit kognitiven Beeinträchtigungen, mit schweren psychischen Erkrankungen, die zu einer sog. seelischen

Behinderung führen, sowie für Menschen mit schweren mehrfachen Behinderungen erbracht. Aber auch eine Sinnesbehinderung oder körperliche Behinderung berechtigt zu Leistungen der B., die üblicherweise kaum in Anspruch genommen werden, wenn die Beeinträchtigungen erst im höheren Alter eingetreten sind.

Leistungen der B. werden im sogenannten sozialrechtlichen →Dreiecksverhältnis zwischen dem Leistungsberechtigten bzw. seinen Vertretern, dem Träger (Sozialhilfeträger, →Kostenträger) und dem Erbringer der Leistung vereinbart. Idealtypisch geschieht dies in einem Bedarfsfeststellungsverfahren, in dem der Leistungsberechtigte deutlich macht, wie und wo er leben und arbeiten möchte (Wunsch- und Wahlrecht), der oder die Leistungserbringer die verfügbaren Angebote formuliert und der Leistungsträger (Sozialhilfeträger) den Bedarf im sozialrechtlichen Sinne feststellt. Die Berücksichtigung der individuellen Wünsche (Wahl des Wohnorts, der Wohnform, des Arbeitsplatzes usw.) steht häufig gegen das Interesse des Leistungsträgers an einer möglichst preiswerten, ggf. sogar pauschalen Leistung und das Interesse des Leistungserbringers, sein bereits bestehendes Angebot zu belegen.

Die Entwicklung der B. ist aktuell von vier großen Trends geprägt. Sie betreffen die Veränderung der Wohnangebote, die Teilnahme u. Mitwirkung am gesellschaftlichen Alltag, die Rechtsstellung von Menschen und Behinderungen und den erstrebten Übergang der Menschen mit Behinderungen in das normale Arbeitsleben. Bei den Wohnangebote geht die Entwicklung grundsätzlich von den »beschützenden« abgeschlossenen Heimen, in die Menschen mit Behinderung gegeben wurden, wenn sie nicht in ihren Familien leben konnten, zu kleinen Wohnangeboten im Stadtteil, die meist zu höherer Selbstständigkeit und Lebenszufriedenheit der Bewohner/innen führt. Vor allem eine ökonomische Frage ist, in welchem Maße das Wohnen in kleinen Einheiten auch für Menschen realisiert werden kann, die Tag und Nacht auf Assistenz und →Betreuung angewiesen sind. Die gleichberechtigte und umfassende Teilnahme und Mitwirkung am gesellschaftlichen Alltag wird unter dem Leitbegriff der →Inklusion gefordert. Dabei geht es einerseits um geeignete persönliche Assistenz zur Teilhabe im erforderlichen Umfang, andererseits um gesellschaftliche Akzeptanz für Menschen mit Behinderung und ihre besonderen Belange. Die Verbesserung der Rechtsstellung der Menschen mit Behinderung wird menschenrechtlich als Umsetzung der Behindertenrechtskonvention der Vereinten Nationen (UN-BRK, →UN-Konvention über die Rechte von Menschen mit Behinderung) gefordert und diskutiert, sie betrifft unterschiedliche Rechtsbereiche, angefangen vom grundgesetzlichen Diskriminierungsverbot und die daraus folgenden Gesetze (Allgemeines Gleichstellungsgesetz, Behindertengleichstellungsgesetz), aber auch das Wahlrecht, das Schulrecht usw. Bei der Teilhabe am Arbeitsleben geht es aktuell darum, neben den Werkstätten für Menschen mit Behinderung andere geförderte Formen der Teilhabe am Arbeitsleben zu entwickeln, die es Menschen mit Behinderung ermöglichen, in Verwaltungen u. Betrieben tätig zu werden. Dabei sollen auch die Menschen mit besonders hohem Unterstützungsbedarf Beschäftigung finden, die bislang nur in sog. Tagesförderstätten (→Tagesstätte) gehen können.

Die Praxis der B. wird i.d.R. von multiprofessionellen Teams geprägt, die sich besonders auf die Unterstützung von Menschen mit Behinderung spezialisiert haben. Zu diesem fachlichen Blick auf das Leben mit (schweren, auch mehrfachen) Behinderungen ist in den letzten Jahrzehnten die Perspektive der Betroffenen und ihrer Angehörigen hinzugekommen, die sich je nach Art der Behinderung unterscheidet. Seit dem Ende der 1950er Jahre sind zu den traditionellen Anbietern der B. Träger gekommen, die von Eltern behinderter Kinder gegründet wurden.

Seit den 1970er Jahren erheben Menschen mit Behinderung zunehmend den Anspruch eines selbstbestimmten Lebens und damit auch den Anspruch, die dafür erforderlichen Assistenzleistungen zu beschreiben und einzufordern. Eine Vorreiterrolle haben hier die chronisch psychisch kranken Menschen, die zur fachlichen Sicht ihrer Beeinträchtigung ein eigenes Verständnis ihrer Krankheit und Lebenssituation beisteuern. Gleichzeitig wenden sich Menschen mit körperlichen Beeinträchtigungen mit dem Wahlspruch »Du bist nicht behindert, du wirst (von der Gesellschaft) behindert« gegen den Ausschluss (→Ausgrenzung) von Menschen mit Behinderungen aus dem gesellschaftlichen und beruflichen Leben und die Gleichsetzung von Behinderung und Hilfsbedürftigkeit (→Bedürftigkeit). Seit dem Ende des 20. Jh. haben dann auch Menschen mit kognitiven Beeinträchtigungen mit dem Wahlspruch »Nicht über uns ohne uns« den Anspruch erhoben, ihr Leben in allen Belangen selbst zu gestalten. Diese Impulse der →Selbsthilfe und Selbstvertretung von Menschen mit Behinderung sind zum Teil auch mit dem Anspruch verbunden, die bisherige B. und ihre Verbände als legitime Sachwalter der Menschen mit Behinderung abzulösen. In der Praxis und in der Politik gelingt nicht selten auch eine produktive Zusammenarbeit, in der die verschiedenen Perspektiven dialektisch miteinander vermittelt werden. Die B. wandelt sich in dieser Zusammenarbeit; dabei erhalten die Durchsetzung von Rechtssprüchen, die selbstbestimmte Gestaltung von Assistenz und die Teilhabe am allgemeinen gesellschaftlichen Leben mehr Gewicht als ältere →Leitbilder der beschützenden Fürsorge und Stellvertretung.

Die B. artikuliert sich fachpolitisch auf der Bundesebene durch die →Spitzenverbände der Freien Wohlfahrtspflege, darunter die →Diakonie Deutschland, sowie durch die fünf Fachverbände der Behindertenhilfe, zu denen auch der →Bundesverband evangelische Behindertenhilfe (BeB) zählt.

LITERATUR: ELISABETH WACKER, Art. Behindertenpolitik, Behindertenarbeit, in: HANS-UWE OTTO / HANS THIERSCH (Hg.), Handbuch Soziale Arbeit, München 2011, 131–144 • FRANZ SCHMELLER, Art. Eingliederungshilfe f. behinderte Menschen, in: DEUTSCHER VEREIN FÜR ÖFFENTLICHE U. PRIVATE FÜRSORGE (Hg.), Fachlexikon d. soz. Arbeit, Baden-Baden 2011, 209f.

Peter Bartmann

BEHINDERUNG

I. SOZIALES U. MEDIZINISCHES MODELL VON B.

Erst seit der frühen Weimarer Republik hat sich der Sammelbegriff »B.« zur allgemeinen Beschreibung von dauerhaften Beeinträchtigungen u. gesundheitlichen Schädigungen von Menschen nach und nach durchsetzen können. Davor wurden nur bestimmte Personengruppen bezeichnende Begriffe wie »Krüppel«, »Irre« o. »Schwachsinnige« verwendet, die heute als diskriminierend empfunden werden (Schmuhl 2010, 11ff). Aber auch der Begriff »B.« war historisch betrachtet immer negativ konnotiert und bedeutete für Menschen, die damit bezeichnet wurden, Stigmatisierung u. Diskriminierung ausgesetzt zu sein (Mürner/Sierck 2012, 9). In diesem Kontext ist die Kritik des *medizinischen Modells*, das B. einseitig auf einen körperlichen o. seelischen

Defekt bzw. eine Funktionsstörung zurückführt und umstandslos mit der Einschränkung von Lebensqualität assoziiert, zu sehen. Vertreterinnen und Vertreter der *disability studies* stellten dem medizinischen das soziale Modell von B. gegenüber, dem zufolge ein Mensch nicht in erster Linie durch seine individuelle Beeinträchtigung behindert *ist*, sondern durch gesellschaftliche Barrieren, Benachteiligungen u. negative Bewertungsmuster behindert *wird* (Barnes/Mercer/Shakespeare 1999, 27ff). Analog zur Unterscheidung zwischen biologischem (*sex*) und sozialem Geschlecht (→*gender*) der *gender studies* wird in den *disability studies* zwischen körperlicher, kognitiver o. psychisch-sozialer Beeinträchtigung (*impairment*) und B. durch gesellschaftliche Barrieren und negative Bewertungsmuster (*disability*) unterschieden. Kurz: B. wird als soziale Konstruktion aufgefasst.

Die Kritik am medizinischen Modell von B. hat auch die neue, internationale Klassifikation der Funktionsfähigkeit, B. u. →Gesundheit (→ICF) der Weltgesundheitsorganisation geprägt. Durch die →UN-Konvention für die Rechte von Menschen mit B. von 2006 (UN-BRK) wurde das soziale Modell von B. zur verbindlichen Vorgabe. In der Konvention wurde auf eine abschließende Definition von B. bewusst verzichtet und stattdessen der Kreis der Menschen mit B. festgelegt als die »Menschen, die langfristige körperliche, seelische, geistige o. Sinnesbeeinträchtigungen haben, welche sie in Wechselwirkung mit verschiedenen Barrieren an der vollen, wirksamen u. gleichberechtigten →Teilhabe an der Gesellschaft hindern können« (UN-BRK, Art. 1). Die Konvention fordert von den Vertragsstaaten u.a. Respekt für die individuellen Besonderheiten eines jeden Menschen zu zeigen, Maßnahmen zur Bekämpfung von Vorurteilen u. abwertenden Einstellungen in der Gesellschaft zu ergreifen sowie die Voraussetzungen dafür zu schaffen, dass sich diskriminierende Einstellungen gegenüber behinderten Menschen nicht kulturell durchsetzen können (UN-BRK, Art. 8).

Die Definition von B., mit der hierzulande sozialrechtliche Leistungsansprüche begründet werden, ist allerdings nach wie vor durch das medizinische Modell geprägt. Demnach gelten Menschen als »behindert, wenn ihre körperliche Funktion, geistige Fähigkeit o. seelische Gesundheit mit hoher Wahrscheinlichkeit länger als sechs Monate von dem für das Lebensalter typischen Zustand abweichen und daher ihre Teilhabe am Leben in der Gesellschaft beeinträchtigt ist. Sie sind von Behinderung bedroht, wenn die Beeinträchtigung zu erwarten ist« (SGB IX § 2 Abs. 1). Die Organisationen behinderter Menschen kritisieren an dieser Definition, dass sie weiterhin »die individuelle Beeinträchtigung für Einschränkungen der Teilhabe verantwortlich machen«, und fordern eine Anpassung an den Wortlaut der UN-BRK (BRK-Allianz 2014, 10).

II. PARADIGMENWECHSEL IN DER BEHINDERTENHILFE

Die UN-BRK fordert nicht nur einen anderen Blick auf behinderte Menschen, sondern auch einen anderen Umgang mit ihnen. Die Umsetzung der Konvention stellt gesellschaftliches und kirchliches Handeln (EKD 2014), insbesondere aber →Sozialpolitik u. Träger (→Kostenträger) sozialer Dienste (Degener/Diehl 2015) vor große Herausforderungen. Die beiden zentralen normativen Grundprinzipien, die von nun an – ungeachtet aller Inklusionskritik (Becker 2015, Cechura 2015) – normativ bindend sind, lauten →Selbstbestimmung und →Inklusion. Das heißt, die UN-BRK verleiht jeder Person mit B. einen menschenrechtlich (→Menschenrechte) begründeten

Anspruch auf ein selbstbestimmtes Leben bei voller u. gleichberechtigter gesellschaftlicher Teilhabe (UN-BRK Art. 19). Das gilt für alle Lebensbereiche und für alle
Menschen mit B., auch für diejenigen mit einem hohen o. sehr hohen Unterstützungsbedarf. Damit ist ein grundlegender Paradigmenwechsel von Fürsorge- u. Wohl-
tätigkeits- zu Menschenrechtsansätzen in der →Behindertenhilfe gefordert.

Dieser Paradigmenwechsel wird durch die folgende Einsicht befördert: Der traditionelle Wohltätigkeits- u. Fürsorgeansatz, der gerade auch für die →Diakonie in der
Vergangenheit prägend war, ist dadurch gekennzeichnet, dass behinderte Menschen
als Objekte karitativer Hilfe (→Helfen), Unterstützung u. Sorge angesehen und behandelt werden. Der Begriff der Wohltätigkeit ist mit der Vorstellung altruistischen
Handelns und freiwilliger →Solidarität anderer Bürgerinnen und Bürger verbunden,
worauf die behinderten Menschen kein Anrecht haben und wofür von ihnen Dankbarkeit (→Dank) erwartet werden kann. Der Begriff der Fürsorge impliziert zudem
eine paternalistische Haltung gegenüber denjenigen, für die gesorgt wird. Damit
verbunden ist die Vorstellung, dass pädagogische u. medizinische Expertinnen und
Experten zum Wohl behinderter Menschen Entscheidungen treffen, denen sich diese
unterzuordnen haben.

In einem Rechte-basierten Ansatz, wie er von der UN-BRK gefordert wird, gelten
solche Formen der Fremdbestimmung u. Bevormundung dagegen als Menschenrechtsverletzungen. Behinderte Menschen werden hier als Subjekte mit gleichen
Rechten u. Pflichten angesehen, denen die Kontrolle über ihr eigenes Leben zurück-
gegeben werden muss (OHCHR / United Nations 2002). Konkret gefordert werden
damit Angebote der Behindertenhilfe, die Menschen nicht mehr zwingen, in Sondereinrichtungen zu leben, zu lernen, zu arbeiten und ihre Freizeit zu verbringen, sondern ihnen die Hilfe u. Unterstützung geben, die ihnen eine selbstbestimmte u. unabhängige Lebensführung in der Mitte der Gesellschaft erlauben (United Nations /
Human Rights Council 2015). Diese Forderungen haben sich viele Träger der Behindertenhilfe unter dem Dach der Diakonie mittlerweile zu eigen gemacht.

III. JENSEITS VON »SELBSTBESTIMMUNG VERSUS FÜRSORGE«

Die Ermöglichung von »Selbstbestimmung« und »Inklusion« haben auch etwas
mit ethischen Haltungen zu tun. In den angewandt ethischen Diskussionen der →Me-
dizin, der →Pflege und der Behindertenarbeit werden häufig das Recht auf Selbstbestimmung von und die Sorge für Menschen mit B. als zwei Normen angesehen, die
miteinander in Konflikt geraten können und dann gegeneinander abgewogen werden
müssen. Von Philosophinnen und Philosophen, die für sich in Anspruch nehmen, die
Perspektive von Menschen mit B. zu berücksichtigen, wird allerdings das gängige Verständnis beider Begriffe kritisch beleuchtet. Wenn das Recht auf Selbstbestimmung
primär als Nichtinterventionsrecht von selbstständigen, unabhängigen u. selbstge-
nügsamen Individuen verstanden wird, werden Menschen mit B., insbes. diejenigen
mit einem hohen Unterstützungsbedarf, nicht gleichermaßen berücksichtigt werden
können. Deshalb fordert Alasdair MacIntyre, die Abhängigkeit in sozialen Bezie-
hungsnetzen als anthropologisches Faktum anzuerkennen (MacIntyre 2001, 96ff),
und Martha Nussbaum versteht Selbstbestimmung als Grundfähigkeit der Kontrolle
über die eigene Umwelt, auf deren Entwicklung jeder Mensch einen verbindlichen
Anspruch geltend machen kann (Nussbaum 2010, 138ff). Fürsorge im traditionellen

Sinn wird von den genannten Autorinnen und Autoren abgelehnt, weil sie mit paternalistischer Bevormundung u. Fremdbestimmung verbunden ist. Eine gewisse Popularität besitzt in diesen Kreisen der Begriff →»Care«, mit dem eine gute, den Bedürfnissen der sorgenden wie der umsorgten Person Rechnung tragende und Bevormundung vermeidende →Sorge verbunden wird (Kittay 1999, 53ff). Umgekehrt werden, wenn das Recht auf Selbstbestimmung aus der Perspektive von Menschen mit B. verteidigt wird, der Anspruch auf Schutz vor Fremdbestimmung u. Bevormundung mit dem Anspruch auf Entwicklung, Bewahrung u. Wiederherstellung der Fähigkeiten zu Selbstbestimmung verbunden. Dieses Konzept kann als »assistierte Freiheit« bezeichnet werden (Graumann 2011, 198ff).

LITERATUR: EVA FEDER KITTAY, Love's Labor, New York 1999 • ALADAIR MACINTYRE, Die Anerkennung d. Abhängigkeit, Hamburg 2001 • COLIN BARNES / GEOF MERCER / TOM SHAKESPEARE (Hg.), Exploring Disability, Cambridge 2002 • OHCHR / UNITED NATIONS, Human Rights a. Disability, New York 2002 • VEREINTE NATIONEN: Übereinkommen über die Rechte von Menschen mit B.en (s. unter www.netzwerk-artikel-3.de/dokum/schattenuebersetzung-endgs.pdf), o.O. 2006 • ELISABETH LIST / HARALD STELZER, Grenzen d. Autonomie, Frankfurt a.M. 2010 • MARTHA NUSSBAUM, Grenzen d. Gerechtigkeit, Frankfurt a.M. 2010 • WALTER SCHMUHL, Exklusion u. Inklusion durch Sprache – zur Geschichte des Begriffs B., Berlin 2010 • SIGRID GRAUMANN, Assistierte Freiheit. Von einer Behindertenpolitik d. Wohltätigkeit zu einer Politik d. Menschenrechte, Frankfurt a.M. 2011 • CHRISTIAN MÜRNER / UDO SIERCK, B, Weinheim o.J. • EKD, Es ist normal, verschieden zu sein, Gütersloh 2012 • BRK-ALLIANZ PARALLELBERICHT (www.brk-allianz.de/index.php/parallel-bericht.html), 2014 • UWE BECKER, Die Inklusionslüge, Bielefeld 2015 • SUITBERT CECHURA, Inklusion: die Gleichbehandlung Ungleicher, Münster 2015 • THERESIA DEGENER / ELKE DIEHL, Handbuch Behindertenrechtskonvention, Berlin 2015 • UNITED NATIONS / HUMAN RIGHTS COUNCIL, Thematic study on the right of persons with disabilities to live independently a. be included in the community, New York 2015.

Sigrid Graumann

In einer romantischen Villa am Niederrhein leben zwölf Menschen mit einer geistigen Behinderung, darunter einige Paare. Der Mann eines Paares hat Schwierigkeiten mit seinem Kehlkopf. Er spricht mit einem aufgesetzten Gerät, das nur einer perfekt versteht, und zwar der Hund einer Mitarbeiterin. Zur Demonstration bei meinem Antrittsbesuch macht der Hund immerfort »Sitz« und »Platz« aufgrund der schnarrenden Kommandos, die aus dem Stimmverstärker dringen. Die Balance zwischen »Nähe und Distanz« in ihrer Beziehung beherrscht dieses Paar perfekt. Ihre beiden Zimmer haben sie als Schlaf- und Wohnzimmer gestaltet. Gegenüber vom Sofa steht ein Fernseher, das ist seiner. Und direkt daneben noch einer, das ist ihrer. Zu Streitigkeiten über das Programm führt das aber nicht. Denn Gucken – das tun sie sowieso lieber gemeinsam mit den anderen unten im Gemeinschaftsraum.

Christian Dopheide

BEICHTE

B. u. Buße sind Aktualisierungen der in der →Taufe vollzogenen Umkehr des Menschen (Mk 1,15) und der einmalig, unwiederbringlich zugesagten →Versöhnung mit →Gott (2Kor 5,20) und der Welt durch die Eingliederung in den Leib Christi, der →Kirche. Im Laufe der Spätantike haben sich drei Grundformen der Versöhnung bzw. →Schuld vergebenden Zuwendung Gottes entwickelt: die Taufe als »erste Buße«;

→Gebet, →Gottesdienst, Werke der →Nächstenliebe als »tägliche Buße«; das öffentliche Bußverfahren u. die intime Ohrenb. als Formen der Wiederversöhnung mit Gott und untereinander (»zweite Buße«). Ab dem frühen Mittelalter kam es durch die iroschottische Mission zu einer Konzentration auf die B. als →Sakrament der →Vergebung sowohl von schweren als auch von lässlichen Sünden. In Form eines ritualisierten Gesprächs (→Ritual) vereinte sie Motive geistlicher Begleitung, christl. Lebensgestaltung u. Erforschung des Gewissens mit der Konzeption von der Vergegenwärtigung des Gnadengerichts Gottes. Wesentlich sind das Bekenntnis der Sünden (*confessio*), die Reue (*contritio*) u. der Vorsatz zur Wiedergutmachung (*satisfactio*) als Werke der Gläubigen sowie die Lossprechung (*absolutio*) durch →Bischof o. Priester. Die Handausstreckung – eingeschränkt durch das Gitter der ab dem Spätmittelalter aufgekommenen Beichtstühle – blieb das sichtbare Zeichen der Büßerversöhnung. Während Martin →Luther die Privat-B. beibehielt, kam sie in den Kirchen der →Reformation fast außer Praxis. An deren Stelle traten die »offene Schuld« sowie das gemeinsame Schuldbekenntnis, besonders als Vorbereitung des →Abendmahlsempfangs. Die Lutherische Agende III (1993) enthält Formulare zur Gemeinsamen B. und für die Einzelb. mit Bekenntnis, Vergebungsbitte u. Absolution. Im röm.-kath. *Ordo Paenitentiae* (1973, dt. 1974) wird das Bemühen deutlich, die B. nicht mehr allein auf ein Privatgeschehen zwischen Priester u. Gläubigen zu reduzieren, sondern die ekklesiale Dimension von Versöhnung zu stärken. So enthält das Buch neben der Feier der Versöhnung für Einzelne auch eine Ordnung für eine gemeinschaftliche Feier mit Bekenntnis u. Lossprechung der Einzelnen. Ökumenisch umstritten sind 1) die Frage des Spenders (kath. Begrenzung der Vollmacht zur Sündenvergebung nach Joh 20,23 auf Bischof und Priester), 2) die jährliche B.pflicht (zumindest) schwerer Sünden (IV. Laterankonzil 1215) und besonders vor dem Empfang der Kommunion sowie 3) die Notwendigkeit eines vollständigen Sündenbekenntnisses.

LITERATUR: REINHARD MESSNER, Sakramentliche Feiern I/2. Feiern d. Umkehr u. Versöhnung, in: Gottesdienst der Kirche. Handbuch d. Liturgiewissenschaft 7,2, 9–240, Regensburg 1992 • EWALD VOLGGER / ALBERT URBAN (Hg.), Liturgie u. Versöhnung. Wege d. Heils, Trier 2011 • PETER ZIMMERLING, B. Gottes vergessenes Angebot, Leipzig 2014.

Stephan Wahle

BEIHILFERECHT

Beihilfen sind grundsätzlich verboten. Die EU-Kommission kann sie jedoch – nach einer sog. Notifizierung – im Einzelfall zulassen. Jedwede staatlich hergeleitete finanzielle Besserstellung bestimmter →Unternehmen, die sich z.B. aus einem Zuschuss, einem Kredit zu günstigeren als marktüblichen Zinsen, einem günstigeren Immobilienpreis, einer günstigeren Bürgschaft oder aus Steuervorteilen ergeben kann, ist hier relevant. In drei Fällen kann eine Beihilfe, die z.B. einem Sozialunternehmen gewährt wird, von der Notifizierung freigestellt und damit erlaubt sein: 1. wenn dieses die Voraussetzungen der *de minimis*-Verordnung für die Daseinsvorsorge erfüllt (Inanspruchnahme von staatlichen Mitteln in Höhe von maximal 500.000 € innerhalb von drei Steuerjahren), oder 2. aufgrund der Allgemeinen Gruppenfreistellungsverordnung (Zuschüsse an KMU [= Kleiner und mittlere Unternehmen] bzw. an Unternehmen, die z.B. Langzeitarbeitslose o. Menschen mit →Behinderung beschäftigen) oder wenn sie 3. dem Freistellungsbeschluss mit seinen spezifischen Anforderungen an den →Betrauungsakt entspricht.

Wird gegen eines der in den jeweiligen Verordnungen oder im Freistellungsbeschluss enthaltenen Kriterien verstoßen, liegt wiederum eine verbotene Beihilfe vor, und das Geld muss zurückgezahlt werden.

LITERATUR: Leitfaden zur Anwendung der Vorschriften d. Europäischen Union über staatliche Beihilfen, öffentl. Aufträge u. den Binnenmarkt auf Dienstleistungen von allgemeinem wirtschaftl. Interesse und insbes. auf Sozialdienstleistungen von allgemeinem Interesse, Arbeitsunterlage der Kommissionsdienststellen, Brüssel, 29.4.2013 SWD (2013) 53 final/2.

Stephanie Scholz

BERATUNG

Die kirchlichen Sozialformen Diakonie und Caritas sind nach 1945 durch einen Wandel der →Mitarbeitenden und ihrer Aufgabenfelder charakterisiert. Die Entwicklung von ordensgebundenem (→Orden) zu weltlichem Personal in Krankenhäusern (→Krankenhäuser, konfessionelle), Heimen (→Heimerziehung) und Dienststellen war durch die Verschiebung und Ergänzung der Fürsorgefelder (→Soziale Arbeit) von geschlossenen zu offenen und →ambulanten Formen in der Krankenpflege (→Pflege), Erziehung, Altenpflege und zu B.sdiensten in Form einer Netzwerkstruktur begleitet. Als neuer Bereich mit einem eigenen Profil imponiert seit den 1950er Jahren die »psychologische B.«. Sie besaß zwei Ansatzpunkte: die Eheb. (→Ehe) und die Erziehungsb. (→Erziehungshilfe). Angesichts der Stärkung der Individualrechte durch die Grundrechtsartikel im Grundgesetz lag ein solcher Schwenk hin zur →Prävention und Individualisierung durch B.sarbeit auch im Trend der bundesrepublikanischen Bürgergesellschaft.

Die Verbreitung der B. im Sinne einer Therapeutisierung des Individuums stellt dabei einen Indikator für die Transformation der Religion dar. Diese betraf sowohl die institutionelle Dimension (vom Heim zum Netzwerk von Beratungsstellen) als auch einen Wandel des Modus im sozialreligiösen Umgang mit hilfesuchenden Menschen, die weniger autoritär und paternalistisch als vielmehr partnerschaftlich und als Klienten wahrgenommen werden sollten.

Bereits Ende des 19. Jh. wurde in der →Inneren Mission »Auswanderungsb.« praktiziert. B. hatte historisch mit der Entstehung des modernen Wohlfahrtsstaates in Deutschland in den 1920er Jahren einen Schwerpunkt in der Sozialb. der neu geschaffenen Evangelischen Jugend- und Wohlfahrtsämter. Armut, Obdachlosigkeit (→Obdachlosenhilfe) und Erziehungsfragen stellten den Startpunkt da. Erste Eheb.sstellen wurden in den 1920er Jahren von den →Kirchen geschaffen, um angesichts einer Liberalisierung der Sexualität das eigene christliche Eheideal zu stützen. Nach 1945 wandelte sich die traditionelle Identifikation von ›christl.‹ Ehe mit einem bürgerlichen Sittlichkeits- u. Partnerschaftsideal zu einem liberaleren Beziehungsideal, dessen religiöse Grundlegung weniger eindeutig geschah. Im Feld der Erziehung löste sich ein patriarchalisches Autoritätsideal zugunsten eines auf Partnerschaft und Verstehen setzenden Erziehungsbegriffes auf. Hierbei war das Vordringen der Humanwissenschaften in sozialen Praxisfeldern entscheidend. Psychologie, →Pädagogik und →Psychotherapie bildeten seit den 1950er Jahren das Professionalisierungserfordernis (→Professionalisierung) für die Arbeit im B.s- u. Erziehungsbereich. Die B.sarbeit stand an der Schnittstelle zur traditionellen →Seelsorge und zur →Medizin. Den Theologen und Pfarrern versprach sie zudem eine modernisierte Form der Seelsorgearbeit. Weiterhin eröffnete sich darin ein Feld des Engagements für Laien. Das neue Handlungsfeld seelsorgerlich-diakonischen Dienstes führte zu neuen religiösen Symbolisierungen, konkurrierenden Wirklichkeitsentwürfen u. funktionalen Äquivalenten des Religiösen und damit zu einer Spannung zwischen verkündigungsorientierten (→Verkündigung) kirchlichen Programmen und der B.spraxis.

Nach dem Entstehen früher B.sstellen in Großstädten wie Berlin, Kassel, Düsseldorf etc. machte sich zur Durchsetzung gemeinsamer Interessen, zum fachlichen Austausch u. zur Ausbildung der Laien wie Fortbildung der Profis die Notwendigkeit der Schaffung eines Verbandes für die Beratungsarbeit notwendig. Da ein überkonfessioneller Zusammenschluss wegen der konfessionellen Eigeninteressen – insbesondere das kath. Eheverständnis stand dem entgegen – nicht zustande kam, gründeten sich verschiedene Verbände auf konfessioneller Ebene. Dies geschah auf ev. Seite in Form eines Fachverbandes des Diakonischen Werkes (Diakonische Werke) 1959 (Ev. Konferenz für Familien- u. Lebensb.), dem 1964 die Eröffnung eines Ausbildungsinstitutes (Ev. Zentralinstituts für Ehe- u. Familienberatung) in Berlin folgte. Nachfolgend blieb die Vermittlung der Ansprüche von Fachlichkeit und Glaubensgebundenheit ein Dauerthema in der konfessionellen B.sarbeit.

Das Feld der B. weitete sich im sozialen Feld von der B. von →Flüchtlingen und Vertriebenen im Rahmen des →Hilfswerks bis zur Ausländerberatung, welche mit der →Betreuung der als Displaced Persons in Deutschland zurückgebliebenen ehemaligen Zwangsarbeiter (→Zwangsarbeiter) (ab 1950 als »heimatlose Ausländer« bezeichnet) begann und sich über die Betreuung der griechischen Arbeitsmigranten (seit 1960) bis zu einer allgemeinen B. von Ausländern, Umsiedlern u. Flüchtlingen (seit ca. 1980) erstreckte. Weitere B.sfelder stellten mit der Verwissenschaftlichung und den gesellschaftspolitischen Veränderungen aufgreifenden Wandel seit den 1960er Jahren die Sucht- u. Drogenb., die Frauenb., die Krisenb. sowie die →Schuldnerb. dar, welche die Neubestimmung psycho-sozialer Problemfelder abbildeten. Besonders die →Schwangerschaftskonfliktb. trat ab Mitte der 1970er Jahre als neues staatlich refinanziertes Feld hervor. Es drückte ab Mitte der 1990er Jahre paradigmatisch die Erschwerung einer zur Pflicht deklarierten B. und einer vorgegebenen Zielperspektive (Fortsetzung der Schwangerschaft) aus.

Die ansonsten im B.sfeld klar formulierte Spannung zwischen einer Seelsorge und einer psychologischen Facharbeit kam besonders in den 1970er Jahren auf. Dabei bildeten die Professionalisierung und die Fortbildung der Laien mit der Orientierung an der Gesprächspsychotherapie den Hintergrund für Veränderungen, die seit Mitte der 1970er Jahre in ihrer säkularisierenden (→Säkularisierung) Wirkung wieder begrenzt werden sollten. Das diakonische Legitimationsmuster, das die christl. Botschaft durch soziales Handeln zu repräsentieren hoffte, wurde seit Mitte der 1970er Jahre verstärkt angefragt. Es setzte eine Gegenbewegung der finanzierenden Kirche und Diakonie ein, die eine stärkere theologische u. kirchliche Rückbindung der B.sarbeit einklagte. Die humanwissenschaftliche Professionalisierung konnte jedoch weder im B.sfeld noch in den anderen Arbeitsfeldern von Diakonie u. Caritas aufgehalten werden. Dies hatte eine zunehmende Unsichtbarwerdung der religiösen

Motivation und konfessionellen Prägung im Gefolge, deren jeweiliges Selbstverständnis für einen externen Betrachter unkenntlich wurde.

UWE KAMINSKY / ANDREAS HENKELMANN, Die B.sarbeit als Bsp. f.d. Transformation v. Diakonie u. Caritas, in: WILHELM DAMBERG (Hg.), Soz. Strukturen u. Semantiken d. Religiösen im Wandel. Transformationen i.d. Bundesrepublik Deutschland 1949–1989, Essen 2011, 89–104 • FRANK NESTMANN / URSEL SICKENDIEK, Art. B., in: HANS-UWE OTTO / HANS THIERSCH (Hg.), Handbuch d. Soz. Arbeit, München 2015, 153–163.

Uwe Kaminsky

BERUF, BERUFUNG

I. BERUF (BEGRIFF)

Der Begriff des B.s meint im engeren Sinne die im Rahmen unserer arbeitsteiligen Wirtschaftsordnung aufgrund von besonderer Eignung u. eigenen Interessen erlernte und mit einem Nachweis der Qualifikation verbundene, dauerhaft gegen Bezahlung ausgeübte spezialisierte →Arbeit eines Menschen. Der Begriff kann abgegrenzt werden vom häufig als Synonym benutzten Wort »Job«, das zwar auch auf eine Erwerbsarbeit hinweist, aber oft nicht an eine besondere Ausbildung gebunden ist oder nur für eine bestimmte Zeit (bspw. während des Studiums als »Nebenjob«) ausgeübt wird.

2. BERUFUNG (BEGRIFF)

Als B. versteht man v.a. im religiösen Kontext das Hören einer inneren Stimme, die zur Übernahme einer bestimmten Aufgabe drängt. In den Schriften fast aller Religionen finden sich in diesem Sinne Berufungsgeschichten, in denen bspw. von der B. von Religionsstiftern oder Priestern berichtet wird. Aus jüdisch-christl. Kontexten spielen vor allem die Propheten sowie die Apostel eine zentrale Rolle.

3. ZUSAMMENHANG VON BERUFUNG U. BERUF

Der moderne Begriff des Berufs, den wir heute vor allem im Zusammenhang mit der (erlernten) Arbeit kennen, wurde durch Martin →Luther geprägt und ist mit dem Verständnis der Berufung verbunden. Luther entwickelte seine Vorstellung von Berufung und Beruf v.a. aus der Aufforderung des Paulus, »Jeder bleibe in der Berufung, in der er berufen wurde« (1Kor 7,20). Jeder äußere Beruf eines Menschen beruht nach Luther auf einer inneren Berufung durch →Gott. Jeder Einzelne erfährt diese Berufung aufgrund ganz besonderer Qualitäten und Fähigkeiten zum Dienst (→Dienen) am Nächsten und darin für Gott. Im Sinne Luthers steht in dieser Hinsicht die Stallmagd mit dem Hausherrn o. Kaufmann auf gleicher Stufe; der Beruf markiert den von Gott gewollten Ort, an dem man seine Arbeit verrichtet. Der christliche →Glaube zieht das Streben der Menschen so nicht mehr von der alltäglichen Wirklichkeit ab. Diese wird stattdessen aufgewertet als ein Begegnungsfeld von Gott und Mensch. So räumte der Protestantismus (→evangelisch) auch einen Vorrang der religiösen Berufung vor den weltlichen Tätigkeiten aus. In der alltäglichen Berufsarbeit dient der Mensch nach Luther seinem Nächsten, wie es dem Willen Gottes entspricht.

Das enge Verständnis, den Beruf mit der erlernten Erwerbsarbeit gleichzusetzen, ist ein Phänomen der →Säkularisierung im 19. Jh. Luther versteht jede Berufserfüllung im engeren wie im weiteren Sinn, z.B. auch das ehrenamtliche Wirken (→Ehrenamt), die Arbeit im Haushalt o. im persönlichen Nahbereich (bspw. die →Pflege von Angehörigen), als Gottesdienst.

4. BERUFUNG U. BERUF IN DER →DIAKONIE

Für diakonisches Handeln und die Arbeit in der →Dienstgemeinschaft der Diakonie sind sämtliche Ebenen, auf denen die Begriffe verstanden werden können, von Bedeutung. Besonders offensichtlich wird die Relevanz der Berufung für die →Diakonisse, deren Leben umfassend mit dem Eintritt in die →Gemeinschaft verbunden ist und durch die →Einsegnung auch rituell begründet ist. Gleiches gilt für den Beruf des →Diakons oder der Diakonin, der an der Schnittstelle von →Verkündigung und →Sozialer Arbeit angesiedelt ist. Aber auch in anderen Berufen der Diakonie, in Pflege, Beratungssituationen (→Beratung) u.v.m. ist oftmals das Verspüren einer Berufung zur Unterstützung anderer ein wichtiger Aspekt.

Zur Sicherung der Arbeitsqualität und als Aufwertung der entsprechenden Berufe ist zugleich das moderne, an die Qualifikation gebundene Verständnis des Berufs gerade auch im sozialen Bereich zu betonen.

Schließlich ist die Identifikation eines Berufstätigen mit seinem Beruf, wie auch mit seinem Arbeitgeber, ein wichtiger Faktor für qualitativ hochwertige Arbeit. Daher sollte es für jeden Arbeitgeber bzw. die in dessen Namen handelnden Vertreter (bspw. Vorgesetzte) ein zentrales Ziel sein, diese Identifikation durch das eigene Handeln zu ermöglichen und zu unterstützen. Dies gilt speziell für einen religiös-weltanschaulich geprägten Arbeitgeber wie die Diakonie.

LITERATUR: TORSTEN MEIREIS, Arbeit als Beruf – eine protestant. Perspektive, in: HEINRICH BEDFORD-STROHM ET AL. (Hg.), Arbeitswelten, Göttingen 2011, 15–41 • MALTE DÜRR, »Dienstgemeinschaft sagt mir nichts«. Glaubenseinstellungen, Motivationen u. Mobilisierungspotenziale diakon. Beschäftigter, Berlin u.a. 2016.

Clemens Wustmans

BERUFSBILDUNGSWERK (BBW)

Deutschland verfügt über ein Netzwerk von über 50 BBW, die in der Bundesarbeitsgemeinschaft der Berufsbildungswerke e.V. (BAG BBW) zusammengeschlossen sind. BBW sind überregionale Kompetenzzentren der beruflichen →Rehabilitation und qualifizieren junge Menschen mit →Behinderungen für eine berufliche Zukunft auf dem allgemeinen Arbeitsmarkt. Mit individuell abgestimmten Leistungen zur Arbeitserprobung und Eignungsabklärung, zur Berufsvorbereitung, zur Ausbildung (→Bildung) in über 230 anerkannten Ausbildungsberufen und zur Entwicklung der Persönlichkeit realisieren sie nachhaltig →Inklusion in →Arbeit und Gesellschaft. Im BBW bündeln sich die Lernorte Ausbildung einschließlich langer betrieblicher Phasen (VAmB – Verzahnte Ausbildung mit Betrieben), Berufsschule und Wohnen/Freizeit. Ein ganzheitlicher und individueller Reha-Prozess wird durch ein interdisziplinäres reha-pädagogisch geschultes Team einschließlich verschiedener Fachdienste gestaltet.

LITERATUR: www.bagbbw.de.

Georg Kruse

Bestattung

Unter B. wird ein weit gefasster Handlungsbereich verstanden, dessen Kern das Begräbnis ist.

Das Christentum hat die Erdb. nach biblischem Vorbild favorisiert (vgl. 1Mose 3,19), die Feuerb. aufgrund der Lehre von der leiblichen Auferstehung der Toten dagegen abgelehnt. Erst gegen Ende des 19. Jh. ist die Feuerb. anerkannt worden und gewinnt in der Gegenwart immer mehr an Verbreitung.

Als traditionell mehrfach gegliedertes Schwellenritual (→Aussegnung, Aufbahrung, Prozession, Begräbnis) ist die B. ein wichtiger Bestandteil einer umfassenden →Trauerbegleitung.

Der →Gottesdienst zur B. ist üblicherweise zweigeteilt in eine Trauerfeier und eine Begräbnishandlung. Höhepunkt sind das Versenken des Sarges bzw. das Beisetzen der Urne unter dreimaligem Erdwurf mit der B.sformel, die an die →Taufe erinnert. Sinn →ev. Begräbnisliturgie ist die Tröstung der Trauernden. Dem dient v.a. auch die Beerdigungsansprache, die eine Wandlung von der Standardisierung zur Individualisierung erfahren hat.

Literatur: Ottfried Jordahn / Eberhard Winkler, Die B., in: Hans-Christoph Schmidt-Lauber / Michael Meyer-Blanck / Karl-Heinrich Bieritz (Hg.), Handbuch d. Liturgik, Göttingen 2003, 531–550 • Agende für Ev.-Luth. Kirchen u. Gemeinden Bd. 3: Die Amtshandlungen, Teil 5: Die B., Hannover 1996.

Thomas Melzl

Besuchsdienst

Definition

Gemeindlicher ehrenamtlicher B. ist *ein Echo auf das Kommen Gottes* zu den Menschen in Jesus Christus (Lk 1,68). Orientierungspunkte sind der gemeindliche Rahmen, die Lebenssituation der Einzelnen, die persönliche Begegnung und das Gespräch im nichtöffentlichen Raum. Im Vordergrund steht *der wertschätzende Kontakt*. Je nach Wunsch u. Bedürfnis der Besuchten und nach leitender Konzeption der einzelnen B.e haben Besuche gemeinschaftsöffnende, seelsorgliche (→Seelsorge), diakonische (→Diakonie) u. missionarische (→Mission) Aspekte.

Theologische und Ekklesiologische Aspekte

Mit Besuchen bei Menschen als Kernangebot knüpft die →Kirche an die Grundbewegung des Evangeliums an: Gott besucht die Menschen in Jesus Christus. Indem sie sich in diese »Urbewegung« selbst hineinstellt, ist Kirche:

Besuchende Kirche. Kirche steht in der Nachfolge Jesu und ist damit ihrem Wesen nach eine zu den Menschen gehende, Menschen (auf)suchende, besuchende u. bezeugende Kirche. *Begrüßende Kirche.* Als begrüßende Kirche besucht Kirche die Menschen in der Haltung einer »theologischen Kultur der Bejahung« (Kundgebung der EKD-Synode 1999 in Leipzig), die ernst nimmt, dass in der →Taufe jeder einzelne Mensch ein »von Gott erwarteter und hier auf Erden begrüßter Mensch« (Grözinger) ist, dass Gottes »Ja« der Begrüßung durch die Gemeinde immer schon vorausgeht. Auf diese Weise trägt sie dem Bedürfnis der Menschen nach Wahrnehmung, Wertschätzung u. Beheimatung Rechnung.

Nahe bei den Menschen. Als besuchende u. begrüßende Kirche ist Kirche den Menschen äußerlich und innerlich nahe. Sie ist »Kirche in den Häusern«.

Eine sich ständig verändernde Kirche. Als besuchende Kirche lernt Kirche das Leben, die Themen, Werte, Bedürfnisse, Wünsche u. Fragen der Menschen kennen. Die unterschiedliche u. vielgestaltige Weise der Lebensentwürfe u. Glaubensgestaltungen gilt es als Chance zu begreifen und in die Weiterentwicklung der Kirche aufzunehmen.

Eine Kirche der vielen. Nur in der Verleiblichung des Bildes vom Leib Christi ist Kirche wirklich Kirche. B. ist die Umsetzung des Gedankens des Priestertums aller Getauften. In der Weiterführung des Bildes vom vielgliedrigen Leib geht es um Besuche der Verschiedenen, die sich gegenseitig ergänzen. Die Entdeckung und die Förderung der Gnadengaben (1Petr 4,12), die Menschen empfangen haben, gehört zu den Grundaufgaben einer Kirche, die Besuche macht.

Qualitätsstandards

Der Besuch findet im Auftrag der Kirche statt. Im Mittelpunkt des Besuchs durch den kirchlichen B. steht der besuchte Mensch. Er soll wertgeschätzt, gewürdigt u. geachtet werden. Der Kern des Besuchs ist das hilfreiche u. wertschätzende Gespräch auf Augenhöhe, das den Besuchten in der Verantwortung für sich selbst lässt. Christl. Sinndeutung kann auf Wunsch der besuchten Person oder, wenn sie dem/der Besucher/in für die besuchte Person weiterführend scheint, angeboten werden, wird aber niemals aufgezwungen.

B.-Mitarbeitende verstehen sich als Teil der Kirchengemeinde. Sie sind bereit und in der Lage, Kirche zu repräsentieren. Sie haben Interesse daran, andere Menschen kennenzulernen und ihnen zu begegnen. Sie halten sich an die Schweigepflicht und die Bestimmungen des →Datenschutzes. Sie haben die für die B.tätigkeit nötige Zeit u. Verbindlichkeit. Sie sind emotional stabil und belastbar. Sie besitzen Toleranz u. Offenheit gegenüber anderen Menschen. Sie verfügen über die Fähigkeit, die eigene Person in den Hintergrund zu stellen. Sie beherrschen annehmende u. empathische Gesprächsführung. Sie verfügen über Sprachfähigkeit über den eigenen Glauben bzw. sind bereit, diese zu entwickeln. Sie sind bereit zur Reflexion des Besuchsgeschehens und des eigenen Gesprächsverhaltens (Fallbesprechungen, Supervision). Sie nehmen regelmäßig an den Treffen der B.gruppe teil und bringen sich offen in diese ein. Sie nehmen regelmäßig an Fortbildungen teil.

Die B.leitung organisiert und leitet die Treffen der Gruppe. Sie sorgt für angemessene Fortbildung der Mitarbeitenden (z.B. durch Thematische Arbeit, Fallbesprechungen, Kollegiale Beratung o. Gruppensupervision). Sie vertritt die Gruppe in der Kirchengemeinde u. Öffentlichkeit. Sie berichtet jährlich über die B.arbeit im Kirchenvorstand. Sie stellt die notwendigen Materialien u. Informationen zur Durchführung der Besuche bereit. Sie gibt menschliche u. fachliche Unterstützung bei Schwierigkeiten in den Aufgaben zwischen den Gruppentreffen.

Hauptamtliche (z.B. Pfarrer/in) stehen für fachliche, seelsorgliche u. geistliche Begleitung der einzelnen B.-Mitarbeitenden und der B.-Gruppe zur Verfügung. Sie halten regelmäßig Kontakt zu der B.-Gruppe. Sie übernehmen bei Bedarf (z.B. schwierige Lebenssituationen der Besuchten, Wunsch von Besuchten) den weiteren Kontakt zu den Besuchten.

LITERATUR: Grundlagenpapier des »Netzwerks Besuchsdienst-/Kontaktarbeit«, in: .www.a-m-d.de/diakonisch-missionarische-profilentwicklung/besuchsdienstarbeit/materialien/index.htm (Zugriff 6.4.2016)

Annette Hohnwald

BETRAUUNGSAKT

Das EU-Beihilferecht privilegiert →Unternehmen, die mit einer Leistung der →Daseinsvorsorge betraut sind. Zweck eines B. ist, den mit staatlichen Mitteln gewährten wirtschaftlichen Vorteil transparent (→Transparenz) zu machen und eine Berechnung zu ermöglichen, ob dieser Vorteil über die Kosten hinausgeht, die zur Erbringung der Leistung notwendig sind (»keine Überkompensierung«). Aus dem B. muss Folgendes hervorgehen: Art u. Dauer der Aufgabe der Daseinsvorsorge (»Gemeinwohlverpflichtung«), z.B. welches Unternehmen; örtliche Eingrenzung; Parameter für Berechnung des wirtschaftlichen Vorteils; Vorkehrungen, die gegen Überkompensierung getroffen wurden; Verweis auf den EU-Freistellungsbeschluss [K(2011) 9380 v. 20.12.2011]. Mögliche Formen des B.: Gesetz; ministeriale Anweisung; Leistungsvertrag; Rechtsverordnung und jede Art von hoheitlicher u. kommunaler Verordnung o. Entscheidung. Maßgebend ist, dass sich aus dem B. eine Gemeinwohlverpflichtung und nicht lediglich eine Zulassung zur Erbringung der →Dienstleistung ergibt. Die Art der →Gemeinwohlorientierung könnte z.B. bei der finanziellen Förderung einer →Sozialstation wie folgt beschrieben werden: Bereitstellen von Dienstleistungen der häuslichen Pflege, Essen auf Rädern (geplante Anzahl), Reinigungsdienste (geplante Häufigkeit).

Stephanie Scholz

BETREUTES WOHNEN

Das b.W. ist eine Form →ambulanter Unterstützungsleistung für Menschen mit entsprechendem Hilfebedarf (→Bedürftigkeit).

Die →Sozialgesetzgebung (→SGB XII) gewährt Menschen mit entsprechendem Bedarf eine auf ihre individuelle Situation abgestimmte Unterstützung, um in ihrer eigenen Wohnung oder in einer frei gewählten Wohngemeinschaft selbstständig und eigenverantwortlich leben können. Das b.W. umfasst sowohl Hilfestellungen im Alltag als auch die Unterstützung in besonderen Lebenssituationen (Sucht, Krise, Trennung o.Ä.). Grundlage für die Einschätzung des Hilfebedarfs ist die Bemessung in →Fachleistungsstunden. Häufig wird der Begriff auch gebraucht für »Service-Wohnen« im →Alter und umfasst Hilfestellungen speziell für ältere Menschen.

Sabine Hirte

BETREUUNG, GESETZLICHE

Eine B. wird vom Betreuungsgericht für Volljährige eingerichtet, die aufgrund psychischer Krankheit (→Gesundheit/Krankheit), körperlicher, geistiger o. seelischer →Behinderung ihre Angelegenheiten nicht besorgen können und die B. erforderlich ist. Das ist nicht der Fall, soweit die Angelegenheiten durch einen vom Betroffenen Bevollmächtigten oder durch andere Hilfen ebenso gut besorgt werden können.

Die Geschäftsfähigkeit bleibt in vollem Umfang erhalten. Gegen den freien Willen eines Betroffenen darf ein Betreuer nicht bestellt werden. Die B. ist am subjektiven Wohl und den Wünschen des Betreuten auszurichten.

In seinem Aufgabenkreis ist der Betreuer rechtlicher Vertreter des Betreuten. Er darf aber nur vertreten, sofern dies erforderlich ist. Die g.B. ist vorrangig ein Mittel der Unterstützung des Betreuten. Das Betreuungsrecht unterstützt den Betreuten bei der Ausübung seiner rechtlichen Handlungsfähigkeit und befindet sich damit in Übereinstimmung mit den Prinzipien der UN-Behindertenrechtskonvention (→UN-Konvention über die Rechte von Menschen mit Behinderung).

Sieglind Scholl

BEWÄHRUNGSHILFE

Im Unterschied zu Straffälligenhilfe in freier Trägerschaft (→Kostenträger) mit den Prinzipien Freiwilligkeit, Parteilichkeit u. Verschwiegenheit ist B. Sozialarbeit in justizieller Strafrechtspflege mit Hilfe- *u. Kontrollaufgabe.* Sie wird bei Erwachsenen in ca. 70 % der Fälle von Verurteilung angewandt (2012). Bewährungshelfer/innen sind i.d.R. Beamt/innen in der Justiz, üben hoheitliche Aufgaben aus und werden jeweils namentlich urkundlich bestellt. Ziel von B. ist die Realisierung von Bewährung als Strafaussetzung (2–5 Jahre, nach §§ 56ff StGB und §§ 27ff und 57ff JGG, bei günstiger Täter/in-Prognose), nämlich Probanden durch Hilfe zur →Selbsthilfe vor Rückfall zu bewahren und zu einem Leben ohne Straftaten zu befähigen durch 1) Überwachung u. Einwirkung auf die Lebensführung zur Erfüllung gerichtlich erteilter Auflagen und 2) →Beratung u. →Betreuung in allen Fragen der Resozialisierung. Bei Nicht-Bewährung kann die Strafaussetzung richterlich widerrufen werden. Gegenüber geschlossenem Strafvollzug ist die Erfolgsquote von B. mit ihrem sozialarbeiterischen Profil (→Soziale Arbeit) bei ca. 75 % konstant hoch u. kostengünstig. Versuche einzelner Bundesländer wie Baden-Württemberg mit freien Trägern für B. sind umstritten.

LITERATUR: Zeitschrift »Bewährungshilfe« • www.bewaehrungshilfe.de • www.destatis.de/DE/Publikationen/Thematisch/Rechtspflege/Querschnitt/BroschuereJustizBlick0100001159004.pdf?__blob=publicationFile.

Klaus Baumann

BGB-GESELLSCHAFT

siehe unter: Organisationsformen

BIBEL

→Diakonie als helfendes Handeln begründet sich im Unterschied zur →Sozialen Arbeit, deren Auftrag sich aus der staatlichen Gesetzgebung erschließt, aufgrund der B. Die B. ist in vierfacher Hinsicht konstitutiv für die Diakonie.

1. Was auf den ersten Blick das Zentrum christlicher Diakonie bedeutet, die sogenannte christliche →Nächstenliebe, wie sie →Jesus im berühmten Satz: »Du sollst den Herrn, deinen →Gott, lieben mit deinem ganzen Herzen und mit deiner ganzen Seele und mit all deiner Kraft und mit deinem Verstand, und deinen Nächsten wie

dich selbst« (Lk 10,27) zusammenfasst, erweist sich als jüdisches Erbe (vgl. 5Mose 6,5 u. 3Mose 19,18) und öffnet den Blick auf die jüdischen u. alttestamentlichen Wurzeln der Diakonie. Die christl. Nächstenliebe wurzelt in der biblischen Sozialgesetzgebung mit ihren unzähligen Schutzbestimmungen für Arme (→Armut), Witwen, Waise, Fremde u. Geringe, der Einrichtung von öffentlichen Räumen der Klage sowie der theologischen Einbindung des menschlichen Rechts und das göttliche Verhalten von Recht u. →Gerechtigkeit. Die entscheidenden diakonischen Impulse in Jesu Handeln sind nicht außerhalb von Raum u. Zeit entstanden, sondern wurden von ihm aus dem Kontext der damaligen Zeit in eigene Leitlinien gegossen. Konstitutiv für die Diakonie ist die biblische Einsicht, dass die Welt vor Christus eine Welt mit →Liebe war, wie die Welt mit Christus u. die Welt nach Christus. Die B. setzt die christl. Nächstenliebe in den multireligiösen Kontext diakonischer Praxis von →Barmherzigkeit, Gerechtigkeit, Heilung u. Segnung (→Segen). Die B. ist durch diese Multireligiosität christl. Nächstenliebe konstitutiv für die Diakonie.

2. Was auf den ersten Blick plausibel erscheint, nämlich den Begriff der Diakonie inhaltlich vom griech. Wortfeld *diakonein* herzuleiten und ihn mit einer dienenden →Haltung (→Dienen) zu verbinden, die sich eng an Jesu Verhalten anlehnt, erweist sich aufgrund der neueren exegetischen Studien zum Begriffsfeld als unzutreffend. Weder ist mit diesem Begriff die heutige soziale Arbeit beschrieben noch eine niederwertige, dienende Haltung, geschweige denn ein diakonisches Amt (→Diakon/Diakonin). Mit dem Begriff *diakonein* umschreibt die neutestamentliche Tradition der Evangelien wie auch der Paulus-Briefe vielmehr ein Beauftragungsverhältnis, bei dem der Auftraggeber dem »Diakon« oder der »Diakonin« einen Auftrag zu Handen eines Adressaten übermittelt. Bei vielen Textstellen sind mit dem diakonischen Auftrag der Aufbau der →Gemeinde, die geistliche →Leitung und die →Verkündigung des Evangeliums gemeint, also heutzutage gerade nicht Kernaufträge von Diakonen oder Diakoninnen. Daher liegt es nahe, die soziale Arbeit in der Diakonie nicht biblisch mit dem neutestamentlichen Begriff der Diakonie zu begründen, sondern von der Sache des helfenden Handelns (→Helfen) selber. Die B. ist durch diese exegetische Korrektur des Begriffs »Diakonie« konstitutiv für die Diakonie.

3. Was auf den ersten Blick die christl. Diakonie biblisch mit den großen zentralen Texten begründet, die als Gleichnis des barmherzigen →Samariters (Lk 11) und vom sog. Weltengericht mit seinen barmherzigen Werken (Mt 25; →Werke der Barmherzigkeit / der Gerechtigkeit) zur Weltliteratur des christl. Abendlandes gezählt werden dürfen, führt auf den zweiten Blick aus dem christl. Horizont hinaus. In diesen beiden als »Magna Charta« der Diakonie zu bezeichnenden Texten wird das Hilfehandeln der Christen Teil eines universalen Hilfeethos, das sich begründet in der →Not des Menschen, dem man zum Nächsten wird und deshalb diejenige Tat erwarten darf, die man selbstverständlich unter Brüdern und Schwestern tut, nämlich das Gute: Gut ist, dem unter die Räuber Gefallenen unter die Arme zu greifen. Gut ist, dem Hungrigen Brot zu geben und den Kranken zu besuchen. Weder der →Glaube noch die Nachfolge Jesu Christi ist konstitutiv für die Tat der Diakonie, sondern die das Herz treffende Not. Die B. ist durch dieses Plädoyer für ein universales Hilfeethos konstitutiv für die Diakonie.

4. So sehr die Not des anderen konstitutiv für die Diakonie ist, so sehr konstituiert der Glaube den Begründungszusammenhang der erfolgten Tat. Die gute Tat will

gedeutet u. begründet werden. Aus biblischer Sicht hat sich in der Diakonie vor allem die christologische Deutung durchgesetzt, indem Diakonie als Nachfolge Jesu Christi durch die Heilstat Christi ermöglicht wird. In Anbetracht der heutigen pluralen religiösen Konzepte für helfendes Handeln gewinnen die unterschiedlichen biblischen Zugänge zur Begründung der Diakonie große Bedeutung. Wird die Diakonie von der Liebe Gottes her begründet, die sich in der Schöpfung als Kraft der Liebe zeigt, die jedem Menschen unabhängig von Religion u. Kultur gegeben wird? Oder geschieht die Diakonie im Horizont des →Reiches Gottes? Inwiefern die unterschiedlichen theologischen Zugänge auch interpretiert werden, sie alle bleiben im Rahmen des christl. Glaubens, der für die christl. Begründung der Diakonie nun seinerseits konstitutiv ist. Der Glaube ist zwar in seiner Deutungskraft konstitutiv für die Diakonie, die Diakonie in ihrer Wirkkraft jedoch nicht exklusiv vom Glauben abhängig. Die B. ist wegen dieser Vielfalt theologischer Begründungszusammenhänge konstitutiv für die Diakonie.

LITERATUR: GERD THEISSEN, Die B. diakon. lesen: Die Legitimitätskrise d. Helfens u. der barmherzige Samariter, in: HERRMANN, VOLKER ET AL. (Hg.), Studienbuch Diakonik. Bd. 1, Neukirchen-Vluyn 2008, 88–116 • CHRISTOPH SIGRIST / HEINZ RÜEGGER (Hg.), Helfendes Handeln im Spannungsfeld theolog. Begründungsansätze, Zürich 2014 • HEINZ RÜEGGER / CHRISTOPH SIGRIST, Diakonie – eine Einführung, Zürich 2011, 45–85 • ANNI HENTSCHEL, Diakonia im NT. Studien zur Semantik unter besonderer Berücksichtigung d. Rolle v. Frauen, Tübingen 2007.

Christoph Sigrist

BILDUNG

WAS IST MIT B. GEMEINT?

Der neuzeitliche B.sbegriff, ein Erbe der Aufklärung, hängt eng mit der Entwicklung des bürgerlichen Erziehungswesens in Deutschland zwischen 1770 und 1830 zusammen, mit dem die Oberschicht ihr Ideal geistiger Individualität, freier Geselligkeit u. sinnbezogener Selbstbestimmung zu erreichen suchte. B. als »weltbildende Selbstdarstellung« (Schleiermacher) wird zum konstitutiven Prozess von Subjektivität, verstanden als geistiges Phänomen, und kann so von Humboldt im frühen 19. Jh. als Allgemeine Menschen-B. »von jedem Bedürfnis des Lebens« und damit von jeder Nützlichkeit (»Utilität«) abgehoben werden. B. meint also »mehr« als die Vermittlung von Wissen u. Können. Qualifikationen bzw. Kompetenzen sollen freilich aus Erziehungsprozessen erwachsen, die sich in einer technisch-industriellen Welt als zukunftsfähig erweisen, weil sie wissenschaftlich begründet sind und praktisch wirksam werden können. Gleichzeitig soll B. in einem demokratischen Gemeinwesen zu sozialem Handeln und politischer (Mit-)Gestaltung befähigen. Neuere B.stheorethiker (z.B. Klafki, Weniger, von Hentig, Blankertz, Nipkow u.a.) wollen durch Referenz auf Sinn, ethische Orientierung (→Ethik) und soziale →Verantwortung die subjektkonstitutive Bedeutung von B. als Grundlage von →Selbstbestimmung festzuhalten, nicht im Gegensatz zu fachwissenschaftlicher Differenzierung, sozialer u. kultureller Heterogenität u. Pluralität, sondern auf dem Weg einer spannungsvollen, subjektiv gesteuerten Integration der verschiedenen Aspekte (B. im engeren Sinn). Die EKD-→Denkschrift »Maße des Menschlichen« (2003) beschreibt B. als »den Zusammenhang von →Lernen, Wissen, Können, Wertbewusstsein u. Handeln im Horizont sinnstiftender Lebensdeutungen« (Kirchenamt EKD 2003, 90).

WELCHE ROLLE SPIELT B. IN DER DIAKONIE?

B.sfragen spielen in der modernen Diakonie seit ihrer Entstehung eine zentrale Rolle, zum einen in der Ausbildung von Fachkräften, wie bei Fliedner in Kaiserswerth (Bildungsanstalt für ev. Pflegerinnen) und Wichern im »Rauhen Haus« (Gehilfen, Brüder, später →Diakone), zum andern in der Erziehung von Kindern u. Jugendlichen, zunächst in den Rettungshäusern oder in den danach entstandenen Einrichtungen für Menschen mit →Behinderungen (→Schulen). Da diakonisches Handeln in sehr verschiedenen Kontexten geschieht und der Diakoniebegriff komplex ist, gibt es keine abgeschlossene allgemeine Definition von »Diakonischer B.«. Es spielen die biografischen und professionellen (→Professionalität) Erfahrungsbezüge eine Rolle, die theologisch u. soziologisch unterschiedlich akzentuiert werden. Allen gemeinsam ist die Verbindung von fachlichen, professionsspezifischen u. ethisch-religiösen Inhalten. In der Regel ist der Zugang zum →Diakonat heute an eine »doppelte Qualifikation«, d.h. an den Abschluss einer Ausbildung in einem sozialen Beruf und eine theologisch-diakonische Qualifizierung gebunden. Im Prinzip gilt eine derartige Verknüpfung für alle B.sprozesse, die auf eine diakonische Kompetenz ausgerichtet sind. Bspw. versteht Zitt Diakonie »als universale →Haltung u. →Kultur des Miteinander, als theologisch geprägte Gemeinschaft der Lernenden, als sozialanwaltschaftliches Engagement (→Anwaltschaft) und diakonische B. in der professionellen diakonischen →Arbeit« (Zitt 2008, 128f), währenddessen Nipkow die →Profile diakonischer B. als »gesellschaftsdiakonisch, lebenslauforientiert, als verständigungs- u. versöhnungsorientiert, als bewahrend wertbezogen, als universal-freiheitlich u. als alternatives Zeitkulturprofil« (Nipkow 2006, 15f) qualifiziert. Damit wird B. zu einer umfassenden lebensgeschichtlichen Kategorie, die individuelle Sinn- u. Wertorientierungen (→Werte) mit einschließt. So verknüpft diakonische B. Erfahrung u. Wissen, →Beruf u. Leben. Denn in der Diakonie beruht fachliches Handeln auf wertbezogenen Vorentscheidungen und Sinndeutungen der Lebenswirklichkeit, die zu reflektieren sind. Dementsprechend vernetzen sich auch Sach- u. Methodenkompetenz mit Sozial- u. Selbstkompetenz. Kern diakonischer Arbeit ist ein christl. →Menschenbild, das den Menschen in seinen verschiedenen Lebenssituationen wahrnimmt und in den Handlungsfeldern der →Kirche und darüber hinaus ihren Ausdruck findet.

FORMEN U. DIDAKTISCHE PRINZIPIEN DIAKONISCHER B.

Diakonische B. ereignet sich immer dann, wenn diakonisches Handeln in reflexiver Absicht thematisiert wird von alltäglichen Arbeitsprozessen bis zu öffentlichen Ereignissen, von privater Lektüre bis zu Ausbildungskursen. Spezifische Formen der Aus-, Fort- u. Weiterb. in diakonischen Einrichtungen, Fachschulen, Hochschulen u. Akademien (→BAKD), aber auch in allgemeinbildenden u. berufsbildenden Schulen beziehen sich neben fachlichen Inhalten auf die historischen Grundlagen sowie die aktuelle Vielfalt der Diakonie. Sie unterscheiden sich von den alltäglichen B.sprozessen durch eine besondere didaktische Gestaltung, die nach Horstmann von »Grunderfahrungen, Gestaltungsmustern u. Wirkrichtungen« ausgehen sollte. Mit Grunderfahrungen sind existentielle Erfahrungen gemeint, die helfen, das Diakonische zu entdecken: »Berührtwerden, Angewiesensein, Gebrauchtwerden, existentielle Gleichheit, Kairos, Rhythmus, Begrenzung, Scheitern, Fragmentarität, Nachsichtigkeit, Aufbruch, Gelingen«. Die Gestaltungsmuster stellen die Grundsätze diakonischer Prozesse dar und vollziehen sich dynamisch und komplementär: »individuelle u. strukturelle Hilfe (→Helfen), ›für‹ und ›mit‹ →Barmherzigkeit u. →Gerechtigkeit, →Nächstenliebe u. Selbstliebe, Absichtslosigkeit u. Intentionalität, Aktion u. Kontemplation, Intervention u. Präsenz, Mitleidenschaft u. Ermächtigung, Hingabe u. Initiativität, Wandel u. Beständigkeit, ›schon‹ u. ›noch nicht‹, sterben u. auferstehen«. Hingegen sollen Wirkrichtungen keine Tätigkeiten an sich, sondern Prozesse beschreiben, die über die eigentlichen Handlungen hinausreichen: »→Versöhnung, Befreiung, Heilung, Befähigung zur Teilhabe« (Horstmann 2011, 246–258).

Diakonische B. als spezielle Art sozialer B. geschieht meist außerhalb der Schule, vorrangig in den bekannten kirchlichen Handlungsfeldern, also im →Gottesdienst und im geistlichen Leben, in →Seelsorge u. →Beratung, vorrangig natürlich in der B.s- u. Erziehungsarbeit sowie in den Bereichen der gesellschaftlichen Verantwortung und der →Ökumene.

DIAKONISCH-SOZIALES LERNEN

Ausgehend von Kirchlichen Schulen haben sich seit den 1990er Jahren Projekte u. Kurse diakonischen Lernens auch in allgemeinbildenden Schulen etablieren können, und zwar als Angebote des Religionsunterrichts, aber auch im fächerübergreifenden Bereich, wie z.B. in Baden-Württemberg in der Realschule, in der Schüler im Lernbereich TOP SE (Themenorientiertes Projekt: Soziales Engagement) ihr Praktikum auch in diakonischen Einrichtungen absolvieren. Die Erfahrungen werden in begleitenden unterrichtlichen Veranstaltungen vorbereitet, reflektiert und sozialstaatlichen Strukturen zugeordnet. So vernetzen sich Schule und Diakonie miteinander. Ebenso gibt es die Möglichkeit, dass Diakonie und Kirche sich den Schulen als Partner anbieten, wenn diese auf Ganztagesbetreuung umstellen. Aber auch in der Erwachsenenbildung, z.B. in Familienbildungsstätten, kann über einen »Grundkurs Diakonie« in Kooperation mit regionalen diakonischen Einrichtungen diakonische B. vermittelt werden, auch wenn dies noch selten geschieht. Die genannten Beispiele können ein Beitrag zu einem Widerstand gegen den Trend der Verwertbarkeit und gegen die Reduktion von B. auf kurzzeitig erworbenes Wissen sein. Ziel ist, gemeinsam eine B.skultur zu entwickeln, die soziale Sensibilität und ein soziales Engagement fördert und Erfahrungen mit hilfebedürftigen Menschen (→Bedürftigkeit) in einem Klima der Achtung und des Respekts ermöglicht.

LITERATUR: MARTIN HORSTMANN, Das Diakon. entdecken, Heidelberg 2011 • KARL ERNST NIPKOW, Diakon. B. u. bibl. Mitte, in: GOTTFRIED ADAM / HELMUT HANISCH / HEINZ SCHMIDT / RENATE ZITT (Hg.), Unterwegs zu einer Kultur d. Helfens. Handbuch d. diakon.-soz. Lernens, Stuttgart 2006, 15–32 • HEINZ SCHMIDT, Diakon. Lernen – diakon. B., in: GÜNTER RUDDAT / GERHARD K. SCHÄFER (Hg.), Diakon. Kompendium, Göttingen 2005, 421–438 • RENATE ZITT, Gibt es einen diakon. B.sbegriff? Was ist diakon. B.?, in: RICHARD EDTBAUER (Hg.), Ev. Diakon., Freiburg 2008, 128–141 • www.ekd.de/download/masse_des_menschlichen.pdf.

Heinz Schmidt

BINNENMARKT, EUROPÄISCHER

Der E.B. wird als das »Herzstück« der europäischen Einigung bezeichnet. Zu seinen Grundfreiheiten gehört neben der Freiheit des Warenverkehrs, der Arbeitnehmerfreizügigkeit, der Freiheit des Kapitalverkehrs auch die Dienstleistungsfreiheit. Diese ist für die Einrichtungen der →Diakonie als Erbringer sozialer →Dienstleistungen von besonderer Bedeutung und beinhaltet das Recht, in jedem Mitgliedstaat Dienstleistungen anbieten sowie entgegennehmen zu dürfen und dabei nicht aufgrund seiner Staatsangehörigkeit diskriminiert zu werden. Um das Funktionieren des B. zu gewährleisten, hat die →Europäische Union (EU) weitgehende Rechtsetzungskompetenzen. Ein breit diskutiertes Instrument zur Umsetzung der Dienstleistungsfreiheit ist die 2006 in Kraft getretene Dienstleistungsrichtlinie. Die EU hat zudem im →Vergaberecht umfangreiche Richtlinien erlassen. Die alleinige ausschließliche Zuständigkeit hat die EU im →Beihilferecht, das die Einschränkung oder Verfälschung des Wettbewerbs im B. verhindern soll. Hier geht es um die Gewährung staatlicher Zuschüsse.

Katharina Wegner

BISCHOF

Ein B. (vom griechischen *epískopos* – Aufseher) ist ein hochrangiger geistlicher Amts- o. Würdenträger in christl. →Kirchen.

1. KIRCHENGESCHICHTLICH

Im Umfeld der ersten Christen war der *epískopos* ein Aufsichts- u. Verwaltungsbeamter; die frühchristl. →Gemeinden übertrugen die Bezeichnung auf ihre Vorsteher (Phil 1,1 / 1Tim 3,1–7). Zunächst dürfte eine kollegiale Gemeindeleitung durch mehrere B.e die Regel gewesen sein, zunehmend aber stand ein einzelner B. an der Spitze der geistlichen Amtsträger einer Gemeinde. Ihm blieben alle wesentlichen Leitungsaufgaben (→Leitung) und bestimmte liturgische Handlungen vorbehalten, in Fragen der Lehre war er für seine Gemeinde maßgebliche Instanz. Ab dem 5. Jh. wurden B.e zu Vorstehern von Diözesen; im Heiligen Römischen Reich deutscher Nationen wuchs ihnen als »Fürstb.en« neben der geistlichen auch weltliche Gewalt zu.

Daran entzündete sich die Kritik der Reformatoren. Die lutherischen Kirchen versuchten erfolglos, den B. auf die geistliche Leitungsfunktion zu beschränken; mangels geeigneter Amtsträger übernahmen weltliche Landesherren die geistliche Leitung (landesherrliches Kirchenregiment). Die reformierten Kirchen ersetzten das B.samt durch eine kollegiale Kirchenleitung. In kath. Gebieten blieben die Fürstbistümer trotz einzelner Reformversuche bis zum Ende des Heiligen Römischen Reiches bestehen; seither sind kath. B.e wieder ausschließlich geistliche Hirten.

2. KATH. KIRCHE

Nach kath. Lehre (→katholisch) ist der B.sstand gottgewolltes Strukturelement der Kirchenverfassung. Zusammen mit dem Papst bilden die B.e das B.skollegium; es ist wie der Papst Träger kirchlicher Höchstgewalt, allerdings entscheidet allein der Papst, ob er die Höchstgewalt persönlich oder im Verbund mit dem Kollegium ausübt.

Die Zugehörigkeit zum B.sstand wird sakramental vermittelt und ist Männern vorbehalten. Durch die B.sweihe treten die B.e ein in die Nachfolge der Apostel. Diese *apostolische Sukzession* ist nach kath. Lehre Voraussetzung für die Gültigkeit von B.s- u. Priesterweihen und damit auch für die gültige Feier der Eucharistie (→Abendmahl; Sakramente); sie markiert den Unterschied zwischen »Kirchen« u. »kirchlichen Gemeinschaften«. Dass sie nach kath. Verständnis in den aus der Reformation hervorgegangenen Gemeinschaften (einschließlich der anglikanischen) nicht gewahrt wurde, ist eine Herausforderung für das ökumenische Gespräch.

Seine Hirtenaufgabe nimmt der B. v.a. wahr, wenn er einer Diözese vorsteht. Als Diözesanb. ist er oberster Lehrer u. Hohepriester der ihm anvertrauten Gläubigen, die er mit oberster gesetzgebender, ausführender u. richterlicher Gewalt leitet. B.e werden i.d.R. vom Papst bestellt; ausnahmsweise werden sie in einigen Diözesen des deutschsprachigen Raums vom Domkapitel gewählt. B.sweihe und Zugehörigkeit zum B.sstand sind nach kath. Verständnis unverlierbar; ein B.samt hingegen kann verloren gehen, insbes. indem der Papst den bei Erreichen der Altersgrenze von 75 Jahren anzubietenden Amtsverzicht des B.s annimmt.

3. Ev. Kirche

Ev. B.e (→evangelisch) etablierten sich in Deutschland seit dem Ende des landesherrlichen Kirchenregiments 1918, derzeit gibt es sie in allen lutherischen und in einigen unierten Landeskirchen. Das B.samt gründet nach ev. Verständnis nicht in göttlichem, sondern in menschlichem Recht. Voraussetzung ist die →Ordination zum Pastor, das heißt die − nicht-sakramental verstandene − Beauftragung zur öffentlichen Wortverkündigung und zur Sakramentenverwaltung. Vom Pastor unterscheidet sich der B. nicht durch die geistliche Zurüstung, sondern nur durch den Zuständigkeitsbereich: Der B. ist Pastor der gesamten →Landeskirche. Da sowohl Männer als auch Frauen ordiniert werden können, steht das B.samt theoretisch und − seit der ersten Wahl einer lutherischen Bischöfin 1992 − auch in der Praxis Frauen offen.

Ev. B.e sind die *geistlichen* Leiter ihrer Landeskirchen. Sie wachen über die Verkündigung des Evangeliums und die Verwaltung der Sakramente, üben das Ordinationsrecht aus, visitieren die Gemeinden und vertreten die Landeskirche in der Öffentlichkeit. Die *rechtliche* Leitung der Landeskirche kommt nicht ihnen, sondern den Synoden − die auch für die B.swahl zuständig sind − und den Verwaltungsorganen zu, wobei das rechtliche Verhältnis zwischen B. und Leitungsorganen in den Landeskirchen unterschiedlich ausgestaltet ist. Meist werden B.e auf Lebenszeit berufen, sie können aber jederzeit ihr Amt niederlegen und in den Ruhestand treten.

Die Träger des leitenden geistlichen Amtes in den reformierten und den reformiert ausgerichteten unierten Landeskirchen werden nicht als B.e bezeichnet; sie nehmen ihre Aufgaben zudem in großer Abhängigkeit von der Synode als dem maßgeblichen kollegialen Leitungsorgan wahr.

Literatur: Georg Schöllgen et al., B., in: Religion in Geschichte u. Gegenwart, Bd. 1, Tübingen 1998, 1614−1624 • Georg Bier, Die Rechtsstellung des Diözesanb.s, Würzburg 2001 • Norbert Roth, Das B.samt i.d. ev. Kirchen, Neukirchen-Vluyn 2012.

Georg Bier

Blindenseelsorge

siehe unter: Seelsorge

Bodelschwingh, Friedrich von d.Ä.

F.v.B. d.Ä. (1831−1910) entstammte altem westfälischem Adel. Durch seinen Vater und aus der Kindheit bestanden persönliche Kontakte zu den Hohenzollern und

eine lebenslange unverbrüchliche Loyalität zur Monarchie als gottgegebener Ordnung. Als Gutsökonom ausgebildet, verwaltete er bereits mit Anfang zwanzig das Gut
Gramenz in Hinterpommern und kümmerte sich um die soziale Misere der Pächter
und Landarbeiter. Anschließend studierte er Theologie in Basel, Erlangen u. Berlin.
Als Prediger ging F.v.B. im Auftrag der Ev. Gemeinde Augsburger Konfession nach
Paris. 1861 heiratete er seine Cousine Ida, die bis 1867 vier Kinder zur Welt brachte.
1864 kehrte die junge Familie nach Westfalen zurück, wo F.v.B. als Gemeindepfarrer
wirkte. Eine persönliche Zäsur war der Verlust aller vier Kinder im Winter 1868/69,
dem Paar wurden später noch einmal vier Kinder geboren. 1872 wurde er Vorsteher
der 1867 in Bielefeld gegründeten Rheinisch-Westfälischen Anstalt für Epileptische.
Unter seiner Leitung expandierte das diakonische Unternehmen rasant. Nach dem
Motto »Arbeit statt Almosen« wuchs die Anstaltsgemeinde aus Kranken u. Gesunden
kontinuierlich. Die →Missionsarbeit bildete einen weiteren Schwerpunkt seiner Bemühungen. Bereits zu Lebzeiten wurde er zur Ikone und als »Vater B.« verehrt. Sein
Name ist heute untrennbar mit Bethel verbunden. Er gilt als Pionier des →Fundrai-
sings: Der erste Bundespräsident Theodor Heuss bezeichnete ihn als »genialsten
Bettler Deutschlands«. Auch wenn F.v.B. sein Umfeld oft strapazierte: Sein Wirken als
»weißer Revolutionär«, dem es gelang, eines der größten Unternehmen der modernen
Diakonie ins Leben zu rufen, bleibt es zu würdigen.

LITERATUR: HANS-WALTER SCHMUHL, F.v.B., Reinbek bei Hamburg 2005.

Ursula Krey

BODELSCHWINGH, FRIEDRICH VON D.J.

F.v.B. d.J. (1877–1946) war ein ev. Theologe und Pfarrer, der 1910 nach dem Tod
seines Vaters →F.v.B. der Ältere die Leitung der Betheler Anstalten übernahm. Als
jüngster Sohn eines übermächtigen Vaters trat er ein schwieriges Erbe an. Er begeg-
nete allen inneren u. äußeren Herausforderungen seiner Amtszeit mit einer tiefen
Frömmigkeit u. Empathie, verankert in einem konservativ-christlichen Weltbild.
Diese Einstellung drückte sich sowohl in der Förderung pädagogischer Maßnahmen
als auch in der Integration medizinischer Disziplinen in sein Gemeinde-Konzept der
weiter expandierenden Anstalten aus. Sein Vermittlungsgeschick erstreckte sich in
den Folgejahren auf kirchen- u. diakoniepolitische Strategien in einer mühsamen
Gratwanderung zwischen Eigenständigkeit und politischer Vereinnahmung. So übte
er 1933 die Funktion eines Reichsbischofs der Deutschen Ev. Kirche (DEK) nur knapp
einen Monat aus. Auch in der NS-Rassenpolitik ist seine abwägende Haltung zu erkennen: Während F.v.B. d.J. die Umsetzung des »Gesetzes zur Verhütung erbkranken
Nachwuchses« seit 1934 befürwortete, verhinderte er als Gegner der »→Euthanasie«
die massenhafte Ermordung behinderter Menschen in Bethel. 1945 übernahm F.v.B.
d.J. abermals als Gründungsmitglied der EKD in Treysa eine vermittelnde u. versöh-
nende Rolle.

LITERATUR: MATTHIAS BENAD, F.v.B. d.J. (1877–1946): Vom Erben Bethels zum heimlichen
Bischof, in: JÜRGEN KAMPMANN (Hg.), Protestantismus in Preussen Bd. IV: Vom Ersten Weltkrieg bis zur deutschen Teilung, Frankfurt a.M. 2011, 103–126.

Ursula Krey

BRÄM, ANDREAS

B. (1797–1882), Pfarrer, Pädagoge u. Pionier der →Inneren Mission. Nach Theologiestudium in Basel u. Tübingen – im Geist der oberdeutschen Erweckung! –, nach Examen, Ordination u. intensiver Lehrtätigkeit in Basel wurde er 1835 zum Pfarrer in Neukirchen am Niederrhein berufen. Er nahm sich sogleich der sozialen u. schulischen Nöte seiner 2.000-Seelen-Gemeinde an und gründete mit Blick auf das massenhafte Kinderelend an Rhein und Ruhr 1845 den »Verein zur Erziehung armer, verlassener u. verwahrloster Kinder in Familien« in Ergänzung der großen »Rettungsanstalten«. Die rasch anwachsende Zahl der Familien wurde durch einen »Agenten« und B.s »Correspondenz-Blatt« (1856ff), eine der Wurzeln des heutigen Neukirchener Verlags, betreut. Dazu trat 1880 das erste preußische Mädchenheim. B. gilt als »Vater der Erziehungsvereine« und hat den heutigen »Neukirchener Erziehungsverein« als bundesweiten Jugendhilfeverbund begründet.

LITERATUR: RUDOLF WETH, A.B. Prediger, Seelsorger, Pädagoge u. Gründer d. Erziehungsvereins, o.O. 1982 • ELSBETH LOHBECK, A.B. – ein Wegbereiter der Diakonie im Rheinland u. Gründer d. Neukirchener Erziehungsvereins, o.O. 1989.

Rudolf Weth

BRANDSTRÖM, ELSA

B. (1888–1948) wurde als Tochter eines schwedischen Diplomaten im russischen St. Petersburg geboren. Nach Absolvierung des Lehrerinnenseminars in Stockholm kehrte sie 1908 nach Russland zurück und stellte sich zu Beginn des Ersten Weltkrieges als Krankenschwester für die russische Armee zur Verfügung. Ab 1915 reiste sie wiederholt im Auftrag des Schwedischen Roten Kreuzes nach Sibirien, um die Lage der dort inhaftierten deutschen Kriegsgefangenen zu verbessern, deren Sterblichkeit aufgrund der schlechten Unterbringung u. Versorgung bei ca. 80 % lag. Ihre Erfahrungen verarbeitete sie in dem 1922 erschienenen Buch »Unter Kriegsgefangenen in Russland und Sibirien 1914–1920«, in der Öffentlichkeit wurde sie später u.a. als »Engel von Sibirien« bezeichnet. Nach dem Ersten Weltkrieg lebte sie in Deutschland und organisierte Erholungsaufenthalte für Kinder und Kriegsversehrte. Sie gehört zu den Mitbegründern der Studienstiftung des Deutschen Volkes. 1933 zog sie mit ihrem deutschen Ehemann Prof. Robert Uhlig in die USA. Dort kümmerte sie sich um Arbeitsmöglichkeiten für deutsche Emigranten. Nach Kriegsende organisierte sie die Versorgung notleidender Kinder in Deutschland. Aus dieser Arbeit erwuchs später CARE international. B. verstarb in Cambridge (Massachusetts). B. erhielt mehrere Ehrendoktorwürden und wurde fünfmal für den Friedensnobelpreis nominiert.

LITERATUR: FRIEDRICH WILHELM BAUTZ, B., E., in: Biographisch-Bibliographisches Kirchenlexikon Bd. 1 (1975), 729–731.

Annett Büttner

BRAUNE, PAUL GERHARD

Erzogen im Wertekanon der preußischen Tugenden, wurde B. (1887–1954) 1922 Leiter der Hoffnungstaler Anstalten Lobetal. Er baute sie zu einem Verbund von Wandererfürsorgeeinrichtungen mit ca. 1.400 Plätzen aus. 1926 wurde er zusätzlich Geschäftsführer der drei reichsweiten interkonfessionellen Wandererfürsorgeverbände, ab 1932 auch Vizepräsident des Centralausschusses für →Innere Mission.

B. vertrat als Lobbyist auf ministerialer Ebene selbstbewusst, pragmatisch u. geschickt die Interessen der Diakonie und eröffnete den Zugriff auf Finanzierungsquellen der sozialen Sicherungssysteme der Weimarer Republik. Deutschnational eingestellt, lehnte B. das politische System der Weimarer Republik ab. B. begrüßte zunächst die Machtübernahme der Nationalsozialisten. Sehr rasch musste er jedoch erkennen, dass von dort eine existenzielle Gefahr für die Innere Mission ausging.

Als bedeutender Akt protestantischen Widerstandes im Nationalsozialismus gilt B.s Kampf gegen die →Euthanasie im Zusammenwirken mit Friedrich von →Bodelschwingh d.J. Es gelang ihm im Mai 1940, den Abtransport von Bewohnerinnen aus einer Einrichtung der Hoffnungstaler Anstalten zu verhindern. Informationen über planmäßige Verlegungen und massenhafte Todesmeldungen aus dem gesamten Reichsgebiet verdichtete er zu einer Denkschrift. B.s Kampf gegen die Euthanasie führte im August 1940 zu seiner Inhaftierung durch die Gestapo.

1953 gelang B. die Abwehr der staatlichen Übernahme Lobetals und damit die Absicherung der Inneren Mission in der DDR.

LITERATUR: JAN CANTOW ET AL. (Hg.), P.G. B. (1887–1954), Stuttgart 2005.

Jan Cantow

BROT FÜR DIE WELT

BIBLISCHE BASIS

Wir orientieren uns gerne an überschaubaren, begrenzten sozialen Räumen und fühlen uns v.a. für Menschen im Nahbereich verantwortlich. Das ist menschlich nachvollziehbar. Aber der Herrschaftsraum Gottes (Ps 24,1) und damit auch Verantwortungsraum (→Verantwortung) des Menschen ist der ganze bewohnte Erdkreis, auf Griechisch: die *oikumene*. Allen gilt seine Liebe, sein Wille, sein Gericht (Ps 47,96). Messlatte im Endgericht ist unsere →Barmherzigkeit gegenüber allen »Geringsten« (Mt 25,40) in →Not, mit denen Christus sich ausnahmslos identifiziert. Nationale u. konfessionelle Grenzen sind historische Produkte von Machtkämpfen, für Gottes Barmherzigkeit sind sie bedeutungslos (vgl. Mk 7,24ff).

Weltweite – besser bekannt als: Ökumenische – →Diakonie bedeutet demgemäß die Sorge für das Wohl aller Menschen und der Völkergemeinschaft.

GESCHICHTE DER ÖKUMENISCHEN DIAKONIE

Die Nahen und die Fernen, der gesamte Erdkreis ist darum gemeinsamer Verantwortungsraum der weltweiten Christenheit – jedenfalls das, was davon bekannt ist: In dem die Gemeinden »der Welt« im Horizont von Mt 28,18ff das Evangelium ausrichteten und ihren Welthorizont durch Missionsreisen (→Mission) erweiterten, erhielten sie aus den Missionsgemeinden in anderen Ländern überhaupt erst Kunde über die Not der Ferne. Die Erweiterung des diakonischen →Solidaritäts- u. Verantwortungshorizontes entfaltete Paulus in zwei Kapiteln seines 2. Briefes an die Korinther (2Kor 8–9). Zunächst ging es dabei nur um die fernen Glaubensgeschwister, weil es nur mit ihnen Kontakt, Zugang zum ›fernen Nächsten‹, gab.

Diese Situation änderte sich im Zuge der →Globalisierung seit dem Kolonialismus zunehmend. Der Welthorizont erweiterte sich und die ›Fernen‹ traten ins Bewusstsein. Damit änderte sich nicht nur der Verantwortungs- u. Handlungshorizont für die Mission, sondern auch für die Diakonie. Beide formierten sich zu Beginn des 20. Jh. weltweit − Ursprünge der neu entstehenden internationalen Ökumenischen Bewegung. Mit der Einrichtung des ›Europäischen Zentralbüros für zwischenkirchliche Hilfe‹ in Genf, das die Kirchen Europas nach dem Ersten Weltkrieg bei der Flüchtlings- u. Wiederaufbauhilfe (→Flüchtlingshilfe) unterstützte, begann weltweit vernetzte diakonische Arbeit: die ›Ökumenische Diakonie‹. Sie wurde nach dem Zweiten Weltkrieg ausgebaut − v.a. zugunsten des zerstörten Deutschlands.

BfdW

1945 gründeten alle ev. Kirchen in Deutschland das »→Hilfswerk der Ev. Kirchen in Deutschland« für den Wiederaufbau und die →Integration der über 15 Mio. Vertriebenen u. →Flüchtlinge aus Mittel- u. Osteuropa. Auslöser dafür war die überaus großzügige Hilfe von Kirchen aus aller Welt für die deutschen Kirchen, es war also mithin eine Frucht weltweiter »Ökumenischer Diakonie«! Aus Dankbarkeit dafür beschlossen alle ev. Kirchen in Deutschland 1954, sich mit dem Hilfswerk auch als Geber in der Ökumenischen Diakonie zu betätigen: Sie gründeten im Hilfswerk das »Ökumenische Notprogramm der Ev. Kirche in Deutschland« mit den zwei Komponenten zwischenkirchliche Hilfe − später »Kirchen helfen Kirchen« − und Nothilfe für Flüchtlinge u. Katastrophenopfer, später »Diakonie →Katastrophenhilfe«, um Kirchen u. Menschen in anderen Teilen der Welt in ihrer Not mit konkreten Projekten zu helfen.

Als mit der Dekolonisation seitens der sog. »jungen Kirchen« im Süden die Mitgestaltung »verantwortlicher Gesellschaft« (wie es damals hieß) in den sog. »jungen Nationen« zur Herausforderung wurde und das Ausmaß der →Armut im Süden in den Blick trat, wurde deutlich, dass Nothilfe als Methode der Ökumenischen Diakonie nicht mehr ausreichte, sondern langfristige strukturelle Armutsbekämpfung und die Mitwirkung am Aufbau eigener Sozialstrukturen angesagt war.

»Entwicklungsverantwortung« hieß diese Aufgabe Ökumenischer Diakonie für die Kirchen des Nordens seit Ende der 1950er Jahre. In Deutschland wurde 1959 gemeinsam von allen Landes- u. Freikirchen im Hilfswerk zu einer großen weihnachtlichen Spendenaktion »BfdW« aufgerufen, die sich als größte Sammelaktion der ev. Kirchen bis dahin erwies und darum auf Wiederholung drängte − zumal deutlich war, dass die Aufgabe eine langfristige war. BfdW sollte die deutschen Gemeinden in die Solidarität u. Mitverantwortung für die Hungernden u. Armen der Welt rufen und so die Ökumenische Diakonie auch zu einer Dimension gemeindlicher Existenz machen. Und dies jenseits der Hilfsbeziehungen der Missionsvereine, denn es ging nicht um den Beistand für Schwesterkirchen. Vielmehr sollte es nach dem Willen der Gründer − entsprechend dem Mandat der Diakonie insgesamt − um selbstlosen u. zweckfreien Beistand für Menschen in Not gehen − egal welcher Religion, Herkunft, Ethnie sie waren. Und es sollte um einen Beitrag zur Überwindung von Hunger, Armut, sozialer Not u. Menschenrechtsverletzungen (→Menschenrechte) gehen: »den Armen →Gerechtigkeit«.

Als einmalige Spendenaktion geplant, entwickelten die Trägerkirchen und ihre diakonischen Werke BfdW immer weiter zu einem dauerhaft zuverlässigen, professionellen u. weltweit wie in Deutschland geschätzten Partner für heute über 2.000 Kirchen u. Nichtregierungsorganisationen, die sich durch die Jahrzehnte dem Ziel der Armutsbekämpfung mit den je neuen Herausforderungen und zusammenhängenden neuen Problemen stellen: basisnahen sozialen →Dienstleistungen, der der Bekämpfung von HIV/Aids oder Ebola, dem Schutz u. der nachhaltigen Nutzung der natürlichen Ressourcen sowie dem Zugang der Armen zu ihnen, dem Menschenrechtsschutz, der Konfliktprävention, zivilen Konfliktbearbeitung u. -nachsorge, der →Versöhnung, der gesellschaftlichen, politischen u. wirtschaftlichen →Partizipation der Armen, der Anpassung an den Klimawandel, der Klimaresilienzstärkung etc.

Ob in der Projekt- o. Lobbyarbeit: immer stehen die besonders an den Rand gedrängten und schwachen Menschen, in besonderer Weise auch die Frauen, im Mittelpunkt. »Hilfe zur →Selbsthilfe« war schon früh das Schlüsselprinzip: Immer geht es darum, sie dabei zu stärken, selbst handlungsfähig und selbstwirksam zu werden. Sie sollen ermutigt und dabei in ihren Rechten u. Potentialen gestärkt werden, ihre Chancen zu ergreifen, sich selbst aus ihrer Notsituation zu befreien und an der Änderung gesellschaftlicher Verhältnisse mitzuarbeiten, wie die →EKD in ihrer grundlegenden Denkschrift zur ev. Entwicklungsverantwortung 1973 festhielt.

Die Partner weltweit drängten BfdW zunehmend, ihre politischen Einwirkungsmöglichkeiten in Deutschland und bei der EU zugunsten einer Verbesserung der globalen Rahmenbedingungen für →Entwicklung geltend zu machen und mit ihnen gemeinsam auf nationaler u. internationaler Lobby- u. Advocacyarbeit (→Anwaltschaft) für eine gerechtere u. zukunftsfähigere globale Handels- u. Wirtschaftspolitik etc. einzutreten. Entsprechend haben die Gremien von BfdW das Mandat auf Bildungs-, Advocacy- u. Vernetzungsarbeit erweitert. Zunehmend wird aus dem Spektrum der Partner die Bitte laut, gerade letzteren Aspekt noch auszubauen und größere Plattformen für das eigene Engagement zu fördern und zu schaffen.

TEIL DES GRÖSSEREN

Von Anfang verstand sich Ökumenische Diakonie in Deutschland als Teil einer größeren Gemeinschaft:

– die Förderung von und Zusammenarbeit mit dem Ökumenischen Rat der Kirchen und den ökumenischen Weltbünden, wie mit dem globalen Netzwerk von fast 150 Kirchen u. kirchlichen Organisationen der Humanitären u. Entwicklungshilfe gehören quasi zu den Genen.

– als Teil der nationalen u. globalen →Zivilgesellschaft sucht BfdW bei der Erreichung ihrer Ziele auch je und je die Kooperation mit anderen Kräften der Zivilgesellschaft: nur im »Konzert« oder auch mal konzertiert mit anderen, die die Anliegen u. ethischen Prinzipien teilen, können auf EU- u. UN-Ebene Erfolge in der Lobbyarbeit erzielt werden.

Den globalen Aspekt unserer Existenz als Christen ins Bewusstsein zu rufen, bedeutet, exemplarisch Zeichen zu setzen für eine nachhaltige Entwicklung der *gesamten* Welt. Dieser Aspekt der Arbeit von BfdW erlangte im Osten des Landes nach dem Mauerbau und der damit verbundenen Unmöglichkeit für die Kirchen der DDR, ihre vielfältigen Gaben direkt den Empfängern zukommen zu lassen, zuerst an Bedeutung.

Die Erkenntnis, dass wir enger mit dem Schicksal der Entwicklungsländer verbunden sind, als 1959 vermutet und Entwicklung nicht bloß eine Aufgabe des Südens, sondern eine Aufgabe für uns alle ist, gewann im Zuge der Globalisierung an Plausibilität: Weltweite Mobilität als Studierende, Arbeitskräfte, Touristen u. globale Kommunikationsmöglichkeiten machen auch den fernsten Nächsten zum Bruder, zur Schwester und viele von »uns« zu einem »der ihren«. Die Welt ist in Zeiten der Globalisierung zum »Dorf« *(global village)* geworden, dessen →Markt alle Winkel beherrscht und →Unternehmen global nach den besten Investitionsmöglichkeiten, den billigsten Arbeitskräften u. Ressourcen suchen und sie nutzen lässt.

Die Welt ist in einer Weise so vielfach verwoben, dass fast jedes lokale Phänomen in einem komplexen Wirkungszusammenhang mit Prozessen u. Ereignissen an anderen Orten bzw. mit globalen Prozessen steht. Unsere Lebensverhältnisse werden von Entwicklungen jenseits unserer Grenzen mit geprägt und unsere Lebensgewohnheiten beeinflussen das Wohl u. Weh von Millionen in der ganzen Welt. Dies zu ignorieren ist für das eigene wie das ferne Leben geradezu gefährlich geworden.

Es ist nicht mehr angemessen, die →Sorge für die Benachteiligten und für soziale u. ökologische Sicherungssysteme im eigenen Land abzugrenzen und auszuspielen gegen die Sorge für die Benachteiligten weltweit und für globale soziale Systeme. Konsequenterweise haben die ev. Kirchen in Deutschland darum seit 2012 →Diakonie Deutschland und alle Organisationen und Einheiten der EKD, die – bis dahin getrennt – mit Entwicklung, zwischenkirchlicher Hilfe u. humanitärer Hilfe, also weltweiter Diakonie, befasst waren, unter dem Dach des »Ev. Werkes für Diakonie u. Entwicklung« (EWDE) zusammengebracht, damit sie – z.B. in der Flüchtlingsfrage – immer mehr Hand in Hand arbeiten und gemeinsam am selben Strick ziehen können. Die →soziale Frage kann in Zeiten der Globalisierung nur noch international gelöst, Anwaltschaft für die Armen nicht mehr anders denn weltweit gedacht u. geplant werden und die Netzwerke beider müssen zusammenarbeiten. Die neuen »Nachhaltigen Entwicklungsziele«, die die UN-Vollversammlung im September 2015 verabschiedet hat, reflektieren das, insofern sie Ziele für *alle* Länder darstellen und Aufgaben für alle implizieren.

Unsere Kirchen nehmen ihr diakonisches Mandat für Menschen in anderen Kontinenten auch dadurch »zuhause« wahr, dass sie sich gegenüber der eigenen Regierung für die erforderlichen Veränderungen internationaler wirtschaftlicher Rahmenbedingungen und für eine globale Strukturpolitik engagieren, die den armen Ländern volle →Teilhabe und bessere Chancen garantieren. Politische u. prophetische Diakonie zugunsten weltweiter Gerechtigkeit, Frieden u. Durchsetzung der Menschenrechte wird zur wichtigsten Aufgabe nicht nur der Ökumenischen, sondern der Diakonie insgesamt eines jeden einflussreichen Landes.

LITERATUR: EKD, Entwicklungsdenkschrift 1973. »Der Entwicklungsdienst d. Kirche – ein Beitrag f. Frieden u. Gerechtigkeit in der Welt.

Cornelia Füllkrug-Weitzel

BRÜDERHAUS

Johann Hinrich →Wichern gründete im Rauhen Haus in Hamburg die erste Brüderanstalt, das spätere B., als →Glaubens-, Lebens- und →Dienstgemeinschaft von christl. Männern, die einander wie Brüder verbunden sind. Im »Gehilfeninstitut« wurden Männer mit einem Berufsabschluss (ab 1839) intensiv für die Arbeit in den Rettungshäusern der →Inneren Mission ausgebildet. Ausbildung und Tätigkeit begründeten eine Erneuerung des neutestamentlichen Diakonenamtes (→Diakonat).

Weitere B.er entstanden durch »Sendbrüder« in ganz Deutschland. B.er, als Lernfeld brüderschaftlichen Lebens, waren lange Zeit gleichzeitig Lebensort und Ausbildungsstätte.

Der Zusammenschluss der Brüderhäuser 1913 zum Dachverband Deutsche Diakonenschaft, seit 1991 →VEDD — Verband Ev. Diakonen-, Diakoninnen u. Diakonatsgemeinschaften in Deutschland e.V. — förderte die Ausbildung zum →Diakon, mit doppelter Qualifikation und zur →Einsegnung in das Diakonenamt.

Mit dem Eintritt von Diakoninnen in eine Brüderschaft (ab 1968) entwickelten sich B.er zu Diakonischen →Gemeinschaften.

Heidi Albrecht

BRÜDERSCHAFT

siehe unter: Gemeinschaften, diak. und Brüderhaus

BRÜSSELER KREIS

Der B.K. e.V. ist ein Zusammenschluss (seit 2000) von bislang dreizehn gemeinnützigen (→Gemeinnützigkeit) deutschen →Unternehmen aus →Diakonie und Caritas (→Caritasverband), die sich als innovative Dienstleister in der Sozial- u. Gesundheitswirtschaft verstehen. Auf Basis des christlichen →Menschenbildes werden →Dienstleistungen in den Bereichen Jugend- (→Kinder- und Jugendhilfe), →Behinderten-, →Altenhilfe, →Bildung, berufliche und medizinische →Rehabilitation sowie im →Gesundheitswesen erbracht. Der B.K. engagiert sich für Autonomie, →Selbstbestimmung und umfassende →Teilhabe seiner Kunden am Leben in Gesellschaft und →Kirche. Dabei steht er für mehr →Markt und Wettbewerb bei weniger staatlicher Steuerung und plädiert für eine Orientierung an Wirksamkeit und Ergebnisqualität. Der B.K. positioniert sich besonders mit der sozial- u. bildungspolitischen Ausrichtung seiner Mitglieder im nationalen und europäischen Raum, vergibt zu Schlüsselfragen seiner Branche Forschungsaufträge und sucht den Dialog mit allen relevanten politischen u. gesellschaftlichen Gruppen in Deutschland und Europa.

LITERATUR: www.bruesseler-kreis.de • Elke DRILLER / SASKIA ALICH / UTE KARBACH / HOLGER PFAFF / FRANK SCHULZ-NIESWANDT, Die INA-Studie. Inanspruchnahme, soz. Netzwerk u. Alter am Bsp. von Angeboten d. Behindertenhilfe, Freiburg i.Br. 2008 • Elke DRILLER / UTE KARBACH / PETRA STEMMER / UDO GADEN / HOLGER PFAFF / FRANK SCHULZ-NIESWANDT, Ambient Assisted Living. Techn. Assistenz f. Menschen m. Behinderung. Freiburg i.Br. 2009 • DIERK STARNITZKE / HANNS-STEPHAN HAAS (Hg.), Diversität u. Identität. Konfessionsbindung u. Überzeugungspluralismus in caritativen u. diakon. Unternehmen, Stuttgart 2015.

Georg Kruse

BUDGET

Finanzwissenschaft: B. ist eine andere Bezeichnung für Haushaltsplan, Etat o. Finanzplan. Für einen Zeitabschnitt wird ein Voranschlag der Einnahmen/Erträge und der Ausgaben/Aufwände erstellt. Betriebswirtschaft: Das B. ist in der Regel ein kurzfristiger operativer Plan zur Steuerung der Ressourcenallokation. Typische B.s sind: Veranstaltungsb., Investitionsb., Personalb. In der Praxis werden diese unterschiedlichen Funktionen häufig vermischt.

Thomas Eisenreich

BUNDESAKADEMIE FÜR KIRCHE UND DIAKONIE (BAKD)

Die Bundesakademie für Kirche u. Diakonie (BAKD) in Berlin hat eine wechselvolle Geschichte. Sie entstand 1997 aus zwei Wurzeln: 1971 wurde die Diakonische Akademie durch das Diakonische Werk der Ev. Kirche in Deutschland (→Diakonie Deutschland) in Stuttgart gegründet. Und seit 1975 gab es im Diakonischen Werk Innere Mission u. Hilfswerk der Ev. Kirchen in der DDR das Diakonische Qualifizierungszentrum (DQZ) mit Sitz in Berlin. Um beide Traditionen zu integrieren, wurde die Diakonische Akademie Deutschland (DAD) 1997 als gGmbH mit Sitz in Berlin und der Nebenstelle Stuttgart gegründet.

Die BAKD entstand 2006 durch den Beitritt der →EKD zur DAD. Ebenfalls 2006 wurde die →»Führungsakademie für Kirche und Diakonie« (FAKD) als gemeinnützige Aktiengesellschaft unter Beteiligung von 26 Aktionären aus der Bundesakademie ausgegliedert. Zur Bündelung der Kräfte wurde 2010 die Bundesfachakademie gGmbH in die BAKD eingegliedert. 2014 wurde die Führungsakademie wieder mit der Bundesakademie verschmolzen. Mit der Vereinigung von BAKD und FAKD wurde ebenfalls der Name der Gesellschaft geändert: »Akademien für Kirche u. Diakonie gGmbH«. Nach außen sind weiterhin die Marken »Bundesakademie für Kirche u. Diakonie« (BAKD) sowie »Führungsakademie für Kirche u. Diakonie« (FAKD) sichtbar.

Die BAKD hat die Aufgabe, berufsbezogene Fort- und Weiterbildung (→Bildung) für die →Mitarbeitenden in →Diakonie und →Kirche anzubieten. In der Orientierung am diakonischen Auftrag fördert sie Fachkompetenz, Handlungs- u. Methodenkompetenz sowie personale u. soziale Kompetenz der Teilnehmenden. Als bundesweit tätige Akademie führt sie jährlich etwa 190 Veranstaltungen durch und bringt sich in sozialpolitische (→Sozialpolitik), fachliche u. diakoniestrategische Diskussionen ein. Die BAKD unterhält ein Tagungshaus mit Tagungshotel in Berlin-Pankow.

Peter Burkowski / Wolfgang Hoffmann

BUNDESANGESTELLTENTARIF – KIRCHLICHE FASSUNG (BAT-KF)

siehe unter: Arbeitsrecht

BUNDESARBEITSGEMEINSCHAFT DER FREIEN WOHLFAHRTSPFLEGE (BAGFW)

Die Bundesarbeitsgemeinschaft der Freien Wohlfahrtspflege e.V. (BAGFW) ist die gemeinsame Stimme der sechs →Spitzenverbände der Freien Wohlfahrtspflege (→Wohlfahrtsverbände). 1914 gegründet, ist die BAGFW seit 1966 in einem →Verein konstituiert, in dem die Zusammenarbeit der Mitglieder: Arbeiterwohlfahrt – Deutscher →Caritasverband – Der Paritätische Gesamtverband – →Deutsches Rotes Kreuz – →Diakonie Deutschland – Zentralwohlfahrtsstelle der Juden in Deutschland geregelt ist.

In der BAGFW werden gemeinsame sozial- und fachpolitische Positionen der Spitzenverbände erarbeitet und auf der bundespolitischen Ebene gegenüber Regierung, Parlament, →Medien u. anderen Verbänden vertreten. In 3 Kommissionen und den ihnen zugeordneten Fachausschüssen werden Stellungnahmen zu Gesetzesvorhaben und zu aktuellen sozialpolitischen Fragen (→Sozialpolitik) zwischen den Verbänden koordiniert.

Die Sozialkommission I bearbeitet Themen aus den Bereichen →Altenhilfe und →Pflege, →Behindertenhilfe, →Gesundheitswesen u. Themen der Betreuungsvereine (→Betreuung, gesetzliche). Die Sozialkommission II bearbeitet Themen aus den Arbeitsfeldern Kinder, Jugend, →Familie und Frauen, →Arbeitsmarktpolitik und Grundsicherung, →Migration und →Integration sowie bürgerschaftliches Engagement u. Freiwilligendienste (→Ehrenamt). In der Finanzkommission stehen die Rahmenbedingungen für die →Finanzierung der Arbeit der Freien Wohlfahrtspflege im Mittelpunkt. Die Fachausschüsse »Gemeinnützigkeit und Steuern«, »Wohlfahrtsmarken«, »Statistik« u. Vergaberecht arbeiten unter dem Dach der Finanzkommission an einem für die Freie Wohlfahrtspflege essentiellen Themenspektrum.

Die Mitgliederversammlung ist entscheidendes Beschlussorgan der BAGFW. Für jeweils 2 Jahre werden wichtige Steuerungsfunktionen durch den federführenden Verband verantwortet, der für diesen Zeitraum auch den Präsidenten / die Präsidentin der BAGFW stellt. Diese Regelung ermöglicht eine zielgerichtete Führung (→Leitung) der BAGFW durch den federführenden Verband. Auch wenn sich konkurrente Interessen zwischen den Verbänden nicht immer in gemeinsame Positionen harmonisieren lassen, ist die koordinierende Klammer der BAGFW für alle Spitzenverbände unverzichtbar.

Die Ausschüsse »GlücksSpirale bei der BAGFW« und »Europa« sind unmittelbar der Mitgliederversammlung zugeordnet. In ihrer Funktion als Destinatär der Lotterie GlücksSpirale verteilte die BAGFW z.B. 2014 an ihre Mitgliedsverbände Mittel aus der GlücksSpirale 2013 in Höhe von € 19.180.000,00. Die BAGFW weist im Rahmen eines Gesamtverwendungsnachweises gegenüber den Lotteriegenehmigungsbehörden der Länder die satzungsgemäße Verwendung der Zweckerträge der GlücksSpirale nach.

Die BAGFW unterhält neben der Geschäftsstelle in Berlin (derzeit mit 20 Mitarbeitenden) ein EU-Büro in Brüssel und die Abteilung Wohlfahrtsmarken mit dem Standort Köln. Zu den Aufgaben der Geschäftsstelle unter der Leitung einer hauptamtlichen Geschäftsführung und deren Stellvertretung gehören die →Beratung, Koordination u. Unterstützung aller Gremien. Die Geschäftsstelle verantwortet die Planung, Organisation u. Durchführung von politischen Gesprächen auf der Bundesebene, insbesondere im Bundeskanzleramt, in den Bundesministerien u. in entsprechenden Fachausschüssen des Deutschen Bundestages. Darüber hinaus werden Parlamentarische Abende mit Mitgliedern des Deutschen Bundestages und Fachtagungen zu spezifisch sozialpolitischen Themen vorbereitet und organisiert.

Von besonderer Bedeutung ist für die BAGFW die Verleihung des Deutschen Sozialpreises für sozialpolitisch engagierte Journalistinnen und Journalisten. Der Medienpreis zur sozialen Lebenswirklichkeit in Deutschland ist mit € 15.000,00 dotiert und wird in den Sparten »Print«, »Hörfunk« u. »Fernsehen« vergeben. In einem mehrstufigen Auswahlverfahren werden eingereichte Arbeiten von einer unabhängigen Fachjury bewertet. Die Bedeutung des Sozialpreises kommt durch Präsenz von Mitgliedern des Bundeskabinetts bei der Verleihung zum Ausdruck. 2013 ist der Deutsche Sozialpreis durch die Bundeskanzlerin übergeben worden.

Alle vier Jahre tragen die Spitzenverbände die Daten zu einer Gesamtstatistik zusammen. Trotz unterschiedlicher Erhebungsverfahren in den Verbänden sind die Gesamtaussagen von erheblicher Bedeutung und weisen nach, dass die Spitzenverbände der Freien Wohlfahrtspflege in zahlreichen Handlungsfeldern das größte Angebot an sozialer →Dienstleistung erstellen. Häufig wird völlig übersehen, welche ökonomische und gesamtwirtschaftliche Bedeutung sich in den Spitzenverbänden bündelt. Mit weit mehr als 1,5 Mio. Voll- und Teilzeitbeschäftigten in Einrichtungen und Diensten bei den Mitgliedsverbänden ist die Freie Wohlfahrtspflege einer der größten Arbeitgeber auf dem Arbeitsmarkt in Deutschland.

Ein besonderer Akzent in der Arbeit der BAGFW ist die aktive Gestaltung und Mitgestaltung der Qualitätsentwicklung in den Feldern sozialer Arbeit. Soziale →Innovation ist dabei beispielhaft an dem Projekt»Wie misst man Teilhabe in der Eingliederungshilfe?« entwickelt worden. Darüber hinaus sind Fragen der Messbarkeit von Dienstleistungsqualitäten der Altenhilfe, Qualitätsmodelle für Tageseinrichtungen für Kinder u. andere Projekte ein Indikator für die prospektive Arbeit der Spitzenverbände in der BAGFW.

Die Geschäftsstelle erstellt jeweils einen Jahresbericht, der über die laufende Arbeit und die Zusammensetzung der Gremien informiert.

www.bagfw.de

Johannes Stockmeier

Bundesverband

siehe unter: Diakonie Deutschland

Bundesverband evangelische Behindertenhilfe e.V. (BeB)

Der BeB fördert, unterstützt und begleitet durch seine Einrichtungen und Dienste Hilfen für Menschen mit →Behinderung oder psychischer Erkrankung und deren Angehörige. Er ist ein Fachverband im Ev. Werk für Diakonie u. Entwicklung der Ev. Kirche in Deutschland (→EKD; Diakonie Deutschland). Gemeinsam mit den anderen vier Fachverbänden der →Behindertenhilfe setzt er sich anwaltschaftlich (→Anwaltschaft) für Rahmenbedingungen etwa in den Bereichen Wohnen, →Gesundheit, →Arbeit und Freizeit ein, wirbt für eine stringente Umsetzung der UN-Behindertenrechtskonvention (→UN-Konvention über die Rechte von Menschen mit Behinderung) durch eigene Aktionspläne, stärkt die →Selbstbestimmung und betreibt politische Lobbyarbeit.

Der BeB wurde im Jahr 1998 durch die Fusion des Verbandes ev. Einrichtungen für Menschen mit geistiger und seelischer Behinderung e.V. (VEEMB) mit dem Verband ev. Einrichtungen für die Rehabilitation Behinderter e.V. (VEERB) gegründet. Aktuell sind über 280 diakonische Institutionen mit knapp 600 Teileinrichtungen dem BeB angeschlossen. Sie erreichen täglich über 100.000 Menschen mit einer Behinderung oder psychischen Erkrankung.

Uwe Mletzko

BURNOUT

Der populäre Begriff greift das verbreitete Gefühl einer anhaltenden Überforderung am Arbeitsplatz auf. Das darunter subsummierte Beschwerdebild ist äußerst vielgestaltig und umfasst u.a. emotionale Erschöpfung, Anspannung, Schlafstörungen, vermindertes Leistungsvermögen, mitunter auch Verbitterung o. Zynismus. Es bestehen deutliche Überschneidungen mit der Symptomatik unterschiedlicher, insbesondere psychischer Erkrankungen.

B. bezeichnet aber keine Krankheit (→Gesundheit/Krankheit) und ist keine medizinische Diagnose; der damit gemeinte Zustand kann aber als ein arbeitsplatzbezogener Risikofaktor (neben anderen) die Auslösung einer Erkrankung (z.B. depressiven Episode) begünstigen. Diese dann als B. zu bezeichnen und damit gleichzusetzen, ist jedoch problematisch; denn es impliziert ein in seiner Monokausalität unzutreffendes Krankheitsverständnis, sodass die adäquate Therapie versäumt wird.

LITERATUR: MATHIAS BERGER / MICHAEL LINDEN / ELISABETH SCHRAMM ET AL., Positionspapier d. Dt. Gesellschaft f. Psychiatrie, Psychotherapie u. Nervenheilkunde (DGPPN) zum Thema Burnout, in: Der Nervenarzt 83 (2012), 537–543.

Klaus Windgassen

CALVIN, JEAN

Der neben →Luther bedeutendste Reformator (1509–1564) war studierter Jurist und kam 1533 in Paris mit der →Reformation in Kontakt. Bereits 1536 erschien die erste Auflage seines theologischen Hauptwerkes »Christianae religionis Institutio« (Unterricht in der christl. Religion), letzte Überarbeitung war 1559. In Genf, später in Basel u. Straßburg, beteiligte er sich an der Einführung der Reformation. In dieser Zeit begann er, neben einer Erweiterung der »Institutio« zahlreiche Kommentare zur Bibel zu schreiben. 1541 nach Genf zurückgekehrt, war er in zahlreiche Kämpfe mit dem Rat und mit Abweichlern involviert und verfasste die »Genfer Kirchenordnung«, in der er, wie schon in der Institutio (IV,31), vier Ämter für die Leitung der Kirche vorsah, darunter auch →Diakone zur Fürsorge für Arme u. Kranke der Gemeinde und zur Verwaltung der Gelder. Diese Kirchenordnung war Vorbild für zahlreiche (sich dann »reformiert« nennende) Kirchen u. Gemeinden, in denen z.T. bis heute gerade die diakonische Dimension des Gemeindelebens von größter Bedeutung ist. C. versuchte immer wieder eine Spaltung der Evangelischen in Europa durch Kompromisse zu vermeiden. Nicht zuletzt dadurch verhalf er der Reformation zu ihrem Erfolg.

LITERATUR: EBERHARD BUSCH, Gotteserkenntnis u. Menschlichkeit. Einsichten i.d. Theologie J.C.s, Zürich 2005 • CHRISTOPH STROHM, J.C. Leben u. Werk d. Reformators, München 2009.

Erster Satz von Calvins Institutio:

All unsere Weisheit, sofern sie wirklich den Namen Weisheit verdient und wahr und zuverlässig ist, umfasst im Grunde eigentlich zweierlei: die Erkenntnis Gottes und unsere Selbsterkenntnis.

Martin Wolff

CARE

Erziehung, →Pflege, Hauswirtschaft: mit »C.« wird heute beschrieben, was →Sorge und Fürsorge (→Soziale Arbeit) für andere umfasst. Dabei sind berufliche, aber auch die unentgeltlichen Sorge-Aufgaben in der →Familie und die Zuwendung im freiwilligen Engagement (→Ehrenamt) im Blick. Der Begriff »C.« macht bewusst, dass die fürsorgliche Hinwendung zu anderen aus dem unmittelbaren familiären Kontext erwächst und dabei zumeist die Aufgabe von Frauen (gewesen) ist. Bis heute liegt der Frauenanteil in diesen Berufen bei 70 % und auch die Zeit, die Frauen in einen gemeinsamen Haushalt investieren, ist signifikant höher als die ihrer Partner. Dass die, die Kinder zur Welt bringen, sie auch am besten versorgen, umsorgen u. erziehen können, wird noch immer als »natürlich« empfunden. Als »Frauenberufe« sind C.-Berufe im Vergleich schlechter bezahlt und bieten i.d.R. auch schlechtere Aufstiegschancen als technische Berufe. Dass Frauen sich besonders für die Familie verantwortlich fühlen und deswegen häufig beruflich zurückstecken, führt häufig zu schlechterer Versorgung im Alter. Der Stellenwert von C.-Aufgaben muss deshalb gesellschaftlich aufgewertet werden.

LITERATUR: Feministische Studien, Themenheft: Sorgeverhältnisse 31 (2013) • MARGRIT BRÜCKNER, Dimensionen des C.-Begriffs. Zwischen Fürsorge, Gerechtigkeit u. Eigensinn, in: BRIGITTA KRESS / ANETTE MEHLHORN (Hg.), Füreinander Sorge tragen. Religion, Säkularität u. Geschlecht i.d. globalisierten Welt, Weinheim/Basel 2015, 41–53 • KARIN JURCZYK, C. – ein System i.d. Krise, in: Neue Gesellschaft / Frankfurter Hefte: Tempo, Tempo! Leben in der Rushhour (9/2015), 33–37 • KARIN JURCZYK, Zeit f. C.: Fürsorgliche Praxis in »atmenden Lebensverläufen«, in: REINER HOFFMANN / CLAUDIA BOGEDAN (Hg.), Arbeit d. Zukunft. Möglichkeiten nutzen, Grenzen setzen, Frankfurt a.M. / New York 2015, 260–288 • BARBARA THIESSEN, Soz. Arbeit u. die C.-Krise. Neue Aufgabenfelder zur Initiierung von Caring Communities, in: Sozial Extra 39 (2015), 36–39 • GABRIELE WINKER, C. Revolution – Schritte in eine solidarische Gesellschaft, o.O. 2015.

Cornelia Coenen-Marx

CARITAS

siehe unter: Nächstenliebe

CARITASVERBAND, DEUTSCHER

ORGANISATION UND SELBSTVERSTÄNDNIS. Der Deutsche Caritasverband (DCV) mit Sitz in Freiburg i.Br. dient als bischöflich anerkannte Dachorganisation für die organisierte →Nächstenliebe der kath. →Kirche in Deutschland. Er ist weltweit die aktuell wohl größte solche Organisation und Mitglied der 1950 gegründeten weltweiten Konföderation Caritas Internationalis (mit Sitz in Rom, seit 2004 als öffentliche, juridische u. kanonische Person der kath. Kirche), zu der über 160 kath. Organisationen der sozialen, humanitären, Katastrophen- u. Entwicklungshilfe gehören, die in 200 Ländern u. Territorien tätig sind. Organisierte →Caritas im Dienst der Armen (→Armut), Leidenden (→Leid) und Bedrängten aller Art (vgl. II. Vatikanisches Konzil, *Gaudium et spes* 1) ist ein Wesensvollzug der Kirche und wesentlicher Teil der christl. Ausübung positiver Religionsfreiheit, der für die Kirche in ihrem Selbstverständnis unverzichtbar ist. Sie wirkt mit an der sakramentalen Sendung der Kirche im Dienst der →Liebe, d.h. Zeichen u. Werkzeug zu sein »für die innigste Vereinigung mit Gott und für die Einheit der ganzen Menschheit« (II. Vatikanisches Konzil, *Lumen gentium* 1). Bevorzugt arbeitet die Caritas mit den Armen, Ausgegrenzten (→Ausgrenzung) u. Schwachen (→Stärke/Schwäche) ohne Rücksicht auf ethnische o. religiöse Zugehörigkeit und nimmt, geleitet vom Evangelium und der kath. Soziallehre, für ihre sozialpol. Positionen die Perspektive der Armen, Ausgegrenzten u. Benachteiligten ein (»Option für die Armen«).

Der DCV ist zugleich einer der aktuell sechs →Spitzenverbände der Freien Wohlfahrtspflege (→BAGFW) und zivilrechtlich als gemeinnütziger Verein (e.V.) verfasst. Er bejaht die wohlfahrtsproduktive weltanschauliche Vielfalt sozialer Dienstleistungsanbieter mit dem Ziel der Sicherung des Wahlrechts Hilfesuchender und des bürgerlichen Rechts zu helfen in einer →gemeinwohlorientierten, freiheitlichen →Zivilgesellschaft. Sie fungiert als Regulativ gegen die Dominanz von Staat u./o. Wirtschaft. Dies wird im (staatl. regulierten) Wettbewerb sozialrechtlich refinanzierter Dienstleistungen eher gesichert durch das sozialrechtliche →Dreiecksverhältnis als durch Ausschreibungen nach Vergaberecht.

Unter dem Dach des DCV finden sich in dezentraler Organisation 27 Diözesancaritasverbände mit über 500 regionalen u. Ortscaritasverbänden sowie 17 Fachverbände mit besonderen Profilen →sozialer Arbeit. Rund 8250 eigenständige Rechtsträger (→Vereine, Kirchen→gemeinden, →Ordensgemeinschaften, →Stiftungen u. gemeinnützige Kapitalgesellschaften) mit über 24 Tsd. Diensten u. Einrichtungen beschäftigen rund 600 Tsd. Mitarbeiter/innen (davon über 80 % weiblich; ca. 400 Tsd. Vollzeitäquivalente) in →ambulanten u. (teil-)stationären →Gesundheits-, →Kinder- u. Jugend-, Familien-, →Alten-, →Behindertenhilfe-Einrichtungen (mit über 1 Mio. Betten u. Plätzen) u. weiteren sozialen Hilfen wie Gefährdeten-, →Flüchtlings- u. Auslandshilfe sowie in Aus-, Fort- u. Weiter→bildung (Stand 31.12.2012). Ihr satzungsgemäßes »Markenzeichen« ist das →Flammenkreuz. Rund 80 % der →Mitarbeitenden sind bei jenen knapp 20 % der Rechtsträger angestellt, die mehr als 50 Mitarbeitende beschäftigen; die über 80 % Rechtsträger mit weniger als 50 Angestellten sind meist Kirchengemeinden und Kirchenstiftungen, v.a. im Bereich der →Kindertagesstätten. Ähnlich viele Menschen engagieren sich freiwillig/ehrenamtlich (→Ehrenamt) in ihren Diensten u. Einrichtungen. Über 98 % der Rechtsträger verpflichteten sich 2014 in einer verbandsintern angeforderten Stellungnahme auf den Dritten Weg und erreichen eine weit höhere Tarifdeckung als der Zweite Weg im →Sozialmarkt bei vergleichbaren Lohnniveaus. Lohndruck nach unten üben insbes. private Träger mit Gewinnabsicht für die *shareholder* und (entsprechend) die →Sozialversicherungen aus, erst recht bei geringeren Beitragseinnahmen.

Das →Leitbild des DCV benennt vier zentrale Aufgaben: 1. Personennahe soziale u. gesundheitliche Dienste/Dienstleistungen, 2. Solidaritätsstiftung (→Solidarität) in Kirche u. Gesellschaft (u.a. durch Kampagnen), 3. sozialpol. →Anwaltschaft (Monitoring, Lobbyarbeit) und 4. Aus-, Fort- u. Weiterbildung für diese Dienste, Berufe u. Aufgaben. In allem leitend ist dafür das Evangelium Jesu Christi mit dem christl. →Menschenbild, das jede menschliche Person von der Zeugung bis zum Tode als Gottes geliebtes Ebenbild mit unverbrüchlicher Würde (→Menschenrechte) betrachtet. Kriterien für die Dienste kirchl. Liebestätigkeit sind darum 1) den Hilfesuchenden ein Leben in Würde u. Freiheit zu ermöglichen und sichern; 2) mehr (soziale) Gerechtigkeit als *minimum caritatis* zu realisieren; 3) →Nöte auf Dauer zu beseitigen und 4) ihre Ursachen zu bekämpfen; 5) wo möglich die Notleidenden zur →Selbsthilfe zu befähigen; 6) jegliche Form von Machtmissbrauch, Manipulation u. Bekehrungsversuche aus der asymmetrischen Hilfebeziehung zu vermeiden (vgl. II. Vatikanisches Konzil, *Apostolicam Actuositatem* 8).

GESCHICHTE. Rund 50 Jahre nach →J.H. Wichern (Centralausschuss der →Inneren Mission, 1848) gründeten →Lorenz Werthmann und weitere engagierte Persönlichkeiten am 09.11.1897 in Köln mit Sitz in Freiburg den »Charitasverband für das Kath. Deutschland«, um die vielen caritativen Aktivitäten kath. Initiativen, Vereine u. Kongregationen zu besserer Sichtbarkeit und größerer Effektivität zu bündeln, sie bekannter zu machen, besser zu organisieren und ihre Aufgaben wissenschaftlich zu vertiefen (→Caritaswissenschaft). Diese caritativen Dienste waren Antworten von vielen Männern und noch mehr Frauen aus ihrer christl. (Gewissens-)→Verantwortung auf die Nöte der Industrialisierung und →Sozialen Frage im 19. Jh., zu dessen Beginn die Säkularisationen alte Geflechte von vielen lokalen, eng gefassten wohltätigen Stiftungen zerstört hatten und – paradoxerweise – mit dem entstandenen Vakuum neue Freiräume für solche Initiativen christl. Liebestätigkeit geschaffen hatten.

1916 wurde der DCV von der Fuldaer Bischofskonferenz vorbehaltlich bischöflicher Aufsicht als legitime Zusammenfassung der organisierten Caritas der kath. Kirche in Deutschland anerkannt. Der Wechsel von »charitas« zu »caritas« verdankt sich einer philologischen Korrektur zum Text der offiziellen lat. Bibelübersetzung (Vulgata), dass der lat. Referenzbegriff für *agape* (Liebe) in Septuaginta (LXX) und NT nicht in *charis* (Gnade, Liebe), sondern *carus* (lieb, teuer) wurzelt. Mit der Anerkennung seitens der Bischofskonferenz ging die Gründung mehrerer Diözesancaritasverbände 1915/1916 einher, deren Notwendigkeit in den Kriegsnöten evident geworden war und nicht mehr bischöfliche Widerstände wie noch die ersten Gründungen in Limburg (1897, Neugründung 1914), Straßburg u. Freiburg (je 1903) überwinden mussten. Allmählich entstanden auch vergleichbare nationale Caritasorganisationen, u.a. in der Schweiz 1901, Österreich 1903, USA 1910, weit mehr erst ab den 1950er Jahren. In der frühen Weimarer Republik wirkte der DCV (Benedikt →Kreutz) maßgeblich an der Etablierung des →Subsidiaritätsprinzips in der Sozialgesetzgebung mit, das den nicht-staatl. (freien) Diensten u. Einrichtungen einen gewissen Vorrang vor den öffentlichen einräumt. In der Zeit der NS-Diktatur gelang es trotz erheblicher Einschränkungen u. Repressionen gegen den Zugriff einer totalitären NS-Volkswohlfahrt gewisse Freiräume zu sichern und – wenn auch spät und begrenzt – Widerstand u. Maßnahmen gegen Euthanasie u. Judenverfolgung (Gertrud →Luckner) zu realisieren. Frauen im Dienst der Caritas, die keiner Ordensgemeinschaft angehörten, organisierten sich 1937 offiziell (Adelheid Testa) als »Reichsgemeinschaft der freien Caritasschwestern« (1943/44: 7.000 Mitglieder) gegen ihre Zwangsrekrutierung für die NS-Schwesternschaft.

Nach dem Zweiten Weltkrieg wirkte der DCV mit seinen in den kath. Kirchengemeinden verorteten »Graswurzeln« vielfältig am Wiederaufbau mit und entwickelte sich unterschiedlich in der Bundesrepublik Deutschland als Akteur des Freien Wohlfahrtswesens im Ausbau des →Sozialstaates einerseits und andererseits in der DDR, die das als einziger Staat des Ostblocks nennenswert zuließ, insbes. in den gemeindenahen Diensten der Pfarrgemeindecaritas. Durch die »Mauer« hindurch gelang der

Hauptvertretung Berlin (West) mit ihrer »Zentralstelle« Ost (u.a. Prälat Johannes Zinke) eine relativ gute Verbindung beider Seiten bis zur Wiedervereinigung Deutschlands 1989, welche auch die Wiedervereinigung unterschiedlicher Caritas-Kulturen im DCV zur Aufgabe machte. Mit der Abschaffung des Kostendeckungsprinzips und der Öffnung des Sozialmarktes für private Anbieter seit Mitte der 1990er Jahre sahen sich auch die Dienste u. Einrichtungen des DCV vor verschiedenen neuen unternehmerischen Herausforderungen. Damit verbunden sind inzwischen u.a. Herausforderungen der organisationalen (kirchl.) Identität, zumal nach fast völligem Rückzug bzw. Wegfall von Ordenschristen aus den Diensten, die Gewinnung von Fachkräften, welche die kirchl. Identität mittragen (→Loyalität), die Anpassung des Kirchlichen →Arbeitsrechtes und des →Dritten Weges an die gewandelten sozio-pol. Verhältnisse, die sozialen u. rechtlichen Herausforderungen auf EU-Ebene sowie die interkulturelle u. religionensensible Öffnung der Dienstgemeinschaft u. Dienste. Von besonders fundamentaler Bedeutung ist das Wiedergewinnen einer stärkeren Verbindung zwischen Caritas-Diensten u. -Einrichtungen und den pastoralen Wirklichkeiten, um die wechselseitige Stärkung von Caritas, Liturgie u. Verkündigung zu fördern und die Spaltungen dieser kirchlichen Gesamt-Diakonie (vgl. *Lumen gentium* 29) zu überwinden.

Literatur: Erwin Gatz (Hg.), Caritas u. soz. Dienste, Freiburg 1996 • Hans-Josef Wollasch, Beiträge zur Geschichte d. dt. Caritas in der Zeit d. Weltkriege, Freiburg 1978 • Catherine Maurer, Der C. zw. Kaiserreich u. Weimarer Republik, Freiburg 2008 • Zeitschrift: neue caritas • www.caritas.de • www. caritas.org.

Klaus Baumann

Caritaswissenschaft

Wissenschaftstheoretisch: C. ist als »kath. Schwester« der →Diakoniewissenschaft eine grundsätzlich interdisziplinär ausgerichtete Disziplin der Praktischen Theologie mit eigenem Gegenstand, eigenen Zielen u. eigener Methodenvielfalt. Ihr Gegenstand ist die →Caritas als Wesensvollzug der →Kirche und als vielfältig organisiertes Engagement in Kirche u. Gesellschaft. In besonderer Weise schließt dieser Gegenstand *zum einen* den leidenden Menschen (→Leid) und den helfenden Menschen (→Helfen) sowie die Art u. →Qualität ihrer Beziehung ein, *zum anderen* auch die Kirche in ihrer »Sendung im Dienst der Liebe« (Benedikt XVI., *Deus caritas est* 42), besonders für »die Armen u. Bedrängten aller Art« (II. Vatikanum, *Gaudium et spes* 1), mitten in der Welt und unter den jeweiligen geschichtlichen Bedingungen.

Diesen Gegenstand wissenschaftlich zu bearbeiten als Ziel der C. heißt darum, die Theorie u. Praxis von Caritas u. christl. Sozialarbeit (→Soziale Arbeit) aus unterschiedlichen relevanten Perspektiven u. Fragestellungen heraus 1) zu beschreiben, 2) zu erklären bzw. mehr zu verstehen und 3) zu fördern bzw. konstruktiv zu verändern. Alle Fragestellungen u. Perspektiven stehen dabei im Horizont eines genuin theologischen Verständnisses der Caritas, welches die C. durch ihre Tätigkeiten ebenfalls zu klären, zu vertiefen u. weiterzuentwickeln sucht. All diese Tätigkeiten erfordern je nach Fragestellung interdisziplinäre Orientierung u. Zusammenarbeit mit anderen theologischen Disziplinen u./o. nicht-theologischen bzw. Bezugswissenschaften und entsprechend unterschiedliche Methoden. Die Interdisziplinarität wie Methodik muss die C. wissenschaftstheoretisch klären, reflektieren, begründen, verantworten u. v.a. innovativ realisieren.

GESCHICHTE: Im Licht des Glaubens die sozialen Nöte und ebenso die Versuche u. Möglichkeiten zur Abhilfe durch das organisierte (zivilgesellschaftliche) Wirken der vielen im 19. Jh. neu gegründeten caritativen Vereinigungen, Dienste u. Einrichtungen zu studieren, gehörte bereits zu den Gründungszielen des Deutschen →Caritasverbandes 1897: »organisieren − publizieren − studieren«. Lorenz →Werthmann in Freiburg (St. Peter) und W. Liese in Paderborn hielten um 1900 Vorlesungen in den jeweiligen Priesterseminaren zu Caritasthemen als Ergänzung zum vorgeschriebenen Fächerkanon der theologischen Ausbildungsordnungen. Forderungen im Deutschen Reichstag 1914, entsprechende Ausbildungselemente für alle kirchl. Berufe kath.- u. ev.erseits verbindlich vorzusehen, gingen mit Beginn des Ersten Weltkriegs unter. Benedikt →Kreutz, zweiter Präsident des Deutschen Caritasverbandes, initiierte 1922 die Gründung des Instituts für C. in Verbindung mit der Theologischen Fakultät an der Universität Freiburg, die 1925 ministeriell genehmigt wurde und mit dem Ziel wissenschaftlicher, besonders theologischer Vertiefung erfolgte, damit die organisierte Caritas »in ihrem Drang nach Ausdehnung und in der praktischen Arbeit überhaupt« nicht »verflache« (B. Kreutz). Dies verweist auf den c.-lichen Vorrang der Grundlagenforschung an der Universität; anwendungsbezogene Fragen Sozialer Arbeit haben ihren Ort bevorzugt an den kath. (Fach-)Hochschulen.

Das Institut für C. etablierte von Beginn an ein viersemestriges Curriculum, das von Frauen u. Männern verschiedener wissenschaftlicher Herkunftsfächer studiert werden konnte. Erstmals studierten damit seit den 1920er Jahren Frauen (Gertrud →Luckner) an der Theologischen Fakultät der Universität Freiburg. 1938 wie das (1927 gegründete) ev. Pendant in Berlin von der NS-Regierung verboten, nahm es nach dem Zweiten Weltkrieg seine Arbeit schrittweise wieder auf. Das Curriculum führte zu einem (Zusatz-)Diplom mit staatl. Anerkennung. Seit 2006 führt es als Vollzeitstudium in 4, als Teilzeitstudium in 8 Semestern zum Master of Arts (MA) C. und Christl. Gesellschaftslehre. Ende der 1990er Jahren entstanden c.-liche Initiativen an weiteren theologischen Fakultäten in Deutschland (Paderborn; MA seit 2008 auch in Passau). Weltkirchlich wächst auch aufgrund des Wirkens der Päpste Benedikt XVI. und Franziskus das Bewusstsein von der Notwendigkeit c.-licher Grundlagenforschung u. Lehre nicht nur in den Caritas-Organisationen. Das Curriculum für das Vollstudium kath. Theologie trägt diesem Erfordernis für den kirchl. Wesensvollzug der Diakonie/Caritas mit seinen vielfältigen Handlungsfeldern u. Aufgaben, seiner Verbindung mit →Verkündigung u. →Liturgie, seiner zivilgesellschaftlichen (→Zivilgesellschaft) u. sozialstaatlichen (→Sozialstaat) Bedeutung in pluralisierten säkularen u. postsäkularen Gesellschaften und als christl. Ausdruck positiver Religionsfreiheit bislang noch nicht Rechnung.

LITERATUR: KLAUS BAUMANN, C. Ihre Ursprünge u. Aktualität, in: Caritas 2016. neue caritas-Jahrbuch d. DCV, Freiburg 2015, 139−145 • HERBERT HASLINGER, Was ist C.?, in: Theologie u. Glaube 94 (2004), 145−164 • HEINRICH POMPEY, C. im Dienst an der caritat. Diakonie d. Kirche, in: Theologie u. Glaube 91 (2001), 189−223.

Klaus Baumann

CHALMERS, THOMAS

Der Theologe C. (1770−1847) war von der Aufklärung geprägt, sein erstes Pfarramt in einer kleinen Landgemeinde (ab 1803) versah er nur unzureichend, da er eine

Karriere als Mathematikprofessor anstrebte. Nach einer Bekehrung veränderte er seine Einstellung grundlegend, die Frömmigkeit der Erweckungsbewegung bestimmte sein Leben und seine Gemeindearbeit. 1815 wurde er zum Pfarrer in Glasgow berufen, dort baute er ein System kirchlicher Armenpflege als Gegenmodell zur kommunalen Armenfürsorge auf. Ab 1823 war er Professor für »moral philosophy« an der Universität St. Andrews, ab 1828 an der Universität Edinburgh. Neben seiner umfangreichen Publikationstätigkeit – hier sind besonders seine ökonomischen Werke zu nennen – erlangte C. in dieser Zeit große kirchenpolitische Bedeutung, besonders durch seine Impulse für die Gründung der schottischen →Freikirche sowie der Ev. Allianz. Als Kritiker der staatlich organisierten Armenfürsorge, die die Armen als bloße Objekte behandelte, die sich auf eine Bekämpfung der Symptome beschränkte, nicht aber die Ursachen sah, baute er ein eigenes System der kirchlichen Armenpflege auf, das zum Vorbild des in Deutschland weit verbreiteten, kommunalen »Elberfelder Systems« der Armenfürsorge wurde.

LITERATUR: HARALD BEUTEL, Die Sozialtheologie T.Ch., Göttingen 2007.

Norbert Friedrich

CHARISMA

Der Begriff »C.« leitet sich ab vom griech. Wort *charis,* Gnade, sowie *charisma,* aus Gnade geschenkte →Gabe. Theologisch prägnant hat v.a. Paulus C. als die dem einzelnen Christen von Gott durch den Heiligen Geist verliehene individuelle Gnadengabe interpretiert (vgl. 1Kor 12 / Röm 12 u.a.). Eingebettet in die Vorstellung von der →Gemeinde als dem Leib Christi ist damit die jeweilige Gabe zum Dienst in und für die Gemeinde bezeichnet. Durch den Geist sind alle Christen mit C.en begabt. Diese sind vielfältig, neben der →Verkündigung u. Lehrtätigkeit werden u.a. auch die Gemeinde→leitung, die Wohltätigkeit und das diakonische Handeln als C.en bestimmt. Alle C.en sind im Leib Christi gleich zu achten, es darf keine Auf- o. Abwertung von einzelnen C.en geben.

Einen anderen Akzent hat der Begriff im Rahmen der soziologischen Theorie Max Webers und in der Alltagssprache erhalten. Nach Weber ist charismatische Herrschaft durch die besondere Kraft einer innovativen, teilw. revolutionär handelnden Persönlichkeit geprägt, welche sich über traditionelle o. legalistische Herrschaftsformen hinwegzusetzen vermag. Freilich lässt sich das C. einer besonderen Persönlichkeit nicht institutionalisieren und so tendiert charismatische Herrschaft zur Veralltäglichung u. Versachlichung. Auch in der Alltagssprache ist dieses Verständnis von C. als einer besonders herausragenden Fähigkeit anzutreffen. Hier liegt eher die alttestamentliche Vorstellung einer besonderen Geistbegabung – wie bei Propheten und Königen – zu Grunde. Demgegenüber betont das NT die Ausgießung des Geistes auf alle Gläubigen und die entsprechende Individualisierung des Geistes in den jeweils spezifischen C.en der Christen.

LITERATUR: MARTIN HENGEL, Nachfolge u. C., o.O. 1968 • WINFRIED GEBHARDT, C. als Lebensform, Berlin 1994 • DIRK KELLNER, C. als Grundbegriff d. Praktischen Theologie, Zürich 2011.

Traugott Jähnichen

CLEARING-VERFAHREN

Bei Arbeitnehmern (→Mitarbeitende) wird die Kirchensteuer im Rahmen des Lohnsteuerabzugs vom Arbeitgeber einbehalten und abgeführt. Der Arbeitgeber hat die Kirchenlohnsteuer für alle seine Arbeitnehmer nach einem einheitlichen für seine Betriebsstätte geltenden Satz einzubehalten und an sein Betriebsstättenfinanzamt und nicht an die einzelnen Wohnsitzfinanzämter der Arbeitnehmer abzuführen (Betriebsstättenprinzip). Die einbehaltene Kirchenlohnsteuer steht aber der →Landeskirche zu, in deren Bereich der Arbeitnehmer seinen Wohnsitz hat. Durch die Konzentration von lohnsteuerlichen Betriebsstätten und die Zunahme der Pendler wird die Kirchenlohnsteuer vermehrt nicht an die richtige Landeskirche oder Diözese abgeführt. Um die Kirchenlohnsteuern richtig zuzuordnen, wurde das C.V. geschaffen. Hierbei handelt es sich um ein Ausgleichsverfahren zwischen den →Kirchen.

Martin Kastrup

COMMUNITY ORGANIZING

C.O. ist eine spezielle Methode der →Gemeinwesenarbeit. Im Zentrum steht der Aufbau vertrauensvoller Beziehungen zwischen Bewohnerinnen u. Bewohnern eines Gemeinwesens, deren Widerstandskraft unter der Macht ihrer prekären Lebensschicksale gebrochen ist und sie haben verstummen und vereinzeln lassen. Der systematische Aufbau tragfähiger Beziehungen nutzte schon der Begründer des C.O., Saul Alinsky, die verelendeten Bevölkerungsteile seiner Heimatstadt Chicago in einem ›starken Wir‹ zu vereinen, die Ohnmachtserfahrungen in Erfahrungen machtvoller Selbstwirksamkeit zu transformieren u. dadurch Selbstbewusstsein wie politische Gestaltungsmacht zu generieren. C.O. hat unterschiedliche Ausformungen u. Zuspitzungen erfahren. In Deutschland wird es prominent vorangetrieben durch das *Deutsche Institut für C.O.*, das in verschiedenen Städten den Aufbau von Bürgerplattformen durch lokale Gruppen, Bürgerinitiativen, Nachbarschaftsvereinen, Kirchen- und Moscheegemeinden usw. professionell unterstützt.

LITERATUR: LEO PENTA (Hg.), C.O.: Menschen verändern ihre Stadt, Hamburg 2007 • ESA/KHSB (Hg.), Enabling Community. Anstöße f. Politik u. soz. Praxis, Hamburg 2010.

Andreas Lob-Hüdepohl

COMPLIANCE

siehe unter: Corporate Governance Codex Diakonie

CONTROLLING

Der Begriff C. stammt nicht wie häufig angenommen aus dem amerikanischen Sprachraum, auch wenn es natürlich richtig ist, dass er sich an das englische *to control*, steuern, anlehnt. Aus dem Amerikanischen stammt die Bezeichnung Controller. C. scheint eher eine deutsche Erfindung zu sein. Vermutlich geht der Begriff auf den Wirtschaftswissenschaftler Albrecht Deyhle zurück, der ihn in Entsprechung zum →Marketing verwendet. Er verstand Marketing als Unternehmenssteuerung vom →Kunden her und C. als Steuerung auf Ergebnisse hin.

Es gibt nicht wirklich eine betriebswirtschaftlich exakte Definition von C. Die Konzepte sind in der Praxis seit den letzten Jahrzehnten des vorigen Jh. entstanden und recht vielfältig. Man kann aber gut verdeutlichen, worum es geht, wenn man sich mit dem Unterschied zwischen einem Controller bzw. einer C.abteilung und C. beschäftigt.

Ein Controller ist eine im →Unternehmen beschäftigte Person, die für das →Management ein ganzes Bündel an Aufgaben wahrnimmt. Üblicherweise sind dies u.a. die Bereitstellung von Kosteninformationen, Planungsaufgaben, die Durchführung der Ergebniskontrolle, die Analyse u. Interpretation der Ergebnisse und schließlich die →Beratung des Managements. Mehrere Controller können zu einer C.abteilung zusammengefasst werden, in der die Aufgaben dann arbeitsteilig wahrgenommen werden.

C. hingegen ist eine spezielle Funktion der Unternehmensführung, die von unterschiedlichen Entscheidungs- u. Aufgabenträgern wahrgenommen wird, darunter auch, aber eben nicht ausschließlich, von den Controllern. Rainer Bramsemann bezeichnet C. als ein Konzept der Unternehmensführung durch Planung, Information, Organisation und Kontrolle.

Handlungsleitend für die Funktion des C.s ist die Erkenntnis, dass es aufgrund komplexer Unternehmensstrukturen und noch komplexerer Umweltfaktoren notwendig ist, für das zukünftige Unternehmensgeschehen Pläne aufzustellen und deren Durchführung zu organisieren. An der Bereitstellung der diesen Planungen zugrunde liegenden Informationen ist der Controller regelmäßig beteiligt. Im Gegensatz zum internen Rechnungswesen, bei dem es z.B. darum geht, die richtigen Kosten einer Kostenstelle zuzuordnen, geht es beim C. aber darum, dass mit diesen Informationen die richtigen unternehmerischen Entscheidungen getroffen werden.

Da Zielvorgaben in Planungen wohl wenig bewirken, wenn man deren Erreichung nicht kontrolliert, gehört auch die Kontrolle zwingend zum C.prozess. Der Begriff der Kontrolle ist hier durchaus in einem umfassenderen Sinne zu verstehen, bei dem es nicht nur um die Feststellung der Ergebnisse geht, sondern auch um die Analyse der Ursachen für die Zielabweichung oder auch Zielerreichung, um auf Grundlage dieser Informationen neue unternehmerische Entscheidungen treffen zu können. Unter diesem Blickwinkel kann C. auch als Steuerungs- und Regelungsfunktion im Sinne eines kybernetischen Regelkreises verstanden werden.

Schon aus Gründen der praktischen Kontrollierbarkeit geht es beim C. regelmäßig um Zahlen. Es muss sich aber nicht ausschließlich um Werte aus dem klassischen internen Rechnungswesen handeln, sondern es kommen auch andere Kennzahlen in Betracht. Für Sozialunternehmen kommen etwa auch Bekanntheitsgrade in Regionen oder die Reaktionszeiten im Beschwerdemanagement in Frage.

Das C. hat sich im Laufe der Zeit weiterentwickelt. Heute spielen auch mittel- u. langfristige Planungen hierbei eine zunehmend größere Rolle.

Literatur: Rainer Bramsemann, C., Wiesbaden 1978 (²1980) • Jürgen Weber / Utz Schäffer, Einführung in das C., Stuttgart 2014.

Klaus Dieter Tichy

CORPORATE GOVERNANCE KODEX DIAKONIE

C.G. beschreibt das System der Führung (→Leitung) u. Kontrolle von →Unternehmen. Der Diakonische C.G.K. (DGK) wurde im Oktober 2005 von der Diakonischen Konferenz verabschiedet. Der DGK lehnt sich an den Deutschen Corporate Governance Kodex (DCGK) an und wurde »(...) in einem breit angelegten und partizipativen Prozess (...) entwickelt«. Der Kodex soll die transparente Trennung (→Transparenz) der Funktionen von Aufsicht u. Leitung festschreiben, verbindliche Grundsätze für das System der Unternehmensführung u. -kontrolle festlegen, Instrumente u. Standards guter u. verantwortungsvoller Unternehmensführung u. des Risikomanagements verankern, die Ablauf- u. Aufbauorganisation bzgl. Leitung u. Aufsicht dokumentieren sowie die →Qualität, Qualifikation u. Effizienz der Aufsichtsgremien sicherstellen.

LITERATUR: ROBERT BACHERT, Ein C.G.K. f. gemeinnützige Organisat., in: RUDOLF RUTER / KARIN SAHR / GEORG GRAF WALDERSEE, Public C.G., o.O. 2005 • Diakon. C.G.K.; 05/05 Positionen u. Konzepte aus dem Diakon. Werk der EKD, o.O. 2005.

Robert Bachert

CORPORATE SOCIAL RESPONSIBILITY (CSR)

Corporate Social Responsibility (kurz: CSR) ist ein normativer Schlüsselbegriff, der aus dem anglo-amerikanischen Unternehmensbereich kommt. Es handelt sich um eine Leitidee zur Verbesserung u. Darstellung der gesellschaftlichen →Verantwortung von →Unternehmen. Es gibt sehr unterschiedliche Interpretationen und damit auch →Managementkonzepte. Durch regelmäßige CSR-Berichtsteile o. CSR-Einzelberichte führen die Unternehmen den Nachweis, dass sie die gesellschaftliche Verantwortung ernst nehmen, zeigen die Ergebnisse ihres Tuns und bringen dies in ein Verhältnis zu ihrem regulären Geschäft.

Thomas Eisenreich

DANK

In der christl. Auffassung geht dem D. die Haltung der Dankbarkeit voraus. Christinnen u. Christen haben das Leben nicht aus sich selbst, sondern es wird ihnen als Gottesgabe zuvorkommend geschenkt. Auf dieses Gegeben-Sein des Lebens (Trutz Rendorff), die der →Glaube als positive Bezogenheit o. Abhängigkeit interpretiert, erwächst der D. als Antwort auf die von →Gott zuvor geschenkte Gnade. Dankbarkeit wird so zu einer Grundhaltung christl. Lebensführung überhaupt. Während die biblischen Schriften den D. nahezu ausschließlich auf Gott als den Geber guter →Gaben beziehen, hat sich die gegenwärtige Debatte im Anschluss an die Gabetheorie stark ausdifferenziert. Thematisiert werden Fragen der Gegengabe, der Reziprozität, von Tausch u. Überschuss sowie der moralischen Pflicht. »Als *Ereignis* verstanden ist anmutiges Danken ein *unmögliches*, ein *außerordentliches* Danken. Es durchbricht die Tauschordnung und transzendiert unsere menschlichen Möglichkeiten. Nur ein solches Danken vernichtet die Gabe als Gabe nicht« (Frettlöh 2005, 223).

LITERATUR: OSWALD BAYER, Art. »Gabe II. Systematisch-theologisch«, in: Religion in Geschichte und Gegenwart Bd. 3, (2000) 445f. ◆ MAGDALENE FRETTLÖH, »Und ... höchst anmutig sei das

Danken«. Gabetheologische u. -ethische Perspektiven auf den D. als Ereignis, in: Neue Zeitschrift für Systematische Theologie 47 (2005), 198–225 ♦ Paul Ricoer, Wege der Anerkennung. Erkennen, Wiedererkennen, Anerkanntsein, Frankfurt a.m. 2006 ♦ Marcel Hénaff, Der Preis der Wahrheit. Gabe, Geld u. Philosophie, Frankfurt a.m. 2009 ♦ Veronika Hoffmann, Skizzen zu einer Theologie der Gabe, Freiburg i.Br. 2013.

Thomas Kreuzer

Daseinsvorsorge

D. umfasst eine Leistung,»derer der Bürger zur Sicherung einer menschenwürdigen Existenz (→Existenzsicherung; Menschenrechte) unumgänglich bedarf« (BVerfG). Mit der Industrialisierung und der Verdichtung der Wohn- u. Lebensbedingungen in den Städten war die eigenständige Grundversorgung der Bürgerinnen und Bürger nicht mehr möglich. An deren Stelle ist eine öffentlich-rechtliche Versorgung (→Versorgungsstruktur) getreten. Von Beginn an war strittig, wer der Träger (→Kostenträger) dieser öffentlichen Aufgaben ist und wie weit diese D. gehen soll bzw. darf.

Der Begriff D. wurde von Ernst Forsthoff in Anschluss an Karl Jaspers 1938 in die Diskussion eingeführt. Nach Forsthoff erweiterte sich mit der Industrialisierung der *effektive* Lebensraum, während sich aber der *beherrschte* Lebensraum des Einzelnen reduzierte. Forsthoff zog daraus den Schluss, es sei letztlich Aufgabe der Verwaltung, existenznotwendige infrastrukturelle Voraussetzungen des Alltags sicherzustellen. Aus der ursprünglichen bloßen *Eingriffsverwaltung* wurde allmählich eine *Leistungsverwaltung*. *Verwaltung* bezog sich auf den Staat, schwerpunktmäßig aber v.a. auf die Kommunen.

D. beschränkt sich von Anfang an nicht ausschließlich auf Güter u. Dienstleistungen der allgemeinen (Grund-)Versorgung mit Wasser, Energie, Kanalisation, Bahn, Post etc. Sie zielte daneben immer auch auf spezielle Bevölkerungsgruppen u. Aufgabenstellungen, so die Armenfürsorge (→Soziale Arbeit), die Jugendfürsorge (→Kinder- und Jugendarbeit), Maßnahmen im →Gesundheitswesen und zur sportlichen Betätigung. Weitere sozialpol. Aufgaben (→Sozialpolitik) etwa im Bereich der Behinderten- u. Altenbetreuung (→Behindertenhilfe; Altenhilfe) sind hinzugetreten.

Darüber hinaus umfasst die D. kulturelle Aufgaben. Dazu gehören die infrastrukturellen Voraussetzungen für schulisches Lernen. Die vorschulische Kindererziehung ist kommunale Pflichtaufgabe. Horte, offene Jugendhilfe und andere Hilfen für Jugendliche u. ihre →Familien zielen auf ältere Kinder u. Jugendliche. Hinzu kommen Volkshochschulen, öffentliche Bibliotheken, →Bildungs- u. Kulturangebote für besondere Personengruppen, unter ihnen auch Einrichtungen der Hochkultur.

D. unterliegt letztlich dem Recht auf kommunale Selbstverwaltung und deren Gestaltungsspielraum (Art. 28 GG). D. ist nicht bundeseinheitlich regelbar, allerdings fordert das GG zumindest auf bestimmten Gebieten »die Herstellung gleichwertiger Lebensverhältnisse« (Art. 72 GG). Quantität u. →Qualität der öffentlichen D. bestimmen die Lebensqualität einer Kommune mit. Von daher besteht zwischen den Kommunen auch ein Wettbewerb bei deren Ausgestaltung.

Die Bevölkerungswanderung von peripheren ländlichen (→Ländlicher Raum) in städtische Ballungsgebiete stellt insbes. bei den ländlichen Kommunen ein großes Problem bei der Aufrechterhaltung der D. zu sozialverträglichen Preisen und für die Breite des Angebotes dar.

Knappe öffentliche Haushaltsmittel, neue Steuerungsmodelle im Rahmen der kommunalen Verwaltung und das Wettbewerbsrecht der →Europäischen Union haben dazu geführt, dass die kommunale Trägerschaft bei Maßnahmen der D. immer stärker in Frage gestellt bzw. modifiziert wird. So werden Teilleistungen im Ausschreibeverfahren an freie Träger übertragen, zugleich aber budgetiert (→Budget) – häufig mit der Konsequenz einer Einschränkung von Leistungsvolumen u. Dauer. Neue Rechtsformen dienen dazu, Teile der Leistungen der D. außerhalb des reinen Verwaltungsbereichs seitens der Kommune privatwirtschaftlich selbst oder in Gemeinschaft mit anderen Kommunen zu erbringen. Und schließlich werden Teilleistungen privatisiert. Allerdings erfordern →Outsourcing, Deregulierung u. Liberalisierung auf der Anbieterseite eine kommunale u./o. staatl. Rahmenordnung. Es ist strittig, ob und in welchem Maße dieses tatsächlich erfolgt.

Vertraglich wurde die D. im EU-Recht ausdrücklich mit den in Art. 14 AEUV geregelten »Diensten von allgemeinem wirtschaftlichem Interesse« verankert. Gleichwohl gibt es immer wieder Versuche, deren Sonderstellung etwa im Wettbewerbsrecht einzuschränken. Versuche der Europäischen Union, den →Sozialmarkt insgesamt im Sinne marktwirtschaftlicher Strukturen zu ›liberalisieren‹, scheiterten – bislang. Auch konnten geplante Privatisierungsentscheidungen etwa bei der Wasserversorgung abgewehrt werden. Es zeigt sich allerdings, dass insbes. die deutsche Tradition einer direkten o. indirekten öffentlich-rechtlichen D. auf europäischer Ebene auf Widerstand stößt.

Nachdem ab den 1980er Jahren Maßnahmen u. Leistungen der D. zunehmend externalisiert oder gar ganz privatisiert worden waren, gibt es in den 2000er Jahren verstärkt eine Gegentendenz der Rekommunalisierung (→Kommunalisierung) der D.

LITERATUR: ERNST FORSTHOFF, Die Verwaltung als Leistungsträger, Stuttgart 1938 • JOHANNES HELLERMANN, Örtliche D. u. gemeindliche Selbstverwaltung, Tübingen 2000 • Margit HABER ET AL (Hg.), D. i.d. Raumentwicklung, Essen 2014 • HENNING JENSEN, Kommunale D. im europ. Wettbewerb d. Rechtsordnungen, Tübingen 2015.

Ernst-Ulrich Huster

DATENSCHUTZ

RECHTSVORSCHRIFTEN ÜBER DEN D.

1977 wurde das erste Bundesdatenschutzgesetz (BDSG) erlassen. Im Volkszählungsurteil aus dem Jahr 1983 führt das Bundesverfassungsgericht aus, dass das informationelle →Selbstbestimmungsrecht eine Ausprägung des allgemeinen Persönlichkeitsrechts sei und damit als Grundrecht (→Menschenrechte) anerkannt ist (Art. 2 Abs. 1 GG in Verbindung mit Art. 1 Abs. 1 GG). Das »Recht auf informationelle Selbstbestimmung« führt zu einem Schutz des Einzelnen gegen die unbegrenzte Erhebung, Speicherung, Verwendung u. Weitergabe seiner persönlichen Daten.

RECHTSGRUNDLAGEN DAFÜR SIND Z.B.

– Europäische D.richtlinie (im Dezember 2015 wurde hierzu eine Einigung erzielt, die im Laufe des Jahres 2018 das bislang geltende D.recht im europäischen D. ablösen wird)

– Bundesdatenschutzgesetz/Landesdatenschutzgesetze

– D.gesetz der Ev. Kirche (DSG-EKD) sowie die jeweiligen landeskirchlichen Datenschutzbestimmungen

Spezielle D.regelungen wie das Sozialgesetzbuch mit seinem Soziald. (→SGB), das Telemediengesetz (TMG), Post- u. Fernmeldegeheimnis (§ 206 StGB) usw. gehen den allgemeinen Normen vor.

Für die Ev. Kirche gilt vorrangig das D.gesetz der EKD (DSG-EKD) vom 12.11.1993, mit Stand vom 7.11.2012 (ABl.EKD 2002, 381).

Das Gesetz ist eines der wenigen Kirchengesetze, das nach Art. 10a Abs. 1 der Grundordnung der EKD eine für alle Gliedkirchen verbindliche, einheitliche Regelung trifft. Der Geltungsbereich, der auch die kirchlichen Werke u. Einrichtungen umfasst, schließt insbes. die Diakonie mit ein, die es oftmals mit besonders sensiblen Patienten- u. Sozialdaten, aber auch mit Arbeitnehmerpersonaldaten o. Spenderdaten in größerem Umfang zu tun hat.

RECHTSVORSCHRIFTEN ÜBER DIE DATENVERARBEITUNG

Obwohl D. ein Grundrecht ist, kann er doch durch das Gesetz eingeschränkt werden, indem für bestimmte Bereiche die Erhebung u. Verarbeitung von Daten angeordnet wird. Vorschriften, die eine Erhebung, Nutzung u. Weitergabe von Daten ausdrücklich zulassen, enthalten viele Gesetze (s.o.), auch für die Polizei, das Meldewesen, für Ausländerbehörden, Ordnungsbehörden bei Bau, Gewerbe usw. oder auch in der Leistungsverwaltung, z.B. bei der Sozialhilfe, der Renten-, Arbeitslosen-, Kranken- u. Unfallversicherung. Sie gelten auch für kirchliche u. diakonische Einrichtungen.

PERSONENBEZOGENE DATEN

§ 2 Abs. 1 DSG-EKD, in seinem Wortlaut identisch mit § 3 Abs. 1 BDSG, definiert personenbezogene Daten als »Einzelangaben über persönliche o. sachliche Verhältnisse einer bestimmten o. bestimmbaren natürlichen Person (betroffene Personen)«. Die Definition erfasst jede Information, die einer bestimmten natürlichen Person zugeordnet werden kann, unabhängig von ihrer Art der Präsentation. Dies sind z.B. Informationen, durch die die Person bestimmt o. bestimmbar gemacht wird wie Name, Geburtsdatum, Geschlecht, Geburtsort, Personenkennzeichen; aber auch Daten, die einen in der Person liegenden o. auf sie bezogenen Sachverhalt beschreiben, bspw. Anschrift, Familienstand, Einkommen, Staatsangehörigkeit, Krankheiten, Arbeitsverhältnis o. Berufsbezeichnung. Bestimmbar sind die Informationen dann, wenn es der datenverarbeitenden Stelle möglich ist, mit den ihr zur Verfügung stehenden Mitteln (u.U. durch gesetzlich geregelte Heranziehung anderer Datenbestände) die fraglichen Einzelangaben dieser konkreten Person zuzuordnen.

Die persönlichen Daten von Spendern, Ehrenamtlichen, Freiwilligen usw. sind mit besonderer Sorgfalt zu behandeln.

Gesundheitsdaten (z.B. von Patienten o. betreuten Personen) sind personenbezogene Daten, die besonders sensibel und schützenswert sind.

Personaldaten der Mitarbeitenden in diakonischen Einrichtungen unterfallen als Arbeitnehmerdaten ebenfalls einem besonderen Schutz.

GRUNDSÄTZE DES D.ES

Ein Eingriff in das Grundrecht kommt nur in Betracht, wenn eine Rechtsvorschrift dies ausdrücklich vorsieht oder wenn eine Einwilligung vorliegt. Neben den oben schon erwähnten speziellen Vorschriften, welche die Datenverarbeitung in bestimmten Bereichen regeln, nennt das DSG-EKD weitere Fälle, in denen Datenerhebung o. -verarbeitung zulässig ist (§ 5 Abs. 2 DSG-EKD). Häufig erklären Betroffene aber nicht genau, mit welchem Maß an Datenverarbeitung u. -nutzung sie einverstanden sind. Dann kommt es darauf an, die jeweils erteilte Einwilligung aus den Umständen zu erschließen.

Die notwendige →Transparenz gegenüber den Betroffenen beginnt damit, dass die Daten grundsätzlich nach dem Grundsatz der Datensparsamkeit immer bei ihnen selbst erhoben werden müssen (§ 4 Abs. 2 DSG-EKD), um zu zeigen, dass eine Datenerhebung, -nutzung, -verarbeitung u. -weitergabe stattfindet und zu welchem Zweck dies erfolgt (§ 5 Abs. 1 DSG-EKD). Eine Änderung des Zweckes ist nur dann zulässig, wenn entweder eine Vorschrift dies zulässt, oder wenn die Betroffenen einwilligen. Bei Beendigung des Zweckes, für den die Daten erhoben wurden und wenn nicht bestimmte Aufbewahrungspflichten bestehen, müssen die Daten gelöscht werden (§ 16 DSG-EKD). Betroffene können die speichernde Stelle um Auskunft über die über sie gespeicherten Daten bitten (§§ 15 u. 15a DSG-EKD), d.h. darüber, um welche Daten es sich handelt, zu welchen Zwecken sie benutzt werden, woher die speichernde Stelle sie bekommen hat u. an wen sie außerdem übermittelt werden.

Alle Betroffenen dürfen sich auch jederzeit an den zuständigen betrieblichen D.beauftragten (§ 22 DSG-EKD) wenden, wenn sie mit der Art, in der ihre Daten genutzt o. verarbeitet werden, nicht einverstanden sind.

Gemäß § 9 Abs. 2 DSG-EKD ist jede datenverarbeitende Stelle außerdem verpflichtet, IT-Sicherheit zu gewährleisten, damit Daten nicht in unbefugte Hände geraten und sicher sind. Einzelheiten dazu regelte der Rat der EKD durch Erlass der IT-Sicherheitsverordnung (ITSVO-EKD, ABl.EKD 2015. 146) vom 29. Mai 2015.

Ulrich Skrabak

DEKANAT (SUPERINTENDENTUR, PROBSTEI)

Ursprünglich die Aufsicht über ca. zehn Personen (von lat. *decem*, zehn) in →Kirche oder Universität. Heute kirchlicher Aufsichtsbezirk eines Dekans / einer Dekanin oder eines Superintendenten / einer Superintendentin, bezogen auf den Kirchenbezirk als Verwaltungseinheit und Körperschaft des öffentlichen Rechts (→Kirchenkreis). Im D. nimmt der Dekan / die Dekanin die Dienstaufsicht wahr, visitiert in einigen →Landeskirchen (z.B. Württemberg, Rheinland) Kirchengemeinden und führt mit Pfarrerinnen u. Pfarrern sowie den leitenden Mitarbeitenden Personalentwicklungsgespräche. Zusammen mit der Aufgabe der →Verkündigung und der →Seelsorge ist der Dekan / die Dekanin Teil der Kirchenleitung. Dies wird auch in der Übernahme leitender Aufgaben in der Verwaltung des Kirchenbezirks (Bezirkssynode/ Kreissynode) und Gremien der →Diakonie deutlich.

Renate Kath

DEMENZ

D. bezeichnet ein Syndrom (Gruppe von Symptomen) neurokognitiver Funktionsdefizite infolge einer Hirnkrankheit; hinzu kommen Störungen des Antriebs u.

der Affektivität in sehr unterschiedlicher Form u. Ausprägung. Der Verlauf ist chronisch oder progredient.

Meist stehen Störungen des Gedächtnisses im Vordergrund; zu Beginn v.a. der Merkfähigkeit, im weiteren Verlauf auch des Altgedächtnisses. Es kommt zu Störungen der zeitlichen Ordnung; dabei werden anfänglich Ereignisse aus der Vergangenheit zwar noch richtig geschildert, aber falsch datiert (Zeitgitterstörung). Schwerste Gedächtnisstörungen führen zu Desorientiertheit: wer Eindrücke u. Informationen nicht während einer gewissen Zeit im Gedächtnis speichern kann, verliert die Orientierung im Raum, in der Zeit und schließlich auch für die eigene Person.

Das Denken wird langsam, schwerfällig u. eingeengt. Wesentliches von Unwesentlichem zu trennen, gelingt immer weniger, die Übersicht geht verloren, zunehmend auch die Fähigkeit zur Urteilsbildung und zu planvollem Handeln. Schließlich gelingen selbst alltägliche Handlungen (z.B. Ankleiden) nicht mehr. Bei fortgeschrittener D. kann auch die Fähigkeit zur sprachlichen Verständigung erloschen sein.

Affektive Störungen sind sehr häufig, v.a. depressive, seltener euphorische Verstimmungen. Die Gefühle können schlecht gesteuert werden (Affektlabilität): sentimentale Eindrücke lösen Tränen aus, was der Betroffene oft selbst als peinlich u. beschämend empfindet. Oder es kommt zu Wutausbrüchen, deren krankhafte Natur anfangs oft verkannt wird.

Impulssteuerung u. Antrieb sind gestört; Eigeninitiative u. Spontaneität gehen verloren, es kommt zur Einengung des Lebensraums u. Erlahmung früherer Interessen. Enthemmung u. Drangzustände sind seltener, können aber das Zusammenleben mit dem Kranken äußerst erschweren.

Die Ursachen einer D. sind vielfältig: Infektionen (z.B. HIV), Stoffwechselstörungen, Tumore, Verletzungen u. Durchblutungsstörungen des Gehirns u. toxische Hirnschädigung (Alkohol!). Am häufigsten sind die neurodegenerativen D.en, insbesondere Alzheimer-D. u. Lewy-Körper-D. Je nach Ursache können D.en bereits im jüngeren Erwachsenenalter auftreten; die Häufigkeit steigt aber drastisch mit zunehmendem →Alter. Die Prävalenz der Altersd.en (von denen 50–60 % auf der Alzheimer-Krankheit beruhen und 15–25 % auf Hirndurchblutungsstörungen) liegt bei den 65- bis 69-Jährigen unter 2 %, bei den 70- bis 74-Jährigen um 4 %, bei 80- bis 84-Jährigen um 13 %, bei 85- bis 89-Jährigen um 22 % und bei Menschen, die 90 Jahre o. älter sind, bei 32–40 %.

Wenn die D. frühzeitig erkannt wird, kann das dem Kranken u. seinen Angehörigen helfen, sich auf die Situation einzustellen. Mitunter eröffnen sich sogar therapeutische Optionen; denn eine Reihe der oben aufgeführten Ursachen lässt sich sehr wirksam behandeln und damit zumindest die weitere Progredienz der D. verhindern. Bei der Alzheimer-D. als der häufigsten Form der Altersd. verzögern die heute zur Verfügung stehenden Antidementiva zwar den Krankheitsprozess, können ihn aber letztlich nicht aufhalten. In der Behandlung der oft besonders belastenden affektiven u. Verhaltensstörungen spielt die Psychopharmakotherapie oft eine geringere Rolle als psycho- u. soziotherapeutische Ansätze (→Psychotherapie) oder Physiotherapie.

D. geht stets mit einem zunehmenden Verlust der Selbstverfügbarkeit u. der Fähigkeit einher, den Alltag selbständig zu bewältigen; mit fortschreitender D. ist der Patient immer mehr auf Hilfe anderer angewiesen. Trotzdem leben 2 von 3 D.kranken in der eigenen Wohnung. Angehörige leisten einen immensen Beitrag zur Versorgung

D.kranker; 80% von ihnen werden von ihren Angehörigen versorgt und begleitet, die dabei erheblichen Belastungen ausgesetzt sind: Sie müssen immer mehr Aufgaben und →Verantwortung für den D.kranken übernehmen, der sich gleichzeitig mit den zunehmenden kognitiven Einschränkungen u. emotionalen Störungen immer mehr entfremdet, schließlich sogar den Angehörigen gar nicht mehr erkennt, sich vielleicht gar von dem Partner in Verkennung dessen Person bedroht fühlt und gegen ihn zur Wehr zu setzen versucht.

Gefühle der Ohnmacht u. Verzweiflung, aber auch eine erhöhte Rate gesundheitlicher Beeinträchtigungen (insbesondere Depressionen) und eine zunehmende soziale Isolation der pflegenden Angehörigen (→Pflege) sind die Folge; sie benötigen ihrerseits Unterstützung u. →Beratung, ggf. auch therapeutische Hilfen.

So wenig die mit der D. verbundenen Belastungen u. →Leiden verharmlost werden dürfen, so wenig darf aber auch die Erfahrung übergangen werden, dass selbst D.kranke, die zu einer sprachlichen Verständigung nicht mehr in der Lage sind, emotional erreicht u. berührt werden, wenn es gelingt, im Kontakt die ihnen mögliche Ebene zu finden, die verbliebene Gemeinsamkeit spürbar macht (z.B. gemeinsames Singen, Lachen o. Handeln; Gesten o. Berührungen).

LITERATUR: HANFRIED HELMCHEN / FRITZ HENN / HANS LAUTER / NORMAN SARTORIUS (Hg.), Psych. Störungen bei somatischen Krankheiten, Berlin / Heidelberg / New York 1999 • DT. GESELLSCHAFT F. PSYCHIATRIE, PSYCHOTHERAPIE U. NERVENHEILKUNDE (DGPPN), DT. GESELLSCHAFT F. NEUROLOGIE (Hg.), S3-Diagnose- u. Behandlungsleitlinie D., Berlin / Heidelberg / New York 2010 • EVANGELISCHE KIRCHE IN DEUTSCHLAND (Hg.), Wenn die alte Welt verlernt wird. Umgang mit D. als gemeinsame Aufgabe, Hannover 2015.

Klaus Windgassen

DEMOGRAFISCHER WANDEL

Die demografische Entwicklung in Deutschland ist geprägt von zwei Faktoren: der Zunahme der Lebenserwartung bei gleichzeitiger Abnahme der Geburtenzahlen (Geburtsdefizit 2014: 154.000) sowie dem Wanderungssaldo (Verhältnis zwischen Zu- u. Fortzügen). Sie wies von 2001–2008 eine rückläufige Tendenz auf (2008: -56.000), nimmt aber seit 2010 wieder zu (2014: +550.000). Dennoch wird ein Bevölkerungsrückgang von 81,2 Mio. 2014 auf 74,7 Mio. 2050 erwartet. Dies wirft Fragen nach der sozialen Sicherung auf, weil die selbst schrumpfende mittlere Generation einerseits für die Kinder, andererseits für eine immer größer werdende Zahl von Älteren aufkommen muss. Zur Bestimmung des Generationenverhältnisses wird oft auf den Begriff der →Gerechtigkeit zurückgegriffen, der jedoch um den der →Solidarität zu ergänzen ist. Denn mit den Aspekten →Gabe und Dankbarkeit (→Dank) wird der Reichtum akzentuiert, den jede Generation der anderen wechselseitig bieten kann, und der nicht durch Pflichterwartungen erzeugt oder aus Schuldigkeitsgründen einander gegeben werden kann.

LITERATUR: DT. BUNDESTAG (Hg.), Schlussbericht d. Enquete-Kommission »D.W.«, Berlin 2002 • FRANZ-XAVER KAUFMANN / WALTER KRÄMER (Hg.), Die d. Zeitbombe. Fakten u. Folgen d. Geburtendefizits, Paderborn 2015 • THOMAS KLIE, Wen kümmern die Alten? Auf dem Weg in eine sorgende Gesellschaft, München 2014 • JOHANNES EURICH / PETER DABROCK / WOLFGANG MAASER, Intergenerationalität zw. Solidarität u. Gerechtigkeit, Heidelberg 2008.

Johannes Eurich

DENKSCHRIFTEN

Mit den D. verfügt die →EKD seit 1962 über eine spezifische Form, um den Öffentlichkeitsauftrag der →Kirche in einer pluralen Gesellschaft u. einem freiheitlich-demokratischen Rechtsstaat wahrzunehmen. Waren die früheren kirchlichen Worte knapp gehalten und trugen Weisungscharakter, so haben die D. zu politischen u. sozialen Grundfragen einen argumentativen Stil. Sie sind Beiträge zur öffentlichen Meinungsbildung und tragen keinen lehramtlichen Charakter. Die D. vereinbaren Konsensbildung und Profilschärfe. Erarbeitet werden sie von interdisziplinär u. kontrovers zusammengesetzten Fachgremien der EKD, über ihre Veröffentlichung entscheidet der Rat der EKD. Die stärkste Wirkung auf den öffentlichen Diskurs hatte die sog. Ost-D. von 1965. Eine D. zu den Grundlagen, Aufgaben u. Zukunftsperspektiven der →Diakonie erschien 1998. In jüngerer Zeit entstehen vermehrt gemeinsame Texte mit der →kath. Kirche.

LITERATUR: BURKHARD GUNTAU / HERMANN BARTH, Art. D. d. EKD, in: Evangelisches Staatslexikon, Stuttgart 2006, 342–350.

Claudia Lepp

DEUTSCHES ROTES KREUZ (DRK)

Das Deutsche Rote Kreuz e.V. (DRK) ist ein →Spitzenverband der Freien Wohlfahrtspflege (→Wohlfahrtsverbände) und die Nationale Rotkreuz-Gesellschaft in Deutschland zugleich und Teil der Internationalen Rotkreuz- u. Rothalbmond-Bewegung mit Hauptsitz in Berlin. Das bundesweite DRK-Netzwerk setzt sich zusammen aus 19 Landesverbänden, dem Verband der Schwesternschaften, etwa 500 Kreisverbänden und 4.500 Ortsvereinen. Im DRK engagieren sich rund 400.000 Ehrenamtliche (→Ehrenamt) und über 100.000 hauptamtlich Beschäftigte. Außerdem gehören dem Verband rund 3 Mio. Fördermitglieder an.

Die Grundsätze des R.K.cs sind: Menschlichkeit, Unparteilichkeit, Neutralität, Unabhängigkeit, Freiwilligkeit, Einheit u. Universalität. Zu seinen vielfältigen Aufgabenfeldern im Bereich der Wohlfahrts- u. Sozialarbeit (→Soziale Arbeit) zählen: →Kinder-, Jugend- u. →Familienhilfe, →Alten- u. →Behindertenhilfe, →Gesundheitswesen, soziales ehrenamtliches Engagement, →Migration, Interkulturelle Öffnung u. →Inklusion. Darüber hinaus nimmt das R.K. nationale Aufgaben im Bereich des Rettungsdienstes (→Rettungswesen), Blutspendedienstes, Katastrophenschutzes (→Katastropenhilfe), Suchdienstes u. Erste-Hilfe-Ausbildung wahr. Die Gemeinschaften des DRK – die Bereitschaften, die Bergwacht, das Deutsche Jugendrotkreuz, die Wasserwacht u. die Wohlfahrts- u. Sozialarbeit – begründen die ehrenamtliche Basis der Hilfs- u. Wohlfahrtsorganisation. Die meisten aktiven Mitglieder des DRK sind in diesen organisiert. Neben nationalen Aufgaben leistet das DRK auch internationale humanitäre Hilfen. Die Zusammenarbeit in der internationalen Hilfe erfolgt über die Internationale Föderation der Rotkreuz- u. Rothalbmondgesellschaften (IFRC) in Fällen von Naturkatastrophen bzw. durch das Internationale Komitee vom Roten Kreuz (IKRK) in Fällen von Kriegen u. Konflikten. Beide Organisationen haben ihren Sitz in Genf.

Hans Schwarz

DEZENTRALISIERUNG

D. bezeichnet Reformprozesse v.a. im Bereich der →Behindertenhilfe, nach denen stationäre und überregionale Einrichtungen im Sinne einer Lebensweltorientierung durch regionale Unterstützungsangebote abgelöst werden (sollen). Ziel ist es, durch dezentrale Strukturen Hilfsangebote näher an den Bedürfnissen der Adressaten platzieren zu können, um auf diese Weise Selbstversorgung u. Selbstständigkeit der Menschen in bekannter Umgebung und in gewohnten Beziehungen und damit letztlich →Teilhabe u. →Inklusion besser zu ermöglichen. D. geht mit Deinstitutionalisierung einher und führt zu Konversionen von Komplexeinrichtungen, für die die Herausforderungen in der Veränderung bisheriger Konzepte, Strukturen, Versorgungsketten (→Versorgungsstruktur), baulicher Nutzung, aber auch Zuständigkeiten bestehen. Dennoch ist D. eine Entwicklung, die sich auch in den Bereichen Politik, Verwaltung, Wirtschaft u. →Gesundheitswesen allgemein vollzieht.

LITERATUR: HELMUT SCHWALB / GEORG THEUNISSEN (Hg.), Inklusion, Partizipation u. Empowerment i.d. Behindertenarbeit, Stuttgart 2009 • MARTIN BURGI, Kommunale Verantwortung u. Regionalisierung v. Strukturelementen i.d. Gesundheitsversorgung, Baden-Baden 2013 • HEINZ-JÜRGEN DAHME / NORBERT WOHLFAHRT (Hg.), Regiert das Lokale das Soziale?, Baltmannsweiler 2010.

Johannes Eurich

DIAKON/DIAKONIN

Trotz biblischer Verankerung (Apg 6 / 1Tim 3 / Röm 16,1; auch: Mk 10,43 / Kol 1,23ff) kann das Diakonenamt (→Diakonat) auf keine eigene Geschichte als sozialer Dienst der →Kirche bzw. ihrer →Diakonie an Armen (→Armut), Witwen, Waisen u. anderen Hilfsbedürftigen (→Bedürftigkeit) zurückblicken.

Im Bereich der deutschsprachigen Kirchen überlebte es im Anschluss an Bucer und →Calvin als Funktion im Presbyterium reformierter Kirchen (zunächst wohl hugenottischer Auslandsgemeinden), es wurde durch J.H. →Wichern (Hamburg 1833/1841) und Th. →Fliedner (Duisburg 1844) wiederbelebt, fand aber erst ab 1938 kirchenrechtliche Anerkennung durch viele Landeskirchen.

Seit den 1970er Jahren werden auch Diakoninnen eingesegnet (→Einsegnung), auch wird die Doppelqualifikation staatl. anerkannter Sozial-/Pflegeberufe mit theologisch-diakonischer Qualifikation Standard. Diakoninnen und Diakone nehmen in der Kommunikation des Evangeliums kompetent, verlässlich u. jeweils spezialisiert die Grundfunktionen Unterstützen – Bilden (→Bildung) – Verkündigen (→Verkündigung) wahr (EKD). Doppelt qualifiziert u. anerkannt sind sie geeignete Brückenbauer zwischen Kirche, Diakonie, Staat, Gemeinwesen u. Sozialraum.

LITERATUR: Tätigkeitsprofile v. Mitgliedern d. Gemeinschaften i.d. Verbänden im Diakonat, in: Impuls, Positionen u. Konzepte aus den Verbänden im Diakonat/VEDD, I/2009.

Thomas Zippert

DIAKONAT

I. SYSTEMATISCH

Der D. ist aus dem Auftrag der Kirche zu begründen, aus ihrem Zeugendienst für Christus, aus der Kommunikation des Evangeliums, aus der Sendung an alle Menschen. Der →Kirche ist ein umfassendes Amt gegeben, das sich funktional differenziert. D. u. Predigtamt sind zwei Gestalten dieses umfassenden Amtes. Da sowohl der Dienst (→Dienen) der praktizierten →Nächstenliebe wie auch der Dienst der Wortverkündigung und Sakramentsverwaltung jeweils spezifische Ausformungen des einen der Kirche aufgetragenen Zeugnisses sind, stehen sie hierarchiefrei, gleichberechtigt nebeneinander (→Barmer Theol. Erklärung IV). Die historisch aufgetretene Vorstellung eines hierarchisch dreigegliederten Amtes (→Bischof − Priester − →Diakon) ist nicht aus den biblischen Texten ableitbar.

Alle Christen sind als Getaufte beauftragt, Christus in Wort und Tat zu bezeugen. Die →Berufung in einen besonderen kirchlichen Dienst ist an Voraussetzungen gebunden: →Charisma, Ausbildung (→Bildung) u. Kompetenz. Ein kirchlicher Dienst ist gegeben, wenn äußere u. innere Berufung zusammenkommen und wenn die Berufsausübung Anteil hat am umfassenden Amt der Kirche, der →Verkündigung, der Kommunikation des Evangeliums. Die Berufung in den D. begründet kein Amt, sondern ist Ausdruck des umfassenden Amtes der Kirche.

Sowohl die praktizierte Nächstenliebe wie auch die Wortverkündigung kommen vom →Glauben her und laden zum Glauben ein. Während die Sprachlichkeit der Predigt eine klare Erkennbarkeit des Zeugnisses von →Jesus Christus ermöglicht, führt die praktizierte Nächstenliebe zur Glaubwürdigkeit dieses Zeugnisses. Beide Dienste verweisen aufeinander und haben füreinander konstitutive Bedeutung. Um der Erkennbarkeit des diakonischen Handelns willen kann in ihm nicht auf die Wortverkündigung verzichtet werden und umgekehrt bleibt die Wortverkündigung ohne diakonisches Handeln unglaubwürdig.

Neben der ehrenamtlich praktizierten Nächstenliebe verwirklicht sich der D. in den kirchlichen Berufen der →Pflege u. Sozialarbeit (→Soziale Arbeit), der →Beratung u. →Seelsorge, der Erziehung u. Gemeindepädagogik. Die Grenzen der Tätigkeitsfelder diakonischer Berufe zum Predigtamt hin sind fließend.

II. NEUES TESTAMENT UND FRÜHE KIRCHE

Diakonia ist im NT nicht ein Spezialbegriff, der für eine kirchliche Praxis im Sinne eines sich unterordnenden Dienstes mit nur sozial-karitativen Aufgaben steht. *Diakonia* ist vielmehr eine Bezeichnung, die auf Beauftragungen verweist − v.a. in den Bereichen Verkündigung u. Gemeindeleitung, in konkreten Situationen aber durchaus auch für weitere spezifische Aufgaben u. Botengänge, wie etwa die Überbringung der →Kollekte oder die Versorgung der Witwen (Apg 6,1−7). In Apg 7f wird klar, dass »die Sieben« Leiter der griechisch sprechenden Urgemeinde mit einem Verkündigungsauftrag waren und vom Autor der Apg rückblickend mit den ihm zu seiner Zeit bekannten →Diakonen in Zusammenhang gebracht wurden.

Während in den ersten Gemeinden die Presbyter eine Art Ältestenrat bildeten, arbeiteten Episkop (Bischof) und Diakon als Team auf Augenhöhe (Phil 1,1 / 1Tim 3,8−13). In der um das Jahr 90 n.Chr. verfassten Apg scheinen die Apostel für das

Wort →Gottes und die Diakone für den Dienst an den Tischen zuständig gewesen zu sein. Den gemeinsamen Dienst der Bischöfe u. Diakone bezeichnet die um 100 n.Chr. entstandene »Didache« als →»Liturgie«. Die unlösbare Verbindung von →Gottes- u. Menschenliebe im Doppelgebot der →Liebe wird hier in der unlösbaren Verbindung von Liturgie u. →Diakonie konkret.

Die spätere Herausbildung des alleinigen Bischofamtes zerstörte dann dieses ursprünglich gleichberechtigte Team. In der »Traditio Apostolica« (Mitte 3. Jh.) heißt es dann: »Jeder Diakon (...) soll sich ständig an den Bischof halten.«

Der weibliche D. ist bereits im NT vertreten: In Röm 16,1 wird Phöbe ausdrücklich mit dem Titel *diakonos* bezeichnet. In 1Tim 3 wird ebenfalls von Frauen im D. gesprochen. Diese Frauen waren zum Dienst bei Frauen in der Krankenpflege, bei der Taufe und dem →Abendmahl tätig. Nach 325 n.Chr. begegnet die Bezeichnung →*Diakonisse*. Während der weibliche D. im Westen − im Unterschied zum Osten − keine Blüte erlebte, wurden seine Tätigkeitsfelder immer mehr von Frauenklöstern übernommen.

III. KIRCHENGESCHICHTLICH

Das institutionelle Auseinandertreten von sozialer u. liturgischer Kompetenz verstärkte sich mit der stark zunehmenden Expansion und dem internen Ausbau der Kirche schon im ausgehenden Römischen Reich. Die christl.-soziale →Verantwortung, die ursprünglich direkt in den Gemeinden organisiert war, fand in einem historisch u. territorial differenzierten Prozess eine Vielzahl von eigenen institutionellen Ausprägungen: Hospitäler, Klöster, Waisenhäuser, →Schulen − u. später Rettungshäuser, Diakonissen→mutterhäuser u. →Brüderhäuser − waren (und sind z.T. bis heute) Orte der Praxis u. Qualifikation für professionalisierte, christlich motivierte Sozial-, →Pflege- u. Bildungsdienste. Während die in der frühen Kirche im männlichen − aber auch im weiblichen − D. Tätigen die Aufgabe hatten, Kranke mit der Kommunion zu versorgen und auch Taufunterricht zu erteilen, veränderte sich der männliche D. vor der Jahrtausendwende zu einer Durchgangsstufe hin zum Priesteramt. Die Bezeichnung *Diakonisse* erhielt sich z.T. noch bis in die frühe Neuzeit in Frauenklöstern, etwa bei den Zisterzienserinnen. Arbeitsfelder christl. Nächstenliebe wurden im Spätmittelalter, ohne ausdrückliche Anknüpfung an den D., auch von Beginen- und anderen Laiengemeinschaften wahrgenommen.

Die →Reformation führte zunächst dazu, dass große Teile der Armen- u. Krankenfürsorge in die kommunale Zuständigkeit der Städte bzw. Territorialherrschaften übergingen. Dem D. kam in den lutherischen Gebieten (→Luther, Martin) keine wahrnehmbare Bedeutung zu, lediglich bei Bugenhagen gibt es Ansätze. In der reformierten Tradition setzte sich das Konzept →Calvins durch: Eine auf die Ortsgemeinde bezogene Vier-Ämter-Lehre, die zwischen *Hirte (pastor)*, *Lehrer (doctor)*, *Ältesten (presbyteri/seniores)* und *Diakonen (diaconi, dazu zählten nach Calvin auch »diakonissae« − Diakonissen)* unterschied.

Der →Pietismus führte − bspw. in den →Franckeschen Anstalten in Halle − zu wichtigen Neugründungen diakonischer Arbeit.

Im 19. Jh. wurden dann ausdrücklich mit Bezug auf den D. neue Berufs- u. Lebensentwürfe begründet, die auch jeweils mit entsprechenden Gemeinschaftsgründungen einhergingen.

Johann Hinrich →Wichern gründete 1833 das »Rauhe Haus« in Horn bei Hamburg, ein Rettungshaus für verwahrloste Kinder. Für die christl. Erziehung und berufliche Ausbildung dieser Kinder bildete er sogenannte »Gehilfen« aus, die zusammen eine Brüderschaft bildeten. Wichern selbst hatte zunächst den *Diakon*entitel nicht für diese Brüder vorgesehen. Er bürgerte sich allerdings für die Absolventen der Ausbildungen in Brüderhäusern ein, die in der Folgezeit an vielen Orten mit unterschiedlichen diakonischen Arbeitsfeldern im deutschsprachigen Raum entstanden. Die in dieser männlichen Traditionslinie stehenden Diakonenausbildungsstätten (inzwischen oft ev. Fachhochschulen bzw. Hochschulen, die eine Doppelqualifikation: sozialfachlich/theologisch anbieten) haben heute auch viele Absolventinnen, die sich als *Diakonin*nen einsegnen (→Einsegnung) lassen (→VEDD).

Theodor →Fliedner gründete 1836 in Kaiserswerth bei Düsseldorf die Diakonissenanstalt als »Bildungsanstalt für ev. Pflegerinnen«. Das Diakonissenmutterhaus wurde zu einem im In- u. Ausland häufig nachgeahmten Modell: Ein →Mutterhaus für die Diakonissengemeinschaft. Diakonissen herkömmlicher Form - unverheiratete Frauen in der Tracht (mit Haube) der verheirateten Bürgersfrau des 19. Jh. - wurden oft im Pflegeberuf in Gemeinden u. →Krankenhäusern eingesetzt, ferner in der Erziehungsarbeit in Kindergärten (→Kindertagesstätte) u. sozialpflegerischen Einrichtungen. Neben den Diakonissenmutterhäusern im →Kaiserswerther Verband (www.kaiserswerther-verband.de) gibt es Diakonissen in Mutterhäusern des Gemeinschaftsdiakonieverbandes (www.dgd.org) und in ev. →Freikirchen. Nach dem Zweiten Weltkrieg entwickelten sich bei Mitgliedern des Kaiserswerther Verbandes sogenannte Verbandsschwesternschaften, zu welchen auch verheiratete Frauen und inzwischen auch Männer gehören. Als Bezeichnungen von neuen Gemeinschaftsmitgliedern in der Kaiserswerther Verbandstradition haben sich eingebürgert: »Diakonische Schwester«, »Diakonischer Bruder«, »Diakonisse neuer Form«.

Friedrich Zimmer gründete 1894 den Ev. Diakonieverein Berlin-Zehlendorf. Die Mitglieder der dazugehörigen Schwesternschaft tragen die Bezeichnung »*Diakonieschwester*« und gehören zu einer genossenschaftlich organisierten Gemeinschaft, die auch als Träger von Gestellungsverträgen mit Krankenhäusern, Pflegeeinrichtungen u. Gemeinden auftritt. Diakonieschwestern sind in der Pflege, in der Bildungsarbeit o. anderen Berufen des Gesundheitswesens tätig, erhalten Tarifgehalt und können eigene Familie haben. Sie erhalten eine theologisch-diakonische Qualifikation und werden eingesegnet, um das diakonische Profil in ihrem jeweiligen Arbeitsfeld zu stärken. 1916 wurde der →Zehlendorfer Verband (www.zehlendorfer-verband.de) gegründet, zu dem weitere Schwesternschaften u. Diakonische Gemeinschaften gehören, deren Mitglieder ebenfalls als Diakonieschwestern u. -brüder im Gesundheitswesen oder als Frauen u. Männer im kirchlichen Dienst tätig sind.

IV. Kath. Kirche

In der röm.-kath. Kirche gibt es neben dem D. als niedere Weihe u. Durchgangsstufe (Durchgangsdiakon) zum Priester (c.266 CIC) den ehren- o. hauptamtlichen D. (Ständiger Diakon). Seit dem II. Vaticanum (1962–1965) ist die Weihe auch reiferer verheirateter Männer zum Ständigen Diakon ermöglicht, die je nach Qualifikation in der Seelsorge und anderen kirchlichen Diensten, allerdings eher nicht sozial-caritativ, tätig sind. Initiativen, den D. auch für Frauen zugänglich zu machen, führten bisher nicht zum Ziel.

V. Aktuelle Diskussion in der ev. Kirche

1996 hat das Kirchenamt der →EKD den Text (Nr. 58) »Der ev. D. als geordnetes Amt der Kirche« veröffentlicht. Anschließend arbeitete man an einer entsprechenden Richtlinie, die die Qualifikationserwartungen, die kirchenrechtliche Einordnung (auch im Blick auf bei manchen Gliedkirchen vorhandene Diakonengesetze) u. die Form der kirchl. Einführung klären sollte. Da viele Diakoninnen u. Diakone auch in der verfassten Kirche angestellt sind und in Kirchengemeinden mit Pfarrern/innen zusammenarbeiten, ist bei dieser Berufsgruppe ein besonderes Interesse an einer gesamtkirchlichen Klärung vorhanden. Ein Schritt in diese Richtung ist die 2014 erschienene EKD-Veröffentlichung »Perspektiven für diakonisch-gemeindepädagogische Ausbildungs- u. Berufsprofile«.

Diakonieschwestern, Diakonissen und andere Mitarbeitende im Diakonat, die überwiegend im Gesundheitswesen bzw. in diakonischen →Einrichtungen arbeiten, haben unterschiedlich umfangreiche theologisch-diakonische Bildungsvoraussetzungen. Sie arbeiten als erkennbare Diakonische Gemeinschaften (Kerngruppen) im Kontext der größeren →*Dienstgemeinschaften* (Belegschaften) diakonischer Einrichtungen. Ihr Selbstverständnis ist wesentlich durch die Zugehörigkeit zur jeweiligen Diakonischen Gemeinschaft bestimmt, die ihre Zugangskriterien und Qualifikationsprofile intern definiert.

Die Verbände der Diakone/innen, Diakonissen, Diakonieschwestern u. -brüder arbeiten als Verbände im Diakonat zusammen (www.diakonat.org) und sind im Bereich der sogenannten Personenverbände in den Gremien der →Diakonie Deutschland (EWDE, →Brot für die Welt) vertreten. Ihre Mitglieder sind eingesegnet in den D. und haben so Anteil am umfassenden Amt der Kirche, dem Zeugendienst für Christus, der Kommunikation des Evangeliums, der Sendung an alle Menschen.

Literatur: Anni Hentschel, DIAKONIA im NT, Tübingen 2007 • Gottfried Buttler, Art. Kirchliche Berufe, in: Theologische Realenzyklopädie Bd. 19 (1990), 191–213 • Annette Noller / Ellen Eidt / Heinz Schmidt (Hg.), D. – theolog. u. soz.wissenschaftl. Perspektiven auf ein kirchliches Amt, Stuttgart 2013.

Martin Zentgraf

Diakonenamt

siehe unter: Diakonat

Diakonie

Begriff

Zur Bezeichnung des christl. begründeten humanitären Dienstes am Mitmenschen und an der Gesellschaft hat sich im deutschsprachigen Protestantismus der Begriff »D.« etabliert. Das Wort geht auf den griechischen Wortstamm *diakonein* aus dem NT zurück und bezeichnet dort sowohl den Akt des →Dienens bzw. →Helfens sowie das damit verbundene Amt (→Diakonat). Der Terminus →Innere Mission, der mit dem Jahr 1848 durch Johann Hinrich →Wichern zum Inbegriff diakonischen

Handelns wurde und der sich auch heute noch z.B. in Organisationsbezeichnungen findet, ist dagegen eine Neuschöpfung des 19. Jh. Seit 1965 trug der ev. Spitzenverband der Freien Wohlfahrtspflege (→Wohlfahrtverbände) den Namen »Das Diakonische Werk — Innere Mission u. Hilfswerk — der Ev. Kirche in Deutschland«. Mit der Gründung des »Diakonischen Werkes der EKD e.V.« im Jahr 1975 wurde das →Hilfswerk der EKD formal aufgelöst; seit 2012 trägt der Verband die Bezeichnung →Diakonie Deutschland — Ev. Bundesverband (DD).

BIBLISCH

Schon in der Hebr. →Bibel bildet das Gebot der →Nächstenliebe (3Mose 19,18) eine zentrale Grundnorm. In der Nächstenliebe, die als Zusammenfassung der Gebote des AT verstanden werden kann (Krochmalnik 2003, 61–63), verwirklicht sich die Liebe zu Gott in besonderer Weise, die sich in der Befolgung seiner Gebote zeigt. Dass nicht nur der Mitisraelit Objekt der gebotenen Liebe ist, sondern auch der entferntere Nächste, zeigen das Fremden- u. Feindesliebegebot. Ein besonderer Fokus liegt auf der Fürsorge für arme u. marginalsierte Bevölkerungsgruppen, die nicht nur durch individuelle Zuwendung, sondern auch durch strukturelle Regelungen gewährleistet werden soll. Schutz u. Fürsorge der Marginalisierten sind Gegenstand zahlreicher Gesetze. Entsprechend scharf kritisieren die Propheten deren Missachtung. Im NT wird diese Linie aufgenommen und weitergeführt.

Zwei neutestamentliche Texte haben das christl. Gottes- u. →Menschenbild in diakonischer Perspektive auf besondere Weise geprägt: In dem Gleichnis vom Weltgericht werden in Mt 25,31–46 die →Werke der Barmherzigkeit beschrieben. Jesus selbst identifiziert die Nächsten- mit der Gottesliebe: »Was ihr getan habt einem von diesen meinen geringsten Brüdern, das habt ihr mir getan« (Mt 25,40). Auch im Gleichnis vom barmherzigen →Samariter (Lk 10,25–36) wird die Versorgung eines akut in Not geratenen Menschen als vorrangig gegenüber allen anderen, scheinbar wichtigeren Aufgaben hervorgehoben. Zugleich überschreitet Jesus alle ethnischen u. religiösen Grenzen der damaligen Zeit und begründet so ein universelles Hilfsethos (Theißen 2000).

In der Exegese wurde lange Zeit angenommen, dass mit dem griechischen Begriff *diakonia* in der Antike ursprünglich v.a. der Tischdienst und weitere niedrige Dienste bezeichnet wurden. Im frühen Christentum sei der sich selbst erniedrigende Dienst für andere in der Nachfolge Jesu aufgewertet worden. Neuere Studien in der Folge der exegetischen Arbeit von John N. Collins zeigen, dass *diakonia* Beauftragungen unterschiedlichster Art beschreibt und nicht grundsätzlich mit einer sich selbst erniedrigenden Haltung verbunden ist (Herrmann/Schmidt 2007). Mit seiner Studie hat Collins zu einem zeitgemäßen theologischen Verständnis von D. beigetragen. Dieser Neuentdeckung entspricht eine Neuausrichtung des heutigen diakonischen Handelns, das sich an Bedarfen in Sozialräumen, der Kooperation mit anderen Akteuren und einem ressourcenbezogenen Ansatz orientiert.

HISTORISCH

Die christl. Liebestätigkeit hat den Protestantismus, insbesondere als Armenfürsorge, seit jeher geprägt. Wohltätigkeit wurde lange Zeit als eine Aufgabe der Reichen zur Gewährleistung des sozialen Friedens verstanden. Dieses soziale Gefüge zerbrach spätestens in der Industrialisierung des frühen 19. Jh., als die persönliche Bindung zwischen Gutsherr u. Tagelöhner bzw. Dienstherr u. Dienstpersonal verloren ging und die soziale Not durch die Landflucht dramatisch anstieg (→Soziale Frage). Durch die Erweckungsbewegung sowie durch die entstehende bürgerliche Gesellschaft und das damit verbundene Bewusstsein für die Verantwortung aller für das Gemeinwohl erhielt die Fürsorge neue Impulse. Es wurden zahlreiche »Assoziationen«, freie Vereine, gegründet, die sich die Hilfe für Arme, Kranke, verwaiste Kinder, Prostituierte, sozial gefährdete Jugendliche etc. zur Aufgabe machten. Durch die Gründung des »Central-Ausschusses für die innere Mission der dt. ev. Kirche« (CA) durch Johann Hinrich Wichern 1848 wurde die soziale u. missionarische Arbeit dieser freien Vereine im ev. Bereich gebündelt und neben der verfassten Kirche koordiniert. Neben Wicherns Gedanken der »rettenden Liebe« (»Wichern eins«) hat Eugen Gerstenmaier in der Nachkriegszeit die »gestaltende Liebe« (»Wichern zwei«) ins Zentrum des diakonischen Programms des Ev. Hilfswerks gerückt. 50 Jahre später entwickelte Theodor Strohm die Idee eines »Wichern drei«, ein D.verständnis, das den Sozialraum in den Mittelpunkt der Reflexion rückt und eine bis heute aktuelle gemeinsame Herausforderung für Kirche u. D. formuliert.

Die Etablierung eines →Sozialstaates zum Ende des 19. Jh. mit Versicherungen (→Sozialversicherung) gegen die soziale Not und einer umfangreichen →Sozialgesetzgebung veränderte den Charakter des diakonischen Engagements: Aus den Werken der Barmherzigkeit wurden soziale →Dienstleistungen, auf die im Bedarfsfall ein rechtlicher Anspruch besteht. Mit diesem Paradigmenwechsel ist die D. zu einer leistungsstarken Partnerin in der Wahrnehmung der staatlich gewährleisteten Daseinsvorsorge geworden. Allerdings führte eine unreflektierte Nähe zum Staat zu einer schuldhaften Verstrickung in repressive staatliche Maßnahmen, insbes. im Bereich der Eugenik und »Euthanasie«. Nach dem Ende des Zweiten Weltkrieges gründete die Ev. Kirche zusätzlich das Hilfswerk, um speziell dem Leiden der Menschen im zerstörten Nachkriegsdeutschland begegnen zu können. Es bemühte sich um Hilfe aus dem Ausland und belebte ökumenische Kontakte, um die allgemeine Not in Deutschland zu bekämpfen, Vertriebenen u. Flüchtlingen das Leben in der neuen Heimat zu erleichtern und jungen Menschen zu Ausbildung u. Beruf zu verhelfen. 1959 startete die Ev. Kirche in Deutschland zusammen mit den Frei- u. altkonfessionellen Kirchen die Aktion →Brot für die Welt, um in Entwicklungsländern Menschen in Not zu unterstützen. Die Organisation dieser Aktion, die bald zu einer ständigen Einrichtung wurde, übernahm das Diakonische Werk der EKD. Parallel zum Ausbau des Sozialstaates nach dem Prinzip der →Subsidiarität in der Zeit von 1960 bis 1980 nahmen Anzahl u. Umfang diakonischer Einrichtungen stark zu. Heute stellen diakonische Einrichtungen unter dem Dach der DD über 1 Mio. Betten u. Plätze zur Verfügung, beschäftigen über 464.000 Mitarbeitende und integrieren das freiwillige Engagement von ca. 700.000 Menschen. Mit der Globalisierung auch der sozialen Fragen stellte sich die Notwendigkeit, D. nicht nur national, sondern auch europäisch u. international zu denken. Die Zusammenführung der Arbeit der DD mit der internationalen Perspektive von Brot für die Welt und dem Ev. Entwicklungsdienst im Ev. Werk für D. u. Entwicklung im Jahr 2012 ist ein Ergebnis dieser Einsicht.

THEOLOGISCH

Zur Weiterführung des programmatischen Ansatzes »Wichern drei« für die heutige Zeit bietet sich die Aufnahme eines klassischen ekklesiologischen Denkmodells an: *Diakonia* ist neben *martyria* und *leiturgia* eine der Grunddimensionen von →Kirche, die sich bereits in der Apostelgeschichte als wesentliche Dimensionen des Selbstverständnisses der Urgemeinde erkennen lassen (vgl. Apg 2,37–47; 6,1–7) und die sich evangeliumsgemäß als Gemeinschaft von Schwestern u. Brüdern (→Barmer Theologische Erklärung) in Gestalt der *koinonia* vollziehen (Eph 4,15.16).

Erst das Zusammenspiel dieser vier Kriterien lässt Gemeinde erkennbar und wirksam werden. Alle Bereiche kirchlicher Tätigkeiten lassen sich unter diesen Blickwinkeln verstehen. Der Gottesdienst hat eine diakonische Dimension, wie auch das diakonische Engagement Ausdruck des →Glaubens ist. Zeugnis *(martyria),* Gottesdienst *(leiturgia),* D. *(diakonia)* und Gemeinschaft *(koinonia)* sind wesentliche u. einander ergänzende Dimensionen der einen Kirche. Werden diese vier Dimensionen in Einrichtungen, Diensten u. Verbänden sicht- u. erlebbar, erhalten diakonische Einrichtungen u. Dienste bei aller Unvollkommenheit eine nach innen u. außen glaubwürdige christl. Identität und erweisen sich als gelebte Form von Kirche in der Welt.

Seine theologische Verortung findet das Hilfehandeln im →Rechtfertigungsgeschehen, das alle Beteiligten aus der Perspektive Gottes als Gebende und Empfangende zugleich qualifiziert und zwischenmenschliche Asymmetrien überwindet. Eine Theologie des Helfens, die in dieser Perspektive Hilfehandeln als kommunikatives Geschehen von →Gabe u. Gegenseitigkeit versteht, kann auch menschliche →Schwächen u. Grenzen aufnehmen u. gelten lassen (Albert 2010).

Theologisches Nachdenken über D., das eine Theologie nach Hadamar (Bach 2006) sowie die →UN-Konvention über die Rechte von Menschen mit Behinderung aufnimmt, orientiert sich in der Tradition der in der ökumenischen Soziallehre geprägten »vorrangigen Option für die Armen« an der Perspektive der Betroffenen, ihren Wünschen, ihrer Wahlfreiheit u. ihren Potentialen für die Gestaltung eines gelingenden Zusammenlebens der Verschiedenen. »In der Einheit von religiöser Authentizität u. praktischer Nächstenliebe« (Becker 2011, 18) entfaltet es die öffentliche Kraft einer ›öffentlichen D.‹.

D. hat Teil an der Hoffnung der christl. Kirche (→Eschatologie) und bezieht aus der Perspektive des Reiches Gottes kritische Impulse zur Gestaltung u. Erneuerung von Strukturen im Vorletzten.

STRUKTUR

D. vollzieht sich auf unterschiedlichen Ebenen und in unterschiedlichen Formen u. Strukturen sowohl als Handeln der einzelnen Christen im sozialen Bereich wie auch als Aufgabe in den Institutionen, in den Gemeinden, Vereinen, den Diakonischen Werken, diakonischen Unternehmen u. Verbänden der Landes- u. Freikirchen als Partner u. Bestandteil des modernen Sozialstaates. Damit ist eine sachgerechte Pluralität der Organisationsformen diakonischen Handelns (→Gemeinded., verbandliche D., unternehmerische D.) verbunden.

Bei aller Berechtigung einer funktionalen u. systemischen Betrachtungsweise, die die je unterschiedlichen institutionellen u. organisatorischen Aufgaben von Kirche u. D. unterstreicht, gilt es, die enge inhaltliche u. strukturelle Verbindung von D. u. Kirche zu stärken. Staatskirchenrechtlich (→Staatskirchenrecht) sind diakonische Einrichtungen zum Schutz ihres besonderen →Profils in das Selbstbestimmungsrecht der Kirchen nach Art. 137 Abs. 3 WRV einbezogen. Die orientierende Erfahrbarkeit des inneren Begründungszusammenhangs der D. für Mitarbeitende u. Klienten in einer zeitgemäßen Balance zwischen gebotener interkultureller Öffnung und diakonischer Profilbildung zu verantworten, ist eine zentrale Leitungsaufgabe.

Über die freie Wohlfahrtspflege hinaus ist die soziale u. kulturelle Arbeit zunehmend von den zahlreichen anderen nichtstaatlichen Initiativen, Gruppen, Verbänden u. Einrichtungen geprägt, die soziale u. kulturelle Aufgaben wahrnehmen und auf diese Weise dem Gemeinwohl in selbstbestimmtem Einsatz dienen. Sie bilden gemeinsam mit den engagierten Einzelbürgerinnen u. -bürgern die sog. →Zivilgesellschaft. Bürgerschaftliches Engagement bietet D. einen Rahmen, soziale Anliegen gemeinsam mit anderen in Eigeninitiative und gemeinschaftlich zu artikulieren und innovative Lösungen anzustoßen.

LITERATUR: KIRCHENAMT D. EKD (Hg.), Herz u. Mund u. Tat u. Leben. Grundlagen, Aufgaben u. Zukunftsperspektiven d. D. Eine ev. Denkschrift, Gütersloh 1998 ♦ GERD THEISSEN, Universales Hilfsethos im NT, in: Glaube u. Lernen 15 (2000), 22–37 ♦ DANIEL KROCHMALNIK, Schriftauslegung. Die Bücher Levitikus, Numeri, Deuteronomium im Judentum (NSK.AT 33,5), Stuttgart 2003 ♦ ULRICH BACH, Ohne die Schwächsten ist die Kirche nicht ganz. Bausteine einer Theologie nach Hadamar, Neukirchen-Vluyn 2006 ♦ VOLKER HERRMANN / HEINZ SCHMIDT (Hg.), Diakon. Konturen im NT, Heidelberg 2007 ♦ ANIKA CHRISTINA ALBERT, Helfen als Gabe u. Gegenseitigkeit, Heidelberg 2010 ♦ VOLKER HERRMANN / MARTIN HORSTMANN (Hg.), Wichern drei − gemeinwesendiakonische Impulse, Neukirchen-Vluyn 2010 ♦ UWE BECKER (Hg.), Perspektiven d. D. im gesellschaftl. Wandel, Neukirchen-Vluyn 2011 ♦ DD, Freiw. Engagement in Einrichtungen u. Diensten d. D. (D. Texte 04.2012), Berlin 2012 ♦ JOHANNES EURICH, D., Hannover 2014 ♦ DD, Einrichtungsstatistik − Regional zum 1. Januar 2014 (D. Texte 06.2015), Berlin 2015.

Ulrich Lilie / Christian Oelschlägel

Wenn dein Bruder neben dir verarmt und nicht mehr bestehen kann, so sollst du dich seiner annehmen wie eines Fremdlings oder Beisassen, dass er neben dir leben könne.

3. Mose 25,35

Mit dem Murren der Gemeinde beginnt die Diakonie und danach breitet sich Gottes Wort und die Gemeinde aus:

In diesen Tagen aber, als die Zahl der Jünger zunahm, erhob sich ein Murren unter den griechischen Juden in der Gemeinde gegen die hebräischen, weil ihre Witwen übersehen wurden bei der alltäglichen Versorgung. Da riefen die Zwölf die Menge der Jünger zusammen und sprachen: Es ist nicht recht, dass wir für die Mahlzeiten sorgen und darüber das Wort Gottes vernachlässigen. Darum, ihr lieben Brüder, seht euch um nach sieben Männern in eurer Mitte, die einen guten Ruf haben und voll Heiligen Geistes und Weisheit sind, die wir bestellen wollen zu diesem Dienst. Wir aber wollen ganz beim Gebet und beim Dienst des Wortes bleiben. Und die Rede gefiel der ganzen Menge gut; und sie wählten Stephanus, einen Mann voll Glaubens und Heiligen Geistes, und Philippus und Prochorus und Nikanor und Timon und Parmenas und Nikolaus, den Judengenossen aus Antiochia. Diese Männer stellten sie vor die Apostel; die beteten und legten die Hände auf sie. Und das Wort Gottes breitete sich aus und die Zahl der Jünger wurde sehr groß in Jerusalem. Es wurden auch viele Priester dem Glauben gehorsam.

Apostelgeschichte 6,1ff.

DIAKONIE DEUTSCHLAND

I. AUFGABEN, SELBSTVERSTÄNDNIS

Das Werk D.D. – Ev. Bundesverband im Ev. Werk für Diakonie u. Entwicklung e.V. (im Folgenden: D.D.) ist der Dachverband der →Diakonie in Deutschland. Dazu gehören etwa 28.000 stationäre u. →ambulante Dienste wie Pflegeheime (→Pflege), →Krankenhäuser, →Kitas, →Beratungsstellen u. →Sozialstationen mit ca. 470.000 →Mitarbeitenden und etwa 700.000 freiwillig Engagierten (→Ehrenamt). Die Diakonie in Deutschland arbeitet in allen Handlungsfeldern →sozialer Arbeit in ev. Perspektive, damit Leben gelingt und niemand verloren geht.

Die D.D. ist →Spitzenverband der Freien Wohlfahrtspflege (→Wohlfahrtsverbände) und Werk der →Kirche. Als solches vertritt es »die Diakonie der →Ev. Kirche in Deutschland und der →Freikirchen sowie der anderen Kirchen, die Mitglieder des Vereins sind, gegenüber der Bundesrepublik Deutschland, sonstigen in- u. ausländischen zentralen Organisationen und in Kirche u. Öffentlichkeit« (§ 6 Abs. 1 der Satzung des Ev. Werks für Diakonie u. Entwicklung; im Folgenden: Satzung). Die Spitzenverbandsfunktion übt die D.D. auf bundesdeutscher Ebene gemeinsam mit den anderen Wohlfahrtsverbänden aus, nämlich der Arbeiterwohlfahrt (AWO), dem Deutschen →Caritasverband (Caritas), dem Paritätischen Gesamtverband (Paritäter), dem Deutschen Roten Kreuz (→DRK) und der Zentralwohlfahrtstelle der Juden in Deutschland (ZWSt). Zusammen mit der öffentlichen Wohlfahrt und anderen sozialpolitischen Akteuren bilden diese Organisationen den »Deutschen Verein für öffentliche u. private Fürsorge e.V.«. Europaweit engagiert sich die D.D. als eine der tragenden Säulen von →Eurodiaconia, dem europäische Dachverband für Diakonie. Die Zusammenarbeit mit der Kirche findet in vielen Fragestellungen auf allen Arbeitsebenen eng u. intensiv statt.

Die Mitglieder der D.D. sind Kirchen sowie Landes- u. Fachverbände der Diakonie als unmittelbare Mitglieder sowie die Träger diakonischer Arbeit (→Kostenträger) als mittelbare Mitglieder. Für seine Mitglieder »erfüllt die D.D. die Aufgaben, die einer einheitlichen Wahrnehmung u. Vertretung bedürfen, wie die der Grundsatzfragen der →Sozialpolitik, der Mitwirkung bei der nationalen u. europäischen Normsetzung, der für die Gesamtarbeit des Werkes erforderlichen Grundlagenforschung und der zentralen Fort- u. Weiterbildung (→Bildung) der Mitarbeitenden« (§ 6 Abs. 3 der Satzung).

Daneben übernimmt die D.D. koordinierende u. unterstützende Tätigkeiten für seine Mitglieder, »insbes. in den Arbeitsbereichen der Hilfe für junge Menschen (→Kinder- und Jugendhilfe), für →Familien, für kranke (→Gesundheit/Krankheit), für behinderte (→Behinderung) und alte Menschen (→Alter), für sozial benachteiligte Personen u. Gruppen, für gefährdete Menschen und in der Ausbildung« (§ 6 Abs. 2 der Satzung).

Die Koordinierung geschieht durch verbandliche Instrumente wie gemeinsame Erarbeitung von Modellvorhaben o. diakonischen Qualitätssiegeln, Fachtage u. Best-Practice-Maßnahmen o. der Pflege der →Marke Diakonie mit dem →Kronenkreuz. Sie kann auch durch Rahmenbestimmungen (Richtlinien) o. Empfehlungen erfolgen, die mit bundesweiter Wirkung von der Konferenz für Diakonie u. Entwicklung für die diakonische Arbeit erlassen werden können (§ 6 Abs. 4–7 der Satzung).

Unterstützung ihrer Mitglieder leistet die D.D. etwa bei Fragen der konzeptionellen u. fachlichen Weiterentwicklung, der Mitgliederinformation, der Fort- u. Weiterbildung von Mitarbeitenden, der Bereitstellung von Mustervereinbarungen o. der finanziellen Förderung (Soziallotterien).

Das diakonische →Arbeitsrecht wird auf Bundesebene durch eine paritätisch besetzte Arbeitsrechtliche Kommission gesetzt, die bei der D.D. gebildet wird und deren Ordnung durch die Konferenz Diakonie u. Entwicklung beschlossen wird (§ 6 Abs. 4–7 der Satzung).

Die D.D. versteht sich somit als Spitzenverband der Freien Wohlfahrtspflege (sozialpolitisches →Profil), als Werk der Kirche (ev. Identität) und als Mitgliederverband (Vertretung, Koordinierung u. Unterstützung der Mitglieder). Zudem versteht es sich als Teil des EWDE.

2. Organisation

Die D.D. erfüllt zusammen mit dem Werk →Brot für die Welt – Ev. Entwicklungsdienst die Aufgaben des Vereins Ev. Werk für Diakonie u. Entwicklung e.V. (EWDE, § 5 Abs. 2 der Satzung), dessen unselbständigen Teil es bildet.

Das EWDE wird von seinem Vorstand geleitet, dieser vom Aufsichtsrat überwacht und der oberste Souverän des Werkes ist – als Delegiertenversammlung – die Konferenz Diakonie u. Entwicklung. Der Aufsichtsrat hat zwei ständige Ausschüsse, einen Geschäftsführenden Ausschuss, der zugleich Personalausschuss ist, und einen Finanzausschuss.

Bis zu drei Mitglieder des Vorstands des Vereins bilden die →Leitung der D.D., die den Verein in Belangen des Werkes gegenüber Kirche, Politik u. Öffentlichkeit vertritt. Der Präsident oder die Präsidentin leiten die Sitzungen der Leitung der D.D. Ein Ausschuss der Konferenz Diakonie u. Entwicklung, der Ausschuss Diakonie, begleitet u. berät die Leitung.

Die Mitglieder des EWDE, und damit auch der D.D., sind die EKD, die Gliedkirchen der EKD, die Freikirchen, die Landesverbände, die Bundesfachverbände und das Ev. Missionswerk. Die Landesverbände gliedern sich noch einmal in vier regional gegliederte Wahlbezirke, die Bundesfachverbände in vier inhaltlich geprägte Fachgruppen, nämlich Bundesverbände der Träger u. Einrichtungen, Gemeinde- u. integrationsorientierte Fachverbände, Volksmissionarische u. seelsorgerliche Fachverbände sowie Personenverbände.

Die Zusammenarbeit der verbandlichen Ebenen (Bundes-, Landes- u. Fachverbände) wird durch den Ausschuss Diakonie, durch die unten beschriebenen Lenkungsausschüsse, durch verbandliche Konferenzen von Landes- u. Fachverbänden sowie durch eine Vielzahl weiterer verbandlicher Foren, (Regional-)Konferenzen, Fachtage etc. gestaltet.

Die interne Aufbauorganisation der Geschäftsstelle in Berlin ist im Wesentlichen durch Zentren gegliedert, die durch eine Besprechungsstruktur verbunden sind. Diese Zentren erledigen ihre Arbeit überwiegend in einer permanenten Struktur, haben aber auch die Möglichkeit, in einer flexiblen Struktur →Projekte aufzusetzen. Diese flexible Struktur wird durch einen jeweiligen Lenkungsausschuss, der überwiegend mit Vertretern von Landes- u. Fachverbänden besetzt ist, gesteuert. Eine weitere Geschäftsstelle befindet sich in Brüssel.

Die Ablauforganisation erfolgt auf der Grundlage eines QM-Handbuchs und einer strategischen Zieleorientierung. Die Ziele werden auf der Grundlage einer Mehrjahresplanung in jährlichen Planungskonferenzen erarbeitet und beobachtet.

3. HISTORIE

Die Vorgängerorganisation der D.D. war das Diakonische Werk der EKD e.V. Dieses war, zunächst als →Innere Mission und →Hilfswerk der EKD, durch den Zusammenschluss des Centralausschusses für Innere Mission der Deutschen Ev. Kirche (gegründet 1848, →Wichern) mit dem Zentralbüro des Hilfswerks der EKD (gegründet 1945, Gerstenmaier) seit 1957 schrittweise, zunächst durch Kirchengesetz, entstanden. Es existierte auch trotz staatlicher Teilung 1970 als einheitliches Gebilde fort, was vielfache Kontakte u. Kooperationen ermöglichte.

Diese Entwicklung wurde in der DDR nach der Gründung des Bundes der Ev. Kirchen durch Gesetz dieses Bundes im Jahre 1970 bestätigt. Damit war das Diakonische Werk – Innere Mission u. Hilfswerk der Ev. Kirchen in der DDR mit seiner Hauptversammlung und seinem Hauptausschuss kirchlich anerkannt. Die staatliche Anerkennung (samt Rechtsfähigkeit) erfolgte 1976.

1975 erhielt das zusammengeschlossene Werk als Diakonisches Werk der EKD e.V. im Jahre 1975 in der BRD eine neue Rechtsform (→Organisationsformen).

Im Jahre 1991 wurde die Auflösung des Diakonischen Werks – Innere Mission u. Hilfswerk der Ev. Kirchen in der DDR festgestellt, wodurch wieder ein deutschlandweites Werk entstand.

Am 14.06.2012 erfolgte der Zusammenschluss des Diakonischen Werks der EKD (mit seiner Ökumenischen Diakonie, insbes. der Diakonie →Katastrophenhilfe und der Aktion Brot für die Welt) mit dem Ev. Entwicklungsdienst, einem Zusammenschluss der sonstigen entwicklungspolitischen Aktivitäten der EKD, zum Ev. Werk für Diakonie u. Entwicklung e.V. Das neue Gebilde ist nicht zuletzt deshalb eine bedeutsame Fusion, weil sie »v.a. Diakonie und Entwicklung beieinanderhielt« (Füllkrug-Weitzel 2014, 150). In der Präambel der Satzung des neuen Vereins heißt es: »Im Ev. Werk für Diakonie u. Entwicklung nimmt sie [die Kirche] diesen Auftrag wahr und bekräftigt die Zusammengehörigkeit des Entwicklungsdienstes mit der Diakonie als Wesens- u. Lebensäußerungen der Kirche.« Dieser →Verein erfüllt seine diakonischen Aufgaben in Deutschland auf einem globalen Hintergrund durch die D.D.

LITERATUR: CORNELIA FÜLLKRUG-WEITZEL, Gemeinsam f. Diakonie u. Entwicklung: Die Fusion d. Ev. Entwicklungsdienstes mit dem Diakon. Werk der EKD, in: STEFAN JUNG / THOMAS KATZENMAYER (Hg.), Fusion u. Kooperation in Kirche u. Diakonie, Göttingen 2014, 145–164.

Jörg Kruttschnitt

DIAKONIE KATASTROPHENHILFE

Die Diakonie Katastrophenhilfe (DKH) leistet Hilfe für Menschen in akuter →Not, die sich kurzfristig nicht allein daraus befreien können. Jedes Jahr fördert das Ev. →Hilfswerk derzeit weltweit rund 150 Projekte der Not- u. Wiederaufbauhilfe sowie Katastrophenvorsorge. Die Hilfe ist ausschließlich am Bedarf der Betroffenen ausgerichtet. Auch deshalb arbeitet die DKH mit erfahrenen lokalen Partnern zusammen. Aber es gehört auch zu ihren Überzeugungen, dass auch die humanitäre Hilfe in die Hände lokaler Akteure gehört.

Im Jahr 1954 begann internationale humanitäre Hilfe – was heute »DKH« heißt – zum Betätigungsfeld des »Hilfswerks der Ev. Kirchen in Deutschland« (dem →Landes- u. →Freikirchen angehörten) mit Sitz in Stuttgart zu werden. Bis dahin diente das Hilfswerk ausschließlich als lokaler Partner der weltweiten ökumenischen Bünde (ÖRK u. LWB), um deren Hunderte Mio. D-Mark an →Spenden zum Wiederaufbau und zur →Integration der 15 Mio. Vertriebenen aus Mittel- u. Osteuropa in Deutschland umzusetzen. Nachdem die größte deutsche Not beseitigt war, wollte man aus Dankbarkeit selbst zum Geber werden. So kam 1953 eine erste schnelle u. pragmatische Hilfsaktion für die Opfer der Flutkatastrophe in Holland zustande. Nach dem Aufstand in Ungarn 1956 flohen 200.000 Menschen ins Nachbarland Österreich. Die Situation der →Flüchtlinge löste in der Bundesrepublik eine Welle der Hilfsbereitschaft aus: Viele wussten noch, was es heißt, seine Heimat zu verlieren.

Die DKH entwickelte sich in den 1960er u. 1970er Jahren zu einem dauerhaften Betätigungsfeld des – aus dem Hilfswerk hervorgegangenen – Diakonischen Werkes der Ev. Kirche. Immer wieder rief das humanitäre wie diakonische Prinzip, diskriminierungslos allen Menschen in Not beizustehen und nicht nach politischer Opportunität, Religionszugehörigkeit etc. zu unterscheiden, massive politische Kritik hervor – so als die DKH sich nicht nur in Süd-, sondern auch in Nordvietnam engagierte. Auch im Bürgerkrieg in der nigerianischen Provinz Biafra, der ca. 1 Mio. Menschen das Leben kostete, stieß die 1968 gemeinsam mit dem kath. →Caritasverband organisierte Luftbrücke, um Lebensmittel in die Krisenregion zu fliegen und kranke Kinder zu evakuieren, auf Kritik. In den 1970er Jahren folgten Einsätze bei der schweren Hungersnot in Bangladesch, im Nahen Osten und in Chile. 1962 trat die DKH auch erstmals in Deutschland in Aktion, nämlich bei der großen Sturmflut in Hamburg – seitdem immer wieder an Rhein, Oder u. Elbe etc.

Eine lang anhaltende Dürreperiode bedrohte Anfang der 1980er Jahre Millionen Menschen in der Sahelzone. Der Bürgerkrieg in Äthiopien verschärfte die Situation. Doch erst die TV-Bilder von Kindern mit Hungerbäuchen schreckten die Öffentlichkeit auf, insbes. der »Tag für Afrika« im Januar 1985 in der ARD brachte eine immense Resonanz. Erstmals wurde die enge Verbindung zwischen Medienberichterstattung (→Medien) u. Spendenbereitschaft deutlich.

Nach dem schweren Erdbeben 1988 in Armenien engagierte sich die DK erst mal mit einem großangelegten Wiederaufbauprogramm. Wiederaufbau wurde zum wichtigen Bestandteil der Arbeit der DKH, der einen langen Atem und hohe finanzielle Investitionen benötigt. Das in Bosnien und später im Kosovo umgesetzte Konzept der »Wiederinstandsetzung von Wohn- und Lebensraum« fand sehr viel Beachtung in der Fachwelt, weil es die Erkenntnis umsetzt, dass Menschen in kriegs- (oder erdbeben-) zerstörten Gebieten mit bloß kurzfristigen und mit punktuellen Maßnahmen wenig geholfen ist: Neben der Überlebenssicherung muss es auch um die Wiederinstandsetzung von Wohnraum u. sozialer Infrastruktur gehen – unter Einbeziehung der betroffenen Bevölkerung, kultur- u. kontextsensibel. Ferner muss es um →Rehabilitation der Landwirtschaft gehen, um die Selbstversorgung zu ermöglichen.

Die erste (!) Jahrhundertflut 2002 in Deutschland und immer dramatischere Fluten in Myanmar u. Bangladesch lösten auch eine Debatte über die Folgen des Klimawandels aus. Seit 2005 finden sich als Elemente jeden Rehabilitationsprojektes im Klimakontext Katastrophenvorsorge: Risikoanalyse, Aufklärung, Trainings u. Schutzmaßnahmen etc. Gerade in Regionen, die sich von einer Katastrophe in die nächste bewegen, ist es wichtig, die Spirale zu durchbrechen und die Resilienz u. Reaktionsfähigkeit von Kommunen u. lokalen Akteuren zu stärken.

Die DKH engagiert sich nicht nur unabhängig von Nationalität, Volks- u. Religionszugehörigkeit für Menschen in Not, sondern auch unabhängig von medialer Aufmerksamkeit – wie bspw. in der Demokratischen Republik Kongo, in Kolumbien, Somalia oder in Pakistan. Sog. vergessene Katastrophen bilden aus ethisch-diakonischen Gründen einen besonderen Schwerpunkt ihrer Arbeit, weil außer den kirchlichen Hilfswerken kaum einer dort helfen will, wo es kaum Spenden gibt.

Weltweit haben bewaffnete Konflikte an Brutalität u. Komplexität zugenommen. Begleitet werden sie von massiven Einschränkungen des Zugangs zur notleidenden Bevölkerung und der Sicherheit der Helfer. Humanitäre Hilfe in gewaltsam ausgetragenen Konflikten ist darauf angewiesen, dass die humanitären Prinzipien – Unparteilichkeit, Unabhängigkeit u. Neutralität – von Hilfsorganisationen eingehalten und von Konfliktparteien u. Drittstaaten respektiert u. geschützt werden.

Die DKH, die heute zum Ev. Werk für Diakonie u. →Entwicklung (EWDE [→Diakonie Deutschland]) mit Sitz in Berlin gehört, finanziert sich über Spenden, staatliche Förderungen u. Drittmittel. Unter einem Dach eng verbunden und kooperierend mit →Brot für die Welt, das in der langfristigen Entwicklungszusammenarbeit engagiert ist. Sie arbeitet mit langjährigen kirchlichen u. nicht-kirchlichen lokalen Partnern zusammen und arbeitet v.a. im Verbund mit dem weltweiten kirchlichen Netzwerk ACT Alliance, das mit über 140 Mitgliedern eines der größten Netzwerke humanitärer Hilfe u. Entwicklung weltweit ist.

Literatur: www.diakonie-katastrophenhilfe.de.

Cornelia Füllkrug-Weitzel

Diakonie Österreich

Die Ideen der →Inneren Mission konnten im ev. Leben Österreichs erst spät Fuß fassen. Erst 1861 erfolgte im Kaiserreich die vollständige rechtliche Gleichstellung des Protestantismus, der mit 3,5 Mio. Menschen etwa ein Zehntel der Gesamtbevölkerung umfasste. Wie in Deutschland war es v.a. das Engagement einzelner Personen, das zur Gründung der verschiedenen diakonischen →Einrichtungen führte. Die Entwicklung in Deutschland war dabei von größter Bedeutung und hatte und hat sowohl in den Einrichtungen wie auch in den Strukturen und Bezeichnungen Vorbildcharakter. Zu den ersten neuen Werken gehörte das Diakonissenmutterhaus (→Mutterhäuser) Gallneukirchen (bei Linz), das 1877 mit Unterstützung des Stuttgarter Mutterhauses (Rosenbergstraße) , in dem die ersten österreichischen →Diakonissen ausgebildet wurden, errichtet wurde. Weitere Werke folgten auf Initiative aktiver Gründer in Waiern und Treffen (beides Kärnten). Gallneukirchen wurde sehr schnell zu einem diakonischen Zentrum, das in den meisten Orten des damaligen Habsburger Reichs mit größerem ev. Bevölkerungsanteil zur Gründung von Gemeindepflegestationen, Schulen, Heimen und Krankenhäusern sowie zeitweilig bestehenden Tochteranstalten anregte. Zur Koordination der verschiedenen Arbeitsgebiete wurde der »Zentralverein für Innere Mission« ins Leben gerufen. Nach wechselnder Bezeichnung – die sich wieder am Vorbild Deutschlands orientierten – wie »Zentralausschuss« und »Diakonisches Werk« wurde daraus die heutige »D.Ö.« als eine der fünf anerkannten →Wohlfahrtsverbände des Landes. In über 600 Standorten wird in allen Bereichen der Inneren Mission umfangreiche Arbeit geleistet.

LITERATUR: HANS-WALTER SCHMUHL / ULRIKE WINKLER, D. i.d. Diaspora. Das Ev. Diakoniewerk Gallneukirchen v.d. Habsburgermonarchie bis in die Zweite Republik, Gütersloh 2015.

Harald Jenner

DIAKONIE SCHWEIZ

In der S. wird die diakonische Arbeit vorwiegend in Kirch→gemeinden geleistet. Im Unterschied etwa zur Situation in Deutschland u. Österreich, wo die großen →Diakonischen Werke die kirchliche soziale Arbeit prägen, ist in der S. der Fokus der →D. im ev. Kontext stark auf das Handeln in den Parochien gerichtet. Diese Perspektive gründet mitunter in der Entscheidung der →Reformation Huldrich Zwinglis, die Lösung der sozialen Probleme der Obrigkeit und dem Staat zu überlassen. In der Armenordnung von 1525 werden →Armut und Bettlerei durch Bildungsangebote, soziale Arbeit in den Quartieren (→Sozialraumorientierung), Umnutzung von Kirchenräumen u. Klöstern sowie durch das Generieren von finanziellen Mitteln bekämpft. Diese parochiale Grundausrichtung legt ihre Spur bis in die aktuelle D. in der deutsch- u. italienischsprachigen S., indem Sozialdiakone u. Sozialdiakoninnen den diakonischen Auftrag in Kirchgemeinden wahrnehmen. In der französischsprachigen S. wirkt die grundlegend andere, vom Genfer Reformator Jean →Calvin geprägte Einordnung des →Diakonats als Amt der →Kirche nach. Die *diacre* nehmen mehr einen kirchlich-liturgischen Auftrag wahr. Die kirchliche diakonische Arbeit wird in vier diakonischen Werken, den sog. *centre sociaux protestants*, gebündelt.

Allgemein lässt sich festhalten: Kirchgemeinden sind nach wie vor wichtige Orte diakonischen Handelns. Ein Indikator für diese s.erische Eigenart der D. ist die Auflösung des 1927 auf Initiative des S.erischen Ev. Kirchenbundes (SEK) gegründeten D.verbandes S. im Jahre 2010. Der Verband zählte über 100 kleinere und größere diakonische Werke v.a. in der Deutschs., einzelne Kirchgemeinden u. Kantonalkirchen als Mitglieder. Die fehlende Bindung der einzelnen Werke an den Verband sowie das geringere Interesse der Kirchen waren Gründe für die Auflösung.

Mit dieser in Deutschland u. Österreich wohl kaum denkbaren Auflösung des D.verbandes S. wurde 2010 sichtbar, was sich in den letzten gut zwei Jahrzehnten schleichend und kaum wahrnehmbar abzeichnete: Die nationale, diakonische Landschaft befindet sich in einer großen Umbruchsituation. Geprägt ist diese Situation von Auflösungstendenzen althergebrachter Strukturen u. Organisationen (z.B. die für die Deutschs. jahrzehntelang wirkende Ausbildungsstätte für →Diakone u. Diakoninnen in Greifensee, Zürich) sowie einer damit verbundenen zunehmenden Unübersichtlichkeit und Orientierungslosigkeit bzgl. Aufträge u. Rollen der diakonischen Akteure. Bei den involvierten Kirchen des SEK war diese Situation Ausgangspunkt eines Orientierungs-, Klärungs- u. Bündelungsprozesses, der eine erhellende Analyse der aktuellen Situation der D.S. zur Folge hat.

Die vier untersuchten nationalen Gruppen (nationale diakonische Organisationen, Werke u. →Gemeinschaften, kirchliche Exekutiven mit dem Ressort D., kirchliche D.fachstellen) halten folgende Tätigkeiten u. Problemstellungen der D.S. fest:

- Neben der fachlichen Ausrichtung der Professionalität in sozialer Arbeit und Einbettung in die unterschiedlichen Räume des Helfens (Staat, Markt, Familie u. »dritter Sozialraum«) ist eine hohe Affinität zum sozialpolitischen Engagement (Sozialpolitik) festzuhalten, die die Ursachen sozialer Not bekämpfen möchte.

- Normative Begründungszusammenhänge der D. geraten in den Brennpunkt des Interesses: Wie ist D. theologisch, kirchlich u. sozial in einer pluralen Gesellschaft zu begründen? Welchen Platz hat die D. im Wohlfahrtstaat einzunehmen? Wie ist die globale, europäische Verbindung zu gestalten?

- Wie ist Bildung, Weiter- u. Ausbildung von Sozialdiakoninnen u. Sozialdiakonen, Pfarrpersonen, Freiwilligen u. Ehrenamtlichen (Ehrenamt) in Zukunft zu gestalten und mit dem gegenwärtigen Veränderungsprozessen in der Bildungslandschaft S. abzugleichen und zu verbinden?

Ausgehend von dieser Analyse können folgende Entwicklungen für die nächsten Jahre festgehalten werden:

- Auf der Ebene der persönlichen Beziehung von Mensch zu Mensch werden interreligiöse Seelsorge v.a. in den Bereichen von Migration und Armeeseelsorge, die Begleitung pflegender Angehöriger von Hochbetagten sowie die Ausbildung u. die Begleitung von Freiwilligen in den Vordergrund treten.

- Auf der Ebene der Organisation ist auf nationaler Ebene die Umsetzung der Bündelung aller diakonischen Akteure unter einem Dach zentral. Bei diakonischen Werken wird die Weiterentwicklung zu hybriden, komplexen Organisationen mit neuen Leistungsvereinbarungen und Mandaten voranschreiten. In der kirchgemeindlichen D. werden die Ausweisung diakonischer Leistungen gegenüber dem Staat, konzeptionelle Strategien diakonischer Arbeit sowie neue Partnerschaften u. Netzwerke in den Fokus treten.

- Auf der Ebene der pluralen, ausdifferenzierten Gesellschaft werden alternative Fundraising-Konzepte für diakonische Projekte u. Initiativen v.a. im urbanen Bereich sowie anwaltschaftliche politische Arbeit einer strukturtransformativen D. im Bereich von Entwicklungszusammenarbeit im In- u. Ausland an Bedeutung gewinnen.

LITERATUR: HEINZ RÜEGGER / CHRISTOPH SIGRIST, D. – eine Einführung, Zürich 2011, 203–208 • SCHWEIZERISCHER EV. KIRCHENBUND, Motion D. Analysebericht d. Rates SEK, Bern 2013 • FRIEDER FURLER, D. – eine praktische Perspektive. Vom Wesensmerkmal zum sichtbaren Zeichen d. Kirche, Zürich 2012.

Christoph Sigrist

DIAKONIEGESCHICHTE

Die Geschichte der Diakonie wurzelt in den gesamtbiblischen Überlieferungen. Über die Zeiten hinweg war →Diakonie ein Synonym für christliche →Nächstenliebe bzw. »christliche Liebestätigkeit«. Für die aktuelle Gestalt und Struktur diakonischer Arbeit in Deutschland, deren Ausprägung im europäischen Vergleich besonders ist, sind die Entwicklungen seit Beginn des 19. Jh. in spezifischer Weise prägend. An vielen Orten entfalteten Christen bürgerschaftliches Engagement (→Ehrenamt). Auch wenn einzelne Pfarrer mitwirkten, wurde das Engagement zumeist nicht in kirchlichen Strukturen entfaltet, sondern für die Organisation wurden die neuen Möglichkeiten des Vereinswesens (→Verein) genutzt. Unter dem Programmbegriff →»Innere Mission« entstand so eine ausdifferenzierte Struktur von vielen Einrichtungsvereinen über Landes- u. Provinzialvereine bis hin zum Central-Ausschuss für Innere Mission. Verwendete Johann Hinrich →Wichern (1808–1881) »innere Mission« im Sinne eines Organismus immer mit kleinem »i«, verstanden sich die Einrichtungen immer mehr als Institutionen der »Inneren Mission« mit großen »I«. Und was Wichern in seinem Organismus-Modell noch zusammen denken konnte (Amt der verfassten →Kirche und →Charisma/Gabe in den freien Vereinen) differenzierte sich immer stärker als ein organisatorischer Pluralismus im kirchlichen Raum aus, der sich nach und nach als eine Art Zweitstruktur neben den landeskirchlich verfassten Strukturen manifestierte und verfestigte: als Teil des sog. Verbandsprotestantismus.

Einen anderen Ansatz verfolgte nach 1945 das Ev. →Hilfswerk, das einerseits den Programmbegriff »Diakonie« propagierte und andererseits diese in der Hand und →Verantwortung von kirchlichen Strukturen sah. Heute finden sich in der Diakonie beide Strukturelemente wieder, das des kirchlichen Werkes wie das des eingetragenen Vereins. In der Grundordnung der EKD von 1948 wurde Diakonie als »Wesens- und Lebensäußerung der Kirche« bezeichnet.

Finanziert wurde die diakonische Arbeit im 19. Jh. lange Zeit in großem Umfang durch →Spenden, →Kollekten, Vermächtnisse oder Schenkungen. Im Kaiserreich kam es zu einer Veränderung in der Zusammenarbeit mit staatlichen Stellen. Der entstehende deutsche Sozialstaat gab nun immer stärker einen Rechtsrahmen vor. Damit kamen aber auch vermehrt staatliche oder kommunale Stellen etc. für die Finanzierung sozialer Arbeit auf. Zugleich gestalteten die konfessionellen Träger sozialer Arbeit den Aufbau des deutschen Sozialstaats mit. In der Weimarer Republik intensivierte sich der Ausbau des Sozialstaats und die Ausgestaltung einer freien Wohlfahrtspflege (→Wohlfahrtsverbände) neben der öffentlichen. Staatliche Reglementierung wuchs an, aber ebenso staatliche Verantwortung für die Arbeit, was sich auch in der Refinanzierung der Arbeit niederschlug. Die Innere Mission nahm als Teil der freien Wohlfahrtspflege wie diese insgesamt quasi sozialstaatliche Aufgaben wahr.

Der Nationalsozialismus verfolgte gänzlich andere staatlich-gesellschaftliche Vorstellungen von Volkswohlfahrt, doch trotz großer Herausforderungen für die Arbeit und zum Teil auch größerer Einschnitte in die Rahmenbedingungen sowie die konkrete Arbeit konnten Anspruch und Praxis der Diakonie nicht gänzlich unterbunden werden. In der DDR wurde im Gegensatz zu den anderen Ländern des Ostblocks diakonische Arbeit der Kirchen nicht gänzlich verboten. Doch hing der jeweilige Freiraum erheblich von den politischen Maßgaben ab. Jugenderziehung war Aufgabe von Staat u. Partei; diesen Bereich musste die Diakonie stark einschränken. In der Betreuung von Menschen mit →Behinderungen nahm sie aber eine Pionierfunktion ein und stellte bis in die 1980er Jahre rund die Hälfte der Plätze. Im Rahmen der deutschen Einheit kam es 1991 zu einer Wiedervereinigung der ost- u. westdeutschen Diakonie.

In der BRD verstärkte sich in den 1960er Jahren die bedingte Vorrangstellung der freien Wohlfahrtspflege und damit auch der Diakonie bei der Übernahme sozialer Aufgaben vor dem Staat. Im Hintergrund stand hier das aus der kath. Soziallehre stammende Prinzip der →Subsidiarität. Diakonietheologisch wurde zur gleichen Zeit die Bedeutung einer »gesellschaftlichen Diakonie« und das Wahlrecht der Hilfeempfänger betont. Mitte der 1980er Jahre geriet der Sozialstaat in die Krise. Beginnend mit dem Pflegeversicherungsgesetz (1994) wurde der Vorrang der freien Wohlfahrtspflege aufgeweicht und die Situation in Richtung eines Sozialmarktes verändert.

LITERATUR: JOCHEN-CHRISTOPH KAISER, Ev. Kirche u. soz. Staat. Diakonie im 19. u. 20. Jh., Stuttgart 2008 • WOLFGANG MAASER / GERHARD K. SCHÄFER (Hg.), Geschichte der Diakonie in Quellen. Vom Anfang des 19. Jahrhunderts bis zur Gegenwart, Neukirchen-Vluyn 2016.

Volker Herrmann

DIAKONIESAMMLUNG

Die Verbände der →Wohlfahrtspflege haben das Recht, eigene Spendenaktionen durchzuführen. Aus den Opfertagen für die →Innere Mission hat sich die moderne D. entwickelt. Klassischerweise wird sie von Ehrenamtlichen (→Ehrenamt) durchgeführt in einer Mischung aus Hausbesuch u. Spendenbitte. Sammlungsmittel fließen vornehmlich in die Armutsdiakonie (→Armut) vor Ort und in innovative Projekte (→Innovation, soziale), die (noch) keine Regelfinanzierung erhalten. In den Kirchen→gemeinden wird es immer schwieriger, Nachwuchs für die Sammlerinnen u. Sammler zu finden, die oft jahrzehntelang dieses traditionelle Ehrenamt ausüben. Zugleich verlieren Bar- u. Kleingeld an Bedeutung und in einer mobilen u. anonymen Gesellschaft sind Gemeindeglieder oft nicht anzutreffen. So rücken jetzt Versuche in den Vordergrund, aus der D. alter Art ein moderneres →Fundraising-Instrument zu machen und etwa die Chancen der elektronischen Spendenkommunikation zu nutzen. Auch wenn die Erträge der Sammlungen zurückgehen, kommen doch markante Summen zusammen. Bsp. Nordrhein-Westfalen: Hier sammeln Caritas (→Caritasverband) und →Diakonie zweimal im Jahr drei Wochen lang und tragen ca. acht Mio. Euro an →Spenden zusammen.

Reinhard van Spankeren

DIAKONIESONNTAG

Der Sonntag der Diakonie ist kein etablierter Bestandteil des →Kirchenjahres und zählt so auch nicht zu den offiziellen kirchlichen Feiertagen. Man könnte aber von einem beweglichen Diakonie-Feiertag sprechen, der in nahezu allen Landesverbänden begangen wird. Der D. bietet die Chance, Gottesdienst→gemeinde und →Diakonie in der Region zusammenzubringen und Impulse für die diakonische Gemeindeentwicklung zu setzen. Eine starre Agende oder →Liturgie gibt es nicht, aber es lassen sich Grundmuster diakonischer Festkultur erkennen, etwa die gemeinsame Feier von Hauptamtlichen, Ehrenamtlichen (→Ehrenamt) u. Hilfebedürftigen (→Bedürftigkeit), die Verknüpfung mit Kampagnen u. →Fundraising-Aktionen und der jährliche Wechsel von zentralen Eröffnungsorten, ergänzt um lokale Aktivitäten. In der →Landeskirche von Westfalen wird der D. Anfang September begangen, bei der Diakonie in Niedersachsen schließt der D. Mitte September eine ganze Themenwoche ab, die mit einem zentralen Eröffnungsgottesdienst beginnt und unter ein jährlich wechselndes Leitwort gestellt wird. Ähnlich gestaltet etwa auch die Diakonie in Baden eine ganze Woche der Diakonie, wie in Niedersachsen verknüpft mit einer →Spendenaktion, zeitlich allerdings ins Frühjahr gelegt.

Reinhard van Spankeren

DIAKONIESTATION

Als D. wird eine →Sozialstation in →ev. Trägerschaft bezeichnet. Träger (→Kostenträger) können Kirchen→gemeinden, ein Zusammenschluss mehrerer Kirchengemeinden, ein →Kirchenkreis, ein örtliches oder kreiskirchliches →Diakonisches Werk oder Kombinationen der genannten Varianten sein. Einige D.en werden auch in gemischten Trägerschaften geleitet; bei Kooperationen mit →kath. Kirchengemeinden, Krankenpflegevereinen oder der Caritas (→Caritasverband) werden diese dann »Ökumenische Sozialstationen« genannt. Sozialstationen in kath. Trägerschaft werden in der Regel als »Caritas-Sozialstationen« bezeichnet.

D.en erbringen als Leistungsträger →ambulante Alten- und Kranken→pflege. Zum Leistungsangebot zählen neben medizinisch-pflegerischen Aufgaben oftmals auch Angebote wie →Beratung, →Betreuung, Vermittlung, Hausnotrufservice, Gesprächskreise, Seniorentreffen, Hauswirtschaft u. Alltagshilfen. Nicht selten übernehmen D.en auch die Betreuung von Häusern des →»Betreuten Wohnens«. In den Stationen arbeiten aufgrund der großen Angebotsvielfalt neben Pflegefachkräften, Pflegehelferinnen u. -helfern u. Auszubildenden (Alten- u. Krankenpflege) bspw. auch Hauswirtschaftskräfte, Familienpflegerinnen u. Familienpfleger, Bundesfreiwillige u. Verwaltungsmitarbeitende. Auch ehrenamtlichen Mitarbeiterinnen u. Mitarbeitern (→Ehrenamt) kommt in diesem Arbeitsfeld eine große Bedeutung zu.

Geschichtlicher Vorläufer der D.en sind die Gemeindepflegestationen, die ab Mitte der 40er Jahre des 19. Jh. in Gemeinden entstanden. Eine bedeutende Rolle für die Entwicklung der Gemeindepflegestationen spielt in diesem Zusammenhang der Begründer des Diakonissenmutterhauses Kaiserswerth Theodor →Fliedner, der 1844 die erste Gemeindediakonisse in eine Gemeinde aussandte. Nach mühsamen Anfängen wurde Fliedners Konzept zum Erfolg. Die →Diakonissen, die stets eng mit ihrem →Mutterhaus verbunden blieben, übernahmen in den Gemeinden vielfältige Aufgaben, v.a. Krankenpflege und →Seelsorge, aber auch Mitarbeit in der Kinder-, Jugend- u. Frauenarbeit.

In den 1960er Jahren zeichnete sich eine Krise innerhalb der Gemeindekrankenpflege ab und Gemeindepflegestationen mussten u.a. aufgrund mangelnden Nachwuchses bei den Diakonissen geschlossen werden. Ab den frühen 1970er Jahren wurden daraufhin, parallel zu noch existierenden Gemeindepflegestationen, Sozialstationen eingerichtet, zuerst 1970 in Rheinland-Pfalz. Im Unterschied zur Gemeindepflege – die Gemeindediakonissen waren die personifizierte Diakonie – wurde durch die regionale Organisationsstruktur der D. diese nun deutlich weniger mit der Gemeinde identifiziert.

Ein Umbruch in der Geschichte der D.en vollzog sich seit den 1990er Jahren und ist durch zunehmende →Ökonomisierung gekennzeichnet: Änderungen in der →Sozialgesetzgebung (z.B. die Einführung der Pflegeversicherung 1995) haben bis heute zu immer mehr Wettbewerb u. Forderungen nach Kostensenkungen geführt. Für die D.en sind Schwierigkeiten in der Refinanzierung (→Finanzierung) von Leistungen die Folge, da Kranken- u. Pflegeversicherungen hierfür allein oft nicht ausreichen. Gleichzeitig haben D.en insbesondere im Bereich der Pflegeberufe mit Personalknappheit zu kämpfen.

In den letzten Jahren wird angesichts dieser Veränderungen vielfach ein Quali-
tätsverlust bemängelt: Nur noch Kostenminimierung, nicht mehr der Mensch stehe
im Mittelpunkt. Der Kostendruck schlage sich in Zeitdruck nieder, denn Pflegekräfte
hätten kaum Zeit für mehr als rein pflegerische Maßnahmen. Kurz: Das christliche
→Leitbild sei durch ein ökonomisches ersetzt worden. Es wird in Zukunft für die
D.en eine zentrale Aufgabe darin bestehen, den Konflikt zwischen Aufrechterhaltung
der Pflegequalität einerseits und den ökonomischen Zwängen andererseits zu lösen,
ohne dabei das christliche Proprium zu verlieren.

LITERATUR: CHRISTOF GROTE, Ortsgemeinden u. D.en, Bielefeld 1995 • GERHARD K. SCHÄFER,
Gemeindediakonie: Traditionen − Konzeptionen − Praxisfelder, in: HANS W. HÖROLDT / VOL-
KER KÖNIG (Hg.), Gemeinde & Diakonie, Düsseldorf 2011.

Nina Behrendt-Raith

DIAKONIEWISSENSCHAFT

1. DEFINITION

Eine klare u. allgemein anerkannte Definition dessen, was unter D. zu verstehen
ist, gibt es nicht. Denn die Vorstellungen davon, was D. ist, hängen aufs Engste mit
der Eingrenzung des Gegenstandsbereichs zusammen, auf den sich die D. bezieht,
nämlich der Frage, wie die →Diakonie bestimmt wird. Ganz allgemein gefasst kann
D. in Anlehnung an Schleiermachers Verständnis der Praktischen →Theologie als
Theorie der diakonischen Praxis gelten. Weder reflektiert sie dabei die vorfindliche
diakonische Praxis lediglich nachträglich, noch bietet sie eine diakonische Theorie
für die praktische Umsetzung. Vielmehr ist sie die systematische u. methodengeleite-
te Beschäftigung mit den theologischen Begründungen diakonischer Praxis, die im
interdisziplinären Diskurs mit anderen Bezugswissenschaften und deren Verständ-
nissen helfenden Handelns zu vermitteln sind. Die D. leistet somit einen Beitrag zur
hermeneutischen Selbstverständigung des Christentums u. dessen Glaubenspraxis
unter den Bedingungen einer pluralen Gesellschaft.

2. GESCHICHTE

Bereits im 19. Jh. hat sich parallel zur Praktischen Theologie eine »Wissenschaft
von der inneren Mission«, auch »Diakonik« bezeichnet, entwickelt. Dabei wurde sie
mal der →Seelsorge, mal der →Sozialethik zugerechnet. Die D. erhielt zwischen 1927
und 1938 mit dem »Berliner Institut für Sozialethik u. Wissenschaft der inneren Mission« erstmals universitären Anschluss und mit der Gründung des D.lichen Instituts
an der Universität Heidelberg 1954 hat sie ihren festen Ort an der Universität. Daneben gibt es an anderen Universitäten Lehrstühle mit einem d.lichen Interesse. Durch
Alfred →Jäger begonnen, entwickelte sich so in Bielefeld seit den 1980er Jahren ein
zweiter Schwerpunkt, der zum heutigen Institut für D. / Diakonie-Management der
Kirchl. Hochschule Wuppertal ausgebaut wurde. Und seit den 1970er Jahren tragen
auch die Ev. (Fach-)Hochschulen mit ihrem starken Praxisbezug zur Akademisierung
u. Internationalisierung der D. bei.

3. GEGENSTANDSBEREICH

Da es keine allgemein anerkannte Definition von Diakonie gibt, kann auch die D.
als Begründungstheorie u. methodisch geleitete Reflexion diakonischer Praxis nur die

Spannungsfelder dessen umfassen, was unter Diakonie verstanden wird. Zum einen geht es um die Frage, ob nur christlich begründetes bzw. motiviertes Tun (→Motivation) als diakonisches Handeln gelten kann oder ob helfendes Handeln (→Helfen) allgemein für eine diakonische Qualifizierung ausreichend ist. Damit verbunden ist die Frage, durch welche Institution helfendes Handeln seine Qualifizierung als diakonisch erhalten kann und soll (vom handelnden Subjekt selbst, vom Empfangenden, im Horizont →Gottes?). Zum anderen geht es um die Konkretionsformen helfenden Handelns. Hier sind Asymmetrie zwischen Gebenden u. Empfangenden, mögliche Defizitfixierung und Fragen nach der religiösen →Bildung bzw. diakonischer →Kultur die maßgeblichen Themen. Schließlich geht es auch um sozialpolitische →Verantwortung. Zentral ist hier die Frage nach der Position, die diakonisches Handeln in Form von diakonischen →Dienstleistungen in Relation zur Verantwortung des →Sozialstaats einnehmen soll. Innerhalb dieser Spannungsfelder hat es die D. also mit einer Vielzahl von Themen zu tun: situationsorientierte Auslegung biblischer, historischer u. dogmatischer Zeugnisse für die Herausforderungen der Gegenwart, die theologische Deutungen aktueller Wertorientierungen (→Werte) in der diakonischen Praxis u. deren Weiterentwicklung, die theologische Reflexion u. Legitimation diakonischer Dienstleistungen u. die Identifikation diakonischen Handlungsbedarfs jenseits der sozialstaatlichen und sozialmarktlichen Rationalitäten (→Sozialmarkt), die Verknüpfung theologischer Grundanliegen mit Wert-, Zielsetzungs- u. Begründungsdiskursen der verschiedenen Bezugsdisziplinen u. die theologische Begründung u. Reflexion des interreligiösen u. interkulturellen Dialogs in diakonischen Kontexten.

4. VERHÄLTNIS ZU ANDEREN DISZIPLINEN

Zuerst ging es der D. um ihre Verortung innerhalb der Theologie, dann wurde die Theologie lange u. unhinterfragt als Leitdisziplin betrachtet. Heute steht die Frage nach der Bedeutung der Normativität der Theologie im Zentrum. Weil der Gegenstand der D. diakonisches Handeln in seinen staatlichen, wirtschaftlichen u. zivilgesellschaftlichen Zusammenhängen ist und dies in gesellschaftspolitischen, sozialen, gesundheits- u. bildungsbezogenen Handlungsfeldern geschieht, sind Sozial-, Human-, Wirtschafts- u. Staatswissenschaften heute neben der Theologie die Bezugsgrößen für die D., die sich nun ihrerseits als interdisziplinäres Unterfangen versteht.

5. METHODE

Die Methoden, auf die die D. zurückgreift, sind grundsätzlich alle Methoden der beteiligten Disziplinen. Ihre Auswahl bzw. ihr Einsatz erfolgt an dem jeweiligen Gegenstand orientiert und in Bezug auf seine Herausforderungen u. Fragestellungen. Besondere Schwierigkeiten ergeben sich in der Verbindung empirischer Forschung mit geisteswissenschaftlich-hermeneutischen Ansätzen.

LITERATUR: DIAKONIEWISSENSCHAFT U. DIAKONIEMANAGEMENT, Theorie-Praxis-Verbindung, Normativität: Eine Suchbewegung Bd. 1, Baden-Baden 2015 • JOHANNES EURICH, Zwischen Theologie u. Soz.wissenschaft. Zu aktuellen Entwicklungen i.d. D., in: Praktische Theologie 50 (2015), 226–232.

Ellen Eidt / Johannes Eurich

DIAKONISCHE WERKE

Die Diakonie in Deutschland (→Diakonie Deutschland) ist als Verband organisiert. Auf Bundesebene steht der Bundesverband, das Ev. Werk für Diakonie u. Entwicklung e.V. (EWDE) in Deutschland mit Sitz in Berlin.

Dem Bundesverband gehören als Mitglieder die diakonischen Landesverbände von 20 →Landeskirchen der →EKD an. Aufgrund mehrerer – aus wirtschaftlichen u. organisatorischen Erwägungen heraus vollzogener – →Fusionen »gliedkirchlicher« D.W. sind aktuell 15 Landesverbände im EWDE zusammengeschlossen.

Die Landesverbände sind in der Rechtsform eines eingetragenen →Vereins (e.V.) organisiert. Sie sind damit rechtsfähig.

Die Aufgaben der Landesverbände und deren Anbindung an die jeweilige Gliedkirche, die sog. verfasste Kirche, regelt ein »Diakoniegesetz«. In Grundsatzfragen der diakonisch-missionarischen Arbeit sowie in Bekenntnis- u. Zuordnungsfragen zu den jeweiligen Landeskirchen gewährleisten die Landesverbände dadurch die Abstimmung mit der verfassten Kirche nach deren gliedkirchlichem Recht. Dieser inhaltlichen Vernetzung mit den jeweiligen Gliedkirchen ist auch geschuldet, dass die regionalen Zuständigkeitsbereiche der Landesverbände innerhalb jeder ev. Landeskirche bis auf wenige Ausnahmen nicht den Grenzen der jeweiligen Bundesländer entsprechen, sondern sich am Einzugsgebiet der ev. Landeskirchen orientieren.

Die Aufgabe der Landesverbände besteht im Wesentlichen darin, die Interessen der unterschiedlichen Einrichtungen u. Dienste der Diakonie in den Regionen gegenüber den Regierungen der Bundesländer, der kommunalen Verbände, der Politik, der →Kirche, den Kranken- u. Pflegekassen und anderen →Kostenträgern, den →Medien, der Öffentlichkeit, sowie anderen Partnern zu vertreten. Auch die Vertretung gegenüber dem Bundesverband obliegt dem gliedkirchlichen Landesverband. Die Landesverbände bündeln demzufolge die Interessen der ihnen angeschlossenen Rechtsträger in politischen Kontexten. Ihnen wird seitens des Staates eine Alleinvertretungslegitimation zuerkannt.

Aufgrund dieser Aufgaben u. Befugnisse wird den Landesverbänden in ihrem jeweiligen Wirkungskreis – also dem Bundesland bzw. den Bundesländern, in dem sich ihr Sitz befindet – die Funktion eines Spitzenverbandes der Freien Wohlfahrtspflege (→Wohlfahrtsverbände) zuerkannt. Die Landesverbände haben sich zur Ausübung ihrer Spitzenverbandstätigkeit mit den anderen →Spitzenverbänden der Freien Wohlfahrt zu Landesarbeitsgemeinschaften bzw. →Ligen zusammengeschlossen. Dadurch soll der Rolle der Spitzenverbände der freien Wohlfahrtspflege im jeweiligen Bundesland Rechnung getragen und die Gesamtanliegen der Freien Wohlfahrt bestmöglich vertreten werden.

Die Landesverbände der Diakonie haben neben der politischen Vertretung darüber hinaus eine Doppelfunktion inne: Zum einen übernehmen sie Beratungs- u. Unterstützungsfunktionen im Hinblick auf die vielfältigen Aufgaben u. Arbeitsbereiche ihrer Mitglieder. Sie dienen dabei als »Servicecenter« für die unter ihrem Dach zusammengeschlossenen, selbstständigen Rechtsträger (Mitglieder) in wirtschaftlichen, rechtlichen u. fachspezifischen Fragen. Hierzu gehören neben der mitgliedschaftlichen →Beratung in rechtlichen Kontexten (z.B. Satzungsrecht, →Arbeits- u. Tarifrecht, Sozialrecht, Vertragsrecht) insbes. inhaltliche Konzeptionsfragen in den vielfältigen Aufgabengebieten der Diakonie, aber auch die Unterstützung bei der Refinanzierung der →Sozialen Arbeit. Des Weiteren stellt der Bildungsbereich, einhergehend mit vielfältigen Fort- u. Weiterbindungsangeboten (→Bildung) für die Mitglieder und die darin tätigen →Mitarbeitenden sowie die Durchführung überregionaler Fachveranstaltungen u. Fortbildungen einen Schwerpunkt der Arbeit der Landesverbände dar. Der fachliche Austausch wird in Fachverbänden der einzelnen Sparten organisiert und fördert somit die konzeptionelle Weiterentwicklung insgesamt. Von der →Altenhilfe über Migrationsarbeit bis hin zur Telefonseelsorge (→Seelsorge) reicht dabei die Aufgabenliste der gliedkirchlichen Werke auf bis zu einhundert unterschiedlichen Tätigkeitsfeldern.

Die Mitgliedsorganisationen der Landesverbände ihrerseits bieten als soziale Dienstleister für die Menschen vor Ort vielfältige Beratungs- u. Betreuungsleistungen auf dem Sozialsektor an. Sie gewähren dadurch schnelle u. unbürokratische Hilfen, die professionell geleistet und durch das bürgerschaftliche Engagement unterstützt werden.

Zum anderen übernehmen die Landesverbände die Rolle der »anwaltschaftlichen Diakonie« (→Anwaltschaft) in ihrem Wirkungsgebiet. Sie treten demzufolge für die Rechte der Armen, Schwachen u. Benachteiligten ein, setzen Leitplanken für eine exzellente soziale Güte und zählen mithin zu den wichtigen Akteuren bei der Gestaltung einer solidarischen Gesellschaft (→Solidarität). Darin zeigt sich die Diakonie in der praktischen Ausübung christl. →Nächstenliebe als Lebens- u. Wesensäußerung der ev. Kirche und verwirklicht das kirchliche Engagement in der Gesellschaft.

LITERATUR: BUNDESARBEITSGEMEINSCHAFT D. FREIEN WOHLFAHRTSPFLEGE (Hg.), Die Spitzenverbände d. Freien Wohlfahrtspflege, Freiburg 1985 • HANS FLIERL, Ein Jahrhundert Diakonie in Bayern, München 1988 • HANS FLIERL, Freie u. öffentliche Wohlfahrtspflege, München 1992 • KARL-HEINZ BOESSENECKER, Spitzenverbände d. Freien Wohlfahrtspflege, Weinheim/München 2005.

Tobias Mähner

DIAKONISCHES JAHR

Zum 100-jährigen Jubiläum der Diakonissenanstalt Neuendettelsau am 9. Mai 1954 rief der damalige Rektor Hermann Dietzfelbinger zum D.J. auf. Unter dem Schlagwort »Wagt ein Jahr Eures Lebens für die →Diakonie« sprach Dietzfelbinger junge Frauen an, sich in diakonischen →Einrichtungen zu engagieren, ohne gleich →Diakonisse zu werden. Das D.J. wurde später für junge Männer geöffnet.

Die Idee wurde von den bundesdeutschen →Landeskirchen aufgenommen, die seit 1954 ebenfalls zu einem D.J. aufriefen. In der DDR etablierte sich das D.J. im Jahre 1957. 1964 erfolgte die gesetzliche Grundlage zum Freiwilligen Sozialen Jahr.

Im D.J. werden junge Menschen sozialer →Verantwortung gestellt und christliche →Werte vermittelt in einer sozialen Arbeit. Bis 1985 waren es bereits 32.000 junge Frauen und Männer, die ein Diakonisches Jahr absolvierten.

Matthias Honold

DIAKONISCHES WERK DER EKD

siehe unter: Diakonie Deutschland

DIAKONISSE

Für den deutschsprachigen Raum prägte Theodor →Fliedner den Begriff D. Er brauchte ihn für junge unverheiratete Frauen, die gemeinschaftlich, genossenschaftlich zusammenlebten. Er nannte so die Pflegerinnen u. Lehrerinnen, die er in Kaiserswerth umfassend u. innovativ ausbildete und dann auch in →Gemeinden schickte. Daraus entwickelten sich die sog. →Mutterhäuser in Deutschland und weltweit.

In der alten →Kirche wurde die zum Dienst (→Dienen) der helfenden →Liebe ordinierte(!) (→Ordination) Frau als »D.« bezeichnet. »D.« ist so in Entsprechung zum →Diakon die Amtsbezeichnung für Frauen, soweit sie durch die Kirchen beauftragte Trägerinnen des →Diakonates sind, ist also nicht zu verwechseln mit einer besonderen Lebensform.

Die Bezeichnung »D.« könnte man für die bisherigen Diakoninnen und ggf. auch für solche Frauen, die eine entsprechende diakonisch-theologische (Aus-)→Bildung absolviert haben, verwenden, die und soweit sie einer →Gemeinschaft im Diakonat angehören. In Skandinavien und in einigen wenigen deutschen Einrichtungen ist das heute der Fall.

LITERATUR: PAUL PHILIPPI, Das sog. Diakonenamt, Gladbeck o.J., 43–65 · THEODOR FLIEDNER, Gutachten, die Diakonie u. den Diakonat betreffend, Berlin 1856, in: KAISERSWERTHER VERBAND (Hg.), Der Kaiserswerther Verband u. Theodor Fliedner, Neukirchen-Vluyn 2007, 25–54.

Martin Wolff

DIENEN

Der kirchliche Sprachgebrauch des Wortes ›d.‹ ist vielschichtig. Die Diversität liegt darin begründet, dass mit ›d.‹ sowohl lebenspraktische, alltägliche als auch theologische u. dienstrechtliche Sachverhalte ausgedrückt werden. Mit dem dt. Wort ›d.‹ werden unterschiedliche hebr. und griech. Wortfelder der →Bibel gleichlautend wiedergegeben. So übersetzt Martin →Luther – neben weiteren hebr. und griech. Begriffen – sowohl das Wortfeld *diakonein* als auch das Wortfeld *douleuein* mit ›d.‹ bzw. ›Dienst‹ *(diakonia)* oder ›Diener‹ *(diakonos* bzw. *doulos)*. Auf dieser Grundlage hat sich ein kirchlicher Sprachgebrauch herausgebildet, der insbes. für diakonisches Handeln prägend wurde.

Das Wortfeld ›d.‹ wird in →Kirche u. →Diakonie aus der profanen Alltagssprache rezipiert, in der das Wort eine unterstützende Zuarbeit u. untergeordnete Anstellung (Diener) bezeichnet. In der Alltagssprache wird ›d.‹ auch für professionelle →Dienstleistungen und für herrschende, machtvolle Tätigkeiten verwendet (seinem Volk d.). Im kirchlichen Sprachgebrauch wird das Wortfeld theologisch gewendet. Das D. ist Ausdruck der gläubigen Existenz, die in der »Freiheit eines Christenmenschen« (Martin Luther) gründet, indem sie sich im →Glauben unter Gottes rechtfertigende Gnade stellt und darin Gott und dem Nächsten freiwillig dient (→Rechtfertigung). Mit ›d.‹ wird im kirchlichen Sprachgebrauch somit ein aus dem christl. Glauben motiviertes Leben und Handeln bezeichnet, das sich an einer aus dem Evangelium begründeten Lebensführung orientiert. Diese beinhaltet insbes. die unterstützende Hinwendung zum Mitmenschen.

Der Begriff Diakonia wird schon in der Bibel, zusammen mit Charisma, als Oberbegriff für verschiedene Funktionen der frühen Gemeinde verwendet, solange diese noch keine festen Ämter ausgebildet hatte (1Kor 12,5). Das D. kann sich auf →Verkündigung u. →Mission beziehen (dem Wort Gottes d., Christus d.). Martha dient Jesus, indem sie das Mahl bereitet (Lk 10,40 / Joh 12,1ff) und Maria, indem sie seine Füße salbt (ebd.). Der Apostel Paulus bezeichnet sich selbst als ›Diener Christi‹ (1Kor 3,5; 4,1) und sein Wirken und Handeln als Diakonia (Dienst/Amt: Röm 11,13). Ekklesiologisch gewendet kann mit dem Wortfeld D. eine kirchliche Beauftragung o. Amtsausübung bezeichnet werden. Martin Luther übersetzt den Begriff Diakonia sowohl mit Dienst als auch mit Amt (→Diakonat). Indem alle Christen zum Dienst berufen sind (Priestertum aller Gläubigen), begründen die »verschiedenen Ämter in der Kirche ... keine Herrschaft der einen über die anderen, sondern die Ausübung des der ganzen Gemeinde anvertrauten und befohlenen Dienstes« (→Barmer Theologische Erklärung IV).

In der Nachfolge Jesu d. die Gläubigen insbesondere ihren notleidenden Nächsten (Mt 25,44 / Apg 6,1ff). In dieser Auslegungsvariante wird der Terminus ›d.‹ zum Inbegriff einer spezifisch diakonischen →Haltung, die im Zusammenhang des Auftrags zur →Nächstenliebe gesehen wurde (Lk 10,25ff). Die diakonische Traditionsbildung des Begriffs ›D.‹ basiert auf einer christologischen Auslegung des biblischen Wortfeldes *diakonein/douleuein*: »Denn auch der Menschensohn ist nicht gekommen, dass er sich d. lasse, sondern dass er d. und gebe sein Leben als Lösegeld für viele« (Mk 10,45; insges.: Mk 10,35ff u. Mt 20,26ff). In der Nachfolge Jesu wird eine Umkehr der Machtverhältnisse postuliert: Der Weltenherrscher Christus, der mit seinem Tod am →Kreuz die Macht der Sünde besiegt und seinen Nachfolger/-innen die Auferstehung in der Gegenwart Gottes verheißt, erniedrigt sich selbst, begibt sich in die Hände der Mächtigen der Welt, in Leiden, Erniedrigung u. den Tod am Kreuz. Er gibt sich hin, um Erlösung für viele zu erwirken. Hingewiesen wird darauf, dass die Ohnmacht des leidenden Christus am Kreuz zugleich der Ort seiner größten Machtentfaltung und der wirkmächtige Ort der Aufrichtung seiner Weltherrschaft ist (Wendland). Den Nachfolger/-innen Jesu wird nicht nur Teilhabe am →Reich Gottes verheißen (Lk 22,29f), sondern auch eine neue Ordnung des gegenseitigen D.s aufgetragen. Die weltlichen Herrschaftsstrukturen werden kritisiert: »Ihr wisst, die als Herrscher gelten, halten ihre Völker nieder und ihre Mächtigen tun ihnen Gewalt an. Aber so sei es unter euch nicht; sondern wer groß sein will unter euch, der soll euer Diener *(diakonos)* sein und wer unter euch der Erste sein will, der soll aller Knecht (wörtlich: Sklave: *doulos)* sein« (Mk 10,42–44). Christus, der sich als →Diakon (Diakonos) bezeichnet (Lk 22,27), wäscht seinen Jüngern und Jüngerinnen die Füße (Joh 13,1ff). In diesem Dienst, der als ein niedriger Sklavendienst angesehen wird, erweist er ihnen seine →Liebe und beauftragt sie zur Liebe aneinander (Joh 13,15 u. 1Joh 4,7ff).

Das Opfer Christi wird im Dienst seiner Nachfolger/-innen und in der sie konstituierenden →Dienstgemeinschaft nachgeahmt. Die Nachfolge Christi wird als Kreuzesnachfolge verstanden (Lk 9,23), in der die eigenen Bedürfnisse zugunsten der Verkündigung des Evangeliums zurückgestellt werden und das Leben in Hingabe an Christus und an den Nächsten im Horizont des Reiches Gottes gestaltet wird (Moltmann). In den sieben →Werken der Barmherzigkeit, die als Summe diakonischen Handelns gelten (Mt 25,31ff), d. die Gläubigen Christus selbst. Diese, die diakonische Tradition prägende Interpretation von Mt 25,31ff, die heute in der Exegese differenziert wird, geht davon aus, dass unter der Not des Mitmenschen der in der Welt verborgene Christus selbst begegnet (Wendland). Der Dienst der Nächstenliebe ist Christusdienst. Er ist gelebtes Zeugnis und zugleich Verkündigung in Tat u. Wort.

Diese christologische Interpretation des D.s hat bereits im 19. Jh. eine bedeutende Wirkungsgeschichte entfaltet. Sie hat sich im Aufbau von großen, →diakonischen Werken, die bis heute bestehen, manifestiert. Dem notleidenden Nächsten zu d. war seit dem ausgehenden 18. Jh. der Inbegriff diakonischer →Spiritualität u. Dienstbereitschaft. Die Berufsgruppen im Diakonat (Diakon/Diakonin, →Diakonisse) gelten als Repräsentant/-innen einer vom Evangelium inspirierten, aufopferungsvollen Tätigkeit am Nächsten. Viel zitiert ist in diesem Zusammenhang Wilhelm →Löhes Leitbild für Krankenpflegerinnen:»Was will ich? D. will ich. Wem will ich d.? Dem Herrn in seinen Elenden und Armen. Und was ist mein Lohn? Ich d. weder um Lohn noch um →Dank, sondern aus Dank und Liebe; mein Lohn ist, dass ich d. darf« (zit. bei: Euchner et al., 908). Die in der Christologie gründende Theologie dienender Nachfolge wurde auch im 20. Jh. theologisch breit ausformuliert (→Philippi).

Mit der →Professionalisierung diakonischer →Berufe und den staatlichen Refinanzierungen diakonischer Dienste im 20. Jh. wandelt sich die Auffassung des Dienstes und der Dienstgemeinschaft. Der Begriff ›D.‹ wird im Sinne einer am Klienten orientierten, professionellen Dienstleistung verstanden, die heute von den über 400.000 hauptberuflichen →Mitarbeitenden der Diakonie im Kontext sozialrechtlich geregelter, subsidiärer Rahmenbedingungen erbracht wird (→Subsidiarität). Im kirchlichen →Arbeitsrecht schlägt sich noch immer der Gedanke des gemeinsamen Dienstes und der gemeinsamen Rückbindung der diakonischen Dienste an die Verkündigung des Evangeliums im Begriff ›Dienstgemeinschaft‹ nieder (vgl. Leitbild Diakonie V). Mit der →Ökonomisierung sozialer Dienste und der sozialpolitisch initiierten Deregulierung Sozialer Arbeit werden heute arbeitsrechtliche Fragen (→Dritter Weg) kontrovers diskutiert.

Zu einer semantisch-theologischen Differenzierung des Begriffs ›d.‹ trugen die Thesen des australischen kath. Theologen John Collins bei. Sie führten zu einer kritischen Revision der Interpretation des neutestamentlichen Lexems *diakonein* (Collins/Hentschel). Collins kritisiert die diakoniewissenschaftliche Forschung mit dem Hinweis darauf, dass das neutestamentliche Lexem ›*diakonein*‹ in seiner Grundbedeutung nicht (primär) aus dem D. am Tisch abzuleiten ist (Lk 17,8) und deshalb auch nicht (primär) mit dem helfenden Handeln (→Helfen) in Verbindung stehe. Auch unterscheiden sich die biblischen Textbelege nach Collins nicht dadurch von der biblischen Umwelt, dass mit *diakonein* eine dienende, den Sklaven vorbehaltene Tätigkeit bezeichnet wird. Unter Analyse des Wortfeldes gelangt Collins zu der Einsicht, dass *diakonein* vielmehr eine autorisierte Beauftragung bedeutet, die Aufgaben des dazwischen (hin und her) Gehens und der Vermittlung bzw. Übermittlung von Botschaften beinhaltet. Der Diskurs, der insbesondere von Hans-Jürgen Benedict (Diakoniewissenschaft) und Anni Hentschel (NT) rezipiert wurde, ist noch nicht zu einem Abschluss gekommen, verweist aber auf die Differenziertheit u. Diversität der neutestamentlichen Begriffsbildung. Die mehrperspektivische Funktionalität des griech. Begriffs *diakonein* zwischen autorisierter Dienstleistung (autorisierte Beauftragung), vermittelnder, gemeinwesenorientierter (→Gemeinwesenorientierung) Intervention (Dazwischengehen, Vermitteln) u. empathischer Zuwendung (→Empathie) zum Nächsten (unterstützende Nachfolge) ist bis heute auch ein Merkmal der deutschsprachigen Semantik des D.s. →Kulturen u. →Leitbilder diakonischen Handelns in →Gemeinde u. Gemeinwesen (→Gemeinwesendiakonie) werden von dieser Bedeutungsvielfalt und Differenziertheit des Begriffs geprägt.

LITERATUR: MARTIN LUTHER, Von der Freiheit eines Christenmenschen (1520), Weimarer Ausgabe, 20–38 • PAUL PHILIPPI, Christozentrische Diakonie, Stuttgart 1963 • JÜRGEN MOLTMANN, Diakonie im Horizont d. Reiches Gottes, Neukirchen-Vluyn 1984 • JOHN N. COLLINS, Diakonia: Re-interpreting the ancient sources, New York 1990 • DIAKONIE DEUTSCHLAND, Leitbild Diakonie, 15. Oktober 1997 • WALTER EUCHNER / HELGA GREBING / FRANZ JOSEF STEGMANN / PETER LANGHORST / TRAUGOTT JÄHNICHEN / NORBERT FRIEDRICH (Hg.), Geschichte d. soz. Ideen in Deutschland. Sozialismus – Kath. Soz.lehre – Protestant. Soz.ethik, Essen 2000 • HEINZ-DIETRICH WENDLAND, Christos Diakonos – Christos Doulos [1962], in: VOLKER HERRMANN / MARTIN HORSTMANN (Hg.), Studienbuch Diakonik Bd. 1, Neukirchen-Vluyn 2006, 272–284 • HANS-JÜRGEN BENEDICT, Barmherzigkeit u. Diakonie. Von der rettenden Liebe zum gelingenden Leben, Stuttgart 2008 • ANNI HENTSCHEL, Diakonia im NT, Studien zur Semantik unter besonderer Berücksichtigung der Rolle v. Frauen, Tübingen 2007 • JOHANNES EURICH / WOLFGANG MAASER, Diakonie i.d. Sozialökonomie. Studien zu Folgen d. neuen Wohlfahrtspolitik, Leipzig 2013 • HANNS-STEPHAN HAAS / DIERK STARNITZKE (Hg.), Diversität u. Identität, Stuttgart 2015 • TRAUGOTT JÄHNICHEN / TORSTEN MEIREIS / JOHANNES REHM / SIGRID REIHS / HANS-RICHARD REUTER / GERHARD WEGNER (Hg.), Dritter Weg? Arbeitsbeziehungen in Kirche u. Diakonie, Gütersloh 2015.

Annette Noller

DIENSTGEBER

In den →Kirchen und ihren →Wohlfahrtsverbänden wird anstelle von Arbeitgebern u. Arbeitnehmern (→Mitarbeitende) von D.n u. Dienstnehmern gesprochen. Sowohl Dienstnehmer als auch D. sind Teil der →Dienstgemeinschaft. Sie eint der diakonische Auftrag, zur →Verkündigung des Evangeliums in Wort u. Tat, unabhängig von der beruflichen Stellung. D. u. Dienstnehmer vertreten zusammen die Interessen der Dienstgemeinschaft. Darin liegt der Unterschied zu dem bei weltlichen Arbeitgebern u. Arbeitnehmern vorherrschenden Interessengegensatz von Kapital u. Arbeit.

Die Dienstgemeinschaft findet auch Ausdruck in den Arbeitsrechtlichen Kommissionen (→Arbeitsrecht), die die Arbeitsbedingungen für Mitarbeitende in der →Diakonie aushandeln. In diesen sind Vertreter der Dienstnehmer u. der D. paritätisch vertreten.

Ein Großteil diakonischer →Unternehmen hat sich im Verband diakonischer D. in Deutschland e.V. (→VdDD) zusammengeschlossen.

Ingo Dreyer

DIENSTGEMEINSCHAFT

Der Begriff »D.« ist ein Schlüsselbegriff des kirchlichen →Arbeitsrechts. Auf der Grundlage ihres verfassungsrechtlich garantierten Selbstbestimmungsrechts (Art. 140 GG in Verbindung mit Art. 137 Abs. 3 S. 1 WRV) haben die →Kirchen unter Heranziehung des →Leitbildes der kirchlichen D. eigene Regelungen zur Ausgestaltung ihrer Dienst- bzw. Arbeitsverhältnisse geschaffen. In individualarbeitsrechtlicher Hinsicht haben sie sich dabei für die Geltung des allgemeinen Arbeitsrechts entschieden. Doch wurden für Mitarbeiterinnen u. Mitarbeiter besondere, auch die private Lebensführung betreffende Pflichten, sog. Loyalitätsobliegenheiten (→Loyalität), festgelegt. Im Kollektivarbeitsrecht wurde anstelle des Betriebsverfassungs- o. Personalvertretungsrechts ein eigenes Mitarbeitervertretungsrecht (→Mitarbeitervertretung) konzipiert. Außerdem werden kollektive Arbeitsrechtsregelungen durch ein besonderes Arbeitsrechtsregelungsverfahren, den →»Dritten Weg«, und nur mit wenigen Ausnahmen auf dem »Zweiten Weg«, also aufgrund von →Tarifverträgen bestimmt. Die Möglichkeit des Arbeitskampfes wurde ausgeschlossen. Das Bundesverfassungsgericht bestätigte in einer grundlegenden Entscheidung vom 4. Juni 1985 den Begriff der christl. D. als Leitbild kirchlicher Arbeitsbeziehungen (BVerfGE 70, 138).

Der Begriff der D. tauchte erstmals bald nach 1930 – also zur Zeit des Nationalsozialismus – als arbeitsrechtlicher Terminus im kirchlichen Funktionszusammenhang auf, allerdings als aus dem staatlichen Arbeitsrecht übernommener und nicht das eigene Selbstverständnis widerspiegelnder Rechtsbegriff. Der Begriff wurde als Bezeichnung für das nationalsozialistische Konstrukt der »Betriebsgemeinschaft« verbunden mit dem Führer-Gefolgschaft-Modell und der Ausschaltung kollektiver u. unabhängiger gewerkschaftlicher Interessenvertretungen zunächst in das »Gesetz zur Ordnung der Arbeit in öffentlichen Verwaltungen u. Betrieben« von 1934 sowie in die sog. »Allgemeine Tarifordnung« von 1938 aufgenommen. Damit fand er Eingang in die öffentliche Verwaltung und aufgrund ausdrücklicher Beschlüsse kirchenleitender Organe zur Übernahme dieser Tarifordnung auch in das kirchliche Arbeitsrecht. In der Zeit nach dem Zweiten Weltkrieg verblieb der Rechtsbegriff der D. im kirchlichen Arbeitsrecht; eine explizite Abgrenzung sowohl von dem Begriff als auch von dem Konzept u. Inhalt der nationalsozialistischen D. haben die Kirchen und ihre Einrichtungen in den 1940er u. 1950er Jahren versäumt. Im ev. Kirchenrecht wurde der Begriff der D. erstmals Anfang der 1950er Jahre in einen umfassenden Begründungszusammenhang gestellt, und zwar durch den Kirchenjuristen Werner Kalisch. Kalisch entwickelte auf der Grundlage der verfassungsrechtlich garantierten Selbstständigkeit der Kirchen alle zentralen Argumente, mit denen die Sonderstellung kirchlicher Arbeitsverhältnisse bis heute begründet wird, und bezog sich dabei auf den Gedanken der D. Arbeitsrechtsregelungen auf dem »Zweiten Weg« durch Tarifverträge, verbunden mit Streiks u. Aussperrung, seien, so Kalisch, unvereinbar mit dem von gemeinschaftlicher Willensausrichtung geprägten, auf Christus ausgerichteten Wesen der Kirche.

In der theologischen Wissenschaft wird der Begriff der D. erstmals 1985 aufgenommen durch den kath. Sozialethiker Theodor Herr. In der weiteren Auseinandersetzung um den ursprünglich juristisch gesetzten Begriff konnte allerdings bis heute kein theologischer Konsens erzielt werden. Die beiden Kirchen bringen ihr Verständnis von D. in verschiedenen Regelungswerken zum Ausdruck. So heißt es in der Präambel des Mitarbeitervertretungsgesetzes der Ev. Kirche Deutschlands: »Kirchlicher Dienst ist durch den Auftrag bestimmt, das Evangelium in Wort u. Tat zu verkündigen. Alle Frauen u. Männer, die beruflich in Kirche u. Diakonie tätig sind, wirken als Mitarbeiter u. Mitarbeiterinnen an der Erfüllung dieses Auftrages mit. Die gemeinsame Verantwortung für den Dienst der Kirche und ihrer Diakonie verbindet Dienststellenleitungen u. Mitarbeiter wie Mitarbeiterinnen zu einer D. und verpflichtet sie zu vertrauensvoller Zusammenarbeit.« Art. 1 der Grundordnung des kirchlichen Dienstes im Rahmen kirchlicher Arbeitsverhältnisse der kath. Kirche lautet: »Alle in einer Einrichtung der kath. Kirche Tätigen tragen durch ihre Arbeit ohne Rücksicht auf die arbeitsrechtliche Stellung gemeinsam dazu bei, dass die Einrichtung ihren Teil am Sendungsauftrag der Kirche erfüllen kann (Dienstgemeinschaft).« In den aktuellen Diskussionen um den »Dritten Weg«, auch nach dessen Bestätigung durch das Urteil des Bundesarbeitsgerichts vom 20.11.2012 (1 AZR 179/11), gerät der Begriff der D. erneut in den Fokus. Es gibt Forderungen, den Begriff zu ersetzen, etwa durch den der »kirchlichen Sozialpartnerschaft«, oder ihn neu zu profilieren.

LITERATUR: HERMANN LÜHRS, Die Zukunft d. Arbeitsrechtlichen Kommissionen, Baden-Baden 2010 • JACOB JOUSSEN, »Ut Unum sint« – Betriebsgemeinschaft u. D. im Arbeitsrecht, in: Recht der Arbeit (2007), 328–335 • BURKHARD SCHOPS, Tradition u. Kultur d. D. im Kontext ausgewählter Managementkonzepte, in: VOLKER HERRMANN / HEINZ SCHMIDT (Hg.), Diakonisch führen im Wettbewerb, Heidelberg 2010, 101–162.

Ruth Dziewas

DIENSTLEISTUNG, SOZIALE

S.D.en sind unmittelbare (personenbezogene) Leistungen am Menschen. Charakteristisch für s.D.en ist, dass sie nur unter aktiver o. passiver Beteiligung des →Kunden zustande kommen. Voraussetzung ist eine – mehr oder weniger gemeinsam – ausgehandelte Übereinkunft über Ziele, Prozesse u. die Art der Maßnahmen zwischen Kunde u. Dienstleister. Das Angebot s.D.en im Bereich der →Diakonie ist Ausdruck praktischer →Nächstenliebe als Dienst (→Dienen) am Mitmenschen auf der Basis der christlichen Botschaft.

Steffen Decker

DIENSTNEHMER

siehe unter: Mitarbeitende, Arbeitsrecht

DIVERSITÄT

D. bezeichnet die Anerkennung menschlicher Vielfalt in Bezug auf Kultur, Religion, →Alter, Behinderungsgrad, Geschlecht, sexuelle Orientierung usw. Das christliche Hilfeethos (→Helfen) bezieht sich gemäß biblischer Texte wie z.B. Röm 13,8–10 grundsätzlich auf alle Menschen. Für die →Diakonie stellt sich damit die Frage, wie sie Hilfebedürftigen aus den verschiedenen Gruppierungen ihrer Eigenart entsprechend helfen kann. Diesbzgl. wird zurzeit kontrovers diskutiert, ob die kulturelle u. religiöse Vielfalt der Hilfeempfänger auch in der Mitarbeiterschaft eine Differenzierung zwischen Christen u. Nichtchristen erfordert und wie dabei die christl. Identität diakonischer Arbeit gestaltet werden kann.

LITERATUR: CHRISTIAN ALBRECHT (Hg.), Wieviel Pluralität verträgt die Diakonie? Tübingen 2013 • HANNS-STEPHAN HAAS / DIERK STARNITZKE (Hg.), D. u. Identität. Konfessionsbindung u. Überzeugungspluralismus in caritat. u. diakon. Unternehmen, Stuttgart 2015.

Dierk Starnitzke

DOGMATIK/GLAUBENSLEHRE

D. ist die kritische Darstellung des Inhalts des christl. →Glaubens aus der Perspektive des Glaubens selbst. Insofern lässt sich D. mit Friedrich Schleiermacher als

G. bezeichnen. Da die G. den christl. Glauben »nach den Grundsätzen der →ev. →Kirche im Zusammenhang« darstellt (Schleiermacher), ist sie kirchliche Wissenschaft (Karl →Barth). In der D. fragt die Kirche danach, ob ihr Reden von →Gott dem Inhalt ihrer Rede, nämlich dem sich in →Jesus Christus offenbarenden Gott, selbst entspricht. Deshalb dient die D. nicht nur der Verfestigung des Erkannten, sondern auch der kritischen Korrektur des vermeintlich Erkannten und in diesem Sinne der konstruktiven Fortschreibung der eigenen Glaubenstradition. Diese vollzieht sich im Dialog mit den fundierenden biblischen Überlieferungen (Biblische →Theologie), der Dogmen- u. Theologiegeschichte, in Bearbeitung gegenwärtiger Erfahrungsfelder u. in der kritischen Aneignung außertheologischer Theorien.

LITERATUR: FRIEDRICH SCHLEIERMACHER, Der christl. Glaube nach den Grundsätzen d. ev. Kirche im Zusammenhange dargestellt (1830/31). Erster u. zweiter Band, hg. v. ROLF SCHÄFER, Berlin / New York 2008 • KARL BARTH, Die Kirchl. D. Bd. I/1 – IV/3, München / Zollikon / Zollikon-Zürich 1932–1959.

Gregor Etzelmüller

DOPPIK

D. meint die kaufmännische oder doppelte Buchführung. D. ist die in der privaten Wirtschaft vorherrschende Art der Finanzbuchhaltung. Erfunden 1494 in Italien, wird jeder Geschäftsvorgang in zweifacher Weise erfasst: es wird zeitgleich jeweils genau der gleiche Wert im Soll und im Haben gebucht. Durch diese lückenlose Erfassung u. Abbildung aller Geschäftsvorgänge werden jährlich die Vermögenslage (Bilanz) sowie der wirtschaftliche Erfolg (→Gewinn-u.-Verlust-Rechnung) eines →Unternehmens dargestellt. Die Rechnungslegung öffentlicher Haushalte erfolgt nach den Grundsätzen der →Kameralistik.

Günther van de Loo

DREIECK, SOZIALRECHTLICHES

Das Sozialrechtliche Dreiecksverhältnis (SD) ist die bei der Erbringung sozialer →Dienstleistungen in Deutschland dominierende Marktordnungsform. Der Staat übernimmt →Verantwortung für die Erbringung sozialer Dienstleistungen, stellt diese aber nicht in Eigenregie bereit, sondern schafft den rechtlichen Rahmen und die wirtschaftlichen Voraussetzungen für die Bereitstellung durch private (privatgemeinnützige, seit Mitte der 1990er Jahre auch vermehrt privat-gewerbliche) Leistungserbringer. Die Leistungsansprüche sind sozialrechtlich kodifiziert (→Sozialrecht), der Leistungsberechtigte hat Anspruch auf eine Sachleistung, die seinen sozialrechtlich anerkannten Hilfebedarf (Bedürftigkeit) deckt. Sein Anspruch richtet sich gegen den zuständigen öffentlichen Leistungsträger, bspw. eine gesetzliche Pflegeversicherung oder den für ihn zuständigen Sozialhilfeträger. Der Leistungsträger schließt Verträge mit privaten Leistungserbringern ab, welche die konkrete Hilfe leisten; die Verträge regeln insbes. Art u. Umfang der Leistung sowie die Vergütung der Leistungserbringung. Der Hilfeberechtigte kann unter den vertraglich gebundenen Leistungserbringern eine Wahl treffen und bei einem von ihnen seinen Anspruch einlösen. Die Hilfe, die er dort als Sachleistung erhält, ist bestimmt durch die vertraglichen Absprachen zwischen Leistungsträgern und Leistungserbringern. Das SD verbindet damit die staatliche Verantwortung für die Bereitstellung sozialer Dienste mit dem Wahlrecht der hilfeberechtigten Bürger und dem Handlungsraum für private Leistungserbringer. Es bietet daher den ordnungsrechtlichen Rahmen für die starke Stellung der →Wohlfahrtsverbände im deutschen Sozialsystem. Dass das SD zur dominierenden Marktordnungsform werden konnte, ist Ausdruck der starken Bedeutung des →Subsidiaritätsprinzips im deutschen Sozialsystem.

Das SD hat sich seit Mitte der 1990er Jahre von einer korporatistischen zu einer stärker wettbewerblichen Ausprägung gewandelt. Befördert wurde dies durch den Übergang von objekt- zu subjektbezogenen Finanzierungsformen, die Zurückdrängung einer den Marktzutritt beschränkenden Bedarfsplanung und die Öffnung des Marktzutritts für neue Anbietergruppen. Diese Entwicklungen verliefen in den einzelnen Hilfefeldern unterschiedlich; so wird der Krankenhaussektor in starker Weise durch Planvorgaben bestimmt, während bei stationären Pflegeeinrichtungen der Marktzutritt offen ist. Die Veränderungen haben die Wahlrechte hilfeberechtigter Bürger/innen gestärkt, aber auch die unternehmerischen Risiken der Leistungserbringer erhöht und die tarifgebundene Vergütung von Mitarbeitenden bei den Wohlfahrtsverbänden unter Druck gesetzt. Weiterentwicklungen des SD stärken die Stellung des Nutzers, so bspw. das bei der Hilfe für Menschen mit Behinderung als Wahloption eingeführte Persönliche Budget oder die in einigen Regionen eingeführten Gutscheine für die Inanspruchnahme von Kindertagesstätten. Eine grundlegende Alternative der Marktordnung sozialer Dienstleistungen ist die Ausschreibung von Dienstleistungen nach Vergaberecht; mit dieser Marktordnungsform ist eine dominierende Stellung des öffentlichen Leistungsträgers zulasten der Wahlrechte hilfesuchender Bürger verbunden.

LITERATUR: HEINRICH GRIEP / HERIBERT RENN, Das Recht der freien Wohlfahrtspflege, Freiburg 2011 • GEORG CREMER / NILS GOLDSCHMIDT / SVEN HÖFER, Soz. Dienstleistungen, Tübingen 2013.

Georg Cremer

DRITTER WEG, ARBEITSRECHTLICH

Im »D.W.« werden Ordnung u. Fortentwicklung der Arbeitsrechtsbedingungen (→Arbeitsrecht) für die Beschäftigten der Kirche in paritätisch besetzten Arbeitsrechtlichen Kommissionen gestaltet. Dienstnehmer- u. →Dienstgebervertreter verhandeln Regelungen zu Inhalt, Abschluss u. Beendigung von Arbeitsverhältnissen als Pendant zu Tarifvertragsparteien im »Zweiten Weg« (Richardi, Arbeitsrecht; § 14 Rn. 7). Das Bundesarbeitsgericht hat mit Urteil vom 20.11.2012 (1 AZR 179/11) diesen Weg gestärkt. Soweit Gewerkschaften eine ausreichende Beteiligungsmöglichkeit eingeräumt wird, eine verbindliche →Schlichtung vorgesehen ist und die zustande gekommenen Regelungen als Mindestarbeitsbedingungen verbindlich gelten, tritt die Koalitionsfreiheit im Wege praktischer Konkordanz hinter die Religionsfreiheit zurück. Streik ist unzulässig. Arbeitsrechtsregelunggrundsätzegesetz u. Arbeitsrechtsregelungsgesetz der Ev. Kirche wurden an die genannten Kriterien angepasst.

LITERATUR: REINHARD RICHARDI, Arbeitsrecht in der Kirche, München 2012.

Detlev Fey

DUBLIN III

Die seit dem 01.01.2014 geltende D.-III-Verordnung ist von grundlegender Bedeutung für das Gemeinsame Europäische Asylsystem. Sie regelt, welcher Staat für die Durchführung eines Verfahrens zum →Asyl zuständig ist, wenn ein Asylsuchender in die →EU einreist. Zentraler Ansatz ist das »One-State-Only«-Prinzip, mit dem illegale Weiterwanderungen und die Asylantragstellung einer Person in mehreren Staaten verhindert werden soll. Nur *ein* Mitgliedsstaat ist für die Prüfung eines Asylantrags zuständig − i.d.R. derjenige, der zuerst einem Antragsteller die Einreise in das EU-Gebiet gestattet (bzw. nicht verhindert!) hat. Ob ein Antragsteller in einem EU-Staat Freunde, entferntere Verwandte oder andere Bindungen hat, die Landessprache spricht, gute Qualifikationen aufweist etc. spielt keine Rolle. Bei illegaler Weiterreise ist der Ersteinreisestaat im Prinzip verpflichtet, den Bewerber zurückzunehmen. Dementsprechend werden die Staaten an den EU-Außengrenzen überproportional belastet, es kommt in diesen Ländern zu Abwehrmaßnahmen von →Flüchtlingen, oft menschenunwürdigen Zuständen in Aufnahmelagern oder zunehmend seit dem Sommer 2015 zu einem unkontrollierten Weitertransport in andere EU-Länder.

Die D.-Verordnung gilt in allen EU-Mitgliedsstaaten sowie in Norwegen, Island und der Schweiz. Sie ist höchst umstritten, weil sie zu gravierenden →Menschenrechtsverletzungen führt.

LITERATUR: DT. ANWALTSVEREIN, DIAKONIE DEUTSCHLAND ET AL (Hg.), Memorandum: Flüchtlingsaufnahme i.d. EU. Für ein gerechtes u. solidarisches System d. Verantwortlichkeit, Gründau 2013.

Wolf-Dieter Just

EBENBILDLICHKEIT

siehe unter: Gottebenbildlichkeit

EHE/LEBENSGEMEINSCHAFT

Die E., definiert als eine vertraglich und rituell (→Ritual) begründete L., ist kulturell, rechtlich u. religiös differenziert zu betrachten. Eine in der Bundesrepublik Deutschland allgemein gesellschaftlich anerkannte Vorstellung der E. wird in der deutschen Verfassungslehre wiedergegeben: »E. im Sinn der Verfassung ist danach die frei eingegangene L. von Mann u. Frau, die mit konstitutiver Mitwirkung des Staates und nach Regeln des Gesetzes auf Dauer begründet wird und durch bestimmte gegenseitige Rechte u. Pflichten personeller und wirtschaftlicher Art bestimmt ist.« (Maunz/Dürig/Badura GG Art. 6 Rn. 4). Als Grundlage der in der E. eingegangenen L. wird die gegenseitige →Liebe u. Treue mit einem i.d.R. exklusiven Anspruch der Partner/-innen aufeinander gesehen.

RELIGIONSWISSENSCHAFTLICHE U. BIBLISCHE INTERPRETATIONEN

In den Religionswissenschaften wird ein kosmologischer Interpretationszusammenhang (Heilige Hochzeit, Schöpfungsmythen) beschrieben und darauf hingewiesen, dass die E. in verschiedenen Kulturen eine Beziehung zwischen mehreren Partner/-innen unterschiedlichen oder gleichen Geschlechts bezeichnen kann (Monogamie, Polygamie, Polyandrie). Auch in der →Bibel begegnen schöpfungsmythische Erzählungen und diverse rechtliche Regelungen. E. wird im AT vorrangig als rechtlich begründete L., basierend auf familiärem Vertrag (→Familie) und väterlichem →Segen, gesehen. Sie dient der Zeugung von Nachkommen und dem Fortbestand der Sippe, wobei auch die Kinder des E.mannes mit der Magd der E.frau (Hagar, 1Mose 16,1–16; 30,3) als legal gelten. Die hebr. Bibel kennt nicht nur die Bindung des Mannes an *eine* Frau (1Mose 2,24), sondern auch Polygamie (Erzväter- u. Müttergeschichten) und die Leviratse (Ruth). Die E. steht unter dem Schutz →Gottes. E.bruch wird in den 10 Geboten untersagt und die innerfamiliäre Pflicht zur Fürsorge (→Sorge) und Achtung, insbesondere der Eltern, geboten (2Mose 20,12.14.17). Die E., die in Liebe geschlossen wird, steht unter dem besonderen Segen Gottes.

Im NT wird die E.scheidung wegen der »Herzens Härtigkeit« (Mt 19,8) kritisiert. Im jüdischen Recht konnte die E.scheidung einseitig von Seiten des Mannes ausgesprochen werden. Die Unauflöslichkeit der E. wird unter Gottes Schutz gestellt (»was Gott zusammengefügt hat, das soll der Mensch nicht scheiden«, Mt 19,6) und die gegenseitige personale →Verantwortung in der E. betont. Die paulinische Theologie präferiert eine asketische E.enthaltsamkeit, die in der frühen Christenheit angesichts der nahe erwarteten Wiederkehr Christi theologisch vorbereitet ist (1Kor 7,1ff) und im Mönchtum Verbreitung fand.

THEOLOGISCHE U. SOZIALETHISCHE PERSPEKTIVEN

In der christlichen Soziallehre, die seit dem 12. Jh. für die rechtliche Ausgestaltung der E. prägend wurde, wird die E. als L. interpretiert, die mit der Schöpfung gegeben ist (1Mose 1,27f; 2,18ff / Mt 19,1ff parr / Mt 5,27ff). Während die E. in der kath. Soziallehre als →Sakrament gilt und daher in ihrem Wesenskern als unauflöslich, ist die E. nach ev. Auffassung eine der Schöpfung innewohnende Ordnung (Ordo), die als »weltlicher Stand« u. »weltlich Geschäft« den weltlichen Ordnungen zuzurechnen ist. Sie wird vor der Kirchentür geschlossen und zugleich als »geistlicher Stand« in der →Kirche am Altar unter den Segen Gottes gestellt (Martin Luther, Traubüchlein, 528f). Sie kann nach →Luthers Auffassung in Ausnahmen wegen der Schwäche der Menschen (Mt 19,9 / 1Kor 7,10ff) geschieden werden. In der E. bewährt sich der →Glaube in Liebe und Kreuzesnachfolge. Die die Neuzeit prägende Vorstellung der E. als Ort der individuellen Selbstentfaltung wird in der Romantik (Friedrich Schlegel) entwickelt. Unter Zurückweisung gesellschaftlicher und moralischer Reglementierung (Standes- u. Besitzunterschiede) wird die E. als Ort der personalen Liebe gesehen, die durch die freie Wahl der Liebenden zustande kommt.

Die E. wird in der neuzeitlichen →Sozialethik als eine gute Gabe Gottes beschrieben, die Intimität u. Sexualität einschließt (1Mose 2,24f; Wilfried Härle). Sie wird als individuell gewählter Bund der Treue theologisch reflektiert (Karl →Barth). Im Horizont des →Reiches Gottes wird die E. als Vorläufiges, »Vorletztes« (Dietrich Bonhoeffer) bezeichnet, das von der eschatologischen Lehre von den letzten Dingen zu unterscheiden ist. Wie andere Lebensführungsfragen auch, besitzen die moralischen Herausforderungen der E. keine Heilsrelevanz, sie sind →Gabe u. Aufgabe der Bewährung im Glauben. Auch unter dem Segen der Kirche bleibt die eheliche Gemeinschaft innerhalb menschlichen Vermögens u. Versagens, was nicht nur die Möglichkeit der Scheidung, sondern auch Verfehlungen (sexuelle u. körperliche →Gewalt) einschließen kann. Die seelsorgerliche u. liturgische Begleitung von Paaren in den Verheißungen u. Gefährdungen der ehelichen Gemeinschaft gehört daher zu den kirchlichen u. diakonischen Aufgaben (Kasualien, →Seelsorge u. →Beratung).

Die Rechtfertigungslehre prägt auch das ev. E.verständnis des 20. Jh. Die Ev. Kirche in Deutschland (→EKD) hat bei der staatlichen Reform des Scheidungsrechts das Zerrüttungsprinzip statt des Verschuldungsprinzips als Kriterium der Scheidung empfohlen (EKD 1970, Martin Honecker, 171). Die Orientierungshilfe der EKD (EKD 2013) greift den gesellschaftlichen Wandel des 21. Jh. auf. Sie thematisiert die Pluralisierung der Lebensformen (Alleinerziehende, Patchworkfamilien, homosexuelle Lebensgemeinschaften), verfolgt Fragen der Geschlechtergerechtigkeit (Armut von Frauen u. Kindern) und nimmt patriarchale Implikationen der deutschen Rechtsprechung des 20. Jh. kritisch in den Blick (Haushaltspflicht, Direktions- u. Namensrecht, Schlüsselgewalt des Mannes). Diskutiert werden Ansätze zur Überwindung der Armutsrisiken von →Familien, insbes. der Armut alleinerziehender Eltern (EKD 2013). Theologisch reflektiert werden gegenwärtig plurale Lebensentwürfe unter der Einsicht, dass die Gnadenzusage Gottes vielfältig, auch in Lebensbrüchen und Neuaufbrüchen trägt (Isolde Karle). Als Orte der Liebe, Sozialisation, →Bildung und der verlässlichen Beziehung sind Familien auch heute Zeichen zukünftiger Verheißungen und der Hoffnung (Jürgen Moltmann). Sie sind Orte des Segens und der gegenseitigen Fürsorge in →Kindheit und →Alter. Auch gegenwärtig leben Kinder noch immer vorwiegend bei (wieder) verheirateten Eltern.

In den Kirchen wird aktuell die E. u. Partnerschaft homosexuell lebender Paare kontrovers diskutiert. Mit Lebenspartnerschaftsgesetzen (z.B. Deutschland seit 2001, ebenso Österreich u. Schweiz) und der staatlich anerkannten E.schließung Homosexueller (z.B. Niederlande, Frankreich, England, Norwegen, Schweden, Finnland, USA, Irland, Kanada, Südafrika u. weiteren Ländern weltweit) ist in der Kirche die Segnung bzw. Trauung homosexuell lebender Erwachsener im Anschluss an die staatliche Rechtsprechung zu diskutieren.

GESELLSCHAFTLICHE U. RECHTLICHE ASPEKTE

Die E. wird juristisch als Bestandteil staatlich geregelter Rechtsordnungen gesehen. Sie ist steuerlich gestützt und rechtlich geschützt. Nach dem Grundgesetz (Art. 6 GG) ist die E. ein Rechtsinstitut, das persönliche Freiheiten, individuelle Lebensführung u. gesellschaftliche Veränderungen ebenso einschließt wie staatliche Schutzrechte u. eheliche Pflichten einer auf Dauer angelegten »L., Erziehungs- u. Wirtschaftsgemeinschaft« (Maunz/Dürig/Badura GG Art. 6 Rn. 2). Die E. dient nach juristischer Auffassung der Normierung und rechtlichen Ordnung des Gemeinwesens. Ihr wird eine »... sozialethische u. kulturelle Funktion in Konstituierung u. Entwicklung des Gemeinschaftslebens, auch für die Tradition und für die Generationenfolge ...« zugeschrieben (Maunz/Dürig/Badura GG Art. 6 Rn. 2). Im Subsidiaritätsprinzip (→Subsidiarität) kommt diese sittlich-ethische Funktion der E. beispielhaft zum Ausdruck. In sozialen Notlagen sollen die dem Notleidenden am nächsten stehenden sozialen Institutionen u. Personen zur Hilfe befähigt werden. Dazu gehören E.gatten und Familienangehörige, die Nachbarschaft (→Nachbarschaftshilfe) mit ihren sozialen Netzwerken sowie Vereine u. Verbände sozialer Dienstleistungen. Nur dort, wo die nahen Personen und Institutionen Hilfen nicht zu leisten vermögen, soll der →Sozialstaat unmittelbar durch finanzielle Transferleistungen u. unterstützende Hilfen aktiv werden.

Die E. hat als L. über die Jahrhunderte hinweg bis heute nicht an ethisch-symbolischer Strahlkraft verloren. Diese ist insbes. in der Komplementarität von persönlicher Freiheit u. Bindung, in der kirchlichen Segnung u. dem öffentlichen Gelöbnis zu dauerhafter, interpersonaler Gemeinschaft zu sehen. Die der E. inhärente Potenzialität gründet insbesondere in der Hoffnung auf Kinder, die der gegenseitigen Liebe entstammen und in der Verlässlichkeit familiärer Beziehungen. Als eine Rechtsinstitution umfasst die E. Aspekte der Treue u. Fürsorge in einer individuell geschlossenen und zugleich sozialstaatlich geregelten Institution. Mit den ehelichen Rechten u. Pflichten gilt sie als Grundlage einer das Gemeinwesen strukturierenden, verbindlich auf Dauer angelegten Ordnung mit hoher individueller u. überindividueller, gesellschaftlicher Bedeutung.

LITERATUR: MARTIN LUTHER, Traubüchlein f. die einfältigen Pfarrherren (1529), Weimarer Ausgabe 30 III, 381–384 • MARTIN HONECKER, Grundriß d. Soz.ethik, Berlin / New York 1995 • JÜRGEN MOLTMANN, Kind u. Kindheit als Metaphern d. Hoffnung, in: Evangelische Theorie 60 (2/2000), 92–102 • WILFRIED HÄRLE, Ethik, Berlin / New York 2011 • EKD: Zwischen Autonomie u. Angewiesenheit. Familie als verlässliche Gemeinschaft stärken. Eine Orientierungshilfe d. Rates der EKD, Gütersloh 2013 • ISOLDE KARLE, Liebe i.d. Moderne. Körperlichkeit, Sexualität u. E., Gütersloh 2013 • THEODOR MAUNZ / GÜNTER DÜRIG, Grundgesetz. Loseblatt-Kommentar, 74. Ergänzungslieferung, 2015.

Annette Noller

EHRENAMT

BÜRGERENGAGEMENT ALS HERAUSFORDERUNG UND AUFTRAG DER KIRCHEN

Kirchliches E. entwickelt sich im Kontext des freiwilligen Engagements in der Gesamtgesellschaft und gehört zugleich zu dessen historischen Wurzeln und Quellen. Ob es um Hilfen für →Flüchtlinge oder die →Inklusion von Menschen mit einer →Behinderung oder →Demenzerkrankung geht – gesellschaftlicher Zusammenhalt u. soziale →Innovation leben vom freiwilligen Engagement der Bürgerinnen u. Bürger. Dabei haben die →Vereine, Verbände und →Genossenschaften, die im 19. Jh. von Ehrenamtlichen in der →Inneren Mission, der Frauen- u. Jugendarbeit gegründet wurden, die soziale Struktur unserer Gesellschaft entscheidend geprägt. Heute allerdings schließen sich ehrenamtlich Engagierte immer häufiger quer zu konfessionell o. weltanschaulich geprägten Verbandsstrukturen zusammen. Zum Teil von Sponsoren aus der Wirtschaft unterstützt, wie bei der →Tafelbewegung, fordern sie →Kirche und freie Wohlfahrtspflege (→Wohlfahrtsverbände) heraus und geben neue Anstöße für soziale Initiativen. Denn die traditionellen Hilfsorganisationen sind zu →Dienstleistern am →Sozialmarkt geworden – das gilt für →Krankenhäuser genauso wie für →Diakoniestationen oder für Angebote →Betreuten Wohnens. Je mehr dabei der Wettbewerbsdruck in Kommunen und →Sozialversicherungen wächst, desto größer wird die Herausforderung, jenseits der politisch vorgegebenen Refinanzierungsstrukturen neue Notlagen (→Not) wahrzunehmen und Innovation zu gestalten. Hier zeigt sich die Stärke freiwilligen Engagements. Von der Tafelbewegung bis zu Demenznetzwerken – neue Initiativen u. Angebotsstrukturen entstehen aus dem Engagement von Betroffenen, Angehörigen u. sozialen Bewegungen. Dabei bedarf es,

um sich zu engagieren, nicht mehr der Verbundenheit mit der Kirche, obwohl religiöse Motive (→Motivation) u. kirchliche Bindungen nach wie vor eine große Rolle spielen und die Kirchen und ihre Verbände neben Sport u. →Bildung zu den größten
E.sbereichen zählen.

GESELLSCHAFTLICHE VERÄNDERUNGSPROZESSE: NEUE ROLLEN UND MOTIVE

Mit den gesellschaftlichen Veränderungsprozessen wandeln sich auch die Rol-
lenbilder im E. Nach wie vor ist das soziale E. eine Domäne der Frauen. Auch aus
diesem Grund sind in den Kirchen noch immer etwa 70 Prozent der Ehrenamtlichen
Frauen. Die Veränderung von Geschlechterrollen u. Familienformen, aber auch der
Fachkräftemangel in der Wirtschaft führen nun dazu, dass Erwerbsarbeit für Frauen
wie Männer selbstverständlich wird. Noch stützen das Ehegattensplitting u. die Mitversicherung von Ehepartnern in der Kranken- u. teilweise der Rentenkasse auch das
E., doch fühlen sich gerade engagierte Frauen immer häufiger um eine gerechte Alterssicherung betrogen. Eine neue soziale Ordnung braucht deshalb auch neue Rahmenbedingungen für das Engagement − von der Vereinbarkeit mit →Beruf und →Fa-
milie bis hin zur Alterssicherung.

Was wird aus dem E. in einer immer stärker ökonomisch ausgerichteten Gesellschaft? In →Familienzentren, →Mehrgenerationenhäusern u. Stadtteilzentren entwickelt sich eine neue Gestalt des Sozialen: das Private − Einkäufe u. Versorgung, Erziehung u. →Pflege, Wohnen u. Gartengestaltung − wird geteilt und damit öffentlich,
ohne unbedingt professionalisiert (→Professionalisierung) zu werden. Menschen
nehmen Unterstützungsleistungen in den Nachbarschaften (→Nachbarschaftshilfe)
selbst in die Hand und entwickeln daraus politische Initiativen. Die Ergebnisse der
Freiwilligensurveys zeigen eine unverändert hohe Engagementquote sowie einen
deutlichen Wertewandel von der Spaßgesellschaft zur →Gemeinwohlorientierung.
Die These, das »alte E.« mit seiner altruistischen Motivation sei durch das zeitlich
begrenzte »neue E.« mit starkem Selbstverwirklichungsinteresse abgelöst worden,
trifft so nicht zu. Vielmehr haben wir es mit einem Motiv-Mix zu tun: Freiwillig Engagierte verbinden selbstbezogene und altruistische Motive. Wer sich engagiert, gewinnt neue Beziehungen, Lebensvertiefung u. Lebenssinn, aber auch Kompetenzen
und Qualifikationen.

Das gilt in besonderer Weise für junge Leute. Untersuchungen zeigen die entscheidende Bedeutung des Engagement-Lernens. Hier spielen Jugendverbände, Sportvereine, Kirchen u. Parteien nach wie vor eine wichtige Rolle, was die Vermittlung
von Kompetenzen, sozialem Zusammenhalt und gesellschaftlicher Orientierung angeht. Veränderungen im Bildungssektor wie kürzere Schul- u. Studienzeiten oder
Ganztagsschulen lassen es darüber hinaus sinnvoll erscheinen, das Servicelernen im
Curriculum zu verankern. Dabei ist es wünschenswert, die Generation der Älteren
nach der Erwerbsphase einzubeziehen; Lebenserfahrung weiterzugeben, ist ihnen
noch wichtiger als Kompetenzerwerb. Die wachsende Lebenserwartung und der der-
zeitige Wohlstand der Mehrheit, aber auch die Suche nach einem neuen Aufbruch
machen die Älteren zu gefragten Ansprechpartnern.

EINE NEUE KULTUR DER ORGANISATIONEN

Kirche und →Diakonie werden sich aber darauf einrichten müssen, dass Ehrenamtliche sich nicht mehr als »Helfer von Organisationen« verstehen. Sie wollen sich

professionell und effektiv einbringen, ihre Zeit und ihren Einsatz planen können. Viele Engagierte sind oder waren selbst berufstätig und erwarten klare Strukturen, Respekt vor ihren Kompetenzen und Entscheidungs- u. Mitgestaltungsspielräume. Es geht um ein sinnvolles wie selbstbewusstes Tun, das in der Erwerbsarbeit oft vermisst wird. Dabei sind berufliche Überlastung und Mobilität immer häufiger der Grund für die Beendigung eines E.s. Ehrenamtliches Engagement bietet aber auch die Chance, Übergänge zwischen Schule u. Beruf, beim Wiedereinstieg nach der Elternzeit, nach einem Umzug oder am Ende der Erwerbstätigkeit erfolgreich zu gestalten. E. muss deshalb biografisch passend und damit vielfältig gestaltet sein. Das gilt auch für Einsatzzeit u. -dauer und Fortbildungsangebote.

Damit stehen die Kirchen vor großen Herausforderungen, was ihre Kultur angeht – sie müssen sich im Sinne des »Priestertums aller« wieder neu als E.sorganisationen begreifen, in denen Hauptamtliche auf Augenhöhe mit Ehrenamtlichen arbeiten, wie es in Leitungsgremien rechtlich vorgesehen ist. Diakonische →Einrichtungen, in denen →Professionalität eine wesentliche Rolle spielt, müssen in ihren Angeboten einen tragfähigen Mix aus Fachlichkeit und sozialer Achtsamkeit und Netzwerkarbeit mit Ehrenamtlichen entwickeln. Darüber hinaus muss sich die rahmensetzende »Engagementpolitik« verändern. Auch die »Ökonomie der Aufmerksamkeit« als wertvolle Ressource für den gesellschaftlichen Zusammenhalt braucht eine grundlegende ökonomische Absicherung – z.B. in der Berücksichtigung von Versicherungszeiten oder in der →Anerkennung von Engagementzeiten in Studium und Beruf; →Unternehmen entwickeln entsprechende Programme für freiwillig Engagierte. Bürgerschaftliches Engagement ist institutionenübergreifend.

Auch die Engagierten selbst sind in der Regel in mehreren Organisationen aktiv. Sie »gehören« keiner Organisation – im Gegenteil: Sie sind es, die mit ihren Ideen nach den passenden Einsatzfeldern suchen. Oft können sie schneller als Profis erkennen, wo neue Problemlagen auftauchen, bürokratische Hemmnisse die Hilfe erschweren oder die fortschreitende →Ökonomisierung die Schwächsten alleinlässt. So wuchs in kurzer Zeit eine breite Bewegung in der →Hospiz- u. Tafelarbeit und zuletzt in der Flüchtlingsarbeit. Wenn Ehrenamtliche dabei mehr sein sollen als »Lückenbüßer« in →Sozialstaat u. Kirche, wird es darauf ankommen, sie bei den anstehenden Entscheidungen einzubeziehen.

TEILHABE UND BEHEIMATUNG: PRIESTERTUM ALLER

Zu den aktuellen Herausforderungen des E.s gehört die Einführung finanzieller Vergütungen bei sozial unverzichtbaren bürgerschaftlichen Aufgaben in Feuerwehren u. Sportvereinen, in Pflegeeinrichtungen (→Pflege) und Kirchengemeinden (→Gemeinde, kirchliche). Schließlich gehören Freiwilligkeit u. Unentgeltlichkeit zu den Eckpfeilern des E.s. Hinter der Kritik an der »Monetarisierung« steht nicht zuletzt die Sorge, dass (heute) hauptberufliche Arbeitsfelder in ehrenamtliche umgewandelt werden. Der Prozess bietet aber auch die Chance, Menschen zu gewinnen, die sich ein E. aus finanziellen Gründen nicht leisten könnten. Denn auch in der Kirche ist E. immer noch ein Kennzeichen der Mittelschicht, die über Zeit, Bildung u. soziale Netzwerke verfügt. Gesellschaftlich benachteiligte Gruppen im Engagement zu beheimaten und ihnen damit →Teilhabe zu ermöglichen, bleibt eine Herausforderung. Gerade in Kirchengemeinden findet sich ein ausgeprägtes »Mehrfachengagement«

der immer Gleichen, die oft lange in gewählten Ehrenämtern bleiben. Diese »Milieu-verengung« (→Milieu) schwächt die Vernetzungskraft der Gemeinden mit der Gefahr, dass gesellschaftliche u. politische Ehrenämter in Schule, Sport o. Kommunalpolitik tendenziell als »Konkurrenz« empfunden werden. Dabei ist auch das soziale u. politische E. der Bürgerinnen u. Bürger Ausdruck des »Priestertums aller«.

Christinnen u. Christen in ihrem Engagement zu bilden und geistlich zu begleiten, aber auch die Ehrenamtlichen auf spezifisch kirchliche Handlungsstrukturen u. Verantwortungsfelder wie Kindergottesdienst, →Seelsorge oder Kirchenvorstand vorzubereiten, bleibt eine der wichtigsten Herausforderungen für Kirche u. Diakonie, für die es eigene Engagement-Strategien zu entwickeln gilt. Dabei ist zu berücksichtigen, dass diakonische Unternehmen oft andere Zielgruppen für freiwillig Engagierte erreichen als Gemeinden und →Landeskirchen für ihre E.er. Wechselseitige Wahrnehmung, Unterstützung u. Zusammenarbeit kann den gesellschaftlichen Einfluss der Kirchen erheblich verbessern.

LITERATUR: SOZIALWISSENSCHAFTL. INSTITUT D. EV. KIRCHE IN DEUTSCHLAND, Sonderauswertung d. 3. Freiwilligensurveys. Hannover 2012 • MARTIN HORSTMANN, Studie zu ehrenamtl. Tätigkeiten. Befragung von Ehrenamtl. in ev. Kirchengemeinden. Hannover 2013 • EKD, Kundgebung der 11. Synode der Ev. Kirche in Deutschland. Ehrenamtl. Ev. Engagiert • Ökumenische Tagungen zum ehrenamtl. Engagement in Kirche u. Gesellschaft: www.wir-engagieren-uns.org/

Cornelia Coenen-Marx

EINE WELT

BIBLISCHE WURZELN

Der E.W.-Horizont ist konstitutiv mit den Wurzeln des biblischen →Glaubens verbunden: Der Wirkungsbereich von Gottes schöpferischer, befreiender u. erhaltender Gnade ist der »ganze Erdkreis« (Ps 24,1); in der Geschichte der Befreiung des Gottesvolkes aus der Sklaverei »sollen gesegnet werden alle Geschlechter auf Erden« (1Mose 12,3); die Boten des →Reiches Gottes sind nie nur zu einer partikularen Nation, Ethnie o. monokulturellen Gruppe gesandt, sondern ihnen gilt: »Gehet hin in alle Welt und prediget das Evangelium aller Kreatur!« (Mk 16,15); Jesu Jünger sollen Zeugen des Wirkens Gottes sein »in Jerusalem und in ganz Judäa und Samarien und bis an die Grenzen der Erde.« (Apg 1,8); Der in Christus begonnene Heilungsprozess gilt der ganzen Welt: »Gott war in Christus und *versöhnte die Welt* mit sich selber« (2Kor 5,19). Die ganze Apostelgeschichte kann gelesen werden als die Geschichte eines frühen Lernprozesses apostolischer →Mission auf dem Weg einer grenzüberschreitenden Universalisierung der Verheißungen des Evangeliums, auch über Konflikte u. Bedrohungen durch Tendenzen einer erneuten Engführung hindurch (vgl. Apg 10,9–16: Konversions-Traum des Petrus hinsichtlich einer größeren Reichweite des Evangeliums; Apg 15: Apostelkonzil als kirchgeschichtlich erstes Durchringen zu einer größeren Reichweite der Ökumenizität von Kirche).

ÖKUMENISCHE BEWEGUNG ALS URSPRUNG DES E.W.-GEDANKENS

Die ökumenische Bewegung, die mit der Weltmissionskonferenz in Edinburgh 1910 begann, kann als Lernbewegung zu einem vertieften E.W.-Verständnis der →Kirche angesehen werden. Sie entstand als Widerstandsbewegung gegen Strömungen, die durch Anpassung an Nationalismus, Rassismus u. Ethnozentrismus einer Einengung der Reichweite des Evangeliums das Wort redeten. Einübung in den E.W.-Horizont von Kirche u. weltweiter kirchlicher Gemeinschaft ist die bleibende Aufgabe von Bemühungen um ökumenisches u. globales Lernen bis heute. Hatte der Weltbund für die Freundschaftsarbeit der Kirche schon vor dem Zweiten Weltkrieg dafür gearbeitet, die Grenzen zwischen Nationen nicht zum Spaltfaktor der weltweiten Christenheit werden zu lassen und den Kräften von Militarismus u. Faschismus eine Absage zu erteilen, so bedeutet die Integration des Internationalen Missionsrates in den Ökumenischen Rat in Neu-Delhi 1961 den entscheidenden Durchbruch zu einem wirklich weltweiten Verständnis der ökumenischen Bewegung. Die sog. Jungen Kirchen waren von nun an gleichberechtigter Partner in der einen weltweiten →Ökumene, sie bestimmten in einem immer stärker werdenden Maße die thematische Tagesordnung der beginnenden Debatte über →Entwicklung. Im Kontext der frühen Entkolonialisierungsprozesse (in Asien seit 1947, in Afrika seit 1960) entwickelte die ökumenische Studie über den raschen sozialen Umbruch (rapid social change study, 1954–1959) einen ersten theologisch-politischen Zugang zu den Prozessen raschen gesellschaftlichen Wandels der Länder des Südens, das →Leitbild der »verantwortlichen Gesellschaft« von Amsterdam 1948 wurde ausgeweitet zum Leitbild der »weltweiten verantwortlichen Gesellschaft« (Evanston 1954 u. Uppsala 1968), wodurch ein konzeptioneller Rahmen geschaffen wurde, in dem der Weg der Länder des Südens in die Unabhängigkeit positiv begleitet und eine Vorstellung von der weltweiten Zusammengehörigkeit von Nationen in einem übergreifenden globalen Entwicklungsprozess entwickelt werden konnte. Die aktionsorientierte Phase des ökumenischen Engagements im internationalen Entwicklungsdiskurs in den 1960er und 1970er Jahren brachte wesentliche Impulse für ein kritisch befreiungsorientiertes Verständnis des E.W.-Gedankens mit sich. Die ökumenisch sozialethische Debatte kann als wesentlicher Ursprungsort für später auch gesamtpolitisch rezipierte politische Leitbegriffe verstanden werden (Leitbild des *sustainable development,* das auf die MIT conference 1979 »Faith, Science and the Future« zurückgeht, oder Leitbild eines ökologischen Umbaus der Weltwirtschaft, das auf den Prozess für →Gerechtigkeit, Frieden u. Bewahrung der Schöpfung 1983 in Vancouver zurückgeht).

PARADIGMENWECHSEL VON DER DRITTEN WELT ZUR E.W.

Es sind deshalb sowohl die weltweite ökumenische Bewegung wie die im Deutschland der 1960er u. 1970er Jahre beginnende Bewegung des kirchlichen und des säkularen Entwicklungsengagements, die einen Paradigmenwechsel von der Terminologie von der Dritten Welt zur E.W. vorbereitet haben. Im Umfeld der Begründung u. Ausweitung des Engagements der ev. Aktion →Brot für die Welt (1959 gegründet) sprach Martin Niemöller schon 1964 von Alternative »Eine Welt oder keine Welt«. Da »die nichtweißen Rassen u. Völker nach vorne drängen«, könne die Menschheit in Zukunft nur noch »miteinander«, »in gemeinsamer u. wechselseitiger →Verantwortung« sowie »in einer wirklichen u. bedingungslosen →Solidarität« leben. Die in der Zeit nach dem Zweiten Weltkrieg gängig gewordene Vorstellung, nach der die Welt in drei Blöcke zu unterteilen war, wurde deshalb zunehmend obsolet. An die Stelle der Unterteilung in die »Erste Welt« (»Industrienationen« oder die entwickelten Länder Westeuropas, Nordamerikas u. Australiens), die »Zweite Welt« (die kommunistischen Länder wie die damalige UdSSR, die Volksrepublik China, die DDR, Nordkorea, Nordvietnam, Kuba usw.) und die »Dritte Welt« (die blockfreien Länder des Südens) trat auch unter dem immer stärkeren Eindruck der gemeinsamen Herausforderung aller Länder durch die gleichen Bedrohungen (Atomare Bewaffnung, Erdölkrise, Umweltkrise in den 1970er Jahren) die Vorstellung von der »E.W.«, die sowohl als politisch-kritisch normatives Postulat (»Wir sollten zu E.W.« werden«) wie auch als deskriptiver Analyseansatz (»wir erfahren schon jetzt unauflösliche Interdependenz in ein und demselben *global village«)* verstanden wurde.

DER E.W.-GEDANKE IN DER ÖKUMENISCHEN DIAKONIE

In der internationalen Debatte über ökumenische →Diakonie schälte sich darüber hinaus ein kritisch-prophetischer Ansatz im Verständnis der E.W. heraus: Schon die Vollversammlung von Evanston 1954 hatte ökumenische Diakonie als mit dem Wesen und der apostolischen Tradition der Kirche verbunden gesehen und zu einem Wesensmerkmal der Kirche erklärt (vgl. Gal 6,10 / 1Kor 12,12.26). Aufgrund eines wachsenden Einflusses der Kirchen aus dem Süden und ihrer Erfahrung struktureller Ungleichheit, →Armut u. Benachteiligung gelangte die Frage der Realität und der nötigen Befreiung zu einer wirklichen Gemeinschaft in der »E.W.« auf die Tagesordnung der internationalen sozialethischen Diskussion (Weltkonferenz Kirche u. Gesellschaft 1966 in Genf). Zwischenkirchliche ökumenische Diakonie wurde dadurch immer mehr von der akuten Nothilfe zu einer strukturorientierten politischen Anwalts- u. Lobbyarbeit (→Anwaltschaft), die nach den Ursache-Faktoren für lang anhaltende Verarmung u. Benachteiligung fragte und kritisch-prophetische Dimensionen brauchte, um wirklich antworten zu können auf die Situation von strukturell von wirtschaftlicher →Partizipation völlig ausgeschlossenen Gruppen. Ausgehend von einer intensive Debatte über rechte Formen, Kriterien u. Modelle eines wirklich gleichberechtigten ökumenischen Teilens (ÖRK-Studie über Empty Hands) wurde immer deutlicher, dass die Leitvision der »E.W.« im Blick auf das ökumenische Miteinander und diakonische Handeln der Kirchen neue Regeln u. Modelle eines bedingungslosen Teilens inmitten der Strukturen bleibender Abhängigkeit u. Ungerechtigkeit, ja sogar die Ausbildung eines Leitbildes für eine »gerechte, partizipatorische u. überlebensfähige Gesellschaft« (JPSS: Just, Participatory a. sustainable society) brauchte, um sich in den Bereich des Politischen hinein ausreichend scharf artikulieren zu können.

LERNBEWEGUNGEN FÜR EINE »E.W.-PÄDAGOGIK«

In den 1980er u. 1990er Jahren entstanden zahlreiche unterschiedliche zivilgesellschaftliche Lernbewegungen (→Zivilgesellschaft), die der Leitvision der »E.W.« in unterschiedlichen Handlungsbereichen Ausdruck zu geben versuchten. Die pädagogische Antwort auf die Herausforderungen der →Globalisierung und die Umsetzung der »E.W.-Vision« im Alltag von Schule, →Bildung u. Entwicklungszusammenarbeit bestand in einer Vielzahl von Ansätzen einer ausdifferenzierten →Pädagogik des »E.W.«-Lernens in Kirchen, Schulen u. Nichtregierungsorganisationen, viele davon gefördert vom Referat für entwicklungsbezogene Bildung von Brot für die Welt (früher ABP). Ausgehend von den frühen Ansätzen der Pädagogik des Ökumenischen u. Globalen Lernens, die mit den Namen von Ernst Lange, Ulrich Becker u. Gottfried Orth u.a. verbunden sind, ist der Leitbegriff der »E.W.« seit den 1990er Jahren vielfach zu einem Signalbegriff für Initiativen des fairen Handels, für alternative Lernwerkstätten im Bereich interkulturellen Lernens oder auch für übergreifende zivilgesellschaftliche Kooperationsplattformen von entwicklungsbezogenen Initiativen u. Werken geworden, vgl. den Schulwettbewerb des Bundespräsidenten »E.W. für alle«, die »E.W. Internet Konferenz«, die Veranstaltungsreihe »E.W. Eine Zukunft«, das Portal »E.W. Info«, die »Mission E.W.«, den Blog »E.W. eine Zukunft«, das »E.W. Netz NRW« oder die Zukunftscharta der Bundesregierung »E.W. − Unsere gemeinsame Verantwortung« (2015). Man kann behaupten, dass mit der Verabschiedung der »Sustainable Development Agenda« Ende 2015 in New York sozusagen ein programmatischer Gehalt des »E.W.«-Begriffs endgültig in politisch verbindliche UN-Agenden umgesetzt wurde, weil seit 2015 nun erstmals in der SDG-Agenda die Unterscheidung zwischen »Entwicklungsländern« u. »Industrienationen« aufgegeben wurde und alle Länder der Erde sich vor einem gemeinsamen Kanon von Entwicklungszielen verantworten müssen, der für alle Länder gleichermaßen verbindlich geworden ist.

Der internationale Diskurs über das Verständnis von Diakonie im Kontext der E.W., der diese Lernbewegungen aufnimmt und theologisch vertieft, ist auch in den vergangenen Jahren weitergegangen (vgl. LWB Studie: Diakonie im Kontext: Verwandlung, Versöhnung, Bevollmächtigung).

LITERATUR: ÖRK-Studie über Empty Hands, Geneva 1980 • LWB, Ein Beitrag d. LWB zu Verständnis u. Praxis d. Diakonie, Genf 2009 (www.lutheranworld.org/sites/default/files/DMD-Diakonia-DE-low.pdf) • ÖRK, Theologische Perspektiven d. Diakonie im 21. Jh., Colombo 2012 (www.oikoumene.org/de/resources/documents/programmes/unity-mission-evangelism-and-spirituality/just-and-inclusive-communities/theological-perspectives-on-diakonia-in-21st-century?set_language=de).

Dietrich Werner

EINGLIEDERUNGSHILFE

siehe unter: Behindertenhilfe

EINREISE UND AUFENTHALT

siehe unter: Migration

EINRICHTUNGEN, DIAKONISCHE

Als d.E. werden zum einen Beratungsstellen (→Beratung) in Trägerschaft der lokalen o. regionalen →Diakonischen Werke − etwa der Sozial- u. Lebensberatung, der →Schuldner-, Sucht-, →Schwangerschaftskonfliktberatung oder der Beratung von Migranten einschließlich der von ihnen betriebenen Treffpunkte, bezeichnet. Zum anderen zählen auch Einrichtungen der →ambulanten u. stationären Begleitung von Menschen mit Unterstützungsbedarf, etwa von Kindern, Jugendlichen u. alten Menschen, Menschen mit Krankheiten u. Einschränkungen, vom Kindergarten bis zum →Krankenhaus, von der ambulanten Krankenpflegestation bis zum Pflegeheim oder →Hospiz, zu den d.E.

Eine Reihe dieser Einrichtungen, z.B. Kindergärten o. ambulante Pflegestationen, steht in der Trägerschaft anderer Institutionen der Kirche (Kirchengemeinden, -kreise [Kirchenkreis], Diakonische Werke etc.). Andere haben sich aufgrund ihrer historischen Ursprünge und der Entwicklung der letzten Jahrzehnte zu teilweise umfangreichen diakonischen Komplexeinrichtungen entwickelt, die als große →Unternehmen mit einigen Tausend Mitarbeitenden eine Vielfalt von Angeboten der Gesundheits- u. Sozialfürsorge unter einem Dach vereinen. Sie gelten als »selbstständig«. Aber nicht nur die größeren unter ihnen legen Wert auf ihre Eigenständigkeit, um Flexibilität u. Dynamik im Blick auf ihre Entwicklungsmöglichkeit zu behalten und auszubauen. Dies führt gelegentlich zu Spannungen im Verhältnis zur Kirche, die für »ihre« Diakonie reklamiert, Einfluss auf die Bedingungen ihrer Arbeit zu nehmen. Eine Verständigung über die Partnerschaft von Kirche u. Diakonie ist immer neu herzustellen.

Werner Schwartz

Einsegnung

Es entspricht dem Auftrag →Jesu (Mt 28,20; 20,25f) und der christlichen Urgemeinde (Apg 6,1–7), dass jeder Christenmensch gesandt ist, das Evangelium in Wort u. Tat gegenüber aller Welt zu bezeugen. Innerhalb der reformatorischen →Kirchen zeigt sich diese Sendung *(missio)* in dem einen öffentlichen Amt, für das einzelne ausgebildete Personen aus dem »Priestertum und Diakonentum aller Glaubenden« herausberufen werden. Dem Amt sind verschiedene Dienste zugeordnet, die »keine Herrschaft der einen über die anderen« begründen (→Barmer Theol. Erklärung, These IV). Dem entspricht die öffentliche Einführung bei allen Dienstgruppen mit einer einheitlichen →Liturgie, einem einheitlichen Versprechen sowie dienstspezifischen Formulierungen im jeweiligen Schlussteil. Für den Pfarrdienst geschieht die Berufung durch die →Ordination (Art. 14 Augsburgisches Bekenntnis), für den →Diakonat durch die E. und für die weiteren kirchlichen Dienste (z.B. Kirchengemeinderat; Prädikantendienst) durch die Beauftragung.

Christian Rose

Einwanderungsgesellschaft

Das politische Schlagwort E. steht für eine offene Gesellschaft, die sich so auch versteht und in der das Staatsvolk sich eher durch das Territorial- als durch das Geburtsprinzip definiert. Deutschland entwickelte sich im Zuge von Arbeitnehmerzuzug, Spätaussiedlung, Flüchtlingsaufnahme u. europäischer Freizügigkeit zu einer E., ohne sich zunächst als solche zu identifizieren.

2014 lebten in Deutschland 11 Mio. Eingewanderte (→Migration). Zu den »Menschen mit Migrationshintergrund« zählen weitere 5 Mio., die Kinder von wenigstens einem eingewanderten Elternteil sind. Mit ihrer Herkunft aus einer Vielzahl von Ländern und ihren unterschiedlichsten Traditionen und Glaubensrichtungen tragen sie zu einer außerordentlichen Vielfalt (→Diversität) der Gesellschaft bei.

In mehreren Jahrzehnten sind durch Einbürgerung, umfassende Integrationsprozesse (→Integration) u. Nachkommen neue Bevölkerungsgruppen entstanden, die langfristig zu einer »postmigrantischen Gesellschaft« mit sichtbaren (People of Color) u. unsichtbaren Minderheiten führen.

In Zukunft werden die ethnisch Deutschen nicht mehr in jeder Region die absolute Mehrheit der Bevölkerung darstellen. New York, London, Brüssel u. Genf sind schon jetzt solche »majority-minority-cities«, in denen die Minderheiten insgesamt eine Mehrheit bilden. In Deutschland stehen u.a. Frankfurt a.M., Augsburg u. Stuttgart an der Schwelle dazu – in Frankfurt a.M. haben etwa 70 % der bis zu Fünfjährigen einen Migrationshintergrund.

Organisationen u. Unternehmen können sich durch Prozesse interkultureller Öffnung auf die wachsende Vielfalt einstellen.

Johannes Brandstäter

EKKLESIOLOGIE

E. bezeichnet die dogmatische Lehre von der →Kirche und befasst sich mit den Fragen nach Wesen (1), Auftrag (2), Ämtern (3) und Struktur (4) der Kirche.

1. Das *Wesen* der Kirche als der Gemeinschaft der Glaubenden oder der Heiligen wird durch die klassischen *notae ecclesiae* des Nicäno-Constantinopolitanums (325/381) bestimmt: Die Kirche →Jesu Christi ist danach die eine (*una*), heilige (*sancta*), allgemeine (*catholica*) und apostolische (*apostolica*) Kirche. Dabei beschreiben diese Kennzeichen nicht die sichtbare, institutionell verfasste Kirche in ihren unterschiedlichen historisch gewachsenen Gestalten, Denominationen und Konfessionen, sondern die eine (geglaubte) Kirche als Gemeinschaft der Heiligen und Leib Jesu Christi (1Kor 12). Sie kann darum auch als »verborgene Kirche« bezeichnet werden, die als solche *geglaubt* wird. Die *notae ecclesiae* und damit das Wesen der Kirche sind darum nicht als normativ, sondern als deskriptiv zu verstehen: die Kirche ist *eine*, weil sie sich durch das eine Evangelium und den →Glauben an den einen Herrn Jesus Christus begründet weiß, sie ist *heilig*, weil sie die Gemeinschaft aller Glaubenden umfasst, die durch den Glauben an Christus geheiligt sind, sie ist *allgemein*, weil sie Menschen ohne Unterschied aus allen Völkern versammelt, und sie ist *apostolisch*, weil sie auf der Verkündigung der Apostel gegründet ist. Als solche ist die Kirche nicht durch menschliche Kraft konstituiert, sondern versteht sich als Werk des Heiligen Geistes, der den Glauben wirkt, wo und wann er will (CA 5).

2. Der *Auftrag* der Kirche wird nach reformatorischer Theologie in der evangeliumsgemäßen Darreichung der →Sakramente und der →Verkündigung bestimmt (CA 7) und kann sich auf den Missionsbefehl des Auferstandenen zurückberufen (Mt 28,18–20). Der inhaltliche Auftrag besteht in der Sammlung und Erhaltung der Gemeinschaft der Glaubenden durch das dem Evangelium gemäße Handeln der Kirche in Wortverkündigung und Sakrament, →Diakonie, →Seelsorge und Unterricht und bezieht sich vor diesem Hintergrund eher auf die sichtbare Kirche, die als solche von der geglaubten, verborgenen Kirche zu unterscheiden, nicht aber zu trennen ist.

3. Die kirchlichen *Ämter* stehen in biblisch-reformatorischer Theologie im Zusammenhang mit dem durch die →Taufe konstituierten Priestertum aller Glaubenden und Getauften: durch ihre Taufe haben alle Christen Zugang zum Glauben und zu Gott, so dass kein vermittelnder Priesterdienst notwendig ist. Das allgemeine Priestertum aller Getauften berechtigt und beauftragt alle Christenmenschen, von ihrem Glauben Rechenschaft zu geben und sich zum Dienst am Evangelium berufen zu lassen, also selbst den kirchlichen Verkündigungsauftrag wahrzunehmen.

Die vom allgemeinen Priestertum unterschiedenen kirchlichen Ämter sind darum nach reformatorischer Theologie nicht im Sinne von geistlichen Weiheämtern zu verstehen, die den Amtsträgern einen besonderen Charakter (*character indelebilis*) geben und sie zur Wortverkündigung und Sakramentsverwaltung in besonderer Weise ermächtigen. Ein *character indelebilis* wird nach →Luthers Einsicht dem Glaubenden bereits in seiner Taufe verliehen, in der ihm das durch Christi Kreuz und Auferstehung erwirkte neue Leben zugeeignet wird. Sowohl das ordinierte Amt (→Ordination) als auch die anderen Ämter der Kirche haben darum ausschließlich den Sinn, eine notwendige Ordnung im Handeln der *sichtbaren* Kirche herzustellen. Dazu braucht es neben bestimmten Qualifikationen wie einem Hochschulstudium der Theologie auch die öffentliche Berufung durch die christliche Gemeinde, die damit über die dem Evangelium entsprechende Ausübung des Amtes wachen soll und so ihrem Auftrag gemäß handelt.

4. Dem Verhältnis von allgemeinem Priestertum und ordiniertem Amt entspricht die *Struktur* der ev. Kirchen, nach der sowohl Laien (also Nicht-Ordinierte) als auch Ordinierte kirchenleitend in gleichberechtigter →Dienstgemeinschaft tätig sind. Gleichwohl existieren innerhalb der Ev. Kirche in Deutschland mit presbyterialen oder episkopalen Kirchenverfassungen unterschiedliche landeskirchliche Strukturen nebeneinander, was auf unterschiedliche historische Wurzeln und Entstehungsbedingungen der Landeskirchen und ihrer eher lutherischen oder reformierten Prägung zurückzuführen ist. Die Ev. Kirche in Deutschland (EKD) ist in Landeskirchen strukturiert und im Gesamt als Volkskirche konstituiert und nutzt für das kirchliche Handeln staatliche Strukturen wie u.a. die Einziehung von Steuern oder den Religionsunterricht an staatlichen Schulen.

LITERATUR: CHRISTIAN ALBRECHT (Hg.), Kirche, Stuttgart 2011 • EBERHARD HAUSCHILDT / UTA POHL-PATALONG, Kirche. Lehrbuch Praktische Theologie, Gütersloh 2013.

Sibylle Rolf

ELISABETH VON THÜRINGEN

E.v.T. (1207–1231), Tochter des ungarischen Königs Andreas II. und Ehefrau von Ludwig von Thüringen, war Landgräfin und Mutter dreier Kinder. Sie engagierte sich in der Krankenpflege, übte Fürsorge gegenüber Aussätzigen und verteilte Almosen an die Armen. Gemeinsam mit Ludwig errichtete sie zwei Hospitäler in Gotha und am Fuße der Wartburg. E.s Liebesdienst ging mit strenger Askese und einer Absage an die Gewohnheiten ihres Standes einher. Nach dem frühen Tod ihres Mannes lebte E. in Marburg und erbaute dort ein weiteres Hospital. Sie folgte in franziskanischer Spiritualität dem Ideal der Armut und übte weiterhin Werke der Barmherzigkeit. Nach ihrem Tod im Jahre 1231 wurden an ihrem Grab vielfach Heilungen bezeugt, sodass sie im Jahr 1235 unter Papst Gregor IX. in das Heiligenverzeichnis aufgenommen wurde (Gedenktag 19.11.).

LITERATUR: CHRISTIAN ZIPPERT / GERHARD JOST, Hingabe u. Heiterkeit. Vom Leben u. Wirken der heiligen E., Kassel 2007.

Anna Lörcher

EMPATHIE

Das Wort E. wurde im 19. Jh. als Lehnübersetzung aus dem Griechischen analog zum Begriff »Sympathie« (Mitgefühl) neu geschaffen und meint so viel wie »Einfühlungsvermögen«. Gemeint ist auf kognitiver u. emotionaler Ebene eine Reaktionsfähigkeit auf die Emotionen Anderer.

E. spielt eine wichtige Rolle beim Gelingen zwischenmenschlicher Beziehungen: im persönlichen Umfeld ebenso wie professionalisiert (→Professionalität), bspw. in ökonomischen Zusammenhängen (→Management, Vertrieb) und in der medizinischen o. psychiatrischen Diagnostik, wo sie auch therapiebegleitend für Mediziner wie Pflegende relevant ist. Sie ermöglicht es, die Perspektive des Anderen einzunehmen und so dessen Bedürfnisse, Sorgen, Ängste u.a.m. zu berücksichtigen. So wird sie im Rahmen diakonischen Handelns bedeutsam in Pflege-, Beratungs- u. Unterstützungssituationen, um diese auf die Bedürfnisse des konkreten Gegenübers zuzuschneiden.

LITERATUR: FRITZ BREITHAUPT, Kulturen d. E., Frankfurt a.M. 2009 • IRENE HEISE, Einführung in eine Theologie d. E., Hannover 2012.

Clemens Wustmans

EMPOWERMENT

E. bedeutet Selbstbefähigung, Selbstbemächtigung, Stärkung von Eigenmacht und Autonomie (→Selbstbestimmung). Die wörtliche Übersetzung »Ermächtigung« ist durch das »Ermächtigungsgesetz« der Nationalsozialisten in Misskredit geraten. E. steht sowohl für politische Konzepte der Selbstbemächtigung im Kontext von Bürgerrechts-, Emanzipations- und →Selbsthilfebewegungen als auch für ein Konzept der →Sozialen Arbeit, das die Stärkung der Selbstbestimmung über die Gestaltung des eigenen Lebens beinhaltet.

E. wurde als politisches Konzept erstmals im Kontext der Civil-Rights-Bewegung in den USA formuliert. Es zielte auf politische Selbstorganisation. Dazu gehörte »die Auskehr von Menschen aus ohnmächtiger Resignation und ihre aktive Aneignung von Bastionen der Macht« (Herriger 2010, 25). Entsprechend wurden Instrumentarien entwickelt, die zum einen Aktionen gewaltfreien Widerstands, zum anderen Programme zur Aufklärung und Bewusstseinsbildung umfassten.

Auch im Feminismus hat das E.-Konzept eine große Rolle gespielt, um Frauen Räume der Reflexion der eigenen Situation, der Besinnung auf eigene Vorstellungen vom Leben und eigene Ressourcen zu eröffnen. Bis heute ist »E. of Women« eine zentrale Strategie der UN-Politik sowie zahlreicher Organisationen der Entwicklungshilfe. Ziel ist die Entwicklung von kontextuell passenden Formen von Basisinitiativen, durch die Frauen sich gegenseitig unterstützen, ihre Interessen organisieren, patriarchalen Strukturen widerstehen, ihre Stimme erheben und ihre Rechte einfordern.

Der Aspekt der Organisation eigener Interessen war auch ein zentrales Motiv in der →Selbsthilfebewegung, die in den 1970er Jahren als selbstorganisierte Gemeinschaften zwischen Markt und Staat neue Optionen der →Teilhabe und Unterstützungsnetzwerke schufen. Sie sind charakterisiert durch gemeinsame Betroffenheit, selbstorganisierte Hilfe, gegenseitige Unterstützung, gleichberechtigte Zusammenarbeit und politische Interessenvertretung. Besonders aktiv sind Selbsthilfegruppen im Bereich der Gesundheit, des Konsums und der »Selbst-bestimmt-Leben-Bewegung« (Independent Living) von Menschen mit Behinderung.

Konzeptionell gefasst wurden diese Ansätze im →Community Organizing in den USA (Saul Alinsky), in der Gemeindepsychologie (Heiner Keupp), in der »Pädagogik der Unterdrückten« von Paolo Freire, der in Brasilien ein Konzept der Bewusstseinsbildung (conszientization) schuf, das Alphabetisierung und politische Bildung verband. Alle diese Konzepte fördern Selbstorganisation, Netzwerkbildung, kritische Situationsanalyse und demokratische Teilhabe. Sie wurden in der Befreiungstheologie, in der ökumenischen Bewegung, in der internationalen →Diakonie, in der kritischen →Pädagogik und in einer Vielzahl politischer Bewegungen rezipiert.

Als Konzept der sozialen Arbeit zielt E. auf eine veränderte Haltung der Professionellen und auf eine neue Kultur des →Helfens. Im Mittelpunkt stehen Ressourcen- statt Defizitorientierung, Förderung der Lebenssouveränität und eine solidarische, parteiliche Haltung. Basis ist ein →Menschenbild, das an die Fähigkeiten des Individuums glaubt, »in eigener Kraft ein Mehr an Autonomie, Selbstverwirklichung und Lebenssouveränität zu erstreiten« (Herriger 2010, 73). Als Hilfe für einzelne zielt E. auf Wahrnehmung und Aktivierung der eigenen Ressourcen. Als Hilfe für Gruppen fördert E. Selbstorganisation in informellen Gruppen bürgerschaftlichen Engagements und Netzwerkbildung. Auf der institutionellen Ebene fördert E. Bürgerbeteiligung und Organisationsentwicklung. Schließlich beeinflusst das E.-Konzept die →Sozialraumorientierung und das →Quartiersmanagement, indem nach den Ressourcen im Quartier gefragt und Vernetzung und Eigenaktivität gefördert werden.

Vertreter des E.-Konzeptes distanzieren sich energisch von einer neoliberalen »Instrumentalisierung«, die im Rahmen des »aktivierenden Sozialstaats« Eigenverantwortung und Eigenaktivität fördert und fordert, aber den Eigensinn der Betroffenen missachtet (Herriger 2010, 85).

LITERATUR: NORBERT HERRIGER, E. i.d. Soz. Arbeit, Stuttgart 2010 • www.unwomen.org • www.empowerment.de.

Beate Hofmann

ENTREPRENEURSHIP, SOCIAL

S.E. = soziales Unternehmertum. Als S. Entrepreneure werden junge Unternehmerinnen u. Unternehmer, aber auch direkt →Unternehmen beschrieben, die unternehmerische Angebote zum Wohle der Gesellschaft und zur Lösung o. Verbesserung gesellschaftlicher Missstände erreichen wollen. Ist das Unternehmen gerade neu gegründet, spricht man auch von einem Start-up, wobei die Abgrenzungen nicht eindeutig definiert sind. Die Unternehmensform kann gemeinnützig (→Gemeinnützigkeit) oder gewerblich ausgerichtet sein (→Organisationsformen). Typische und häufig vorkommende Rechtsformen sind die gemeinnützige GmbH (gGmbH), die Unternehmergesellschaft (UG) sowie teilw. der eingetragene Kaufmann (e.K.). Seltener werden Genossenschaften oder gemeinnützige Aktiengesellschaften für Neugründungen gewählt. Der Unternehmenserfolg wird nicht nur anhand der klassischen Ergebnisrechnung (Rentabilität), sondern auch anhand des ausgewiesenen Nutzens für die Zielgruppen (→Kunden) und die Gesellschaft bewertet. Dies erfordert, in die Unternehmenssteuerung neben der finanziellen Perspektive auch die sog. weichen Indikatoren einzubeziehen.

Die Unternehmensfinanzierung der jungen Unternehmen erfolgt über Eigenkapitaleinbringung der Gründer und durch Investoren. Die Gewinnung von Investoren ist für gemeinnützige Unternehmensformen aufgrund der gemeinnützigkeitsrechtlichen Restriktionen schwierig. Daher haben sich Social-Venture Fonds gegründet, die die Eigenkapitalausstattung der gemeinnützigen Gründer ermöglichen können. Viele Neugründungen arbeiten aufgrund der schwierigeren Unternehmensfinanzierung sowie der weiteren Einschränkungen des Gemeinnützigkeitsrechts als gewerbliche Unternehmen. Jedoch verstehen sich viele S. Entrepreneure als gemeinwohlorientiert (→Gemeinwohlorientierung) und orientieren sich dabei nicht an den steuerrechtlichen Definitionen der Gemeinnützigkeit.

Die von den Unternehmen angebotenen innovativen Produkte werden entweder für Geschäftskunden oder für den Endkunden erbracht. Bei einer Geschäftskundenstrategie wird in der Regel der sogenannte 2. Markt (Selbstzahler) adressiert, da der 1. Markt (Sozialhilfeträger, Kranken- u. Pflegekassen) erheblichen Zulassungsrestriktionen für neue Produkte und Dienstleistungen unterliegt. Bewährt sich das Angebot auf dem 2. Markt, kann eine Zulassung im 1. Markt einfacher erfolgen.

Vom Entrepreneur ist der Intrapreneur zu unterscheiden. Letzterer entwickelt innovative Produkte u. Dienstleistungen innerhalb einer etablierten Unternehmensstruktur.

Thomas Eisenreich

ENTWICKLUNG UND ZUSAMMENARBEIT

Der Begriff E. wird in unterschiedlichen Kontexten verwendet, denen gemein ist, dass es sich dabei um Prozesse handelt, die Veränderungen zum Ziel oder zur Folge haben. E., verstanden als ein Strukturwandel, als der Weg hin zur Überwindung von menschenunwürdigen, lebensfeindlichen o. ungerechten Zuständen wie →Armut und →Not, ist ein langwieriger Prozess. Der Begriff Z. impliziert ein Miteinander sowie ein Agieren mehrerer Akteure zur Erreichung eines gemeinsamen Ziels. Unter dem Oberbegriff Entwicklungszusammenarbeit (EZ) werden sämtliche Maßnahmen u. Aktivitäten zusammengefasst, deren Ziel die Förderung der E. von E.sländern ist.

Die Klassifizierung eines Landes und die Bewertung des jeweiligen E.sstandes können, je nach Grundlage, unterschiedlich ausfallen. Neben ökonomischen Merkmalen wie dem Bruttonationaleinkommen und dem Pro-Kopf-Einkommen werden zunehmend auch soziale Indikatoren wie Lebenserwartung u. →Bildung berücksichtigt, um Länder miteinander zu vergleichen. Der E.sausschuss DAC (Development Assistance Committee) der Organisation für wirtschaftliche Z. u. E. (OECD) aktualisiert in regelmäßigen Abständen seine Liste der sog. E.sländer.

Ihren Ursprung hat die deutsche staatliche EZ in den 1950er Jahren. 1953 leistete die Bundesrepublik Deutschland erstmalig E.shilfe; 1961 wurde das Bundesministerium für wirtschaftliche Z. u. E. gegründet. Die kirchliche EZ hat eine längere Geschichte. Frühe Akteure waren insbes. die deutschen Missionsgesellschaften, die sich seit Mitte des 19. Jh. im Bildungs- u. Gesundheitsbereich engagierten. 1959 wurde die Aktion →»Brot für die Welt« gegründet; seit 1962 stellt die deutsche Bundesregierung der ev. u. kathol. →Kirche in Deutschland Bundesmittel für die Förderung von entwicklungswichtigen Vorhaben zur Verfügung. Dafür wurden die Ev. und die Kathol. Zentralstelle für E.shilfe gegründet, die bis heute existieren.

Grundlage für die kirchliche E.sarbeit ist das Bestreben, zur Überwindung von Armut, Hunger u. Ungerechtigkeit (→Gerechtigkeit) beizutragen sowie deren strukturelle Ursachen auf lokaler, nationaler u. globaler Ebene zu bekämpfen. Zu den wichtigsten Zielen der kirchlichen EZ gehören die Verwirklichung der Option für die Armen, die Förderung von Frieden und die Bewahrung der Schöpfung. Menschen sollen befähigt und in die Lage versetzt werden (→»Empowerment«), ihre Bedürfnisse zu formulieren, ihre Probleme zu artikulieren, ihre Potenziale zu identifizieren u. zu nutzen, ihre Kapazitäten zu erweitern und ihre Rechte einzufordern. Entwicklungspolitische Initiativen mit Zielgruppen in Deutschland beabsichtigen zumeist die Vermittlung von Informationen über globale Zusammenhänge, Bewusstseinsbildung u. Aufklärung. Im Rahmen der staatlichen EZ definiert die Bundesregierung thematische Schwerpunkte, Ziele u. Partnerländer.

Die Akteurslandschaft der EZ wird zunehmend heterogener. Die öffentliche EZ ODA (»Official Development Aid«) wird unterschieden in bilaterale (Leistungen einzelner Staaten) u. multilaterale Z. (Leistungen internationaler Einrichtungen). Die bilaterale Z. umfasst neben der staatlichen auch die nicht-staatliche Z.; die Letztgenannte beinhaltet die E.smaßnahmen zivilgesellschaftlicher Träger, die dafür wiederum staatliche Zuschüsse erhalten können; dazu gehören Kirchen u. kirchliche Organisationen, politische Stiftungen sowie private Träger. Auch darüber hinaus gibt es eine Vielzahl zivilgesellschaftlicher →Vereine u. Initiativen, Netzwerke u. Dachverbände sowie zunehmend auch Industrie- u. Wirtschaftsunternehmen, die E.smaßnahmen durchführen oder fördern.

Die ev. Kirchen und die →Diakonie haben mit dem Ev. Werk für Diakonie u. E. eine Einrichtung geschaffen, welche die Aktion Brot für die Welt als Gemeinschaftswerk u. Kompetenzzentrum für EZ mit Sitz in Berlin trägt.

In den Zielländern sind die Ansatzpunkte und Adressaten der EZ unterschiedlich: Mikro- (Unterstützung auf lokaler Ebene, Unterstützung der Betroffenen auf dem sog. *grassroots level)*, Meso- (Unterstützung auf regionaler Ebene) und Makro-Ebene (bi- u. multilaterale Unterstützung für Regierungen u. nationale politische Entscheidungsträger). Adressat von entwicklungspolitischen Aktivitäten können aber auch politische EntscheidungsträgerInnen in Deutschland oder der →Europäischen Union, bei internationalen Institutionen o. Staatenbünden sein, da es gemeinsamer Anstrengungen aller Länder bedarf, um die globalen Herausforderungen zu meistern. Die im September 2015 durch die Vereinten Nationen verabschiedete »Agenda 2030 für nachhaltige Entwicklung« legt dazu einen wichtigen Grundstein; benannt wurden die wichtigsten entwicklungspolitischen Handlungsfelder für die nächsten 15 Jahre anhand von 17 universell gültigen Zielen für nachhaltige Entwicklung (»Sustainable Development Goals / SDGs«).

Zu den wichtigsten Instrumenten der kirchlichen EZ zählen die Finanzielle Förderung von Projekten u. Programmen, die Unterstützung mittels Experten u. Fachkräften (Personelle Förderung), die Vermittlung von Kurz- o. Langzeit-→Beratung, die Zurverfügungstellung von Stipendien oder die Unterstützung durch Lobby-Arbeit. Die staatliche EZ unterscheidet im Wesentlichen zwischen finanzieller u. technischer Z.

Die Finanzierungsquellen der E.smaßnahmen sind so unterschiedlich wie ihre Akteure selbst. Kirchliche E.smaßnahmen werden insbes. aus Beiträgen des Kirchlichen E.sdienstes (sog. »KED-Mittel«) →Spenden u. →Kollekten sowie aus Bundesmitteln finanziert.

Mit der ODA-Quote wird der Anteil der öffentlichen Ausgaben eines Staates am Bruttonationaleinkommen gemessen. Welche Ausgaben u. Leistungen als ODA anrechenbar sind, wird durch den OECD-Entwicklungsausschuss DAC definiert. Im Jahr 1970 legte die Generalversammlung der Vereinten Nationen fest, dass die finanzielle E.shilfe der Industrieländer 0,7 % ihres jeweiligen Bruttonationaleinkommens betragen sollte; diese Quote wird bislang nur von wenigen Ländern erreicht.

LITERATUR: EKD (Hg.), Der E.dienst d. Kirche, o.O. 1973 • CLAUDIA WARNING, Die Strukturreform d. kirchl. Hilfswerke in Deutschland, in: Lutherischer Weltbund, Religion: Hilfe o. Hemmnis f. E., o.O. 2014 • Brot f.d. Welt, Jahresbericht 2014 • Brot f.d. Welt, Oberziele des Werkes Brot f.d. Welt, o.O. 2015 • Brot f.d. Welt, Strategische Positionierung 2016–2020, o.O. 2015 • MICHAEL BOHNET, Geschichte d. dt. E.spolitik, o.O. 2015 • www.oecd.org • www.un.org/sustainabledevelopment/sustainable-development-goals/ • www.bmz.de.

Claudia Warning

ERWACHSENENBILDUNG

siehe unter: Bildung

ERZIEHUNGSHILFE

Der Gesetzgeber spricht im →SGB VIII jedem jungen Menschen (bis zum 27. Lebensjahr) das Recht zu, in seiner Entwicklung gefördert und somit zu einer in Eigenverantwortung handelnden, gemeinschaftsfähigen Persönlichkeit zu werden. In erster Linie haben die Eltern das Recht und die Pflicht, diese Aufgabe zu erfüllen. Es besteht jedoch bei Bedarf Anspruch auf Hilfen zur Erziehung (§ 27 SGB VIII). Im Rahmen der Erziehungsberatung (§ 28) werden in entsprechenden Stellen, Diensten u. Einrichtungen vorhandene Probleme in der Erziehung interdisziplinär in den Blick genommen und gemeinsam nach Lösungen gesucht. Soziale Gruppenarbeit integriert mehrere Kinder u. Jugendliche in ein soziales Gefüge mit klaren Zielsetzungen (vgl. § 29). Im Fokus steht die Entwicklung sozialer Kompetenzen mithilfe gruppendynamischer Prozesse, die mittels methodischer Ansätze von Fachkräften verfolgt werden. Im Rahmen des § 30 wird ein Erziehungsbeistand bzw. ein Betreuungshelfer in der betroffenen →Familie eingesetzt, dessen Aufgabe darin besteht, das Kind / den Jugendlichen in seiner Entwicklung zur Selbständigkeit im vorhandenen Umfeld zu unterstützen. Die Sozialpädagogische Familienhilfe (§ 31) legt den Fokus auf die gesamte Familie, um zur Erziehung, der Bewältigung von Alltagsthemen u. Konflikten und der Kommunikation mit der öffentlichen Verwaltung zu befähigen. § 32 sieht die Erziehung in der Tagesgruppe vor, die institutionell angesiedelt ist. Die Schwerpunkte der Arbeit mit den Kindern u. Jugendlichen den Nachmittag über beziehen sich auf drei Hauptaspekte: Entwicklung sozialer Kompetenzen in der Gruppe, schulische Förderung und enge Zusammenarbeit mit der Herkunftsfamilie. Die Förderung in einer Tagesgruppe soll einen stationären Aufenthalt vermeiden helfen. Schwerpunkte der Vollzeitpflege (§ 33) sind abhängig vom Alter u. Entwicklungsstand der jeweiligen Kinder. Um die Entwicklungs- u. Erziehungsbedingungen in der Herkunftsfamilie zu verbessern, ist eine gute Zusammenarbeit mit dem Elternhaus auch in dieser Maßnahme vorgesehen. Ziel der Unterbringung von Kindern u. Jugendlichen in pädagogisch ausgebildeten Familien kann sowohl eine Rückführung in die Herkunftsfamilie als auch eine längerfristig angelegte Maßnahme sein. Der Gesetzgeber verwendet in § 34 die Begriffe der →Heimerziehung und sonstiger betreuter Wohnformen. Die pädagogische Arbeit mit Kindern, Jugendlichen u. deren Familien erfolgt in Wohngruppen und differenzierten Bereichen stationärer Jugendhilfe (→Kinder- und Jugendhilfe) Tag und Nacht. Eine Kombination aus Pädagogik und Therapie im klassischen Alltagsablauf soll die Entwicklung der Kinder u. Jugendlichen fördern. Alter und Entwicklungsstand der Betroffenen sind Gratmesser für die inhaltliche Ausgestaltung der pädagogischen Arbeit. Drei Ziele verfolgt eine Maßnahme dieser Art. So nimmt eine Rückführung in die Herkunftsfamilie eine Verbesserung der Entwicklungsbedingungen in den Blick. An zweiter Stelle kann auch ein Wechsel in eine andere Familie Ziel der Maßnahme sein, was eine entsprechende Anbahnung voraussetzt. Als drittes Ziel ist eine längere Maßnahme in der Wohngruppe oder anderen Wohnformen mit dem Ziel der Verselbständigung möglich. Der Fokus liegt hier auf den Themen der Lebensführung und beruflicher Entwicklung. Die E. sieht auch intensive sozialpädagogische Einzelbetreuung (§ 35) vor für Jugendliche, die soziale Integration in eine Gruppe zunächst noch lernen müssen. Die Vorbereitung auf ein eigenverantwortliches Leben erfolgt in auf längere Zeit angelegten speziellen Maßnahmen.

E. ist auf die Lösung vorhandener Problemlagen mittels gezielter Methoden ausgerichtet. Die Angebote im Rahmen des § 27 greifen häufig ineinander über oder bauen aufeinander auf. Im Fokus sollte immer die Befähigung der jungen Menschen u. ihrer Familien, die Nutzung vorhandener Ressourcen und das Erleben von Selbstwirksamkeit bleiben. Eine zeitliche Befristung von Maßnahmen ist somit wahrscheinlicher. Angebote der E. erfolgen durch freie (einschl. kirchliche), private o. öffentliche Träger bzw. Anbieter (→Kostenträger). Während freie u. private Träger ausschließlich als Dienstleister fungieren, ist der öffentliche Träger (Jugendamt) in der Verantwortung, bedarfsgerechte Maßnahmen anzufragen, einzuleiten und zu finanzieren. Dem Jugendamt obliegt ein Schutzauftrag, dessen Ausgestaltung im Rahmen der Kinder- u. Jugendhilfe umgesetzt wird. Die Aufgaben innerhalb der E. übernehmen aufgrund des Fachkräftegebots pädagogische Fachkräfte. Die Ausgestaltung der Maßnahmen im Rahmen der E. hat in den letzten Jahren an →Qualität gewonnen. Dies liegt an konzeptioneller Weiterentwicklung und dem Einsatz neuer Methoden u. Ansätze, z.B. ressourcen- u. lösungsorientiertem Arbeiten, Erlebnispädagogik, systemischer Ansätze, Lebensweltorientierung, →Sozialraumorientierung u. stärkere →Partizipation der jungen Mensch und ihrer Familien.

Melanie Kreisel

ESCHATOLOGIE

E. bezeichnet in der →Theologie die Lehre von »den letzten Dingen«. Der Begriff umfasst 1. Vorstellungen in Bezug auf die äußerste individuelle, kollektive u. kosmische Zukunft (Eschaton): den Tod des einzelnen Menschen, aber auch das Ende der Geschichte insgesamt. 2. besteht ein zentraler Teil der E. in der christl. Hoffnung auf das Handeln →Gottes als Schöpfer u. Vollender in Gegenwart u. Zukunft. Damit sind insb. Erwartungen der Wiederkunft (Parusie) →Jesu Christi, der Auferstehung der

Toten, des Jüngsten Gerichts und des sichtbaren →Reiches Gottes gemeint. Während die E. vor dem Ersten Weltkrieg eher eine Nebenrolle in der protestantischen →Dogmatik spielte, ist sie in der Zeit danach in mehrfacher Hinsicht zur dogmatischen Fundamentalkategorie geworden. Aktuelle Fragen der E. betreffen u.a. die Verhältnisse von Zeit u. Geschichte, präsentischer u. futurischer E., Kontinuität u. Diskontinuität (des individuellen Lebens als auch der Welt) im Eschaton sowie die Spannung von »schon« und »noch nicht« in Bezug auf das Reich Gottes.

LITERATUR: JÜRGEN MOLTMANN, Theologie d. Hoffnung. Untersuchungen zur Begründung u. zu den Konsequenzen einer christl. E., Gütersloh 2005 • MARKUS MÜHLING, Grundinformation E.: systemat. Theologie aus der Perspektive d. Hoffnung, Göttingen 2007 • GUNTHER WENZ, Vollendung: eschatologische Perspektiven, Göttingen 2015.

Thomas Renkert

ETHIK

1. DER BEGRIFF E.

E. leitet sich vom griech. *taethika* (die ethischen Lehrschriften) ab, was seinerseits auf das Wort *ethos* verweist, das ursprünglich den gewohnten Ort und im übertragenen Sinn die Gewohnheit, den Brauch, die Sitte oder auch den Charakter bezeichnet. Die analoge lat. Bezeichnung *mos, mores* (Sitten, Bräuche) liegt dem deutschen Wort »Moral« zugrunde, das alltagssprachlich oft zur Beschreibung des durchschnittlichen Verhaltens einer Gruppe oder einer Gesellschaft verwandt wird. E. als Theorie bzw. Lehre meint die wissenschaftliche Reflexion der Lebensführung, die manifeste Handlungsmuster, Welt- u. Sinndeutungen sowie die Orientierung an Wertvorstellungen (→Werte) umfasst und somit das gesamte Verhalten u. Handeln von Menschen, als Individuen wie als Gruppen o. Gesellschaften, wesentlich bestimmt. Mit Max Weber lässt sich »Lebensführung« definieren als »Systematisierung aller Lebensäußerungen«, wobei in theologischer Perspektive (→Theologie) nicht allein die aktive Lebensführung, sondern auch das »Bestimmt-werden« durch äußere Einflüsse u. Vorgegebenheiten sowie das »Geführt-werden« durch →Gott zu reflektieren ist.

2. VORAUSSETZUNGEN U. AUFGABEN DER E.

Die ethische Reflexion der Lebensführung ist insbes. dann vordringlich, wenn das allgemein vorfindliche Handeln nicht mit einem proklamierten Anspruch übereinstimmt, etwa mit dem im alttestamentlichen Israel durch die Propheten kundgetanen Gotteswillen. Ferner wird E. relevant, wenn die traditionellen Sitten ihre Selbstverständlichkeit u. Geltung verlieren, wie exemplarisch im antiken Griechenland, oder wenn, so auch in der Gegenwart, verschiedene Muster der Lebensführung nebeneinander stehen. Angesichts solcher Spannungen zwischen »Sein« u. »Sollen« orientiert sich die ethische Reflexion an Vorstellungen vom »guten Leben« und operiert anhand der Unterscheidung »gut/böse«. Das Wort »gut« – wie auch das Wort »böse« und andere ethische Leitbegriffe – ist mehrdeutig. Es ist die Aufgabe der vornehmlich sprachanalytisch arbeitenden »Meta-E.«, diesbzgl. Klärungen vorzuschlagen. »Gut« umschreibt allgemein das Vorzugswürdige und kann in technischer, ökonomischer, professioneller, ästhetischer o. ethischer Hinsicht verstanden werden. Das ethisch Gute zielt als Integrationsbegriff auf das »gute Leben« von Menschen, aber auch von anderen Lebewesen, und setzt dementsprechend ein →Menschenbild sowie ein grundlegendes Verständnis des Lebendigen voraus, wie es theologisch im Horizont des Schöpfungs- u. Rechtfertigungsglaubens zu entfalten ist. Dazu gehört, dass moralische Subjekte zu benennen sind, die zur →Rechtfertigung ihres Handelns fähig sind. Als moralische Subjekte kommen allein Menschen oder hiervon abgeleitet von Menschen geschaffene o. zumindest beeinflusste Institutionen o. Ordnungsmuster in Frage. Hinsichtlich des Gegenstandsbereichs ethischer Reflexion sind im Anschluss an Arthur Rich vier Dimensionen zu unterscheiden: Die Individual-E. reflektiert das Verhalten des Einzelnen zu sich selbst und die Personal-E. das Verhalten im zwischenmenschlichen Bereich im Sinn einer Nahbereichse. Traditionell werden diese Dimensionen häufig im Horizont der Tugend-E. erörtert, welche die moralischen Fähigkeiten der ethischen Subjekte reflektiert. Daneben ist sozialethisch das institutionell vermittelte Handeln – der Bereich von rechtlich geordneten, gesellschaftlichen Einrichtungen u. Organisationen – und umweltethisch das Verhalten gegenüber der Mitwelt, theologisch der Schöpfung, in den Blick zu nehmen. Die dementsprechende ethische Reflexion bewertet die Konsequenzen von gesellschaftlichen Institutionen für das »gute Leben« aller. In der Geschichte der E. ist oft versucht worden, in diesem Sinn vorzugswürdige Güter oder eine materiale Werteordnung zu identifizieren.

Als wesentliche Aufgaben der ethischen Reflexion lassen sich eine deskriptiv-hermeneutische und eine präskriptiv-normative Ebene unterscheiden. Während die deskriptiv-hermeneutische E. nach dem empirisch aufweisbaren Ethos von Individuen, Gruppen o. Gesellschaften fragt und dabei die Verankerung, Wirkungsweise o. Reichweite ethischer Überzeugungen untersucht, geht es der präskriptiven E. darum, Begründungen für ein im moralischen Sinn gutes Handeln zu diskutieren und aufzuzeigen, inwieweit moralische Regeln Geltung beanspruchen können. Allgemein hat ethische Reflexion somit eine aufklärende, eine orientierende und eine sensibilisierende Funktion. Im Sinn der Selbstreflexivität hat wissenschaftliche E. darüber hinaus vor problematischen Konsequenzen moralischer Kommunikation zu warnen, da diese das Handeln von Menschen o. Institutionen im Horizont der Leitunterscheidung »gut/böse« bewertet und auf diese Weise häufig moralische Achtung, aber auch Missachtung kommuniziert. In theologischer Perspektive darf moralische Kommunikation vor dem Hintergrund der in der Rechtfertigungslehre begründeten Fundamentalunterscheidung von Person u. Werk nur Handlungen u. Verhalten von Menschen bewerten, nicht jedoch die Person selbst.

3. TYPEN DER E.

Im Sinn einer grundlegenden Klassifizierung lassen sich Prinzipiene.en und konsequentialistische E.en unterscheiden. Prinzipiene.en geht es um die Beachtung von Normen oder in theologischer Sicht um die Orientierung an göttlichen Geboten, die unbedingt befolgt werden müssen. Diese gelten unabhängig von konkreten Situationen oder auch den konkreten Folgen der jeweiligen durch ein Prinzip legitimierten Handlungen. Das klassische Beispiel einer Prinzipiene. ist die Pflicht-E. Kants: Da die Einschätzung der Bedingungen u. Folgen einer Handlung stets unsicher ist, gilt allein die Orientierung an einer als Pflicht erkannten universalen Regel, wie sie klassisch durch die unterschiedlichen Versionen des kategorischen Imperativs ausgedrückt wird. So vertritt Kant z.B. eine unbedingte Wahrheitspflicht, auch wenn die konkrete

Situation oder erwartbare, aber unsichere Folgen dieser Orientierung problematisch sein könnten, wie er es in seiner Widerlegung einer scheinbaren Legitimation der Lüge aus Menschenliebe deutlich macht. Allein die unbedingte Ausrichtung an der Pflicht ist ethisch legitimierbar, sie führt zur Ausbildung einer ethisch verlässlichen Gesinnung des Individuums. Die für Prinzipiene.en typische Nichtbeachtung der Umstände von Handlungen hat vielfältige Kritik hervorgerufen: Das Modell der Situations-E. betont demgegenüber eine ethisch bestimmte Grundhaltung, etwa die Orientierung am Gebot der →Nächstenliebe, die angesichts unterschiedlicher Konstellationen zu verschiedenartigen Handlungen führen kann. Noch konsequenter brechen die allein an den Folgen von Handlungen orientierten E.en mit der Prinzipien-E., klassisch der Utilitarismus. Der Utilitarismus bewertet in seiner Grundstruktur Handlungen anhand des Maßstabes der Vermehrung von Glück o. Lust einer möglichst großen Zahl von Betroffenen. Im Kern legitimieren nach diesem Modell die guten Folgen ggf. auch problematische Handlungsweisen. Auch wenn sich der Utilitarismus aufgrund einer naheliegenden Kritik an einer solchen an Einzelhandlungen orientierten Folgebetrachtung in die Varianten eines Regel- u. eines Präferenzutilitarismus ausdifferenziert hat, bleibt die konsequentialistische Ausrichtung dominant. Als möglicher Ausweg aus der Alternative von Prinzipien- u. Folgen-E. sind im 20. Jh. verschiedene Formen der Verantwortungs-E. entwickelt worden, wie es Max Weber bereits 1919 mit dem Versuch einer Ausbalancierung von Gesinnungs- u. Verantwortungs-E. vorgeschlagen hatte. Wegweisende ethische Entwürfe des 20. Jh., wie die von Albert Schweitzer, Dietrich Bonhoeffer oder Hans Jonas, lassen sich als Variationen der Verantwortungs-E. interpretieren. In exemplarischer Weise hat Bonhoeffer im Horizont des Duals von Bindung u. Freiheit den Begriff der →Verantwortung präzisiert. In der Bindung an die konkrete, letztlich von Christus bestimmte Wirklichkeit, an die Notlagen u. Bedürfnisse des Nächsten sowie an die göttlichen Gebote einerseits sowie andererseits in der Freiheit eines eigenständigen Wagnisses des Handelns mit dem Risiko des Scheiterns und ggf. – aufgrund einer möglichen Durchbrechung der göttlichen Gebote, um ihren eigentlichen Sinn zu erfüllen – der Bereitschaft, →Schuld auf sich zu nehmen, soll der Christ sein Handeln im Sinn der Bewährung von Zivilcourage vor Christus verantworten. In dieser Konzeption sind Elemente der Prinzipien-E., des Situationsbezugs wie auch der möglichen Folgen des Handelns integriert, freilich um den Preis des Verlustes einer »reinen«, allgemein nachvollziehbaren Eindeutigkeit der Logik des Handelns und der Gefahr des Voluntarismus. Bonhoeffer hat dieser Gefahr durch eine relativ starke Orientierung an den Geboten Gottes zu begegnen versucht, allerdings stets auch die Bereitschaft der Durchbrechung dieser Gebote in Ausnahmesituationen betont in dem vollen Bewusstsein, damit Schuld auf sich zu laden und die →Vergebung Gottes zu erhoffen.

4. PHILOSOPHISCHE U. THEOLOGISCHE E.

Ursprünglich ist E. eine philosophische Disziplin und so wurde das ethische Denken in der Theologie lange durch aristotelische Vorstellungen und durch das Naturrechtsdenken der Stoa bestimmt. Als Brücke zur biblischen Tradition boten sich in dieser Perspektive – auch bei den Reformatoren – die Zehn Gebote an, die häufig als von Gott vermittelte Kurzfassung des allgemein einsichtigen Naturrechts verstanden wurden. In diesem Sinn beansprucht eine naturrechtliche E. in theologischer Tradition, wie sie gegenwärtig weithin im Katholizismus vertreten wird, oder eine auf der Vernunft begründete allgemeine E. seit der Neuzeit einen universalen Geltungsanspruch. Demgegenüber werden religiös o. kulturell bedingte E.en häufig als partikulare E. angesehen. Diese Beurteilung ist allerdings kurzschlüssig, da eine rational-universale Konstruktion einer E. kaum möglich ist und stattdessen die jeweilige kulturelle Einbettung ethischer Traditionen zu berücksichtigen ist. Insofern entsteht jede E. in einem bestimmten kulturellen Kontext, allerdings ist zwischen der partikularen Genese und der potenziell universalen Geltung ethischer Überlegungen zu unterscheiden. So ist einerseits jede E. im Blick auf ihre Universalisierungsoffenheit zu befragen und andererseits fordern viele partikulare E.en, so die meisten religiösen, eine universale Geltung. Zwischen Partikularismus u. Universalismus ist somit kein prinzipieller Gegensatz zu konstruieren. Angesichts des faktischen ethischen Pluralismus in der Gegenwart geht es darum, die jeweiligen Ansprüche im Blick auf ihre Reichweite u. Verträglichkeit zu prüfen und im Sinn der Stabilisierung allgemein akzeptierter Basisregeln des Zusammenlebens nach einem »overlapping consensus« (R. Rorty, J. Habermas) zu suchen.

Speziell für den Protestantismus (→evangelisch) ist im Sinn des *sola scriptura* eine stärkere Bezugnahme auf biblische Traditionen auch im Bereich der E. kennzeichnend, die »Schriftgemäßheit« gilt als wesentliches Kriterium für öffentliche theologische u. kirchliche Stellungnahmen, etwa für die →Denkschriften der EKD. Grundlegend ist diesbezüglich das Gebot der Nächstenliebe, das den Einheitspunkt der biblischen E. darstellt und nicht als ein Gebot neben anderen, sondern als die Summe des gesamten biblischen Ethos zu verstehen ist. Insofern stellt das Liebesgebot die Basis ev. E. dar. →Luther hat in dieser Perspektive die Anregung gegeben, je nach Zeit u. Situation »neue Dekaloge« aufzustellen. Vor dem Hintergrund der Unterscheidung von Gesetz u. Evangelium ist zugleich die relative Bedeutung des Gesetzes und damit auch der E. zu betonen. Der Mensch kann nicht von sich aus das Gute tun, sondern muss durch das Evangelium zu einer dem →Glauben entsprechenden Lebensführung befreit werden. Die immer wieder neue Befreiung der Gewissen erfolgt durch den Glauben, der ungeachtet des Schuldigwerdens in der Lebensführung zum Handeln ermutigt. In diesem Sinn hat die ev. Theologie die Bedeutung wie auch die Grenzen der E. im Prozess der Bildung u. Unterweisung der Gewissen zu thematisieren.

LITERATUR: MARTIN HONECKER, Ev. E. als E. d. Unterscheidung, Münster 2010 ♦ WOLFGANG HUBER / TORSTEN MEIREIS / HANS-RICHARD REUTER (Hg.), Handbuch d. Ev. E., München 2015 ♦ RAINER ANSELM / ULRICH KÖRTNER (Hg.), Ev. E. kompakt, Gütersloh 2015.

Traugott Jähnichen

EUCHARISTIE

siehe unter: Abendmahl, Sakramente

EURODIACONIA

E. ist ein europäisches Netzwerk von →Kirchen, freien Wohlfahrtseinrichtungen (→Wohlfahrtsverbände) und christlichen Nichtregierungsorganisationen, die in Europa auf nationaler o. internationaler Ebene für soziale →Gerechtigkeit arbeiten. E. wurde 1996 gegründet, ist eine gemeinnützige Organisation nach belgischem Recht (*aisbl*) und hat ihren Sitz in Brüssel. In Experten-Netzwerken von Mitgliedern, durch Informationsaustausch u. →Projekte findet Meinungsbildung unter den Mitgliedern statt. Durch Stellungnahmen und öffentliche Veranstaltungen soll das diakonische Bewusstsein in Europa gestärkt werden und v.a. sozial- u. gesundheitspol. Entwicklungen auf der europäischen Ebene (→Europäische Sozialpolitik) aktiv mitgestaltet werden. →Qualität und gute rechtliche sowie finanzielle Rahmenbedingungen für Sozialdienstleistungen (→Dienstleistung, soziale) stehen dabei ebenso im Mittelpunkt wie die Sensibilisierung der europäischen Entscheidungsträger für die besondere Würde des Menschen (→Menschenrechte) wie auch für eine inklusive Gesellschaft (→Inklusion), die die radikale Bekämpfung von →Armut u. →Ausgrenzung verlangt. E. versammelt 47 nationale u. regionale Organisationen aus 32 Ländern (Stand: Juni 2016).

LITERATUR: www.eurodiaconia.org • BERND SCHLÜTER / STEPHANIE SCHOLZ, Rollenwandel d. Wohlfahrtspflege in der Europ. Union, in: CHRISTOPH LINZBACH ET AL. (Hg.), Globalisierung u. Europ. Sozialmodell, Baden-Baden 2007, 210ff.

Stephanie Scholz

EUROPÄISCHE UNION

28 europäische Staaten sind heute Mitglieder der Europäischen Union (EU). Am Anfang standen 1957 die zunächst zwischen sechs Staaten geschlossenen Römischen Verträge. Die größte Erweiterung der EU fand 2004 nach dem Ende des Kalten Krieges mit der Aufnahme von zehn neuen Mitgliedstaaten statt. 19 Mitgliedstaaten sind in der Wirtschafts- u. Währungsunion mit dem Euro als gemeinsamer Währung verbunden. Die wichtigsten Institutionen der EU sind der Rat, in dem die nationalen Regierungen vertreten sind, das Europäische Parlament, die Kommission und der Europäische Gerichtshof in Luxemburg. Dieser urteilt verbindlich über die Auslegung des EU-Rechts. Rat und Parlament entscheiden auf Initiative der Kommission in der Mehrheit der Fälle gemeinsam über die Rechtsetzung. Die Kommission überwacht zudem die Einhaltung des EU-Rechts. Im Zentrum der EU steht der Europäische →Binnenmarkt mit den Grundfreiheiten für Waren, Personen, Dienstleistungen u. Kapitalverkehr. In der →Europäischen Sozialpolitik hat die EU dagegen wenige Kompetenzen. Diese liegen entsprechend des →Subsidiaritätsprinzips im Wesentlichen bei den Mitgliedstaaten.

LITERATUR: MARCEL HAAG / ROLAND BIEBER / ASTRID EPINAY, Die EU, Europarecht u. Politik, Baden-Baden 2015.

Katharina Wegner

EUTHANASIE

E., aus dem Griechischen, heißt übersetzt so viel wie guter oder leichter Tod und ist von →Sterbehilfe abzugrenzen. Der Begriff ist durch die Pervertierung in Richtung eines Genozids an der jüdischen Bevölkerung in Deutschland während der NS-Diktatur, die als »Rassenhygiene« beschrieben wurde, stark belastet und diente der ideologischen Legitimation der Tötung sog. »unwerten Lebens«. Die →Innere Mission in Deutschland war während der NS-Herrschaft in wenigen diakonischen Einrichtungen an dem E.-Programm T4 beteiligt.

Historisch wurzelt E. eher im griechischen Denken und ist der jüdisch-christl. Tradition fremd. Der Philosoph Platon kennt bereits den Aspekt der Tötung des Lebens im Sinne eines Zuchtgedankens. Sokrates hingegen versteht unter E. eher die richtige Vorbereitung auf den Tod. Seit der Antike werden E. und Eugenik in enger Verbindung gesehen. Im 19. Jh. werden eugenische, rassenhygienische u. sozialdarwinistische Gedanken mit dem Begriff E. verbunden. Die Diskussion über E. wurde seit dem 19. Jh. über Europa hinaus auch in den USA geführt. Der Zuchtgedanke sowie die sozialdarwinistische Idee einer »natürlichen Auslese« führten Ernst Haeckel (1834–1919) und Alexander Tille (1866–1912) zu dem Gedanken des Wertes des Lebens. So verstanden bedeutet E. den willentlich herbeigeführten Tod bestimmter Menschen o. Menschengruppen zugunsten erbbiologischer Züchtung. Strafrechtlich wird E. in Deutschland als Tötungsdelikt verstanden.

In der Gegenwart gibt es bis in die USA eine neue Debatte über Eugenik, die Folge der modernen Gen- u. Stammzellenforschung sowie der Präimplantationsdiagnostik ist und durch den australischen Philosophen und Ethiker Peter Singer mit dem Begriff »Recht auf Leben« seit den 1980er Jahren vorangebracht wurde.

LITERATUR: GERRIT HOHENDORF, Der Tod als Erlösung vom Leiden, Göttingen 2013.

Ralf Hoburg

EVANGELISCH

BEGRIFF

Der Begriff »e.« (von griech. *euangelion* – Frohe Botschaft) war vor der →Reformation auf die Evangelien bezogen, gelegentlich auch auf das gesamte NT. →Luther verwendet – aufgrund seiner Lehre von Gesetz und Evangelium – das Wort meist in Bezug auf die gesamte →Bibel. Ab 1520 nennt er seine ganze Lehre »e.«, insoweit sie von der Bibel ausgeht. Schon früh bezeichnet man auch die Kirchen der Reichsstände (z.B. Reichsstädte) als »e.«, die sich auf die lutherische Lehre berufen. Der Begriff »e.« muss vom Begriff »evangelikal« unterschieden werden, Letzteres bezeichnet lediglich eine konservative Strömung innerhalb der ev. Tradition.

INHALT

Die ev. →Kirchen betonen sehr stark die →Rechtfertigung des Menschen allein aus Gnade *(sola gratia)* und nicht durch eigene Verdienste u. Werke. Die Gnade Gottes wird dem Menschen im →Glauben *(sola fide)* zugeeignet, wobei der Glaube seinerseits als Gabe Gottes gilt und nicht als eigene Entscheidung (vgl. Röm 10,17). Wesentliche Richtschnur für Leben u. Lehre ist dem ev. Christen die Bibel *(sola scriptura)*. Der Zugang zu →Gott und das Heil sind alleine in →Jesus Christus *(solus Christus)* gegeben.

Die wesentlichen Gemeinsamkeiten der ev. Kirchen sind: die Ablehnung des Papsttums als einer hierarchisch übergeordneten Größe, die Ablehnung eines wesensmäßigen Unterschiedes zwischen »Laien« und geweihten Priestern (»Priestertum aller Getauften«) sowie die Ablehnung von →Sakramenten als quasi durch den Vollzug wirksamen Handlungen. Ev. Kirchen erkennen i.d.R. nur →Taufe und →Abendmahl als Sakrament an.

Ev. Kirchen

In der Reformationszeit nannte man die sich von der römischen Kirche trennenden Kirchen zunächst spöttisch »lutherisch«, Luther selbst lehnte die Verwendung seines Namens ab und schlug »christl.« oder »e.« vor. Da 1529 auf dem Reichstag zu Speyer etliche Fürsten gegen das Verbot der neuen Lehre förmlich Protest einlegten, gab es auch den Begriff »Protestanten«. In der nachreformatorischen Zeit wurde der Begriff für die lutherischen Kirchen in den Territorien und Freien Reichsstädten verwendet, nach dem Westfälischen Frieden (1648) seit 1653 auch für die Kirchen der reformierten Tradition und ab der Union von 1817 auch für die unierten Kirchen. Die 20 ev. →Landeskirchen in Deutschland bilden als Gemeinschaft der Gliedkirchen die →EKD, davon sind sieben Gliedkirchen der VELKD, zwölf Gliedkirchen der UEK (die Ev. Kirche in Mitteldeutschland ist Vollmitglied in beiden Bünden, die Württembergische u. Oldenburgische Kirchen haben in beiden Gaststatus). Außerhalb der EKD gibt es vier selbständige lutherische Kirchen und zusätzlich reformierte Gemeinden, die nicht der Ev.-reformierten Kirche angehören.

Auf der europäischen Ebene haben 1973 in Leuenberg bei Basel die meisten ev. Kirchen lutherischer, reformierter u. unierter Tradition gegenseitige Kanzel-, Abendmahls- u. Kirchengemeinschaft erklärt. Diese sind vereinigt in der GEKE (Gemeinschaft Ev. Kirchen in Europa, zu der auch methodistische u. vorreformatorische Kirchen gehören).

Heute rechnet man neben den Landeskirchen zu den ev. Kirchen auch →Freikirchen, wie die Ev.-methodistische Kirche, und die →Baptisten sowie weitere Freikirchen und freie ev. Gemeinden, die sich den theologischen Inhalten der Reformation verpflichtet wissen.

Das Reformationsjubiläum 2017 stellt zu Recht die Freiheitszusage der ev. Tradition in den Mittelpunkt.

Literatur: Martin Luther, Von der Freiheit eines Christenmenschen (1520), in: Dietrich Korsch (Hg.), Martin Luther. Dt.-Dt. Studienausgabe Bd. 1, Leipzig 2012, 277ff • Martin Rothgangel / Michael Kuch (Hg.), Kleiner Ev. Erwachsenenkatechismus, Gütersloh 2015.

Frank Zeeb

Evangelische Kirche in Deutschland (EKD)

Die Kurzbezeichnung »EKD« steht für die »Ev. Kirche in Deutschland«. 1945 nach den Erfahrungen unter nationalsozialistischer Diktatur gegründet, ist die EKD heute so etwas wie der Dachverband der ev. →Landeskirchen in Deutschland. Typische dachverbandliche Merkmale und kirchenspezifische Besonderheiten mischen sich.

Die EKD hat die Funktion, die Gesamtheit der Ev. Landeskirchen in der Öffentlichkeit und im Gegenüber zur Politik und anderen →Kirchen und Religionen zu repräsentieren. Der oder die »Ratsvorsitzende der EKD« personalisiert das Bild der Ev. Kirche in der Öffentlichkeit als ihre geistliche Sprecherin bzw. als ihren geistlichen Sprecher. Deutschlandweit geltende Regelungen zwischen Staat u. Kirche werden von der EKD abgeschlossen. Für ihre Landeskirchen werden Rahmenvorgaben (etwa kirchenberufliche und finanzierungsrechtliche) ausgearbeitet. Dazu gehören auch die →Diakonie stark betreffende Entscheidungen und Regelungen, so zuletzt die zum kirchlichen →Arbeitsrecht. In deutschlandweiten Öffentlichkeitskampagnen des Protestantismus (z.B. Reformationsjubiläum, Internetportal, Jahresschwerpunkte, kirchliche Zentren) spielt sie eine führende Rolle. Nicht zuletzt die →Denkschriften der EKD und gemeinsame Erklärungen zusammen mit der kath. Bischofskonferenz sind hier außerdem zu nennen.

Zu den Organen der EKD zählt einerseits eine jährlich tagende Synode, im Wesentlichen aus Mitgliedern der Synoden der Gliedkirchen, die an den Gesetzgebungsverfahren beteiligt ist und ihr eigenes Präsidium wählt. Besonders stark ist andererseits die Stellung einer Art zweiten Kammer, der »Kirchenkonferenz«. Sie wird aus den leitenden Geistlichen u. Juristen der Landeskirchen gebildet und tagt deutlich häufiger; zu den ständigen Gästen zählt auch der oder die Vorsitzende des Ev. Werks für Diakonie u. Entwicklung. Der 15-köpfige »Rat der EKD« leitet und verwaltet die EKD. Er wird gemeinsam von Synode und Kirchenkonferenz mit Zweidrittelmehrheit gewählt; in gleicher Weise wird aus den Mitgliedern des Rates dann der oder die Vorsitzende bestimmt. Das »Kirchenamt der EKD« dient der operativen Umsetzung von Aufgaben und Beschlüssen.

Die EKD versteht sich laut ihrer Grundordnung Art. 1 als »Gemeinschaft ihrer lutherischen, reformierten u. unierten Gliedkirchen«, zwischen denen auf der Basis der »Leuenberger Konkordie« von 1973 →Kirchengemeinschaft besteht. Dazu gehört aufgrund der da erzielten theologischen Übereinstimmung in allen wichtigen Grundfragen gegenseitige Anerkennung der →Ordination, der →Sakramente sowie eine Kanzel- u. →Abendmahlsgemeinschaft.

Kirchenmitglieder einer Parochie und damit auch einer Landeskirche gehören zugleich der EKD an (Grundordnung Art. 1 Abs. 4). Damit vertritt die EKD (Stand 2013) rund 23 Mio. Mitglieder, darunter rund 230.000 hauptberuflich Beschäftigte (davon 21.000 Pfarrerinnen und Pfarrer) und 1,2 Mio. Ehrenamtliche (im Vergleich dazu die Diakonie Deutschland: 460.000 hauptamtliche Beschäftigte und 700.000 Ehrenamtliche).

Die die EKD konstituierenden 20 Landeskirchen gehen in ihren territorialen Grenzen oft noch auf die konfessionelle Ordnung in den Fürstentümern des 17. Jh. zurück. Es gibt einige große luth. Landeskirchen (Ev.-Luth. Kirche in Bayern, Ev.-Luth. Landeskirche Hannover, Nordkirche, Ev. Landeskirche in Württemberg) und große unierte Landeskirchen, die im 19. Jh. unter Zusammenfassung von reformierten u. lutherischen Elementen als preußische Kirchenprovinzen entstanden waren (Ev. Kirche im Rheinland, Ev. Kirche von Westfalen), erst 1947 erfolgte ein Zusammenschluss zur Ev. Kirche in Hessen-Nassau. Die zur EKD gehörende »Ev.-Reformierte Kirche« ist als einzige keine flächendeckende Territorialkirche. In den letzten Jahren sind neue Zusammenschlüsse entstanden zwischen ost- u. westdeutschen Landeskirchen (2004: Ev. Kirche Berlin-Brandenburg-schlesische Oberlausitz; 2012: Ev.-Luth. Kirche in Norddeutschland [Nordkirche]), auch in der Kombination aus lutherischer und unierter Kirche; 2009: Ev. Kirche in Mitteldeutschland). Die Verbünde »Vereinigte ev.-luth. Kirche« (VELKD) als zusammengeschlossene Kirche der meisten luth. Landeskirchen und die »Union Ev. Kirchen« (UEK) als Gemeinschaft unierter, reformierter u. mancher luth. Landeskirchen haben ähnliche Organstrukturen wie die EKD und sind in den letzten Jahren stärker organisatorisch in die EKD eingebunden worden. Das Amt der VELKD und das der UEK wurden dabei zu Ämtern im Kirchenamt der EKD in Hannover.

Die Eigenständigkeit der Landeskirchen ist weiterhin hoch. EKD-Gesetzgebungen bedürfen zum Großenteil der Zustimmung der Landeskirchen und durchlaufen typischerweise einen entsprechenden Beratungs- bzw. Genehmigungsprozess in ihnen. Gerade der Umgang mit dem Impulspapier des Rates der EKD »Kirche der Freiheit« (2006) hat gezeigt, dass eine Organisations-Strukturreform der ev. Kirche sich von oben her nicht durchsetzen lässt, weil die interne Gestaltungsmacht viel stärker bei den Landeskirchen liegt. Umgekehrt haben auf der Ebene der öffentlichen Wahrnehmung die Landeskirchen gegenüber der EKD in den letzten Jahrzehnten deutlich an Bedeutung verloren und die von den Mitgliedern wahrgenommenen kulturellen u. innerprotestantischen konfessionellen Differenzen zwischen den Landeskirchen schleifen sich ab. Andere Unterschiede (Minderheitserfahrung Ost vs. Volkskirchen-Status West; finanzschwächere Kirchen Nord vs. reichere Kirchen Süd) haben aber an Gewicht eher noch gewonnen.

LITERATUR: WOLF-DIETER HAUSCHILD, Art. EKD, in Theologische Enzyklopädie 10, Berlin / New York 1982, 656–677 • HERMANN BARTH / CHRISTOPH THIEDE, Art. EKD, in: Evangelisches Staatslexikon, Stuttgart 2006, 525–536 • KIRCHENAMT D. EKD, Kirche d. Freiheit, Hannover 2006.

Eberhard Hauschildt

EVANGELISCHES WERK FÜR DIAKONIE UND ENTWICKLUNG E.V. (EWDE)

siehe unter: Diakonie Deutschland; Brot für die Welt

EXISTENZSICHERUNG

E. umfasst alle Leistungen zur Sicherstellung des zum Leben Notwendigen. Maßnahmen der E. dienen vornehmlich der Befriedigung der Grundbedürfnisse wie Wohnen, Ernährung, →Gesundheit sowie den sozio-kulturellen Bedürfnissen wie →Teilhabe am kulturellen Leben. Die Sicherstellung der Existenz ist in Deutschland gesetzlich geregelt (→SGB II, SGB XII, aber auch Pfändungsschutz nach ZPO). Der Gesetzgeber geht davon aus, dass die Existenz individuell durch Arbeit sichergestellt wird. Risiken werden abgesichert (Krankheit, Unfall, Alter, Arbeitslosigkeit). Gesetzliche Hilfen sind im Grundsatz nicht auf Dauer angelegt. Insofern gelten Bezieher von SGB II-Leistungen als arm im Sinne der Definition von relativer →Armut. Das Prinzip der E. gilt grundsätzlich für alle. Es ist allerding zu bedenken, dass es z.B. bei EU-Zuwanderern, die keinen Anspruch auf SGB II-Leistungen haben, zu Formen absoluter Armut kommen kann.

Axel Rolfsmeier

EXKLUSION

siehe unter: Ausgrenzung

FACHLEISTUNGSSTUNDEN

Als F. bezeichnet man die Einheit, in der im →ambulanten Bereich der Eingliederungshilfe (→Behindertenhilfe) im Rahmen von §§ 53f SGB XII der Umfang der Hilfe bemessen und berechnet wird. Die Bundesländer haben unterschiedliche Regelungen zur Ausgestaltung u. Länge einer F. definiert. In der Regel wird darunter eine Zeiteinheit verstanden, die direkt mit dem →Kunden/Klienten/Nutzer, also »face-to-face«, verbracht und von einer Fachkraft im Sozialwesen (z.B. Sozialpädagoge) geleistet wird.

Sabine Hirte

FACHVERBÄNDE

F. der →Diakonie Deutschland, d.h. diakonische F. auf Bundesebene, sind Zusammenschlüsse von Personen, Werken o. Einrichtungen in selbständiger Trägerschaft, die fachlich oder in sonstigen verbandlichen Geschäftsbereichen diakonisch-missionarisch im Sinne der Satzung des Ev. Werks für Diakonie und Entwicklung e.V. (EWDE) tätig sind und deren Tätigkeit über den Bereich eines Landesverbandes hinausgeht. Die derzeit 69 F. sind in unterschiedlichen Bereichen der →Sozialen Arbeit, des →Gesundheitswesens, der Gemeindearbeit und der Jugend- u. Erziehungshilfe tätig bzw. betätigen sich als Personenverbände sowie in der →Missions- u. →Seelsorgearbeit.

Die F. werden durch Beschluss der Konferenz Diakonie u. Entwicklung unterschiedlichen Fachgruppen zugeordnet. Bei diesem Beschluss werden der Antrag des jeweiligen Fachverbandes und die Stellungnahme des Aufsichtsrates berücksichtigt. Die vier Fachgruppen sind:

1. Fachgruppe I »Bundesverbände der Träger u. Einrichtungen«
2. Fachgruppe II »Gemeinde- u. integrationsorientierte F.«
3. Fachgruppe III »Volksmissionarische u. seelsorgerliche F.«
4. Fachgruppe IV »Personenverbände«

F. verfolgen das Ziel, fachliche Kompetenzen u. Interessen im Wirkungsbereich der Diakonie Deutschland zu bündeln und diakonisch-missionarische Dienste zu profilieren.

F. bestehen teils auch auf der Ebene der gliedkirchlichen →Diakonie — so etwa in Bayern, Mitteldeutschland, Rheinland-Westfalen-Lippe, Sachsen u. Württemberg.

RECHTLICHE U. FORMALE RAHMENBEDINGUNGEN VON F. AUF EBENE DES BUNDESVERBANDS

Rechte u. Pflichten der F. sind v.a. in der Satzung des EWDE und in der Mitgliedschaftsordnung (→Mitgliedschaft) geregelt. F. sind unmittelbare Mitglieder des EWDE. Von den bis zu 112 Mitgliedern der Konferenz Diakonie u. Entwicklung sind 23 gewählte Vertreterinnen o. Vertreter von F.n. Sie sind anteilig auch im Ausschuss Diakonie und im Aufsichtsrat vertreten.

F. sind i.d.R. Körperschaften des Privatrechts, arbeiten nach einer Satzung oder einem Gesellschaftervertrag und müssen gemeinnützig (→Gemeinnützigkeit) sein. Ihre wesentlichen Organe sind der Vorstand und die Mitglieder- bzw. Gesellschafterversammlung. Ein gutes Drittel der F. lassen als Mitglieder sowohl juristische als auch natürliche Personen zu, bei einem weiteren guten Drittel werden nur juristische Personen zugelassen, bei dem verbleibenden knappen Drittel sind nur natürliche Personen Mitglieder.

F. sind in ihrer Arbeit selbstständig. Sie sind jedoch dazu verpflichtet, die von der Diakonie Deutschland beschlossenen Rahmenbedingungen zu beachten und auch deren Einhaltung in den angeschlossenen Werken, Verbänden u. Einrichtungen zu bewirken.

Die Satzung sieht vor, dass Fachverbände und deren Mitglieder in der Öffentlichkeit als Teil der Diakonie auftreten. D.h., sie sollen das Kronenkreuz und die Marken des Werkes »Diakonie Deutschland – Ev. Bundesverband« nutzen und eine auf die Mitgliedschaft hinweisende Bezeichnung führen.

ZUSAMMENARBEIT U. KOMMUNIKATIVE STRUKTUREN VON EWDE U. F.N

Die Diakonie Deutschland pflegt eine enge Zusammenarbeit mit den F.n und fördert das Miteinander. Die F. sind an Vorhaben, die ihren Arbeitsbereich betreffen, beteiligt. Das gilt v.a. in den Arbeitsbereichen der Hilfen für junge Menschen, für Familien, für kranke, behinderte u. alte Menschen, für sozial benachteiligte Personen u. Gruppen, für gefährdete Menschen und in der Ausbildung sowie der Fort- u. Weiterbildung der Mitarbeitenden. Ein wichtiger Ort für die Zusammenarbeit ist die Fachverbandskonferenz, die dem Austausch und der Beratung dient sowie regelmäßig und unter der Beteiligung der Diakonie Deutschland tagt. Eine strukturierte inhaltliche Zusammenarbeit findet insbes. in den Lenkungsausschüssen der Zentren und in der Projektarbeit statt. Des Weiteren erfolgen gemeinsame politische Aktivitäten u. Kampagnen des Bundesverbandes mit den jeweiligen F.n. F. und Bundesverband unterrichten sich regelmäßig über die Aktivitäten im jeweiligen Arbeitsbereich. F. stellen Informationen u. Unterlagen für Berichte der Diakonie Deutschland und der Ev. Kirche in Deutschland zur Verfügung. Die Diakonie Deutschland ist zu einem regelmäßigen Berichtswesen verpflichtet.

Die Diakonie Deutschland unterstützt die Arbeit der F. durch Koordinierung u. fachliche Empfehlungen, insbes. die Anwendung einheitlicher Planungsgrundsätze, die Erarbeitung von Modell- u. Strukturvorstellungen für die diakonische Arbeit sowie die Aus- u. Fortbildung der Mitarbeitenden nach übereinstimmenden Grundsätzen.

Umgekehrt unterstützen die F. die Diakonie Deutschland durch die Bereitstellung von Personalressourcen bei Projekt- o. Gremienarbeit, betreiben Lobby- o. Netzwerkarbeit und leisten Wissenstransfer.

Maria Loheide

FAIRNESS

siehe unter: Gerechtigkeit

FALK, JOHANNES DANIEL

Der pietistisch (→Pietismus) erzogene, von der Aufklärung erfasste F. (1768–1826) brach sein Theologiestudium in Halle nach einem Jahr ab und studierte Literatur. Nach Heirat mit Caroline Rosenfeld lebte er seit 1797 in Weimar. Seine satirische Dichtung fand eine Zeit lang Anerkennung, doch gab sie ihm auf Dauer nicht die erhoffte Erfüllung. Nach verdienstvoller Dolmetschertätigkeit (1806/07) verkehrte er häufiger im Hause Goethes. 1813 gründete er die »Gesellschaft der Freunde in der Not« und nahm als väterlicher Freund verwaiste Jugendliche auf, denen er eine Ausbildung vermittelte. Aus christlicher Motivation (»Geheimes Tagebuch«) widmete sich das Ehepaar F., das sechs eigene Kinder verlor, der Erziehung von über 600 Jugendlichen. →Wichern nannte F. sein Vorbild.

LITERATUR: JOHANNES DEMANDT, J.D. F.s Verhältnis zum christl. Glauben, in: Pietismus und Neuzeit 33 (2007), 148–165 • RALF KOERRENZ / MICHAEL HASPEL (Hg.), J.D. Falk – Impulse f. Pädagogik, Diakonie u. Soz.politik, Weimar 2016.

Johannes Demandt

FALLPAUSCHALEN, DRG

Mit F. (DRG = Diagnosis Related Groups) ist ein Patientenklassifikationssystem (PKS) gemeint, das das Ziel hat, in →Krankenhäusern deren →Wirtschaftlichkeit, →Transparenz u. →Qualität zu fördern. Basisdaten als Grundlage für die Einsortierung eines Patienten in eine F. sind die Behandlungsdiagnosen, die Behandlungsverfahren, das Patientenalter, das Geschlecht und bei Neugeborenen das Gewicht.

Die Grundsystematik eines fallpauschalierenden PKS besteht darin, dass jeder Patient ausschließlich nur einer F. (DRG) zugeordnet werden kann. Verwandte Erkrankungsgruppen werden zuweilen zusammengefasst und wenn nötig aus ökonomischen Gründen komplexeren Subgruppen zugeordnet. Zumeist werden operative und nicht-operative F. unterschieden und für besondere Erkrankungen und kostenintensive Behandlungsverfahren (z.B. Transplantationen, Beatmungsfälle ...) auch gesonderte F. gebildet.

Mit der im Januar 2000 in Deutschland in Kraft getretenen GKV-Gesundheitsreform 2000 legte der Gesetzgeber für stationäre Krankenhausleistungen den Grundstein für die Einführung eines nunmehr von der Verweildauer unabhängigen leistungsorientierten Entgeltsystems (G-DRG-System). In Deutschland sind nach der Weiterentwicklung des australischen pauschalierenden Fallgruppensystems, welches Grundlage des G-DRG-Systems ist, bis zum Jahr 2015 insgesamt 1200 F. und 170 Zusatzentgelte kalkuliert.

Jede F. spiegelt über ihr individuelles Relativgewicht die laufenden Kosten (Betriebskosten des Krankenhauses) eines Falles wider. Zur Entgeltermittlung wird das jeweilige Relativgewicht mit dem landesspezifischen Basisfallwert multipliziert. Weitere Kriterien, wie z.B. eine unter- bzw. überdurchschnittliche Krankenhausverweildauer oder auch Zusatzentgelte für bestimmte kostenintensive Behandlungsverfahren können das Entgelt zudem beeinflussen. Seit Einführung des fallpauschalierenden Entgeltsystems in Deutschland wird dessen Einfluss auf die Qualität der Patientenversorgung je nach Interessenlage kontrovers diskutiert. So sehen die Gegner des Systems darin Fehlanreize für eine vorzeitige Entlassung von Patienten aus dem Krankenhaus. Das G-DRG-System als Grundlage der Leistungsvergütung in der stationären Krankenhausbehandlung war in der deutschen Krankenhausfinanzierung ein Paradigmenwechsel mit der Folge einer zunehmenden →Ökonomisierung. Im Zuge dessen hat auch der Wettbewerb der Krankenhausträger untereinander deutlich zugenommen. Das Wertegut →»Gesundheit« wird nunmehr zum Wirtschaftsfaktor für die ehemals mehrheitlich partnerschaftlich Agierenden in diesem Bereich.

LITERATUR: FERDINAND RAU, Das Vergütungssystem nach § 17 KHG – Gesetzl. Grundlagen, in: NORBERT ROEDER / BERNHARD ROCHELL (Hg.), Case-Mix i.d. Praxis, Köln 2003 • JEKABS ULDIS

LEITITIS, Einführung i.d. Systematik d. DRG's, in: NORBERT ROEDER / BERNHARD ROCHELL (Hg.), Case-Mix i.d. Praxis, Köln 2003 • GERRIT BRÖSEL / BJÖRN KUCHINKE , Leistungsbezogene Vergütung v. Krankenhäusern, in: HEIKO BURCHERT / THOMAS HERING (Hg.), Gesundheitswirtschaft. Aufgaben u. Lösungen, Konstanz 2014.

Holger Stiller

FAMILIE

Als F. werden heute alle verlässlichen u. dauerhaften Lebensgemeinschaften bezeichnet, die auf →Liebe u. partnerschaftliche Wertschätzung gegründet sind und mehrere Generationen umfassen − und zwar unabhängig von der Frage, ob diese Lebensform einen rechtlichen Rahmen hat, ob die Partner verschiedene oder das gleiche Geschlecht haben und ob Kinder in der Familie leben. Traditionelle wie moderne Konzepte, diese Offenheit einzugrenzen, führen zur Zeit zu heftigen kirchlichen wie politischen Debatten. Gleichwohl gehören ein glückliches F.nleben und eine stabile Partnerschaft zu den sehnlichsten Wünschen der allermeisten Menschen. Umfrageergebnisse zu Zusammenhalt u. Kinderwunsch liegen in den letzten Jahren stabil bei über 80%. Tatsächlich allerdings ist die soziale Wirklichkeit durch eine hohe Scheidungsrate, eine niedrige Geburtenrate und eine große Zahl Alleinlebender u. Alleinerziehender geprägt.

GESELLSCHAFTLICHE VERÄNDERUNGSPROZESSE: WACHSENDE VIELFALT

Vier gesellschaftliche Trends kennzeichnen das Bild: Zum einen ist die Zeit für F.ngründung knapp geworden. Lange Ausbildungszeiten u. schwierige Berufseinstiege haben zur Folge, dass die Geburt von Kindern im Lebenslauf immer weiter hinausgeschoben wird: Das Durchschnittsalter der Erstgebärenden liegt gegenwärtig knapp unter 30 Jahren; 60% der Kinder werden von Müttern zwischen 26–35 geboren. Dabei spielt die Reproduktionsmedizin eine immer größere Rolle. Zudem nimmt die Vielfalt (→Diversität) des F.nlebens zu: Immerhin ein Drittel aller Kinder werden nichtehelich geboren. Das sind doppelt so viele wie noch vor zwanzig Jahren. Der Zusammenhang von Eheschließung und Geburten − und damit auch der zwischen →Ehe u. F. − löst sich auf. Zwar sind noch 72% der F.n Ehepaare mit Kindern (BMFSFJ 2012: 22), aber F.n auf Ehebasis sind zunehmend Patchwork-Konstellationen. Schließlich wächst die gesellschaftliche und ökonomische Spreizung zwischen Ein- u. Zwei-Verdiener-Haushalten, insbesondere zwischen denen, die für Kinder sorgen (→Sorge), und denen, die keine Kinder zu versorgen haben. Denn F.narbeit wird finanziell nur dann honoriert, wenn sie ehe- o. lebenspartnerschaftbasiert ist. Auch deshalb sind Alleinerziehende, die kaum in Vollzeit arbeiten können, überdurchschnittlich häufig von Einkommensarmut (→Armut) betroffen. Und nicht zuletzt wächst die Zahl der Kinder, die in F.n mit Migrationshintergrund geboren werden; das betrifft zur Zeit ein Drittel aller F.n.

Dahinter stehen längerfristige Veränderungsprozesse: die medizinischen Möglichkeiten der F.nplanung haben die längst schon begonnenen Emanzipationsbewegungen von Frauen beschleunigt, während zugleich die Bedeutung von Erwerbsarbeit wuchs. Auch angesichts wachsender beruflicher Mobilität nimmt die Zahl der Alleinlebenden zu; längst lebt die Mehrheit der Bevölkerung nicht mehr in F.nhaushalten. Immerhin jedes dritte Paar in den ersten Berufsjahren führt eine »Pendelbeziehung«.

Hinter der Sehnsucht nach F. steht auch der Wunsch nach Verortung u. tragfähigen Beziehungen, nach einem festen, institutionellen Rahmen in gesellschaftlichen Wandlungsprozessen. Die unterschiedlichen Zeitregime von Wirtschaft, Schule u. Freizeit setzen aber auch und gerade F.n unter Druck.

WECHSELNDE LEITBILDER UND POLITISCHE RAHMENBEDINGUNGEN

Der Ost-West-Vergleich in Deutschland macht deutlich, in welchem Maße auch die Lebensformen gesellschaftlich u. politisch geprägt sind. Dabei waren und sind die →Leitbilder der F.npolitik nicht nur strittig, sondern emotional aufgeladen – das Mutterbild des Dritten Reiches und die Gleichberechtigung von Frauen u. Männern in der Erwerbsarbeit der DDR mit den entsprechenden Unterstützungssystemen in der Versorgung (→Versorgungsstruktur) spielen dabei eine wesentliche Rolle. Das westdeutsche Modell der F.npolitik, das mit Ehegattensplitting und Mitversicherung von Frauen u. Kindern auch weiterhin den familienpolitischen Pfad in Deutschland bestimmt, geht traditionell von der F. als Erwerbs- u. Fürsorgegemeinschaft aus. Das Bildungssystem von Kindergärten (→Kindertagesstätten) bis Halbtagsschulen baute lange darauf, dass einer der Ehepartner, i.d.R. die Frau, allenfalls halbtags arbeitete. Inzwischen hat sich allerdings das →Leitbild der heute 20- bis 40-Jährigen, wie die »Brigitte«-Untersuchungen von Jutta Allmendinger vom WZB zeigen, grundlegend verändert: Junge Männer wie Frauen gehen selbstverständlich von Erwerbstätigkeit u. Karriere beider Partner aus und wünschen eine bessere Vereinbarkeit von Beruf u. F. Der Normalfall ist allerdings nach wie vor die Teilzeitarbeit für Frauen, die auch im Steuersystem (→Steuergesetzgebung) strukturell gefördert wird. Dabei steht das deutsche Modell europaweit familienpolitisch in der Mitte – zwischen hoher Frauenerwerbstätigkeit, Individualbesteuerung, staatlicher Fürsorge (→Soziale Arbeit) u. Ganztagsschulen im staatlich-lutherischen Skandinavien oder im laizistisch-zentralistischen Frankreich einerseits und einer noch stärkeren Privatisierung von F.n und Fürsorgeleistungen im kath. Italien o. Spanien andererseits. Mehr noch als im Ost-West-Vergleich zeigt sich europaweit: Wo Infrastrukturleistungen Erwerbstätigkeit ermöglichen, ist die Geburtenrate höher, wo sie fehlen, niedriger – und zwar ganz unabhängig von der normativen Gestalt des F.nbilds. Deshalb müssen die Leistungen, die F.n übernehmen, das »doing family«, mehr in den Blick kommen als die jeweiligen Lebensformen, in denen das geschieht.

Zwar hat die F. wesentliche politische u. ökonomische sowie rechtliche Funktionen verloren, doch hat sie nach wie vor entscheidende Bedeutung für die soziale Reproduktion, nicht zuletzt für die Statuszuweisung. Die Erziehung, →Betreuung u. →Bildung von Kindern, die Weitergabe von →Werten u. Traditionen, Fürsorge u. →Pflege, aber auch das Teilen gemeinsamer Aufgaben und die →Solidarität zwischen den Generationen kennzeichnen F.n; Gemeinschaftserfahrungen, die für den gesellschaftlichen Zusammenhalt unentbehrlich sind, werden in der F. eingeübt und sind für alle Beteiligten ein Gewinn. Deshalb wünschen sich Mütter wie Väter eine bessere Kombination aus kürzerer Arbeitszeit und gleichberechtigter F.nzeit. Damit das gelingt, muss die Zeit, die Menschen mit Erziehungs- u. Pflegeaufgaben verbringen, auch im Steuer- u. Sozialversicherungsrecht (→Sozialversicherungen) berücksichtigt werden. Die derzeitigen Rahmenbedingungen gehen mit fehlenden Rentenansprüchen und der Gefahr der Disqualifizierung für die einher, die die familiären Fürsorgeleistungen erbringen, und führen zu einem erheblichen Armutsrisiko für Alleinerziehende.

Beim Thema »Vereinbarkeit« geht es nicht nur um Kindererziehung, sondern zunehmend um Pflege; schließlich werden die meisten älteren Menschen in der häuslichen Umgebung gepflegt und etwa 70 % der pflegenden Angehörigen sind weiblich. Die bisherigen Angebote zu einer »Pflegezeit« greifen kaum und sind noch nicht hinreichend mit den Leistungen der Pflegeversicherung gekoppelt. Wenn es nicht gelingt, familien- wie steuerpolitisch und bildungs- wie sozialpolitisch neue Lösungen zu finden, droht, wie bereits der Siebte F.nbericht der Bundesregierung ausführte, mittelfristig ein →Care-Defizit. Zu rechnen ist – auf dem Hintergrund des demographischen Wandels – mit einem Zuwachs an Pflegebedürftigen bei einem steigenden Fachkräftemangel.

Kirchliche Perspektiven und Stellungnahmen

Berufliche Entwicklung u. fürsorgliche Beziehungen in der F. geraten in eine Zerreißprobe, dürfen aber nicht gegeneinander ausgespielt werden. Leitlinie einer →evangelisch ausgerichteten F.npolitik muss die konsequente Stärkung aller fürsorglichen Beziehungen sein, betont die Orientierungshilfe der →EKD zur F.npolitik von 2013: »Die Form, in der F. und Partnerschaft gelebt werden, darf dabei nicht entscheidend sein.« Angesichts der Vielfalt (→Diversität) biblischer Bilder und der historischen Bedingtheit des familiären Zusammenlebens entspricht aber ein normatives Verständnis der Ehe als »Göttliche Stiftung« und eine Herleitung der traditionellen Geschlechterrollen aus einer vermeintlichen »Schöpfungsordnung« nicht der Breite des biblischen Zeugnisses. Was wir unter F. verstehen, ist in einem dauernden historischen u. gesellschaftlichen Wandel begriffen, der heute zu einer Vielfalt von Lebensformen führt. Diesen Wandel angesichts des Rückgangs traditioneller F.nformen als Verfallsgeschichte zu verstehen, würde der Tatsache nicht gerecht, dass damit auch ein Zugewinn an Freiheit und wachsende Rechte für Frauen u. Kinder und schließlich auch für gleichgeschlechtliche Paare u. ihre Familien einhergingen. Dabei war es letztlich die europäische Rechtssitzung, die das Verhältnis von individueller Gleichstellung – z.B. ehelicher u. nichtehelicher Kinder oder homo- u. heterosexuell Liebender – und dem grundgesetzlich garantierten Schutz von Ehe u. F. als sorgende Gemeinschaft auch in Deutschland verändert hat.

Mit der Freiheit ist die Herausforderung gewachsen, Partnerschaft u. F. eigenverantwortlich zu gestalten – mit Verlässlichkeit, Verbindlichkeit, Vertrauen u. Vergebungsbereitschaft. Die Beziehungen zwischen den F.nmitgliedern sind damit mehr ins Zentrum gerückt; sie sind von einer solchen Bedeutung, dass sie bereits in der Bibel zum Symbol für die Gottesbeziehung (→Gott) werden. Tatsächlich hat das Zusammenleben in der F. entscheidenden Einfluss auf das Gottesbild wie auf die Entwicklung des →Glaubens. Dabei sind F. und christl. →Gemeinde von Anfang an aufeinander bezogen, insofern die Gemeinde eine erweiterte »Familiarität« ermöglicht, die auch Alleinlebende einschließt und zugleich F.n in vielfältiger Weise unterstützen kann. Auch die familienkritischen Aussagen gerade des NT haben deshalb eine wesentliche Funktion – hier ist F. nicht nur Gemeinschaft des Blutes, sondern auch Wahlverwandtschaft in Gott (z.B. Mt 12,46–50). Deshalb konnten und können auch christl. Gemeinschaften die Rolle der F. übernehmen – so wie in den Klöstern (→Orden) oder den Einrichtungen der Gemeinschaftsdiakonie des 19. Jh., als die Kleinfamilien während der industriellen Transformation schon einmal an die Grenzen ihrer Möglichkeiten stießen. Heute muss die religiöse Erziehung in der F. ergänzt werden, Großeltern brauchen Unterstützung bei der Glaubensvermittlung, bei der sie eine wesentliche Rolle spielen, und auch das Patenamt muss sozial neu interpretiert werden. Eltern unterschiedlicher Konfession u. Religion müssen darin gestärkt werden, mit Vielfalt zu leben, und Kinder brauchen Ermutigung, ihrer religiösen Neugier zu folgen. Darüber hinaus ist politisch wie rechtlich alles zu tun, um nicht nur ehe- o. partnerschaftsbasierte F.n, sondern Sorgegemeinschaften zu stärken, die Vereinbarkeit von Beruf u. F. zu verbessern und die Partnerschaft von Tageseinrichtungen, Schulen u. Pflegediensten mit F.n zu fördern.

LITERATUR: ANKE SPORY, F. im Wandel. Kulturwissenschaftl., soziolog. u. theolog. Reflexionen, München 2013 • »Zwischen Autonomie u. Angewiesenheit. F. als verlässliche Gemeinschaft stärken«: Eine Orientierungshilfe d. Rates d. EKD, Gütersloh 2013 • KONRAD HILPERT / BERNHARD LAUX, Leitbild am Ende? Der Streit um Ehe u. F., Freiburg 2014 • »Engagement und Differenz«, V. Kirchenmitgliedschaftsuntersuchung der EKD, Hannover 2015.

Cornelia Coenen-Marx

FAMILIENBILDUNG

Ziel der ev. F. ist es, das Zusammenleben von →Familien und die Handlungsfähigkeit der Familienmitglieder zu stärken. Sie erfüllt einen wesentlichen Teil der öffentlichen Verantwortung für die Förderung der Erziehung in der Familie nach § 16 SGB VIII. Darüber hinaus ist die F. in vielen Bundesländern in länderspezifischen Weiterbildungsgesetzen geregelt und Teil der allgemeinen Weiterbildung (→Bildung). In diesen Fällen arbeitet die F. auf zweifacher gesetzlichen Grundlage, dem SGB VIII und dem Weiterbildungsgesetz. F. richtet sich an Einzelpersonen, Familien mit Kindern, Erwachsene, junge u. ältere Menschen. Sie umfasst nicht nur die reine Wissensvermittlung, sondern sie gibt Orientierungshilfe bei biografischen Übergängen. Die Themen reichen dabei von Fragen der Alltagsbewältigung, Fragen rund um die Geburt, über Frühe Hilfen, Gesundheit u. Bewegung sowie Pädagogik bis hin zu gemeinschaftlichem Kochen, Backen, Kreativität u. Musik.

F. findet v.a. in F.stätten, Familien- u. Nachbarschaftszentren (→Familienzentrum), in →Kindertageseinrichtungen, Erziehungs- u. Familienberatungsstellen, Familienferienstätten, Volkshochschulen und auch in →Schulen statt. Ev. F. verfolgt das Ziel familienunterstützende Netzwerke im Sozialraum zu schaffen bzw. zu stärken. Die Zusammenarbeit mit anderen familienrelevanten Bereichen wie den →Mehrgenerationenhäusern oder dem Gesundheitsbereich sind integraler Bestandteil ihrer Arbeit.

Ulrike Gebelein

FAMILIENZENTRUM

Als F. zertifizierte →Kindertagesstätten (z.B. Gütesiegel F. NRW) nehmen nicht nur die →Bildung, →Betreuung u. Erziehung der angemeldeten Kinder wahr, sondern bündeln im Sozialraum (→Sozialraumorientierung) die vorhandenen Hilfs- u. →Beratungsangebote für alle →Familien, indem sie mit den jeweiligen Anbietern (u.a. örtliche Praxen, →Selbsthilfegruppen, →Diakonie, →Caritasverband, Sportvereine) Kooperationsverträge schließen, z.B. für Sozial-, Erziehungs-, →Migrations-,

Frauenberatung, Gesundheitsförderung. Hinzu kommen eigene Angebote wie Eltern-abende, Elterncafé, Väterklub, Großelterntreff etc. Die Angebotsschwerpunkte orien-tieren sich an den Erfordernissen des Sozialraums. Zur Wahrnehmung dieser Aufga-ben erhalten F. gesonderte öffentliche Zuschüsse. Als wichtiger Akteur in der sozialen Netzwerkarbeit im Quartier können F. auch Angebote der gemeinwesenorientierten Seniorenarbeit integrieren und fördern damit zugleich den Gedanken einer Kirche für alle Generationen.

Joachim Wolff

FAMILIENZUSAMMENFÜHRUNG

siehe unter: Asyl

FEHLER

siehe unter: Qualität

FINANZIERUNG DIAKONISCHER ARBEIT

Der Begriff F. ist eine betriebliche Funktion und umfasst alle Maßnahmen zur Mittelbeschaffung u. -rückzahlung eines →Unternehmens für Investitionen. Ebenso umfasst die F. auch die Ausgestaltung der Zahlungs-, Informations-, Kontroll- u. Si-cherungsbeziehungen der Unternehmen mit ihren Kapitalgebern (Finanziers). Inso-fern geht es um die umfassende Ausstattung des Unternehmens mit Kapital.

Es sind verschiedene Formen der F. zu unterscheiden. Bei der Außenf. wird ent-weder Eigenkapital durch die bisherigen Eigentümer (Eigenf.), durch neue Eigentü-mer (Beteiligungsf.) oder Fremdkapital durch Gläubiger (Fremdf.) zur Verfügung gestellt. Ebenfalls bestehen Mischformen aus Eigenkapital- u. Fremdkapitalf.en (Mez-zanine-F.). Gemeinnützige Unternehmen haben je nach Rechtsform keinen oder nur einen sehr eingeschränkten Zugang zum Kapitalmarkt. Daher beschränkt sich die Außenf. für neue Investitionen auf vorhandenes Eigenkapital u./o. Fremdkapital von Banken. Die Nutzung von Mezzanin-F. ist noch nicht weit ausgeprägt. Man unter-scheidet kurz-, mittel- u. langfristige Fremdf.en. Dabei gilt die goldene Bilanzregel, dass langfristige Investitionen langfristig zu finanzieren sind.

Die Innenf. erfolgt über zwei Wege. Zur sog. Bindung von wirtschaftlichen Über-schüssen, die sich als Minderung des →Gewinns für Steuerzahlungen bzw. Gewinn-ausschüttungen ausdrückt, werden Abschreibungen und die Dotierung von Rückstel-lungen genutzt. Wird ein ausschüttungsfähiger Gewinn oder Anteile dessen einbe-halten, spricht man auch von der Selbstf. eines Unternehmens (Thesaurierung). Dies ist allerdings nur dann möglich, wenn damit ein entsprechender Liquiditätszufluss einhergeht.

Von der dualen F. spricht man dann, wenn die öffentliche Hand die Infrastruk-turvorhaltung finanziert. Es wird dann auch von einer Objektförderung gesprochen. Die eigentliche Leistungserbringung wird mittels Entgelten (Preise) durch die →Kunden sowie deren öffentliche bzw. private →Kostenträger finanziert.

Spezielle F.sformen, die auch bei gemeinnützigen Unternehmen genutzt werden, sind Leasing und Factoring.

Thomas Eisenreich

FLAMMENKREUZ

Analog zum →Kronenkreuz des DW der →EKD ist das Flammenkreuz satzungsgemäßes Verbandszeichen des Deutschen →Caritasverbandes »zur Wahrung und
Kenntlichmachung der verbandlichen Identität« (Satzung DCV § 21,2 Fassung
18.10.2005). Die verbindliche Form ist ein kompaktes →Kreuz mit Wellenlinien, die
Flammen stilisieren. Leicht variiert wird es weltweit von Caritasorganisationen verwendet, auch von der weltweiten Konföderation »Caritas Internationalis«. Es verbindet das Kreuz als Zeichen der Erlösung durch →Jesus Christus mit der →Gottes- und
→Nächstenliebe als Feuer aus der (Herz-)Mitte des Kreuzes bzw. des Gekreuzigten,
das in alle Richtungen geht und in der ganzen Welt brennen will (vgl. Lk 12,49).

LITERATUR: KLAUS BAUMANN, Kreuz u. Caritas, in: JULIA KNOP / URSULA NOTHELLE-WILDFEUER
(Hg.), Kreuz-Zeichen, Mainz 2013, 85–105.

Klaus Baumann

FLIEDNER, THEODOR

Der Pfarrersohn F. (1800–1864) studierte Theologie in Gießen und Göttingen.
Nach einer Hauslehrerzeit in Köln wurde er 1822 Gemeindepfarrer in Kaiserswerth.
Zur Unterstützung der armen Diasporagemeinde unternahm F. 1823/24 Kollekten-
reisen nach Holland und England. Ergebnis dieser Reisen war u.a. die Beteiligung an
der 1826 erfolgenden Gründung der ökumenischen »Rheinisch-Westfälischen Gefäng-
nisgesellschaft«. Gemeinsam mit seiner ersten Frau Friederike Fliedner (1800–1842)
gründet er 1833 das weibliche Asyl für strafentlassene Frauen, 1836 erfolgt dann –
neben der Einrichtung einer Kleinkinderschule in Düsseldorf – als entscheidender
Schritt die Gründung der Diakonissenanstalt Kaiserswerth (→Diakonissen) als Ausbildungsstätte. Erste Vorsteherin wurde seine Frau Friederike. Nach ihrem Tod
(1842) übernahm seine zweite Frau Caroline (1811–1892).

F. gilt, gemeinsam mit seinen beiden Frauen, als Gründer des neuzeitlichen ev.
Diakonissenamtes. Die im Mutterhaus (→Mutterhäuser) ausgebildeten Diakonissen
arbeiteten in der Krankenpflege und in der Erziehungsarbeit (Kleinkinderlehrerinnen, Volksschullehrerinnen), ihre Einsatzorte gingen weit über Deutschland hinaus
(England, Amerika, Orient).

LITERATUR: MARTIN GERHARDT, T.F. Ein Lebensbild, 2 Bde, Kaiserswerth 1933/1937 • NORBERT
FRIEDRICH, Der Kaiserswerther, Berlin 2011.

Norbert Friedrich

FLÜCHTLINGE

Grundlegend für die Definition des F.begriffs und die Schutzrechte ist die *Genfer
Flüchtlingskonvention* (GFK) der UNO von 1951 mit dem Zusatzprotokoll von 1967.
Der GFK sind bisher 147 Staaten beigetreten, darunter auch Deutschland. Nach Art. 1
der GFK ist ein F. jede Person, die *»aus begründeter Furcht vor Verfolgung wegen ihrer
Rasse, Nationalität, Zugehörigkeit zu einer bestimmten sozialen Gruppe oder wegen ihrer
politischen Überzeugung sich außerhalb des Landes befindet, dessen Staatsangehörigkeit sie besitzt, und den Schutz dieses Landes nicht in Anspruch nehmen kann oder
wegen dieser Befürchtungen nicht in Anspruch nehmen will«.*

Ein F. im Sinn der GFK muss sich somit außerhalb seines Heimatlandes aufhalten, in Furcht vor Verfolgung wegen der o.g. Gründe leben und in seinem Heimatstaat keinen Schutz genießen. Nach der GFK darf keiner der vertragschließenden Staaten einen F. über die Grenzen von Gebieten aus- o. zurückweisen, in denen sein Leben oder seine Freiheit wegen der genannten Gründe bedroht sind (Art. 33 GFK).

Bestimmte Gruppen von F.en werden durch die GFK nicht geschützt: F., denen die Todesstrafe, Folter o. erniedrigende Behandlung drohen, erhalten in Europa »subsidiären Schutz« auf der Basis der Europäischen Menschenrechtskonvention (Art. 3). Auch Kriegs- u. Bürgerkriegsf., Binnenf., Umwelt-, Klima- u. Armutsfl. werden durch die GFK-Definition nicht erfasst. Zum Schutz von Bürgerkriegsf. gibt es eigene Regelungen in der EU (→Europäische Union) und in Deutschland (§ 24 AufenthG). Binnen-, Umwelt- u. Armutsf. erhalten keinen Schutz, was immer wieder zu Kritik führt, weil auch diese F. oft existentiell bedroht sind.

Wolf-Dieter Just

FLÜCHTLINGSHILFE

F. hat mit Menschen in existentieller →Not und Bedrängnis zu tun. Sie brauchen Schutz, Mitgefühl u. →Solidarität, rechtliche Unterstützung, soziale →Beratung u. praktische Hilfe.

Die oft menschlich entwürdigende Lage der →Flüchtlinge in Deutschland und weltweit steht im Widerspruch zur Frohen Botschaft von der Menschenfreundlichkeit Gottes und zu den ethischen Grundsätzen des christl. →Glaubens. Nach biblischem Zeugnis sind alle Menschen Geschöpfe Gottes und wurden von ihm nach seinem Bild geschaffen (1Mose 1,27f), denen eine unverletzliche Würde (→Menschenrechte) zukommt, unabhängig von Herkunft, Nationalität, Hautfarbe, Geschlecht o. Religionszugehörigkeit. Im NT finden die Würde aller Menschen, ihre prinzipielle Gleichheit und ihr Recht auf →Teilhabe einen sichtbaren Ausdruck in den ersten christl. →Gemeinden. Ihre Mitglieder kamen aus den verschiedensten sozialen Schichten und waren beiderlei Geschlechts (Gal 3,28). Diese Grenzen überschreitende Einheit aller Menschen wird auch in der Pfingstgeschichte gefeiert (Apg 2,7–11).

Die christl. Lehre von der →Gottebenbildlichkeit ist neben philosophischen Traditionen (Stoa, Aufklärung) eine Wurzel der modernen Auffassung von Menschenwürde und Menschenrechten. Diese Fundamentalnormen der Neuzeit gelten der Intention nach universal für jeden Menschen und begründen einen Achtungsanspruch gegenüber jedem verletzenden Zugriff durch Staat o. Gesellschaft. Das GG bekennt sich zu dieser Norm in seinem ersten Artikel und erhebt sie damit zur obersten Rechtsnorm.

Die Formen der F. haben sich in den letzten drei Jahrzehnten stark ausdifferenziert.

Verfahrensberatung. Sie klärt Flüchtlinge über das Asylverfahren auf, begleitet sie und versucht, rechtsstaatliche Grundsätze in der Praxis des Asylverfahrens zu sichern (→Asyl).

→*Gemeinwesenarbeit.* Angesichts verbreiteter Fremdenfeindlichkeit und Rassismus in Deutschland kann Flüchtlingssozialarbeit sich nicht auf individuelle Hilfe und Einzelmaßnahmen beschränken. Sie muss vielmehr träger- u. fachdienstübergreifend auf kommunaler Ebene organisiert u. koordiniert werden. Gerade auf kommunaler

Ebene ist im Blick auf die Unterbringung von Flüchtlingen, die Art ihrer Behandlung durch Behörden, Arbeitgeber, Schulen, Gesundheitswesen, Nachbarschaft etc. viel durch die engagierte Arbeit von Diakoniemitarbeitern, Flüchtlingsräten, Kirchengemeinden u.a. erreicht worden.

Psychosoziale Beratung u. Therapie. Flüchtlinge sind vor und während der Flucht großen psychischen Belastungen ausgesetzt: Kriegserlebnisse, Verfolgung, Haft, Vergewaltigung u. Folter; Trennung von Familie, sozialem Umfeld, Beruf, Besitz u. Heimat; unvorbereitete Konfrontation mit einer fremden und oft feindlichen neuen Umwelt. Folgen sind oft Unsicherheit, Desorientierung, Verzweiflung u. Verlust des Selbstwertgefühls. Psychosoziale Beratung zielt darauf, Flüchtlinge zu befähigen, ihre eigenen Angelegenheiten faktisch u. emotional zu bewältigen.

Arbeit mit unbegleiteten Minderjährigen. Die Belastungen von Verfolgung, Flucht, Fremde u. Unsicherheit des Aufenthalts wirken sich für Kinder besonders schwerwiegend aus und beeinträchtigen ihre Entwicklung. Dies gilt umso mehr, wenn sie ohne Eltern fliehen müssen. Sie brauchen in besonderem Maß Hilfe, Rücksichtnahme u. Geborgenheit. Rechtliche Grundlagen sind die UN-Kinderrechtskonvention, das Haager Abkommen für den Schutz von Minderjährigen und das Kinder- u. Jugendhilfegesetz (KJHG). Nach der UN-Kinderrechtskonvention ist bei allen Maßnahmen »das Wohl des Kindes ein Gesichtspunkt, der vorrangig zu berücksichtigen ist« (Art. 3 Abs. 1 KRK). Unbegleiteten Flüchtlingskindern müssen in gleichem Maß wie deutschen die erforderlichen erzieherischen Hilfen nach dem KJHG gewährt werden (→Kinder- und Jugendhilfe). Für entsprechende Maßnahmen sind die Jugendämter zuständig. Es ist eine Vormundschaft oder Pflegschaft zu beantragen. Auf keinen Fall sollten sie in Erstaufnahmeeinrichtungen oder Sammelunterkünften untergebracht werden, sondern bei Verwandten, Pflegefamilien oder in geeigneten Jugendhilfeeinrichtungen.

Arbeit mit Flüchtlingsfrauen. Neben den allgemeinen Verfolgungsgründen gibt es auch frauenspezifische Gründe wie Diskriminierung, drohende Beschneidung, Vergewaltigung u. sexuelle Folter. Frauen scheuen sich oft, über solche Fluchtgründe zu sprechen, und bleiben mit ihren demütigenden Erfahrungen allein. F. wirbt um das Vertrauen der Frauen, bemüht sich um adäquate Unterbringung, Schutz der Privatsphäre, Fortbildungsmöglichkeiten u. Hilfen zur Alltagsbewältigung.

Arbeit mit Menschen in Abschiebehaft. Wenn die Ausweisung von Flüchtlingen nicht sofort vollzogen werden kann, droht ihnen oft Abschiebehaft. Sie kann bis zu 18 Monate dauern – wenn z.B. Ausweise beschafft werden müssen und die zuständigen Botschaften nicht kooperieren. Abschiebehäftlinge empfinden ihre Haft als ungerecht, denn sie haben keine Straftat begangen. Die unbestimmte Dauer und die Angst vor einer Abschiebung in erneute Gefahr u. Verfolgung machen die Haft schwer erträglich. In den Abschiebehaftanstalten kümmern sich Seelsorger (→Seelsorge) und ehrenamtliche Betreuungsgruppen um die Betroffenen. Kirchen u. Organisationen der F. fordern seit Jahren die Abschaffung der Abschiebehaft.

Gewährung von →Kirchenasyl. Wenn Kirchengemeinden zu der Überzeugung gelangen, dass einem Flüchtling nach seiner Abschiebung Gefahren für Leib, Leben o. entwürdigende Behandlung drohen und alle rechtlichen Möglichkeiten ausgeschöpft sind, kommt es in letzter Zeit immer häufiger zu der Gewährung von Kirchenasyl.

Bildungs- und Öffentlichkeitsarbeit ist wichtig, um in Kirche u. Öffentlichkeit das Problembewusstsein über die Not der Flüchtlinge, die Fluchtursachen, die restriktive Asylpolitik der EU und den Umgang mit Flüchtlingen zu verstärken. Es geht um Versachlichung u. Differenzierung in der oft emotional geführten Debatte, um das Werben für Verständnis, Toleranz u. →Nächstenliebe.

Weitere Arbeitsfelder sind die Beratung von Flüchtlingen über Möglichkeiten der Weiterwanderung in ein aufnahmebereites Land; die Rückkehrberatung, wenn sich die Gefahrenlage im Herkunftsland verbessert hat; die Unterstützung von Selbstorganisationen der Flüchtlinge u.Ä.

Das Netz der Organisationen u. Initiativen der F. ist komplex: Neben professionellen Helfern sind viele Ehrenamtliche engagiert (→Ehrenamt). Sie arbeiten in Flüchtlingsräten, Amnesty International-Gruppen, gemeindlichen Asylarbeitskreisen o. projektbezogenen Initiativgruppen. Sie engagieren sich durch Besuchsdienste in Übergangsheimen u. Abschiebehaftanstalten, durch Beratungstätigkeiten, Sprachkurse, Kinder- u. Hausaufgabenbetreuung, Teestuben, Begleitung zu Ämtern, Ärzten u. Schulen.

Im professionellen Bereich sind insbesondere die →Wohlfahrtsverbände in der F. tätig. Darüber hinaus engagieren sich auf Bundesebene u.a. das Amt des Hohen Flüchtlingskommissars der UN (UNHCR), das Kirchenamt der →EKD, das Kommissariat der Deutschen Bischöfe, Pro Asyl, Amnesty International, die Gesellschaft für bedrohte Völker, die Ökumenische Bundesarbeitsgesellschaft Asyl in der Kirche, der Bundesfachverband Unbegleitete minderjährige Flüchtlinge, medico international, terres des hommes Deutschland u.a.

LITERATUR: WOLF-DIETER JUST / BEATE STRÄTER (Hg.), Kirchenasyl, Karlsruhe 2003 • GEORG CLASSEN, Sozialleistungen f. MigrantInnen u. Flüchtlinge, Karlsruhe 2015 • DIAKONIE DEUTSCHLAND, Journal. Wie ich mich für Flüchtlinge engagieren kann, Berlin 2015.

Wolf-Dieter Just

FORTBILDUNG

siehe unter: Bildung

FRANCKE, AUGUST HERMANN

Der hochbegabte Student F. (1663–1727), der schon seit 1685 Vorlesungen über exegetische Themen hielt, machte 1687 eine schwere Glaubenskrise durch, die durch eine plötzliche Gotteserfahrung überwunden wurde. F. hat diese »*Bekehrung*« nicht nur für sich als Lebenswende empfunden, sondern auch als durch einen Bußkampf zu erringenden Königsweg für alle wahren Christen postuliert. Danach schloss er sich eng an Philipp J. Spener an und versuchte, sein Programm des →*Pietismus* kämpferisch durchzusetzen. In *Halle*, wo er die Unterstützung der preußischen Herrscher genoss, konnte er als Professor für Hebräisch u. Griechisch an der biblischen Ausrichtung des Theologiestudiums arbeiten und zugleich als Pfarrer eine Vorstadtgemeinde betreuen. Sein Wirken verbindet sich vor allem mit den 1695 gegründeten F.schen *Stiftungen*, die ein Waisenhaus, mehrere Schulen und ein ganzes Wirtschaftsimperium umfassen. Sie sollten die Keimzelle für eine Reform werden, die über Deutschland und Europa schließlich die ganze Welt gemäß dem göttlichen Willen umprägte.

LITERATUR: HOLGER ZAUNSTÖCK / THOMAS MÜLLER-BAHLKE / CLAUS VELTMANN (Hg.), Die Welt verändern. A.H.F., Halle 2013.

Martin Friedrich

FRAUENHILFE

Die Gründung der »Ev. Frauenhülfe« im Jahr 1899 in Berlin ging auf eine Initiative des preußischen Herrscherhauses zurück, das die Verbreitung christl.-sozialer Gedanken fördern und den Umsturzideen der Sozialdemokratie in den der Kirche entfremdeten Unterschichten entgegenwirken wollte. Ein Handschreiben von Kaiserin Auguste-Victoria vom 1. Januar 1899 gilt als Gründungsurkunde.

In der zweiten Hälfte des 19. Jh. fehlte eine flächendeckende pastorale Betreuung der Bevölkerung in den explodierenden Großstädten. Mit Spendengeldern und Unterstützung der Landesherren versuchten die Ev. Kirchen, diesen Rückstand aufzuholen. Zur Lösung der brennenden →sozialen Fragen reichte das jedoch nicht aus. Die traditionelle kirchliche Wohltätigkeit musste durch die Gründung von Kindergärten (→Kindertagesstätte), →Krankenhäusern u. Altenheimen sowie durch die unentgeltliche Krankenpflege für Bedürftige neu belebt werden. Vom Ev.-Kirchlichen Hilfsverein in Berlin eingerichtete Krankenpflegestationen erwiesen sich als Keimzellen der F. Die dort tätigen →Diakonissen wurden von Frauengruppen materiell und in der praktischen Arbeit unterstützt. Bei den Diakonissen handelte es sich zunächst um Angehörige von →Mutterhäusern Kaiserswerther Prägung. Später übernahmen auch Schwestern des Diakonievereins, der 1894 vom Berliner Pfarrer Friedrich Zimmer gegründet worden war, diese Aufgaben. In der Weimarer Republik entstand eine eigene »Schwesternschaft der Ev. F.«, die Mitglied des →Zehlendorfer Verbandes wurde.

Drei Faktoren prägten die Arbeit der F.: Der Initiativgedanke war die ehrenamtliche praktische Lebenshilfe (→Ehrenamt) materiell gut versorgter Frauen der →Gemeinde an weniger gut gestellten, kurz gesagt ein konkretes Unterstützungsangebot für notleidende Gemeindeangehörige. Die Mitglieder kamen vorwiegend aus der Mittelschicht und dem Kleinbürgertum. Nur selten »verirrte« sich eine Arbeiterfrau in einen Ortsverein der F., wobei es auf Grund der Bevölkerungszusammensetzung große regionale Unterschiede gab. Daneben sollte eine volksmissionarische Begleitung der Sozialarbeit die der →Kirche entfremdeten Gemeindemitglieder wieder zurückgewinnen. Drittens wurden die Frauen durch Bibelarbeit, Mütterschulung u. andere religiöse Angebote für den Dienst (→Dienen) in Kirche u. Gemeinde gerüstet.

Die einzelnen Zweigvereine waren dem Gemeindepfarrer direkt unterstellt und unterstützten ihn beim Austeilen von Sonntagsblättern und bei der Gestaltung von Veranstaltungen. Ein öffentliches Auftreten der Frauen in Gesellschaft u. Gemeinde sollte durch die F. keineswegs gefördert werden. Sie entsprach vielmehr dem bürgerlichen Rollenverständnis der Geschlechter, in dem der Frau ein passiver, häuslicher u. fürsorglicher Charakter zugesprochen wurde, während der Mann aktiv u. offensiv in die Gesellschaft hinaustrat. Neu war v.a. die überregionale Organisation bis hin zu einem Zentralverband in Potsdam und damit in der Nähe der Reichshauptstadt. Die

Leitung lag überwiegend in Männerhand, die Landesverbände wurden von hauptamtlichen Geistlichen geleitet und in den Ortsvereinen hatte der Gemeindepfarrer eine
zentrale Rolle inne. Erstmals trat 1926 mit Gertrud Stoltenhoff (1878–1958) eine
Frau an die Verbandsspitze. In der Zeit des Nationalsozialismus wurde die F. gleich-
geschaltet und in »Reichsf.« umbenannt. Mit der Gründung von zwei deutschen Staaten teilte sich auch die F. in zwei Organisationen, die 1992 wieder unter dem alten
Namen »Ev. F. in Deutschland« zusammentraten.

Von 2005 bis 2008 war die F. in einem Dachverband mit der Ev. Frauenarbeit in
Deutschland e.V. verbunden. Seit März 2008 sind die F., die Frauenarbeit und 40
weitere ev. Frauenverbände mit ca. 3 Mio. Mitgliedern in dem neuen Dachverband
der Ev. Frauen in Deutschland (EFiD) zusammengeschlossen. Trotz Überalterung
vieler Ortsgruppen ist die verbandlich u. landeskirchlich organisierte Frauenarbeit
bis heute ein wichtiger Träger ev. Lebens in Deutschland.

LITERATUR: FRITZ MYBES, Geschichte d. Ev. F. in Quellen, Gladbeck 1975 • U. BAUMANN, Protes-
tantismus u. Frauenemanzipation in Deutschland 1850 bis 1920, Frankfurt a.M. / New York
1992 • 75 Jahre Frauenhilfs-Diakonieschwesternschaft 1921–1996, Bonn 1996 • JUTTA
SCHMIDT, Die Frau hat ein Recht auf die Mitarbeit am Werke d. Barmherzigkeit, in: URSULA
RÖPER / CAROLA JÜLLIG (Hg.), Die Macht d. Nächstenliebe, Berlin 1998, 138–151 • SIGRID
LEKEBUSCH, Ev. F. im Rheinland, in: JOACHIM CONRAD / STEFAN FLESCH ET AL. (Hg.), Ev. am
Rhein, Düsseldorf 2007, 212–216 • INGEBORG BAUCH / K. RÜDIGER DURTH (Hg.), Die Zukunft
einer kaiserlichen Idee. Werkbuch f. die kirchl. Frauenarbeit, Bonn 2000 • ANNETT BÜTTNER,
Die Rheinische F., www.rheinische-geschichte.lvr.de.

Annett Büttner

FREIKIRCHEN

Aus Protest gegen Patronatsrechte verließen 1843 fast 40% der Geistlichen u.
Laien unter Leitung von →Thomas Chalmers (1780–1847) die Staatskirche *Church of
Scotland* und gründeten die →*Free Church of Scotland*. Das Eintreten von Alexandre
Vinet (1797–1847) für Glaubensfreiheit führte 1847 zur Bildung der waadtländischen
Eglise libre. Der Wortbestandteil »frei« zeigt an, dass man nicht, wie die »Mutterkir-
chen«, durch ein Territorial- u. Parochialprinzip oder durch Abhängigkeit vom Staat
»unfrei« sein möchte. Geistliches und Weltliches darf nicht vermischt, sondern muss
getrennt werden. Das verlangten bereits Täufer der Reformationszeit oder etwa der
Schlesier Caspar von Schwenckfeld (1489–1561) und wird in der Neuzeit häufig als
»Trennung von Staat und →Kirche« umschrieben. Daher ist F. Kontrastbegriff zu
Staats-, →Landes- o. Volkskirche und zeigt eine theologisch u. soziologisch andere
Art der Verwirklichung von Kirche. Als Strukturbegriff umgreift er vier Tatbestände:

1. An die Stelle des Monopols einer Kirche auf ein geographisches Gebiet durch
(Zwangs-)Uniformität (vgl. die engl. Uniformitätsakte von 1559 u. 1662) tritt ein
kirchlicher Pluralismus. Das ist keine Relativierung der Wahrheit, weil jede F. ihre
Erkenntnisse für wahr betrachtet, sie aber nur mit dem »Schwert des Geistes«, nicht
dem Schwert, verteidigt. 2. Jede Form von Caeseropapismus oder »kanonische Territorien« (Orthodoxie), ein kirchliches Establishment (*Church of England*) oder eine Ehe
von Thron u. Altar wie in Preußen stehen im Widerspruch zum Wesen der Kirche. 3.
Umgekehrt darf es keine klerikalen Machtansprüche gegenüber dem Staat geben. In
einem (kirchen-)freien Staat sollen sich (staats-)freie Kirchen verwirklichen, wie es

C.B. Cavour (1810–1861) ausdrückte: *Libera chiesa in libero stato*. Gewissens- u. Religionsfreiheit sowie Demokratie als gesellschaftlicher Rahmen sind Voraussetzungen und Folgen. 4. An der Nahtstelle von sozialer Struktur und theologischen Inhalten liegt die →Kirchenmitgliedschaft, die in F. nicht passiv zugeschrieben, sondern aktiv erworben wird, was sich nach unterschiedlichen inhaltlichen Kriterien richtet (z.B. Bekenntnistaufe, persönliches Bekenntnis, ein besonderer Akt der Gliederaufnahme). Das ist nicht wie ein Vereinsbeitritt, weil die Aufnahme neuer Glieder in eine F. unter Wirkung des Heiligen Geistes geschieht und zugleich die Gliedschaft am universalen Leib Christi umschließt.

Die freiwillige Zugehörigkeit bedingt, dass eine »distanzierte« Mitgliedschaft nicht die Regel, sondern die Ausnahme darstellt. Daraus folgt eine verantwortliche Haushalterschaft, was die Spende von oft 10 % des Einkommens, viele ehrenamtliche Tätigkeiten vielfältige missionarische, evangelistische u. sozial-diakonische Aktivitäten einschließt. Das Priestertum aller Gläubigen soll verwirklicht werden. Dazu kann auch Kirchenzucht (Mt 18) gehören, was kein liebloses Richten ist, sondern aus seelsorgerlichen Gründen und wegen der Integrität der Gemeinde erfolgen kann. In diesen Punkten sehen F. Züge wahrer Apostolizität von →Glauben u. →Kirchenordnung, sodass die Struktur wichtig ist, um Inhalte nicht zu gefährden.

Im heutigen deutschen Kontext ist F. oft ein Sammelbegriff, was verdunkelt, dass die vielfältigen Kirchen verschiedene inhaltliche Schwerpunkte u. Kirchenverfassungen kennen. Mennoniten, Baptisten (→Baptismus), die Freien ev. Gemeinden und die meisten Pfingst- u. Heiligungskirchen sind kongregationalistisch verfasst und in einem »Bund« von mehr oder weniger selbständigen Einzelgemeinden organisiert. Die methodistischen Kirchen haben eine bischöflich-synodale Verfassung und sind in »Konferenzen« und weltweit durch das connexionale System verbunden. Ähnlich ist die Heilsarmee mit einem General / einer Generalin an der Spitze weltweit wie eine Armee aufgebaut. Synodal-presbyteriale Strukturen kennt die Brüder-Unität. In weltweiten Strukturen ist die F. der Siebenten-Tags-Adventisten organisiert, die ihre Angelegenheiten in synodal-repräsentativen Konferenzen regelt, während die Quäker in Andachtskreisen, Monats-, Vierteljahres- u. Jahresversammlungen organisiert sind. Die meisten F. haben den Status einer Körperschaft des öffentlichen Rechts (→Organisationsformen), doch verzichten sie um der Unabhängigkeit vom Staat freiwillig auf Privilegien, die von den ev. Landeskirchen und der röm.-kath. Kirche – weil historisch geworden – in Anspruch genommen werden. Dadurch entsteht allerdings im Staat keine Gleichheit der Religionen.

Eine grobe typologische Gliederung ergibt:

1. Täuferische F.: Mennoniten, Baptisten, Freie ev. Gemeinden. Letztere praktizieren die Bekenntnistaufe als Regel, machen sie aber nicht verpflichtend.

2. Kirchen der wesleyanischen-methodistischen Tradition, wie die Ev.-methodistische Kirche (EmK) mit starker Gewichtung der Evangelisation und Heiligung. Aus dem Methodismus entwickelte sich die Heilsarmee, und als die Betonung der Heiligung nachließ, traten Ende des 19. Jh. Heiligungskirchen wie die Kirche des Nazareners und der Freikirchliche Bund der Gemeinde Gottes hervor.

3. Verwandt mit dem Methodismus sind die Pfingstkirchen; in Deutschland v.a. der Bund Freikirchlicher Pfingstgemeinden und die Gemeinde Gottes – Urbach. Sie betonen die Gaben des Heiligen Geistes, wie Sprachenrede (Glossolalie) und andere

Wunder als »nachfolgende Zeichen« auf die Bekehrung. Eine Ausnahme bildet der Mülheimer Verband Freikirchlich-Ev. Gemeinden.

4. Der Name der F. der Siebenten-Tags-Adventisten verweist auf die Sabbatheiligung und die Naherwartung der Wiederkunft Jesu.

5. Eine Sonderstellung nimmt die »Gesellschaft der Freunde« (= Quäker) ein. Sie ist eine Gemeinschaft ohne Dogmen u. Sakramente, weil das ganze Leben der Christen ein Sakrament sein soll. Die Gottesdienste vollziehen sich meist in schweigenden Andachten.

6. Als Besonderheit muss die Ev. Brüder-Unität (Herrnhuter Brüdergemeine) eingestuft werden, die sich auf die hussitische Bewegung zurückführt und die heute eine Gliedkirche der →EKD ist und gleichzeitig in der Vereinigung Ev. F. (s.u.) mitarbeitet. Sie ist bekannt durch die seit 1730 herausgegebenen »Losungen«.

Um gegenüber dem demokratischen Staat und den ev. Landeskirchen gemeinsame Anliegen wirksamer zu vertreten, bildeten Methodisten, Baptisten u. die Freien ev. Gemeinden 1926 die Vereinigung Ev. F. (VEF). Sie ist der älteste ökumenische Zusammenschluss autonomer Kirchen auf deutschem Boden. In der Präambel der seit 2000 geltenden »Ordnung der VEF« haben die F. trotz unterschiedlicher Verfassungen, verschiedener theologischer Schwerpunkte u. andersartiger Frömmigkeitstraditionen Gemeinsamkeiten betont. Damit ist die VEF ein Muster, wie in »versöhnter Verschiedenheit« miteinander gearbeitet werden kann.

7. In Deutschland gibt es zudem zwei sog. Konfessionelle F., die Selbständig Ev.-Lutherische Kirche (SELK) und die Ev.-altreformierte Kirche in Niedersachsen. Beiden geht es um Wahrung konfessionsspezifischer Bekenntnis- u. Lehrbildungen, und beide sind im 19. Jh. in Opposition zu Kirchenunionen (z.B. preußische Union) und kirchlichem Liberalismus entstanden. Die freikirchliche Existenzweise ergab sich aus der geschichtlichen Situation, ist aber weniger gewollt.

Die diakonischen Aktivitäten aller F. sind angesichts ihrer hierzulande kleinen Zahl erstaunlich. Mennoniten und Quäker zählen zu den Friedenskirchen und haben deshalb sozial-diakonische Aktivitäten entfaltet (Betreuung von Kriegsdienstverweigerern, Entwicklungshilfe u.Ä.). Baptisten, Freie Gemeinden und die EmK betreiben z.T. große Diakoniewerke (Albertinen u. Tabea in Hamburg; Diakonisches Werk Bethanien in Solingen; Marta-Maria in Nürnberg). Die Diakoniewerke gehen auf die Mutterhaus-Diakonie zurück. Der Methodismus entwickelte bereits 1908 ein »soziales Bekenntnis«, was immer wieder überarbeitet wird. Die Heilsarmee hat als Arbeiterreligion ein hohes Maß an Sozialarbeit entwickelt, was man auf die Formel »Seelenrettung, Seife, Suppe« bringen kann, was eine Ganzheitlichkeit verdeutlicht. Die Adventisten entfalten auf den Gebieten der Gesundheitsreform, der medizinischen Versorgung u. Prävention mit medizinischen Hochschulen u. Krankenhäusern, schulischen Einrichtungen (Schulen), in der →Mission sowie der Katastrophen- u. Entwicklungshilfe (ADRA) besondere Aktivitäten. Die Quäker haben zur Abschaffung der Sklaverei wesentlich beigetragen und sind bei Katastrophen aller Art höchst aktiv. Etliche F. experimentieren mit »gemeindenaher Diakonie«. Die diakonischen →Einrichtungen sind mit dem Diakonischen Werk eng verzahnt. In der Diakonischen Arbeitsgemeinschaft ev. Kirchen sind die freikirchlichen Einrichtungen zusammengeschlossen und bilden die Verbindung zum Ev. Werk für Diakonie u. Entwicklung.

LITERATUR: KARL HEINZ VOIGT, F. in Deutschland, Leipzig 2004 ◆ VEF (Hg.), F.handbuch, Wuppertal 2004 ◆ ERICH GELDBACH, F. – Erbe, Gestalt u. Wirkung, Göttingen 2005.

Erich Geldbach

FREIWILLIGENENGAGEMENT

siehe unter: Ehrenamt

FRICK, CONSTANTIN

Der Theologe F. (1877–1949) ist eine zentrale Persönlichkeit der →Inneren Mission in der ersten Hälfte des 20. Jh. Geboren in Magdeburg kam der Pastorensohn nach einigen Zwischenstationen in Cannes u. Bad Godesberg 1905 als Inspektor der Inneren Mission nach Bremen, wo er unterschiedliche Aktivitäten entfaltete, von der Förderung der Seemannsmission, der Wandererfürsorge oder auch als Vorsteher der Bremer Diakonissenanstalt (nebenamtlich). In Kaiserreich und Weimarer Republik war F. ein bestens vernetzter Funktionär der Inneren Mission; seine ausgleichende, auf Kompromisse ausgerichtete Art und seine Erfahrungen dürften mit dazu beigetragen haben, dass er 1934 zum Präsidenten des Centralausschusses für Innere Mission gewählt wurde. Er führte die Organisation durch die Zeit des Nationalsozialismus; eine Amtszeit, die später von Kritik und Rechtfertigung geprägt war.

LITERATUR: JOCHEN-CHRISTOPH KAISER, C.F. u. Bodo Heyne – zwei Bremer Pastoren u. d. Innere Mission zw. 1933 u. 1945, in: DERS., Ev. Kirche u. Soz. Staat – Diakonie im 19. u. 20. Jh., Stuttgart 2008, 201–215.

Norbert Friedrich

FRY, ELIZABETH

F. (1780–1845), der »Engel von Newgate«, ist in die Geschichte eingegangen als Reformerin des britischen Gefängniswesens. Sie wuchs in wohlhabenden Verhältnissen auf und wandte sich früh dem Quäkertum zu. Nach dem Besuch eines Gefängnisses in Newgate (1813) begann sie sich konkret für eine Verbesserung der englischen Gefängnisse einzusetzen, ihr Engagement reichte dabei weit über ihr Land hinaus nach ganz Europa. Mehrfach besuchte sie Deutschland und beriet dortige Reformmaßnahmen. →Wichern, →Fliedner und andere Vertreter der →Inneren Mission sahen in ihr ein Vorbild für die eigene Arbeit.

LITERATUR: ANNEMIEKE VAN DRENTH / FRANCISCA DE HAAN, The Rise of Caring Power: E.F. a. Josephine Butler in Britain a. the Netherlands, Amsterdam 1999.

Norbert Friedrich

FÜHREN DURCH ZIELE

F.d.Z. (auch zielorientierte Führung o. Management-by-Objectives) ist ein erstmals in den 1950er Jahren von Peter Drucker vorgestelltes und danach vielfach adaptiertes und ausdifferenziertes Leitungskonzept (→Leitung), das die Zielorientierung in den Mittelpunkt des Leitungshandelns stellt. Ausgangspunkt ist die Mission einer Organisation, die für jeden nachfolgenden Organisationsbereich bis hin zum einzelnen Mitarbeiter (→Mitarbeitende) heruntergebrochen wird. Verbreitet ist insbesondere die Festschreibung der Ziele in sogenannten Zielvereinbarungen im Rahmen eines partizipativen Prozesses (→Partizipation). Innerhalb eines Zielkorridors werden dabei Vereinbarungen zwischen Leitung u. Mitarbeitern auf jeder hierarchischen Ebene getroffen. Der Grad der Zielerreichung ist dann die zentrale Steuerungsgröße und damit die Grundlage für Leistungsbeurteilung und Vergütung. F.d.Z. soll die Zieltreue des Handelns auf allen Ebenen einer Organisation sicherstellen und durch erhöhte Handlungsautonomie bei den Mitarbeitern zu einer Entlastung höherer Managementebenen sowie zur →Motivation der Mitarbeiter beitragen. Zu den Nachteilen des Konzepts zählen der vergleichsweise hohe Zeitaufwand bei der Zielklärung u. -definition, die Probleme der Messung der Zielerreichung sowie arbeits- u. tarifrechtliche Restriktionen.

LITERATUR: PETER F. DRUCKER, Die Praxis d. Managements, Düsseldorf 1956 • GUNNAR KUNZ, F.d.Z.vereinbarungen, München 2003 • KLAUS WATZKA, Zielvereinbarungen in Unternehmen – Grundlagen, Umsetzung, Rechtsfragen, Wiesbaden 2011.

Michael Vilain

FÜHRUNG

siehe unter: Leitung

FÜHRUNGSAKADEMIE FÜR KIRCHE UND DIAKONIE (FAKD)

Geschichte: Bereits seit 1973 wurde für Führungskräfte (→Leitung) in der →Diakonie eine Ausbildung mit dem Titel »Sozialmanagement« (→Management) in der Diakonischen Akademie Stuttgart angeboten. Ab 1989 fand durch die Impulse von Alfred →Jäger jährlich ein Seminar zum Thema »Ökonomie und Theologie in der Diakonischen Leitung« statt. Bereits in dieser Zeit wurde das St. Galler Management-Modell als Referenzrahmen für die Verhältnisbestimmung von →Ökonomie und →Theologie angesehen und die Gründung einer eigenständigen F. diskutiert. Im Jahr 2006 kam es unter der Leitung von Hanns-Stephan Haas zur Gründung der »FAKD« in der Rechtsform einer gemeinnützigen Aktiengesellschaft. Neben der »Bundesakademie für Kirche und Diakonie« (Mehrheitsaktionärin) konnten 26 Aktionäre zur Gründung einer F. gewonnen werden.

Als Auftrag einer F. formulierte Haas: »Die F. will für →Kirche und Diakonie der erste Ort sein, an dem die komplexe Aufgabe des Managements gelernt und reflektiert wird. Dabei bilden die besondere Herausforderung von Leitung in Kirche und Diakonie einerseits und die komprimierte Vermittlung von differenziertem Management-Knowhow andererseits die zwei Brennpunkte der einen Ellipse.« Diese Aufgabenbeschreibung hat ihre Gültigkeit behalten.

Organisatorisch wurde 2014 die gemeinnützige Aktiengesellschaft wieder auf die Bundesakademie für Kirche und Diakonie (→BAKD) verschmolzen. Die meisten Aktionäre wurden Gesellschafter der neu entstandenen »Akademien für Kirche und Diakonie gGmbH«. Allerdings tritt allein die Marke »FAKD« in die Öffentlichkeit. Seit 2012 ist die FAKD das vierte Reformzentrum der →EKD im Rahmen des Reformprozesses »Kirche im Aufbruch«. Nachdem die Teilnehmenden in den ersten Jahren der FAKD stärker aus dem Bereich der Diakonie kamen, ist zunehmend eine Beteiligung kirchlicher Führungskräfte zu verzeichnen.

Transformation braucht Führungskompetenz: Seit Mitte der 1990er Jahre erleben Diakonie und Kirche in Deutschland eine erhebliche Veränderung ihrer Rahmenbedingungen. Die Diakonie hat seit Beginn der 1990er Jahre mit der Abschaffung des Selbstkostendeckungsprinzips (→Selbstkostendeckung) in der sozialen Arbeit vor der Aufgabe gestanden, diese Herausforderung theologisch, betriebswirtschaftlich und jeweils fachlich zu bewältigen. Dies hat in nahezu allen Handlungsfeldern organisatorische Anpassungsprozesse und inhaltliche Reformen zur Folge gehabt. Das Bemühen um →Inklusion und →Sozialraumorientierung stellt diakonische Träger nicht nur vor fachliche Herausforderungen, sondern verlangt neue Kooperationen und Organisationsformen. In diesem Kontext steht u.a. auch die Frage: Wie sind Kirche und Diakonie aufeinander bezogen?

Weiterbildungen – Tagungen – Netzwerke: All diese Veränderungsprozesse müssen angeregt, reflektiert, kommuniziert, gestaltet und umgesetzt werden.

Die F. hat den Auftrag, Führen und Leiten in Kirche und Diakonie zu befähigen, zu stärken und zu unterstützen. Im Sinne eines umfassenden Verständnisses christlicher →Verantwortung ergeben sich unterschiedliche Entwicklungsperspektiven:
- für das eigene Tun (Persönlichkeitsentwicklung)
- für den Auftrag der Kirche und ihre diakonische Arbeit (theologische und diakonische Reflektion / strategische Ausrichtung)
- für die anvertrauten Menschen (Personalentwicklung)
- sowie für die Weiterentwicklung der jeweiligen Organisation (Organisationsentwicklung)

In unterschiedlichen Formaten werden kirchliche und diakonische Führungskräfte begleitet und unterstützt. Dieses kann in umfassender Weise (in mehrjährigen modularen Weiterbildungen [→Bildung] z.B. »Management in sozialen Organisationen« oder »Kunst des Führens«), in punktueller Form (kürzere Seminare und Tagungen zu verschiedenen Themen z.B. »Fit für den Aufsichtsrat«, »Projektmanagement«), durch Netzwerkarbeit und manchmal auch als Beratung oder Coaching geschehen. Auf der Grundlage eines systemischen Verständnisses von Organisationen und theologischer (kirchlicher, diakonischer) Reflexion werden Management-Instrumente und das Handeln in Prozessen eingeübt. Die Praxis und Herausforderung der Teilnehmenden ist Bestandteil der Lernprozesse.

Literatur: Alfred Jäger, Diakonie als christl. Unternehmen, Gütersloh 1986 • Albrecht Müller-Schöll / Manfred Priebke, Sozialmanagement. Zur Förderung systemat. Entscheidens, Planens, Organisierens, Führens u. Kontrollierens in Gruppen, Neuwied/Berlin 1992 • Alfred Jäger, Diakon. Unternehmenspolitik, Gütersloh 1992 • Johannes Rüegg-Stürm / Simon Grand, Das neue St. Galler Management-Modell. Grundkategorien einer integrierten Managementlehre, Bern/Stuttgart/Wien 2003 • Hanns-Stephan Haas, Führung hat einen Ort, in: Diakonische Akademie Deutschland (Hg.), F., o.O. 2005, 4 • Johannes Rüegg-Stürm, Das St. Galler Management-Modell. 4. Generation – Einführung, Bern 2014.

Peter Burkowski

FUNDRAISING

F. zielt nicht allein auf die Beschaffung von →Spendengeldern, sondern den gezielten Aufbau der Ressourcen, zu denen Sachmittel, Informationen und die Tätigkeiten haupt- o. ehrenamtlicher Mitarbeitenden gehören. F. ist die zielgerichtete u. systematische Aktivität einer Organisation, um die notwendigen Mittel zu beschaffen und effektiv zu bewirtschaften. Das F. hat sich professionalisiert und zu einem beruflichen Zweig entwickelt, der nach fachlichen Regeln u. Methoden mit einem eigenen beruflichen Selbstverständnis u. Ethos agiert. F. steht in einem engen Zusammenhang mit dem strategischen →Management einer Organisation, bei dem die Definition der Ziele ebenso im Zentrum steht wie die Positionierung im →Markt und gegenüber den Wettbewerbern.

Gesellschaftlich ist F. Teil zivilgesellschaftlichen Engagements. F. zielt auf die →Motivation zu und die Organisation von entsprechenden Tätigkeiten, es trägt bei zur Gestaltung der →Zivilgesellschaft und ihrer Reproduktion. Daher ist die Akquisition von Ressourcen Mittel zum Zweck und nicht Selbstzweck.

F. muss interdisziplinär analysiert werden. Dazu gehören Zugänge aus Soziologie, Kulturwissenschaften, Wirtschaftswissenschaften u. Politologie, aber auch aus Philosophie und Theologie. Zentral ist der →Gabe-Diskurs, der zunächst im französischsprachigen Raum geführt, aber zuletzt auch in Deutschland aufgegriffen wurde. Ethisch ist es notwendig, zwischen verschiedenen Formen des Gebens (schenken, tauschen, spenden, stiften, vererben etc.) zu unterscheiden und ihre jeweiligen Spezifika sowie deren ethischen Implikationen u. Sinnhorizonte herauszuarbeiten.

Aus der kirchlichen Tradition sind die Formen des Gebens vertraut (Almosenpraktiken, organisierte Formen der Unterstützung – z.B. die paulinische Kollekte für die Gemeinde in Jerusalem –, Stiftungswesen). Die im 19. Jh. entstehende Vereinsdiakonie speist sich aus personellem u. finanziellem Engagement der Gemeinden u. Einzelpersonen. Auch gegenwärtig sind die kirchlichen u. diakonischen Hilfswerke u. Initiativen von Unterstützungsleistungen unterschiedlicher Akteure abhängig. Die Bedeutung eines professionalisierten F. wird gesehen und die Organisationsstrategie entsprechend ausgerichtet. Hier wird die Notwendigkeit der fachlichen Qualifizierung der Mitarbeitenden erkannt und entsprechende Angebote auf unterschiedlicher Ebene entwickelt.

LITERATUR: IRIS DÄRMANN, Theorien d. Gabe zur Einführung, o.O. 2010 ◆ F. AKADEMIE (Hg.), F., o.O. 2015 ◆ CHRISTIAN GAHRMANN, Strategisches F., o.O. 2012.

Hans-Ulrich Dallmann

FÜRSORGE

siehe unter: Soziale Arbeit

FUSION

Fusionen im Bereich diakonischer Organisationen treten v.a. seit der Einführung von ökonomischen Prinzipien und Steuerungsinstrumenten in der Sozialwirtschaft auf. Sie erfolgen fast immer unter wirtschaftlichem Druck und nachdem andere Optimierungsmaßnahmen nicht mehr greifen. Man verspricht sich von F. die Vergrößerung betrieblicher Einheiten, um vor Konkurrenten bestehen zu können, die Ausweitung des Leistungsspektrums oder die Stärkung der Breitenwirkung im Tätigkeitsgebiet. Zu den Vorteilen von F. gehören eine leichtere Steuerung der Gesamt-Organisation bei nur einem Träger, der Erhalt von Kapazitäten in einer Region, Leistungssteigerung und Spezialisierung. Nachteile sind gravierende Einschnitte in die Organisation oder schwer vereinbare rechtliche Strukturen der beteiligten Träger, was nicht selten zum Misslingen von F. führen kann. Als erfolgskritische Faktoren von F. haben sich die Integration der Mitarbeitenden in den F.-Prozess und die Berücksichtigung kultureller u. ethischer Fragen erwiesen.

LITERATUR: STEFAN JUNG / THOMAS KATZENMAYER (Hg.), F. u. Kooperation in Kirche u. Diakonie, Göttingen 2014 • JOHANNES EURICH / WOLFGANG MAASER, Diakonie i.d. Sozialökonomie, Leipzig 2013.

Johannes Eurich

FUSSWASCHUNG

Joh 13,1−15 bietet anstelle eines detaillierten Berichts über das letzte Abendmahl eine Schilderung der F. Jesu an seinen Jüngern. Viel Raum nimmt der Dialog mit Petrus ein, der sich nicht von seinem Herrn waschen lassen will, da diese Geste der Gastfreundschaft gewöhnlich von Sklaven geleistet wurde. Von Joh 13,31−35 her wird diese Handlung auch als *mandatum novum,* neues Gebot, bezeichnet. Analog zu den Einsetzungsworten der synoptischen Evangelien bietet Johannes hier eine Deutung der Proexistenz Jesu im nahen Tod sowie seiner Person. Die F. ist Auftrag zum unbedingten Dienst (→Dienen) am Nächsten, den Johannes an die Stelle des Auftrags Jesu rückt, →Liturgie zu feiern. V.a. in der kath. Kirche ist in der Messe vom Letzten →Abendmahl am Gründonnerstag eine F. durch den Priester bzw. Bischof vorgesehen, begleitet von der Lesung aus Joh 13. So wird in der Feier der Einsetzung der Eucharistie auch des Auftrags Jesu zum Dienst am Nächsten gedacht.

LITERATUR: CHRISTOPH NIEMAND, Die F.serzählung d. Johannesevangeliums, Rom 1993 • WINFRIED HAUNERLAND, Die F. am Gründonnerstag − Evangelienspiel o. Nachfolgehandlung?, in: Liturgisches Jahrbuch 48 (1998), 79−95 • OTFRIED HOFIUS, Die Erzählung v. der F. Jesu, in: Zeitschrift für Theologie und Kirche 106 (2009), 156−176.

Stephan Koch

GABE

Der Begriff der G. ist v.a. Gegenstand anthropologischer, ethnologischer u. soziologischer Diskussionen und ist hier eng mit dem Thema Reziprozität verknüpft. Ausgangspunkt der modernen Auseinandersetzung ist der 1923/24 erschienene »Essai sur le don« von Marcel Mauss. Er untersucht das Phänomen der G. v.a. in Bezug auf archaische u. vormoderne Gesellschaften und stellt fest, dass sich der G.ntausch als Grundprinzip aller Lebensbereiche im Sinne eines Kreislaufes von Geben, Nehmen u. Erwidern bestimmen lässt. Theoretisch erfolgen die G.n hier freiwillig; praktisch üben sie jedoch den Zwang der Gegeng. aus.

In Anknüpfung an die Konzeption von Mauss entwickelte sich eine Vielzahl unterschiedlicher Verständnisse von G. und Reziprozität, die zwischen Eigennutz u. Altruismus, ökonomischem Kalkül u. dem Aushandeln fairer Tauschbeziehungen changieren. Besonders fruchtbar ist hier der französische Diskurs, dessen Bandbreite von der Unmöglichkeit (Jacques Derrida) bis hin zur Unvermeidbarkeit (Jean-Luc Marion) des Phänomens der G. reicht. Ein gewisser Konsens kann darin gesehen werden, dass Reziprozität als soziales Prinzip verstanden wird, das auf Vertrauen angewiesen ist und Beziehungen stiftet. Was hingegen genau als G. verstanden wird, ist nicht eindeutig und universell festgelegt, sondern muss in kulturellen u. sozialen Prozessen immer wieder neu ausgehandelt werden. Dabei wird kontrovers diskutiert, inwiefern das Phänomen der G. auch gegenwärtig von gesellschaftlicher Bedeutung ist. Während viele Autoren einen radikalen Bruch zwischen archaischen u. modernen Gesellschaften ausmachen, finden sich auch Positionen, die neben dem wirtschaftlichen Austausch von Gütern u. Dienstleistungen nach den Prinzipien des →Marktes oder der staatlichen Umverteilung insbesondere im privaten Bereich von Familie, Freundschaft u. sozialen Netzwerken dem Prinzip von G. u. Gegeng. weiterhin eine zentrale Bedeutung beimessen.

In einigen zeitgenössischen philosophischen u. theologischen Debatten ist der Begriff der G. von zentraler Bedeutung. Hierbei erfolgt häufig eine Anknüpfung an phänomenologische u. hermeneutische Traditionen, wie sie u.a. von Martin Heidegger und Edmund Husserl geprägt wurden. Eine besondere Bedeutung nimmt die G. z.B. im Werk Paul Ricœurs ein, der sie im Kontext von →Vergebung fruchtbar macht. Vergebung ist für Ricoeur ein grundlegend asymmetrisches Geschehen, das keine Gegeng. erforderlich macht. Sie entspringt daher einer Überfülle der Liebe und setzt Mechanismen des messbaren Ausgleichs außer Kraft. Talcott Parsons nimmt eine religionssoziologische Rekonstruktion der G. vor, indem er die jüdisch-christl. Vorstellung des Lebens als Geschenk Gottes zum Ausgangspunkt seiner Reflexionen über die Profession des Arztes macht.

Theologisch kann der Begriff der G. als Grunddimension angesehen werden, die viele zentrale theologische Kategorien durchzieht, bislang aber nur wenig systematisch reflektiert wurde. So sind Schöpfung u. Neuschöpfung, das Kommen Christi in die Welt, das Geschehen der →Rechtfertigung usw. als G.n →Gottes zu verstehen. Damit liegt zugleich die Akzentsetzung darauf, was Gott den Menschen gibt; in einem zweiten Schritt gilt dies jedoch im Sinne einer ethischen Umsetzung als Vorbild für zwischenmenschliches Handeln. Im Zentrum steht dabei nicht der Akt des Gebens, sondern die Intention der G., die v.a. auch Gemeinschaft stiften kann und lebensdienliche Beziehungen ermöglicht. Als biblisches Beispiel kann hier die →Kollektensammlung des Paulus (2Kor 8–9) dienen, mit der die Gnade Gottes zunächst empfangen, symbolisch zwischen den Gemeinden weitergegeben wird und in →Dank an Gott mündet – ganz im Sinne der Grundfrage des Paulus: »Was aber hast du, das du nicht empfangen hast« (1Kor 4,7).

LITERATUR: FRANK PAUL RICŒUR, Liebe u. Gerechtigkeit, Tübingen 1990 • MARCEL MAUSS, Die G., Frankfurt a.M. 1990 • JACQUES DERRIDA, Falschgeld, München 1993 • MAGDALENE L. FRETTLÖH, Der Charme der gerechten G., in: JÜRGEN EBACH ET AL. (Hg.), »Leget Anmut in das Geben«. Zum Verhältnis v. Theologie u. Ökonomie, Gütersloh 2001, 105–161 • CHRISTLIEB ADLOFF / STEFFEN MAU (Hg.), Vom Geben u. Nehmen, Frankfurt a.M. / New York 2005 • MICHAEL GABEL / HANS JOAS, Von der Ursprünglichkeit der G. Jean-Luc Marions Phänomenologie i.d. Diskussion, München 2007 • CHRISTIAN STEGBAUER, Reziprozität, Wiesbaden 2011.

Anika Christina Albert

GEBET

Im G. findet die Beziehung zwischen →Gott und Mensch ihren Ausdruck. Wer betet, bleibt mit seinen Erfahrungen, seinen Ängsten und seiner Freude nicht allein, sondern sucht die Nähe Gottes. Überall da, wo Gott als ein ansprechbares Gegenüber geglaubt wird, ist das G. daher ein Grundphänomen des Glaubens. Als solches ist es eine Erfahrung im →Glauben und kann denkerisch nie komplett erfasst werden. Nach christl. Verständnis erfahren die Gläubigen zunächst Gottes Zuwendung in Wort u. →Sakrament und antworten darauf mit ihrem G.

Das G. wird häufig als Gespräch zwischen Gott u. Mensch beschrieben. Betende bringen dabei entweder in freier Rede oder in überlieferten Gebetstexten vor Gott, was sie gerade bewegt. G.e können sowohl hörbar gesprochen werden als auch inwendig geschehen.

In der →Bibel finden sich vier Grundformen des gesprochenen G.: Im *Lobg.* sehen die Betenden ganz von sich ab und preisen allein die Größe Gottes. Im *Dankg.* danken sie für all das, was ihnen im Leben an Gutem widerfährt. Im *Bittg.* werden Bitten u. Wünsche vor Gott gebracht. Dort, wo es um Bitten u. Wünsche für andere geht, spricht man vom Fürbitteng. In der →*Klage* kommen die Widrigkeiten dieser Welt und des eigenen Lebens zur Sprache. In schlimmen Situationen können die Klagen auch herausgeschrien werden. All diese Grundformen des G.s sind auch heute noch aktuell, denn sie entsprechen dem widersprüchlichen Grundempfinden der menschlichen Existenz: In den ersten beiden Grundformen findet das Gefühl des Beschenktseins einen Ausdruck, in den letzten beiden das Gefühl der Bedürftigkeit oder des Mangels.

Das gesprochene G. beginnt i.d.R. mit einer Anrede an Gott und endet mit dem bekräftigenden Amen. Die bekanntesten G.stexte der Bibel sind die Psalmen und das Vaterunser, das →Jesus seinen Freundinnen u. Freunden als Modellgebet beigebracht hat.

Das G. kann auch ohne Worte auskommen. In der Form des Körperg.s findet es in Gebärden u. Bewegungen sowie im Tanz seinen Ausdruck. Ebenso kann sich das G. in der stillen Konzentration auf Gott hin ereignen. Ganz weit gefasst wird das G. auch als eine Haltung verstanden, die das ganze Leben bestimmt und trägt. Im christl. Kontext ist es daher nicht möglich, eine exakte Trennlinie zwischen dem G. und der →Meditation zu ziehen.

Feste Zeiten, Orte o. Körperhaltungen sind für das christl. G. nicht zwingend nötig, können sich aber förderlich auf das Beten auswirken. Klassische G.szeiten sind der Morgen, der Mittag und der Abend sowie das G. vor oder nach den Mahlzeiten.

Spezielle Körper- o. Handhaltungen helfen den Betenden, zur Ruhe zu kommen und sich zum G. zu sammeln. Dazu zählen z.B. das Niederknien oder das Falten der Hände. Vor dem Körper oder nach oben ausgestreckte Arme mit nach oben hin geöffneten Händen unterstützen das Lob- o. Dankgebet.

Die Beziehungspflege zwischen Gott u. Mensch ist der entscheidende Grund für das G. Daneben beschreiben Betende weitere Wirkungen des G.s; z.B. erfahren sie durch das G. Hilfe auf ganz unterschiedliche Weise. Manche berichten von konkreten G.serhörungen. Andere fühlen sich durch das G. gestärkt und bekommen Kraft für einen neuen Tag oder Unterstützung in einer schwierigen Situation. Manchen Menschen schenkt eine bewusste G.szeit Ruhe. Das G. erinnert sie daran, dass nicht alles von ihnen allein abhängt. So lernen betende Menschen auch zu akzeptieren, dass nicht alles in ihrer eigenen Macht steht. Belastende o. unabänderliche Dinge können sie bei Gott ablegen und dadurch frei werden vom Kreisen um die eigene Person. So geben Menschen im G. ab und erfahren Entlastung, finden aber auf diese Weise gleichzeitig wieder zu sich selbst.

LITERATUR: GÜNTER R. SCHMIDT, Art. G. IX. Praktisch-theologisch, in: Religion in Geschichte und Gegenwart Bd. 3 (2000), 501f • WERNER H. RITTER, G., in: DERS. / RAINER LACHMANN / GOTTFRIED ADAM (Hg.), Theolog. Schlüsselbegriffe, Göttingen 2004, 74–83.

Johanna Lunk

> *Zu einem alten Mönch kam einmal ein Bruder und klagte ihm, er könne nicht mehr beten und glauben. Er bat darum, vom Gottesdienst befreit zu werden, weil sein Herz starr und seine Gebete eine Lüge seien. Der alte Mönch sagte ihm: »Wenn du schon nicht beten kannst, dann gehe hin und schaue zu, wie deine Brüder beten.«*

GEFÄNGNISSEELSORGE

siehe unter: Seelsorge

GEHÖRLOSENSEELSORGE

siehe unter: Seelsorge

GELD

G. ist, wirtschaftswissenschaftlich gesprochen, ein allgemein anerkanntes Tauschmittel und ein Wertaufbewahrungsmittel.

Die landläufige Kritik, im Gebrauch des G.es habe sich dieses Mittel des Geschäftsverkehrs als nivellierendes Äquivalent aller Werte zum absoluten Selbstzweck entwickelt (prominent so etwa Georg Simmel, Die Philosophie des Geldes, 1900) spiegelt sich in der Sozialwirtschaft wider in der Diskussion um die →Ökonomisierung des Sozialen. In der →Theologie wird G. überwiegend kritisch und als Risiko bewertet (»Mammon«).

Die Diakonie finanziert mit G. die sächlichen u. personellen Voraussetzungen ihrer Aktivitäten, und erhält Vergütungen, etwa von Sozialhilfeträgern für diese Aktivitäten. Sie bekennt sich zu einem sorgfältigen, gemeinnützigen u. transparenten Umgang mit G. Damit setzt sich die Diakonie den in der Kritik beschriebenen Risiken des G.es aus, um mit den in ihm liegenden Chancen Arbeit mit u. für Menschen zu leisten.

LITERATUR: MARTIN HONNECKER, Art. G., II. Histor. u. ethisch, in: Theologische Realenzyklopädie Bd. 12 (1984), 278–298.

Jörg Kruttschnitt

GEMEINDE, KIRCHLICH

Im NT, verfasst in antikem Griechisch, ist der Begriff für »Kirche« wie »G.« der gleiche: *ekklesia.* »G.« in diesem Sinn steht für die lokale u. interpersonale Gestalt von →Kirche. Im Zuge der altkirchlichen Entwicklung zur Staatskirche und besonders in den mittelalterlich-europäischen Verhältnissen wurde das Modell der sog. Parochie zum Normalfall von G. − als ein abgrenzbarer Zuständigkeitsbezirk von G. mit Zuordnung der in ihm wohnenden Getauften zu einer ganz bestimmten lokalen Kirchengemeinde unter der geistlichen Aufsicht ihres Priesters. Die →Reformation setzte den hohen Rang von rechtlicher Fixierung und klerikaler Herrschaft zwar grundsätzlich außer der Kraft: Kirche wurde nämlich geradezu als G. definiert, als »Versammlung der Gläubigen«, in der das Evangelium kommuniziert wird (vgl. Art. 7 der Augsburger Konfession von 1530). Das sei »genug« für den Begriff der Kirche (G.), während Traditionen, Hierarchie u. kirchliche Rechtssätze zu »menschliche Ordnungen« degradiert sind. Die ev. Kirche baut sich von der Basis, den G.n her, auf. Man behielt aber das Parochialsystem bei. Bis heute hin ist lückenlos festgelegt, zu welcher Parochie die ev. Bewohner/innen jeder einzelnen Straße in Deutschland gehören und welcher/r Pfarrer/in für sie zuständig ist.

Schon immer gab es auch nichtparochiale kirchliche Formen (z.B. Klöster; die spätmittelalterlichen Predigtgemeinden der Anhänger von Predigern, etwa aus dem Dominikanerorden). In der Moderne entwickelten sich darüber hinaus »Anstaltsgemeinden« (gerade in diakonischen →Einrichtungen), Richtungsgemeinden (z.B. solche mit evangelikalem o. hochliturgischem Charakter) und Personalgemeinden (ein frühes berühmtes Bsp. am Anfang des 19. Jh. in Berlin ist die um den Prediger Friedrich Schleiermacher). V.a. seit Mitte der 1960er Jahre, als die Gestalt der Ortsgemeinde-Parochie als »morphologischer Fundamentalismus« (Peter Krusche 1967) kritisiert wurde, wuchs das Interesse an alternativen nichtparochialen kirchlichen Einrichtungen (z.B. Ev. Studierendengemeinde, Klinikseelsorge, Akademie-Arbeit, inzwischen auch Schulseelsorge u. Jugendkirchen). Auch angesichts der ökonomischen Notwendigkeiten, bei kirchlichen Strukturen zu sparen, gibt es gute Argumente für eine grundsätzliche Öffnung des G.verständnisses für »kirchliche Orte« nicht nur parochialer, sondern auch nichtparochialer Art. Eine öffnende Definition von G. liefern Pohl-Patalong / Hauschildt (2016, 130–136). Bislang stehen kirchenrechtliche Konsequenzen daraus aber noch in den Anfängen. G.n im weiten Sinne stellen dann je einen Knotenpunkt in einem Netzwerk von G.n parochialer o. nichtparochialer Herkunft mit ggf. unterschiedlichen Schwerpunkten dar – in der Dichte, wie sie angesichts der Ressourcen jeweils möglich ist.

Die lokalen u. interpersonalen kommunikativen Gestalten von Kirche als G. kombinieren hauptamtliche u. ehrenamtliche Akteure (→Ehrenamt), enthalten auch gesellige Aspekte (Beheimatung und, falls gewünscht, Begleitung in Gruppen u. Kreisen) sowie regelmäßige (nicht zwingend wöchentlich-sonntägliche) →Gottesdienste. Ein enger geographischer Radius ist angesichts städtischer Lebensweise und verkehrstechnischer Mobilität dafür nicht mehr zwingend, wiewohl die Besonderheiten eines Bezugs auf den unmittelbaren Sozialraum vor Ort (→Sozialraumorientierung) gegenwärtig sogar wieder stärker in den Fokus geraten. Heutzutage angemessen ist, dass G.n einerseits den Mitgliedern Möglichkeiten zur demokratischen Selbststeuerung bieten (Gemeindeversammlung, gewählte Kirchenvorstände, meist auch Wahl der Pfarrerin bzw. des Pfarrers). Andererseits stehen sie als nur ein Punkt der Kirche Jesu Christi im Austausch mit anderen G.n. In letzter Zeit ist das Sensorium dafür gewachsen, dass gerade ein Rückbau von G.n verbindlicher Absprachen bedarf. Die Aufgaben u. Rechte der Ebene des →Kirchenkreises sind gewachsen – auch bei der Mitverantwortung für Rahmenvorgaben.

G.n haben wie andere Non-Profit-Einrichtungen typischerweise eine hybride Sozialform: 1. →werte- u. sympathiebezogene Gruppe(n), 2. traditionale Gegebenheit der repräsentativ-volkskirchlichen Institution für Religion in der Gesellschaft, 3. ressourcenbewusste u. programmorientierte Organisation auf dem Religions-, Sozial- u. Freizeitmarkt. Die damit verbundenen Logiken u. Ideale von G. stehen in Spannung zueinander, dürften aber in den nächsten Jahrzehnten sich kaum grundsätzlich in Richtung auf nur eine Logik vereinheitlichen. Die divergenten Anteile des Hybrids können sich in der Praxis jedoch sehr wohl gegenseitig ergänzen und stärken (z.B.: Gruppen werden projektartig eingebunden in die Vorbereitung u. Gestaltung eines der institutionellen Sonntagsgottesdienste; die institutionalisierten Absicherungen und räumlichen Möglichkeiten führen dazu, dass ein Gospelchor hier entstehen kann und sich im Laufe der Zeit ein musikalischer Schwerpunkt zu einem der Programmprofile der Angebote der G. entwickelt).

G. sind auch »diakonische G.n«, insofern zu den grundsätzlichen Aufgaben von Kirche das Handeln zugunsten von hilfebedürftigen Menschen (welcher Herkunft u. Zugehörigkeit auch immer) gehören und auch der Einsatz für gesellschaftliche Veränderungen von Strukturen, die Not provozieren. Diakonisches Handeln ist Teil der Konsequenzen eines christl. Lebens. Die Stärken von Kircheng.n (im Vergleich mit denen von diakonischen Spezial- u. Großeinrichtungen) liegen darin, dass bezogen auf G.glieder das diakonische →Helfen, mit starker Beteiligung von Ehrenamtlichen, besonders integral vernetzt mit Geselligkeit, →Liturgie, →Seelsorge u. →Pädagogik erfolgen kann (z.B. im Seniorenkreis, im Kindergarten usw.). Außerdem besteht eine jeweilige lokale soziale Mitverantwortung für das Gemeinwesen vor Ort. →Diakoninnen u. Diakone sind dazu ausgebildet, wenn sie in der G. oder im Kirchenkreis tätig sind, gerade solche Menschen zu erreichen, die sonst wenig Bezug zur bürgerlichen Kirchengemeinde haben.

Wo die »diakonische G.« zur prinzipiell besseren Gestalt von →Diakonie erklärt wird, übersieht man die Stärken u. Unersetzlichkeiten von professionalisierter u. spezialisierter Hilfe. Die – einer Volkskirche entsprechende – enge Verknüpfung mit sozialstaatlicher Ordnung ist, besonders in Deutschland, auf der Basis geschichtlicher Entwicklungen gewachsen. (Diakonische) »G.« und (Großorganisations-)»Diakonie« entlasten sich gegenseitig, stellen auch jeweils wechselseitig ein kritisches Korrektiv dar. Wer fordert, dass »G.« und »Diakonie« möglichst identisch seien (von Seiten der Kirche: die organisierte Diakonie müsse so kirchlich wie die G. werden, von Seiten der Diakonie: sie selbst sei die wahrhaft progressive u. soziale Gestalt von Kirche), trägt trotz des Einheitsideals faktisch eher zur gegenseitigen Entfremdung bei. Der Dual aus lokaler →Gemeindediakonie und großorganisatorischen Diakonieunternehmen schafft besondere Handlungsmöglichkeiten, wenn die Wechselbeziehungen unter Anerkennung der relativen Verschiedenheit gepflegt werden. Es ergibt eine kirchliche G., die sozial über den Tellerrand schaut und für spezielle Nöte fachprofessionelle Expertise im Hintergrund hat und eine Diakonie, die für den Abbau der stationären und die Hinwendung zur ambulanten Diakonie schon kirchengemeindliche Partner vor Ort samt deren Ehrenamtlichen hat. Diakonie und Gemeinde gehen gegenwärtig wieder stärker aufeinander zu.

Wenn G.n im Sinne kirchlicher Orte sich schwerpunktartig diakonisch ausrichten können und wenn nichtparochiale Arbeit auch als G. qualifiziert werden kann und sich dann auch eine eigene demokratisch gewählte Steuerungsebene mit Ehrenamtlichen ausbildet, dann wird deutlich, dass noch erheblicher Nachholbedarf darin besteht, dass solcherart nichtparochiale G.n auch in den kreiskirchlichen u. landeskirchlichen Synoden angemessen mit Sitz und Stimme vertreten sind – analog dazu, wie kirchliche Vertreter in Aufsichtsräten der Diakonie ihren Platz haben.

LITERATUR: UTA POHL-PATALONG, Von der Ortskirche zu kirchlichen Orten: ein Zukunftsmodell, Göttingen 2006 • HANS W. HÖROLDT / VOLKER KÖNIG (Hg.), G. & Diakonie: erleben – verstehen – gestalten, Düsseldorf 2011 • RALPH KUNZ / THOMAS SCHLAG (Hg.), Handbuch f. Kirchen- u. G.entwicklung, Neukirchen-Vluyn 2014 • UTA POHL-PATALONG / EBERHARD HAUSCHILDT, Kirche verstehen, Gütersloh 2016.

Eberhard Hauschildt

Zur diakonischen Gemeindestruktur:

Seht doch auf eure Berufung. Nicht viele Weise nach dem Fleisch, nicht viele Mächtige, nicht viele Angesehene sind berufen. Sondern was töricht ist vor der Welt, das hat Gott erwählt, damit er die Weisen zuschanden mache; und was schwach ist vor der Welt, das hat Gott erwählt, damit er zuschanden mache, was stark ist; und das Geringe vor der Welt und das Verachtete hat Gott erwählt, das, was nichts ist, damit er zunichte mache, was etwas ist, damit sich kein Mensch vor Gott rühme.

1. Korinther 2, 26ff.

GEMEINDEBRIEF

Der G. wird als Printmedium einer Kirchen→gemeinde vom Leitungsorgan herausgegeben und von einer Redaktion verantwortet, die überwiegend ehrenamtlich arbeitet. Deutschlandweit erreichen G.e eine Auflage von 12 Mio. Exemplaren, erscheinen regelmäßig und erreichen nahezu alle Kirchenmitglieder. Gestaltungshilfe bietet das Magazin »G.« (gemeindebrief.evangelisch.de). Auf G.e spezialisierte Druckereien bieten gute Druckqualität zu fairen Preisen. Allgemeine Informationen zur Diakonie, zur →Diakoniesammlung sowie örtliche u. kreiskirchliche diakonische Angebote sollten in keinem G. fehlen, entweder als redaktionelle Artikel, im Adressenverzeichnis o. als gestaltete Anzeige. Druckvorlagen, Pressemitteilungen, Textbausteine o. gestaltete G.seiten sind im Internet verfügbar, z.B.: diakonie.de; diakonie-rwl.de; diakonie-katastrophenhilfe.de; brot-fuer-die-welt.de, wirsammeln.de.

LITERATUR: Gemeinschaftswerk der Ev. Publizistik, Jahresbericht 2013, Frankfurt a.M. o.J., 40.

Joachim Wolff

GEMEINDEDIAKONIE

G. in einem weiten Sinn bezeichnet alles helfende und durch den christlichen Glauben motivierte Handeln im Raum der Kirchengemeinde. Diese von →Wichern als freie Diakonie bezeichnete Praxis bezieht sich auf das diakonische Handeln einzelner Christen oder auf die rechtlich selbständige Arbeit diakonischer Dienste und →Einrichtungen. G. in einem engeren Sinne bezeichnet das diakonische Handeln, das von der →Gemeinde selbst verantwortet und organisiert wird. Dem Anspruch nach hat alles, was in der Gemeinde geschieht, eine diakonische Dimension.

→Diakonie gilt als Wesens- u. Lebensäußerung der →Kirche. Diesen Anspruch haben die →Landeskirchen und die →EKD in ihren Diakoniegesetzen bekräftigt. Demnach hat alles diakonische Handeln seinen Ausgangspunkt in der Gemeinde und lebt aus der im →Gottesdienst erfahrenen Zuwendung Gottes. Diakonie ist deshalb nicht etwas, was eine Gemeinde auch noch macht, sondern was sie ausmacht. Die christl. Gemeinde ist beauftragt, Menschen in Not beizustehen (Mt 25,40), für Recht und Gerechtigkeit einzutreten (Jes 56,1) und das Gemeinwesen mitzugestalten (Jer 29,7). In der Verkündigung Jesu ist diese Beauftragung von zentraler Bedeutung (Mt 5–7). Er selbst bezeichnet sich als *diakonos* (Lk 22,27). Sehr eindrücklich zeigt Apg 6,1–6, wie die Gemeindeleitung ihre diakonische Verantwortung wahrnimmt. Auch das paulinische Bild der Gemeinde als Leib Christi (1Kor 12) macht deutlich, wie sehr diakonisches Handeln zum Selbstverständnis der ersten Gemeinden dazugehört. Die alttestamentlichen Forderungen Gottes, für Fremdlinge, Witwen u. Waisen einzustehen, werden so aufgenommen und im Leben der Gemeinde weitergeführt.

Im Anschluss an die reformatorische Betonung des Priestertums aller Gläubigen und dessen Aufnahme im Pietismus wurde die Gemeinde immer stärker als sorgende Gemeinschaft verstanden. Nikolaus Graf von →Zinzendorf hat dies in Herrnhut praktiziert. Über Schleiermacher wurde dieses Gemeindeverständnis dann sowohl bei Wichern als auch in der liberalen Theologie wirksam (Emil Sulze, Otto Baumgarten). Mit der Anstellung von Gemeindeschwestern und Diakonen und der Gründung von Krankenpflegevereinen nahmen die Kirchengemeinden vor und nach dem Ersten Weltkrieg ihre diakonische →Verantwortung wahr. Nach den Kriegskatastrophen und Gleichschaltungsmechanismen des Nationalsozialismus im 20. Jh. hat die Diakonie enorm an Bedeutung gewonnen. Begonnen hat diese Entwicklung mit der Gründung des ev. →Hilfswerkes. Der Gedanke war hier, dass auf Ebene der Kirchenbezirke diakonische Aufgaben angesiedelt werden, die einzelne Kirchengemeinden nicht leisten können. Mit der zunehmenden →Professionalisierung und →Ökonomisierung seit den 1970er Jahren ist die Rolle der G. schwieriger geworden. Während die »diakonischen Unternehmen« auf einem sozialen Markt ihre Verantwortung übernehmen, haben die Kirchengemeinden u. -bezirke ihre diakonische Aufgabenstellung und Herausforderung neu zu »verorten«. Dabei ist an vielen Stellen das geschehen, was Jürgen Moltmann als Diakoniewerdung der Gemeinde bezeichnet hat. So z.B. durch den Ausbau der Besuchsdienstarbeit oder durch die Entstehung der Vesperkirchen (1995 in Stuttgart, Leonhardskirche). In eindrucksvoller Weise machen die Vesperkirchen den Gottesdienstraum der Gemeindekirche für einige Wochen im Jahr zum Lebensraum obdachloser und bedürftiger Menschen. Der innere Zusammenhang von Liturgie, Verkündigung, Gemeinschaft u. Diakonie leuchtet auf diese Weise wieder auf. Zahlreiche Mittagstische, Tafel- u. Diakonieläden entstanden als Antwort auf die wachsende Zahl durch →Armut ausgegrenzter Menschen. Viele Kirchengemeinden engagieren sich heute ganz selbstverständlich in der Asylarbeit (→Asyl). G. entwickelt sich auf diese Weise immer mehr zur Gemeinwesendiakonie (→Gemeinwesenarbeit). Die leitenden Gesichtspunkte sind dabei der →Inklusions- u. →Teilhabegedanke, die Betonung von →Selbstbestimmung und die →Sozialraumorientierung. In besonderer Weise ist die G. von einem hohen Beteiligungsgrad ehrenamtlicher Mitarbeiterinnen u. Mitarbeiter (→Ehrenamt) geprägt, ja oftmals erst durch sie ermöglicht und gestaltet. Das »Diakonentum aller Gläubigen« wird in der G. sichtbar. Zugleich ist sie Teil des →Diakonats, in dem der diakonische Auftrag von Diakoninnen u. Diakonen, von diakonischen Mitarbeitenden in einer diakonischen Kirche wahrgenommen wird. Neue Modellprojekte (»Diakonat – neu gelebt, neu gedacht – ein Projekt«, Ev. Landeskirche in Württemberg) versuchen die diakonische Perspektive der Kirche in Ausbildung u. Praxis neu zu gestalten und zu reflektieren. Durch organisatorische Veränderungen kirchlicher Strukturen wie »Verbundgemeinden«, Gesamtgemeinden, Fusionen und parochie-übergreifende Neuordnungen kommt es zu einer Regionalisierung der gemeindediakonischen Arbeit. Im Zusammenhang der Inklusion und der Arbeit mit Geflüchteten gewinnt die Kooperation von Kirchengemeinden u. diakonischen Trägern ebenso an Bedeutung wie die Vernetzung mit anderen Akteuren im Sozialraum.

Im weltweiten ökumenischen Kontext ist die Gemeindediakonie von besonderer Bedeutung, weil in vielen Ländern das deutsche Modell von →Subsidiarität und entsprechender Aufgabenübernahme durch eine professionell u. institutionell ausgeprägte diakonische Arbeit nicht gegeben ist. Die gemeindediakonische Arbeit in vielfältiger Ausprägung in den jeweiligen Kontexten hingegen ist das Gesicht vieler Gemeinden weltweit. »Beten u. Tun des Gerechten« wird so zu einem gemeindediakonischen Programm.

LITERATUR: CHRISTOPH DINKEL / GERHARD K. SCHÄFER, Diakonie u. Gemeinde, in: MICHAEL SCHIBILSKY / RENATE ZITT (Hg.), Theologie u. Diakonie, Gütersloh 2004, 401–418 • JOHANNES EURICH / FRIEDEMANN BARTH / KLAUS BAUMANN / GERHARD WEGNER (Hg.), Kirche aktiv gegen Armut u. Ausgrenzung, Stuttgart 2011 • CLAUDIA SCHULZ, Im Spannungsfeld G., in: ELLEN EIDT / CLAUDIA SCHULZ (Hg.), Evaluation im Diakonat. Soz.wissenschaftl. Vermessung diakonischer Praxis, Stuttgart 2013 • GUNTHER SCHENDEL, Soz. Aktivierung d. Kirchengemeinden, in: Praktische Theologie 50 (2015), 207–212.

Frank Otfried July

GEMEINDEPÄDAGOGIK

G. beschäftigt sich mit der Wahrnehmung u. Gestaltung von Lern- u. Bildungsprozessen am Lernort Gemeinde. G. versteht sich als eine →Pädagogik der Ermöglichung, Befähigung u. Begleitung für alle Altersgruppen. Ihr Interesse gilt individuellen Lernprozessen, der Gemeinschafts- u. ›Gemeindefähigkeit‹ des Menschen, wie auch der lernenden Gemeinde als ganzer. Ort gemeindepädagogischen Handelns ist nicht nur die Parochialgemeinde, sondern auch andere kirchliche Orte wie Gemeinde auf Zeit in der Urlaubsseelsorge oder in Kliniken.

Der Begriff G. entstand in den 1970er Jahren im Kontext der →Professionalisierung der gemeindebezogenen Berufe und neu entstehenden Fachhochschul-Studiengängen für Ev. Religionspädagogik. Mit ihm verbanden sich auch Hoffnungen auf eine Reform kirchlicher Strukturen.

G. ist heute einerseits ein spezifisches Handlungsfeld mit darin professionell tätigen Gemeindepädagogen und -diakoninnen. Andererseits fragt G. in einer dimensionalen Sichtweise danach, inwiefern kirchliche Strukturen, Orte u. Anlässe sich als lernförderlich oder -hinderlich erweisen.

LITERATUR: GOTTFRIED ADAM / RAINER LACHMANN (Hg.), Neues gemeindepäd. Kompendium, Göttingen 2008 • PETER BUBMANN ET AL. (Hg.), G., Berlin/Boston 2012.

Nicole Piroth

GEMEINNÜTZIGKEIT

Gemeinnützig tätig wird nach der Abgabenordnung, wer sich selbstlos für Interessen der Allgemeinheit einsetzt. Während die steuerrechtlichen Merkmale in der Abgabenordnung normiert sind, erlangt »die G.« darüber hinaus Bedeutung als historisch gewachsenes Abbild der Staatsziele des →Sozialstaats Deutschland, ferner als prägende ordnungspolitische Größe und als Form des Wettbewerbs im →Sozialmarkt Deutschland zwischen gemeinnützigen u. gewerblichen Rechtsträgern. Gemeinnützig handelnde Rechtsträger genießen einerseits steuerliche Vergünstigungen. Andererseits unterliegen sie Restriktionen im Umgang mit Mitteln. Die Parameter ihres Wettbewerbs unterscheiden sich als System von dem des gewerblichen →Marktes und sind nicht isoliert als »Privilegierung« zu beschreiben. Der Stellenwert der G. in Deutschland ist im Verhältnis zu der nicht deckungsgleichen »Gemeinwohlorientiertheit« (→Gemeinwohlorientierung) der Europäischen Union von den Beteiligten am Sozialmarkt strategisch zu bestimmen.

Gottfried Cless

GEMEINSCHAFTEN, DIAKONISCHE

Die meisten diakonischen G. sind mit der Gründung diakonischer →Einrichtungen im 19. Jahrhundert und bis zum Ersten Weltkrieg entstanden. Johann Hinrich →Wicherns Rauhes Haus in Hamburg und das Diakonissenmutterhaus (→Mutterhäuser; Diakonisse) von Theodor und Friederike →Fliedner bilden die wohl bekanntesten Wurzeln dieser Bewegung, deren Initiativkraft u. Durchsetzungsstärke aus einer Verschränkung von Engagement und G.sbildung mit neuen sozialen Berufsbildern auf dem Hintergrund des christl. →Glaubens erwuchs. Dabei ist die »männliche«, sozialpädagogische Erziehungs- u. »Fürsorge«-Diakonie der →Brüderhäuser bis heute durch andere Arbeitsfelder u. Berufsgruppen gekennzeichnet als die »weibliche Mutterhausdiakonie« mit ihren Pflegeeinrichtungen u. -schulen. Die von Theodor Fliedner angestoßene →Professionalisierung der »Frauenberufe« der Schwestern in →Pflege u. Kleinkindererziehung ging zwar von Anfang an mit einer biblisch-theologischen Qualifikation (→Qualität) einher; sie blieb jedoch im Bildungsanspruch hinter dem der →Diakoninnen und →Diakone zurück und hierarchisch nachgeordnet – nicht nur wie das Diakonenamt (→Diakonat) gegenüber dem Pfarramt, sondern, was die Pflege angeht, auch dem Arztberuf. Diakonische G. u. dienstliche Hierarchien überlagerten sich insofern von Anfang an; und auch die Geschlechterhierarchie blieb in Leitungspositionen wie in Berufsbildern lange Zeit prägend. Gleichheit, persönliche Verbundenheit u. Bezogenheit sowie genossenschaftliche Prägung, die in Tracht und gleichem Taschengeld oder Entgelt sichtbar wurden, stärkten gleichwohl lange Zeit die G.

Eine kirchliche →Motivation oder Trägerschaft (→Kostenträger) ist heute auch für soziale Frauenberufe nicht mehr notwendig; die Zukunft des »Pflegediakonats« ist ungewiss. Nur noch wenige Mutterhäuser bieten eine Diakonissenausbildung mit eigenem Abschluss an, der sich dann oft bei der Diakonenausbildung anrechnen lässt. Die meisten Diakonissengemeinschaften haben die Schwelle gesenkt und sich für »Tarifangestellte« und später auch für verheiratete Frauen geöffnet. Das Nebeneinander verschiedener Schwesternschaften mit unterschiedlicher Verpflichtung in einem Haus (Diakonissengemeinschaft / Diakonische G.) wurde zumeist aufgelöst. Aber die notwendige Emanzipation aus patriarchal geprägten Strukturen kam erst zögernd in Gang. Obwohl es schon bei der Gründung des →Zehlendorfer Diakonievereins durch Friedrich Zimmer 1894 Kritik am zölibatären u. ordensähnlichen Aufbau der Mutterhäuser gab, wuchsen die Diakonissengemeinschaften nicht zuletzt auf dem Hintergrund der beiden Weltkriege noch bis in die 1950er Jahre. Seit der Öffnung der Diakonenausbildung in den 1960er Jahren ist aber der kirchlich anerkannte Dienst (→Dienen) als Diakonin für Frauen deutlich attraktiver. In diesem Zusammenhang entwickelten sich die meisten Bruderschaften zu Diakonischen G. Umgekehrt traten zum Teil auch Männer – zunächst Pflegende – in Schwesternschaften ein.

Heute zeichnet sich eine doppelte Entwicklung ab: Neben der Öffnung vieler G. für das jeweils andere Geschlecht im gleichen Amt oder Beruf – häufig aber auch für andere Berufsgruppen – entwickeln sich Zusammenschlüsse ehemaliger Bruder- u. Schwesternschaften zu übergreifenden G. In den Schwesternschaften ist allerdings oft unklar, welche Rolle ein diakonischer Bildungsabschluss für die Zugehörigkeit zur G. und für die →Einsegnung spielen soll. Die Zahl der G., die sich nicht auf der Basis eines gemeinsamen Berufs- o. Amtsverständnisses, sondern als geistliche G. im beruflichen oder ehrenamtlichen diakonischen Dienst verstehen, wächst. Die Lebensform spielt dabei kaum noch eine Rolle.

Damit nähert sich das Selbstverständnis der traditionellen diakonischen G. dem der neueren, die seit Mitte des 20. Jh. auf dem Hintergrund gesellschaftlicher Herausforderung entstanden sind – in der Friedensbewegung, der ökumenischen Bewegung oder sozialen Bewegungen – wie der Laurentiuskonvent, die »Arche« oder verschiedene Basisgemeinden. Sie verstehen sich als neue Formen diakonisch orientierter Lebens- u. →Dienstgemeinschaften von Menschen aus unterschiedlichen Berufen, die häufig Auftrag, Wohnung und auch finanzielle Ressourcen teilen. Das kirchliche Selbstverständnis dieser wie auch der kontemplativen G. ist auf eine kirchliche Anerkennung u. Einsegnung des Amtes nicht angewiesen. Möglicherweise ordnet sich das ursprüngliche Dreieck von Amt, G. und diakonischem Dienst neu: Während die Anerkennung u. Einsegnung diakonischer Dienste durch die Kirche gesetzlich neu geklärt wird, entwickeln sich im Kontext der →Unternehmen neue, übergreifende u. oft ökumenische G., deren wechselseitige Unterstützung in der »Dienstgemeinschaft« Teil einer diakonischen Unternehmenskultur geworden ist.

LITERATUR: JUTTA SCHMIDT, Beruf: Schwester, Frankfurt a.M. 1994 • KIRCHENAMT DER EKD (Hg.), Der ev. Diakonat als geordnetes Amt d. Kirche, o.O. 1996 • ANNETTE NOLLER / ELLEN EIDT / HEINZ SCHMIDT, Diakonat – theolog. u. sozialwissenschaftl. Perspektiven auf ein kirchl. Amt, Stuttgart 2013 • THEODOR STROHM, Einleitung, in: ELSIE MCKEE / RISTO A. AHONEN, Die Erneuerung d. Diakonats als ökumenische Aufgabe, Heidelberg 1996, 11–34 • KIRCHENAMT DER EKD, Perspektiven f. diakon.-gemeindepäd. Ausbildungs- u. Berufsprofile, o.O. 2014.

Cornelia Coenen-Marx

GEMEINWESENARBEIT

G. bezeichnet eine sozialwissenschaftliche Methode, die mit den Ressourcen von Bewohner/-innen in einem Gemeinwesen arbeitet, mit dem Ziel, soziale Veränderungsprozesse zu gestalten (Stimmer, Hinte). G. nimmt Menschen als Subjekte ihrer Lebenswelt (Thiersch) wahr und intendiert eine solidarische Lebenspraxis (→Solidarität) durch Interaktion u. Vernetzung in Quartieren. Historische Wurzeln der G. liegen in der →Settlementbewegung des 19. Jh. G. wurde seit 1980 unter dem Begriff →Sozialraumorientierung zu einem Arbeitsprinzip weiterentwickelt, das auf stationäre Arbeitsfelder (→Kinder- und Jugendhilfe, →Altenhilfe) oder auf kommunale Entwicklungsaufgaben (→Bildungs- u. →Gesundheitskonzepte) bezogen wird.

LITERATUR: FRANZ STIMMER, Lexikon d. Soz.pädagogik u. der Soz.arbeit, München/Wien 2000 • ROLAND FÜRST / WOLFGANG HINTE (Hg.), Sozialraumorientierung, Wien 2014.

Annette Noller

GEMEINWESENDIAKONIE

G. greift Prinzipien der →Gemeinwesenarbeit (GWA) auf, mit dem Ziel, Ressourcen von Quartieren für soziale Veränderungsprozesse zu nutzen. Betroffene sollen dazu befähigt werden, als Subjekte der Veränderung im Sozialraum zu interagieren. Der biblische Auftrag zur →Nächstenliebe wird in der G. nicht allein auf die Unterstützung von Individuen bezogen, sondern auch auf eine diakonische Entwicklung des Gemeinwesens. Neben kirchlichen Kooperationspartner/-innen werden die Ressourcen von öffentlichen u. freien Trägern, von Institutionen u. Organisationen in die vernetzte, diakonische Arbeit einbezogen (Gemeinwesenökonomie).

Historische Wurzeln der G. liegen in der →Settlementbewegung. Bedingt durch die sozialen Segregations- u. Verarmungsprozesse der Industrialisierung im 19. Jh. wurden in England (Toynbee Hall), den USA (Hull House) und Deutschland (Berlin) Konzepte bildungsorientierter Stadtteilarbeit entwickelt. →Armut wurde dabei weniger als finanziell bedingt, sondern vielmehr als Armut an →Bildung, Freizeitangeboten u. politischen Mitsprache- u. Gestaltungsmöglichkeiten gesehen. In Deutschland gilt die von Pfarrer Friedrich Siegmund-Schultze gegründete Soziale Arbeitsgemeinschaft Berlin Ost (SAG) als Paradigma der frühen G. (Kaffeeklappe, Jugendklubarbeit, Mädchenarbeit, Ferienkolonien, Abendvolkshochschule) (vgl. Götzelmann 2010). Pfarrer Ernst Lange in Berlin-Spandau gilt mit der Gründung der Ladenkirche in einer ehemaligen Bäckerei als Protagonist der G. Gemeinsame Bibelauslegung im Gottesdienst und reformpädagogische Ansätze der Erwachsenenbildung (Paulo Freire) sowie eine gesellschaftskritische, kirchliche Stadtteilarbeit prägten die gemeinwesendiakonischen Ansätze der 1970er Jahre.

Im 19. Jh. findet sich auch die zweite geschichtliche Wurzel der G. Die Einrichtungen der →Inneren Mission (Johann Hinrich →Wichern, Theodor →Fliedner, Wilhelm →Löhe u.a.) waren als zivilgesellschaftliche Akteure in →Vereinen organisiert. Damit wurde das diakonische Handeln der Kirche nicht allein in parochialen, kirchlichen Sozialformen initiiert. Es wird bis heute überwiegend in den freien Trägern der Diakonie ausgebracht, die subsidiär (→Subsidiarität) in sozialstaatlicher Kooperation organisiert sind. Kritisch diskutiert wird seither die organisatorische Trennung der Gemeindediakonie von der Trägerdiakonie (Kaiser 2010).

In der →Diakoniewissenschaft wird eine gemeinwesendiakonische Vernetzung von Kirchengemeinden mit diakonischen Trägern der freien Wohlfahrtspflege (Renate Zitt.) diskutiert. Unter dem Stichwort Wichern II (Eugen Gerstenmaier) und Wichern III (Theodor Strohm) wird seit dem 20. Jh. eine gesellschaftliche Ausrichtung der →Diakonie theologisch reflektiert, die sich im Anschluss an Johann Hinrich Wi-

cherns Stehgreifrede auf dem Wittenberger Kirchentag (Wichern I, 1848) als eine
Verkündigung der Liebe Gottes durch die Tat in der gesellschaftlichen Praxis und in
öffentlichen Diskursen versteht (vgl. Herrmann u.a. 2010).

Unter dem Stichwort G. wurden Konzepte der sozialen Stadtentwicklung u. Quartiersarbeit rezipiert (zum Programm ›Soziale Stadt‹ vgl. Diakonie 2007). Kirchenre-
formerische Aspekte wurden auch in der Kirchenkreisdiakonie entwickelt (Ulfried
Kleinert / Lars Bagemihl). G. wird heute in Kirchenkreisdiakonien, in der diakonischen Beratungsarbeit, in →Sozialkaufhäusern, in vernetzter Schul- u. Jugendsozialarbeit, in der Streetworkarbeit, in Vesperkirchen, in →Diakonie- u. →Sozialstationen
und darin in vielfältigen diakonischen Arbeitsfeldern entwickelt. G. wird insbes.
durch die doppelt qualifizierten Berufsgruppen im →Diakonat in vernetzten Dienst-
aufträgen praktiziert. Kirche wird darin als eine Kirche an pluralen Orten in Gemeinde
und Gemeinwesen erfahrbar (Annette Noller). Im gemeinwesendiakonischen Handeln
wird eine Kirche, die die Menschenfreundlichkeit Gottes in Wort und Tat verkündigt,
als öffentliche Kirche (Wolfgang Huber, Heinrich Bedford-Strohm, Thomas Schlag)
gestaltet. In der G. wird der prophetische Auftrag, das Evangelium im anwaltschaftlichen Handeln (→Anwaltschaft) mit sozial ausgegrenzten Menschen zu kommunizieren, fachlich in adäquater Weise umgesetzt (Jes 61,1f / Ps 146 / Lk 4,16–21).

LITERATUR: VOLKER HERRMANN / MARTIN HORSTMANN (Hg.), Studienbuch Diakonik Bd. 2, Neukirchen-Vluyn 2006 • DIAKONISCHES WERK D. EKD (Hg.), Handlungsoption Gemeinwesen.
Positionspapier 12/2007 (www.diakonie.de/media/Texte-2007-12-Handlungsoption-Gemein-
wesendiakonie.pdf) • VOLKER HERRMANN / MARTIN HORSTMANN (Hg.), Wichern drei – gemeinwesendiakonische Impulse, Neukirchen-Vluyn 2010 • ANNETTE NOLLER, Diakonat u. Kirchen-
reform, Stuttgart 2016.

Annette Noller

GEMEINWOHLORIENTIERUNG

Das Gemeinwohl ist zu verstehen als Inbegriff der Mittel u. Chancen, Strukturen,
Institutionen u. sozialen Systeme, die in sozialer Kooperation bereitzustellen sind,
damit die einzelnen →Familien u. gesellschaftlichen Gruppen ihre eigenen →Werte
u. Ziele grundsätzlich oder aber besser u. schneller erreichen können. Einerseits
herrscht gegenwärtig die weit verbreitete Überzeugung, dass sich unter den Bedingungen neuzeitlich-modernen Denkens u. pluralistischer Gesellschaften keine inhaltlich gefüllte, allgemein verbindlich zu machende Vorstellung des guten o. gelingenden Lebens mehr entfalten lässt. Andererseits artikuliert sich in der Rede vom
Gemeinwohl die höchst aktuelle Erkenntnis, dass menschliches Zusammenleben in
der Gesellschaft nur dann gelingen kann, wenn es zumindest einen Minimalkonsens
im Blick auf unverzichtbare Grundlagen des Zusammenlebens der Glieder einer Gesellschaft gibt. Orientierende und normative Kraft entfaltet das Gemeinwohl durch
das Menschenrechtsethos als *das* ethische Projekt der Moderne.

LITERATUR: ARNO ANZENBACHER, Christl. Soz.ethik. Einführung u. Prinzipien, Paderborn 1997.

Ursula Nothelle-Wildfeuer

Gender

Die →Diakonie ist weiblich – und das bezieht sich nicht nur auf das biologische Geschlecht (engl. *sex)* sondern auch auf das sozial konstruierte Geschlecht (engl. *gender)*. Vorliegende statistische Erhebungen zeigen (Stichtag 1.9.2008), dass mehr als 78 % der Mitarbeitenden in der Diakonie weiblich sind. Die diakonischen Handlungsfelder weisen dabei eine stark nach Geschlechtern getrennte Arbeitsteilung auf; so arbeiteten in der Familienhilfe 91 % Frauen, in der →Altenhilfe lag der Frauenanteil bei 87 % (Mitarbeitendenstatistik).

Die Ursachen für diesen hohen Frauenanteil liegen in der Geschichte der neuzeitlichen Diakonie und ihrem Ursprung in der deutschen →Mutterhausdiakonie und damit verbunden auch in der Geschichte der →Sozialen Arbeit und der →Pflege in Deutschland an sich. Bürgerliche Vorstellungen von den Rollen der Geschlechter und ihrer (Auf-)Gaben standen zum einen Pate für die Ausgestaltung des →Diakonissenamtes im 19. Jh. Sie trafen dort zum anderen auf theologische Deutungsmuster, welche die Aufgaben der Pflege u. Erziehung dem weiblichen Geschlecht zuschrieben, diese Tätigkeit jedoch jenseits einer regulären Erwerbsarbeit in den Bereich der »Liebestätigkeit« verordneten und sie damit von der Frage nach einer gerechten Entlohnung entkoppelten.

Die Wirkmächtigkeit dieser Tradition der Geschlechterrollen ist weiterhin ungebrochen. Aufgaben der Pflege, Erziehung u. Betreuung werden gesellschaftlich auch weiterhin dem weiblichen Geschlecht zugeschrieben; übergeordnete Leitungs- u. Führungsaufgaben (→Leitung) eher dem männlichen Geschlecht. Eine Folge davon ist, dass es weiterhin zu einer gesellschaftlichen Abwertung sozialer Arbeit im Vergleich zu anderen Tätigkeiten kommt und die gesamtgesellschaftliche Frage nach einer gerechten Entlohnung dieser Tätigkeiten weiterhin virulent ist.

Dieser hohe – und in den letzten Jahren sogar steigende – Frauenanteil (vgl. Atlas zur Gleichstellung, 46) in der Diakonie lässt sich auf der obersten Leitungsebene diakonischer Unternehmen u. Verbände sowie in den Aufsichtsgremien der Diakonie nicht wiederfinden. Der Frauenanteil liegt hier in der Regel unter 20 %.

Wurden Anfang des Jahrtausends Ansätze eines umfassenden G.-Mainstreamings im Sinne einer Strategie zur Herstellung von Geschlechtergerechtigkeit, bei der alle unterschiedlichen Lebenssituationen u. Interessen von Frauen u. Männern zu berücksichtigen sind, in verfasster Kirche u. Diakonie diskutiert, so kann man 15 Jahre später konstatieren, dass sich ein umfassendes G.-Mainstreaming weder in diakonischen →Einrichtungen noch in den →Verbänden etabliert hat.

Gleichwohl kann festgestellt werden, dass G.analysen heute zu den Standards in vielen diakonischen Handlungsfeldern gehören. Insbes. in der →Kinder- u. Jugendhilfe und im Bereich der Migrationsarbeit hat sich ein gendersensibler Ansatz etablieren können, der sowohl die besonderen Bedürfnisse von Männern u. Frauen als auch zugrunde liegende Rollenmuster in den Blick nimmt, hinterfragt u. professionelle Konzepte vor dem Hintergrund dieser Erkenntnisse entwickelt. Diese Perspektive ist eine wichtige Ergänzung zu weiterhin bestehenden Konzepten zur Frauen- u. Männerarbeit, wie z.B. im Bereich der Frauenhäuser (→Frauenhilfe) oder der →Wohnungslosenhilfe.

Auch in der ökumenischen Diakonie (z.B. →Brot für die Welt) gehört ein gender-sensibler Ansatz zu den zentralen Kriterien der Entwicklungszusammenarbeit (→Entwicklung und Zusammenarbeit).

Die Etablierung von →Diversity-Konzepten – mit ihren Dimensionen von Kultur (Ethnie), →Alter, Geschlecht, sexueller Orientierung, →Behinderung, Religion (Weltanschauung) sowohl auf fachlicher Ebene in den Handlungsfeldern als auch als Instrument des Personalmanagements – in diakonischen Einrichtungen ermöglicht eine neue Aufmerksamkeit für das Thema G. in einem umfassenden Sinn, der über eine Bipolarität der Geschlechter hinausgeht und das Thema Vielfältigkeit auch im Kontext von Geschlechterrollen diskutiert.

Fragen einer geschlechtergerechten Sprache, Leitungs- u. Führungskultur, Personalgewinnung u. -entwicklung werden in diesem Kontext in der Diakonie neu fokussiert.

Initiativen aus dem kirchlichen Bereich zur Stärkung der Geschlechtergerechtigkeit, wie z.B. die Einführung eines Gremienbesetzungsgesetzes für Leitungs- u. Aufsichtsgremien, oder aus dem Bereich von Wirtschaft u. Politik, wie z.B. die Einführung von Quotenregelungen für diese Gremien, konnten sich bisher in der Diakonie nicht durchsetzen.

LITERATUR: DW D. EKD E.V. (Hg.). Mitarbeitendenstatistik zum 1. September 2008. Diakonie Texte 06.2011, Stuttgart 2011 • STUDIENZENTRUM D. EKD F. G.FRAGEN / KONFERENZ D. FRAUEN-REFERATE U. GLEICHSTELLUNGSSTELLEN I.D. GLIEDKIRCHEN D. EKD (Hg.), Atlas zur Gleichstellung v. Frauen u. Männern i.d. EKD, Hannover 2015 • DIAKONIE DEUTSCHLAND / BROT FÜR DIE WELT / EKD (Hg.), »Sie ist unser bester Mann!« – Wirklich? Tipps für eine geschlechtergerechte Sprache, Berlin 2015.

Silke Köser

GENDER MAINSTREAMING

siehe unter: Gender

GENOSSENSCHAFT

siehe unter: Organisationsformen

GERECHTIGKEIT

»Jedem das Seine.« – Das 1938 am Lagertor des KZ Buchenwald in roten Buchstaben angebrachte, vom Lagerinnern (!) aus lesbare römische Sprichwort (Cato) steht für die Dramatik u. Problematik des Begriffs »G«. Großen Erwartungen an die gerechte Gestaltung des Lebens in der *polis* steht die beliebige Verwendbarkeit für jedes, auch das inhumanste Interesse von Zwangssystemen verschiedenster Couleur gegenüber. Mithilfe der umstrittenen, aber gerichtlich weithin rezipierten Radbruchschen Formel wurde versucht, NS- u. DDR-Unrecht (Mauerschützenprozess) aufzuarbeiten: Gesetzen, die G. nicht einmal anstreben und extrem ungerecht sind, ist der Rechtscharakter abzusprechen. Was gestern »Recht« war, kann also (gegen jede positivistische Rechtsauffassung) heute Unrecht sein, weil es »eigentlich immer schon« Unrecht war. Entsprechendes Erkennen und Handeln ist den Mitgliedern der Rechtsgemeinschaft (z.B. Mitarbeitenden in diakonischen Erziehungs- u. Behinderteneinrichtungen der 1950er bis 1970er Jahre) abzuverlangen.

Sinnvoll von G. zu reden, setzt voraus, das Menschen- u. Gesellschaftsbild und den kulturellen Kontext zu klären, in denen argumentiert wird, um einen hinreichenden Minimalkonsens über personale, prozedurale u. institutionelle/organisatorische Voraussetzungen, wenn nicht zur Schaffung von G., so doch zumindest zur Überwindung von Ungerechtigkeit, zu finden.

Das dt. Wort G. geht auf die indogermanische Wurzel *reg* zurück (»aufrichten«, »recken«, »geraderichten«, »richten«, »lenken«, »führen«, »herrschen«). Damit ist die Sphäre der Macht und des Rechts angesprochen. Gerechtigkeit »herrscht« und kann, sofern sie Rechtsform hat, erzwungen oder als moralischer Imperativ zumindest erwartet werden.→Barmherzigkeit »dient« und ist nur »gratis« zu haben. In der hebräischen →Bibel sind beide Bedeutungsfelder noch in einem Begriff verbunden: *sdq* (hebr.). Die griechische Übersetzung des AT übersetzt das wechselweise mit »G.« und »Barmherzigkeit«. Sie trägt damit nachträglich die Aufspaltung von G. und Barmherzigkeit in die biblische Überlieferung ein (Holmes).

Das AT normiert im Bundesbuch (2Mose 20,22–23,19) ein in der →Solidarität →Gottes begründetes Recht u. Ethos der Solidarität mit den Schwachen (→Schwäche/ Stärke) und der Feindesliebe als gerecht. Die alttestamentliche Weisheit sieht in Gott den Garanten des Zusammenhangs von Tun u. Ergehen: Erziehung u. Rechtsprechung reproduzieren solidarische soziale Praxis. Mit dem Auseinandertreten von Glück und →Glaube wird jedoch Gottes G. selbst fraglich (Hiob). In Teilen der prophetischen Tradition (vgl. Amos, Micha) scheint G. nur noch als Strafhandeln durchsetzbar, andere Teile (vgl. Hosea) rechnen damit, dass Gott seine G. aus →Liebe in Treue leidend und sich selbst überwindend durchsetzt gegen und trotz →Schuld und Sünde des Menschen. Dies kann (vgl. Jes, Gottesknecht) auch stellvertretend durch einen Menschen geschehen. Gerechte richterliche Entscheidungen exekutieren im AT nicht abstrakte Normen oder ein Ideal von G., sie erlösen vielmehr Unterdrückte, Ausgebeutete u. unschuldig Angeklagte von ihrem Elend.

G. findet sich nach Plato in einem Staat, in dem das Glück der Gesamtheit herrscht (Politeia IV, I, 420). Sie ist eine soziale Tugend (neben Weisheit, Tapferkeit u. Besonnenheit), die den Seelenvermögen Vernunft, Mut u. Begehren unter Anleitung der Vernunft die richtige Ordnung gibt. G. besteht darin, dass »jeder das seine tue und sich nicht überall zu schaffen mache« (IV, X, 433): Im Nährstand sind das Begehren, im Lehrstand die Vernunft und im Wehrstand der Mut zu kultivieren, während der Philosoph von G. erfüllt ist, das himmlische Urbild des wahren Staates schaut und seine eigene Seele danach ordnet (IX, XIII, 322f). Seelenvermögen und Staatsverfassung bilden sich idealerweise wechselseitig ineinander ab (IX, VII, 591).

Nach Aristoteles' Nikomachischer Ethik (I, 1, 8) ist die G. »das Mittlere« zwischen dem Mehr-Habenwollen an zustehenden Gütern und dem Weniger-Habenwollen an zumutbaren Lasten, also Ausdruck der Gleichheit. Das Gesetzmäßige ist insofern gerecht, als das Gesetz das Zustehende und das Zumutbare zuteilt (distributive G.). Davon zu unterscheiden ist die G., die sich auf freiwillige (kommutative G.) und unfreiwillige (korrektive) Verträge bezieht, also den Verkehr der Bürger untereinander regelt. Der Richter »soll gewissermaßen die lebendige G. sein«, als »Mann der Mitte« nennt man ihn »Vermittler in dem Sinne, daß man sein Recht erhält, wenn man das

Mittlere erlangt«. Der Staat erhält sich, indem er vergeltende G. als eine Kraft wirksam werden lässt, die den auf Gegenseitigkeit beruhenden Verkehr zusammenhält. Dies jedoch verhältnismäßig (proportional), nicht gleich. Das unterscheidet ihn von der Sklaverei. Tugendhaft wird, wer sich daran gewöhnt, tugendhaft zu handeln; gerecht ist dementsprechend, wer G. übt (I, 5).

Das NT steht mit seinen in sich sehr differenzierten G.-Konzepten vornehmlich in der alttestamentlichen Tradition, bezeichnet also mit G. »das ›rechte‹ Verhalten Gottes und der Menschen nicht im Blick auf eine ideale Norm von Rechtsein, sondern im Blick auf das konkrete Lebensverhältnis der Partner zueinander« (Kertelge). Paulus hat den Begriff der G. zentral und breit ausgearbeitet. G. erweist sich nach Paulus darin, dass Gott durch das →Kreuz Christi neues Leben schafft und darin die Welt mit sich versöhnt (geschenkte G.), was als Evangelium Juden u. Heiden verkündigt wird und Glauben schafft. Das Lukasevangelium zeigt, z.B. im Gleichnis von Pharisäer und Zöllner (Lk 18), dass die Christen und ihre Gemeinden vor und durch Gott Gerechte sind. Sie stehen damit gleichermaßen legitim in der Tradition Israels, wie sie auch an die Völker gesandt sind. Matthäus geht es um die bessere G., die das Reich der Himmel heraufführt, welches mit Jesus angebrochen ist. Nach ihr gilt es zu trachten, und sie gilt es zu tun (Mt 5–7.25). Der 1. Johannesbrief unterscheidet schroff zwischen der Sphäre der G. und der Sünde: »Wer die Sünde tut, ist aus dem Teufel« (1Joh 3,7). Jakobus fordert von den Christen gute Werke (→Werke der Barmherzigkeit / der Gerechtigkeit) zusätzlich zum Glauben.

Mittelalterliche Theologie und Philosophie führen in unterschiedlichen Spannungs- u. Mischungsverhältnissen die in altorientalischer, jüdisch-christl. u. antiker Tradition entwickelten Aspekte von G. zusammen. So verbindet etwa Thomas von Aquin, Augustinus u. Aristoteles zur Synthese einer Weltordnung, in der alle sichtbaren u. unsichtbaren, vergänglichen u. unvergänglichen Dinge aufeinander bezogen sind. In schroffer Abgrenzung zu Aristoteles (Heidelberger Disputation 1517) insistiert →Luther darauf, dass allein Gott gerecht und der Mensch vor Gott Sünder und unfrei ist. Allein in der Relation von Wort und Glaube vollzieht sich Gottes G. als Befreiung des Menschen von Sünde, Tod u. Teufel zu Dank und Dienst. Diese sind weltliche Gestaltungsaufgaben im Gebrauch der durch die Schrift belehrten Vernunft, die auch »neue Dekaloge« schaffen kann. Das Naturrechtsdenken Hugo Grotius' und Samuel Pufendorfs bildet eine Brücke der reformatorischen Zwei-Reiche-Lehre zum aufgeklärten Menschenrechtsethos. Kants Imperativ, die Person niemals ausschließlich zum Mittel eines Zwecks zu machen, kann hier anschließen.

Jeder materielle G.-Begriff ist ideologiegefährdet. Auch Verfahrensgerechtigkeit (Habermas) setzt implizit anthropologische Grundannahmen (→Menschenbild) voraus. John Rawls versucht, die apriorische und die empirische Seite der G. durch den Begriff der Fairness zu verbinden. Er fordert: Alle sollen gleiche Rechte u. Pflichten haben. Ungleichheiten sind nur zum Wohl aller, insbes. der Schwächeren oder gesellschaftlich bisher schlechter Gestellten zulässig.

Für die →Diakonie stellt sich das G.-Thema als Frage nach ihrer Identität: Diakonie steht in Wort u. Tat für die →Rechtfertigung eines jeden Menschen allein aus Gottes Gnade ein. Sie unterscheidet die (kontrafaktisch) von Gott zugesprochene Würde des Menschen ebenso von natürlichen u. sozialen Merkmalen wie auch von seiner →Leistung u. Schuld und fragt in allen Lebensdimensionen (→Familie, →Arbeit, →Gesundheit, →Bildung, Religion, Kultur, Politik) nach dem, was dem Menschen gerecht wird: Schutz gegen Unrecht, Freiheit der Entfaltung und →Teilhabe an den das Leben ermöglichenden Gütern. Die G.sfrage stellt sich für die Diakonie (nicht erst) seit den Zeiten der →Inneren Mission nach außen wie nach innen. Sie hat sich zu positionieren im öffentlichen Spannungsfeld von G. u. Barmherzigkeit, in der gesellschaftlichen Polarität von →Ökonomie u. Ethos sowie in der Binnenpolarität von Glaubensbindung u. →Diversität.

LITERATUR: JOHN RAWLS, A Theory of Justice 1975, dt.: Eine Theorie d. G., Frankfurt a.M. 1975 • KARL KERTELGE, Art. Dikaiosyne, in: Evangelisches Wörterbuch zum Neuen Testament (1992), 786 • STEPHEN R. HOLMES, Art. G., III. Theologiegeschichtlich u. dogmatisch, in: RGG3 (2000), 709 • FOLKER SIEGERT, Luther u. das Recht, Bielefeld 2014.

Dieter Beese

GERONTOPSYCHIATRIE

G. (Alterspsychiatrie) ist der Bereich der Psychiatrie, der sich mit den seelischen Krankheiten alter Menschen befasst. Es gibt vielfältige Berührungspunkte zur Geriatrie, die vorrangig auf körperliche, v.a. innere Krankheiten ausgerichtet ist. Gerontologie ist demgegenüber kein Gebiet der →Medizin, sondern untersucht als Querschnittswissenschaft das Altern und das Alter in seinen verschiedenen Dimensionen.

Alte Menschen können an nahezu allen psychischen Krankheiten leiden, die bei Jüngeren vorkommen (v.a. Depressionen); weil die Symptomatik oft weniger prägnant ist, werden sie häufig nicht erkannt. Hinzu kommen die erst mit dem Alter auftretenden psychischen Krankheiten (v.a. Alters→demenzen).

Die Methoden gerontopsychiatrischer Diagnostik u. Therapie entsprechen denen der sog. Allgemeinpsychiatrie, nehmen aber, v.a. in der Behandlung, gezielt Bezug auf die alterstypischen körperlichen u. psychosozialen Veränderungen (z.B. Vereinsamung, Hilfsbedürftigkeit).

LITERATUR: HANFRIED HELMCHEN / FRITZ HENN / HANS LAUTER / NORMAN SARTORIUS (Hg.), Psychiatrie spezieller Lebenssituationen: Psychiatrie d. höheren Lebensalters, Berlin / Heidelberg / New York 2000.

Klaus Windgassen

GERSTENMAIER, EUGEN

Der Württemberger G. (1906–1986) studiert nach kaufmännischer Lehre Theologie in Tübingen u. Rostock. Parallel zu seiner akademischen Karriere – Promotion 1935, Habilitation 1938 – tritt G. 1936 in den Dienst des Kirchlichen Außenamtes der Deutschen Ev. Kirche. Dort knüpft er enge ökumenische Kontakte, die beim Aufbau des Ev. →Hilfswerks wertvoll werden. Persönlich steht G. als Mitglied des Kreisauer Kreises in grundsätzlicher Opposition zum NS-Regime. Seit 1942 plant er mit ökumenischen Partnern ein groß angelegtes Kirchliches Hilfswerk, dessen Leitung u. Aufbau er direkt nach dem Krieg übernimmt. G. vertritt einen gesellschaftspolitischen Ansatz kirchlichen Wirkens und wird 1949 für die CDU in den Bundestag gewählt. Als er sich in der Diskussion um die Fusion von Innerer Mission u. Hilfswerk mit seiner Idee der Eingliederung der selbständigen Werke in die verfasste Kirche nicht durchsetzen kann, entscheidet er sich ganz für die Politik.

Nach dem plötzlichen Tod von Hermann Ehlers, dem führenden Vertreter des Protestantismus in der CDU, wird er 1954 dessen Nachfolger als Bundestagspräsident. In diesem Amt prägt er bis 1969 das Erscheinungsbild des Bonner Parlamentarismus im In- u. Ausland. Die Entwicklung von Kirche u. Diakonie verfolgt G. bis zu seinem Tod aus der kritischen Distanz des politischen Beobachters.

LITERATUR: JOCHEN-CHRISTOPH KAISER, E.G. in Kirche u. Gesellschaft nach 1945, in: WOLFGANG HUBER, Protestanten i.d. Demokratie. Positionen u. Profile im Nachkriegsdeutschland, München 1990, 69–92 ♦ ANDREAS MEIER, E.G., in: WOLF-DIETER HAUSCHILD, Profile d. Luthertums. Biographie zum 20. Jh., Gütersloh 1998, 185–201.

Michael Häusler

GESANGBUCH

Ein G. ist mit seiner Sammlung von Liedern u. Gesängen in erster Linie für den gottesdienstlichen Gebrauch bestimmt. In den meisten christl. Konfessionen ist es das wichtigste geistliche Buch der →Gemeinde neben der →Bibel. Für den Einsatz im →Gottesdienst bietet es die jeweils gängigsten bzw. zur Feier benötigten Choräle, Kanons u. liturgischen Gesänge. Sie sind nach dem →Kirchenjahr sowie nach verschiedenen Themen u. Anlässen geordnet. Oft finden sich in ihnen gemeinsame Teile für mehrere Gebiete und regionale Ergänzungen. Gottesdienstordnungen sollen das Mitfeiern der versammelten Gemeinde stützen. Für gemeinsame Andachten sind Tagzeitengebete und Andachtsvorschläge wiedergegeben.

Oft sind G.er so konzipiert, dass sie zugleich Teile für den häuslichen Gebrauch enthalten, bspw. Gebete für den Tag und zu besonderen Lebenssituationen. Sie bieten dann Basisinformationen wie die Bekenntnisse der Kirche, erklären die →Sakramente und die kirchlichen Handlungen oder geben Auskunft über Liederdichter. In vielen Kirchen werden G.er durch Liederhefte/-bücher ergänzt, in denen vorwiegend neues Liedgut abgedruckt ist. Nach einigen Jahrzehnten werden G.er aktualisiert.

Hanns Kerner

GESUNDHEIT/KRANKHEIT

I.   ABGRENZUNG U. VERHÄLTNISBESTIMMUNG

G. u. K. sind konstitutiv aufeinander bezogen. Metaphorisch gesprochen besitzt jeder Mensch zwei Staatsbürgerschaften – eine im Reich der Gesunden und eine im Reich der Kranken (Sonntag 1978).

Weder für G. noch für K. gibt es allerdings eine eindeutige, allgemein gültige Definition. Abhängig von den angewandten Beurteilungskriterien sind Dimensionen von G. u. K. zu beschreiben, die sowohl der inhärenten Multiperspektivität der Begriffe als auch den umschriebenen Phänomenen gerecht zu werden versuchen.

Zunächst sind G. u. K. Grundbegriffe der →Medizin und als solche haben sie normativen Charakter. Die Deutung von G. u. K. ist auch Gegenstand multidisziplinärer Diskurse, an denen neben Medizin auch Theologie, Philosophie, Rechtswissenschaften, Geschichtswissenschaften, Psychologie u. Soziologie beteiligt sind. Im Kontext der Diakonie kommen diese Dimensionen zusammen, sodass vor deren Hintergrund das Bedeutungsfeld von G. u. K. zu bestimmen ist.

In der Antike sind die Ärzte Herophilos und Erasistratos (um 300 v.Chr.) und Galenos (129–199 n.Chr.) von drei möglichen Beschreibungen des menschlichen Zustands ausgegangen, indem sie zwischen den Polen krank und gesund von einem dritten, neutralen Zustand ausgingen. Neuere theologische Entwürfe, die den Begriff der Verwundbarkeit ins Zentrum der Anthropologie rücken (Springhart 2016), knüpfen hier konzeptionell an.

Die Abgrenzung von G. u. K. richtet sich nach unterschiedlichen Kriterien, die subjektiv, objektiv, sozial u. genderbasiert verschieden sein können.

So ist von einer möglichen Diskrepanz zwischen (objektivem) Befund und (subjektivem) Befinden auszugehen. Die Basis für die Diagnose einer K. stellen Normwerte dar, die am statistischen Vorkommen eines spezifischen Merkmals in einer Bevölkerungsgruppe orientiert sind. Dennoch ist offen, ob Abweichungen von solchen Normwerten, die in sich kultur- u. kontextbedingt sind, grundsätzlich K.swert haben. Die Kulturgebundenheit der Beurteilung dessen, was als gesund und krank gilt, wird besonders an psychischen K.en deutlich. Hier ist von besonderer Relevanz, dass das, was als krank anerkannt wird, immer auch Ausdruck gesellschaftlicher Machtverhältnisse ist. Dies impliziert auch, dass eine gesellschaftlich neutrale Verwendung der Begriffe krank und gesund nicht möglich ist.

Der hohe Stellenwert von G. befördert außerdem Strukturen, die partikularer und interessengeleiteter Definitionsmacht großes Gewicht geben und so insgesamt zu einer Medikalisierung beitragen. Diese zeigt sich bspw. darin, dass Lebensphasen oder einzelne Zustände zu K. erklärt werden.

Für die Relation zwischen G. u. K. sind drei Konzepte zu unterscheiden (Franke 2008). Grundlage für das vorherrschende biomedizinische K.smodell ist ein dichotomes Konzept (1), das G. u. K. als voneinander unabhängige und einander ausschließende Zustände bestimmt. Im Hintergrund einer dichotomen Bestimmung von G. u. K. stehen klar umschriebene K.sbilder, wie sie bspw. in Infektionsk.en vorliegen. Für weniger klar umschriebene K.en o. psychische Störungen ist das dichotome Konzept jedoch nicht suffizient. Hier setzen bipolar orientierte Konzepte (2) an, die G. u. K. als Pole eines Kontinuums verstehen. Das Leben bewegt sich kontinuierlich zwischen den beiden Polen gesund und krank, der Mensch ist immer mehr oder weniger gesund und krank zugleich.

Orthogonale Konzepte (3) schließlich zielen darauf, gesunde und kranke Anteile zu unterscheiden und sind gut dazu geeignet, objektive und subjektive Parameter zueinander ins Verhältnis zu setzen.

2. G.: DIMENSIONEN U. MODELLE

Mit der seit den 1970er Jahren einsetzenden Perspektivverschiebung von einer rein pathogenetisch hin zu einer salutogenetisch orientierten Medizin rückt G. in den Fokus konzeptioneller Überlegungen auch innerhalb der Medizin. Sie ist sowohl subjektiv bestimmt durch das individuelle Erleben als auch ein gesellschaftliches Phänomen, dem hohe normative Bedeutung zukommt. G. wird als Bedingung der Möglichkeit von Leben oder auch als Kraft zum Menschsein (Karl →Barth, KD III/4, 404) verstanden.

1946 formulierte die Weltgesundheitsorganisation (WHO) einen in seiner Totalität umstrittenen G.sbegriff und bestimmte G. als »Zustand des vollständigen körperli-

chen, geistigen u. sozialen Wohlbefindens und nicht nur das Freisein von K. u. Gebre-
chen«. Gegen die lange Zeit dominierende Bestimmung von G. als Störungsfreiheit –
gesund ist, wer nicht krank ist – formulierte die WHO so einen positiv gefüllten
G.sbegriff, dem eine hohe Bedeutung für die Demokratisierung des G.swesens zukommt. Anders als in der anfänglichen Formulierung hat die WHO im Lauf der Jahrzehnte die politische Dimension des G.sbegriffs deutlicher expliziert, was sich in der
1986 verabschiedeten Ottawa-Charta niederschlägt, die die konditionale Bedeutung
von G. für das politische, ökonomische u. soziale System unterstreicht.

In soziologischer Hinsicht wird G. funktional verstanden als Leistungsfähigkeit
und Möglichkeit der Rollenerfüllung (Talcott Parsons). Die Fokussierung auf die Leistungsfähigkeit macht auch deutlich, dass die Bestimmung dessen, was als gesund
gilt, und die Förderung von G. eng verbunden sind mit sozialpolitischen Aspekten,
insbes. mit den ökonomischen Seiten des Kranken- u. Rentenversicherungssystems,
die eine wesentliche Dimension des G.sbegriffs beinhalten.

Zu den ältesten Bestimmungen von G. gehört die Vorstellung von G. im Sinne einer Homöostase, der leiblich-seelischen Harmonie. Von ihr geht bereits Hippokrates
(466–377 v.Chr.) in seiner Theorie der vier Körpersäfte aus. Anders akzentuiert hingegen das Modell G., welches G. im Sinne einer Heterostase versteht. Gesund ist demzufolge der Mensch, der in der Lage ist, den Störungen, mit denen er konfrontiert ist,
aktiv zu begegnen und sie in sein Leben zu integrieren. Diese Perspektive ist die Basis
für das von dem amerikanisch-israelischen Medizinsoziologen Aaron Antonovsky in
den 1970er Jahren eingeführte Konzept der →Salutogenese. Es hat seine Wurzeln in
der Stressforschung, ist aber insbes. darin bedeutsam, dass es die sozialen, politischen u. ökonomischen Grundvoraussetzungen für G. betont. Eine Weiterführung des
heterostatischen Modells ist die Vorstellung von G. als Fähigkeit der Anpassung an
die äußere, physikalische Umgebung und an die soziale, gesellschaftliche Umgebung.

Der normative Charakter des G.sbegriffs zeigt sich in ethisch relevanten Bestim-
mungen von G. als höchstem Gut. Ein solcher, dem Vitalismus verhaftete, normativer
G.sbegriff birgt jedoch die Gefahr der Ideologisierung in sich. Insofern ist schon das
Verständnis von G. als höchstem Gut an sich problematisch. Ein rein normativer
G.sbegriff in diesem Sinne übersieht außerdem, dass es die gesellschaftliche Situation
häufig gar nicht zulässt, der G. den höchsten Wert beizumessen.

Mit der Frage nach den Entstehungsbedingungen von G. verbunden ist die Deutung der G. als Geschenk, →Leistung o. Pflicht. G.sförderung und G.serziehung basieren auf der Vorstellung von G. als Leistung, die zur Vorstellung von G. als Pflicht
führen kann. Damit Letztere nicht in eine vitalistische abgleitet, ist es aus theologischer Sicht zentral, die Balance zwischen der →Verantwortung gegenüber dem geschöpflichen Leben und der Anerkenntnis der prinzipiellen Vulnerabilität des Menschen zu wahren.

3.   K.: DIMENSIONEN UND MODELLE

Seit der 2. Hälfte des 19. Jh. wurde K. primär im biologisch-somatischen Sinn verstanden. Mit dem Entstehen der Bakteriologie (Rudolf Virchow 1858 und Robert Koch
1880) setzt sich eine kausal orientierte Sicht auf K. durch, die das dichotome Denken
befördert. Orientiert am Modell der Infektionsk.en wird K. als etwas betrachtet, das
auf einer spezifischen Ursache beruht und als etwas, dessen Verlauf beeinflusst wer-

den kann, sei es über eine Intervention im Blick auf die K.serreger, sei es im Blick auf die Überträger der K. Die Grenzen dieser Bestimmung von K. sind jedoch insbes. im Blick auf die Unterscheidung zwischen akuter u. chronischer K., aber auch im Blick auf psychische o. psychosomatische Erkrankungen deutlich.

Als Kriterien für die Feststellung von K. gilt das Vorliegen eines Befundes, d.h. das Vorhandensein objektiv feststellbarer körperlicher, geistiger u./o. seelischer Störungen. Dieser Befund korreliert mit der Störung des Wohlbefindens, der Einschränkung von Leistungsfähigkeit und mit der Notwendigkeit von Betreuung, sowohl in professionell medizinischer Hinsicht als auch in sozialer, mitmenschlicher u. gesellschaftlicher Hinsicht.

Im juristischen Kontext besteht straf-, zivil- u. sozialrechtlich die Notwendigkeit der Definition von K., die hier als das Überschreiten einer normativ gesetzten Schwelle verstanden wird.

Der Notwendigkeit der Klassifikation von K. im Bereich der G.sversorgung folgte die seit den 1850er Jahren geführte International Classification of Diseases (ICD), die seit 1948 von der WHO verantwortet und geführt wird. Die momentan gültige Fassung – ICD-10 – ist die 10. Fassung dieser ursprünglich als Liste von Todesursachen begonnenen Liste.

Die Differenzierung von akuter u. chronischer K. und die damit einhergehende Perspektive auf die Leiblichkeit nötigen zu einer weiteren Reflexion über die Deutung von K. Theologische Entwürfe der jüngeren Zeit entwickeln theologische Deutungen von K., die über eine kausalitätsorientierte Perspektive hinausgehen. K. als Ausdruck der Fragilität u. Vulnerabilität von Schöpfung wird so neu zu einem Thema der Theologie.

LITERATUR: KARL BARTH, Kirchl. Dogmatik III/4, Zürich 1951 • SUSAN SONTAG, K. als Metapher, München 1978 • AARON ANTONOVSKY, Salutogenese, Tübingen 1997 • ALEXA FRANKE, Modelle v. G. u. K., Bern 2008 • GÜNTER THOMAS / ISOLDE KARLE (Hg.), K.sdeutung i.d. postsäkularen Gesellschaft, Stuttgart 2009 • ILSE FALK / KERSTIN MÖLLER ET AL. (Hg.), So ist mein Leib. Alter, K. u. Behinderung – feministisch-theolog. Anstöße, Gütersloh 2012 • HEIKE SPRINGHART, Der verwundbare Mensch, Tübingen 2016.

Heike Springhart

GESUNDHEITSMANAGEMENT, BETRIEBLICH

Das betriebliche Gesundheitsmanagement (BGM) umfasst alle Maßnahmen zur Vermeidung physischer u. psychischer Gefährdungen und dient dem Erhalt u. der Förderung der →Gesundheit. Die Maßnahmen eines BGM richten sich an alle →Mitarbeitenden (Verhaltens→prävention) sowie an die ergonomische Gestaltung der Arbeitsumgebung und der Arbeitsprozesse (Verhältnisprävention). Jegliche Aktivitäten sind in einer Gesamtstrategie der Unternehmensleitung aufeinander abgestimmt und hinsichtlich ihrer Wirksamkeit zu überprüfen. Eine gesundheitsförderliche →Unternehmens- u. Führungskultur ist Voraussetzung für ein erfolgreiches BGM.

Im BGM gewinnt der Aufbau von individuellen u. organisatorischen Ressourcen zu Abfederung von Belastungen an Bedeutung. Hier stehen im Bereich der Diakonie individuelle Glaubenshaltungen u. Ressourcen, die sich aus einem diakonisch-christl. →Profil heraus speisen, im Interesse aktueller Forschungen.

LITERATUR: THORSTEN UHLE / MICHAEL TREIER, BGM, Berlin/Heidelberg 2015.

Tim Hagemann

GESUNDHEITSPOLITIK

→Gesundheit ist eine Schlüsselkategorie menschlicher Lebensführung. Sie ist abzugrenzen von utopischen Gesundheitsvorstellungen – etwa im Sinn der WHO-Definition von Gesundheit als eines »Zustandes vollkommenen körperlichen, geistigen u. sozialen Wohlbefindens« – und der überzogenen Fixierung auf Therapieformen, die Heilsversprechen gleichkommen, einerseits und einem rein negativen Verständnis der Abwesenheit von Störungen andererseits. Gesundheit kann als konditionales Gut gewürdigt werden, das eine wesentliche Voraussetzung für eine selbstbestimmte Lebensführung bildet. Zugleich beinhaltet Gesundheit die Fähigkeit, mit Einschränkungen gut leben zu können. G. thematisiert die Ressourcenallokation in diesem Bereich, um eine möglichst umfassende Teilhabe an den Leistungen des medizinischen Systems zu gewährleisten.

In Deutschland sind rund 90 % der Bevölkerung durch die gesetzliche Krankenversicherung (GKV, vgl. →SGB V) abgesichert, die im Kern auf die 1883 durch Bismarck eingeführte, von Arbeitgebern u. Arbeitnehmern finanzierte u. selbstverwaltete Krankenversicherung zurückgeht. Lediglich Selbständige, beihilfeberechtigte Beamte u. Bezieher hoher Einkommen sind von dieser Versicherungspflicht ausgenommen. Vor dem Hintergrund einer starken internen Kostendynamik sind in den letzten Jahrzehnten verschiedene Reformmaßnahmen im →Gesundheitswesen vorgenommen und darüber hinaus weitergehende Maßnahmen diskutiert worden. Im Kern geht es um Vorschläge zur Verbesserung der Einnahmenseite und der Stabilisierung der Ausgabenseite des Gesundheitssystems.

Aufgrund bedeutender Innovationen in nahezu allen medizinischen Bereichen, bei Diagnoseverfahren wie bei Therapien und bei der Medikamentierung, und aufgrund der relativ hohen Arbeitsintensität des Gesundheitswesens mit ansteigenden Beschäftigtenzahlen, der demographischen Entwicklung in Deutschland sowie der Veränderungen im Lebensstil mit einer Ausweitung chronischer Krankheiten sind die Kosten kontinuierlich angestiegen, woraufhin die Politik seit 1988 mit einem ersten Gesundheitsreformgesetz versucht hat, diesem Trend entgegenzusteuern. Seither bestimmen nahezu permanente Reformdiskussionen die G.

Die →EKD hat sich kontinuierlich an diesen Diskussionen beteiligt und plädiert grundsätzlich für eine Beibehaltung des Systems der GKV, die mehrfach als eine zugleich solidarische (→Solidarität) wie leistungsfähige Organisation des Gesundheitswesens gewürdigt worden ist. Damit dieses Modell zukunftsfähig bleibt, sollen die Mündigkeit u. Eigenverantwortung der Versicherten gestärkt werden. Aus dem Leitbild der Mündigkeit folgt nach Ansicht der EKD der unbedingte Schutz der Würde des kranken- u. pflegebedürftigen Menschen. Seine Bedürfnisse und sein Befinden haben im Mittelpunkt aller Leistungen des Gesundheitssystems zu stehen. Daher sind Patientenrechte und der Patientenschutz zu erweitern. Mündigkeit impliziert auch eine Stärkung der Eigenverantwortung des Einzelnen für seine Gesundheit mit der Verantwortung für eine gesundheitsbewusste Lebensführung. Hierzu gehören die Inanspruchnahme von Vorsorgemaßnahmen und ein therapiegemäßes Verhalten. Problematisch sind allerdings aus Gründen der Selbstbestimmung und des Datenschutzes aktuelle Trends der elektronischen Kontrolle u. Weitergabe von gesundheitsrelevanten Daten an einzelne Krankenkassen, welche für diese Daten Bonuszahlungen einräumen.

Hinsichtlich der Stabilisierung der Ausgabenseite konnte in den letzten knapp drei Jahrzehnten durch eine Vielzahl von Rationalisierungsmaßnahmen – seit 1988 knapp 60 Kostendämpfungsmaßnahmen mit rund 7.500 Einzelvorschriften, ohne deren Wirkung der Anteil der Gesundheitsausgaben um schätzungsweise 50 % höher als in der Gegenwart liegen würde – die Effizienz erheblich gesteigert werden. Nach wie vor verbesserungsfähig sind die Verzahnung von ambulanter u. stationärer Versorgung und der Abbau von Mehrfachuntersuchungen. Weitere Rationalisierungspotenziale könnten im Bereich der Arzneimittel liegen, da im internationalen Vergleich in Deutschland quantitativ so viele Arzneimittel zugelassen sind wie in kaum einem anderen Land, die zudem überdurchschnittlich teuer angeboten werden. Auf der anderen Seite wird aufgrund pharmazeutischer Innovationen der Kostendruck gerade auf die Arzneimittelausgaben vermutlich bestehen bleiben.

Als drängendes Problem ist nach wie vor die Entwicklung ethischer Kriterien für Priorisierungsentscheidungen zu nennen. Dies gilt nicht allein für Spenderorgane, die nicht in ausreichender Zahl verfügbar sind. Darüber hinaus stellt sich zunehmend die Herausforderung, neue, wirkungsvollere Medikamente, die allerdings aufgrund sehr hoher Kosten im Sinn des Gleichheitsgrundsatzes nicht für alle finanzierbar sind, nur an einen Teil der Patienten abgeben zu können. Die ethische Debatte um diese Thematik wird öffentlich noch zu wenig geführt.

Gesundheitspolitisch zentral ist des Weiteren die Frage, inwieweit der finanzielle Handlungsspielraum des Gesundheitssystems durch eine Verbesserung der Einnahmenseite zu erweitern ist. Als wichtiger Maßstab gilt das Politikziel einer weitgehenden Stabilität des Beitragssatzes. Dennoch haben verschiedene Gesundheitsreformen auch die Einnahmenseite zu verbessern versucht. So sind verschiedene Formen der Selbstbeteiligung (Praxisgebühren pro Quartal, restriktivere Vorgaben bei der Erstattung von Fahrtkosten zur ambulanten Behandlung u.a.) eingeführt worden. Dies trifft Geringverdiener in überdurchschnittlicher Weise und steht in einer gewissen Spannung zum Solidarprinzip der GKV. Dementsprechend ist zu fragen, ob etwa die geltende Regelung für chronisch Kranke, die maximal 1 % ihres Bruttoeinkommens an Zuzahlungen zu leisten haben, auch für andere Gruppen – speziell im Blick auf soziale Lagen – Anwendung finden sollte. Zu gewissen Verbesserungen der Einnahmenseite hat der wachsende Wettbewerb zwischen den Krankenkassen geführt, welche allerdings unter bestimmten Bedingungen Mehrausgaben in Grenzen an die Versicherten weitergeben dürfen. Über den Status quo hinaus argumentiert die EKD in ihrer Stellungnahme »Solidarität u. Wettbewerb«, indem neben den Arbeitseinkommen auch alle anderen Einkommensarten als Finanzierungsquelle der GKV herangezogen werden sollten. Mit diesen Überlegungen nimmt die EKD das Ziel einer sog. »Bürgerversicherung« für alle auf, ohne dies jedoch näher zu konkretisieren.

Über solche konkreten Vorschläge hinaus besteht der Beitrag der EKD zur G. vorrangig darin, auf die normativen Grundlagen gesundheitspolitischer Entscheidungen hinzuweisen. Dabei kommt dem Hinweis auf die Bedürfnisse u. Lebenslagen von sozial Schwachen als dem entscheidenden Kriterium der Solidarität eine zentrale Bedeutung zu.

LITERATUR: RAT D. EKD, Solidarität u. Wettbewerb. Für mehr Verantwortung, Selbstbestimmung u. Wirtschaftlichkeit im Gesundheitswesen, Hannover 2002 ◆ DENKSCHRIFT D. RATES D.

EKD, »Und unseren kranken Nachbarn auch!« Aktuelle Herausforderungen der G., Gütersloh 2011 • ROLF ROSENBROCK, G., Bern 2014.

Traugott Jähnichen

GESUNDHEITSWESEN

Mit dem Begriff G. oder Gesundheitssystem werden alle Organisationen, Personen u. Prozesse in einem Land bezeichnet, die der Förderung der →Gesundheit bzw. der Prävention u. Behandlung von Krankheiten dienen(→Medizin). Das deutsche G. ist ein hoch komplexes System mit Ergebnissen von vergleichsweise guter →Qualität, in dem zahlreiche Akteure nach dem Selbstverwaltungsprinzip im Rahmen gesetzlicher Vorgaben (z.B. Versicherungsprinzip) unterschiedliche Aufgaben erfüllen und teilw. gegensätzliche Interessen verfolgen (z.B. Gewinne erhöhen bzw. Kosten senken). Während alle Bemühungen um eine notwendige Finanzierungsreform des deutschen G.s bisher erfolglos blieben, wird eine wachsende Ungleichheit in der medizinischen Versorgung verschiedener Bevölkerungsgruppen in Kauf genommen (→Gesundheitspolitik, →Gerechtigkeit). Diakonische Träger sind wichtige Akteure im G., insbes. im Krankenhaussektor (→Krankenhäuser, konfessionelle).

LITERATUR: MICHAEL SIMON, Das Gesundheitssystem in Deutschland, Bern 2013 • ALEXANDER DIETZ, Gerechte Gesundheitsreform?, Frankfurt a.M. 2011.

Alexander Dietz

GEWALT

Das Thema des Umgangs mit G. darf auch in der →Diakonie nicht verschwiegen werden und wird im Bereich der →Pflege in Fortbildungen regelmäßig behandelt. Das Motto der friedlichen Revolution 1989 in Deutschland »Keine G.« hat seinen Ursprung im kirchlichen Bereich. G.verzicht ist auf individueller u. institutioneller Ebene anzustreben.

G.anwendung war ein bedeutendes Thema im Zusammenhang der Missbrauchsdebatte im Bereich der →Heimerziehung. An dem Beispiel wird deutlich, dass Diakonie sich in besonderer Weise der Opfer von G. zuzuwenden hat und an deren Seite zu finden sein sollte, indem sie auf die sozialen u. politischen Verhältnisse sowie auf das Fehlen von Freiheit u. Wahrheit achtet. Auch wenn das in der Geschichte der Kirche nicht immer so war und ist, gibt es doch wichtige Stränge kirchlicher u. biblischer Überlieferung, die das begründen. Dazu gehören unter anderem der Dekalog (2Mose 20) und Aussagen der Bergpredigt, nicht zu zürnen, dem Schlagenden die andere Backe hinhalten und die Feinde zu lieben (Mt 5,39ff).

LITERATUR: FRANK CRÜSEMANN, Maßstab: Tora. Israels Weisung für christl. Ethik, Gütersloh 2003 • ROLF SCHIEDER (Hg.), Die G. d. einen Gottes, Berlin 2014.

Martin Wolff

GEWERKSCHAFT

G.en sind unabhängige Zusammenschlüsse von Beschäftigten einer Branche (Einheitsg.), welche die Interessen der Arbeitnehmer (→Mitarbeitende) gegenüber den →Unternehmen vertreten. Ziele sind u.a. Verbesserungen von Arbeitsbedingungen u. Entlohnung, Regelung der Arbeitszeiten, Ausbau u. Erhalt von Arbeitsplätzen,

Mitbestimmung sowie Unterstützung der Mitglieder in sozial- u. arbeitsrechtlichen Fragen.

In Tarifverhandlungen mit der Unternehmerseite auf Verbandsebene werden die Ziele umgesetzt. Für G.smitglieder abgeschlossene Tarifverträge werden i.d.R. auch auf nichtorganisierte Arbeitnehmer angewendet. Scheitern Tarifverhandlungen, nutzen G.en das Instrument des Arbeitskampfes (z.B. Streik). Soziale Ausdifferenzierung und unterschiedliche Interessenslagen innerhalb der Arbeitnehmerschaft führten zu Berufsgruppenvereinigungen (sog. Sparten-G.en, z.B. G. der Lokführer).

Das kirchliche →Arbeitsrecht sieht den →Dritten Weg vor, seit den 1960er Jahren aber auch in Teilen der heutigen Nordkirche und nunmehr in Niedersachsen u. Brandenburg kirchengemäße Tarifverträge auf der Basis von Verhandlungen mit der G. verdi.

Rose Richter

GEWINN

G. ist das Einkommen oder →Geld, das bei einem Geschäft (nach Abzug aller Kosten inkl. der Steuern) verdient wird. Innerhalb der Unternehmensbilanz zeigt die G.-u.-Verlust-Rechnung (GuV) die Erträge eines Geschäftsjahres. G. ist eine zentrale Kategorie von Unternehmen als privatwirtschaftliche Erwerbseinheiten unter marktwirtschaftlichen Rahmenbedingungen. G. ist eine Mindestbedingung für die dauerhafte Existenz eines Unternehmens, umstritten als G.maximierung im Unterschied zu optimalem, angemessenem o. nachhaltigem G.

Martin Büscher

GLAUBE

Der G. ist nach biblisch-reformatorischer →Theologie nicht eine defiziente Form des Wissens, sondern das lebensbestimmende Vertrauen, in dem sich einem Mensch das sich im Evangelium von →Jesus Christus offenbarte Heilsereignis erschließt, er also davon Kenntnis (*notitia*) erhält und zustimmt (*assensus*) und das Evangelium zugleich als sein eigenes Leben betreffend vertrauensvoll annimmt (*fiducia*).

Der christl. G. hat mit der unauflöslichen Bindung an die Person Jesu Christi sowohl einen *geschichtlichen Ursprung* als auch einen *personalen Charakter*: Glaubende stehen in einer personalen G.ns- u. Vertrauensbeziehung zu einem Gegenüber, der sich geschichtlich offenbart hat. Dabei bezeichnet der Begriff »G.« sowohl den *Akt* des G.ns als eines daseinsbestimmenden Vertrauens (*fides qua creditur*), als auch den durch die Jahrhunderte überlieferten und etwa im Apostolicum ausgedrückten *Inhalt* des G.ns (*fides quae creditur*). Beide Aspekte des G.ns gehören zusammen und bedingen einander insofern, als sich das lebensbestimmende Vertrauen des G.ns als durch ein in der Geschichte offenbartes Ereignis konstituiert weiß und dieses Ereignis denkend reflektiert.

Im Laufe der →Kirchen- u. Theologiegeschichte sind mehrere Fragen hinsichtlich des G.ns kontrovers behandelt und beurteilt worden: zum einen die Frage nach seinem Zustandekommen und der Mitwirkung des Menschen bzw. des freien Willens (1), zum anderen die Frage nach dem Verhältnis von G. und guten Werken (2). In beiden Fragen ist bis heute kein eindeutiger Konsens erreicht worden, sodass sie als noch immer bestehender kontroverstheologischer Dissens beurteilt werden können. Darüber hinaus steht der anthropologische »Ort« des G.ns in Frage, mithin das Verhältnis von G., Gefühl, Willen u. Vernunft (3).

1. Bereits in der Alten Kirche bricht die Frage nach dem Zustandekommen des G.ns und der Reichweite der menschlichen Mitwirkung auf. Während die eine Position im Interesse der Bildbarkeit und der ethischen Verantwortlichkeit des Menschen betont, dass dieser sich ganz oder teilw. selbst aus freiem Willen für den G.n entscheiden und auch im G.n wachsen könne, sieht die andere Position damit die göttliche Gnade als geschwächt und die Sünde als unterbestimmt an. Sie hält daran fest, dass der G. ein Werk →Gottes, des Heiligen Geistes, ist, der wirkt, wie und wo es Gott gefällt (CA 5), und lehnt das freie Willensvermögen (*liberum arbitrium*) des Menschen ab. Diese beiden idealtypisch dargestellten Positionen sind in der Alten Kirche etwa von Augustin *versus* Pelagius oder in der Reformationszeit von Martin →Luther *versus* Erasmus von Rotterdam vertreten worden und bilden bis in die Gegenwart der Tendenz nach eine kontroverstheologische Debatte ab. Während Luther, Augustin folgend, vom »geknechteten Willensvermögen« (*servum arbitrium*) spricht und davon ausgeht, dass kein Mensch seinen Willen frei zu lenken vermag und sich nicht freiwillentlich für den G.n an Jesus Christus entscheiden kann, betonen Pelagius o. Erasmus das Vermögen des Menschen, zwischen G. o. Ung.n aus freiem Willen zu wählen. Luther drückt seine Einsicht elementar in der Auslegung des dritten G.nsartikels im Kleinen Katechismus aus: »Ich glaube, dass ich nicht aus eigener Vernunft noch Kraft an Jesus Christus, meinen Herrn, glauben o. zu ihm kommen kann; sondern der Heilige Geist hat mich durch das Evangelium berufen.«

Mit diesen unterschiedlichen Positionierungen hängen grundlegende anthropologische Fragen (→Menschenbild) zusammen wie diejenige nach der Möglichkeit, Affekte zu beherrschen u. zu kontrollieren, oder nach der Reichweite, die dem Wirken des Verstandes eingeräumt wird: kann dieser tun o. veranlassen, was sich ihm als gut erschlossen hat, oder ist er in seinem Vermögen begrenzt und zwar zur Einsicht, nicht aber zum Befolgen des Guten in der Lage, wie Paulus es ausdrückt, wenn er vom Guten spricht, das ich will, aber nicht tue, dagegen aber das Böse tue, das ich nicht will (Röm 7,19)?

2. In der Frage nach dem Verhältnis von G. und guten Werken« geht es um die Kontroverse, ob dem Glaubenden gute Werke als »Früchte des G.ns« geboten werden müssen, oder ob diese *sponte et hilariter*, also gleichsam von selbst, aus dem G.n fließen. In diesem Zusammenhang stellt sich die Frage nach der Funktion der biblischen Gebote, etwa des Dekalogs oder des Doppelgebots der →Gottes- u. →Nächstenliebe: haben diese − neben ihrer Relevanz für das gesellschaftliche Leben − v.a. die Aufgabe, dem Glaubenden seine Unfähigkeit zum Guten und seine Angewiesenheit auf das Wirken des Geistes vor Augen zu führen, oder sind sie als Gebote ernst zu nehmen, die der Christenmensch im G.n erfüllen soll und auch erfüllen kann? Auch in dieser Frage besteht bis in die Gegenwart kein eindeutiger Konsens, wobei die idealtypischen Positionen nicht nur auf die kontroverstheologische Debatte verteilt sind, sondern auch einen innerev. Dissens zwischen Reformierten und Lutheranern abbilden. Die Beantwortung dieser Frage hat ebenfalls mit der anthropologischen Verortung des G.ns zu tun: wird dieser als ein das ganze Leben bestimmendes Vertrauen ver-

standen, so muss seine Wirkung sich auf alle Bereiche des Lebens u. Handelns erstrecken, ohne dass ein Handeln den Geboten folgend erst noch befohlen werden
müsste. Wird das Verständnis des G.ns dagegen eher auf den Aspekt der Zustimmung zu einer Lehre zugespitzt, so müssen Früchte des G.ns durch Gebote eher befohlen werden. Eine Variante der Antworten in dieser Frage besteht in der Position,
dass die sich in der →Taufe ereignende Gabe des Geistes den Glaubenden dazu befähigt, den Geboten Gottes entsprechend zu leben.

3. Bei den beiden konkreten Einzelfragen entscheidet sich die Beantwortung wesentlich an den anthropologischen Grundannahmen, in die das Verständnis des G.ns
eingeordnet wird. Seit der Mitte des 20. Jh. wird in der wissenschaftlichen Theologie
verstärkt die Position einer »relationalen Ontologie« vertreten, also die Einsicht reflektiert, dass *Beziehungen* zum Wesen des Menschen konstitutiv hinzugehören, mit
seinem Sein als Individuum also gleich ursprünglich sind. Was das Wesen eines
Menschen ausmacht, sind nach diesem Strukturmodell mithin nicht seine Eigenschaften, sondern die Tatsache, dass er ein relational konstituiertes Wesen ist.

Dieses Modell hat Konsequenzen für das Verständnis des G.ns. Denn diesen Gedanken ernst nehmend, ist es nicht möglich, sich freiwillentlich zu entscheiden, in
Beziehungen zu stehen, weil die sich in einzelnen Beziehungen äußernde u. konkre-
tisierende *Bezogenheit* zum menschlichen Wesen konstitutiv hinzugehört. Schon
Luther hat die grundlegende menschliche Bezogenheit in der Auslegung des ersten
Gebotes im Großen Katechismus mit den Worten ausgedrückt: »woran du nu, sage
ich, dein Herz hängest und dich verlässest, das ist eigentlich dein Gott« – und damit
ausgedrückt, dass es nicht möglich ist, sein Herz nicht an eine Instanz *extra se* zu
hängen, weil diese Struktur dem Menschen inhäriert. Wird G. als daseinsbestimmen-
des Vertrauen verstanden, so muss er, wenn und insofern Vertrauen ein Beziehungs-
begriff ist, nach diesem Grundmodell, Luther folgend, so verstanden werden, dass ein
Mensch *per se* auf eine Instanz *extra se* bezogen ist (also einen Gott hat), der er sich
anvertraut, der er also glaubt. Ob dieser G. ihm zum Heil gereicht, ihn tragen und
trösten kann, ist erst eine sich daraus ergebende zweite Frage.

4. Das Verhältnis von G. und Vernunft hängt mit den angedeuteten anthropologischen Grundannahmen zusammen. Auch in dieser Hinsicht stehen unterschiedliche
Auffassungen in der Theologiegeschichte nebeneinander. Während eine Denktraditi-
on betont, dass der G. nach Vernunfterkenntnis sucht und verlangt (*fides quaerens
intellectum*), hält eine andere Auffassung dafür, dass auch die Vernunft von der Sünde
betroffen ist und darum keine Instanz bezeichnen kann, die dem Menschen zur Gotteserkenntnis verhelfen kann. Gleichwohl muss auch nach der zweiten Auffassung,
die v.a. von lutherischer Theologie vertreten wird, der Annahme einer Widervernünf-
tigkeit des G.ns widersprochen werden. Der G. ist in diesem Sinne nicht *gegen* die
Vernunft, aber als existenzbestimmendes Vertrauen nicht mit den Mitteln der Vernunft erreichbar.

Der anthropologische *Ort* des G.ns kann nach diesen Überlegungen nicht ausschließlich in einer der Instanzen Vernunft, Wille o. Gefühl bestimmt werden, sondern findet sich insofern am ehesten im Zusammenwirken aller drei anthropologischen Instanzen, als zum G.n ein affektives Ergriffensein ebenso wie ein voluntatives

Moment und schließlich eine rationale Rechenschaft über den Inhalt des G.ns zum Akt des G.ns unbedingt hinzugehören.

5. Biblisch-reformatorische Theologie versteht den G.n als existentielle Aneignung des in Christus offenbarten Heilsgeschehens und damit als Grund der →Rechtfertigung des Menschen vor Gott. Das *sola fide* bildet eine der reformatorischen Exklusivpartikel (neben *solus Christus, sola gratia* und *sola scriptura*). Mit der Betonung der Heilswirksamkeit des G.ns hält reformatorische Theologie daran fest, dass das in Christus erwirkte Heil, um zu seiner Entfaltung zu kommen, auf die Antwort des Menschen im G.n angewiesen ist: als vergangenes Ereignis bliebe die Geschichte von Jesus von Nazareth unbedeutsam, weil sie ihre Bedeutsamkeit erst in der vertrauensvollen Annahme durch den Menschen erhält, der seinerseits ausdrückt: *mea res agitur*, also das Evangelium im G.n als für sein eigenes Leben geltend annimmt. Nach dem Vorbild der mittelalterlichen Brautmystik bezeichnet der G. für Martin Luther den Brautring, den ein Glaubender erhält und der die durch Christus erwirkte Rechtfertigung des Gottlosen in ihm wirksam macht. Im G.n ereignet sich für Luther ein kommunikativer Tausch, in dem Christus dem Glaubenden seine Gerechtigkeit schenkt und von diesem die Sünde erhält.

Dabei kann der G. aber — wie jede andere Beziehung auch — nicht in den »Besitz« der glaubenden Person gelangen. Er ist darum sowohl unabgeschlossen als auch anfechtbar. Er ist Entwicklungen ausgesetzt und auch Krisen unterworfen. Martin Luther nannte diese Kehrseite des G.ns die Anfechtung (*tentatio*) und hielt an der Einsicht fest, dass der Christenmensch in diesem Leben stets beides ist: Glaubender, Gerechter und den G.n Verfehlender, also Sünder: *simul justus et peccator*.

LITERATUR: WILFRIED HÄRLE, Dogmatik, Berlin / New York 2012.

Sibylle Rolf

GLOBALISIERUNG

G. bezeichnet die Intensivierung u. Beschleunigung weltweiter Handelsbeziehungen, die in der Zeit der Hochindustrialisierung vor dem Ersten Weltkrieg eine erste Hochphase erreichten. Dieser Prozess wird als »erste G.« bezeichnet, der aufgrund der politischen Entwicklungen in der Mitte des 20. Jh. ins Stocken geraten ist, seit rund drei Jahrzehnten — dem Zeitalter der »zweiten G.« — an neuer Dynamik gewonnen hat. Technologische Voraussetzungen sind v.a. Innovationen des Transportwesens und der Kommunikation. Wirtschaftspolitisch ist damit eine Liberalisierung des Welthandels sowie insb. der Weltfinanzmärkte einhergegangen. Im Unterschied zur Zeit des Imperialismus, die von einer durch militärische Eroberungen geschützten, internationalen Arbeitsteilung geprägt war, ist die gegenwärtige G. von der zentralen Bedeutung weitgehend deregulierter Finanzmärkte und von einem intraindustriellen Handel gekennzeichnet, der zu einer qualitativen Verschärfung des Wettbewerbs geführt hat.

LITERATUR: JÖRG HÜBNER, G. — Herausforderung f. Kirche u. Theologie. Perspektiven einer menschengerechten Weltwirtschaft, Stuttgart 2003 • JOHANNES KESSLER, Theorie u. Empirie der G., Wiesbaden 2016.

Traugott Jähnichen

GOSSNER, JOHANNES EVANGELISTA

Der aus Franken stammende Pfarrer u. Missionar G. (1773–1859), war, nach un-ruhigen beruflichen Jahren, vom Katholizismus konvertiert und entfaltete ab 1826 in Berlin seine umfangreiche schriftstellerische, soziale u. missionarische Tätigkeit. Als Pfarrer der reformierten-böhmischen Bethlehemsgemeinde in Berlin gründete er u.a. 1833 einen weiblichen und einen männlichen Krankenpflegeverein, aus dem 1837 das Elisabeth-Krankenhaus entstand. Gegenüber den Ideen von Theodor →Fliedner verzichtete er darauf, die Pflegerinnen zu einer festen Gemeinschaft zu verbinden, der Zusammenschluss zu einer eigenen Schwesternschaft kam erst nach G.s Tod. Neben der inneren →Mission war sein wichtigstes Arbeitsgebiet die äußere Mission, ab 1836 sandte er eigens ausgebildete Missionare in die Welt aus, die G. Mission besteht bis heute.

LITERATUR: www.gossner-mission.de ◆ KLAUS ROEBER, J.G. U. ALBERT LUDWIG CARL BÜCHSEL, Missionsväter u. Kirchenväter im Berlin d. 19. Jh., Berlin 2005.

Norbert Friedrich

GOTT

»Woran du nun ... dein Herz hängst und verlässest, das ist eigentlich dein G.« So hat →M. Luther im »Großen Katechismus« die Wechselbeziehung zwischen G. und →Glaube herausgearbeitet. Der Mensch wird als das »glaubende Tier« verstanden, das Beziehungswesen, das seine Orientierung im Denken u. Handeln dadurch ge-winnt, dass es unbedingt vertrauen kann. Vertrauen ist die anthropologische Kon-stante. Umgekehrt wird G. als der verstanden, der den Menschen in die Beziehung zu G. einlädt und sich dem Menschen verspricht – als Erfüllung der Bestimmung seines Lebens in Gemeinschaft mit G. und als Hilfe in allen Nöten: »Sieh zu und lasse mich alleine deinen G. sein und suche ja keinen anderen ... Ich, ich will dir genug geben und aus aller Not helfen: lass nur dein Herz an keinem anderen hängen noch ruhen.« (Luther) Allerdings kennt Luther auch die Ambivalenz von Vertrauen und Glauben. Das Herz kann sich auch in unbedingtem Vertrauen an Bedingtes hängen und in seiner »Götzenfabrik« (→Calvin) Abgötter schaffen, denen es sich unbedingt unter-wirft: andere Heilsbringer ebenso wie Reichtum, Macht u. Ansehen. Die Unterschei-dung zwischen G. und Götze als Problem des eigenen Religionhabens durchzieht das G.esverständnis des Christentums wie das des →Judentums und des →Islam. Die Fragen nach dem wahren G. und nach der rechten G.esbeziehung sind darum nicht zu trennen. In der Situation des religiös-weltanschaulichen Pluralismus hat deshalb die Frage nach der Identität G.es Priorität.

Die christl. →Kirche beantwortet die Frage nach G.es Identität mit dem Bekennt-nis zum dreieinigen G.: Vater, Sohn u. Heiliger Geist, als Schöpfer, Versöhner u. Voll-ender von allem, was nicht G. ist. Dieses Bekenntnis ruht auf den Selbstidentifikatio-nen G.es durch die Mitteilung seines Namens und durch sein Handeln in den biblischen Zeugnissen, die im →Gottesdienst das Reden zu G. und das Reden von G. bestimmen. Das Verständnis der Identität G.es im NT knüpft an seine Namensoffen-barungen (z.B. in Ex) an. Auf Moses Frage antwortet G. mit seinem Eigennamen (Jahwe: 2Mose 3,15), durch den G. in Ewigkeit angerufen werden will, verweist auf seine Beziehung zu seinem Volk von Anfang an (»der G. eurer Väter«), zeigt sein

Wesen als Aufmerksamkeit u. Erbarmen für die Not seines Volkes (2Mose 3,16) und verspricht die Befreiung aus der Sklaverei. Getragen wird diese Zusage durch das Versprechen: »Ich werde sein, der ich sein werde« (2Mose 3,14). Der G., der sich so zugänglich macht, ist in seinem Wesen ein Versprechen, das in radikaler Freiheit begründet ist, da G. als einziges Wesen über seine Zukunft verfügt. Nur in Beziehung zu ihm, nur im Vertrauen auf dieses Versprechen haben Geschöpfe Zukunft und dauerndes Sein. Die Selbstbestimmung G.es als G., der seine eigene Zukunft nur in Gemeinschaft mit seinen Geschöpfen will, hat eine inhaltliche Pointe. →Barmherzigkeit ist in der Reihe der Namensoffenbarungen der zusammenfassende Name G.es: »barmherzig u. gnädig u. geduldig u. von großer Gnade u. Treue« (2Mose 34,6).

Im NT wird die Identifikation G.es für Israel nicht aufgehoben, sondern in →Jesus Christus, G.es fleischgewordenem Wort (Jo 1,14), das in Ewigkeit bei G. ist (Jo 1,1), auf alle Menschen ausgeweitet. Der G. Israels wird von der christl. Gemeinde als der bekannt, »der unseren Herrn Jesus auferweckt hat von den Toten« (Röm 4,24) und sich darin als der erweist, »der die Toten lebendig macht und ruft das, was nicht ist, dass es sei« (Röm 4,17). Der G., der sich in der Geschichte und im Geschick des auferstandenen Gekreuzigten definiert und so seine →Gerechtigkeit als schöpferische erweist, die den Gottlosen gerecht macht und die allein im Glauben erfasst werden will, vergegenwärtigt sich den Menschen in seinem Geist. Im Geist haben die Glaubenden als G.es Kinder an Jesu G.esbeziehung Anteil und können ihn so als Vater anrufen (Röm 8,11–17). Ihr Vertrauen ist getragen von der Gewissheit, dass sie nichts scheiden kann »von der Liebe G.es, die in Christus Jesus ist, unserem Herrn« (Röm 8,39). Der Glaube ist in der vom Geist geschenkten Gewissheit begründet, dass G., der allmächtige Schöpfer, in Geschichte u. Geschick Jesu sein Wesen als wertschaffende Gerechtigkeit u. Barmherzigkeit auslegt, die dem im Widerspruch gegen G. verlorenen Menschen in der Gemeinschaft mit G. die Fülle des Lebens schenkt. Das Bekenntnis zum dreieinigen G., drei Personen in einem göttlichen Wesen, ist für die frühe christl. Gemeinde kein Problem, sondern die Lösung des Problems, wie sie ihrer G.eserfahrung angemessen Ausdruck geben: als gegenwärtig Gewissheit schenkenden Geist über die Wahrheit der Christusoffenbarung als Offenbarung von G.es in Israel zuerst verwirklichtem Gemeinschaftswillen für seine ganze Schöpfung.

So werden die Glaubenden hineingezogen in die Bewegung der Liebe G.es zur Welt. Der Gottesdienst, den die →Reformation als Dienst des dreieinigen G.es an uns Menschen interpretiert, als Fest der dreifältigen Freigiebigkeit G.es, wird so zur Quelle für den Dienst am Nächsten. Für die christl. Gemeinschaft gilt: »Seid barmherzig, wie auch euer Vater barmherzig ist« (Lk 6,36). Diese im Wesen G.es begründete Barmherzigkeit gewinnt im Leben des Glaubens Gestalt als Leidenschaft für das Wohl des Nächsten (→Nächstenliebe) in seiner Not.

Christoph Schwöbel

GOTTEBENBILDLICHKEIT

Die Anerkennung der Würde jedes Menschen (→Menschenrechte) – unabhängig von Geschlecht, Nationalität, Religion o. bestimmten Fähigkeiten – ist theologisch in der G. des Menschen begründet, wie sie klassisch im ersten Schöpfungsbericht zum Ausdruck kommt (1Mose 1,26ff). Sie bezeichnet insbes. die Beziehungswirklichkeit des Menschen in seinen Bezügen zu Gott, zu den Mitmenschen u. zur Mitwelt, sodass sie sich nicht an bestimmten Eigenschaften des Menschen, etwa an kognitiven Fähigkeiten, orientiert, sondern prozessual u. relational zu bestimmen ist. Die G. drückt die Bestimmung jedes Menschen zu einer qualifizierten Gemeinschaft mit Gott und mit seinen Mitmenschen sowie die Wahrnehmung verantwortlicher Herrschaft in der Schöpfung aus.

LITERATUR: WOLFART PANNENBERG, G. als Bestimmung d. Menschen, München 1979.

Traugott Jähnichen

GOTTESDIENST

Bereits im Wort G. ist enthalten, was darunter zu verstehen ist: Der G. umfasst zuerst →Gottes Dienst am Menschen durch sein Wort und →Sakrament. Dem entspricht der Mensch dann mit →Gebet, Lob, →Dank und einer vom Evangelium bestimmten Lebensgestaltung. G. stellt ein dialogisches Geschehen dar, bei dem der Mensch mit dem dreieinigen Gott in eine direkte Beziehung tritt. Der Gottes-Dienst des Alltags erhält seine Impulse aus der gottesdienstlichen Feier.

Hinter dem Sammelbegriff G. verbergen sich sehr unterschiedliche Feiern: Der Sonntagsg. mit seinen traditionellen o. neuen Formen, lebensbegleitende Kasualien von der →Taufe über Konfirmation, Eheschließung bis zur →Bestattung, Zielgruppen- u. Themeng.e sowie Andachtsformen.

Christl. G. hat in seiner Geschichte unterschiedlichste Formen u. Gestalten ausgebildet und stellt sich auch heute vielfältig dar. So gibt es konfessionsspezifische Ausformungen wie bspw. die röm.-kath. »Messe« oder die »Göttliche Liturgie« der orthodoxen Kirchen. Im ev. Bereich gibt es zwei Haupttypen des Sonntagsg.es: Den Abendmahlsg. und den Predigtg., die beide vom →Kirchenjahr geprägt sind. Der Abendmahlsg. ist zumeist liturgisch (→Liturgie) reicher ausgestaltet und umfasst vier Teile: Den Eingangsteil (Eröffnung u. Anrufung), den Predigtteil (→Verkündigung u. Bekenntnis), den Abendmahlsteil (→Abendmahl) und den Schlussteil (Sendung u. →Segen). Die aktive Beteiligung der →Gemeinde ist ein Merkmal des evangelischen G.es. Sie wird insbes. bei den Wechselgesängen o. abwechselnd gesprochenen Stücken, beim Mitsingen der Lieder sowie beim Sprechen des Glaubensbekenntnisses und des Vaterunsers sichtbar. Die verschiedenen →Gebete, das Hören der Predigt und der Empfang von Brot u. Wein beim Abendmahl laden zum inneren Mitvollzug ein.

Im schlichter aufgebauten Predigtg. stellt die Predigt den alleinigen Höhepunkt dar, auf den der Eingangsteil hinführt und von der ausgehend der Schlussteil seine Prägung erfährt. Die Elemente des Predigtg.es sind neben der Instrumentalmusik und den Liedern in der Regel die Begrüßung, ein Psalm, das Eingangsgebet, zwei biblische Lesungen, das Glaubensbekenntnis, die Predigt, die Abkündigungen, die Geldsammlung, das Fürbittgebet und der Segen.

Die vielen G.e in neuer u. freier Gestalt, die sich in den letzten Jahrzehnten herausgebildet haben, orientieren sich in ihrer Struktur zumeist am Predigtg. Kennzeichen dieser G.e sind verschiedene Formen der Verkündigung, vielfältige Musikformen, Vorbereitung u. Gestaltung durch eine Gruppe und zumeist auch eine der jeweiligen G.form gemäße Raumgestaltung. Sie richten sich oft an bestimmte →Milieus und greifen in besonderer Weise Lebenssituationen und aktuelle Themen auf. Oft sind sie altersbezogen oder wenden sich an bestimmte Zielgruppen (z.B. in Beruf, Freizeit o. diakonischen Einrichtungen). Auch lebensgeschichtliche Anlässe (z.B. Einschulung) oder gesellschaftliche Ereignisse (z.B. Katastrophen) werden vielgestaltig begangen.

Der Gottes-Dienst im Alltag findet in vielfältigen Bezügen seinen Ausdruck, im Beruf, im persönlichen Umfeld, in der Ausübung der Nächstenliebe, im Einsatz für Benachteiligte und Kranke oder in der Fürbitte.

LITERATUR: Der G. Eine Orientierungshilfe zu Verständnis u. Praxis des G.es in der ev. Kirche, Gütersloh 2009.

Hanns Kerner

GOTTESLIEBE

G. meint →Liebe Gottes zum Menschen (genitivus Subjectivus) und (genitivus Objectivus) Liebe des Menschen zu →Gott. Gott erwählt Israel aus Liebe und schließt seinen Bund mit ihm. In Jesus offenbart sich Gott als die niemanden ausschließende Liebe, die ohne Vorleistung geschenkt wird (→Rechtfertigung), den Tod besiegt und den Menschen erlöst. Gottes Initiative u. Selbstoffenbarung ermöglichen es dem Menschen, die Liebe zu erwidern und sogar Freundschaft mit Gott zu pflegen (Thomas von Aquin) – nur deshalb kann die Liebe zu Gott geboten werden (vgl. 1Joh 4,19: »Wir wollen lieben, weil er uns zuerst geliebt hat.«). Das NT verbindet in seinem Hauptgebot (vgl. Mt 22,34–40) das alttestamentliche Gebot der G. (vgl. 5Mose 6,5) als Herzstück des →Glaubens Israels mit jenem der →Nächstenliebe (3Mose 19,18), von dessen Erfüllung die glaubwürdige Verwirklichung der G. abhängt (vgl. 1Joh 4,20).

LITERATUR: THOMAS SÖDING, Art. Liebe Gottes, in: Lexikon f. Theologie u. Kirche 6, 924–926 • BENEDIKT XVI., Enzyklika Deus caritas est, o.O. 2005 • EBERHARD SCHOCKENHOFF, Die Liebe als Freundschaft d. Menschen m. Gott, in: Internationale kath. Zeitschrift Communio 36 (2007), 232–246.

Petra Zeil

GRIESENBECK, THEOPHILUS JACOBUS

1730–1783, ab 1763 Pfarrer in Iserlohn, Gründer des ev. Schul- u. Waisenhauses in Iserlohn. Die Frühindustrialisierung im Nadel- u. Metallgewerbe der Stadt hatte besonders Kinder in die Verelendung und körperliche wie geistige Verwahrlosung getrieben. G. erweiterte bestehende städtische Pläne für ein Waisenhaus, die primär wirtschaftliche Interessen verfolgten. Er setzte mit organisierten Bildungs- u. Erziehungsanstrengungen deutliche diakonische Akzente zunächst in einer Armen- u. Waisenschule, ab 1771 im neu gegründeten Waisenhaus. Durch die Ehe mit einer Kaufmannstochter hatte G. Zugang zu einflussreichen Kreisen der Stadt, die zur Finanzierung seiner Pläne beitrugen. Geprägt durch die Studienzeit in Halle und die Kenntnis der Frankeschen Stiftungen lassen sich bei ihm sowohl pietistische als auch aufklärerische Gedanken finden. Sein sozialkritisches u. bildungsorientiertes Engagement wird deutlich im eigenhändigen Unterschreiben der Lehrverträge seiner Schützlinge.

LITERATUR: T.J.G., Nachricht von dem Anfange u. Fortgange u. Einrichtung d. hiesigen neugestifteten Waisenhauses u. der damit verbundenen Schulanstalt zur Erziehung u. Unterrichtung der dürftigen Kinder in Iserlohn. Iserlohn 1778 • ADOLF SELLMANN, Die Förderung d.

Schulwesens i.d. Grafschaft Mark seitens der luth. Geistlichkeit, in: Jahrbuch f. westfälische Kirchengeschichte 37 (1936), 74–107.

Brigitte Zywitz

GRUNDRECHTE

siehe unter: Menschenrechte

GRÜNE DAMEN

Von den G.D., inzwischen auch Herren, werden aktuell (2015) rund 1,8 Mio. Einsatzstunden pro Jahr unentgeltlich (→Ehrenamt) v.a. in →Krankenhäusern geleistet (von Beginn an wegen ihrer grünen Kittel von den Patienten »G.D.« genannt). Sie sind organisiert in der Ev. Kranken- u. Alten-Hilfe e.V. (eKH), die 1969 in Düsseldorf durch →Brigitte Schröder gegründet wurde. Sie ist heute bundesweit in 490 Krankenhäusern, in 248 Altenhilfeeinrichtungen und in 5 ambulanten Diensten in konfessionellen wie auch freien Einrichtungen tätig. 10.500 Frauen u. 900 Männer sind ehrenamtlich tätig. Die Geschäftsstelle ist in Berlin.

Die rund 11.400 Ehrenamtlichen arbeiten in einem strukturierten Netzwerk zusammen, das von der Bundesgeschäftsstelle koordiniert wird.

LITERATUR: www.ekh-deutschland.de.

Käte Roos

HALTUNG, DIAKONISCHE

D. H. bezeichnet die innere Einstellung Handelnder im diakonischen Kontext. Die Handelnden identifizieren sich durch die d. H. mit dem diakonischen Auftrag. Im Gegensatz zur diakonischen →Kultur und zum diakonischen →Profil liegt die d. H. im Bereich der individuellen →Ethik. Sie ergibt sich aus persönlichen Wertevorstellungen, Lebenshaltung, Glaubensüberzeugungen u. →Spiritualität. Ihr Zweck liegt dabei in der Bestimmung des Sinns diakonischer Handlungen.

Ursprung der Entwicklung einer persönlichen d.n H. ist die protestantische →Rechtfertigungslehre und die damit verbundenen Voraussetzungen für das eigene Leben. Danach befreit Gott durch seine Gnade die Menschen von einer →Werkgerechtigkeit. Der Mensch ist durch seinen →Glauben dazu befreit, sein Leben führen zu können, ohne die Notwendigkeit sich die göttliche Gnade durch gute Werke zu verdienen. Aus dieser geschenkten Gnade ergibt sich eine Dankbarkeit hinsichtlich des eigenen Lebens. Für die Tätigkeit im diakonischen Zusammenhang bedeutet es, dass die Möglichkeiten u. Grenzen des eigenen Handelns bewusst werden. Der Sinn diakonischer Tätigkeit findet sich daher nicht in einem Anspruch von Gott, sondern in der Ermöglichung der →Teilhabe anderer Menschen an dem Befreiungsgeschehen. Die Dankbarkeit gegenüber Gott hinsichtlich des eigenen Lebens führt durch die d. H. zu einem selbstlosen Handeln. Diakonische Tätigkeit hat ihren Sinn in sich selbst, es ist Handeln um des Handelns willen.

In der konkreten diakonischen Tätigkeit ist die Grundlage des Handelns das christl. →Menschenbild. Ausgangspunkt hierbei ist die von Gott jedem Menschen verliehene Würde. Da die Würde jedem Menschen in jeder Lebenssituation zugesprochen ist und damit unverlierbar ist, können das eigene und das Leben anderer in seiner Bruchstückhaftigkeit erkannt werden. Hilfeempfangende sind durch die Würde nicht nur Betroffene, sondern auch Befähigte. Diakonisch Handelnde können durch das Erkennen der Würde anderer Mitfühlen und Mit-Leiden.

D. H. als gelebte innere Einstellung und Geisteshaltung ist nicht unveränderlich. In Gesprächen u. Diskussionen über die eigene Lebenshaltung u. Werteüberzeugungen muss die persönliche d. H. überdacht und reflektiert werden. Sie ist Teil der sich immer wieder verändernden Gestalt der sichtbaren Kirche.

Diakonische H. ist die Voraussetzung dafür, sich bewusst zu werden, dass die diakonische Tätigkeit Mithilfe am beginnenden →Reich Gottes ist. Darin liegt die Sinnstiftung der d.n H.

LITERATUR: DIAKON. WERK DER EKD E.V. (HG.), Charakteristika einer diakon. Kultur, Stuttgart 2008 • Diakonie Texte 1.2008 • HEINRICH POMPEY / PAUL-STEFAN ROSS, Kirche f. andere. Handbuch f. eine diakon. Praxis, Mainz 1998.

Georg Bloch-Jessen

HARTZ IV

Mit den sog. Hartz-Reformen wurde 2005 die »Grundsicherung für Arbeitsuchende« und ihre Angehörigen mit dem Sozialgesetzbuch II (→SGB) eingeführt. Sie ersetzte die frühere →Arbeitslosenhilfe und integrierte die meisten bisher Sozialhilfe-Beziehenden. Leistungsberechtigt sind »Bedarfsgemeinschaften«, in denen zumindest eine Person dem Arbeitsmarkt zur Verfügung steht. Die Grundsicherung umfasst Leistungen für die Kosten der Unterkunft, den Regelsatz zur Deckung der regelmäßigen Bedarfe sowie weitere arbeitsmarktpolitische Hilfen, →Dienstleistungen u. teilhabeorientierte Leistungen (→Teilhabe) wie nach dem →Bildungs- u. Teilhabepaket. Im November 2015 bezogen mehr als 6 Mio. Menschen in über 3 Mio. Bedarfsgemeinschaften SGB-II-Leistungen, darunter mehr als 1,7 Mio. Kinder. Alle Leistungen stehen unter dem Vorbehalt ihrer Wirksamkeit zur Arbeitsmarktintegration. Die Diakonie Deutschland kritisiert Abzüge bei der Regelbedarfsermittlung sowie Sanktionen durch Leistungskürzungen.

LITERATUR: Zehn Thesen d. Diakonie zu zehn Jahren H. IV, Diakonie-Text 05/2015, www.diakonie.de/media/Texte-05_2015_10-Jahre-HartzIV.pdf.

Michael David

HASE, HANS-CHRISTOPH VON

Der in Schlesien geborene Pfarrersohn H. (1907–2005) promoviert 1933 in Berlin in Systematischer Theologie. Nach einem Jahr als Stipendiat in New York und kurzem Gemeindpfarramt wird er Ende 1934 Militärseelsorger und während des Krieges Wehrmachtoberpfarrer. Nach einjähriger Tätigkeit als Referent im Zentralbüro des Ev. →Hilfswerks wechselt er 1947 an die Universitätskirche Marburg. Nach weiteren Stationen (1952 Studienleiter an der Ev. Akademie Mühlheim/Ruhr, 1954 Gemeindpfarrer in Herford) wird er 1957 zum Direktor der Theologischen Abteilung im Diakonischen Werk der EKD (→Diakonie Deutschland) berufen.

Bis zu seiner Pensionierung 1973 prägt er nachhaltig die theologischen Positionen der Hauptgeschäftsstelle des Diakonischen Werkes, insbes. im Bereich der

→Gemeindediakonie, der Unterstützung von sozial Benachteiligten und Menschen mit →Behinderung und der Eugenik. Seit seinem USA-Aufenthalt und seiner Teilnahme an der Gründungsversammlung des Weltkirchenrates 1948 engagiert sich H. stark in der Ökumenischen Bewegung. Im Ruhestand widmet er sich u.a. dem Werk seines Cousins Dietrich Bonhoeffer. In all diesen Bereichen zeichnet sich H. als produktiver und pointierter Autor aus.

LITERATUR: ANNEGRET REITZ-DINSE, Theologie i.d. Diakonie, Neukirchen-Vluyn 1998. – Nachlass im Archiv für Diakonie u. Entwicklung, Berlin.

Michael Häusler

HEIMERZIEHUNG

Unter der H. wird in Abgrenzung zu dem als Ideal angesehenen Familienmodell die Fremdplatzierung von Kindern u. Jugendlichen in Institutionen zur Erziehung angesehen, wie sie besonders seit dem 19. Jh. in Deutschland praktiziert wurde. Seit dem Ende des 19. Jh. war eine Zwangserziehung gesetzlich ermöglicht, welche im 20. Jh. bis zum prophylaktischen Eingriff bei einer drohenden »Verwahrlosung« reichte. Konfessionell bestimmte Träger der Erziehungsheime blieben bis in die 1970er Jahre in Westdeutschland bestimmend. In Ostdeutschland wurden sie seit den 1950er Jahren stark zurückgedrängt.

In der H. beider deutscher Staaten sind allgemeine Formen der Diskriminierung feststellbar, die extreme Demütigungen, wirtschaftliche Ausbeutung im Heim wie in Fremdbetrieben, körperliche Misshandlungen und sexuellen Missbrauch einschließen. Neben der schlechten materiellen Ausstattung des Fürsorgefeldes wird für Westdeutschland als Ursache eine autoritär-christl. Kultur von »Gehorsam, Ordnung, Religion« angesehen, deren Disziplinideale und Gesellschaftsvorstellungen in das 19. Jh. verweisen. Für Ostdeutschland herrschte eine politische Betrachtung vor, die H. vorwiegend als Auswuchs einer staatssozialistischen Erziehungsdiktatur wahrnahm.

LITERATUR: BERNHARD FRINGS / UWE KAMINSKY, Gehorsam – Ordnung – Religion. Konfessionelle Heimerziehung in der Bundesrepublik 1945–1975, Münster 2012.

Uwe Kaminsky

HEIMVERTRAG

Der H. ist ein Vertrag zwischen einem Unternehmen (Einrichtungsträger) und einem volljährigen Menschen, in dem sich das Unternehmen zur Überlassung von Wohnraum und zur Erbringung von Pflege- o. Betreuungsleistungen verpflichtet. Die Form der Leistungserbringung erfolgt stationär, d.h. ortsgebunden und pauschal. Der Vertrag muss den Richtlinien des WBVG (Wohn- u. Betreuungsvertragsgesetz) folgen.

In einigen Bundesländern ist der Begriff »Heim« abgelöst worden und man spricht vom »Betreuungsvertrag«.

Sabine Hirte

HELFEN

H. unterliegt im alltäglichen Sprachgebrauch und in der sozialwissenschaftlichen Diskussion einer breiten Bedeutungsvielfalt. Dabei lassen sich semantisch zwei Grundbedeutungen ausmachen: Unterstützung u. Beistand einerseits; Nutzen u. Förderung andererseits. Mithilfe von vier Interaktionsmustern lässt sich nach Hans-Werner Bierhoff eine Kategorisierung des H.s vornehmen: H. als Randereignis, Zupacken in konkreten Notsituationen, normative Orientierung und wechselseitige Vorteilsgewährung. Für helfendes Handeln gibt es keine eindeutige wissenschaftliche Zuständigkeit und somit auch keine allgemeine Begriffsbestimmung oder Theorie des H.s.

H. lässt sich als grundlegende Kategorie im Bereich der →Sozialen Arbeit verstehen und meint hier einerseits die individuelle Interaktion mit einem Klienten mit dem Ziel, ihn zu befähigen, möglichst selbstständig entscheiden u. handeln zu können. Andererseits weist H. durch die organisatorische Einbindung in den →Sozialstaat auch eine sozialpolitische Dimension (→Sozialpolitik) auf. Diese hat sich seit der mit der Industrialisierung im 19. Jh. aufkommenden →sozialen Frage ausgebildet: Während zuvor zwischen öffentlicher Armenpflege und privater Wohltätigkeit unterschieden wurde, bildete sich unter dem Begriff Wohlfahrtspflege in der Zeit der Weimarer Republik ein differenziertes Hilfesystem aus, dessen Leistungen einerseits staatlich veranlasst und andererseits von zahlreichen Vereinen u. privaten Initiativen ausgeführt wurden. Weiterhin ist seit der frühen Neuzeit eine zunehmende Pädagogisierung des Hilfehandelns durch eine enge Verzahnung von Hilfe u. Erziehung zu beobachten, so dass H. in Anknüpfung an Johann Heinrich Pestalozzis Konzeption nicht nur als Aufgabe, sondern als Ziel der Erziehung verstanden wurde. In diesem Kontext bildete sich schließlich auch die Sozialpädagogik als eigenständige Disziplin heraus.

Insbes. im Bereich der Sozialen Arbeit wurde im 20. Jh. im Zuge der zunehmenden →Professionalisierung auch auf die Ambivalenzen des H.s hingewiesen. So kann helfendes Handeln als Kontrollmechanismus erlebt werden, der Hilfesuchende in ihren Handlungsfreiheiten einschränken oder sogar entmündigen kann. In diesem Sinne kommt den helfenden Berufen ein »doppeltes Mandat« zu: Sie sind zugleich Anwälte der Hilfebedürftigen (→Anwaltschaft) und Kontrolleure im Auftrag des Staates. Darüber hinaus besteht seitens der professionell Helfenden die Gefahr des →Helfersyndroms, das nicht selten zu Depressionen o. →Burnout führen kann. Mit der Verberuflichung helfenden Handelns erfolgte eine verstärkte Reflexion über Inhalte u. Methoden des H.s. Inhaltlich wird H. im Bereich der Sozialen Arbeit häufig als →Dienstleistung verstanden, wobei zwischen sach- u. personenbezogenen sozialen Dienstleistungen zu unterscheiden ist. Methodisch erfolgte mit der zunehmenden Strukturierung u. Rationalisierung eine Anonymisierung u. Entpersonalisierung, die aber durch eine verstärkte Lebensweltorientierung (Hans Thiersch) und Ausrichtung an den individuellen Bedürfnissen der Klienten (Silvia Staub-Bernasconi) konterkariert wurde. In der praktischen Umsetzung kann hierbei das Instrument eines von dem Hilfesuchenden selbst erstellten und mit den Hilfeanbietern bzw. sozialen Dienstleistern abgestimmten Hilfeplans eingesetzt werden, der für zielgerichtete u. strukturierte Unterstützung sorgen und eine entsprechende Qualitätssicherung gewährleisten soll. Ansatzpunkt ist dabei eine Klienten- u. Ressourcenorientierung, wie sie in jüngerer Zeit bspw. auch in den Konzepten des →Empowerments und der →Assistenz umgesetzt wurden. Insgesamt ist für den Bereich der Sozialen Arbeit zu konstatieren, dass helfende Berufe noch immer besonders häufig von Frauen ausgeübt werden, wobei bislang nicht eindeutig geklärt werden konnte, welche Auswirkungen die genderspezifische Sozialisation auf helfendes Handeln hat.

Die psychologische Forschung hat sich etwa seit Mitte der 1970er Jahre zur Aufgabe gemacht, die subjektiven Voraussetzungen u. →Motivationen helfenden Handelns zu erforschen. Dies geschieht vor allem im Rahmen der Altruismusforschung und durch Studien zu prosozialem Verhalten; außerdem wurde die Bedeutung gegenseitiger Unterstützung im Rahmen familiärer Netzwerke im Konzept des Social Support eingehend untersucht.

Demgegenüber untersucht eine soziologische Betrachtungsweise die Funktion des H.s im Kontext einer bestimmten Gemeinschaft oder Gesellschaft. In diesem Zusammengang hat Niklas Luhmann verschiedene Formen von Hilfe im Wandel gesellschaftlicher Bedingungen skizziert: Während in archaischen Gesellschaften H. v.a. auf Gegenseitigkeit beruht, ist es in stärker ausdifferenzierten hochkultivierten Gesellschaften als moralisch motivierte Gabe zu verstehen. In modernen Gesellschaften wird H. schließlich zur erwartbaren Leistung, die von eigenständigen Hilfesystemen in organisierter Form angeboten wird. Mit dieser These eröffnete Luhmann die aktuell noch nicht abgeschlossene Diskussion, inwiefern Hilfehandeln mit systemtheoretischen Methoden gesellschaftsfunktional analysiert werden kann und ob es sich dabei um ein eigenständiges selbstreferentielles Teilsystem der Gesellschaft handelt oder nicht. Konsens scheint gegenwärtig darin zu bestehen, dass Soziale Hilfe für das Funktionieren einer Gesellschaft von zentraler Bedeutung ist, da sie der Exklusion (→Ausgrenzung) von Adressaten aus anderen gesellschaftlichen Systemen (z.B. Gesundheit, Recht, Politik, Wirtschaft) entgegenwirkt.

In den christl. Kirchen wird H. insbesondere durch die konfessionellen →Wohlfahrtsverbände →Diakonie und Caritas (→Caritasverband, Deutscher) praktiziert und gilt darüber hinaus als Grunddimension christl. Lebens u. Handelns. Wie einschlägige Umfragen belegen, erwarten auch kirchenferne Personen, dass die Institution →Kirche sich durch helfendes Handeln für bedürftige Individuen einsetzt und sich als gesellschaftliche Akteurin engagiert. Dennoch ist bislang nur ansatzweise eine systematisch-theologische Reflexion erfolgt. Umstritten ist dabei insbes., ob bzw. inwiefern sich spezifisch christl. Hilfehandeln von allgemein menschlichem H. unterscheiden kann und sollte. Insbes. Gerd Theißen hat bereits in den 1980er Jahren eine »Legitimitätskrise des H.s« diagnostiziert. Er weist dabei aus psychologischer, soziologischer u. biologischer Perspektive auf die Gefahren hin, dass helfendes Handeln zu psychischer Selbstausbeutung, kaschierter Herrschaftsausübung und einer dysfunktionalen Gegenselektion führen könne. Am Beispiel der biblischen Erzählung vom Barmherzigen →Samariter (Lk 10) macht Theißen deutlich, dass eine Theologie des H.s im interdisziplinären Diskurs sprachfähig sein muss. Er geht dabei grundsätzlich davon aus, dass Hilfsbereitschaft ein allgemein menschlicher →Wert ist, der gesamtgesellschaftlich auch über Religions- u. Kulturgrenzen hinweg ein hohes Ansehen genießt. Dies ist v.a. damit zu begründen, dass es zum Wesen des Menschseins gehört, auf andere Menschen angewiesen und somit hilfebedürftig zu sein. Vor diesem Hintergrund konstatiert Theißen im NT Tendenzen zu einem universalen Hilfsethos.

Eine Weiterentwicklung dieses Ansatzes kann darin gesehen werden, helfendes Handeln auf der Basis der theologischen Kategorie der Rechtfertigung als »→Gabe und Gegenseitigkeit« zu verstehen. Dabei geht die Überfülle der göttlichen Gnade als unverdiente Gabe allen zwischenmenschlichen Hilfeleistungen voraus und ermöglicht damit eine Gegenseitigkeit, mit der eine Defizitperspektive überwunden werden kann, indem menschliche Unzulänglichkeiten u. Grenzen sowie asymmetrische Beziehungen relativiert und eine angemessene Verhältnisbestimmung von Selbstwertschätzung und Fürsorge möglich werden.

LITERATUR: NIKLAS LUHMANN, Formen d. H.s im Wandel gesellschaftlicher Bedingungen, in: HANS-UWE OTTO / SIEGFRIED SCHNEIDER (Hg.), Gesellschaftl. Perspektiven der Soz.arbeit Bd. I, Neuwied/Berlin 1973, 21–43 • HANS WERNER BIERHOFF, Psychologie hilfreichen Verhaltens, Stuttgart u.a. 1990 • GERD THEISSEN, Die Bibel diakon. lesen: Die Legitimitätskrise d. H.s u. der Barmherzige Samariter, in: GERHARD K. SCHÄFER / THEODOR STROHM (Hg.), Diakonie – bibl. Grundlagen u. Orientierungen, Heidelberg 1998, 376–401 • HANS GÄNGLER, Art. Hilfe, in: HANS-UWE OTTO / HANS THIERSCH (Hg.), Handbuch Soz.arbeit / Soz.pädagogik, Neuwied/ Kriftel 2001, 772–786 • SILVIA STAUB-BERNASCONI, Soz. Arbeit als Handlungswissenschaft, Bern u.a. 2007 • HANS THIERSCH, Lebensweltorientierte Soz. Arbeit, Weinheim u.a. 2009/2007 • ANIKA CHRISTINA ALBERT, H. als Gabe u. Gegenseitigkeit, Heidelberg 2010.

Anika Christina Albert

HELFERSYNDROM

Der Begriff des H.s wurde in den 1970er Jahren maßgeblich durch Wolfgang Schmidbauer geprägt. Er nimmt dabei eine psychoanalytische Perspektive ein und beschreibt die häufig in beruflichen Kontexten auftretende Unfähigkeit von Helfenden, eigene Gefühle, Bedürfnisse u. Schwächen zu äußern und sich stattdessen im scheinbar perfekten helfenden Handeln eine unangreifbare Fassade aufzubauen. Diese basiert auf der Verstärkung u. Ausnutzung der in helfenden Beziehungen häufig vorhandenen Asymmetrien. Die damit verbundenen eigenen Allmachtphantasien und die den Hilfebedürftigen zugewiesenen Unterlegenheitsgefühle wirken für die betroffenen Helferpersönlichkeiten häufig wie eine Droge. In der Konsequenz führt dieses Suchtverhalten nicht selten zu Depressionen bis hin zum →Burnout der Helfenden und zur Verstärkung ihrer eigenen Hilflosigkeit.

LITERATUR: WOLFGANG SCHMIDBAUER, Das H., Reinbek 2007.

Anika Christina Albert

HERNTRICH, VOLKMAR MARTINUS

H. (1908–1958) ist unter der ehrenden Bezeichnung »Diakoniebischof« in die Kirchengeschichte eingegangen. Nach dem Studium in Tübingen, Berlin u. Kiel wurde H. 1932 in Kiel ordiniert und war zunächst Hilfsprediger und nach Habilitation Privatdozent in Kiel. 1933 Mitbegründer des Pfarrernotbundes und der Bekennenden Kirche (BK) in Schleswig-Holstein. Nach Verlust der Lehrerlaubnis als NS-Gegner von 1934–1942 von Friedrich von →Bodelschwingh als Dozent an die Theologische Hochschule Bethel geholt. Nach Schließung der Hochschule 1939–1946 Leiter des Burkhardthauses in Berlin und ab 1942 Hauptpastor an St. Katharinen Hamburg. 1946 zusätzlich bis 1955 Direktor der Alsterdorfer Anstalten in Hamburg. H. organisierte das Ev. →Hilfswerk und führte Hilfswerk u. →Innere Mission später im Diakonischen Werk zusammen. Seit 1956 war H. Bischof der Hamburger Landeskirche. H. starb am 14.9.1958 auf der Transitstrecke nach Berlin auf einer Dienstfahrt nach Polen. Als jüngstem Bischof Deutschlands und aus der BK-Tradition kommend waren inner- u. außerhalb der Kirche große Hoffnungen in ihn gesetzt. Sein Engagement galt der diakonischen Arbeit, der »Kirche der helfenden Hände« und dem Aufbau neuer Kirchengemeinden in der zerstörten Stadt. Seine vielseitige, gleichzeitige Arbeit versinnbildlicht in seinem Leben die Einheit kirchlicher u. diakonischer Aufgaben.

LITERATUR: HANS-VOLKER HERNTRICH (Hg.), V.H. 1908–1958: ein diakonischer Bischof, Berlin 1968.

Harald Jenner

HEUSS-KNAPP, ELLY

E.H.-K. (1881–1952) war Lehrerin, Publizistin, Sozialpolitikerin u. Geschäftsfrau. Als Tochter einer Professorenfamilie engagierte sie sich in der Straßburger Armenpflege und legte 1899 ihr Lehrerinnenexamen ab. Ihr besonderes Augenmerk galt den sozialen Problemen der Mädchen u. Frauen. Ab 1905 studierte E.H.-K. Volkswirtschaftslehre in Freiburg u. Berlin. Im Kreis um Friedrich →Naumann lernte sie auch den drei Jahre jüngeren Journalisten Theodor Heuss kennen, den sie 1908 heiratete. 1910 erschien ihr als Standardwerk geltendes Buch »Bürgerkunde u. Volkswirtschaftslehre für Frauen«. Von 1912 bis 1918 lebte E.H.-K. mit Mann und einzigem Sohn in Heilbronn, wo sie die Leitung der Meldestelle des Roten Kreuzes übernahm. Nach dem Ersten Weltkrieg kämpfte sie für das Frauenstimmrecht, beteiligte sich am Aufbau der Deutschen Demokratischen Partei und intensivierte ihr kirchliches Engagement, u.a. 1923 durch den Besuch des religionspädagogischen Seminares in der Gemeinde von Otto Dibelius. In der Zeit des Nationalsozialismus sicherte E.H.-K. den Unterhalt der Familie durch Aufträge in der Werbung. 1946 wurde E.H.-K. für die demokratische Volkspartei in den württembergischen Landtag gewählt (bis 1949). 1950 gründete sie mit Antonie →Nopitsch das Deutsche →Müttergenesungswerk der »E.-H.-K.-Stiftung«. 1952 erlag die kreative, stets nach sozialem Ausgleich strebende Pragmatikerin einem langjährigen Herzleiden.

LITERATUR: ALEXANDER GOLLER, E.H.-K., Gründerin d. Müttergenesungswerkes – eine Biographie, Köln 2012.

Ursula Krey

HILFSWERK, EVANGELISCHES

Nach Kriegsende nutzten kirchliche Vertreter den gegenüber staatlichen Stellen größeren Handlungsspielraum im besetzten Deutschland. Ende August 1945 wurde auf der Kirchenführerkonferenz im hessischen Treysa das E.H. gegründet. Es nahm zugleich Impulse einer Nachkriegshilfe aus der →Ökumene und des Ökumenischen Rates der Kirchen in Genf auf. Leiter des H.s wurde Eugen Gerstenmaier (1906–1986), auf dessen Initiative es auch zurückging. Im H. arbeiteten erstmals ev. →Landeskirchen u. →Freikirchen zusammen, in der diakonischen Arbeit ein Novum und bedeutender Fortschritt, daher der Name: »H. der Ev. Kirchen in Deutschland«.

Das H. diente der →Motivierung u. Verteilung von ausländischen wie deutschen →Spenden. Im Pro-Kopf-Spendenaufkommen waren Schweden und die Schweiz führend, das volumenmäßig größte Spendenaufkommen kam aus den USA, u.a. auch aus den amerikanischen Partner- bzw. Mutterkirchen der beteiligten Freikirchen.

Arbeitsschwerpunkt war zunächst die *allgemeine Nothilfe*. Diese →Katastrophenhilfe zielte auf eine schnelle zusätzliche Hilfe der bedürftigsten Personengruppen, angefangen bei den Kindern sowie insbes. kranken →Flüchtlingen, ohne Ansehen auf Herkunft, Weltanschauung o. Konfession. Praktisch bedeutete dies u.a. die Verteilung von CARE-Paketen sowie eine Vielzahl anderer Hilfsmaßnahmen wie Speisungen, Paketpatenschaften o. Erholungsaufenthalte für Kinder u.v.m.

Der *kirchliche Wiederaufbau* gestaltete sich konkret im Bau von über 40 dauerhaften und zum großen Teil noch heute existenten »Notkirchen« (Kirchenbaumeister Otto Bartning, 1883–1959), in den USA als »Rubble-Churches« bekannt, eine Kombination aus vorgefertigten Bauteilen und Eigenleistung der Gemeinde oder in der Sicherstellung der Gemeindearbeit u.a. durch Altarkerzen, Bibeln, theologische Literatur o. Fahrräder. Hierbei kam auch die *Veredelungswirtschaft* zum Tragen: Anstatt fertiger Waren erbat man Rohstoffe, die durch eigene Verarbeitung zu deutlich mehr Endprodukten führten, Ziel war die Verbindung von Auslands- u. →Selbsthilfe.

Programmatisch wie konkret war die →*Flüchtlingshilfe* der Kern der Arbeit des H., hier verbanden sich auch allgemeine Nothilfe und kirchlicher Wiederaufbau. Ende 1947 waren ca. 1.500 Flüchtlingsfürsorger angestellt, eine erste →Professionalisierung der →Diakonie in der Nachkriegszeit. Sie kümmerten sich u.a. um die Verteilung von zusätzlicher Nahrung und Kleidung sowie um Beratung in den Durchgangslagern und um Organisation eines Suchdienstes. Für →Flüchtlinge in der Diaspora wurden wiederum von Bartning entworfene Diasporakapellen u. Gemeindezentren gebaut. Im Mai 1949 kam z.B. in Hessen auf fünf Alteingesessene ein Flüchtling. Bedeutsam waren auch die baupolitischen Maßnahmen des H., so die Beteiligung am modellhaften Aufbau von Flüchtlingssiedlungen, wie z.B. in Espelkamp o. Bad Vilbel. Für die →Integration waren die Kirchengemeinden als unterste Ebene von größter Bedeutung. Auch hier passten die Voten des H.: »Jede Gemeinde eine H.stelle!« und »Kirche in Aktion«. Zudem bediente sich das H. auf verschiedenen Ebenen auch der Organisationen der →Inneren Mission.

Das H. hat das Erscheinungsbild von Diakonie in dieser Zeit stark mitgeprägt. Es mahnte Gesellschaft u. Politik zu grundsätzlichen Lösungen, verstand sich dabei selbst als politischer Mitgestalter, der auch eigene modellhafte Lösungen voranbrachte. In einer gewissen Konsequenz stand Gerstenmaiers Wechsel in die Politik 1949, das H. leitete er bis 1951.

Mit der Wiederaufnahme des gesellschaftlichen u. staatlichen Lebens zeichnete sich ein Positionsverlust des H.s ab, das im Jahr der Währungsreform (1948) den Höhepunkt seiner Wirksamkeit erreicht, wenn nicht bereits überschritten hatte.

Nach längerem Bemühen, das Nebeneinander von Innerer Mission und H. zu überwinden, begann 1957 der Fusionsprozess als »Innere Mission u. H. der Ev. Kirche in Deutschland« (seit 1965 »Das Diakonische Werk – Innere Mission u. H. der Ev. Kirche in Deutschland«), der 1975 zum Diakonischen Werk der EKD (→Diakonie Deutschland) führte, womit zugleich das H. formell aufgelöst wurde. In dieser Zeit verschwanden die Begriffe »Innere Mission« u. »H.« zunehmend aus der Öffentlichkeit, stattdessen etablierte sich nach und nach der theologische Schlüsselbegriff des H.s »Diakonie«.

Als Dank und Weitergabe der erhaltenen Hilfe entstand 1959 im diakonischen Bereich sowohl in der BRD als auch in der DDR die »Aktion →›Brot für die Welt‹«. Zunächst als einmalige Aktion geplant, wurde sie zu einer festen Größe in der kirchlich-diakonischen Entwicklungsarbeit.

LITERATUR: JOHANNES MICHAEL WISCHNATH, Vom Ev. H. zum Diakonischen Werk, in: VOLKER HERRMANN / MARTIN HORSTMANN (Hg.), Studienbuch Diakonik 1, Neukirchen-Vluyn ³2008, 221–233.

Volker Herrmann

HILFSWERKE, KATHOLISCHE

K.H. sind Organisationen u. Verbände, die im Auftrag bzw. unter dem Dach der kath. →Kirche auf lokaler, nationaler u. internationaler Ebene Aufgaben u. Dienste der Wohlfahrtspflege, der Sozialfürsorge und der pastoralen Entwicklung wahrnehmen. Die kath. Kirche in Deutschland zählt zehn Organisationen zu den k.H. Sieben davon sind Mitglied in der »Konferenz Weltkirche«, einem von der Deutschen Bischofskonferenz geschaffenen Dachgremium (im Folgenden mit * gekennzeichnet):

Bischöfliches Hilfswerk Adveniat*: Die 1961 zum ersten Mal durchgeführte Weihnachts→kollekte der deutschen Katholiken unter dem Stichwort »Adveniat« für die Pastoralarbeit in Lateinamerika und der Karibik führte 1966 zur Gründung des gleichnamigen H.s.

Bonifatiuswerk*: 1849 gegründet, unterstützt das Werk kath. Gemeinden in der Diaspora, also dort, wo Menschen kath. Glaubens in der absoluten Minderheit leben.

Caritas international*, das Hilfswerk des Deutschen →Caritasverbandes, leistet seit den frühen 1920er Jahren überlebenswichtige Hilfe für Menschen in →Not, aber auch längerfristige strukturelle Hilfe nach der Akutphase der →Katastrophenhilfe.

Das *Kindermissionswerk »Die Sternsinger«**, 1846 gegründet, ist das internationale Kinderh. der kath. Kirche in Deutschland. Seit 1959 organisiert das Kindermissionswerk die Aktion Dreikönigssingen, seit 1961 gemeinsam mit dem Bund der Deutschen Kath. Jugend (BDKJ).

Kirche in Not, 1947 von Werenfried van Straaten (»Speckpater«) gegründet, zunächst für Heimatvertriebene aus den ehemaligen deutschen Ostgebieten, später dann für die unter den Kommunisten verfolgte Kirche in Osteuropa.

Malteser International, das weltweite H. des Malteserordens, ist 2005 aus dem deutschen Malteser Hilfsdienst hervorgegangen und hat sich die Erst- u. Katastrophenhilfe zur Aufgabe gemacht.

Das *Maximilian-Kolbe-Werk,* gegründet 1973, ist eine humanitäre Hilfsorganisation für Überlebende der KZs u. Ghettos der NS-Zeit.

Misereor*, als Bischöfliches H. 1958 gegründet, gilt als das weltweit größte kirchliche Entwicklungsh. für Menschen in Asien, Afrika u. Lateinamerika.

Missio* (seit 1972 missio – Internationales Kath. Missionswerk), päpstliches Missionswerk mit Sitz in Aachen u. München, wurde 1832 bzw. 1838 gegründet und fördert in den Ortskirchen in Asien, Afrika u. Lateinamerika die Ausbildung (→Bildung) von kirchlichem Personal, die örtliche →Seelsorge, die Hilfen zum Lebensunterhalt kirchlicher Mitarbeiter und den Bau von Kirchen.

Renovabis*, gegründet 1993 und damit jüngstes H. mit dem Auftrag, pastorale u. soziale Hilfen für (Süd-)Osteuropa bereitzustellen.

Bei den genannten Organisationen handelt es sich entweder um Bischöfliche H.e (Misereor, Adveniat u. Renovabis), Päpstliche Werke (missio u. Kindermissionswerk) und sonstige Werke mit unterschiedlicher Gründungshistorie (Bonifatiuswerk, Caritas international, Kirche in Not, Malteser international, Maximilian-Kolbe-Werk).

Die Entstehung und Ausprägung der k.H. erfolgte maßgeblich nach dem Zweiten Weltkrieg in der Phase des wirtschaftlichen Aufschwungs in Deutschland. Die kath. Kirche wollte damit den biblischen Auftrag der →Barmherzigkeit und der Zuwendung zu den Armen auch auf die globalen Lebensverhältnisse ausweiten und konnte sich dabei auf die kirchliche Soziallehre und die Sozialenzykliken berufen, die soziale Gerechtigkeit u. Frieden in der Welt als zentrale Herausforderungen christlicher →Nächstenliebe formulierten. Weiteres Motiv für die Gründung der k.H.e war auch die Dankbarkeit für die Hilfe, die die notleidende Bevölkerung in Deutschland nach dem Krieg vom Ausland erfahren hatte.

Die k.H.e repräsentieren mit ihren jeweils spezifischen Aufgaben u. Arbeitsschwerpunkten das weltkirchliche Engagement der kath. Kirche in Deutschland, also die Förderung der pastoralen u. sozialen Entwicklung in den Ländern des Südens u. Osteuropas. Die kath. Kirche in Deutschland hat sich durch ihre große →Solidarität und Hilfsbereitschaft weltweit ein hohes Ansehen bei ihren kirchlichen u. weltlichen Partnern erworben. Das weltkirchliche Engagement der kath. Kirche wird aber nicht ausschließlich von den genannten zehn Organisationen getragen, sondern auch die →Orden, die deutschen Bistümer und die Deutsche Kommission Justitia et Pax tragen maßgeblich dazu bei.

Finanziert wird die Arbeit der k.H.e aus →Spenden, speziellen Jahreskollekten und staatlichen Zuwendungen. Adveniat, Misereor, Renovabis, Missio und das Kindermissionswerk haben im Jahresverlauf feste Aktionszeiten und Kollektentermine. Die k.H.e orientieren sich in ihrer Projektarbeit an den professionellen Standards, die allgemein für die internationale Entwicklungszusammenarbeit zugrunde gelegt werden. Dazu gehört auch der transparente Umgang mit den Spenden und staatlichen Finanzmitteln.

LITERATUR: weltkirche.katholisch.de/%C3%9Cber-uns/Konferenz-Weltkirche • www.erzbistumfreiburg.de/html/hilfswerke.html.

Jürgen Lieser

HOLDING

siehe unter: Organisationsformen

HOSPIZ

Der Begriff H. (lat. *hospitium* = Herberge) steht seit dem 20. Jh. für ein ganzheitliches Konzept zur Begleitung schwerstkranker sterbender Menschen. Gegen das in modernen Gesellschaften tabuisierte u. vereinsamte Sterben in Institutionen nahm die H.bewegung in Großbritannien mit der Eröffnung des St. Christopher's Hospice in

London im Jahr 1967 ihren Ausgang. Ihr Hauptanliegen besteht seitdem darin, Tod u. Sterben in die menschlichen Lebensvollzüge zurückzuholen und das Sterben in vertrauter u. geborgener Umgebung in einem stationären H. und in der Geborgenheit des eigenen Zuhauses zu ermöglichen. In der Folge entwickelte sich weltweit die H.bewegung, die in Deutschland seit Mitte der 1980er Jahre Fuß fasste. Ihre Initiatoren, kirchlich u. ehrenamtlich Engagierte, verstanden sie als Gegenbewegung zum institutionalisierten u. medikalisierten Sterben und als Teil einer Bürgerbewegung.

Zur Umsetzung dieser Ziele entwickelten sich auf dem Boden der H.bewegung in der Folgezeit Organisationsstrukturen, Qualifizierungskonzepte und neue inhaltliche Erkenntnisse. Die H.arbeit wurde zur H.- und Palliativarbeit (→Palliative Care). Beide stehen inzwischen für ein umfassendes, vernetztes u. multiprofessionelles System der Versorgung und Begleitung, welches über die allgemeinen Kriterien medizinischer u. pflegerischer Versorgung hinausgeht, um den vielfältigen Lebensbedürfnissen der Betroffenen kompetent und auf Augenhöhe lindernd begegnen zu können und sie in ihrer (vorausgehenden) Trauer zu begleiten (→Trauerbegleitung).

Die Orientierung an den Wünschen u. Bedürfnissen sterbender Menschen ist das Fundament von H.- u. Palliativbegleitung und der dort haupt- u. ehrenamtlich Tätigen. Der Dienst am Mitmenschen umfasst, ausgehend von den am meisten geäußerten Wünschen, vier Säulen: die soziale Dimension (nicht alleingelassen, umgeben von nahestehenden Menschen, in vertrauter Umgebung zu sterben), die körperliche Dimension (ohne große Schmerzen, Belastungen u. große geistige Beeinträchtigungen zu sein), die psychische Dimension (letzte Dinge u. Beziehungen zu regeln und loszulassen, aber auch losgelassen zu werden) und die spirituelle Dimension (existenzielle Fragen nach dem Sinn des Sterbens und des Danach, aber auch des »In-Frage-Stellens«) (Student 2004).

Stationäre H.e sind selbstständige Einrichtungen, die über mindestens 8 Plätze verfügen. Ihr eigenständiger Versorgungsauftrag besteht darin, für Menschen mit unheilbaren Krankheiten in der letzten Lebensphase palliativ-medizinische, palliativ-pflegerische, psychosoziale sowie spirituelle Versorgung u. Begleitung zu erbringen. Voraussetzung ist, dass die Schwerstkranken auch unter Ausschöpfung ambulanter Versorgungsmöglichkeiten nicht zuhause betreut werden können und dass keine Krankenhausbehandlungspflicht gegeben ist. Als Gäste im H. sollen sie zur Ruhe kommen, am Alltagsleben im Rahmen des individuell Möglichen teilhaben und Linderung von Schmerzen u. Ängsten erfahren. Ziel ist es, die Lebensqualität im Sterben zu verbessern und die Würde zu wahren. Für Regelversicherte ist der Aufenthalt in einem stationären H. kostenfrei. Kranken- u. Pflegekassen tragen 95 % der zuschussfähigen Kosten. Stationäre H.e bringen durch →Spenden und ehrenamtliches Engagement (→Ehrenamt) weitere Kostenanteile selbst auf.

Im Vordergrund der H.arbeit steht die ambulante Betreuung u. Begleitung im Haushalt der Schwerstkranken u. Sterbenden, in der →Familie, in stationären Pflegeeinrichtungen, in Einrichtungen der Eingliederungshilfe für Menschen mit Behinderung (→Behindertenhilfe), in →Krankenhäusern und in Einrichtungen der →Kinder- u. Jugendhilfe. Sie ist für Versicherte ebenfalls kostenfrei und wird durch ambulante H.dienste erbracht, die durch hauptamtliche Koordinationsfachkräfte geleitet werden. Ziel ist es auch hier, die Lebensqualität sterbender Menschen zu verbessern und ein Höchstmaß an persönlicher Lebensqualität in der letzten Lebensphase zu ermöglichen. Neben der palliativ-pflegerischen u. psychosozialen →Beratung Sterbender und ihrer Angehörigen und der Zusammenarbeit mit palliativ-medizinischen u. -pflegerischen Professionen im Rahmen vernetzter Strukturen steht der Einsatz geschulter ehrenamtlicher Mitarbeiter in der psychosozialen Begleitung. Ihr Auftrag ist inhaltlich eigenständig. Er versteht sich im Sinne von mitmenschlicher Begleitung und beinhaltet persönliche Zuwendung, Unterstützung u. Entlastung (→Sterbebegleitung).

Das Ende 2015 vom Deutschen Bundestag verabschiedete Gesetz zur Verbesserung der H.- u. Palliativversorgung enthält Maßnahmen zum weiteren flächendeckenden Ausbau der Versorgung, der Sicherstellung ihrer Vernetzung, der Integration in die Regelversorgung und der Verbesserung der finanziellen Rahmenbedingungen.

LITERATUR: JOHANN-CHRISTOPH STUDENT (Hg.), Sterben, Tod u. Trauer. Handbuch f. Begleitende, Freiburg 2004.

Edith Droste

HUBER, VICTOR A.

H. (1800–1869) gilt als einer der Begründer konservativer →Sozialpolitik. 1829 konvertierte er vom Katholizismus zum Protestantismus. Ursprünglich Mediziner, konzentrierte er sich auf historisch-philologische Studien und unternahm mehrere Bildungsreisen in Europa. In England u. Frankreich lernte er die frühe Industriegesellschaft kennen und sah in der Integration der entstehenden Industriearbeiterschaft in eine reformierte Ständeordnung die entscheidende sozialpolitische Aufgabe. Seit 1832 Professor in Rostock u. Marburg wurde er 1843 als Literaturhistoriker nach Berlin berufen, wo er als Herausgeber der Zeitschrift »Janus« (1845–1848) ein sozialkonservatives Reformprogramm entwickelte. Im Zentrum seines Reformprogramms stand, angeregt u.a. von Robert Owen, die Genossenschaftsidee. Besonders betonte er deren pädagogisch-gemeinschaftsbildende Aspekte und setzte große Hoffnungen auf den Aufbau christlich geprägter Genossenschaften durch die →Innere Mission, wozu →Wichern allerdings die Unterstützung verweigerte. Mit seinen Überlegungen wurde er für die ev. Sozialethik wegweisend.

LITERATUR: EIKE BAUMANN, Der Konvertit V.A.H. (1800–1869), Leipzig 2009.

Traugott Jähnichen

HÜSSLER, GEORG

G.H. (1921–2013) studierte Medizin, entschied sich nach dem Sanitätsdienst im Zweiten Weltkrieg zum Theologiestudium, das er von 1946 bis 1952 in Rom am Collegium Germanicum et Hungaricum absolvierte. Er wurde 1951 zum Priester geweiht und promovierte 1957 mit einer moraltheologischen Arbeit. Im selben Jahr nahm er die Tätigkeit als Assistent im Generalsekretariat des Deutschen →Caritasverbandes (DCV) auf, bevor er 1959 Generalsekretär wurde. Von 1969 bis 1991 leitete er als Präsident den DCV. Zusätzlich war er von 1975 bis 1983 Präsident von Caritas Internationalis, der weltweiten Vereinigung nationaler Caritasorganisationen. Besondere Anliegen seiner Arbeit waren das internationale Engagement der deutschen Caritas, der christl.-jüdische Dialog sowie die Aussöhnung zwischen Deutschen und Polen.

LITERATUR: DEUTSCHER CARITASVERBAND (Hg.), Menschlichkeit als Spiritualität. Georg Hüssler zum 85. Geburtstag, Freiburg i.Br. 2006.

Peter Neher

INKLUSION

(1) *Sozialwissenschaftl.*: Aktuell lassen sich vier sozialwissenschaftl. Diskurse unterscheiden, die I. innerhalb eines je eigenen Theorierahmens thematisieren. (a) Der *systemtheoretische* I.sbegriff bezieht sich auf die Form der Kommunikation, in der Personen berücksichtigt werden. I. bezeichnet als Innenseite der Kommunikation die Chance der sozialen Berücksichtigung. Exklusion (→Ausgrenzung) ist als Außenseite stets mitgesetzt, bleibt aber unbezeichnet. (b) Die *Soziologie sozialer Ungleichheit* bestimmt I. als gesellschaftliche →Partizipation mit den Modi eines menschenrechtlich charakterisierten Bürgerstatus, der Einbindung in Prozesse gesellschaftlicher Arbeitsteilung und der →Teilhabe an sozialen Nahbeziehungen. (c) Die *Anerkennungstheorie* Axel Honneths thematisiert I. als Einschluss marginalisierter Personengruppen in die Anerkennungssphären (→Anerkennung) von →Liebe, Recht u. sozialer Wertschätzung. (d) Im *Diskurs um →Behinderung u. gesellschaftliche Vielfalt* (→Diversität) wird I. als *unmittelbare Zugehörigkeit* zu einer Gesellschaft der Vielfalt verstanden. Sie zielt auf das »Miteinander unterschiedlichster Mehr- u. Minderheiten« (Hinz) und stärkt den bürgerrechtlichen Status marginalisierter Personengruppen.

(2) *Rechtlich u. politisch*: Mit dem Begriff I. ist eine emanzipatorische Gesellschaftspolitik (→Sozialpolitik) verbunden. Sie zielt auf umfassende →Menschen- u. Bürgerrechte, die Teilhabe an politischen Entscheidungsprozessen, den Zugang zu den gesellschaftlichen Funktionssystemen wie →Bildung u. →Arbeit, die Überwindung separierender Lebensformen, die Anerkennung von Vielfalt und die Überwindung von gesellschaftlicher Marginalisierung u. Diskriminierung. Die UN-Behindertenrechtskonvention 2006 (→UN-Konvention über die Rechte von Menschen mit Behinderung) hat den menschenrechtlichen Universalismus für die Lebenssituation von Menschen mit Behinderung konkretisiert. In Deutschland sind auf Bundes- u. Länderebene Aktionspläne zu ihrer Umsetzung entwickelt worden. Regelmäßige Staatenberichte an die Vereinten Nationen und eine nationale Monitoring-Stelle begleiten den politischen Prozess.

(3) *Pädagogisch*: Im Mittelpunkt inklusiver →Pädagogik steht die Gestaltung von Bildungsprozessen, die sich an den individuellen Voraussetzungen der Schüler/innen und damit an heterogenen Lerngruppen orientieren. Bildungsprozesse werden auf der Grundlage einer entwicklungslogischen Didaktik konzipiert, die es ermöglicht, dass »alle Kinder u. Schüler in Kooperation miteinander, auf ihrem jeweiligen Entwicklungsniveau, nach Maßgabe ihrer momentanen Wahrnehmungs-, Denk- u. Handlungskompetenzen in Orientierung auf die ›nächste Zone ihrer Entwicklung‹ an und mit einem ›gemeinsamen Gegenstand‹ spielen, lernen u. arbeiten« (Georg Feuser). Die inklusive Pädagogik strebt auf dieser Grundlage einen Kindergarten (→Kindertagesstätte) und eine →Schule *für alle* und damit die Überwindung des separierenden Förderschulsystems an.

(4) *Theologisch*: In Deutschland findet I. seit der Ratifizierung der UN-Behindertenrechtskonvention im Jahr 2009 zunehmende Beachtung in →Theologie u. →Kirche. 2014 hat die →EKD eine Orientierungshilfe zum Thema I. mit dem Titel »Es ist normal, verschieden zu sein« veröffentlicht. In der theologischen Diskussion spielen biblische, systematisch-theologische u. praktisch-theologische Aspekte eine wichtige Rolle.

(a) *biblisch*: Einen zentralen Bezugspunkt bildet die Verkündigung u. Praxis →Jesu, durch die marginalisierte Personen(gruppen) entstigmatisiert und in ihrer unmittelbaren Zugehörigkeit zum Volk Gottes rehabilitiert (→Rehabilitation) worden sind. Jesu Mahlzeiten »mit den Zöllnern und Sündern« (Mk 2,16) sind Beispiele dafür, wie Jesus Stigmatisierte in eine Gemeinschaft der Vielfalt eingeschlossen hat: »Wenn du ein Mahl machst, so lade Arme (→Armut), Verkrüppelte, Lahme u. Blinde ein« (Lk 14,13). Die I.spraxis des historischen Jesus wird von vielen Autor/innen christologisch gedeutet: in Jesus Christus exkludiert sich Gott selbst, um Menschen in die Gemeinschaft mit sich zu inkludieren. Einen zweiten Schwerpunkt bildet die paulinische Charakterisierung der Gemeinde als →Leib Christi. Dieser Leib besteht aus vielen unterschiedlichen Gliedern, die einander weder über- o. unter-, sondern ›demokratisch‹ gleichgeordnet sind. Sie sind unabhängig von Position, Ansehen u. Fähigkeiten gleich wertig, wertvoll u. unverzichtbar (1Kor 12,1–31). Sie teilen den Reichtum ihrer Gaben ebenso miteinander, wie sie Belastungen u. Erschwernisse gemeinsam tragen. »Wenn *ein* Glied leidet, so leiden alle Glieder mit, und wenn *ein* Glied geehrt wird, so freuen sich alle Glieder mit« (1Kor 12,26). Für die Gemeinschaft des Leibes Christi ist deshalb die »→*Solidarität in der Verschiedenheit*« (W. Schweiker) charakteristisch.

(b) *dogmatisch*: I. lässt sich als Teil der Geschichte des dreieinigen Gottes mit den Menschen verstehen. Der Beziehungsreichtum Gottes des Vaters, des Sohnes u. des Heiligen Geistes bildet den Inbegriff einer I., in der Verschiedenheit geachtet, Gemeinschaft hergestellt, Anerkennung vollzogen u. Einheit gewahrt wird. Diese Relation findet ihre *anthropologische* Entsprechung in einer trinitarischen Bestimmung der →Gottebenbildlichkeit. Menschen sind dazu bestimmt, den Beziehungsreichtum Gottes in ihren Lebensverhältnissen analog zu wiederholen. Jede/r ist dabei unmittelbar zugehörig. Inklusive Verhältnisse werden allerdings durch die Sünde des Menschen in Frage gestellt. Aus dieser Situation kann der Mensch nur befreit werden, indem Gott sich ihm erneut zuwendet und ihn mit sich versöhnt. Im →Glauben lassen sich Menschen diesen erneuerten Beziehungsreichtum schenken und werden seiner gewiss. Das Evangelium der versöhnten Gemeinschaft mit Gott steht deshalb im Mittelpunkt des theologischen Nachdenkens über I.

(c) *ethisch*: I. ist zuerst eine →*Gabe* Gottes und bezeichnet die unmittelbare Zugehörigkeit der Glaubenden zur Gemeinschaft mit Gott. Daraus erwächst die *Aufgabe*, das soziale Leben ebenso inklusiv zu gestalten. Die lutherische (→Luther, Martin) Zwei-Regimenten-Lehre leitet zur Unterscheidung zwischen *Heil* u. *Wohl* an und ermöglicht realistische I.perspektiven. Der christl. Glaube tritt dabei für eine gesellschaftliche Wohlordnung ein, in der die →Menschenrechte geachtet, Verschiedenheit anerkannt, Teilhabe gesichert, →Selbstbestimmung ermöglicht u. Solidarität verwirklicht werden. Er ist sich zugleich dessen bewusst, dass I. unter den Bedingungen personaler u. struktureller Sünde verfehlt wird und deshalb bedroht bleibt.

(d) *praktisch-theologisch*: Wo das Evangelium Jesu Christi Menschen erreicht, befreit u. ermutigt, wird I. in die Gemeinschaft mit Gott wirklich. Der Auftrag der Kirche besteht in der Kommunikation des Evangeliums. I. stellt dabei keine zusätzliche, sondern eine in *allen* kirchlichen Grundvollzügen implizierte Aufgabe dar. Der →*Gottesdienst (leiturgia)* ist in theologischer Perspektive ein I.sfest. In ihm wird die unmittelbare Zugehörigkeit zu einer Gemeinschaft anerkannter Vielfalt in Christus angeeignet und gefeiert. Deshalb ist es bedeutsam, Gottesdienste ihrerseits inklusionssensibel zu gestalten. Dazu gehören barrierefreie Zugangs- u. Kommunikationsformen, die Teilhabemöglichkeiten an der Vorbereitung u. Durchführung, die bewusste Einbeziehung von →Symbolen u. ästhetischen Mitteln und die Ermöglichung gruppen- u. milieuübergreifender Gemeinschaftserfahrungen. Mit Blick auf *Verkündigung u. Zeugnis (martyria)* steht die hermeneutische Verschränkung der biblischen Befreiungs- mit der individuellen Lebensgeschichte im Mittelpunkt. Spezifische Angebote können die Bedürfnisse bspw. marginalisierter Personengruppen gut berücksichtigen. Zugleich ist es wichtig, gruppenübergreifende Gemeinschaftserfahrungen zu ermöglichen. Dazu können auch gemeindliche Angebote an anderen Orten wie im →Familienzentrum, →Mehrgenerationenhaus, Nachbarschaftstreff usw. dienen. In Bezug auf die *Gemeinschaftsbildung (Koinonia)* besteht die Aufgabe in der Entwicklung milieusensibler Arbeitsformen, der Ermöglichung milieuübergreifender Begegnungen (→Milieu) und der Förderung einer inklusiven Anerkennungskultur. Die verbindende Erfahrung des Gottesdienstes und die sozialräumliche Vernetzung (→Sozialraumorientierung) der →Gemeinde sind wichtige Ressourcen. Unter Einbeziehung der persönlichen Netzwerke kann das Zugehörigkeitsbewusstsein gestärkt und eine Anerkennungskultur entwickelt werden. Der *diakonische* Grundvollzug *(diakonia)* richtet sich darauf, Zugehörigkeit aktiv zu fördern, Teilhabe zu unterstützen u. →Assistenz zu leisten. Kirchengemeinden können dazu ihr feinmaschiges Netz sozialräumlicher Ressourcen nutzen: Gruppen, Strukturen, Räume, Kommunikationsformen, Netzwerke usw. Informelle Hilfsformen in Primärgruppen u. Nachbarschaften (→Nachbarschaftshilfe) können begleitet, →Projekte entwickelt u. Kooperationen hergestellt werden. In der Zusammenarbeit mit diakonischen →Einrichtungen u. Diensten (→Dienstleistung, soziale) können I.spartnerschaften entstehen, durch die das selbstbestimmte Leben der begleiteten Menschen im Wohnquartier unterstützt wird. Diakonische Träger und Einrichtungen stehen ihrerseits vor der Aufgabe, ihre Assistenzangebote in einer personzentrierten, d.h. individuellen u. sozialräumlichen Perspektive zu flexibilisieren. Dabei sind v.a. →ambulante Unterstützungsformen zu entwickeln, die es Klient/innen erlauben, ihre Wohn- u. Lebensform selbst zu bestimmen und sich als Teil der Gemeinschaft ihres Wohnquartiers zu erleben. Für die Gestaltung *inklusiver Bildungsprozesse (paideia)* geht es darum, ein kooperatives →Lernen aller Kinder an und mit einem gemeinsamen Gegenstand zu ermöglichen und dabei die *individuellen* Voraussetzungen u. Lernwege, Tempi, Schritte, Lernziele u. Unterstützungsbedarfe der Schüler/innen bzw. Konfirmand/innen *differenziert* zu berücksichtigen. Inklusive Pädagogik kann so allen Kindern u. Jugendlichen die Deutungspotentiale des christl. Glaubens für ihre jeweilige Lebenssituation erschließen.

LITERATUR: ANNEBELLE PITHAN / WOLFHARD SCHWEIKER (Hg.), Ev. Bildungsverantwortung: I., Münster 2011 • JOHANNES EURICH / ANDREAS LOB-HÜDEPOHL (Hg.), Inklusive Kirche, Stuttgart 2011 • Ev. KIRCHE IM RHEINLAND (Hg.), Da kann ja jede(r) kommen. I. u. kirchl. Praxis, Düsseldorf/Bonn 2013 • RALPH KUNZ / ULF LIEDKE (Hg.), Handbuch I. i.d. Kirchengemeinde, Göttingen 2013 • EKD (Hg.), Es ist normal, verschieden zu sein: I. leben in Kirche u. Gesellschaft, Gütersloh 2014 • ULF LIEDKE / HARALD WAGNER ET AL., I. Lehr- u. Arbeitsbuch f. prof. Handeln in Kirche u. Gesellschaft, Stuttgart 2016.

Ulf Liedke

INNERE MISSION

Verstärkt seit den 1830er Jahren entstanden diakonische Initiativen, die auf die tiefgreifenden sozialen Veränderungen reagierten, z.B. zunächst durch Aufnahme von Straßenkindern, Verbesserung der Krankenpflege oder Reintegration von Strafentlassenen, stetig kamen neue Aufgabenfelder hinzu. Den Menschen eine bessere Perspektive zu ermöglichen, war das Ziel der christl. Initiativen, die nun in einer neuen Qualität u. Quantität soziale →Verantwortung übernahmen: So gründete Johann Hinrich →Wichern (1808–1881) 1833 bei Hamburg das Rauhe Haus als »Rettungshaus« für »verwahrloste Kinder u. Jugendliche« und bildete dort im Gehilfeninstitut (später Brüderanstalt) »als Seminar für die innere →M.« selbst pädagogisches Personal aus: »Brüder« (später →»Diakone«) genannt. Damit begründete er die »männliche Diakonie«. Ähnlich traditionsbildend für die »weibliche Diakonie« wirkten Theodor →Fliedner (1800–1864), seine erste Frau Friederike (1800–1842) und seine zweite Frau Caroline (1811–1892). Im 1836 in Kaiserswerth gegründeten Diakonissenmutterhaus verbanden sie die →Professionalisierung der Krankenpflege mit der Möglichkeit von Berufsarbeit u. Absicherung der eigenen Existenz für unverheiratete Frauen sowie dem Angebot einer geistlichen →Gemeinschaft. Daneben gab es eine große Vielzahl weiterer Initiativen, Einrichtungen u. neuer Modelle christl. Lebensentwürfe. Dies führte insgesamt zu einer Differenzierung und Profilierung der diakonisch-sozialen Arbeit in immer mehr Arbeitsbereichen, z.T. lange bevor Staat oder Gesellschaft hier stärker Verantwortung übernahmen.

Auf dem Wittenberger Kirchentag wurde 1848 der »Central-Ausschuss für die I.M. der deutschen ev. Kirche« beschlossen, Gründungen von Landes- u. Provinzialvereinen folgten. Dies gab einen organisatorischen Rahmen und ermöglichte Vernetzung. Mit der Programmformel »innere M.« bot Wichern einen konzeptionellen Rahmen. Bereits 1836 überschrieb er eine Berichtsammlung »Aufbau des →Reiches Gottes durch innere M.«, verwendete danach aber »inländische M.«. Da er eine theologische, nicht eine geographische Grenze meinte, kehrte er 1843 zu »innerer M.« zurück: Äußere M. richtete sich an Nicht-Getaufte, innere Mission an Getaufte, aber der Kirche Entfremdete, reich wie arm. 1843 druckte Wichern auch die Schrift »Die zwiefache, innere u. äußere M. in der ev. Kirche« seines theologischen Lehrers Friedrich Lücke (1791–1855), der innere M. aber stärker als solche zwischen verschiedenen Kirchen verstand. 1844 formulierte Wichern: »Der Organismus der Werke freier, rettender Liebe ist die innere M.« (Notstände der protestantischen Kirche u.d. Inneren Mission) Ziel war die Re-Christianisierung des gesamten Volkes und seiner tragenden Institutionen (→Familie, Staat, →Kirche).

Mit der Zeit veränderte sich das theologische Verständnis innerhalb der I.M. Den charismatischen Gründern folgten die Gestalter, aus diakonischen Initiativen wurden →Einrichtungen u. Institutionen. Immer stärker wurde I.M. zu einem Synonym für christl. Liebestätigkeit. Über mehr als ein Jahrhundert hinweg wurde die Arbeit der I.M. maßgeblich von →Diakonissen u. →Diakonen geleistet, wobei es immer deutlich mehr Diakonissen als Diakone gab. Der qualitative wie quantitative Ausbau bzw. die fortwährende Ausdifferenzierung und Professionalisierung der Arbeitsfelder setzte sich auch zu Zeiten des Kaiserreichs wie der Weimarer Republik fort. In den 1920er Jahren wirkte die I.M. aktiv an der sozialstaatlichen Ausgestaltung mit, verstärkte aber auch ihr volksmissionarisches Engagement.

In der NS-Zeit wurden die Sterilisierungspolitik und die Vernichtung »lebensunwerten Lebens« zentrale Herausforderungen für die I.M.: Allein 1934/35 wurden in ev. Krankenhäusern u. Pflegeanstalten mehr als 8.000 Sterilisationen durchgeführt. Den seit 1940 einsetzenden systematischen →Euthanasie-/Krankenmord-Aktionen fielen auch Tausende geistig behinderter u. psychisch kranker BewohnerInnen aus christl. Einrichtungen zum Opfer. Reaktionen u. Verhaltensmuster in der I.M. wiesen eine erhebliche Bandbreite auf, es kam zu keiner einmütigen Haltung der Ablehnung oder gar einer konzertierten Protestaktion, trotz mutiger Aktionen Einzelner.

Nach 1945 führte die I.M. ihre Einrichtungsdiakonie fort und war zugleich auf vielfältigen Ebenen auch an der →Katastrophenhilfe des neu gegründeten Ev. →Hilfswerks beteiligt. In BRD wie DDR engagierte sich die I.M. und brachte sich je nach den unterschiedlichen sozialpolitischen u. gesellschaftlichen Möglichkeiten ein. 1957 begann die →Fusion von I.M. und Hilfswerk. 1969 bildete sich in der DDR das Diakonische Werk, und 1975 entstand in der BRD das →Diakonische Werk der EKD.

LITERATUR: URSULA RÖPER / CAROLA JÜLLIG (Hg.), Die Macht der Nächstenliebe. 150 Jahre I.M. u. Diakonie 1848–1998, Stuttgart 2007.

Volker Herrmann

INNOVATION, SOZIALE

Als S.I. werden neue Produkte, soziale →Dienstleistungen oder neue Kombinationen sozialer Praktiken bezeichnet, die darauf abzielen, neu entstandene oder bisher vernachlässigte gesellschaftliche Bedarfe zu decken (Caulier-Grice et al. 2012). Im Gegensatz zur Erfindung (Invention) etwa einer neuen Technologie, wird erst dann von I. gesprochen, wenn die gefundene Problemlösung gesellschaftliche Verbreitung (Diffusion) erfährt. Invention, I. und Diffusion können auch als drei elementare Phasen des I.sprozesses verstanden werden.

Als innovativ gelten Prozesse, wenn sie ein neu erkanntes o. neu in den Blick gerücktes Problem adressieren, ein bekanntes Problem mithilfe einer neuen Methode bearbeiten oder ein bekanntes Handlungsmuster auf eine neue Zielgruppe anwenden. Mit dem I.sbegriff werden nicht nur absolut neue, sondern auch relativ neue Handlungsmuster beschrieben. Dabei wird zwischen disruptiver (schneller, radikaler, marktverändernder) und inkrementeller (evolutionärer) I. unterschieden (Christensen 1997). Als disruptive s.I.en gelten etwa deutlich kostengünstigere hergestellte Impfstoffe, Kontaktlinsen o. Medikamente für in Armut lebende Menschen.

Als sozial werden I.en einerseits aufgrund ihres Bezugs auf einen breiten Gegenstandsbereich bezeichnet. Sie kommen in allen gesellschaftlichen Bereichen vor, sind entweder auf interne Angelegenheiten der Beteiligten oder externe Adressaten ausgerichtet und weisen organisatorische, institutionelle o. prozedurale Ordnungsmuster auf (Gillwald 2000). In einem engeren Verständnis wird »sozial« durch den Bezug der I. auf einen gesellschaftlich akzeptierten Bedarf qualifiziert. Dies impliziert die Legitimität der I., die etwa im öffentlichen Diskurs hergestellt werden kann. Durch die

Verbreitung der neu entdeckten Problemlösungen werden soziale I.en zur Grundlage für sozialen Wandel (Ogburn 1957) und werden zum Gegenstand von Theorien gesellschaftlicher Modernisierung. Liegt der Fokus der Betrachtung hingegen auf der Ausarbeitung einer Erfindung zu einer verbreitbaren Dienstleistung, so werden Parallelen zum Diskurs um Social →Entrepreneurship deutlich. Sozialunternehmer gelten in der Tradition Schumpeters als relevante Akteure, die s.I.en hervorbringen und verbreiten.

S.I.en können auf der Makroebene als sozialpol. Reform (→Sozialpolitik), Veränderung regulatorischer Rahmenbedingungen u. institutioneller Normen, auf der Mesoebene als neue Geschäftsmodelle, neue Dienstleistungen, neue Management-Praktiken, wie auch auf der Mikroebene als Stärkung von Nutzer-→Partizipation und neuer professioneller Praxen (→Professionalität) wirken, die einen Mehrwert für Adressat_innen erzeugen (Parpan-Blaser 2011). S.I. in der →Diakonie können z.B. die Entwicklung neuer o. verbesserter bedarfsorientierter sozialer Dienstleistungen, verbesserte Formen anwaltschaftlicher Vertretung (→Anwaltschaft) oder Modelle für die neuartige o. effektivere Nutzung vorhandener Ressourcen sein.

Aktuell häufig diskutiert ist der Begriff Open Innovation. I.en werden hier als offene Prozesse verstanden, die sowohl auf externem als auch organisationsinternem Wissen basieren. Informationsverarbeitung und Produktentwicklung finden ebenfalls im Wechselspiel interner u. externer Akteure statt. Am Ende des Prozesses stehen dann Handlungsmuster, Produkte u. Dienstleistungen, die nicht nur auf den Kernmärkten der auftraggebenden Organisation, sondern auch auf Nischenmärkten, neuen Märkten oder gar auf Märkten von Entwicklungspartnern verbreitet werden (Chesbrough 2005).

Forschung zu s.I.en beschäftigt sich u.a. mit förderlichen u. hinderlichen Rahmenbedingungen für die I.sentwicklung. Solche Rahmenbedingungen lassen sich sowohl auf der Makroebene von Politik u. Wirtschaft (z.B. I.sregionen), der Mesoebene der Organisation (I.sförderung, I.smanagement) und der Mikroebene einzelner Akteure (heterogene Teams) identifizieren.

LITERATUR: WILLIAM F. OGBURN, Cultural Lag as Theory, in: Sociology a. Social Research 41 (3/1957), 167–174 • CLAYTON M. CHRISTENSEN, The innovator's dilemma: when new technologies cause great firms to fail, Boston/Massachusetts 1997 • KATRIN GILLWALD, Konzepte So. I, Berlin 2000 • HENY W. CHESBROUGH, Open Innovation, Boston/Massachusetts 2005 • ANNE PARPAN-BLASER, I. i.d. Soz. Arbeit, Wiesbaden 2011 • JULIE CAULIER-GRICE / ANNA DAVIES / ROBERT PATRICK / WILL NORMAN, Defining social i. A deliverable of the project: »The theoretical, empirical a. policy foundations for building social i. in Europe«, Brüssel 2012.

Andreas Schröer

INTEGRATION

I. meint die Einbeziehung verschiedener gesellschaftlicher Gruppen in eine (Werte-)Gemeinschaft. Zu I.sprozessen bzw. -maßnahmen gehören →Bildung u. Ausbildung, Erhöhung von Arbeitsmarktchancen (→Arbeit), Verbesserung der Situation von Frauen bzw. Gleichberechtigung. Adressatenkreise von I. sind v.a. Menschen in →Armut, Menschen mit →Migrationshintergrund und Menschen mit →Behinderung, denen die gesellschaftliche →Teilhabe erleichtert bzw. ermöglicht werden soll. Kritisiert wurde bei I.skonzepten die An- o. Einpassung der zu integrierenden Menschen an Normalitätsvorstellungen der Mehrheit, statt sie in ihrem So-Sein anzuerkennen. So wurde Integration als Leitidee (→Leitbild) in der UN-Behindertenrechtskonvention (→UN-Konvention über die Rechte von Menschen mit Behinderung) abgelöst und durch →Inklusion ersetzt. Bei dieser geht es um die Gestaltung eines Gemeinwesens, das jede Form von Heterogenität explizit anerkennt und damit um die Beförderung des Zusammenlebens verschiedener Mehr- u. Minderheiten.

LITERATUR: JOHANNES EURICH, Gerechtigkeit f. Menschen m. Behinderung. Ethische Reflexionen u. sozialpol. Perspektiven, Frankfurt a.M. / New York 2008 • JOHANNES EURICH / ANDREAS LOB-HÜDEPOHL (Hg.), Behinderung – Profile inklusiver Theologie, Kirche u. Diakonie, Stuttgart 2014 • PETRA FLIEGER / VOLKER SCHÖNWIESE, Menschenrechte – I. – Inklusion. Aktuelle Perspektiven aus der Forschung, Bad Heilbrunn 2011.

Johannes Eurich

INTEGRATIONSKURSE

I. sind die wichtigste integrationspolitische Fördermaßnahme (→Integration) des Bundes für »rechtmäßig auf Dauer im Bundesgebiet lebende Ausländer« (§ 43,1 AufenthG). Sie wurden 2005 eingeführt und sind im AufenhG §§ 43–45 verankert. Ein Kurs umfasst in der Regel einen jeweils 600-stündigen Sprach- sowie einen 60-stündigen Orientierungskurs zu Fragen der deutschen Rechtsordnung, Geschichte u. Kultur. Der I. wird mit einem Sprachtest und einem bundesweit einheitlichen Test zu den Orientierungskursen abgeschlossen. Bei speziellem Förderbedarf (z.B. Analphabeten) ist ein Stundenkontingent von bis zu 900 Unterrichtsstunden vorgesehen. I. werden von Volkshochschulen u. privaten Trägern angeboten. Seit Inkrafttreten des Zuwanderungsgesetzes im Jahr 2005 bis zum 31. Dezember 2013 wurden ca. 1.333.000 Teilnahmeberechtigungen ausgestellt.

Wolf-Dieter Just

INTEGRATIONSUNTERNEHMEN

I. sind die rechtlich u. wirtschaftlich selbständige Form eines Integrationsprojektes im Sinne der §§ 132ff SGB IX. Alle Integrationsprojekte dienen der Beschäftigung von schwerbehinderten Menschen (→Behinderung; Inklusion) auf dem allgemeinen Arbeitsmarkt, deren sonstige Beschäftigung dort auf besondere Schwierigkeiten stößt.

I. sollen insbes. folgende Personengruppen beschäftigen u. qualifizieren:

-   Schwerbehinderte Menschen, deren Behinderung sich für eine Beschäftigung aus dem allgemeinen Arbeitsmarkt besonders nachteilig auswirkt.
-   Schwerbehinderte Menschen, die nach gezielter Vorbereitung in einer →Werkstatt für Menschen mit Behinderung oder in einer anderen Einrichtung für den Übergang auf den allgemeinen Arbeitsmarkt in Betracht kommen.
-   Schwerbehinderte Abgänger von Förderschulen mit der gleichen Zielperspektive. I. sollen zwischen 25 u. 50 von hundert Personen der Zielgruppe beschäftigen. Sie werden aus Mitteln der Ausgleichsabgabe gefördert.

Ausführliche Informationen unter www.bag-if.de.

Klaus-Dieter Tichy

International Classification of Functioning, Disability and Health (ICF)

Die ICF ist eine Klassifikation der Weltgesundheitsorganisation (WHO), durch die →Behinderung mit einheitlichen u. standardisierten Begriffen erfasst und beschrieben werden kann. Die ICF muss zusammen mit der ICD *(International Classification of Diseases)* gesehen werden. Während mit der ICD Krankheiten klassifiziert werden, dient die ICF zur Klassifizierung von →Teilhabe und deren Beeinträchtigungen. Zusammen ermöglichen die ICD und die ICF eine umfassende und vergleichbare Beurteilung der →Gesundheit einer Person, einer Personengruppe oder einer Gesellschaft. Grundlage für ICF und ICD ist dabei die Definition von Gesundheit der WHO, als »umfassendes körperliches, psychisches u. soziales Wohlbefinden« (WHO 1946). Aufgabe von ICD und ICF ist es folglich, Abweichungen von diesem Zustand zu erfassen.

Die ICF wird u.a. von Ärzten, Pflegewissenschaftlern, Heil- u. Behindertenpädagogen, Politikern u. Verwaltungsfachleuten genutzt. Sie bietet eine interdisziplinäre Grundlage sowohl für Entscheidungen über Leistungsberechtigungen gegenüber Krankenkassen, Unfallversicherungen, Rentenversicherungen u. Sozialkassen als auch für sozial- u. gesundheitspolitische Entscheidungen und Planungen. Außerdem ermöglicht sie die Erhebung von international vergleichbaren Daten für Statistik und Forschung.

Die ICF löst die ältere ICIDH *(International Classification of Impairments, Disabilities and Handicaps)* ab, die wegen ihres defizitorientierten Krankheitsfolgenmodells von Behinderung, bei dem Umweltfaktoren unberücksichtigt blieben, in der Kritik stand. Die ICIDH folgte einer linearen Logik des Entstehens einer Behinderung. Eine Schädigung wurde als Grund einer Funktionsstörung und diese wieder als Grund einer sozialen Beeinträchtigung aufgefasst. Behinderung wurde damit letztlich als Eigenschaft der Person verstanden.

Die ICF dagegen basiert auf dem biopsychosozialen Modell von Behinderung. Sie ist gleichzeitig defizit- u. ressourcenorientiert, d.h., dass positive und negative Aspekte von Funktionsfähigkeit zusammen mit Kontextfaktoren in den Blick genommen werden. Mit der ICF werden Körperfunktionen u. -strukturen und deren Schädigungen, Aktivitäten und deren Beeinträchtigungen, Teilhabe und deren Störungen sowie Umweltfaktoren erhoben. Personenbezogene Faktoren werden nicht klassifiziert, aber berücksichtigt. Behinderung wird nicht mehr als Eigenschaft der Person verstanden, sondern auf die Wechselwirkung zwischen dem Gesundheitsproblem der Person und Faktoren aus ihrer Umwelt zurückgeführt (WHO 2005).

Die ICF macht deutlich, dass sich die WHO zunehmend von dem medizinischen Modell von Behinderung entfernt und sich dem sozialen Modell annähert. Letztlich zeigt sich jedoch, dass die ICF trotz allem dem »auf Anpassung u. Fürsorge ausgerichteten medizinischen Paradigma« verhaftet bleibt (Hirschberg 2009, 309).

Literatur: Marianne Hirschberg, Behinderung im internationalen Diskurs, Frankfurt a.M. 2009 • WHO, Internat. Klassifikation d. Funktionsfähigkeit, Behinderung u. Gesundheit (www.dimdi.de/dynamic/de/klassi/downloadcenter/icf/endfassung/icf_endfassung-2005-10-01.pdf) • WHO, WHO definition of health (www.who.int/about/definition/en/print.html).

Sigrid Graumann

ISLAM

Islām, die als Antwort des Menschen auf den göttlichen Anruf (Sure 61,7; 39,22) erfolgte »Umkehr u. Hinwendung zu Gott« (Sure 9,74/49,14), bezeichnet die Religion, die ihren Ursprung in der →Verkündigung der dem Propheten Muhammad (um 570–632) zuteil gewordenen Offenbarung hat. Entstanden im 7. Jh. in Auseinandersetzung mit den auf der Arabischen Halbinsel beheimateten altarabischen Stammesreligionen und verschiedenen Formen dort ansässigen – aus Sicht der byzantinischen u. lateinischen Kirchen – häretischen Christentums, des →Judentums und des Zoroastrismus, wird der I. in der Auffassung seiner Anhänger als Wiederherstellung der mit der »schöpfungsgemäßen Religion« (Sure 33,30) identischen »Religion Abrahams« (Sure 4,125) verstanden. Dabei beschreibt der Begriff *Islām* die äußere Seite der Religion, die als Nachweis der Zugehörigkeit von Muslimen (= »die sich Gott Zuwendenden«) zu erfüllenden individuellen Pflichten (die »fünf Säulen des Tuns«). Einer auf den Propheten Muhammad zurückgeführten Tradition zufolge soll er auf die Frage *Was ist I.?* geantwortet haben: *I. bedeutet, dass du →Gott allein verehrst und niemanden sonst* [die *šahāda,* das Glaubensbekenntnis ablegst], *dass du das* [rituelle, fünfmal tägliche] →*Gebet* [ṣalāt] *verrichtest, die Almosensteuer* [zakāt] *zahlst, im Monat Ramadan fastest* [ṣaum/ṣiyām] *und* [einmal im Leben] *die Pilgerfahrt* [ḥaǧǧ] *nach Mekka unternimmst.* Dem gegenüber steht die innere Seite der Religion, der *īmān,* der →Glaube (die »sechs Säulen des Glaubens«). Auf die Frage *Was ist Glaube?* soll der Prophet Muhammad mit Bezug auf Sure 2,285 geantwortet haben: *Glaube besteht darin, dass du an Gott glaubst, an Seine Engel, an Seine* [heiligen] *Schriften, an Seine Gesandten* [Propheten] *und an die Begegnung mit Ihm* [beim Jüngsten Gericht], *und dass du an die Auferstehung am Jüngsten Tage glaubst.*

Als Quellen des I.s allgemein anerkannt werden der *Koran* (die Heilige Schrift) und die *Sunna* (die akzeptierte Tradition). Der Koran gilt als »das genügende Buch« (*al-kāfī*); denn als »normativer Text« enthält er (1) die Prinzipien des Glaubens [*'aqā'id*], (2) die Prinzipien des individuellen u. gemeinschaftlichen Gebets [*'ibādāt*], (3) die Prinzipien der →Ethik bzw. des moralischen Verhaltens [*aḫlāq*] und (4) die Prinzipien des Zusammenlebens innerhalb der Gemeinschaft sowie zwischen Gemeinschaften, Völkern u. Staaten [*mu'āmalāt*]. Dem gegenüber beinhaltet die Sunna die »normsetzende Verhaltens- u. Verfahrensweise des Propheten«, wie sie in wesentlich im 9. Jh. zusammengestellten Sammlungen überliefert ist (*Ḥadīth*).

Wie alle Religionen zeichnet sich auch der I. von allem Anfang an durch innere Vielfalt aus, die bis heute am Neben-, manchmal Mit-, zumeist aber Gegeneinander konkurrierender Richtungen bzw. »Schulen« (*maḏhab,* pl. *maḏāhib*) ablesbar ist. Begründet ist dieser innerislamische Pluralismus zum einen in den unterschiedlichen Typen rechtlicher u./o. theologischer Auslegung der Quellen und zum anderen in unterschiedlichen Auffassungen vom Menschen und seiner Beziehung zu Gott und daraus abgeleiteten unterschiedlichen Konzeptionen von der »Gemeinschaft der Gläubigen« (*umma*), der Zugehörigkeit zu ihr und der Beziehungen zu Andersgläubigen und Anhängern anderer Religionen.

Die überwiegende Mehrheit der Muslime gehört bis heute einer der vier anerkannten »Schulen« des *sunnitischen* I.s an. Das sind (1) die auf Abū Ḥanīfa (*al-Imām al-A'zam* – »der größte Imām«) (699–767) und dessen Schüler Abū Yūsuf und aš-

Šaibānī zurückgeführte hanafitische Schule (al-Ḥanafīya), die bis heute in den Ländern, die einst zum Osmanischen Reich gehörten, und in Zentralasien vorherrscht; (2) die von Mālikibn Anas (um 708–795) begründete, im nördlichen Afrika verbreitete malikitische Schule (al-Mālikīya); (3) die nach ihrem Gründer Muḥammad ibn Idrīs aš-Šāfiʿī (767–820) genannte schafiʾitische Schule, die in Ägypten, Ostafrika und v.a. in Indonesien dominiert, und (4) die von Aḥmad ibn Ḥanbal (780–855) begründete ḥanbalitische Schule (al-Ḥanbalīya), die heute vor allem in ihrer durch Muḥammad ibnʿAbd al-Wahhāb (1702/3–1792) begründeten fundamentalistischen Auslegung des Wahhābismus Saudi-Arabiens bekannt ist, zwischen dem und dem vom sogenannten I.ischen Staat praktizierten »I.« ideologisch kein Unterschied besteht.

Etwa ein Zehntel der heutigen Muslime bekennt sich zu einer der das Spektrum des schiʿitischen I.s ausmachenden Richtungen, die heute vor allem durch die auf Ğaʿfaribn Muḥammadaṣ-Ṣādiq (699/700 o. 702/703–765) zurückgeführte, im Iran herrschende dschaʿfaritischen oder imamitischen Schule (al-Ğaʿfarīya) vertreten wird.

Eine dritte und gleichsam alternative Richtung des I. bildet der auf ʿAbdallāh ibn Ibāḍ zurückgeführte, sich nicht zuletzt durch seine Toleranz gegenüber Andersgläubigen auszeichnende ibāditische Islam, der heute v.a. im Oman und in Teilen Nord- u. Ostafrikas vertreten ist.

Während sich die vier sunnitischen Rechtschulen gegenseitig anerkennen, besteht zwischen ihnen und den nicht-sunnitischen Schulen/Richtungen ein unüberbrückbarer Gegensatz. Den Wahhābiten zufolge befinden sich die anderen sunnitischen Schulen allerdings schon auf der schiefen Ebene der Häresie; Anhänger der nicht-sunnitischen Schulen gelten ihnen als Ungläubige, ganz zu schweigen von Anhängern anderer Religionen, denen sie die Existenzberechtigung absprechen.

Die sunnitischen Schulen gehen von einer egalitären »Gemeinschaft der Gläubigen« aus, der der/die Einzelne zu- bzw. untergeordnet ist. Aufgrund ihrer Annahme einer gleichen Unmittelbarkeit aller zu Gott kennen sie keine religiös begründete hierarchische Struktur der Gemeinschaft und keine institutionelle Deutungshoheit in Sachen Religion. Dem gegenüber vertreten die schiʿitischen Schulen ein hierarchisches Gesellschaftsmodell, an dessen Spitze die Theologen stehen, denen die Deutungshoheit obliegt. Gemeinsam ist allen Richtungen des I.s, dass sie die »Gemeinschaft der Gläubigen« als »beste Gemeinschaft« ansehen, weil sie (a) das gemeinschaftlich als gut anerkannte Gute gebietet und das gemeinschaftlich Verworfene verbietet« (Sure 3,110), und (b) eine Solidargemeinschaft (→Solidarität) ist, bei der nicht zuletzt die Institution des Almosens (zakāt und ṣadaqāt; Sure 70,24–25/9,60) dafür zu sorgen hat, »dass der Reichtum nicht im Kreise der Reichen bleibt«.

Stefan Schreiner

JÄGER, ALFRED

A.J. (1941–2015) war ein Schweizer Theologe und Berater diakonischer Unternehmen. Nach dem Studium der ev. Theologie in Zürich, Rom, Göttingen, Basel u. Princeton (USA) sowie seiner Promotion in Basel wirkte er als Gemeindepfarrer in Appenzell, bis er zum Hochschulpfarrer u. Dozent für Ev. Theologie an die Universität St. Gallen berufen wurde. 1981 erreichte ihn der Ruf auf den Lehrstuhl für systematische Theologie an der Kirchlichen Hochschule Bethel. A.J. erkannte die Bedeutung der Prinzipien des St. Gallener Managementmodells (→Management) für die anforderungsgerechte Gestaltung diakonischer Arbeit und trat sowohl in seiner Lehr- als auch in seiner Beratungstätigkeit entschlossen dafür ein, Diakonie als »christl. Unternehmen« und damit als eine Managementaufgabe zu verstehen. Sein Einfluss auf die Gestaltung diakonischer Arbeit im Übergang zum 21. Jh. ist maßgeblich. Auf seine Initiative geht auch die Gründung des Instituts für →Diakoniewissenschaft und Diakoniemanagement der fusionierten Hochschule für Kirche u. Diakonie in Wuppertal und Bethel zurück.

LITERATUR: ALFRED JÄGER, Diakonie als christl. Unternehmen, Gütersloh 1986 • ALFRED JÄGER, Diakon. Unternehmenspolitik, Gütersloh 1992.

Christian Dopheide

JESUS CHRISTUS

J. von Nazareth ist eine historische Person, die zu Beginn des 1. Jh. gelebt hat. Von seiner Existenz zeugen auch außerbiblische Texte. Die neutestamentlichen Überlieferungen erlauben zwar keine Rekonstruktion der Biographie J., lassen aber doch ein in sich differenziertes Lebensbild erkennen: J. von Nazareth war Jude (→Judentum), der das baldige Kommen des →Reiches Gottes als frohe Botschaft verkündigte. Indem J. sich den Exkludierten der Gesellschaft zuwandte, den Armen u. Kranken, aber auch den religiös als Sünder stigmatisierten Zöllnern u. Prostituierten, wurde das Kommen des Reiches Gottes in seiner Umgebung bereits erfahren. Seine Zuwendung zu den sozial Exkludierten stellte die Macht jener in Frage, die über →Inklusion und Exklusion (→Ausgrenzung) mitentscheiden. So kam es zum Konflikt mit den politischen u. religiösen Obrigkeiten, aber auch der Bildungselite, den Schriftgelehrten. Indem J. nach Jerusalem zog, suchte er bewusst die Auseinandersetzung mit den Mächtigen im Land. Seine symbolpolitischen Handlungen in Jerusalem, sein Einzug (gleichsam als Gegenpräfekt) und die Tempelreinigung, spitzten den Konflikt zu und führten letztlich zu seiner Kreuzigung.

Bei der Verurteilung J. »wirken Freunde u. Feinde, Besatzer u. Besetzte, Inländer u. Ausländer, Juden u. Heiden zusammen« (Welker 2012, 174). Über ihre Differenzen und wechselseitigen Abneigungen hinweg schließt sich die Menschheit gegen die Gegenwart →Gottes in J.C. zusammen und verurteilt ihn im Namen des römischen u. jüdischen Rechts, aber auch der Religion und der öffentlichen Meinung. Am →Kreuz kann J., der die Gegenwart Gottes verkündigte, diese Gegenwart selbst nicht mehr erfahren. Er stirbt mit dem Ruf »Mein Gott, mein Gott, warum hast du mich verlassen?«.

Doch schon bald nach seiner Kreuzigung wurde J.C. als Kyrios (d.h. als Herr) bekannt (vgl. 1Kor 12,3 / Röm 10,9f / Phil 2,9–11). Zwischen seiner Kreuzigung und dem Bekenntnis der Jünger und ersten Christen, C. sei der lebendige Herr, muss sich also etwas ereignet haben. Die biblischen Überlieferungen erzählen von Erscheinungen J., die die Jünger zum Bekenntnis führen, dass Gott den Gekreuzigten auferweckt hat – und dieser bei und mit Gott lebt. Eben deshalb erscheint er nach manchen Überlieferungen vom Himmel her. Der auferstandene C. erschließt sich den Glaubenden als Sohn Gottes, der zur Rechten des Vaters sitzt. Schon bald nach seiner Auferstehung wurde er in Akklamation und →Gebet angerufen (1Kor 1,2; 16,22 u. 2Kor 12,8).

Das erste Ökumenische Konzil bekannte 325, dass J.C. »Gott von Gott, Licht von Licht, wahrhaftiger Gott aus wahrhaftigem Gott« sei. Damit ist gesagt: In J.C. erkennen wir, wer und wie Gott ist. Gott selbst will nicht Gott sein ohne die Menschen. Weil sich Gott in J.C. zum Gott der Menschen bestimmt, lässt sich in einer christl. Theologie »keine Menschenlosigkeit Gottes« denken (Karl →Barth, Eberhard Jüngel). Gott offenbart sich in J.C. als Gott, der für die Menschen als deren Retter u. Heiland gegenwärtig ist. Dieser Grundzug Gottes zeigt sich sowohl im Leben als auch im Sterben und Auferstehen J.C. Die Menschwerdung Gottes offenbart den Willen Gottes zur Gemeinschaft mit den Menschen. Die Kreuzigung offenbart, dass der Gottessohn an diesem Gemeinschaftswillen auch angesichts einer Menschheit festhält, die ihn abweist und tötet. Die Auferweckung C. offenbart, dass Gott seinen Weg der gewinnenden →Liebe zu denen, die der Macht der Sünde erlegen sind, auch angesichts der Kreuzigung seines Sohnes, d.h. des größten Triumphes der Sünde, fortsetzt.

Weil Gott sich in J.C. ganz und gar auf den wirklichen Menschen einlässt, bekennt die christologische Formel des Konzils von Chalcedon (451), dass C. »zugleich wahrhaft Gott und wahrhaft Mensch« sei. D.h.: In J.C. erkennen wir nicht nur, wer und wie Gott ist, sondern auch, wer und was der Mensch ist. Weil christl. Theologie sich vom Menschen J.C. vorgeben lässt, wer der wirkliche Mensch ist, kann sie keine Gottlosigkeit des Menschen, auch nicht des scheinbar gottlosesten Menschen, denken. Der wirkliche Mensch ist der Mensch Gottes, zu dem Gott sich in Gnade verhält. Auch das zeigt sich sowohl im Leben als auch im Sterben und Auferstehen J.C. Der irdische J. wendet sich gerade den vermeintlich Gottlosen, den Sündern, zu und vergibt ihnen, dadurch seine Gottheit offenbarend, ihre Schuld (vgl. Mk 2,5). Er sucht die Gemeinschaft mit denen, die von der Religion als Sünder gebrandmarkt worden sind, mit Zöllnern und Prostituierten (vgl. nur Mt 11,19; 21,31). Der Gekreuzigte nimmt die Gottverlassenheit auf sich (Mk 15,34), damit andere in der vermeintlichen Gottlosigkeit die Gegenwart Gottes erkennen und in diesem Sinne zum →Glauben kommen können (Mk 15,39). In der Auferstehung C. wird offenbar, dass selbst Lebenswege, die in eine vermeintliche Gottlosigkeit führen, nirgendwo anders enden als bei Gott. Selbst der Tod vermag der Gottesgemeinschaft keine Grenze zu setzen, sondern muss ihr letztlich dienen.

Die von Johannes →Calvin systematisch entfaltete Lehre vom dreifachen Amt J.C., die sich nach der →Reformation auch in anderen Kirchen durchgesetzt hat, bindet J.C., der ein geborener (Martin →Luther), aber auch gekreuzigter und auferweckter Jude (Friedrich-Wilhelm Marquardt) ist, zum einen an die Geschichte Israels zurück. Als C. tritt der Sohn Gottes in die Geschichte der israelitischen Institutionen ein und übernimmt deren Funktionen: er wird König, Prophet und Priester. In der Tradition der alttestamentlichen Könige, die dem Armen Recht schaffen sollen, wird er zum »Parteigänger der Armen« (Karl Barth; aber auch Befreiungstheologien). In der Tradition der Propheten deckt der Gekreuzigte das Unrecht (→Gerechtigkeit) gerade da auf, wo die Menschheit sich wechselseitig über ihre internen Differenzen hinweg bestätigt, das Rechte zu tun (Michael Welker). In der Tradition des israelitischen Priestertums, das auf unterschiedliche Weise Gottes Vergebungsbereitschaft bezeugt, wird der Auferstandene zum Bürgen der Treue Gottes - einer Treue, die in der Kreuzigung auf das Schärfste herausgefordert war. Weil der Auferstandene bezeugt, dass Gott selbst auf die konzentrierteste Aktion der Sünde mit →Vergebung reagiert, deshalb können Menschen gewiss sein, dass sie nichts von der Liebe Gottes scheiden kann.

Zum anderen verdeutlicht die Lehre vom dreifachen Amt, welchen Gewinn gerade die Glaubenden aus den Heidenvölkern dadurch haben, dass sie durch J.C. in die Geschichte Israels eingeschrieben werden. Denn C. hat das dreifache Amt nicht allein für sich erhalten, sondern um die Seinen zu Propheten, Priestern u. Königen zu machen (so bereits Calvin). Als Propheten, Priester u. Könige werden die Glaubenden gewürdigt, an Gottes Auseinandersetzung mit der Sünde teilzunehmen und selbst »gegen Sünde u. Teufel« zu streiten (Heidelberger Katechismus, FA 32). Glaubende tun dies, indem sie in der Nachfolge C. als königliche Menschen den Teufelskreisen der Exklusion (→Ausgrenzung) entgegenarbeiten (→Diakonie), in einer prophetischen Gemeinschaft nach Wahrheit u. →Gerechtigkeit suchen und als priesterliche Gemeinschaft der Sünde zum Trotz Gottes Vergebungsbereitschaft bekennen und feiern. So wirkt der erhöhte C. durch die Seinen zu allen Zeiten am Aufbau u. Erhalt seines Reiches.

LITERATUR: FRIEDRICH-WILHELM MARQUARDT, Das christl. Bekenntnis zu J., dem Juden. Eine Christologie, Zwei Bände, München 1990/1991 • GERD THEISSEN / ANNETTE MERZ, Der histor. J., Göttingen 1996 • HANS-JOACHIM ECKSTEIN, Kyrios J., Neukirchen-Vluyn 2010 • MICHAEL WELKER, Gottes Offenbarung, Neukirchen-Vluyn 2012.

Gregor Etzelmüller

JOHANNES VON GOTT (JUAN CIUDAD)

J.v.G. (1495–1550) gilt als Gründer der »Barmherzigen Brüder«, »des modernen Krankenhauses«, Patron der Kranken, Sterbenden, des Pflegepersonals und der Krankenhäuser. Nach wechselvollem Leben – 1539 in Granada Bekehrung – für geisteskrank gehalten, wurde er mehrere Monate im königlichen Hospital zwangsbehandelt. Danach begann er 1540 mit der Kranken- u. Armenpflege, gründete ein eigenes Hospital und gewann Gefährten für eine bessere Pflege (»Jedem Kranken sein Bett!«, separate Stationen, Aufnahme *aller* Armen u. Kranken), besonders auch psychisch Kranker. Nach seinem Tod gründete sein Gefährte u. Nachfolger Antonio Martinez († 1553) ähnliche Krankenhäuser in Sevilla und Madrid mit Unterstützung des Königs, danach gab es weitere Gründungen in Spanien und 1582 auf der Tiberinsel in Rom. Zur Sicherung ihrer Bewegung und Ursprungsmotivation (»von Gott«) ab 1571 Zusammenschluss als »Orden der Barmherzigen Brüder« (Kennzeichen: aufbrechender Granatapfel [Granada!] mit Kreuz u. Dornenkrone als Symbol der in Christus für alle Leidenden geöffneten Fülle göttlicher Barmherzigkeit).

LITERATUR: R. BOTIFOLL, Giovanni di Dio, in: Dizionario degli Istituti di Perfezione IV (1977) 1266–1271 • HERMENEGILD STROHMAYER, Der Hospitalorden des Hl. J.v.G.: Barmherzige Brüder, Regensburg 1978.

Klaus Baumann

JOHANNITER

Der J.orden (Ritterlicher Orden von St. Johannis vom Spital) entstand in einem längeren Prozess im 11. Jh. in Jerusalem, er ist der älteste geistliche →Orden. Gegründet als eine Laiengemeinschaft für ein Pilgerhospital in Jerusalem, waren dem Orden von Beginn an diakonische u. pflegerische Aufgaben wichtig. Für die Entwicklung des Ordens war die deutsche Balley Brandenburg zentral, die sich bis in das 12.

Jh. zurückverfolgen lässt. Nach einem langen Niedergang, der schließlich 1811 in der Auflösung endete, wurde er 1852 durch König Friedrich Wilhelm IV. wieder gegründet. Wichtige Aufgaben seitdem lagen im Unterhalt eigener →Krankenhäuser sowie im Lazarettwesen.

Dem Orden gehören heute über 4.000 Ritter an, nach 1945 wurde der Orden auch für nichtadelige Mitglieder geöffnet. Zum Orden gehören heute Krankenhäuser, Altenpflegeeinrichtungen und weitere diakonische →Einrichtungen. Eigene sog. Ordenswerke sind u.a. die Johanniterschwesternschaft oder die Johanniter-Unfall-Hilfe.

LITERATUR: www.johanniter.de.

Norbert Friedrich

JOLBERG, REGINE (JULIE)

Die einer ursprünglich Frankfurter jüdischen Bankiersfamilie entstammende R. Zimmern (1800–1870) wächst in Heidelberg auf und wird zunächst von jüdischen Hauslehrern erzogen. Der gemeinsame Unterricht mit den Brüdern scheint religiös keine tiefere Wurzeln geschlagen zu haben. Beim Eintritt in ein christl. Pensionat 1813 nimmt sie sich selbst als Menschen ohne Religion wahr, wendet sich unter dem kulturellen Eindruck der christl. Jahresfeste innerlich dem Christentum zu. Die bereits in jungen Jahren (1829) zweimal verwitwete J. lässt sich 1826 mit ihrem zweiten Mann Salomon (Gottfried Theodor) taufen und vertieft sich in religiöse u. pädagogische Literatur. Erwecktes Christentum und reformpädagogische Ansätze (Rousseau, Pestalozzi) verbinden sich.

In diakoniegeschichtlicher Sicht bedeutend ist J. aufgrund ihrer Gründung einer Arbeitsschule in Leutesheim/Kehl (1540) und 1851 der Begründung des →Mutterhauses für Kinderpflegerinnen in Nonnenweier. Hier ist die doppelte Prägung der jolbergschen Diakonie zu erkennen: die aus christl. →Nächstenliebe notwendige →*Pflege* verwahrloster Kinder wie die daraus erwachsende Aus-→*Bildung* als Sozialarbeit und Bildungschance für junge Frauen im 19. Jh.

LITERATUR: MARTIN GOTTLOB WILHELM BRANDT, Mutter Jolberg. Gründerin u. Vorsteherin d. Mutterhauses in Nonnenweier (2 Bde.), Barmen 1871 • ADELHEID M. VON HAUFF, R.J. (1800–1870); in: DIES. (Hg.), Frauen gestalten Diakonie Bd. 2: Vom 18. bis zum 20. Jh., Stuttgart 2006, 147–163.

Johannes Ehmann

JUDENTUM

Das J. ist eine Glaubens- u. Volksgemeinschaft. Jude ist man von Geburt (von einer jüdischen Mutter geboren) oder durch Übertritt zur jüdischen Religionsgemeinschaft. Der Begriff »Jude« leitet sich vom Stamm Juda ab, der sein Gebiet in biblischer Zeit zusammen mit Benjaminiten im Bereich von Jerusalem hatte (in der römischen Besatzungszeit: Provinz Judäa). Israeliten sind die Angehörigen des Volkes Israel in alttestamentlicher Zeit. Israelis nennt man die Einwohner des modernen Staates Israel.

Die Geschichte des J.s beginnt mit der Geschichte des Volkes Israel. Nach jahrhundertelangem Wechsel zwischen politischer Selbständigkeit u. Abhängigkeit von anderen Staaten zerschlugen die Römer im Jahr 70 n.Chr. den jüdischen Staat. Seither waren fast alle Juden in der Diaspora verstreut. Zentren des J.s bildeten sich seit dem Mittelalter in West- u. Osteuropa. Nach dem Ende des Zweiten Weltkrieges und dem Massenmord am jüdischen Volk (Shoa) wurde 1948 Israel das nationale u. religiös-kulturelle Zentrum des jüdischen Volkes. Wichtige jüdische Kultur- u. Religionszentren befinden sich jedoch auch in den USA und Kanada, wo derzeit etwa 6 der ungefähr 14 Mio. Juden der Welt leben.

JÜDISCHER GLAUBE

Prägend für jüdischen Glauben ist das Bekenntnis zu dem einen und einzigen →Gott: »Höre Israel, der Ewige ist unser Gott, der Ewige ist einzig« (5Mose 6,4; das sog. Sch'ma Jisrael). Gott hat alles geschaffen. Er wirkt in der Völkergeschichte und als des Menschen persönliches Gegenüber im Leben des Einzelnen. Für das Miteinander zwischen den Menschen ist das Gebot der →Nächstenliebe entscheidend, die auch den Fremden einschließt. Jeder Mensch ist für sein Tun gegenüber Gott verantwortlich, er ist aufgerufen, Gottes Gebote zu befolgen. Das Ziel der Geschichte ist eine heilvolle Zukunft, ein »neuer Himmel« und eine »neue Erde«.

RELIGIÖSES LEBEN

Charakteristisch für das religiöse Leben im J. sind v.a.: die Einhaltung der Sabbatruhe und die Begehung der jüdischen Feiertage; die Einhaltung der Speisegesetze (koscheres Essen, u.a. mit Trennung von milchigen u. fleischigen Speisen); die Orientierung an jüdischem Ehe- u. Familienrecht und die Einhaltung von religiösen Bräuchen u. Zeremonien (z.B. die Beschneidung von Jungen am 8. Tag nach der Geburt und die Bar-Mizwa-Feier bzw. Bat-Mizwa-Feier: vergleichbar mit der christl. Firmung/Konfirmation).

JUDENVERFOLGUNGEN U. ANTISEMITISMUS

Bereits aus alttestamentlicher Zeit kennt man Klagelieder über Verfolgungen u. Zerstörungen durch Feinde des Gottesvolkes (z.B. Ps 74). Im Römischen Reich hatte das J. unter den verbreiteten Religionen eine Sonderstellung inne. Seit dem 2. Jh. n.Chr. lässt sich ein in der →Kirche immer stärker werdender Antijudaismus feststellen. Paulus hatte sich im Römerbrief noch entschieden gegen solche Tendenzen gewehrt (Röm 9–11), doch fanden seine Gedanken in den folgenden Jahrhunderten kaum Gehör. Bei zahlreichen Predigern der Alten Kirche sind das J. und die Synagoge zu Feindbildern des Christentums geworden. Lügen und abergläubische Vorurteile gegen Juden verbreiteten sich mit dem Christentum und führten schließlich im Mittelalter zu grausamen Verfolgungen in ganz Europa (insbes. in den Pestjahren 1348/49). In seinen letzten Lebensjahren schrieb auch Martin →Luther einige antijüdische Schriften, die noch in der NS-Zeit ihre Wirkungsgeschichte zeigten. Seit dem 19. Jh. verbreitete sich aufgrund der völlig unhaltbaren Theorie von angeblich verschiedenwertigen Menschenrassen ein sog. »rassischer Antisemitismus«. Er war eine Hauptgrundlage für die Rassenideologie der Nationalsozialisten, die ihre grausamste Wirkung in der Ermordung von 6 Mio. Juden in Europa hatte.

STRÖMUNGEN IM J.

Im neuzeitlichen J. gibt es unterschiedliche Strömungen. Zu den wichtigsten gehören das →orthodoxe J. (darunter auch der Chassidismus), das konservative J. und das Reformj. (liberale Richtung).

NÄCHSTENLIEBE U. »LIEBESWERKE« IM J.

Nach dem Propheten Micha (6,8) fordert Gott vom Menschen: »Recht üben, Güte lieben u. demütiges Wandeln vor Gott«. Nach einer alten jüdischen Tradition sind Tora (Fünf Bücher Moses), →Gottesdienst u. Liebesdienste die Grundlagen jüdischen Menschseins (Sprüche der Väter I,2). Als »Liebesdienste« werden traditionell unter anderem gefordert: Gastfreundschaft, Kleidung von Nackten, Erziehung von Waisenkindern, Gefängnisbesuche u. Auslösung von Gefangenen, Krankenbesuche, Ausstattung von mittellosen Bräuten, Bestattung, Geleit von Toten und das Trösten von Trauernden. Die biblisch-jüdischen Traditionen waren die zentralen Grundlagen der neuzeitlichen jüdischen Wohlfahrtspflege wie auch des christl.-diakonischen Handelns.

Joachim Hahn

JUGENDHILFE

siehe unter: Kinder- und Jugendhilfe

JUGENDMIGRATIONSDIENST

siehe unter: Migration

KAISERSWERTHER VERBAND

Der KWV ist ein Verein, dem die deutschen Unternehmen und Werke angehören, die in der Tradition der Kaiserswerther Mutterhausdiakonie (→Mutterhäuser) stehen; er dient als Netzwerk sowohl für seine Mitglieder als auch für deren diakonische →Gemeinschaften. Er entstand aus der deutschen Abteilung der Kaiserswerther Generalkonferenz, zu der auch Mutterhäuser außerhalb Deutschlands gehören, und wurde am 5. Dezember 1916 gegründet, um seitdem gemeinsame wirtschaftliche u. juristische Interessen der deutschen Diakonissenhäuser gegenüber staatlichen Stellen durchzusetzen. Mit der Ablösung der →Diakonissen durch Mitarbeitende in den Mitgliedshäusern und durch die Gründung fachlich orientierter Verbände für die einzelnen diakonischen Arbeitszweige verschoben sich die Aufgaben des KWV. Heute dient er vorrangig der Begegnung und der Unterstützung der diakonischen Gemeinschaften und →Unternehmen im →Diakonat. Die gemeinsame historische Wurzel und die traditionellen Beziehungen untereinander dienen als Bezugspunkt und bestimmen das Selbstverständnis.

LITERATUR: NORBERT FRIEDRICH / MARTIN WOLFF (Hg.), Diakonie in Gemeinschaft. Perspektiven gelingender Mutterhausdiakonie, Neukirchen-Vluyn 2011.

Katharina Wiefel-Jenner

KAMERALISTIK

Im weiteren Sinn versteht man unter K. die Wissenschaft von der staatlichen Verwaltung (Rechnungsführung, Finanz-, Wirtschafts-, Verwaltungslehre, Rechts- u. Polizeiwissenschaft) und Volkswirtschaftspolitik. Im engeren Sinn bezeichnet K. die Buchführung öffentlicher Haushalte, wie sie bis heute praktiziert wird. Im Unterschied zur →Doppik stellt sie nicht den wirtschaftlichen Erfolg des Ressourceneinsatzes, sondern, aufgrund einer Einnahme-Ausgabe-Rechnung, die zweckentsprechende Mittelverwendung dar.

Günther van de Loo

KATHOLISCH

Der Begriff »k.« (vom griech. *katholikós* – allumfassend) ist ein Wesensattribut der →Kirche →Jesu Christi und seit dem 16. Jh. auch eine Konfessionsbezeichnung.

1. WESENSATTRIBUT

Die Kirche versteht sich seit ihren Anfängen als universale Glaubensgemeinschaft, die von Christus gesandt ist, allen Menschen das Heil zu bringen. Frühe Zeugnisse dieser Überzeugung finden sich in den Paulusbriefen (z.B. Gal 3,28 / 1Kor 12,13), in den Sendungsbefehlen der synoptischen Evangelien (Lk 24,47 / Mt 28,19) und in der Apostelgeschichte (Apg 13,1–28,31). Nach Ignatius von Antiochien (2. Jh.) ist die »k.e Kirche« überall dort, wo Jesus Christus ist (Brief an die Smyrnaer 8,2). Die als weltumspannend verstandene Katholizität der Kirche wird bezeugt in den im 5. Jh. geprägten Glaubensbekenntnissen (Nizäno-Konstantinopolitanum, Apostolikum), die von den meisten christl. Konfessionen bis heute verwendet werden, und ist ein wesentlicher Aspekt des gesamt-christl. Glaubensverständnisses.

2. KONFESSIONSBEZEICHNUNG

Ab dem Ende des 2. Jh. dient »k.« auch zur Kennzeichnung der kirchl. Orthodoxie in Abgrenzung von – als »häretisch« qualifizierten – Gemeinschaften, die sich im Laufe der Zeit von der Kirche abgespalten haben. Nach dem Morgenländischen Schisma (1054) bezeichnet »k.« im Verständnis der Kirche des Westens die eigene Glaubensgemeinschaft im Unterschied zu den →»orthodoxen« Kirchen des Ostens. Hingegen wird nach dem Verständnis der Orthodoxie die k.e Kirche ausschließlich durch die Gemeinschaft der fünf altkirchlichen Patriarchate (Antiochien, Alexandrien, Konstantinopel, Jerusalem, Rom) repräsentiert, nicht jedoch durch die röm. Teil-Kirche allein.

Im Zuge der Reformation wird »k.« zur konfessionellen Selbstbezeichnung der unter dem Papst geeinten Kirche. Die aus der →Reformation hervorgegangenen Gemeinschaften haben diesen Sprachgebrauch übernommen und verwenden »k.« als Konfessionsbezeichnung. Im Glaubensbekenntnis ersetzen sie den Begriff »k.« durch »allgemein« oder »christl.«.

Als Abspaltungen vom röm. Katholizismus entstehen zu Beginn des 18. Jh. in den Niederlanden und Ende des 19. Jh. im deutschsprachigen Raum – dort aus Protest gegen die dogmatischen Definitionen des I. Vatikanischen Konzils (Jurisdiktionsprimat und Unfehlbarkeit des Papstes) – »altk.e« Kirchen.

3. RÖM.-K.ES SELBSTVERSTÄNDNIS

Nach der Lehre des II. Vatikanischen Konzils ist die Kirche Jesu Christi in der röm.-k.en Kirche »verwirklicht« (Dogmatische Konstitution Lumen Gentium [LG] 8). Der Apostolische Stuhl hat – gegen andere ekklesiologische Positionen u. theologische Kritik – klargestellt, das Konzil habe die vorkonziliar gelehrte exklusive Identität der Kirche Jesu Christi mit der k.en Kirche nicht aufgeben wollen (Glaubenskongregation 2007). Nach amtlichem Selbstverständnis hat die röm.-k.e Kirche mithin als einzige christl. Glaubensgemeinschaft den Stifterwillen Jesu Christi vollständig bewahrt. Außerhalb ihres Gefüges finden sich aber »vielfältige Elemente der Heiligung und der Wahrheit, die als der Kirche Christi eigene →Gaben auf die k.e Einheit hindrängen« (LG 8). Ekklesiologisch ergibt sich daraus ein Konzept *gestufter Kirchengliedschaft*: Wer durch die →Taufe in die Kirche Jesu Christi eingegliedert wird, befindet sich bereits anfanghaft in Gemeinschaft mit der k.en Kirche. In *voller* Gemeinschaft mit ihr stehen jene Getauften, die durch die Bande des gemeinsamen Glaubensbekenntnisses, der →Sakramente und der Unterordnung unter Papst u. Bischöfe (→Bischof) mit ihr verbunden sind. Die orthodoxen Gemeinschaften, die nur die Unterordnung unter den Papst verweigern, sind nach amtlichem Sprachgebrauch zumindest »(Schwester-)Kirchen«. Glaubensgemeinschaften, in denen es keine gültig geweihten Bischöfe u. Priester gibt und in denen daher auch die Eucharistie (→Abendmahl) nicht gültig gefeiert wird, sind nicht Kirchen »im eigentlichen Sinn«, sondern »kirchliche Gemeinschaften« (Glaubenskongregation 2007). Dies gilt nach k.em Verständnis auch für die aus der Reformation hervorgegangenen Gemeinschaften.

4. RÖM.-K.E BINNENDIFFERENZIERUNG

Die röm.-k.e Kirche besteht aus *Rituskirchen*, darunter als zahlenmäßig bedeutendste (über 98 % aller Katholiken) die lateinische. Hinzu kommen derzeit 23 Rituskirchen ostkirchlicher Tradition: Gemeinschaften ursprünglich orthodoxer Christen, die zur Einheit mit der k.en Kirche zurückgekehrt sind und den Papst als ihr Oberhaupt anerkennen, jedoch ihre rituelle sowie eine teilw. rechtliche Eigenständigkeit bewahrt haben.

LITERATUR: BERND OBERDORFER, Katholizität d. Kirche, in: Religion in Geschichte u. Gegenwart Bd. 4, Tübingen 2001, 902–905 • KONGREGATION FÜR DIE GLAUBENSLEHRE (Hg.), Antworten auf Fragen zu einigen Aspekten bezüglich der Lehre über die Kirche, in: Acta Apostolicae Sedis 99 (2007) 604–608 • JULIA KNOP / STEFANIE SCHARDIEN, Kirche, Christsein, Konfessionen, Freiburg 2011.

Georg Bier

KINDER- UND JUGENDHILFE

Die Kinder- und Jugendhilfe (KJH) ist eines der größten Arbeitsfelder der →Sozialen Arbeit.

Die Handlungsfelder umfassen Kindertagesbetreuung (Kindergärten [→Kindertagesstätte], Kindertagespflege, Krippen), Hilfen zur Erziehung (→Erziehungshilfe), Kinder- und Jugendarbeit, Jugendsozialarbeit, Jugendberufshilfe, Schulsozialarbeit, Jugendgerichtshilfe, Erziehungsberatung und Kinder- u. Jugendschutz.

In den Angeboten der KJH geht es um die Förderung der individuellen Entwicklung sowie um Erziehung, →Bildung u. →Betreuung. Sie sollen das Aufwachsen von Kindern u. Jugendlichen unterstützen und dabei eng mit den Eltern zusammenarbeiten.

Jedes Kind und jeder Jugendliche soll die notwendige Unterstützung bekommen, um eigenverantwortlich u. gemeinschaftsfähig an der Gesellschaft teilhaben zu können (→Teilhabe) und Benachteiligungen zu vermeiden (→Gerechtigkeit).

Kinder u. Jugendliche stehen als Akteure mit ihren individuellen Bedürfnissen im Mittelpunkt.

Historisch betrachtet hat die KJH einen Wandel von der Fürsorgeerziehung zum festen Bestandteil im Leben von Kindern u. Jugendlichen durchlaufen. Sie war zunächst durch Kontrolle, Disziplinierung u. Hilfen in Krisensituationen bestimmt (Jordan 2005). Ihre Ursprünge liegen in der öffentlichen Kleinkinderziehung und der Jugendfürsorge. Der Wandel wird besonders am Beispiel der Kindertagesbetreuung deutlich: Kindergärten zählen zu den zentralen Sozialisationsinstanzen und werden von fast jedem Kind besucht. Der Rechtsanspruch auf einen Platz auch für Kinder unter drei Jahren wird eine ähnliche Entwicklung bei den Krippen und die Bildung »Von Anfang an« befördern.

Konzeptionell hat sich die KJH von einer Eingriffs- u. Bevormundungsbehörde zu Leistungen der Prävention u. Demokratisierung entwickelt.

Maßgeblich wurden diese Entwicklung von den Konzepten der »Lebensweltorientierung« (Hans Thiersch) und der »Lebensbewältigung« (Lothar Bönisch) geprägt.

Heute besteht die KJH aus differenzierten Angeboten, Programmen u. auch Interventionsstrategien, die Kinder, Jugendliche u. ihre →Familien in der Lebensbewältigung unterstützen und begleiten. Die Angebote werden sozialpädagogisch gestaltet und berücksichtigen die sozialen Lebenslagen der Kinder u. Jugendlichen.

Aktuell wird die fachpolitische Debatte von den Themen →Kinderrechte und Kindeswohl bzw. Kindeswohlgefährdung u. Schutzauftrag geprägt. Als relativ neues Angebot wird das Konzept der Frühen Hilfen an der Schnittstelle zum →Gesundheitswesen etabliert, um bereits bei Säuglingen das Kindeswohl zu sichern und die Bedingungen des Aufwachsens chancengerecht auszugestalten.

Die gesetzliche Grundlage der KJH ist das SGB VIII (→Sozialgesetzgebung). Vorläufer waren das Reichsjugendwohlfahrtsgesetz von 1924 (RJWG) sowie das 1961 verabschiedete Jugendwohlfahrtsgesetz (JWG).

Das SGB VIII trat 1990 in Kraft und wurde bereits mehrfach novelliert. Die jeweils gültige Fassung ist auf der Internetseite des BMFSFJ zu finden.

Im SGB VIII werden die einzelnen Leistungsbereiche der KJH in zehn Kapiteln und über 100 Paragrafen geregelt. Dazu gehören grundlegende Themen wie das Recht auf Erziehung, Elternverantwortung, die Zusammenarbeit der öffentlichen u. freien Jugendhilfe und die Beteiligung von Kindern u. Jugendlichen.

Es gibt neben individuellen Leistungsansprüchen, den sog. Rechtsansprüchen, infrastrukturelle Gewährleistungsverpflichtungen. Dazu gehört die Verpflichtung des öffentlichen Jugendhilfeträgers (→Kostenträger), die zur Aufgabenerfüllung erforderlichen Leistungen, Dienste, Einrichtungen u. Angebote zur Verfügung zu stellen (§ 79f SGB VIII).

Zur konkreten Leistungserbringung können auch sogenannte freie Träger beitragen. Dazu gehören schwerpunktmäßig die Strukturen der →Wohlfahrtsverbände und der →Kirchen, die in manchen Leistungsbereichen wie z.B. der Kindertagesbetreuung einen erheblichen Teil der Angebote vorhalten. Sie müssen ihre Angebot mit dem öffentlichen Träger abstimmen und mit diesem zusammenwirken. Dies geschieht i.d.R. im örtlichen Jugendhilfeausschuss sowie in den Arbeitsgemeinschaften nach § 78 SGB VIII.

Die Finanzierung erfolgt über je nach Angebot unterschiedliche Kostenerstattungen, die teilw. auch Eigenmittel der Träger erforderlich machen.

Leistungsberechtigte, also Kinder, Jugendliche u. ihre Familien, haben ein Wunsch- u. Wahlrecht, d.h. sie können sich zwischen den Angeboten der unterschiedlichen Träger entscheiden.

Perspektivisch bleibt die KJH gefordert, sich den sozial- u. gesellschaftspolitischen Herausforderungen zu stellen und ihre Angebote zu reflektieren und weiterzuentwickeln.

LITERATUR: WOLFGANG SCHRÖER / NORBERT STRUCK / MECHTHILD WOLFF (Hg.), Handbuch KJH, Weinheim 2002 • AGJ (Hg.), Gesellschaftlicher Wandel. Neue Herausforderungen f.d. KJH?!, Berlin 2014 • JOACHIM WABNITZ, 25 Jahre SBG VII, Berlin 2015.

Doris Beneke

KINDERRECHTE

In der Bundesrepublik Deutschland trat das Übereinkommen über die Rechte des Kindes (UN-Kinderkonvention) im April 1992 in Kraft. Die K. sind neben der Präambel in 54 Artikeln zusammengefasst: Versorgungsrechte sollen das Recht auf angemessenen Lebensstandard und Zugang zu medizinischer Versorgung sichern. Entwicklungsrechte sichern die Entfaltung des Kindes. Dazu gehört das Recht auf →Bildung, Spiel u. Freizeit sowie das Recht auf Freiheit der Religion. Schutzrechte sollen Kinder vor jeder Form von Missbrauch, Vernachlässigung u. Ausbeutung bewahren. Mitbestimmungsrechte sichern dem Kind zu, seine Meinung frei äußern zu können und seinem Alter entsprechend an Entscheidungen beteiligt zu werden. Die Konvention verpflichtet die Staaten, dem UN-Komitee für die Rechte des Kindes regelmäßig über die Einhaltung der Konvention zu berichten. Die →Diakonie Deutschland betrachtet es als ihre besondere Verpflichtung, sich für die Rechte u. Bedürfnisse von Kindern u. Jugendlichen (→Kindheit und Jugend) einzusetzen.

Ulrike Gebelein

KINDERTAGESEINRICHTUNG

Ev. K.en sind Orte frühkindlicher →Bildung, Erziehung u. →Betreuung, die in kirchlicher o. diakonischer Trägerschaft in Umsetzung des →Subsidiaritätsprinzips ihren Bildungsauftrag erfüllen. Gleichzeitig erbringen sie familienergänzende Sozialleistungen gemäß § 22 SGB VIII (Rechtsanspruch auf Förderung in K.en) für Kinder u. →Familien. Gemäß ihres gesetzlichen Auftrags sollen sie die Entwicklung von Kindern zu eigenverantwortlichen u. gemeinschaftsfähigen Persönlichkeiten fördern, Erziehung u. Bildung in der Familie unterstützen und ergänzen sowie Eltern bei der Vereinbarkeit von Familie u. Beruf helfen.

Die Angebote der ev. K. sind verlässlich, orientieren sich an den Bedarfen der Zielgruppe und richten sich aus an den Leitzielen von →Inklusion, interreligiöser Bildung sowie an einem diakonischen Bildungs- u. Erziehungsverständnis, nach dem Bildung als ein dem Menschen innewohnender Prozess verstanden wird, der von Beginn an auf ein Gegenüber angewiesen ist. Als Bindeglied zwischen Familie u. Kirchen→gemeinde fungiert die K. als niedrigschwellige Kontakt- u. Kommunikationsmöglichkeit und ermöglicht generationsübergreifende Begegnungen sowie Angebote des Alltagserlebens, die soziale u. kulturelle Unterschiede integrieren. Die Notwendigkeit familienorientierter Konzepte erschließt sich zudem aus der fortschreitenden Veränderung familialer Lebenslagen, basierend auf demografischer Entwicklung und der notwendigen Vereinbarkeit von Familie u. Beruf.

Johann Friedrich →Oberlin (1740–1826) und Louise →Scheppler (1763–1837) sowie Johann Heinrich Pestalozzi (1746–1827) schufen die Grundlagen der Entwicklung institutionalisierter ev. Kinderbetreuung. Unter Einflüssen aus Großbritannien u. Frankreich entstanden bis 1840 etwa 240 ev. Einrichtungen, die von Kirchengemeinden oder von zu diesem Zweck ins Leben gerufenen →Vereinen gegründet wurden. Bezeichnet wurden diese K.en als Kleinkinderbewahranstalt o. Warteschule. Die ev. Einrichtungen wurden aus →Spenden finanziert und sollten nach der Gründung des Central-Ausschusses für →Innere Mission diesem angehören. Mit der staatlichen Anerkennung der Einrichtungen in Preußen wurden sie 1839 auch der staatlichen Aufsicht hinsichtlich der wissenschaftlichen wie sittlichen Qualifikation der →Leitung u. des übrigen Personals unterstellt. Damit wurde aus einer sozialbetreuenden, sich christlich-kirchlich verstehenden und dementsprechend einem Bild der Familie als rechtem Erziehungsort verpflichteten Arbeit ein Bildungsauftrag am Kind, der über die Familie hinaus auf die →Schule hin erfüllt werden sollte. Trotz der staatlichen Bestrebungen nach einem verpflichtenden Besuch vorschulischer Bildungseinrichtungen votierten Innere Mission u. ihr Ev. Reichs-Erziehungsverband für den freiwillig zu besuchenden Kindergarten in freier Trägerschaft als familienergänzende Einrichtung mit konfessioneller Ausrichtung. Sie bewahrten sich diese Eigenständigkeit, wenn auch in dezimierter Zahl, über die Zeit des Nationalsozialismus hinweg. Während ev. K.en in der BRD sehr schnell ca. ein Drittel aller K.en ausmachten, fristeten sie in der DDR ein Nischendasein, da die Kindertagesbetreuung dort als staatlicher Erziehungsauftrag definiert und fast ausschließlich in staatlichen Einrichtungen umgesetzt wurde.

Ev. K.en sind heute für Kinder u. Eltern Orte elementarer Begegnung mit dem christl. →Glauben und damit ein gesellschaftsbezogener Beitrag zur Vermittlung von →Werten, Sinndeutungen, Hoffnungen u. Orientierungen.

LITERATUR: DIAKONIE DEUTSCHLAND, Diakonie u. Bildung, Berlin 2010 • AGJ (Hg.), SGB VIII auf dem Stand des KJVVG, Berlin 2013 • BMFSFJ, 14. Kinder- u. Jugendbericht, Paderborn 2013 • EKD, Zw. Autonomie u. Angewiesenheit. Familie als verlässliche Gemeinschaft stärken, Gütersloh 2013 • RAINER BOOKHAGEN, Ev. Kindergartenarbeit, www.diakonie.de/evangelische-kindergartenarbeit-9201.html.

Christine Lohn

KINDHEIT UND JUGEND

K.u.J. sind keine biologischen Fakten, sondern sozio-kulturelle Muster, die unser Verständnis vom Aufwachsen eines jungen Menschen von der Geburt bis zum Eintritt in die Gesellschaft als Erwachsener leiten. Damit verbunden sind bestimmte normative Erwartungen an Kinder u. Jugendliche, aber auch Rechte gegenüber den Erwachsenen. Die →Familie war weder in der Antike noch in der mittelalterlichen Gesellschaft ein Schonraum, der das heranwachsende Kind vor der gesellschaftlichen Realität schützte, sondern Ort der Integration in die Erwachsenenwelt. Die Einbindung in die Arbeitswelt geschah schon mit etwa 7 Jahren und war Bestandteil des familiären Zusammenlebens. Somit ist die Familie bis ins 18. Jh. hinein kein intimes

Beziehungssystem, sondern v.a. eine Wirtschaftseinheit, von deren Funktionieren das Überleben aller Hausangehörigen abhing (Speitkamp 1998).

Das Verständnis von K.u.J. änderte sich erst durch die im 18. Jh. aufkommende Vorstellung von der K. als eigenständiger Lebensphase. Ihren bedeutendsten literarischen Ausdruck findet diese neue Sichtweise in Jean-Jacques Rousseaus Bildungsroman »Emile« (1762). Auch das Ziel der Erziehung bestimmt Rousseau in neuer Weise. Es liegt erstmals nicht mehr im Erwachsenwerden, sondern schon im »vollkommenen Kind«, da nach Rousseau jeder Lebensabschnitt seine Bedeutung in sich selbst trägt. Auch die aktuelle J.forschung betont die Eigenständigkeit dieser Lebensphase. Dies ergibt sich auch durch eine wesentliche Verlängerung der J.phase. Das SGB VIII differenziert in § 7 dementsprechend K.u.J. innerhalb einer Zeitspanne von 27 Jahren: bis 14 Jahren ist Kind, von 14 bis 18 Jahren Jugendlicher, von 18 bis 27 Jahren junger Volljähriger. K.u.J. umfassen heute somit ca. ein Drittel der zu erwartenden Lebensspanne und können schon allein deshalb nicht bloß als Übergangsphase eingestuft werden.

Die Phase der K. wird allerdings zusehends von Themen der J.phase dominiert, sodass ihre kulturelle Eigenständigkeit zurückgedrängt wird auf das Alter von etwa 8 Jahren. Zugleich hebt die Entwicklungspsychologie hervor, dass sich in der K. für das ganze Leben entscheidende Entwicklungsprozesse vollziehen. Die klassischen Entwicklungsmodelle von Jean Piaget (kognitive Entwicklung) und Lawrence Kohlberg (Moralische Urteilsfähigkeit) gingen insgesamt von wesentlich kürzeren Phasenabgrenzungen aus, als dies heute üblich ist. Immerhin bezieht sich aber das psychosoziale Entwicklungsmodell von Erik H. Erikson auf den gesamten Lebensverlauf. Es hat sich auch gezeigt, dass die Entwicklung von Kindern und Jugendlichen z.B. bzgl. kognitiver u. moralischer Denkmuster sehr unterschiedlich verlaufen kann. Zudem treibt heutige Jugendliche nicht mehr die Frage nach einer alles umfassenden Identität um, sondern das Jonglieren mit durchaus verschiedenen Persönlichkeitsanteilen angesichts pluraler, damit aber auch diffuser Kulturszenarien, in denen sie aufwachsen (Keupp 1999).

Die Strukturen der je spezifischen Lebenswelt, in der Jugendliche sich bewegen, werden gegenwärtig wohl am besten durch die Sinus-Milieuforschung abgebildet. Mithilfe einer Matrix, die die soziale Lage (Schul→bildung) und die →Wertorientierung aufeinander bezieht, lassen sich verschiedene Lebenswelten mit typischen Konstellationen identifizieren. Dabei hat jedes →Milieu spezifische Zukunftsvorstellungen, Gemeinschaftsformen, Bildungs- u. berufsbezogene Orientierungen, politische Interessen, →Glaubens- u. Wertvorstellungen und Engagementweisen (Calmbach 2012). Hinsichtlich einer Entwicklung der Religiosität wird immer wieder auf die hohe Prägekraft der Herkunftsfamilie hingewiesen. Mehr als ihnen bewusst ist, lassen sich Kinder u. Jugendliche hier von den vorgefundenen Formen einer Familienreligiosität prägen. Das geht von der Vermittlung dezidiert nichtreligiöser Vorstellungen bis zu traditionell-kirchlichen Einstellungen (Shell 2015). Bindungen zur Kirche entstehen nicht zuletzt durch hilfreiche Beziehungen zu Haupt- u. Ehrenamtlichen. Allerdings erweist sich bislang die Sozialstruktur der Kirchengemeinden als wenig flexibel hinsichtlich der szeneorientierten Lebensstile der Jugendlichen.

Die demographische Entwicklung des 21. Jh. (→Demografischer Wandel) in Deutschland führt dazu, dass der Bevölkerungsanteil von Kindern u. Jugendlichen deutlich zurückgeht. Für das Jahr 2030 wird erwartet, dass nur noch ca. 10 % der deutschen Bevölkerung unter 15 Jahren, dagegen fast 25 % der Bevölkerung über 65 Jahren sein werden. Das wird auch die gesellschaftliche Stellung von Kindern u. Jugendlichen beeinflussen. Gleich ob Kinder u. Jugendliche in Deutschland geboren oder hierher immigriert sind, sie alle sind heute mit einer Welt konfrontiert, in der sie mit permanenten Veränderungen und einer kaum zu überblickenden Vielfalt an multikulturellen Lebensformen rechnen müssen. Vorgefertigte Lösungsmodelle und vermeintliche Sicherheiten werden brüchig, wenn z.B. Familien sich durch Scheidung nicht nur auflösen, sondern auch nachfolgende neue Konstellationen nicht von Dauer sind. Wie tiefgehend der kulturelle Wechsel, der durch eine Immigration ausgelöst wird, von Kindern u. Jugendlichen empfunden wird, ist noch viel zu wenig erforscht. Hinzu kommt, dass Kinder schon seit Jahren die Bevölkerungsgruppe mit dem höchsten Armutsrisiko in Deutschland sind. Die Visionen von Kindern u. Jugendlichen sind heute weniger von Selbstverwirklichungswünschen geprägt als vielmehr vom existenziellen Wunsch einer Selbstbehauptung in einer für sie riskanten Form der Moderne.

Literatur: Winfried Speitkamp, J. i.d. Neuzeit, Göttingen 1996 • Heiner Keupp, Identitätskonstruktionen, Hamburg 1999 • Marc Calmbach / Peter Martin Thomas / Inga Borchard / Bodo Flaig, Wie ticken Jugendliche? Lebenswelten v. Jugendlichen im Alter v. 14 bis 17 Jahren in Deutschland, Düsseldorf 2012 • 14. Kinder- u. Jugendbericht, Berlin 2013 • Shell Deutschland Holding (Hg.), Jugend 2015, Frankfurt a.M. 2015.

Ulrich Schwab

Kirche

Der Begriff K. umfasst ein großes Bedeutungsspektrum, das von der Bezeichnung eines Gebäudes (Kirchenraum) über die lokale Bildung einer christl. →Gemeinde bis hin zu der Institution K. reicht, die ihre Sozialgestalt in ausdifferenzierten Strukturen von Beteiligung, →Finanzierung u. →Leitung besitzt. Allen gemeinsam ist die bereits in neutestamentlicher Zeit angelegte Vergemeinschaftung des christl. →Glaubens, die zu der Bildung von K. u. Orten ihrer Versammlung geführt hat. Der deutsche Wortstamm K. ist aus dem spätgriechischen *kyriakos* entlehnt, was wörtlich »dem Herrn gehörend« meint und sich wohl ursprünglich auf christl. Bauten bezog. Eine große inhaltliche Nähe weist der Begriff K. auch mit dem griechischen *ekklesia* auf, wörtlich »die Herausgerufenen« und in engem Kontakt mit dem hebräischen *qahal* steht, die Versammlung.

Die bindende Gemeinschaft des christl. Glaubens kann sich neutestamentlich auf den Missionsbefehl des Auferstandenen Christus berufen (Mt 28,18–20). Die neutestamentlichen Zeugen belegen zum einen die urchristl. Praxis der Gemeindebildung, die sich auf Leben u. Lehre Jesu eng bezieht (vgl. Phil 2,6–10; Apg 2), zum anderen deuten sie das Aufkommen der K. als notwendige Zwischenphase zwischen nachösterlicher Zeit und dem Ende der Zeit überhaupt (Eschaton). Im NT ist zu erkennen, dass von Anfang an eine Vielzahl der Glaubenszeugen und ihrer Erfahrungen zur verschiedenen Akzentsetzung und Vielfalt (→Diversität) kirchlicher Gemeinschaft führen konnte. Gleichzeitig wird bereits im NT die *Einheit* in der Vielfalt dieser Glaubenszeugnisse und ihrer kirchlichen Gemeinschaftsformen ausgesprochen (vgl. Joh 17,21). Die →Reformation des 16. Jh. antwortete auf die Krise nach dem Selbstverständnis der K. mit einer Neufassung des kath. Kirchenverständnisses. Kirchenkonstitutiv ist laut des Augsburger Bekenntnisses (Confessio Augustana) allein die Predigt des Evangeliums und die Darreichung der →Sakramente (vgl. CA VII). Indem in diesem maßgeblichen Bekenntnistext der Versammlungscharakter im Mittelpunkt von K. steht, wird gegenüber der röm.-kath. Tradition die K. in ihrer dynamischen wie stets reformierenden Grundgegebenheit besonders betont.

Dieses K.nverständnis leistet bis in die Gegenwart einen erheblichen Beitrag im ökumenischen Gespräch der Konfessionen, weil es präzise den grundlegenden Auftrag der K. benennt und zugleich diesen Auftrag nicht mit bestimmten Traditionen o. Ausformungen des christl. Glaubens zwingend verschmelzen will. Andererseits werden hier konfessionelle Unterschiede über die Bestimmung der K. zum röm.-kath. und →orthodoxen Verständnis deutlich: Die hierarchische Verfassung, die apostolische Sukzession und die »Wahrheit der Tradition« (Orthodoxie) gelten dort als Sicherung der Bande der Gemeinschaft. Im ökumenischen Gespräch setzen die lutherischen K.en verstärkt auf die Bindungskraft des Gedankens der *communio* (Gemeinschaft), dessen Prägekraft bis in die ersten altkirchlichen Bekenntnisse (Nicäa) zurückreicht. In der dialektischen Perspektive »versöhnter Verschiedenheit« (Harding Mayer) benennen die Partner im ökumenischen Dialog die bleibende Spannung zwischen Einheit der K. und Vielfalt der Konfessionen.

Die besondere Stärke des reformatorischen K.nverständnisses ist nun, offen genug zu sein, um auch *Grundspannungen* zu integrieren, denen die K. gerade heute begegnet. Der Umgang mit diesen findet sich beispielhaft in der Ausbildung einer praktisch-theologischen K.ntheorie und in der Analyse empirischer Erkenntnisse im Rahmen von K.nmitgliedschaftsuntersuchungen (→Kirchenmitgliedschaft), die seit Mitte der 1970er Jahre mit hohem methodischem Aufwand durch das Sozialwissenschaftliche Institut der →EKD (SI) erhoben werden. Ergebnisse dieser Untersuchungen sind vor allem die Wahrnehmung einer »stabilen Krise« der K. und eines verbreiteten Normtypus einer »distanzierten Kirchlichkeit«, der sich in geringer Beteiligung an kirchlichen Angeboten ebenso ausdrückt wie einer hohen Akzeptanz von kirchlichem Kasualhandeln (z.B. →Taufe, Beerdigung [→Bestattung]) und der in diesen Anlässen tätigen Pfarrerinnen u. Pfarrer.

Hans-Richard Reuter benennt als Grundspannungen genauer 1. die Spannung zwischen der universalen Ausrichtung und Botschaft der K. und der Partikularität ihrer Sozialgestalt, 2. die Spannung zwischen der geglaubten und erfahrenen K. und 3. die Spannung zwischen der K. als Institution und ihrem je aktuellen Handeln.

In der ersten Grundspannung kommt zum Tragen, dass jede christl. Gemeinschaft ihre Existenz aus der universalen Botschaft des Evangeliums erhält (vgl. Lk 2,10 / 2Kor 5,19) und in ihren Handlungsimpulsen prinzipiell universal angelegt ist. Zugleich ist ihre Sozialgestalt als K. untrennbar mit den kulturellen Einflüssen, religiösen Traditionen u. regionalen wie nationalen Repräsentanzen verbunden. Seit der konstantinischen Wende der K. im 4. Jh. lässt sich die Geschichte der K. als das Ringen um ein angemessenes Verhältnis zu Staat u. »Obrigkeit« deuten. Das NT bietet keinen durchgehenden Beleg für ein grundsätzlich kritisches Verhältnis zu weltlicher Herrschaft (vgl. Röm 13,1–7), formuliert aber durchaus Kriterien für Aufgaben, Reichweite u. Grenzen weltlicher Herrschaft (vgl. Mk 12,17: »Gebt dem Kaiser, was dem Kaiser gehört, und Gott, was Gott gehört«). Martin →Luthers Zwei-Regimenten-Lehre ist der wichtigste Ausdruck einer ev. Verhältnisbestimmung vor diesem Hintergrund.

Die zweite Grundspannung, in der sich K. auch gegenwärtig vorfindet, ist die Spannung zwischen geglaubter und erfahrener K. In der Rede von der »unsichtbaren K.« kommt kirchengeschichtlich bereits früh zum Ausdruck, dass K. mehr ist als das, was Menschen ihrer Zeit an, mit und in ihr erfahren. In der Konsolidierung christl. Gemeinden am Ende des 1. Jh. entstehen theologisch bis heute eindrückliche K.nbilder, die im NT formuliert werden und um Begriffe wie Leib Christi (1Kor 12), Erbe (Eph 1,11), Heiligkeit (Kol 1,12) und wanderndes Gottesvolk (Hebr 13,14) kreisen. Zugleich sind K.nbilder aber bereits im NT begrifflich wie semantisch an den Verhältnissen ihrer Zeit orientiert (vgl. K. als Haus Gottes und Gemeindeleitung als Haushalterschaft in Tit 1,7) und wissen um die Erfahrungsdimension von kirchlichem Leben, was z.B. in den Gemeindekonflikten im 1Kor zum Tragen kommt. Dogmatisch löst die frühe K. diese Problematik mit der Unterscheidung von sichtbarer u. unsichtbarer K. Aurelius Augustinus spricht vom *corpus permixtum* (wörtlich »gemischter Körper«) aus Gläubigen u. Sündern, das die Realität der sichtbaren, erfahrbaren K. abbildet und unterscheidet davon das *corpus verum (*wörtlich »*wahrer Körper«)*, das innerhalb der sichtbaren K. besteht und erst am Ende der Zeiten wahrhaft erkennbar sein wird. Entscheidend für eine Klärung des Verhältnisses von erfahrener und geglaubter K. dürfte später die auf Johann Salomo Semler (1725–1791) zurückgehende Unterscheidung von Religion und K. in der Zeit der Aufklärung sein.

Die dritte Grundspannung zwischen der K. als Institution und ihrem je aktuellen Handeln nimmt wahr, dass zwischen dem immer neuen Impuls christl. Vergemeinschaftung und einer K. mit einer ausdifferenzierten Organisationsgestalt gerade auf diakonischem Gebiet ein großer Unterschied besteht, der allerdings nicht nach einer Seite hin aufgelöst werden kann. Gefahren bestehen einerseits in der Bildung von freikirchlichen Gemeinschaften (→Freikirchen), die jede Form »großkirchlicher« Struktur ablehnen und andererseits in der Ausbildung von kirchlichen Strukturen, die kommunale, staatliche o. vereinsartige Organisationsmuster unreflektiert übernehmen. Notwendiger Anspruch der K. an sich selbst sollte sein, gerade jene Strukturen auszubilden, die verlässliche Kontaktflächen mit Partnern in Staat u. Gesellschaft ermöglichen und zugleich flexibel genug sind für Aufbrüche u. Impulse, die über die klassische parochiale Verfasstheit der K.ngemeinde hinausgehen. Den K.nleitungen der →Landeskirchen innerhalb der EKD stehen bei starker Form der Mitwirkung von gewählten Laienvertretern besonders die Steuerungsimpulse der →Ordination und Visitation zur Verfügung. Beides drückt aus, wie kirchliches Recht mit dem Anspruch und Tradition der Evangeliumsverkündigung verknüpft ist und zugleich Chancen der steten Strukturveränderung eröffnet.

Alle drei Grundspannungen lassen sich ihrerseits noch einmal in der Vielzahl von K.nbegriffen wiederfinden, die versuchen, die K. besonders als Handlungsgemeinschaft in den Mittelpunkt zu stellen. Missionarische Aufbrüche, die in der ev. K. bis heute mit dem →Pietismus verschiedener Prägung verbunden sind, betonen den Charakter der K. als Botschaft an die Welt. In der Zuwendung zur Welt, als »K. für andere« (Bonhoeffer), wird K. ebenso an ihrem Tun in der Welt gemessen, besonders als Zeugnis- u. Nachfolgegemeinschaft. Das hat seine Verankerung in der →Diakonie der K. Gemäß der biblischen Verankerung im Doppelgebot der →Liebe (3Mose 19,18) und der →Verkündigung Jesu ist diakonisches Handeln aber zuerst eine Aufgabe des einzelnen Christen (vgl. das Gleichnis vom barmherzigen →Samariter in Lk 10,25–37). Insofern erscheint der tätige Dienst (→Dienen) der K. als »geordnete Glaubenspraxis«. Aus dieser Praxis heraus begründet sich dann auch, dass Diakonie als »Wesensäußerung der K.« (Grundordnung der EKD) bezeichnet wird und »Zeugnis u. Dienst« (Leuenberger Konkordie 11) als zwei Aspekte der einen Glaubenspraxis und nicht als zwei Bereiche innerhalb der K. verstanden werden dürfen. Auch historisch betrachtet gehörte die Diakonie ähnlich wie in der jüdischen Glaubenstradition von Beginn an zum konstitutiven Merkmal der christl. Gemeinden (vgl. z.B. Apg 6).

LITERATUR: HANS-RICHARD REUTER, Botschaft u. Ordnung. Beiträge zur Kirchentheorie, Leipzig 2009 • JAN HERMELINK, Kirchl. Organisation u. das Jenseits d. Glaubens, Gütersloh 2011 • EBERHARDT HAUSCHILDT / UTA POHL-PATALONG, Kirche, Gütersloh 2013 • EKD (Hg.), Engagement u. Indifferenz. Kirchenmitgliedschaft als soziale Praxis, Hannover 2014.

Frank Otfried July / Jan Peter Grevel

KIRCHENASYL

K. ist die zeitlich befristete Aufnahme von →Flüchtlingen in Räumen von Kirchen→gemeinden, denen bei einer Abschiebung Gefahren für Leib u. Leben oder menschenrechtswidrige Härten drohen. Während des K.s werden alle rechtlichen, sozialen u. humanitären Schutzgründe geprüft. Oft gelingt es nachzuweisen, dass Entscheidungen des Bundesamts für Migration u. Flüchtlinge überprüfungsbedürftig sind und ein neues Asylverfahren Erfolg verspricht. Dies erklärt die hohe Erfolgsquote: nach Angaben der Ökumenischen BAG →Asyl in der Kirche konnten in über 80 % der Fälle Abschiebungen verhindert werden.

Auch innerhalb der EU kann es nach der →Dublin III-Verordnung zu Abschiebung in ein Ersteinreiseland kommen, in dem Flüchtlingen soziale Not, Obdachlosigkeit o. Haft drohen. Um das zu verhindern, haben in jüngster Zeit die sog. »Dublin-K.e« stark zugenommen. In allen Fällen werden die Behörden über den Aufenthaltsort der Flüchtlinge unterrichtet.

LITERATUR: ÖKUMENISCHE BUNDESARBEITSGEMEINSCHAFT ASYL I.D. KIRCHE, »Sonst wäre ich nicht mehr hier!« Eine empirische Untersuchung über K. u. Gästewohnungen, Berlin 2007 • www.kirchenasyl.de.

Wolf-Dieter Just

KIRCHENGEMEINDE

siehe unter: Gemeinde, kirchliche

KIRCHENGEMEINSCHAFT

K. meint die Gemeinschaft in Wort u. →Sakrament, in Zeugnis u. Dienst (→Dienen) aufgrund Übereinstimmung im Verständnis des Evangeliums bei unterschiedlichem Bekenntnisstand (»differenzierter Konsens«). 1973 erklärten mit der »Leuenberger Konkordie« die meisten lutherischen, reformierten u. unierten Kirchen in Europa (u. Südamerika) die gegenseitige Anerkennung als Kirche Jesu Christi, verbunden mit wechselseitiger Anerkennung u. Austauschbarkeit der Ämter, Abendmahlsgemeinschaft u. Zusammenwirken auf allen Ebenen kirchlichen Lebens. In der

»Gemeinschaft Ev. Kirchen in Europa« (GEKE) hat K. Gestalt gefunden. Vgl. weiter »Meissener Erklärung« (1988), »Porvoo Erklärung« (1992) u. die Feststellungen von K. in USA u. Kanada. Die Bestimmung der K. zeigt sich u.a. in der »diakonia« als »Auftrag der Christen« auch durch das »Diakonische Werk« der →EKD u. in →Eurodiakonia (Die Kirche Jesu Christi, Kap. I: 3.3.3).

LITERATUR: Konkordiereformator. Kirchen in Europa (Leuenberger Konkordie), in: Dokumente Wachsender Übereinstimmung Bd. 3 Paderborn 2003, 724–731, 734–748 u. 754–777 • WILHELM HÜFFMEIER (Hg.), Die Kirche Jesu Christi, Frankfurt a.M. 1994 • HARDING MEYER, Zur Entstehung u. Bedeutung d. Konzepts ›K.‹, in: JOSEF SCHREINER / KLAUS WITTSTADT, Communio Sanctorum, o.O. 1988, 204–230 • ANDRE BIRMELE, K. Ökumenische Fortschritte u. methodologische Konsequenzen, o.O. 2003.

Michael Plathow

KIRCHENJAHR

In einem eigenen, jährlich wiederkehrenden Zeitrhythmus feiern die christl. →Kirchen ihre Sonntags- u. Festgottesdienste (→Gottesdienst). Das K. beginnt am 1. Advent und spannt einen über ein Jahr laufenden Bogen bis zum Ewigkeitssonntag Ende November. Ein Kennzeichen des kirchlichen Festkalenders ist, dass er im Datum feststehende und im Datum veränderliche Tage enthält. So werden bspw. das Weihnachtsfest oder das Reformationsfest (31.10.) immer zum gleichen Datum gefeiert, der 1. Advent oder das Osterfest dagegen innerhalb eines festgelegten Zeitraums an unterschiedlichen Tagen und Wochen, da Ostern auf den ersten Sonntag nach dem Frühlingsvollmond fällt und sich die beweglichen Sonn- u. Feiertage am Ostertermin ausrichten. Neben den von biblischen Zentralinhalten geprägten Sonn- u. Feiertagen schließt das K. auch Feste des Kalenderjahrs (z.B. Neujahr) und des Naturjahrs (z.B. Erntedank) ein.

Die großen Festkreise Ostern u. Weihnachten nehmen eine besondere Stellung ein. Sie sind jeweils von einer Zeit der inneren Vorbereitung auf das Fest (Advents- bzw. Passionszeit) und einer Zeit der freudigen Feier (Sonntage nach dem Christfest bzw. Sonntage nach Ostern) gerahmt. Der Wechsel der K.eszeit wird an den Farben der Textilien (Paramente) an Altar, Kanzel u. Lesepult angezeigt. Bei Christusfesten sind sie weiß (z.B. Ostern u. österliche Freudenzeit), bei Festen der Kirche rot (z.B. Pfingsten u. Konfirmation), an Bußtagen und in Fastenzeiten violett (z.B. Buß- u. Bettag und Passions- u. Adventszeit) und in der nicht durch besondere kirchliche Feste geprägten Zeit grün (z.B. Sonntage nach Epiphanias und nach Trinitatis).

Ein Ziel des K.s ist es, biblische Verkündigungsinhalte in einer festen zeitlichen Struktur zu vermitteln. Deshalb hat jeder Sonn-, Feier- u. Gedenktag einen inhaltlichen Schwerpunkt bzw. ein Leitmotiv. Jedem von ihnen sind im festgelegten Rhythmus wiederkehrende Bibeltexte für die Predigt und die gottesdienstlichen Lesungen zugeschrieben. Diese geben zentrale Inhalte der Geschichte Gottes mit den Menschen wieder, in deren Zentrum →Jesus Christus steht. Die gottesdienstlichen Lesungen u. Predigttexte geben zusammen mit den jährlich wiederkehrenden Wochensprüchen zugleich Impulse für die private Bibellese u. Frömmigkeitspraxis. Auch viele →Andachten sind kirchenjahreszeitlich geprägt (z.B. Passions- u. Adventsandachten).

Ergänzend und z.T. auch konkurrierend hat sich neben dem traditionsgeprägten K. ein von Themen geprägtes K. entwickelt. Hier werden aktuelle Ereignisse thematisiert und inhaltlich behandelt. Gesellschaftliche u. politische Themen rücken in das Zentrum des Gottesdienstes. Während auf der einen Seite von manchen gefordert wird, das K. durch ein Themenjahr zu ersetzen, wird auf der anderen Seite versucht, das geprägte K. als Christusjahr zu erhalten. Inzwischen haben sich aber in der Breite manche Inhalte u. Aktionen fest im Kalender der Sonntagsgottesdienste etabliert (z.B. →Brot für die Welt, →Diakoniesonntag). Andere gesellschaftliche Problemfelder werden v.a. dann aufgenommen, wenn aktuelle Ereignisse sie in den Vordergrund rücken (z.B. Tag der →Menschenrechte). So wird über das Aufgreifen von aktuellen Themen versucht, die Praxisrelevanz des Evangeliums in ethischen u. politischen Fragen aufzuzeigen.

LITERATUR: KARL-HEINRICH BIERITZ, Das K., München 2014.

Hanns Kerner

KIRCHENKREIS

Ein K. (in einigen Landeskirchen auch Kirchenbezirk, →Dekanat oder Prälatur) ist eine Zusammenfassung mehrerer benachbarter Kirchen→gemeinden. Der K. ist meist eine rechtsfähige kirchliche Körperschaft des öffentlichen Rechts ([→Organisationsformen] kann aber auch ein Zuständigkeitsgebiet bezeichnen). Organe der K.e sind Kreissynode (Kreiskirchentag, Bezirkskirchentag), Kreissynodalvorstand (Kreiskirchenvorstand, Bezirkskirchenvorstand) und ein/e leitende/r Geistliche/r. Die Verwaltungsarbeit eines K.es geschieht im Kreiskirchenamt (auch Bezirkskirchenamt, Kirchenkreisamt, Rentamt o. Kirchenverwaltungsamt).

Ein K. kann Träger (→Kostenträger) des lokalen Stadtjugendpfarramtes bzw. Kreisjugenddienstes sowie diakonischer →Einrichtungen sein. Die diakonischen Arbeitsbereiche (z.B. →Diakonie- u. →Sozialstationen und Beratungsstellen) sind oft in kreiskirchlichen Diakonischen Werken zusammengefasst.

Ingolf Hübner

KIRCHENMITGLIEDSCHAFT

K. bedeutet die formale Zugehörigkeit zu einer christl. Glaubensgemeinschaft mit definierten Rechten und Pflichten. Sie wird durch die →Taufe begründet. In der EKD ist ein Wohnsitz in einer Gliedkirche Bedingung. Nach ev. Verständnis ist die K. durch Zugehörigkeit zu einer anderen Religionsgemeinschaft unmöglich und durch einen Austritt beendet. Nach kath. Verständnis ist, ausgehend von der unaufhebbaren Taufe, die K. nicht vom Mitglied zu beenden. In beiden Kirchen ist formal ein Austritt möglich, der je nach Bundesland gegenüber dem Standesamt oder dem Amtsgericht erklärt wird. Im Rahmen des kirchlichen →Arbeitsrechts sehen die Richtlinien der großen Kirchen und ihrer →Wohlfahrtsverbände neben der Loyalitätspflicht (→Loyalität) der Mitarbeitenden mehrheitlich die K. als Einstellungserfordernis an, v.a. für zentrale Aufgaben. Die Reichweite dieser Anforderung ist in der ev. Kirche gegenwärtig angesichts wachsender Pluralität und →Diversität stark diskutiert und in Veränderung begriffen.

LITERATUR: KIRCHENAMT DER EKD (Hg.), Schön, dass Sie (wieder) da sind. Eintritt u. Wiedereintritt in die Ev. Kirche, Hannover 2009 • HEINRICH BEDFORD-STROHM / VOLKER JUNG (Hg.), Vernetzte Vielfalt. Kirche angesichts v. Säkularisierung u. Individualisierung, Gütersloh 2015.

Claudia Schulz

KIRCHENORDNUNG

siehe unter: Kirchenrecht

KIRCHENRECHT

K. ist die Gesamtheit der in einer →Kirche geltenden und von der zuständigen kirchlichen Autorität erlassenen rechtlichen Bestimmungen; religiöse Gesetze nichtchristl. Religionsgemeinschaften sind im engeren Sinne nicht K. Vom K. zu unterscheiden ist das →Staatsk., das die rechtlichen Beziehungen zwischen Staaten u. Religionsgemeinschaften regelt.

1. HISTORISCHE ENTWICKLUNG

In den ersten christl. Gemeinden wurden Konflikte zunächst fallweise durch die Gemeindeältesten gelöst oder durch apostolische Autorität entschieden (z.B. 1Kor 7). Allmählich wurden Einzelfallregelungen abgelöst durch Entscheidungen der →Bischöfe sowie durch Beschlüsse von Synoden u. Konzilien. Im 4. u. 5. Jh. entstanden erste Sammlungen solcher Beschlüsse; sie markieren die Anfänge einer kirchlichen Rechtsordnung. Im Zuge der nachfolgenden Konzilien des ersten Jahrtausends wurden weitere Rechtssammlungen zusammengestellt. Sie sind für das K. der →orthodoxen Kirchen bis heute von zentraler Bedeutung. Im Westen entstand um 1140 als bis dahin umfangreichste Kompilation rechtlicher Bestimmungen das *Decretum Gratiani*, das zur Grundlage der wissenschaftlichen Beschäftigung mit dem K. wurde. Zusammen mit weiteren Rechtssammlungen bildet es ab etwa 1500 das *Corpus Iuris Canonici*.

2. KATH. K.

Die kath. Kirche versteht sich als weltumspannende Glaubensgemeinschaft, die zugleich Rechtsgemeinschaft ist (II. Vatikanisches Konzil, Lumen Gentium 8) und daher einer gesamtkirchlichen Rechtsordnung bedarf. Die grundlegenden Bestimmungen sind in für alle Katholiken verbindlichen Gesetzbüchern für die lateinischen Katholiken zusammengestellt, dem *Codex Iuris Canonici* (Codex des kanonischen Rechts), der 1917 an die Stelle des bis dahin maßgeblichen *Corpus Iuris Canonici* trat und dem Codex Canorum Ecclesiarum Orientalium für die orientalischen Rituskirchen seit 1983 in einer von Papst Johannes Paul II. erlassenen revidierten Fassung vorliegt. Weitere Quellen des kath. K.s sind außerhalb des Codex erlassene päpstliche Gesetze sowie die nachgeordnete teilkirchliche Gesetzgebung von Bischofskonferenzen u. Diözesanbischöfen.

Für das kath. K. fundamental ist die Unterscheidung von göttlichem u. menschlichem Recht. Zum göttlichen Recht gehören jene Normen, die nach verbindlicher lehramtlicher Feststellung als von →Gott vorgegebene und von ihm verbürgte Rechtsgrundlagen zu gelten haben, außerdem das Naturrecht als Summe der in der Natur grundgelegten und durch die Vernunft ableitbaren Normen. Göttliches Recht ist menschlichem Recht vor- u. übergeordnet, es gilt nach kath. Lehre für alle Menschen. Als von Gott kommendes Recht ist es menschlichem Zugriff entzogen und unveränderlich; wandelbar ist lediglich seine durch Menschen geschaffene sprachliche Gestalt. Das kirchliche Gesetzbuch enthält zwar nur eine geringe Zahl göttlich-rechtlicher Normen, jedoch prägen diese das K. in maßgeblicher Weise als Grundlage, Richtschnur u. Grenze für alle übrigen Normen.

Kath. K. normiert das kirchliche Leben in umfassender Weise, es regelt u.a. die individuellen Rechte der Gläubigen, die hierarchische Ordnung der kirchlichen Gemeinschaft, kirchliche Lehre u. Verkündigung, die Verwaltung der →Sakramente sowie das kirchliche Vermögens-, Straf- u. Prozessrecht.

3. Ev. K.

Wirkungsgeschichtlich prägend war Luthers Ablehnung des mittelalterlichen kirchlichen Rechts, die sich im Kern allerdings gegen die im Recht zum Ausdruck kommende, von Luther abgelehnte päpstliche Theologie richtete. Nachreformatorisch wurde die Rechtsordnung jahrhundertelang durch das landesherrliche Kirchenregiment weltlicher Autoritäten bestimmt. Erst seit dessen Überwindung durch die Weimarer Reichsverfassung von 1919 (Art. 137 Abs. 1) hat sich ein eigenständiges ev. K. etabliert. Es ist im Unterschied zum kath. K. ein regional begrenztes, partikulares Recht der ev. →Landeskirchen; zuständige Gesetzgebungsorgane sind deren Synoden. Die in den Gliedkirchen der →EKD bestehende Tendenz, die Rechtsprechung in bestimmten Regelungsbereichen zu vereinheitlichen, resultiert aus Absprachen zwischen den Landeskirchen; eine übergeordnete Autorität, die eine einheitliche Gesetzgebung gewährleisten könnte, gibt es nicht. Auch thematisch ist das ev. K. begrenzt; im Zentrum der Rechtsordnungen deutscher Landeskirchen stehen die »Verfassung« (auch: →»Kirchenordnung« o. »Grundordnung«) sowie die »Lebensordnung« mit Bestimmungen zu →Taufe, →Abendmahl u. →Ehe. Hinzu kommen Regelungen zum Dienst- u. →Arbeitsrecht (insbes.: »Pfarrerdienstrecht«), zur innerkirchlichen Gerichtsbarkeit und zum Lehrverfahren. Da die ev. Gemeinschaften ein göttliches Recht nicht (aner-)kennen, steht ev. K. inhaltlich grundsätzlich zur Disposition des jeweiligen Gesetzgebers.

LITERATUR: GEORG BIER, Einführung i.d. K., in: CLAUSS P. SAJAK (Hg.), Praktische Theologie, Paderborn 2012, 121–178 • DERS. / NORBERT LÜDECKE, Das röm.-kath. K., Stuttgart 2012 • CHRISTIAN GRETHLEIN, Ev.s K., Leipzig 2015.

Georg Bier

KIRCHENRECHTLICHES INSTITUT

Das K.I. der EKD wurde am 14. Dezember 1945 auf Betreiben von Rudolf Smend gegründet. Smend, führender Vertreter der Staatsrechtslehre vor 1933, wandte sich in seinem wissenschaftlichen Wirken nach 1945 vor allem dem Kirchen- u. →Staatskirchenrecht zu und wurde Mitglied im Rat der neu gegründeten EKD. Primäre Aufgabe der »Arbeitsstelle für deutsches ev. Kirchenrecht« war die Überprüfung des zur NS-Zeit erlassenen →Kirchenrechts auf seine Vereinbarkeit mit Schrift u. Bekenntnis. Alsbald traten die allgemeine wissenschaftliche Pflege des Kirchen- u. Staatskirchenrechts, die Erstellung rechtswissenschaftlicher Gutachten für die EKD u. ihre Gliedkirchen sowie die Durchführung von wissenschaftlichen Fortbildungsveranstaltungen hinzu. 1969 übernahm Axel von Campenhausen (bis 2008) die Leitung des I.s. Beide prägten maßgeblich Wissenschaft wie rechtliche Praxis. Zentrale Entscheidungen des Bundesverfassungsgerichts zur Rechtsstellung der →Diakonie wurden durch Gutachten des I.s »vorgespurt«.

Hans Michael Heinig

KIRCHENSTEUER

Die K. ist streng genommen keine »Steuer«, sondern der Mitgliedsbeitrag der Gemeindemitglieder. Der Beitrag bemisst sich traditionell an der Lohn- bzw. Einkommensteuer (mit einigen besonderen Rechten) und wird (kostengünstig) vom Finanzamt eingezogen, wofür die Kirchen ca. 3 % der erhobenen Beträge zahlen. Den Mitgliedsbeitrag auf anderem Wege einzuziehen, würde ca. das Drei- bis Vierfache an Kosten verursachen. Insofern handeln die Kirchen mit diesem Verfahren äußerst wirtschaftlich. Dieses Verfahren, ist nicht unumstritten, da auch steuergesetzliche Regelungen greifen, aber gedeckt durch die Verfassung (Art. 140 GG i.V. m. Art. 137 WRV).

Die K. der Gemeindemitglieder dient ausschließlich der Erfüllung der kirchlichen Aufgaben in Wort und Tat, Verkündigung und Diakonie. Diakonische Einrichtungen selbst erhalten für ihre Arbeit faktisch keine Zuwendungen aus Kirchensteuermitteln (< 0,5 %).

In einigen Landeskirchen werden diese Einnahmen durch die Landeskirchen selbst vereinnahmt (siehe auch →Clearing-Verfahren) und nach bestimmten Schlüsseln auf die Gemeinden verteilt, in anderen Landeskirchen haben die einzelnen Kirchengemeinden die sog. Kirchensteuerhoheit, sie finanzieren dann landeskirchliche, überregionale Aufgaben und spezielle Funktionen z.B. im Bereich von Seelsorge und Bildung über entsprechende Umlagen.

LITERATUR: www.kirchensteuer.de

Martin Wolff

KIRCHLICHE LOYALITÄT

siehe unter: Loyalität

KIRCHLICHE ZUORDNUNG

siehe unter: Zuordnung

KIRCHLICHE ZUSATZVERSORGUNGSKASSEN (KZV)

Kirchliche Zusatzversorgungskassen (KZV) sind Einrichtungen der Kirchen zur Durchführung der betrieblichen Altersversorgung für Beschäftigte in Kirche, Diakonie o. Caritas. Sie bieten eine zusätzliche Alters-, Erwerbsminderungs- u. Hinterbliebenenversorgung. Im Unterschied zu privatwirtschaftlichen Versicherungsunternehmen kommen die Überschüsse vollständig den Versicherten zugute und die Kostenstruktur ist günstig, da keine Abschluss- u. Provisionskosten entstehen. Die Beiträge zahlen die Arbeitgeber oder bei Entgeltumwandlung die Beschäftigten. Für den ev. Bereich sind die Ev. Zusatzversorgungskasse (www.ezvk.de), die Kirchliche Zusatzversorgungskasse Rheinland-Westfalen (www.kzvk-dortmund.de) und die Zusatzversorgungskasse der Ev.-lutherischen Landeskirche Hannover (www.kzvk-hannover.de) zuständig; für den kath. Bereich die Kirchliche Zusatzversorgungskasse des Verbandes der Diözesen Deutschlands (www.kzvk.de).

Vanessa Baumann

KLAGE

Die theologische Bedeutung der K. wurde lange Zeit verkannt, wird aber in der neueren Forschung vielgestaltig entdeckt. Auch wenn manche systematische →Theologie im Gefolge Schleiermachers die K. als unerlaubte »Auflehnung« gegen →Gott ablehnt und auch wenn vielfach kirchliche Praxis nur das Dank- u. Fürbittengebet gebraucht, so ist die K. dennoch biblisch (→Bibel) und spirituell (→Spiritualität) gesehen wichtig und verbreitet. Gut ein Drittel aller Psalmen sind K.psalmen des Einzelnen und des Volkes; auch die Propheten klagen häufig (vgl. z.B. die Konfessionen Jeremias oder seine Klagelieder, Dan 9), ebenso begegnet sie in den Geschichtswerken (Esra 9, Neh 9) oder in Weisheitstexten (Hiob 29–31). K. ist die Sprache der Opfer; so sprechen die Schwachen (→Schwäche/Stärke) u. Leidenden (→Leiden), die Unterdrückten u. Ausgebeuteten, aber auch die sensiblen Gebildeten unter den Theologen. In Gestalt der K. vollzieht sich das Ringen der Armen (→Armut) um den Sinn ihres Lebens und um ihr Recht, auch der Kampf gegen Feinde. Letztlich geht es um nichts weniger als um das Gottsein →Gottes. Denn die K. aller Zeiten findet sich mit den jeweils gegebenen gesellschaftlichen Zuständen und auch kirchlichen Missständen nicht ab; sie lässt sich auch theologisch nicht still stellen, sondern entfaltet eine kritische Kraft und große Dynamik hin zum diakonischen Handeln. Die K. ruft nach Gott und fordert ihn heraus. Die Wahrheit Gottes erweist sich darin, dass Gott mit den Leidenden u. Schwachen solidarisch wird (→Solidarität) und den Klagenden hilft (→Helfen).

Das Klagen hat in der alt- u. neutestamentlichen Frömmigkeit eine tiefe Bedeutung. Sie weist eine lange Geschichte auf und bildet einen Grundpfeiler biblischer Theologie. C. Westermann unterscheidet dabei drei Hauptetappen der geschichtlichen Entwicklung: 1. Die kurze K. der Frühzeit steht ohne Bitte (1Mose 25,22; 27,36.38 / Ri 15,18 / 1Kön 13,30); sie ist in sich eine Form der Kommunikation mit Gott. 2. Die K. der mittleren Entwicklung wird in einen längeren Psalm eingebaut und mit rück- u. vorblickenden Vertrauensäußerungen, Notschilderungen u. Bitten sowie mit Gelübden umgeben. Dabei begegnen häufig Gottk., Ich-K.- u. Feindk.- in einer Art Netzwerk. In der Spätzeit löst sich die K. aus diesem Gebets-Ganzen heraus und verselbständigt sich. »Aber die aus dem K.psalm emanzipierte K. der Spätzeit ist etwas wesentlich anderes als die *noch* selbständige K. der Frühzeit; diese ist Rufen zu Gott, Gebet im stärksten Sinne des Wortes, während jene zur K. *neben* dem Gebet, außerhalb des Gebetes wird« (Westermann 1954, 48). K. wird letztlich zur Anklage Gottes (Hiob, Koh, Ps 49; 73) und gehört in das Umfeld der →Theodizee (Mt 27,46).

Es tut der →Seele gut, wenn sie ihre Not aussprechen kann. K. bildet daher eine Basis der →Seelsorge und auch der →Liturgie und wird als Gebetsform verstärkt wieder gebraucht. Ein öffentlicher Raum, in dem die Not vor Gott zur Sprache gebracht werden kann, hat hohe diakonische Bedeutung. »Eine Gottesbeziehung, in der keine Konfliktgespräche möglich sind, ist seicht und lebensfern: K.abstinenz bedeutet Beziehungs- u. Lebensverlust!« (Fuchs 1982, 359). Verdrängen u. Schweigen zu Unrecht wäre gotteslästerlich.

LITERATUR: CLAUS WESTERMANN, Struktur u. Geschichte der K. im AT, in: Zeitschrift f. die alttestamentliche Wissenschaft (1954), 44–80 • CLAUS WESTERMANN, Forschungen am AT,

München 1966, 266–305 • OTTMAR FUCHS, Die K. als Gebet. Eine theolog. Besinnung am Bsp. d. Ps 22, München 1982 • MARTIN EBNER, K., in: Jahrbuch f. Bibl. Theologie 16 (2001), 73–87.

Manfred Oeming

KOLLEKTE

Seit Beginn u. Entstehung der christl. →Gemeinden werden jeden Sonntag und in allen →Gottesdiensten K.n u. →Spenden für diakonische Zwecke eingesammelt. In der K. verbinden sich →Liturgie u. →Diakonie in engster Weise. Es kommen drei diakonische Dimensionen des zweckbestimmten Geldes zum Ausdruck.

Als biblischer Ursprung der K. kann der Entscheid des Apostelkonzils in Jerusalem verstanden werden, Paulus und Barnabas mit einer Geldsammlung für die Gemeinde in Jerusalem zu beauftragen (vgl. Gal 2,10). Wenn Paulus neben dem technischen Begriff *logeia* (»Geldsammlung«, 1Kor 16,1) den Begriff *diakonia* benutzt, um seinen Auftrag von den Gemeinden gegenüber Jerusalem zu beschreiben, erhalten Aspekte der Gemeinschaft und der liturgischen Einbindung dieses Auftrages in hohem Maß Bedeutung: Die K. ist »Erweis der Liebe« (2Kor 8,24), »Ausfluss der Gnade Gottes« (2Kor 9,8) und darin begründet, dass Christus um der Glaubenden willen arm geworden ist, damit sie durch seine →Armut reich werden (2Kor 8,9). Diese enge paulinische Verbindung des griechischen Begriffs Diakonie mit der K. führte dazu, dass sich dieses ökonomische Instrument der Diakonie zum Symbol für die sich ausbreitende zwischenkirchliche →Solidarität entwickelte: »*Die K. als Zeichen der ökumenischen Diakonie*«.

Durch die reformatorische Erneuerung gewann die K. eine zusätzliche Bedeutung für die Diakonie. →Luther schrieb vor der Reise nach Worms die »Ordnung des gemeinen Beutels«, die älteste Armenordnung, die in der Ordnung der Stadt Wittenberg vom 24. Januar 1522 ihren Niederschlag fand. Drei Jahre später, am 15. Januar 1525, trat in Zürich – unter starkem Einfluss des Zürcher Reformators Huldrich Zwingli – die erste Almosenordnung (→Almosen) in der Eidgenossenschaft in Kraft. Neben der Organisation der Hilfe gegenüber den Armen war die Frage des Geldes eine der wichtigsten Herausforderungen, die es zu meistern galt. In Zürich wurden die Klöster mit ihren Pfründen dem Gemeinwesen zugesprochen. Die Sakralgeräte wurden zu Armengeld umgeschmolzen. Verantwortliche Diakone u. Pfarrer wurden gleichsam in Funktion von Sozialarbeitern für die gerechte Verteilung der Gelder u. K.n eingesetzt. Die Reformatoren entdeckten das soziale Kapital des Geldes neu. →Geld per se ist nicht vom Teufel. Es gilt, die Gier zu besänftigen und das soziale Kapital des Geldes für das Gemeinwesen zu verwalten und einzusetzen: *Die K. als Zeichen der sozialen, politischen Diakonie.*

Nach wie vor fließt der größte Teil der K.n zu diakonischen Werken, Organisationen u. Initiativen. Neben Legaten, Spenden von Vermögenden und Darlehen gehören die sonntäglichen K.n der Kirchgemeinden zu den unmittelbaren Verbindungen von parochialer, kirchgemeindlicher u. institutioneller Diakonie. In den letzten Jahren hat eine schleichende Verschiebung innerhalb der →Budgets der →diakonischen Werke eingesetzt, die unmittelbar mit der Vernetzung der Diakonie in den Wohlfahrtsstaat mit seinem Pluralismus an helfenden Akteuren zusammenhängt. Der Anteil von kirchlichen Geldern nimmt im Vergleich zum gesamten Etat der Institutionen immer mehr ab. Die kirchliche Identität von →Hilfswerken und diakonischen Institutionen kommt durch neue Partnerschaften und Netzwerke mit ihren Leistungsaufträgen u. Mandaten unter Druck. Auf der einen Seite gilt es, das historische Kapital der Geschichte mit ihren kirchlichen u. christl. Wurzeln hervorzuheben. Anderseits schlagen beim ökonomischen Kapital immer mehr die gesellschaftlichen u. politischen Veränderungsprozesse zu Buche. Die K. als christl. Form der →Ökonomie verliert ihre Exklusivität für die Identität eines Werkes und gehört zusammen mit anderen Kapitalgebern zu einem ganzen Konglomerat von identitätsstiftenden finanziellen Unterstützungen: *Die K. als Zeichen der kirchlichen Diakonie.*

Diakonie braucht Geld: Die K. als Ausdruck eines »Plädoyers für eine Theologie des Geldes« richtet das helfende, solidarische Handeln auf die spirituelle Dimension einer von der Ökonomie geprägten Diakonie aus. Dabei wird in Zukunft vermehrt der kalkulierende Wirt in seinem Haus aus dem Gleichnis des barmherzigen →Samariters in den Blick kommen. Ein Haus, in dem unternehmerisch mit den anvertrauten, fremden Geldern, mitunter gewonnen aus den K.n der Gemeinden, die Hilfe an Benachteiligten nachhaltig gesichert wird.

Folgende aus dem Wesen der K. gewonnene Grundsätze lassen sich für das Verhältnis von Diakonie u. Ökonomie formulieren:

— Das Kapital hat nie seinen Zweck in sich, sondern ist »Lebens-Mittel« für alle und somit immer mit Sozialität und Solidarität aufgeladen.

— Der Fluss des Kapitals ist im Überfluss der Menschenfreundlichkeit Gottes verankert. Kapital ist vorerst eine →Gabe, nicht Eigentum.

— Der Einsatz des Kapitals hat in der unternehmerischen Art u. Weise eines Wirtes zugunsten von gastfreundlichen Orten zu erfolgen, um die in →Not Geratenen zu beherbergen.

LITERATUR: ULRICH LUZ, Bibl. Grundlagen d. Diakonie, in: GÜNTER RUDDAT / GERHARD K. SCHÄFER, Diakon. Kompendium, Göttingen 2005, 17–35 • MATTHIAS KONRADT, Gott u. Mammon, Besitzethos u. Diakonie im frühen Christentum, in: CHRISTOPH SIGRIST (Hg.), Diakonie u. Ökonomie, Zürich 2006, 107–153 • CHRISTOPH SIGRIST, Plädoyer f. eine Theologie d. Geldes, in: DERS. (Hg.), Diakonie u. Ökonomie, Zürich 2006, 199–214.

Christoph Sigrist

KOLPING, ADOLPH

A.K. (1813–1865, kath. Seligsprechung 27.10.1991, Gedenktag 04.12.), schockiert als junger Schustergeselle auf Wanderschaft von den sittlichen u. sozialen Zuständen unter den Handwerkergesellen, entschloss er sich, Priester zu werden. 1847 wurde er als Vikar Präses des ersten, vom Lehrer Johann Gregor Breuer 1846 gegründeten Gesellenvereins in (Wuppertal-)Elberfeld. Als Domvikar in Köln ab 1849 weitete er die Idee aus und initiierte weitere Gesellenvereine als Antwort auf die sozialen Umbrüche des 19. Jh. Deren Zusammenschluss, heute als weltweites Kolpingwerk in 60 Ländern mit ca. 350.000 Mitgliedern, versteht sich als Bewegung kath. Laien auf der Grundlage des Evangeliums u. der kath. Soziallehre. Die Leitgedanken lauten Arbeit u. Freizeit für junge Menschen, Engagement in der Arbeitswelt, für die Familie und für die Eine Welt, als Weg-, Glaubens-, Bildungs- u. Aktionsgemeinschaft. K. war Pionier zur →sozialen Frage im 19. Jh., »eine der frühesten deutschen Erscheinungen, die inmitten des [...] Verfalls alter Ordnungen die menschlichen Gefährdungen erkannte und ihnen die Kraft der Liebe entgegenstellte« (Theodor Heuss 1953).

LITERATUR: PAUL LINK, A.K., in: Geist u. Leben 64 (1991), 464–467 • CHRISTIAN FELDMANN, A.K., Freiburg 2008.

Klaus Baumann

KOMMUNALISIERUNG

Grundsätzlich liegt die Zuständigkeit für alle Angelegenheiten auch der sozialen Infrastruktur und Dienstleistung gem. Art. 28 (2) GG bei den Kommunen. Zur Vermeidung ungleicher Lasten war jedoch die Zuständigkeit für zentral erbrachte Leistungen (etwa in Anstalten) meist einem Kommunalverband als überörtlichem Träger (→Kostenträger) der Sozialhilfe übertragen. Gemeindenahe Hilfestrukturen ermöglichen die K. dieser Zuständigkeit. Allerdings können →Dezentralisierungsprozesse durch eine vorübergehende »Hochzonung« aller Zuständigkeiten beim überörtlichen Träger der Sozialhilfe beschleunigt sowie durch deren verfrühte K. erheblich erschwert werden.

Christian Dopheide

KONVERSION

K. beschreibt den Prozess des Wechsels von der Zugehörigkeit zu einer hin zu einer anderen Religionsgemeinschaft. Dies umfasst die Übernahme der Glaubensgrundsätze u. Regeln der neuen Religion, also eine innerliche Zuwendung zur neuen Religion. Da die K. eine Schwellenüberschreitung beinhaltet, wird davon ausgegangen, dass Konvertiten eine besonders starke Bindung an die neue Religion entwickeln. Dies belegen empirische Studien, die oft auch eine erhebliche religiöse Rigidität bei Konvertiten beobachten. Konvertiten gelten als exemplarischer Typ von Menschen mit starker religiöser Erfahrung, da ein die K. auslösendes persönliches (Bekehrungs-) Erlebnis vorausgesetzt wird. Konvertiten unterliegen häufig der Ächtung durch Mitglieder der früheren Religion bis hin zu Verfolgung u. Ausgrenzung.

LITERATUR: HUBERT KNOBLAUCH / VOLKHARD KRECH / MONIKA WOHLRAB-SAHR (Hg.), Religiöse K.: systemat. u. fallorientierte Studien in soziolog. Perspektive, Konstanz 1998 • DANIÈLE HERVIEU-LÉGER, Pilger u. Konvertiten. Religion in Bewegung, Würzburg 2004.

Gert Pickel

KONZERN

siehe unter: Organisationsformen

KÖRPER

siehe unter: Leib

KÖRPERSCHAFT DES ÖFFENTLICHEN RECHTS

siehe unter: Organisationsformen

KOSTENTRÄGER

Die sozialrechtlich korrekte Bezeichnung ist eigentlich Leistungsträger. Tatsächlich werden sie aber von den Leistungserbringern, die die unmittelbare Leistung für den Leistungsempfänger erbringen, häufig als K. bezeichnet, da sie die ihnen entstehenden Kosten tragen. Der Leistungsträger ist zuständig für die Gewährung der Leistungen. Im Rahmen der →Subsidiarität erbringt er oftmals die Leistungen nicht selbst, sondern bedient sich Dritter als Leistungserbringer, mit denen er in aller Regel Vereinbarungen über Inhalt u. Vergütung der Leistungen schließt. Der berechtigte Leistungsempfänger hat einen Rechtsanspruch gegenüber dem Leistungsträger.

Wichtige Leistungsträger sind die Renten-, Kranken- u. Pflegeversicherungen, die Bundesagentur für Arbeit, die örtlichen u. überörtlichen Träger der Sozialhilfe sowie die Jugendämter.

Detaillierte Informationen finden sich in den jeweiligen Sozialgesetzbüchern.

Klaus-Dieter Tichy

KRAMER, HANNES

H.K. (1929–2001), zunächst Förster, dann Sozialarbeiter, seit 1970 Ständiger Diakon, wirkte in den Jahren 1959–1990 in der Zentrale des Deutschen →Caritasverbands in Freiburg. Inspiriert von Alfred Delp SJ und anderen Widerstandskämpfern gegen den Nationalsozialismus baute Kramer mit Karl Rahner SJ und Georg →Hüssler seit 1951 Diakonatskreise auf, mögliche Beiträge eines →Diakonats von Frauen u. Männern zur Erneuerung der Diakonie auslotend. Im Zuge der Wiedereinführung des Diakonats als eines (eigen-)ständigen Amtes durch das Zweite Vatikanische Konzil wurde im Jahr 1965 in Rom das Internationale Diakonatszentrum gegründet, dessen Entwicklung H.K. als Geschäftsführer u. Berater nachhaltig mitgestaltete. Diesem Pionier lag an der Stärkung einer diakonischen Weltkirche im Sinne des Franz von Assisi, v.a. an einer Globalisierung der →Solidarität mit denen, die darauf am meisten angewiesen waren und sind.

LITERATUR: H.K., Der Ständige Diakonat – ein Beitrag zur Erneuerung der Diakonie, in: Diakonia 6 (1975), 19–30 • MICHAEL MANDERSCHEID, Soz.arbeit als Diakonie. Erinnerung an H.K. (1929–2001), in: Diaconia Christi 42 (2007), 173–177 • KLAUS KIESSLING, »Einmal werden alle Titel u. Ämter abgelegt sein ...« – H.K. als Pionier d. Diakonatsbewegung, in: Diakonia 44 (2013), 241–243.

Klaus Kießling

KRANKENHÄUSER, KONFESSIONELLE

K.K. werden durch zumeist religiöse, karitative (→Caritasverband) oder diakonische Vereinigungen (→Diakonie) getragen. Die k. getragenen K. gehören zur Gruppe der freigemeinnützigen Träger (→Kostenträger). Neben der Gruppe der freigemeinnützigen K. gibt es in Deutschland noch K. in öffentlicher u. privater Trägerschaft.

Die Gruppe der freigemeinnützigen Trägerschaften dienen in ihrer Arbeit u. Aufgabe dem Gemeinwohl (→Gemeinwohlorientierung) und sind somit zumeist steuerbegünstigt (→Steuergesetzgebung). Die k.K.träger haben wegen der für sie besonderen verfassungsrechtlichen Stellung kirchlicher Vereinigungen ein umfassendes Selbstbestimmungsrecht, was ihnen in manchen Bereichen wie Organisation u. Verwaltung im Tagesgeschäft zugute kommen kann.

In Deutschland ist ca. jedes dritte K. (2013: 35,4 %) in k. Trägerschaft. Gemeinsam betreiben die »Konfessionellen« 155.000 Betten für jährlich 6.000.000 Patienten u. Patientinnen. Die k.K. beschäftigen 265.000 Mitarbeitende, davon 32.000 Auszubildende.

Seit 2005 hat die Zahl der k.K. bei fast gleichbleibender Bettenzahl deutlich abgenommen, eine zu den K. in öffentlicher Trägerschaft gleichlaufende Entwicklung. Bei den K. in privater Trägerschaft sind Anzahl u. Betten gestiegen.

Laut dem Verband Christl. K. in Deutschland (CKiD) stehen die k.K. für »innovative und moderne Spitzenmedizin«, »wirtschaften solide und investieren in die →Qualität der Versorgung«. Sie »sind attraktive Partner für die Vernetzung«, »bereichern den Wettbewerb« und »sichern die Wahlmöglichkeit«.

Aufgrund ihrer Ausrichtung und ihrer Unternehmenskultur müssen sich die k.K. weit mehr als andere ihren eigenen Kernwerten im Alltag stellen. Oftmals ist die Erwartungshaltung sowohl der Mitarbeitenden als auch die der Patienten und der Gesellschaft höher als bei den nicht k.K. Die Zukunft k.K. wird zunehmend beeinflusst von der Beibehaltung ihrer eigenen →Werte, ihrer Behandlungsqualität u. ihrer Mitarbeiterorientierung, dies alles unter zunehmend schwieriger werdenden ökonomischen Rahmenbedingungen. Aktuelle Diskussionen in Gesellschaft u. Politik, zukünftig von der bisher gesetzlich verankerten Trägervielfalt abzurücken, sind für das k.K. dabei nicht dienlich.

LITERATUR: THOMAS VORTKAMP / NORBERT GROSS, www.christliche-krankenhaeuser.de • RUDOLF KÖSTERS / INGO SCHLIEPHORST, Rechtsformen u. K.träger, in: JÖRG F. DEBATIN / AXEL EKKERNKAMP / BARBARA SCHULTE (Hg.), K.management, Berlin 2010 • HOLGER MAGES / DAGMAR VOHBURGER, www.dkgev.de/media/file/18317.Anlage-K.statistik_2013.pdf.

Holger Stiller

KRANKENHAUSSEELSORGE

siehe unter: Seelsorge

KRANKHEIT

siehe unter: Gesundheit

KREUTZ, BENEDICT

B.K. (1879–1949), war Priester der Erzdiözese Freiburg sowie promovierter Nationalökonom. 1919–1921 leitete er die Berliner Hauptvertretung des Deutschen →Caritasverbandes, 1921–1949 übte er als Nachfolger Lorenz →Werthmanns das Präsidentenamt aus und führte die verbandliche Caritas durch die Weimarer Republik und die NS-Zeit. Er setzte sich für die Weiterentwicklung caritativer Aufgabenfelder, Dienste u. Schulen ein, war Mitgründer des Institutes für →Caritaswissenschaft an der Universität Freiburg und förderte das sozialpol. Engagement der verbandlichen Caritas. Seiner Initiative u. Kooperationsbereitschaft sind viele Entwicklungen in der Verzahnung und Koordination der öffentlichen und freien Wohlfahrtspflege, der Weimarer Sozialgesetzgebung (besonders 1922 u. 1924; bedingter Vorrang freier vor öffentlicher Wohlfahrt) sowie in der Zusammenarbeit zwischen nationalen Caritasorganisationen zu verdanken.

Literatur: Karl Borgmann, B.K, Freiburg 1959 • Hans-Josef Wollasch, Beiträge zur Geschichte d. dt. Caritas i.d. Zeit d. Weltkriege, Freiburg 1978 • Petra Zeil, Jeder Mensch ist uns der Liebe wert. B.K. als 2. Präsident d. Dt. Caritasverbandes, Würzburg 2016.

Petra Zeil

Kreuz

Das K. als zentrales Heilssymbol des christlichen →Glaubens symbolisiert den Kreuzestod →Jesu von Nazareth, der in der Auferweckung durch →Gott nicht negiert, sondern als eschatologisches Heilsereignis (→Eschatologie) in Kraft gesetzt worden ist. Im Anschluss an die Theologie des Apostels Paulus offenbart sich im K.esgeschehen Gottes Kraft, die dem Glaubenden zugute kommt, weil Christus am K. zugunsten der Sünder gestorben ist und diesen so neues Leben eröffnet, indem Gottes Kraft Tod und Sünde darin überwindet, dass er sie erleidet (1Kor 1,18–25).

Im Laufe der Kirchengeschichte ist das K. auch zum Triumph→symbol geworden – eine Entwicklung, die von biblisch-reformatorischer Theologie her kritisch zu beurteilen ist, weil das K. auf besondere Weise die Gegenwart Gottes im →Leiden symbolisiert und damit gängige Macht- u. Stärke-Symbolik in Frage stellt. Martin →Luther hat diesen Gedanken 1518 in seiner Heidelberger Disputation ganz besonders betont.

Literatur: Jürgen Moltmann, Der gekreuzigte Gott. Das K. Christi als Grund u. Kritik christl. Theologie, Gütersloh 2002.

Sibylle Rolf

Krimm, Herbert

Für die nach dem Zweiten Weltkrieg neu geforderte Diakonie war theologisches Denken und Forschen nötig. Der 1938 in Wien habilitierte K. (1905–2002) wurde 1954, nach seiner Aufbauarbeit im Ev. →Hilfswerk, erster Leiter des Diakoniewissenschaftlichen Instituts an der Universität Heidelberg (→Diakoniewissenschaft). Dort hat er, auch durch seinen von altösterreichischem Charme geprägten Stil, die Diakonik hoffähig gemacht und als Studienfach für Theologen und für der Diakonie verbundene Disziplinen (wie Mediziner, Juristen, Volkswirte, Pädagogen, Sozialarbeiter) etabliert. In der Kontroverse mit Heinz-Dietrich Wendlands Auffassung von »politischer« und »gesellschaftlicher« →Diakonie vertrat er sein Konzept der Diakonie als Lebensform von →Kirche u. Gemeinde, als das Modell für eine sozial verantwortliche Gesellschaft. Mit der Betonung der ästhetisch-liturgischen Dimension des →Gottesdienstes wie von diakonischem Sein u. Akt der →Gemeinde gilt K. als Lehrer einer diakonischen Kirche.

Literatur: H.K. (Hg.), Quellen zur Geschichte d. Diakonie Bd. I–III, Stuttgart 1960ff • H.K. (Hg.), Das diakon. Amt d. Kirche, Stuttgart 1965.

Jürgen Albert

KRONENKREUZ

Im Herbst 1925 wurde die ursprüngliche, von dem Berliner Grafiker Richard Boehland entworfene Form des K.es als Abzeichen der gesamten →Inneren Mission eingeführt. Das Zeichen zeigt die zur Kreuzform verschmelzenden Buchstaben I und M (Innere Mission). Der Name und dessen symbolische Deutung – das →Kreuz als Hinweis auf →Not und die Krone als Zeichen der Hoffnung u. Auferstehung – bürgerten sich erst in den Folgejahren ein. Damals wie heute sollte das gemeinsame Abzeichen nach innen verbindend wirken *(corporate identity)*, nach außen die Größe u. Bedeutung des vielgestaltigen Verbandes herausstellen (→Öffentlichkeitsarbeit) und dem Missbrauch des Verbandsnamens vorbeugen.

Im August 1930 wurde das K. vom Internationalen Verband für Innere Mission u. Diakonie (heute: →Eurodiaconia) übernommen. Nach der →Fusion der Inneren Mission mit dem Ev. →Hilfswerk, das ein eigenes Logo besaß, setzte sich das K. Mitte der 1960er Jahre als gemeinsames Zeichen durch. 1968 erhielt das ursprünglich langgestreckte K. die heutige quadratische Form und wurde zunehmend mit dem Begriff →Diakonie als Wort-Bild-Marke eingesetzt. In den vergangenen Jahrzehnten wurde es von mehreren nationalen Verbänden der Diakonie übernommen. Somit prägt das K. das Erscheinungsbild der gemeinsamen →Marke Diakonie in Europa.

Michael Häusler

KULTUR, DIAKONISCHE

D.K. ist ein Programmbegriff für die theoretische Analyse und die praktische Pflege des Diakonischen an der →Diakonie. Der Begriff wird Anfang des 21. Jh. populär (vgl. DW EKD 2009) und verbindet drei Entwicklungsstränge, in denen der K.begriff auf Diakonie angewandt wird: 1. den in der Betriebswirtschaftslehre verbreiteten Begriff der Unternehmensk., der die Bedeutung ›weicher‹ Steuerungsmechanismen wie →Werte u. →Leitbilder, →Symbole und →Rituale für die Realität einer Organisation wahrnimmt und zu nutzen versucht (vgl. Hofmann 2008); 2. den *cultural turn* in den Geistes- u. Sozialwissenschaften des 20. Jh., der mit einer neuen Aufmerksamkeit für die Sinnwelten einhergeht, in denen soziale Akteure leben und handeln; und 3. die bereits bei Johann Hinrich →Wichern vorhandene Orientierung der Diakonie auf das Ziel, nicht allein Menschen in Not zu helfen, sondern auch die zeitgenössische »K.« insgesamt zu prägen.

Der Begriff d.K. eröffnet also – gegenüber anderen diakonischen Programmbegriffen (Proprium, →Profil, Identität etc.) – eine spezifische Perspektive auf die Diakonie. Indem Diakonie als K. verstanden wird, richtet sich der Blick auf die Sinnwelten diakonischer Praxis, auf Deutungsmuster, Mentalitäten, Ausdrucksformen, Symbole, Rituale etc. sowie jeweils auf deren Geschichte. Anders als im Begriff des diakonischen Propriums oder Profils liegt der Ton nicht auf Aspekten, durch die Diakonie sich etwa vom als säkular kodierten Hilfehandeln unterscheidet, sondern gerade auch auf motivischen und wirkungsgeschichtlichen Verbindungen. Gegenüber dem Begriff der diakonischen Identität stehen weniger historische Kontinuitäten als Prozesse der Verschiebung, des Wandels, auch der Um- u. Abbrüche im Vordergrund. Aus der Perspektive d.K. erscheinen Proprium u. Identität selbst als Resultate kultureller Zuschreibungsprozesse, die ihrerseits konkrete historische Orte haben.

Die Verbreitung des Begriffs d.K. reagiert auf spezifische Probleme moderner Diakonie, u.a.: (1.) Inwiefern ist die professionalisierte, organisatorisch ausdifferenzierte u. in ihrer Mitarbeiterschaft zunehmend religiös-weltanschaulich plurale Diakonie als Teil von →Kirche zu verstehen? (2.) Inwiefern ist die verrechtlichte u. vermarktete, oft in kleinsten Einzelschritten programmierte u. qualitätskontrollierte diakonische Tätigkeit sinnvoll als Helfen, als Dienst (→Dienen) am anderen zu verstehen? (3.) Wodurch ist der Selbst- u. Fremdüberforderung der Helfenden zu wehren? (4.) Wie können die standardisierten sozialen →Dienstleistungen der Diakonie als »einzigartig« auf dem →Markt positioniert werden? Auf solche Fragen wird »d.K.« als Antwort eingebracht; allerdings sind hier ganz unterschiedliche inhaltliche Vorstellungen und soziale Träger von »d.K.« im Blick, die nicht auf einen gemeinsamen Begriff gebracht werden können (vgl. Moos 2015). Problematisch ist insbes. die durch den Kulturbegriff nahegelegte Unterstellung, es ließe sich noch einmal ein einheitlicher Sinnzusammenhang aufweisen, der in aller Ausdifferenzierung u. Pluralisierung moderner Diakonie eine verbindende u. identitätsverbürgende Abschlussgesamtheit darstellt.

Trotz dieser Schwierigkeiten ist der Begriff der d.K. sowohl in wissenschaftlicher Hinsicht wie auch für die Praxis diakonischer →Unternehmen u. Verbände von einigem Wert. Denn er lenkt die Aufmerksamkeit auf anderweitig übersehene Aspekte diakonischer Wirklichkeit. Zu ihnen gehören beispielhaft: (1.) die konkreten Praktiken u. Routinen alltäglicher Arbeit, die Räume u. Zeitstruktur, die materielle Umgebung sowie das implizite diakonische Know-how, das nicht gelehrt, sondern in der Praxis weitergegeben wird; (2.) die religiösen Deutungsmuster diakonischen Handelns, für die weniger die großen diakonietheologischen Formeln als Erzählungen, Gebete, Lieder u. Bilder bestimmend sein dürften; (3.) die Bedeutung, die ›harte‹ Steuerungsmechanismen wie Recht u. →Ökonomie für die diakonische Arbeit vor Ort haben; (4.) die langreichweitigen Einstellungen u. Mentalitäten, die diakonische Organisationen auch über viele Innovations- u. Re-Strukturierungsprozesse hinweg prägen; (5.) die zum Teil konfliktträchtige Pluralität verschiedener »K.en«, Sprachmuster, Leitvorstellungen u. Habitusformationen in der Diakonie und ihrer sozialen Umwelt.

So stellt sich d.K. als in hohem Maße vielschichtig, vieldeutig, plural u. spannungsvoll dar. Sie ist den Akteuren nur z.T. bewusst und ist auch nicht, etwa durch Führungskräfte, einfach zu setzen oder zu steuern; aber sie kann und sollte sorgfältig beschrieben und bewusst gepflegt werden.

Literatur: Diakonisches Werk d. EKD (Hg.), Charakteristika einer d.K., Stuttgart 2008 • Beate Hofmann, Diakon. Unternehmensk., Stuttgart 2008 • Thorsten Moos, D.K., in: Praktische Theologie 50(2015), 220–225.

Thorsten Moos

Kunde

Die Bezeichnung K. für Menschen, an die sich die Angebote des Hilfehandelns richten, ist eine Entlehnung aus der →Ökonomie. Sie wurde im Zuge der →Ökonomisierung des sozialen Sektors in den Bereich von Ämtern u. Trägern (→Kostenträger) von sozialen →Dienstleistungen übertragen, weil man auch die Vorstellung des rationalen u. souveränen Akteurs mit Wahlfreiheit übernehmen wollte. Doch die Unterschiede zwischen →Markt- u. →Sozialwirtschaft machen die Übertragung des K.nbegriffs problematisch. Denn die Empfänger von sozialen Dienstleistungen bestimmen nicht selbst über →Qualität u. Quantität der empfangenen Leistung, sondern der öffentliche Träger als Instanz zwischen Dienstleistern u. Empfängern. Auch sind die Empfänger nicht immer souveräne, starke Nachfragende, die Leistungen nach ihren Bedürfnissen wahrnehmen können, sondern müssen durch diese Leistungen z.T. erst dazu befähigt werden. Zudem sind Empfänger stets auch Koproduzenten der Dienstleistung, was nicht für jeden K.n gilt. Andere Begriffe sind Adressaten, Klienten, Nutzer.

LITERATUR: RUTH GROSSMASS, »Klienten«, »Adressaten«, »Nutzer«, »K.n« − diskursanalytische Überlegungen zum Sprachgebrauch in den soz. Berufen 2011 (s. unter www.ash-berlin.eu/hsl/freedocs/200/Diskursanalytische_Ueberlegungen_zur_Zielgruppenbezeichnung_in_sozialen_Berufen.pdf • MECHTHILD SEITHE, Schwarzbuch Soz. Arbeit, Wiesbaden 2011 • WERNER THOLE, Die Soz. Arbeit − Praxis, Theorie, Forschung u. Ausbildung. Versuch einer Standortbestimmung, in: WERNER THOLE (Hg.), Grundriss Soz. Arbeit, Wiesbaden 2012, 13−62.

Johannes Eurich

KUNST

K. kommt in diakonischen Einrichtungen mindestens auf zwei Arten vor. Zum einen haben Therapeuten und im sozialpädagogischen u. ergotherapeutischen Bereich Arbeitende kreative Techniken und die Arbeit am Ausdruck der eigenen Persönlichkeit durch Malen u. Gestalten vielerorts zu einem Bestandteil des Einrichtungskonzepts von der →Kindertagesstätte bis zum Seniorenheim (→Altenhilfe) gemacht und achten darauf, dem in meist hausinternen Ausstellungen Raum zu geben. Die kunstpädagogisch o. -therapeutisch begleiteten Ergebnisse sind − von wenigen Ausnahmen (Sammlung Prinzhorn) abgesehen − nicht Teil des Systems K.

Zum anderen finden vereinzelt Kooperationen zwischen Künstlerinnen und Künstlern und diakonischen Einrichtungen statt, die einem erweiterten K.begriff Rechnung tragen, der sich seit den 1960er Jahren etabliert hat. K. versteht sich dabei selbst als Soziales, Kommunikation, Austausch oder als Forderung nach einer gerechten Sozialordnung. Die Kunst hinterlässt Spuren in der Wirkung auf Prozesse und durch Dokumentationen (Videos/Fotos/Texte). Protagonist dieser Bewegung in der Bundesrepublik ist Joseph Beuys mit seinem Begriff der sozialen Plastik.

LITERATUR: Schön u. gut. K. u. soz. Handeln, Zeitschrift Kunst u. Kirche (3/2013).

Thorsten Nolting

LANDESKIRCHE

Als →evangelische L.n werden die Mitglieder der →EKD bezeichnet, die auf die Kirchen zurückgehen, die durch das im Augsburger Religionsfrieden 1555 den Landesherren zugesprochene Reformationsrecht im Reich (mit Ausnahme der habsburgischen Lande) gebildet wurden. Grundlegend für diese Kirchen ist das Territorialprinzip und ein rechtlicher Sonderstatus. Mit den politischen Veränderungen seit dem 16. Jh. änderten sich auch die Gebiete der einzelnen L.n. Dieser Wandel hat sich durch Zusammenschlüsse fortgesetzt. Schon durch den Westfälischen Frieden 1648 erlitt das Ausschließlichkeitsprinzip Ausnahmen, noch mehr aber durch die Parität, die in gemischtkonfessionellen Territorien eingeführt wurde. Die L.n überstanden als Mehrheitskonfessionen den Untergang des landesherrlichen Kirchenregiments 1918, wobei die besondere rechtliche Stellung durch die Kirchenartikel der Weimarer Reichsverfassung, die in das Grundgesetz der Bundesrepublik übernommen wurden, zu großen Teilen erhalten blieb. Sie sind in ihren Grenzen überwiegend deckungsgleich mit den heutigen Bundesländern.

LITERATUR: JOACHIM MEHLHAUSEN, Art. L., in: Theologische Realenzyklopädie Bd. 20 (o.J.), 427–434.

Hermann Ehmer

LANDESVERBÄNDE

siehe unter: Diakonische Werke

LÄNDLICHER RAUM

Der l.R. bezeichnet eine Kategorie der Raumordnung. Entsprechend der siedlungsstrukturellen Dreigliederung des Bundesgebietes wird unterschieden zwischen l.R. am Rande von Agglomerationen (Typ A), l.R. im Umfeld leistungsfähiger Oberzentren (Typ B) und peripheren, dünn besiedelten l.R. ohne leistungsfähige Oberzentren (Typ C).

Durch den →demografischen Wandel und weitere Megatrends (Energiewende, Klimawandel etc.) gerät der l.R. zunehmend unter Innovationsdruck. Hierin bestehen auch Chancen, die in der Erwartung von Lösungsansätzen für eine Postwachstumsgesellschaft zum Ausdruck kommen.

Kirche u. Diakonie, als Partner und (Mit-)Gestalter des l. Strukturwandels, reagieren auf vielfältige Weise. Land-Kirchen-Konferenzen u. Ev. Dienste auf dem Lande denken über Erprobungsräume einer »Kirche mit anderen« nach. Kommunale Vernetzung u. →Sozialraumorientierung als Ansätze der →Gemeinwesendiakonie sind Schwerpunkte des Jahresthemas 2015 (vgl. www.wirsindnachbarn-alle.de) der →Diakonie Deutschland und fokussieren dabei besonders l. Lebenswelten.

LITERATUR: GERHARD HENKEL, Das Dorf, Stuttgart 2012 • BERLIN-INSTITUT F. BEVÖLKERUNG U. ENTW. (Hg.), Von Hürden u. Helden. Wie sich das Leben auf dem Land neu erfinden lässt, Berlin 2015 • KIRCHENAMT D. EKD (Hg.), Wandeln u. gestalten. Missionarische Chancen u. Aufgaben d. ev. Kirche in l. Räumen, EKD-Texte 87, Hannover 2007.

Volker Amrhein

LEIB

I. Begrifflich verweist L. auf die konkrete, sinnlich-erfahrbare Anwesenheit und beziehungsstiftende Nähe (›leibhaftig‹) eines lebendigen, geistbeseelten u. darin menschlichen Körpers. In seinem L. äußert sich jeder Mensch auf andere hin in seiner höchstpersönlichen Identität. Leiblichkeit ist das Ereignisfeld seiner biographischen Einmaligkeit. Seinen Körper, so die wirkmächtige (gleichwohl nicht unumstrittene) Unterscheidung Helmuth Plessners, *hat* man; sein L. *ist* man. Leiblichkeit ist Ausdruck und Medium, in dem die personale Liebe des Eros sinnlich-erfahrbare Gestalt annimmt. Diese existentielle Bedeutsamkeit hat den (menschlichen) L. jedoch nicht davor geschützt, über Jahrhunderte hinweg auch im Christentum gegen die Geistigkeit des Menschen ausgespielt, abgegrenzt und v.a. systematisch abgewertet zu werden. Es konnte sich ein Dualismus entwickeln, in dem der L. lediglich die äußerlich materielle Hülle darstellen konnte, die den Geist und die →Seele des Menschen als dessen Wesenskern mehr schlecht als recht ummantelt und ernährt. Die Sorge um das leibliche Wohl erscheint als notwendiges Übel, ohne die das Geistige u. Seelische bedauerlicherweise nicht ›funktionieren‹ können. Sie ist konsequent auf das Nötigste zu beschränken. Die ärgerlichen Begrenztheiten menschlichen Lebens werden besonders auf das Leibliche bezogen: »Der Geist ist willig, doch das Fleisch ist schwach« (Mt 26,41).

II. Solche L.feindlichkeit verdeckt, dass das Christentum eigentlich eine sehr körperbezogene u. leiborientierte Religion ist. Das beginnt mit der *Inkarnation*: Gott nimmt in seinem Sohn Gestalt an und hat durch ihn leibhaftig unter uns gewirkt. Es ist auffällig, wie sehr der Nazarener (→Jesus Christus) Gottes Heilsamkeit für die Menschen in seiner Sorge für das leibliche Wohlergehen von Kranken, Schwachen u. Ausgegrenzten dokumentiert: »Blinde sehen wieder, und Lahme gehen. Aussätzige werden rein, und Taube hören« (Mt 11,5). Die Heilungserzählungen aus dem Umfeld Jesu von Nazareth sind v.a. Beziehungsgeschichte zwischen dem Nazarener und den ›heilsam Berührten‹, in denen dem Moment *körperlicher* Berührungen fast immer eine herausgehobene Bedeutung zukommt. In ihnen »ereignet sich ein fühlbarer u. greifbarer Kontakt zwischen Personen, eine wechselseitige körperliche Bestätigung, eine Bestätigung der Körperlichkeit des Personseins« (Ammicht Quinn). So ist es verständlich, dass die Dimension des Taktilen, dass das leibhafte Berühren und Sichberühren-Lassen grundsätzlich privilegierte Erfahrungsräume sind, in denen sich die heilsame Gegenwart Gottes zu allen Zeiten und damit auch heute und morgen noch in zwischenmenschlichen Beziehungen sinnlich-körperlich, also *leibhaft* ereignet. Ebenso wird verständlich, dass der *L. Christi* (1Kor 12,27) zur privilegierten Metapher für eine lebendige →Kirche wird, in der der Geist Gottes gegenwärtig ist und seine befreiende Wirkung entfalten will. Seine letzte Wertschätzung erfährt des Menschen Leiblichkeit in der christl. Auferstehungs- u. Ewigkeitshoffnung: Die Auferstehung des L.es steht für die Zuversicht, dass alles, was ein jeder »während seines Lebens in sich versammelt, was er ein-›verleiblicht‹ hat, (…) als unverwechselbare u. einmalige Lebensgestalt für immer in die von Gott verheißene Vollendung der Welt aufgenommen« wird (Auer).

III. Diakonisches Handeln zielt auf das Wohl des Menschen in seiner Ganzheitlichkeit, die in seiner Leiblichkeit sich und allen anderen gegenwärtig, präsent wird. Die diakonische →Sorge um das umfängliche Wohl des L.es umfasst folglich immer auch die Sorge um seine Seele als ›unstofflicher‹ Ort subjektiver Sinnsetzungen u. Sinnvollzüge, die sich in der Lebensführung eines Menschen in gelebter Freude und Zuversicht je neu verleiblichen. Umgekehrt erfährt der Mensch in seiner Leiblichkeit jene Versehr- u. Verletzbarkeit, jenes Ausgesetzt-Sein an →Leid u. Schmerz, die ihn in schwere Lebenskrisen u. Seelennöte stürzen können. Deshalb vereint diakonisches Handeln grundsätzlich beide Perspektiven: diakonische →Seelsorge wie seelsorgende Diakonie. Diakonisches Handeln, das sich ausschließlich auf das körperliche Wohlbefinden beschränkt, würde den verhängnisvollen Dualismus zwischen L. u. Seele ebenso befördern wie eine Seelsorge, die die Sorge um das leibliche Wohl des Menschen lediglich als unvermeidbare Vorfeldarbeit für ihr eigentliches Aufgabenfeld missversteht − nämlich die Gottesbeziehung als bloß geistig-geistliches, ›entweltlichtes‹ Geschehen. Diakonisches Handeln agiert deshalb grundsätzlich leibhaftig: Es sucht die Begegnung mit den Hilfebedürftigen ›von Angesicht zu Angesicht‹. Es sucht das persönliche Gespräch, das nur in Notsituationen mediale Zwischenschaltungen duldet. Es berührt und lässt sich berühren.

LITERATUR: HELMUTH PLESSNER, Die Stufen d. Organischen u. der Mensch. Einleitung i.d. philosophische Anthropologie, Tübingen 1928 • MICHAEL KLESSMANN / IRMHILD LIEBAU (Hg.), Leiblichkeit ist das Ende d. Werke Gottes, Göttingen 1997 • REGINA AMMICHT QUINN, Körper – Religion – Sexualität, Mainz 1999.

Andreas Lob-Hüdepohl

Wisst ihr nicht, dass euer Leib ein Tempel des Heiligen Geistes ist, der in euch isst und den ihr von Gott habt, und dass ihr euch nicht selbst gehört? Denn ihr seid teuer erkauft, darum preist Gott mit eurem Leib.

1. Korinther 6,19f.

LEIDEN

Das L. gehört zu den wesentlichen Ausgangserfahrungen der →Diakonie. Wo es kein L. gibt, gibt es auch keine Diakonie. Als Christ den Leidenden beizustehen, kann geradezu als Minimaldefinition von diakonischem Handeln gelten. Allerdings ist das L. selbst eine höchst individuelle, eine Person in ihrem Innersten betreffende Erfahrung. Dieses individuelle Moment, das dem diakonischen Handeln durch sein Gegenüber eingeschrieben ist, markiert eine Grenze jedes (an sich notwendigen) methodischen Handelns, die es in das eigene professionelle Selbstverständnis (→Professionalität) zu integrieren gilt. Mindestens ebenso fordert das L. aber auch das religiöse Selbstverständnis von diakonisch Tätigen heraus.

Grundsätzlich ist zwischen L. und Leid zu unterscheiden. Während das Leid eine bestimmte Situation meint, etwa körperliche Schmerzen, Verlust einer nahen Person o. soziale Ausgrenzung, bezeichnet das L. das subjektive Erleben einer solchen Situation. Ganz offensichtlich gehen Menschen mit dem Leid sehr unterschiedlich um. Ein Rückschlag ist dem einen Motivation, dem anderen Grund zur Verzweiflung; ein böses Wort kann vernichtend sein oder gelassen beiseitegeschoben werden; selbst scheinbar ganz »objektive« körperliche Schmerzen werden sehr unterschiedlich erlebt und haben sehr unterschiedliche Auswirkungen auf das allgemeine Wohlbefinden einer Person. In der Psychologie spricht man daher von sog. Resilienzfaktoren, d.h. persönlichen Eigenschaften o. Einstellungen, und von sog. Copingstrategien, d.h. persönlichen Umgangsweisen, die dazu beitragen, dass manche unter dem Leid weniger leiden als andere bzw. konstruktiver mit ihm umgehen. Gleichwohl ist das L. an sich kein pathologischer Zustand. Vielmehr gehört es zur psychischen →Gesundheit, leiden zu können, es in bestimmtem Maße zulassen u. aushalten zu können, d.h. es weder zu verdrängen noch autodestruktiv zu suchen, weder apathisch noch hypochondrisch zu sein.

Da das Leid zur Welt gehört, wie das L. zum Menschsein, sind sie auch seit jeher Gegenstand philosophischen u. religiösen Nachdenkens, das nach Ursachen u. adäquaten Umgangsweisen fragt. Die antike Tragödie bspw. erhoffte sich von der Darstellung des schicksalhaften Leidens ihrer Helden eine kathartische Wirkung, die bei ihren Hörern den Gleichmut des Ertragens stärkt. Ergänzt wurde sie darin von der griechischen Philosophie, die lehrt, über das Zeitliche u. Unvollkommene hinweg zu blicken auf das Ewige u. Leidfreie, die Ideenwelt. Das Leid ist in dieser Perspektive durch einen Mangel an Sein gekennzeichnet, es erscheint letztlich als unwesentlich und unwirklich. Das frühe Christentum ist – gerade in seiner »diakonischen Sensibilität« – auch als ein Protest hiergegen zu verstehen. Es erlebt das Leid und das L. als eine solch eminente Wirklichkeit, dass beides nicht mehr *innerhalb* der Welt, sondern nur noch *mitsamt* der Welt im Ganzen relativiert werden kann. Die L.sgeschichte Israels sowie die Passion des christl. Messias und seiner Nachfolger werden darum eingespannt in einen großen heilsgeschichtlichen Rahmen: An dessen Beginn steht der paradiesische Garten Eden und an dessen Ende das himmlische Jerusalem, in dem »kein Leid mehr sein wird« (Offb 21,4). Dazwischen aber liegt, in ihrer Bedeutung begrenzt, jene Zeit, in der die »gesamte Schöpfung seufzt und in Wehen liegt bis auf den heutigen Tag« (Röm 8,22). Allerdings entzündet sich an diesem Schema in der Folge auch die gnostische Irrlehre, wonach die leidvolle Welt einem bösen Schöpfergott, die eschatologische Vollendung hingegen einem guten Erlösergott zugerechnet wird. Insbesondere die mittelalterliche →Theologie machte es sich zur Aufgabe, demgegenüber die Einheit u. Güte →Gottes denkerisch zu bewahren. Dafür musste sie das Leid sowohl in die an sich gute Welt, als auch in den Gottesbegriff metaphysisch integrieren. Damit aber geht bereits im christl. Spätmittelalter ein neuerlicher Bedeutungszuwachs der Diesseitswelt einher, der später die Neuzeit, weit über die Grenzen von Theologie u. Christentum hinaus, prägen wird. In ihr erhält das Leid zunehmend den Charakter eines innerweltlich überwindbaren Übels. Im Gedanken des vernünftigen Fortschritts säkularisiert sich die Heilsgeschichte und die Religion gerät in Verdacht, nur billige Vertröstung zu sein. Doch wächst mit dem Fortschreiten der Moderne auch ein Bewusstsein davon, dass sich das L. trotz allem nicht restlos überwinden lässt. Im Gegenteil scheinen die menschlichen Überwindungsversuche wiederum neues, mitunter größeres Unheil hervorzubringen. So sind viele theologische Antwortversuche angesichts der neuzeitlichen Konstellation geprägt durch die Spannung von Weltrelativierung u. Weltbejahung, von »Widerstand und Ergebung«. In jedem Fall scheint die Geschichte bislang eine gänzlich befriedigende theoretische Antwort auf das Problem des L.s noch nicht ans Licht gebracht zu haben; zumal sich die theoretische Ebene nur schwerlich vom individuellen Erleben trennen lässt, vor dem nicht selten alle Theorie grau erscheint.

Doch wird von dieser Brechung der Theorie durch das individuelle Erleben die (theologische) Theorie des Leides nicht einfach überflüssig gemacht. Denn erstens will auch die Antwort, dass es u.U. keine restlos zufriedenstellende Antwort gibt, begründet sein. Und zweitens fordert jene individuelle Brechung der Theorie nicht zwingend ein Ende derselben, sondern ihren seelsorgerlichen (→Seelsorge) o. diakonischen Gebrauch. So kann sich letztlich nur in der konkreten Begegnung mit dem Gegenüber entscheiden, ob eine Aufmunterung wirklich tröstet oder so erscheint, als würde man das L. herunterspielen; ob vielleicht eher →Klage u. Wut an der Zeit sind, die ja in den Psalmen mindestens ebenso viel Raum einnehmen wie der Trost; ob man von der Nähe Gottes spricht »in allem Leide« oder von der Erfahrung der Gottesferne; ob vom Mitleiden Gottes, der in Christus »selber gelitten hat« (Hebr 2,17) oder der

Ergebenheit eines Hiobs, der am Ende seines Leidensweges zu Gott, der ihn im Wettersturm zurechtwies, spricht: »Ich hatte von dir nur vom Hörensagen vernommen; aber nun hat mein Auge dich gesehen« (Hiob 42,5). In gewisser Weise lässt sich die Wahrheit solcher religiösen Sätze nicht losgelöst von der Situation erweisen, in der sie gesprochen werden. Und bisweilen mag das zuhörende Schweigen und das Eingeständnis, selbst keine rechte Antwort zu wissen, ein umso stärkerer Trost sein, weil darin eine →Anerkennung der Individualität des Leidenden zum Ausdruck kommt, die zudem einem Gott entspricht, der keines Menschen Träne ungezählt lässt (Ps 56,9). Vielleicht ist letztlich jeder echte Trost und jedes sinnvolle Wort im Angesicht eines leidenden Menschen diesem Schweigen abgetrotzt.

In abgeleiteter Weise dürfte das selbst noch für die Taten gelten, die in der Diakonie, im Unterschied zur Seelsorge, ungleich wichtiger sind als die Worte. Denn auch sie ›sprechen‹, und auch ihre Angemessenheit kann sich letztlich erst in der Begegnung mit dem Anderen herausstellen. Umso wichtiger sind darum die sozialpädagogischen Methoden u. Verfahren, von denen heutzutage ein breites Repertoire zur Verfügung steht. Denn sie können dazu beitragen, die Unübersichtlichkeit diakonischer Situationen durch möglichst klare Klassifikationen zu strukturieren und das eigene, häufig intuitive Handeln an Standards auszurichten, die der Reflexion u. Evaluation zugänglich sind. Diese professionelle Umgangsweise mit dem L. ist nicht nur ein äußerliches Erfordernis der wohlfahrtsstaatlichen Konstellation, in der sich die Diakonie bewegt. Sie ist darüber hinaus ein Ausdruck davon, dass die Hilfe nicht bloß von der spontanen →Barmherzigkeit der Helfenden abhängen soll, sondern als allgemeiner Rechtsanspruch jedem Menschen ohne Beschämung u. Bevormundung, aber auch ohne Willkür u. Abhängigkeit zusteht. So sehr daher die moderne »→Professionalisierung des Helfens« einen Fortschritt markiert, der nicht ohne Schaden hintergangen werden kann, so sehr ist sie doch von Anfang an von einem gewissen Unbehagen begleitet. Im Kern dürfte dieses Unbehagen erneut mit der konstitutiven Individualität des L.s zusammenhängen: Denn unter dem professionellen Blick droht das Individuum zum Fall und der Beistand zur Methode zu werden. Doch wäre es falsch, beides gegeneinander auszuspielen. Zur zielgerichteten Methode gehört die Fähigkeit, sich durch das Gegenüber überraschen oder auch erschüttern zu lassen. Und umgekehrt bedarf ein Handeln, das sich aus dem Ergriffensein speist, der professionellen Rahmung, um sich nicht zu erschöpfen und um kritikfähig zu bleiben. In diesem Sinne markiert das L. in seiner Individualität eine Grenze jedes professionellen Handelns, die es aber in das professionelle Selbstverständnis hinein zu integrieren gilt.

Ähnliches lässt sich auch für das religiöse Selbstverständnis diakonisch Handelnder sagen. Auch eine religiöse Identität wird sich in der Diakonie nur dann aufrechterhalten lassen, wenn sie die Realität des L.s nicht verdrängt, sondern integriert. Eine solche Integration bedeutet nicht zwingend, eine Antwort auf das L. zu haben oder es immer schon in Hoffnung aufzulösen. Darüber hinaus gibt es eine lange christl. Tradition, die das L. und Mitl. als Möglichkeiten religiöser Erfahrung aufgefasst hat. Auch wenn es in der Geschichte zweifellos überspitzte Formen der Selbstgeißelung und des »Dolorismus« gegeben hat, so scheint es doch vielen Christen bis heute bedeutsam zu sein, eine Art inneren Kontakt mit dem L. und v.a. mit den Leidenden zu halten. Wer sich dieser Erfahrung aussetzt, wird – auch in seinem Glauben –

ein Anderer. Martin →Luther war gar der Überzeugung, dass überhaupt »Gott nur gefunden wird in den L. und im Kreuz« (Heidelb. Disp., Th. 21).

LITERATUR: TOBIAS BRAUNE-KRICKAU, Religion u. Anerkennung. Ein Versuch über Diakonie als Ort religiöser Erfahrung, Tübingen 2015 • DOROTHEE SÖLLE, Mystik u. Widerstand, Hamburg 1997 • WALTER SPARN, L., Erfahrung u. Denken, München 1980.

Tobias Braune-Krickau

LEISTUNG

L. hat im diakonischen Bereich als menschliche L. (im Unterschied zur L. eines →Unternehmens) im Wesentlichen mehrere Aspekte: Im Vordergrund steht die L., die →Mitarbeitende in ihrem jeweiligen Fachgebiet erbringen und zu erbringen haben bei entsprechender finanzieller oder (bei Ehrenamtlichen) anderer »Gegenleistung«. Hierbei sind in Ergänzung zum sonstigen Begriff des »Leistungsprinzips« v.a. soziale Leistungen im Bereich der →Pflege, →Pädagogik, der →Medizin etc. in den Blick zu nehmen. Komplementär dazu steht der Aspekt, dass der Wert eines jeden Menschen nicht nach seiner (Arbeits-)L. zu bemessen ist, sondern danach, dass Gott ihn liebt. Dadurch vor allem wird das »Leistungsprinzip« relativiert. Für alle beruflich und ohne Bezahlung Mitarbeitende (Freiwillige →Ehrenamt) in der →Diakonie (auch Leitende) gilt schließlich, dass verantwortlich ausgeübte L. und die damit verbundene →Arbeit nicht zwanghaft ausgeübt wird und so die dem Evangelium gemäße Menschlichkeit gefährdet, die dem anderen, sich selbst und dem Privatbereich gegenüber geboten ist.

Martin Wolff

LEITBILD

Ein L. ist ein angestrebtes, realistisches Idealbild, das die grundlegenden Prinzipien, das Selbstverständnis und die Zielsetzung einer Organisation oder eines →Unternehmens beinhaltet. Es wird meist schriftlich festgehalten und erfüllt verschiedene Funktionen. Nach außen spiegelt es der Öffentlichkeit Mission u. Vision und macht dadurch deutlich, worum es einer Organisation geht. Nach innen dient das L. der Beschreibung ihrer Grundhaltung und ihrer →Werte und bildet damit nicht nur den Rahmen für das strategische Vorgehen sowie das operative Handeln der Gesamtorganisation, sondern bietet auch den einzelnen Mitgliedern und/oder Mitarbeitenden Orientierung u. →Motivation für das tägliche Handeln. L.er diakonischer Organisationen u. Unternehmen gehen im Kern auf den biblischen Auftrag zur →Nächstenliebe zurück.

Richard B. Händel

LEITUNG

L. ist ein Grundphänomen in Organisationen. Führen u. Leiten galten jedoch in Deutschland lange Zeit als umstrittene Konzepte. Führung wurde als korrumpierter Begriff angesehen, der selbst in der wissenschaftlichen Auseinandersetzung problematisch blieb, bildete doch das »Führerprinzip« im Nationalsozialismus den zentralen Bezugspunkt einer menschenverachtenden Ideologie. Heute wird der Begriff der Führung, in Anlehnung an den angelsächsischen Begriff des *Leadership*, wieder verwendet. Es bleibt jedoch die Notwendigkeit eines besonders verantwortungsvollen Umgangs mit dem Begriff ebenso wie mit der Praxis der Führung. Im Kontext von Kirche u. Diakonie wurde jahrzehntelang eher von L. als von Führung gesprochen. In der Organisationstheorie, der Betriebswirtschaftslehre, der Organisationspsychologie u. der Pädagogik im angelsächsischen Sprachraum wurde Führung *(Leadership)* zum zentralen Konzept, das interaktive Prozesse der Beeinflussung von Mitarbeiter_innen oder breiterer Öffentlichkeit zur Erreichung gemeinsamer Ziele beschreibt (Northouse 2010). Durch die Betonung der strategischen, visionären u. kommunikativen gegenüber den administrativen L.saufgaben wurde Führung von →Management abgegrenzt. Dieses Verständnis von (Unternehmens-)Führung geht deutlich über das enge Verständnis von Personalführung, wie es etwa im Personalmanagement diskutiert wird, hinaus.

Die Führungstheorie hat in ihrem Verlauf unterschiedliche Akzente gesetzt. Die meisten Führungsansätze konzentrieren sich auf personale Aspekte der Führung. Dabei standen zunächst die Eigenschaften der Führungspersönlichkeit, später deren Fähigkeiten im Vordergrund (Katz). Im Verlauf der 1960er Jahre begann man Verhaltensmuster als Führungsstile zu untersuchen, um dann in den 1970er Jahren vermehrt die unterschiedlichen Aspekte der Führungssituation zu berücksichtigen, wie etwa die Fähigkeiten der Mitarbeiter, die Komplexität der zu bewältigenden Aufgabe oder die formale Machtposition der Führungskraft. Erkenntnisleitend war hier die Frage nach der effektivsten Passung von Führungsstil zu Führungssituation. Diese Situationsdefinitionen wurden ob ihrer Befangenheit in ein nordamerikanisches Gesellschaftsverständnis, ihrer Blindheit für Geschlechterunterschiede und ihrer Vernachlässigung politischer Führungsaspekte kritisiert (Northouse 2010). Ebenso problematisch ist deren Vernachlässigung institutioneller Felder (z.B. Krankenhäuser, Museen, Militär, Altenpflegeeinrichtungen) als relevantem Kontext von Führung.

In Führungsstudien zwischen den 1970er u. 1990er Jahren geraten Attribute und Wahrnehmungsmuster der Geführten *(follower)* ebenso wie bestimmte Eigenschaften der Führenden in den Blick, insbes. in den sog. charismatischen Führungsansätzen. Dabei wurde untersucht, wie Führende ihre *follower* beeinflussen u. motivieren, um Organisationen o. politische Prozesse erfolgreich zu verändern. Mit dem Begriff der transformationaler Führung wurde betont, dass →Charisma, das Eingehen auf die besondere Lebenssituation einzelner Menschen und die Fähigkeit eine Vision einer Organisation o. Gesellschaft zu entwerfen u. zu kommunizieren, entscheidende Erfolgsfaktoren für Veränderungsprozesse sind (Bass 1990). Schließlich wurde auch eine Reihe von Ansätzen vorgelegt, die bisherige Erkenntnisse zu integrieren suchten. So schlägt Yukl ein Modell vor, das die Eigenschaften von Führungskräften (Leistungsorientierung, Machtstreben, Führungskompetenz, Selbstsicherheit, emotionale Reife), deren Führungsverhalten (Planen, Problemlösen, Klären, Überwachen, Informieren, Motivieren u.a.), situative Variablen (Positionsmacht, Entwicklungsniveau der *follower*) und sog. intervenierende Variablen (Leistungsbereitschaft o. Kompetenzen der *follower*, Rollenklarheit) in Beziehung zum Erfolg bzw. zum Ergebnis des Führungshandeln setzt (Yukl 1989).

In den letzten beiden Dekaden wurden schließlich die Bedeutung von Teamführung und geteilter Führungsverantwortung in Organisationen ebenso thematisiert wie die ethische Qualität der Führung, etwa in Hinblick auf den Charakter der Führungskraft und die Rolle ethischer Prinzipien (Respekt, Ehrlichkeit, →Gerechtigkeit) im Führungshandeln. Auch die Organisationskultur mit ihren unausgesprochenen

Grundannahmen oder impliziten Regeln wurde in Hinblick auf Führung thematisiert. Organisationskultur wird als machtvoller Einfluss in Organisationen angesehen, die das Handeln von Organisationsmitgliedern beeinflusst und daher von Führungskräften analysiert, verstanden und ggf. verändert werden soll (Edgar Schein).

Während die meisten Führungstheorien weitestgehend auf einem Konzept individuellen, kompetenzbasierten Handelns beruhen, das einen linearen Handlungsverlauf von der Intention bis zur Intervention annimmt, stößt dieses Verständnis jedoch an Grenzen, wenn das zentrale Erkenntnisinteresse die Analyse komplexer, alltäglicher Prozesse (z.B. des organisationalen Lernens) ist. In einem komplexen Kontext ist weniger die Intention oder die Kompetenz (Potential) der Führungskräfte von Bedeutung. Vielmehr treten zwei andere Fragen in den Vordergrund. Zum einen, wie Führung nicht als individuelles Handeln, sondern als System verstanden werden kann, und zum anderen, wie sich Führungspraxis alltäglich und performativ entfaltet.

Führungsaufgaben lassen sich auch systemtheoretisch interpretieren. Wenn Organisationen als lebensfähige Systeme verstanden werden, tritt die Frage nach dem erfolgreichen Überleben der Organisation in den Vordergrund. Dieses Überleben ist von der erfolgreichen Anpassung an wechselnde komplexe Umweltbedingungen abhängig. Komplexität führt in Organisationen zu prinzipiell unsicheren Entscheidungssituationen. Die Bewältigung dieser Komplexität, die durch kausal nicht erklärbare Wechselwirkungen gekennzeichnet ist, wird zum zentralen Problem der Unternehmensführung. Führung u. Steuerung werden so zu einem Teil des Selbstorganisationsprozesses der Organisation. Führungskräfte sind auf die Selbstbeobachtungs- u. Selbstreflexionskapazitäten der Organisation angewiesen; sie sind in diesem Verständnis nicht primär Macher, sondern Katalysatoren. Die Rolle von Katalysatoren ist bekanntlich, dass sie die Aktivierungsenergie chemischer Reaktionen erhöhen. In Organisationen könnte man also davon sprechen, dass Führung nur wenige Prozesse überhaupt erst ermöglicht, aber in vielen Prozessen als Prozessbeschleuniger wirken kann oder dafür sorgt, dass mehr Aktivität u. Energie in bestimmte Prozesse fließt.

In der Organisationsforschung hat zuletzt eine intensive Auseinandersetzung mit Praxistheorien stattgefunden. So interessieren sich institutionentheoretische Ansätze insbes. für Konvention gewordene Praktiken, wie sie in Verhaltenskodizes, der Organisationskultur oder organisationalen Routinen vorkommen (Meyer & Scott). Rituale u. routine-basierte Praktiken informieren u. begrenzen Verhalten in Organisationen, sie sind gewissermaßen Handlungsgrammatiken, die bestimmtes Handeln ermöglichen und anderes verhindern. In einzelnen Teilbereichen der Organisationsforschung wurde gar von eine Wende zur Praxis hin gesprochen (Schatzki). Praxistheoretische Ansätze in der Führungsforschung analysieren Führungspraxis z.B. in Bildungseinrichtungen und beziehen sich dabei auf Bourdieus Theorie der Praxis. Eine solche Rekonstruktion liefert Hinweise für ein Führungsverständnis, das konkrete Praxis und nicht allein Kompetenzen in den Vordergrund stellt. So wird die Übermacht der Kompetenzansätze in der Führungs- u. Managementliteratur und die Kolonialisierung des Führungsdiskurses kritisiert. An die Stelle von Kompetenzmodellen, die Führungskräften vorschreiben, was sie können müssen, um erfolgreich zu sein, bedürfe es in der Führungsforschung endlich eine entmystifizierte, detaillierte u. vertiefte Auseinandersetzung mit den konkreten sozialen Praktiken von Führung. Dabei solle es um eine wissenschaftliche Auseinandersetzung mit den realen Problemen von

Führungskräften im alltäglichen Handeln gehen. Diese Praktiken sind sehr häufig geprägt von gekonntem Improvisieren in der jeweiligen Situation, in einem unheroischen Führungsalltag, der sich mit den üblichen Führungstheorien kaum abbilden lässt. Es gelte daher auf den Kontext und die soziale Situiertheit von Führung ebenso hinzuweisen wie auf die Beziehungsgefüge der Führung. Führung ist gerade nicht auf ein führendes Individuum zu reduzieren, sondern entsteht erst im Zusammenspiel von Führungskräften, Mitarbeitern u. bestimmten Variablen, die die Situation ausmachen (z.B. Technik). In diesem Zusammenhang wird auch die besondere Bedeutung von Emotionalität u. Körperlichkeit ebenso betont wie die Performativität von Führung und deren Verankerung in Routinen.

Auch die neuere Institutionentheorie nimmt Führung insbesondere in organisationalen Veränderungskontexten in den Blick. Mithilfe des Begriffs des institutionellen Unternehmers wird ein Handlungstyp beschrieben, der sich aus seiner institutionellen Prägung löst und sich durchaus in einer Reibung an den festen Regeln u. Routinen in Institutionen bewegen kann. Mit entsprechender Macht u. Ressourcen (Geld, Zeit) ausgestattet, können solche institutionellen Unternehmer Wandel vorantreiben, indem sie in Organisationen und mit Einfluss auf das jeweilige institutionelle Feld kognitive, normative u. evaluative Erwartungsstrukturen verändern (DiMaggio).

Führung als organisationale Aufgabe wird auch für die spezifischen Felder Diakonie und Kirche in besonderer Weise reflektiert. Für die Kirche reflektiert Böckel (2014) Führung u. L. hinsichtlich ihrer theologischen, ethischen u. organisationalen Bedingungen. Dabei wird auch die praktisch-theologische u. kirchentheoretische Relevanz des Themas herausgearbeitet. Führen wird dabei in systemtheoretischer Sicht als wirksame Intervention im Blick auf die Steuerungsaktivität einer Organisation aufgefasst, die sich auf fünf grundlegende Dimensionen bezieht: Beziehung u. Interaktion, Strukturen u. Rollen, Prozesse u. Strategie, Ziele u. Reflexion sowie Genese u. Neuentwicklung. Für die Diakonie relevante Führungsdiskurse finden sich etwa zu Führung in der Sozialwirtschaft, Führung in den Wohlfahrtsverbänden o. Führung in →Nonprofit-Organisationen (vgl. Eurich/Brink). In der Diakonie wurden in den letzten Jahren vermehrt Grundsätze guter Unternehmensführung diskutiert und verabschiedet, wie sie etwa im Diakonischen →Corporate Governance Kodex (2005) niedergelegt sind.

LITERATUR: GAIRY YUKL, Managerial Leadership, in: Journal of Management 15 (1989), 251–289 • EDGAR H. SCHEIN, Organizational culture and leadership, in: JOSSEY-BASS (Hg.), Academy of Management Review Bd. 11, 656–665 • PETER G. NORTHOUSE, Leadership, Thousand Oaks 2010 • HOLGER BÖCKEL, Führen u. Leiten, Berlin 2014.

Andreas Schröer

LELLIS, KAMILLUS VON

1550–1614; 1746 heiliggesprochen, Gedenktag 14.07. Ohne Schulbildung als Landsknecht mit losem Lebenswandel erlebte er eine Bekehrung mit 25 Jahren; wiederholt wurde er wegen einer chronischen Fußwunde von franziskanischen Gemeinschaften abgewiesen. Er erkannte seine Berufung zur Krankenpflege und wirkte in den römischen Pflegespitälern S. Giacomo und S. Spirito. Ermutigt durch mystische Gebetserfahrungen angesichts des Gekreuzigten gründete er 1584 mit Gleichgesinnten, »die nicht aus Gewinnsucht, sondern aus Liebe zu Gott den Kranken gerne, in ähnlich liebender Hingabe dienen, wie Mütter ihre eigenen Kinder pflegen« (Cica-telli 30), den »Orden der Diener der Kranken« (Kamillianer, OSC). Zum →Orden ge-hören ein besonderes Gelübde zum Krankendienst auch unter Lebensgefahr sowie ein Ordenstalar mit rotem Kreuz. Mit seiner ganzheitlichen Sicht der Kranken führte er erhebliche Verbesserungen damaliger Pflegestandards ein. Mit →Johannes von Gott ist er in der katholischen Kirche Patron der Kranken, Krankenhäuser und aller in der Krankenpflege.

LITERATUR: SANZIO CICATELLI, Leben d. K.v.L., Rom 1983 • JOHANNES H. BALSLIEMKE, K.v.L., Leutesdorf 1986.

Klaus Baumann

LERNEN, LEBENSLANG

Unter lebenslangem L. (LLL) versteht man den Erwerb, Ausbau und die Weiter-entwicklung von Kenntnissen, Fertigkeiten u. Haltungen über die gesamte Lebens-spanne. LLL stellt kein neues Phänomen dar, sondern ist eine anthropologische Grundkonstante. Schon im 17. Jh. beschrieb der ev. Pädagoge u. Theologe Johann Amos Comenius (1592–1670) in seiner Pampaedia (Allerziehung) acht Schulen des Lebens von der Schule des vorgeburtlichen Werdens bis zur Schule des Todes und in ihnen für jedes Lebensalter spezifische Lern- u. Gestaltungsaufgaben.

Seit den 1970er Jahren avancierte das LLL jedoch zu einem bildungspolitischen Leitbegriff (→Bildung). Im Zuge sich verändernder sozioökonomischer Bedingungen und Anforderungen der Arbeitswelt im Rahmen der →Globalisierung sollte LLL zur Überwindung individueller u. gesellschaftlicher Krisen beitragen. UNESCO, OECD und Europarat veröffentlichten hierzu Leitbilder und Reformkonzepte. In der An-fangszeit verwies der Begriff *permanent education* noch eher auf notwendige Refor-men des Erziehungs- u. Bildungssystems. In den Dokumenten, die in den 1990er Jahren von diesen internationalen Organisationen vorgelegt wurden, trat dann der Begriff des *lifelong learning* in den Vordergrund. Betont die UNESCO dabei die inter-nationale Kooperation in den Bereichen Friedenssicherung und Humanität angesichts weltweiter Konflikte, →Armut u. →Ausgrenzung, so zielt die OECD eher auf wirtschaft-liches Wachstum und finanzielle Stabilität in den Mitgliedsländern sowie allgemei-nen Wohlstand durch Stärkung von Wissensressourcen in einer ›wissensbasierten Gesellschaft‹. Der Europarat wiederum betont das Ziel einer europäischen Identität und erfolgreichen wirtschaftlichen Zusammenarbeit u. Wettbewerbsfähigkeit ihrer Mitgliedsstaaten.

LLL wurde von Beginn an als ambivalent wahrgenommen: Einerseits wird das emanzipatorische Potenzial (→Emanzipation) von LLL betont, welches der individuel-len Entfaltung u. Entwicklung dienen könne. Dafür sei ein gesellschaftliches Bemü-hen um bessere Bildungsangebote, Erhöhung von Bildungsdurchlässigkeit u. Abbau von Bildungsbenachteiligung notwendig.

Andererseits wird LLL als gesellschaftlicher Zwang und soziale Zumutung an den Einzelnen gesehen, der sich der Anforderung des ›lebenslänglichen L.s‹ kaum noch entziehen kann. Kritisiert wird die Engführung des Bildungsbegriffs, der LLL nur auf qualifikatorische Anforderungen reduziert und damit ökonomisch verzweckt. Durch die Tendenz zur Individualisierung und Verantwortungsverlagerung gesellschaftlicher Problemlagen in das Individuum werde von dem Einzelnen permanente Umstellungs- u. Lernbereitschaft gefordert, um den Anschluss auf dem Arbeitsmarkt nicht zu verlieren.

Im erziehungswissenschaftlichen Diskurs wird daher häufiger darauf verwiesen, dass man gerade die emanzipativen Potenziale von LLL nicht vernachlässigen darf. Notwendig sei nicht nur das L. von Wissensbeständen, der Erwerb neuer Qualifikationen u. Zertifikate in formalen Bildungsinstitutionen, sondern auch die Entwicklung biografisch relevanter Perspektiven u. Möglichkeiten. Neben formalem L. kommen verstärkt auch non-formale u. selbstgesteuerte Lernkontexte in den Blick. Die neue Aufmerksamkeit für informelles, beiläufiges u. anlassbezogenes Lernen im sozialen Umfeld verweist darauf, dass in vielen nicht-lernzentrierten Situationen gleichwohl Lernprozesse enthalten sein können. Gerade in kirchlichen u. diakonischen →Einrichtungen u. Orten kommt es häufig zu Mischungsverhältnissen von L. mit Freizeitgestaltung, Geselligkeit, Reisen, freiwilligem Engagement (→Ehrenamt) u.a.

Die Diskussion um LLL zeigt, dass individuelles L. stets eingebettet ist in gesellschaftliche Erwartungshaltungen und institutionell vorgehaltene Möglichkeiten. In Kirche und Diakonie kommen dabei folgende Aufgaben in den Blick: 1) die Bereitstellung u. Förderung geeigneter Fort- u. Weiterbildungsangebote für hauptberuflich u. ehrenamtlich Mitarbeitende; 2) die Gestaltung ausstrahlungskräftiger diakonischer Lernorte u. -gelegenheiten für alle Lebensalter, über Projekte diakonischen Lernens mit Heranwachsenden in Schule oder Konfirmandenarbeit hinaus; 3) eine öffentliche Positionierung im gesellschaftlichen Diskurs um LLL und dabei eine Aufmerksamkeit für Phänomene der Bildungsbenachteiligung; 4) die Unterstützung Einzelner bei der Gestaltung der individuellen Lern- u. Bildungsbiografie durch die Bereitstellung neuer Formen der Lern- u. Bildungsberatung, mit der Aufgabe, Lernende in ihrem Lernprozess zu unterstützen, sie bei der Auswahl geeigneter Bildungsangebote zu beraten und Entscheidungsanregungen zu geben.

LITERATUR: DEUTSCHE UNESCO-KOMMISSION (Hg.), Lernfähigkeit: unser verborgener Reichtum, Neuwied u.a. 1997 • RAINER BRÖDEL (Hg.), LLL – lebensbegleitende Bildung, Neuwied 1998 • CHRISTIANE HOF, LLL, Stuttgart 2009.

Nicole Piroth

LIEBE

L. ist die alles entscheidende Erfahrung, inhaltliche Füllung u. Botschaft christl. →Glaubens ebenso, wie L. durch all ihre Vielschichtigkeit und vielfältige Bedeutung hindurch für jeden und alle Menschen zentral für das Glück u. Gelingen des Lebens sein dürfte. Für die Evangelien ist das »Erste« das Doppelgebot der →Gottes- u. →Nächstenliebe (Mk 12,28ff parr); es vereint und konzentriert die Weisung der Tora 5Mose 6,4 und 3Mose 19,18 vor dem Hintergrund der Erfahrungen von Gottes →Barmherzigkeit (vgl. 2Mose 34,6). Einander zu lieben, »wie ich euch geliebt habe«, ist das »neue Gebot« Jesu und das Erkennungsmerkmal der Jünger Christi (Joh 13,34f), weniger als ethische Forderung, denn als Resonanz auf die L., die sie in →Jesus Christus von →Gott so erfahren haben, dass sie glauben und erkennen: »Gott ist die L. Und wer in der L. bleibt, der bleibt in Gott und Gott bleibt in ihm« (1Joh 4,16). Jesu Tod am →Kreuz aus L. u. Treue zum Heilswillen des Vaters und seine

Auferweckung von den Toten zeigen, dass Gottes L. stärker ist als der Tod. Ohne die
L. ist alles nichts, kann aus menschlicher Erfahrung und mit 1Kor 13, dem Hohenlied
der L., gesagt werden.

So unaufgebbar zentral diese L. von und zu Gott und unter den Menschen für die
christl. Religion ist, so sehr ist der Begriff der L. in der Vielzahl der Sprachen, Kulturen u. Völker wie auch menschlicher Erfahrungen ein sehr unbestimmter, offener u.
schillernder Begriff, mit dem vielfältige Sehnsüchte u. Glückserlebnisse, Zärtlichkeit
u. Geborgenheit, Ideale u. Hoffnungen, aber lebensgeschichtlich auch Enttäuschun-
gen u. Überforderungen, Verletzungen u. Ängste, Entstellungen, Egoismus, Aversio-
nen und sogar ihr Gegenteil, Wut u. Hass, verbunden werden können.

Biblisch

Im hebräischen Wort ´ahab wie im dt. Wort L. (engl. *love*) sind viele Bedeutungen
enthalten, welche im Griechischen unterschieden werden: *Eros* für das Hingeris-
sensein und leidenschaftliche Begehren des Guten, Schönen, Wahren; *philía* für die
nicht sexuell, sondern von Freiheit bestimmte (wechselseitige) Freundschaft; *storge*
für die gewissermaßen natürliche L. u. Zuneigung zwischen Eltern u. Kindern sowie
unter Verwandten als die drei wichtigsten. Die Übersetzer der hebr. Bibel ins Griechische (LXX, Septuaginta) fanden im hebr. Text Elemente erotischer, freundschaftlicher
u. elterlicher L. im Verhältnis Gottes zu den Menschen, wollten in der Übersetzung
jedoch verdeutlichen, dass diese Hinweise analog sind. Für sie transzendierte Gottes
(Beziehungs-)Wirklichkeit diese menschlichen Vorstellungen radikal und war mit
den etablierten Begriffen nicht angemessen zu übersetzen. Darum verwendeten die
LXX-Übersetzer für die Aussagen über Gottes L. zu den Menschen und die (antwortende) Gottes- u. Nächstenliebe der Menschen die damals kaum gebräuchliche Wortfamilie *agape* und prägten sie auf diese Weise neu mit den biblischen Gehalten.»Was
die Agape über den Eros, die Storge und die Philia hinaus führt, ist das Gottsein Gottes, das ihm erlaubt, ein unbedingtes Ja zu sagen, dem schöpferische Macht eignet.
Was Israel erkennt, ist, dass Gottes ganzes Wesen sein Handeln in Barmherzigkeit
prägt. Dass die Schöpfung [...] von Anfang an ›sehr gut‹ ist (Gen 1) und dass die Geschichte nicht in einem heillosen Chaos besteht, sondern einen von Gott geführten
Lauf nimmt, verdankt sich seiner ungeschuldeten, unverdienten, unvergleichlichen
L.« (Söding 2004, 252). Der Sprachgebrauch der LXX wurde von den neutestamentlichen Autoren fortgeführt.

Damit werden von der *agape* Gottes her auch *eros*, *storge* u. *philia* zu Momenten
der *agape*-Antwort der Menschen zu Gott und untereinander, in der Partnerschaft von
Frau u. Mann, in der →Familie, in Freundschaft. Sie werden durch die *agape* Jesu
Christi in besonderer Weise vertieft, gestaltet und in ihren Tiefendimensionen offenbar. Sie können aber auch als Widerspruch o. Widerstand zur *agape* wirken, die sich
auf *alle* Menschen erstrecken soll, besonders Notleidende und sogar Feinde. Die LXX
verwendet die Wortfamilie *eros* nur sehr selten, das NT gar nicht, trotz der unver-
krampften Darstellung des Sexuellen und der L. zwischen Mann u. Frau im AT. Die
unverkrampfte biblische »Natürlichkeit« nahm der erotisch-sexuellen L. jenen numi-
nos-mystischen u. sexualmythischen Charakter, den die Religionen der Umwelt Israels ihr gaben, bes. die Baalskulte. Das NT spricht nicht von *eros* in der L. zwischen
Mann u. Frau, weil es den aggressiv männlich bestimmten *eros* der griechisch-römi-

schen Umwelt ablehnt, sündige Leidenschaft in u. außerhalb der →Ehe entmachten und ihm ein Ethos der Enthaltsamkeit u. Selbstbeherrschung um der L. willen entgegensetzen will. A. Nygren betrachtete Eros u. Agape darum pessimistisch als unvereinbar – als könne die L. von Gottes Ebenbildern Mann u. Frau zueinander (1Mose 1,27f) nicht Abbild und eine tugendethisch zu kultivierende →Gabe (Gnade) der L. Gottes sein, die im ehelichen Bund (→Ehe) partnerschaftlich-komplementär statt phallokratisch-unterdrückend gelebt wird.

Die L. in der Gemeinschaft der Gläubigen als Geschwister lässt Paulus von der Kirche als Familie Gottes sprechen (vgl. Röm 12,10). Auch die Freundesl. gewinnt in der Nachfolge Christi eine neue Dimension; sie verbindet (johanneisch) in Freundschaft mit Christus (Joh 15,14f) und (lukanisch) die Jünger u. Jüngerinnen zu einer Gemeinschaft als Freundeskreis, der »ein Herz und eine Seele« (Apg 4,32) wird, wo sie *agape* zueinander haben (Joh 13,35). In der Kraft der *agape* schafft die Gastfreundschaft in der frühen →Kirche ganz neu Einrichtungen für Fremde, Kranke, Behinderte, Waisen, Arme u. Obdachlose; die Freundschaft mit Christus stärkt u. befähigt zur Freundschaft u. Gemeinschaft mit Leidenden, um mit ihnen die Lasten zu tragen (vgl. Gal 6,2), und Schritte zur →Versöhnung und An-Freundung mit Feinden zu unternehmen.

HUMANWISSENSCHAFTLICH

Psychologisch entscheidend für die Entwicklung der L.-sfähigkeit des »animal sociale« Menschen dürfte die Entwicklung der Beziehungsfähigkeit sein. Neurobiologie, (empirische u. psychoanalytische) Säuglings- u. Bindungsforschung tragen wichtige Erkenntnisse bei. Unter genügend günstigen Bedingungen entsteht in der primären Beziehung i.d.R. mit der Mutter »die zusammenhängende, flexible u. zugleich widerstandsfähige psychische Struktur eines Menschen ..., bei dem die L. zu sich selbst, den anderen und zu seiner Umwelt den Hass überwiegt« (E. Krejci). Der Säugling erlebt unvermeidlich heftige Aggressionen wie auch stille Phasen und höchst erregende Momente von »Glück« in der Interaktion mit seiner ersten wichtigen Bezugsperson. Der Säugling erlebt »Glück« und Frustration in Kommunikation mit seinen Bezugspersonen, im Empfangen von Zuwendung und darin, bei ihnen selbst etwas bewirken und L. schenken zu können. Seine Ausbrüche von Wut u. Zorn vermag die »genügend gute Mutter« (D. Winnicott) zu »überleben«, fürsorglich auszuhalten, zu »stillen« und zu »entgiften« (W.R. Bion). Die Sicherheit bzw. Qualität dieser Bindung wirkt sich auf das künftige »innere Arbeitsmodell« für Beziehungen (J. Bowlby) aus und die Fähigkeit zur Einfühlung (»Mentalisierung«, P. Fonagy). Neben der primären Beziehung entwickelt der Säugling im genügend günstigen Fall schon sehr bald eine weitere bedeutsame, wenn auch emotional »blassere« psychische Beziehung zu einem Anderen (i.d.R. zum Vater), mit dem die Mutter psychisch in liebender Beziehung ist (selbst wenn dieser Dritte abwesend bleibt). Diese »Triangulierung« ist mit-entscheidend für die frühkindliche Entwicklung der Fähigkeit zur Symbolbildung, zur Bildung psychischer Strukturen u. Grenzen und für die Realitätsprüfung. Davon hängt mit ab, wie eine Person als erwachsene Nähe u. Distanz, Harmonie u. Trennung in zwischenmenschlichen Beziehungen reguliert, in Freundschaft, in Partnerschaft und auch in (freiwilligen u. professionellen) helfenden Beziehungen.

Für die Entwicklung der Persönlichkeit(sstruktur) im Lebenslauf stellt die Integration der mit unausweichlichen Frustrationen verbundenen Aggressionen gegen sich selbst und gegen geliebte Bezugspersonen eine (wiederkehrende) zentrale Aufgabe dar, um realistische, stabile u. emotional tiefe Beziehungen zu entwickeln. Je weniger dies gelingt, umso mehr werden andere (u./o. das Selbst) unbewusst fragmentiert, primitiv idealisiert o. massiv entwertet. Zu reifen L.s-Beziehungen gehören darum ein solches integriertes Bild von sich u. anderen, die Fähigkeiten, Ambivalenzen zu tolerieren und Impulse zu kontrollieren, sowie reife, verbindliche Wertmaßstäbe (O. Kernberg). Integrierte (und darum stille) Selbstl. und reife L. (u. Hingabe) für andere konkurrieren nicht, sondern verstärken einander. Ungelöste narzisstische Konflikte von Selbstwert u. Selbstannahme können L.s-beziehungen besonders bedrohen und zerstören.

Daran hat auch die psycho-sexuelle Entwicklung wesentlichen Anteil. Psychosexualität meint »eine Sexualität der Bedeutungen und persönlichen Beziehungen, die reale u. imaginäre Erfahrungen u. Situationen in einer sozialen Welt entwickelt haben und um diese herum organisiert worden sind« (R. Schafer). Sie ist entwicklungspsychologisch also in hohem Maße plastisch und nicht biologistisch zu reduzieren. Psychoanalytisch betrachtet gehören zu einer reifen »Wahl des Menschen, den man liebt und mit dem man sein Leben verbringen möchte, [...] reife Ideale, Werturteile u. Ziele, die, wenn sie der Befriedigung der Bedürfnisse nach L. u. Intimität hinzugefügt werden, dem Leben einen umfassenderen Sinn geben. [...] Insofern als ein Mensch gewählt wird, der einem anzustrebenden Ideal entspricht, enthält diese Wahl jedoch ein Element der Transzendenz, eine Hingabe, die ganz natürlich entsteht, weil sie die Hingabe an die Lebensweise ist, die die Beziehung mit dieser Person repräsentiert« (O. Kernberg 1976, 234). Eine solche tiefe Bindung an einen Menschen, die →Werte und die Erfahrung des gemeinsam gelebten Lebens stärken und schützen die Stabilität des Paares; die zeitweilige Sehnsucht nach anderen Beziehungen bei beiden verlangt von beiden auch, Verzicht zu üben. Freiheit nimmt durch L. u. Bindung nicht ab, sondern an Tiefe u. Erfüllung zu. »Verzicht und Sehnsucht können dem Leben des Individuums und des Paares auch größere Tiefe verleihen, und das Umlenken von Sehnsüchten, Phantasien u. sexuellen Spannungen in die Paarbeziehung kann ihrem L.sleben eine dunkle u. komplexe Dimension hinzufügen. Schließlich müssen alle Beziehungen zwischen Menschen einmal zu Ende gehen, und die Drohung von Verlust, Verlassenwerden und letztlich des Todes ist am größten, wo die L. am tiefsten ist; sich dessen bewusst zu sein verleiht der L. noch größere Tiefe« (O. Kernberg 1998, 100).

PRAKTISCH-THEOLOGISCH

Kirche als Gemeinschaft der Gläubigen aus der →Taufe ist systemisch auf allen Ebenen gerufen, die L. Gottes anzunehmen und zu beantworten. Sie ist gesendet, der Vereinigung der Menschen mit Gott und ihrem Frieden untereinander zu dienen. Wo immer Menschen leiden, können sie besonders in ihrer L. zu Gott und anderen herausgefordert sein, und sie stellen zugleich einen Anruf zur tätigen L. an andere dar, nämlich ihre Not zu sehen und zu handeln. Das gilt für Getaufte individuell wie als →Gemeinschaft, nach innen wie nach außen. Die Gemeinschaft der Gläubigen, ihre Verkündigung des Evangeliums und ihre Feier der L. Gottes können darum nicht glaubwürdig sein ohne (sowohl spontane als auch verlässlich organisierte) Praxis der Nächstenl. »in Tat und Wahrheit« (vgl. 1Joh 3,16), welche das Leben von Beginn bis zum Ende schützt und mit L. umgibt und sich den vielen individuellen und gesellschaftlichen Nöten (Handlungsfeldern) zuwendet: der Entwicklung von Kindern und Jugendlichen, dem Gelingen und Scheitern von Ehe und Familie, der menschenwürdigen Hilfe für Kranke, Fremde, Inhaftierte, Obdachlose, Menschen mit →Behinderung und im →Alter. Dies schließt auch die Aufgaben ein, inspiriert und erkenntnisgeleitet von der L. in Kirche und Gesellschaft →Solidarität zu stiften, Ursachen von Nöten zu beseitigen, soziale Strukturen und Gesetze zu verbessern und profetisch-anwaltschaftlich zu handeln mit dem Ziel einer Kultur und Zivilisation der L., der Gerechtigkeit und des Friedens. Mikro-, meso- und makrosystemisch gilt in diesem Sinne: »Für die Kirche ist – vom Evangelium her – die L. alles« (Benedikt XVI. 2009, N.2).

LITERATUR: OTTO KERNBERG, Objektbeziehungen und Praxis der Psychoanalyse, Stuttgart 1976 • OTTO KERNBERG, Liebesbeziehungen. Normalität und Pathologie, Stuttgart: Klett-Cotta 1998 • THOMAS SÖDING, Eros und Agape im Licht des Neuen Testaments, in: Geist und Leben 77 (2004) 248–260 • Benedikt XVI., Enzykliken »Deus caritas est« 2005 und »Caritas in veritate« 2009 • KLAUS BAUMANN, »Liebe ist möglich ...« (Dce 39). Zur anthropologischen Dimension der Enzyklika »Deus caritasest«, in: PETER KLASVOGT / HEINRICH POMPEY (Hg.), Liebe bewegt ... und verändert die Welt, Paderborn 2008, 67–84.

Klaus Baumann

Rabbi Mosche Löb aus Sasow bekannte seinen Jüngern: Die Erkenntnisse wahrer Liebe verdanke ich einem Gespräch zweier Dorfleute. Sagt der Eine: »Sag mir, liebst du mich?« Antwortet der Andere: »Ich liebe dich sehr.« Darauf der Erste: »Weißt du auch, was mir weh tut?« Entgegnet der Zweite: »Wie kann ich wissen, was dir weh tut?« Belehrt ihn also der Freund: »Wenn du nicht weißt, was mir weh tut, wie darfst du sagen, dass du mich lieb hast?« Versteht ihr, führte der Sasower aus: Lieben, wirklich lieben, heißt wissen, was dem anderen weh tut, ihr Bedürfnis zu spüren und ihr Leid zu tragen. Sonst ist nicht Liebe, was wir lieben nennen.

Nach: Martin Buber, Die Erzählungen der Chassidim (Manesse Bibliothek der Weltliteratur), Zürich [12]1992, 533.

LIGA

Die →Sozialpolitik der Weimarer Republik führte zu einer Aufwertung u. Anerkennung der freien Wohlfahrtspflege. Als Dachverband dieser →Wohlfahrtsverbände gründete sich im Dezember 1924 die »Deutsche L. der Freien Wohlfahrtsverbände«. Ihr gehörten an: Central-Ausschuss für die →Innere Mission (IM 1848/49), Deutscher →Caritasverband (DCV, 1897), Zentralwohlfahrtsstelle der Juden in Deutschland (ZWST, 1917), Deutsches Rotes Kreuz (→DRK, 1921), der Deutsche Paritätische Wohlfahrtsverband (DPWV, 1924) und der Zentralwohlfahrtsverband der christl.-nationalen Arbeiterschaft. Die Arbeiterwohlfahrt (AWO, 1919) gehörte der L. nicht an. Sie wurde aber mit den anderen sechs Verbänden im Dezember 1926 von der Regierung als »Reichsspitzenverband der freien Wohlfahrtspflege« (→BAGFW) anerkannt.

Im Nationalsozialismus wurden Teile der freien Wohlfahrtspflege zwangsfusioniert (DPWV) oder zerschlagen (AWO, christl.-nationale Arbeiterschaft u. ZWST). Die L. wurde mit den übrigen Verbänden IM, DCV u. DRK unter dem Führungsanspruch der NS-Volkswohlfahrtspflege (NSV) im Juli 1933 zur »Reichsgemeinschaft der freien Wohlfahrtspflege Deutschlands« und im März 1934 zur »Arbeitsgemeinschaft der freien Wohlfahrtspflege Deutschlands«, die im März 1940 aufgelöst wurde. Zur Entwicklung nach 1945 →BAGFW.

LITERATUR: JOCHEN-CHRISTOPH KAISER, Freie Wohlfahrtspflege im Kaiserreich u. i.d. Weimarer Republik, in: DERS., Ev. Kirche u. soz. Staat, Stuttgart u.a. 2008, 58–86.

Volker Herrmann

LITURGIE

Mit L. ist ursprünglich eine öffentliche Dienstleistung (gr. *leitourgia* von *laós*, Volk, und *érgon*, Werk) und wurde nur teilweise im kultischen Sinn gebraucht. Erst in der Septuaginta für spezifische kultische Aufgaben. Im NT nur 15 Nachweise mit großem Bedeutungsspektrum, u.a. auch als Nächstendienst (Röm 15,27).

In der frühen →Kirche verengt sich die Bedeutung auf kultische Handlungen, besonders der kirchlichen Amtsträger. Im Westen ging der Begriff im Mittelalter verloren und findet erst seit dem 18. Jh. wieder Anwendung. Er meint in engerer Bedeutung den geordneten, öffentlichen →Gottesdienst der Kirche, v.a. die Feier der →Sakramente und in weiterem Sinn neben Martyria und Diakonia einen der Wesensvollzüge der Kirche. L. ist Gottes Dienst von ihm und auf ihn bezogen, und damit vergegenwärtigende und eschatologisch antizipierende Erinnerung des Paschamysteriums Christi (Anamnese) im Heiligen Geist. Elemente der L. sind →Verkündigung, →Gebete u. rituelle Handlungen (→Ritual). Die enge Beziehung und strukturelle Analogie zur →Diakonie ist in der Bibel (→Fußwaschung, prophetische Kultkritik u.a.) gut bezeugt.

LITERATUR: REINHARD MESSNER, Einführung in die L.wissenschaft, Stuttgart 2009.

Stephan Koch

LÖHE, WILHELM

L. (1808–1872) studierte nach dem Besuch des Gymnasiums in Nürnberg in Erlangen u. Berlin ev. Theologie und wurde 1831 zum bayerischen Pfarrer ordiniert. Im August 1837 trat er seine erste Pfarrstelle im fränkischen Neuendettelsau an. Die frühen Berufsjahre waren von ersten diakonischen Initiativen geprägt. Ab 1841 trat die seelsorgerische Betreuung der nach Nordamerika ausgewanderten Lutheraner in den Mittelpunkt seiner Arbeit. Zu Beginn der 1850er Jahre rückte die diakonische Arbeit wieder in den Blick L.s. Basierend auf den »Verein für weibliche Diakonie in Bayern« gründete L. am 9. Mai 1854 in Neuendettelsau die erste bayerische Diakonissenanstalt. Die Ausbildung öffnete er auch Frauen, die nicht →Diakonissen werden wollten. 1858 veränderte er die Ausrichtung der Diakonissenanstalt (Mutterhausprinzip nach →Fliedner) und begann mit der »institutionalisierten Diakonie« in Neuendettelsau (u.a. Bau von →Krankenhäusern, Behinderteneinrichtungen und Beginn sozialer Arbeitsfelder). Neuendettelsau wurde zudem international tätig (u.a. in Odessa, Reval oder Bessarabien). Die Diakonissenanstalt entwickelte sich unter W.L. zu einer der größten Einrichtungen in Deutschland.

LITERATUR: HERMANN SCHOENAUER (Hg.), W.L. (1808–1872), Stuttgart 2008

Matthias Honold

LOHMANN, THEODOR

Der Jurist L. (1831–1905) wurde durch das hannoversche Luthertum und die Erweckungsbewegung geprägt. Seine berufliche Karriere verlief glänzend. Zunächst als Kirchenjurist im Dienst des hannoverschen Staates und dann (nach 1866) der preußischen Regierung arbeitete er seit Oktober 1871 als Referent für gewerbliche Arbeiterfragen im preußischen Ministerium für Handel, Gewerbe u. öffentliche Arbeiten, wo er sich besonders um die Fabrikgesetzgebung kümmerte. Zwischen 1881 u. 1883 war er einer der wichtigsten Mitarbeiter Otto von Bismarcks bei der Ausarbeitung der →Sozialgesetzgebung.

Seit 1880 gehörte er dem Centralausschuss für →Innere Mission an, für den er 1884 die Denkschrift »Die Aufgabe der Kirche und ihrer inneren Mission gegenüber den wirtschaftlichen u. gesellschaftlichen Kämpfen der Gegenwart« in wesentlichen Teilen verfasste. In ihr entwarf er das soziale Programm einer »versöhnenden Arbeiterpolitik«.

LITERATUR: RENATE ZITT, Zw. Innerer Mission u. staatl. Soz.politik. Der protestant. Sozialreformer T.L. (1831–1905), Heidelberg 1997.

Norbert Friedrich

LOYALITÄT

L. bedeutet allgemein Treue, Zuverlässigkeit o. Redlichkeit gegenüber jemandem oder etwas. Damit ist eine innere →Haltung o. Selbstverpflichtung gemeint, die →Werte eines anderen zu vertreten, auch wenn sie nicht immer vollumfänglich geteilt werden. Im Unterschied dazu beschreibt der häufig synonym verwendete Begriff →Solidarität eher das innere Bedürfnis, sich für die Ziele anderer einzusetzen.

Im Arbeitsverhältnis bezeichnet L. die Rücksichtnahme u. Redlichkeit der →Mitarbeitenden gegenüber den Anschauungen u. Zielen des Arbeitgebers. In jedem Arbeitsverhältnis kann ein Mindestmaß an L. von den Mitarbeitenden gegenüber dem Arbeitgeber verlangt werden. In bestimmten Bereichen können jedoch besondere L.sanforderungen an Mitarbeitende gestellt werden, die auch in das Privatleben hineinreichen können, etwa in Beamtenverhältnissen, in Tendenzbetrieben im Sinne des § 118 BetrVG oder in kirchlichen Arbeitsverhältnissen. Damit soll der Beeinträchtigung der Glaubwürdigkeit des Arbeitgebers durch das Verhalten von Mitarbeitenden entgegengewirkt werden.

Dass im kirchlichen Bereich zwischen dem Arbeitgeber und seinen Mitarbeitenden besondere L.spflichten bestehen können, folgt aus dem verfassungsrechtlich gewährleisteten Selbstbestimmungsrecht der Religionsgesellschaften gemäß Art. 140 GG in Verbindung mit 137 Abs. 3 WRV. So hat das Bundesverfassungsgericht 1985 in einem Grundsatzbeschluss festgestellt und 2014 bestätigt, dass →Kirchen innerhalb der Schranken des für alle geltenden Gesetzes den kirchlichen Dienst nach ihrem Selbstverständnis regeln und die spezifischen Obliegenheiten kirchlicher Arbeitnehmer verbindlich machen können. Sie können der Gestaltung des kirchlichen Dienstes auch dann, wenn sie ihn auf der Grundlage von Arbeitsverträgen (→Arbeitsrecht) regeln, das besondere →Leitbild der christl. →Dienstgemeinschaft aller ihrer Mitarbeitenden zugrunde legen. Welche kirchlichen Grundverpflichtungen als Gegenstand des Arbeitsverhältnisses bedeutsam sein können, richtet sich nach den von der verfassten Kirche anerkannten Maßstäben. An diesen müssen sich die Kirchen im Streitfall allerdings auch messen lassen. Grenzen bilden die Grundprinzipien der Rechtsordnung, also das allgemeine Willkürverbot (Art. 3 Abs. 1 GG), die »guten Sitten« (§ 138 Abs. 1 BGB) oder der *ordre public* (Art. 6 EGBGB).

Eine Schranke wird dem kirchlichen Selbstbestimmungsrecht auch durch das Allgemeine Gleichbehandlungsgesetz (AGG) als ein für alle geltendes Gesetz gesetzt. Dass die Kirchenzugehörigkeit als Anforderung für die berufliche Mitarbeit in Kirche u. →Diakonie dennoch vorausgesetzt werden darf, obwohl die Benachteiligung wegen der Religion grundsätzlich verboten ist, regelt § 9 AGG.

Die Loyalitätspflichten der ev. Kirche u. Diakonie sind in der »Richtlinie des Rates über die Anforderungen der privatrechtlichen beruflichen Mitarbeit in der Ev. Kirche in Deutschland u. des Diakonischen Werkes der EKD« (L.srichtlinie) vom 1. Juli 2005 niedergelegt. Sie gilt unmittelbar nur für die →EKD, das Diakonische Werk der EKD (heute: EWDE →Diakonie Deutschland; Brot für die Welt) und ihre Mitglieder. Den →Landeskirchen und →Diakonischen Werken wird jedoch empfohlen, entsprechende Regelungen auf Grundlage der Richtlinie zu treffen. Alle Gliedkirchen haben Bestimmungen über die Religionszugehörigkeit als Anforderungen für die berufliche Mitarbeit sowie die kirchenspezifischen L.sobliegenheiten in ihren Rechtsordnungen aufgenommen.

Gemäß § 3 der L.srichtlinie ist für die Mitarbeit in der ev. Kirche u. Diakonie grundsätzlich die Zugehörigkeit zu einer Gliedkirche der EKD oder einer Kirche, mit der die EKD in →Kirchengemeinschaft verbunden ist, Voraussetzung. Ist keiner der Kernbereiche (→Verkündigung, →Seelsorge, Unterweisung o. →Leitung) betroffen, kann von dem Grundsatz abgewichen und Personen, die einer anderen Mitgliedskirche der →ACK oder der Vereinigung Ev. →Freikirchen (VEF) angehören, eingestellt werden. Eine Einstellung von Mitarbeitenden, die keiner dieser Kirchen oder kirchlichen Gemeinschaften angehören, soll grundsätzlich nicht erfolgen.

Während des Arbeitsverhältnisses übernehmen alle Mitarbeitenden →Verantwortung für die glaubwürdige Erfüllung kirchlicher u. diakonischer Aufgaben und haben sich loyal gegenüber der ev. Kirche zu verhalten (§ 4). Weitere Anforderungen bestehen in abgestufter Form für ev., christl. u. nichtchristl. Mitarbeitende. § 5 regelt die Konsequenzen für den Fall, dass die in der L.srichtlinie geregelten Anforderungen nicht mehr erfüllt werden. Erst nach Abwägung aller Umstände des Einzelfalls kann als letzte Maßnahme eine Kündigung in Betracht kommen. Es gibt keinen absoluten Kündigungsgrund.

Infolge der theologischen u. gesellschaftlichen Entwicklungen befindet sich die L.srichtlinie derzeit in einem Überarbeitungsprozess hin zu einer möglichen Öffnung.

Annegret Utsch

LUCKNER, GERTRUD

G.L. (1900–1995), in Liverpool als Jane Hartmann geboren, von einem deutschen Ehepaar adoptiert. Sie studierte u.a. VWL in Königsberg, Frankfurt/M. und England, außerdem Studium der →Caritaswissenschaft und bis 1938 Promotionsstudium der VWL in Freiburg. Ab 1936 war sie tätig für den Deutschen →Caritasverband (DCV), u.a. 1940 in der »Auswanderungsberatung für nichtarische Katholiken«. Seit 1938 verhalf L. Juden zur Flucht in die Schweiz. Im Namen des DCV setzte sie sich für legale Auswanderung für Juden ein und unternahm dafür – auch geheim – zahlreiche Reisen. Unterstützt wurde sie von DCV-Präsident →Kreutz und dem Erzbischof von Freiburg, Konrad Gröber. 1943 denunziert durch einen Caritas-Mitarbeiter, von der Gestapo verhaftet, bis 1945 im KZ Ravensbrück als politische Gefangene bei schwerer Zwangsarbeit interniert. Nach dem Krieg leitete L. die Verfolgtenfürsorge des DCV, 1966 »Gerechte unter den Völkern« in Yad Vashem, ab 1968 Schriftleiterin des »Freiburger Rundbrief« zur Förderung der Freundschaft zwischen Juden und Christen.

Literatur: Hans-Josef Wollasch, G.L., Freiburg 2005.

Petra Zeil / Stephan Koch

Luther, Martin

Diakonische u. soziale Themen hat der Reformator (→Reformation) M.L. (1483–1546) relativ häufig bearbeitet, allerdings weniger in systematischer Form, sondern als Antworten auf konkrete Anfragen o. Problemstellungen. Seine Stellungnahmen erfolgten immer auf der Basis seines biblisch begründeten neuen Glaubensverständnisses. Mit seiner Lehre von der →Rechtfertigung allein aus Glaube wandte er sich gegen überkommene Vorstellungen einer Werkgerechtigkeit. Demgegenüber entwickelte L. ein neues Verständnis vom →Beruf, das auf ein Handeln in weltlicher Verantwortung vor Gott zielte zum Dienst am Nächsten. Diakonisch relevant sind bei ihm – ähnlich bei anderen Reformatoren (Bugenhagen, →Calvin) – v.a. die Kommentare zu Praxisbeispielen (Leisninger Kastenordnung) und Vorschläge für eine neue städtische Armenfürsorge. Die Organisation eines »gemeinen Kastens« ist seit der Reformationszeit für die lutherische Theologie bis weit in das 19. Jh. hinein zentrale Grundlage für die Entwicklung diakonischer Initiativen.

Literatur: Hans-Jürgen Prien, L.s Wirtschaftsethik, Erlangen 2012.

Norbert Friedrich

Mahling, Friedrich

Der Praktische Theologe M. (1865–1933) stammte aus Frankfurt/Main. Nach dem Theologiestudium (in Leipzig, Greifswald u. Halle) leitete von 1892 bis 1904 die von →Wichern gegründete Hamburger Stadtmission. In dieser Zeit beschäftigte er sich intensiv mit Johann Wicherns Arbeit und seiner Konzeption, u.a. als Herausgeber seiner Werke. Nach einer Zeit als Gemeindepfarrer in Frankfurt/Main war M. von 1909 bis 1933 Professor für Praktische Theologie in Berlin, dorthin war er als Vertreter eines sozial-konservativen Protestantismus berufen worden. Seit 1909 gehörte er dem Centralausschuss für →Innere Mission an. Mahling erinnerte die sich wandelnde Volkskirche immer wieder an ihre soziale Verantwortung. Er bemühte sich um eine theoretische Begründung der Inneren Mission, u.a. durch sein voluminöses Werk über die Innere Mission (postum 1935–1937 erschienen).

Literatur: Peter C. Bloth, Paul Kleinert u. F.M. Zwei Konzepte Praktischer Theologie in Berlin zw. 1870 u. 1933, in: Gerhard Besier (Hg.), 450 Jahre Theologie in Berlin, Göttingen 1989, 349–362.

Norbert Friedrich

MALLINCKRODT, PAULINE VON

Geboren 1817 in Westfalen und aufgewachsen in Aachen, profitierte P.v.M. nach dem Umzug 1839 nach Paderborn bei der Gründung des »Frauenvereins zur Hilfe der armen Kranken in den Häusern« von ihren Erfahrungen im »Aachener Priesterkreis«, in dem sich sonntags Frauen mit Priestern trafen, um anstehende Probleme, v.a. die →soziale Frage, zu erörtern. Alle Frauen des Kreises wurden später entweder Kongregationsgründerinnen wie Clara Fey von den »Schwestern vom armen Kinde Jesu« oder traten einer neu entstandenen Kongregation bei, von denen es allein in Preußen 23 gab. Weil nicht nur kranke u. arme Mütter Hilfe brauchten, baute der Frauenverein für deren Kinder eine »Bewahranstalt« auf. Zur Förderung blinder Kinder schuf P.v.M. eine Einrichtung und eine Kongregation, die 1849 anerkannte »Genossenschaft der Schwestern der christl. Liebe«, in die sie selbst eintrat. Der Kulturkampf zwang sie zu einer Umorientierung. Ihre Genossenschaft war nun statt im verbotenen Elementarschulbereich im höheren und im beruflichen Mädchenbildungswesen tätig und eröffnete Niederlassungen in Chile und in den Vereinigten Staaten von Amerika. Bei ihrem Tod 1881 arbeiteten von 402 Schwestern 284 außerhalb von Europa.

LITERATUR: BARBARA BARI, P.v.M. u. die Gründung ihrer Kongregation, in: Westfälische Zeitschrift 146 (1996), 287–312 • RELINDE MEIWES, P.v.M. (1817–1881), in: JÜRGEN ARETZ / RUDOLF MORSEY / ANTON RAUSCHER (Hg.), Zeitgeschichte in Lebensbildern Bd. 10, Münster 2001, 11–25.

Barbara Henze

MANAGEMENT

M. leitet sich ab vom Englischen *to manage*, »handhaben, [mit etwas] zurechtkommen, etwas bewältigen, fertigbringen u. bewirtschaften, beaufsichtigen«; vom Italienischen *maneggiare*, »an der Hand führen«, ursprünglich lateinisch *manus agere*, »in der Hand halten, führen«. M. ist das »Gestalten, Lenken u. Entwickeln gesellschaftlicher Institutionen« (H. Ulrich). Es wird unterschieden zwischen normativem, strategischem u. operativem M. Auf der normativen Ebene geht es um das *Know why* oder *Know what*, um die richtigen Ziele zu haben und das Richtige zu tun *(Do the rightthing)*. Normatives M. bestimmt zentrale Aufgaben, Ziele u. →Werte, formuliert das →Leitbild und beschäftigt sich mit den Themen der organisationalen Identität. Auf der strategischen u. operativen Ebene geht es um das *Know how (Do things right)*. Strategisches M. entwickelt auf der Basis von Zielen Instrumente, um diese zu erreichen: die Strategie. Diese präzisiert, mit welcher Planung, mit welchen Schritten und in welcher Zeit die Organisation die Ziele erreichen soll. Operatives M. setzt die Ziele um und befasst sich als durchführende Ebene mit der effizienten Alltagsbewältigung. Auf dieser Ebene formiert u. verdichtet sich der operative Sinnhorizont mit den Bezugspunkten, Entscheidungskriterien u. Leistungsindikatoren, die mit einer effizienten Koordination des Alltagsgeschehens und mit der optimalen Nutzung von Kapazitäten u. Ressourcen der Organisation verbunden sind. Alle drei Ebenen des M.s kommunizieren eng miteinander und formen gemeinsam ein abgerundetes Bild guten M.s.

Im Zusammenhang von M.aufgaben in der →Diakonie ist von multi-rationalem M. zu sprechen, da theologische, ökonomische u. fachliche Perspektiven aufeinander bezogen sind. Es treffen nicht nur Denkformen, sondern auch verschiedene »Selbstverständlichkeiten«, Gepflogenheiten o. Sinnsysteme aufeinander. Die alltäglichen

Anforderungen umfassen auch operativ multi-rationales M. Betriebliche Abläufe, Strukturen u. Zuständigkeiten müssen unter Kostengesichtspunkten (→Finanzierung), fachlich u. adressatengerecht betrachtet u. organisiert werden, neue Arbeitsfelder erschlossen und alte umstrukturiert werden, relevante →Stakeholder im Blick behalten und das diakonische →Profil – i.d.R. durch Leitbilder u. Traditionen der →Einrichtungen u. →Unternehmen geprägt – identitätsstiftend erhalten o. weiterentwickelt werden. Solche komplexen Aufgaben in →Sozialmärkten erfordern unabhängig davon, ob christliche, weltanschauliche o. andere soziale Anliegen leitend sind, die Gestaltung der Verbindungen verschiedener Dimensionen: betriebswirtschaftliche, theologische-ethische u. fachliche Kompetenzen der Anwendungsfelder (pädagogisch, medizinisch, gerontologisch etc.) sowie auch eine gesellschaftspolitische Dimension der Wahrnehmung von sozialem Bedarf. Für gutes M. von sozialen Organisationen müssen die angesprochenen Dimensionen *alle* Berücksichtigung finden können. Diakoniem. erfordert interdisziplinär ausgerichtete Kompetenzen. Führungskräfte (→Leitung) in der →Sozialwirtschaft brauchen Anschlussfähigkeit an und Kommunikationsfähigkeit mit unterschiedlichen Denkformen. Das säulenartige Nebeneinander solcher Kompetenzen führt zu Unausgewogenheiten: Häufig dominiert die betriebswirtschaftliche Kompetenz in den »harten« Entscheidungen, in den vermeintlich »weichen« Entscheidungen die ethische o. soziale Kompetenz, die keine ausreichende Struktur in der Organisation findet.

Diakoniem. ist das theologisch reflektierte Lenken, Gestalten u. Organisieren sozialwirtschaftlicher →Dienstleistungen im Raum der Ev. Kirchen. Diakoniem. akzentuiert werteorientiertes M. Werteorientiertes M. (→Werte) setzt sich zusammen aus umfassendem ethischem u. zugleich strukturell-systemischem Denken, das dazu beiträgt, normative Orientierungen zu gestalten, zu organisieren u. »durchzudeklinieren«. Gutes M. braucht Werteorientierung, gute →Ethik braucht organisationale u. strukturelle Verankerung. Die spezifische Aufgabe des diakonischen M.s besteht darin, die theologische Sinnmitte (Alfred →Jäger) im konkreten Handlungsvollzug transparent zu machen. Dazu dienen Instrumente des Wertem.s. Dieses bezieht sich einerseits auf die Bewertung von Produkten u. Prozessen (→Qualitätsm., Evaluation). Wertem. bietet andererseits vier Stufen der Strukturbildung an (Josef Wieland): Kodifizieren (Grundwerte, Leitbilder, diakonisches Profil erstellen), Kommunizieren (Unternehmenskommunikation, Policies, Procedures, Anweisungen etc. entwickeln), Implementieren (Compliance-Programm [→Corporate Governance Codex, Diakonie], Werteprogramm, werteorientierte Kennzahlen, spiritualitätsorientierte Unternehmensentwicklung etc. entwerfen), Organisieren (Werteorientierte Leitungsstrukturen, werteorientiertes Qualitätsmanagement o. →Controlling, werteorientierte Kennzahlensysteme, Gestaltung der Unternehmenskultur etc. einführen). Das Sozialm. berücksichtigt die besonderen Bedingungen der Gestaltung des Non-Profit-Sektors. Diakoniem., Wertem. u. Sozialm. stehen gemeinsam für die Aufgabe, den mechanisch-effizienzorientierten Zugang zum M. um non-profit-Dimensionen zu erweitern.

LITERATUR: MARLIES W. FRÖSE (Hg.), M. Soz. Organisationen, Bern 2005 • JOHANNES RÜEGG-STÜRM, Das neue St. Galler M.modell, Bern 2003 • HENRY MINTZBERG, M., Offenbach 2010

Martin Büscher

MARILLAC, LOUISE DE

M. (1591–1660) war Caritaspatronin u. Ordensgründerin; ihr Hl.-Gedenktag ist der 15.03.

Als uneheliches Kind beim Vater aufgewachsen, besuchte M. bis zu dessen Tod 1604 die Schule der Dominikanerinnen in Poissy. M. heiratete 1613 Antoine Le Gras, Kämmerer der Königin Maria von Medici. Der frühe Tod des Mannes 1625 beendete das höfische Leben.

Durch →Vinzenz von Paul fand sie Zugang zur »Confrèrie des Dames de la Charité« (vgl. Vinzenz- bzw. Caritas-Konferenzen), zu deren Leitung er sie 1629 einsetzte. M. visitierte Ortsgruppen der Confrèrie, Waisenhäuser u. Armenküchen, stets in engem brieflichem Austausch mit Vinzenz.

1633 war sie Mitbegründerin der »Confrèrie des Filles de la Charité« (auch »Barmherzige Schwestern«), als weltliches Werk von in Krankenpflege ausgebildeten Bauernmädchen (inspirierte später T. →Fliedner, Diakonissen). Statt Ordenstracht setzte sich die Kopfbedeckung bretonischer Bäuerinnen durch. Gegen Vinzenz' ersten Wiederstand trieb M. 1655 die päpstliche Kongregation der »Vinzentinerinnen« – heute der weltweit größte kath. Frauenorden – voran.

LITERATUR: SAINT VINCENT DE PAUL, Correspondance, entretiens, documents, éd. publiée et annotée par Pierre Coste, Paris 1920 • MATTHIEU BREJON DE LAVERGNÉE, Histoire des Filles de la Charité, Paris 2011.

Frank Barrois

MARKE

Nach dem Deutschen M.gesetz können alle Zeichen, insbesondere Wörter inklusive Personennamen, Abbildungen, Buchstaben, Zahlen, Hörzeichen, dreidimensionale Gestaltungen oder auch die Form der Ware selbst bzw. ihrer Verpackung sowie sonstiger Aufmachungen geschützt werden, die geeignet sind, Waren o. →Dienstleistungen eines Unternehmens von denjenigen anderer Unternehmen zu unterscheiden (§ 3 Abs. 1 MarkenG). M. dienen also der Differenzierung und dem Schutz vor den Wettbewerbern. In der Praxis werden häufig Kombinationen aus den im Gesetz genannten Möglichkeiten geschützt, z.B. ein Name in Form eines bestimmten Schriftbildes, verbunden mit einem Logo: sog. Wortbildm.

Der Begriff M. im →Marketing geht jedoch weit über den juristischen Begriff eines zu schützenden Zeichens hinaus. Der Wirtschaftswissenschaftler Heribert Meffert hat eine M. definiert als »Nutzenbündel mit spezifischen Merkmalen, die dafür sorgen, dass sich dieses Nutzenbündel gegenüber anderen Nutzenbündeln, welche dieselben Basisbedürfnisse erfüllen, aus Sicht relevanter Zielgruppen nachhaltig differenziert«. Sehr vereinfacht kann man sagen, dass eine M. durch die Eigenschaften eines Produktes entsteht, durch die dieses sich von konkurrierenden Produkten unterscheidet. Zu einer differenzierteren Betrachtung kommt man, wenn man den Begriff der M. aus zwei Blickwinkeln betrachtet, nämlich zum einen aus der Sicht des Konsumenten o. Interessenten und zum anderen aus der Sicht des M.ninhabers.

Aus Sicht des Interessenten verbindet sich mit der M. das Image des Produktes, wobei das Image nicht mit den objektiven Eigenschaften des Produktes gleichzusetzen ist. Es ist vielmehr ein Vorstellungsbild, zu dem zusätzlich Assoziationen, Emotionen, Erlebtes o. Gehörtes gehören. Es beeinflussen also nicht nur die Eigenschaften eines Produktes das Image, sondern ein starkes Image auch die wahrgenommenen Eigenschaften des Produktes bei der Zielgruppe. Und so wie eine M. bei der Zielgruppe ein Image hat, hat sie auf der anderen Seite für den M.inhaber eine M.identität. Für ihn hat die M. eine Anzahl sehr prägnanter, spezifischer Charakteristika, den sog. M.kern. Der M.inhaber kann die M.identität aktiv beeinflussen und kommunizieren. Im Rahmen des M.managements zielt er darauf ab, das Image seines Produktes bei der Zielgruppe noch bekannter zu machen, es zu beeinflussen und zu pflegen. Wobei noch einmal hervorzuheben ist, dass er nur die M.identität gestalten kann. Das M.image wird dadurch zwar beeinflusst, aber in der Realität wohl niemals der M.identität entsprechen.

Es wird unterschieden zwischen Waren- und Dienstleistungsm.n. Der umfassende Begriff ist die Produktm. Das M.nmanagement einer Dienstleistungsm. stellt spezielle Anforderungen, da es hier ja kein sichtbares Produkt mit objektiven technischen Eigenschaften gibt, sondern die Dienstleistung erst in der Interaktion mit dem →Kunden entsteht und erlebbar wird. Dennoch ist auch in diesem Bereich M.bildung sehr sinnvoll. Eine starke M. bietet dem Kunden Orientierungshilfe bei der Auswahl aus einem vielfältigen Angebot, schafft Vertrauen und bietet Zusatzinformationen, z.B. über die →Qualität. Für das →Unternehmen bietet sie die Möglichkeit zur Kundenbindung, dient als Plattform für neue Angebote und zur Differenzierung des eigenen Angebotes von der Konkurrenz.

Die M. »→Diakonie« ist also definitiv nicht geeignet, um die Dienstleistungen eines Diakonieunternehmens von denen eines anderen Diakonieunternehmens zu unterscheiden. Hierzu braucht es schon eine eigene M.bildung. Sie kann aber im Sinne einer Dachmarkenidentität gleichsam als Qualitätssiegel dienen, das für bestimmte zuverlässig erbrachte Qualitäten, →Haltungen u. →Werteorientierungen steht.

In der Medien- u. Informationsgesellschaft stellen M. die zentrale Bezugsgröße für Vertrauensbildung dar. Der hohe Wiedererkennungswert der M. »Diakonie« wird durch das Corporate Design der Diakonie sowie − daraus hervorgehend − durch den M.nauftritt der Diakonie-Imagekampagnen sichergestellt. Nur wer bekannt ist, findet Vertrauen; nur wer Vertrauen erlangt, erhält die optimale Unterstützung und wird seine Zielgruppen dauerhaft binden. Von dieser Marketing-Kausalkette profitieren auch die Diakonieunternehmen mit eigener M. und Corporate Design. Sie tragen durch die Verwendung des Zusatzes »Im Verbund der Diakonie« zur Stärkung der Dachm. bei und profitieren gleichzeitig von ihrem hohen Bekanntheitsgrad und dem Image der Diakonie.

LITERATUR: HERIBERT MEFFERT ET AL., M.nmanagement, o.O. 2005 • STEPHAN PFLANZ, Branding − Was macht eine M. zu einer M.? www.idenko.de

Klaus Dieter Tichy

MARKETING

M.-Konzeptionen (dt.: Ansatzwirtschaft) haben sich in den letzten Jahrzehnten zu einem integrativen Ansatz der Unternehmensführung (→Unternehmen) entwickelt. Seitdem in der Folge der Industrialisierung »Überflussgesellschaften« entstanden sind, ist immer mehr →Geld der Konsumenten (→Kunden) relativ frei verfügbar geworden für Güter, die nicht unmittelbar dem Lebensunterhalt dienen. Parallel hierzu hat sich in den Wirtschaftswissenschaften eine ausgesprochene M.-Orientierung durchgesetzt. Wirtschaftlicher Erfolg resultiert nicht mehr in erster Linie oder gar allein aufgrund einer optimalen Nutzung technologischer Entwicklungen oder einer geschickten Verknüpfung der Produktionsmittel, sondern hängt wesentlich davon ab, reale o. imaginäre Wünsche der Konsumenten zu wecken, zu befriedigen und ihre Kaufentscheidungen dementsprechend beeinflussen zu können. In diesem Sinn werden Kaufentscheidungen immer weniger durch den realen Gebrauchswert von Waren u. Dienstleistungen bestimmt, sondern vermehrt durch ein mit dem Gebrauchswert verknüpftes Versprechen oder durch die Aussicht auf die →Teilhabe an einem bestimmten Lebensstil. Um Waren zu vermarkten, werden aufwändige M.maßnahmen unternommen, die »Träume, Wünsche, Inszenierungen: letztlich Sinn« – so die Kritik der EKD-Denkschrift »Unternehmerisches Handeln in ev. Perspektive« – verkaufen wollen und dabei im Sinn des Kult-M.s (Bolz/Bosshart) auch auf religiöse Traditionsbestände zurückgreifen. Auf diese Weise wird versucht, die Präferenzen der Konsumenten in neuer Weise zu prägen, indem Sinn- u. Glücksversprechen mit bestimmten Waren verknüpft werden. Der Konsument kommt in dieser Perspektive weniger als Souverän in den Blick, der frei über seine Konsumbedürfnisse entscheidet, sondern als ein durch ein M.-Mix-Instrumentarium zu beeinflussendes Subjekt. M. zielt letztlich auf eine einheitliche unternehmerische Führungskonzeption, die alle Entscheidungen auf das Absatzziel bezieht.

Seit rund zwei Jahrzehnten sind Überlegungen des M.s im Sinn eines sog. Kirchenm.s auch auf die Aufgaben der Kirchenleitung bezogen worden. Mit einem gewissen Recht wird gefordert, dass sich die →Kirchen in ihrem Handeln und in ihren Leitungsentscheidungen stärker auf die Bedürfnisse u. Wünsche der Kirchenmitglieder beziehen sollten. Problematisch ist allerdings, dass Ansätze des Kirchenm.s zu einer Machbarkeitsvorstellung im Bereich des →Glaubens führen könnten, während der Geschenkcharakter der biblischen Botschaft verloren zu gehen droht. Glaube u. Nachfolge würden dann eher eine Frage des Ressourceninputs sowie von angemessenen Leitungsentscheidungen und wären weniger dem freien Wirken des Heiligen Geistes zu verdanken. Ferner kann die Nutzenorientierung des Kirchenm.s in einem Kontrast zum biblischen Wahrheitsanspruch stehen. Praxisbeispiele von kirchlichen Akteuren, die ihre Programme von M.konzepten beeinflusst haben, zeigen zudem eine für den Protestantismus bedenkliche Stärkung der Hierarchieebenen.

M.konzepte spielen unter dem Eindruck der Vermarktlichung der sozialen Dienste nicht zuletzt für die →Diakonie eine zunehmend wichtige Rolle. Hier ist die mit dem M. verbundene, verstärkte Ausrichtung auf die Wünsche u. Bedürfnisse von Klienten sicherlich eher berechtigt als in den Bereichen der Verkündigung u. Lehre. Erhöhte Wahlmöglichkeiten von Klienten nötigen dazu, angemessen auf ihre Anliegen mit entsprechenden diakonischen Angeboten einzugehen. Allerdings müssen diakonische Angebote immer sach- u. menschengerecht sein, Lifestyle-Angeboten z.B. sollte hier höchstens eine untergeordnete Bedeutung zukommen.

Literatur: Norbert Bolz / Dieter Bosshart, Kult-M., Düsseldorf 1995 ♦ Helmut Raffée, Kirchen M. – was soll's?, in: Deutsches Pfarrersblatt 101 (1999), 201–205 ♦ Rat d. EKD, Unternehmerisches Handeln in ev. Perspektive, Gütersloh 2008 ♦ Philip Kotler, Principles of M., Boston 2016.

Traugott Jähnichen

MARKT

M. ist ein Grundbegriff der M.wirtschaft, der sich auf das Aufeinandertreffen von Angebot und Nachfrage bezieht. Güter und →Dienstleistungen werden auf M.en getauscht, i.d.R. durch einen monetären Preis (→Geld). Während ökonomische Tauschbeziehungen auf M.en ein natürliches Verhältnis von Leistung u. Gegenleistung beschreiben können, ist der Begriff »M.« häufig als Sachzwang o. ideologischer Begriff auf den wirtschaftlichen Kern reduziert, der die nicht-ökonomischen, aber wirtschaftlich relevanten sozialen, ökologischen o. ethischen Dimensionen ausklammert.

Martin Büscher

MARKTWIRTSCHAFT

M.en zeichnen sich durch eine dezentrale Koordination der wirtschaftlichen Akteure, durch das Wettbewerbsprinzip und die sich dadurch entwickelnde Preisbildung aus. Die Produzenten versuchen durch neue, verbesserte o. verbilligte Produkte, Produktions- o. Organisationsformen ihren →Gewinn zu steigern, während die Konsumenten möglichst günstige Produkte u. Dienstleistungen erwerben wollen. Insofern ist das Handeln auf Märkten wesentlich durch das jeweilige Eigeninteresse motiviert, was aufgrund des Wettbewerbs im Idealfall zu besseren u. kostengünstigeren Gütern u. Dienstleistungen führen soll.

Bei der »Sozialen M.« wird die als selbstverständlich vorausgesetzte Sorge des Menschen für sich selbst und für seine Angehörigen, die zur →Leistung motiviert und sich auf Märkten beweisen muss, in einen staatlich geordneten Wettbewerb, in sozialpol. Maßnahmen und in konjunkturpolitische Elemente eingebettet.

LITERATUR: PETER BOFINGER, Grundzüge d. Volkswirtschaftslehre, Halbergmoos 2015.

Traugott Jähnichen

MEDIATION

M. (deutsch: Vermittlung) ist ein prozessorientiertes, stufig strukturiertes, ergebnisoffenes Konfliktregelungsverfahren. In einem auf wechselseitiger Kommunikation u. Kooperation angelegten freiwilligen Prozess arbeiten die Konflikt-/Streitpartner selbst u. eigenständig an einer einvernehmlichen, außergerichtlichen Konfliktregelung. Hierbei unterstützen sie ein o. zwei neutral u. allparteilich den Prozess steuernde Mediatoren. M. zielt auf einen befriedenden u. befriedigenden Ausgleich widerstreitender Interessen der Konflikt-/Streitpartner unter Berücksichtigung ihrer subjektiven Vorstellungen, Interessen Wünsche, Gefühle (Krisenhilfe). M. wirkt präventiv, fördert die Autonomie (→Selbstbestimmung) der Streitpartner.

Zertifizierter Mediator ist, wer eine Ausbildung nach den Anforderungen der Rechtsverordnung gemäß §§ 5f. MedG hat.

LITERATUR: JUTTA HOHMANN / DORIS MORAWE, Praxis der Familienm., Köln 2012 • THOMAS TRENCZEK / DETLEV BERNING / CHRISTINA LENZ, M. u. Konfliktmanagement, Baden-Baden 2012 • ROGER FISHER / WILLIAM URY / BRUCE PATTON, Das Harvard-Konzept. Der Klassiker d. Verhandlungstechnik, Frankfurt a.M. 2013.

Roland Proksch

MEDIEN

Die Entwicklung der neuzeitlichen Diakonie und der kirchlichen M. waren von Anfang an eng verbunden. Viele der →Einrichtungen der →Inneren Mission, →Bruder- u. →Mutterhäuser unterhielten zugleich Verlage, Druckereien u. Pressedienste, um für ihre Botschaft, aber auch um Mittel u. Mitarbeiter zu werben Die stärkere Trennung der unterschiedlichen Funktionsbereiche und »Branchen« ließ diesen Zusammenhang aus dem Blick geraten, doch bestehen nach wie vor Hauszeitschriften in diakonischen →Unternehmen und Verbänden (→Diakonat). Immer mehr werden Websites u. soziale Netzwerke genutzt, um Initiativen zu bewerben und Aktionen zu gestalten. Je mehr die Gesellschaft sich säkularisiert und religiös pluralisiert, je stärker auch der Wettbewerb zwischen unterschiedlichen Trägern wird, desto mehr sind auch diakonische Dienste wieder auf externe wie interne mediale Kommunikation angewiesen, um das eigene →Profil zu stärken, aber auch →Mitarbeitende u. Spender zu gewinnen.

LITERATUR: CHRISTIAN DRÄGERT / NIKOLAUS SCHNEIDER, M.ethik, Freiheit u. Verantwortung, Stuttgart 2001 • REINER PREUL / REINHARD SCHMIDT-ROST, Kirche u. M., Gütersloh 2000 • ROLAND ROSENSTOCK, Ev. Presse im 20. Jh., München 2002 • JOHANNA HABERER, Digitale Theologie, München 2015.

Cornelia Coenen-Marx

MEDITATION

1. Eine trennscharfe Definition dessen, was heute als M. bezeichnet wird, ist angesichts der Vielfalt an Phänomenen kaum möglich. Traditionell versteht man unter M. eine spirituelle Praxis, die in allen Hochreligionen, besonders in ihren mystischen Teilen, vorkommt. Dabei sollen unter bewusstem Einsatz körperlicher Vollzüge (Knien, Sitzen, Bewegen, Atmen, Singen etc.), durch geistige Techniken der Konzentration, Repetition o. Besinnung Zustände höherer religiöser Bewusstheit u./o. Vereinigung mit dem Göttlichen erreicht werden. Seit geraumer Zeit sind neben eine genuin religiöse M.spraxis nicht nur esoterische, sondern auch weltanschaulich weitgehend neutrale M.sformen getreten. Sie machen sich die überlieferten Techniken zu eigen oder modifizieren sie, um damit etwa die körperliche →Gesundheit, die geistige Leistungsfähigkeit, das Selbstwertgefühl oder eine generelle Achtsamkeit gegenüber dem eigenen Leben zu fördern (vgl. Ott 2010).

2. Entgegen der heute landläufigen Vorstellung, dass M. allein ein Phänomen fernöstlicher Religiosität darstellt, ist zu betonen, dass M. – sowohl dem Begriff als auch der Sache nach – bereits im frühen Christentum ihren Ort hatte und insbes. durch die monastischen Traditionen bis in die Gegenwart hinein lebendig ist (vgl. Nicol 1992). Die Grenzen zum →Gebet und zur Kontemplation sind dabei fließend. Für die christl. M.spraxis ist die Schriftm. (→Bibel) charakteristisch geworden, die ihren biblischen Anhalt etwa an Ps 1,2 (Vulgata: *meditabitur* = nachsinnen), Ps 119, 5Mose 6,4–9; 14,6 (*ruminatio* = Wiederkäuen) fand. Biblische Verse wurden aus dem Gedächtnis und häufig halblaut rezitiert u. wiederholt, damit sie sich einerseits in das eigene Denken u. Fühlen einprägen und andererseits sich immer tiefere Sinnschichten an ihnen erschließen. Seit dem Mittelalter treten zwei Akzente innerhalb solcher Schriftm. nochmals hervor: die Bußm. sowie die M. des Lebens und der Passion Jesu.

Letztere zielt auf eine *imitatio Christi*, in der durch intensives, bildhaftes Miterleben u. Mitleiden das eigene Leben in das Leben Christi hineingestaltet wird. Die heute wohl bekannteste christliche M.sform stellt das traditionelle Jesus- bzw. Herzensgebet der Ostkirche dar. Dabei wird unablässig (vgl. 1Thess 5,17) die Formel »Herr Jesus Christus (Sohn Gottes) / erbarme dich meiner!« betend wiederholt, wobei während des ersten Teils ein- und während des zweiten Teils ausgeatmet wird.

Noch für den Mönch →Luther war die *meditatio* ein selbstverständlicher Bestandteil religiöser Praxis, der auch seinen Umgang mit der Schrift und seinen erfahrungsbezogenen Theologiebegriff (*»oratio – meditatio – tentatio«*) prägte. Nichtsdestotrotz tritt die M. mit der reformatorischen Absage an das monastische Lebensideal im ev. Bereich zusehends in den Hintergrund, wenngleich der →Pietismus mit seiner Bibelfrömmigkeit und seiner religiösen Innerlichkeit Elemente davon – unter anderen Namen – aufbewahrt hat (Ph.J. Spener, A.H. Francke, G. Tersteegen u.a.). Verbunden mit dem Wunsch nach stärker erfahrungsnahen, mystischen oder auch leibbezogenen Frömmigkeitsformen ist im 20. Jh. eine christl.-meditative Praxis immer wieder gefordert u. erprobt worden. Wo sie gegenwärtig auf Resonanz stößt – etwa im Zusammenhang mit »Kloster auf Zeit«, Taizé, Pilgern u.Ä. –, da verwischen vielfach die Grenzen zwischen genuin religiösen Anliegen und den oben erwähnten eher innerweltlichen Wohlbefindens- o. Selbstfindungsmotiven. Doch wäre es ein Fehlschluss, ihnen deswegen die theologische Legitimität abzusprechen. Im Gegenteil dürften solche Motive eine wesentliche Gestalt sein, in der und durch die hindurch sich gegenwärtig genuin religiöse Anliegen Geltung verschaffen. Die Frage ist also eher, wie es gelingen kann, die reiche Tradition christl. M.spraxis so zu interpretieren, dass sie diese Anliegen in sich aufnimmt und sich so zugleich für die Lebensthemen heutiger Menschen öffnet.

3. Im Kontext der →Diakonie können meditative Elemente einerseits in therapeutischen bzw. seelsorgerlichen Kontexten (→Seelsorge) Anwendung finden (Ott 2010), oder aber auf Seiten der Mitarbeitenden zur Vertiefung einer diakonischen →Spiritualität dienen (Hofmann/Schibilsky 2001). Die »Lebensthemen«, die dann bearbeitet werden, dürften v.a. bestimmte Spannungsverhältnisse sein, die dem diakonischen Handeln innewohnen: Wollen u. Müssen, Zuversicht u. Überforderung, Zuneigung u. Verärgerung, Konzentration u. Zerstreuung, Beziehung u. Sachzwang, Ruhe u. Hektik, Selbstgewinn u. Selbstverlust, helfen wollen u. nicht helfen können etc. Ein ev. →Profil würde sich nicht zuletzt darin ausdrücken, dass beide, die positive und die negative Seite dieser Verhältnisse in der spirituellen, meditativen Praxis Raum finden.

LITERATUR: BEATE HOFMANN / MICHAEL SCHIBILSKY (Hg.), Spiritualität i.d. Diakonie, Stuttgart 2001 • MARTIN NICOL, Art. Meditation II, in: Theologische Realenzyklopädie, Band 22 (1992), 337–353 • ULRICH OTT, M. für Skeptiker, München 2010.

Tobias Braune-Krickau

MEDIZIN

M. ist ein komplexer Begriff, der einerseits ärztliches Handeln, sodann die Wissenschaft von →Gesundheit/Krankheit der Lebewesen umfasst, und schließlich auch noch einzelne Arzneimittel (»seine M. nehmen«) meint. Für unseren Kulturkreis ist v.a. wichtig zu betonen, dass M. etwas sehr anderes ist als →Pflege. Schulm. und auch dazu alternative medizinische Methoden haben als Ziel, →Leiden der Menschen zu lindern, wenn möglich sie zu heilen, ihnen auf jeden Fall nicht zu schaden. Medizinisches Handeln wird oft entgegengesetzt zu »ärztlichem« Handeln; Letzteres wird als umfassender gedacht und mehr dem Menschen und seinen gesunden Anteilen zugewandt. Zunehmend bedeutsamer für die M. werden auch ethische Themen, nicht nur am Ende des Lebens.

Die unter dem Zeichen der Diakonie arbeitenden →Krankenhäuser und sonstigen medizinischen Einrichtungen versuchen, auch dort die ganzheitliche Sicht auf den Menschen im Alltagshandeln der →Unternehmen umzusetzen.

LITERATUR: WOLFGANG UWE ECKART / ROBERT JÜTTE, M.geschichte, Wien 2007 • PAUL U. UNSCHULD, Was ist M. – Westl. u. östl. Wege d. Heilkunst, München 2003 • ROBERT JÜTTE, Geschichte d. Alternativen M., München 1996.

Martin Wolff

MEDIZINISCHES VERSORGUNGSZENTRUM (MVZ)

Das MVZ ist eine Einrichtung im deutschen →Gesundheitswesen, der es gemäß dem am 01.01.2004 in Kraft getretenen Gesetz zur Modernisierung der gesetzlichen Krankenversicherung erlaubt ist, an der vertragsärztlichen Versorgung (GKV Modernisierungsgesetz – GMG) von gesetzlich Krankenversicherten teilzunehmen (in der ehemaligen DDR gab es dies als »Polikliniken«). Die Gründung eines MVZ obliegt ausschließlich den an der →ambulanten Versorgung zugelassenen Ärzten, den Krankenhausträgern, den Erbringern von nichtärztlicher Dialyseleistungen oder anderer gemeinnützigen Trägern, die aufgrund einer Zulassung, Ermächtigung o. Vertrag an der medizinischen Versorgung der gesetzlichen Krankenversicherung teilnehmen. Deren Leistungsangebote müssen fachübergreifend sein. Diese Bedingung ist erfüllt, wenn in dem MVZ mindestens zwei unterschiedliche Facharztgruppen tätig sind. Für den Betrieb des MVZ gelten alle Regeln u. Vorschriften des SGB V, die sich auf die vertragsärztliche Versorgung beziehen. Ende 2014 zählte man in Deutschland 2.073 MVZ, davon mehrheitlich (ca. 1.950) in Form einer GmbH. In den MVZ waren zum gleichen Zeitraum über 12.000 Ärzte im Angestelltenverhältnis beschäftigt. Demgegenüber standen ca. 1.300 Vertragsärzte. Im Durchschnitt sind in einem MVZ 6,5 Ärzte beschäftigt.

LITERATUR: SEBASTIAN FREYTAG, Eine Systematik d. Erträge des Krankenhauses, in: JÖRG F. DEABTIN / AXEL EKKERNKAMP / BARBARA SCHULTE (Hg.), Krankenhausmanagement, Berlin 2010 • MARTINA SCHMIDT, MZV, Düsseldorf 2013 • www.bmvz.de/presse/mvz-organisation/ mvz-statistik-rueckblick/Kassenärztliche Bundesvereinigung (02.02.2016).

Holger Stiller

MEHRGENERATIONENHÄUSER

M. sind offene Nachbarschafts- u. Tagestreffpunkte, in denen sich Besucherinnen u. Besucher unterschiedlicher Generationen und Herkunft begegnen und gegenseitig unterstützen. Als nahraumorientierte Begegnungsorte und Anlaufstellen bieten die M. Angebote in den Bereichen →Alter u. →Pflege, →Integration u. →Bildung sowie haushaltnahe Dienstleistungen. Die Angebote basieren im Wesentlichen auf Ressourcen der →Selbsthilfe sowie des ehrenamtlichen Engagements (→Ehrenamt; Nachbarschaftshilfe).

Das bundesweite Aktionsprogramm M. unterstützte in den Jahren 2012–2014 rund 450 M. mit jährlichen Zuschüssen aus Mitteln des Bundes, des Europäischen Sozialfonds (ESF) sowie der Standortkommunen bzw. der Standortlandkreise. M. haben sich mittlerweile zu Knotenpunkten in der sozialen Infrastruktur vor Ort entwickelt und leisten ihren Beitrag zum generationenübergreifenden Zusammenhalt der Gesellschaft.

LITERATUR: BUNDESMINISTERIUM F. FAMILIE, SENIOREN, FRAUEN U. JUGEND, Wo Menschen aller Generationen sich begegnen. Aktionsprogramm Mehrgenerationenhäuser II, Berlin 2014.

Simon Hofstetter

MENSCHEN MIT MIGRATIONSHINTERGRUND

siehe unter: Migration

MENSCHENBILD

I.   M. U. M.ER

Die Rede vom M. macht deutlich, dass es innerhalb spezifischer Theologien, Religionen, Philosophien, aber auch bspw. innerhalb verschiedener therapeutischer Ansätze unterschiedliche Bilder vom Menschen gibt, die sich erheben und beschreiben lassen und die Teil eines umfassenderen Weltbildes sind. Nach dem M. zu fragen, bedeutet auf die Meta-Ebene im Verhältnis zum eigenen Ansatz, zur eigenen Religion oder zu einem spezifischen theologischen Zugang zu gehen.

Ein spezifisches M. ist zunächst implizit vorhanden und realisiert sich in konkreten Arten des Umgangs mit anthropologischen Fragen. Es wird explizit, sofern es selbst Gegenstand des Interesses wird und kann so auch die Funktion einer kritischen Selbstprüfung erhalten. Im Blick auf das M. ist zu unterscheiden zwischen einem deskriptiven Zugang, der Dimensionen desselben im Nachgang erhebt und auf die Frage antwortet, welches spezifische M. sich in einem konkreten Ansatz verbirgt. Insbes. in gesellschaftlichen Debatten ethischer Fragen begegnet die Rede vom M., die normativ verstanden wird und so autoritativen Charakter zugeschrieben bekommt. Nicht selten wird dann von einem einheitlichen »christl. M.« gesprochen, das als Kriterium ethischer Urteilsbildung herangezogen wird. Damit wird jedoch eine Einheit suggeriert, die weder dem vielfältigen biblischen Zeugnis noch der Mehrdimensionalität theologischer Anthropologie gerecht zu werden vermag.

2.   BILDER DES MENSCHEN IM HORIZONT THEOLOGISCHER ANTHROPOLOGIE

Theologische Anthropologie und die in ihr beschriebenen Bilder vom Menschen gewinnen ihre Stärke und ihren Realismus aus der Spannung zwischen ontologischen Kategorien und der Wahrnehmung konkreter Kontextualität, Partikularität u. empirischer Varianz dessen, was das Menschsein ausmacht. Ausgangspunkte für ein solchermaßen breites Feld sind zum einen die in den biblischen Erzählungen u. Metaphern begegnende reflektierte Bezogenheit des Menschen zu →Gott, zu sich selbst, zum Mitmensch und zur übrigen Umwelt. Zum anderen muss sich die theologische Anthropologie immer wieder daraufhin befragen lassen, ob sie die konkrete Wirklichkeit des Menschen mit ihren Beschreibungskategorien zu erfassen u. konstruktiv zu erhellen vermag. Auch innerhalb der verschiedenen theologischen Anthropologien begegnen unterschiedliche Bilder vom Menschen, die den Ausgangspunkt für die jeweilige Anthropologie bilden.

3. Der auf Gott und den Mitmenschen bezogene Mensch

Im Rahmen der theologischen Anthropologie und der jüdisch-christl. Tradition ist der Gedanke, dass sich der Mensch nicht sich selbst verdankt, dass er konstitutiv abhängig u. beschenkt ist, gefasst in der Vorstellung vom Menschen als Geschöpf Gottes (1Mose 1–3 / Jes 45,12 / Mk 10,6). Der Mensch ist der aus Staub geschaffene Erdling, hinfälliges, leibliches Fleisch *(basar)*, das erst durch Gottes Lebensatem *(ruach)* ein lebendes Wesen wird (1Mose 2,4–7 / Ez 37). Die Relation zwischen Schöpfer und Geschöpf impliziert eine grundlegende u. unüberwindliche Verschiedenheit zwischen beiden. Zugleich sehen schon die biblischen Texte eine große Verwandtschaft u. Nähe zwischen Mensch und Gott (Ps 8,6). Diese Nähe wird in der Vorstellung vom Menschen als Bild Gottes im Sinne einer Urbild-Abbild-Relation beschrieben (1Mose 1,26f), die von Anfang an eine explizite Menschen-Bild-Aussage ist und den Menschen als Repräsentant Gottes in der Schöpfung verankert. Zugleich ist damit der Auftrag zur →Verantwortung des Menschen über die übrige Schöpfung mitgesetzt. So gehört der antwortende Charakter und die Verantwortung als prinzipielle anthropologische Dimension zum Bild des Menschen dazu. Durch die Rückbezogenheit auf die Schöpfermacht Gottes bleibt sich der Mensch selbst ein Geheimnis und entzieht sich der Verfügungsgewalt durch andere und durch sich selbst.

Der Mensch ist so einerseits das Wesen, das sich seiner selbst bewusst ist und Ich sagen kann, ist also immer Subjekt und nie nur Objekt. Seine Freiheit ist jedoch stets abgeleitete und rückgebundene Freiheit. Die Frage nach der Freiheit des Willens und der Autonomie (→Selbstbestimmung) des Menschen sind hier zu verorten.

Essentieller Teil des Menschseins ist die Sozialität und das Menschsein in Beziehung.

4. Der Gott u. den Mitmenschen verfehlende Mensch

Es gehört zu den Grundspannungen des Menschseins, dass der Mensch in seiner Geschöpflichkeit Gott unentrinnbar nahe ist und zugleich Gott schlechthin entgegengesetzt ist. Diese mit der Spannung von *status integritatis* u. *status corruptionis* bezeichnete Polarität umgreift die reformatorische Theologie mit der Vorstellung, dass der Mensch zugleich Sünder und Gerechter, *simul iustus et peccator,* ist.

Dass der Mensch Sünder ist, impliziert seine Trennung u. Entfremdung von Gott. Auf diese Trennung ist das göttliche →Vergebungs- u. →Rechtfertigungshandeln gerichtet. Damit verbunden und zugleich kategorial davon zu unterscheiden ist die Tatsache, dass der Mensch als handelndes Subjekt an anderen Menschen schuldig werden kann. Als Mensch, der in Freiheit lebt, lebt der Mensch immer auch in der Spannung zwischen dem Wollen des Guten und dem tatsächlichen Nicht-Vollbringen desselben (Röm 7,15–25). Der im göttlichen Vergebungshandeln begründete Ruf zur Vergebungsbereitschaft des Menschen (Mt 6,14f; 18,21f / Eph 4,32) darf theologisch nicht zu einer Verwischung von Sünde u. →Schuld führen. Der Realismus der biblischen Texte, die breit davon zeugen, dass zum M. auch gehört, von Herrschaft, →Gewalt, Ausbeutung u. Unterdrückung zu sprechen, die das menschliche Zusammenleben prägen, fordert zu einer realistischen Anthropologie heraus, die die Verwerfungen im menschlichen Leben in das M. einbezieht.

5. Der Mensch als Leib u. Seele

Der Mensch lebt in der Einheit aus körperlich-leiblicher und seelischer Existenz. Die biblische Anthropologie in allen ihren Facetten ist weder mit einem dicho- o. trichotomischen Auseinanderdividieren noch mit Reduktion des Menschen auf Fragen des Willens oder der Vernunft zu vereinbaren. Der Mensch hat einen Körper und ist →Leib, er ist die →Seele seines Leibes.

Das M. ist immer auch das Bild des konkreten Menschen, in einer spezifischen geschlechtlichen, kulturellen, historischen, sozialen u. religiösen Existenz. Die Spannung aus partikularem Erfahrungsbezug und universalem Deutungsanspruch ist im Blick auf das M. immer wieder neu zu reflektieren. So wird dessen unhintergehbar geschichtlicher Bedingtheit Rechnung getragen.

6. Der vulnerable Mensch

Der Mensch ist endlich u. sterblich, das menschliche Leben ist Fragment. Die biblischen Bilder vom Menschen beschreiben dies in reicher Metaphorik. Das menschliche Leben wird hier als ein Hauch gesehen (Koh 2,1–11 / Jak 4,14), als verdorrendes Gras (Ps 103,15f / Jes 40,6f u.ö.), als von Krankheit durchzogen (Jak 5,14f) und von →Leid gezeichnet (Jak 5,10.13). Es ist eine Grundperspektive der biblischen Sicht auf den Menschen, dass dessen Geburtlichkeit, Zerbrechlichkeit u. Fragmentarizität betont wird (Hiob 14,1).

Aus der Perspektive einer realistischen Anthropologie ist die Verletzlichkeit des Menschen ins Zentrum zu rücken. Der vulnerable, verletzliche Mensch ist der durch Sterben, Krankheit (→Gesundheit/Krankheit), Gewalt u. Verletzung Gefährdete. Er ist zugleich als vulnerabler Mensch der zu Vertrauen u. Interaktion Fähige und Affizierbare. Das M., das Vulnerabilität ins Zentrum rückt, ist ebenso gekennzeichnet von dem realistischen Blick auf die Gefährdung u. Selbstgefährdung des Menschen wie von der essentiellen Bedeutung sozialer Abhängigkeitsverhältnisse, sei es in Fürsorgeverhältnissen, sei es in zwischenmenschlichen Beziehungen. Somatische, psychische u. systemische Vulnerabilität sind hier zu unterscheiden, ebenso wie deren interne u. externe Dimensionen. Basierend auf der Prozessualität des Vulnerabilitätsbegriffs wird es möglich, die riskanten Seiten des geschöpflichen Menschen zu beschreiben und ihnen konzeptionelle Bedeutung beizumessen, ohne jedoch einer negativen Anthropologie das Wort zu reden.

Literatur: Karl Barth, Kirchliche Dogmatik III/2, Zürich 1948 • Helmuth Plessner, Die Stufen d. Organischen u. der Mensch, Berlin / New York 1975 • Henning Luther, Religion u. Alltag, Stuttgart 1992 • William Schweiker, Responsibility a. Christian Ethics, Cambridge 1995 • Silvia Schroer / Ruben Zimmermann, Art. Mensch/Menschsein, in: Frank Crüsemann et al. (Hg.), Sozialgeschichtl. Wörterbuch zur Bibel, Gütersloh 2009, 368–376 • Gerhard Danzer, Wer sind wir? Anthropologie im 20. Jh., Heidelberg 2011 • Heike Springhart, Der verwundbare Mensch, Tübingen 2016.

Heike Springhart

MENSCHENHANDEL

M. bedeutet, dass Menschen durch Täuschung, Drohungen o. mittels →Gewalt angeworben werden und unter ausbeuterischen Bedingungen zu bestimmten Tätigkeiten o. Dienstleistungen gezwungen werden. M. ist eine schwerwiegende Menschenrechtsverletzung (→Menschenrechte) und verletzt insbes. die Würde des Menschen. Beispiele gibt es in zahlreichen Branchen, wie der →Prostitution, Textilindustrie oder der Landwirtschaft, die meisten Opfer von M. sind Migrantinnen u. Migranten (→Migration). Besonders verletzlich sind aufgrund ihrer prekären rechtlichen Stellung Menschen, die keinen legalen Aufenhaltsstatus haben. An etwa 20 Orten in Deutschland bieten die Diakonie u. kirchliche Einrichtungen Opfern von M. in Notlagen →Beratung an. Über den bundesweiten Koordinierungskreis gegen M. e.V. (KOK) haben sich Fachberatungsstellen für Betroffene von M. und Organisationen, die zum Thema M. arbeiten, zusammengeschlossen. Auch diese leisten fachkundige Unterstützung für die Opfer von M. und können in Notlagen weiterhelfen.

Julia Duchrow

MENSCHENRECHTE

I. ZWISCHEN RECHT, MORAL U. RELIGIÖSER ETHIK

Bei den M.n handelt es sich um grundlegende Freiheits-, Gleichheits- u. →Teilhaberechte, die jedem Menschen schlicht aufgrund seines Menschseins zustehen. Verbindlich festgelegt sind sie in nationalen Verfassungen u. internationalen Konventionen. Sie finden sich etwa im Grundrechtsabschnitt des Deutschen Grundgesetzes (1949) und in vielen anderen Staatsverfassungen, in der Europäischen M.skonvention des Europarats (1950) sowie in verschiedenen UN-Konventionen, die im Gefolge der Allgemeinen Erklärung der M. (1948) entstanden sind, z.B. dem Internationalen Pakt über wirtschaftliche, soziale u. kulturelle Rechte (1966), dem Internationalen Pakt über bürgerliche u. politische Rechte (ebenfalls 1966), der Kinderrechtskonvention (1989 [→Kinderrechte]) oder der Behindertenrechtskonvention (2009 [→UN-Konvention über die Rechte von Menschen mit Behinderung]). Auch die →Europäische Union hat ihre eigene Charta der Grundrechte erlassen, die 2009 in Kraft getreten ist.

Die im Begriff der M. enthaltene Komponente des »Rechts« ist nicht nur metaphorisch gemeint. Erst im Medium des positiven Rechts erhalten die M. ihre präzisen Konturen sowie ihre (relative) Durchschlagskraft. Ihre Reichweite und die Voraussetzungen ihrer Inanspruchnahmen werden genauso bestimmt wie die Kriterien für Abwägungen mit ggf. konkurrierenden Rechtsgütern. Mit der positiv-rechtlichen Verbürgung von M.n verbinden sich außerdem nationale u. internationale Monitoring- und Durchsetzungsmechanismen. Kurz: Ohne Ernstnehmen der spezifisch rechtlichen Dimension lassen sich M. nicht verstehen.

Der grundlegende Charakter der M. impliziert zugleich einen moralischen Anspruch, der sich häufig auch in einer Semantik der →»Werte« manifestiert. Dies ist durchaus angemessen. Denn in den M.n geht es nicht lediglich um den fairen Abgleich konkurrierender Rechtspositionen, sondern zugleich um die normative Orientierung der Gesellschaft im Ganzen. M. stehen für Respekt u. Förderung mündiger Selbst- u. Mit→verantwortung, gleichberechtigte Partnerschaft, solidarisches füreinander Eintreten (→Solidarität) und andere Grundwerte. Das Nebeneinander einer

»Rechte«-Semantik und einer »Werte«-Semantik kann allerdings gelegentlich zu Missverständnissen führen, bspw. gerät die rechtliche Garantenstellung, die dem Staat zugunsten der M. zukommt, bei der Übersetzung in eine Werte-Semantik oft aus dem Blick. Im Gegenzug kommt es manchmal dazu, dass die Dominanz einer juristisch-»technischen« Terminologie das den M.n zugrunde liegende moralische Anliegen unangemessen überlagert.

Die M. – als grundlegende Rechte und gleichzeitig fundamentale Werte – prägen zunehmend zugleich das Selbstverständnis religiöser Gemeinschaften und Institutionen, keineswegs nur innerhalb des Christentums, sondern auch im Kontext anderer Religionen. M. werden dementsprechend längst auch in der Sprache der religiösen →Ethik formuliert. Dies birgt vor allem Chancen, wirft allerdings zugleich Fragen auf. Kann man M. etwa als »christl. Werte« bezeichnen? Auf der einen Seite setzt sich christl. →Diakonie aus genuin christl. →Motivation für die Rechte bspw. von →Flüchtlingen oder Menschen mit →Behinderungen ein. Auf der anderen Seite repräsentieren M. weltweit verbindliche normative Eckpunkte, die für Menschen mit ganz unterschiedlichen religiösen (oder nicht-religiösen) Überzeugungen gelten und plausibel sein sollen. Dies spricht dafür, M. jedenfalls nicht schlicht mit »christl. Werten« gleichzusetzen. Dass sie gleichwohl auch im Horizont christl. Theologie u. Diakonie gewürdigt, begründet u. praktiziert werden können, bleibt unbenommen.

II. Die strukturgebenden Prinzipien der M.

Die M. beziehen sich auf die unterschiedlichsten Lebensbereiche. Es geht darin z.B. um Fragen von →Glauben u. Gewissen, freie Religionsausübung, Meinungs- u. Informationsfreiheit, Versammlungsfreiheit, Vereinigungsfreiheit, politische →Mitbestimmung, Respekt der Privatsphäre, freie Wahl des Ehegatten, Gleichberechtigung der Geschlechter, Zugang zu einem fairen Gerichtsverfahren, Verbot von Folter und grausamer u. unmenschlicher Behandlung, Recht auf →Bildung, →Asyl, Zugang zum →Gesundheitswesen, →Teilhabe am kulturellen Leben usw. Dementsprechend fächern sich die M. in eine Fülle von Einzelrechten auf, die traditionell in bürgerliche, politische, wirtschaftliche, soziale u. kulturelle Rechte eingeteilt werden. Hinzu kommt, dass deren Verbürgung auf unterschiedlichen Ebenen – in nationalen Verfassungen, regional-völkerrechtlichen Konventionen u. internationalen Konventionen – oft parallel geschieht, was dazu führt, der Gesamtbestand geltender M.snormen und -verfahren nicht leicht zu überblicken ist. Um eine Fragmentierung der M. zu vermeiden, ist es wichtig, ihre normative Grundstruktur zu verstehen.

Allen M.n gemeinsam ist zunächst die Orientierung an der Würde des Menschen. Die Allgemeine Erklärung der M. der Vereinten Nationen von 1948, also das »Mutterdokument« des internationalen M.sschutzes, setzt mit der »Anerkennung der allen Mitgliedern der menschlichen Familie innewohnenden Würde und ihrer gleichen u. unveräußerlichen Rechte« ein (Präambel). Die somit als Ausgangs- u. Zielpunkt der M. verankerte Menschenwürde ist religiös-weltanschaulich ausdrücklich offen – und in diesem Sinne »säkular« – formuliert. Im Vorfeld aufgebrachte Vorschläge, der Menschenwürde ein theologisches, genauer: biblisches Fundament einzuziehen, wurden mit dem Argument zurückgewiesen, dass dadurch eine interreligiöse u. interkulturelle Aneignung der M. blockiert werden würde. Die säkulare Formulierung der Menschenwürde bzw. der M. lässt Raum für theologische u. religiös-ethische Würdigungen, die allerdings als solche nicht rechtlich festgeschrieben werden können.

Die M. institutionalisieren den Respekt vor der Würde des Menschen rechtspraktisch dadurch, dass sie jedem Menschen grundlegende Freiheits-, Gleichheits- u. Teilhaberechte garantieren. Freiheit, Gleichheit u. Teilhabe (früher: »Brüderlichkeit«) gelten als gleichsam architektonische Prinzipien, die alle menschenrechtlichen Einzelnormen prägen. Viele Rechte tragen den Freiheitsanspruch schon im Titel: Religionsfreiheit, Meinungsfreiheit, Versammlungsfreiheit, freie Wahl des Ehegatten usw. Gelegentlich übersehen wird, dass nicht nur die bürgerlichen u. politischen Rechte, sondern auch die wirtschaftlichen u. sozialen M. Freiheitsansprüche darstellen. Beispielsweise beinhaltet das M. auf Gesundheit u.a. das Prinzip der Patientenautonomie. Das Gleichheitsprinzip findet seine konkrete Ausgestaltung im Verbot von Diskriminierungen, z.B. aufgrund von ethnischer Herkunft, Geschlecht, Religion/ Weltanschauung, sozialem Status usw. Die Liste der explizit aufgeführten Diskriminierungsmerkmale bleibt offen und ist in jüngster Zeit etwa durch die Merkmale Behinderung, →Alter, sexuelle Orientierung und →Gender-Identität erweitert worden. Um deutlich zu machen, dass M. nicht nur die Freiheit u. Gleichheit isolierter Individuen rechtlich schützen, sondern gerade auch die gemeinschaftlichen Dimensionen menschlichen Lebens anerkennen, fügte man früher den Begriff der »Brüderlichkeit« hinzu, wodurch die Trias der menschenrechtlichen Kernprinzipien an die Trikolore der Französischen Revolution erinnerte. Stattdessen spricht man heute eher von Teilhabe oder von →Inklusion. Der Begriff Inklusion ist durch die Behindertenrechtskonvention zu einem Leitprinzip der M. – weit über den Anwendungsbereich Behinderung hinaus – geworden.

III. Praktische Durchsetzung der M.

Die Verwirklichungschancen der M. hängen vom koordinierten Zusammenwirken unterschiedlicher Akteursgruppen ab. Dem Staat kommt dabei die förmliche Garantenfunktion zu. Die Verpflichtungen des Staates werden oft als Pflichtentrias formuliert, wonach es dem Staat obliegt, die M. in seinem eigenen Handeln stets zu achten (»obligation to respect«), sie zugleich gegen Beeinträchtigung durch Dritte zu schützen (»obligation to protect«) und darüber hinaus eine angemessene menschenrechtliche Infrastruktur aufzubauen (»obligation to fulfil«).

Die menschenrechtlichen Durchsetzungsmechanismen sind vielfältig. Dazu zählen u.a.:

- periodische Berichtsverfahren, in denen Staaten international Rechenschaft über die Lage der M. in ihrem Jurisdiktionsbereich ablegen müssen;
- anlassunabhängige Überprüfungen, die z.B. im Rahmen der Folterprävention unangekündigt in typischen Risikobereichen (Gefängnissen, psychiatrischen Anstalten usw.) durchgeführt werden;
- Mechanismen informeller Konfliktlösung u. Beschwerde, wie sie etwa in Gestalt von Ombudsinstitutionen vorliegen;
- gerichtliche Klagen, die Menschen gegen die Verletzung ihrer eigenen Rechte innerhalb des nationalen Gerichtswegs oder auch bei internationalen Gerichten (etwa dem Europäischen Gerichtshof für M. in Straßburg) betreiben können.

Nicht-staatliche Organisationen (NGOs [→NRO]) haben innerhalb der unterschiedlichen Durchsetzungsmechanismen weitreichende Mitwirkungsmöglichkeiten, die sie zunehmend nutzen. Ein Beispiel bieten die Parallelberichte der NGOs (gern auch »Schattenberichte« genannt), die im Rahmen der staatlichen Berichterstattung an M.sgremien der Vereinten Nationen gerichtet werden und erheblichen Einfluss auf das Verfahren nehmen.

Ein Erfolgsfaktor für die Durchsetzung der M. ist die systematische Verklammerung internationaler Normierung bzw. Supervision mit nationalen Monitoring-Mechanismen. Vorbildlich dafür ist die UN-Behindertenrechtskonvention, die die Staaten dazu verpflichtet, nationale Infrastrukturentwicklung zu leisten, die zugleich regelmäßig international überprüft wird. Bei der Verklammerung internationaler und nationaler M.spolitik kommt den »National Human Rights Institutions« (NHRIs) eine Schlüsselrolle zu. In Deutschland hat das Deutsche Institut für M. diesen Status inne. Die Chancen der M. auf dauerhafte Verwirklichung hängen wesentlich davon ab, dass das Bewusstsein über ihre Bedeutung u. Wirkungsweise in der Bevölkerung breit verankert wird. Menschenrechtlicher Bildung in Schulen und den Institutionen außer-schulischer Bildungsarbeit kommt hier zentrale Bedeutung zu.

Heiner Bielefeldt

MENSCHENWÜRDE

siehe unter: Menschenrechte

Abendmahl auf einer geschlossenen gerontopsychiatrischen Aufnahmestation: Verwirrte und andere psychisch Kranke feiern Abendmahl in Ruhe und mit großer »Andacht«, sie singen ihnen bekannte Lieder, lesen sie auf Blättern in spezieller großer Schrift mit. Sie beten gemeinsam das Vater unser. Das »Nimm hin und iss ..., nimm hin und trink ...« muss sehr deutlich gesagt werden, weil die Aufforderung sonst nicht verstanden wird; dann aber wird auch getan, wozu aufgefordert wird; die Aufforderung erhält hier viel Sinn, mehr als im Gottesdienst, wo es ja eher nur eine Formel ist. Nach dem Segen – katholische Christen, die auch dabei sind, haben die Gelegenheit sich zu bekreuzigen und tun das auch – verabschiede ich mich von jedem einzelnen mit Handschlag. Jede und jeder kennt diese Geste. Und wenn sie's gewohnt sind, erheben sich die Männer oft: »Auf Wiedersehen, Herr Pfarrer«, auch die, die zwischenzeitlich eingenickt waren, wozu sie ja nach der Mühe eines langen Lebens ein Recht haben, sie bedanken sich, verabschieden sich mit Ernst und Würde.

Martin Wolff

MIGRANTENORGANISATION

siehe unter: Migration

MIGRATION

I. BEGRIFF

Der Begriff M. beschreibt Wanderungsbewegungen in unterschiedlichsten Kontexten. Hier ist gemeint, dass Menschen dauerhaft oder zumindest für einen längeren Zeitraum (saisonale Arbeitsm. stellt einen Grenzfall dar) ihren bisherigen Wohnort verlassen, um sich an anderen Orten niederzulassen. Je nach Perspektive spricht man von Immigration (Zu- o. Einwanderung) oder Emigration (Ab- o. Auswanderung). M. innerhalb eines definierten Gebietes (bspw. Kontinent, Staat, Region, Stadt) wird als Binnenm. bezeichnet.

2. Umfang u. Ausprägungen

2013 schätzte die UN die weltweite Zahl der Immigranten auf etwa 230 Mio., zu diesem Zeitpunkt nur etwas mehr als 3% der Weltbevölkerung. Da M. radikale Einschnitte u. Änderungen im Leben der Betroffenen bewirkt und oft mit großen, gar lebensbedrohlichen Risiken verbunden ist, ist M. oft eine Reaktion auf Krieg, →Not o. unmittelbare Verfolgung. Hoffnungen auf ökonomische Verbesserungen sind ebenfalls relevant, jedoch eher untergeordnet. Immigranten unterscheiden sich von Einwohnern eines Staates i.d.R. durch einen rechtlich eingeschränkten Status (bspw. im Hinblick auf ihre Erlaubnis zu arbeiten), daneben zumeist durch das Sprechen einer anderen Muttersprache und oft durch die Zugehörigkeit zu einer anderen Kultur o. Religion.

3. M. in Deutschland

In der gesamten Neuzeit ist das zentral in Europa gelegene Deutschland Ziel verschiedener Einwanderungsgruppen. Berühmtes Beispiel aus dem 17. Jh. sind die in Frankreich religiös verfolgten (protestantischen) Hugenotten; im 19. u. beginnenden 20. Jh. kamen in großer Zahl Menschen aus polnischen Gebieten in die aufstrebende Industrieregion des Ruhrgebiets und wurden als »Ruhrpolen« bezeichnet. Andererseits haben zwischen 1830 u. 1932 mehr als sechs Mio. Menschen Deutschland als Emigranten verlassen, um v.a. in Nord- u. Südamerika ein neues Leben zu beginnen.

Heute leben in Deutschland über 15 Mio. Menschen mit M.shintergrund, die somit ungefähr ein Fünftel der Gesamtbevölkerung ausmachen. Kulturelle Vielfalt (→Diversität) ist Wirklichkeit im Alltag, v.a. in großen Städten. Unter den gegenwärtig in Deutschland lebenden Menschen mit M.shintergrund ist die Gruppe der Türkischstämmigen die größte. Migranten aus der Türkei kamen in größerer Zahl als »Gastarbeiter« seit den 1960er Jahren nach Deutschland; zu Beginn fast ausschließlich Männer ohne ihre →Familien. Schon der Begriff »Gastarbeiter« zeigt, dass man davon ausging, dass diese Männer nur für eine gewisse Zeit (zum Arbeiten) nach Deutschland kommen und dann in ihre Heimat zurückkehren. Viele ursprüngliche »Gastarbeiter« leben jedoch seit Jahrzehnten mit ihren Familien in Deutschland, ihre Kinder u. Enkelkinder wurden hier geboren.

4. M. als Herausforderung diakonischer Arbeit

Für das diakonische Handeln (→Diakonie) ist ein Wissen um und eine Sensibilität für besondere Herausforderungen im Umgang mit M. in verschiedener Hinsicht relevant: Dies betrifft neben der unmittelbaren Versorgung in Deutschland eintreffender Menschen auch Fragen der →Beratung im Hinblick auf →Integration, die über das Erlernen der Sprache und die Orientierung im gesellschaftlichen System deutlich hinausreichen muss. Auf verschiedenen Ebenen diakonischer Arbeit ist daher das Handlungsfeld »M.sberatung« präsent. Zugleich gilt es im Umgang mit Kindern wie Erwachsenen mit M.shintergrund, um religiöse o. kulturelle Verschiedenheit zu wissen und sensibel auf diese zu reagieren. Nicht zuletzt sind 1,4 Mio. der in Deutschland lebenden Menschen mit M.shintergrund 65 Jahre alt und älter, was das Thema M. für die Versorgung u. →Pflege älterer u. alter Menschen relevant macht. Ein sozialempirischer Wandel im Generationenverhältnis ist dabei ebenso zu beachten wie kulturelle (o. religiöse) Besonderheiten (bspw. in Bezug auf Unterschiede im Scham- u. Körperempfinden oder im Verhältnis zwischen Mann u. Frau); hinzu kommt eine teilweise fortbestehende oder sich im Alter verstärkende Sprachbarriere. Allein die Vermittlung von Wissen um Rechte u. Möglichkeiten der Versorgung älterer u. alter Menschen außerhalb des familiären Nahbereichs ist oft ein wichtiger Beratungsaspekt.

LITERATUR: KARIN HUNN, »Nächstes Jahr kehren wir zurück ...«. Die Geschichte d. türkischen Gastarbeiter i.d. Bundesrepublik, Göttingen 2005 • HELEN BAYKARA-KRUMME ET AL. (Hg.), Viele Welten d. Alterns. Ältere Migranten im alternden Deutschland, Berlin 2012 • TRAUGOTT JÄHNICHEN ET AL., Fürsorge – Beratung – Empowerment. Zur Geschichte d. diakon. Ausländer-sozialbetreuung für griech. Arbeitsmigranten, Kamen 2014.

Clemens Wustmans

MILIEU(S)

Das M., verstanden als soziales M., bezeichnet die Umgebung des Menschen, die als Lebensbedingung auf Individuen o. Gruppen Einfluss nimmt. Entwickelt aus älteren Konzepten sozialer Ungleichheit (Stände, Klassen, Schichten), erfasst der Begriff die soziale Situation u. Prägung über Merkmale wie den sozialen Status (Einkommen, Bildung), →Werte u. Normen, Mentalitäten o. Lebensstilaspekte (Freizeit, ästhetische Vorlieben, Kommunikation). M. bzw. M.typen meinen schließlich eine kohärente Gesamtheit von Menschen, die eine große Zahl solcher Merkmale gemeinsam aufweisen. Die Analyse solcher Typen bietet vertiefte Einsicht in die komplexe Logik der Lebensführung sozialer Gruppen. Dies lässt sich ebenso für die Marktforschung wie für die Reflexion unterschiedlicher Zielgruppen in Kirche u. Diakonie nutzen, indem die Wechselbeziehungen zwischen dem M. und Einstellungen gegenüber Angeboten, Beteiligungsoptionen o. sozialen Herausforderungen analysiert werden.

LITERATUR: PIERRE BOURDIEU, Die feinen Unterschiede. Kritik der gesellschaftlichen Urteils-kraft, Frankfurt a.M 1987 • GERHARD SCHULZE, Die Erlebnisgesellschaft. Kultursoziologie der Gegenwart, Frankfurt 2005 • CLAUDIA SCHULZ / EBERHARD HAUSCHILDT / EIKE KOHLER, Milieus praktisch II, Göttingen 2010.

Claudia Schulz

MISSBRAUCH

Die Diakonie setzt sich gegen jegliche Formen sexueller →Gewalt in diakonischen u. kirchlichen Einrichtungen ein. Aufgrund der Berichte von Betroffenen fand innerhalb der Diakonie und ihrer Mitgliedsorganisationen eine intensive Auseinandersetzung mit den Vorkommnissen aus der Vergangenheit statt. Die Diakonie Deutschland übernahm ihren Teil der →Verantwortung und beteiligte sich zwischen 2009 und 2012 an der Arbeit der beiden Runden Tische auf Bundesebene. Gemeinsam mit der EKD wurde die Handreichung »Auf Grenzen achten« zur Prävention vor sexueller Gewalt erarbeitet. Die Diakonie Deutschland hat das Projekt »Begleitung bei der Aufarbeitung u. Implementierung von Maßnahmen gegen sexualisierte Gewalt« eingerichtet. Sie unterstützt aktiv die Arbeit des Unabhängigen Beauftragten der Bundesregierung für Fragen sexuellen Kindesm.s. Gleichzeitig setzt sich die Diakonie

Deutschland dafür ein, dass innerhalb ihrer Strukturen u. Einrichtungen Schutzkonzepte entwickelt und implementiert werden.

Katharina Loerbrocks

MISSION

1. BEGRIFF U. BEDEUTUNG

Der Begriff M. (lat. *missio:* Sendung) bezeichnet die einladende Weitergabe des →Glaubens und die Kommunikation der Guten Nachricht. Der Lutherische Weltbund beschreibt M. im Jahr 1988 als Grunddimension jeden christl. Glaubens: »Mission as proclamation is an attempt by every Christian to tell and interpret the gospelstory in his/her context as a way to discover God's saving acion and meaningful presence in the world« (LWF Dokument »Mission in Context« 2004).

Der Begriff M. provoziert kontroverse Diskussionen. In der deutschen Öffentlichkeit herrscht häufig ein verengtes Bild von M. vor, das M. v.a. mit individueller Bekehrung o. →Konversion verbindet. M. geht aber weit darüber hinaus und nimmt den ganzen Menschen in seinem Kontext in den Blick. Der südafrikanische M.stheologe David Bosch definiert M. 1987 als »multidimensionales Handeln der Kirche«: »Mission is a multi-facetted ministry, in respect of witness, service, justice, healing, reconciliation, liberation, peace, evangelism, fellowship, churchplanting, contextualisation, and much more.« Dieses Handeln geschieht »im Auftrag Gottes, um der Erlösung der Welt willen« (zit. n. Herbst/Läpple 2009, 13).

Dieses ganzheitliche Verständnis von M. basiert auf dem Begriff der *missio dei.* Er wurde von der Weltmissionskonferenz 1952 in Willingen/Deutschland geprägt: M. ist nicht als die Tat einzelner besonders Begabter (individualistisches Verständnis) zu verstehen, und ihr Auftraggeber ist nicht die →Kirche (ekklesiozentriertes Verständnis) oder eine Missionsgesellschaft. Vielmehr ist der trinitarische →Gott selber der Begründer der M.: Gott ist Sendender und zugleich Gesandter. Kirche u. Christen sind in Gottes Selbstoffenbarung hineingenommen und werden durch Gott zur Mitwirkung an seiner M. befähigt.

M. so verstanden umfasst →Verkündigung ebenso wie →Diakonie und den Einsatz für →Gerechtigkeit.

2. STRUKTUREN U. AKTEURE

M. hat sich insbesondere im 19. Jh. in der »Inneren M.« (Diakonie) und der »Äußeren M.« als je eigene Struktur kirchlicher Arbeit herausgebildet. Für die →Innere M. in Deutschland wurden Diakone, →Diakonissen u. Schwestern ausgebildet. Sie verstanden ihren Dienst als evangelistisch und diakonisch zugleich. So war etwa Wicherns Ziel die »Rettung des ev. Volkes aus seiner geistlichen u. leiblichen Not«. Verkündigung und soziales Engagement gehörten für ihn zusammen: »Die Liebe gehört mir wie der Glaube« (Herbst/Läpple 2009, 13f).

Die Äußere M. wurde getragen von freien M.svereinen und aus ihnen entstandenen M.sgesellschaften (z.B. Basler M., gegr. 1815; Norddeutsche M., gegr. 1836; Rheinische M., gegr. 1828). Missionare wurden in eigenen Seminaren der M.sgesellschaften ausgebildet und auf ihren meist lebenslangen Dienst in Übersee vorbereitet. Zu den missionarischen Aktivitäten gehörten von Beginn an neben Predigt, Unterricht u. Gemeindegründung auch medizinische Versorgung und der Aufbau diakonischer →Einrichtungen. Insbesondere die Bethel-M. verfolgte unter der Leitung von Friedrich von →Bodelschwingh ein eigenes Konzept der »Diakoniem.« und gründete zahlreiche diakonische Einrichtungen in ihren M.sgebieten, die bis heute mit den von Bodelschwinghschen Stiftungen Bethel verbunden sind. Heute wird M. von verschiedenen kirchlichen Einrichtungen u. M.swerken wahrgenommen.

3. KONTROVERSE SICHTEN AUF M.

Der M. wird historisch Kooperation mit dem Kolonialismus vorgeworfen, die Mitwirkung an der Zerstörung indigener Kulturen und an der Unterdrückung und Ausbeutung indigener Völker. Harsche Kritik an einer darauf beschränkten Sicht kommt heute von Vertretern u. Vertreterinnen der Kirchen des Globalen Südens (z.B. Fidon Mwombeki, Tansania). Sie bewerten diese Kritik als eurozentriert (konzentriert v.a. auf eigene europäische Schuld) und damit wiederum bevormundend, und fordern das Wahrnehmen der Erfahrungen von Kirchen im Globalen Süden mit ihrer eigenen M.sgeschichte. Dabei betonen sie v.a. die erlebte Befreiung durch den christl. Glauben, die überzeugende Praxis des Miteinander Lebens von Missionaren und einheimischer Bevölkerung, die Förderung der eigenen einheimischen Sprachen, die im Gegensatz zur kolonialen Sprachenpolitik stand, sowie den in den diakonischen Aktivitäten der M. erlebten Einsatz für Marginalisierte u. Hilfsbedürftige.

4. AUSBLICK: M. U. DIAKONIE

Diakonie u. M. waren von Beginn an aufeinander bezogen und entstanden als große Bewegungen in der Kirche etwa zeitgleich im 19. Jh. »Die →Motivation zur Inneren u. die zur Äußeren M. verbanden sich im 19. Jh. vielfältig« (Hammer 2013, 207f).

Bis heute wird in kirchlichen Verlautbarungen eine enge Beziehung zwischen Diakonie u. Verkündigung konstatiert. Diakonie habe auch die Aufgabe, »zum Glauben an Jesus Christus einzuladen« (Kirchenamt der EKD 2001). Mit diesen Appellen ist eine Herausforderung benannt: Bei der zunehmenden Ausdifferenzierung der Diakonie droht das ursprüngliche Zusammengehen von Verkündigung u. sozialem Engagement als gleichberechtigte Dimensionen der einen M. Gottes verloren zu gehen.

Das ganzheitliche Verständnis von M. (s.o.) fordert heute dazu heraus,
— das christl. →Profil diakonischer Arbeit bewusst zu gestalten
— die gesellschaftliche →Verantwortung der Kirche profiliert wahrzunehmen
— die aus der M.sbewegung erwachsenen internationalen Beziehungen zu nutzen für internationale Zusammenarbeit in Verkündigung, Diakonie u. Advocacy (→Anwaltschaft).

LITERATUR: KIRCHENAMT D. EKD, Reden v. Gott i.d. Welt. Der missionarische Auftrag der Kirche, Hannover 2001 • MICHAEL HERBST / ULRICH LÄPPLE (Hg.), Das missionarische Mandat d. Diakonie, Neukirchen-Vluyn 2009 • CLAUDIA WAEHRISCH-OBLAU / FIDON MWOMBEKI (Hg.), Mission Continues, Oxford 2010 • HENNING WROGEMANN, Missionstheologien d. Gegenwart, Gütersloh 2013.

Angelika Veddeler

MITARBEITENDE

1. →PROFESSIONALISIERUNG UND UMBRÜCHE IM →EHRENAMT SEIT DEN 1960ER JAHREN

Traditionell dominierten Angehörige von religiösen Gemeinschaften oder expliziten ev. Frauenberufen wie dem der →Diakonisse oder der Gemeindeschwester die Gruppe der M.n in der Diakonie. Zunehmende Professionalisierung in der sozialen Arbeit u. stärkere Orientierung an Humanwissenschaften sowie die lauter werdende Frage nach der Rolle des Ehrenamtes waren grundlegende Kennzeichen einer seit den späten 1950er Jahren einsetzenden Neuorientierung. Dies ist im Kontext mit tiefgreifenden Umbrüchen seit dem Ende des Zweiten Weltkrieges in der hauptamtlichen Mitarbeiterschaft zu sehen: Die schlechten Arbeitsbedingungen, neue, alternative berufliche Perspektiven im sozialen Feld wie auch die zunehmende Emanzipation (mit ihr bspw. das Fallen des Berufszölibats) und die Etablierung von Teilzeitarbeit führten dazu, dass der in der überwiegenden Mehrzahl weibliche, hauptamtliche Nachwuchs ausblieb (im ev. Bereich der Diakonie zeitlich früher und insgesamt dramatischer als im Bereich der katholischen Caritas). Zugleich wuchs jedoch trotz allgemeinem Säkularisierungstrend und den zunehmenden Kirchenaustrittszahlen die Zahl der voll- u. teilzeitbeschäftigten Mitarbeiter_innen in der Diakonie von rund 86.000 im Jahr 1956 auf über 240.000 im Jahr 1982. Dies gründete v.a. auf der Einstellung professionell ausgebildeter Laien und der zunehmenden Erwerbstätigkeit und Teilzeitarbeit von Frauen. Damit veränderte sich jedoch zugleich auch das Profil der hauptamtlichen u. ehrenamtlichen Mitarbeiter_innen.

Jähnichen et al. benennen gute empirische Gründe, die Geschichte des modernen christlichen Ehrenamtes als eine Geschichte des zunehmenden Bedeutungsverlustes zu schreiben bzw. von einem Umbruch hin zu einem »neuen Ehrenamt« zu sprechen. Eine wesentliche Rolle spielten dabei die verstärkte Individualität (Ehrenamt, verstanden als Bestandteil von Selbstfindung u. Identitätssuche, sodass statt der Sozialisation in einem bestimmten Milieu nun ein Prinzip »biographischer Passung« vorherrschte). Gleichzeitig prägten neue Themen u. Arbeitsformen das ehrenamtliche Engagement; es dominierten mit dem Wirtschaftswunder verbundene kritische Themen wie Umweltschutz und die Dritte-Welt-Problematik; statt langfristiger Mitgliedschaft in Großorganisationen wurden oft überschaubare, zeitlich begrenzte Projekte auf lokaler u. regionaler Ebene attraktiv.

Großorganisationen wie Kirche u. Diakonie scheinen in dieser Perspektive als »Verlierer« dieser Entwicklung.

Ein weiteres Argument für die These eines Bedeutungsverlustes des Ehrenamtes ist die zunehmende Professionalisierung der sozialen Arbeit. Eine wichtige Rolle spielte die zunehmende Erwerbstätigkeit von Frauen, die − statt wie früher eher ehrenamtlich in der Diakonie zu arbeiten − verstärkt soziale Berufe ergriffen. Mit dem Ausbau des →Sozialstaates ab den 1960er Jahren nahm die Zahl hauptamtlicher Mitarbeiter_innen deutlich zu.

2. DIE GRÜNDUNG DER EV. FACHHOCHSCHULEN

Wesentliches Element der Transformation der Mitarbeiterschaft in der Diakonie war die Professionalisierung der sozialen Ausbildung (→Bildung). Seit Ende der

1960er Jahre wurden in Deutschland anwendungsorientierte Fachhochschulen als Brücke zwischen Fachschule u. Universität gegründet, ab 1972 an unterschiedlichen regionalen Standorten auch ev. (u. kath.) Fachhochschulen. Das kirchliche Ausbildungssystem für soziale Berufe trat damit in eine neue Ära, in der sie nun erstmals in ihrer Geschichte staatlich anerkannte Diplomstudiengänge anboten. Kirchliche Fachhochschulen waren i.d.R. in die drei Fachbereiche Soziale Arbeit, Sozialpädagogik u. Kirchliche Gemeindepraxis aufgegliedert, die die unterschiedlichen kirchlichen Ausbildungstraditionen widerspiegelten. Deutlich war auch eine neue, gesellschaftspolitisch orientierte Auffassung von Diakonie; das Bemühen, neue, in der Welt verwurzelte kirchliche Mitarbeiter_innen in die Gesellschaft zu schicken. Durch die Kombination aus Wissenschaftsorientierung u. Professionalisierung wurden neue Studierende aus anderen Milieus u. sozialen Hintergründen angezogen. Ab Ende der 1970er Jahre stellten junge Frauen die Mehrheit der Studierenden.

Die Neuordnung des kirchlichen Ausbildungswesens brachte jedoch auch emanzipatorische Rückschritte für die in der ev. Wohlfahrt tätigen und an kirchlichen Schulen u. Seminaren ausgebildeten Frauen. Waren zunächst in der Gründungsphase der neuen Fachhochschulen noch überproportional viele Dozentinnen u. Direktorinnen der ehemaligen Sozialen Frauenschulen beteiligt, endeten diese Traditionen mit ihrem allmählichen Ausscheiden ab der Mitte der 1970er Jahre, ohne dass es Frauen in der Folge einfacher hatten, an Fachhochschulen aufzusteigen. Vielmehr entwickelten sich diese mit ihrem universitären Prestige verstärkt zu einem Karrierefeld, in dem zunehmend Männer Führungspositionen als Rektoren einnahmen.

Mit der Professionalisierung der kirchlichen Sozialarbeit und der Integration in den expandierenden Sozialstaat ging zugleich die Herausbildung eines weniger sichtbaren konfessionellen →Profils der M.n wie auch der diakonischen →Einrichtungen einher.

3. TRANSFORMATIONEN EXEMPLARISCHER DIAKONISCH-CARITATIVER HANDLUNGSFELDER

Die Professionalisierung von Ausbildung u. Berufsfeldern ging einher mit einem tiefgreifenden Umbruch der diakonischen Handlungsfelder. Besonders deutlich zeigte er sich im Bereich der Altenpflege und v.a. der Umgestaltung der traditionellen großen diakonischen Anstalten wie Bethel, Neuendettelsau oder Kaiserswerth.

Einen wesentlichen Umbruch seit den späten 1960er Jahren erfuhr die ambulante Krankenpflege vor Ort, die traditionell durch die kirchliche Gemeindekrankenpflege gewährleistet wurde, die es in nahezu jeder Kirchengemeinde gab. Eine zunehmend überalterte Diakonissenschaft, materiell häufig dürftig ausgestattete Schwesternstationen, steigende Krankenhauskosten und nachlassende finanzielle Mittel der Kirchgemeinden führten seit den 1950er Jahren zu immer häufigeren Schließungen solcher Schwesternstationen. An ihre Stelle traten ab den 1970er Jahren flächendeckende, auch mit öffentlichen Geldern geförderte →Sozialstationen, die eine neue Form der Kooperation zwischen Diakonie und Krankenhäusern, Ländern, Kommunen u. Krankenkassen bedeuten und zugleich Beispiel für die Wandlungs- u. Integrationsfähigkeit von Sozialstaat u. Religion sind. Zugleich bedeuteten Sozialstationen häufig enorme ökumenische Herausforderungen vor Ort, da durch die Zusammenlegung unterschiedlicher Gemeindepflegestationen zahlreiche konfessionell gemischte Träger-

vereine entstanden. Eine völlig neue Herausforderung bedeutet der seit der Neuordnung der Pflegeversicherung im Jahr 1995 bestehende Wettbewerb kirchlicher Sozialstationen mit privatwirtschaftlich organisierten Dienstleistern als »Kampf um Markt-
anteile auf dem →Sozialmarkt«; der langfristige Erhalt der Sozialstationen unter
diesen Prämissen scheint eine offene Frage.

Ebenso lassen sich gesellschaftliche Wandlungsprozesse am Beispiel der Beratungsarbeit (→Beratung) der Diakonie in den Bereichen Ehe, Familie o. Migration
zeigen. Die Transformation betraf sowohl die institutionelle Ebene, also die Entwicklung vom Heim zum Netzwerk von Beratungsstellen, als auch einen Wandel der Art
u. Weise des Umgangs mit hilfesuchenden Menschen: Weniger autoritär u. paternalistisch stehen heute vielmehr partnerschaftlich Klienten im Blickpunkt. Die traditionelle Gleichsetzung der »christl. Ehe« mit dem entsprechenden bürgerlichen Sittlich-
keitsideal wurde durch liberalere Vorstellungen von Beziehungen abgelöst, deren
religiöse Grundlegung weniger eindeutig ist. Im Bereich der Erziehung war die Verbreitung der Humanwissenschaften Pädagogik u. Psychologie in den sozialen Praxisfeldern entscheidend. Beratungsarbeit sieht sich an der Schnittstelle zur traditionellen Seelsorge und zur Medizin.

Ein besonderer Zweig der beratenden Fürsorge stellt die Telefonseelsorge dar, die
Mitte der 1950er Jahre aufgenommen wurde. Anfangs v.a. auf den Aspekt der Ver-
hinderung von Selbstmorden ausgerichtet, erforderte die damit verbundene Besetzung des Telefons rund um die Uhr ein hohes Engagement von Laien.

Die Idee der Repräsentation der christl. Botschaft durch soziales Handeln im
Rahmen der Diakonie wurde seit Mitte der 1970er Jahre verstärkt angefragt. Es setzte
eine Gegenbewegung der finanzierenden Kirche u. Diakonie ein mit einer stärkeren
theologischen u. kirchlichen Rückbindung der Beratungsarbeit. Die Professionalisierung konnte allerdings weder im Beratungsfeld noch in den anderen Arbeitsfeldern
aufgehalten werden. Dies hatte zur Folge, dass religiöse Motive und konfessionelle
Prägung immer weniger sichtbar wurden.

LITERATUR: ARND GÖTZELMANN (Hg.), Frauendiakonie u. Krankenpflege, Heidelberg 2009 ◆
ANDREAS HENKELMANN / TRAUGOTT JÄHNICHEN / UWE KAMINSKY / KATHARINA KUNTER, Abschied v.d. konfessionellen Identität? Diakonie u. Caritas i.d. Modernisierung d. dt. Soz.staats
seit den 60er Jahren, Stuttgart 2012 ◆ TRAUGOTT JÄHNICHEN ET AL. (Hg.), Dritter Weg? (Jahrbuch Sozialer Protestantismus 8), Gütersloh 2015 ◆ MALTE DÜRR, »Dienstgemeinschaft sagt
mir nichts.« Glaubenseinstellungen, Motivationen u. Mobilisierungspotenziale diakonisch Beschäftigter, Berlin et al. 2016.

Clemens Wurstmans

MITARBEITENDENGESPRÄCH

Das M. ist ein (außerhalb der täglichen Routinen und i.d.R. jährlich stattfinden-
des) geplantes u. vorbereitetes Gespräch zwischen Vorgesetzten u. →Mitarbeitenden.
Je nach organisationsspezifischer Einbettung hat es eher den Charakter eines Beurtei-
lungs- oder eines Fördergesprächs und fokussiert die Planung von Weiterbildungs-
maßnahmen (häufig entlang eines der Stelle zugrunde gelegten Anforderungs- o. Kom-
petenzprofils), die Zusammenarbeit im Team oder auch die Kommunikation sowie die
Festlegung u. Überprüfung von Zielvereinbarungen. Die meist in einem Protokoll o.
Fragebogen festgehaltenen Ergebnisse des Gesprächs bilden eine wichtige Ausgangs-

basis für die innerorganisationale Weiterentwicklung und Förderung der Mitarbeitenden (Gehalt, Weiterbildung, Kompetenzentwicklung, zukünftige Aufgabenbereiche). Als Schnittstelle von Organisation und Person treffen im M. organisationale u. individuelle Rationalitäten, ökonomische u. persönliche Interessen aufeinander. Idealerweise bietet es den Rahmen für einen die Organisations- u. Personalentwicklung gleichermaßen befruchtenden u. lernförderlichen Dialog.

LITERATUR: BRIGITTE WINKLER / HELMUT HOFBAUER, Das Mitarbeitergespräch als Führungsinstrument, München 2010 • INES SAUSELE-BAYER, Personalentwicklung als päd. Praxis, Wiesbaden 2011 • OSWALD NEUBERGER, Das Mitarbeitergespräch, Wiesbaden 2015.

Ines Sausele-Bayer

MITARBEITERVERTRETUNG

Die M. stellt die institutionalisierte Form der betrieblichen →Mitbestimmung in kirchlich-diakonischen →Einrichtungen dar. Als kodifizierte Grundlage für die M.en fungiert das M.sgesetz der Ev. Kirche in Deutschland (MVG.EKD), im kath. Bereich gilt die weithin identische Mitarbeitervertretungsordnung (MAVO). Das MVG regelt u.a. die Wahl der M.en, die Rechtsstellung der gewählten Mitglieder sowie die Aufgaben u. Befugnisse der M.en. Nicht zu verwechseln mit den innerbetrieblich tätigen M.en sind die sog. Arbeitsrechtlichen Kommissionen (ARK), die je nach regionaler u. sektoraler Prägung die überbetrieblichen Arbeits- u. Tarifbedingungen bestimmen und durch eine formelle Parität zwischen Dienstgebern u. Dienstnehmern (→Mitarbeitende) gekennzeichnet sind, letztere sind oft auf landeskirchlicher Ebene organisiert in den »Verbänden kirchlicher Mitarbeiterinnen und Mitarbeiter« (VKM).

Den M.en kommen im Weiteren Informations- u. Mitwirkungsrechte zu, sie können Dienstvereinbarungen abschließen und bei zustimmungsrelevanten Maßnahmen der Dienstgeberseite ein Veto einlegen. Kritische Anfragen erhält das Prinzip der M.en zunehmend im Vergleich zu den Personalräten des öffentlich-rechtlichen Dienstes, aber teils auch zu den Betriebsräten in einigen privatwirtschaftlichen →Unternehmen dahingehend, als dass das Initiativrecht der kirchlich-diakonischen M.en deutlich beschränkter ist. Die ideelle Grundlage dieses partizipativen Prinzips ist die →Dienstgemeinschaft von Dienstgebern u. -nehmern, welche innerhalb der kirchlich-diakonischen Einrichtungen ein konsensuales Miteinander intendiert und somit auch auf die jeweiligen M.en anzuwenden ist. Der →Dritte Weg als konfessionelle Besonderheit insbes. in Abgrenzung zu den Regularien der bundesrepublikanischen Tarifpartnerschaft findet mithin seinen Niederschlag auch in der Ausgestaltung der mitbestimmungsbezogenen Spezifika. Jedoch lässt die oftmals mangelnde Wahlbeteiligung der kirchlich-diakonischen Mitarbeiterschaft die Relevanz u. demokratische Legitimation vieler M.en, die für eine Amtszeit von vier Jahren zu wählen sind, häufig problematisch erscheinen. Das aktive u. passive Wahlrecht haben Mitarbeitende, die am Wahltag das 18. Lebensjahr vollendet haben. Die Ausdifferenzierung vieler kirchlich-diakonischer Träger in kleinere Betriebseinheiten hat darüber hinaus zur Folge, dass die jeweils zuständige M. je nach örtlichen Gegebenheiten eine große Distanz zu den ihr zugeordneten Einrichtungen aufweisen kann.

Aktuelle Debatten um die Zukunft der M. sind dabei auch von der Frage über eine Einbeziehung von ursprünglich außerhalb der kirchlich-diakonischen Arbeitswelt zu verortenden →Gewerkschaften geprägt und stehen stellvertretend für die auch juristisch weiterhin klärungsbedürftige Grundsatzentscheidung im Konfliktfeld des Rechts der Religionsgemeinschaften auf autonome Regelung ihrer Angelegenheiten und dem Recht auf Koalitionsfreiheit. Die rechtliche Aufarbeitung etwaiger Konflikte im Zusammenhang mit M.en obliegt gegenwärtig weiter ausschließlich der kirchlichen Gerichtsbarkeit.

LITERATUR: TOBIAS JAKOBI, Konfessionelle Mitbestimmungspolitik, Berlin 2007 ◆ REINHARD RICHARDI, Arbeitsrecht i.d. Kirche, München 2009.

Malte Dürr

MITBESTIMMUNG

1. BEGRIFF

M. bezeichnet im weitesten Sinne die Möglichkeit der →Partizipation einer Gruppe an bestimmten Entscheidungsprozessen. Gemeinhin wird damit die institutionelle Einflussnahme und Beteiligung der Arbeitnehmer (→Mitarbeitende) an der Organisation u. Leitung eines Betriebs o. Unternehmens bezeichnet.

2. M. IN DER DIAKONIE

Vor dem Hintergrund des →Leitbildes der →»Dienstgemeinschaft« werden die konkreten Arbeitsbedingungen in kirchlichen Einrichtungen in Abgrenzung zum allgemeinen Tarifrecht im Rahmen des sog. →»Dritten Weges« geregelt und im Mitarbeitervertretungsgesetz festgelegt. Arbeitsrechtliche Regelungen (→Arbeitsrecht, kirchliches) sowie Konfliktlösungen werden durch paritätisch besetzte Arbeitsrechtliche Kommissionen und neutrale Schlichtungen als besondere Form der Sozialpartnerschaft und M. angestrebt. Gegenwärtig steht dieses Modell vermehrt in der Kritik. Gegner sehen v.a. aufgrund der fehlenden Möglichkeit von Arbeitskampfmaßnahmen ein erhöhtes Potenzial zur Verschleierung von Machtverhältnissen und zur Instrumentalisierung des Konzepts für die Interessen der Leitenden gegeben. Befürworter sprechen dem Dritten Weg sowie dem Leitbild der Dienstgemeinschaft aufgrund der besonderen Form der M. in einer Kultur des Vertrauens eine Vorbild- u. Vorreiterrolle zu. Die Frage der Modifikation des Modells sowie einer Neuprofilierung des Leitbildes ist angesichts der kritischen Anfragen Gegenstand kirchlicher sowie wissenschaftlicher Debatten.

LITERATUR: ROLAND ENSINGER, Betriebl. Mitbestimmung in Kirche u. Diakonie, Wiesbaden 2006 ◆ TRAUGOTT JÄHNICHEN / TORSTEN MEIREIS / JOHANNES REHM / SIGRID REIHS / HANS-RICHARD REUTER / GERHARD WEGNER (Hg.), Dritter Weg? Arbeitsbeziehungen in Kirche u. Diakonie, Gütersloh 2015.

Maximilian Schell

MITGLIEDSCHAFT

M. ist eine vertragliche Beziehung zwischen einer natürlichen Person und einem →Verein oder zwischen einem Verein als juristischer Person und einem Verband. Sie löst Rechte u. Pflichten aus, wie sie in der Satzung des Vereins bzw. des Verbandes festgelegt sind. In jedem Fall korrespondiert die Fürsorgepflicht des Vereins gegenüber dem Mitglied mit der Förderpflicht des Mitglieds zugunsten des Vereins und der anderen Mitglieder. Die Mitglieder eines Vereins bilden gemeinsam die Mitglieder-versammlung als oberstes →Organ eines Vereins. Maßgeblich bestimmen sie die Willensbildung im Verein und nehmen Einfluss auf weitere Organe des Vereins. Im Non-Profit-Bereich (→NPO) dient die M. in den sechs →Spitzenverbänden der Freien Wohlfahrtspflege (→Diakonie, →Caritasverband, die Paritäter, →DRK, AWO und Zentrale Wohlfahrtsstelle der Juden) der gesellschaftlichen u. politischen Interessenvertretung der Einrichtungen (Mitglieder) und ihres Klientels.

Gottfried Cless

MOBILITÄT, SOZIALE

S.M. bezeichnet die Bewegung von Personen o. Gruppen zwischen unterschiedlichen sozialen Positionen. Bewegung in Form eines Auf- o. Abstieges zwischen ungleich bewerteten gesellschaftlichen Schichten wird als vertikale M. bezeichnet. Horizontale M. bezeichnet Bewegungen zwischen Positionen, die derselben Ebene zugeordnet werden können und keinen Statuswechsel nach sich ziehen. Positionsveränderungen werden innerhalb eines Lebenslaufes (Intragenerationenm.) sowie innerhalb einer Generationenfolge als Wechsel der gesellschaftlichen Schicht von der Eltern- auf die Kindergenerationen (Intergenerationenm.) erfasst. Mithilfe der M.sforschung können u.a. Aussagen über die »Offenheit« o. »Geschlossenheit« einer Gesellschaft im Hinblick auf Durchlässigkeit u. Chancengleichheiten bzw. Vererbung von Positionszugehörigkeiten getroffen werden.

LITERATUR: PETER A. BERGER, S.M., in: BERNHARD SCHÄFERS / WOLFGANG ZAPF (Hg.), Handbuch zur Dt. Gesellschaft, Opladen 2001, 595–605 • RÜDIGER PEUCKERT, S.M., in: JOHANNES KOPP / BERNHARD SCHÄFERS (Hg.), Grundbegriffe d. Soziologie, Wiesbaden 2010, 206–208.

Claudia Graf

MOTIVATION

M. ist der Antrieb, das innere Feuer, sich für eine Aufgabe zu engagieren.

Prozesstheoretisch, arbeitspsychologisch u. kybernetisch ist M. eine äußerst bedeutsame Kategorie, die z.B. im Coaching, in der Führung (→Leitung) der →Mitarbeitenden, bei der Organisation zivilgesellschaftlichen Engagements eine entscheidende Rolle spielt.

Man unterscheidet zwischen intrinsischer u. extrinsischer M. Die intrinsische M. lässt sich noch einmal differenzieren. Sie kann in den persönlichen Idealen u. Werten der handelnden Person wurzeln oder in der Freude an bestimmter Arbeit o. Tätigkeit. Die extrinsische M. wird dreifach differenziert: sie kann instrumentell, also als Mittel zu einem Zweck (z.B. Belohnung), Ausdruck externen Selbstverständnisses, dem man gerecht werden muss oder in Internalisierung von Zielen, die erreicht werden sollen, verstanden werden.

LITERATUR: ANSFRIED B. WEINERT Organisations- u. Personalpsychologie, Weinheim/Basel 2004.

Christiane Burbach

MUSIK

M. ist in der →Diakonie seit jeher ein wichtiges Element ihrer →Kultur, in der →Gemeindediakonie und in diakonischen →Einrichtungen vornehmlich durch die Kirchenm. Diakonische Einrichtungen hatten und haben vielfach für ihre Kirchen hervorragende Musiker: Ferdinand Schmidt, Ev. Stiftung Tannenhof, Remscheid; Friedemann Gottschick, Bethel; Ernst Pepping, Johannesstift Berlin. Sie verstanden, Mitarbeitende u. Klienten (→Kunden) durch Chöre u. M.gruppen (z.B. Handglockenchöre) zu integrieren, nicht nur in Behindertenarbeit und →Psychiatrie. Dabei ist besonders an die Bläserchöre (Johannes Kuhlo, Bethel) in der Tradition der →Brüderhäuser zu denken, aber auch das Singen bei →Gottesdiensten u. →Andachten spielt eine große Rolle. Durch Konzerte und kirchenmusikalische Angebote werden oft Außenstehende für die diakonische Arbeit interessiert.

Dass M. auch heilende Wirkung hat, war intuitiv eine gewachsene Erkenntnis. An vielen Orten sind daraus wesentliche Impulse auch für die Integration von M.therapie entstanden.

LITERATUR: WILHELM EHMANN, Johannes Kuhlo. Ein Spielmann Gottes, Bielefeld 1981 • FRIEDEMANN GOTTSCHICK / GÜNTER LÖSCHMANN, »Wenn meine Sünd' mich kränken ...«, in: Wege zum Menschen 35 (1983), 28–32.

Martin Wolff

MÜTTERGENESUNG

M. als gesundheitsfördernde u. -erhaltende Maßnahme für erschöpfte Frauen wurde Anfang des 20. Jh. von der Ev. →Frauenhilfe entwickelt und von den Nationalsozialisten missbraucht. Die Sozialpolitikerin Elly →Heuss-Knapp, Ehefrau des ersten Bundespräsidenten, gründete 1950 das Deutscher M.swerk (MGW) Elly-Heuss-Knapp-Stiftung und schuf damit die erste Kooperation der großen freien →Wohlfahrtsverbände. Ideengeberin und erste Geschäftsführerin (bis 1965) war Dr. Antonie →Nopitsch, Leiterin der ev. Frauenarbeit in Bayern, die die Einbindung der M. in die →Sozialgesetzgebung vorantrieb. Seit 2007 sind M.skuren Pflichtleistungen der Krankenversicherung, seit 2013 erstreckt sich die Leistung auch auf andere Menschen, die Sorgearbeit im familiären Umfeld leisten. 2014 bot das MGW 50.000 Frauen, 72.000 Kindern u. 1.200 Vätern in Kuraufenthalten Maßnahmen zum Schutz vor →Burnout und zur Unterstützung bei besonderen Belastungen.

LITERATUR: www.muettergenesungswerk.de.

Beate Hofmann

MUTTERHÄUSER

M., auch Diakonissenhäuser, sind Institutionen, in denen →Diakonissen beheimatet waren. Als Gebäude herausgehoben und oft noch Zentrale von diakonischen →Unternehmen mit einer Mutterhausvergangenheit. Der Name stammt von Theodor u. Friederike →Fliedner, für die die M. die familiäre Zugehörigkeit der von ihnen ausgebildeten und in die Arbeit entsandten Frauen darstellte. Der Vorsteher nahm in den M. die Stelle des Hausvaters, die Oberin die der Mutter ein. Charakteristisch für M. waren das Sendungsprinzip und die genossenschaftliche Organisation. Die Diakonissen wurden in diakonische Arbeitsfelder entsandt, mit denen die M. Gestellungs-verträge abschlossen. Das Arbeitsentgelt erhielten die M. und wurde von ihnen ge-nossenschaftlich verwaltet. Die Diakonissen erhielten bis zu ihrem Lebensende im Gegenzug eine materielle, geistliche u. geistige Versorgung durch die M. Mit der wachsenden Zahl der zivilrechtlich angestellten →Mitarbeitenden in den M. verloren Sendungs- u. Genossenschaftsprinzip an Bedeutung. Die M. wurden zum →Symbol der Tradition, auf die sich die diakonischen Unternehmen und die zu ihnen gehören-den diakonische →Gemeinschaften berufen.

LITERATUR: ROBERT FRICK, Woher stammt u. was bedeutet der Name »M.«?, in: Arbeitshilfen d. Kaiserswerther Verbandes Dt. Diakonissen-M. 1, Das M., Vier Referate, 1963, 28–30.

Katharina Wiefel-Jenner

NACHBARSCHAFTSHILFE

N. hat sich von der Selbstverständlichkeit der unentgeltlichen gegenseitigen Un-terstützung im Wohnumfeld zu einem sozialpolitischen Begriff (→Sozialpolitik) ent-wickelt. Dies hat besonders mit der Individualisierung und der enorm gewachsenen Zahl von Singlewohnungen in den Quartieren der Großstädte, der gestiegenen Ein-samkeit im →Alter und den →Ausgrenzungserfahrungen von Menschen mit gerin-gem Einkommen und dem Verlust an →Teilhabemöglichkeiten zu tun. Sozialpolitisch soll die neue N. präventiv wirken (→Prävention) und kommunale Hilfsangebote mög-lichst nicht o. spät nötig machen. Deshalb wird N. kommunal angeregt und es wird nach Anreizen gesucht, verbindliche Kontakte zu knüpfen und zu gestalten. Dies wird mit Wohnprojekten (Jung u. Alt), durch gezieltes →Quartiersmanagement und durch Selbsthilfenetzwerke im Alter, aber auch durch Förderung von Vereinen u. Initiativen versucht.

Thorsten Nolting

NÄCHSTENLIEBE

N. bezeichnet die ethische Forderung im →Juden- u. Christentum, bedürftigen Menschen uneigennützig zu helfen (lat. →Caritas). Im Christentum ist die N. als Teil des Doppelgebots der →Liebe (Mk 12,29–31) verbunden mit der Aufforderung, Gott zu lieben. Beide Aspekte, N. und die Liebe zu Gott (→Gottesliebe), basieren auf Gebo-ten der Tora (5Mose 6,4f: »du sollst den HERRN, deinen Gott, lieben von ganzem Her-zen, [...]« und 3Mose 19,18: »Du sollst deinen Nächsten lieben wie dich selbst«), die aber im NT mit dem Gebot der Feindesliebe (Mt 5,43f) neu, d.h. inkludierend und praktisch-konkret, interpretiert werden (insb. im Gleichnis vom Barmherzigen →Sama-riter in Lk 10,25–37). Die zeichenhafte Funktion gelebter N. wird darüber hinaus in der »Geschwisterliebe« unter den Christen im Johannesevangelium u. dem 1. Johan-nesbrief betont. Dabei begründet gelebte N. die Identität der Christen sowohl in der Vergewisserung des eigenen →Glaubens (1Joh 4,7–21) als auch in der Erkennbarkeit von außen (Joh 13,34f). N. ist somit in biblisch-theologischer Sicht eine Grundfunkti-on authentischer menschlicher Gemeinschaft - innerhalb der →Gemeinde und nach außen –, die sich in einem reziproken Abhängigkeitsverhältnis mit der Liebe zu Gott befindet. Indem Gott selbst durch die Erwählung seines Volkes und sein →Versöh-nungshandeln in Christus wirkliche Gemeinschaft mit und unter den Menschen stiftet, ist er es auch, der den sündigen (→Schuld, →Anthropologie) Menschen zu N. befähigt (1Joh 4,19). Damit ist der Mensch in die Lage versetzt, sich selbst als handelnden u. empfangenden Akteur dieser Liebesgemeinschaft anzunehmen (»wie dich selbst«), was die Voraussetzung für die Goldene Regel darstellt (Mt 7,12).

Die bereits in der →Bibel sichtbare Schwierigkeit der N. besteht in der doppelten Spannung zwischen Konkretion und Universalität: 1. beim Verhältnis der theoretisch-ethischen Reichweite des N.-Konzepts und 2. bei dessen praktischer Umsetzung. Die erste Spannung existiert auf der Metaebene, denn es ist unklar, ob die N. als universales ethisches Handlungsprinzip konstitutiv für alle rationalen Wesen ist, oder ob N. ein historisch-kontingentes Konzept der jüdisch-christl. Ideengeschichte ist, das sich nicht ohne Weiteres verallgemeinern lässt. Eine Reformulierung derselben Spannung bestünde in der Frage, ob das Prinzip der N. Verbindlichkeit für Nichtchristen beanspruchen kann, da die theologische Lehrmeinung davon ausgeht, dass die Erfahrung von Gnade und →Rechtfertigung im Glauben an Gott die Grundvoraussetzung für N. bildet. Es stellt sich somit die Frage, ob N. als universalethisches Prinzip verlustfrei vom Glauben an und von der Rechtfertigung durch Gott abgetrennt werden kann.

Die zweite, praxisbezogene Spannung zeigt sich in der Frage des Schriftgelehrten an Jesus (Lk 10): »Wer ist mein Nächster?« Während das Gebot aus dem 3. Buch Mose sich ursprünglich auf Volksgenossen und im Land lebende Ausländer bezogen hat, verdeutlicht Jesus anhand des Samaritergleichnisses, dass der Sinn von N. gerade nicht in spitzfindigen Unterscheidungen zwischen Definitionen, sondern der tatkräftigen, spontanen Hilfe (→Helfen) besteht. Durch die jüdisch-christl. Tradition hat der Gedanke der →Barmherzigkeit in die Idee der →Menschenrechte Einzug gefunden und so wichtige Aspekte der N. universalisiert. Damit wird die Problematik der praktischen Implementierbarkeit virulent, die auf der sozialen Ebene auf die Schaffung dauerhafter, professioneller (→Professionalität) Hilfsstrukturen hinauslaufen muss.

Flächendeckende und effektive Hilfesysteme, die als ein Ausdruck von N. als kulturellem →Wert und tätigem Glauben einzelner ChristInnen gesehen werden können, haben sich erst mit den Fortschritten des 19. u. 20. Jh. herausgebildet. Mit jeder neuen technologischen Ausweitung der Einflusssphäre des Menschen verschiebt sich auch die äußere Grenze der Gruppe der »Nächsten«. So hat H. Jonas in seiner ökologischen Verantwortungsethik (→Verantwortung) den von F. Nietzsche geprägten Begriff der »Fernstenliebe« auf zeitlich ferne, zukünftige Generationen angewandt. Doch auch von räumlich »Fernen«, auf die sich das Gebot der N. nicht bezöge, zu reden, ist in einer globalisierten Welt schwierig geworden.

Möglicherweise ist die Frage nach Nähe und Distanz jedoch keine quantitative, sondern eine qualitative. Für E. Levinas ist N. die Anerkennung des Nächsten als des prinzipiell fremden Anderen. Echte Gemeinschaft heißt, die Nähe des Anderen als Anderen zu erfahren, ohne diese Erfahrung begrifflich-rational aufzulösen. Da die Erfahrung des Anderen nicht abstrakt-theoretisch, sondern nur im konkreten Lebensvollzug gemacht werden kann, ist auch die Frage »Wer ist mein Nächster?« immer nur situativ-konkret zu beantworten.

N. ist insofern konkret, als sie nicht auf ein abstraktes ethisches Prinzip reduzierbar ist, sondern nur in der Erfahrung des Anderen im Handeln als »konkretes Gebot« (D. Bonhoeffer) Gestalt gewinnt.

LITERATUR: DIETRICH. BONHOEFFER, Ethik, München 1998 • SØREN KIERKEGAARD, Werke d. Liebe, Stuttgart 2004 • LENN E. GOODMAN, Love Thy Neighbor as Thyself, Oxford 2008.

Thomas Renkert

NATIONALES VISUM

Der Begriff V. stammt aus dem Lateinischen (»das Gesehene«) und ersetzt seit den 1990er Jahren im deutschen Sprachgebrauch weitgehend den Begriff »Sichtvermerk«, der dieselbe Bedeutung hatte. Die häufigste Form eines V. ist das Einreisev., das je nach Herkunftsland vor der →Einreise nach Deutschland (bzw. in den Schengen-Raum der →Europäischen Union) beantragt werden muss.

Um ein V. zu erhalten, ist i.d.R. der Zweck der Reise, die Finanzierung des Aufenthalts, eine Krankenversicherung sowie die Rückkehrbereitschaft in das Herkunftsland nachzuweisen. →Migration soll auf diesem Weg organisiert und v.a. an den Bedürfnissen des Einreiselandes ausgerichtet werden. Da bspw. →Flüchtlinge diese Bedingungen i.d.R. nicht erfüllen und somit ohne V. einreisen, wird bereits diese unerlaubte Einreise als Straftat betrachtet. Problematisch ist auch die Verpflichtung der Beförderungsunternehmen (bspw. Fluglinien), nur Passagiere mit gültigem V. zu transportieren; dies erschwert legale u. sichere Einreisewege für viele Migrantinnen u. Migranten.

LITERATUR: BERND PARUSEL ET AL., V.politik als Migrationskanal, Nürnberg 2011.

Clemens Wustmans

NAUMANN, FRIEDRICH

F.N. (1860–1919) war ein ev. Pfarrer, Publizist, Schriftsteller, Politiker u. Sozialreformer. Nach Studium in Leipzig u. Erlangen und einer Zeit als »Oberhelfer« im Rauhen Haus in Hamburg (1883–1885) folgten berufliche Stationen als Gemeindepfarrer in Langenberg (Sachsen) und als Vereinsgeistlicher der →Inneren Mission in Frankfurt a.M. (1890–1896), bevor er sich 1897 als Publizist selbständig machte. Als Wortführer einer Generation junger, politisch liberal gesinnter evangelischer Männer und Frauen (Naumann-Kreis) freundete sich F.N. u.a. mit Max Weber und Rudolf Sohm an. 1895 gründete er die Wochenzeitschrift »Die Hilfe« und ein Jahr später den Nationalsozialen Verein. Nach dem Eintritt in die »Freisinnige Vereinigung« wurde er 1907 Reichstagsabgeordneter (seit 1910 mit der »Fortschrittlichen Volkspartei«). Er wollte den Liberalismus erneuern, um das bürgerliche Lager mit der Sozialdemokratie zu versöhnen und die Reichsverfassung zu demokratisieren. Eine auszutarierende Trennung von Religion u. Staat hielt er für unabdingbar. Als Vorsitzender der 1919 gegründeten »Deutschen Demokratischen Partei« (DDP) setzte F.N. im Verfassungsausschuss der Weimarer Nationalversammlung das bis heute geltende dt. →Staatskirchenrecht durch und ist damit für die rechtliche Verankerung des kulturell verstandenen Erziehungsauftrags der Religion verantwortlich.

LITERATUR: URSULA KREY, F.N. (1860–1919), »Vom kirchlichen Theologen zu einem Christen mit moderner Naturanschauung«, in: MICHAEL HÄUSLER / JÜRGEN KAMPMANN (Hg.), Protestantismus in Preußen Bd. 3: Von der Mitte des 19. Jh. bis zum Ersten Weltkrieg, Berlin 2013, 305–337.

Ursula Krey

NELL-BREUNING, OSWALD VON

N.-B. (1890–1991) war Jesuit und einer der bedeutendsten Vertreter der kath. Soziallehre (»Nestor«). Er begleitete wesentliche Entwicklungsschritte der kirchlichen Sozialverkündigung. Als einer der Berater von Papst Pius XI. war er über den Königswinterer Kreis maßgeblich beteiligt an der zweiten Sozialenzyklika »Quadragesimo anno« von 1931, in der sich u.a. die berühmt gewordene Formulierung des →Subsidiaritätsprinzips als Ausdruck der Freiheitsermöglichung u. Kompetenzanerkennung des Einzelnen findet. Weitere Schwerpunkte seiner wissenschaftlichen Arbeit waren die grundlegende Verbindung zwischen Theologie und den Wirtschafts- u. Sozialwissenschaften, konkret die Auseinandersetzung mit dem Kommunismus, das Verhältnis von Arbeit u. Kapital, v.a. die Integration der Arbeiter in die Gesellschaft, Eigentum u. →Gewerkschaften (mit dem DGB verband ihn seine langjährige Beratertätigkeit, was ihn aber nicht hinderte, auch vom DGB abweichende Positionen zu vertreten). Aufgrund seiner vielfältigen Beschäftigung mit Fragen der Wirtschafts- u. Gesellschaftspolitik in allen Facetten übte N.-B. auch umfangreichen Einfluss auf die Entwicklung der Bundesrepublik Deutschland aus; so wirkte er etwa mit bei dem Godesberger Programm der SPD von 1959. Er formulierte die Gefahren der Wettbewerbswirtschaft und versöhnte sich erst in den 1970er Jahren mit der Sozialen Marktwirtschaft.

LITERATUR: WALTER KERBER, Art. Nell-Breuning, in: Lexikon für Theologie und Kirche 7 (1993), 732f.

Ursula Nothelle-Wildfeuer

NICHTREGIERUNGSORGANISATIONEN / NON-GOVERNMENTAL ORGANIZATIONS (NRO/NGO)

NRO (Nichtregierungsorganisationen, engl. NGOs: Non-Governmental Organizations) sind zivilgesellschaftliche Akteure u. Gruppierungen, die gemeinsame Interessen vertreten, nicht gewinnorientiert arbeiten und nicht von Regierungen o. staatlichen Stellen abhängig und nicht demokratisch legitimiert sind. Im weiteren Sinne zählen dazu z.B. →Gewerkschaften, Wirtschaftsverbände, Verbände von wissenschaftlichen Einrichtungen, →Wohlfahrtsverbände, Hilfsorganisationen, Stiftungen, →Kirchen, Selbsthilfegruppen u. Bürgerinitiativen. Im allgemeinen Sprachgebrauch hat sich der Begriff NRO besonders für Organisationen, →Vereine u. Gruppen durchgesetzt, die sich gesellschaftspolitisch engagieren. Einige wichtige und typische Betätigungsfelder von NRO sind Umweltschutz, soziale →Gerechtigkeit, Entwicklungspolitik/Global Governance, humanitäre Hilfe (→Helfen) und →Menschenrechte. NRO finanzieren sich über private →Spenden, staatliche Zuwendungen und den Verkauf von →Dienstleistungen.

Jürgen Lieser

NIEDERLASSUNGSERLAUBNIS

siehe unter: Migration

NIGHTINGALE, FLORENCE

Reformerin der Krankenpflege. N. (1820–1910), aus einer englischen Adelsfamilie stammend, entschloss sich früh gegen den Willen der Familie, ihr Leben den Armen u. Kranken zu widmen. Nach ersten Erfahrungen in London, wo sie auch in Kontakt zu Elizabeth →Fry trat, lernte sie die Krankenpflege, u.a. bei Theodor →Fliedner, kennen. Von diesen Begegnungen profitierten beide für ihre sozialdiakonische Arbeit.

Die Erfahrungen in der Krankenpflege nutzte sie, als sie 1854 gemeinsam mit anderen Schwestern während des Krimkrieges das englische Lazarettsystem organisierte. Diese Arbeit machte sie weit über England hinaus berühmt. Oberster Grundsatz der Arbeit war dabei die Sorge u. Pflege der Kranken; N. wurde zum Vorbild der selbstlosen Hilfe. Das später gegründete Rote Kreuz und auch die Genfer Konvention übernahmen diese Gedanken.

Mit den von ihr gegründeten Schwesternschulen und ihren weiteren Aktivitäten legte sie sowohl den Grundstein für eine geregelte Ausbildung von Krankenschwestern als auch für einen Ausbau des →Gesundheitswesen. Sie eröffnete zugleich Frauen die Möglichkeit einer eigenen Berufstätigkeit (→Beruf), damit gehört sie zur bürgerlichen Frauenbewegung im 19. Jh.

LITERATUR: MARK BOSTRIDGE, F.N., London 2009.

Norbert Friedrich

NONPROFIT ORGANISATION (NPO)

Als Nonprofit Organisationen (NPO) werden Organisationen bezeichnet, die nicht gewinnorientiert und vom Staat unabhängig operieren. Die Bezeichnung Nonprofit steht dafür, dass die erwirtschafteten Überschüsse der Organisation nicht an die Eigentümer oder an das Management als →Gewinn ausgeschüttet werden dürfen, sondern in die Erfüllung des in der Satzung festgelegten (gemeinnützigen →Gemeinnützigkeit) Zwecks reinvestiert werden müssen (Hansmann 1980). Zwar dürfen wirtschaftliche Aktivitäten betrieben werden, vorausgesetzt, dass damit Mittel erwirtschaftet werden, die für die Verwirklichung der satzungsmäßigen Zwecke verwendet werden (§ 55 AO).

Das Konzept der NPO basiert auf der Annahme abgrenzbarer gesellschaftlicher Sektoren, namentlich des Staates, des →Marktes u. des Nonprofit-Sektors. Die international einflussreiche strukturell-operationale Definition bestimmt NPO anhand ihrer institutionellen u. organisatorischen Unabhängigkeit vom Staat, ihrer Fähigkeit, selbst die Kontrolle über ihre Geschäfte auszuüben, dem Nicht-Ausschüttungs-Gebot, einem gewissen Grad an Freiwilligkeit in Form von freiwilligem Engagement (→Ehrenamt) oder freiwilligen →Spenden, sowie einer gewissen organisationalen Verfasstheit (L. Salomon / H.K. Anheier 1992). Diese Definition steht in einer Spannung zum Verständnis von Organisationen des Dritten Sektors in der europäischen Tradition. Der Dritte Sektor wird stärker als intermediärer Sektor zwischen Staat, Markt u. privaten Haushalten konzeptioniert. Damit ist er breiter gefasst und betont die Vermittlungsleistung, den sozialen bzw. gemeinnützigen Zweck der Tätigkeit und damit auf die Erwirtschaftung kollektiver Erträge.

In Deutschland werden typischerweise eingetragene u. gemeinnützige →Vereine, Geselligkeitsvereine, Stiftungen, Einrichtungen der freien Wohlfahrtspflege (→Wohl-

fahrtsverbände), gemeinnützige GmbHs, gemeinnützige AGs, Wirtschafts- u. Berufs-
verbände, →Gewerkschaften, Verbraucher- u. Selbsthilfeorganisationen (→Selbsthilfe)
und Bürgerinitiativen als NPO bezeichnet. NPO dienen unterschiedlichen Zwecken,
die in der International Classification of Non-Profit-Organisations festgehalten sind,
dazu zählen u.a. Kultur u. Erholung, →Bildung u. Forschung, →Gesundheitswesen,
Soziale Dienste (→Dienstleistung, soziale), Umwelt- u. Naturschutz, →Entwicklung,
Wohnungswesen u. Beschäftigung, Bürger- u. Verbraucherinteressen, Stiftungs- u.
Spendenwesen, internationale Aktivitäten, Religion.

Aktuelle Studien gehen von 615.000 NPO in Deutschland aus, wovon Vereine
(580.000) die bei Weitem häufigste →Organisationsform sind, gefolgt von Stiftungen
(18.000), gGmbHs (9.000) und Genossenschaften (8.000) (Priller et al. 2012). In NPOs
waren im Jahr 2007 2,3 Mio. Arbeitnehmer (→Mitarbeitende in Vollzeitäquivalenten)
beschäftigt, was 9 % der Beschäftigten in der Gesamtwirtschaft ausmacht. Der Beitrag
der NPOs zum Bruttoinlandsprodukt lag bei 4,1 %. Die Zahl der Beschäftigten steigt
seit den 1970er Jahren. Die meisten Beschäftigten arbeiten dabei in den Einrichtungen der freien Wohlfahrtspflege (ca. 1,7 Mio.). Darüber hinaus sind dort bis ca. 2,5
Mio. Menschen freiwillig engagiert. Die beiden beschäftigungsintensivsten Branchen
für NPO in Deutschland sind das Gesundheitswesen und Soziale Dienste. Die öffentliche Hand war 2007 für 64 % der Einnahmen verantwortlich, 32 % wurden aus Gebühren u. Entgelten erwirtschaftet, während 4 % aus Spenden u. Stiftungsbeiträgen
stammten (Spengler 2011). Dies weist auf ein komplementäres und partnerschaftli-
ches Verhältnis von Staat u. NPO in Deutschland hin, das durch die Bereitstellung
öffentlicher Güter durch NPO geprägt ist. Insgesamt übernehmen NPO vier Rollen in
demokratischen Wohlfahrtsstaaten: als Dienstleister im Sinne der direkten Erbringung von Dienstleistungen bevorzugt in Situationen von Staats- u. Marktversagen; als
Innovator im Sinne eines Entwicklungs- u. Testlabors für neue soziale Dienstleistungen; als Wert-erhaltende Organisationen (→Werte), die die Pluralität von Werthaltungen sicherstellen und schließlich als Themen- u. Sozialanwalt (→Anwaltschaft), in
dem unterrepräsentierte Themen u. Interessen anwaltschaftlich im gesellschaftlichen
Diskurs vertreten werden (Kramer 1981).

LITERATUR: BURTON WEISBROD, The Voluntary Sector, Lexington 1977 • HENRY HANSMANN, The
role of Nonprofit Enterprise, in: The Yale Law Journal 98 (1980), 835–901 • RALPH KRAMER,
Voluntary Agencies in the Welfare State, Berkeley 1981 • ESTELLE JAMES, The Nonprofit Sector
in Comparative Perspective, in: WALTER W. POWELL (ed.), The Nonprofit Sector, New Haven /
London 1987, 397–415B • LESTER SALOMOM / HELMUT K. ANHEIER, In search of the nonprofit
sector, in: Voluntas 3 (1992), 125–151 • NORMAN SPENGLER / JANA PRIEMER, Zivilgesellschaft
in Zahlen Bd. 2. Daten zur Zivilgesellschaft, Essen 2011 • ECKHARD PRILLER ET AL., Dritte-
Sektor-Organisat. heute: Eigene Ansprüche u. ökonom. Herausforderungen, Berlin 2012.

Andreas Schröer

NOPITSCH, ANTONIE

N. (1901–1975) war eine Pionierin ev. Sozialarbeit mit Frauen u. Familien. Die
promovierte Nationalökonomin gründete 1933 den Bayerischen Mütterdienst als eine
Organisation für Frauenbildung, →Müttergenesung und kirchliche Frauenarbeit in
Bayern. Dank guter Kontakte in Frauenarbeit u. Kirche manövrierte sie das Werk
weitgehend unbehelligt durch die Zeit des Nationalsozialismus. Unter N.s Leitung

wurden 1948 in Stein bei Nürnberg ein Mütterkurheim und ein Gemeindehelferin-nenseminar (Bibelschule) errichtet. Auch Fortbildungen (→Bildung) für kirchliche Frauenarbeit und die Gründung des Laetare-Verlags mit theologischer u. pädagogischer Literatur für Frauen gehen auf sie zurück. N. organisierte 1949 erstmals die Teilnahme deutscher Kirchengemeinden am Weltgebetstag der Frauen, der bis heute die größte ökumenische Basisbewegung ist. 1950 gründete sie zusammen mit Elly →Heuss-Knapp das Dt. Müttergenesungswerk, um der Gesundheitsförderung von Frauen u. Müttern ein Dach und eine Verortung in der dt. Sozialgesetzgebung zu schaffen. Bis 1965 fungierte die »Dokterin« als Geschäftsführerin des MGW und als Leiterin des Mütterdienstes und stritt in zahlreichen kirchlichen Gremien für Beteiligungsmöglichkeiten von Frauen.

LITERATUR: ANTONIE NOPTISCH, Der Garten auf dem Dach, o.O. 1970 ♦ BEATE HOFMANN, Gute Mütter – starke Frauen, Stuttgart 2000 ♦ BEATE HOFMANN, A.N. (1901–1975), in: ADELHEID M. v. HAUFF, Frauen gestalten Diakonie Bd. 2, Stuttgart 2006, 532–550.

Beate Hofmann

NOT

Eine der Hauptperspektiven diakonischer bzw. caritativer Praxis ist die Überwindung von N. u. Elend. Deshalb will diakonisches Handeln dazu beitragen, ein gelingendes Leben zu ermöglichen, indem es konkrete Hilfe leistet (→Helfen) und gleichzeitig die Rahmenbedingungen gesellschaftlichen Lebens mitgestaltet. Insofern stehen die Überwindung von N. und die Unterstützung von Menschen bei der Realisierung ihrer Lebensmöglichkeiten in einem inneren Zusammenhang. Es wäre jedoch zu kurz gegriffen, Hilfe in der N. nur als Akt der →Barmherzigkeit zu verstehen. Vielmehr handelt es sich um einen Ausdruck von →Gerechtigkeit, wenn Menschen in N.situationen unterstützt werden.

Die Rede von N. beinhaltet unterschiedliche Aspekte, darunter eine subjektive und eine objektive Komponente. Dementsprechend bezeichnet N. einen subjektiv empfundenen Zustand, der zugleich von außen feststell- bzw. nachvollziehbar ist. Die Identifikation von N.situationen hängt sowohl von der persönlichen Situation als auch von den konkreten Lebensbedingungen ab. Von daher kann N. genauso materiell wie psycho-sozial verstanden werden. Damit zeichnet sich der Begriff durch eine inhaltliche Variabilität aus und ist kontextbezogen zu verstehen; er kann eine menschliche Lage im Sinne von →Leid, →Armut o. Krankheit (→Gesundheit/Krankheit) umschreiben.

Die Zielperspektive gelingenden Lebens, welche die diakonische Praxis auszeichnet, bedingt, dass die Hilfe in N.situationen zuallererst den Menschen ernstnehmen muss, der Beistand benötigt. Insofern fordert sie eine →Solidarität, die den Menschen wahrnimmt und ihm beisteht. Da N. Lebensmöglichkeiten verhindert, macht sie konkrete Unterstützung erforderlich. Ernsthafte Hilfe ist zugleich subjektzentriert und verlangt, das Gegenüber als gleichberechtigten Akteur mit eigenen Bedürfnissen wahrzunehmen. Insofern gehört es zur Hilfe in N., die Selbsthilfekräfte (→Selbsthilfe) anzuregen und zu unterstützen. Darüber hinaus verlangt sie aber auch, dass die Ursachen von N. in den Blick kommen und dementsprechend bekämpft bzw. überwunden werden.

Die diakonische Praxis ist ein wesentlicher Teil des christl. Selbstverständnisses. Sie weiß sich in theologischer Perspektive der Botschaft eines liebenden →Gottes verbunden, dessen Botschaft sie durch den Einsatz für andere bezeugt. Insofern gilt es die Sorgen u. N.e der Menschen auch als eigene Anliegen zu begreifen. Die biblische Botschaft vom →Reich Gottes, die sich in Wort u. Tat →Jesu gerade den Menschen am Rand der Gesellschaft zuwendet, bedingt damit auch in der Nachfolge Jesu, sich den Menschen zuzuwenden und sie in ihrer jeweiligen Situation vorurteilsfrei anzunehmen. Die Hoffnungsbotschaft des Reiches Gottes kann dabei motivierend und stimulierend sein, N. u. Leid zu erkennen und zu bekämpfen. Im christl. Verständnis ist der Einsatz für den Nächsten in dessen Situation zugleich Ausdruck des christlichen →Glaubens. Ein solches Verständnis weiß sich dem zentralen Doppelgebot der →Gottes- u. →Nächstenliebe verbunden. Von daher war die tätige Nächstenliebe schon im frühen Christentum Teil des eigenen Selbstverständnisses. Bezog sich die Hilfe in N. zunächst auf die konkrete zwischenmenschliche Unterstützung, führte dies gerade im Mittelalter zur Gründung von Spitälern und weiteren sozialen Einrichtungen vor allem durch die →Orden. Angesichts der Massenarmut im Kontext der Industrialisierung reifte nach und nach die Einsicht heran, dass es der Einsatz für andere auch erfordert, Strukturen zu verändern, die N. verursachen. In diesem Zusammenhang ist die Gründung von caritativ-tätigen christl. Organisationen zu sehen, die ihre Aufgabe nicht nur in der konkreten Hilfe, sondern auch im anwaltschaftlichen Einsatz für andere sehen. Insofern bezieht sich etwa der Leitspruch der →Caritas »N. sehen und handeln« genauso auf die Beseitigung individueller N. wie auf die Beeinflussung politischer Entscheidungen im Sinne von hilfebedürftigen Menschen.

LITERATUR: HEINRICH POMPEY, Die N. d. Menschen als Zeichen der Zeit, in: Lebendige Seelsorge 41 (1/2 1990), 60–69 • THOMAS BROCH, N. sehen u. handeln: Caritas, in: Caritas Jahrbuch 1997, Freiburg i.Br. 1996, 91–94 • HEINRICH POMPEY, Barmherzigkeit – Leitwort christl. Diakonie, in: Die Neue Ordnung 51 (1997), 244–258.

Peter Neher

NOTFALLSEELSORGE

siehe unter: Seelsorge

OBDACHLOSENHILFE

Als O. o. Wohnungslosenhilfe (W.) werden kommunale bzw. freiverbandliche Maßnahmen bezeichnet, die sozial benachteiligten u. ausgegrenzten Personen (→Ausgrenzung) in multiplen Problemlagen Unterstützung bieten. Ein besonderer Fokus liegt auf der Hilfe in Wohnungsnotfällen. Es wird angestrebt, akute →Wohnungslosigkeit (in Form von fehlendem eigenen mietrechtlich abgesichertem Wohnraum o. Wohneigentum) zu überwinden, drohende Wohnungslosigkeit abzuwenden oder unzumutbare Wohnverhältnisse zu beenden. Neben der ordnungsrechtlichen Unterbringung der kommunalen O. sind zentrale Aufgabenfelder der W. persönliche →Beratung, Unterstützung im Zugang zum Wohnungs- u. Arbeitsmarkt, medizinische Versorgung, Hilfe im Beantragen von Transferleistungen, Nachbetreuung sowie Lobbyarbeit. Etwa 75 % aller Einrichtungen bzw. Träger der W. sind konfessionell gebunden. Die diakonische W. organisiert sich im Bundesfachverband Existenzsicherung u. Teilhabe e.V. – Wohnungsnotfall u. Straffälligenhilfe.

LITERATUR: STEFAN GILLICH / ROLF KEICHER (Hg.), Bürger o. Bettler − Soz. Rechte v. Menschen in Wohnungsnot im Europ. Jahr gegen Armut u. Ausgrenzung, Wiesbaden 2012 • CLAUS PAEGLOW, Handbuch Wohnungsnot u. Obdachlosigkeit, Bremen 2012.

Claudia Graf

OBERLIN, JOHANN FRIEDRICH

Der Pfarrer u. Sozialreformer O. (1740–1826) kam nach dem Theologiestudium in Straßburg in der Gemeinde Waldersbach (Vogesen), wo bereits Pfarrer Johann Georg Stuber sozialreformerisch gewirkt hatte. Ab 1767 als dessen Nachfolger blieb er der Landgemeinde bis zu seinem Tod eng verbunden. Im armen Steintal engagierte sich O. in vielfältiger Weise für die Verbesserung der Lebensbedingungen, u.a. durch den Aufbau des Schulwesens, die Reform der Landwirtschaft (u.a. neue Techniken im Obstbau), die Gründung von Kleinkinderschulen oder den Aufbau von Fabriken (Baumwolle). Von der Aufklärung geprägt, galt das Interesse des ökumenisch wirkenden O. besonders der Kleinkinderpädagogik, die er gemeinsam mit seiner Haushälterin Luise →Scheppler früh beeinflusste.

LITERATUR: Loïc CHALMEL, O., Potsdam 2012.

Norbert Friedrich

ÖFFENTLICHKEITSARBEIT

Diakonische Träger, Dienste u. Einrichtungen und ihre Verbände unterhalten ständig, ob gesteuert oder zufällig, Beziehungen zur Öffentlichkeit. Dieser sind sie verpflichtet, weil sie für das Wohl der Gesellschaft sorgen und dafür entgolten werden.

Aufgabe der Ö. ist es, diese Beziehung systematisch u. zielgerichtet zu gestalten. Ihr Ziel ist es, Bekanntheit u. Image der Diakonie zu fördern. Grundlage jeder Beziehung ist Vertrauen. Es gilt, das Vertrauen der Öffentlichkeit in die Diakonie zu gewinnen, es zu pflegen u. auszubauen.

Aus diesem Selbstverständnis heraus werden Maßnahmen geplant. Konzeption ist die Grundlage für gute Ö.

Ö. der Diakonie erhält ihren eigenen Charakter aus dem Bezug zum Selbstverständnis der Diakonie, das in →Leitbild, Zielen u. einer Strategie dargelegt ist. Daraus erwächst eine Haltung zur Öffentlichkeit, die auf Glaubwürdigkeit u. christl. →Werte ausgerichtet ist.

Ö. der Diakonie ist Erfolgskriterien und Mitteln unterworfen, wie jeder andere gesellschaftliche Akteur, sie kann sich nicht den Regeln der Kommunikation entziehen. Erfolgreich ist sie, wenn sie diese so nutzen und einsetzen, wie es ihren Zielen und ihrem Selbstverständnis entspricht.

Bei der heute großen Konkurrenz in der Mediengesellschaft ist es nötig, professionell zu kommunizieren. Nur dann verschafft man sich Gehör. Wer nicht oder schlecht kommuniziert, wird nicht wahrgenommen.

Andreas Wagner

OHL, OTTO

Der Pfarrersohn O. (1889–1973) wurde nach dem Theologiestudium in Tübingen bereits 1912 Vereinsgeistlicher beim »Rheinischen Provinzialausschuß für →Innere

Mission«. Bis zu seiner Pensionierung 1963 leitete er den Verband. O. erlebte u. gestaltete die Entwicklung der Inneren Mission zwischen dem Kaiserreich und der Bundesrepublik Deutschland. Unter seiner Leitung wurde die rheinische Diakonie planmäßig ausgebaut. O. nutzte besonders die Möglichkeiten, die der Weimarer →Sozialstaat bot, wobei sein besonderes Augenmerk der Fürsorgearbeit sowie dem Ausbau diakonischer Dienste auf gemeindlicher u. kreiskirchlicher Ebene galten. O. förderte die →Professionalisierung der Arbeitsbereiche, die in enger Verschränkung mit den anderen Trägern der freien Wohlfahrtspflege gesamtgesellschaftliche Aufgaben übernahmen. In der Bundesrepublik engagierte sich O. auch beim Ausbau des Sozialstaats und der Ausgestaltung der →Sozialgesetzgebung (Bundessozialhilfegesetz 1961).

O., der in vielen Gremien aktiv war, achtete stets darauf, dass die Innere Mission sowohl gegenüber staatlicher Bevormundung als auch gegenüber kirchlicher Vereinnahmung selbstständig blieb.

LITERATUR: KURT HOLZ, O.O., in: NORBERT FRIEDRICH ET AL. (Hg.), Miszellen zur Rheinischen Diakoniegeschichte, Düsseldorf 2014, 5–35.

Norbert Friedrich

ÖKONOMIE

Ö. (von griechisch *oikos,* »Haus, Haushalt« und *nomos,* »Gesetz«) ursprünglich als gute Haushalterschaft verstanden, ist in modernen Gesellschaften der Teilbereich einer Gesellschaft, der sich mit der Produktion, Verteilung u. Verwendung von Gütern u. →Dienstleistungen beschäftigt und der nach eigenen wirtschaftlichen Gesetzen arbeitet. Im Kontext von Diakonie u. Kirche wird häufig von lebensdienlichem Wirtschaften (Arthur Rich) als Leitidee gesprochen.

Es lassen sich verschiedene Ausprägungen unterscheiden: 1. Ö. als Formalprinzip und Subsystem einer Gesellschaft: Ö. ist die Gesamtheit der Beziehungen, die in Verbindung mit der Produktion, der Verteilung und der Verwendung von Gütern u. Dienstleistungen und der wirtschaftlichen Tätigkeit von Menschen stehen. Ö. ist jede Tätigkeit von Menschen, die sich auf die Versorgung mit materiellen o. immateriellen Gütern u. Dienstleistungen auf Basis von Tauschbeziehungen und unter marktwirtschaftlichen Bedingungen auf Basis des ökonomischen Prinzips bezieht. Das ökonomische Prinzip (auch Maximin-Prinzip genannt) besagt, dass mit gegebenem Ressourceneinsatz ein maximaler Ertrag oder ein gegebenes Ziel mit minimalem Input erreicht werden soll. 2. Ö. als Realform des Wirtschaftens: Ö. als die Wirtschaft einer Stadt, Landes o. Region (im geographischen Raum) oder auch als Weltwirtschaft. Verschiedene Formen, Methoden u. Stile des Wirtschaftens zeigen sich in der →Marktwirtschaft, Zentralverwaltungswirtschaft (heute historisch), Mischformen von starkem (skandinavische Staaten, Beneluxländer, Deutschland, Frankreich) oder weniger starkem Einfluss des Staates (USA, Großbritannien) sowie in der Subsistenzwirtschaft. 3. Ö. (o. Ökonomik) als die wissenschaftliche Disziplin, die über Wirtschaft und ihre Phänomene lehrt u. forscht, deren Komplexität (F.A. von Hayek) sich durch unzählige Aktionen u. Reaktionen der individuellen Marktteilnehmenden zeigt. Die zentralen Variablen sind Preise, Kosten, →Gewinn, Nutzen, Nachfrage u. Angebot, Beschäftigung, Inflation, Wachstum, Außenhandel etc.

Unterschieden wird zwischen Mikroö. und Makroö. Gegenstand der Mikroö. ist das wirtschaftliche Verhalten einzelner Wirtschaftssubjekte (Haushalte u. →Unternehmen). Sie analysiert die Entscheidungsprobleme u. Koordinationsvorgänge, die aufgrund der Arbeitsteiligkeit des Produktionsprozesses notwendig werden, sowie die Zuweisung von knappen Ressourcen u. Gütern durch den Marktmechanismus. Insbes. untersucht die Mikroö. Märkte, in denen Güter u. Dienstleistungen gekauft u. verkauft werden. Ein zentrales Konzept ist das Marktgleichgewicht, welches sich durch die Preisbildung über Angebot u. Nachfrage einstellt. Im Unterschied zur Mikroö. arbeitet die Makroö. mit gesamtwirtschaftlichen (»aggregierten«) Größen, also z.B. mit dem Gesamteinkommen aller Haushalte. Die Makroö. befasst sich mit den gesamtwirtschaftlichen Zusammenhängen und der Gestaltung des »magischen« Fünfecks: stetiges u. angemessenes Wachstum, Vollbeschäftigung, Geldwertstabilität, außenwirtschaftliches Gleichgewicht und in jüngerer Zeit: Nachhaltigkeit.

Die Ö. als Wissenschaft entwickelt sich als Volkswirtschaftslehre (Nationalö. als Teil der Staatswissenschaft) und seit Beginn des 20. Jh. als Betriebswirtschaftslehre, dominierend mit der Analyse von Unternehmen als privatwirtschaftlicher Erwerbseinheit unter marktwirtschaftlichen Rahmenbedingungen. In der Ö. als Wissenschaft (Ökonomik) wird die *quantitative*, mathematische Ö. (neo-klassische Ö. innerhalb des Datenkranzes, ökonomische Gesetze, Denkfigur des »homo oeconomicus«) als vorherrschende Lehre identifiziert. *Qualitative*, historisch-ethische Ansätze der Ö. (kontextuelle Ö., Pluralismus der Komponenten, Berücksichtigung der ethischen, sozialen, politischen, ökologischen u. kulturellen Kontexte) spielen seit dem Methodenstreit der Wirtschaftswissenschaften am Ende des 19. Jh. eine untergeordnete Rolle.

Diakonische Einrichtungen u. diakonische Unternehmen sind Marktakteure (oft als Non-Profit Organisationen [→NPO]) und müssen sich vermehrt in einem privatwirtschaftlichen Wettbewerb behaupten. Der klassische Begriff von Ö. als wertfreier Disziplin, die »natürliche« ökonomische Gesetze unterstellt, berücksichtigt besonders die sog. »harten« *quantitativen* Faktoren sozialer u. diakonischer Dienste. Ethische Kategorien wie ein christl. →Menschenbild, →Nächstenliebe oder eine theologische Sinnmitte (Alfred →Jäger) als normative, *qualitative* Dimensionen haben nicht unmittelbar einen Platz in der ökonomischen Theoriebildung. Für die ökonomische Realität diakonischer Unternehmen ist deshalb von Multi-Rationalität (Kuno Schedler, Johannes Rüegg-Stürm) auszugehen, d.h. von dem Aufeinandertreffen ökonomischer, theologischer u. fachlicher Rationalitäten und entsprechender Sinnsysteme sowie von den Herausforderungen, die dieses Aufeinandertreffen für die Verbindung ökonomischer Realitäten mit den übrigen Kontextfaktoren bedeutet.

Martin Büscher

ÖKONOMISIERUNG

Ö. ist der Begriff für die Tendenz, →soziale Arbeit, aber auch andere gesellschaftliche Bereiche, wie etwa →Bildung, →Kunst u. Sport, zunehmend auch unter wirtschaftlichen Aspekten zu betrachten und sie auf entsprechende Erfordernisse auszurichten. Für funktional differenzierte arbeitsteilige Gesellschaften (N. Luhmann) kann es als unvermeidlich angesehen werden, dass über alle Zusammenhänge auch in ökonomischen Kategorien kommuniziert werden kann und muss. Der Begriff »Ö.« wird jedoch meist im Sinne einer kritischen Wertung gebraucht.

LITERATUR: UDO WILKEN (Hg.), Soz. Arbeit zw. Ethik u. Ökonomie, Freiburg 2000 • MARGOT BERGHAUS, Luhmann leicht gemacht. Eine Einführung i.d. Systemtheorie, Köln 2003.

Christian Dopheide

ÖKUMENE

Der Begriff ›Ö.‹ leitet sich von dem griech. Wort *oikoumene* (Partizip passiv zu *oikos* – das Haus) ab und wird üblicherweise mit »die ganze bewohnte Erde« übersetzt. Im engeren Sinn ist mit ›Ö.‹ die Verbundenheit der christl. →Kirchen und ihr Streben nach sichtbarer Einheit, ihr gemeinsames Zeugnis in der Welt sowie ihr Einsatz für Frieden, →Gerechtigkeit u. Schöpfungsbewahrung gemeint. Die Suche nach verbindlicher →Gemeinschaft beruft sich auf verschiedene biblische Texte, insbesondere auf das hohepriesterliche Gebet Jesu im Johannesevangelium: »damit sie alle eins seien« (Joh 17,21). Auch in der Theologie des Apostels Paulus spielt die Frage von christl. Einheit und Vielfalt eine wesentliche Rolle (Röm 12,1 / 1Kor 1,2 / Eph 4).

Historisch betrachtet wird der Begriff Ö. bereits seit dem 5. Jh. v.Chr. verwendet (Herodot), und bezog sich zunächst auf die bewohnte bzw. zivilisierte Welt, später auch auf das Römische Reich. Ab dem 2. Jh. n.Chr. begannen v.a. Kirchenväter wie Origenes und Basilius der Große, Ö. u. Kirche in eins zu setzen, und legten damit den Grundstein für das gegenwärtige Ö.verständnis der christl. Kirchen. Im 19. Jh. erfuhr der Begriff eine Renaissance im Zuge des Internationalismus: der Christl. Verein Junger Männer (CVJM/YMCA), die Ev. Allianz, der Reformierte Weltbund und der Christl. Weltstudentenbund (WSCF) zählen zu den ersten ökumenischen Weltorganisationen. Als Geburtsstunde der sog. ökumenischen Bewegung des 20. Jh. gilt die Weltmissionskonferenz in Edinburgh 1910, zu der erstmalig rund 1200 Vertreter aus Kirchen aus aller Welt zusammenkamen – allerdings zunächst vorrangig aus Europa und Nordamerika. Nach dem Zweiten Weltkrieg erfuhr die internationale ökumenische Bewegung einen starken Auftrieb durch die Gründung des Luth. Weltbundes (1947) sowie des Ökumenischen Rates der Kirchen (ÖRK) im Jahr 1948, der gegenwärtig 345 Mitgliedskirchen (rund 500 Mio. Christen) protestantischer, anglikanischer u. orthodoxer Traditionen aus insgesamt 120 Ländern repräsentiert. Die im ÖRK zusammengeschlossenen Kirchen haben sich auf eine gemeinsame Basis geeinigt, die ihr ökumenisches Miteinander wie folgt definiert: »Der ÖRK ist eine Gemeinschaft von Kirchen, die den Herrn Jesus Christus gemäß der Heiligen Schrift als →Gott u. Heiland bekennen und darum gemeinsam zu erfüllen trachten, wozu sie berufen sind, zur Ehre Gottes, des Vaters, des Sohnes u. des Heiligen Geistes.« Die röm.-kath. Kirche ist zwar kein Mitglied des ÖRK, da sie sich selbst bereits als weltumfassende Kirche versteht, doch bestehen zwischen dem ÖRK mit Sitz in Genf und dem Vatikan in Rom teilweise enge Arbeitsbeziehungen. Ein Meilenstein im Dialog zwischen Lutheranern und Katholiken stellt die Gemeinsame Erklärung zur Rechtfertigungslehre (1999) dar, mit der die Lehrverurteilungen aus der Zeit der →Reformation überwunden wurden und gemeinsam die Rechtfertigung des Menschen aus Gnade *(sola gratia)* bekannt wird. In Deutschland haben sich die Kirchen im Jahr 2007 in der Magdeburger Erklärung zur gegenseitigen Anerkennung der →Taufe verpflichtet, darunter auch orthodoxe Kirchen u. →Freikirchen. Für eine gemeinsame Feier des →Abendmahls bzw. der Eucharistie gibt es allerdings nach wie vor keine Einigung. Das Problem liegt dabei weniger im Abendmahlsverständnis an sich (Realpräsenz o.

Zeichenhaftigkeit der Gegenwart Christi im Mahl) als vielmehr im je unterschiedlichen Amtsverständnis der das Abendmahl leitenden Personen bzw. Priester (apostolische Sukzession). Innerhalb des europäischen Protestantismus haben sich im Jahr 1973 in der sog. Leuenberger Konkordie lutherische und reformierte Kirchen gegenseitig Kirchengemeinschaft erklärt und teilen seither volle Kanzel- u. Abendmahlsgemeinschaft. Die aus diesem Zusammenschluss entstandene Gemeinschaft Ev. Kirchen in Europa (GEKE) sorgt ebenso wie die Konferenz Europ. Kirchen (KEK) für ökumenische Verständigung unter den Kirchen in Europa. In Deutschland ist die Arbeitsgemeinschaft Christl. Kirchen (ACK) das offizielle Arbeitsorgan einer Vielzahl evangelischer, →katholischer, →freikirchlicher u. →orthodoxer Kirchen.

Der gemeinsame Einsatz der Kirchen gegen →Armut u. Unterdrückung, Krieg u. Terrorismus sowie die Folgen des Klimawandels zählen zu den wichtigsten Handlungsformen der Ö. Weltweit setzen sich Christen global u. lokal vernetzt für die Überwindung von Ungerechtigkeit (→Gerechtigkeit) u. →Gewalt ein. In Deutschland stehen →»Brot für die Welt« und die →Diakonie für diese Form »glokaler« ökumenischer Arbeit, die in letzter Zeit stark zusammen gewachsen ist. Ö. definiert sich jedoch nicht nur über die Arbeit kirchl. Institutionen, sondern findet ihren besonderen Ausdruck im gemeinsamen →Gebet. Die Gebetswoche zur Einheit der Christen (Januar), der Ökumenische Weltgebetstag der Frauen (März), der Tag der Schöpfung (September) und die Ökumenische Friedensdekade (November) geben über das Jahr verteilt Anlass für ökumenische Gemeinschaft. Das primär auf den Dialog zwischen Christen verschiedener Konfessionen ausgerichtete Verständnis von Ö. unterliegt gegenwärtig – verstärkt durch globale Migrationsbewegungen (→Migration) – einem Wandel. Für diakonische →Einrichtungen wie konfessionelle Kindergärten (→Kindertagesstätte) u. →Krankenhäuser stellt sich bspw. die Frage, inwiefern und in welchen Funktionen hier Angehörige anderer Religionen, insbes. Muslime (→Islam), beschäftigt werden können. Dies erweitert die Themenstellung der traditionell mit innerchristl. Fragen befassten Ö. um die Dimension des interreligiösen Dialogs.

LITERATUR: JOHANNES OELDEMANN (Hg.), Konfessionskunde, Leipzig 2015 • EKD (Hg.), Ö. im 21. Jh., Hannover 2015 • DIES. (Hg.), Kirchesein in einer globalisierten Welt. Zur Weltgemeinschaft in Mission u. Entw., Hannover 2015.

Annegreth Schilling

ORDEN UND KONGREGATIONEN

Seit dem 4. Jh. sind Regeln für geistliche Gemeinschaften überliefert, die in einem Kloster (lat. *claustrum*, Abgeschiedenheit) leben. Seit dem 9. Jh. gelten sie in der →Kirche als ein eigener Stand (daher »Orden«, von lat. *ordo*, Stand). Im Laufe der Zeit unterschieden sich die O. danach, wie sie das Verhältnis von »ora et labora« (bete und arbeite) gestalten. Das hing nicht nur vom eigenen O.sideal ab, sondern auch von den Erfordernissen der Zeiten u. Orte. Stadtgesellschaften des Hochmittelalters mit den an Bedeutung zunehmenden Berufen der Kaufleute u. Handwerker sahen sich anderen Problemen gegenüber als eine Landbevölkerung. Die, die sich in und mit den neu gegründeten Städten diesen Problemen stellten, die sog. Bettelo. wie Dominikaner u. Franziskaner, bildeten einen im Vergleich zu den bis dahin bekannten O. der Benediktiner u. Zisterzienser, die ihre Klöster außerhalb der Städte bauten, einen neuen

Typ. Im 16. Jh. wurden in den Gebieten, in denen die →Reformation eingeführt wurde, die Klöster aufgelöst. In den katholisch gebliebenen Gebieten entstanden neben
den alten O. neue, die sich v.a. der →Bildung und →Seelsorge verschrieben. Die Jesu-
iten sind deren bedeutendster.

Für Frauen übernahmen diese Aufgabe die Ursulinen und die Englischen Fräu-
lein. Sie hatten wie die weiblichen Pendants der alten O. damit zu kämpfen, dass für
Frauenklöster die Klausur durchgesetzt wurde, was einerseits nur ein kleines Tätig-
keitsspektrum ermöglichte, andererseits unvermögenden Frauen den Klostereintritt
verwehrte, weil ein klausuriertes Frauenkloster von den Erträgen des eingebrachten
Vermögens leben muss. Der Durchbruch gelang erst im 17. Jh. durch →Vinzenz von
Paul und Louise von →Marillac mit den »Barmherzigen Schwestern«. Im 19. Jh.
knüpften viele Frauen daran an und gründeten K., d.h. Genossenschaften mit einfa-
chen Gelübden im Unterschied zu O. mit feierlichen Gelübden. Weltweit wurden im
19. Jh. mehr als 550 K. päpstlich anerkannt, dazu kam die noch größere Zahl an K.
bischöflichen Rechts. Sie waren auf allen Feldern tätig, wo Industrialisierung, rasan-
tes Bevölkerungswachstum u. gestiegene Ansprüche an Kranken→pflege o. Kindererziehung Einsatz forderten. In der Fläche arbeiteten O.sschwestern in Stationen, die
von eigens gegründeten →Vereinen, den Vinzenz- o. Elisabethenvereinen, getragen
wurden und in denen sich örtlich engagierte Frauen und Honoratioren zusammen-
fanden. In die Stationen entsandte das →Mutterhaus einer K. in der Regel eine Kin-
der- und eine Krankenschwester, bei finanziell besser gestellten Vereinen zusätzlich
eine Nähschwester u./o. eine Schwester für den gemeinsamen Haushalt. In ev. Gebieten bildeten die von Krankenpflege- u. Diakonievereinen getragenen →Diakonissen-
stationen das Pendant. Die Schwesternstationen erwiesen sich in vielerlei Hinsicht
als Segen: Die Menschen im Ort erhielten in ihnen die erste und manchmal einzige
Hilfe bei Unfällen, in Krankheit (→Gesundheit/Krankheit) und im →Alter. Sie bildeten ein weibliches Gegengewicht zum sonst durch Klerus u. Pfarrerschaft männlich
bestimmten Erscheinungsbild der Kirchen. Die Teilung der →Verantwortung mit
einem vor Ort tätigen kirchlichen Verein setzte die Verpflichtung einer Kirchen-
→gemeinde zu diakonischem u. caritativem Handeln greifbar um. Für die O.s-
schwestern waren die Stationen ein geschätztes Bewährungsfeld professioneller Arbeit (→Professionalität). Seit den 1970er Jahren können die ev. u. kath. Mutterhäuser
nicht mehr genügend Schwestern für die Arbeit vor Ort freistellen. →Sozialstationen,
vielfach ökumenische, entstehen anstelle der alten Kranken- u. Pflegestationen. Die
Arbeit der Kinderschwester übernimmt eine Kindergärtnerin. Und schulentlassene
Mädchen werden nicht mehr von einer Nähschwester ausgebildet, sondern haben
vielfältige Möglichkeiten, einen Beruf zu erlernen.

O. und K. als durch geistige u. rechtliche Bindungen ausgezeichnete Sozialgebilde
innerhalb der Kirchen haben im Verlauf der Geschichte stellvertretend Aufgaben
übernommen, die die Kräfte von Einzelpersonen überstiegen und für die sich keine
andere Gruppe in Kirche u. Gesellschaft verantwortlich gefühlt hat. Wo sie aus Auf-
gabenbereichen verdrängt wurden, wie in der Reformation des 16. Jh., in der Säkularisation zu Beginn des 19. Jh. und im badischen u. preußischen Kulturkampf in den
1860er u. 1870er Jahren, bzw. wo auf ihre Arbeiten aufgrund von Personalmangel
verzichtet werden musste, haben fast immer staatliche Einrichtungen diese übernommen. In der Gegenwart zeigen die ökumenische Gemeinschaft von Taizé oder die

Kleinen Schwestern u. Brüder von Charles de Foucauld, dass der Elan, in Gemeinschaft Gott zu preisen und ihm in seiner Schöpfung und seinen Geschöpfen zu dienen, ungebrochen ist. Auch wenn es aus dem Blickwinkel von Diakonie u. Caritas sinnvoll ist, O. u. K. unter funktionellen Gesichtspunkten zu sehen, zeigt das Auf und Ab der Geschichte, dass die Befriedigung aktueller gesellschaftlicher oder kirchlicher Nöte kein angemessenes Kriterium ist, um über den Sinn und die Bedeutung einer geistlichen Gemeinschaft zu urteilen.

LITERATUR: KARL SUSO FRANK, O. u. K., in: Evangelisches Kirchenlexikon Bd. 3 (1992), 892–910 • RELINDE MEILWES, »Arbeiterinnen d. Herrn«. Kath. Frauenkongregationen im 19. Jh., Frankfurt / New York 2000 • ERWIN GATZ (Hg.), Klöster u. O.sgemeinschaften, Freiburg/Basel/Wien 2006.

Barbara Henze

ORDINATION

Der Begriff »O.« bezeichnet in der kirchlichen Tradition die mit dem Ritus der Handauflegung verbundene Amtseinsetzung. Die Apostelgeschichte berichtet u.a. in Apg 6,1–6 u. 13,1–3, dass geistbegabte Männer durch die Handauflegung für die Aufgabe der →Diakonie bzw. der →Verkündigung öffentlich berufen werden.

Nach ev. Verständnis ist jeder Christenmensch durch die →Taufe berufen, seinen Glauben in Wort u. Tat zu bezeugen. Allerdings soll niemand öffentlich lehren, predigen oder die →Sakramente verwalten, wenn er (bzw. sie) nicht ordnungsgemäß berufen ist *(rite vocatus*, CA 14).

Die O. setzt voraus, dass ein geordneter kirchlicher Dienst (→Dienen) übertragen wird. Mit der O. wird der/die Ordinierte zur öffentlichen Wortverkündigung u. Sakramentsverwaltung beauftragt. Die O. ist auf Lebenszeit angelegt und verpflichtet den Ordinierten in seinem pastoralen Dienst und in seiner Lebensführung, dem Evangelium zu entsprechen. Seit den 1960er Jahren hat sich in den deutschen ev. Landeskirchen – wie auch in vielen reformierten u. lutherischen Kirchen weltweit – die O. auch von Frauen durchgesetzt.

LITERATUR: HANS MARTIN MÜLLER, O. V, in: Theologische Realenzyklopädie Bd. 25 (1995), 362–365 • HENRIK MUNSONIUS, O. u. Beauftragung, in: Zeitschrift für evangelisches Kirchenrecht 58 (2013), 159–176 • MICHAEL BÜNKER / MARTIN FRIEDRICH (Hg.), Amt, O., Episkopé u. theolog. Ausbildung, Leipzig 2013.

Gabriele Wulz

ORGANE

Im zivilrechtlichen Sinne sind O. sowohl Einzelpersonen wie etwa ein alleiniger Vorstand als auch Personengruppen wie etwa ein Vorstands- o. Geschäftsführungskollegium, ein Aufsichtsgremium oder die Mitglieder- bzw. Gesellschafterversammlung, welche für eine juristische Person, etwa für einen →Verein oder eine GmbH, handeln und Entscheidungen treffen dürfen.

Die Entscheidungskompetenzen u. Handlungsbefugnisse ergeben sich aus gesetzlichen Regelungen (BGB, GmbHG, AktG etc.), aus freiwilligen Verpflichtungen wie etwa dem Diakonischen →Corporate Governance Kodex sowie aus dem Gesellschaftsvertrag oder der Satzung. Während O. wie die Gesellschafter- o. Mitgliederversammlung regelmäßig die weitreichendsten Beschlussfassungskompetenzen innehaben, erteilen Aufsichtsgremien die Genehmigung für bestimmte Rechtsgeschäfte und kontrollieren u. beraten den Vorstand bzw. die Geschäftsführung. Letztere führen die Geschäfte der juristischen Personen und vertreten diese nach außen.

Korbinian Heptner

ORGANISATIONSBERATUNG

O. ist ein Oberbegriff für Beratungsformate, die Entwicklungsprozesse u. Veränderungen von und in Organisationen begleiten. O. dient der Bearbeitung komplexer Problemstellungen, Aufgaben u. Herausforderungen in sozialen Systemen. Sie fördert das Selbstentwicklungspotential sozialer Systeme und der in ihnen tätigen Menschen. Sie nutzt geeignete Methoden zur Auftragsklärung u. Analyse, entwirft ein Prozessdesign, bietet angemessene Interventionen an und sorgt für Ergebnissicherung, schreibt also weniger Gutachten.

O. in Kirche u. Diakonie ist systemische →Beratung, geschieht ziel- u. ressourcenorientiert und beachtet die Besonderheit, dass →Kirche immer zugleich Organisation, Institution u. Glaubensgemeinschaft ist, die im Auftrag Jesu Christi agiert.

Beratende verfügen über Kompetenzen in O., Change-Management, Konfliktberatung und Coaching. Innerhalb der Ev. Kirche bieten die sogenannten Gemeindeberatungen bereits seit den 1970er Jahren O. an, näheres unter: www.gboe.de.

LITERATUR: ECKARD KÖNIG / GERDA VOLLMER, Handbuch Systemische O., o.O. 2014 • PETER M. SENGE, Die fünfte Disziplin – Kunst u. Praxis d. lernenden Organisation, o.O. 2011 • EVA R. SCHMIDT / HANS G. BERG, Beraten mit Kontakt, o.O. 2002.

Cornelia vom Stein

ORGANISATIONSFORMEN

Diakonie findet ihren Ausdruck nicht nur in unmittelbarer persönlicher Zuwendung, sondern auch in der Ausbildung u. Nutzung von zweckdienlichen Organisationsstrukturen u. -formen. Im Unterschied zu den Rechtsträgern im Verfassungsaufbau der ev. Kirchen (Körperschaften des öffentlichen Rechts) bedienen sich diakonische →Einrichtungen u. Werke (→Diakonische Werke) überwiegend privatrechtlicher O. Dazu zählten bis zu Beginn des 20. Jh. in erster Linie der durch ehrenamtliche Verantwortungsstrukturen geprägte →Verein und die Stiftung. Die im Zuge der Sozialstaatsentwicklung Mitte des 20. Jh. erfolgte Ausweitung und Ausdifferenzierung der diakonischen Arbeitsfelder und steigende Haftungsrisiken führten jedoch zunehmend zur Wahl der Rechtsform der (gemeinnützigen) Gesellschaften mit beschränkter Haftung (gGmbH), des eingetragenen Vereins (e.V.), Gesellschaft bürgerlichen Rechts (GbR), Genossenschaft und vereinzelt auch der gemeinnützigen Aktiengesellschaft (gAktG). Diese Rechtsformen erleichtern eine Abgrenzung unterschiedlich ausfinanzierter Arbeitsbereiche. Sie vermeiden auch das für die vielfach ehrenamtlich tätigen Vereinsvorstände u. Aufsichtsgremien bestehende Haftungsrisiko.

Neben den rechtsformbezogenen Organisationsmerkmalen sind für die auf dem →Sozialmarkt als →Unternehmen agierenden diakonischen Träger die betriebswirtschaftlichen Merkmale des Organisationsbegriffs von Bedeutung. Danach ist unter Organisation das formale Regelwerk eines arbeitsteiligen Systems zu verstehen, das die Spezialisierung und die Koordination von Arbeitsprozessen zum Gegenstand hat. Während Spezialisierung die sinnvollste arbeitsteilige Aufgabenerledigung bezweckt, geht es bei der Koordination um die Frage, wie arbeitsteilige Prozesse effizient zu strukturieren sind. Als zentrales Instrument zur Lösung der Koordinationsaufgabe wird die Bildung einer Hierarchie von Vorgesetzten und →Mitarbeitenden gesehen, die den Beteiligten durch Stellenbeschreibungen bewusst gemacht wird. Hierarchische Koordination hat aber ihre Grenzen und wird in der Regel durch Stäbe (fachlich spezialisierte organisatorische Einheiten ohne Entscheidungskompetenz), Kommissionen u. Programme (Ablaufregelungen u. -organisation) ergänzt. Eine wichtige Organisationsentscheidung kann aber auch der bewusste Verzicht auf organisatorische Regelungsmechanismen sein, die im Extremfall sogar eine Ausgliederung bestimmter organisatorischer Teilbereiche aus dem Unternehmen zur Folge haben kann. Dies kann dann der Fall sein, wenn die Unternehmensleitung zum Ergebnis kommt, dass bestimmte Teilbereiche (zu) wenig zur Wertschöpfung des Unternehmens beitragen bzw. innerbetrieblich nur Koordinationskosten verursachen und die deshalb kostengünstiger durch Externe erbracht werden können. An die Stelle der innerbetrieblichen Koordination tritt dann die Kooperation mit externen Vertragspartnern.

Norbert Manterfeld

ORGANSPENDE

1. DEFINITION

Bei einer O. werden von einem lebenden o. bereits verstorbenen Spender Organe für eine Transplantation zur Verfügung gestellt. Voraussetzung für eine posthume O. sind entweder die Zustimmung des Spenders zu Lebzeiten (z.B. Organspendeausweis) oder die Zustimmung der Hinterbliebenen.

2. ETHISCHE HERAUSFORDERUNGEN FÜR DIE DIAKONISCHE PRAXIS

In jüngster Zeit ist die O. vermehrt zum Gegenstand kontroverser wissenschaftlicher u. medialer Debatten geworden. Die ethischen Herausforderungen betreffen dabei sowohl den Spender (Respekt vor der Autonomie des Spenders; etwaiger gesundheitlicher Schaden; bei posthumer O. die Frage nach dem Eintreten des Todeszeitpunktes und dem Grundsatz der Pietät), wie den Empfänger (Frage nach der Einverleibung eines fremden Körperteils und Integration in ein eigenes Ich), wie auch die Thematik der Verteilungsgerechtigkeit angesichts eines hohen Organbedarfs, der nicht gedeckt werden kann. In der diakonischen Praxis kann eine Sensibilität für diese ethischen Herausforderungen in Unterstützungs- u. Beratungssituationen von großer Bedeutung für Betroffene und Angehörige sein.

LITERATUR: SUSANNE KRAHE / EBERHARD FINCKE, O., Würzburg 2013 • KONRAD HILPERT / JOCHEN SAUTERMEISTER (Hg.), O. – Herausforderung für den Lebensschutz (QD 267), Freiburg i.Br. 2014.

Maximilian Schell

ORTHODOX

Hier werden ausschließlich die *o.en Kirchenfamilien* behandelt:
1. Die *O.e Kirche* (byzantinischer Ritus) mit ihren 14 autokephalen (unabhängigen), kanonischen →»Landeskirchen«, die untereinander in Eucharistiegemeinschaft

und gegenseitiger Fürbitte stehen. »O.« wird in zweifachem Sinn verstanden: a. *Den wahren Glauben bekennen* in Nachfolge der ungebrochenen Tradition der Alten Kirche und der Kanones der 7 Ökumenischen Synoden. b. *Der rechte Lobpreis Gottes*, verwirklicht im (landessprachlich gefeierten) →Gottesdienst als zentralem Element, aus dem sich Leben u. Nachfolge ergeben. Sie folgen den drei bereits altkirchlichen Elementen Martyria (Glaubenszeugnis), Leiturgia (Lobpreis Gottes) und Diakonia (aktiver Dienst in der Welt).

2. Die *orientalischen o.en Kirchen* (Armenische, Koptische, Äthiopische, Syrische, Syrische Kirche von Indien) stehen untereinander in Eucharistiegemeinschaft. Die Spaltung zwischen orientalischer u. byzantinischer Orthodoxie ist mit dem Abschluss des interorthodoxen Dialogs (1990) zum Verständnis der 2-Naturen-Lehre (4. Ökumen. Synode v. Chalzedon, 451) weitgehend überwunden.

LITERATUR: ANASTASIOS KALLIS, Orthodoxie , Mainz 1979 • EUGEN HÄMMERLE / HEINZ OHME / KLAUS SCHWARZ, Zugänge zur Orthodoxie, o.O. 1988 • ATHANASIOS BASDEKIS, Die Orthodoxe Kirche, Frankfurt 2001.

Klaus Schwarz

OUTSOURCING

O. bezeichnet die Auslagerung von Teilen der Leistungserbringung eines →Unternehmens. Für diakonische →Einrichtungen ist O. erst im Zuge der Sozialmarktliberalisierung zu einem relevanten Instrument der Unternehmensführung geworden, ca. 9 % der Beschäftigten im Bereich der Diakonie sind davon betroffen. Ein Ziel von O. kann die Umgehung bestimmter tariflicher Arbeitsrechtsreglungen sein, um so flexibler auf die vorherrschenden Wettbewerbsbedingungen reagieren zu können. Allerdings droht gerade den →Mitarbeitenden, die bereits in niedrigen Entgeltgruppen (z.B. Reinigungsdienste) eingestuft sind, durch Auslagerung ihrer Tätigkeit das Abrutschen in prekäre Beschäftigungsverhältnisse. Während O. aus Arbeitgebersicht als effizientes Mittel zum Erhalt oder zur Steigerung der eigenen Wettbewerbsfähigkeit gesehen wird, steht es aus Arbeitnehmersicht meist für strukturelle Lohnkürzungen.

Jürgen Born

PÄDAGOGIK

Der Begriff P. stammt aus dem Griechischen und wird zurückgeführt auf die *paideia* als Übung und Erziehung. Fragen der Erziehung u. Bildung wurden ursprünglich insbes. im Kontext von Theologie u. Philosophie reflektiert, bis in der 2. Hälfte des 18. Jh. die P. als eigenständige wissenschaftliche Disziplin entstand. In Deutschland wurde ein erster Lehrstuhl für P. 1779 in Halle eingerichtet.

Die P. reflektiert Prozesse der Erziehung, Bildung, Sozialisation u. des Lernens sowie deren individuelle, gesellschaftliche wie institutionelle Voraussetzungen. Sie umfasst die Theorie der Erziehung u. Bildung wie auch das erzieherische u. bildende Handeln selbst. Bei Letzterem ist zu unterscheiden zwischen pädagogischem Alltagshandeln und dem Handeln spezifischer Professionen (→Professionalität). Der Begriff Erziehungswissenschaft hat an den Universitäten seit den 1960er Jahren zunehmend den Begriff P. abgelöst, um den Wissenschaftscharakter und die Notwendigkeit empirischer Analysen stärker zu betonen. In jüngerer Zeit findet auch der Begriff Bildungswissenschaft häufiger Verwendung. Daneben entwickelten sich an den seit den 1970er Jahren entstandenen Fachhochschulen Sozialp. und Sozialarbeitswissenschaft, Religions- u. Gemeindep., Heilp. und Elementarp. zu eigenständigen Fachdisziplinen.

Die geistesgeschichtlichen u. gesellschaftspolitischen Wurzeln der deutschen P. liegen in der Epoche der europäischen Aufklärung. Die Überzeugung, dass durch Erziehung u. Bildung der Einzelne wie auch die ganze Gesellschaft zu einer Verbesserung geführt werden können und die Entstehung der P. als eigene Disziplin führten zur Bezeichnung des 18. Jh. als ›pädagogisches Jh.‹. Wegweisend waren Immanuel Kants Vorlesungen »Über Pädagogik«. Aber auch die ›Entdeckung der Kindheit‹ als eigenständige Lebensphase fällt in diese Zeit, zusammen mit dem Nachdenken über notwendige pädagogische Umgangsformen.

Das 19. Jh. kann man als ›Jh. der Schulbildung‹ bezeichnen. →Schulen gab es bereits vorher und die Schulpflicht wurde schon zu Beginn des 18. Jh. in Preußen eingeführt, doch setzte sich diese erst im Laufe des 19. Jh. flächendeckend in Europa durch. Es folgten der Ausbau des Schulsystems mit einer Zunahme der Anzahl an Schulen, Schülern u. Schülerinnen, Lehrkräften u. Seminaren für Lehrerausbildung. Daneben entstanden Vorläufer der heutigen Erzieherinnenausbildung, etwa 1836 das erste »Seminar für Kleinkinderlehrerinnen« durch Theodor →Fliedner. Im Zuge der Universalisierung von Lesen u. Schreiben kam es auch zu einer beginnenden Institutionalisierung der Volksbildung für Erwachsene. Dennoch entwickelte sich die entstehende pädagogische Wissenschaft zuerst v.a. als Schulp.

Eine ähnliche Entwicklung wie im Schulwesen folgte im 20. Jh. – für das Hans Thiersch und Thomas Rauschenbach den Begriff ›sozialpädagogisches Jh.‹ geprägt haben – für den Bereich des Sozialwesens (→Soziale Arbeit). Es kam zu einem drastischen Ausbau sozialer Arbeitsfelder, einer Ausweitung öffentlicher Erziehung u. Unterstützung außerhalb der Schulen, der Verabschiedung grundlegender Gesetze (bspw. Reichsjugendwohlfahrtsgesetz 1922), Entstehung staatlicher Einrichtungen wie Jugend- u. Wohlfahrtsämter und zu einer Institutionalisierung der →Wohlfahrtsverbände und deren Beteiligung an öffentlichen Aufgaben auf Grundlage des →Subsidiaritätsprinzips. Damit einher ging eine Verberuflichung vormals ehrenamtlich geleisteter Arbeit. Es etablierten sich Ausbildungen in der Wohlfahrtspflege u. Fürsorge, frühkindlichen Erziehung u. Heil- sowie Gemeindep. Seit den 1970er Jahren gibt es eine Tendenz zu deren Akademisierung durch Einführung entsprechender Fachhochschul-Studiengänge.

Im Laufe des 20. Jh. kam es zu einer enormen quantitativen Zunahme der hauptberuflich Beschäftigten. Erste verlässliche Statistiken aus dem Jahr 1925 zeigen, dass damals auf etwa zehn Lehrkräfte nur ein Angehöriger in Sozialberufen kam, zum Ende des Jh. war dieses Verhältnis bereits ausgeglichen. Die →Diakonie als einer der heute größten Träger sozialer Einrichtungen hatte entscheidenden Anteil an diesen Entwicklungen. Nach wie vor stellt heute die →Kinder- u. Jugendhilfe den größten Bereich dar, durch die Vielzahl an →Kindertagesstätten, Jugendwohngruppen, →ambulanten Hilfen für Heranwachsende u. →Familien u.Ä.

Die P. blieb lange konzentriert auf die professionell ausgeübte Tätigkeit in pädagogischen Institutionen. In der jüngeren Fachdiskussion kommt mit dem Stichwort der ›Entgrenzung des Pädagogischen‹ in den Blick, dass die in den letzten 200 Jahren entstandene Institutionen- u. Professionsorientierung pädagogischen Handelns an

Exklusivität verliert. Eine neue Aufmerksamkeit gilt heute neben formalen auch selbst-gesteuerten u. informellen Lern- u. Bildungsprozessen an unterschiedlichen gesell-schaftlichen Lernorten und der Vernetzung verschiedener Akteure im Sozialraum. Dabei tritt verstärkt ins Bewusstsein, dass auch viele diakonische Arbeitsfelder Anteil an der gesellschaftlichen Bildungsverantwortung und pädagogischen Handlungsvoll-zügen haben.

LITERATUR: THOMAS RAUSCHENBACH, Das sozialpädagogische Jh., Weinheim/München 1999 • DIETRICH BENNER / JÜRGEN OELKERS (Hg.), Histor. Wörterbuch d. P., Weinheim/Basel 2004 • HEINZ-HERMANN KRÜGER / WERNER HELSPER (Hg.), Einführung in Grundbegriffe u. Grundfra-gen d. Erziehungswissenschaft, Opladen/Farmington Hills 2010 (9. Auflage).

Nicole Piroth

PALLIATIVE CARE

DEFINITION: P.C. ist ein Ansatz zur Verbesserung der Lebensqualität von Patien-ten und ihrer Familien, die mit Problemen konfrontiert sind, welche mit einer lebens-bedrohlichen Erkrankung einhergehen. Dies geschieht durch Vorbeugen u. Lindern von →Leiden durch frühzeitige Erkennung, sorgfältige Einschätzung u. Behandlung von Schmerzen sowie anderen Problemen körperlicher, psychosozialer u. spiritueller Art (WHO 2002).

Die Differenzierung zwischen P.C. und Hospizbegleitung (→Hospiz) ist weitge-hend ein nationales Spezifikum. Beide sind ohne einander nicht denkbar und ergän-zen sich gegenseitig. Sie eint die →Sorge um den schwerstkranken u. sterbenden Menschen.

ADRESSATEN: Patienten mit einer nicht mehr heilbaren Krebserkrankung, fortge-schrittenen Stadien internistischer (z.B. Herz-/Lungen-/Nierenerkrankungen) oder neurologischer Erkrankungen (z.B. M. Parkinson, →Demenz, Multiple Sklerose, Amyotrophe Lateralsklerose) und deren Angehörige. Die Indikation zu einer P.C. leitet sich dennoch nicht aus dem Erkrankungsstadium, sondern vielmehr aus den Bedürfnissen der Betroffenen ab. Die Vorteilhaftigkeit einer frühen Integration von Palliativmedizin in das (onkologische) Behandlungskonzept mit Blick auf die Lebens-qualität und u.U. sogar auf die Lebenszeit ist wissenschaftlich bewiesen. Somit ist die Betreuung am Lebensende nur integraler Bestandteil einer P.C., jedoch nicht iden-tisch mit ihr.

KENNZEICHEN: P.C. beruht auf einer Haltung, die dem Erkrankten und seiner Familie mit Respekt u. →Empathie begegnet. Sie kennt die medizin-ethischen Prinzi-pien an und bejaht das Fürsorgeprinzip als eine Antwort auf das Hilfebegehren des autonomen Patienten. Von daher wird das Leben bejaht und das Sterben als normaler Prozess anerkannt, der Tod weder beschleunigt noch verzögert. Die Individualität des Lebens setzt sich in der des Sterbens fort, was einen ganzheitlichen, alle Dimensio-nen des Menschseins berücksichtigenden Ansatz erfordert.

INHALTE: Basis jeder P.C. ist die Linderung von Schmerzen und anderen belas-tenden physischen u. psychischen Symptomen (Übelkeit, Erbrechen, Luftnot, Ver-wirrtheit, Angst, Traurigkeit, Juckreiz). Neben symptomatischen Maßnahmen (z.B. die Einnahme stark wirkender Schmerzmittel) können auch erkrankungsmodifizie-rende Verfahren (z.B. Strahlentherapie bei schmerzhaften Knochenmetastasen) zur Anwendung kommen. Die Integration psychischer, sozialer, spiritueller u. psychologischer Bedarfe in das Betreuungskonzept ist unverzichtbar. Die Begleitung trauernder Angehöriger ist ebenfalls Teil einer P.C.

VORAUSSETZUNGEN: Der ganzheitliche Ansatz und die Komplexität der Anforderungen erfordern ein multiprofessionelles Team aus (palliativ weitergebildeten) Ärzten u. Fachpflegekräften, Physiotherapeuten, Ernährungsberatern, Logopäden, Psychologen, Sozialarbeitern (→Soziale Arbeit) u. Psychologen. Sie alle sollten über palliatives Wissen u. Können sowie Fertigkeiten verfügen. Unverzichtbare Grundlagen für die spezifische »palliative« Haltung sind Teambefähigung, Bereitschaft zur Selbstreflexion und eine hohe kommunikative Kompetenz. Die Einbeziehung des →Ehrenamtes mit dem spezifisch hospizlichen Ansatz ist unverzichtbar.

QUALITÄTSEBENEN: Bis auf die Zusatzbezeichnung Palliativmedizin für Ärzte gibt es in Deutschland keine staatlich anerkannten Palliativabschlüsse, wohl aber von der Deutschen Gesellschaft für Palliativmedizin berufsgruppenspezifisch zertifizierte Weiterbildungen. P.C. realisiert sich auf verschiedenen Qualitätsebenen:

Die Regelversorgung sollte in jedem ambulanten o. stationären Behandlungskontext gesichert sein. Die qualifizierte P.C. erfordert weitergehende Fachkenntnisse und sollte in Fachgebieten mit einem hohen Anteil an Palliativpatienten verfügbar sein. Die spezialisierte P.C. ist an eine haupt- o. überwiegende Tätigkeit im Palliativbereich und entsprechende Weiterbildungen/Zertifikate gekoppelt.

WICHTIGE BEGRIFFE: PALLIATIVSTATIONEN sind Krankenhauseinrichtungen (seltenst eigenständige Abteilungen, meist einer anderen Hauptfachabteilung angegliedert). Die Aufnahme erfolgt via Einweisung durch den Haus- o. Fach- bzw. Notarzt. Neben palliativqualifizierten Ärzten u. Pflegenden steht den Patienten ein multiprofessionelles Behandlungsteam mit einem deutlich über dem von Normalstationen liegenden Personalschlüssel zur Verfügung. Die räumliche Ausstattung lässt nur Einzel- o. Doppelzimmer zu; eine Patienten-/Angehörigenküche/Wohnzimmer und ein Pflegebad sind Pflicht. Es werden routinemäßig validierte Erfassungs- u. Dokumentationssysteme verwendet und tägliche Fallbesprechung sowie wöchentliche Teamkonferenzen mit Einzelfallbesprechungen durchgeführt. Es besteht ein Angebot zur Supervision. Die durchschnittliche Aufenthaltsdauer beträgt zwischen 11 u. 14 Tagen mit regionalen Unterschieden.

PALLIATIVDIENST IM KRANKENHAUS

Der Palliativdienst soll eine spezialisierte P.C. auch in Krankenhäusern ohne eigene Palliativstation/-ambulanz sicherstellen. Er besteht aus mindestens drei Professionen: einem Palliativarzt, einer Palliativfachpflegekraft und einer dritten Berufsgruppe (zumeist Koordinatoren von Amb. Hospizdiensten). Er ist arbeitstägig während der Regelarbeitszeit verfügbar. Darüber hinaus wird von der Fachgesellschaften die Ernennung eines Palliativbeauftragten als Garant zur Umsetzung der angemessenen P.C. im Krankenhaus empfohlen.

SPEZIALISIERTE AMBULANTE PALLIATIV-VERSORGUNG (SAPV)

Entsprechend dem § 37b SGB V haben Patienten bei komplexen Symptomgeschehen u./o. besonders aufwändiger Betreuung einen Rechtsanspruch auf eine spezialisierte →ambulante Betreuung. Das gilt ausdrücklich auch für Bürger in Einrichtungen der stationären →Alten- u. →Behindertenhilfe. Die Ausgestaltung dieser Versorgungsform ist regional (zumeist in Anlehnung an die Ärztekammergebiete) sehr unterschiedlich, wobei es jedoch gemeinsame Merkmale gibt: so werden nur Ärzte mit der Zusatzbezeichnung Palliativmedizin und Fachpflegepersonen mit P.C.-Zertifikat und Erfahrung in diesem Bereich beschäftigt. Sie bilden zusammen das P.C.-Team. Es gibt eine vertragliche Kooperation mit mindestens einem ambulanten Hospizdienst sowie mit speziellen Apotheken, Vernetzung mit Sanitätshäusern u. Therapeuten. Es besteht eine 24-Stunden-Hinfahrbereitschaft. Es finden regelmäßig dokumentierte multiprofessionelle Fallbesprechungen statt. Die Dokumentation erfolgt entsprechend vorgegebenen Standards. Es ist eine Verordnung durch Haus-/ Fach- u. Notärzte sowie für die erste Woche nach Entlassung zumeist auch durch Krankenhausärzte möglich. Die Betreuung ist kostenfrei.

Stationäre Hospize u. ambulante Hospizdienste sind eine weitere Säule der Begleitung u. Betreuung schwerstkranker sterbender Menschen u. ihrer Angehörigen.

Marianne Kloke / Edith Droste

PARTIZIPATION

Der Begriff P. stammt aus dem Lateinischen vom Substantiv *pars* (Teil) und dem Verb *capere* (ergreifen). P. bezeichnet alle freiwilligen Aktivitäten der Teilnahme, Beteiligung u. →Teilhabe von Bürgerinnen u. Bürgern in Organisationen, bei Programmen u. im politischen Raum. Eine demokratische Gesellschaft und insb. auch moderne Wohlfahrtsstaaten sind auf P. angewiesen. Angesichts zahlreicher P.smöglichkeiten am Arbeitsplatz, in Vereinen, Verbänden, Parteien u. Kirchen, in Kitas, Schulen etc. können Bürgerinnen u. Bürger aber immer nur begrenzt aktiv werden und müssen sich entscheiden, welches Engagement (→Ehrenamt) in Frage kommt. Eine Gesellschaft, deren Teilsysteme von starker P. der Bürgerinnen u. Bürger gekennzeichnet sind, wird auch als »Starke Demokratie« bezeichnet (Benjamin Barber). Die etablierten demokratischen Systeme geraten jedoch aktuell unter starken Druck, da P. in klassischen Organisationen vielfach abnimmt und die Bürgerinnen u. Bürger sich neue Engagementfelder suchen; nicht zuletzt in den sog. Sozialen →Medien.

In pädagogischen Organisationen gibt es in der Regel für →Mitarbeitende wie für die von ihnen betreuten, gebildeten u. erzogenen Menschen organisierte Mitsprache- u. Beschwerdemöglichkeiten. Die scheinbar paradoxe Erfahrung der letzten Jahre zeigt, dass viele Menschen diese Möglichkeiten zu Teilnahme u. Teilhabe nicht nutzen und die Beteiligungsmöglichkeiten häufig als formalisiert wahrgenommen werden. Zumindest haben sie für viele Menschen in den Organisationen keine besonders hohe Bedeutung; manchmal gilt sogar das Fazit von Wolfgang Fach: »Teil-Habe und Teil-Nahme verhalten sich offenbar reziprok zueinander – je besser ihr Recht auf P. abgesichert ist, desto weniger nutzen Menschen den Spielraum aus« (Fach 2004, 201).

Aus normativer Sicht lässt sich die These vertreten, dass es darauf ankommt, Bürgerinnen u. Bürger so weitgehend wie möglich in Organisationen oder im politischen Bereich zu beteiligen. Um dies untersuchen bzw. bewerten zu können, wird häufig vorgeschlagen, die Stärke der P. in sog. Stufenleitermodellen einzuordnen, die von der Anhörung der Bürgerinnen u. Bürger (unterste Stufe) über die offene Aushandlung bis zum Vetorecht bzw. sogar bis zur Selbstorganisation (höchste Stufe) reichen. Tatsächlich ist es jedoch i.d.R. wesentlich komplexer, die Qualität von P.sprozessen zu bewerten. Neben der Frage, wie weitreichend die formalen Beteiligungsrechte sind, spielen auch Fragen der Beteiligungskultur, z.B. die Bereitschaft und die Fähigkeit aller Akteure zum offenen Dialog eine Rolle.

Mehr noch: P. ist als demokratische Strategie nicht in jedem Fall positiv zu bewerten. So zeigen Untersuchungen, dass die partizipierenden Akteure in vielen gesellschaftlichen Bereichen überwiegend aus privilegierten sozialen Milieus kommen (weiß, männlich, hoher Schulabschluss, nicht-behindert) und andere Menschen, z.B. die große Gruppe der »Nicht-Wähler«, sich auch außerhalb von Wahlen wenig gesellschaftlich u. politisch engagieren. Fragt man außerdem die Adressaten diakonischer Dienst- u. Hilfeleistungen selbst, so fühlen sie sich häufig nach wie vor macht- u. rechtlos, als Fälle in einem System, das sie nicht durchschauen. Gesellschaftliche Spaltungen sowie die zunehmende →Armut u. Verschuldung verschärfen →Ausgrenzung u. Ohnmachtsgefühle weiter.

Ein Ziel von P. ist die Öffnung von politischen u. organisationalen Entscheidungsprozessen für Bürgerinnen u. Bürger. Man verspricht sich die Einbindung zusätzlicher Kompetenzen u. Ideen, einen offenen Wettbewerb und schließlich eine höhere Legitimität der Ergebnisse. So befragen Parteien vor richtungsweisenden Entscheidungen immer häufiger ihre Mitglieder. Dabei muss man aber bedenken, dass nicht alle Entscheidungen besser werden, je mehr Personen am Entscheidungsprozess beteiligt werden. Der Stadtplaner Markus Miessen spricht angesichts solcher Erfahrungen wie in »Stuttgart 21« sogar vom »Albtraum P.«. Gemeint ist hiermit das Chaos irgendwann unsteuerbarer Beteiligungsprozesse und auch die Abgabe von Verantwortung von zuständigen und ggf. sogar gewählten Personen an die Bürgerinnen u. Bürger.

P. IN DER GESTALTUNG SOZIALER DIENSTLEISTUNGEN

P. ist ein zentrales Qualitätsmerkmal in modernen sozialen →Dienstleistungen. Dienst- u. Hilfeleistungen, die gewählt o. abgewählt, mitgestaltet u. mitbestimmt werden können, sind i.d.R. erfolgreicher, worauf besonders die moderne Wirkungsforschung hinweist. Konkret stellen die Sozial- u. Bildungswissenschaften folgende Wirkungen heraus, die sich durch P.sprozesse ergeben:

— P. macht schlau (darauf weisen uns die Bildungswissenschaften hin),
— P. fördert das Gefühl der Selbstwirksamkeit,
— P. macht selbstbewusst und stark und bereitet besonders Kinder u. Jugendliche auf das Leben in einer individualisierten Gesellschaft vor,
— P. schützt, wie uns die Runden Tische zur Geschichte der Heimerziehung und zu institutionellem Kindesmissbrauch gelehrt haben
— und P. fördert durch die Erfahrungen, die in Aushandlungen gemacht werden, die moralische Entwicklung (vgl. die Arbeiten von L. Kohlberg).

P. meint dabei mehr als »nur« Beteiligung an der Gestaltung sozialer Dienstleistungen. Der Begriff der P. ist umfassender und kann in →Sozialer Arbeit und →Diakonie nur als letztlich unerreichbares Ideal, als kritischer »Stachel« verstanden werden, da er stets die Ansprüche der Demokratie als etwas nie Fertigem, nie zu »Habendem« in die Soziale Arbeit transportiert.

Neu angeregt wurden die P.sdiskurse in den letzten Jahren diesbzgl. v.a. durch Axel Honneths →Anerkennungstheorie, durch →Diversity-Theorien und durch die Agency-Forschung, die sich mit der Frage beschäftigt, wie die Soziale Arbeit akteursspezifische Anschlussfähigkeit herstellen kann, d.h., dass nicht länger im Vordergrund steht, wie sich die Adressaten an den Vorhaben der Professionellen und ihren Organisationen beteiligen können, sondern zunächst die Organisationen in den Blick nehmen, was die Adressaten über ihre Klientenrolle hinaus auszeichnet und was sie positiv bewerkstelligen, in ihrem Leben schaffen und leisten.

Auch der Blick auf die dunkle Seite der Professionsgeschichte Sozialer Arbeit lehrt uns die Bedeutsamkeit von P. Mit Blick auf die Ausgrenzung und Entmächtigung von Klienten der Sozialen Arbeit stellen sich Teilhabe u. Beteiligung als dringendes Erfordernis einer humanen Hilfepraxis dar. So zeigt sich auch heute noch, dass Menschen- u. Bürgerrechte in diakonischen (und anderen sozialen) Einrichtungen immer wieder gefährdet sind, worauf uns z.B. die bundesweit entstehenden Ombudschaftsinitiativen in der Jugendhilfe verweisen. Überhaupt ist P. ein wesentlicher Beitrag zur Kontrolle überschießender pädagogischer Phantasien, da sich in Sozialer Arbeit immer wieder einseitige Expertenherrschaft durchsetzt und Machtmissbrauch der Professionellen nie ausgeschlossen werden kann.

Aktuell stellt sich die Aufgabe einer erneuten Vergewisserung über Erreichtes u. Unerreichtes in der Orientierung am Ideal der Demokratie. Schließlich ist die demokratische Orientierung in Sozialer Arbeit, Bildung u. Erziehung ebenso permanent unter Rechtfertigungsdruck, wie die Demokratie als Staats- u. Lebensform sich in gesellschaftlichen Konflikten stets aufs Neue bewähren muss.

P. IN DER DIAKONIE

Die Idee der P. hat für diakonische Einrichtungen u. Träger ihren besonderen Reiz und enthält zugleich eine spezielle Verpflichtung. Der Dialog auf Augenhöhe zwischen Adressat u. Dienstleiter, zwischen Klient u. Helfer, zwischen von Ausgrenzung bedrohten Menschen u. ihren Unterstützern ist für die christlich geprägte Praxis eigentlich ebenso zwingend wie die Stärkung der Eigenkräfte durch die Schaffung von Teilhabemöglichkeiten. So gibt es in den biblischen Geschichten – insbesondere in Gleichnissen und Wundergeschichten – zahlreiche Vorbilder für die Idee der P. Unsere Vorstellungen von Hilfe ohne Beschämung oder Rettung unter Einbeziehung der von Ausgrenzung bedrohten Menschen sind gleichsam stark von biblischen Vorbildern geprägt.

Zugleich aber sind auch diakonische Dienste u. Einrichtungen nicht davor gefeit, die eigenen Kräfte der Adressaten u. Klienten zu übersehen, ihre Schwächen u. Defizite zu stark zu betonen. Nach wie vor gibt es oft ein diakonisches Engagement »für« und nicht »mit« den Adressaten. Ein wichtiges Bsp. für die Umsetzung der Idee der P. im europäischen kirchlichen Kontext liefert die in Frankreich gegründete ATD Vierte Welt, die mittlerweile in 29 Ländern auf allen Kontinenten tätig ist. ATD bedeutet auf Englisch »All together for dignity« und auf Französisch »Aide à toute détresse« (Hilfe in aller Not). Die ATD Vierte Welt ist eine von u. mit Armen aufgebaute Anti-Armutsbewegung (vgl. Rosenfeld/Tardie 2000). Trotz vieler Anstrengungen der deutschen Armutskonferenz ist es bisher in Deutschland nicht gelungen, über vereinzelte Aktivitäten hinaus, Menschen, die in Armut leben, in ähnlicher Weise aktiv in die Interessenvertretung einzubinden oder gar eine sozialpolitische Bewegung der Armen selbst aufzubauen.

Die zentrale Frage ist: Können Teilhabe- u. Beteiligungsmöglichkeiten in diakonischen Einrichtungen u. Arbeitsfeldern weiterentwickelt und mutig ausgebaut werden? Die Diakonie sollte es versuchen; danach streben, und sich permanent die Frage stellen, wie beteiligungsorientiert u. demokratisch unsere Angebote sind. Demokratie ist dabei kein Zustand, den man in Politik, Gesellschaft o. Organisationen erreichen könnte, sondern eine Vision, die die Gegenwart immer wieder zu Fragen u. neuen Antworten herausfordert.

LITERATUR: JONA ROSENFELD / BRUNO TARDIE, Artisans of Deomcracy. How Ordinary People, Families in Extreme Poverty a. Social Institutions Become Allies to Overcome Social Exclusion, Lanham 2000 • WOLFGANG FACH, P., in: Glossar d. Gegenwart, Frankfurt a.M. 2004 • MARKUS MIESSEN, Albtraum P., Berlin 2012

Remi Stork

PATIENTENVERFÜGUNG

P.en sind ein im BGB § 1901a/b geregeltes rechtliches Instrument, mit dem ein urteilsfähiger Erwachsener im Voraus seinen Willen bzgl. zukünftiger möglicher medizinischer u. pflegerischer Behandlungsangebote verbindlich festlegen kann. Die Situationen, für die eine P. gelten soll, müssen in ihr beschrieben werden. Liegt keine für die aktuelle Situation gültige P. vor, ist nach dem mutmaßlichen Willen des Patienten zu handeln, der anhand früherer schriftlicher u. mündlicher Äußerungen festgestellt wird. Verfügter o. mutmaßlicher Wille werden im Gespräch zwischen behandelndem Arzt und rechtlichem Stellvertreter (→Betreuung, gesetzliche; Vorsorgevollmacht) festgestellt. Angehörige u. Vertrauenspersonen sind hierbei anzuhören.

Häufig ist in P.en nicht genau genug beschrieben, für welche Situationen sie gelten. Darauf reagieren »Advance Care Planning«-Programme (u.a. § 132g HPG), in denen die Abfassung von P.en beratend begleitet und ihre Umsetzung nach regional einheitlichen Standards erfolgt.

LITERATUR: MICHAEL COORS / RALF J. JOX / JÜRGEN IN DER SCHMITTEN (Hg.), Advance Care Planning. Von der P. zur Gesundheitl. Vorausplanung, Stuttgart 2015.

Michael Coors

PERSONALWIRTSCHAFT

P. bezeichnet den Aufgabenbereich in einem →Unternehmen, der sich mit der Organisation des Personals und dem Faktor Arbeit auseinandersetzt. Kernaufgabe der P. ist es, ausreichend qualifiziertes Personal für den betrieblichen Ablauf bereitzustellen und dieses zielgerichtet einzusetzen. Sowohl die Unternehmensziele als auch die Belange der →Mitarbeitenden müssen im Blick sein. Zu den wichtigsten Teilbereichen der P. zählen Personalplanung/-beschaffung, Personaleinsatz/-entlohnung, Personalführung/-betreuung u. -verwaltung sowie Personalentwicklung. Aufgrund der hohen Personalintensität sozialer →Dienstleistungen ist die P. eine zentrale Unterstützungsfunktion insbes. in diakonischen Unternehmen.

Steffen Decker

PERSONENZENTRIERUNG

Spätestens mit der gesellschaftlichen Debatte über die Umsetzung der UN-Behindertenrechtskonvention 2009 (→UN-Konvention über die Rechte von Menschen mit Behinderung, sog. UN-BRK) wurde deutlich, dass sich mit dem Ziel der umfassenden →Inklusion von Menschen mit →Behinderung ein grundlegender Paradigmenwechsel in der →Sozialen Arbeit vollzieht – von der Anbieter- zur Kundenperspektive, mehr noch von Hilfsorganisationen als Steuerungsinstanz zum Assistenzbedürftigen als Subjekt. Es geht darum, dass die Betroffenen selbst im Gespräch mit den Anbietern und möglicherweise mit einem Case-Manager im Rahmen des gegebenen →Budgets das Hilfeportfolio zusammenstellen, das den eigenen Bedarfen am besten entspricht, und dass sie in ihrer Wahl von Wohnung, Arbeitsplatz u. Assistenzdiensten (→Assistenz) im Rahmen der Möglichkeiten selbstbestimmt u. frei agieren können. Auch Menschen mit Behinderung sollen nicht mehr im besten Sinne umfassend versorgt, sondern im Sinne der »Normalisierung« als Individuen wahrgenommen werden, die im Blick auf ihre Lebensführung die gleichen Entscheidungs- u. Wahlrechte haben wie jeder u. jede andere und ein möglichst eigenständiges Leben führen wollen. Nicht Standards u. Einheitlichkeit der Angebote, sondern Individualität u. Vielfalt (→Diversität) sind also gewünscht. In diesem Sinne gehören P., Anbieterwettbewerb u. persönliches Budget zusammen. →Kostenträger haben dabei lediglich Steuerungsfunktion im Blick auf die Finanzen; Case-Manager u. →Beratung, die den Betroffenen bei ihren Entscheidungen zur Seite stehen, sollten möglichst unabhängig sein.

Dieser Paradigmenwechsel ist allerdings längst noch nicht in allen Bereichen der Sozial- u. Gesundheitsbranche umgesetzt. Während es in der →Kinder- u. Jugendhilfe immerhin gelingt, den Hilfebedarf je nach Person in unterschiedlichen Modulen festzulegen – wenn auch i.d.R. in einer Trägerschaft – wird in der →Altenhilfe bislang noch kaum unter dem Gesichtspunkt der P. gearbeitet, wenn auch die Differenzierung der Pflegestufen die Bedarfe genauer abbildet als zuvor. Abgesehen von finanziellen Erwägungen ist eine der offenen Fragen, in welchem Maße man Schwerpflegebedürftigen oder Menschen mit einer →Demenzerkrankung ermöglichen kann oder soll, Entscheidungen über den eigenen Hilfebedarf zu treffen, und welche Rechte dabei Angehörige o. rechtliche Vertreter haben sollen u. können. Grundsätzlich geht es darum, die Prinzipien von Fürsorge u. →Selbstbestimmung, von Standards u. Individualität, von Steuerung durch →Kunden u. Anbieter der jeweiligen Situation entsprechend in Balance zu bringen.

Angesichts einer individualisierten u. vielfältigen Gesellschaft ist das allerdings eine Aufgabe, die – etwa bei Arbeitszeitregelungen – auch in der Arbeitswelt gilt. Dass es »normal ist, verschieden zu sein« – so der Titel der EKD-Orientierungshilfe zur Inklusion von 2014 –, ist eine selbstverständliche Erfahrung in der globalisierten Wirtschaft, die darauf mit »Diversity-Management« reagiert. Und dass jeder u. jede bei aller Unterschiedlichkeit die gleiche Würde, die gleichen →Menschenrechte hat, gehört zu den Grundlagen des christl. Glaubens, der Menschen in Verschiedenheit u. Bezogenheit aufeinander als Ebenbild Gottes versteht.

Denn die individuellen Rechte u. Wahlmöglichkeiten können nur dann zum Zug kommen, wenn sie auf stabilen Beziehungsnetzwerken und einer differenzierten Hilfestruktur aufbauen können, wie sie bei großen Trägern bislang vorgehalten wurden. Die Entwicklung u. Durchsetzung von Personalität u. Autonomie ist auf eine tragfähige u. solidarische Gemeinschaft angewiesen. Und Normalisierung kann nur dann gelingen, wenn in den Wohnquartieren, →Schulen u. →Krankenhäusern eine qualitativ hochwertige Infrastruktur zur Verfügung steht. Das gilt insbes. für die Angebote für Menschen mit Behinderung o. pflegebedürftige Ältere in den Wohnquartieren. Sie muss bei der Entwicklung von Wohnungen u. öffentlichen Gebäuden, bei Verkehrsplanung wie bei der Planung von Gesundheitsdienstleistungen u. Versorgungsangeboten handlungsleitend sein. Diese Beziehung zwischen Individualisierung u. Normalisierung auf der einen und →Stadtentwicklung, Quartiers- u. Nachbarschaftsarbeit auf der anderen Seite ist oft nicht genügend im Blick. Zwar gibt es eine stadtteilbezogene Planung der Jugend- wie der →Behindertenhilfe; in Altenhilfe u. →Pflege fehlt sie bislang jedoch vollkommen. Das Paradigma einer umfassenden Inklusion analog zur UN-Behindertenrechtskonvention kann zum Motor der weiteren Entwicklung werden. Dabei muss das Verhältnis von Personalität u. →Solidarität in den unterschiedlichen gesellschaftlichen Funktionsbereichen u. Organisationen subsidiär neu gestaltet werden.

LITERATUR: JOHANNES EURICH, Selbstbestimmung u. P., in: VOLKER HERRMANN (Hg.), Das Soziale gestalten, Heidelberg 2009, 262–277 • EKD, »Es ist normal, verschieden zu sein« – Inklusion leben in Kirche u. Gesellschaft, Hannover 2014 • MARTHA NUSSBAUM, Capabilities Approach, NY 2013.

Cornelia Coenen-Marx

PFLEGE

P. stellt bis heute eines der bekanntesten u. renommierten Arbeitsfelder der →Diakonie dar. Unter P. wird hier vorrangig die professionelle P. verstanden. Für den Auftrag zur P. von Kranken gibt es verschiedene biblische Grundlagen: Insbesondere die Erwähnung kranker Menschen in der Endzeitrede Jesu in Matthäus 25 wie auch die Erzählung von der Fußwaschung Jesu in Johannes 13 sind hier zu nennen. Über viele Jahrhunderte konzentrierte sich die P. der Kranken auf deren Versorgung in Klöstern und durch →Ordensgemeinschaften, seit der →Reformation erfolgte P. auch durch die diakonische gemeindliche Tätigkeit.

Bis heute wirksam ist der Neueinsatz ev. verantworteter P. im 19. Jh., insbes. durch die Bildung von Diakonissen→mutterhäusern, die sowohl die Ausbildung zur Krankenpflege als auch deren Vollzug in den →Gemeinden als Kernaufgabe diakonischen Handelns verstanden. Exemplarisch sind die →Diakonissen von Kaiserswerth, wo Theodor →Fliedner als Gründer 1836 auch das erste →Krankenhaus initiierte, wie auch 1854 die Gründung der Diakonissenanstalt Neuendettelsau durch Wilhelm →Löhe zu nennen. In der Folge entstanden zahlreiche P.organisationen in diakonischer Trägerschaft (→Kostenträger). Das Spektrum reicht von den Aktivitäten einzelner Krankenpflegevereine – der →Verein stellte eine beliebte Organisationsform im 19. u. 20. Jh. dar – bis hin zu Schwesternverbänden wie bspw. dem Evangelischen Diakonieverein Berlin-Zehlendorf (→Zehlendorfer Verband), der durch Friedrich Zimmer ins Leben gerufen wurde. Sowohl das Tragen einer Tracht – ursprünglich für die Diakonissen als gleichwertiges Aussehen neben der Bürgersfrau konzipiert – als auch die Bezeichnung »Schwester« - die Bezeichnung der Diakonissen untereinander – wurden schon Ende des 19. Jh. zu Erkennungsmerkmalen von Krankenpflegerinnen im diakonischen und darüber hinaus auch im säkularen Bereich.

Die diakonischen →Gemeinschaften, die sich der Krankenp. widmeten, nahmen bis in die 1950er Jahre an Größe u. Bedeutung zu. P. in diakonischer Trägerschaft war häufig eine lebenslang ausgeführte Tätigkeit ev. Frauen, die sich bereits durch die

Ausbildung fest an eine bestimmte Organisation gebunden fühlten, z.T. auch Mitglied der jeweiligen →Dienstgemeinschaft waren. Seit den 1980er Jahren erlebte die P. in diakonischer Trägerschaft den Wandel, den der P.beruf im Allgemeinen – also auch in anderen als ev. Dienstgemeinschaften wie bspw. den Schwesternschaften vom Roten Kreuz (→DRK), aber auch säkularen P.organisationen – durchlief: Die persönliche, aus christl. Selbstverständnis stammende Entscheidung für einen »Dienst« (→Dienen) wurde zunehmend von der Haltung einer »Berufswahl« abgelöst: Aus der Berufung wurde ein →Beruf, aus dem Dienst eine →Dienstleistung.

Eine weitere grundsätzliche Veränderung erfuhr die P. durch den Prozess der Akademisierung, der in Deutschland – verglichen mit den angloamerikanischen Ländern sehr spät – in den 1980er Jahren einsetzte. War die berufliche Qualifikation zur P. bislang ein Ausbildungsberuf von drei Jahren (neben der P.helferin mit einer Ausbildung von einem Jahr), so entstanden bundesweit P.studiengänge an den Hochschulen für Angewandte Wissenschaften (früher: Fachhochschulen). P. kann seitdem studiert werden, sowohl in Dualen Studiengängen als auch in Weiterbildungsstudiengängen für P.management u. P.pädagogik. Etwas zögerlich, doch unaufhaltsam entwickelt sich in Deutschland die P.wissenschaft als Disziplin der Universität und sie ist inzwischen auch wegen der Qualifikation wissenschaftlichen Personals in der P. unabdingbar. Dadurch hat sich ein Paradigmenwechsel im P.verständnis ergeben: Die P.wissenschaft stellt die pflegerische Tätigkeit nicht schwerpunktmäßig in den Zusammenhang bewährter Erfahrungen. Vielmehr geht es um die Erstellung von P.modellen und -konzepten sowie die Definition von P.prozessen. Verstand sich P. lange Zeit als medizinischer Assistenzberuf, so gestaltet die professionelle P. heute ein eigenes Profil in der Behandlung von Kranken u. P.bedürftigen. Dabei stehen nicht medizinische Diagnosen im Vordergrund, sondern der von Pflegenden erhobene P.bedarf.

Wie die gesamte diakonische Arbeit, so ist auch die P. seit den 1980er Jahren zunehmend von der Entwicklung eines wirtschaftlichen Marktes betroffen, häufig als »→Ökonomisierung der P.«, mittlerweile auch als Gesundheitswirtschaft bezeichnet. Mit diesem Begriff wird beschrieben, dass sich P. als Dienstleistung zum einen weit ausdifferenziert, zum anderen vielfach unter wirtschaftlichen Gesichtspunkten betrachtet wird. Die Ausdifferenzierung stellt dabei die Konsequenz des medizinisch-pflegerischen Fortschritts sowie des →demographischen Wandels und den damit verbundenen Formen des sozialen Lebens dar. Hinsichtlich der P. in Krankenhäusern – lange Zeit der Schwerpunkt von P. – ist von einem Rückgang der Pflegenden bei der Versorgung zu sprechen. Sowohl die kürzere Verweildauer in den Krankenhäusern, v.a. aber die gedeckelte →Finanzierung führt zu einer Reduktion der Anzahl der Pflegenden. Demgegenüber steigt der Bedarf an →ambulanter P., die analog der ursprünglichen Gemeindekrankenp. des 19. Jh. die P.bedürftigen zuhause versorgt. Hintergrund für die P.bedürftigkeit im häuslichen Bereich ist das immer höhere →Alter der Menschen und die vielfach damit verbundene Multimorbidität. Als Folge davon existieren immer mehr P.dienste in unterschiedlicher Trägerschaft, insbes. in den Städten. Durch die Entwicklung dieses →Marktes entsteht für die P. in diakonischer Trägerschaft eine Konkurrenzsituation, in der sie sich ständig herausgefordert sieht, ihr diakonisches →Profil darzustellen.

Dieses Profil – natürlich auch in anderen Arbeitsfeldern gefordert – orientiert sich im Hinblick auf die P.tätigkeit v.a. an den spezifischen Aussagen des christl.

→Menschenbildes hinsichtlich des kranken u. notleidenden Menschen wie auch an den daraus folgenden ethischen Grundlinien. Gleichzeitig ist diakonische P. immer an den pflegefachlichen Qualitätsvorstellungen ausgerichtet. Das christl. Menschenbild basiert auf den biblischen Aussagen zur Geschöpflichkeit wie zur Würde des Menschen (→Menschenrechte), die gleichermaßen für die Pflegebedürftigen wie für die Pflegenden gelten. Dass der Mensch als Geschöpf Gottes verstanden wird, bedeutet für die P., dass gerade auch der verletzte, hinfällige, auf Hilfe angewiesene Mensch als Gegenüber angesehen wird, dem mit Respekt u. Wertschätzung zu begegnen ist. Die Ungleichheit in der aktuellen o. grundsätzlichen Abhängigkeit von Hilfe (→Helfen) führt nicht zu einer Dominanz, sondern zu einer unterstützenden u. fürsorglichen Haltung, die die jeweiligen Ressourcen des Pflegebedürftigen sieht u. fördert. Dabei kommt dem Pflegebedürftigen insbesondere dann eine unbestreitbare Würde zu, wenn er kognitiv beeinträchtigt o. nicht ansprechbar (z.B. im Koma) ist. Diakonische P. ist insbesondere am Anfang und am Ende des Lebens herausgefordert, Leben zu schützen und gleichzeitig die Grenzen des Lebens anzuerkennen.

P. in diakonischer Trägerschaft ist an vielen Stellen mit anderen Diensten vernetzt. So wirken in P.organisationen die Pflegenden mit Fachdiensten u. anderen Professionen zusammen. Das gilt insbes. dort, wo die Kooperation nicht selbstverständlich unter einem Dach (wie bspw. im Krankenhaus) abläuft. Gerade die ambulante P. ist darauf ausgerichtet, mit weiteren Diensten u. Gruppen in diakonischer u. kirchlicher Trägerschaft zu kooperieren. Hier ist bspw. an Einrichtungen der Tages- u. Kurzzeitp., aber auch an ehrenamtliche Besuchsdienste (→Ehrenamt) und niedrigschwellige Angebote zur Unterstützung von pflegenden Angehörigen zu denken. Als Dienst der →Kirche ist diakonische P. auch eng mit der kirchlichen Gemeinde verbunden. →Gottesdienstliche Angebote und →Seelsorge sind dabei gleichermaßen im Blick.

Professionelle P. in diakonischer Trägerschaft handelt nicht nur am einzelnen pflegebedürftigen Menschen, sondern bindet immer die Angehörigen mit ein. Insbesondere die P. von Kindern, aber auch von sterbenden Patienten u. Bewohnern von P.einrichtungen berücksichtig die beteiligten An- u. Zugehörigen, v.a. auch im häuslichen Umfeld. Die Unterstützung von Pflegebedürftigen im Miteinander von Angehörigen, Hilfskräften u. Ehrenamtlichen erfordert von den professionell Pflegenden eine klare Berufsauffassung sowie eine Identität in der Kooperation u. Kommunikation mit allen Beteiligten. Bei lang anhaltender P. in der Häuslichkeit des Pflegebedürftigen werden dabei familiäre u. persönliche Verhältnisse offenkundig, die eine große Vertrautheit aller Beteiligten bedeutet. An dieser Stelle ist auch zu sehen, dass P. nicht nur Zuwendung u. Fürsorge bedeutet. Bei allgemeinen menschlichen Verschiedenheiten u. Spannungen, insbes.e bei dem herausfordernden Verhalten von Menschen mit →Demenz kann es auf beiden Seiten zu Gewalt kommen. Dabei umfasst Gewalt viele Facetten: So kann schon eine verachtende u. diskriminierende Sprache dazu zählen, aber auch Entzug von Achtung u. Zuwendung im Verhalten wie auch körperliche Gewalt durch Schlagen, Schütteln o. Einsperren. Der Umgang mit Gewalt in der P. erfordert auf Seiten der Pflegenden fachliches Wissen von wesensverändernden Folgen von Krankheit (→Gesundheit/Krankheit) u. Medikamenten wie auch reflektierte Haltungen zur eigenen Rolle und deren Abgrenzung von den Bedürfnissen von Pflegebedürftigen.

LITERATUR: CHRISTOPH SIGRIST / HEINZ RÜEGGER (Hg.), Helfendes Handeln im Spannungsfeld theolog. Begründungsansätze, Zürich 2014 • BARBARA STÄDTLER-MACH, Diakon. Altenhilfe zw. gerontologischer Forschung u. ethischen Herausforderungen, in: VOLKER HERRMANN (Hg.), Diakoniewissenschaft im Dialog, Heidelberg 2004, 183–188.

Barbara Städtler-Mach

PFLEGERECHT

Das P. umfasst als Querschnittsbereich die Gesamtheit der Rechtsnormen, die sich unmittelbar o. mittelbar auf die →Pflege beziehen. Für den pflegebedürftigen Menschen ergeben sich seine Ansprüche vor allem aus dem sog. Pflegeversicherungsgesetz (SGB XI). In diesem Gesetz wird insbes. festgelegt, in welchen Pflegegrad der pflegebedürftige Mensch eingruppiert wird, wie hoch seine Leistungen infolgedessen sind und welche Hilfsmittel u. Zuschüsse die Pflegekassen zahlen müssen. Daneben finden sich Vorschriften zur Pflegequalität und ihrer Kontrolle.

Neben dem SGB XI existieren zahlreiche zivil- u. strafrechtliche Vorschriften (u.a. im BGB u. StGB), die den Bereich des P.s ausfüllen. Hierunter fallen z.B. Regelungen zur →Patientenverfügung, zur →Sterbehilfe und den freiheitsentziehenden Maßnahmen.

Oliver Horsky

PFLEGESATZ

Das Entgelt einer teil- o. vollstationären Einrichtung wird als P. bezeichnet. →Kunden u./o. →Kostenträger zahlen diesen für beschriebene und damit bestimmte Leistungen der Einrichtung. Zu unterscheiden sind taggleiche und fallabhängige P.e. Die Höhe der P.e wird anhand von Leistungsvereinbarungen i.d.R. zwischen den öffentlichen Kostenträgern und dem Träger der Einrichtung nach gesetzlichen Vorgaben vereinbart. In der Eingliederungshilfe (→Behindertenhilfe) spricht man auch vom Kostensatz.

Thomas Eisenreich

PHILIPPI, PAUL

P.P. (geboren 1923), war von 1971–1986 als Nachfolger von Herbert Krimm, dessen ehemaliger Assistent er war, Leiter des Heidelberger Diakoniewissenschaftlichen Instituts. Theologisch konsequent denkt P. →Diakonie u. →Gemeinde als sich gegenseitig bedingende Einheit. »Wer von der Diakonie recht reden will, muss von der rechten Gemeinde reden.« So aktualisiert und »diakonisiert« P. die lutherische Abendmahlsfeier: Im Herrenmahl gibt sich Christus, der Anfang der Neuen Schöpfung, seiner Gemeinde, die so unabhängig vom Zeitgeist wie prägend für die Gesellschaft sich gestalten und handeln kann. Aus P.s Theologie folgt, wegweisend in einer Zeit der Identitätskrise des »Christlichen«, die Positionierung eines eindeutigen Handlungssubjektes, der Gemeinde, wie auch eine evangelische Anthropologie des Selbst-, also Christus-Bewusstseins der diakonischen Mitarbeiter. Diese Gedanken konkretisierte er in zahlreichen Aufsätzen.

LITERATUR: P.P., Christozentrische Diakonie, o.O. 1975 • P.P., Das sog. Diakonenamt, o.O. 1968 • JÜRGEN ALBERT (Hg.), P.P., Diaconica, Neukirchen-Vluyn 1984 (2. Aufl. 1989).

Jürgen Albert

PHÖBE

Von der historischen P. wissen wir so gut wie nichts; sie ist eine Frau, die in der urchristlichen Gemeinde von Kenchräa bei Korinth ihren Dienst versah: »Ich empfehle euch P., unsere Schwester, die diakonos in der Gemeinde von Kenchräa ist« (Röm 16,1). Der Begriff »diakonos«, den Paulus auch mehrfach für sich selbst anwendet, wird allgemein mit »Diener/Dienerin« übersetzt. P. kann damit als erste →Diakonisse (→Dienen) bezeichnet werden, in der Tradition der Mutterhausdiakonie wird sie auch entsprechend verehrt. Neuere Forschungen (bes. Collins) haben demgegenüber zu einem weiteren Verständnis geführt und die Aspekte der Gemeindeleitung u. der Vermittlung in den Vordergrund gestellt.

LITERATUR: DIERK STARNITZKE, Diakonie in Gemeinschaft – P. als erste Diakonisse, in: NORBERT FRIEDRICH / MARTIN WOLFF (Hg.), Diakonie in Gemeinschaft, Neukirchen-Vluyn 2011, 33–40.

Norbert Friedrich

PIETISMUS

Als bedeutendste Erneuerungsbewegung innerhalb des kontinentaleuropäischen Protestantismus wurde der P. durch Ph.J. Spener geprägt und hatte seine Blütezeit von etwa 1670 bis 1740. Er forderte die Bewährung des Christentums im Leben (»tätiges Christentum«) und rief, getragen von der Erwartung eines baldigen glücklicheren Zustands der →Kirche (»Hoffnung besserer Zeiten«) zu einer umfassenden Kirchen- u. Gesellschaftsreform auf. Weil er auf eine Sammlung der Frommen in verbindlichen →Gemeinschaften (Konventikeln) zielte, erneuerte er das reformatorische Prinzip vom allgemeinen Priestertum aller Gläubigen. Wo er sich, wie in Preußen, Württemberg u. Dänemark, zeitweise durchsetzen konnte, förderte er vor allem die Missionstätigkeit (→Mission). A.H. →Franckes 1695 gegründetes Waisenhaus in Halle, aus dem die Franckeschen Stiftungen hervorgingen, wurde bedeutsam für die Anstaltsdiakonie (→Anstalt), aber dank seiner Sicht der →Arbeit als sinnstiftendes Element des Menschseins auch für die Herausbildung des bürgerlich-kapitalistischen Ethos. Wie die von N. Graf →Zinzendorf 1727 gegründete Herrnhuter Brüdergemeine stellten Spener und Francke den Vorrang des staatlichen Handelns in der →Diakonie jedoch nicht in Frage. Manche Ideen des P. strahlten in säkularisierter Form auf die Aufklärung aus, die in anderen Fragen aber in Konflikte mit ihm geriet. Im 19. u. 20. Jh. setzten sich Impulse des P. in der Erweckungs- u. Gemeinschaftsbewegung fort.

LITERATUR: JOHANNES WALLMANN, Der P., o.O. 1990 • MARTIN BRECHT ET AL. (Hg.), Geschichte des P. Bd. 1ff, o.O. 1993ff • P. u. Neuzeit, 1971ff [Jahrbuch mit fortlaufender Bibliographie].

Martin Friedrich

PLURALISIERUNG, RELIGIÖSE

In den vergangenen Jahrzehnten hat die religiöse u. kulturelle Vielfalt (→Diversität) in Deutschland zugenommen und als gesellschaftspolitisches Thema an Gewicht gewonnen. Im Hintergrund stehen globale Wanderungsbewegungen (z.B. Arbeits- u. Fluchtmigration) sowie eine generell fortschreitende Ausdifferenzierung von Lebenslagen in postindustriellen Gesellschaften. Dabei ist r.P. weit zu verstehen und betrifft sowohl den Bedeutungszuwachs nicht-christl. Traditionen als auch die kultu-

relle Ausdifferenzierung innerhalb der christl. Kirchen. Die knapp 5 Mio. Angehörigen der zehn größten Religionsgemeinschaften mit Migrationshintergrund stellen
mittlerweile gut 6% der deutschen Gesamtbevölkerung. War die Immigration (→Migra-
tion) nach Deutschland bislang v.a. christlich geprägt (mit einer substantiellen muslimischen Minderheit), wandern im Zuge der Fluchtmigration vermehrt Muslime unterschiedlicher Tradition u. Yeziden (Mitglieder einer kurdischen religiösen Minderheit)
ein, sodass der Anteil nicht-christl. Minderheiten weiter steigen dürfte.

Derzeit bilden sunnitische Muslime mit gut 2,5 Mio. Personen die größte Gruppe.
Dabei ist der Ausdruck »Gruppe« insofern irreführend, als hinter dieser Zahl verschiedene, meist landsmannschaftlich organisierte Vereine stehen. Im Unterschied
dazu haben die etwa 500.000 Aleviten i.d.R. einen gemeinsamen türkischen Migrationshintergrund. Schiiten bilden innerhalb der islamischen Traditionen mit 225.000
Anhängern z.Z. eine klare Minderheit. Nach den Muslimen stellen →orthodoxe Christen aus unterschiedlichen Herkunftsländern die zweitgrößte Population dar, sie
kommen zusammen auf knapp 1,2 Mio. Anhänger, wobei Griechisch-Orthodoxe die
größte Einzelgruppe stellen. Im Unterschied dazu ist der Anteil von Juden, Buddhisten u. Hindus in Deutschland äußerst gering: Bei den knapp 200.000 Juden handelt es
sich überwiegend um Kontingentflüchtlinge aus der früheren Sowjetunion, die 140.000
Buddhisten mit Migrationshintergrund (die ca. 130.000 konvertierten Buddhisten
sind hier nicht berücksichtigt) kommen i.d.R. aus Vietnam o. Thailand, und ein großer Teil der ca. 90.000 Hindus sind tamilische Bürgerkriegsflüchtlinge aus Sri Lanka.

Diese Entwicklungen stellen auch konfessionelle →Wohlfahrtsverbände vor neue
Herausforderungen und eröffnen neue Möglichkeiten. Dementsprechend haben zahlreiche Diakonische Werke Prozesse interkultureller u. interreligiöser Öffnung angesto-
ßen, um das konfessionelle →Profil unter Bedingungen r.P. neu zu tarieren. Dabei lassen sich mindestens drei Handlungsfelder unterscheiden, namentlich die Öffnung des
Angebotes, der Wandel der Personalstruktur sowie neue strategische Partnerschaften.

Zunächst gilt es, eine adäquate Ausrichtung des *Angebotes* an den unterschiedlichen Bedürfnislagen der Klienten mit dem konfessionellen Selbstverständnis in Einklang zu bringen. Konkret bedeutet dies, Konfessionslosen u. Menschen anderer
religiöser Traditionen mit ihren spirituellen Bedürfnissen in den diakonischen →Ein-
richtungen gerecht zu werden. Daraus ergeben sich weiterführende Fragen nach
einer religions- u. kultursensiblen Gestaltung der Arbeitsvollzüge und der interreligiösen u. interkulturellen Kompetenz der Mitarbeitenden. Diese Öffnung beschränkt
sich nicht auf bestimmte Handlungsfelder wie die Ausländerarbeit, sondern betrifft
prinzipiell das gesamte Angebotsspektrum, etwa im Bereich der →Altenhilfe o. Kin-
der- u. Jugendarbeit (→Kinder- und Jugendhilfe). Während die universelle Hilfeleistung über religiöse u. kulturelle Grenzen hinweg aus Sicht der ev. →Sozialethik un-
strittig, ja geradezu zwingend ist, stellt sich für die Profilbildung die Frage, wie
prägnant das konfessionelle Selbstverständnis in den konkreten Vollzügen zum Ausdruck kommen darf, ohne exklusiv zu sein.

Auf der Ebene der *Personalstruktur u. -entwicklung* sind die Herausforderungen
r.P. besonders greifbar. Hier kann kaum noch davon ausgegangen werden, dass die
Mitarbeitenden sich allein aus Mitgliedern einer →Landeskirche oder auch aus →ACK-
Kirchenmitgliedern rekrutieren. Vielmehr greifen zahlreiche diakonische Werke auf
Fachkräfte zurück, die eine andere oder gar keine religiöse Prägung haben (Schnei-

ders 2015). Mit Blick auf die Öffnung des Angebotes stellt die Diversifizierung des Personals eine nicht zu unterschätzende Chance dar. Allerdings bringt sie auch Herausforderungen für das christl. Profil und die damit verbundene arbeitsrechtliche Sonderstellung der konfessionellen Wohlfahrtsverbände mit sich (Heinig 2013). Die Kernfrage lautet hier: Wie religiös heterogen darf die christl. →»Dienstgemeinschaft« als Glied u. Ausdruck der Kirche sein, ohne ein profanes Arbeitskollektiv zu werden? Die klassische Lösung ist ein Mindestanteil von Konfessionsangehörigen oder eine ev. Besetzung der Leitungspositionen. Diskutiert wird aber auch über eine Anpassung der →Loyalitätsrichtlinien und alternative Möglichkeiten der organisatorischen Verankerung des konfessionellen Profils in einer weiter gefassten →Unternehmenskultur (Haas/Starnitzke 2015).

Schließlich dürfte die r.P. zu einer *Neubestimmung der strategischen Partnerschaften* konfessioneller Wohlfahrtsverbände führen. Je stärker soziale Arbeit auf →Partizipation und die Gestaltung von Sozialräumen hin orientiert ist, desto wichtiger werden religiöse Migrantenorganisationen als potentielle Kooperationspartner. Hier bietet sich die Chance, von der gemeinsamen Praxis in eine weitergehende interreligiöse Verständigung über solidarethische Maßgaben und ihre Verankerung im Menschen- u. Gottesbild einzutreten. Auf diese Weise könnte das religiöse Profil gestärkt und die qualitative Besonderheit religiöser Wohlfahrtsproduktion herausgestellt werden. Zugleich könnte die verstärkte interreligiöse bzw. interkulturelle Zusammenarbeit neue Herausforderungen mit sich bringen. Diese können sich strukturell aus dem unterschiedlichen Organisationsgrad der beteiligten Akteure oder ideell aus unterschiedlichen Auffassungen über wirksame u. professionelle soziale Arbeit ergeben.

Für die Diakonie entsteht daraus die Gelegenheit, ihre Rolle im deutschen Wohlfahrtspluralismus neu zu bestimmen. Ein Ansatzpunkt dafür wäre, die Themenanwaltschaft für religiöse Vielfalt als Kernkompetenz u. profilbildendes Merkmal ev. Wohlfahrtsproduktion herauszustellen. Eine Voraussetzung dafür wäre es, religiöse Migrantenorganisationen anderer Provenienz aus einer Position der Stärke, aber ohne sozialanwaltliche Attitüde auf ihrem Weg zu professionellen Trägern sozialer Arbeit zu begleiten. Eine in diesem Sinne »diverse Diakonie« (Nagel 2013) macht sich nicht etwa selbst überflüssig, sondern kommt ihrer Verantwortung für das multireligiöse u. postsäkulare Gemeinwesen nach. Sie erbringt damit den tätigen Beweis für die anhaltende gesellschaftliche Bedeutung religiöser Wohlfahrtsproduktion und macht den weltoffenen Anspruch der verfassten Kirche nach außen sichtbar.

LITERATUR: ALEXANDER-KENNETH NAGEL, P. als Chance, in: CHRISTIAN ALBRECHT (Hg.), Wieviel P. verträgt die Diakonie?, Tübingen 2013, 11–34 • HANS MICHAEL HEINIG, Kirchenrechtl. Herausforderungen f.d. Diakonie im Horizont religiöser P. u. Säkularisierung, in: CHRISTIAN ALBRECHT (Hg.), Wieviel P. verträgt die Diakonie?, Tübingen 2013, 35–64 • HANNS-STEPHAN HAAS / DIERK STARNITZKE, Entfaltung d. Thesen, in: DIES. (Hg.), Diversität u. Identität. Konfessionsbindung u. Überzeugungsp. in caritat. & diakon. Unternehmen, Stuttgart 2015, 25–62 • KATRIN SCHNEIDERS, Personalrekrutierung in Zeiten religiöser P., in: DIES. / TRAUGOTT JÄHNICHEN / ALEXANDER-KENNETH NAGEL (Hg.), Religiöse P.: Herausforderung f. konfessionelle Wohlfahrtsverbände, Stuttgart 2015, 132–150.

Alexander-Kenneth Nagel

PRÄNATALE DIAGNOSTIK (PD)

1. BEGRIFF UND VERFAHREN

Die P.D. umfasst alle vorgeburtlichen Diagnoseverfahren zur Feststellung von Krankheiten (→Gesundheit/Krankheit) o. Fehlentwicklungen bei bereits eingenisteten Embryonen. Neben nicht-invasiven Methoden (Ultraschalluntersuchung, Triple-Test, Quadruple-Test, Erst-Trimester-Screening) werden u.U. auch invasive Methoden angewendet (Amniozentese, Chorionzottendiagnostik, Nabelschnurpunktion, Leber- o. Hautbiopsie am Fetus). Die Ultraschalluntersuchung ist dabei als sog. ungezielte P.D. weithin eine Routinemaßnahme der ärztlichen Schwangerschaftsbegleitung. Bei Verdacht für das Vorliegen einer bestimmten Störung werden nach medizinischer Aufklärung u. Einwilligung der Schwangeren gezielte Verfahren der P.D. eingeleitet. Ziel der Untersuchungen ist es, durch die Früherkennung eventueller Entwicklungsstörungen Kind u. Eltern eine optimale →Beratung u. medizinische →Betreuung zu gewährleisten. In den meisten Fällen trägt die P.D. zum Abbau von Sorgen u. Ängsten der Eltern bei.

Die Präimplantationsdiagnostik (PID) umfasst die Verfahren, bei denen Zellen eines im Reagenzglas entstandenen Embryos (in vitro) vor der Implantation in die Gebärmutter genetisch untersucht werden. Durch die PID können etwaig befürchtete Erbkrankheiten u. Chromosomenanomalien frühzeitig vor dem Eintreten der Schwangerschaft erkannt und somit einem späteren – in Deutschland unter bestimmten Umständen gesetzlich erlaubten (§ 218a StGB) – Schwangerschaftsabbruch durch Verzicht auf eine Implantation vorgebeugt werden. Die PID ist international Gegenstand kontroverser medizinischer, ethischer u. juristischer Debatten. In Deutschland gilt seit 2011 die PID im Grundsatz als verboten, es sei denn, es ist durch genetische Vorbelastungen der Eltern eine schwerwiegende Erbkrankheit oder gar eine Tod- o. Fehlgeburt des Kindes zu erwarten.

2. ETHISCHE PROBLEMSTELLUNGEN

Im Hinblick darauf, dass die P.D. auf die optimale Betreuung des ungeborenen Kindes und der Schwangeren, die Minderung von Sorgen angesichts der Risiken einer Schwangerschaft und die Verbesserung des Gesundheitszustandes des ungeborenen Kindes abzielt, ist sie zunächst als ethisch gerechtfertigt einzuschätzen. Ethisch problematisch ist jedoch, dass für zahlreiche Diagnosen keine geeigneten Therapiemaßnahmen vorhanden sind und bei Betroffenen somit erstens ein gesteigertes Ohnmachtsgefühl aufgrund des Mehr-Wissens entstehen kann und damit zweitens mit steigender Tendenz der Schwangerschaftsabbruch als Konsequenz der Diagnose gewählt wird. Letzteres ist nicht nur im Hinblick auf die Frage nach der Würde des ungeborenen Lebens, sondern auch im Hinblick auf den gesamtgesellschaftlichen Umgang mit behinderten Menschen (→Behinderung) ethisch bedenklich. Die Zahl der Geburten von behinderten Menschen ist seit der Ermöglichung der P.D. signifikant zurückgegangen. Eugenischen Tendenzen, die die Würde des behinderten Menschen als Teil der Solidargemeinschaft untergraben (→Solidarität), ist aus ethischen Gesichtspunkten jedoch zu widersprechen.

Bei der PID steht die strittige Frage nach dem Beginn des Lebensanfangs im Vordergrund. Gegner der PID kritisieren, dass durch den verbrauchenden Umgang mit

totipotenten Zellen, denen als potenziell werdendes Menschenleben die Menschenwürde zugesprochen werden kann, die Schutzrechte des Embryos (Embryonenschutz-
gesetz) missbraucht werden und der Eugenik Vorschub geleistet wird. Befürworter
lehnen die PID kategorisch nicht ab und stellen in Frage, ob die Menschenwürde
bereits einer Zygote zugesprochen werden kann, und verweisen u.a. gegen einen
monistischen Biologismus auf die Unbestimmbarkeit des Lebensanfangs. Darüber
hinaus verweisen Befürworter auf die große Not betroffener Paare sowie die Wider-
sprüchlichkeit, die PID gänzlich zu verbieten, Spätabtreibungen jedoch zu erlauben.

3. STELLUNGNAHMEN DER EKD

Im Hinblick auf die P.D. verweisen Stellungnahmen der →EKD auf die o.g. Ambivalenzen in der ethischen Einschätzung der Verfahren. Ein Großteil der Mitglieder
des Rates der EKD lehnt eine unbegrenzte Zulassung der PID und damit einer Selek-
tion zwischen lebenswertem u. -unwertem Leben mit Verweis auf das christl. →Men-
schenbild ab und spricht sich für ein gänzliches Verbot der PID aus. Ein Teil des
Rates hält die Anwendung der PID in solchen Fällen für vertretbar, in denen die genetische Vorbelastung der Eltern darauf hinweist, dass der Embryo mit hoher Wahrscheinlichkeit lebensunfähig ist.

4. P.D. U. PID ALS HERAUSFORDERUNG DIAKONISCHER PRAXIS

Im diakonischen Handeln kann eine Sensibilisierung der pflegenden u. betreuen-
den Angestellten für die ethischen Dilemma- u. Konfliktsituationen der Betroffenen
von hoher Bedeutung sein. Die Auseinandersetzung mit der Rechtslage und dem Für
und Wider der P.D. u. PID ermöglicht eine gesteigerte →Empathiefähigkeit sowie eine
kompetente Beratung angesichts einer für die Betroffenen mit Spannungen u. Ängsten verbundenen Situation.

LITERATUR: REINER ANSELM / ULRICH H. J. KÖRTNER (Hg.), Streitfall Biomedizin, Göttingen 2003 •
ULRICH H. J. KÖRTNER, »Lasset uns Menschen machen«. Christl. Anthropologie im biotechnolo-
gischen Zeitalter, München 2005 • HILLE HAKER, Hauptsache gesund? Ethische Fragen d. P.D.
u. PID, München 2011.

Maximilian Schell

PRÄVENTION

P. versucht, durch gezielte Interventionsmaßnahmen das Auftreten von Krankheiten (→Gesundheit/Krankheit) oder unerwünschten physischen o. psychischen
Zuständen weniger wahrscheinlich zu machen bzw. zu verhindern oder zumindest zu
verzögern (Walter et al. 2012, 196)

Die P. von Krankheiten gehört zu den wichtigsten Strategien der Gesundheits-
wissenschaften. Ihr Ziel ist es, individuell Menschen vor Krankheiten oder ihren
Folgen zu bewahren und die Krankheitslast der Bevölkerung zu senken. In Abgrenzung zu der Strategie der Gesundheitsförderung fokussiert P. auf eine bestimmte
Erkrankung, z.B. Herz-Kreislauf-Erkrankungen oder Krebs, deren Ursachen u. Risikofaktoren bekannt sein müssen. Der Begriff P. wird aber auch über den Gesundheitsbereich hinaus benutzt, z.B. als P. von Jugendkriminalität, von Schulabbrüchen oder
von Teenagerschwangerschaften.

P.sstrategien unterscheiden sich hinsichtlich des Zeitpunktes im Krankheitsverlauf, der Zielgruppe und der Wirkweise. Entsprechend gibt es verschiedene Einteilungen (vgl. Leppin 2014, 31).

P. IM KRANKHEITSVERLAUF

Primärp. zielt darauf, das Auftreten einer Erkrankung zu verhindern, z.B. Masern durch Impfung oder Lungenkrebs durch Raucherp. in Schulen. Als Sonderform der Primärp. wird teilweise noch die Primordialp. benannt, die sich an die ganze Bevölkerung unabhängig vom Risikostatus richtet. Ein Beispiel hierfür ist die »Machs mit«-Aktion gegen HIV/AIDS der Bundeszentrale für gesundheitliche Aufklärung.

Sekundärp. zielt darauf, eine Erkrankung in einem frühen Stadium zu erkennen, sodass eine Heilung wahrscheinlich ist bzw. Folgeschäden vermieden werden, z.B. durch Früherkennungsprogramme gegen Krebs.

Tertiärp. zielt darauf, bei einer diagnostizierten Krankheit die Lebensqualität zu erhalten und Folgeerkrankungen zu vermeiden. Beispiele sind Früherkennungsprogramme gegen Augen-, Nieren- u. Gefäßschäden bei Diabetes mellitus. Eine eindeutige Abgrenzung zwischen Tertiärp. und Therapie ist nicht möglich.

P. NACH ZIELGRUPPEN

Universelle P. zielt darauf, die gesamte Bevölkerung vor einem Risikofaktor zu schützen. Beispiele sind Gesetze zum Schutz vor Passivrauchen oder Fluorieren des Trinkwassers zum Schutz vor Karies.

Selektive P. zielt auf eingegrenzte, gefährdete Gruppen, die ein erhöhtes Risiko aufweisen. Beispiele sind Grippeimpfungen in Notunterkünften für Flüchtlinge oder Altersbegrenzungen für den öffentlichen Ausschank alkoholischer Getränke.

Indizierte P. zielt auf Menschen mit hohem Risiko für eine Erkrankung. Beispiele sind Einnahme von Malariamedikamenten bei Reisen in Endemiegebiete.

P. NACH HANDLUNGSSTRATEGIEN

Biologische P. zielt darauf, den Körper mechanisch vor Risikofaktoren zu schützen oder das Immunsystem zu stärken. Beispiele sind Impfungen oder der Sicherheitsgurt im Auto.

Verhaltensp. zielt auf Veränderung ungünstiger Verhaltensgewohnheiten. Beispiele sind Programme zur Förderung gesunder Ernährung oder Trainingsprogramme für Menschen mit Diabetes zum Umgang mit Medikamenten.

Verhältnisp. zielt auf die Veränderung der Lebensbedingungen hin zu einer gesundheitsfördernden Umwelt. Beispiele sind die Gestaltung eines bewegungsfördernden Stadtteils mit Fuß- u. Radwegen, ein gesünderes Essensangebot in der Betriebskantine oder die Gesetze zum Gesundheitsschutz in Betrieben.

WIRKSAMKEIT VON P.SMASSNAHMEN

Es besteht kein Zweifel darüber, dass die Gesundheit der Bevölkerung durch präventive Maßnahmen erheblich gesteigert werden könnte. Die großen »Volkskrankheiten« Herz-Kreislauf-Erkrankungen, Stoffwechselstörungen, chronische Atemwegserkrankungen u. Krebs, aber auch die zunehmende psychische Belastung könnten durch Einschränkung des Nikotin- u. Alkoholkonsums, angepasste Ernährung u. Bewegung, geringe Schadstoffbelastung und die Möglichkeit, die Arbeits- u. Lebenssituation zufriedenstellend zu gestalten, deutlich reduziert werden. Andererseits lassen sich gerade Lebensgewohnheiten wie Nikotin- u. Alkoholkonsum, Ernährung u. Bewegung nur schwer verändern. Erfolgsversprechender sind dagegen verhältnispräventive Maßnahmen, einschließlich gesetzlicher Entscheidungen, die aber oft gegen wirtschaftliche Interessen abgewogen werden müssen.

P.SKRITIK

P. will Krankheiten verhindern und Lebensqualität verbessern. Sie hat in der Bevölkerung, aber auch in der Politik, ein positives Image. Dabei wird oft übersehen, dass insbes. die verhaltenspräventiven Maßnahmen auch eine Reihe sozialer u. ethischer Fragen aufwerfen, die bei ihrer Planung berücksichtigt werden sollten.

Stigmatisierung: Das Aussondern von Menschen im Rahmen von selektiven o. indizierten P.smaßnahmen kennzeichnet sie als »besonders gefährdet« und führt u.U. zu Benachteiligung: Durch die Förderung des Nichtraucherschutzes und die Verbesserung des Wissens um eine gesunde Ernährung u. Bewegung werden Menschen, die rauchen o. übergewichtig sind, eher negativ bewertet.

Soziale Ungleichheit: Menschen aus benachteiligten sozialen Schichten oder Menschen mit Migrationshintergrund werden häufig von verhaltenspräventiven Maßnahmen weniger gut erreicht als Menschen der Mittelschicht. Die Beeinflussbarkeit der Gesundheit und die Zusammenhänge zwischen Risikofaktoren u. Krankheit sind ihnen oft weniger bekannt und entsprechend geringer ist die Motivation zur Veränderung. Häufig werden die Programme in Sprache u. Inhalt unbewusst »von der Mittelschicht für die Mittelschicht« konzipiert. Dadurch vergrößert sich der Einfluss des sozialen Status auf die gesundheitliche Ungleichheit.

Verschiebung der →Verantwortung: Mit dem steigenden Wissen um die Beeinflussbarkeit von Krankheiten wird auch die Verantwortung für Erkrankungen wie Diaebetes mellitus o. Herz-Kreislauf-Erkrankungen zunehmend dem Einzelnen zugeschoben. Vermehrt wird gefordert, Menschen, die rauchen, Früherkennungsprogramme nicht wahrnehmen oder sich im Falle einer Erkrankung nicht therapietreu verhalten, ganz o. teilw. aus der solidarischen Krankenversicherung auszuschließen. Es kommt zu einer Entsolidarisierung mit »unvernünftigen Menschen«, die erhebliche soziale Fragen aufwirft und die Gesundheit der Bevölkerung negativ beeinflussen kann (Schmidt 2008, 157ff).

Verschwendung von Ressourcen: Viele präventive Maßnahmen werden durchgeführt, ohne dass Nutzen u. Schaden ausreichend durch wissenschaftliche Studien belegt sind. Das kann zu einer Verschwendung von finanziellen u. personellen Ressourcen für nutzlose oder sogar schädliche Maßnahmen führen. Im Rahmen einer evidenzbasierten Praxis sollten solche Maßnahmen nur im Rahmen von Studien durchgeführt werden. Hierfür gibt es in Deutschland aber keine gesetzliche Grundlage.

P. ist eine wichtige Denk- u. Handlungsstrategie in allen Bereichen der Diakonie. Besonders Menschen im →Alter, Menschen mit →Behinderung und sozial benachteiligte Menschen können durch präventive Maßnahmen eine deutliche Verbesserung ihrer Lebensqualität erlangen. Im Zuge des →demographischen Wandels gewinnt P. auch im Rahmen des Betrieblichen →Gesundheitsmanagements an Bedeutung.

LITERATUR: BETTINA SCHMIDT, Eigenverantwortung haben immer die Anderen − Der Verantwortungsdiskurs im Gesundheitswesen, Bern 2008 • ULLA WALTER / BERNT-PETER ROBRA /

FRIEDRICH W. SCHWARTZ, P., in: FRIEDRICH W. SCHWARTZ / ULLA WALTER / JOHANNES SIEGRIST / PETRA KOLIP / REINER LEIDL / MARIE-LUISE DIERKS / REINHARD BUSSE / NILS SCHNEIDER (Hg.), Public Health – Gesundheit u. Gesundheitswesen, München 2012 • ANJA LEPPIN, Konzepte u. Strategien d. Krankheitsp., in: KLAUS HURRELMANN / THEODOR KLOTZ / JOCHEN HAISCH (Hg.), Lehrbuch P. u. Gesundheitsförderung, Bern 2014.

Hilke Bertelsmann

PROFESSIONALISIERUNG

P. beschreibt einen Prozess, der mit einer Tätigkeit einhergeht, die die Aneignung von Spezialwissen erfordert, welches sich aus fachlichen (Spezial-)Kompetenzen u. personalen wie sozialen Kompetenzen speist. Fachliche Kompetenzen meint hier bspw. die Umsetzung pädagogischer o. betreuender Konzepte, die Anwendung pflegerischer Strategien o. arbeitsrechtlicher Verfahrensweisen oder auch handwerkliche Fertigkeiten. Personale u. soziale Kompetenzen beziehen sich auf Haltungsfragen (→Haltung), Wertevorstellungen (→Werte), Kommunikationsfähigkeit o. interkulturelle Kompetenz. Der Grad der P. steigt, desto deutlicher sich eine Gesellschaft ausdifferenziert (1). Industriegesellschaften haben eine differenzierte, hochentwickelte u. komplexe Arbeitsteilung von solchen Ausmaßen, dass der Einzelne sie nur schwerlich überblicken kann. Wenig o. nicht-industrialisierte Gesellschaften kennzeichnet eine viel einfachere u. überschaubarere Arbeitsteilung. Je spezieller und anspruchsvoller eine Tätigkeit ist, desto höher ist der Grad ihrer P. (2) ausgeprägt. Wird zwischen assistierenden Berufen u. Fachkräften unterschieden, zeigt sich hier ein deutliches Gefälle in der P. von Tätigkeiten und zugleich eine Dep. von – in dieser Differenzierung nicht als ausreichend geltend – Qualifizierten. Je strukturierter eine Tätigkeit ist, desto professioneller wird sie von Fach- u. Leitungskräften ausgeführt und bedarf des Spezial- u. Leitungswissens (→Leitung). Im →Gesundheitswesen hat in den letzten Jahrzehnten eine deutliche Ausdifferenzierung hin zu vielen Berufsbildern stattgefunden. Hier zeigt sich P. bspw. in der Akademisierung verschiedener Berufe wie →Pflege, Ergotherapie o. Heilpädagogik.

Kritische Anmerkungen gehen dahin, dass die P. von Berufstätigkeiten mit einer Expertierung u. Effizienzsteigerung einhergeht, die P.stendenzen mit marktstrategischem Kalkül und wirtschaftlichen Logiken verbindet. In der P. von Tätigkeiten liegen Disziplinierungs- u. Abstraktionsweisen, die zuweilen vorschreiben, was als professionell gilt und was als unprofessionell stigmatisiert wird. Die P. von Tätigkeiten schreibt vor, was professionelles Handeln ist, und verleumdet Handlungsweisen als unprofessionell, die dem Kanon eines Berufsbildes o. einer konkreten Zielerreichung einer Aufgabenstellung widerstreben (3). D.h., Wissen wird von unterschiedlichen Expert_innenkulturen produziert, Wissen eröffnet Handlungsfelder und definiert Vorgaben guter (Berufs-)Praxis (4). Die P. von Tätigkeiten als Zugang zu Wissen, die Legitimität u. die Relevanz von Wissen, die Verknüpfung von Wissen u. beruflichem Status machen deutlich, dass Wissen als fehlbare Annahmen und als ökonomische Ressource stark umkämpft ist. Der Expert_innenstreit über Risiken u. P.stendenzen in der →sozialen Arbeit oder Diskussionen über vorbehaltliche pflegerische Tätigkeiten machen deutlich, dass Wissensannahmen auch durch Auseinandersetzungen um Qualitäts- u. Angemessenheitsstandards von Wissen und damit zusammenhängenden Regeln charakterisiert sind. P. entindividualisiert Tätigkeiten und standardisiert diese im Sinne eines →Qualitätsmanagements (5). Professionelle Tätigkeiten setzen demnach anspruchsvolle Standards und sind sachlich, rational u. zweckdienlich. Die emotionale individualisierte Ebene tritt hinter die sachliche objektivierte Ebene.

P. geht mit dem Arrangement von Zuverlässigkeit einher (6), und zwar Zuverlässigkeit im Sinne der Tätigkeitserfüllung und der Frage nach Praxisrelevanz. Zuverlässigkeit bedarf aber auch gesicherter Arbeitsplätze mit Sozialleistungen. P. bedarf der →Motivation und der Regelmäßigkeit, um den Standard professionellen Handelns zu erhalten. Flexible Arbeitsverträge ohne Sozialleistungen und mit schlechter Vergütung widerstreben der Kontinuität u. Qualität professionellen Handelns.

Wie viel P. verträgt Soziale Arbeit und wie sehr lassen sich Tätigkeitsbereiche des Sozial- u. →Gesundheitswesens professionalisieren, wollen sie individualisierte u. lebensweltliche Zusammenhänge nicht allzu sehr verallgemeinern? Einschränkungen u. Herausforderungen zeigen sich für die P.stendenzen in den Berufen des Sozial- u. Gesundheitswesens (7). Während Pflegeberufe als professionalisierungsbedürftige Berufe gelten und Mängel bezüglich der Formulierung sozialarbeiterischer Standards attestiert werden, wird gleichzeitig die Gefahr einer Überp. des Sozial- u. Gesundheitswesens betont. Dortige Berufe müssen die Spannung zwischen unternehmerischem Tun und sozial-pflegerischen Fertigkeiten u. Wissen gut ausbalancieren. Je mehr Standards identifiziert werden, desto zeitökonomischer u. routinemäßiger können Abläufe geplant und Arbeitsbelastungen aufgrund von Stresssituationen minimiert werden. Jedoch bleiben die Facetten der Haltungsfragen und des Wertekanons, die eine professionelle Haltung ausmachen, von standardisierten Verhaltensweisen weitgehend unberührt (8). Hier und genau in den Momenten der Ansprache, gleich ob bei Kindern, Patient_innen, alternden Menschen o. Menschen mit Unterstützungsbedarfen zeigt sich der besondere Moment von P. hinsichtlich professionellen Handelns im Sinne von fachlichen, personalen u. sozialen Kompetenzen (→Professionalität) in den Sozial- u. Gesundheitsberufen.

Literatur: Émile Durkheim, Über soziale Arbeitsteilung, Frankfurt a.M. 1996 (Orginal 1893) • Ulrich Bröckling / Susanne Krasmann / Thomas Lemke, Glossar der Gegenwart, Frankfurt a.M. 2004 • Heinz Treiber / Heinz Steinert, Die Fabrikation des zuverlässigen Menschen, Münster 2005 • Roland Becker-Lenz et al., Bedrohte Professionalität, Wiesbaden 2015.

Annett Herrmann

Professionalität

P. ist die Fähigkeit, sich hinsichtlich einer beruflichen Tätigkeit methoden- u. theoriegeleitet sowie aufgrund von fundierten Erfahrungswissen zu verhalten. P. ist eng verbunden mit dem Themenbereich der →Professionalisierung, wobei P. die individuelle u./o. handelnde Perspektive in Form einer Berufstätigkeit meint. Die Formulierung, dass jemand etwas professionell macht oder mit P. agiert, ist diskurstheoretisch positiv besetzt. P. verbindet fachliche Kompetenzen mit personalen u. sozialen Kompetenzen zu einer professionellen Handlungsfähigkeit. Professionelles Handeln im Sozial- u. →Gesundheitswesen zeigt sich im Zusammenspiel von Individuen und den organisatorischen Rahmenbedingungen der spezifischen Berufssysteme mit ihren Arbeitsfeldern. Sozialpolitische u. gesellschaftliche sowie lebensweltliche u. betriebswirtschaftliche Bedingungen beeinflussen zudem Fragen bzgl. P. in einem spezifischen Handlungsfeld.

LITERATUR: PETER HAMMERSCHMIDT / JULIANE SAGEBIEL (Hg.), Professionalisierung im Wider-streit, Neu-Ulm 2010.

Annett Herrmann

PROFIL, DIAKONISCHES

Seit einigen Jahrzehnten wird intensiv diskutiert, wie die Identität der Diakonie in einer zunehmend säkularisierten u. multireligiösen Gesellschaft bestimmt u. erkennbar gestaltet werden kann. Kernfragen der Diskussion sind, welche Merkmale diakonisches Handeln charakterisieren und ob bzw. wie sich diakonische Angebote von anderen Anbietern unterscheiden. Seit Ende der 1980er Jahre wird vor dem Hintergrund zunehmenden Wettbewerbs und der Entstehung eines sozialen Marktes (→Sozialmarkt) in der Diskussion der Begriff des »P.s« zur Beschreibung der äußeren Erkennbarkeit diakonischer Organisationen u. →Unternehmen verwendet.

Kontrovers wird diskutiert, ob ein erkennbares d.P. erforderlich u. präzise bestimmbar ist. Kritikerinnen u. Kritiker argumentieren, dass →Helfen ein allgemeinmenschliches Phänomen sei und es kein spezifisch christl. eindeutiges Abgrenzungsmerkmal (sog. Proprium) im Hilfehandeln gebe. Es gelte, nach »allgemeingültigen Standards möglichst exzellent [zu] werden: fachlich qualifiziert, sozial u. kommunikativ kompetent, innovativ, ethisch sensibel, kostenbewusst u. kundenfreundlich« (Sigrist/Rüegger 2011, 145). Ähnliche Positionen weisen darauf hin, dass menschliches Hilfehandeln zwar als Ausdruck des christl. →Glaubens verstanden werden kann, dass diese →Motivation im Handeln selbst aber nicht zusätzlich christlich akzentuiert werden könne. Sie lehnen daher Versuche ab, ein spezifisch christl. P. des Hilfehandelns in →Diakonie u. Caritas (→Caritasverband) zu beschreiben (z.B. Haslinger 2009, Moos 2013, Sigrist/Rüegger 2011). Eine Stärke dieses Ansatzes liegt darin, dass er eine Bestimmung des eigenen P.s nicht durch eine abgrenzende theologische Legitimierung bzw. durch einen »diakonischen Mehrwert« vornimmt und das helfende Handeln selbst würdigt. Problematisch erscheint jedoch das damit verbundene Ausblenden der Genese des christl. Begründungszusammenhangs der Diakonie.

Mit guten Argumenten hat sich demgegenüber eine Vielzahl von Stimmen in der diakoniewissenschaftlichen Diskussion dafür ausgesprochen, an dem Konzept eines d.P.s festzuhalten.

Unter den Begründungen der Befürworterinnen u. Befürworter lassen sich unterschiedliche Argumentationswege feststellen. Während einige das d.P. formal an einer Verortung von Diakonie in der Kirche festmachen, verweisen andere auf die besondere Prägung des Hilfehandelns durch zentrale ethische Maßstäbe bzw. durch ein christl. →Menschenbild.

Eine vermittelnde Position vertritt die These, dass zwischen dem Hilfehandeln und seiner religiösen Deutung zu differenzieren sei. Diakonisches Handeln zeichnet sich nach dieser Argumentation nicht durch ein Spezifikum im Sinne einer von anderen Anbietern unterschiedenen Fachlichkeit aus, es verfügt aber über ein christliches Vorzeichen (»Signum«). Das d.P. ist dann in den damit verknüpften Deutungen u. Sinnhorizonten begründet, die in den Werthaltungen u. Grundüberzeugungen der →Mitarbeitenden und in den →Ritualen der Organisation deutlich werden (Hofmann 2008, Eurich 2014).

Unter den Befürwortern eines d.P.s besteht weitgehender Konsens, dass zu seiner Beschreibung nicht die Ermittlung eines »Propriums identifizierbar ist, sondern eine Reihe von Identitätsmerkmalen beschrieben werden können. Diese umfassen sowohl die Ausgestaltung von Arbeitsverhältnissen (→Arbeitsrecht, kirchliches) wie die →Wirtschaftlichkeit diakonischer Unternehmen, das fachliche Niveau diakonischer Arbeit, die →Haltungen von Mitarbeitenden und die erfahrbare Verwurzelung der Diakonie im christl. Glauben.

Unternehmenskultur als Ansatzpunkt d.P.entwicklung

Vielfach wird das d.P. mit Einstellung u. Verhaltensweisen von Mitarbeitenden verknüpft bzw. mit einer bestimmten Haltung u. Motivation, die Mitarbeitende in der Diakonie zeigen (Hofmann 2008). Die kirchliche Identifikation der Mitarbeiterschaft wird von einigen ausschließlich an deren Kirchenmitgliedschaft festgemacht. Diese einseitige u. sehr formale Konzentration auf nur einen Aspekt der P.frage ist jedoch problematisch und kann vermieden werden, indem die →Unternehmenskultur als Ansatzpunkt d. P.entwicklung betrachtet wird und u.a. die Rolle der →Leitung sowie Strukturen u. Rituale reflektiert werden. Die Entwicklung einer diakonischen Haltung der Mitarbeitenden ist genauso wenig mit der formalen Kirchenmitgliedschaft verbunden wie sie nicht einfach vorausgesetzt werden kann. Sie bedarf vielmehr einer Unterstützung u. Begleitung durch Bildungsangebote in spiritueller, religiöser, ethischer u. fachlicher Dimension. Diakonische Haltung als Teil des d.P.s meint so verstanden sowohl die Fähigkeit, ethische Entscheidungen zu treffen, als auch sprachfähig in Glaubensfragen zu sein. Dazu gehören ein angemessener Umgang mit christl. Ritualen wie Beten u. Segnen ebenso wie die von Respekt geprägte Begegnung mit Hilfeempfangenden auf Augenhöhe.

Entsprechende Bildungsangebote, die offen u. einladend gestaltet sind, fördern die dialogische Auseinandersetzung mit christl. Inhalten und unterstützen Mitarbeitende in der Entwicklung ihrer persönlichen u. religiösen Überzeugungen in Verbindung mit ihrer fachlichen →Professionalität.

D.P. bewährt sich zudem auch in der Gestaltung des Alltags am →Kirchenjahr. Wie christl. Feste in die Arbeit integriert und Räume gestaltet werden, ist ebenfalls ein Ausdruck gelebter diakonischer →Kultur.

Es gehört zu den grundlegenden Führungsaufgaben in einem diakonischen Unternehmen, eine solche d. P.bildung zu ermöglichen und die Mitarbeitenden in die →Verantwortung für eine gelebte diakonische Kultur einzubeziehen. D.P. kann nur dort erfolgreich gestaltet werden, wo ein entsprechender Rahmen in Form von zeitlichen, räumlichen, finanziellen u. personellen Ressourcen geschaffen wird. Nur dann lassen sich Haltung u. Kultur in →Einrichtungen u. Diensten inhaltlich mit Leben füllen. Eine lebendige diakonische Kultur entsteht aus dem Mitwirken vieler, durchaus unterschiedlicher ehren- u. hauptamtlicher Mitarbeitender heraus.

Die Gestaltung des d.P.s kann mit →Leitbildprozessen o.Ä. Organisationsentwicklungsprozessen verbunden sein. Die Einbeziehung von nicht-glaubenden oder andersglaubenden Mitarbeitenden in eine lebendige diakonische Kultur kann dabei als Quelle von Reichtum und als Gewinn verstanden werden. In einer zunehmend säkularer u. multireligiöser werdenden Gesellschaft gehört die aktive Einbeziehung solcher Mitarbeitenden zu den weiteren Kriterien für eine lebendige Unternehmenskultur.

Im Vergleich mit Mitbewerbern kann ein so verstandenes d.P., das sich in gelebter Kultur u. Haltung äußert, sehr wohl einen Unterschied ausmachen.

LITERATUR: BEATE HOFFMANN, Diakon. Unternehmenskultur, Stuttgart 2008 • DIAKONISCHES WERK D. EKD, Charakteristika diakon. Kultur, Diakonie Texte 1.2008 • GERHARD SCHÄFER, D.P.e i.d. Soz. Arbeit, in: VOLKER HERRMANN / MARTIN HORSTMANN (Hg.), Studienbuch Diakonik Bd. 2, Stuttgart 2008, 81–95 • HERBERT HASLINGER, Diakonie, Paderborn 2009 • CHRISTOPH SIGRIST / HEINZ RÜEGGER, Diakonie – eine Einführung, Zürich 2011 • THORSTEN MOOS, Kirche bei Bedarf. Zum Verhältnis v. Diakonie u. Kirche aus theolog. Sicht, in: Zeitschrift f. ev. Kirchenrecht 58 (2013), 253–279 • JOHANNES EURICH, Profillose Diakonie, in: Glaube u. Lernen 29 (2014), 33–43 • ULF LIEDKE, P. als Prozess, in: Pastoraltheologie 104 (2015), 3–20.

Ulrich Lilie

PROJEKT

Der Begriff P. kommt vom Lateinischen *proiectum* (›nach vorn geworfen‹) und ist betriebswirtschaftlich ein zielgerichtetes einmaliges Vorhaben, das aus abgestimmten, gelenkten Tätigkeiten mit Anfangs- u. Endtermin besteht und durchgeführt wird. Außerdem unterliegt ein P. Zwängen bzgl. der Ressourcen. Umgangssprachlich wird P. benutzt, um die Abgrenzung vom »Normalfall« auszudrücken. Der Begriff wird daher verwendet, um z.B. alternative Lebensweisen o. gemeinnützige Organisationen zu beschreiben (»Wohnp.«, »Arbeitslosenp.«).

Günther van de Loo

PROSTITUTION

P. (vom lat. Verb *prostare* = »öffentlich hinstellen, sich anbieten«) gilt als das »älteste Gewerbe der Welt«. Sie ist als »Geschäft mit bezahlten sexuellen Dienstleistungen zu verstehen, das in einer ›direkten (sexuellen) Begegnung‹ abgewickelt wird und sowohl den Verkauf als auch den Erwerb von sexuellen Dienstleistungen beinhaltet und von sozioökonomischen, rechtlichen u. kulturellen Faktoren beeinflusst wird« (Béatrice Bowald).

Was als P. gilt und was nicht, hängt in erheblichem Maß von der gängigen Sexualmoral ab und unterliegt dem sozialen Wandel. Sexuelle Freizügigkeit, vorzugsweise bei Frauen, konnte und kann häufig dazu führen, dass diese als Prostituierte bezeichnet werden.

In globaler Perspektive wird P. rechtlich und gesellschaftlich unterschiedlich bewertet und es existieren verschiedene Modelle im Umgang mit ihr: von staatlicher Regulierung über die Toleranz u. Anerkennung als Beruf bis hin zum Verbot.

In der Bundesrepublik Deutschland war P. bis 2002 mit dem Verdikt der »Sittenwidrigkeit« im Sinn eines Verstoßes gegen das »Anstandsgefühl« belegt. In der P. tätigen Menschen blieben Arbeitsschutz, sozialversicherungspflichtige Beschäftigungsverhältnisse und zivil- u. strafrechtlicher Schutz verwehrt. Dennoch bestand für Prostituierte die Einkommensteuerpflicht.

Mit dem Gesetz zur Regelung der Rechtsverhältnisse der Prostituierten (P.sgesetz), welches am 1.1.2002 in Kraft trat, ereignete sich ein Paradigmenwechsel. P. wird zwar nicht als Beruf im juristischen Sinne anerkannt, jedoch als legale Tätigkeit angesehen. Die neuen rechtlichen Bestimmungen hoben zivil-, arbeits- u. sozialrechtliche Benachteiligungen auf und versuchten die kriminellen Begleiterscheinungen des →Milieus einzudämmen.

P. hat in Deutschland vielfältige Erscheinungsformen (Bordelle, Straßenstrich, Escort-Service, Privatwohnungen, Saunaclubs), allerdings fehlen abgesicherte quantitative Primärdaten. Man geht von ca. 400.000 in Deutschland tätigen Prostituierten aus und 1,2 Mio Freier pro Tag. Gelegenheits- u. Migrationsp. (→Migration) sowie die das Milieu kennzeichnende hohe Fluktuation erschweren eine genaue Schätzung. Je nach Quelle sind 60–80 % Migrantinnen, mehrheitlich aus Osteuropa.

BIBLISCH

Im AT gelten nicht nur sexuelle Dienstleistungen gegen Entlohnung als »Hurerei« (hebr. *zanāh*), sondern jede Frau, die sich auf außerehelichen Geschlechtsverkehr einließ, wurde als *zônāh* etikettiert (zu diesem Begriff gibt es kein männliches Äquivalent).

Die Bewertung der P. im AT ist nicht einheitlich. So berichten einige Erzählungen unbefangen und teilweise positiv von sich prostituierenden Frauen (vgl. Jos 2; 6; 1Mose 38), während andere Texte die »Tempelhurerei«, ergo die Kultp. als heidnische Unsitte verurteilen. Vielfach findet sich der Vergleich zwischen Hurerei und Apostasie, so wird das untreue Gottesvolk Israel mit einer Hure verglichen (vgl. Hes 16; 23 / Jer 3 / Hos 1,2; 4). Durch die metaphorische Allianz mit Glaubensabfall und Fremdgötterei ist P. negativ konnotiert.

Auch im NT hat Sexualität ihren legitimen Platz einzig in der ehelichen Gemeinschaft. Im den paulinischen Briefen finden die Begriffe *pornä* und *porneia* die gewöhnlich mit Hure bzw. Unzucht/Hurerei wiedergegeben werden, besonders häufig Verwendung. Paulus warnt die Männer in der korinthischen Gemeinde vor dem Geschlechtsverkehr mit Prostituierten, da diese Form des sexuellen Kontakts ein Risiko für den Geist und die Auferstehungsverheißung bedeute (vgl. 1Kor). Gleichzeitig werden im NT »Prostituierte als Paradigma des Glaubens heraus[gestellt] im Gegenüber zu den konversionsunwilligen Etablierten« (Wolfgang Weiß) (vgl. Mt 21,31.32; Lk 7,36–50). Als Besonderheit ist zu erwähnen, dass der matthäische Stammbaum u.a. Tamar als Ahnfrau Jesu nennt und auch Rahab in die Heilsgeschichte Israels mit einbindet.

ETHISCH-THEOLOGISCH

In sexualethischen Stellungnahmen von →Theologie u. →Kirche wird das Phänomen der P. häufig ausgeblendet, möglicherweise aus Scham oder Problemblindheit. Im gesellschaftlichen Diskurs dominieren neoabolitionistische u. liberale Argumentationen.

Während VertreterInnen der neoabolitionistischen Haltung P. abschaffen möchten, da sie ihnen als moderne Form der Sklaverei und männlich-sexistisches Privilegiensystem gilt, welches die Menschenwürde (→Menschenrechte) der Frau verletze, fordern bspw. Prostituiertenverbände die Anerkennung als »Beruf wie jeder andere«. Sie weisen die Viktimisierung/das Zum-Opfer-Machen von SexarbeiterInnen zurück und sehen in der freiwilligen Sexarbeit eine für die Gesellschaft wertvolle Tätigkeit.

Aus ev. Perspektive erscheint die Warenförmigkeit der Sexualität problematisch. Der Kommerzialisierung der Sexualität u. Körperlichkeit wohnen Gefährdungspotentiale inne, die vielfach mit einer verantwortlich gelebten Sexualität nicht in Einklang zu bringen sind. Ebenso ist kritisch zu hinterfragen, inwieweit die P. zur Aufrechterhaltung problematischer Geschlechterbilder beiträgt, indem sie Frauen verdinglicht und dem Mann als sexuell permanent verfügbar darstellt. Interessant sind diesbzgl. argumentative Parallelen zur komplexen ethisch-theologischen Diskussion im Hinblick auf Leihmutterschaft.

Wie kann eine verantwortungsethische ev. Perspektive aussehen? Ein Verbot der P. (wie z.B. in den USA) lässt gewerbsmäßige Sexualität im Verborgenen stattfinden mit wenig Schutz für SexarbeiterInnen und fördert Strukturen von →Gewalt u. Abhängigkeit. Die Legalisierung (Deutschland, Niederlande) führt zu einer Vergrößerung des Marktes und somit u.U. auch zu mehr sexueller Ausbeutung u. →Menschenhandel.

Ziel muss sein, kirchlich-diakonisch bzw. praktisch-theologisch respektvoll mit P. umzugehen, so wie Jesus ihn mit Prostituierten pflegte. Dementsprechend sind die Entstigmatisierung u. Entkriminalisierung von Prostituierten zu fördern und für deren Schutz u. Rechte einzutreten bei gleichzeitiger Betonung eines Ideals der partnerschaftlichen Sexualität ohne Asymmetrie und einer Kritik der Sexualität als Ware.

Noch ambivalenter erscheint eine ethische Beurteilung der P. bei Inanspruchnahme durch alte o. körperlich behinderte Menschen, denen das Ausleben ihrer sexuellen Bedürfnisse ohne sog. SexualbegleiterInnen bzw. SexualassitentInnen nicht möglich wäre.

Eine prinzipienethische Beurteilung der gewerbsmäßigen Ausübung sexueller Handlungen scheint aufgrund der Komplexität unangebracht. Weder moralische Ächtung noch eine problemblinde affirmative Haltung werden der Realität u. Pluralität der Sexarbeit gerecht.

DIAKONISCHE ARBEIT MIT PROSTITUIERTEN

In dem im Oktober 2015 veröffentlichten Thesenpapier der →Diakonie Deutschland wird die soziale Arbeit mit Prostituierten und Betroffenen von Menschenhandel als eine traditionsreiche u. originäre Aufgabe der Diakonie genannt. Die Diakonie Deutschland tritt für die Rechte von Sexarbeiterinnen u. Sexarbeitern ein und akzeptiert deren Entscheidung, in der Prostitution zu arbeiten. Einem Verbot der Prostitution steht die Diakonie ablehnend gegenüber, da dies eine weitere Stigmatisierung der Prostituierten fördern würde. Gleichzeitig tritt sie für eine Regulierung des Prostitutionsgewerbes ein und befürwortet eine Änderung des P.sgesetzes. Die Diakonie unterhält deutschlandweit verschiedene Fachberatungsstellen u. Einrichtungen, die Prostituierte u. Opfer von Menschenhandel unterstützen, wobei die Hilfsangebote den vielfältigen Bedürfnissen der Betroffenen angepasst sind.

Die älteste ev. Beratungsstelle für Prostituierte ist die 1918 gegründete Dortmunder Mitternachtsmission e.V., ein gemeinnütziger Verein im Dachverband des Diakonischen Werkes. Die Mitternachtsmission setzt sich für die Belange von (ehemaligen) Prostituierten u. Opfern von Menschenhandel ein.

Die Beratungseinrichtungen der ev. Kirche unterscheiden sich von Projekten, die in der Tradition der Hurenbewegung stehen. Zwar bieten beide Initiativen individuelle Beratung, Krisenintervention und streben eine Verbesserung der Lebens- u. Arbeitsbedingungen von Prostituierten an. Allerdings wird der Einstieg in das Milieu nicht gefördert, die kirchlich getragenen Vereine intendieren mehrheitlich den Ausstieg aus der P. und setzen sich sowohl für neue berufliche u. private Perspektiven für Frauen in der P. ein.

Seit Ende der 1990er Jahre hat die Arbeit an dem komplexen Themenfeld P. verstärkt Eingang in Arbeitsgemeinschaften u. Gremien der Diakonie gefunden neben der aufsuchenden Sozialarbeit der Fachberatungsstellen. Nach der Fachtagung 1998 »P. u. Menschenhandel – (k)ein Thema in Kirche u. Diakonie?!« gründete sich ein Jahr später die Arbeitsgemeinschaft »P. u. Menschenhandel« im Diakonischen Werk der EKD.

Ziele sind die Verbesserung der Hilfestrukturen und gesetzlichen Rahmenbedingungen der P., die Sensibilisierung der Öffentlichkeit für dieses stigmatisierte Berufsfeld und die Arbeit an sozialethischen Grundsatzfragen. Mit dem 10-Punkte-Thesenpapier von 2015 macht die Diakonie deutlich, dass sie die Entscheidung von Männern u. Frauen, im prostitutiven Gewerbe tätig zu sein, respektiere und diese nicht nach ihrer Tätigkeit beurteile, sondern sie unterstützt, ihre rechtliche u. soziale Lage zu verbessern.

LITERATUR: DIAKON. WERK D. EKD (Hg.), P. u. Menschenhandel – (k)ein Thema in Kirche u. Diakonie?!, Stuttgart 1998 • MARGIT BRÜCKNER / CHRISTA OPPENHEIMER, Lebenssituation P., Königstein/Taunus 2006 • BÉATRICE BOWALD, P., Berlin 2010 • DIAKONIE DEUTSCHLAND (Hg.); Worauf es uns ankommt! 10 Punkte in der sozialen Arbeit mit Prostituierten und Betroffenen von Menschenhandel, 2015 (www.diakonie.de/media/Thesenpapier_Prostitution-20151007.pdf).

Nathalie Eleyth

PSYCHIATRIE

P. ist ein Gebiet der →Medizin und befasst sich mit der Diagnostik, Therapie, →Rehabilitation und Prävention der psychischen Erkrankungen; hierzu zählen insbes. die neurotischen und Persönlichkeitsstörungen, posttraumatische Belastungsstörungen, Abhängigkeitserkrankungen, schizophrene Psychosen und affektive Störungen (Depressionen u. bipolare Störungen) sowie →Demenzen und andere körperlich begründbare psychische Störungen.

Überschneidungen gibt es zum einen vor allem zwischen P. u. Neurologie, insbes. im Bereich der Hirnkrankheiten, zum anderen mit der →Psychosomatischen Medizin.

Psychische Krankheiten (→Gesundheit/Krankheit) sind weltweit außerordentlich häufig, und dementsprechend sind die ökonomischen Auswirkungen erheblich; in Deutschland beträgt der Anteil der Betroffenen in der Allgemeinbevölkerung 33 % (wovon ein Großteil nicht oder nicht angemessen behandelt wird).

Symptomatologisch äußern sich psychische Krankheiten vorrangig in Störungen des Erlebens u./o. Verhaltens: depressive Verstimmungen, irrationale Ängste, Zwänge, Halluzinationen u. Wahn, Störungen des Antriebs, der Impuls- u. Affektkontrolle, der Orientierung o. des Gedächtnisses, Verlust der Kohärenz des Gedankengangs o. Suizidalität, um einige häufige zu nennen.

Ursächlich sind seelische Krankheiten zumeist auf ein Zusammenwirken von körperlichen (z.B. Vererbung, Stoffwechselstörungen etc.) und aktuell-situativen o. lebensgeschichtlichen Faktoren zurückzuführen (biopsychosoziales Krankheitsmodell). Auch für die meisten der früher auf biographische Belastungen zurückgeführten Störungen ist mittlerweile ein belangvoller genetischer Einfluss gesichert, so wie umgekehrt auch bei den stark organisch o. genetisch determinierten Erkrankungen die Lebensgeschichte u. situative Belastungen das Erkrankungsrisiko und den Verlauf wesentlich beeinflussen.

Da sich die Erkrankungen in intrapsychischen und körperlichen Symptomen wie auch im Verhalten äußern können, muss die Diagnostik und Therapie ebenfalls multidimensional angelegt sein und sowohl psychologische als auch körperlich-biologische Methoden umfassen. Bei der Untersuchung werden bspw. psychopathologische, laborchemische u. neurophysiologische sowie neuroradiologische Methoden angewandt, und auch die Behandlung kann sich auf ein methodisch breites Repertoire stützen: Psycho- u. Pharmakotherapie, Soziotherapie, Ergo- u. Arbeitstherapie, Physiotherapie, Milieutherapie, Musik- u. Kunsttherapie.

Weil psychische Krankheiten häufig das Erleben des Patienten viel stärker betreffen als das manifeste Verhalten, muss der Subjektivität des Kranken besondere Aufmerksamkeit gelten; den Patienten zu verstehen, ist die zentrale Aufgabe der psychiatrischen Untersuchung und die Grundlage jeder psychiatrischen Diagnose u. Therapie. Hieraus erklärt sich der besondere Stellenwert der biographischen Anamnese und der therapeutischen Beziehung in der P.

Die heute vielfach nur noch unter ökonomischem Aspekt diskutierte Frage des Behandlungssettings (stationär, tagesklinisch, →ambulant) ist in der P. eine originär therapeutische Frage. Die soziale →Integration und befriedigende zwischenmenschliche Beziehungen sind ein grundsätzliches Ziel jeder psychiatrischen Therapie; sie ist deshalb soweit als möglich ambulant durchzuführen. Eine stationäre Behandlung ist indiziert, wenn die Risiken, denen der Patient oder seine Umgebung durch das krankheitsbedingte Verhalten ausgesetzt sind, ambulant o. tagesklinisch nicht ausreichend verlässlich beherrscht werden können (bspw. bei akuter Suizidalität). Auch spezielle Therapieverfahren können eine Klinikbehandlung erforderlich machen. Die tagesklinische Behandlung bietet ein ähnlich breites therapeutisches Spektrum wie die Klinikbehandlung, doch verbringt der Patient die übrige Zeit (d.h. den Abend, die Nacht und das Wochenende) in seiner gewohnten Umgebung.

Jede Krankheit schränkt die Selbstverfügbarkeit des Menschen ein. Bei schweren seelischen Krankheiten kann aber das Bild, das der Patient von sich und der äußeren Situation hat, so sehr durch das krankhafte Erleben bestimmt werden (z.B. bei Wahnkranken), dass es zur Realitätsverkennung und zu bedrohlichen Fehleinschätzungen kommt. Solche Situationen bedürfen einer rechtlichen Regelung, um den Patienten und seine Umgebung vor schwerwiegenden Schäden zu schützen und ihn ggf. auch gegen seinen Willen zu behandeln. In solchen Ausnahmefällen kann eine Krankenhausaufnahme durch richterliche Entscheidung angeordnet werden.

Innerhalb der P. hat sich eine Reihe von Arbeitsschwerpunkten herausgebildet; einige von ihnen haben einen sehr starken, unmittelbaren Behandlungsbezug, bspw. Psychopathologie, →Psychotherapie, Psychopharmakologie, →Gerontop., Sozialp. u. Forensische P. Bei anderen stehen die Forschungsaspekte mehr im Vordergrund: z.B. Biologische P., Genetik o. Epidemiologie.

LITERATUR: HEINZ SCHOTT / RAINER TÖLLE, Geschichte der Psychiatrie, München 2006 • THOMAS BECKER / HOLGER HOFFMANN / BERND PUSCHNER / STEFAN WEINMANN, Versorgungsmodelle in P. u. Psychotherapie, Stuttgart 2008 • RAINER TÖLLE / KLAUS WINDGASSEN, Psychiatrie, Berlin/Heidelberg 2014.

Klaus Windgassen

PSYCHOSOMATISCHE MEDIZIN

P.M. befasst sich mit den körperlich in Erscheinung tretenden Krankheiten (→Gesundheit/Krankheit), die seelisch bedingt oder wesentlich mitbedingt sind. Bei den hierzu zählenden somatoformen Störungen ergeben die körperlichen Untersuchungsverfahren keine die Störung erklärenden pathologischen Befunde. Hinzu kommen Krankheiten mit nachweisbaren Organschäden, deren Manifestation oder Verlauf eng mit psychischen Belastungen korreliert ist (sog. Psychosomatosen, z.B. Asthma bronchiale, Colitis ulcerosa).

Außerdem untersucht die P.M. die Wechselwirkungen von körperlichen u. psychischen Prozessen bei Krankheiten, speziell die psychische Verarbeitung *(Coping)* schwerer körperlicher Krankheiten (z.B. Krebserkrankungen).

Die Berücksichtigung der Subjektivität des Patienten und die →Psychotherapie verbinden P.M. und →Psychiatrie, und auch in der Methodik und den Krankheitsbildern (insbes. somatoforme Störungen) gibt es große Überschneidungen.

LITERATUR: MICHAEL ERMANN, P.M. u. Psychotherapie, Stuttgart 2007.

Klaus Windgassen

PSYCHOSOZIALES ZENTRUM

Bei einem P.Z. handelt es sich um eine niedrigschwellige, gemeindepsychiatrische Kontakt- u. Beratungsstelle für (vorrangig chronisch) psychisch Kranke und ihre Angehörigen mit dem Ziel der →Inklusion u. →Teilhabe am gesellschaftlichen Leben. Es bietet vielfältige Kontaktmöglichkeiten und Angebote der Tages- u. Freizeitgestaltung, etwa in Form offener Treffpunkte oder themenbezogener Gruppenaktivitäten (Kultur, Sport etc.), sowie →Beratung in psychosozialen Fragen. P.Z.en fördern gezielt die →Selbsthilfe und werden vielfach auch von den psychisch Kranken besucht, die dem medizinischen →Versorgungssystem ferner stehen. Die →Finanzierung solcher Kontakt- u. Beratungsstellen ist uneinheitlich (und oft unzureichend), ebenso die Bezeichnung (vielfach werden sie auch als Sozialpsychiatrisches Z. bezeichnet). Unabdingbar ist eine enge Kooperation u. Vernetzung mit den übrigen Einrichtungen der regionalen psychiatrischen Versorgung.

LITERATUR: BUNDESMINISTER F. JUGEND, FAMILIE, FRAUEN U. GESUNDHEIT (Hg.), Empfehlungen d. Expertenkommission d. Bundesregierung zur Reform d. Versorgung im psychiatrischen u. psychotherapeutisch/psychosomatischen Bereich, Bonn 1988 • THOMAS BECKER / HOLGER HOFFMANN / BERND PUSCHNER / STEFAN WEINMANN, Versorgungsmodelle in Psychiatrie u. Psychotherapie, Stuttgart 2008.

Klaus Windgassen

PSYCHOTHERAPIE

Mit P. werden häufig allgemein die Therapieansätze zusammengefasst, die sich psychologischer Interventionen bedienen. Im engeren Sinne ist P. als Behandlungsverfahren dadurch gekennzeichnet, dass sie als eine besondere, theoretisch fundierte Form der (meist verbalen) Kommunikation zwischen einem hierfür speziell ausgebildeten Psychotherapeuten und einem o. mehreren Patienten auf die Linderung o. Beseitigung von Krankheitssymptomen abzielt.

Die Durchführung erfolgt (als Einzel-, Paar- u. Gruppenp.) in einem definierten, zwischen Patient(en) u. Behandelndem vereinbarten Rahmen innerhalb einer professionellen Beziehung (→Professionalität).

Für die am häufigsten angewandten psychotherapeutischen Verfahren (Verhaltenstherapie, Kognitive Therapie, Psychodynamische P.) ist die therapeutische Wirksamkeit empirisch belegt. Psychoanalyse wird in ihrer traditionellen Form in der Krankenversorgung kaum noch durchgeführt.

LITERATUR: WOLFGANG SENF / MICHAEL BRODA (Hg.), Praxis d. P., Stuttgart / New York 2011 • GLEN. O. GABBARD, Psychodynamic Psychiatry in Clinical Practice, Arlington 2014.

Klaus Windgassen

QUALITÄT/QM

Q. meint die Gesamtsumme aller Eigenschaften o. Charakteristiken eines Objektes (Produkt), einer →Dienstleistung (Service), eines Systems oder eines Prozesses, welche die Bedarfsdeckung o. Befriedigung der möglichen Bedürfnisse beschreibt. Q. ist die Bezeichnung einer wahrnehmbaren Zustandsform von Systemen und ihrer Merkmale, welche in einem bestimmten Zeitraum anhand bestimmter Eigenschaften des Systems in diesem Zustand definiert wird. Q.smanagement (QM) bezeichnet die Kriterien und alle organisatorischen Maßnahmen, die der Verbesserung der Prozessqualität, der Verobjektivierbarkeit, Vergleichbarkeit u. Kontrolle von Leistungen u. Produkten jeglicher Art dienen. Die inhaltliche Bestimmung von Q. unterliegt zu definierenden Kriterien.

QM organisiert die Nachvollziehbarkeit u. Objektivierbarkeit von Ansprüchen an die Q. von Leistungen. Der Begriff *Leistungen* umfasst im QM die Dienstleistungen, geht aber über den üblichen Begriff hinaus und betrifft v.a. die innerorganisatorischen Leistungen. QM ist eine Kernaufgabe des →Managements. Die Erfüllung von gesetzlichen, behördlichen o. unternehmensinternen Ansprüchen muss organisatorisch nachgewiesen werden. In der *Q.splanung* wird ein Ist-Zustand ermittelt und die Rahmenbedingungen für das QM werden festgelegt. Danach werden Konzepte u. Abläufe erarbeitet. *Q.slenkung* setzt die in der Planphase gewonnenen Ergebnisse um. *Q.sicherung* wertet qualitative u. quantitative Q.sinformationen (Kosten-Nutzen-Betrachtungen, Überprüfen von gemachten Annahmen) aus. *Q.sgewinn* setzt aus vorherigen Phasen gewonnene Informationen für Strukturverbesserungsmaßnahmen und die Prozessoptimierung ein.

Die Bestimmung dessen, was Q. bedeutet, ist eine nicht eindeutige Frage im Verhältnis von quantitativen u. qualitativen Ansprüchen. Auf der einen Seite gibt es sachlich u. objektiv quantitativ messbare Dimensionen von Q. in medizinischen, pflegerischen o. die Infrastruktur betreffenden Fragen. Kaum messbar hingegen sind qualitative Elemente, z.B. in der persönlichen Betreuung, beim Arbeitsklima, der Unternehmenskultur, dem »Geist des Hauses« oder der spirituellen Dimension. Diese Dimensionen von QM in der →Diakonie sind am christl. →Menschenbild, an der Achtung u. Wahrung der Menschenwürde (→Menschenrechte) sowie am kirchlich-diakonischen Auftrag ausgerichtet. Alle Strukturen und Management-Konzepte der Q. der Arbeit in der Diakonie stehen im Dienst der sozial benachteiligten Menschen. Dies betrifft die Q. der Beziehung zwischen haupt- u. ehrenamtlichen Mitarbeiterinnen u. Mitarbeitern der Diakonie und den hilfsbedürftigen Menschen, die Q. der Personalressourcen in Achtung der unterschiedlichen Gaben u. Fähigkeiten, die Vielfalt u. Kreativität, das persönliche Engagement und die →Empathie. Diese Faktoren entziehen sich weitgehend einer quantitativen Betrachtung.

Ansprüche an ressourcensparende Arbeitsweisen stehen im Konflikt mit ethischqualitativen Ansprüchen im Kostenwettbewerb. Neuere Entwicklungen wie Konzepte einer spiritualitätsorientierten Organisationsentwicklung (Andreas Einig), werteorientiertes Management mit Kennzahlen (Werner Nauerth) oder der Ausweis theologischer Grundlagen der Unternehmensaufsicht (Burkhard Meyer-Najda) ermöglichen Ansatzpunkte systematischer Integration von quantitativ-strukturellen u. qualitativethischen Ansprüchen an Q. und QM.

Martin Büscher

QUARTIER

siehe unter: Sozialraumorientierung

QUARTIERSMANAGEMENT

Auf der Grundlage von →Subsidiarität, →Sozialraumorientierung und nachbarschaftlichen →Solidaritäten (→Nachbarschaftshilfe) bündelt das Q. die Kräfte einer integrierten, sektorenübergreifenden Stadtteilentwicklung. Einerseits verbindet es die Kompetenzen der kommunalen, freigemeinnützigen u. professionellen Akteure, andererseits liegt seine Stärke darin, die vorhandenen örtlichen Entwicklungspotenziale der Bürger im Quartier zu wecken, zu aktivieren und zu unterstützen. Ziel ist die Realisierung von Quartierskonzepten, die im lokalen sozialen Nahraum der einzelnen Menschen einen tragfähigen Welfare-Mix von Familien, bürgerschaftlich Engagierten u. professionellem Personal in gemeinsamer →Verantwortung mit Assistenzbedarf (→Assistenz) sicherstellen. Damit wird ein partizipatives u. emanzipatives Beteiligungskonzept (→Partizipation) zur Grundlage des →Managements, das einerseits den Erhalt oder die Verbesserung der Lebensqualität im Blick hat, andererseits die gleichberechtigte →Teilhabe aller Menschen am Prozess der Willensbildung und damit die Stärkung der lokalen Demokratie im Wohnquartier sichert.

LITERATUR: NETZWERK: SOZIALES NEU GESTALTEN (Hg.), Zukunft Quartier – Lebensräume zum Älterwerden (Bd. 1–3), Gütersloh 2008/2009 • EV. JOHANNESWERK, Quartiersnah, Hannover 2011 • KURATORIUM DT. ALTERSHILFE (Hg.), Quartiersentwicklung, Köln 2013.

Bodo de Vries

RAIFFEISEN, FRIEDRICH WILHELM

R. (1818–1888) hat als Bürgermeister in verschiedenen Landgemeinden im Westerwald (1845–1865) Darlehnskassen und landwirtschaftliche Genossenschaften initiiert und aufgebaut. Nach seiner krankheitsbedingten Pensionierung entfaltete er ein umfangreiches publizistisches Wirken, wobei er gegen eine einseitige wirtschaftliche Ausrichtung die ideellen Genossenschaftsprinzipien betonte, wie sie u.a. in der ehrenamtlichen Verwaltung der Kassen, in der unbeschränkten Solidarhaftung und in der Einrichtung eines unteilbaren Stiftungsfonds ihren Ausdruck finden sollten. R. hat eng mit protestantischen Pfarrern zusammengearbeitet und war von einer auf »praxis pietas« zielenden Frömmigkeit geprägt. Nachwirkungen in Bereich des Protestantismus hingen zumeist von persönlichen Kontakten ab, zu einer institutionellen

Verankerung der Raiffeisen-Genossenschaften mit Verbänden der Inneren Mission kam es nur vereinzelt.

LITERATUR: MICHAEL KLEIN, Leben, Werk u. Nachwirkung d. Genossenschaftsgründers F.W.R., Köln 1997.

Traugott Jähnichen

RECHTFERTIGUNG

R. im theologischen Sinne ist seit der reformatorischen Erkenntnis Martin →Luthers, dass der Mensch aus →Glauben und nicht durch Werke (→Werke der Barmherzigkeit / der Gerechtigkeit) gerecht werde, ein Zentralbegriff der protestantischen →Theologie. Er beschreibt, inwiefern das durch Sünde belastete Verhältnis zwischen Mensch u. →Gott nur durch Gott, ohne jedes menschliche Zutun, wieder in Ordnung gebracht werden kann. Bereits Augustin hatte in der altkirchlichen Tradition darauf hingewiesen, dass der Urheber der R. allein Gott ist, der durch seine in →Jesus Christus erwiesene Gnade Menschen gerecht macht. Eine Mitwirkung des Menschen könne es diesbezüglich ebenso wenig geben wie eine menschliche Willensfreiheit. R. ist das bedingungslose Geschenk Gottes an den Menschen, der sich selbst nicht von der Macht der Sünde befreien kann. Dabei bleibt der Mensch »gerecht und sündig zugleich« *(»simul iustus et peccator«)* – Ersteres im Blick auf Christus, Letzteres im Blick auf sich selbst; beides aber gilt umfassend. Das Verhältnis zwischen Gott u. Mensch wird durch die vier reformatorischen Exklusivpartikel »allein Christus« *(»solus Christus«)*, »allein aus Gnade« *(»sola gratia«)*, »allein durch das Wort« *(»solo verbo«)* und »allein durch Glaube« *(»sola fide«)* präzise beschrieben. Gute Werke folgen aus dem Glauben, sind aber keineswegs die Bedingung dafür.

Biblisch verankert ist die R. v.a. in der paulinischen Theologie; die zentralen Inhalte der bedingungslosen Annahme des Menschen durch Gott unabhängig von persönlichen →Leistungen oder (schuldhaftem) Verhalten, finden sich aber auch in den Jesustraditionen sowie in der johanneischen Literatur. Da es sich bei der R. um eine Zuspitzung aller christologischen Aussagen handelt, kann sie zugleich als »Mitte des Evangeliums« angesehen werden.

Durch die Verwerfung der lutherischen Ausdeutung des Begriffs der R. durch das Konzil von Trient (1545–1563) erlangte die R.slehre kirchentrennende Wirkung. Eine Annäherung zwischen den protestantischen u. kath. Positionen erfolgte erst im Zuge der 1999 verabschiedeten und äußerst kontrovers diskutierten »Gemeinsamen Erklärung zur R.slehre«, mit der nach einem rund 30-jährigen Dialog die früheren Lehrverurteilungen zwischen Lutheranern u. Katholiken aufgehoben wurden.

Anthropologisch leistet die Kategorie der R. die zentrale Unterscheidung zwischen einer Person und ihren Leistungen u. Werken und macht deutlich, dass ein Mensch stets mehr ist als die Summe seiner Werke. Als Konsequenz der allein durch Gott zugesprochenen →Gerechtigkeit kann somit auch die unverlierbare Würde eines jeden Menschen im Sinne der R.slehre christologisch begründet werden.

Vor diesem Hintergrund kann die R.slehre nicht nur als zentraler Aspekt des Glaubens, sondern auch als strukturgebendes Merkmal für christl. Leben im individuellen u. institutionellen Sinne angesehen werden. Denn sie sorgt dafür, dass zwischenmenschliches Geben u. Empfangen im Lichte der R. Gottes immer wieder neu ausbalanciert werden muss und asymmetrische Beziehungen angesichts der allem vorausgehenden Gabe Gottes eine Neubewertung erfahren können. Der Mensch ist im Sinne der R.slehre befreit, sich selbst und andere mit all ihren Unzulänglichkeiten u. Schwächen (→Stärke/Schwäche) anzunehmen und die Fragmenthaftigkeit des menschlichen Lebens u. Handelns zu akzeptieren. Zugleich wird er ermutigt, →Verantwortung für sich selbst und andere zu übernehmen, und von dem Druck entlastet, sich selbst übermäßig profilieren u. beweisen zu müssen. Daraus ergeben sich auch entsprechende soziale u. politische Implikationen, die für eine theologische Fundierung diakonischen Handelns aufschlussreich sein können. Denn R. heißt, dass Zuspruch u. Anspruch Gottes sowie göttliche Überfülle u. menschliche Begrenztheit in ein angemessenes Verhältnis zueinander gesetzt werden.

Literatur: Eberhard Jüngel, Das Evangelium v. der R. d. Gottlosen als Zentrum d. christl. Glaubens, Tübingen 2011 • Kirchenamt d. EKD (Hg.), R. u. Freiheit, Hannover 2014.

Anika Christina Albert

Rechtsform

siehe unter: Organisationsformen

Recke-Volmerstein, Adelberdt Graf von der

G.v.d.R. (1791–1878) gehört zu den markanten Gestalten der Rettungshausbewegung, die eine praktische Antwort auf die soziale Notlage nach den Napoleonischen Kriegen, insbes. in den Hunger- u. Teuerungslagen von 1816/17 gesucht und gefunden haben. Sein Programm speist sich aus Aufklärung und Erweckungsbewegung, er selber ist von der Begegnung mit Heinrich Jung-Stilling geprägt. Es geht ihm um die Errettung in Zeit u. Ewigkeit, um Hilfe zum praktischen Leben und um die Hinführung zu Gott. Programmatisch ist folgender Satz aus einem Spendenaufruf 1822: »Es kann diesem namenlosen Verbrechen nur durch Rettungs=Anstalten Einhalt geschehen, in denen die armen verlassenen, unsäglichem Elend preisgegebenen Kinder Nahrung, Erziehung, Obdach, Pflege, Unterricht u. Erziehung finden.« Zunächst bestimmt ein hartnäckiges Drängen zu Buße u. Bekehrung mit Sanktionen die Einrichtung, durch die Mitgestaltung seiner starken frommen Frau, Mathilde, entsteht in Düsselthal dann eine Jugendhilfeeinrichtung, in der die kindgemäßere herrnhutische Pädagogik an Einfluss gewinnt, die aber auch existenzbedrohende Krisen durchlebt. 1847 wird, krankheitsbedingt, die Leitung in professionelle Hände übergeben. 1848 wird das Rettungshaus in eine königliche Stiftung überführt.

G.v.d.R. selber gründet, obschon siebzigjährig, 1860 in Kraschnitz ein Samariterordensstift für Geistig- u. Mehrfachbehinderte – seine heil- u. sonderpädagogischen Maßnahmen hatten damals Pioniercharakter – sowie mit Unterstützung von Wilhelm →Löhe ein Diakonissen→mutterhaus. Er stirbt dort 1878, seine beiden aus dem Nichts geschaffenen Rettungswerke wurden fortgeführt und ausgebaut.

Literatur: Gerlinde Viertel, Anfänge d. Rettungshausbewegung unter A.G.v.d.R.-V. (1791–1878), Köln 1993 • Dies., Mathilde Gräfin v.d.R.-V. geb. Gräfin v. Pfeil u. Klein-Ellguth (1801–1867), in: Monatshefte f. Ev. Kirchengeschichte des Rheinlands 51 (2002), 187–216.

Falk Schöller

REFORMATION

Die Diakonie, hier im Sinne der Armenfürsorge u. -pflege verstanden, erfährt durch die R. eine massive Umgestaltung, auch wenn sie bei Martin→Luther (1483–1546) nicht im Fokus seiner reformatorischen Bemühungen stand. Im Mittelalter hatte die Versorgung der Armen bzw. das →Almosengeben als gutes Werk (→Werke der Barmherzigkeit / der Gerechtigkeit) gegolten und Bettelorden wie auch Bettler konnten von diesem Glauben an die Verdienstlichkeit guter Werke leben. Durch das theologische Konzept der →Rechtfertigung des Menschen vor →Gott allein aus →Glauben wurden solche guten Werke, um das Heil zu erlangen, hinfällig. Als Folge seiner Kritik an den Mönchsgelübden betonte Luther den Wert der weltlichen →Arbeit bzw. des →Berufs als Gottesdienst und als Dienst am Nächsten (→Dienen). Die Versorgung von Armen u. Pflegebedürftigen sollte sich deshalb auf die beschränken, die sich tatsächlich in einer sozialen Notlage (→Not) befanden.

Luther ging es weder um den Aufbau einer kirchlichen Diakonie im Sinne des 19. Jh. noch um die Schaffung eines Diakonenamtes im Sinne der tätigen Hilfe. Für Luther waren alle Christinnen u. Christen zur →Nächstenliebe verpflichtet. Das Diakonenamt wurde von Luther nicht als ein dem Priester untergeordnetes klerikales →Diakonat, das innerhalb der →Liturgie seine Funktion hatte, begriffen; vielmehr bestand das Diakonenamt darin, »kirchliche Güter an die Armen zu verteilen« [opes Ecclesiae distribuendi pauperibus] (Luther 1520, 357). Mit der Schaffung des sog. Gemeinen Kastens, in dem u.a. Einkünfte aus der Säkularisation der Klöster u. →Spenden aus der →Gemeinde für Bedürftige gesammelt wurden, schuf Luther ein Instrument der Armenversorgung, das durch die das Geld verwaltenden u. austeilenden →Diakone/(Kasten-)Vorsteher sichergestellt wurde. Dabei wurde die Versorgung der Armen als Aufgabe an die Obrigkeit der Städte verwiesen, d.h. Luther verstand die Armenfürsorge nicht als eine genuin kirchliche Aufgabe. Niedergelegt wurden erste Bestimmungen in den sog. Kasten- bzw. Beutelordnungen (Wittenberger Beutelordnung 1522, verfasst von Andreas Bodenstein von Karlstadt; Leisniger Kastenordnung unter Mitarbeit von Martin Luther). Nürnberg gestaltete 1522 mit einer neuen Armenordnung seine Armenpflege im lutherischen Sinne um und übergab sie dem Nürnberger Rat. Eine 1526 in Hessen ausgearbeitete →Kirchenordnung, die *Reformatio ecclesiarum Hassiae* Philipps von Hessen, die die beiden Ämter →Bischof und Diakon vorsah, wurde durch Luthers Intervention verhindert. Jedoch veranlasste Philipp bereits am 30.8.1527, dass jede Gemeinde einen Gotteskasten einrichten sollte. Insgesamt zeigt sich, dass die Armenpflege sowohl von den Kirchengemeinden wie den Magistraten neu geordnet wurde und es eine funktionierende Zusammenarbeit gab.

Das zentrale Amt, das Luther für seine →Kirche vorsah, war und blieb das Predigtamt. Jedoch hat auch die lutherische R. mit der durch Johannes Bugenhagen 1529 entworfenen Hamburger Kirchenordnung ein geordnetes Diakonenamt hervorgebracht. Im oberdeutschen Raum schuf Martin Bucer in Straßburg ebenfalls ein solches, das auch Calvins Konzept beeinflusste.

Als ekklesiales Amt wurde die Diakonie von Johannes →Calvin (1509–1564) in Genf realisiert. Er schuf ein reformiertes Diakonenamt, dem er zwei Aufgabenbereiche zuordnete: die einen, die sich um die Verwaltung des Geldes (*Procureurs*) und die anderen, die sich konkret um Alte u. Kranke kümmern (*Hospitaliers*). Calvin versuchte durch seine Kirchenordnungen (1541, revidierte Ausgabe 1561), das städtische Armenwesen in eine kirchliche Diakonie umzuwandeln. In seinen Kirchenordnungen wurden die Diakone u. Ältesten zudem an der Austeilung des Abendmahls beteiligt. Dadurch wurde ihre →Partizipation an der Gemeindeleitung sichtbar. Konkret formuliert hat Calvin seine kirchliche Ämterstruktur in der *Institutio Christianae Religionis* (= Unterricht in der christl. Religion) von 1559 seinem maßgeblichen Lehrbuch, eigentlich ein Katechismus, in dem er die vier Ämter Pfarrer, Lehrer, Älteste u. Diakone festschrieb.

LITERATUR: WILHELM BERNOULLI, Von der reformierten Diakonie der R.szeit, in: HERBERT KRIMM (Hg.), Das diakon. Amt d. Kirche, Stuttgart 1965, 197–241 • GOTTFRIED HAMMANN, Die Geschichte d. christl. Diakonie, Göttingen 2003 • THEODOR STROHM / MICHAEL KLEIN (Hg.), Die Entstehung einer soz. Ordnung Europas, 2 Bd.e, Heidelberg 2004 • TIM LORENTZEN, Johannes Bugenhagen als Reformator der öffentlichen Fürsorge, Tübingen 2008 • MARTIN LUTHER: De captivitate Babylonica Ecclesiae / Von der babylonischen Gefangenschaft d. Kirche, in: DERS., Lat.-dt. Studienausgabe Bd. 3, hg. v. GÜNTER WARTENBERG u. MICHAEL BEYER, Leipzig 2009, 174–375.

Ute Gause

REHABILITATION

Die R. (lat.: *re* = zurück-, wieder-; *habilis* = passend, tauglich) ist ein Prozess, der Menschen mit chronischen Krankheiten (→Gesundheit/Krankheit) o. →Behinderungen unterstützt, die Erkrankung sowie deren Folgen zu bewältigen, sodass trotz Beeinträchtigungen optimal altersgerechte →Teilhabe in →Beruf, →Familie u. Gesellschaft und ein selbstbestimmtes Leben erreicht u. aufrechterhalten bzw. die Einschränkungen in den betroffenen Lebensbereichen weitestgehend reduziert werden können. Zur R. gehören alle zeitlich begrenzten medizinischen, psychosozialen u. beruflichen Maßnahmen zur Wiederherstellung von Fähigkeiten u. Fertigkeiten, die über akute Behandlungen hinausgehen.

Die R. ist in Deutschland Teil des Gesundheitssystems (→Gesundheitswesen) und ergänzt die Krankenbehandlung. Sie findet in indikationsspezifisch ausgerichteten stationären o. →ambulanten Einrichtungen statt. Ein Anspruch auf R. besteht, wenn die Beeinträchtigung voraussichtlich nicht vorübergehend ist und durch die Maßnahmen →Selbstbestimmung u. Teilhabe erreicht werden können. Neben der R.sbedürftigkeit sind auch die R.sfähigkeit, die z.B. durch fehlende Mobilität eingeschränkt sein kann, und eine positive R.sprognose für die Durchführung einer R. notwendig. Dies wird durch eine sozialmedizinische Beurteilung festgestellt. Um das R.sziel zur erreichen, ist die aktive Mitarbeit des Rehabilitanden erforderlich.

Die Ansätze der R. basieren auf den Richtlinien der →ICF (International Classification of Functioning, WHO) und dem biopsychosozialen Krankheitsmodell. Die allgemeinen Regelungen zur R. sind im →SGB IX festgehalten. Träger der R.smaßnahmen sind nach § 6 die gesetzlichen Krankenversicherungen, die Bundesagentur für Arbeit, die Träger der gesetzlichen Unfallversicherung, die Träger der gesetzlichen Rentenversicherung, die Träger der Kriegsopferversorgung u. Kriegsopferfürsorge, Jugendhilfeträger u. Träger der Sozialhilfe. Die Zuständigkeit ist abhängig von trägerspezifischen Aufgaben u. Zielen der R.

Es wird zwischen Leistungen zur medizinischen, beruflichen u. sozialen R. unterschieden. Ziel der medizinischen R. ist Beeinträchtigungen von Funktionen u. Aktivitäten infolge von Krankheiten o. Unfall bestmöglich zu kompensieren, um die Teilhabe am beruflichen u. gesellschaftlichen Leben zu gewährleisten. Eine medizinische R., die innerhalb von 14 Tagen an einen Krankenhausaufenthalt anschließt, wird Anschlussheilbehandlung genannt. Eine Sonderform der medizinischen R. ist die medizinisch-berufliche R., die zusätzlich Maßnahmen zur Teilhabe am Arbeitsleben anbietet.

Ziel der beruflichen R. ist die →Integration in das Arbeitsleben nach einer Erkrankung o. Behinderung z.B. durch Umschulung, psychosoziale Maßnahmen u. Psychoedukation. Die soziale R. beinhaltet Maßnahmen zur Teilhabe behinderter Menschen in der Gesellschaft, z.B. durch Hilfsmittel o. behindertengerechtes Wohnen.

Die R. ist i.d.R. interdisziplinär u. multidimensional ausgerichtet. Berufsgruppen in der R. sind Ärzte, Psychologen, Psychotherapeuten, Physiotherapeuten, Ergotherapeuten, Sozialarbeiter u. Ernährungsberater. Die R. beinhaltet Sport- u. Bewegungstherapie, Physiotherapie, Patientenschulung, psychosoziale o. krankheitsbezogene Gruppen, soziale bzw. sozialrechtliche →Beratung, Ergotherapie (z.B. →Selbsthilfetraining o. Hilfsmittelversorgung), beruflich orientierte Angebote (z.B. Arbeitsplatztraining), psychologische u. psychotherapeutische Interventionen (→Psychotherapie), physikalische Therapie u. Ernährungsberatung.

Als R.serfolg wird das Erreichen des trägerspezifischen Ziels der R., wie z.B. die Rückkehr an den Arbeitsplatz o. das Abwenden einer Pflegebedürftigkeit, gewertet. Die Dauer der R. richtet sich nach den medizinischen Erfordernissen bzw. dem Erreichen der R.sziele. Die Dauer der Leistungen zur medizinischen R. soll ambulant 20 Tage und im stationären Bereich drei Wochen nicht überschreiten. Leistungen zur Teilhabe am Arbeitsplatz sollen bei ganztägigem Unterricht nicht länger als zwei Jahre andauern.

Magdalena Görge / Jürgen Bengel

REICH GOTTES

»R.G.« ist der Zentralbegriff der →Verkündigung Jesu und heißt wörtlich übersetzt »Königsherrschaft G.«. Jesus hat den Begriff in einzigartiger Weise neu gefüllt, aber vor dem Hintergrund jüdischer Vorstellungen.

Schon im AT preisen die Jahwe-König-Psalmen →Gott als König Israels sowie als Schöpfer u. Richter der ganzen Welt (Ps 47; 93; 96–99). Der König galt als Repräsentant u. Vollzugsorgan der Herrschaft G. (2Sam 7,14–16 / Ps 2; 110). Bei den Propheten führte die Vorstellung von der Königsherrschaft G. durch seinen Gesalbten (Messias) zu einer heftigen Kritik an den irdischen Herrschern auf dem Thron Davids und zu einer wachsenden Erwartung eines neuen Messias aus der Nachkommenschaft Davids (Jes 9,1–6; 11,1–10 / Mi 5,1–5 / Sach 9,9f / Jer 23,5 / Hes 34,23f; 37,24 / Am 9,11 sowie 2Sam 7,12f). In der frühjüdischen Apokalyptik (2. Jh. v.Chr.) wird der Anbruch der Königsherrschaft G., aus Dan 2,44 in 7,13f mit dem Kommen einer himmlischen Gestalt verbunden, die aussieht »wie eines Menschen Sohn«. Damit tritt neben die Erwartung eines irdischen →Messias die Hoffnung auf eine himmlische Gestalt, die im NT mit dem Menschensohn →Jesus Christus identifiziert wird (Mk 2,10.27; 13,26; 14,62).

Jesus tritt an mit der Botschaft: »Die Zeit ist erfüllt, und das R.G. ist herbeige-kommen« (Mk 1,15; Matthäus spricht stets vom Himmelreich, wobei der Himmel als Umschreibung für Gott dient). Mit dem Auftreten Jesu ist das R.G. »nahe herbeige-kommen« (Mk 1,15), d.h. »mitten unter euch« (Lk 17,21). Damit ist das R.G. nicht nur ein Gegenstand der Hoffnung, sondern im Wirken Jesu schon gegenwärtig. Vom R.G. spricht Jesus v.a. in Gleichnissen (Mk 4,3–9.11.26–29.30–32 / Mt 13,33).Wenn er das Evangelium verkündet, Kranke heilt u. Dämonen austreibt, »so ist das R.G. zu euch gekommen« (Mt 11,1–6 / Lk 10,9; 11,20). Gleichwohl steht seine Vollendung noch aus (vgl. die Endzeitrede Mk 13, bes. V.26f, aber auch die Worte vom künftigen Hineingehen in das Reich Gottes Mk 10,23ff / Mt 7,21; vgl. Lk 13,28f / Mk 14,25).

Außerhalb der synoptischen Evangelien spricht v.a. Paulus von der endzeitlichen Vollendung der G.herrschaft (1Kor 15,23–28) und dem künftigen Erlangen des G.reichs (1Kor 6,9f; 15,50 / Gal 5,21). Nach Röm 14,17 bestimmt das R.G. schon das gegenwärtige Miteinander in der →Gemeinde durch →Gerechtigkeit, Friede u. Freu-de im Heiligen Geist.

Die Botschaft vom Anbruch der Königsherrschaft G. wurde von den Römern als Bedrohung ihrer Herrschaft aufgefasst. Deshalb wurde Jesus als politischer Aufrührer zur Todesstrafe durch Kreuzigung verurteilt, wie die Inschrift am →Kreuz zeigt: »Der König der Juden« (Mk 15,26). Anders als die Zeloten der jüdischen Freiheitsbewe-gung beabsichtigte Jesus aber keinen politischen Aufstand. Deshalb antwortete er auf die Frage nach der Steuer mit der grundlegenden Unterscheidung: »Gebt dem Kaiser, was des Kaisers ist, und Gott, was G. ist!« (Mk 12,17; vgl. Röm 13,7 / 1Petr 2,17). Beim Verhör durch Pilatus, den Statthalter Roms, bekräftigt er, dass seine Herrschaft von radikal anderer Art ist als jede politische Macht: »Mein Reich ist nicht von dieser Welt« (Joh 18,36). Sein letzter Schrei »es ist vollbracht« (Joh 19,30) bringt nicht nur das Ende des →Leidens, sondern die Vollendung seiner Sendung als »Retter der Welt« (Joh 4,42) zum Ausdruck. In diesem Ruf wird höchst eigenwillig die untrennba-re Einheit des Todes Jesu mit seiner Auferstehung u. Erhöhung, kurz: sein Herr-schaftsantritt angedeutet. Die G.herrschaft war im frühen Christentum immer die Königsherrschaft seines Sohnes, der nach Ps 110,1 als Throngenosse »zur Rechten G.« dessen Herrschaft ausübt (1Kor 15,23–28 / Röm 8,34 u.ö.). G.R. (Joh 3,3.5) und Christi Reich (Joh 18,36) sind im Grunde eins (Joh 3,35; 5,19–29; 10,30 u.ö.). Jesu R. besteht nicht in der Herrschaft über »alle Reiche der Welt«, die ihm der Teufel bei der Versuchung verspricht (Mt 4,8), sondern in der Vollmacht, die dem Auferstandenen gegeben ist im Himmel und auf Erden (Mt 28,18; vgl. Mt 11,27).

Die Spannung zwischen »schon« und »noch nicht«, zwischen innerweltlicher Heilserfahrung und der noch ausstehenden Vollendung durchzieht nicht nur das ganze NT, sondern mit wechselnden Akzentuierungen auch die Kirchengeschichte. Eine zentrale Frage war die Verhältnisbestimmung zwischen R.G. und R. der Welt. Augustin spricht vom G.staat (civitas dei) und dem irdischen Staat (civitas terrena), der für ihn zugleich ein Teufelsstaat (civitas diaboli) ist, weil der sündige Mensch noch der Selbstliebe verfallen ist.

Im Anschluss an Augustin unterscheidet Martin →Luther zwei Reiche bzw. Re-gimente: Seine Herrschaft über die Gläubigen übt Christus durch das geistliche Re-giment in der Predigt von Gesetz u. Evangelium allein mit der Überzeugungskraft des Wortes aus. Die Herrschaft über das R. der Welt übt Gott durch das weltliche Regiment aus, durch die weltliche Obrigkeit, die die Zehn Gebote in der Ordnung der Welt äußerlich durchsetzt, den Frieden sichert, die weltliche Gerechtigkeit wahrt. Die Zwei-Reiche-Lehre bietet heute einen fruchtbaren Ansatz, um einerseits die Trennung von Staat u. →Kirche in einer säkularen Gesellschaftsordnung anzuerkennen, andererseits zur Mitgestaltung des gesellschaftlichen Lebens zu ermutigen, d.h. reformatorisch gesprochen der Welt. Diesen Weg beschreitet die EKD→Denkschrift (1985): »Ev. Kirche u. freiheitliche Demokratie. Der Staat des Grundgesetzes als Angebot u. Aufgabe.«

Ulrich Heckel

REICHTUM

Über R. wird öffentlich u. wissenschaftlich wenig diskutiert, er ist in Deutschland eher diskret. Definitionen des R.s sind umstritten, obwohl seit 2001 einmal pro Legislaturperiode ein →Armuts- und R.sbericht der Bundesregierung – wie es die Kirchen in ihrem Wirtschafts- u. →Sozialwort 1997 gefordert hatten – vorgelegt wird. Man kann grundlegend zwischen Vermögens- u. Einkommensr. unterscheiden. Es gibt aber keine trennscharfe Grenze, ab der von R. zu sprechen ist. In Analogie zu den bewährten relationalen Armutsdefinitionen sind relative R.sbestimmungen üblich, wobei ein Mehrfaches des Durchschnittseinkommens bzw. -vermögens als Maßstab gilt: Im nationalen Armuts- u. R.sbericht wird das Doppelte des durchschnittlichen Einkommens u. Vermögens herangezogen.

Aufschlussreich ist ferner die Unterscheidung von unterschiedlichen Besitz- bzw. R.sformen: Wohneigentum, v.a. selbst genutztes, aber auch unternehmerischer Besitz werden ggf. steuerlich privilegiert, nicht zuletzt im Erbfall, während Geldbesitz o. Zinseinkünfte stärker zur steuerlichen Veranlagung herangezogen werden. Neben Formen materiellen R.s sind weitere Formen in den Blick zu nehmen. So hat Pierre Bourdieu neben dem ökonomischen Kapital kulturelles u. soziales Kapital als wichtige Ressourcen der Lebensführung interpretiert. Kulturelles Kapital bezeichnet die von den Menschen angeeigneten Wissensbestände, Fähigkeiten u. Orientierungspotenziale, meint also →Bildung im weiten Sinn des Wortes. Soziales Kapital (→Sozialkapital) verweist auf die Bedeutung von Zugehörigkeiten u. Kontaktnetzen, die häufig über den Zugang zu Informationen u. gesellschaftlichen Positionen mit entscheiden. Diese Dimensionen sind oft ebenso wichtig wie ökonomischer R., lassen sich häufig in diesen transformieren, sind aber schwieriger öffentlich darstellbar.

In ethischer Hinsicht ist zu bedenken, dass die Rede über R. zumeist mit Werturteilen verknüpft ist, teils bewundernd oder zumindest billigend in dem Sinn, R. als Ziel zu wünschen, oder missbilligend bis hin zum sozialen Gefühl des Neides. Vielfach wird dabei pauschal moralisierend über R. gesprochen. Wichtiger sind demgegenüber ethische Perspektiven der Beurteilung, welche die Ambivalenzen von R. thematisieren, wie es etwa in der →Bibel der Fall ist. R. wird hier relativ häufig thematisiert, wobei die Vielfalt der Kontexte u. Beurteilungen auffällt. Oft wird R. in der Konsequenz einer an der →Gerechtigkeit orientierten Lebensführung als Segen Gottes dargestellt, etwa bei Abraham (1Mose 14,23; 24,35) und seinen Söhnen, in späterer Zeit insbesondere bei Salomo (1Kön 3,13). Neben dem Segen Gottes wird speziell in der biblischen Weisheitsliteratur individuelle Disziplin für die Gewinnung von R. herausgestellt, v.a. Fleiß (Spr 10,4; 11,16; 12,27 u.a.) und ein das Ethos der Sparsamkeit (Spr 21,17). Allerdings wird auch die Grenze eigener Bemühungen betont (Sir 19,1), nicht zuletzt da Tagelöhnern der Lohn oft vorenthalten worden ist.

Des Weiteren problematisiert die Bibel die sozialen Funktionen von R.: Reiche verfügen über beträchtlichen Einfluss (Spr 14,20; 19,4), was auch bedeutet, dass der »Reiche ... über die Armen« (Spr 22,7) herrscht. Diese Herrschaftsstruktur widerspricht der durch den Exodus konstituierten Freiheit u. Gleichheit in Israel, weshalb die Sozialgesetze wesentlich auf den rechtlichen Schutz der Armen zielen. Ferner wird R. häufig mit Unrecht verknüpft, was zumindest einen latenten Zusammenhang anzeigt. Dies geschieht durch den Hinweis, dass Reiche »viel Unrecht« begehen (Mi 6,12; vgl. auch Spr 28,6) sowie durch den Hinweis, dass sie sich mit List o. ohne soziale Rücksichtnahme das Gut anderer Menschen aneignen, was die prophetische Sozialkritik (z.B. Amos u. Jesaja) hervorruft.

In theologischer Perspektive kann R. schließlich im Blick auf die Ausrichtung der eigenen Existenz dazu verleiten, in falscher Weise sein Vertrauen auf R. zu setzen und damit letztlich sein Leben zu verlieren (vgl. Spr 11,28; 28,22 u.a. u. Lk 12,19f). Ferner resultiert aus dieser Haltung häufig die Einstellung der Habgier (vgl. Spr 28,22), welche das NT als »Wurzel aller Übel« (1Tim 6,10) geißelt. Im NT werden v.a. die kritischen Aspekte des R.s hervorgehoben. In diesem Sinn sind die Seligpreisung der Armen und die Weherufe für Reiche (Lk 6,24), die Mammonsworte Jesu (Mt 6,24) oder die Geschichte vom reichen Jüngling (Mk 10,17ff par.) zu verstehen. Daneben wird die Möglichkeit, durch →Spenden Gutes zu tun, herausgestellt. Es geht darum, sich »Freunde zu machen mit dem ungerechten Mammon« (Lk 16,9).

Sozialethisch ist vor diesem Hintergrund dem R. ein »Maß« zu setzen, d.h. ihn in die gesellschaftliche Ordnung einzubinden und für gesellschaftliche Aufgaben zur →Verantwortung zu ziehen. So sind die Sicherung der Sozialpflichtigkeit des R.s im Sinn der Steuergerechtigkeit (→Steuersystem) einerseits wie andererseits das Setzen von Anreizen für erfolgreiches ökonomisches Handeln grundlegend. Darüber hinaus sind Begrenzung u. Kontrolle des Einflusses ökonomischer Macht (Bekämpfung von Korruption, Lobbyismus u.a.) sicherzustellen. Schließlich ist einer einseitigen Ausrichtung an dem →Leitbild R. zu wehren und demgegenüber die Indienststellung von R. für soziale, kulturelle u. ökologische Zwecke in den Mittelpunkt zu stellen.

Traugott Jähnichen

RELIGIONSPÄDAGOGIK

siehe unter: Pädagogik

RENDITE

Die Kennzahl R. beschreibt das Verhältnis von Auszahlungen zu den Einzahlungen einer Kapital- o. Geldanlage in einer Rechnungsperiode. Die Angabe erfolgt in Prozent und bezieht sich i.d.R. auf ein Jahr. Die R. unterscheidet sich von der Kennzahl »Rentabilität«, die den Unternehmenserfolg ausdrückt. Die R. wird somit in der Bilanz und die Rentabilität in der Gewinn-u.-Verlust-Rechnung ausgewiesen. Typische R.kennzahlen sind: Zinssatz, Eigenkapitalr., Gesamtkapitalr., Aktienr.

Thomas Eisenreich

Rettungsdienst/Rettungswesen

Der R. in Deutschland ist ein Teil der staatlichen Daseinsvorsorge.

Die Organisation des R.es ist föderal und in den einzelnen Bundesländern durch zuständige Landesgesetze geregelt.

Die Johanniter-Unfall-Hilfe e.V. (→Johanniter) als eine der großen Hilfsorganisationen und Teil der ev. Kirche in Deutschland, betreibt neben den Berufsfeuerwehren, privaten Unternehmen u. weiteren Hilfsorganisationen aktuell insgesamt über 200 Rettungswachen. Sie gewährleistet mit ihren Mitarbeitern im R. die Versorgung von Patienten mit lebensbedrohlichen Erkrankungen u. Verletzungen.

Mario Preller

Ritual

R. kann definiert werden als »symbolisches Verhalten (→Symbol), das hochstrukturierten u. standardisierten Sequenzen folgt und an bestimmten Orten und zu bestimmten Zeiten vollzogen wird. Es dient dazu, Emotionen zu kanalisieren, Wahrnehmungen zu steuern u. soziale Gruppen zu organisieren« (Kertzer, 9). Dieses Verhalten bietet Beteiligten u. Beobachtern Orientierung. Oft haben R.e einen narrativen Kern von Ideen, auf deren Basis sich eine Gemeinschaft organisiert (Jungaberle et al., 25), z.B. beim →Abendmahl. Die herausgehobene soziale u. symbolische Inszenierung ist auch das wesentliche Merkmal, das R.e von Routinen unterscheidet. Neben den R.en, die in Gruppen vollzogen werden, gibt es auch individuelle R.e, die v.a. Emotionen leiten und das eigene Leben organisieren o. bewältigen helfen. Im religiösen Kontext bieten R.e Möglichkeiten des Innehaltens und Raum zum Kontakt mit Gott.

Der R.forscher Arnold van Gennep hat auf die besondere Funktion von R.en in Schwellensituationen u. Übergängen hingewiesen. R. gestalten den Übergang von einem Status in einen anderen und lassen sich in drei Phasen unterteilen, die mit »separation, transition u. incorporation« bezeichnet werden (van Gennep, 76) und unterschiedlich betont sein können. Bei der Einführung neuer Mitarbeitender oder der →Taufe liegt der Akzent auf der Eingliederung, auch »incorporation« genannt, bei einer →Bestattung o. Verabschiedung eher auf der »separation«. Oft spielt die Unterscheidung von sakral und profan eine Rolle, denn der Übergang (»transition«) geschieht häufig im sakralen Bereich, in dem der Betroffene in besonderem Kontakt mit der Gottheit steht, was in christl. R.en z.B. durch Segenshandlungen unterstrichen wird.

In der religionswissenschaftlichen Diskussion wird der strukturierende Charakter von R.en hervorgehoben: Sie ordnen Raum, Zeit, Gesellschaft u. Kosmos (Sundermeier, 261). Entsprechend regeln R.e die Aufnahme, den Ausschluss, den Zusammenhalt u. die interne Ordnung; sie motivieren u. gestalten Außenbeziehungen.

Im Kontext von →Unternehmenskultur dienen R.e der Bestätigung der bestehenden Kultur, der Vergewisserung bestimmter Überzeugungen und der Verstetigung kulturellen Wissens.

Die Gestaltung von R.en ist eine Kernkompetenz aller Religionen, um Menschen bei zentralen Passagen im Leben zu begleiten. In der christl. →Kirche sind das die Taufe als Eintritt in Leben u. Familie, Konfirmation/Firmung als Schwelle zum Erwachsenwerden, Trauung als Übergang vom Leben allein in die verbindliche Zweierbeziehung bzw. als Übergang von der Ursprungsfamilie in die neue Familie und die

Bestattung – für die Hinterbliebenen – als Übergang vom Leben mit dem Gestorbenen zum Leben ohne ihn. Bei der rituellen Gestaltung dieser Übergänge werden religiöse u. biografische Themen verbunden und die eigene Lebensgeschichte religiös als Gottes Geschichte mit den Menschen gedeutet. Diese Kasualien (von Kasus, der einmaligen Situation) haben außerdem öffentlichen Charakter, d.h. sie machen »private« Ereignisse wie die Beziehung zweier Menschen oder die Geburt eines Kindes öffentlich. Kasualien sind »kirchlich institutionalisierte Formen gesellschaftlicher R.e, die in den typischen Krisen des natürlichen Lebensablaufs Formen der Bewältigung zur Verfügung stellen« (Steck, 676f). Im Zentrum steht eine rituelle Kernszene, meist eine Segnungshandlung, »in der das der Begehung zugrunde liegende Geschehen dramatisch inszeniert und durch eine herausragende Handlung symbolisch dargestellt wird« (Steck, 680). Meist schließen sich Wiederholungshandlungen an, z.B. die Feier des Geburts- o. Hochzeitstages oder der Grabbesuch. Die rituelle Handlung entlastet die Beteiligten davon, in dieser kritischen Situation (z.B. Tod eines Familienmitglieds) eine eigene Form der Bewältigung u. Gestaltung finden zu müssen. Im Unterschied zu anderen R.formen sind diese von der Kirche gestalteten R.e öffentlich verantwortet und in Ablauf u. Inhalt von der Kirche geregelt und nicht beliebig.

Eine in allen Religionen zu findende Form von R.en sind Trauerr.e, die die Reaktionen von Menschen auf den Tod strukturieren. Dazu gehören verbale (Klage, Traueranzeige) und körperbezogene Ausdrucksformen (Trauerkleidung), ein Trauermahl und Reinigungsriten o. asketische Elemente. Trauerrituale sollen das soziale System stabilisieren und die Trauernden reintegrieren.

R.e sind ein ambivalentes Phänomen. Sie können als Möglichkeit der Orientierung u. Entlastung fungieren; sie können aber auch als zwanghaft, entleert und als Ausdruck von Manipulation u. Machtmissbrauch erlebt werden. Darum ist es notwendig, Kriterien für den sinnvollen Einsatz von R.en zu entwickeln und R.e regelmäßig zu überprüfen.

LITERATUR: ARNOLD VAN GENNEP, The Rites of Passage, Chicago 1960 • DAVID I. KERTZER, R., Politics a. Power, New Haven 1988 • WOLFGANG STECK, Art. Kasualien, in: Theologische Realenzyklopädie 17 (1988), 673–686 • THEO SUNDERMEIER, Art. Ritus I. Religionswissenschaftlich, in: Theologische Realenzyklopädie 29 (1998), 259–264 • ANDRÉA BELLINGER / DAVID J. KRIEGER (Hg.), R.theorien. Ein einführendes Handbuch, Wiesbaden 2006 • HENRIK JUNGABERLE / ROLF VERRES / FLETCHER DuBOIS (Hg.), R.e erneuern. R.dynamik u. Grenzerfahrung aus interdisziplinärer Perspektive, Gießen 2006.

Beate Hofmann

SAKRAMENT, EVANGELISCH UND KATHOLISCH

→Gott handelt aus →Liebe u. Gnade durch den Heiligen Geist in →Jesus Christus zum Heil u. Wohl der gefallenen Schöpfung. Dazu nimmt er die Gaben seiner Schöpfung in Gebrauch: das menschliche Wort (Evangelium), die menschliche Hand (→Segen, →Ordination), das Wasser (→Taufe), das Brot, den Wein (Eucharistie bzw. →Abendmahl) und das Öl (→Salbung). Gottes Wort geht in kreatürliche Prozesse ein und nimmt sinnlich wahrnehmbare Gestalt an. So erreicht es die Kreaturen in ihrer Leiblichkeit, verwandelt sie und ruft die Gemeinde als neue Schöpfung ins Dasein.

Dieses umfassende Heilshandeln Gottes wird im NT als Geheimnis (gr.: *mysterion*) des →Glaubens verstanden (Mk 4,11 / 1Kor 2,7 / Eph 3,9; 5,32 / Röm 11,25). Das NT prägt dabei gegenüber den Mysterienkulten den Begriff *mysterion* um: Dieser bezeichnet nicht mehr die geschlossene Geheimgesellschaft der Eingeweihten, sondern das offene Geheimnis der Liebe Gottes zur Welt (1Tim 3,16). Dass Gott in Jesus Christus Mensch wird, Schöpfung u. Geschöpf zu deren Heil zusammenführt, ist das Urs. (1Tim 3,16). Das Wort Jesu Christi macht die Handlungen der Gemeinde in Wahrheit zu S.en.

Taufe, Eucharistie, Zeichen u. Gesten der Zuwendung und das alltägliche Leben der →Gemeinde verweisen aufeinander. Segnungen, Salbungen u. Ordinationen sind ebenso wie Paränesen (Ermahnungen) Teil dieses zentralen Verweisungszusammenhangs. →Gottesdienst, kirchliche (1Kor 1,10–17) u. soziale →Verantwortung sind stets aufeinander bezogen (1Kor 11,17–34).

Der gr. Begriff *mysterion* wird später insbes. in Nordafrika (Tertullian, Cyprian) mit lat. *sacramentum* übersetzt. Dessen Herkunftsbedeutung (militärisch: Fahneneid, rechtlich: für einen Gerichtsprozess hinterlegter Geldbetrag) trägt den Aspekt der Selbstverpflichtung in die theologische Interpretation ein. Dem NT ist ein abstrahierender Oberbegriff für die gemeindlichen Handlungen ebenso fremd wie eine mit solchem Begriffsgebrauch eingeleitete Systematisierung gemeindlicher Handlungen.

Wie werde ich meines Heils gewiss? In der theologischen Reflexion kann der Fokus stärker 1. auf die →Kirche als Handelnde (röm.-→kath., →orthodox), 2. auf Gott o. Christus (Paulus, →Reformation), oder 3. auf den Glauben der Christen (Täufertradition) gelegt werden. Diskutiert werden dann schwerpunktmäßig dementsprechend 1. die Heilsnotwendigkeit u. Anzahl der S.e, die Bedeutung der Kirche u. ihres Amtes sowie die Gegenwart der Gnade in den Elementen, 2. das Verhältnis von Verkündigung u. S. und 3. die Bedeutung des Glaubens, der Erkenntnis und des Engagements der Feiernden.

Um die Gewissheit des Heils von der Verfassung kirchlicher Amtsträger unabhängig zu machen, interpretiert Augustinus die Elemente der S.e mithilfe einer Zeichentheorie: Die Elemente verweisen als wirksame Zeichen *(signum efficax)* auf die dem S. zugrunde liegende Sache *(res)*, das Heil Gottes, das diese zugleich dem Empfänger vermitteln. Klassisches Beispiel für eine durchsystematisierte S.-Theorie ist die auf scholastische Theologie zurückgreifende tridentinische S.slehre: Geistliche Wiedergeburt durch die Taufe, Wachstum u. Stärkung des Glaubens durch die Firmung, Nährung durch die Eucharistie, Heilung von Sündenschaden durch die Buße (seelisch durch die letzte Ölung), Lenkung u. geistige Mehrung durch die Weihe u. leibliche Mehrung durch die →Ehe. Gültig sind die S.e nur, sofern sie von einem geweihten Priester gespendet werden.

Für die Reformatoren sind lediglich die Taufe und die Eucharistie als S.e anzuerkennen, da sie unmittelbar von Christus eingesetzt worden seien (Buße u. Ordination konnten auch dazugezählt werden, ein Indiz dafür, dass die Zahl der S.e nicht prinzipiell auf sieben oder auf zwei festgelegt ist). Entscheidend ist: In den S.en wirkt der gegenwärtige Christus durch das mit den Elementen verbundene Verheißungswort dem Glaubenden zum Heil, dem Nichtglaubenden zum Gericht.

Konfessionelle Abgrenzungen werden durch historisch-kritische Exegese (Einsetzung durch Jesus?) und ökumenische Kritik (Subsistenz der wahren Kirche allein in der röm.-kath. Kirche?) relativiert. Dies gibt dem Bemühen Raum, das S.-Verständnis biblisch-christologisch zu zentrieren, den Wort- u. Verkündigungscharakter sakramentaler Vollzüge zu verdeutlichen und die Lebenswirklichkeit der Menschen (familiäre, kulturelle u. soziale Situation) wahrzunehmen. Der Beziehung von →Spiritualität/ →Liturgie u. →Diakonie gebührt also neue Aufmerksamkeit.

LITERATUR: GERHARD EBELING, Gottes Wort in sakramentaler Gestalt, in: DERS., Dogmatik d. christl. Glaubens Bd. 3, o.O. 1979, 295–330 ♦ DOROTHEA SATTLER, Art. S., in: EVANGELISCHES KIRCHENLEXIKON Bd. 4 (1996), 10–26 ♦ GUNTER WENZ, Art. S. I, in: THEOLOGISCHE REALENZYKLOPÄDIE Bd. 29 (1998), 663–684 ♦ DOROTHEA SATTLER, Art. S., Ökumenisch, in: Religion in Geschichte und Gegenwart, Bd. 7 (2004), 765–768.

Dieter Beese

SÄKULARISIERUNG

S. beschreibt in seiner ursprünglichen Bedeutung die Enteignung kirchlicher Güter durch den Staat. Mittlerweile wird S. auch breitflächiger als Verweltlichung gedeutet. Im aktuellen wissenschaftlichen Verständnis bezeichnet der Begriff S. den sozialen Bedeutungsverlust von Religion in modernen Gesellschaften. Er wird seitens der sogenannten S.theorie als Folge der fortschreitenden Modernisierung angesehen. Zentrale Auslöser sind über einen Traditionsabbruch und geringer werdende religiöse Sozialisation vermittelte Prozesse, wie u.a. weniger Menschen in existentieller →Not, zunehmende Rationalisierung und erhöhte Mobilität. Der Prozess S. ist vom Zustand Säkularität zu unterscheiden. Konsequenzen sind eine in der Gegenwart sinkende Anschlussfähigkeit der Menschen an religiöse Fragen, ein Rückgang von Kirchenmitgliedern (→Kirchenmitgliedschaft) und ggf. eine abnehmende Anschlussfähigkeit religiöser Angebote an die Bedürfnisse der Menschen.

LITERATUR: DETLEF POLLACK, S. – ein moderner Mythos?, Tübingen 2003 ♦ GERT PICKEL, Religionssoziologie, Wiesbaden 2011.

Gert Pickel

SALBUNG

S.en, die i.d.R. in →Gottesdiensten geschehen, können gerade in diakonischen →Einrichtungen für →Mitarbeitende und für die sich der Einrichtung Anvertrauende ein hilfreiches →Ritual sein.

Die Nähe →Gottes wird durch die S. spürbar und erlebbar (vgl. Ps 23,5 / Jak 5,14). Viele unserer Zeitgenossen erleben selten oder nie, dass eine Hand sie liebevoll anrührt und sich segnend auf sie legt. Anders als sonst im Gottesdienst wird in der S. die Nähe Gottes durch Berührung und durch den Duft wohlriechender Öle erfahrbar. Obwohl →Luther sich durchaus für die (Kranken-)S. aussprach, geriet das Ritual in ev. Kirchen lange in Vergessenheit und wurde erst seit den 1980er Jahren an vielen Orten wieder eingeführt.

Beschützt u. begleitet von vielen Salberinnen u. Salbern wird der →Segen Gottes für den Einzelnen spür- u. erlebbar ausgeteilt und kann befreien und in die eigene Mitte führen. S.sgottesdienste bedürfen einer sorgsamen Vorbereitung. Sie sind eher Segnungsgottesdienste und nicht mit Heilungshandlungen zu verwechseln.

LITERATUR: MANUELA LIECHTI-GENGE, Die Guttat zu ölen. Von der Wiederentdeckung d. S. als Segenshandlung in ev.-ref. Gottesdiensten, 1996 ♦ CHRISTIAN GRETHLEIN, Benediktionen u. Krankens., in: KARL-HEINRICH BIERITZ / MICHAEL MEYER-BLANCK / HANS-CHRISTOPH SCHMIDT-LAUBER (Hg.), Handbuch d. Liturgik, Göttingen 2003 ♦ RAINER STUHLMANN, Heil zielt auf Hei-

lung, in: SUNG-HEE LEE-LINKE (Hg.), Heil u. Heilung, Frankfurt a.M. 2006 • EV. KIRCHE IM
RHEINLAND (Hg.), S. in Gottesdienst u. Seelsorge, Düsseldorf 2007.

Martin Wolff

SALUTOGENESE

Der Begriff der S. (Entstehung der →Gesundheit) geht zurück auf den 1923 in
Brooklyn geborenen und 1994 in Beerscheba verstorbenen israelischen Medizinsoziologen Aaron Antonovsky.

Im Rahmen einer Studie über Frauen in der Menopause stieß Antonovsky auf eine Gruppe von Überlebenden der NS-Konzentrationslager. Erstaunlicherweise hatten
etwa 30 % dieser Personen ihre traumatischen Erfahrungen so verarbeitet, dass sie
optimistisch u. beschwerdefrei weiterleben konnten. Dies motivierte Antonovsky,
sich fortan auf die Identifizierung von (salutogenen) Faktoren zu konzentrieren, die
die Gesundheit u. Lebensfähigkeit eines Menschen fördern und stabilisieren. Im Zuge
seiner Forschungen formulierte er einen neuen Ansatz im Verständnis von Gesundheit u. Krankheit.

Die herkömmliche sog. »Schulmedizin« ist nach wie vor weitgehend von einer pathogenen Perspektive geprägt; sie orientiert sich hauptsächlich an der Frage »Was
macht krank?«. Im Blickpunkt des Interesses sind weniger die Person des Patienten
als vielmehr seine Symptome u. Funktionsstörungen, die es mit physikalischen, chemischen u. ggf. chirurgischen Mitteln zu beseitigen gilt. Man geht davon aus, dass die
Gesundheit der von der Natur gegebene Normalzustand ist. Krankheiten stören den
natürlichen Zustand. Der kranke Mensch gilt als weniger »normal«, er ist defizient.

Die von Antonovsky entwickelte S.-Konzeption orientiert sich dagegen an der
Leitfrage: »Was macht bzw. erhält gesund?« und lenkt damit den Blick von der Kausalität zur Finalität. Grundlegend ist die Vorstellung eines »Gesundheits-Krankheits-
Kontinuums«, in dem sich jede Person an einem individuell verschiedenen Ort befindet, der sich im Laufe ihres Lebens immer wieder in Richtung Krankheit o. Gesundheit verschieben kann. Krank-Sein ist genauso »normal« wie Gesund-Sein. *Die* Gesundheit gibt es ohnehin nicht, sondern immer nur eine Mischung von gesunden und
nicht gesunden Vorgängen u. Zuständen in Körper u. Geist. Gesund-Sein und Krank-
Sein sind zwei verschiedene, aber gleichwertige Formen o. Stadien des Lebendig-
Seins. Der eigentliche Gegenpol ist der Tod. Der menschliche Organismus ist permanent äußeren Einflüssen ausgesetzt, die seine Gesundheit bedrohen oder beeinträchtigen. Sie muss in der Auseinandersetzung mit diesen Störfaktoren immer neu errungen und gefestigt werden. Die gesundheitsfördernden bzw. -erhaltenden Kräfte innerhalb des Organismus nannte Antonovsky »generalisierte Widerstandsressourcen«.

Die zentrale Rolle für die Erhaltung der Gesundheit bzw. die Wiedergenesung
spielt nach Antonovsky eine bestimmte Grundeinstellung des Individuums, der »Sense of Coherence« (SOC – deutsch: Kohärenzsinn o. -gefühl). Der SOC ist ein nachhaltiges u. fortwährendes Vertrauen darauf, dass: 1. die Welt, in der man lebt, einen sinnvollen Zusammenhang bildet, und dass man die Dinge, die einem widerfahren, verstehen, zuordnen u. einordnen kann; 2. das Vertrauen darauf, dass man die Dinge, die
einem widerfahren, gestalten u. handhaben oder zumindest irgendwie bewältigen kann
und 3. das Vertrauen darauf, dass das, was einem widerfährt, irgendwie einen Sinn

ergibt, auch wenn man ihn noch nicht sieht, und dass sich daraus sinnvolle Aufgaben für die eigene Person herleiten.

Menschen mit ausgeprägtem SOC verfügen über eine erhöhte Widerstandskraft gegen Stressoren und werden deshalb weniger oft und weniger schwer krank.

Die Grundfesten des SOCs entwickeln sich etwa bis zum zehnten Lebensjahr. In den Folgejahren kann es sich verstärken und vertiefen. Es bildet sich nicht nur durch die Erfahrungen, die man als Kind mit seinen engsten Bezugspersonen macht, sondern wird auch bestimmt durch die jeweiligen sozialen u. kulturell-historischen Lebensbedingungen. In traditionsbewussten, religiös geprägten Gesellschaften ist der SOC der Menschen z.b. stärker entwickelt als in der gegenwärtigen pluralistisch-postmodernen Situation.

Das S.-Konzept steht nicht im luftleeren Raum. Der von Antonovsky geforderte Perspektivwechsel ist auf dem Hintergrund jener viel umfassenderen Neuorientierung im Verständnis von Mensch u. Natur zu sehen, die am Anfang des vorigen Jahrhunderts begann und bis in die heutige Zeit hinein ausstrahlt. Im Zuge dieser Neuorientierung wird in der Medizin in zunehmendem Maße das biomechanische Grundmodell durch eine biopsychosoziale Sicht des Menschen und seiner Krankheiten überwunden.

Verwandte Konzepte zur S. sind die Resilienzforschung, das von Kobasa entwickelte »Hardiness«-Konstrukt, die Coping-Strategien nach Lazarus und das Konzept der »perceived self-efficacy« nach Bandura.

LITERATUR: WOLFRAM SCHÜFFEL / URSULA BRUCKS / ROLF JOHNEN (Hg.), Handbuch d. S., Wiesbaden 1998 • JÜRGEN BENGEL ET AL., Was erhält Menschen gesund?, Köln 2006 • LINDA LASSHOFER, Betriebliches Gesundheitsmanagement u. S., Saarbrücken 2006 • BERNHARD BADURA, Betriebliche Gesundheitspolitik, Berlin/Heidelberg 2010 • ANDREAS V. HEYL ET AL. (Hg.), S. im Raum d. Kirche, Leipzig 2015.

Andreas von Heyl

SAMARITER, BARMHERZIGER

S. war ursprünglich ein Zugehöriger zu einem Mischvolk und der Religionsgemeinschaft der Samaritaner, die nicht dem jüdischen Tempel in Jerusalem angehörten, sondern ihr Heiligtum auf dem Berg Garizim hatten und in Feindschaft zum jüdischen Volk lebten (vgl. 2Kön 17). Das Gleichnis vom Barmherzigen S. in Lk 10,25–37 steht in Zusammenhang mit der Frage nach den Voraussetzungen für das ewige Leben, nach dem Liebesgebot und nach dem Nächsten (→Nächstenliebe). →Jesus erzählt von einem Mann, der auf dem Weg von Jerusalem nach Jericho unter die Räuber fällt und an dem ein Priester und ein Levit sehend vorbeigehen, ohne zu helfen. Erst ein Mann aus Samarien hat Mitleid, versorgt den Verwundeten und kommt für die Pflege auf. Das Gleichnis mündet in die Erkenntnis, dass derjenige sich als Nächster erweist, der barmherzig handelt (→Barmherzigkeit), und in den Auftrag, genauso zu handeln. Heute wird der Begriff S. oft auch auf einen selbstlosen Helfer, auch ohne spezifische christl. Motivation, angewandt, vgl. z.B. Arbeiter-S.-Bund.

LITERATUR: HEINZ V. HOFF / HANS-JOACHIM HOFMANN, S. der Menschheit, München 1977 • WALTER JENS (Hg.), Vom Nächsten. Das Gleichnis vom b.S. heute gesehen, München 1984 • WALTER DIRKS, Die S. u. der Mann aus Samaria, Freiburg 1985.

Petra Zeil

SAUNDERS, CICELY

S. (1918–2005) ist die Begründerin der modernen Hospizbewegung (→Hospiz) und Palliativmedizin. Nach Ausbildung zur Krankenpflege wechselte S. zu medizinischer Sozialarbeit und studierte nach Berufserfahrungen mit sterbenden Krebspatienten Medizin, um mit und für solche Patienten eine angemessene Schmerztherapie zu entwickeln. Nach ärztlichen Berufsjahren im kath. St. Joseph's Hospice seit 1957 gründete sie 1967 in London das christl.-überkonfessionelle St. Christopher's Hospice mit dem Ziel optimaler Schmerzbehandlung und möglichst hohem Maß authentischer menschlicher Präsenz u. Zuwendung (»low tech, high touch«). Ihr Konzept von »total pain« sucht Schmerzen in ihrer physischen, aber auch psychischen, sozialen u. spirituellen Dimension zu erfassen und bestmöglich zu lindern. Selbst wenn das ärztliche Handeln nicht mehr kurativ sein kann, kann es palliativ noch viel tun (Wechsel des Behandlungsziels), damit terminal Kranke nicht nur in Frieden sterben, sondern bis zuletzt leben können. S. entwickelte St. Christopher's als ärztliche Direktorin (bis 1985), als Vorstandsvorsitzende (bis 2000) und Präsidentin bis zum Ende ihres Lebens weiter, das sie zuletzt selbst als Krebspatientin dort verbrachte.

LITERATUR: C.S., Brücke in eine andere Welt, hg. v. CHRISTOPH HÖRL, Freiburg 1999 • C.S., Sterben u. Leben, Zürich 2009.

Klaus Baumann

SCHÄFER, THEODOR

S. (1846–1914) wurde 1869/1870 Pastor der dt. Gemeinde in Paris. 1870 bis1872 arbeitete er als 2. Pastor an den Alsterdorfer Anstalten in Hamburg, bis er 1873 für fast 40 Jahre die Leitung der Diakonissen-Anstalt zu Altona übernahm. S.s Bedeutung liegt in seinen Bemühungen, die Arbeit der Diakonie wissenschaftlich zu analysieren. Als dogmatischer Lutheraner war er nicht von Erweckungsbewegungen geprägt, sondern versuchte systematisch u. empirisch an die Aufgaben der Diakonie heranzugehen. Dies betraf sowohl die Stellung der Diakonie innerhalb der Theologie als auch ihre sozialpolitische Bedeutung. Dazu gab S. Zeitschriften heraus, schrieb Unterrichtsanleitungen, Handbücher u. Leitfäden der Diakonie. Sein eigentliches Ziel, die Diakonik auch in die offizielle Universitätstheologie einzubringen und als Teil der praktischen Theologie zu etablieren, gelang ihm nicht. Sein wissenschaftliches Werk umfasst über 500 Beiträge. In Umsetzung seiner Ansprüche gründete er 1905 nach umfangreichen Vorstudien die »Krüppelanstalt Alten Eichen« in Stellingen (heute Hamburg). Seine umfangreiche wissenschaftliche Bibliothek gelangte über das Rauhe Haus in den Besitz des CA und bildet eine der Grundlagen der Bibliothek des Diakonischen Werkes der EKD.

LITERATUR: HARALD JENNER, Bibliographie T.S., in: Schriften d. Vereins f. Schleswig-Holsteinische Kirchengeschichte II/44 (1989), 45–92 • ULRIKE JENETT, Nüchterne Liebe. T.S., ein lutherischer Diakoniker im Dt. Kaiserreich, Hanover 2001.

Harald Jenner

SCHEPPLER, LOUISE (LUISE)

Die Elsässer »Kleinkinderlehrerin« S. (1763–1837) entstammte einer armen Bauernfamilie. Als Dienstmädchen des Pfarrers Johann Friedrich →Oberlin kam sie in Berührung mit dessen pädagogischen Ideen und wurde seine engste Mitarbeiterin. Nach dem Tod von Oberlins Frau versorgte sie die Kinder der Familie und übernahm soziale Aufgaben in der Kirchengemeinde. Ab 1779 leitete sie in Waldersbach in den Vogesen eine Strickschule, die heute als einer der ersten Kindergärten gilt. Dort wurden die Kinder in Handarbeiten angeleitet, aber auch in christl. Sinn erzogen und durch naturkundliches Beobachten auf den Schulunterricht vorbereitet. 1829 erhielt sie für ihre pädagogischen Verdienste den »Tugendpreis« der Pariser Akademie der Wissenschaften. Mithilfe des Preisgeldes konnte S. weitere Kindergärten in ihrer Umgebung gründen. Heute tragen zahlreiche pädagogische u. diakonische Einrichtungen ihren Namen.

LITERATUR: MANFRED BERGER, S., L., in: Biographisch-Bibliographisches Kirchenlexikon Bd. 24 (2005), 1276–1280.

Annett Büttner

SCHLICHTUNG, VERBINDLICHE

Ein Schlichtungsverfahren wird im Rahmen der Arbeitsrechtssetzung in Kirche u. Diakonie (→Arbeitsrecht) dann durchgeführt, wenn zu einem Sachverhalt kein Verhandlungsergebnis erzielt werden konnte und die →Dienstgeber oder die Dienstnehmer (→Mitarbeitende) den Schlichtungsausschuss anrufen. Gesetzlich verankert ist das Schlichtungsverfahren im Arbeitsrechtsregelungsgrundsätzegesetz der Ev. Kirche in Deutschland (→EKD). Es ersetzt die Instrumente des Arbeitskampfes (→Streik u. Aussperrung). Der Schlichtungsausschuss ist paritätisch besetzt. Er entscheidet mit einfacher Stimmenmehrheit. Kommt es auch hier zu keiner Verständigung, ist letztlich die Stimme des Vorsitzenden des Schlichtungsausschusses entscheidend. Auf den Vorsitzenden haben sich Dienstgeber u. Dienstnehmer im Vorfeld verständigt. Der Schlichter ist unabhängig, darf nicht hauptberuflich für Kirche o. Diakonie arbeiten und muss die Befähigung zum Richteramt aufweisen. Seine Entscheidungen sind verbindlich.

Verbindliche Schlichtungen gibt es u.a. sowohl bei regionalen Arbeitsrechtlichen Kommissionen als auch auf Bundesebene bei der Arbeitsrechtlichen Kommission der →Diakonie Deutschland. In einigen Fällen sind die Verfahren zweistufig angelegt.

Ingo Dreyer

SCHOBER, THEODOR

S. (1918–2010), Sohn eines fränkischen Pfarrers, war nach Theologiestudium u. Pfarramt von 1955 bis 1963 Rektor des Diakonissenmutterhauses Neuendettelsau.

In seiner Amtszeit als Präsident des Diakonischen Werkes der EKD (→Diakonie Deutschland) von 1963 bis 1984 erwarb er sich ein hohes Ansehen sowohl in den ev. Landes- u. Freikirchen als auch in Politik u. Öffentlichkeit. S. profilierte sich als einer der bekanntesten kirchlichen Sozialpolitiker. Er prägte die entscheidende Phase des Ausbaus des Diakonischen Werkes im expandierenden westdeutschen Wohlfahrtsstaat und organisierte die endgültige Fusion von →Innerer Mission u. →Hilfswerk. Bis zum Ende seiner Amtszeit 1984 wuchs die Diakonie mit damals 270.000 Beschäftigten zu einem der größten sozialen Dienstleister Deutschlands heran.

Von 1984 bis 1991 war S. Beauftragter des Rates der EKD für die Seelsorge an den deutschen Kriegsverurteilten in ausländischem Gewahrsam, 1979 bis 1988 Präsident des Internationalen Verbandes für Innere Mission u. Diakonie. Auch im Ruhestand engagierte sich S. weiter für die Diakonie. So war er viele Jahre Vorsitzender des Verbandes der Deutschen Ev. →Bahnhofsmission.

Michael Häusler

SCHRÖDER, BRIGITTE

Der Name von B.S. (1917–2000) verbindet sich mit der Gründung der Ev. Krankenhaushilfe (EKH), den →»Grünen Damen« 1969. S., die seit 1941 mit dem CDU Politiker Gerhard Schröder (1910–1989) verheiratet war, wurde in Breslau geboren, sie wuchs in Berlin in gutbürgerlichen Verhältnissen auf. Nach den Nürnberger Rassegesetzen galt sie als »Mischling Ersten Grades«. Sie entfaltete nach 1949 von Düsseldorf und später von Bonn aus ein vielfältiges ehrenamtliches Engagement, insbes. in Kirche u. Diakonie, aber auch in der Kommunalpolitik. Insbes. die EKH, deren erste Gruppe im Düsseldorfer Ev. Krankenhaus 1969 entstand, wurde durch ihre Tatkraft geprägt.

LITERATUR: EBBA HAGENBERG-MILIU, B.S., Deutschlands »Erste Grüne Dame«, Leipzig 2003.

Norbert Friedrich

SCHULD

Das subjektive S.empfinden ist nicht immer ein sicherer Indikator für das Vorliegen wirklicher S. in zwischenmenschlichen Beziehungen oder in der sozialen Realität der Gesellschaft. Die Unterscheidung zwischen echten u. falschen S.gefühlen, die auf lebensgeschichtliche Fehlentwicklungen hinweisen, bedarf häufig nicht nur unbestechlicher Selbstbeobachtung, sondern professioneller Hilfestellung durch therapeutische Beratung. Grundsätzlich setzt die Rede von der S. die Bereitschaft voraus, die →Verantwortung für das eigene Handeln selbst zu übernehmen und sie nicht an anonyme Fremdinstanzen wie die Gesellschaft, die Erziehung oder das →Milieu abzutreten. In vielen Bereichen kollektiv geprägten Verhaltens kann die Bereitschaft zu persönlicher S.annahme nur im Eingeständnis einer Mits. am strukturellen Schuldigwerden der Gesellschaft bestehen.

Dass es daneben auch eine nicht delegierbare, individuelle S.erfahrung gibt, lässt sich anhand der auf Aristoteles zurückgehenden Inventarisierung menschlicher Tätigkeitsformen aufzeigen. Aristoteles unterschied zwischen *poiesis* und *praxis* als zwei grundlegenden Weisen menschlichen Tätigseins. Im Bereich des herstellenden, funktionalen Handelns sind handwerkliche Geschicklichkeit, künstlerische Fähigkeit u. berufliche Qualifikation gefragt. Diesem technischen Handlungswissen kommt in der arbeitsteiligen Industriegesellschaft hohe Bedeutung zu. Es ist die Welt des *homo faber,* die Welt des Machbaren u. Planbaren, in der der Grundsatz gilt: »Wir sind, was wir machen.« Ursprünglicher für das Gelingen des Menschseins ist jedoch die Sphäre der *Praxis,* worunter Aristoteles das spezifisch menschliche kommunikative Handeln versteht, das nicht auf die Verwirklichung äußerer Güter bezogen ist, sondern seinen Sinn in sich selbst trägt. Diese Tätigkeitsform wird in der gegenwärtigen Handlungstheorie deshalb auch als »Sinn-« o. »Ausdruckshandeln« bezeichnet. Zur Sphäre der Praxis gehört v.a. das Erlebnis von Kommunikation u. Gemeinschaft, die Erfahrung von Freundschaft u. →Liebe wie überhaupt alle personalen Beziehungsformen von der intimen Zweierbeziehung über die private Kleingruppe bis hin zur öffentlichen Sphäre der Gesellschaft. Im kommunikativen Handeln lautet der Grundsatz: »Wir sind, die wir sind« und: »Was wir sind, können wir nicht machen.«

Der fundamentale Unterschied zwischen beiden Tätigkeitsformen erweist sich sowohl in seinem Gelingen als auch im Scheitern. Wenn menschliche Beziehungen glücken, kann keiner der Partner den Erfolg einfach sich selber zuschreiben. Wir beherrschen zwischenmenschliche Kommunikation nicht so, wie wir technische Handlungsabläufe effizient kontrollieren können. Entsprechend ist das Ergebnis nicht einfach unser Werk, dessen Herstellung wir planen u. berechnen könnten, sondern ein Ereignis, das sich unter uns einstellt und uns, auch wenn wir für das Gelingen Verantwortung tragen, doch unverfügbar bleibt. Noch deutlicher wird dieser Unterschied im Scheitern des Handelns. Im Bereich des funktionalen Herstellens sprechen wir einfach von einem Fehler, der uns unterlaufen ist und den wir in der Regel auch selbst wieder korrigieren können. Es ist ein Merkmal technischer Handlungsabläufe, dass die Reparaturmöglichkeit im Schadensfall bereits vorgesehen ist. Im Bereich des kommunikativen Beziehungshandelns dagegen verhält es sich nicht so. Wer mutwillig eine Freundschaft zerstört oder eine Liebesbeziehung aufs Spiel setzt, kann die zerbrochene Beziehung nicht einseitig dadurch wiederherstellen, dass er seinen Fehler korrigiert. Da menschliche Beziehungen auf gegenseitiger Freiheit beruhen, sind sie zwar einseitig zerstörbar, aber nicht von uns aus wieder herstellbar. Menschliche Beziehungen entgleiten den Partnern, wenn sie durch eigene S. gefährdet werden. Sofern es dann auf dem Weg des S.eingeständnisses und der Bitte um →Versöhnung eine Möglichkeit der Wiederherstellung gibt, liegt diese nicht mehr in der Hand dessen, der schuldig geworden ist. Diese Asymmetrie zeigt, dass die S. den Schuldigen in eine von ihm aus gesehen ausweglose Situation der Unfreiheit führt. Er wird der Gefangene seiner Taten o. Unterlassungen und kann sich nicht selbst aus ihren Folgen befreien. Er bleibt darauf angewiesen, dass die andere Person einen neuen, für den schuldigen Teil unverdienten und unableitbaren Anfang setzt.

In der Philosophie der Gegenwart hat vor allem Paul Ricœur die archaische Sprache der →Symbole u. Metaphern zum Ausgangspunkt einer Untersuchung gemacht, die anthropologische Zugangswege zur S.erfahrung erschließen soll. Der Übergang von dem Zustand der Uns. in den Zustand der S. lässt sich nicht begrifflich erfassen, sondern nur in der Sprache des Bekenntnisses darstellen. Diese spricht vom Schuldigwerden im archaischen Bild des Makels oder der Befleckung. Später treten die Metaphern der Abirrung, des verfehlten Zieles und des krummen Weges, der Übertretung und der Verirrung hinzu, während das Bild einer inneren Last oder eines schwer auf der Seele liegenden Druckes einer nochmals späteren Entwicklungsstufe angehört. Ricœur entdeckt in diesem Weiterschreiten der symbolischen Bekenntnissprache nicht nur einen historischen Entwicklungsgang, sondern einen Sinnzusammenhang der Symbole untereinander, den er auf die Formel bringt: »Der Mythos befindet sich auf dem Weg zum Logos.« In dieser Bewegung vollzieht sich ein Übergang von der ursprünglichen Exteriorität der archaischen S.metaphern zur Interiorität: Die S.erfahrung wird zunehmend verinnerlicht und auf das einzelne Subjekt bezogen.

Die Begegnung mit den vielfältigen Symbolen des Bösen soll dem modernen Menschen aber nicht nur die Metamorphosen der S.erfahrung vom ursprünglichen Makel über die Sünde zur rein innerlichen S. aufzeigen, sondern sie soll eine zumindest indirekte Wiederanknüpfung am Erfahrungspotenzial der archaischen Symbole ermöglichen. Deren Transformation in die nächste Stufe lässt sich durch die Wiederholung des Weges vom Mythos zum Logos nicht rückgängig machen, aber sie bietet die Chance einer Begegnung, die dem Menschen ein tieferes Verständnis seiner selbst ermöglicht. Diese »zweite Naivität« kann nicht zur ersten zurückkehren, aber sie kann die Verluste bewusst machen, die der um der Freiheit des Einzelnen willen erforderliche Ausgang aus der ersten gekostet hat. In der Wiedererlangung unserer Fähigkeit, die Urerfahrung der S. als Selbstverfehlung der Freiheit anzuerkennen und auszusprechen, sieht Ricœur einen wichtigen Beitrag zu einem unverkürzten Menschsein.

Eberhard Schockenhoff

SCHULDNERBERATUNG

S. ist ein Beratungshandeln, das am Merkmal der Ver- u. Überschuldung von Privatpersonen ansetzt. S. wird überwiegend von freien u. öffentlichen, aber auch privatgewerblichen Organisationen angeboten. Träger der freien u. öffentlichen S. sind →Wohlfahrtsverbände, Kommunen u. Verbraucherzentralen. Wohlfahrtsverbände u. Kommunen verstehen S. als →Soziale Arbeit. Dabei ist zu unterscheiden zwischen spezialisierten S.stellen und integrierten Angeboten im Rahmen etwa der Wohnungslosenhilfe, Suchtberatung o. Straffälligenhilfe. In der S. arbeiten überwiegend Sozialarbeiter/Sozialpädagogen, aber auch Juristen o. Bankkaufleute. Grundlegend für die Wirksamkeit u. Nachhaltigkeit der →Beratung ist eine (sozial-)pädagogische Denk- u. Handlungslogik, die sich auf sozialwissenschaftliche Theorie (z.B. Ursachenanalyse), Erfahrungswissen (z.B. förderliche Faktoren für einen gelingenden Beratungsprozess) und arbeitsfeldspezifische Wissensbestände u. Verfahrenskompetenzen stützt (Verbraucherinsolvenz, Pfändungsschutzkonto etc.).

Das Beratungshandeln orientiert sich idealtypisch am Konzept der sozialen S. Es folgt einem dualistischen →Professionalitätsverständnis Sozialer Arbeit. Die Beratungsfachkraft achtet auf die Balance zwischen der Arbeit am Problem der Überschuldung einerseits und der Stärkung der Person andererseits. Dazu setzt sie zum einen ihr technologisches Expertenwissen zur Lösung vorhandener finanzieller Schwierigkeiten und zum anderen ihre kommunikativ-hermeneutischen Kompetenzen zur Persönlichkeitsstärkung und zur Verbesserung der sozialen Handlungsfähigkeit der Betroffenen ein. Persönlichkeitsstärkung u. Kompetenzaufbau sind in vielen Fällen Voraussetzung dafür, dass dieselben Probleme nicht erneut entstehen und andere Schwierigkeiten im Vorfeld vermieden werden.

Grundsätzlich intendiert die soziale S. eine Verbesserung der gesellschaftlichen →Teilhabe. Das bedeutet nicht zwingend, dass eine Entschuldung erreicht oder angestrebt werden muss. Die Beratungsziele sollen zunächst gemeinsam u. ergebnisoffen mit den Betroffenen festgelegt werden. Ziel einer Beratung kann auch die Befähigung des Überschuldeten zum Leben mit Schulden sein.

Zu den wichtigsten Aufgaben der S. gehören Krisenintervention, Schuldner-
schutz, Existenzsicherung, Budgetberatung, Entschuldung (außergerichtlich/Verbrau-
cherinsolvenzverfahren) u. psychosoziale Stabilisierung. S. richtet ihre Arbeit an
handlungsleitenden Grundsätze aus: Ganzheitlichkeit, Niedrigschwelligkeit, offener
Zugang für alle, Kostenfreiheit, Vertraulichkeit, Freiwilligkeit, Nachvollziehbarkeit,
methodische Vielfalt, Vernetzung/Kooperation, Nachhaltigkeit etc.

Aus der »sozialen S.« der S.sstellen heraus hat sich inzwischen eine über den
Einzelfall hinausgehende »strukturelle S.« entwickelt. Sie will durch Advocacy (→An-
waltschaft) und Lobbying auf das strukturelle Entstehungsgefüge für private Überschuldung Einfluss nehmen. Zentral sind hier die Aktivitäten der Arbeitsgemeinschaft S. der Verbände (AG SBV) zu nennen, die in ihrer jährlich stattfindenden Ak-
tionswoche S. strukturelle Ursachen für Überschuldung wie →Armut, prekäre Beschäftigung, Niedriglohn, überteuerte u. unsinnige Produkte der Kredit- u. Versiche-
rungswirtschaft, überhöhte Dispozinsen, steigende Kosten für Haushaltsenergie u.
Mieten, Bedarfsunterdeckungen in der Grundsicherung oder die Absenkung des Ren-
tenniveaus thematisiert. Des Weiteren nimmt die AG SBV regelmäßig Stellung zu
Gesetzesnovellierungen und macht in sozialpolitischen Positionspapieren Vorschläge
zur Verbesserung der (sozial-)rechtlichen u. ökonomischen Rahmenbedingungen für
Ver- u. Überschuldete.

Trotz der hohen gesellschaftlichen u. fachpolitischen Anerkennung steht die S.
bei unterschiedlichen Themen vor diversen Herausforderungen:

Zugang zur S.: Ein →Sozialstaat sollte allen Bürgerinnen u. Bürgern nach ihren
Bedarfen einen kostenlosen Zugang zur S. im Rahmen öffentlicher Daseinsvorsorge
garantieren. Experten gehen von ca. 3,2 Mio. überschuldeten Haushalten in Deutschland aus, in denen 6–7 Mio. Menschen leben (ca. 9 % der Gesamtbevölkerung). Dazu
kommen mindestens nochmal so viele Überschuldungsgefährdete. Demnach sind
knapp 20 % der Bevölkerung überschuldet oder überschuldungsgefährdet. Demgegenüber stehen lediglich ca. 1.100 S.sstellen mit etwa 1.700 Schuldnerberaterinnen u.
-beratern. Eine bedarfsgerechte Versorgung wird weit verfehlt, bei den präventiven
Angeboten ist die Bedarfslücke noch größer. Des Weiteren bestehen durch sozialrechtliche Vorgaben und lokal völlig unterschiedliche Finanzierungs- u. Rationie-
rungspraktiken Zugangsbeschränkungen für bestimmte Personengruppen, etwa für
(noch) Erwerbstätige. Zur Realisierung eines bedarfsgerechten u. offenen Zugangs
zur S. fordert die AG SBV einen im →Sozialrecht verankerten Rechtsanspruch auf S.

Wissenschaftliche Forschung, Theorie u. Statistik: Entscheidungen über die konzeptionelle Ausgestaltung der S., aber auch politische Argumentationslinien u. Forderungen im Rahmen von Advocacy u. Lobbying, basieren auf wissenschaftlich gesi-
cherten Erkenntnissen u. validen empirischen bzw. statistischen Daten. Zum gesellschaftlichen Phänomen der Überschuldung gibt es aber viel zu wenig öffentlich
geförderte u. unabhängige Forschung. Deshalb greift die S. meist auf Untersuchungen
privatwirtschaftlicher Unternehmen wie Creditreform u. SCHUFA zurück oder orientiert sich an der gesetzlich vorgeschriebenen »Überschuldungsstatistik« des Bundesamtes für Statistik, die weder repräsentative noch valide Daten zum Phänomen Überschuldung generell liefert. Beispielhaft lässt sich das Forschungs- u. Theoriedefizit
am Stand der Analyse des Überschuldungsproblems verdeutlichen. In fast allen Konzeptionen der S. wird nicht hinreichend differenziert zwischen problemverursachen-

den, -auslösenden, -stabilisierenden u. -verstärkenden Entstehungsfaktoren privater Überschuldung. Symptomatisch dafür sind die »Big Six« der »Überschuldungsgründe«, die im Überschuldungsreport 2014 des Instituts für Finanzdienstleistungen aufgelistet sind: Arbeitslosigkeit, Scheidung/Trennung, Krankheit, Konsumverhalten, Einkommensarmut u. gescheiterte Selbständigkeit. Diese Auflistung spiegelt die eher auf Auslöser fokussierte Fachdiskussion zu den Entstehungsfaktoren wider. Die S. braucht mehr und unabhängige Forschungs- u. Theorieprojekte. Die Bundesstatistik muss zu einer echten Überschuldungsstatistik weiterentwickelt werden.

Methodik: S. als Soziale Arbeit ist fachlich bestimmt vom Primat pädagogischer Denk- u. Handlungsweisen. Nicht zuletzt seit Inkrafttreten der Insolvenzordnung (InsO) im Jahr 1999 wurde dieses Primat zunehmend relativiert. Pädagogische Methodenkompetenz verlor gegenüber wirtschaftlichen u. juristischen Kompetenzen an Bedeutung. Das Konzept der sozialen S. trat gegenüber einer eher technischen Verfahrensberatung in den Hintergrund. Uwe Schwarze fordert angesichts dieser Entwicklung das Beratungshandelns wieder durch pädagogische Erwägungen zu steuern und nicht wie derzeit durch Recht, Geld und formalisierte Verfahren (Schwarze 2014). Harald Ansen plädiert in diesem Zusammenhang für eine theoretisch-systematische Fundierung des Beratungsprozesses (Ansen 2014). Zur Stärkung pädagogischer Beratungskompetenzen empfiehlt er eine Reihe von zusätzlichen Grundsätzen: Unabhängigkeit u. Neutralität, Orientierung an den Ratsuchenden, Nicht-Bevormundung, Verhandlungsorientierung, →Partizipation, →Empowerment, Kontextorientierung, Würdigung von Diversität, Interessenvertretung.

LITERATUR: AG SBV, Funktions- u. Tätigkeitsbeschreibung d. S., Berlin 2007 • PETER SCHRUTH ET AL., S. i.d. Soz. Arbeit, Weinheim/München 2011 • UWE SCHWARZE, S. vor neuen Herausforderungen. In: BAG-SB-Informationen 26 (2011), 191–207 • HARALD ANSEN, Methodik der Sozialen S. – ein vernachlässigtes Thema. In: Institut für Finanzdienstleistungen e.V., iff-Überschuldungsreport 2014, 69ff.

Matthias Bruckdorfer

SCHULEN

Seit dem Beginn organisierter diakonischer Arbeit gehören sowohl S. für Menschen mit unterschiedlichem Unterstützungsbedarf als auch S. zur Ausbildung des eigenen Fachkräftebedarfs zum Angebotsspektrum vieler diakonischer Einrichtungen. →Bildung erscheint selbst als eine Form o. Dimension von unterstützendem, diakonischem Handeln, auch wenn nicht für alle Arten diakonischen Handelns klar ist, ob und wie weit sie eine Dimension von Bildung (im ev. Sinn) haben. Offensichtlich ist auch, dass nicht jede Form von Aus-, Fort- u. Weiterbildung S.form hat, die als solche der grundgesetzlich verankerten staatlichen Schulaufsicht unterliegt und insofern in unterschiedlichem Maß staatlich (teil-)refinanziert (→Finanzierung) ist. Die →Landeskirchen wie die →Diakonischen Werke nehmen für diese S. im diakonischen Bereich, die offensichtlich zum Bereich der ev. →Kirche gehören (Zugehörigkeitsrichtlinie), auf sehr unterschiedliche Weise eine Aufsichtsfunktion wahr.

a) Geschichte: Erste Ansätze zu Armens. gab es konfessionsübergreifend schon im 16. Jh., die in den zumeist in der Aufklärungszeit gegründeten (bzw. aus den Siechenhäusern ausgegliederten) Waisenhäusern zugespitzt wurden auf Arbeitserziehung zu nützlichen Gliedern der Gesellschaft. Erst um 1800 wurde dem Stand der

Armen auch ein allgemeines Bildungsrecht zugesprochen durch zumindest rechtliche Einführung der allgemeinen Schulpflicht, die Gründung subsidiärer Sonntagsschulen für die davon Ausgeschlossenen oder die nun pädagogisch begründete Bildungsarbeit in Rettungshäusern (Weimar: J.D. →Falk, Beuggen: C.H. Zeller; Rauhes Haus: →Wichern) bzw. die Kleinkinderschule samt angeschlossenem Kleinkinder-Lehrerinnenseminar der →Fliedners in Kaiserswerth).

Sehr schnell entstand in den Diakonischen →Anstalten des 19. Jh. der Bedarf an Fachkräften, die zunächst in eigenen Einrichtungen ausgebildet wurden (Wicherns Ausbildung von Brüdern, später →Diakonen, für das Rauhe Haus ab 1833; Fliedners »Bildungsanstalt für ev. Pflegerinnen« von 1836, die auch Vorbild für Fl. →Nightingale wurde, sowie 1844 seine Pastoral-Gehülfen-Anstalt Duisburg, der späteren Diakonen-Anstalt in Mülheim; →Brüderhäuser, →Mutterhäuser).

Nach ersten gesetzlichen Regelungen für die Pflegeausbildung kurz vor dem Ersten Weltkrieg und den staatlich regulierten Wohlfahrts- u. Heimerzieherschulen v.a. der 1920er Jahre löste nach schleppendem Neuansatz in den 1950er Jahren die Gründung von Fachs. u. Fachhochs. 1970/71 einen bis heute anhaltenden Schub an →Professionalisierung in den hier thematisierten →Berufen aus. Der Bolognaprozess ab 1999 förderte deren Akademisierung und weckte immer neue Ideen der Kooperation von Fach- u. Fachhochs., ohne dass es bisher zu klaren Neujustierungen in der Ausbildungslandschaft gekommen wäre.

b) Bestand: Die jüngste EKD-Statistik von 2012 weist einen Bestand von 1099 S. aus (1999: ca. 900). Davon sind a) 478 allgemeinbildende S. (davon 199 Grunds. u. 93 Gymnasien; 2,39 % aller allgemeinbildenden S., ca. 115.000 SchülerInnen); b) die 154 Förders. gliedern sich in Lernhilfe, Erziehungshilfe, praktisch Bildbare, Kranke, Sinnesbehinderungen); sie stellen 4,69 % aller S. dieses Typs (knapp 20.000 SchülerInnen) dar; c) die 467 beruflichen S. (5,28 % aller S. dieses Typs) haben Schwerpunkte in den Sozial- u. Pflegeberufen, wo der relative Anteil erheblich höher ist (ca. 52.000 Plätze). Die Mehrzahl der S. (b, c) ist in unterschiedlichen Formen diakonischer Trägerschaft organisiert (z.B. →Verein, Landeskirche, Stiftung, gGmbH).

Alle diese S. sind im »Arbeitskreis ev. S.« (AKES) vertreten, der sich oft Fragen von →Profil und →Kultur ev. S. widmet. Der Schwerpunkt der Arbeit des Comenius-Instituts, der Wissenschaftlichen Arbeitsstelle Ev. Schule (WAES) bei der EKD und der Ev. Schulstiftung liegt allerdings immer noch bei Themen allgemeinbildender S. Eine Bildungsberichterstattung durch das Comenius-Institut steckt in den Anfängen.

Die beruflichen S. sind auf unterschiedliche Weise in konfessionellen o. fachlichen Verbänden organisiert (www.evangelische-schulen-in-deutschland.de); für die Krankenpflege fehlt eine direkte Vertretung.

Einige ev. Hochs. befinden sich in diakonischer (Mit-)Trägerschaft. Ihr fachlicher Schwerpunkt in Sozial- u. Pflegestudiengängen sowie →Diakoniewissenschaft und →Gemeinde-/Religionspädagogik (inkl. →Management, →Beratung u.a.) stammt aus diakonisch-gemeindepädagogischer Tradition. Zusammen mit den kath. Hochs. bieten sie bundesweit immer noch etwa ein Viertel aller Studienplätze im Sozial-, Erziehungs- u. Gesundheitsbereich an.

Über die gegenwärtig 12 in der Rektorenkonferenz ev. Fachhochs. (REF) vertretenen Hochs. hinaus zählt auch das Institut für Diakoniewissenschaft u. Diakoniemanagement (als Teil der Kirchlichen Hochs. Wuppertal/Bethel), die Augustana-Hochs.

in Neuendettelsau sowie weitere Hochs. aus dem diakonischen (Fürth, Düsseldorf), dem evangelikalen (Liebenzell, Tabor u.a.) und dem freikirchlichen Bereich (z.B. Elstal) zum weiteren Umfeld diakonischer Hochschulbildung, ebenso das Diakoniewissenschaftliche Institut der Universität Heidelberg (DWI).

In allen S. u. Hochs. überwiegt der Frauenanteil erheblich und deutet so immer noch die Herkunft aus der Tradition der geistlichen Mütterlichkeit nach Fliedner an.

c) Die gegenwärtigen Herausforderungen kreisen einerseits um Fragen des *»learning outcome«*, der Schärfung u. Klärung des Profils im Wettbewerb einer sich öffnenden Schul-/Hochschullandschaft, da ev. S. ihren Zugang nicht konfessionell begrenzen. Oft erweitern sich die Diskurse zur Frage einer besonderen, auch diakonischen →Kultur u. Identität im religiös-weltanschaulichen Pluralismus, gerade auch weil diese S. mit oft starker regionaler o. Trägerbindung an der dem Protestantismus internen →Diversität bzw. dem Pluralismus teilhaben. Der durch die UN-Behindertenrechtskonvention (→UN-Konvention über die Rechte von Menschen mit Behinderung) gesetzte Auftrag zur →Inklusion (nicht nur) von Menschen mit →Behinderungen verwandelt wachsende Teile der Förders. in Beratungszentren. Er bewegt auch die allgemeinbildenden S., führt aber nur selten zur Kooperation mit ev. Förders.

Literatur: RALPH-CHRISTIAN AMTHOR, Einführung i.d. Berufsgeschichte d. Soz. Arbeit Weinheim 2012 • JUTTA WOLFF / HORST-PETER WOLFF, Krankenpflege: Einführung in das Studium ihrer Geschichte, Frankfurt a.M. 2011.

Thomas Zippert

SCHWÄCHE/STÄRKE

Im Bereich der →Diakonie spielt der Begriff der St. eine große Rolle: Dies verdeutlichen Slogans wie »stark für andere«, »Macht der →Nächstenliebe« (1998) oder »Diakonie – eine starke Marke!?« (2015).

Jedoch ist ein wesentliches Kennzeichen der →Kirche, dass sie die Versammlung der Schwachen, Geringen u. Verachteten ist (1Kor 1,27). Biblisch gesehen ist daher gerade die Fehlerhaftigkeit u. Fehlbarkeit und damit die Bedürftigkeit u. Schwachheit des Menschen seine wesentliche Grundbefindlichkeit (vgl. Seligpreisungen Mt 5,1ff). Die Wahrnehmung der eigenen Sch.n (Erschöpfung) gerade auch der Helfenden kann zur Erkenntnis besonderer St.n führen, sodass der Satz des Apostels Paulus »wenn ich schwach bin, dann bin ich stark« (2Kor 12,9) nicht ein paradoxes Wort ist, sondern ein Ausdruck tiefer Selbsterkenntnis (also auch eine Alternative zum →Helfersyndrom). Ein gelassener Umgang mit dem Thema »Macht« in Kirche u. Diakonie wird dann möglich.

So fordern auch die Mahnungen zu Werken der →Barmherzigkeit (Mt 25,31ff) nicht vornehmlich dazu auf, die Ressourcen u. St.n einzusetzen (das auch), sie ermöglichen vielmehr die Begegnung mit →Jesus selbst.

Apostel Paulus: Gott hat zu mir gesagt: Lass dir an meiner Gnade genügen; denn meine Kraft ist in den Schwachen mächtig. Darum will ich mich am allerliebsten rühmen meiner Schwachheit, damit die Kraft Christi bei mir wohne. Darum bin ich guten Mutes in Schwachheit, in Misshandlungen, in Nöten, in Verfolgungen und Ängsten um Christi willen; denn wenn ich schwach bin, so bin ich stark.

Martin Wolff

SCHWANGERSCHAFTSKONFLIKTBERATUNG

Ev. Schwangerschaftsberatungsstellen bieten Frauen u. Paaren Unterstützung durch psychosoziale →Beratung während der Schwangerschaft und nach der Geburt des Kindes. Die →Mitarbeitenden der Beratungsstellen informieren zu sozialen u. wirtschaftlichen Hilfen und besonderen Rechten im Arbeitsleben für Schwangere, z.B. den Mutterschutz. Sie erläutern u. klären den Anspruch auf Leistungen der Existenzsicherung und helfen bei der Antragstellung. Sie informieren zu einmaligen Leistungen in der Schwangerschaft sowie familienfördernden Leistungen, insbes. über Elternzeit u. -geld sowie Unterstützungsangebote für Alleinerziehende. Sie vermitteln Informationen für werdende Eltern über Hebammenhilfe, Geburtsvorbereitung und die Entwicklung des Kindes in den ersten Lebensjahren sowie zu weiteren familienbezogenen Bildungs- o. Beratungsangeboten in den Frühen Hilfen. Diese beraten auch zu Fragen der Sexualaufklärung und bei (sexuellen) Problemen des Paares sowie zur Familienplanung, z.B. hinsichtlich eines Kinderwunsches oder zu Verhütungsmethoden. Fachkräfte der Schwangerschaftsberatung informieren werdende Eltern zu vorgeburtlichen Untersuchungen sowie den erweiterten Möglichkeiten u. Risiken der →Pränatalen Diagnostik. Sie bieten Beratung u. Begleitung im Prozess der medizinischen Diagnostik und der Entscheidung, weitere Untersuchungen in Anspruch zu nehmen o. abzulehnen, und informieren über Hilfsmöglichkeiten, die vor und nach der Geburt eines gesundheitlich gefährdeten Kindes zur Verfügung stehen. Nach einem Schwangerschaftsabbruch, einer Fehlgeburt, einer Frühgeburt oder der Geburt eines Kindes mit einer Erkrankung, die die Lebenszeit stark verkürzt, bieten die Mitarbeitenden der Beratungsstellen stützende Gespräche zur →Trauerbegleitung u. -bearbeitung. Generell gilt: Die Beratung ist anonym, kostenfrei und die Mitarbeitenden unterstehen der Schweigepflicht.

RECHTLICHE GRUNDLAGEN

1995 trat das »Gesetz zur Vermeidung u. Bewältigung von Schwangerschaftskonflikten« (Schwangerschaftskonfliktgesetz, SchKG) in Kraft. Jede Frau und jeder Mann hat demgemäß einen Rechtsanspruch auf Beratung bei »Fragen der Sexualaufklärung, Verhütung u. Familienplanung sowie in allen eine Schwangerschaft mittelbar o. unmittelbar berührenden Fragen«. Gesetzliche Bestimmungen zur S. sind in den §§ 218a u. 219 Strafgesetzbuch (StGB) sowie in §§ 5–7 SchKG geregelt. Die Abtreibung ist in Deutschland aus ethischen Bedenken grundsätzlich rechtswidrig, aber nach sozialer Beratung innerhalb der ersten 12 Schwangerschaftswochen nicht strafbar.

Seit 1.1.2010 gilt § 2a SchKG: Ärztinnen u. Ärzte müssen bei Vorliegen einer pränatal erstellten Diagnose die Schwangere medizinisch u. psychosozial beraten und sie über ihren Rechtsanspruch auf vertiefende psychosoziale Beratung, etwa in einer Schwangerschaftsberatungsstelle, informieren. Die Bedenkzeit von 3 Tagen zwischen Beratung u. Schwangerschaftsabbruch betrifft ab dieser Reform auch Fälle aus medizinischen Gründen, bei denen die Schwangerschaft zum Schutz der Schwangeren unterbrochen wird.

Seit 1.5.2014 gelten die ergänzenden §§ 25ff SchKG zur vertraulichen Geburt: Schwangere Frauen, die ihre Identität nicht preisgeben und ihr Kind nach der Geburt nicht selbst aufziehen können, erhalten ein ausführliches, ergebnisoffenes Gespräch. Sie werden über die Regelung zur vertraulichen Geburt und deren rechtliche Folgen informiert, sollte die persönliche Notlage nicht mit anderen Hilfsmöglichkeiten zu überwinden sein. Dazu gehört auch, sie über die Möglichkeiten einer Adoptionsvermittlung aufzuklären.

Im Fall einer nicht geplanten und nicht erwünschten Schwangerschaft gewährt die Ev. S. einen ergebnisoffenen Beratungsprozess des Klärens u. Verstehens. Die vorbehaltlose Annahme der Ratsuchenden mit ihren Nöten u. Problemen bietet einen geschützten Raum, in dem die schwangere Frau (und ihr Partner) ihre Situation reflektieren und ihre Entscheidung über die Fortsetzung o. Unterbrechung der Schwangerschaft finden kann. Der Schutz des ungeborenen Lebens kann nach dem Konfliktverständnis der ev. Beratungsstellen nur mit, nicht gegen die schwangere Frau erlangt werden.

Die Mitarbeitenden informieren über verschiedene Methoden eines Schwangerschaftsabbruchs und deren Finanzierung sowie rechtliche Rahmenbedingungen und zeitliche Abläufe. Sie stellen nach Abschluss des Gesprächs eine Beratungsbescheinigung aus und zeigen Möglichkeiten auf, eine ungewollte Schwangerschaft zukünftig sicher zu vermeiden.

Die meisten Frauen geben physische u. psychische Überforderung mit einem, gegebenenfalls weiteren, Kind als Grund für einen Schwangerschaftsabbruch an; finanzielle Sorgen oder eine problematische Beziehung zum Kindsvater spielen eine große Rolle. In zunehmender Zahl wird eine Unvereinbarkeit von Beruf u. Schwangerschaft aufgrund von unsicheren Arbeitsverhältnissen, z.B. befristeten Arbeitsverträgen oder Angst vor dem Verlust eines Ausbildungsplatzes, genannt.

Neben der Einzelberatung mit der Frau ist das Paargespräch die häufigste Form der Beratung. In der sexualpädagogischen Arbeit, z.B. mit Schulklassen, überwiegt die Gruppenarbeit. Es wird Wissen über Körper, Zeugung, Schwangerschaft u. Geburt vermittelt. Sexuelle Funktionen und sexuelles sowie emotionales Erleben werden altersgerecht besprochen. Geschlechtsspezifisches Rollenverhalten u. Wünsche an eine (zukünftige) Partnerschaft werden spielerisch thematisiert und reflektiert. Die Verhütung von Schwangerschaft u. sexuell übertragbaren Krankheiten, insbes. die korrekte Anwendung von Verhütungsmitteln, werden unterrichtet.

Angelika Wolff

SCHWESTERNSCHAFT

siehe unter: Gemeinschaften, diak. und Mutterhäuser

SEEBERG, REINHOLD

Der aus dem Baltikum stammende S. (1859–1935) war einer der einflussreichsten Theologen in Deutschland in der ersten Hälfte des 20. Jh. Nach Theologiestudium in Dorpat und ersten beruflichen Stationen in Dorpat und Erlangen wurde er 1898 — als konservatives Gegengewicht zu Adolf von Harnack — an die Berliner Universität auf einen Lehrstuhl für Systematische Theologie u. Religionsphilosophie berufen. Dort lehrte der machtbewusste u. einflussreiche Theologe bis 1927. Daneben bekleidete er zahlreiche weitere Ämter, am wichtigsten sicherlich der Vorsitz im Centralausschuss für →Innere Mission von 1923–1933 (zuvor Vizepräsident). 1927 war er auch an der Gründung des »Instituts für Sozialethik« in Berlin maßgeblich beteiligt (→Diakoniewissenschaft). Mit seiner modern-positiven Theologie war S. ein exponier-

ter konservativer Vertreter des sozialen Protestantismus, der sich im Ersten Weltkrieg für weitegehende Annexionen einsetzte und später als Gegner der Weimarer
Demokratie profilierte.

LITERATUR: STEFAN DIETZEL, R.S. als Ethiker des Sozialprotestantismus, Göttingen 2013.

Norbert Friedrich

SEELE

S. in Wissenschafts- u. Alltagssprache: Die empirischen Wissenschaften vermeiden den S.-Begriff oder verwenden ihn als Synonym für psychische Funktionen, die
messbar und therapeutisch beeinflussbar sind (→Psychiatrie, Psychosomatik [→Psy-
chosomatische Medizin], →Psychotherapie). Im z.T. polemischem Gegensatz hierzu
bewahrt der alltägliche Sprachgebrauch das Wort S. für das Lebendige, Kostbare,
ethisch o. ästhetisch Erstrebenswerte, Verletzbare oder auch für das Unzerstörbare
am Menschen, wie schon antike u. scholastische Philosophie mit *psyche* oder *anima*
als S. das Lebensprinzip jedes Lebewesens bezeichnete.

Diese Auffassung ging spätestens im neuzeitlichen Denken und in den empirischen Wissenschaften verloren: Die »Austreibung der S.« (Holzhey 2013) distanziert
sich von einer langen philosophisch-theologischen Tradition europäischen Denkens,
die im Substanz-Dualismus René Descartes' (1596–1650) gipfelt. Er nennt die Geist-S.
einerseits und die Materie (das Ausgedehnte, Messbare) andererseits »Substanzen«,
die trotz zufälliger (akzidenteller) Veränderungen im Wesentlichen unverändert bleiben. Durch Kants nachhaltige Kritik an der kartesischen Substanz-S. entsteht zugleich die Möglichkeit eines neuzeitlich-empirischen Zugangs zur S. Dies meinen
auch die folgenreichen Sätze: »Also nur ruhig eine Psychologie ohne S. angenommen!
Es ist doch der Name noch brauchbar, solange es hier irgend etwas zu thun giebt, was
nicht von einer andern Wissenschaft vollständig mit besorgt wird« (Lange 1866, 465).

Für gewöhnlich wird hiervon nur *Psychologie ohne S.* zitiert und nahegelegt, dass
zusammen mit dem substanzialistischen Verständnis auch das gesamte S.n-
Vokabular abgeschüttelt wird. Lange nennt die terminologische Austreibung der S.
eine »unpraktische Pedanterie«. Denn wir haben mit dem S.-Begriff »einen überlieferten Namen für eine grosse, aber keineswegs genau abgegrenzte Gruppe von Erscheinungen. Dieser Name ist überliefert aus einer Zeit, in welcher man die gegenwärtigen
Anforderungen strenger Wissenschaft noch nicht kannte« (Lange 464). »S.« ist darum
aus der Wissenschaftssprache fast völlig verschwunden.

Mit der Identifizierung von S. mit Substanz-S. und beider terminologischer Abschaffung gingen andere Aspekte des ausdrucksstarken S.n-Begriffs verloren, der
nun als Erinnerungs-Begriff wirkt, als »Gegensatz der Kälte des auf Technik, schließlich zur Gefolgschaft ausgerichteten Subjekts«, als Platzhalter des »Anderen als die
Welt«, das die »vom Intellekt bedingte Wirklichkeit als Absolutes transzendiert«
(Horkheimer 1967). Im rhetorisch-metaphorischen Sprachgebrauch hat der S.-Begriff
Anmutungsqualitäten (Holzhey 2013), die ein nach-metaphysisches Menschenbild
bewahren muss, notfalls auch gegen wissenschaftliche ›Austreibungs‹- o. Abschaf-
fungs-Versuche.

S.n-(heil-)kunde im Zeitalter des S.n-verlustes: Die Psychologie ohne S., der S.n-
verlust oder ihre Abschaffung ist paradoxerweise ein S.n-prozess, Ergebnis eines

schöpferischen und zugleich gegen sich selbst gerichteten Lebensprozesses von S. Die S. bringt ihren Verlust hervor; die S.nvergessenheit ist Ergebnis eines S.nprozesses. Die Allergie des neuzeitlichen Denkens gegenüber dem S.nbegriff rührt daher, dass dieser nicht wertneutral-deskriptiv ist wie jener der »psychischen Funktionen«, sondern emphatisch, poetisch, normativ u. spirituell. Die Wortbildungen →»S.sorge«, »S.nheil«, »S.nheilkunde«, »S.größe«, »eine S. von Mensch« zeigen den Prozesscharakter des Seelischen. Negativ weisen auch »Krämers.«, »S.nverkäufer«, »mutters.nallein« u. »s.nlos« darauf hin.

Fasst man S. auch im nach-metaphysischen Zeitalter als Chiffre für das Lebendige auf, so droht heute weniger die substanzialistische Gefahr als das Risiko sozialer u. technischer Kontrolle des Lebendigen. Eine authentische Psychologie muss das Unverzichtbare des S.nbegriffs gegen die metaphysische Vereinnahmung *und* gegen die positivistische des empirischen Reduktionismus (Materialismus) verteidigen.

Sigmund Freud sprach von »weltlicher S.sorge«, Viktor Frankl von »ärztlicher S.sorge« (→Seelsorge). Beiden gemeinsam ist es, die S. als Sammelbegriff für das lebendige Entwicklungspotenzial in →Medizin u. Psychotherapie zu verankern. Die Attribute »weltlich« und »ärztlich« zeigen, dass es sich hierbei um einen metaphorischen Sprachgebrauch, um die Übertragung vom religiösen auf den medizinischen Lebensbereich handelt. Ein Beispiel für die ›Rückkehr‹ der S. in Wissenschaft u. Technik und zugleich ein diakonischer Zugang zur S. ist »Spiritual Care«: →Care meint die unmittelbare, v.a. materielle Hilfe u. →Sorge für die →Gesundheit des →Leibes. Das Attribut »spiritual« hebt einen Aspekt hervor, der untrennbar mit dem Menschen und der Sorge für seine S. verbunden ist.

LITERATUR: FRIEDRICH ALBERT LANGE, Geschichte d. Materialismus u. Kritik seiner Bedeutung i.d. Gegenwart, Iserlohn 1866 • MAX HORKHEIMER, De Anima, in: DERS., Zur Kritik d. instrumentellen Vernunft, Frankfurt a.M. 2007 • ECKHARD FRICK, Psychosomatische Anthropologie, Stuttgart 2015 • HELMUT HOLZHEY, Die Austreibung d. S. aus den metaphysischen Diskursen i.d. Philosophie d. Neuzeit, in: HANS-ULRICH RÜEGGER / EVELYN DUECK / SARAH TIETZ (Hg.), Abschied v. Seelischen, Zürich 2013, 141–156.

Eckhard Frick sj

SEELSORGE

S. ist ein »kommunikative[r] Vorgang zwischenmenschlicher Hilfe mit dem Ziel einer konkreten Stärkung u. Hilfe für Glauben und Leben« (Ziemer). Als solcher ist S. fundamentale Wesensäußerung von →Kirche. Sie entspricht einerseits dem theologischen Verständnis der liebenden, anteilnehmenden u. helfenden Zuwendung →Gottes zur Welt, bezeugt in zahlreichen biblischen Texten im AT u. NT. Sie entspricht andererseits als aufsuchende Bewegung zum Anderen hin der anthropologischen Angewiesenheit des Menschen auf personale Zuwendung, soziale →Anerkennung u. Achtung von Würde. In der S. lässt sich Kirche auf die konkrete Lebenswelt und die Lebenskontexte von Menschen ohne Voraussetzung (z.B. Zugehörigkeit zur eigenen Konfession o. Religion) und ohne Absicht (d.h. ohne materielle Vergütung o. sonstige Gegenleistung) ein. Ihr Ziel ist die »Freisetzung eines christl. Verhaltens zur Lebensbewältigung« (Winkler). S. gehört prinzipiell zum Handlungsfeld →Diakonie, zur Kommunikation des Evangeliums im Modus des →Helfens (Grethlein). Beides, Diakonie u. S., werden auch in Zeiten abnehmender →Kirchenmitgliedschaft mit Kirche verbunden und in hohem Maße wertgeschätzt, aber als Kernkompetenz auch erwartet. Alle Christen sind zur S. gerufen; S. geschieht in einer geregelten Verbindung von ehrenamtlichen u. hauptamtlichen Strukturen.

Kompetente Kommunikation des Evangeliums

Eine viel gebrauchte Beschreibung von S. als »Muttersprache der Kirche« (Bosse-Huber) betont sprachliche Kommunikation von S.; tatsächlich handelt es sich bei S. weitgehend um Gespräch (Stollberg). Ebenso wie S. häufig in Grenzsituationen des Lebens stattfindet, finden seelsorgliche Begegnungen in Grenzbereichen statt, die nicht selten die Möglichkeiten verbaler Kommunikation unterlaufen u. überschreiten, weil adäquate Worte fehlen, religiöse Sprache o. die physischen u. kognitiven Voraussetzungen abhandengekommen sind. Dann geschieht S. in ganz basaler mitmenschlicher Weise als reines Da-Sein u. Da-Bleiben und in Form ritueller Handlungen wie →Gebet, →Segen u. Choral. Als Kommunikation beginnt S. damit, dem einzelnen Menschen die Möglichkeit zu geben, sich selbst und die eigene Situation von Freude, →Not, Alltag u. Außergewöhnlichem, Hilflosigkeit u. Orientierungsbedarf im Horizont des →Glaubens zur Sprache zu bringen. In jeder Begegnung entwickelt S. die Fähigkeit zur Verständigung neu und macht mit dem Gegenüber Entdeckungen in der Glaubens- u. Lebenswelt. In diesem Sinne ist S., wie Diakonie insgesamt, ein »Seismograph von Kirche« (Klessmann) für gesellschaftliche Entwicklungen u. tiefgreifende demographische Herausforderungen, für individuelle u. allgemeine Krisen. Aus Respekt vor dem Gegenüber und der eigenen Person, aus →Verantwortung vor Gott und aus Achtsamkeit für den Kommunikationsprozess bedarf ehren- u. hauptamtliche S. der Sorgfalt: v.a. hauptamtliche Seelsorger nutzen Kompetenzen, die in einer theologischen Ausbildung und im Gespräch mit Human- u. Sozialwissenschaften (Psychologie, Sozialpädagogik, Kommunikationswissenschaften etc.) im Rahmen pastoralpsychologischer Ausbildung erworben werden. So sehr sich ein/e Seelsorger/in mit grundsätzlicher Offenheit u. Absichtslosigkeit auf die Begegnung einlässt, so sehr richten sich vom Gegenüber aus bestimmte Erwartungen an die S.person: klare Zugehörigkeit zu einer bestimmten Konfession u. Tradition, Gewährleistung seelsorgerlicher Vertraulichkeit u. Verschwiegenheit und Rollensicherheit. Insbesondere in Einrichtungen in diakonischer Trägerschaft gehört zur Klarheit auch die Offenlegung der Zugehörigkeit des S.personals zur Einrichtung. Diakonische Einrichtungen sorgen prinzipiell durch Gestaltung der Rahmenbedingungen für die Ermöglichung seelsorglicher Kommunikation, etwa durch Bereitstellung von Räumen für vertrauliche Gespräche, Büros mit entsprechender Ausstattung, Informationen über Erreichbarkeit, Dienst- u. Aufgabenvereinbarungen etc.

Geschichtliche Aspekte

Terminologisch entstammt S. der griechischen Antike; in der Bibel begegnet der Begriff S. nicht. Die Sorge um die →Seele bezieht sich bei Homer auf den Sitz des Lebens in Bedrohung und bezeichnet die ganze Person. Bei Platon entwickelt sich eine Leib-Seele-Dichotomie. Sorge um die Seele ist demnach das Bemühen, die Seele während ihres irdischen Daseins gesund zu erhalten; S. als Psycho-Therapie ist in platonischer Vorstellung transzendent orientiert. Im biblischen Denken ist die Seele derjenige Teil von Gottes Atem, der im Menschen atmet und steht also für kreatürliche Lebendigkeit im weitesten Sinn; Sorge um die Seele ist in diesem Sinn Sorge um das von Gott gegebene und zu Gott führende Leben. Zum Verständnis des →Sorge-Begriffs, der in jesuanischer →Verkündigung durchaus kritisch gewertet wird (Mt 6,25ff) und in der Philosophiegeschichte problematisiert wird, wird in jüngerer Zeit auf den englischen →*Care*-Begriff zurückgegriffen, um die diakonischen Aspekte der Für-Sorge und des Kümmerns zu betonen. Das →Klagen u. Seufzen in einer existenziellen, das Leben bedrohenden Situation sind etymologisch ebenso Bestandteile von S. wie das sich Kümmern u. Umsorgen. Als Subjekt von S. ist damit ebenso der Mensch in Not als auch die helfende Person zu betrachten. Entsprechend gibt es auch keinen Begriff für das Gegenüber von S.: Begriffe wie Klient o. Patient entstammen nicht-seelsorgerlichen Kontexten (→Gesundheitswesen, Therapeutische Beziehung), der Begriff Pastorand markiert ein hierarchisches Verhältnis. Im besten Sinne beschreibt S. darum die gemeinsame Sorge um die Teilnahme u. →Teilhabe am Leben im umfassenden Sinn, also dem individuell-biografischen, sozialen, ökologischen u. transzendenten, die Gottesbeziehung umfassenden Leben (Roser).

Die Geschichte der christl. S. ist wechselhaft. Seit der *cura animarum* der Kirchenväter der ersten Jahrhunderte wird zwischen einer allgemeinen (*c.a. generalis*) und speziellen (*c.a. specialis*) S. unterschieden. Letztere bezieht sich auf Aufgaben der →Leitung von Gemeinde, häufig verbunden mit der Leitung von Diakonie (z.B. Basilius d.Gr., 4. Jh.); gleichzeitig entwickeln die Wüstenväter u. -mütter Grundmodelle individueller S. und →Beratung, verbunden mit einem vorbildlich frommen Leben der S.persönlichkeit als Asketen/innen. Im Mittelalter entwickelt sich die *cura animarum* zu einer *cura pastoralis*, hin zum Hirtenamt. Entsprechend dominiert ein Verständnis des Seelsorgers als Beichtvater, dessen Aufgabe die Heiligung des Lebens ist; seelsorgliches Handeln ist an den →Sakramenten ausgerichtet. Die →Reformation erinnert mit dem Priestertum aller Gläubigen an die Aufgabe gegenseitiger Tröstung u. Vergewisserung. In reformierter Tradition wird S. pädagogisiert und führt als Anleitung, Ermahnung u. Beratung unter Christen zu einer *disciplina* im christl. Stand. Die religiöse Lebenspraxis des einzelnen Menschen ist Gegenstand von S. im →Pietismus. Das ausgehende 19. Jh. bringt mit Industrialisierung u. →Arbeiterbewegungen, Fortschrittsoptimismus u. Ideologisierung einen gesellschaftlichen Umbruch und eine Welle der Entkirchlichung mit sich. Diakonie u. S. reagieren darauf durch sozial- u. humanwissenschaftlich fundiertes Interesse für die Lebenswelt der Menschen. Im 20. Jh. kommt es im Gefolge der dialektischen Theologie zu einer Ausrichtung der S. an der Verkündigung, bis Ende der 1960er Jahre die Ausläufer der amerikanischen u. niederländischen S.bewegung die deutschsprachige S.theorie u. -praxis erreichten und ein therapeutisch orientiertes S.konzept etablierten. S. wird als →Psychotherapie im kirchlichen Kontext verstanden (Stollberg). Mit der Gründung der Deutschen Gesellschaft für Pastoralpsychologie und ihren Sektionen setzt ein Qualitätsschub ein, der in den ev. u. kath. Kirchen ein standardisiertes u. erfahrungsorientiertes klinisches Training zur Voraussetzung einer speziellen Beauftragung zu S. macht.

ORTE

Kirchliche S. organisiert sich komplementär auf Ebene der Ortsgemeinde und als spezielle S. in diakonischen Einrichtungen und nichtkirchlichen Institutionen, dort legitimiert durch den Schutz der freien Religionsausübung (Art. 4 GG). Gesellschaftliche Veränderungsprozesse haben von der Anstaltss. (in Gefängnissen o. Militär) zu einer Differenzierung von S. »am andern Ort« (Borck) oder zielgruppen- bzw. lebenssituationenorientierter S. geführt, die je unterschiedliche Rahmenbedingungen, Arbeitsformen u. Kooperationsformen erfordern. Das größte Feld mit ca. 1.000 hauptamtlichen Seelsorgerinnen u. Seelsorgern ist die Krankenhauss.; S. in Altenpflegeeinrichtungen und bei Menschen mit Demenz nimmt deutlich zu. Als profilierte Bereiche mit je eigenen Strukturen gelten Militär-, Polizei-, Gefängnis-, Notfall-, Schul-S. etc. Zielgruppenspezifisch o. fachlich spezialisiert arbeiten Kinder-, Gehörlosen- u. Blinden-, Aids-, Palliativ-/Hospiz- u. Psychiatrie-S. Den Kommunikationsmedien entsprechend bestehen Telefon-, Internet- u. Brief-S. Daneben haben Kirche u. Diakonie ein breites Netz von ca. 650 Beratungsstellen in Deutschland aufgebaut mit einem fachspezifisch ausgerichteten u. niedrigschwelligen Angebot für Lebens- u. Familienberatung. Abhängig vom Kontext wird S. kirchlich verantwortet u. finanziert, zunehmend aber in geregelter Kooperation mit anderen Trägern. In diakonischen Einrichtungen markiert ein eigenes S.-Angebot den Unterschied zu anderen Wohlfahrtsverbänden. In allen Feldern bedarf es in einer zunehmend multi-religiösen Gesellschaft der Bereitschaft u. Fähigkeit zu geregelten Kooperationen mit anderen helfenden/beratenden Einrichtungen u. bürgerschaftlichen Initiativen und zugleich einer selbstbewussten Profilierung des seelsorglichen Leistungsangebots u. seelsorglicher Kompetenz im Unterschied zu anderen Formen von Begleitung, Beratung u. →Betreuung. Die Organisation netzwerkorientierter S. bringt dabei ein eigenes Profil ein, zu dem neben seelsorglicher Vertraulichkeit und dem unverbrüchlichen Beichtgeheimnis auch pastoralpsychologische Kompetenz und liturgisch-rituelle Angebote gehören.

LITERATUR: KLAUS WINKLER, S., Berlin 1997 • JÜRGEN ZIEMER, S.lehre, Göttingen 2000 • TRAUGOTT ROSER, Spiritual Care, Stuttgart 2007 • MICHAEL KLESSMANN, S., Neukirchen-Vluyn 2008 • KERSTIN LAMMER / SEBASTIAN BORCK / INGO HABENICHT / TRAUGOTT ROSER, Menschen stärken. S. i.d. ev. Kirche, Gütersloh 2015.

Traugott Roser

SEGEN

Für das christl. Verständnis des S.s ist die biblische Überlieferung (→Bibel) maßgeblich. Im AT nimmt der S. einen breiten Raum ein. Dabei bezieht sich das Wort S. auf zweierlei Sachverhalte: gemeint ist zum einen Gottes unmittelbares S.swirken und zum anderen der S.szuspruch. Wo →Gott sich Menschen freundlich zuwendet, erfahren diese Menschen den S. Gottes. Der S. äußert sich sehr »diesseitig«: in Fruchtbarkeit u. großer Nachkommenschaft, in reicher Ernte u. Wohlstand, in Ruhe u. Sicherheit, in Heil u. Glück. Der Inhalt des S.s wird am Treffendsten mit dem hebräischen Begriff *Schalom*, umfassendes Heil, wiedergegeben. Diese Traditionslinie, in der sich der S. im Wohlergehen des Menschen äußert, verbindet das alte Israel mit seiner religiösen Umwelt, die ihren Gottheiten ähnliche S.swirkungen zuschreibt. Zugleich entzündet sich an dieser Stelle aber auch schärfster Widerspruch, indem allein dem Gott Israels diese segnende Macht zuerkannt wird und die Ansprüche der Götter abgewiesen werden.

Daneben gibt es im AT eine weitere Traditionslinie, in der der S. in den Zusammenhang des geschichtlichen Handelns des Gottes Israels gestellt wird. In 1Mose 12,1–3 wird Abraham nicht nur Nachkommenschaft und ein großer Name verheißen, sondern auch, dass er ein S. sein soll. Der S. wird selbst zum Gegenstand einer Verheißung Gottes, deren Erfüllung für die Zukunft erwartet wird. Dabei ist der S. nicht nur das Schlüsselwort für die Deutung der Geschichte des Volkes Israel, sondern der S. wird universalistisch geweitet: »in dir sollen gesegnet werden alle Völker auf Erden« (1Mose 12,3).

In einer weiteren Traditionslinie des AT wird der S. mit dem Bund, den Gott mit Israel geschlossen hat, zusammengebracht. Das Volk erlebt S., wenn es die Gebote Gottes achtet und ihnen gehorcht, und es stellt sich selbst unter den Fluch Gottes, wenn es dieses nicht tut (5Mose 28,1–44).

Da der S. ursprünglich seinen Sitz im Leben der Großfamilie hatte, ist grundsätzlich jeder zum Segnen ermächtigt. In der Praxis ist das Segnen v.a. Sache des Familienvaters. Daneben gibt es im AT besondere, den S. vermittelnde Personen: Könige, Propheten u. Priester. Letztere spielen eine bestimmende Rolle im Tempelgottesdienst. Am Ende des →Gottesdienstes erteilt der Priester den S., damit dieser sich im alltäglichen Leben auswirkt. Die klassische Form dieses priesterlichen S.s ist der sogenannte aaronitische S. (4Mose 6,24–26).

Im NT nimmt das Thema S. einen deutlich geringeren Raum ein. Es übernimmt das alttestamentliche Verständnis des S.s. In den synoptischen Evangelien segnet →Jesus die Kinder in der Art eines jüdischen Lehrers (Mk 10,13–16), er spricht zu Beginn einer Mahlzeit ein S.wort und der Auferstandene erteilt seinen Jüngern beim Abschied den S. (Lk 24,51). Den Jüngern wird aufgegeben, ihre Feinde zu segnen (Lk 6,27f). In Gal 3,8–14 nimmt der Apostel Paulus die Überlieferung des Abrahamss.s (1Mose 12,3) auf und deutet diesen neu: nachdem Christus in seinem Tod am Kreuz den Fluch des Gesetzes getragen hat, kommt nun der S. Abrahams zu denen, die darauf vertrauen, dass Gott sie in Christus mit sich versöhnt hat. Als von Gott Gerechtfertigte empfangen sie den Geist Gottes und so gelangt der S. Abrahams zu den Völkern.

Wer nach dem S. Gottes fragt, für den ist die Welt kein in sich geschlossenes System. Er versteht auch den Menschen nicht als ein autonomes, nur durch sich selbst bestimmtes Wesen, das seines eigenen Glückes Schmied ist. Er weiß: der Mensch kann vieles bewirken, doch er ist zugleich in Zusammenhänge hineingestellt, die ihm vorgegeben sind und die sich einer direkten Beeinflussung entziehen. V.a. aber kann er das Gelingen seines Tuns nicht selbst garantieren.

S. erinnert daran, dass der Mensch auf die gnädige Zuwendung Gottes angewiesen ist. Das gilt für die äußeren Zusammenhänge des Lebens. Das gilt aber genauso auch für das Bestehen des Menschen vor Gott und damit im Letzten für den Sinn des eigenen Lebens. Dieser ist nicht durch das eigene Tun herzustellen, sondern kann dem Menschen nur von außen, von Gott her, zugesprochen werden. Wer sich von Gott gesegnet weiß, darf dessen gewiss sein, dass sein Leben einen Sinn hat, weil er von Gottes liebevoller Zuwendung getragen ist.

Zugleich darf er den S. Gottes weitergeben. Diakonische Hilfeleistung (→Helfen) ist eine Gestalt, wie der S. Gottes weiterwirkt. Der Zuspruch des S.s an einen anderen ist eine zweite Form der Weitergabe. Die Situationen, in denen der S. zugesprochen wird, sind meist Situationen des Übergangs: beim Übergang von der gottesdienstlichen Feier zum Alltag, am Beginn eines neuen Lebensabschnitts oder der Übernahme einer neuen Aufgabe, im Sterben oder am Totenbett.

Sprachlich ist der S. weder Bitte noch Wunsch. Beim S. geht es um eine Zusage, die der Segnende dem anderen im Vertrauen darauf zuspricht, dass Gott diese Zusage an ihm wahr machen wird, und die der Gesegnete in der Gewissheit des →Glaubens für sich gelten lassen darf.

Klaus Riesenbeck

SEKTEN

Gruppen, die früher als »S.« abwertet wurden, werden besser neutral als »neue religiöse Bewegung« bezeichnet. Nur im strengen religionswissenschaftlichen Sinn kann das Wort »S.« wertneutral verwendet werden und meint die Abspaltung von einer Mutterreligion. Aus dieser Perspektive wurde das frühe Christentum als S. des →Judentums angesehen.

Dagegen ist der soziologische u. umgangssprachliche Gebrauch von »S.« abwertend. Man meint damit, dass die Gruppe manipulativ, konfliktträchtig o. betrügerisch sei. Dabei werden Angehörige der Gruppe entweder als Opfer oder als gefährliche Verführer wahrgenommen. »Versektete« Heilungsangebote, Quacksalber u. Scharlatane haben durch den Boom der Alternativmedizin zugenommen. Die Vorstellung, mit Geisteskraft Heilung zu bewirken, kommt in sehr unterschiedlichen weltanschaulichen Milieus vor: in den Naturreligionen (Schamanismus), in der esoterischen Lebenshilfe, aber auch in Extremgruppen pfingstlich-charismatischer Frömmigkeit. Geistheiler mit esoterischem Weltbild betonten die Gottgleichheit des Menschen (im Unterschied dazu →Gottebenbildlichkeit) und seine schöpferische Kraft, die ihn zur Überwindung aller Krankheiten befähigen könne. Durch besondere geistige Techniken des Betens (→Gebet) u. Meditierens (→Meditation), durch →Rituale u. Visualisierungen soll Heilung möglich werden. Spirituelle Methoden gründen dabei häufig auf esoterischen (z.B. Geistheilung) o. buddhistischen (z.B. Achtsamkeit) →Menschenbildern. Dadurch sind neue Herausforderungen für Mitarbeitende in der Diakonie entstanden, die sich christl. Werten verpflichtet wissen. Alle »spirituellen« Gesundheitsangebote eint die Sorge um die Seele in einer technikdominierten »Apparatemedizin«. In den Anstrengungen um eine »Medizin mit Seele« sollte aber nicht übersehen werden, dass sich buddhistische, esoterische, humanistische u. christl. Krankenbegleitung (→Seelsorge) deutlich voneinander unterscheiden.

LITERATUR: www.ezw-berlin.de.

Michael Utsch

SELBSTÄNDIGE DIAKONISCHE EINRICHTUNGEN

siehe unter: Einrichtungen, diakonische

SELBSTBESTIMMUNG

I. S. bezeichnet die Möglichkeit eines Menschen, selbst Entscheidungen über sein Handeln, Verhalten und seine Lebensbedingungen zu treffen. S. bedeutet im weitesten Sinne, nach freiem Willen über sich u. sein Leben entscheiden zu können.

S. wird häufig synonym zu den Begriffen Entscheidungsfreiheit, Autonomie, Selbständigkeit o. Unabhängigkeit verwendet. S. umfasst Aspekte der Entscheidungs- u. Handlungsautonomie und ist sowohl durch den intellektuellen Entwicklungsstand eines Menschen, von dessen Erfahrungen u. Wissen sowie den Informationen, die ihm zugänglich sind, bestimmt als auch von den Strukturen abhängig, in die er eingebunden ist.

Selbständigkeit o. Unabhängigkeit sind nicht zwingende Voraussetzungen von S. Ein Mensch kann auch dann selbstbestimmt leben, wenn er z.b. aufgrund einer Körperbehinderung oder Sehbehinderung (→Behinderung) in seiner Selbständigkeit erheblich eingeschränkt und daher bei der Bewältigung des Alltags auf intensive →Assistenz angewiesen ist.

II. Das S.srecht ist ein zentraler Gedanke der →Menschenrechte und garantiert Individuen o. Gruppen, die eigenen Angelegenheiten frei und eigenverantwortlich gestalten zu können. Das Übereinkommen über die Rechte von Menschen mit Behinderungen (→UN-Konvention über die Rechte von Menschen mit Behinderung) hat 2006 diesen Grundsatz im Sine einer gleichberechtigten →Teilhabe aller Menschen am gesellschaftlichen Leben weiter konkretisiert. Das Recht auf die Ausübung des persönlichen S.srechts endet allerdings dort, wo dadurch andere Personen in deren (S.s.-)Rechten eingeschränkt werden. Auf individueller Ebene garantiert das GG das Recht eines jeden Menschen »auf die freie Entfaltung seiner Persönlichkeit, soweit er nicht die Rechte anderer verletzt und nicht gegen die verfassungsmäßige Ordnung oder das Sittengesetz verstößt« (Art. 2 Abs. 1 GG). In Art. 140 GG in Verbindung mit Art. 137 Abs. 3 WRV besteht eine Regelung zum S.srecht der Religionsgemeinschaften. Diese ordnen u. verwalten »ihre eigenen Angelegenheiten selbständig«. Welche Angelegenheiten dies sind, wird durch das Selbstverständnis der Religionsgemeinschaften bestimmt. Im Bereich der Diakonie betrifft dies auch die Gestaltung des →Arbeitsrechts.

III. Seit Mitte der 1990er Jahre wird S. verstärkt im heil- u. sonderpädagogischen Diskurs thematisiert. Aktuell gilt der Begriff als zentrale Leitlinie (→Leitbild), die nicht nur in der →Sozialgesetzgebung (→SGB IX) mit dem Autonomiegedanken verankert ist, sondern auch in der Behindertenpädagogik eine große Rolle spielt. Insgesamt ist in der →sozialen Arbeit ein Paradigmenwechsel von einer an Fürsorge orientierten Arbeit hin zur S. festzustellen. Sozialpolitisch (→Sozialpolitik) setzt sich die Ablösung einer bedürftigkeitsorientierten hin zu einer rechtebasierten Wohlfahrtspolitik durch.

IV. S. führt zwingend zur Eigenverantwortung, denn mit einer freien Entscheidung ist auch →Verantwortung für die Folgen dieser Entscheidungen verbunden. Diese darf jedoch nicht als Argument dazu genutzt werden, Menschen für die Lösung ihrer Probleme selbst verantwortlich zu erklären und somit individuelle Verantwortung gegen Strukturen auszuspielen.

Der mit einer konsequenten Ermöglichung von S. verbundene Perspektivwechsel hin zu einer inklusiven Gesellschaft (→Inklusion) stellt die Diakonie vor die Herausforderung, zur Ermöglichung von S. u. Wahlfreiheit in ihren individuellen Angeboten, aber auch im Rahmen von Gemeinwesen- u. Sozialraumarbeit (→Gemeinwesenarbeit; Sozialraumorientierung) sowie politischer Arbeit beizutragen.

Literatur: Frank Martin Brunn / Alexander Dietz (Hg.), S. i.d. Perspektive theolog. Ethik, Leipzig 2011 • Anne Waldschmidt, S. als Konstruktion, Wiesbaden 2012.

Christian Oelschlägel

> *Im Wohnzimmer eines Hauses für Menschen mit einer geistigen Behinderung fehlt bei meinem Besuch das Sofa. Wo es stehen sollte, ist eine große Lücke. Auf meine Frage hin erklärt man mir, dass ein Kunde, welcher nicht spricht, eines Morgens auf dem Sofa schlafend aufgefunden wurde. Und von da an jeden Morgen. Es gab unzählige Versuche, herauszubekommen, was ihn in seinem Zimmer am Übernachten hindert. Man hatte ja nur die Option, irgendetwas zu verändern und dann sein Verhalten zu beobachten. Konstant bezog er des Nachts das grüne Sofa. Just am Tage vor meinem Besuch hatte man das letzte Register gezogen: Bett und Sofa wurden getauscht. Stracks war er mit seinem Zimmer wieder zufrieden. Wie er leben wollte, das wusste er also genau. Das Bett war schon im Keller, als ich kam, und der Termin zum Kauf eines neuen Sofas angesetzt. Nur die Heimaufsicht, die hat jetzt ein Problem. Schließt Selbstbestimmung das Recht ein, seine Nächte auf einem physiologisch suboptimalen Sofa zu verbringen?*
>
> *Christian Dopheide*

SELBSTHILFE

I. BEGRIFF

Als S. bezeichnet man Strategien u. Maßnahmen, die den Grad an Autonomie u. →Selbstbestimmung im Leben von Menschen o. Gemeinschaften erhöhen sollen. Sie ermöglicht es, eigene Interessen (wieder) eigenständig, selbstverantwortlich u. selbstbestimmt zu vertreten. Im Sinne des Begriffs →Empowerment kann dabei sowohl der Prozess der Selbstbemächtigung in den Blick genommen werden als auch die professionelle Unterstützung der Menschen, ihr Gefühl der Macht- u. Einflusslosigkeit zu überwinden und ihre Gestaltungsspielräume u. Ressourcen wahrzunehmen und zu nutzen. Im Sinne des erreichten Zustands von Selbstverantwortung u. Selbstbestimmung wird im Deutschen gelegentlich auch von »Selbstkompetenz« gesprochen.

2. GESCHICHTE

Die organisierte S. heutiger Form hat ihre Vorläufer in den Emanzipationsbewegungen des 19. Jh., insbes. der Frauen- u. Jugendbewegung. Es wurden zahlreiche →Vereine u. Organisationen gegründet, die einen freien Austausch von Gleichgesinnten ermöglichten. In diesem Rahmen fand auch gesundheitsorientierte S. statt.

Nach den sozialen Umwälzungen der 1960er Jahre war in vielen Bereichen offene S. im heutigen Verständnis möglich. Sie setzt voraus, dass sich Menschen öffentlich zu ihrem Problem bekennen können, ohne gesellschaftliche o. strafrechtliche Sanktionen zu riskieren. So hatten etwa Homosexuelle nach 1969 keine strafrechtliche Verfolgung nach § 175 Strafgesetzbuch mehr zu befürchten; Suchtkrankheiten wurden erstmals als Krankheiten und nicht nur als »moralischer Mangel« verstanden (→Suchthilfe). Gleichzeitig entwickelte sich gesellschaftlich ein neuer →Gesundheitsbegriff, der eine aktive, eigenverantwortliche Rolle des mündigen Patienten forderte. Wie viele andere neue soziale Bewegungen setzt die S. stark auf Eigeninitiative.

3. S. IN DER →SOZIALEN ARBEIT

Das Konzept von S. und Empowerment stellt dem in der Sozialen Arbeit noch immer verbreiteten defizitären Blickwinkel auf ein mit Mängeln behaftetes Klientel eine Ausrichtung auf die Potenziale u. Ressourcen der Menschen gegenüber. Im Vordergrund stehen die Stärkung (noch) vorhandener Potenziale und die Ermutigung zum Ausbau dieser Möglichkeiten. Im sozialpädagogischen Handlungsfeld wird also versucht, Menschen bei der (Rück-)Gewinnung ihrer Entscheidungs- u. Wahlfreiheit sowie ihrer autonomen Lebensgestaltung zu unterstützen. Soweit es sich um die Arbeit mit z.B. älteren u. alten Menschen (→Alter; Altenhilfe), Menschen mit →Behinderungen (→Behindertenhilfe) und Menschen mit einer psychischen Erkrankung handelt, kann Empowerment bis zu einem höchstmöglichen Maß an Autonomie führen und die Betroffenen immer wieder motivieren, über erlebte u. selbst gesetzte Grenzen hinauszugehen. In der Sozialen Arbeit liegt das Hauptaugenmerk oft auf der subjektzentrierten bzw. gruppenbezogenen Ebene.

Die Leistungen der S. werden inzwischen als wichtige Ergänzung zum professionellen Gesundheitssystem anerkannt. Daher werden bspw. gesundheitliche S.gruppen von der gesetzlichen Krankenversicherung gefördert. Vielfältige Unterstützungsmöglichkeiten bieten auch andere Institutionen. Für die Unterstützung von örtlichen S.gruppen sind neben den S.organisationen die S.kontaktstellen und Unterstützungseinrichtungen von Bedeutung. Sie befinden sich in unterschiedlichen Trägerschaften, teils bei den →Wohlfahrtsverbänden, teils bei kommunalen Trägern (→Kostenträger). Professionelle Mitarbeitende (i.d.R. Sozialarbeiter u. Sozialarbeiterinnen bzw. Sozialpädagogen u. Sozialpädagoginnen) vermitteln Suchende an bestehende S.gruppen oder unterstützen bei der Gründung und beim Aufbau neuer Gruppen. Im Unterschied zu S.organisationen, die ein spezifisches »thematisches« Gebiet vertreten, haben die S.kontaktstellen keinen expliziten Bezug zu bestimmten Erkrankungen o. sozialen Problemen.

4. S. in der →Diakonie

Die Anleitung zur und Begleitung von S. kann im religiösen Kontext, begründet durch entsprechende →Menschenbilder, besonders angestrebt werden. Die individuelle Einzigartigkeit des Menschen, seine besondere Würde und die Beziehung jedes einzelnen Menschen zu Gott, die in dem Begriff der →Gottebenbildlichkeit begründet ist, sind Beispiele für solche Begründungen. Wer den Menschen so begreift, ist dazu aufgerufen, ihn so weit wie möglich darin zu unterstützen, sich selbst zu helfen und selbst »Herr des Geschehens« zu bleiben. Daher kann die Befähigung zur S., wo immer sie (noch) möglich ist, im Sinne der Unterstützung des individuellen, gelingenden Lebens in allen Handlungsfeldern der Diakonie als elementarer Bestandteil gesehen werden.

LITERATUR: JOACHIM BRAUN ET AL., S. u. S.unterstützung i.d. Bundesrepublik Deutschland, Stuttgart 1997 • NORBERT HERRIGER, Empowerment i.d. Soz. Arbeit, Stuttgart 2002.

Clemens Wustmans

SELBSTKOSTENDECKUNG

S. war bis 1992 ein angewandtes Verfahren zur Ermittlung eines →Pflegesatzes. Der Nachweis aller Kosten einer Einrichtung im abgelaufenen Geschäftsjahr und deren Anerkennung durch den Leistungsträger diente zur Ermittlung des Pflegesatzes des Folgejahres, oft begleitet von einer sog. »Spitzabrechnung« zum Jahresende. Nicht anerkannte Kosten bedeuteten einen wirtschaftlichen Verlust für die Einrichtung, der meist nur durch Spendenmittel auszugleichen war.

Günther van de Loo

SETTLEMENT

Kerngedanke der historischen S.bewegung war ein sozialräumlicher Ansatz (→Sozialraumorientierung) in der →sozialen Arbeit: Durch die gezielte Niederlassung von Akademiker/innen in städtischen Arbeitervierteln sollten klassenübergreifende Nachbarschaften entstehen (→Nachbarschaftshilfe). 1884 wurde im Londoner East End das erste S. Toynbee Hall gegründet, das zum Vorbild für viele weitere Einrichtungen wurde: 1889 folgte Hull House in Chicago; im deutschsprachigen Raum ist neben dem 1901 gegründeten Hamburger Volksheim v.a. die 1911 von Friedrich Siegmund-Schultze initiierte »Soziale Arbeitsgemeinschaft Berlin-Ost« (SAG) zu nennen, die zu einem wichtigen informellen Ausbildungsort für das Praxisfeld der sozialen Arbeit in der Weimarer Republik wurde. Die S.s waren stark protestantisch geprägt und in vielen Fällen von Pastoren geführt; in ihnen verbanden sich sozialmissionarische Motive mit praktischer Jugend- u. Volksbildungsarbeit sowie empirischer Sozialforschung zu einem eigenständigen u. charakteristischen Ansatz in der Geschichte der sozialen Arbeit.

LITERATUR: MARIA DORNSEIFER, Die englische Residential-S.-Bewegung u. ihre Bedeutung i.d. Gegenwart, Osnabrück 1971 • ROLF LINDNER (Hg.), »Wer in den Osten geht, geht in ein anderes Land«. Die S.bewegung in Berlin zw. Kaiserreich u. Weimarer Republik, Berlin 1997 • JENS WIETSCHORKE, Arbeiterfreunde. Soz. Mission im dunklen Berlin 1911–1933, Frankfurt a.M. 2013.

Jens Wietschorke

SIEVEKING, AMALIE

Die Vordenkerin der Diakonie in Deutschland S. (1794–1859) entstammte einer der führenden Hamburger Familien und war zunächst als Lehrerin tätig. Angeregt durch kath. Vorbilder, entwickelte sie 1824 den Plan zur Gründung einer ev. Barmherzigen Schwesternschaft, konnte ihn aber aus verschiedenen Gründen nicht umsetzen. Der Choleraausbruch im Jahr 1831 in Hamburg ermutigte sie zum aktiven Einsatz in den Hospitälern. Aus dieser Tätigkeit ging schließlich 1832 der »Weibliche Verein für Armen- u. Krankenpflege« (→Pflege) hervor. Bürgerliche Frauen betreuten darin sozial schwache Familien und verarmte Kranke in der Form der »Hilfe zur Selbsthilfe« durch Arbeitsvermittlung u. Ausbildung. Den bürgerlichen Damen oblagen v.a. erzieherische u. missionarische Aufgaben, die eigentliche Pflege wurde bezahlten Lohnwärterinnen übertragen. Der Verein ging in der heute noch bestehenden »A.-S.-Stiftung« auf. Theodor →Fliedner versuchte vergeblich, S. als erste Vorsteherin seiner neu gegründeten Diakonissenanstalt in Kaiserswerth zu gewinnen.

LITERATUR: INGE MAGER, S., A., in: Neue Deutsche Biographie (NDB) 24 (2010), 389.

Annett Büttner

SOCIAL BUSINESS

siehe unter: Entrepreneur, social

SOCIAL ENTREPRENEUR

siehe unter: Entrepreneur, social

SOCIAL RETURN ON INVESTMENT (SROI)

Social Return on Investment (SROI) – Analysen zielen darauf, die Wirkungen von Interventionen im Zusammenhang mit den verwendeten Ressourcen zu bringen und damit eine »gesellschaftliche →Rendite« zu bestimmen. Dabei werden vielfältige Ressourcen betrachtet, neben Finanzmitteln z.B. auch freiwilliges Engagement (→Ehrenamt). Wirkungsseitig werden ökonomische, sozio-ökonomische u. soziale Dimensionen unterschieden. Verbesserte Ansätze unterscheiden soziale, kulturelle u. politische Aspekte der sozialen Dimension. Grundlage ist ein Wirkungsmodell (Wirkungskette), das die Intervention mit den gewünschten gesellschaftlichen Wirkungen verknüpft. Als Wirkungen werden nur die beobachtbaren Veränderungen betrachtet, die auch auf die jeweilige Intervention zurückgeführt werden können. Dabei werden möglichst auch direkt monetäre Wirkungen für die ausführende Organisation oder die öffentliche Hand erhoben. Andere Wirkungen werden, soweit möglich, monetarisiert bzw. quantitativ u. qualitativ erfasst. Anwendungsfelder sind bspw. →Bildung, →Pflege, Kindertagesbetreuung (→Kindertagesstätte), Jugendhilfe →oder sonstige soziale Dienste.

LITERATUR: CHRISTIAN SCHOBER / VOLKER THEN (Hg.), Praxishandbuch SROI, Stuttgart 2015.

Georg Mildenberger

SOLIDARITÄT

Der Begriff der S. erfreut sich gegenwärtig in der öffentlichen Debatte großer Beliebtheit, seine Entwicklungsgeschichte setzt im 19. Jh. ein. Damals wurden von wissenschaftlicher u. gesellschaftlich-praktischer Seite her zahlreiche Bemühungen unternommen, der Idee der S. Verbreitung u. Anerkennung zu verschaffen. Im 20. Jh. reklamierten v.a. die sozialistisch-kommunistischen Bewegungen den Begriff im Sinne der internationalen Arbeiters. Nach der Diskreditierung dieses Gedankens in den Staaten Osteuropas nach dem Zweiten Weltkrieg rehabilitierte die oppositionelle Gewerkschaft Solidarność 1980 in Polen durch ihre Gründung den Begriff der S. politisch. Zu Beginn des 21. Jh. berufen sich die unterschiedlichsten zivilgesellschaftlichen Gruppierungen auf die Idee der S. und machen sie sich als →Motivation für ihre unterschiedlichen Ziele zunutze. Dennoch bleibt das Phänomen der »theoretische[n] Randexistenz des S.begriffs« (Bayertz 1995, 9) festzustellen angesichts der gegenwärtigen geistesgeschichtlichen u. philosophischen Entwicklung hin zum Individualismus.

Bei aller Unterschiedlichkeit seiner Verwendung lassen sich doch als Kern des S.sbegriffs zwei Grundelemente herauskristallisieren: erstens das Bewusstsein von der Zusammengehörigkeit von Menschen in einer Gemeinschaft; zweitens der aus diesem Bewusstsein resultierende Wille, das, was man dieser Gemeinschaft an →Leistung schuldig ist, in ihr und für sie zu erbringen.

Das Bemühen um die Realisierung von S. impliziert zwei Stoßrichtungen: Zum einen eine vertikale, damit ist die Rede von der →Verantwortung der Einflussreichen oder einer übergeordneten Instanz den Schwächsten gegenüber gemeint, wobei diese Verantwortung sich im Anteil-Geben am Besitz zeigt, aber auch darin, dass Rahmenbedingungen geschaffen werden, durch die den Empfängern der S. die Realisierung eigener Vorstellungen gelingenden Lebens möglich wird. Notwendige Bedingung dieser S. bleibt dabei von der Seite der Stärkeren aus die Intention, die Schwächeren zu befähigen, auch selbst einen Beitrag zum →Gemeinwohl zu leisten, sowie von der Seite der Schwächeren aus die Bereitschaft zum eigenständigen u. eigeninitiativen Beitrag. Hier kommt der Gedanke der →Subsidiarität ins Spiel. Die zweite Stoßrichtung bei der Realisierung der Idee der S. nimmt die der Menschen untereinander und deren Initiativen gegenseitiger Hilfe (→Helfen) in den Blick. Es wird offenkundig, dass die Idee der S. mit dem Moment der Gegenseitigkeit immer auch das Leistungsprinzip verbindet, also die Empfänger von S. verpflichtet, das selbst zu tun, wozu sie in der Lage sind und ihre Rechte entsprechend wahrzunehmen und einzufordern.

In der Tradition Kath. Soziallehre kommt dem Begriff der S. insofern noch einmal besondere Bedeutung zu, als er hier nicht nur individualethisch als Tugend verstanden wird, nicht als rein äußerlicher Appell an Hilfsbereitschaft, sondern bei der S. handelt es sich – neben dem →Gemeinwohl-, Subsidiaritäts- und in neuerer Sozialethik auch dem Nachhaltigkeitsprinzip – um eins der Ordnungsprinzipien. Eine unverzichtbar gewordene Realisierung dieses Sozialprinzips findet sich etwa im →Sozialstaat westeuropäischer Prägung.

Dieses Prinzip hat seinen Ansatzpunkt – philosophisch gesprochen – bei dem Person-Sein des Menschen und der daraus resultierenden Gleichheit u. Gleichwertigkeit aller Menschen (→Menschenrechte), theologisch gesprochen bei der Würde der Menschen aufgrund ihrer →Gottebenbildlichkeit, und bei deren gleichzeitiger realer Ungleichheit. Ausgangspunkt ist also die soziale Dimension dieses menschlichen Person-Seins, die wechselseitige Bezogenheit der Personen untereinander und auf die gesamte Gesellschaft, woraus sich zugleich die gegenseitige Verpflichtung zum Mit-Sein, zur wechselseitigen Achtung der Menschenwürde ergibt.

Entscheidend für ein angemessenes Verständnis des S.sprinzips ist, dass es nicht nur um ein Handeln gemeinsam mit anderen geht, sondern um die Ausrichtung auf das Wohl der Gesamtheit, auf das Gemeinwohl (→Gemeinwohlorientierung). Als dessen Inhalt bzw. Ziel lässt sich die soziale →Gerechtigkeit benennen, für deren Realisierung die S. das adäquate Instrument darstellt. Aus der Verknüpfung des Ethos der S. mit der Ausrichtung an dem Ziel des Gemeinwohls folgt auch die *universelle* Geltung als Sozialprinzip: Denn die Orientierung an der Würde des Menschen schließt notwendig S. mit allem ein, was Menschenantlitz trägt (vgl. Baumgartner/Korff 1990, 238).

S. meint auch nicht einfach pauschal »universale Brüderlichkeit« im Sinne des »Seid umschlungen, Millionen«, vielmehr muss S., die dem Evangelium entspricht, »zunächst einmal mit denen [bestehen], die die Menschenrechte suchen, und nicht mit denen, die sie brechen (Mieth 1984, 92f). Nur Formen von S., die den Bezug auf die Gerechtigkeit, letztlich also auf den Menschen als Wesen personaler Würde beachten, sind ethisch verpflichtend u. christlich verantwortet.

LITERATUR: DIETMAR MIETH, Die neuen Tugenden, Düsseldorf 1984 • ALOIS BAUMGARTNER / WILHELM KORFF, Das Prinzip S., in: Stimmen der Zeit 208 (1990), 237–250 • KURT BAYERTZ, Die S. u. die Schwierigkeiten ihrer Begründung, in: GIUSEPPE ORSI (Hg.), Solidarität, Frankfurt a.M. 1995 • URSULA NOTHELLE-WILDFEUER / ARND KÜPPERS, Art.: S., in: ARMIN G. WILDFEUER / PETRA KOLMER (Hg.), Neues Handbuch philosophischer Grundbegriffe, Freiburg 2011, 2027–2041.

Ursula Nothelle-Wildfeuer

SORGE

Der Begriff der S. (auch: Fürsorge oder engl. →*Care*) beschreibt Handlungen, die zugunsten des Wohlergehens eines anderen, zumeist bedürftigen Menschen ausgeübt werden, und benennt dabei v.a. die vielfach »unsichtbaren« Tätigkeiten, die im Haushalt, in der →Betreuung u.a. von Kindern, Kranken u. Alten, in sozialen Diensten und in der →Pflege zum Tragen kommen. Diese Handlungen vollziehen sich meistens auf der Ebene der unmittelbaren Beziehung und sind häufig mit leiblichen Bezügen und mit körperlicher Bedürftigkeit verbunden. S. ist eine Grundform menschlichen Handelns, die zustimmend auf die Bedingungen der Verletzlichkeit und der zwischenmenschlichen Abhängigkeit reagiert.

Die Bereiche der S.handlungen sind im Blick auf strukturelle Vorgaben, Beziehungsformen u. Handlungsträger/innen äußerst vielfältig. S.arbeit ist häufig aufwändig, aber gleichzeitig schwer benennbar. Auch wird sie – wenn überhaupt – i.d.R. nicht angemessen bezahlt und ist, auch in Lohnverhältnissen, eine Tätigkeit, die primär von Frauen ausgeübt wird. Es geht um Handlungen, »die in der Logik der Arbeitsgesellschaft ... einen untergeordneten u. randständigen Platz haben und auf die doch keine Gesellschaft verzichten kann: Es sind jene vielfältigen konkreten S.tätigkeiten einer fürsorglichen Praxis, auf die alle Menschen in ihrem eigenen Leben existenziell angewiesen sind, von der verletzlichen Säuglingsphase über Situationen schwerer Erkrankungen bis hin zur Phase am Lebensende, wenn die Kräfte abnehmen« (Kumbruck et al. 2010, 3).

S. setzt voraus, dass asymmetrische Beziehungen u. Bedingungen der Abhängigkeit akzeptiert werden. Sie bedarf der genauen Wahrnehmung des bedürftigen Menschen, der Kompetenz zum Mitgefühl, einer geschulten Handlungskompetenz und der Bereitschaft, in der gegebenen Situation →Verantwortung zu übernehmen. Sie ist keine »natürliche« Ressource, die ohne Beachtung, Kultivierung u. Wertschätzung einfach als vorhanden geglaubt werden kann, sondern eine eigene Tätigkeit u. →Arbeit, die emotionalen, gedanklichen u. zeitlichen Einsatz und oft auch körperliche Anstrengung erfordert.

Der Begriff der S. erlebte eine Renaissance in der Diskussion um die *Ethics of Care*, die, ausgehend von der entwicklungspsychologischen Arbeit Carol Gilligans, in den USA seit den 1980er Jahren, im deutschen Sprachraum seit Mitte der 1990er Jahre in der Sozialphilosophie, →Ethik, →Medizin, Pflegewissenschaft, Soziologie u. →Pädagogik geführt wird (Globig 2014). Der Begriff des S.defizits *(care deficit)*, der die Diskussion heute maßgeblich mitbestimmt, stammt von der amerikanischen Soziologin Arlie R. Hochschild (Hochschild 1995). Sie benennt damit eine Entwicklung, die v.a. die Industrienationen bestimmt, aber inzwischen weltweit zu beobachten ist: Es *fehlt* zunehmend an Zeit u. Ausdrucksformen der Zuwendung, Unterstützung, Pflege u. Hilfe. Das betrifft vor allem Kinder u. Alte (→Alter), Kranke und anderweitig Bedürftige (→Bedürftigkeit), aber darüber hinaus auch die Breite der Bevölkerung. Im deutschen Diskurs hat das das interdisziplinäre »Care-Manifest« (care-macht-mehr) unzweideutig auf diesen Sachverhalt aufmerksam gemacht.

Der Import von S.arbeiterinnen in die Industrieländer ist eine problematische Form, das Fürsorgedefizit zu kompensieren. Die Zahl der Migrantinnen, die als Haushalts- u. Pflegekräfte arbeiten, nimmt ständig zu. In Deutschland kommen die Frauen i.d.R. aus Mittel- u. Osteuropa. Die Migrantinnen lassen oft ihrerseits bedürftige Angehörige in der Obhut noch billigerer Arbeitskräfte zurück. Das globalisierte Phänomen der Arbeits→migration von S.arbeiterinnen wird als *care migration* bzw., hinsichtlich der ärmeren Länder, als »Abfluss« von S.arbeit, als *care draining*, diskutiert.

Eine wesentliche Ursache für das ansteigende S.defizit liegt darin, dass S.arbeit auch unter den Bedingungen weiblicher Berufstätigkeit in der Verantwortung von Frauen geblieben ist. Aber die außerhäusliche Arbeitsbelastung u. berufliche Mobilität berufstätiger Frauen lassen die »unsichtbaren« Ressourcen der S.arbeit knapper werden. Die demographische Entwicklung (→Demografischer Wandel) verstärkt das Problem erheblich. Die entstehenden S.defizite werden gesellschaftlich nicht kompensiert, im Gegenteil: Seitens der öffentlichen Hand wird gegenwärtig wieder verstärkt auf familiäre Verantwortung gesetzt. Des Weiteren führen die Umschichtungen der Pflege u. Betreuung auf den marktwirtschaftlich organisierten Dienstleistungssektor (→Dienstleistung, soziale) ihrerseits zu S.defiziten.

Seit im Zusammenhang mit dem S.defizit die Einrichtungen der Pflege-Ausbildung expandieren, ist der Begriff der S. (in diesem Zusammenhang häufiger: *Care*) auch zu einem pflegewissenschaftlichen Konzept geworden, das den Anspruch der Pflege verdeutlicht, gegenüber der technisch konnotierten Medizin die Relevanz des persönlichen, fürsorglichen Handelns geltend zu machen. Allerdings macht das Frauenbild, das im 19. u. beginnenden 20. Jh. in der Pflege transportiert wurde, es nicht in allem einfach, für das Ethos des traditionell weiblichen Pflegeberufs zu positiven Bestimmungen zu kommen. Das Interesse der Pflegewissenschaft zielt darum sowohl auf die kritische Beleuchtung der traditionell weiblichen Handlungsvollzüge als auch auf eine neue Wertschätzung eben dieser Tätigkeiten (vgl. dazu besonders die Veröffentlichungen des Kooperationsprojekts des Sozialwissenschaftlichen Instituts der EKD (SI) und des Forschungszentrums Nachhaltigkeit der Universität Bremen (artec); u.a. Kumbruck et al. 2010).

In der theologisch-ethischen Diskussion ist die →Anerkennung der vielfältigen S.tätigkeiten noch unzureichend, was mit dem starken Autonomiekonzept (→Selbstbestimmung) auch der theologischen Ethik zu tun hat (Globig 2011). Tatsächlich aber muss ethisches Denken mehr als bisher die menschliche Versehrbarkeit, Bedürftigkeit u. Abhängigkeit thematisieren. Menschen kommen als hilflose Wesen auf die Welt, bleiben auch später auf die Unterstützung anderer angewiesen und kehren vor dem Tod oft wieder in einen sehr bedürftigen Zustand zurück. Der Erziehungswissenschaftler Micha Brumlik hat im Blick auf die Realitäten menschlicher Abhängigkeit von der Notwendigkeit einer »advokatorischen Ethik« gesprochen, unter der Voraussetzung, dass »die entscheidenden ethischen Fragen sich eben nicht zwischen mündigen Menschen, sondern zwischen Mündigen u. Unmündigen stellen« (Brumlik 2004, II). Will man dem zustimmen, sind Hilfsbedürftigkeit u. Abhängigkeit und, damit korrespondierend, die Wertschätzung der S.arbeit die vermutlich entscheidenden Voraussetzungen ethischer Reflexion.

Literatur: Arlie Russel Hochschild, The Culture of Politics, in: Social Politics 2 (3/1995), 333–346 • Micha Brumlik, Advokatorische Ethik, Berlin/Wien 2004 • Christel Kumbruck / Mechthild Rumpf / Eva Senghaas-Knobloch, Unsichtbare Pflegearbeit, Münster 2010 • Christine Globig, Der Mensch ist autonom. Die Frau hilft ihm dabei. Oder: Welche Paradigmen braucht die Theologische Ethik?, in: Christine Gerber / Silke Petersen / Wolfram

WEISSE (Hg.), Unbeschreiblich weiblich? Neue Fragestellungen zur Geschlechterdifferenz i.d. Religionen, Berlin 201,1 31–49 • CHRISTINE GLOBIG, Care u. Gender, in: HEINZ RÜEGGER / CHRISTOPH SIGRIST (Hg.), Helfendes Handeln im Spannungsfeld theolog. Begründungsansätze, Zürich 2014, 155–164.

Christine Globig

SOZIALE ARBEIT

S.A. hat sich seit den 1990er Jahren als Begriff etabliert, der Sozialarbeit u. Sozialpädagogik übergreift. Er bezeichnet sowohl die Profession als auch die wissenschaftliche Disziplin. Die Ausbildung erfolgt in Deutschland durch ein Bachelor-Studium, das durch ein konsekutives Master-Studium erweitert werden kann. Die Berufsfelder S.r A. reichen vom Allgemeinen Sozialen Dienst über Altenarbeit, Hilfe zur Erziehung, Migrationsberatung bis zu Jugendgerichtshilfe, Schuldnerberatung u. Streetwork.

Die S.A. im engeren Sinn entstand im 19. Jh. Sie war geprägt von zwei Entwicklungen: der Industrialisierung und der sich durchsetzenden funktionalen Differenzierung. Die Industrialisierung führte zur Pauperisierung und für sie typischen Notlagen; die funktionale Differenzierung zur Notwendigkeit, gesellschaftlich erwartbare Hilfe zu organisieren. Schon in stratifizierten Gesellschaften findet sich die Delegation der Hilfe z.B. an →Diakone oder an in Hospitälern Tätige. Mit der funktionalen Differenzierung setzt sich die organisierte Hilfe durch. Deren Bereitstellung u. Gestaltung wird als obrigkeitliche Aufgabe erkannt und mündet im aufgeklärten Absolutismus in das System der »guten Policey«. Mit den sozialen Folgen der Industrialisierung und der kapitalistischen Produktionsweise kommt auch dieses System an seine Grenzen.

Im 19. Jh. entwickelten sich Formen S.r A., die sie bis heute prägen. In Deutschland ist zunächst das »Elberfelder System« vorherrschend, bei dem ehrenamtliche Armenpfleger mehrere bedürftige Personen unterstützen u. beraten, aber auch überwachen. Schon hier entwickelt sich eine typische Konstellation, die unter dem Begriff »doppeltes Mandat« thematisiert wird: die Orientierung der Armenpfleger an den Notlagen u. Bedürfnissen der »Armen« auf der einen und den Interessen der Auftrag gebenden Kommune an Ordnung u. Kontrolle sozialer Abweichung auf der anderen Seite. Das »Elberfelder System« erwies sich zunehmend als inadäquat und wurde zu Beginn des 20. Jh. durch das »Straßburger System« abgelöst, das die Hilfe in zentralen Armenämtern bündelte und hierfür hauptamtliche Verwaltungskräfte anstellte. Die behördliche Ausrichtung S.r A. hat ihre Wurzeln in der Traditionslinie von »guter Policey« und Straßburger System sowie der Organisation u. Verrechtlichung sozialer Hilfe in der Weimarer Zeit (Einrichtung von Jugendämtern, Reichsjugendwohlfahrtsgesetz etc.).

Erhellend ist der Blick auf die Entwicklung in den USA. Hier kann an den Pionierinnen der S.n A. (M.E. Richmond, J. Addams) die Ausrichtung am Einzelfall (auf einer sozialen Diagnose beruhendes *social casework* bei Richmond) oder an den gesellschaftlichen Verhältnissen (→Gemeinwesenarbeit und die Stärkung lokaler Infrastruktur bei Addams) studiert werden.

Treiber der Entwicklung im 19. Jh. waren die bürgerliche Frauenbewegung mit dem Projekt der Verweiblichung des Sozialen und die christl. Liebestätigkeit im Rahmen der (Vereins-)→Diakonie und →Caritasverband und ihren jeweiligen Organisationen sowie die jüdisch geprägte S.A.

Zur Kennzeichnung des gegenwärtigen Verständnisses S.r A. kann die Definition der International Federation of SocialWorkers (IFSW) gelten: »S.A. ist eine praxisorientierte Profession und eine wissenschaftliche Disziplin, dessen bzw. deren Ziel die Förderung des sozialen Wandels, der sozialen Entwicklung u. des sozialen Zusammenhalts sowie die Stärkung u. Befreiung der Menschen ist. Die Prinzipien der sozialen →Gerechtigkeit, die Menschenwürde [→Menschenrechte], gemeinsame →Verantwortung und die Achtung der Vielfalt [→Diversität] bilden die Grundlagen der S.n A. Gestützt auf Theorien zur S.n A., auf Sozialwissenschaften, Geisteswissenschaften u. indigenem Wissen, werden bei der S.n A. Menschen u. Strukturen eingebunden, um existentielle Herausforderungen zu bewältigen und das Wohlergehen zu verbessern.« In Deutschland findet sich eine solche moralische Fundierung S.r A. in Ansätzen, die diese als Menschenrechtsprofession kennzeichnen (Staub-Bernasconi) oder an Soziale Gerechtigkeit binden (Schrödter). Diese Stilisierung S.r A. als moralische Profession wird in der Diskussion auch skeptisch betrachtet, bleibt diese doch in ein System sozialer Kontrolle eingebunden und trägt dadurch zu Ausschließungsprozessen (→Ausgrenzung) bei.

Die Definition des IFSW stellt gemeinwesen- u. einzelfallbezogene S.A. nebeneinander. Auslöser für die Tätigkeit S.r A. sind in beiden Fällen Probleme in der autonomen Lebensführung Einzelner, sozialer Gruppen oder in einem Sozialraum Lebender. Diese können aus nicht zugänglichen o. fehlenden Ressourcen resultieren, aus fehlenden o. beeinträchtigenden Strukturen oder aus fehlenden o. problematischen Sinndimensionen. Menschen führen ihr Leben deutend und mit Bedeutungen aufgeladen. Deshalb bezieht sich S.A. in ihrer Praxis nicht allein auf materielle o. strukturelle Bedingungen, sondern ebenfalls auf die Perspektive Betroffener und deren Situationsdeutungen.

In Deutschland finden sich sowohl staatliche als auch freie Träger der S.n A. Grund hierfür ist neben der historischen Entwicklung die Orientierung am →Subsidiaritätsprinzip in der Nachkriegszeit. Für die Professionellen entsteht so oft ein problematisches Beziehungsgeflecht: Sie sind in erster Linie den Menschen verpflichtet, mit denen sie arbeiten, gleichzeitig aber auch dem Träger der Einrichtung mit seinen Zielsetzungen, darüber hinaus auch dem staatlichen Auftraggeber mit seinen i.d.R. rechtlichen Vorgaben und schließlich der eigenen Profession mit ihren Standards von Wissenschaftlichkeit u. Fachlichkeit – und nicht zuletzt den persönlichen moralischen u. ethischen Überzeugungen.

LITERATUR: JOHANNES EURICH ET AL. (Hg.), Kirchen aktiv gegen Armut u. Ausgrenzung, o.O. 2011 • RICHARD MÜNCHMEIER, Geschichte d. S.n A., o.O. 2014 • MICHAEL MAY, Aktuelle Theoriediskurse S.r A., o.O. 2009.

Hans-Ulrich Dallmann

SOZIALE FRAGE

1. In Deutschland bezeichnet der Begriff »S.F.« seit Mitte des 19. Jh. die negativen strukturellen Auswirkungen von Modernisierung u. Industrialisierung. Landflucht, Bevölkerungswachstum u. Ernährungskrisen führten in Verbindung mit geringem Lohnniveau, langen Arbeitszeiten, fehlendem Unfall- u. Sonntagsschutz, Kinderarbeit u. unzureichenden Wohnverhältnissen zu Verelendung u. sozialer →Ausgrenzung

des Proletariats. Genossenschafts-, Arbeiter- u. Gewerkschaftsbewegung hatten in England seit ca. 1830 zur Installation von Arbeitsschutzgesetzen und Verbesserungen von Arbeitsbedingungen, Löhnen u. Arbeitszeiten beigetragen. In Deutschland formierte sich der Kampf gegen das soziale Elend zögerlich nach 1848. Der Gegensatz von Arbeit und Kapitel wurde von sozialistischen Denkern deutlich beschrieben, die vom Proletariat getragene Revolution als Lösung der S.F. wurde u.a. von K. Marx favorisiert. Bürgerliche Sozialreformer, wie L. von Stein, forderten eine staatlich verantwortete →Sozialpolitik und nahmen Einfluss auf die von Bismarcksche Sozialgesetzgebung (Kranken-, Unfall- u. Rentenversicherung). Der Allgemeine Deutsche Arbeiterverein (1863) gilt als eine der Wurzeln der politischen →Arbeiterbewegung. →Gewerkschaften stabilisierten sich erst nach Aufhebung der Sozialistengesetze. Die Gründung kat. Gesellenvereine durch A. →Kolping, die Thematisierung der S.F. durch W.E. von Ketteler und F. Hitze und die Enzyklika »Rerum novarum« (Papst Leo XIII.) waren wegbereitend für die kath. Soziallehre. In der ev. Kirche befasste sich seit 1848 die →Innere Mission (IM, J.H. →Wichern) mit der S.F., widmete sich später aber primär der konkreten diakonischen Arbeit. Der Ev.-Soziale Kongress (1890) nahm Impulse der Inneren Mission auf, forderte eine staatliche Sozialpolitik, hatte aber keine große Nähe zur Arbeiterbewegung. F. Naumann, A. Stoecker u.a. Vertreter des Sozialen Protestantismus (Th. Lohmann) förderten die →Sozialgesetzgebung (auch Arbeitsschutzgesetze) und setzten sich für die Rechte der Arbeiter (Sozialpartnerschaft, Tarifpolitik) ein.

In der Weimarer Republik als demokratischem Rechts- u. Sozialstaat wurden die Lösung der S.F. und die Integration aller gesellschaftlichen Gruppen als staatspolitische Aufgabe gesehen (soziale Grundrechte). Der nationalsozialistische Unrechtsstaat bewirkte mit einer völkisch u. rassistisch ausgerichteten Sozialpolitik das Gegenteil von Integration. Die Bundesrepublik Deutschland restituierte das Weimarer Verständnis des →Sozialstaates und verknüpfte es im Konzept der Sozialen →Marktwirtschaft mit der Stärkung von Mitbestimmung u. Arbeitnehmerrechten. Die Soziale Marktwirtschaft und die Sozialgesetzgebung (Bundessozialhilfegesetz u.a.) ließen in den 1950er bis 1970er Jahren unter dem Eindruck weitgehender Vollbeschäftigung in Verbindung mit einem funktionierenden subsidiären System der Erbringung von sozialen Leistungen durch die großen →Wohlfahrtsverbände den Eindruck entstehen, die S.F. sei gelöst. Die Etablierung eines Systems der ökonomischen Konkurrenz der Wohlfahrtsverbände und privater Anbieter auf dem →Sozialmarkt ab Ende der 1990er Jahre sollte die Kosten der Sozialausgaben reduzieren und führte zur dauerhaften strukturellen Unterfinanzierung des Sozialsystems.

2. →Ökonomisierung und Verschärfung der marktwirtschaftlichen Konkurrenz u.a. durch die Vergabevorgaben der →Europäischen Union (Ausschreibungspflicht) und die unzureichende finanzielle Ausstattung des Sozialsektors (Pflegeversicherung, Hartz IV) bestimmten die Diskussion der S.F. zu Beginn des 21. Jh. Förderprogramme (u.a. Soziale Stadt) und der Ausbau einer integrierten Quartiersentwicklung förderten die Kooperation der unterschiedlichen Akteure (Kirchen, Kommunen, Wohlfahrts- u.a. Verbände), reduzierten aber gleichzeitig die staatliche →Verantwortung. Über staatliche Strukturen hinaus entwickelte sich eine Vielzahl von singulären politischen u. diakonischen Aktivitäten in der →Zivilgesellschaft. Die Herausforderungen der →Globalisierung, der Nachhaltigkeit u. Umweltgerechtigkeit, des →demographi-

schen Wandels, der →Inklusion von Menschen mit Behinderung, der Integration von Migrantinnen u. Migranten (→Migration), wachsender →Reichtum und wachsende →Armut, prekäre Beschäftigung (Minijobs, Befristungen) und Langzeitarbeitslosigkeit verdeutlichen im Kontext der gegenwärtigen Transformation der Gesellschaft die Aktualität der S.F.

Sozialethisch bringen sich die Kirchen (»Für eine Zukunft in Solidarität u. Gerechtigkeit«, 1997; »Gemeinsame Verantwortung für eine gerechte Gesellschaft«, 2014) kritisch in die Diskussion um die wirtschaftliche u. soziale Lage ein. Mit Stellungnahmen zu Teilaspekten (Flucht [→Flüchtlinge], →Behinderung, →Familie) fördern sie den gesellschaftlichen Diskurs und präzisieren theologisch-ethisch begründete Forderungen nach gerechteren Strukturen (→Gerechtigkeit). Das kirchliche Engagement für benachteiligte Menschen wird weitgehend von Caritas und Diakonie verantwortet. Orientierungspunkte der Arbeit sind →Subsidiarität, →Partizipation, anwaltschaftliches Engagement (→Anwaltschaft) und Impulse zur Mitgestaltung der politischen Rahmenbedingungen.

Heike Hilgendiek

SOZIALE GERECHTIGKEIT

siehe unter: Gerechtigkeit

SOZIALE MOBILITÄT

siehe unter: Mobilität, soziale

SOZIALES UNTERNEHMERTUM

S.U. ist eine von der Europäischen Kommission in ihrer Mitteilung vom 25.10.2011 gewürdigte u. geförderte Herangehensweise zur Bearbeitung und möglichst Überwindung sozialer u. gesellschaftlicher Problemlagen. Sie besteht entweder darin, bei der Führung (→Leitung) von →Unternehmen in überwiegendem Maße soziale Ziele zu verfolgen oder darin, bei der Lösung sozialer Probleme vornehmlich auf unternehmerische Mittel zurückzugreifen.

Entsprechend versteht die Kommission unter »sozialen Unternehmen« solche, »für die das soziale o. gesellschaftliche gemeinnützige Ziel Sinn u. Zweck ihrer Geschäftstätigkeit darstellt, was sich oft in einem hohen Maße an sozialer →Innovation äußert, deren Gewinne größtenteils wieder investiert werden, um dieses soziale Ziel zu erreichen und deren Organisationsstruktur o. Eigentumsverhältnisse dieses Ziel widerspiegeln, da sie auf Prinzipien der →Mitbestimmung o. Mitarbeiterbeteiligung basieren oder auf soziale →Gerechtigkeit ausgerichtet sind. Dazu gehören somit v.a. Unternehmen, die Sozialdienstleistungen erbringen u./o. Güter u. →Dienstleistungen für besonders schutzbedürftige Bevölkerungsgruppen anbieten … u./o. Unternehmen, die bei der Produktion von Waren bzw. der Erbringung von Dienstleistungen ein soziales Ziel anstreben …, deren Tätigkeit jedoch auch nicht sozial ausgerichtete Güter u. Dienstleistungen umfassen kann« (SBI-Mitteilung, 2f).

Nach dieser Definition können praktisch alle Unternehmen der Freien Wohlfahrt in Deutschland als »soziale Unternehmen« gelten, was aber oft nicht bewusst und im europäischen Kontext auch kaum bekannt ist. Dort gelten v.a. der Friedensnobelpreisträger Muhammad Yunus und sein Mikrofinanzinstitut »Grameen Bank« als bahnbrechendes Beispiel für S.U. Entsprechend konzentriert sich die öffentliche Aufmerksamkeit auf sog. »Start-Up-Unternehmen« mit ungewöhnlichen o. innovativen Geschäftsmodellen. Trotz ihrer Förderung durch namhafte private Stiftungen spielt diese Form des S.U. im deutschsprachigen Raum eher eine untergeordnete Rolle. Sie weist jedoch nachdrücklich darauf hin, dass gerade unter den Bedingungen der →Globalisierung und ihrer massiven sozialen Verwerfungen der gesamte Sektor des Sozialen der Innovation bedürftig und auch zur Innovation fähig ist.

Christian Dopheide

SOZIALETHIK

Christliche S. ist der Terminus zur Bezeichnung der ethischen Disziplin (→Ethik) innerhalb des theologischen Fächerkanons, die die Frage nach der →Gerechtigkeit der Institutionen der menschlichen Gesellschaft und nach deren Beitrag zu den Bedingungen eines gelingenden, guten Lebens für jeden einzelnen Menschen systematisch reflektiert. Sie ist historisch entstanden als Reaktion auf die damals neuen gesellschaftlichen Verwerfungen angesichts der →sozialen Frage des 19. Jh. im Kontext der Industrialisierung. Systematisch basiert sie auf der sich seit Kant ergebenden Unterscheidung zwischen dem Gerechten und dem Guten. Tendenziell geht es im Konzept der Moderne für den Bereich des Gesellschaftlichen u. Sozialen um die Gestalt einer formalen Gerechtigkeitstheorie auf der Basis der →Menschenrechte als Grundlage der Rechtsordnung, während Fragen des guten Lebens, die in einer pluralistischen u. individualisierten Gesellschaft nicht mehr universalisierbar zu klären und in ihren Ergebnissen nicht notwendig allgemein zustimmungsfähig sind, privatisiert und wissenschaftlich dem Bereich der Individualethik zugewiesen werden. S. ist damit im Wesentlichen Strukturenethik, wenn auch die Frage nach dem Ethos einzelner o. ganzer Gruppen genau im Blick auf die Strukturen nicht unbeachtet bleiben darf. Sie ist immer dort herausgefordert, zu gesellschaftlichen, wirtschaftlichen, politischen u. sozialen Angelegenheiten aus normativer Perspektive Stellung zu nehmen, wo »die Grundrechte der menschlichen Person oder das Heil der Seelen es verlangen« (Pastoralkonstitution des II. Vatikanischen Konzils »Gaudium et spes«, Nr. 76,5).

Innerhalb der kath. Tradition gibt es mit speziellem Bezug auf die Sozialverkündigung der Kirche auch die lange übliche Bezeichnung Christl. Gesellschaftslehre oder Kath. Soziallehre. Deren zentrale Themenbereiche mit eigener wirkmächtiger Tradition sind etwa das Verhältnis von Arbeit u. Kapital, Eigentum, Zins, Mitbestimmung, gerechter Lohn, aber auch Staat, →Mitbestimmung u. Demokratie, Umwelt- u. Entwicklungsfragen (→Entwicklung und Zusammenarbeit). In der ev. S. werden ähnliche Themen verhandelt, zentral ist hier die Ausbildung unterschiedlicher Leitbilder.

Theologisch liegt der christl. S. eine umfassende Sicht vom Menschen und von der Menschheit zugrunde, die der Kirche auf der Basis des Schöpfungsglaubens und des Evangeliums zu eigen ist. Christl. Welt- u. Gesellschaftsgestaltung wird als Verpflichtung verstanden, die sich aus dem schöpfungstheologisch grundgelegten Kultur- u. Herrschaftsauftrag ergibt. Bei dessen Erfüllung ist die Orientierung am Menschen in seiner Würde als Ebenbild u. Geschöpf Gottes (→Gottebenbildlichkeit) maßgeblich. Der christl. Einsatz für die Menschen, besonders für die Armen (→Armut) und die am Rand Stehenden (→Ausgrenzung), das Bemühen um gerechtere Strukturen in der Gesellschaft spiegelt zugleich die →Solidarität Gottes mit den Menschen in seinem menschgewordenen Sohn →Jesus Christus wider. So verstandene Diakonia realisiert eine Grunddimension von Kirche; gemäß der Gerichtsrede in Mt 25 eröffnet sie eine Möglichkeit konkreter Gotteserfahrung.

Die spezifisch theologische Signatur des christl.-sozialethischen Beitrags zu einer humaneren, gerechteren Gesellschaftsordnung besteht zunächst einmal im Offenhalten der technisch-funktionalen Vernunft für die Transzendenz. Spezifisch Christliches, eine sozial relevante christl. Grundorientierung, fungiert als hermeneutischer Schlüssel christl.-sozialethischer Theoriebildung. Zugleich gilt es im Blick zu halten, dass das spezifisch Christliche *nicht exklusiv* für die Christen gilt, sondern sich gerade als die Überzeugung identifizieren lässt, dass »Gott das Heil und Leben *aller* Menschen [will]« (Höhn 2010, 304).

Eine christl. S., die die komplexen Herausforderungen der Moderne anzunehmen sucht, kann nicht länger als die übergeordnete gesellschaftliche Größe mit Interpretations- u. Normierungsmonopol für ein gelingendes Miteinander in der Gesellschaft auftreten. Vielmehr versteht sie sich als *ein* gleichberechtigter Gesprächspartner im öffentlichen Diskurs. Dabei kann die christl. S. ihren theologisch begründeten Geltungsanspruch nicht durch Verweis auf Glaubens- u. Autoritätsargumente aufrechterhalten, sondern nur einlösen unter den Plausibilitätsbedingungen der Gegenwart und auf der Basis einer Neubestimmung ihrer ethischen Basiskategorien im Kontext eines Ethikkonzeptes, das dem Prozesscharakter gesellschaftlicher Verfahren, Institutionen u. Strukturen gerecht zu werden sucht.

Für die Methodik christl. S. ist der ursprünglich von Joseph Kardinal Cardijn (1882–1967) entwickelte Dreischritt »Sehen, Urteilen, Handeln« konstitutiv. Um zu einem ethisch angemessenen Urteil zu kommen, gilt es immer in einem ersten Schritt, auf der Basis von Sachkompetenz und einer Anerkennung der Autonomie der Kultursachbereiche die Situation u. Gegenwart genau zu analysieren, sich dann zweitens der im jeweiligen Kontext relevanten →Werte aus philosophischer u. theologischer Perspektive zu vergewissern, um – drittens – daraus zu Handlungsoptionen zu kommen.

Literatur: Martin Honecker, Art.: Ev. S., in: Winfried Becker et al. (Hg.), Lexikon d. Christl. Demokratie in Deutschland, Paderborn 2002, 517f • Hans-Joachim Höhn, Soz. Diakonie – kulturelle Diakonie, in: Pastoralblatt 62 (2010), 300–308.

Ursula Nothelle-Wildfeuer

Sozialgesetzbuch (SGB)

Zur Verwirklichung sozialer →Gerechtigkeit und sozialer Sicherheit hat der Gesetzgeber in einem »Sozialgesetzbuch« (SGB), gegliedert in die Bücher SGB I bis SGB XII, differenzierte Rechtsgrundlagen für die Gestaltung von Sozialleistungen einschließlich sozialer und erzieherischer Hilfen geschaffen. Auftretende Veränderungen erfordern die ständige Weiterentwicklung.

Die sozialen Rechtsbereiche sind wie folgt aufgegliedert:

Übergreifende Bestimmungen regelt SGB I mit dem Allgemeinen Teil und den sozialen Rechten. SGB X regelt das Verwaltungsverfahren, den Sozialdatenschutz (→Datenschutz) und die Rechte der Betroffenen.

Die Rechte u. Leistungen der Grundsicherung regelt SGB II für Arbeitssuchende und SGB XII für Sozialhilfe.

Im Recht der →Sozialversicherung regelt SGB IV Grundsätze, SGB III-Arbeits-losen-Versicherung, SGB V-Kranken-Versicherung, SGB VI-Renten-Versicherung, SGB VII-Unfall-Versicherung, SGB XI Pflege-Versicherung (→Pflege; Pflegerecht).

Besondere Lebenslagen regelt SGB VIII für die →Kinder- u. Jugendhilfe und SGB IX für die →Rehabilitation und →Teilhabe behinderter Menschen.

Friedrich Schmid

SOZIALGESETZGEBUNG

Der deutsche →Sozialstaat lässt sich strukturell als eine Kombination von steuer-finanzierter Armutsbekämpfung (→Armut) und einer Absicherung der großen Le-bensrisiken Arbeitslosigkeit, Krankheit (→Gesundheit/Krankheit) u. →Pflege sowie einer am Lebensstandard orientierten Alterssicherung durch gesetzliche →Sozialver-sicherungen für Arbeitnehmer/innen beschreiben. Die dementsprechende S. der Bundesrepublik basiert grundlegend auf dem Bundessozialhilfegesetz (BSHG) von 1961. Neben der Integration der seit dem Ende des 19. Jh. entwickelten Sozialversi-cherungssysteme wird durch das BSHG im Unterschied zum herkömmlichen Leitbild der Fürsorge für in Armut geratene Menschen ein Rechtsanspruch für alle Bürger auf soziale Hilfe im Bedarfsfall garantiert. Seit 1969 werden die steuerfinanzierte S. wie auch die gesetzlichen Sozialversicherungen im Sozialgesetzbuch (→SGB) systemati-siert, gegenwärtig in den SGB I–XII, wobei ausgehend von allgemeinen Grundsätzen (I) die Bereiche Hilfe für Arbeitslose (SGB II) und die Arbeitsförderung (SGB III), in SGB IV allgemeine Vorschriften für die Sozialversicherung und in SGB X Verwal-tungs- u. Datenschutzbestimmungen sowie im Einzelnen die gesetzliche Kranken-(SGB V), die Renten- (SGB VI), die Unfall- (SGB VII) und die Pflegeversicherung (SGB XI) geordnet sind. SGB VIII regelt die →Kinder- u. Jugendhilfe, SGB IX die →Rehabili-tation u. →Teilhabe von Behinderten (→Behinderung) und SGB XII die besonderen Hilfen in Notlagen (Sozialhilfe). Der gesamte Bereich der S. ist für die Legitimation demokratischer Gesellschaften zentral, sodass sozialpolitische Auseinandersetzungen einen wesentlichen Teil der politischen Debatten ausmachen und es in jeder Legisla-turperiode zu teilw. weitreichenden Reformen einzelner Felder der S. kommt.

Die Entwicklung nationaler Sozialsysteme ist stark von Pfadabhängigkeiten ge-prägt, d.h. die historisch getroffenen Entscheidungen prägen i.d.R. die sozialpoliti-schen Entwicklungen für einen großen Zeitraum. Dies trifft auch auf Deutschland zu, wo die Bismarckschen Sozialreformen, das seinerzeit modernste System sozialer Sicherung (H.-U. Wehler), die S. bis heute wesentlich beeinflussen. Ausgehend von der Ankündigung einer sozialen Reformpolitik durch Kaiser Wilhelm I. im Jahr 1881, wurden 1883 das Krankenversicherungs- und 1884 das Unfallversicherungsgesetz sowie 1889 die Alters- u. Invalidenversicherung verabschiedet. Motiviert war diese zunächst allein für Fabrikarbeiter geltende Gesetzgebung in der preußischen Traditi-on der Reform »von oben« durch den Versuch, die Arbeiterschaft sozial abzusichern und sie kompensatorisch vor dem Hintergrund des sog. Sozialistengesetzes (1878–1890) in die Reichsgründung als gleichberechtigte Staatsbürger einzubeziehen. Da-neben spielte bei vielen bürgerlichen Sozialreformern, explizit auch bei Bismarck, das christliche Gebot der →Nächstenliebe eine wesentliche Rolle.

Während Bismarck die Sozialversicherungen ursprünglich allein durch Steuern finanzieren wollte, haben engagierte ev. Minister u. Beamte wie Robert Bosse und Theodor Lohmann in Anknüpfung an bestehende korporative Hilfskassen, aus denen sich z.B. die Ortskrankenkassen entwickelten, eine anteilige Finanzierung von Arbeitgebern u. Arbeitnehmern in eigenen, selbstverwalteten Kassen durchgesetzt. Lediglich bei der Alters- u. Invalidenversicherung leistete das Reich von Beginn an einen erheblichen Zuschuss. Auch gegenwärtig werden rund ein Drittel der Rentenleistungen über den Bundeshaushalt finanziert.

Die Bismarckschen Sozialversicherungen erwiesen sich trotz mancher zeitbedingter Einschränkungen als Grundbaustein für eine ausbaufähige, immens differenzierbare u. weltweit nachgeahmte Daseinsvorsorge. Neben einem quantitativen Ausbau der Leistungen und der Einbeziehung weiterer Bevölkerungsgruppen sind die wichtigsten Erweiterungen die 1927 eingeführte Arbeitslosenversicherung und die 1995 verabschiedete Pflegeversicherung.

Neben den Sozialversicherungen gehören steuerfinanzierte Leistungen im Bereich der Kinder- u. Jugendhilfe, der →Behindertenhilfe sowie bedarfsorientierte Hilfen zum Lebensunterhalt zum Grundbestand der S. Durch das System der wesentlich über die Arbeitseinkommen finanzierten Sozialversicherungen und durch die einzelfallorientierten Hilfen der Armutsbekämpfung, die im Sinn eines soziokulturellen Existenzminimums ein Basisniveau der materiellen Versorgung und gesellschaftlichen Teilhabe gewähren, sind die »großen Lebensrisiken« durch gesellschaftliche Regelungen abgesichert. Ziel ist die Gewährung sozialer Sicherheit, was in den Gesellschaften Europas eine bestimmende Wertidee darstellt, die sich grundlegend christl. Traditionen verdankt. In theologischer Perspektive drückt sich in der Idee sozialer Sicherheit die prinzipielle Bedürftigkeit u. Angewiesenheit des Menschen auf die Hilfe anderer Menschen aus. Die Einführung regelmäßiger, rechtlich geordneter Unterstützungsleistungen für in Armut u. Not geratene Menschen, die über die individuelle Barmherzigkeit hinausgeht, lässt sich bereits in der S. des AT finden, der diesbzgl. eine paradigmatische Bedeutung zukommt.

Die aus der S. resultierenden Leistungen werden in Deutschland – dem im BSHG verankerten →Subsidiaritätsprinzip gemäß – in vielen Bereichen von Einrichtungen der freien Wohlfahrtspflege (→Wohlfahrtsverbände) angeboten. Seit der Einführung der Pflegeversicherung und der Umstellung von einem Kostendeckungsprinzip hin zu Fallpauschalen mit differenzierten Leistungsentgelten sind zunehmend auch private Anbieter mit ökonomischen Interessen in einzelnen Feldern sozialer Hilfe tätig. Dies erhöht z.T. die Wahlmöglichkeiten der Leistungsempfänger, kann aber auch zu einer Verschlechterung der Arbeitsbedingungen im Bereich sozialer →Dienstleistungen und zu Einbußen in der →Qualität der Leistungen führen. Eine angemessene Finanzierung sozialer Dienstleistungen und die Sicherung von Qualitätsstandards sind wesentliche Herausforderungen gegenwärtiger S.

LITERATUR: FRANZ-XAVER KAUFMANN, Varianten d. Wohlfahrtsstaates, Frankfurt a.M. 2006 • KIRCHENAMT D. EKD (Hg.), Gerechte Teilhabe, Gütersloh 2006 • JÖRG W. ALTHAMMER / HEINZ LAMPERT, Lehrbuch d. Soz.politik, Heidelberg 2014.

Traugott Jähnichen

SOZIALKAPITAL

Der Begriff S. wurde von P. Bourdieu und J. Coleman geprägt und durch R.D. Putnam popularisiert. Bourdieu versteht unter S. die potenziellen Ressourcen, die einem Individuum durch seine Beziehungen zu anderen zur Verfügung stehen, und die sich in andere Formen von Kapital transformieren lassen. Für Coleman ist dagegen S. nicht im Besitz der Individuen, sondern ein strukturelles Merkmal ihrer Beziehungen untereinander. Hiervon unterscheidet sich Putnams Konzept, der S. als ein Phänomen der sozialen Makroebene sieht, das die Existenz u. Qualität von reziprokem Vertrauen, Normen u. Netzwerken in sozialen Organisationen und Gesellschaften als Ganze bezeichnet. Je mehr S. eine Gruppe hat, desto effizienter können in ihr Informationen ausgetauscht, Handlungen koordiniert usw. werden. Die Form von S. entscheidet so z.B. über In- o. Exklusivität einer Gruppe. S.-Theorien werden gegenwärtig auch auf die Bereiche Religion, →Zivilgesellschaft und (Sozial-)→Unternehmen (→Entrepreneurship, Social) angewandt.

LITERATUR: ROBERT PUTNAM, Bowling alone: the collapse and revival of American community. New York u.a. 2000 • ROBERT PUTNAM / KRISTIN GOSS (Hg.), Gesellschaft u. Gemeinsinn. S. im internationalen Vergleich, Gütersloh 2001 • PIERRE BOURDIEU, Ökonomisches Kapital – kulturelles Kapital – soziales Kapital, in: DERS., Die verborgenen Mechanismen der Macht, Hamburg 1992, 49–80 • MARTIN HORSTMANN / HEIKE PARK, Gott im Gemeinwesen: S.bildung in Kirchengemeinden, Berlin/Münster 2014.

Thomas Renkert

SOZIALKAUFHAUS

S. bezeichnet Verkaufsräume, in denen gespendete Waren vorwiegend Menschen mit geringem Einkommen zu günstigen Preisen von Trägern der freien Wohlfahrt (→Wohlfahrtsverbände) und gelegentlich von Initiativen angeboten werden. Vorläufer sind die Kleiderkammern, die bis in die 2000er Jahre vielerorts zu finden waren und Wohnungslose und andere Bedürftige kostenlos unterstützt haben. S.er sollen wirkliches Einkaufen ermöglichen. Daher bemühen sie sich, den Kundinnen u. Kunden ein breites Angebot und eine Auswahl an Kleidung, Haushaltswaren u. Gebrauchsgütern vorzuhalten. Vielerorts setzen Kommunen darauf, dass Menschen im Sozialleistungsbezug diese Möglichkeiten nutzen, und stellen bei der Erstausstattung Gutscheine für die auf Möbel spezialisierten S.er aus.

Oft gehört es zum Konzept, die Wiedereingliederung in das Berufsleben zu fördern und deshalb langzeitarbeitslose Maßnahmeteilnehmer im Verkauf oder im Lager einzusetzen. Aber erst wo ein S. als Integrationsbetrieb (→Integration) anerkannt ist, werden meist sozialversicherungspflichtige Arbeitsplätze eingerichtet.

Thorsten Nolting

SOZIALMARKT

Seit Einführung der Pflegeversicherung Mitte der 1990er Jahre wird zunehmend vom S. als →Markt für soziale →Dienstleistungen bzw. Markt in der →Sozialwirtschaft gesprochen, auf dem freigemeinnützige (→Gemeinnützigkeit) u. privat-gewerbliche Einrichtungen in entgeltfinanzierten Bereichen wie →Pflege, →Behindertenhilfe o. →Krankenhaus miteinander im Wettbewerb um die Beschaffung u. Erbringung sozialrechtlich definierter Leistungen stehen. Hierbei hatten Einrichtungen der Freien Wohlfahrtspflege (→Wohlfahrtsverbände) bis Mitte der 1990er Jahre einen historisch bedingten Vorrang gegenüber öffentlichen und v.a. kommunalen Einrichtungen gem. des im Bundessozialhilfegesetz (BSHG) sowie Jugendwohlfahrtsgesetz festgeschriebenen Subsidiaritätsprinzips (→Subsidiarität). 1993 wurde durch Änderungen der §§ 93 u. 94 BSHG zwar der bedingte Vorrang von Wohlfahrtsverbänden fortgeschrieben, jedoch gleichzeitig deren alleinige Pflegesatzverhandlungen mit öffentlichen →Kostenträgern abgeschafft, sodass seitdem alle freien Träger − neben freigemeinnützigen Wohlfahrtsverbänden privatgewerbliche →Unternehmen u. eigenständig organisierte →Vereine u. Initiativen − mit öffentlichen Kostenträgern verhandeln können und die Preis-Leistungs-Konkurrenz institutionalisiert wurde. Diese Wirtschaftlichkeitsüberlegungen wurden im 1994 verabschiedeten Gesetz zur sozialen Absicherung des Risikos der Pflegebedürftigkeit (Pflege-Versicherungsgesetz) weiter ausgestaltet: Alle freien Träger wurden ordnungspolitisch bzgl. institutioneller Förderung, Schaffung von Einrichtungen u. Diensten u. Pflegesätzen gleichgestellt und unter der Prämisse der Staatsentlastung zunehmend mit der Erbringung öffentlicher Aufgaben betraut, wobei öffentliche Träger bei der Leistungserbringung mit Ausnahme der hoheitlichen Aufgaben nachrangig behandelt wurden. Dieses duale System der öffentlichen u. freien Wohlfahrtspflege mit dem institutionalisierten Subsidiaritätsprinzip ist ein wesentliches ordnungspol. Gestaltungsmerkmal des deutschen →Sozialstaates. Außerdem hat das Pflege-Versicherungsgesetz als erste gesetzliche →Sozialversicherung den Leistungsberechtigten Entscheidungskompetenzen bei der Auswahl u. Kombination von Geld- u. Sachleistungen eingeräumt und damit das Wunsch- u. Wahlrecht eingeführt.

Mit diesem Umbau des Sozialstaates sind an die Stelle

− staatlicher Gewährleistungsverantwortung die Leistungsverantwortung vieler Anbieter,
− einer normativ begründeten u. gesetzlich fixierten Vorrangstellung von Wohlfahrtsverbänden die Vertragsbeziehungen zwischen öffentlichen Kostenträgern u. verschiedenen freien Leistungsträgern,
− bisher üblicher Zuwendungen u. Subventionen nun Leistungsverträge sowie an die Stelle
− des bisherigen Kostendeckungsprinzips (pauschalierte und kostendeckende Leistungsentgelte) Fallpauschalen bzw. vertraglich definierte Preis-Leistungs-Kalkulationen u. Wirtschaftlichkeitsüberlegungen getreten.

Trotzdem ist der S. deutlich von anderen Märkten zu unterscheiden. So wird hier der Wettbewerb zwischen freigemeinnützigen, privat-gewerblichen u. kommunalen Anbietern von den öffentlichen Kostenträgern gestaltet. Für wichtige Sozialleistungsbereiche (SGB II, V, VIII, XI u. XII) hat der Gesetzgeber das sozialrechtliche Dreiecksverhältnis (→Dreieck, sozialrechtliches) als Ordnungsprinzip des Wettbewerbs bestimmt. Folglich sind die marktwirtschaftlichen Preisfunktionen auf dem S. nur teilweise erfüllt: Die Leistungserbringer ermitteln zwar die Entgelte auf Basis der Herstellungskosten und handeln diese mit den Sozialleistungsträgern aus, jedoch haben die Leistungsberechtigten als Verbraucher keine Möglichkeit zur Bewertung und zur Veränderung am Markt. Mit den ausgehandelten Entgelten wird eine gleichmäßige Versorgung mit vereinbarten Leistungen, aber keine Anpassung von Art,

Inhalt u. Umfang der Leistungen sichergestellt. Die Angebote werden im S. nicht durch den Preis, sondern durch Zulassungen (Versorgungsverträge), Leistungserbringungs-vereinbarungen (z.b. Rahmenverträge) und →Budgets gesteuert. Änderungen des Leistungsangebots werden nicht von Anbietern u. Nachfragern beeinflusst, sondern in Gremien anhand von sozial- u. finanzpol. Erwägungen getroffen. Die einzusetzen-den Produktionsfaktoren (Personal, Räume u. Gebäude, Materialien) sind durch Leis-tungs-, Vergütungs-, Qualitäts- u. Prüfungsvereinbarungen detailliert vorgegeben und können nicht entsprechend ihren Preisen in die Leistungserbringung gelenkt werden.

Literatur: Michael Buestrich / Monika Burmester / Heinz-Jürgen Dahme / Norbert Wohl-fahrt, Die Ökonomisierung Soz. Dienste u. Soz. Arbeit. Entwicklung – Theoretische Grundla-gen – Wirkungen, Baltmannsweiler 2008 • Jahrbuch Soz. Protestantismus 2, Von der »Barmherzigkeit« zum »S.«. Zur Ökonomisierung der sozialdiakonischen Dienste, Gütersloh 2008 • Georg Cremer / Nils Goldschmidt / Sven Höfer, Soz. Dienstleistungen. Ökonomie, Recht, Politik, Tübingen 2013.

Anna Rabe

Sozialpartnerschaft

siehe unter: Arbeitsrecht

Sozialpolitik

Historisch entstanden ist S. als Antwort auf die →soziale Frage im Kontext der Industrialisierung im 19. Jh. Die Pauperisierung von Massen, die bereits in der ersten Hälfte des 19. Jh. in Folge von Agrarreformen, Einführung der Gewerbefreiheit u. Auflösung des Zunftzwangs einsetzte, erreichte ihren Höhepunkt mit der massenhaf-ten Verelendung des Industrieproletariats in den folgenden Jahrzehnten. Subsidiäre Unterstützungssysteme der Kirchen, Orden oder zunehmend der Kommunen, die durch Almosen, Hospitäler, Stifte o. Bettelordnungen lange Zeit prägend waren, er-wiesen sich angesichts dieses massenhaften u. strukturellen Ausmaßes an Elend, Wohnungsnot, Hunger u. Krankheit als völlig überfordert. Die Bemühungen, die größ-ten Auswüchse dieser Massenverelendung durch Fabrikgesetze zu begegnen, die Reglungen zum Sonntagsschutz, zur Einschränkung der Kinder- u. Frauenarbeit oder zum Arbeitsschutz beinhalteten, waren nur halbherzig, wurden nicht selten missach-tet und nur unzureichend kontrolliert. Der immer deutlicher werdende Ruf der orga-nisierten Arbeiterbewegung galt teilweise der völligen Abschaffung dieser kapitalisti-schen Wirtschaftsordnung, wenigstens aber gesetzlichen Regelungen von Tarif- u. Streikrecht, Kranken-, Invaliditäts- u. Unterstützungskassen, Arbeitszeit- u. Arbeits-schutzgesetzen. Im Ergebnis hat ein historischer Kompromiss einerseits die Fortset-zung der kapitalistischen Wirtschaftsordnung gewährleistet, andererseits zu einer erheblichen Absicherung der Arbeiterschaft durch staatliche Schutz- u. Versorgungs-regelungen geführt, besonders durch Einführung des →Sozialversicherungssystems.

Inzwischen ist das System der S. so ausdifferenziert, dass der überwiegende Teil der Bevölkerung durch die Gesetzliche Kranken-, Renten- o. Arbeitslosenversiche-rung, durch Leistungen der Grundsicherung, Kindergeld, Wohngeld, Pflegegeld o. Mittel der Eingliederungshilfe Unterstützung erfährt. Man muss unterscheiden zwi-schen Leistungen, die sich auf allgemein geltende Lebensrisiken beziehen, wie etwa Krankheit, und denen, die sich besonders durch die Bedingungen des Arbeitsmarktes ergeben, also Arbeitslosigkeit, Arbeitsunfälle, Invalidität, Erwerbsminderung o. Berufsunfähigkeit. Aber auch die allgemeinen Lebensrisiken sind nicht für alle gleich gegeben, sondern konzentrieren sich stärker auf die unteren sozialen Schichten nach Maßgabe der sozialen Ungleichheit.

Eine wesentliche Funktion der S. ist die staatlich geregelte Korrektur von Risiken der Marktprozesse (→Markt). Die Diskussion über die diesbzgl. Risiken und die wirksamen u. angemessenen Instrumentarien ist je nach politischer Einschätzung differenziert. Die eher marktliberalen Vertreter gehen davon aus, dass S. sich vorrangig über eine angebotsorientierte Wirtschaftspolitik regeln lässt, die auf die »heilenden Kräfte« des Marktes setzt. Der Staat müsse sich daher mit direkten Ausgaben im Bereich von Sozialtransfers sowie mit sozialen Belastungen der Wirtschaft zurückhalten, zumal ansonsten die Wirtschaft in ihrer eigentlichen Sozialfunktion, der Schaffung von Arbeitsplätzen, gehemmt werde. Die eher marktkritischen Vertreter der Debatte fordern eine wesentlich stärker distributiv ausgerichtete S. der Verteilung ein, die durch den Markt und seine Ausgrenzungsprozesse bedingte soziale Folgen mindert. Durch höhere Steuerabgaben auf hohe Einkommen, Gewinne u. Vermögen sollen Unternehmen und die oberen Einkommen zur Finanzierung von Transferleistungen und zur Stabilisierung der sozialen Sicherungssysteme stärker in die Verantwortung gezogen werden.

In Deutschland hat sich inzwischen, eingeleitet durch die Gesetze für moderne Dienstleistungen am Arbeitsmarkt (Hartz I–IV), ein auch in breiten Teilen der SPD und der Partei Bündnis 90 / Die GRÜNEN favorisierter Kurswechsel in Richtung einer eher angebotsorientiert ausgerichteten S. durchgesetzt. Die signifikanten Daten dazu sind: Steuersenkung für Spitzenverdiener u. Unternehmen, Abschaffung des Lebensstandardsicherungssystems zugunsten eines Grundsicherungssystems für Menschen in Langzeitarbeitslosigkeit, Kürzung der Rentensätze und Einführung einer privaten kapitalgedeckten Zusatzversicherung (»Riesterrente«), Auflösung der paritätischen Finanzierung der Krankenversicherung durch Reduzierung des Arbeitgeberanteils, Kürzung der Bezugszeit des Kindergeldes, Einführung eines Niedriglohnsektors und geringfügiger, nicht sozialversicherungspflichtiger Beschäftigungsformen. Die soziale Ungleichheit in Deutschland hat sich verschärft und die Diskussion über eine S., die sich an mehr Verteilungsgerechtigkeit (→Gerechtigkeit) orientiert, wird kaum noch geführt.

LITERATUR: MICHAEL OPIELKA, S., Reinbek bei Hamburg 2004 ◆ GERHARD BÄCKER / GERHARD NAEGELE / REINHARD BISPINCK / KLAUS HOFEMANN / JENNIFER NEUBAUER, S. u. soz. Lage in Deutschland Bd. 1: Grundlagen, Arbeit, Einkommen u. Finanzierung, Wiesbaden 2008 ◆ STEPHAN LESSENICH, Die Neuerfindung d. Sozialen. Der Soz.staat im flexiblen Kapitalismus, Bielefeld 2009.

Uwe Becker

SOZIALPOLITIK, EUROPÄISCHE

Zu den Zielen der →Europäischen Union (EU) gehören auch die Bekämpfung sozialer →Ausgrenzung und die Förderung sozialer →Gerechtigkeit. Seit ihrer Gründung steht jedoch die wirtschaftliche Integration im Vordergrund. Sie werde – so die Hoffnung – den sozialen Fortschritt mitbewirken. Die Zuständigkeit für S. liegt daher entsprechend dem Grundsatz der →Subsidiarität überwiegend bei den Mitgliedstaaten. Am meisten ist die EU beim Thema Beschäftigung aktiv. Eine europäische Harmonisierung der nationalen Systeme des Sozialschutzes ist nicht vorgesehen, nur zur Ermöglichung der Arbeitnehmerfreizügigkeit gibt es rechtlich bindende Regelungen zur Koordinierung dieser Systeme. Von Bedeutung ist außerdem das Verbot der Diskriminierung aufgrund der Staatsangehörigkeit. Damit die Unterschiede in und zwischen den Mitgliedstaaten nicht zu groß werden, fördert die EU den sozialen Zusammenhalt, bspw. durch finanzielle Mittel des Europäischen Sozialfonds. Die »Offene Methode der Koordinierung« zielt durch politische Selbstverpflichtungen der Mitgliedstaaten auf eine Angleichung des sozialen Schutzes in der EU.

LITERATUR: ULRICH VON ALEMANN / EVA G. HEIDBREDER / HARTWIG HUMMEL / DOMENICA DREYER / ANNE GÖDDE (Hg.), Ein soz. Europa ist möglich, Berlin 2015 • EBERHARD EICHENHOFER, Sozialrecht d. Europäischen Union, München 2016.

Katharina Wegner

SOZIALRAUMORIENTIERUNG

I. GRUNDLAGEN DER SOZIALRAUMORIENTIERUNG (SRO)

SRO ist ein Fachkonzept →Sozialer Arbeit, das ausgehend vom Willen des Individuums Soziale Arbeit organisiert u. gestaltet. Als Leitidee Sozialer Arbeit will SRO die Lebensumstände u. Lebensqualität von Menschen verbessern. Den Kern der SRO bilden fünf Prinzipien:

1. ORIENTIERUNG AM WILLEN DES ADRESSATEN

Im Zentrum steht die persönliche Vorstellung besseren Lebens, zu der eine Person selbst beitragen kann. In dieser Perspektive werden Menschen befähigt, ihr Leben im Rahmen ihrer Möglichkeiten aktiv mitzugestalten.

2. VORRANG VON BEFÄHIGENDER ARBEIT VOR BETREUENDER TÄTIGKEIT

Soziale Arbeit legt ihren Schwerpunkt im sozialraumorientierten Ansatz auf die befähigende Arbeit. Menschen sollen zunächst zum eigenen Handeln befähigt werden, bevor sie durch professionelles Handeln (→Professionalität) betreut werden.

3. EINBEZIEHEN VON SOZIALRÄUMLICHEN RESSOURCEN

Neben den eigenen Möglichkeiten u. Fähigkeiten werden →Familie, nahestehende Personen und das Umfeld sowie strukturelle u. institutionelle Ressourcen in die Gestaltung der Arbeit mit einbezogen.

4. ZIELGRUPPENÜBERGREIFENDES HANDELN

In Abgrenzung zur Einzelfallarbeit werden auch fallübergreifende Ressourcen in die Planung integriert. Gemeinsamkeiten verschiedener Einzelfälle werden gebündelt und auf der Ebene des Stadtteils u. Sozialraums bearbeitet.

5. DIE VERNETZUNG SOZIALER DIENSTE ALS BASIS FÜR FUNKTIONIERENDE HILFEN

Die Vernetzung geschieht ausgehend von den vorherigen Schritten dann auf der Organisationsebene der Ressourcen von Institutionen, Ressorts, sozialem Umfeld u. der Person selbst.

Durch sozialraumorientierte Arbeit ergeben sich Gestaltungswege für Individuen, die verschiedene Ebenen sozialen Lebens und der Lebensbedingungen einbindet.

SRO bewegt sich organisatorisch an der Schnittstelle zwischen individuellem Willen u. politischen wie wohlfahrtsstaatlichen Strukturen. Sie beinhaltet Fallarbeit, fallübergreifende Arbeit u. fallunabhängige Arbeit. Zusammengefasst nimmt das Fachkonzept SRO einen Perspektivwechsel »vom Fall ins Feld« vor. Ziel ist es, Betroffenen und ihrem Umfeld zu der für sie bestmöglichsten Lösung zu helfen (Hinte/Treeß 2014).

SRO ist neben Fachkonzept auch eine Leitidee für eine grundlegende Orientierung sozialer Arbeit. Sie eröffnet neue Ansätze u. Perspektiven und ist mit einer grundsätzlichen Haltung verbunden, die bei den Ressourcen der Menschen sowie der Ressourcen ihres Umfelds ansetzt, Befähigung u. Selbstbestimmung fördert. Sie verhilft Menschen zur selbstbestimmten →Teilhabe und beinhaltet eine Vorstellung für die Gestaltung des zukünftigen Miteinanders vor Ort; konkret: wie sozialer Zusammenhalt und gelebte →Solidarität gestützt u. verstetigt werden können.

Ausgangspunkt der SRO ist ein reflexives theoretisches Verständnis von Sozialräumen unter Berücksichtigung verschiedener raumtheoretischer Ansätze (Lefebvres, Foucault, Löw u.a.). Raum umfasst territoriale Aspekte, den Gegenstand sozialer Arbeit sowie gesellschaftliche Fragestellungen und weist auf das Wechselverhältnis zwischen strukturellen Bedingungen und dem Handeln der Menschen hin. Sozialraumarbeit setzt die Einnahme einer reflexiven räumlichen Haltung voraus, die den Handlungsraum unter fachlichen Aspekten systematisch erschließt. Von zentraler Bedeutung für die Implementierung sozialraumorientierter Ansätze ist das politikfeldübergreifende Denken u. Handeln, sowohl auf kommunaler Ebene zwischen den unterschiedlichen Arbeitsfeldern (horizontal) als auch vernetzt mit den zuständigen Stellen auf Landes- u. Bundesebene (vertikal). Neben staatlichen u. kommunalen Institutionen u. Ämtern werden auch zivilgesellschaftliche (→Zivilgesellschaft) Akteure u. Initiativen in die Kooperationen eingebunden.

II. Abgrenzung zur →Gemeinwesenarbeit (GWA)

Die Ursprünge aktivierender sozialer Arbeit reichen ins 19. Jh. zurück. Bei den ersten Einrichtungen der →Settlement-(Ansiedlung-)Bewegung, Tonybee Hall in London (1884) und dem Hull-House in Chicago (1889), handelte es sich um lokale bürgerliche Initiativen, die versuchten, durch das Zusammenleben mit Armen u. Arbeitssuchenden die Selbsthilfepotentiale (→Selbsthilfe) zu stärken. Bestandteile waren bspw. Bildungsangebote (→Bildung) u. →Nachbarschaftshilfe. Die Grundlegung der GWA entstand im 20. Jh. durch den Import des Community Organizing aus den USA. Neben die Stärkung der Selbsthilfepotentiale u. Selbstorganisation trat die Förderung der politischen Artikulation. Damit waren die Grundlagen für die GWA gelegt. GWA entwickelte sich zunächst zur dritten Methode der Sozialen Arbeit, welche in unterschiedlichen theoretischen u. handlungsorientierten Ausprägungen ihren Niederschlag fand. Gemeinsam war den unterschiedlichen Ansätzen der GWA die politische Dimension zur Verbesserung der Lebensumstände. Menschen sollten nicht nur Hilfe erfahren und sich selbst organisieren, sondern sich auch politisch emanzipieren können. Dieses →Empowerment führt zu einer Befähigung von Bewohner_innen, ihre eigenen Interessen u. politischen Anliegen vertreten zu können. Nach unterschiedlichen Ausprägungen u. Entwicklungen in den 1970er Jahren wurde GWA 1980 als Arbeitsprinzip der gesamten Sozialen Arbeit konzipiert, welches für alle Handlungsfelder Sozialer Arbeit relevant wurde (Boulet, Kraus, Oelschlägel).

Innerhalb der bundesdeutschen Rahmenbedingungen haben sozialraumorientierte Ansätze zunächst v.a. in der →Kinder- u. Jugendhilfe Anklang gefunden. So wurden neben dem üblichen Hilfeplanverfahren bspw. in sozialräumlichen Jugendhilfestationen flexible Strukturen für Hilfen zur Erziehung (→Erziehungshilfe) ermöglicht. Voneinander abgegrenzte Arbeitsfelder, Hilfesysteme u. Institutionen, also z.B. Kinder- u. Jugendhilfe auf der einen Seite, Schule, Gesundheitsförderung u. Wohnungsbau auf der anderen, werden in ihrer Funktionalität bzw. Dysfunktionalität für die Kooperation lokaler Akteure bewusst in den Blick genommen (Treeß).

GWA versteht sich im Verhältnis zur SRO als Sozialkulturelles Interventionskonzept, welches häufig in Projektstrukturen seine Umsetzung findet. SRO hingegen nimmt neben der inhaltlichen Sozialen Arbeit stärker die strukturelle Verankerung in den Blick. Dennoch ergibt sich aus beiden Ansätzen eine Schnittmenge: z.B. Ressourcenorientierung, Stärkung der Selbsthilfe, Vernetzung von Akteuren.

Beide Ansätze Sozialer Arbeit bieten darüber hinaus eigene Stärken. So lassen sich bspw. einige Ansätze der GWA schwer oder nicht in ein sozialraumorientiertes Verwaltungskonzept integrieren, wohingegen sozialräumliche Arbeit häufig leichter in bestehende Finanzierungs- u. Verwaltungssysteme integrierbar ist (Schöning).

III. DIAKONIE U. KIRCHE

Im Zusammenhang mit der Veröffentlichung der »Handlungsoption Gemeinwesendiakonie« (DW EKD 2007) wird im kirchlich-diakonischen Kontext SRO oft als →Gemeinwesendiakonie bezeichnet.

Theologisch ist der Sozialraum Erfahrungsraum der Gegenwart Gottes. Im Sozialraum werden durch diakonisches u. kirchliches Handeln soziale Wirklichkeiten u. Beziehungen in der Perspektive des →Reiches Gottes und der biblischen Verheißung erschlossen und von ihr aus interpretiert. Voraussetzung solcher Erfahrungen ist die Gestaltung der Gesellschaft in ihren sozialräumlichen Bezügen unter dem Kriterium einer gerechten Gesellschaft (→Gerechtigkeit). Gerecht meint dabei unter dem Aspekt der Teilhabegerechtigkeit, dass jeder Mensch nach seiner Bestimmung gemäß in der Gesellschaft leben und seine Fähigkeiten einbringen kann (Wegner 2011). Alle Menschen sollen in einem offenen u. inklusiven (→Inklusion) Gemeinwesen zur Entwicklung ihrer Potentiale und zur Selbstbestimmung befähigt werden.

Diakonie versteht sich dabei als »Mittlerin« und »Impulsgeberin«, die gemeinsam mit den Kirchen, der Zivilgesellschaft und den Bewohner_innen sozialraumorientierte Angebote u. Dienste initiiert und Brücken baut. Ihr Auftrag ist die konsequente Umsetzung der SRO in ihrer Arbeit. Ausgehend von der Kooperation mit Kirchengemeinden öffnen sich die diakonischen →Einrichtungen u. Dienste in den Sozialraum, strukturell, inhaltlich u. konzeptionell für die Zivilgesellschaft und die Mitmenschen vor Ort. Die Vernetzung im Sozialraum führt zu einem welfare mix, in dem sich Kirche u. Diakonie aus Gottes- u. Nächstenliebe unter Anwendung des Fachkonzepts SRO anwaltschaftlich (→Anwaltschaft) für die Interessen der Schwächsten einsetzen. Sie verstehen sich selbst als Teil des Sozialraums, gleichzeitig aber auch als Gestalterinnen sozialen Raumes.

Ziel diakonischen u. kirchlichen Handelns im Sozialraum ist die Mehrung von →Sozialkapital und entsprechenden geistlichen Impulsen in Lebensbezügen der Menschen (de Roest 2010). Kirche u. Diakone werden in der Kommunikation mit anderen Menschen, sozialen Akteuren, kommunalen Verwaltungen und über politische Grenzen hinweg zu einer Kirche für und mit Anderen (Bonhoeffer). Netzwerke werden aktiv geknüpft und die Vernetzung wird über die kirchlich-diakonischen Milieugrenzen hinweg betrieben. Kirchengemeinden, die sich stärker sozialräumlich ausrichten, gewinnen diakonisches →Profil. Gleichzeitig gewinnen im Sozialraum vernetzte diakonische Einrichtungen u. Dienste ev. Profil. Die sozialräumliche Gestaltung kirchlicher u. diakonischer Arbeit führt zu einer Stärkung u. Profilierung von Kirche u. Diakonie als zivilgesellschaftliche Akteurinnen, die Gesellschaft mitgestalten.

LITERATUR: DIAKON. WERK D. EKD (Hg.), Handlungsoption Gemeinwesendiakonie, Diakonie Texte 12.2007 • WERNER SCHÖNING, S., Schwalbach am Taunus 2008 • FRANK FRÜCHTEL / GUDRUN CYPRIAN / WOLFGANG BUDDE (Hg.), Soz. Raum u. Soz. Arbeit, Wiesbaden 2009 • HENK DE ROEST, Der diakon. Ort d. Dazwischen, in: VOLKER HERRMANN / MARTIN HORSTMANN (Hg.), Wichern drei – gemeinwesendiakon. Impulse, Neukirchen-Vluyn 2010, 151–160 • WOLFGANG HINTE / HELGA TREESS, S. i.d. Jugendhilfe, München/Weinheim 2014.

Ulrich Lilie / Maria Loheide

SOZIALRECHT

Das S. setzt den Auftrag aus Art. 20 Abs. 1 GG um, einen sozialen Staat zu gestalten. Entsprechend umfasst das S. alle Regelungen des Bundes, der Länder o. Kommunen, die eine soziale Zielsetzung verfolgen.

Hierfür kommt dem Bund neben den Ländern die konkurrierende Gesetzgebungskompetenz für die öffentliche Fürsorge (Art. 74 Abs. 1 Nr. 7 GG) und das Sozialversicherungsrecht (Art. 74 Abs. 1 Nr. 12 GG) zu. Damit verschafft das Grundgesetz dem Bund einen weiten Spielraum, um u.a. im Sozialgesetzbuch (→SGB) seine sozialpolitischen Vorstellungen umzusetzen.

Das S. regelt, mit welchen Leistungen der Staat das menschenwürdige Existenzminimum gewährleistet, seine Bürger und andere Schutzbedürftige gegen Notlagen u. Lebensrisiken absichert oder Ausgleich für erlittene Schäden schafft. Darüber hinaus legt es fest, durch wen und wie diese Hilfe erbracht wird. Ein weiterer Regelungsgegenstand ist die Finanzierung dieser Hilfen.

Friederike Mußgnug

SOZIALSTAAT

In allen Ländern der westlichen Welt und weit darüber hinaus gehört der S. zu den wichtigsten Fundamenten moderner Staatlichkeit. Der S. zielt darauf, korrigierend in die marktgesteuerten Verteilungsmuster und die daraus resultierenden sozialen Lebensverhältnisse einzugreifen, um allen Bürgern ein Mindestmaß an Lebens- u. →Teilhabechancen zu gewähren. Das Maß der zugestandenen Chancen muss dabei politisch immer wieder neu ausgehandelt werden. Der S. ist damit eine der wichtigen staatlichen Legitimationsquellen, immerhin bestreiten derzeit rund 40% der Wahlberechtigten ihren Lebensunterhalt hauptsächlich aus Sozialleistungen. Das schließt allerdings nicht aus, dass der S. wegen der hohen Erwartungen u. Beanspruchungen, denen er überall begegnet, aber auch zu einem Krisenproduzenten u. Problemerzeuger werden kann.

Der deutsche Begriff des S.s zeichnet sich gegenüber dem lange Zeit weniger geläufigen Begriff des Wohlfahrtsstaats dadurch aus, dass er auch das Arbeitsrecht und die Regelung der Arbeitsverhältnisse mit einbezieht, während das angelsächsische u. skandinavische Verständnis von Wohlfahrtsstaatlichkeit (welfare state) weit selbstverständlicher als in Deutschland auch das Bildungswesen mit berücksichtigt.

Auch wenn der Begriff »S.« seinen Siegeszug in Deutschland erst nach 1945 angetreten hat, reichen die Ursprünge moderner Sozialstaatlichkeit doch sehr viel weiter zurück. Die Geburt des S.s war eine Reaktion auf die neuen Unsicherheiten der industriekapitalistischen Arbeitsverfassung. In den Jahren 1883/1884 entstanden in Deutschland zunächst die gesetzliche Kranken- u. die Unfallversicherung, 1889 folgte die Invaliditäts- u. Altersversicherung. Aufgrund seiner Vorreiterrolle bei der Entstehung der Sozialversicherung galt Deutschland international alsbald als S.spionier. Als vierter Pfeiler des Sozialversicherungsgebäudes trat 1927 die Arbeitslosenversicherung hinzu. Erst nach der Wiedervereinigung, im Jahr 1995, ergänzte die Pflegeversicherung die Sozialversicherung um eine fünfte Komponente. Damit waren die großen sozialen Risiken Krankheit (→Gesundheit/Krankheit), Invalidität, →Alter, Arbeitslosigkeit (→Arbeitslosenhilfe) und Pflegebedürftigkeit (→Pflege) weitgehend abgedeckt.

Bereits in den formativen Jahren des deutschen S.s hatten sich jene Bauprinzipien ausgeprägt, welche die Grundstruktur der Sozialversicherung, und damit den Kern des Systems der sozialen Sicherung, bis heute auszeichnen: Pflichtversicherung und erwerbsbezogene Beitragsfinanzierung sowie nicht-staatliche korporative Träger mit Selbstverwaltung durch die Sozialpartner. Kontrastierend zum deutschen Sozialversicherungsmodell entstand in Großbritannien noch vor dem Ersten Weltkrieg (1908) ein Alternativmodell in Gestalt eines universalistischen, bedarfsorientierten u. steuerfinanzierten Altersrentensystems.

Das deutsche System der sozialen Sicherung, wie es sich über viele Etappen ausgeprägt hat, wird unterfüttert durch eine Mindestsicherung, die auf →Bedürftigkeitsprüfungen beruht und aus den Leistungen der Sozialhilfe, des 2005 neu eingeführten Arbeitslosengelds II und der Grundsicherung für alte u. dauerhaft nicht-erwerbsfähige Personen besteht. Das System der sozialen Sicherung wird überdies durch Leistungen der Familienpolitik ergänzt, die darauf abzielen, die Vereinbarkeit von →Beruf und →Familie und die im internationalen Maßstab ausgesprochen niedrige Geburtenrate zu erhöhen. Die Bedeutung der familienpolitischen Leistungen ist in den letzten Jahrzehnten erheblich gestiegen. Gleichwohl beansprucht die gesetzliche Alterssicherung nach wie vor den größten Anteil am Sozialbudget, gefolgt von der Krankenversicherung; beide zusammen nahmen im Jahr 2014 über die Hälfte des Sozialbudgets in Anspruch.

Gegenüber der deutschen Variante des S.s lassen sich andere S.stypen abgrenzen. So erlangte seit den 1980er Jahren in der sozialwissenschaftlichen Forschung eine Typologie Ausstrahlungskraft, die zwischen einem sozialdemokratisch-skandinavischen, einem konservativ-mitteleuropäischen und einem liberal-angelsächsischen Typ unterschied (G. Esping-Andersen). Unterscheidungskriterien waren dabei das Niveau und die Generosität des Sozialschutzes, der Grad der Stratifizierung der Sicherungssysteme nach berufsständischen Kriterien und das Verhältnis von Staat, Markt und Familie. Gegen die zumeist vorgenommene Zuordnung des deutschen S.s zum konservativen Typus sind allerdings vielfach Bedenken angemeldet worden. Insgesamt haben sich die S.ssysteme in ihren Grundzügen in den letzten Jahrzehnten deutlich aufeinander zu bewegt. Der deutsche S., dem Sozialpolitiker der christlichdemokratischen Parteien (Zentrum, CDU/CSU) in besonderer Weise den Stempel aufzudrücken vermocht haben, entspricht heute eher einem Mischtyp mit Elementen aller drei Sozialstaatsfamilien.

Zu den Merkmalen, die den deutschen S. in vergleichender Perspektive auszeichnen, gehören das besondere Gewicht des Arbeitsrechts, der Vorrang von Transferleistungen gegenüber den sozialen Diensten und, v.a. mit Blick auf die Tätigkeitsfelder der Sozialhilfe, die Betonung des →Subsidiaritätsprinzips, einschließlich der daraus folgenden starken Stellung der großen →Wohlfahrtsverbände. Charakteristisch für den deutschen S. ist zudem das hohe Maß an Beitragsfinanzierung. Rund 60% der Sozialausgaben sind beitragsfinanziert, 40% stammen aus öffentlichen Haushalten.

Der Anteil der Sozialleistungen am Bruttoinlandsprodukt belief sich 2013 auf rund 30%. Was den Anteil der Sozialausgaben an den gesamten Staatsausgaben anbelangte, nahm Deutschland 2012 im internationalen Vergleich mit fast 58% eine Spitzenposition ein, eine Zahl, die noch einmal das ganze Gewicht des S.s im Rahmen der Staatstätigkeit verdeutlicht. Unter den Bedingungen von Globalisierung, Alterung der Gesellschaft, wachsender Staatsverschuldung und persistenter Arbeitslosigkeit ist der S. in den letzten Jahrzehnten zum Adressat vielfältiger Reformforderungen geworden. Der gesteigerte Anpassungsdruck hat in Deutschland vor allem in den rotgrünen Regierungsjahren von 1998 bis 2005 zu Umbaumaßnahmen am S. geführt. Dazu gehörten einerseits der Abschied von der lebensstandardsichernden Altersrente und die Einführung einer freiwilligen, staatlich subventionierten, kapitalgedeckten Zusatzrente (»Riester-Rente«), andererseits die als Hartz-Reformen bekannt gewordenen Reformen der →Arbeitsmarktpolitik im Zeichen eines »aktivierenden S.s«, von denen die Zusammenlegung von Sozial- u. →Arbeitslosenhilfe zum Arbeitslosengeld II die wichtigste war. Beide Neuerungen sind politisch höchst umstrittenen geblieben.

LITERATUR: FRANZ-XAVER KAUFMANN, Varianten d. Wohlfahrtsstaats. Der dt. S. im internat. Vergleich, Frankfurt a.M. 2003 • MANFRED G. SCHMIDT, Der dt. S., München 2012 • FRANCIS CASTLES ET AL. (Hg.), The Oxford Handbook of the Welfare State, Oxford 2012.

Wilfried Rudloff

SOZIALSTATION

Ambulante Pflegeeinrichtungen werden auch S.en, →ambulante Pflegedienste (→Pflege) oder →Diakoniestationen (ambulante Pflegeeinrichtungen in diakonischer Trägerschaft) genannt. Sie verfügen über eine Zulassung zur Leistungserbringung durch die Pflege- u./o. Krankenkassen und versorgen kranke o. pflegebedürftige Menschen in der eigenen Häuslichkeit z.B. mit pflegerischen, behandlungspflegerischen o. psychiatrischen Leistungen.

Laut der Pflegestatistik 2013 des Statistischen Bundesamtes gibt es in Deutschland insgesamt 12.700 ambulante Pflegedienste, die sich mehrheitlich in privater Trägerschaft befinden. Privatgewerbliche Pflegedienste versorgen durchschnittlich 37 und freigemeinnützige 68 Pflegebedürftige pro Einrichtung. In den ambulanten Pflegeeinrichtungen arbeiten Pflegekräfte mit unterschiedlichen Qualifikationsprofilen unter der Leitung einer verantwortlichen Pflegefachkraft.

LITERATUR: STATISTISCHES BUNDESAMT, Pflegestatistik 2013, Wiesbaden 2015 • EVA ELISABETH HEROLD (Hg.), Ambulante Pflege. Die Pflege gesunder u. kranker Menschen Bd. 3, Hannover 2002 • SGB V U. XI.

Frauke Bußkamp

SOZIALVERSICHERUNGEN

Das deutsche System der S. – die wesentlichen Etappen sind die 1883 bzw. 1889 verabschiedete Krankenversicherungs- sowie die Alters- u. Invalidenversicherungsgesetzgebung, die 1927 beschlossene Arbeitslosenversicherung und die 1995 eingeführte Pflegeversicherung – ist als eine Pflichtversicherung für abhängig Beschäftigte konzipiert. Die entsprechenden Sozialabgaben (jeweils bestimmte Prozentsätze vom Einkommen) werden i.d.R. hälftig von Arbeitgebern u. Arbeitnehmern getragen, gegenwärtig sind bei der gesetzlichen Kranken- u. Pflegeversicherung leichte Verschiebungen zu Lasten der Beschäftigten in Kraft. Während die Leistungen der Arbeitslosen- u. Rentenversicherung im Sinn der Besitzstandswahrung an der Höhe der Einkommen orientiert sind, werden bei der Kranken- u. Pflegeversicherung unabhängig von der Höhe der Beiträge die jeweils medizinisch notwendigen Leistungen gewährt. Ab einer bestimmten Einkommenshöhe werden die Beiträge »gedeckelt« und es besteht für Gutverdienende die Möglichkeit, in eine private Kranken- u. Pflegeversicherung zu wechseln. Tendenziell werden geringere u. mittlere Einkommen durch die Sozialabgaben höher belastet als Gutverdienende.

LITERATUR: JÖRG W. ALTHAMMER / HEINZ LAMPERT, Lehrbuch d. Sozialpolitik, o.O. 2014.

Traugott Jähnichen

SOZIALWIRTSCHAFT

S. bezeichnet den Bereich einer Volkswirtschaft, der sich mit sozialen →Dienstleistungen (Gesundheitswirtschaft, Altenpflege, Menschen mit besonderem Betreuungsbedarf etc.) befasst. Organisationen, Dienste und Unternehmungen der S. werden zu sozialen Zwecken betrieben. Ursprünglich wurden sozialwirtschaftliche Leistungen bedarfsorientiert finanziert. Mit der Einführung der Pflegeversicherung haben wettbewerblich Aspekte und privatwirtschaftliche Leistungsansprüche vermehrt Einzug gefunden. S. ist ein Teilbereich des Dritten Sektors.

Martin Büscher

SOZIALWORT

Im Jahr 1997 haben die EKD und die Deutsche Bischofskonferenz (DBK) nach einem mehrjährigen Konsultationsprozess den gemeinsamen Text »Für eine Zukunft in →Solidarität u. →Gerechtigkeit« veröffentlicht. Diese zumeist als »S.« bezeichnete Stellungnahme plädiert vor dem Hintergrund der lang anhaltenden Massenarbeitslosigkeit und der Herausforderungen der sozialen Gestaltung der deutschen Einheit für eine Erneuerung des Ordnungsmodells der Sozialen →Marktwirtschaft. Das Leistungsvermögen der Volkswirtschaft und die →Qualität der sozialen Sicherung werden als zwei Pfeiler einer Brücke beschrieben, die beide in gleicher Weise stabilisiert werden müssen. Nach Ansicht der Kirchen galt dies in den 1990er Jahren insbes. für die Stärkung des Pfeilers der sozialen Sicherheit. In diesem Sinn verstand sich das S.

als Stimme der Benachteiligten in der Gesellschaft (→Anwaltschaft) und forderte die Entwicklung einer sozial u. ökologisch zukunftsfähigen Wirtschaftspolitik ein. Mit diesem Wort haben die Kirchen nicht versucht, unmittelbar in die Politik einzugreifen, wohl aber eine bessere Politik zu ermöglichen. In der Rezeption wurde dieses Wort als wichtiger Impuls zur Stärkung der Sozialkultur verstanden. Politische Innovationen, wie z.B. die regelmäßige Erstellung eines nationalen →Armuts- u. Reichtumsberichts der Bundesregierung, sind mit Verweis auf das S. legitimiert worden.

LITERATUR: RAT D. EKD (Hg.), Für eine Zukunft in Solidarität u. Gerechtigkeit, Hannover/Bonn 1997.

Traugott Jähnichen

SPENDEN

Für Diakonie u. Kirche sind S., worunter man zunächst vornehmlich Gelds. versteht, von Anfang an wesentlicher Ausdruck u. Betätigung des Glaubens (→Kollekte). Das sind kleine Beträge (der Groschen der armen Witwe Mk 12,41–44), man denke an die Pfennigvereine der diakonischen Einrichtungen im 19. Jh. bis in die Mitte des 20. Jh., und natürlich auch Großs. Durch den Kontakt (Dankschreiben, Informationen über die Tätigkeiten) zu den spendenden Personen wird oft auch eine Bindung an die Aufgaben und an die Gemeinschaft der Einrichtung erreicht. Das Sammeln von S. durch bewusstes S.marketing wird →Fundraising genannt.

Heute kommen hinzu Sach- (→Sozialkaufhaus) u. Zeits., wobei Letzteres im Wesentlichen die Tätigkeit im →Ehrenamt ist. Im weiteren Sinn sind Erbschaften u. Vermächtnisse und auch →Stiftungen hinzuzuzählen.

Martin Wolff

SPIRITUALITÄT

ZUM BEGRIFF

S. trägt viele Gesichter – präziser spricht man besser von S.en. Die Begriffswurzel, das lateinische *spiritualis*, ist die Übersetzung des neutestamentlichen Begriffs *pneumatikos*. Diese Übersetzung ist seit ca. 200 n.Chr. dokumentiert und meint die christl. Lebensgestaltung – Leben in und aus der Kraft des Geistes →Gottes.

Es gibt zwei Traditionslinien, einen weiten S.sbegriff und einen engen. Der weite, aus der angelsächsischen Tradition stammende, meint die Verbundenheit mit etwas Heiligem, die Bezogenheit auf ein größeres Ganzes. Aus religionswissenschaftlicher Sicht zählt S. zu einer anthropologischen Grundfunktion. Demnach gehört eine heilvolle u. identitätsstiftende Bezogenheit auf eine letzte Wirklichkeit zum Menschsein dazu.

Die enge Begriffsfassung stammt aus der französischen Ordenstheologie (→Orden), die im Bereich der Klöster u. →Kirchen versucht hat, spirituelles Leben aus dem Geiste Gottes umzusetzen. Nach diesem Verständnis fehlt dem weiten Konzept »Bezogenheit auf ein größeres Ganzes« sein Ziel u. Gegenüber.

S. UND RELIGION

Während die Mitgliedszahlen der verfassten Kirchen sinken, nimmt die individuelle Suche nach spirituellen Erfahrungen zu, was die florierenden Märkte esoterischer Ratgeberliteratur u. spiritueller Gesundheitsangebote u. Lebenshilfe belegen.

Ein ursprünglich zentrales Konzept des christl. Glaubensvollzugs (→Glauben), nämlich S., hat heute einen massiven Bedeutungswandel erfahren. Nicht mehr ein Leben aus dem Heiligen Geist, sondern esoterische Glaubensüberzeugungen o. spiritistische Praktiken werden heute damit in Verbindung gebracht.

In den letzten 50 Jahren haben Kultur- u. Sozialwissenschaftler eine markante Pluralisierung u. Individualisierung der persönlichen Sinngebung festgestellt. Traditionelle Religionen haben ihre Deutungshoheit verloren, Religionswissenschaftler sprechen heute von einem »Markt der Sinnanbieter« und dem »spirituellen Wanderer«, der seine individuelle Spiritualität aus verschiedenen Traditionen patchworkartig kombiniert.

Dabei ist zu beachten: Geschulte Aufmerksamkeit für das Geheimnis Gottes (= enge Definition) ist etwas anderes als die Wahrnehmung der Verbundenheit mit einem großen Ganzen (= weite Definition). Zwischen einer anthropologisch gedeuteten, transpersonalen S. als »Bezogenheit auf ein größeres Ganzes« und einer theologisch verstandenen, personalen S. als persönlicher Gottesbeziehung bestehen Spannungen.

S. UND →GESUNDHEIT

Seit Ende des letzten Jahrhunderts ist S. zu einem wichtigen Leitbegriff der Gesundheitsforschung geworden. In der Psychokultur, der Humanistischen Psychologie, der Transpersonalen Psychologie, der →Meditationsbewegung sowie zahlreicher Esoterik-Strömungen wurde es populär, von S. zu sprechen. In →Medizin u. Psychologie hat die Erforschung von religiös-spirituellen Ressourcen zur Krankheitsbewältigung stark zugenommen. Seit Kurzem versucht man, pathologische Varianten wie etwa die erschreckend hohe Zahl radikal fundamentalistischer Glaubenshaltungen besser zu verstehen und ihnen vorzubeugen.

Die Religionspsychologie hat durch zahlreiche Studien herausgefunden, wie sich eine persönlich adaptierte S. positiv auf andere Lebensbereiche auswirken kann. Es gibt sichere Belege dafür, dass etwa eine bessere Krankheitsbewältigung oder gesundheitliches Wohlbefinden nicht durch eine formale Religionszugehörigkeit zu erzielen ist. Erst ein individuell stimmiger, persönlich adaptierter Glaube kann Heilkräfte freisetzen, die über eine Placebo-Wirkung hinausgehen. Diese Zusammenhänge konnte die Religionsforschung mit ihrer Unterscheidung zwischen einem nutzengeleiteten, extrinsischen Glaubensstil und einem erfahrungsgesättigten u. überzeugungsgeleiteten intrinsischen Glaubensstil eindeutig nachweisen.

In der Versorgung Kranker wird S. heute als eine medizinisch-anthropologische Kategorie angesehen. Schon 1971 beschrieb eine Konferenz für Altersforschung im Weißen Haus »spirituelles Wohlbefinden« als eine Ressource für Langlebigkeit. Seit 1995 bezieht die WHO S. als einen Faktor für gesundheitsbezogene Lebensqualität in ihre Arbeit mit ein. Nach der WHO ist jeder Mensch spirituell, weil er sich spätestens angesichts des Todes existenziellen Fragen stellen muss und Erfahrungen im Umgang damit macht. S. wird als die Reflexion der Erfahrungen verstanden, die im Umgang mit existenziellen Fragen gemacht werden. Impulsgeber für eine intensivere wissenschaftliche Erforschung in Medizin u. Psychologie war die Palliativmedizin (→Palliativ Care), wo bei einer ganzheitlichen Begleitung Schwerkranker die Berücksichtigung ihrer spirituellen Bedürfnisse besonders zum persönlichen Wohlbefinden der Betroffenen beiträgt.

S. ist allerdings kein Wundermedikament, wie es teilweise Forschungsergebnisse aus den USA nahelegen. Gott ist auch nicht der Helfer eines medizinischen Machbarkeitswahns. In der christl. S. geht es in erster Linie nicht um spirituelle Wellness, sondern um den Schöpfergott, der zu einer persönlichen Beziehung einlädt. Diese gilt es je nach Beziehungstyp zu entdecken, zu entfalten und zu pflegen. Erst Menschen, die selber einen spirituellen Weg gehen, d.h. ihre Gottesbeziehung pflegen, können andere zu einem spirituellen Leben anleiten und andere spirituell unterstützen.

Studien belegen, dass positive S. nicht nur zur Krankheitsbewältigung, sondern auch für Mitarbeitende zur →Burnout-Prophylaxe dienen kann. In einer Masterarbeit am diakoniewissenschaftlichen Institut der Universität Heidelberg wurden 137 Mitarbeitende aus sieben psychiatrischen Krankenhäusern zur Bedeutung ihrer persönlichen S. für die Bewältigung beruflicher Belastungen befragt. Die Ergebnisse weisen auf die komplexen Zusammenhänge der individuellen S. des Mitarbeitenden, dem Klima u. →Leitbild der Einrichtung sowie den spirituellen Erwartungen u. Bedürfnissen des Patienten hin. Für die Organisationsentwicklung eines »christl. →Krankenhauses« wird insbes. der wertschätzende u. respektvolle Umgang in der Mitarbeiterschaft betont.

Christl. S. als Pflege der Gottesbeziehung

Die zentralen christl. Tugenden »glauben, hoffen, lieben« werden sehr unterschiedlich interpretiert. Glauben verstehen manche als Willenskraft des positiven Denkens im Sinne der Autosuggestion, andere als mentale Technik mit Placebo-Effekt. Im biblischen Verständnis ist damit jedoch eine Beziehungsweise gemeint, die sich im persönlichen Vertrauen auf den gegenwärtig verborgenen dreieinigen Gott ausdrückt. Glauben zu können ist aus theologischer Sicht zu allererst ein Geschenk, mit den Worten Hans-Martin Barths: »Glaube ist die – von Gott geschenkte – Gottesbeziehung des Menschen.« Auf das Beziehungsangebot Gottes antwortet jeder Mensch nach seinen kommunikativen Gewohnheiten u. Möglichkeiten. Die christl. Formung der Identität durch den Glauben hängt maßgeblich von den charakterlichen Voraussetzungen und der religiösen Sozialisation ab.

Während S. viele Jahrzehnte lang unter dem ev. Verdacht der Werkgerechtigkeit stand, sucht der ev. Glaube heute nach zeitgemäßen Ausdrucksformen, die den Körper, die Gefühle u. die persönliche Übung mit einbeziehen. Der Hunger nach S. wird dabei durch unterschiedliche Quellen gestillt. Einerseits entdecken die ev. Kirchen mit Einkehrtagen, geistlichen Gemeinschaften, mit besonderen Gottesdienstformen u. Meditationsangeboten die Stärken der monastischen Tradition neu, was dem reformatorischen Grundanliegen entspricht. Andererseits boomen ev. Meditationsangebote, die ausdrücklich buddhistische u. esoterische Elemente mit einbeziehen. Eine besondere Herausforderung besteht darin, Anregungen nichtchristl. Traditionen aufzunehmen, ohne das eigene →Profil zu verlieren.

Diakonische S.

Christl. S. drückt sich praktisch im Dienst am Nächsten (→Dienen) aus – das bekannteste Bild dafür ist der barmherzige →Samariter. In ev. Tradition hat sich aus der Mutterhausdiakonie (→Mütterhäuser), den ev. Schwesternschaften und diakonischen →Gemeinschaften heraus eine weitgespannte Pflege- u. Sorgekultur für erkrankte u. benachteiligte Menschen entwickelt. Bis heute stehen v.a. die Verbände im

→Diakonat (→Kaiserswerther Verband deutscher Diakonissenmutterhäuser e.V., →Zehlendorfer Verband für Ev. Diakonie e.V., →VEDD – Verband Ev. Diakonen-, Diakoninnen u. Diakonatsgemeinschaften in Deutschland e.V.) für die Verbindung von christl. Glauben und tätiger →Nächstenliebe, von →Berufung zum Dienst u. diakonischen Engagement ein. In den vergangenen Jahren wurde in der →Diakonie Deutschland insbes. durch die Projekte Existenzielle Kommunikation, S. u. Selbstsorge in der →Pflege (2010–2012), in der →Psychiatrie u. →Behindertenhilfe (2013–2014), in →Beratung, →Seelsorge u. →Suchthilfe (2015) sowie im ärztlichen Handeln (2016) die Verbindung von christl. Glauben u. diakonischer Praxis gestärkt und reflektiert. Die Bundesrahmenhandbücher Diakonie-Siegel als Leitfaden zur Qualitätssicherung u. Qualitätsentwicklung (→Qualität/QM) bilden die Umsetzungen von christl. S. in diakonischen →Einrichtungen u. Diensten ab und integrieren sie in die organisationsinternen Standards u. Verfahrensanweisungen.

LITERATUR: BEATE HOFMANN / MICHAEL SCHIBILSKY (Hg.), S. u. Diakonie, Stuttgart 2001 • PETER ZIMMERLING, Ev. S., Göttingen 2003 • AXEL V. DRESSLER, Diakonie u. S., Neukirchen-Vluyn 2005 • JOACHIM ARNOLD, S. bei Mitarbeitenden in der Psychiatrie, www.fisg.ch/mm/MA_Arnold_Spiritualitaet_bei_MA_in_der_Psychiatrie.pdf • BIRGIT U. ANDRES HELLER, S. u. Spiritual Care, Bern 2013 • ASTRID GIEBEL ET AL., Diakonie Care, Neukirchen-Vluyn 2013 • MICHAEL UTSCH / RAPHAEL BONELLI / SAMUEL PFEIFER, Psychotherapie u. S., Berlin 2014 • HANS-MARTIN BARTH, S., Göttingen 1993 • SIMON PENG-KELLER, Zur Herkunft des S.sbegriffs, in: Spiritual Care (3/2014), 36–47 • MICHAEL UTSCH (Hg.), Spirituelle Lebenshilfe, Berlin 2014.

Michael Utsch

Spiritualität

Entschließe dich zu einem bescheidenen Vorhaben auf dem Weg zur religiösen Aufmerksamkeit.
Gib deinem Vorhaben eine feste Zeit.
Gib deinem Vorhaben einen festen Ort.
Sei streng mit dir selber.
Rechne nicht damit, dass dein Vorhaben ein Seelenbad ist, sondern Arbeit.
Sei nicht auf Erfüllung aus, sei vielmehr dankbar für geglückte Halbheit.
Beten und Meditieren sind kein Nachdenken.
Fang bei deinem Versuch nicht irgendwie an, baue dir eine kleine Liturgie.
Lerne Formeln und kurze Sätze auswendig.
Wenn du zu Zeiten nicht beten kannst, lass es, aber halte den für das Gebet vorgesehenen Platz frei.
Sei nicht gewaltsam mit dir selbst.
Birg deinen Versuch in den Satz von Römer 8: Der Geist hilft unserer Schwachheit auf.

Nach: Fulbert Steffensky, Schwarzbrot-S., Stuttgart 2005, 20ff.

SPITZENVERBAND

siehe unter: Bundesarbeitsgemeinschaft der Freien Wohlfahrtspflege (BAGFW)

SPONSORING

S. findet auch in der Diakonie vermehrt statt. Für →Unternehmen kann die Unterstützung gemeinnütziger Organisationen in Form von S. interessant sein, da S. anders als Spenden als Betriebsausgaben steuerlich geltend gemacht werden kann.

Nach den Grundsätzen des BMF-Schreibens vom 13. November 2012 (BStBl I, 1169) ist unter S. üblicherweise die Gewährung von Geld bzw. geldwerten Vorteilen durch Unternehmen zur Förderung von Personen, Gruppen u./o. Organisationen in sportlichen, kulturellen, kirchlichen, wissenschaftlichen, sozialen, ökologischen o. ähnlich bedeutsamen gesellschaftspolitischen Bereichen zu verstehen, mit der regelmäßig auch eigene unternehmensbezogene Ziele der Werbung o. →Öffentlichkeitsarbeit verfolgt werden.

Eine derartige Leistung des Gesponsorten wird regelmäßig dann nicht als steuerpflichtig gewertet, wenn der Empfänger der Zuwendung auf Plakaten, in Veranstaltungshinweisen, in Ausstellungskatalogen, auf seiner Internetseite oder in anderer Weise auf die Unterstützung durch den Sponsor lediglich hinweist. Dieser Hinweis kann unter Verwendung des Namens, Emblems o. Logos des Sponsors, jedoch ohne besondere Hervorhebung o. Verlinkung zu dessen Internetseiten, erfolgen.

Im Rahmen von S.kooperationen nutzt der Sponsor regelmäßig das Logo des Gesponserten, um auf sein soziales Engagement hinzuweisen. Die Überlassung von sog. Logos sollte vertraglich geregelt werden.

Antje Tillmann

STAATSKIRCHENRECHT

Das S. ist die Gesamtheit der rechtlichen Regelungen, die das Verhältnis zwischen einem Staat und einer Religionsgemeinschaft sowie ihren Mitgliedern bestimmen. Es ist zu unterscheiden vom →Kirchenrecht, das von einzelnen Religionsgemeinschaften erlassen wird und gemeinschaftsinterne Rechtsbeziehungen regelt.

1. BEGRIFF U. RECHTSQUELLEN

Der Begriff entstand in einer Zeit enger institutioneller Verflechtung zwischen Staat u. →Kirche. Ob er noch angemessen ist, wird diskutiert. Eine »Staatskirche«, mit der sich der Staat institutionell identifiziert, gibt es im deutschsprachigen Raum nicht mehr. Zudem stehen dem Staat nicht mehr ausschließlich christl. Kirchen gegenüber, sondern auch nichtchristl. Religionsgemeinschaften. Zunehmend wird der Begriff daher ersetzt durch »Religionsrecht« o. »Religionsverfassungsrecht«.

S. kann Bestandteil staatlicher Verfassungen sein, im Rahmen einfacher staatlicher Gesetzgebung erlassen werden oder durch Verträge (im kath. Bereich: »Konkordate«) zwischen Staat u. Religionsgemeinschaft verbindlich vereinbart werden.

2. STAATSKIRCHENRECHTLICHE SYSTEME

Die konkrete Ausgestaltung des S.s hängt wesentlich von verfassungsrechtlichen Grundentscheidungen ab, die ein Staat seiner Beziehung zu den Religionsgemeinschaften zugrunde legt. Konstitutiv ist seine Haltung zur Religionsfreiheit. Sie umfasst das Recht des Einzelnen auf Glaubens- u. Gewissensfreiheit, das Recht, die eigene religiöse Überzeugung zu wechseln, sowie die Freiheit, eine Religion allein oder in

Gemeinschaft mit anderen öffentlich o. privat durch Lehre, Ausübung u. rituellen Vollzug zu bekunden (Art. 18 UN-Menschenrechtscharta; Art. 9 EMRK). Staaten, in denen die Religionsfreiheit nicht oder nicht uneingeschränkt als Grund- u. Menschenrecht anerkannt wird, favorisieren eine bestimmte Staatsreligion (Saudi-Arabien, Iran) oder identifizieren sich mit einer atheistischen Weltanschauung (China, Nordkorea), während die Zugehörigkeit zu einer (anderen) Religion und ihre Ausübung verboten werden oder rechtlichen u. tatsächlichen Beschränkungen unterliegen.

Bei Staaten, die allen Bürgern Religionsfreiheit garantieren, ist zu unterscheiden zwischen

(1) jenen, die sich institutionell u. funktionell mit einer bestimmten Religion verbinden und ihr den (verfassungs-)rechtlichen Status einer Staatsreligion zuweisen oder sie gegenüber anderen Religionsgemeinschaften durch umfassende wirtschaftliche, rechtliche u. politische Förderung privilegieren (»Staatskirchenmodell«, z.B. England, Dänemark, Griechenland);

(2) jenen, die weltanschaulich neutral sind, die Religionsausübung durchgängig in den privaten Bereich verweisen und eine – nicht immer konsequent durchgehaltene – strikte Trennung von Staat u. Religion praktizieren (»Trennungsmodell«, z.B. Frankreich, USA);

(3) jenen, die weltanschaulich neutral sind, aber eine positive, die Religionsausübung begünstigende Haltung einnehmen und mit den Religionsgemeinschaften zusammenarbeiten, wobei Art u. Umfang der Zusammenarbeit variieren (»Kooperationsmodell«, z.B. Italien, Spanien).

3. S. IN DEUTSCHLAND

In Deutschland wird eine Form des »Kooperationsmodells« verwirklicht. Verfassungsrechtliche Vorgaben sind die Garantie der Religionsfreiheit (Art. 4 GG) und die durch Art. 140 GG in das Grundgesetz inkorporierten »Kirchenartikel« der Weimarer Reichsverfassung (WRV) von 1919. Das Selbstbestimmungsrecht (Art. 137 Abs. 3 WRV) garantiert den Religionsgemeinschaften, ihre Angelegenheiten in den Schranken des für alle geltenden Rechts selbständig zu ordnen u. verwalten (z.B. Erlass eines Dienst- u. Arbeitsrechts; Besetzung religiöser Ämter frei von staatlichem Einfluss; Bildung von Gerichten zur Klärung innergemeinschaftlicher Auseinandersetzungen). Weitere Privilegien (z.B. Besteuerungsrecht) ergeben sich aus dem Status einer öffentlich-rechtlichen Körperschaft, der den Religionsgemeinschaften zukommt oder verliehen werden kann (Art. 137 Abs. 5 WRV).

Da keine Staatskirche besteht (Art. 137 Abs. 1 WRV), ist der Staat zu weltanschaulicher Neutralität sowie zu funktioneller u. institutioneller Trennung von den Religionsgemeinschaften verpflichtet; die Kooperation mit ihnen wird jedoch von Rechts wegen gefördert u. ermöglicht. Von der Verfassung vorgesehen ist die Zusammenarbeit z.B. beim Religionsunterricht an staatlichen →Schulen (Art. 7 Abs. 3 GG), in der Krankenhaus- u. Militär-→seelsorge (Art. 141 WRV) u. beim Sonn- u. Feiertagsschutz (Art. 139 WRV); vertraglich abgesichert ist sie bezüglich theologischer Fakultäten an staatlichen Hochschulen. Zudem profitiert der Staat von der Zusammenarbeit mit den Religionsgemeinschaften, wo sich diese als Träger diakonischer u. caritativer →Einrichtungen (z.B. →Krankenhäuser, Altenheime) an der Erfüllung sozialstaatlicher Aufgaben beteiligen.

LITERATUR: JÖRG WINTER, S. d. BRD, Köln 2008 • PETER UNRUH, Religionsverfassungsrecht, Baden-Baden 2015 • CLAUS D. CLASSEN, Religionsrecht, o.O. 2015.

Georg Bier

STADTENTWICKLUNG

Die wachsenden sozialen Unterschiede zwischen Erwerbstätigen u. Hilfebeziehern, zwischen Bildungsgewinnern u. Bildungsverlierern, die Parallelgesellschaften zwischen unterschiedlichen ethnischen Gruppen, zwischen Migranten u. Einheimischen lassen sich auf den Stadtplänen nachvollziehen. Schichtzugehörigkeit und Herkommen bestimmen nach wie vor den Bildungserfolg (→Bildung), die gesundheitliche Versorgung (→Gesundheitswesen), den gesellschaftlichen Aufstieg und sogar die Lebensdauer. Gentrifizierung und Ghettoisierung sind deshalb Warnsignale. Die Bewohner problematischer Viertel erleben Entwurzelung in den Städten, die sich angesichts von Mobilität u. →Migration stark verändert und angesichts einer weitgehend marktorientierten Wohnungspolitik entmischt haben und mit dem Wandel zugleich anonymer werden. Deshalb ist es für den Zusammenhalt wesentlich, die urbanen Bezugspunkte zu pflegen und die verschiedenen Teile einer Stadt zu integrieren, damit die Bewohnerinnen u. Bewohner der unterschiedlichen Quartiere sich auch weiterhin als Bürgerinnen u. Bürger einer Stadt fühlen. Wer das gemeinsame »Wir« nicht mehr erlebe, werde zum Fremden in der eigenen Stadt, so die Enzyklika »Laudato Si« von Papst Franziskus. Der Umgang mit öffentlichen Gütern, der Zugang zu Parks u. Flussufern wie zu öffentlichen Plätzen ist für die Sozialkultur genauso wesentlich wie die Entwicklung und der Schutz gemischter Wohnquartiere in Stadtplanung u. Wohnungsbaupolitik. Nicht erst die »Flüchtlingskrise« (→Flüchtlinge) hat deutlich gemacht, dass es hier erheblichen Nachholbedarf gibt, wenn das sozialpolitische →Leitbild einer umfassenden →Inklusion nicht Lügen gestraft werden soll. Weil nämlich viele Städte u. Kreise kaum noch in der Lage sind, ihre wachsenden Pflichtaufgaben in ausreichendem Maße zu erfüllen, haben sie unter dem Druck der Schuldenbremse längst die Notbremse gezogen: Brunnen abgestellt, Theater u. Schwimmbäder geschlossen, Verkehrs- u. Energiebetriebe, die Wasserwirtschaft und den Wohnungsbestand verkauft und schließlich auch die freiwilligen Leistungen für Jugendzentren, Breitensport u. Beratungsstellen gestrichen. Genau die öffentlichen Angebote verschwinden, die für Begegnung u. Beteiligung aller wesentlich sind.

S. hat eine diakonische Tradition. Bereits 1846, nach dem großen Brand in Hamburg, konzipierte Johann Hinrich →Wichern ein Wohnungsbauprogramm – eine Art Gehöft mit 150 und 200 Wohnungen, in der Mitte eine Schule. Ihm ging es um Bildung als Schlüssel zur →Teilhabe, aber auch um eine funktionierende Nachbarschaft und →Zivilgesellschaft. Deshalb sollten sich die Bürgerinnen u. Bürger in dem neuen Quartier in einem Kranken- u. Begräbnisverein organisieren. Und auch Alleinlebende, Menschen ohne Familienbeziehungen, sollten in das »Familiengemeinwesen« integriert werden. Ihm ging es nicht nur darum, den Benachteiligten zu helfen – er wollte ihnen einen Platz in der Gesellschaft und eine Perspektive für die Zukunft geben.

Auch heute, unter den Herausforderungen der zweiten Globalisierungswelle (→Globalisierung), sind die Wohnquartiere die Orte, die über Inklusion und Teilhabe entscheiden. Auf diesem Hintergrund haben sich neue kirchlich-diakonische Bewegungen u. Programme wie die →»Gemeinwesendiakonie« oder »Kirche findet Stadt«

entwickelt. Dabei geht es um die Kooperation von Kirchen und ihren →Wohlfahrts-verbänden mit anderen Partnern im Stadtteil. »Gemeinwesendiakonie« steht für eine stärkere Orientierung diakonischer Angebote an sozialräumlichen Gegebenheiten (→Sozialraumorientierung), aber auch für eine bewusste Wahrnehmung der parochialen Verantwortung in der Kirche, für eine vertiefte Zusammenarbeit von diakonischen Einrichtungen u. Kirchen→gemeinden und für eine Öffnung kirchengemeindlicher u. diakonischer Räume für andere zivilgesellschaftlich relevante Gruppen. Das entspricht den Forderungen der Diakoniedenkschrift der EKD von 1998, die zum 150. Jubiläum der Inneren Mission unter dem Titel »Herz u. Mund u. Tat u. Leben« erschien. Gemeinwesendiakonie begreift die Kirchen als zivilgesellschaftliche u. sozialpolitische Akteure, die zusammen mit Wirtschaft, Kommunen u. Zivilgesellschaft Mitverantwortung für die Entwicklung des Stadtteils übernehmen – und so eine neue Subsidiarität gestalten.

Sozialpolitisch betrachtet geht es dabei um eine umfassende Inklusion. Inklusion als internationale Leitidee in der Sozial- u. Gesellschaftstheorie beschreibt die entscheidende soziale Herausforderung der Gegenwart und den anstehenden Paradigmenwechsel in der →Sozialpolitik. Dabei geht es nicht nur um einen individuellen Rechtsanspruch auf gesellschaftliche Teilhabe und aktive Mitgestaltung, es geht vielmehr um die Verpflichtung von Staaten u. Kommunen, aber auch von Kirche u. Diakonie, angemessene Vorkehrungen zu treffen, damit alle Menschen – Menschen mit →Behinderung wie →Demenzkranke, von →Armut betroffene →Familien wie Geflüchtete ihre Rechte wahrnehmen können. Das kann nur gelingen, wenn auch die Arbeit von Kirche u. Diakonie zugleich personenbezogen und lebensweltlich ausgerichtet ist. Dabei geht es um »Normalisierung« bei Anerkennung der Verschiedenheit, um die Konversion diakonischer »Sondereinrichtungen« in neue Stadtteile, die Ambulantisierung u. Entflechtung von Wohnen, Arbeit u. Freizeit für möglichst viele Hilfebedürftige. Dazu braucht es inklusive Tageseinrichtungen und →Schulen, →Familienzentren, generationenübergreifendes Wohnen und gut ausgebaute →ambulante Dienste in den Stadtteilen. Die Entwicklung einer altersgerechten u. niedrigschwelligen Infrastruktur und die Organisation von Plattformen zur Beteiligung sind eine zentrale Voraussetzung für das Gelingen.

In den notwendigen Veränderungsprozessen stehen Kirche u. Diakonie erhebliche Ressourcen zur Verfügung: Gemeinden verfügen über eine große Nähe zu den Bürgerinnen u. Bürgern wie zu Vereinen u. Verbänden, Schulen u. Amtsträgern im Stadtteil; Kirche u. Diakonie haben nach wie vor Mitsprache-Möglichkeiten in Sozial- u. Jugendausschüssen der Kommunen u. Kreise, diakonische Träger haben vielfältige Erfahrungen im Umgang mit Wohnungsbau u. Vermietung. Sie verfügen nicht nur über Fachwissen, sondern auch über Immobilien u. Land, das sich für Begegnungen, aber auch für neue Bauprojekte wie →Mehrgenerationenhäuser und Begegnungszentren nutzen lässt. Auch Gemeindehäuser, die nur noch wenig genutzt werden, lassen sich zu Bürgerzentren umbauen. An runden Tischen der Bürgergesellschaft von Familiennetzwerken bis zu Demenznetzwerken können Kirche u. Diakonie ihre Kompetenzen als Träger von Tageseinrichtungen o. Altenzentren einbringen. Diese Ressourcen bewusst zu machen und gemeinsam mit anderen zum Wohl der Stadt zu nutzen, ist eine zentrale Aufgabe der Zukunft.

LITERATUR: RAT D. EKD, Herz u. Mund u. Tat u. Leben, Gütersloh 1998 • WOLFGANG HINTE / GERD LITGES / WERNER SPRINGER, Vom Fall zum Feld. Soz. Räume statt Verwaltungsbezirke, Berlin 1999 • HEINZ BUDE, Die Ausgeschlossenen, München 2008 • »Laudato si« — Über die Sorge für das gemeinsame Haus. Die Umwelt — Enzyklika von Papst Franziskus, Stuttgart 2015 • RAT D. EKD, Es ist normal, verschieden zu sein. Inklusion leben in Kirche u. Gesellschaft, Gütersloh 2015 • Studie der Bertelsmann-Stiftung zur Entwicklung der Kommunalhaushalte Juni 2015 (www.bertelsmann-stiftung.de/de/themen/aktuelle-meldungen/2015/juni/sozialausgaben-belasten-haushalte-der-kommunen-mit-bis-zu-58-prozent/).

Cornelia Coenen-Marx

STADTMISSION

S.en entstanden in den schnell wachsenden Großstädten des 19. Jh. Die Idee der City Missions kam aus Großbritannien (Glasgow 1826, London 1835) auch nach Deutschland (zuerst Hamburg 1848, J.H. →Wichern). Als Teil der →Inneren Mission boten und bieten S.en wirtschaftlich u. sozial benachteiligten Menschen am Rand von Gesellschaft u. Kirche ein Dach für Leib u. Seele. Diakonische, missionarische u. seelsorgliche Angebote sind breit gefächert. Das gemeinsame biblische Leitwort ist Jer 29,7: »Suchet der Stadt Bestes, den Schalom für die Stadt, und betet für sie zum HERRN.«

In Deutschland gibt es S.en als große diakonische Träger wie auch als kleinere landeskirchliche Gemeinschaften. Die größeren arbeiten zusammen im Bundesverband der ev. Stadtmissionen in Deutschland (Fachverband in der Diakonie Deutschland), der Arbeitsgemeinschaft Europäischer Stadtmissionen (AGES) u. der City Mission World Association (CMWA).

Joachim Lenz

STAKEHOLDER

S. (von engl. *stake:* Pfahl, Einsatz) meint eine Anspruchsgruppe. Anspruchsgruppen sind alle internen u. externen Personengruppen, die von den unternehmerischen Tätigkeiten gegenwärtig oder in Zukunft direkt o. indirekt betroffen sind. Dazu gehören die →Kunden, Lieferanten, →Mitarbeitende, Regierung/Staat, Öffentlichkeit/→NGOs, Wettbewerber, Eigentümer (Shareholder). Gemäß dem S.-Ansatz wird ihnen — zusätzlich zu den Shareholdern — das Recht zugesprochen, ihre Interessen gegenüber der Unternehmung geltend zu machen. Eine erfolgreiche Unternehmungsführung muss die Interessen aller Anspruchsgruppen bei ihren Entscheidungen berücksichtigen.

Martin Büscher

STERBEBEGLEITUNG

Die pflegerische u. seelsorgliche bedürfnisorientierte Begleitung (→Seelsorge) unheilbar schwer kranker u. sterbender Menschen in der Endphase ihres Lebens — v.a. in →Hospizen, →Krankenhäusern, Pflegeheimen u. →ambulant. S. ist darauf ausgerichtet, die Würde der Menschen auch in Zeiten ihrer größten Angewiesenheit zu wahren. Dazu gehört u. a. die Achtung der in einer →Patientenverfügung festgelegten Wünsche eines Patienten. Sie ist zu unterscheiden von der →Sterbehilfe, die Beihilfe zum Suizid u. Tötung auf Verlangen beinhaltet, wobei Letztere in Deutschland verboten ist.

LITERATUR: ULRICH LILIE / EDUARD ZWIERLEIN (Hg.), Handbuch Integrierte S., Gütersloh 2004 ◆ ANNETTE KULBE, S., München 2010 ◆ PETER GODZIK (Hg.), Die Kunst d. S., Rosengarten bei Hamburg 2013.

Wilhelm Otto Deutsch

STERBEHILFE

In der Bundesrepublik Deutschland wird S. hauptsächlich rechtlich bestimmt. Der ursprünglich in der antiken Vorstellung einer *ars moriendi* (Kunst zu sterben) beheimatete Ausdruck für eine moralisch bzw. christlich abgeleitete Pflicht zur Begleitung Sterbender wurde unter dem Eindruck der →Euthanasie in der NS-Diktatur nach 1945 Gegenstand des Rechts.

Als solche berührt S. Bestimmungen des Strafgesetzbuches und, als Thema des ärztlichen Handelns, auch das Standesrecht der →Medizin. Die Rechtsprechung differenziert die S. in eine aktive (Tötung) o. passive Form (Unterlassung). Hierbei ist nochmals zu unterscheiden in Fälle freiwilliger bzw. ausdrücklicher Tötung o. Tötung auf Verlangen. Es wird im konkreten Fall entlang des StGB geprüft, ob die § 211 (Mord), § 212–213 (Totschlag) oder § 216 (Tötung auf Verlangen) zur Anwendung gebracht werden können. Dabei stellte bislang bei der S. der Aspekt des Eigenwillens, d.h. die Frage nach der →Selbstbestimmung des Todeszeitpunktes aus der Sicht des Betroffenen eher eine untergeordnete Rolle. Es wurde vielmehr nur die Mitwirkung Anderer (Dritter) bei der Erfüllung des Todeswillens berücksichtigt, wobei die passive Mitwirkung bei einer Selbsttötung strafrechtlich als irrelevant und nur die aktive Rolle als relevant betrachtet wird. Diese grobe Differenzierung auf dem ethisch aufgeladenen Themenfeld der S. lässt viele Fragen offen und fördert die Unsicherheit vieler Beteiligter, weil sie durch die Komplexität der medizinischen Materie oft in einer Grauzone handeln bzw. handeln müssen.

Die S. stellt Menschen in helfenden u. medizinischen Berufen jeweils individuell vor das Problem einer ethischen Güterabwägung zwischen eigenem moralischem Urteil, dem Willen von Patienten, der fachlichen medizinischen Beurteilung und den rechtlichen Grundlagen. In Bezug auf die S. benötigen heute sowohl Patienten und deren Angehörige deutlich mehr fachliche →Beratung u. Aufklärung – auch über die Relevanz von →Patientenverfügungen – als auch das Pflege- u. medizinische Fachpersonal rechtliche Rahmenbedingungen u. begründete ethische Entscheidungshilfen. Die Kirchen u. Religionsgemeinschaften sind wie die Diakonie hier gefordert, auf der Grundlage eines religiös fundierten →Menschenbildes Position zu beziehen, die ethisch von dem Wert der Unverfügbarkeit des Lebens her argumentieren, aber gleichzeitig auch Argumentationsspielräume für ethisch verantwortliches Handeln eröffnen.

Ausgelöst durch die gesetzliche Liberalisierung in Belgien, den Niederlanden und auch der Schweiz zur Sterbeassistenz ist auch in Deutschland seit wenigen Jahren die Debatte über die S. wieder entbrannt. Am 1. April 2002 trat in den Niederlanden ein Gesetz in Kraft, das Bedingungen zur »Lebensbeendigung« beschreibt. Die Last der Entscheidung zur aktiven Beendigung eines Lebens liegt hier unter Anwendung klar beschriebener Sorgfaltskriterien beim Arzt. Am 16. Mai 2002 wurde von der Abgeordnetenkammer in Belgien ein »Gesetz zur Euthanasie« verabschiedet. Bei diesem Gesetz ist die Tötung auf Verlangen, wenn sie von einem Arzt durchgeführt wird, unter konkreten Bedingungen erlaubt. Viele Instanzen, so der Europäische Gerichtshof (EUGH), der Bundesgerichtshof (BGH) sowie der Deutsche Ethikrat und die Bundesärztekammer haben zum Thema der S. Stellungen veröffentlicht. Wohl am weitestgehend ist die Position des Deutschen Ethikrates, der in Deutschland eine gesetzliche Regelung der Suizidbeihilfe durch Ärzte ablehnt. Allerdings sollten individuelle Gewissensentscheidungen in Ausnahmefällen akzeptiert werden.

Im Zentrum der aktuellen Debatte zur S. steht neben konkreten Regelungen zur Entscheidungsfindung für Angehörige u. Pflegepersonal die Diskussion über den Wert einer Freiheit zur Selbstbestimmung. In der säkularen Gesellschaft nimmt der Einfluss christlich abgeleiteter Argumente ab und es verstärken sich humanistische Einflüsse, die auf der philosophischen Grundlage der Autonomie, d.h. des Selbstbestimmungsrechtes des Menschen die freie u. selbstbestimmte Entscheidung auch über den eigenen Tod fordern.

Kirchliche u. diakonische Positionen gehen in Bezug auf eine christlich begründete S. eher davon aus, dass einerseits jedes Leben als eine Schöpfungsgabe gesehen und dadurch die Auffassung der prinzipiellen Unverfügbarkeit von Leben vertreten wird und andererseits, dass die Menschenwürde als ein Kriterium für eine würdige Begleitung beim Sterben betont wird. Das Engagement von Kirche u. Diakonie für seelsorgliche Begleitung (→Seelsorge) in →Hospizen u. Palliativstationen ist ein verantwortbarer Weg in Bezug auf eine diakonisch verstandene S., die sich als ein Akt der »Fürsorge« Gottes gegenüber den Menschen verstehen lässt und Patienten u. Angehörigen gleichermaßen Trost im Leben und im Sterben gewähren kann. Bei dieser Begleitung zum Sterben heißt diakonisches Handeln, Menschen den Abschied vom Leben in Würde zu ermöglichen, indem in →Verkündigung u. Dienst die christl. Botschaft von →Versöhnung u. Hoffnung im Vordergrund des helfenden Handels stehen.

Der Deutsche Bundestag hat am 5. November 2015 nach einjähriger Debatte ein Gesetz zur organisierten S. verabschiedet. Darin wird zunächst festgehalten, dass in Deutschland ein Verbot der organisierten Suizidbeihilfe gilt. Zu diesem Zweck wird das StGB um einen Passus zur »geschäftsmäßigen Förderung der Selbsttötung« ergänzt. Danach wird unter Strafe gestellt, wer in der Absicht handelt und dabei »geschäftsmäßig« vorgeht, die Selbsttötung eines anderen zu fördern.

Notwendig ist in Deutschland beim Thema S. über die rechtliche Regelung hinaus ein öffentlicher u. gesellschaftlicher Diskurs über den Wert des Lebens sowie über den Wert, die Chance und die ethische Grenze eines Selbstbestimmungsrechtes, das sich auch bis in die Verfügbarkeit über den eigenen Tod erstreckt. Derzeit belegen Umfragen in Deutschland, dass knapp 40% der Bevölkerung sich für die Ermöglichung einer aktiven Sterbehilfe aussprechen. Im Rahmen einer säkularen u. pluralistischen Gesellschaft sollte deutlich werden, dass in diesem Diskurs christliche u. diakonische Positionen nur eine Stimme unter vielen sein können.

LITERATUR: MICHAEL FRIES (Hg.), Wie sterben, Gütersloh 2012 • HANS WEHRLI / BERNHARD SUTTER / PETER KAUFMANN (Hg.), Der organisierte Tod. S. u. Selbstbestimmung am Lebensende, Zürich 2012 • GIAN DOMENICO BORASIO / RALF J. JOX / JOCHEN TAUPITZ / URBAN WIESING (Hg.), Selbstbestimmung im Sterben – Fürsorge zum Leben, Stuttgart 2014.

Ralf Hoburg

STEUERGESETZGEBUNG

Die S. in Deutschland ist in Art. 105ff GG geregelt. Der Bund ist zuständig für Zölle und Finanzmonopole. Darüber hinaus macht der Bund weitestgehend von seinem Recht Gebrauch, die Gesetzgebung für die übrigen Steuern, sofern ihm das Aufkommen daraus zumindest teilw. zufließt, zu übernehmen. Stehen die Erträge mindestens teilw. den Ländern o. Kommunen zu, ist die Zustimmung des Bundesrates erforderlich. Nur wo der Bund dieses Recht nicht ausübt, liegt die Zuständigkeit bei den Ländern (sog. konkurrierende Gesetzgebung). Die Gesetzgebungskompetenz für örtliche Verbrauch- u. Aufwandsteuern liegt bei den Ländern. Sie legen auch den Steuersatz der Grunderwerbsteuer fest.

Die Europäische Union darf keine eigenen Steuern beschließen, jedoch ist sie insbes. bei indirekten Steuern zur Harmonisierung berechtigt. Hervorzuheben ist hierbei aufgrund ihrer besonderen Bedeutung die Mehrwertsteuer-Systemrichtlinie (MwStSystRL).

Korbinian Heptner

STIFTUNGEN

In Deutschland existieren knapp 20.784 rechtlich selbständige S., 691 davon wurden im Jahr 2014 neu gegründet.»S. sind ein komplexes Phänomen, in dem unterschiedliche gesellschaftliche Momente zusammenkommen. In den S. verschränken sich neben rechtlichen auch ökonomische, politische, kulturelle, soziale und eben: religiöse Aspekte. Gerade dieses Ineinander der verschiedenen Dimensionen, der gesellschaftlichen Gruppen und Institutionen macht die Untersuchung von S. so interessant« (Schneider-Ludorff). Formal betrachtet sind S. langfristig angelegte Vermögen, aus deren Erträgen i.d.R. gemeinnützige Zwecke (→Gemeinnützigkeit) unterstützt werden. Das Thema der Stiftung ist das Ewige Leben (Volz), weil S. auf unbegrenzte Zeit angelegt sind und Stifter über ihre S. Teil einer Memorialkultur werden. Zugleich ist das Thema der Stiftung das Gestalten. Neuere Untersuchungen zeigen, dass es Stiftern in ihrem Stiftungshandeln v.a. um die Dimension der Gesellschaftsgestaltung geht (Stifterstudie).

Im Mittelalter waren die S. Institutionen für das Seelenheil; sie waren an →Gott selbst gerichtet, um seine Gnade für die Zeit nach dem Tode zu erlangen und die Zeit im Fegefeuer abzukürzen. Es ging darum,»irdische Güter gegen himmlische einzutauschen« (Schneider-Ludorff). Mit der Reformation und der Kritik am Ablass wird im ev. Bereich diese vertikale Ausrichtung der Handlungsmotive durch ein stärker horizontales Beziehungsgefüge ersetzt (Hamm). S. werden nur als caritative S. anerkannt, wenn sie ausdrücklich auf den Nächsten bezogen sind – als →Dank u. Antwort auf die bereits erfahrene Gnade Gottes. Gerade im protestantischen Bereich entstehen ab der Reformation v.a. in den ev. Reichsstädten u. Territorien zahlreiche S., um den neuen →Glauben zu fördern. Dies betrifft v.a. S. für die Armenversorgung (→Armut), S. für die Kunst in den Kirchen sowie Stipendien-S. für die Bildungsförderung, v.a. für Theologiestudenten. Seit der Reformation gehören für den Protestantismus S. als Kirche u. Gesellschaft gestaltende Größe zum eigenen Selbstverständnis dazu. Diese Kultur kann bis in die 1920er Jahre konstatiert werden, bricht aber dann mit der Zeit des Nationalsozialismus ab.

Während das Thema in den beiden Nachkriegsdeutschlands eine nachgeordnete Rolle spielte, kann man seit den 2000er Jahren von einem regelrechten Stiftungsboom sprechen. Allein in den Jahren 2004 bis 2013 wurden knapp 7.500 rechtsfähige S. errichtet. Ein starker Impuls für das Gründen von S. kam zudem durch Stiftungsinitiativen von mehreren ev. Landeskirchen (Bayern, Hessen-Nassau, Hannover u.a.) sowie durch Bonifizierungsprogramme (sog. Matching Funds). Im ev. Bereich wurden v.a. unselbständige S. von Kirchen→gemeinden gegründet, die für den Kapitalaufbau auf →Fundraising angewiesen sind. Auch wurden von zahlreichen gemeinnützigen Organisationen S. gegründet; als Sammelbecken für Groß→spenden, Erbschaften u. Vermächtnisse.

Damit ist zugleich ein Bedeutungswechsel von S. verbunden. Ging es vormals eher darum, vorhandenes Kapital in S. zu überführen, um dieses den nachfolgenden Generationen vorzuhalten, werden S. heute auch als Fundraising-Instrument gegründet, um Zustiftungen einzuwerben, Kapital aufzubauen und um Spenden zu werben. Ein Großteil kirchlicher S. wird durch die Initiative von Kirchengemeinden ins Leben gerufen und flankiert durch Zus. von Gemeindemitgliedern.

Von ihrer inhaltlichen Ausrichtung stehen S. für Bewahrung u. →Innovation gleichermaßen. Ihre Aufgabe besteht häufig darin, über eine Anschubfinanzierung neue Themengebiete u. Arbeitsfelder zu ermöglichen; langfristige Förderungen eines einzelnen Projektes sind eher die Ausnahme. Zudem haben S. in der Gesellschaft die Rolle übernommen, unterschiedliche Akteure, Institutionen u. →Milieus zusammenzuführen und zu vernetzen; dies gilt gerade für die städtischen Kontexte.

Aufgrund der Vorgaben zum Kapitalerhalt und der anhaltenden Niedrigzinsphase sind S. gegenwärtig immer häufiger darauf angewiesen, zusätzliche (Spenden-)Mittel einzuwerben, um die Qualität ihrer Förderung aufrechterhalten zu können.

Repräsentiert und zusammengeschlossen sind die S. im Bundesverband Deutscher S. mit Sitz in Berlin (www.stiftungen.org); die kirchlichen S. haben sich als Arbeitskreis des Bundesverbandes organisiert. Als Dienstleister für kirchliche S. wurde auf ev. Seite von der EKD die Servicestelle Fundraising u. Stiftungswesen mit Sitz in Frankfurt a.M. gegründet (www.fundraising-evangelisch.de).

LITERATUR: THOMAS KREUZER / FRITZ R. VOLZ, Die verkannte Gabe — Anthropologische, sozialwissenschaftl. u. ethische Dimensionen d. Fundraisings, in: CLAUDIA ANDREWS ET AL. (Hg.), Geben, Schenken, Stiften, o.O. 2005, 11–31 ♦ KARSTEN TIMMER, Stiften in Deutschland, o.O. 2005 ♦ FRANZ R. VOLZ, Stiftung als Institution – eine Hinführung, in: UDO HAHN ET AL. (Hg.), Geben u. Gestalten, 2008, 39–48. BERNDT HAMM, »Zeitliche Güter gegen himmlische eintauschen« – Vom Sinn spätmittelalterlicher S., in: UDO HAHN ET AL. (Hg.), Geben u. Gestalten, 2008, 51–66 ♦ HANS FLEISCH, Stiftungsmanagement, o.O. 2013 ♦ THOMAS KREUZER / GURY SCHNEIDER-LUDORFF, S., Stipendien, Stifte, in: VOLKER LEPPIN / GURY SCHNEIDER-LUDORFF, Das Luther-Lexikon, o.O. 2015, 662–663 ♦ GURY SCHNEIDER-LUDORFF, S. i.d. protestant. Reichsstädten d. Frühen Neuzeit, in: SITTA V. REDEN (Hg.), S. zw. Politik u. Wirtschaft, o.O. 2015, 123–140.

Thomas Kreuzer

STOECKER, ADOLF

Der christl.-soziale Theologe u. Politiker (1835–1909) gehört zu den schillerndsten u. umstrittensten Persönlichkeiten der neueren ev. Kirchengeschichte. Nach einigen Jahren als Hauslehrer und Pfarrer (u.a. in Metz) war er von 1874 bis 1890 Hofprediger in Berlin. Dort entfaltete S. eine umfangreiche sozialdiakonische, politische u. volksmissionarische Arbeit, u.a. als Leiter der Berliner →Stadtmission. Um den sozialen Gedanken in Kirche u. Gesellschaft durchzusetzen, förderte er den Verbandsprotestantismus, etwa 1890 durch die Gründung des Ev.-sozialen Kongresses. Gleichzeitig drängte S. in die Politik. 1878 gründete er die »Christl.-soziale Arbeiterpartei« (ab 1881 Christl.-soziale Partei), die den Kampf gegen die Sozialdemokratie führen sollte und die Arbeiterschaft an Christentum u. Monarchie binden wollte. Seine antisemitischen Positionen führten ihn und seine Anhänger innerhalb des sozialen Protestantismus ins Abseits. Durch seinen Gang in die Politik trug er zur Modernisierung des Protestantismus bei, hinterließ aber, u.a. durch seinen Antisemitismus, ein zwiespältiges Erbe.

Literatur: Günter Brakelmann, A.S. als Antisemit, 2 Bde, Waltrop 2004.

Norbert Friedrich

Streik

siehe unter: Arbeitsrecht

Subsidiarität

Das Prinzip der »S.« (lat. *Subsidium* = »Hilfe, Beistand«) ist ein Prinzip der politischen Ordnung und der gesellschaftlichen Organisation, das explizit erstmals in der Sozialenzyklika »Quadragesimo anno« (1931) von Pius XI. formuliert wurde. Bei diesem Grundsatz geht es um den Gedanken einer nachrangigen Zuständigkeit des Staates bzw. der Gesellschaft für das Wohl des Einzelnen oder allgemein der übergeordneten gesellschaftlichen Einheit für die untergeordnete. Die jeweils größere soziale, wirtschaftliche o. politische Organisationsform soll nur dann unterstützend o. regulierend eingreifen, wenn die kleinere dazu nicht in der Lage ist oder es ihre Kräfte übersteigt. Das Prinzip der S. räumt damit der →Familie, Kirchen→gemeinde o. Selbsthilfeorganisation einen Vorrang vor staatlichen Instanzen ein. Es fördert im Blick auf den Einzelnen Eigenverantwortung u. →Selbsthilfe.

Als juristischer Grundsatz hat das S.sprinzip Bedeutung für verschiedene Gebiete des deutschen u. europäischen Rechts gehabt, insbes. auch im Blick auf die Ausgestaltung föderaler Staatswesen wie der Schweiz und in föderalen Staatengemeinschaften wie der →Europäischen Union. Als politisches Ordnungsprinzip hat es Bedeutung im Bereich der sozialen →Marktwirtschaft und der Ausgestaltung sozialstaatlicher →Verantwortung gewonnen. Dennoch ist es weder im Grundgesetz noch in den Rechtsgrundlagen des Bundesverfassungsgerichts ausdrücklich verankert.

Als Grundsatz sozialen Handelns fand das S.sprinzip Eingang in die sozialpolitische Diskussion (→Sozialpolitik) der Bundesrepublik in der Nachkriegszeit. Es war bedeutsam für den Wiederaufbau eines freien sozialen Verbandswesens nach der Gleichschaltung im Nationalsozialismus, spielte bei der Novellierung der Fürsorgegesetzgebung (→Sorge) in der 1960er Jahren eine – nicht immer unumstrittene – Rolle und wurde schließlich unter dem Stichwort »neue S.« in den 1980er u. 1990er Jahren als sozialpolitischer Grundsatz wiederentdeckt. Auf diesem Gebiet hat das Prinzip in Deutschland und wahrscheinlich auch weltweit seine größte Wirkung entfaltet.

Die Ursprünge dieses Prinzips sind zweifellos älter als die genannte Sozialenzyklika »Quadragesimo anno«. Über liberale Staatslehren des 19. Jh. lassen sich seine Ursprünge über die sozialphilosophischen Überlegungen des Thomas von Aquin bis zu Aristoteles, also in die Anfänge politischen Denkens in Europa, zurückverfolgen. Bereits Aristoteles formulierte ausgehend von seiner Definition des Menschen als Sozialwesen politische (Zu-)Ordnungsprinzipien, der auf die Kooperation mit anderen angewiesen ist und daher gezwungen, verschiedene Formen der Vergemeinschaftung zu schaffen.

Nicht nur in der kath. Staats- u. Gesellschaftslehre sind die Gedanken Aristoteles' aufgegriffen und weiterentwickelt worden. Zu Beginn des 17. Jh. entwickelte der reformierte Gelehrte Johannes Althusius eine säkulare Gesellschaftstheorie, die ihn zum Vordenker des S.sprinzips werden ließ. Wenn Althusius auch keine Ausformulierung des Prinzips selbst vorlegte, so formulierte er doch den Gedanken, dass jeder Mensch u. jede Gruppe auf Hilfe *(subsidia)* von außen angewiesen ist. Die Hilfestellung der Staates bzw. der übergeordneten Gruppe dient ausschließlich dazu, Mängel zu beheben. Mit der Verlagerung der Verantwortung von oben nach unten findet sich S. im reformierten Sinne bereits in den Grundorientierungen der ersten reformierten Nationalsynode der Niederlande von 1571 und in zahlreichen reformierten Kirchen- u. Gemeindeordnungen.

Die besondere Bedeutung, die das S.sprinzip in der deutschen Sozialpolitik u. -wissenschaft gewonnen hat, hat verschiedene Gründe. Die theoretischen u. praktischen Voraussetzungen für seine Rezeption sind v.a. im spezifischen Wohlfahrtsstaatsverständnis zu suchen, wie es in den liberalen Staatslehren des 19. Jh. grundgelegt und sich strukturell in einem Neben- und später Miteinander von freien gesellschaftlichen Kräften einerseits und staatlicher Verantwortung andererseits bis ins 20. Jh. hinein langsam ausdifferenzierte. Diese Entwicklung, in deren Verlauf die bürgerliche Gesellschaft mit der für sie typischen (Zweck-)Verbändestruktur entstand, hat jene Zuordnungs- u. Zuständigkeitsprobleme zwischen Individuum, Staat u. gesellschaftlichen Gruppen aufgeworfen, auf deren Klärung das S.sprinzip zielt. Die rechtliche Verankerung subsidiären Denkens in der deutschen Fürsorgegesetzgebung erfolgte unter dem Einfluss der kath. dominierten Zentrumpartei, insbes. des langjährigen Arbeitsministers der Weimarer Republik, Heinrich Brauns.

Die Formulierung des Prinzips in »Quadragesimo anno« wurde für die spätere Rezeption des Prinzips insbes. in Deutschland grundlegend. Zu diesem »höchst gewichtigen sozialphilosophischen Grundsatz« heißt es dort: »wie dasjenige, was der Einzelne aus eigener Initiative und mit seinen eigenen Kräften leisten kann, ihm nicht entzogen werden und der Gesellschaftstätigkeit zugewiesen werden darf, so verstößt es gegen die Gerechtigkeit, das, was die kleineren u. untergeordneten Gemeinwesen leisten und zum guten Ende führen können, für die weitere u. übergeordnete Gemeinschaft in Anspruch zu nehmen (...). Jedwede Gesellschaftstätigkeit ist ja ihrem Wesen u. Begriff nach subsidiär; sie soll die Glieder des Sozialkörpers unterstützen, darf sie aber niemals zerschlagen oder aufsaugen« (Quadragesimo anno, Nr. 79). Die Vorarbeiten zu dieser Enzyklika gehen wesentlich auf Vertreter des rheinischen Sozialkatholizismus, insbes. dem »Königswinterer Kreis« zurück. Zu diesem Kreis gehört auch der Jesuit Oswald von →Nell-Breuning, der über Jahrzehnte hinweg der maßgebliche Interpret des Prinzips war. Die Arbeiten Oswald von Nell-Breunings zu diesem von ihm als »Grundsatz des hilfreichen Beistands« bezeichneten Prinzip sind für die jüngere sozialpolitische Auseinandersetzung wie auch für seine ev. Rezeption gleichermaßen bedeutsam geworden.

In der traditionellen Soziallehre wird das S.sprinzip als naturrechtlich begründetes Ordnungsprinzip der Gesellschaft oder auch »Sozialprinzip« verstanden. Dieses Prinzip stellt auf der Grundlage eines solidarischen Menschenbilds eine Kompetenzformel dar, nach der die einzelnen Organisationsformen der Gesellschaft zur Hilfe aufgerufen sind. Das S.sprinzip wird daher auch als »Zuständigkeitsprinzip« bezeichnet.

Auch im deutschen Fürsorgerecht wird das S.sprinzip als Zuständigkeitsprinzip verstanden. Im Unterschied zur Soziallehre dient es jedoch nicht der aktuellen Klärung wechselnder Zuständigkeiten, sondern legt grundsätzlich die Nachrangigkeit der Sozialhilfe gegenüber anderen Sozialleistungsträgern wie auch gegenüber der Hilfe durch Unterhaltspflichtige und der Pflicht zur Selbsthilfe fest. Man spricht hier vom Prinzip der »materiellen S.«. In der sozialpolitischen Diskussion um die gesetzliche Regelung des Verhältnisses von freien u. öffentlichen Trägern sozialer u. pädagogischer Maßnahmen in den 1960er Jahren ging es vorrangig um jene »materielle« oder auch »institutionelle« S.

Oswald von Nell-Breuning hat gegen eine rein »statische« Verwendung des S.sprinzips immer wieder seinen »dynamischen« oder auch programmatischen Charakter herausgearbeitet. Nach Nell-Breuning zielt das Prinzip auf einen qualifizierten Beistand: Hilfreich ist jene Hilfe, die den Hilfebedürftigen so wenig wie möglich als hilfloses Objekt behandelt, sondern ihn vielmehr dazu befähigt, als Subjekt aktiv an der Befreiung aus seiner →Not mitzuwirken.

In jüngerer Zeit ist der programmatische Charakter des Prinzips als sozialpolitisches Leitkriterium wiederentdeckt worden. In der Gegenwart wird häufig auch von »neuer« im Unterschied zur »alten« S. gesprochen, um den Bedeutungs- u. Funktionswandel des Prinzips zu verdeutlichen. Das S.sprinzip steht im Dienst einer gesellschaftlichen Ordnung, die den Einzelnen und seine Würde in den Mittelpunkt ihrer Regelungen stellt und sozialen Wandel braucht. Es stärkt die Rolle u. Wahrnehmung von Basisbewegungen, von Selbstorganisation u. von gemeinwesenbezogenen Ansätzen (→Gemeinwesenorientierung). Das Prinzip zielt auf die Verteilung der sozialen Verantwortung auf verschiedene Schultern, andererseits aber die Zuordnung aller Träger zu einem optimalen Zusammenwirken zum Wohl des einzelnen. Eine Segmentierung der sozialen Verantwortung durch Delegation nach unten soll dabei vermieden werden. Dem Staat kommt dabei die Gesamtverantwortung zu. Diese Verantwortung ist im →Sozialstaat nicht nur im Sinne einer Letztverantwortung zu verstehen, sondern auch als Zuständigkeit für die Schaffung von Rahmenbedingungen, die dem Einzelnen bzw. der untergeordneten sozialen Einheiten die Ausübung ihrer sozialen Verantwortung ermöglichen. Neben dem Grundsatz der →Solidarität gehört das S.sprinzip heute zu den zentralen Grundsätzen der deutschen Sozialpolitik.

LITERATUR: OSWALD V. NELL-BREUNING, Baugesetze d. Gesellschaft, Freiburg i.B. 1968 • OTFRIED HÖFFE, S. als staatsphilosophisches Prinzip?, in: ALOIS RIKLIN / GERARD BATLINER (Hg.), S., Baden-Baden 1994, 19–46 • URSULA SCHOEN, S., Neukirchen-Vluyn 1996 • S. als Zukunftsmodell. Tagungsbericht d. Hans-Böckler-Stiftung, Berlin 2013.

Ursula Schoen

Suchthilfe

Als Sucht wird ein dranghaft-exzessives Verhalten bezeichnet, über das der Betroffene weitgehend die Kontrolle verloren hat. Unter S. versteht man die Gesamtheit aller von Institutionen u. Organisationen abhängigkeitskranken u. suchtgefährdeten Menschen angebotenen Hilfen (Prävention, Therapie, →Rehabilitation, →Selbsthilfe).

Der süchtige Konsum psychotroper Substanzen wird als Abhängigkeit bezeichnet und ist gegenüber den sog. nicht-stoffgebundenen Süchten (Verhaltenssüchte, z.B. Spielsucht, Internetsucht) dadurch gekennzeichnet, dass hier das Suchtmittel nicht nur unmittelbare, akute Wirkungen hervorruft, sondern mit der Zeit auch anhaltende, die Substanzaufnahme überdauernde körperliche Veränderungen; bei vielen Suchtmitteln können auch schwerwiegende, sogar lebensgefährliche körperliche Entzugssymptome auftreten (z.B. Alkoholentzugsdelir). Der Begriff »schädlicher Gebrauch« bezeichnet den fortgesetzten Substanzkonsum trotz eingetretener gesundheitlicher Folgeschäden.

Die Suchtkrankheiten sind ein großes Arbeitsfeld der →Psychiatrie; in Deutschland sind im Jahr allein mehr als 10 % der Allgemeinbevölkerung von einer Alkoholabhängigkeit oder dem Alkoholkonsum zuzuschreibenden psychischen Krankheit betroffen, und in den psychiatrischen Fachkrankenhäusern erfolgt mehr als ein Drittel aller Aufnahmen wegen einer Abhängigkeitserkrankung oder eines schädlichen Gebrauchs psychotroper Substanzen. Da die bei Abhängigkeitserkrankungen auftretenden körperlichen Schäden u. Komplikationen alle Organsysteme betreffen können, sind aber auch andere medizinische Disziplinen (insbes. innere Medizin u. Neurologie) an der Versorgung Suchtkranker beteiligt.

Die verschiedenen Abhängigkeitserkrankungen (z.B. Alkohol- o. Medikamentenabhängigkeit, Abhängigkeit von illegalen Drogen) unterscheiden sich nicht nur durch die unmittelbaren körperlichen u. psychischen Effekte o. langfristigen körperlichen Schäden, sondern auch in ihren psychosozialen Folgen. Entsprechend der Vielgestaltigkeit u. Komplexität der mit Suchtkrankheiten verbundenen Probleme arbeitet S. multiprofessionell und verlangt ein breites methodisches Repertoire.

Suchtkranke haben häufig Kontakt zu niedergelassenen Ärzten (insbes. Hausärzten). Zumeist erfolgt die Konsultation aber wegen körperlicher Beschwerden, die zugrunde liegende Suchtkrankheit wird i.d.R. nicht angesprochen und nicht behandelt; Gleiches gilt für die bei Suchtkranken häufigen stationären Behandlungen in Allgemeinkrankenhäusern.

Diese führen anderseits auch einen Großteil der Entgiftungsbehandlungen durch; in psychiatrischen Kliniken erfolgt die Entgiftung zumeist in Kombination mit psycho- u. soziotherapeutischen Maßnahmen im Rahmen eines qualifizierten Entzugs mit dem Ziel, eine therapeutische Auseinandersetzung mit der Abhängigkeit anzustoßen und eine längerfristige suchtmedizinische Behandlung einzuleiten.

Suchtberatungsstellen können die erste Anlaufstelle für abhängige o. suchtgefährdete Menschen sein und Wege zu weiteren therapeutischen u. rehabilitativen Angeboten aufzeigen und vermitteln; sie haben aber auch eine große Bedeutung in der langfristigen Betreuung chronisch Suchtkranker.

Die Entwöhnungsbehandlung als medizinische Rehabilitationsleistung kann →ambulant o. stationär durchgeführt werden. Eine besonders wichtige Rolle in der

S., nicht nur in der Nachsorge, spielt die Selbsthilfe, v.a. in Form der Selbsthilfegruppen (z.B. Anonyme Alkoholiker, Blaues Kreuz u.a.).

Darüber hinaus gibt es noch eine Reihe weiterer, spezialisierter Angebote (z.B. betriebliche S., Substitutionsbehandlung u. niedrigschwellige Hilfsangebote, Maßnahmen der sozialen Rehabilitation u.a.).

In der hohen Differenzierung der S. liegt aber auch die Gefahr, dass sich der Hilfesuchende nicht zurechtfindet oder an den Schnittstellen scheitert; dies umso mehr, als bei Suchtkrankheiten eine stabile intrinsische Veränderungsmotivation gerade nicht vorausgesetzt werden kann, sondern immer erst erarbeitet u. gefestigt werden muss und somit auch immer wieder infrage gestellt ist.

Ein weiteres Problem besteht darin, dass nicht nur unterschiedliche Leistungsträger für unterschiedliche Maßnahmen der S. zuständig sind; z.T. fällt auch die →Finanzierung ein und derselben Maßnahme je nach persönlicher Situation des Hilfesuchenden in den Aufgabenbereich unterschiedlicher →Kostenträger, die ihre Leistungspflicht dann oft in einem zeitaufwendigen, bürokratischen Prozess klären.

Auch das trägt dazu bei, dass S. nur eine Minderheit der Abhängigkeitskranken erreicht. Hier ist v.a. aber auch das medizinische Versorgungssystem gefordert; denn obwohl bspw. die große Mehrzahl der Alkoholabhängigen (als der größten Gruppe der Suchtkranken) immer wieder mit dem medizinischen Versorgungssystem in Kontakt kommt, erreichen die spezifischen suchtmedizinischen Behandlungsangebote weniger als ca. 10 %.

LITERATUR: DT. HAUPTSTELLE FÜR SUCHTFRAGEN (Hg.), Jahrbuch Sucht 2014, Lengerich 2014.

Klaus Windgassen

SYMBOL

Der Begriff S. wird in verschiedenen Wissenschaftsbereichen (Mathematik, Psychologie, Philosophie, Pädagogik) unterschiedlich verwendet und ist deshalb schillernd. Im religiösen Bereich stehen S.e für jeweils spezifische Inhalte einer Religion oder, wie das Beispiel des →Kreuzes oder des Halbmonds zeigt, für die Religion selbst. Christl. S.e verweisen auf die vergangenen, gegenwärtigen u. zukünftigen Taten des dreieinigen Gottes und seine Verheißungen im Zusammenspiel mit dem menschlichen Leben. So ist ein weißes Taufkleid z.B. S. für das neue Leben in Christus. Das S. trägt den Sinngehalt in sich. Deshalb ist die Interpretation eines S.s auch nicht beliebig. Es sagt eine Glaubenswahrheit oder Hoffnung aus (z.B. der Gute Hirte als Christus.). Auch gemeinsames Glaubensgut wie die Glaubensbekenntnisse werden als S. bezeichnet. Das S. hat mit der Wirklichkeitserfahrung der Glaubensgemeinschaft und der Einzelnen zu tun.

LITERATUR: Art. S., in: Ev. Kirchenlexikon Bd. 4 (1996), 584–593.

Hanns Kerner

TAFELN

Im sozialstaatlichen Kontext versteht man unter T. eine gesellschaftliche Initiativform von Bürgerinnen u. Bürgern, die zur Vernichtung vorgesehene, aber noch konsumierbare Lebensmittel sammeln und i.d.R. an Menschen verteilen (oder gegen geringes Entgelt abgeben), die in Anlehnung an sozialrechtliche Bestimmungen als bedürftig (→Bedürftigkeit) gelten. Zum einen geht es den T. darum, Müll zu reduzieren und Lebensmittelverschwendung zu vermeiden (ökologische Intention). Angesichts der riesigen Menge an vermeidbarem Müll ist die vor der Vernichtung bewahrte Menge an Lebensmitteln durch T. allerdings verschwindend gering. Zum anderen wollen T. helfen, die akute →Not der von →Armut betroffenen Menschen zu lindern (soziale Intention).

Die Nutzerinnen u. Nutzer von T. verschaffen sich durch die erhaltenen Lebensmittel einen finanziellen Spielraum, der oft existentiell bedeutsam ist. Die Lebensmittelmenge reicht aber nur für einen kleinen Teil der Armutsbevölkerung aus (ca. 10–15 %). Faktisch sind die Effekte der Tafelarbeit sowohl in ökologischer als auch sozialer Hinsicht begrenzt. Eine wichtige Bedeutung der Tafelarbeit liegt darin, →Werte wie Mitgefühl u. Hilfsbereitschaft in einer auf Konkurrenz u. materiellem Wohlstand ausgerichteten Gesellschaft wachzuhalten und ein praktisches Übungsfeld für tätige →Nächstenliebe bereitzustellen. Da es sich bei den Aktivitäten der T. um eine Variante bürgerschaftlichen Engagements handelt – und nicht um eine Sozialleistung des Staates – besteht auf die zu verteilenden Lebensmittel kein Rechtsanspruch. Das Gleiche gilt für ähnliche sozialstaatsergänzende Angebote u. Hilfen der →Zivilgesellschaft wie Kleiderkammern, Suppenküchen o. Gebrauchtmöbelläden etc., die allesamt unter dem Oberbegriff »Armutsökonomie« subsumiert werden.

Geschichte: Die erste T. in Deutschland wurde 1993 in Berlin nach dem Vorbild u. Konzept der New Yorker *City Harvest* gegründet, die Obdachlose unterstützen wollten. Bereits 1995 gründete sich in Jena ein Dachverband der T., der sich seit 1997 »Bundesverband Deutsche Tafel e.V« nennt. Der Bundesverband ließ sich den Namen »Tafel« als eingetragenes Markenzeichen rechtlich schützen. Ohne seine Zustimmung darf dieses Label nicht verwendet werden. Des Weiteren verabschiedete der Bundesverband acht Tafelgrundsätze, die eine verbindliche Arbeitsgrundlage für alle T. bundesweit darstellen. Der Bundesverband übernimmt heute eine Vielzahl von Aufgaben: Sponsorensuche u. -pflege (→Sponsoring), Lobbying, Mitgliederbetreuung, Logistik u. →Öffentlichkeitsarbeit.

Mit Stand 2015 existieren über 900 T. mit mehr als 3.000 Tafelläden u. Ausgabestellen. Knapp die Hälfte der T. sind eigenständige e.V.s, gut die Hälfte Projekte in Trägerschaft unterschiedlicher gemeinnütziger Organisationen (→Gemeinnützigkeit) bzw. →Wohlfahrtsverbände wie der →Diakonie oder dem →Caritasverband. Die T. erhalten Lebensmittel sowie Sach- u. Geld→spenden von diversen Spendern u. Sponsoren sowohl aus der Zivilgesellschaft als auch der Privatwirtschaft. Dazu zählt die lokale Bäckerei genauso wie der Großkonzern. Ca. 60.000 fast ausschließlich freiwillig Engagierte (→Ehrenamt) sammeln u. verteilen unter Nutzung von über 5.000 Fahrzeugen überschüssige Lebensmittel. Unter den Nutzerinnen u. Nutzern der T. befinden sich 30 % Kinder u. Jugendliche, 53 % Erwachsene im erwerbsfähigen Alter und 17 % Rentner (ALG-II-Empfänger; Sozialgeld-Empfänger; Empfänger von Grundsicherung im Alter; anspruchsberechtigte Menschen, die ihre Ansprüche auf Grundsicherung nicht geltend machen). Darunter sind kinderreiche Familien, Alleinerziehende, Spätaussiedelnde, Migrierende, politische →Flüchtlinge, Wohnungslose, aber auch Studierende (www.tafel.de).

Einschätzung: T. werden von unterschiedlicher Seite kritisiert. Sie seien Ausdruck eines gesellschaftlichen Trends zum Abbau sozialer Rechte und förderten eine Renaissance des →Almosenwesens. Die strukturellen Ursachen von Armut würden hinter der Fassade bürgerschaftlichen Engagements kaum mehr sichtbar, was eine Auseinandersetzung über wirksame Instrumente zur Armutsbekämpfung eher behindere. T. thematisierten die eigentlichen Armutsursachen öffentlich viel zu wenig. Des Weiteren werde durch die überwiegend positive Berichterstattung in den →Medien, durch Tafel-Patenschaften von Politikern, aber auch durch eine unkritische Selbstdarstellung von T. als reine Erfolgsgeschichte der Eindruck erweckt, als ob T. einen wesentlichen u. nachhaltigen Beitrag zur Armutsbekämpfung leisten könnten. Tatsächlich unterstützten T. eine gesellschaftliche Entwicklung weg vom Wohlfahrtsstaat hin zu einer Wohltätigkeitsgesellschaft, die im Ergebnis zu weiterer sozialer Spaltung, zu einer Verfestigung des Armutsproblems und zu einer Vernachlässigung staatlicher Daseinsvorsorge führe.

Die Diakonie begrüßt grundsätzlich dieses armutslindernde Engagement der Menschen in T., weist aber gleichzeitig auf den ambivalenten Charakter von Tafelarbeit hin. Zwar gebe es durch Tafelarbeit einen karitativen Nutzen, gleichzeitig bestehe aber immer die Gefahr eines sozialpolitischen Schadens, wie die Tafelkritiker ihn formuliert haben. Für diesen sozialpolitischen Schaden seien aber nicht die T. verantwortlich zu machen, sondern eine verfehlte staatliche →Sozialpolitik. Im Netzwerk mit anderen lokalen Akteuren, aber auch in Kooperation mit Landesverbänden u. Diakonie Deutschland, handeln T. sowohl barmherzig zur Linderung akuter Not als auch sozialanwaltschaftlich (→Anwaltschaft) zur Herstellung sozialer →Gerechtigkeit.

LITERATUR: DIAKON. WERK D. EKD E.V., »Es sollte überhaupt kein Armer unter Euch sein«. »T.« im Kontext sozialer Gerechtigkeit, Berlin 2010 • MATTHIAS BRUCKDORFER, T. zwischen Nutzen u. Schaden, in: Brennpunkt Gemeinde 3 (2011) • STEFAN SELKE, Schamland. Die Armut mitten unter uns, Berlin 2013.

Matthias Bruckdorfer

TAGESSTÄTTEN

Unter dem Begriff »T.« werden Angebote u. Einrichtungen zusammengefasst, die sich an unterschiedliche Zielgruppen wenden. So gibt es z.B. T. für körperlich, geistig o. psychisch behinderte Menschen (→Behinderung), für Seniorinnen u. Senioren (→Alter), →Demenzerkrankte sowie im heilpädagogischen Bereich.

In T. werden Angebote vorgehalten, die für die Besucher und Besucherinnen eine verbindliche Tagesstruktur schaffen. Sie dienen der Kommunikation und dem sozialen Miteinander, aber auch der →Betreuung, Begleitung u. Förderung der angesprochenen Klientel und ermöglichen häufig eine Entlastung für betreuende Angehörige.

Eine Übernachtung, also Vollzeitbetreuung, ist nicht vorgesehen.

Eine besondere Form ist die →Kindertagesstätte.

LITERATUR: ULRICH KAVELMANN / DIETER RÖH, T.arbeit wirkt! Mögliche Entwicklungspotenziale eines soz.therapeutischen Hilfeangebots für Menschen mit psych. Erkrankung, in: Psychosoziale Umschau (3/2013), 10–11.

Helga Siemens-Weibring

TARIFVERTRÄGE

T. regeln gemäß dem Tarifvertragsgesetz die Rechte u. Pflichten der Tarifvertragsparteien (schuldrechtlicher Teil) und enthalten Rechtsnormen, die den Inhalt, Abschluss u. die Beendigung von Arbeitsverhältnissen sowie betriebliche u. betriebsverfassungsrechtliche Fragen ordnen können (normativer Teil). Die normativen Bestimmungen gelten unmittelbar und zwingend für ein Arbeitsverhältnis, wenn beide Arbeitsvertragsparteien tarifgebunden sind und unter den fachlichen u. räumlichen Geltungsbereich des Tarifvertrags fallen. Die Tarifgebundenheit ergibt sich aus der Mitgliedschaft in einer der Tarifvertragsparteien (→Gewerkschaft, Arbeitgeberverband). Abweichungen sind nur zugunsten des Arbeitnehmers (→Mitarbeitende) möglich (Günstigkeitsprinzip). Auch einzelne Arbeitgeber können mit einer Gewerkschaft einen Tarifvertrag abschließen (Haus-/Firmentarifvertrag). Ein sog. »kirchengemäßer Tarifvertrag« setzt eine uneingeschränkte Friedenspflicht und eine verbindliche →Schlichtung voraus.

Annegret Utsch

TAUFE

Die T. gilt im Protestantismus neben dem →Abendmahl als eines der zwei →Sakramente (röm.-kath.: sieben). Johannes der Täufer nahm die Bußt. durch Untertauchen im Jordan angesichts des endzeitlichen göttlichen Gerichts vor, der auch →Jesus sich unterzog (Mt 3,7–10). Die christl. Gemeinde vollzog die T. im Vollzug ihrer Sendung zu Israel und den Völkern mit Wasser und der Nennung des Namens Jesu (Mt 28). Stand die T. in der Frühzeit für eine riskante Konversion (Röm 6), so bildete sie nach der Konstantinischen Wende den Normalfall. Entsprechend den sich ausdifferenzierenden kirchlichen Traditionen wurde die T. in ihrer Bedeutung interpretiert als Gnadenmittel der →Kirche, als Bekenntnisakt u. Selbstverpflichtung der Gläubigen oder als gnadenhafte Befreiung zum Leben in Christus. J.H.→Wichern suchte im 19. Jh. das in der T. begründete Priestertum aller Gläubigen durch innere →Mission angesichts der Herausforderungen des Revolutionszeitalters zu einer Praxis von Glaube und rettender →Liebe erneut zur Geltung zu bringen und reformulierte damit die Aufgabe der →Diakonie, ihre Identität aus →Glauben handelnd in der Lebenswelt der Menschen heute stets neu zu finden.

LITERATUR: MARKUS ÖHLER (Hg.), T., Tübingen 2012 • GÜNTER RUDDAT (Hg.), T. – Zeichen des Lebens, Neukirchen-Vluyn 2013.

Dieter Beese

TEILHABE

Im Gegensatz zu den vielfältigen Exklusionsmechanismen moderner Gesellschaften (→Ausgrenzung) bedeutet T. – so die EKD-Denkschrift »Gerechte T.« – die Eröffnung eines elementaren Anspruchs auf einen angemessenen Anteil »an den Lebensmöglichkeiten der Gesellschaft« (Nr. 60). T. kann als eine Umschreibung des ursprünglich lat. Begriffs →»Partizipation« verstanden werden, der sich aus den Worten *pars* (dt.: An-Teil) u. *capere* (dt.: nehmen) zusammensetzt und Teilnahme bzw. T. bedeutet. Zunächst in der ökonomischen u. juristischen Sphäre verwandt, umschreibt der Begriff in allgemeiner Weise alle Formen der gesellschaftlichen →Integration und der aktiven Mitwirkung an Entscheidungsprozessen. T. zielt in ökonomischer, kultureller, politischer u. sozialer Hinsicht darauf, die Fähigkeit aller Menschen in einem Sozialraum zu aktivieren und ist somit eine wesentliche Voraussetzung, um den gesellschaftlichen Zusammenhalt zu wahren (→Solidarität).

In der →Sozialpolitik ist der Begriff insbes. im Blick auf die T. von Behinderten (SGB IX) als Fachbegriff geläufig. Eine Vertiefung hat das Verständnis von T. seit der Verabschiedung der UN-Behindertenkonvention (→UN-Konvention über die Rechte von Menschen mit Behinderung) und der dadurch in Gang gesetzten Inklusionsdebatte erfahren. Diese Debatte zielt wesentlich auf die gleichwertige →Anerkennung und die Verwirklichung einer vollen u. wirksamen T. von Menschen mit →Behinderung unabhängig von der Art und dem Schweregrad ihrer Behinderung. In diesem Sinn steht →Inklusion für das Prinzip eines angemessenen gesellschaftlichen Umgangs mit Vielfalt (→Diversität) sowie der gleichberechtigten Anerkennung u. Würdigung von Verschiedenheit. Dies bedeutet, alle Menschen mit ihrer jeweiligen Individualität gesellschaftlich einzubeziehen und ihnen volle T. zu eröffnen.

Theologisch-sozialethisch ist diese Perspektive durch ein differenziertes Gerechtigkeitsverständnis zu begründen. →Gerechtigkeit bedeutet in einem elementaren, ersten Schritt die Realisierung von T.gerechtigkeit und zielt auf eine möglichst umfassende Integration aller Gesellschaftsglieder, wie es theologisch die Vorstellung der →Gottebenbildlichkeit aller Menschen zum Ausdruck bringt. Ebenbilder Gottes sind unabhängig von Herkunft, Geschlecht o. sozialer Position alle Menschen. Anders als in anderen Ursprungserzählungen beschreiben die Schöpfungsberichte der Bibel die Erschaffung des Menschen als Gattungswesen und nicht die Begründung einer eigenen nationalen o. kulturellen Identität, was religionsgeschichtlich eine Besonderheit darstellt. Dementsprechend gibt es keine prinzipiellen Abstufungen zwischen den Menschen, keinen höheren o. niedrigeren Wert, sondern jeder Mensch ist als Ebenbild Gottes zu würdigen. Dies schließt den Anspruch ein, grundlegende Rechte auf T. v.a. an den sozialen Grundgütern einer Gesellschaft zu eröffnen. Dementsprechend sind alle Formen von Exklusion durch das Recht auf T. zu bekämpfen. T. beinhaltet in diesem Sinn das basale Recht, Rechte zu haben, die Eröffnung des Zugangs zu Gesundheitsgütern (→Gesundheit/Krankheit) und die Gewährung von Bildungschancen (→Bildung) sowie die Integration in den Arbeitsmarkt (→Arbeit) und die Beteiligung am politischen u. kulturellen Leben.

T.gerechtigkeit impliziert auf einer weiteren Stufe des Gerechtigkeitsverständnisses in gleicher Weise Befähigungs- u. Bedarfs- bzw. Verteilungsgerechtigkeit. Damit ist die Alternative der Ausrichtung von Sozialpolitik vorrangig an Instrumenten der Förderung oder der materiellen Verteilung überwunden. Auch wenn in neueren Stellungnahmen, so in der Denkschrift »Gerechte T.«, der Gedanke der Befähigungsgerechtigkeit als Voraussetzung zur Realisierung von T. stärker in den Mittelpunkt gerückt worden ist, darf dieses Motiv nicht gegen die Verteilungsgerechtigkeit ausgespielt werden. T. verbindet die Gewährung materieller Voraussetzungen der Lebensführung mit der Perspektive der Befähigung von Menschen, Eigenverantwortung einzuüben und sich aktiv am gesellschaftlichen Leben zu beteiligen.

Die im Sinn der Befähigungsgerechtigkeit zentrale Bedeutung von Bildung als Voraussetzung der Realisierung von T. wird durch eine Vielzahl von Studien bestätigt, die →Armut nicht allein anhand der materiellen Einkommenssituation, sondern unter Einbeziehung von Kompetenzen, Einstellungen sowie Werthaltungen bestimmen. Dabei lässt sich zeigen, dass insbes. der Zerfall familiärer, nachbarschaftlicher u. anderer solidarischer Strukturen das Risiko der Verarmung erhöht, während der Faktor Bildung solidarische Überlebensstrategien und den Mut zum Aufrechterhalten sozialer Bindungen stärkt. Daher muss bessere Bildungspolitik bereits im Vorschulalter anfangen und hat während der Schulzeit insbes. die Benachteiligungen bildungsferner Kinder zu überwinden. Um dies zu erreichen, sind sozialisationsfördernde Institutionen aufzubauen, die Startnachteile von Kindern aus sozial schwachen Schichten ausgleichen können, um T. zu ermöglichen.

Vor allem aber ist Bildung der Schlüssel zur T. am Arbeitsleben, wo tendenziell höhere Qualifikationsansprüche an Arbeitnehmer/innen gestellt werden. Indem der Arbeitsmarkt zunehmend eine zentrifugale Dynamik entwickelt, die immer mehr Menschen, insbes. solche, die an Belastungen o. Defiziten zu tragen haben, faktisch aussondert, kommt es nach Ansicht der EKD darauf an, T. in diesem zentralen Bereich der Gesellschaft auch durch öffentlich geförderte Arbeit zu sichern. Angesichts problematischer Bildungs- u. Armutsbiographien scheint dies vielfach die einzige Option zur Bekämpfung von Exklusion zu sein.

Neben der Exklusion aufgrund mangelnder Bildungschancen und der verweigerten T. am Arbeitsleben breitet sich in der deutschen Gesellschaft zunehmend das Gefühl aus, von der Gesellschaft ausgeschlossen zu sein, auch wenn dies nicht unbedingt mit der materiellen Lage korrespondiert. Dieses Gefühl, in den neuen Ländern stärker als in der alten Bundesrepublik aufweisbar, hängt vielmehr vom Institutionenvertrauen und dem Vertrauen u. Rückgriff auf helfende soziale Beziehungen ab. In diesem Sinn ist das →Leitbild der T. nicht allein für die Sozial-, Bildungs- u. Arbeitsmarktpolitik maßgebend, sondern schließt die Aufgabe ein, verlässliche Beziehungen im Nahbereich aufzubauen, gerade auch durch die Kirchengemeinden und die Quartiersarbeit (→Sozialraumorientierung) der Diakonie. Auf diese Weise kann es gelingen, Erfahrungen des Vertrauens in gesellschaftliche Institutionen zu vermitteln und den gesellschaftlichen Zusammenhalt als konkreten Ausdruck realisierter T. zu stärken.

Literatur: Rat d. EKD (Hg.), Gerechte T., Gütersloh 2006 ◆ Heinz Bude, Exklusion, Frankfurt a.M. 2008 ◆ Gerhard Wegner, T. fördern – christl. Impulse für eine gerechte Gesellschaft, Stuttgart 2010.

Traugott Jähnichen

Telefonseelsorge

siehe unter: Seelsorge

Testament

Ein T. formuliert jederzeit widerrufbar den eigenen Willen, wer nach dem Tod über das Vermögen verfügen darf. Formale Aspekte regelt das Bürgerliche Gesetzbuch (BGB). Ordentliche Formen sind entweder das notarielle o. das handschriftliche T. Liegt kein T. vor, greift die gesetzliche Erbfolge. Ehe- o. Lebenspartner können auch ein gemeinschaftliches T. errichten, bei dem sie sich bspw. gegenseitig als Alleinerben einsetzen (sog. Berliner T.). Der gesetzliche Pflichtteilsanspruch sieht auf fristgerechten Antrag eine Mindestbeteiligung der nächsten Angehörigen am Nachlass vor. Er kann weder testamentarisch noch durch eine Schenkung vor dem Tod außer Kraft gesetzt werden. Vom T. zu unterscheiden sind die →Patientenverfügung, die →Vorsorgevollmacht und die gesetzliche →Betreuung, durch die bei mangelnder Handlungsfähigkeit bzw. Willensbildung Angelegenheiten vor dem Tod geregelt werden.

Joachim Wolff

THEODIZEE

Der Begriff T. wurde von G.W. Leibniz (1646–1716) 1710 geprägt, von griech. *theós,* →Gott, und *diké,* →Gerechtigkeit. Seit der Antike (Epikur, Laktanz u.a.) bekannt; meint neuzeitlich zugespitzt die Frage nach der →Rechtfertigung eines guten, allmächtigen u. verstehbaren Gottes angesichts des Übels in der Welt. Antwortstrategien berauben entweder das →Leid seiner innewohnenden Kraft (depontenzieren), modifizieren die o.g. Gottesprädikate oder leugnen die Existenz Gottes. Augustinus spricht dem Übel eigenes Sein ab, es sei lediglich Mangel am Guten. Das moralische Übel ist in der menschlichen Freiheit begründet. Physische Übel wie Katastrophen u. Krankheit wurzeln in den Naturgesetzen, die menschliche Freiheit ermöglichen. Diakonie- bzw. caritastheologisch ist die philosophische Frage auf der »Zuschauertribüne« zu unterscheiden vom realen Umgang mit Leid in der Arena des Lebens. Immanent ist menschliche Zuwendung die einzig mögliche »Antwort«. Das Hiob-Buch legitimiert die Anklage Gottes angesichts des Leids. Das Leiden Christi kann anders als die »Lügen der Tröster« Quelle wirklichen Trostes in der gläubigen Verbindung mit ihm u. in der Auferstehungshoffnung werden.

LITERATUR: ULRICH BACH, Gottes Gerechtigkeit – weshalb leiden Menschen?, in: Pastoraltheologie 87 (1998), 410–424 • HENNING LUTHER, Die Lügen der Tröster, in: Praktische Theologie 33 (1998), 163–176 • ARMIN KREINER, Das T.-Problem u. Formen seiner argumentativen Bewältigung, in: Ethik u. Sozialwissenschaften 12 (2001), 147–157.

Stephan Koch

THEOLOGIE

T. ist die Rede von →Gott, die den Glauben öffentlich so verantwortet, dass im Licht Gottes Lebenswirklichkeiten neu u. lebensförderlich erschlossen werden.

Für den christl. →Glauben ist es charakteristisch, T. auszubilden. Anselm von Canterbury hat diesen Sachverhalt auf den Begriff *fides quaerens intellectum* gebracht. Der Glaube will sich selbst durchsichtig werden und fragt deshalb nach Verstehen. Christl. Glaube ist also keineswegs mit blindem Vertrauen zu verwechseln. Er kann sich zwar nicht selbst begründen, wohl aber Gründe angeben, warum er auf →Jesus Christus vertraut. In diesem Sinne verlangt der Glaube nach T., »und christl. T. ist die im Glauben selbst gründende Bemühung, den Glauben denkend zu verstehen und öffentlich zu verantworten« (Dalferth 1997, 133).

Um eine Äußerung als »theologisch« anerkennen zu können, müssen mindestens zwei Bedingungen erfüllt sein: zum einen muss eine theologische Äußerung zumindest ein Minimum an Gewissheit aufweisen, die vom Sprecher geteilt o. wenigstens geschätzt wird. Zum anderen muss eine theologische Aussage verständlich u. kommunikationsfähig sein, sodass andere ihrer Logik folgen können. Mit der Gewissheit muss sich also eine rational nachvollziehbare Inhaltlichkeit u. Sachlichkeit verbinden. Damit lässt sich die innere Verfassung theologischer Rede beschreiben: T. verbindet in ihrer Rede von Gott Überzeugungs- u. Sachkonsistenz und bezieht beide im Interesse ihrer wechselseitigen Steigerung aufeinander (vgl. Polkinghorne/Welker 2009, Kap. 9).

Dieses Verständnis von T. bewahrt vor einer einseitigen Identifikation von T. mit jenen hoch entwickelten Denk- u. Überzeugungszusammenhängen, die wir im Blick haben, wenn wir etwa von der T. des Paulus oder Martin →Luthers sprechen. In theologischen Äußerungen muss die Verknüpfung von Überzeugungs- u. Sachkonsistenz nur angelegt, aber nicht hoch entwickelt sein. Eben deshalb lässt sich auch von der T. einer Volks- o. Frömmigkeitsbewegung oder der T. eines Liedes sprechen. Insofern begegnet T. auch außerhalb akademischer Kontexte.

Die T. war von Anfang an Bestandteil der sich in Europa entwickelnden Universitäten. Sie thematisiert dabei nicht einfach abstrakt Gott, sondern die in sich differenzierte Wirklichkeit unter dem Aspekt ihrer Beziehung zu Gott (in der Formulierung Thomas von Aquins: *sub ratione dei*). An der modernen Universität kommt der T. wie der →Medizin und der Jurisprudenz die Funktion einer Professionswissenschaft zu. Die T. dient zentral der Ausbildung von Pfarrerinnen u. Pfarrern, Religionslehrerinnen u. Religionslehrern. In seiner kurzen Darstellung des theologischen Studiums (1811/1830) formuliert Friedrich Schleiermacher (1768–1834): »Die christl. T. ist der Inbegriff derjenigen wissenschaftlichen Kenntnisse u. Kunstregeln, ohne deren Anwendung ein christl. Kirchenregiment [d.h. die Leitung eines Pfarramtes] nicht möglich ist« (63, § 5).

Der amerikanische Theologe David Tracy hat vorgeschlagen, die T. im Schnittfeld dreier Öffentlichkeiten zu verorten. Im Blick auf die →Kirche dient die T. nicht allein der Ausbildung kirchlicher Funktionsträger, sondern auch der kritischen Reflexion der kirchlichen →Verkündigung u. Praxis. Weil in den Kirchen von Gott geredet wird, deshalb bedarf es einer T., die kritisch hinterfragt, ob die kirchliche Rede von Gott ihrem Inhalt, also Gott selbst, entspricht. Insofern ist T. eine eminent kritische, auch religionskritische Wissenschaft. Wegen der beständigen Gefahr, Gott religiös zugunsten eigener Interessen zu vereinnahmen, sind die Kirchen auf die kritische Selbstprüfung durch die T. angewiesen. Deshalb brauchen die Kirchen zum einen Pfarrerinnen u. Pfarrer, die in dieser kritischen Selbstprüfung geübt und ausgebildet sind – und deshalb in der Lage, ihr eigenes Handeln selbstkritisch zu begleiten. Zum anderen sind aber nach ev. Verständnis alle Glaubenden für den Prozess der kritischen Begleitung der kirchlichen Verkündigung verantwortlich. Daraus ergibt sich für die akademische T. die noch nicht hinreichend wahrgenommene Aufgabe, die theologische Kompetenz von Gemeinden u. Ehrenamtlichen zu pflegen und zu stärken.

Als wissenschaftliche Reflexionsgestalt des Glaubens steht die T. im Austausch mit den anderen akademischen Disziplinen, als Öffentliche T. bringt sie die Orientierungsleistungen des christl. Glaubens in die unterschiedlichen gesellschaftlichen Funktionssysteme u. Diskurse ein. Unsere gegenwärtige Kultur, aber auch eine Fülle wissenschaftlicher Auseinandersetzungen sind ohne Rekurs auf die jüdisch-christl. Tradition nicht zu verstehen: Komplexe Themenstellungen wie die Verhältnisbestimmung von Recht u. →Gerechtigkeit, aber auch von →Leib u. Geist sind in ihrer Tiefenstruktur stets durch theologische Diskurse mitgeprägt. Zugleich halten die jüdisch-christl. Überlieferungen ein Orientierungspotenzial bereit, das etwa vor der

Verabschiedung des Begriffs der Gerechtigkeit im Rechtssystem und einer reduktionistischen Naturalisierung von Geistphänomenen in den Naturwissenschaften warnt. Dieses Orientierungspotenzial wissenschaftlich zu prüfen und zu entfalten, ist Aufgabe aller Fakultäten. Damit die Übersetzungen theologischer Gehalte in eine nicht-theologische Sprache aber nicht reduktionistisch ausfallen, bedarf es im interdisziplinären Dialog der Stimme der T.

Dass in der Bundesrepublik Deutschland T. an staatlichen Universitäten gelehrt wird, dokumentiert, dass nicht nur die Kirchen, sondern auch die Gesellschaft als Ganze ein elementares Interesse an der kritischen Reflexion der kirchlichen Praxis hat. Weil die Kirchen das gesellschaftliche Leben mitprägen – durch ihre öffentlichen Gottesdienste und den Religionsunterricht, durch ihre Diakonie, als zweitgrößter Arbeitgeber nach dem Staat, als zivilgesellschaftlicher Akteur mit etwa 4 Mio. Ehrenamtlichen –, gibt es ein gesellschaftliches Interesse an einer öffentlichen Reflexion kirchlicher Verkündigung u. Praxis.

Soll diese Reflexion aber die kirchliche Verkündigung u. Praxis nachhaltig prägen, d.h. in die Kirchen zurückwirken, dann muss diese öffentliche Reflexion selbst von dem geprägt sein, wofür die Kirche einsteht. Deshalb muss die öffentliche Reflexion zugleich eine kirchliche sein. Dem entspricht, dass in der Bundesrepublik Deutschland die T. als kirchliche Wissenschaft an staatlichen Universitäten gelehrt wird. Davon profitieren T., Kirchen u. Gesellschaft gleichermaßen: Die Beobachtung der T. durch die anderen Wissenschaften trägt maßgeblich zur Komplexität der T. und damit auch zu einer anspruchsvollen kirchlichen Verkündigung u. Praxis bei. Die akademische Selbstreflexion und der beständige Austausch mit anderen Fakultäten befähigen die Kirchen, ihre gesellschaftliche Gesamtverantwortung sachangemessen wahrzunehmen. Wo T. an Universitäten gelehrt wird, existiert eine Reflexionsgestalt des kirchlichen Lebens, die permanent gesellschaftlich adressiert werden kann. Die Gefahr einer Abschottung der Religionsgemeinschaften und eines frei wuchernden, sich der Beobachtung entziehenden Glaubens sind damit zum Wohle der Gesellschaft gebannt.

Eben deshalb unterhält der Staat nicht nur theologische Fakultäten, sondern richtet gegenwärtig auch Institute für Islamische T. (→Islam) ein. Auch diese dienen der kritischen Selbstreflexion religiöser Praxis. Sie leisten damit etwas, was der weltanschaulich neutrale Staat selbst nicht leisten kann, obwohl er ein Interesse an der Erbringung dieser Leistung hat.

Ev.-Theologische Fakultäten umfassen i.d.R. zumindest fünf Fächer: AT, NT, Kirchengeschichte sowie Systematische u. Praktische T. Diese fünf Fächer vermitteln vier – mit Schleiermacher gesprochen: für die Kirchenleitung; für Pfarrerinnen u. Religionslehrer – entscheidende Kompetenzen: Das Studium der Kirchengeschichte befähigt, darzustellen, wie das, was gegenwärtig ist, (auch durch die Verwerfung von Alternativen) geschichtlich geworden ist. Das Studium der Bibelwissenschaften befähigt, das, was geworden ist, im Licht der biblischen Überlieferungen kritisch zu reflektieren. Deshalb wird die →Bibel in der ev. T. nicht einfach als Teil des Traditionsstroms, der die gegenwärtige Lehre u. Verfassung der Kirche prägt, sondern auch als kritisches Korrektiv der eigenen Tradition verstanden. Um aber Gewordenes u. Mögliches kritisch aufeinander zu beziehen, bedarf es einer eigenen theologischen Kompetenz, die das Studium der Systematischen T. vermitteln soll. Sie dient dem »Bilden einer eigenen Ueberzeugung«, welches nach Schleiermacher von »jedem ev. Theologen [...] zu verlangen« ist (217, § 219). Dieses eigene Urteil muss in der Praxis des Pfarramtes und des Religionsunterrichtes auf die konkrete gesellschaftliche Situation, aber auch die Lebenswelt der Menschen bezogen werden. Zur Kirchenleitung bedarf es deshalb der praktisch-theologischen Kompetenz, die gesellschaftlichen u. kulturellen Wirklichkeiten, die Gestalt der Kirchen, aber auch die Lebenswelten der Gegenwart differenziert wahrzunehmen.

LITERATUR: DAVID TRACY, The analogical imagination. Christian theology a. the culture of pluralism, New York 1981 • INGOLF U. DALFERTH, Gedeutete Gegenwart. Zur Wahrnehmung Gottes i.d. Erfahrungen d. Zeit, Tübingen 1997 • WOLFHART PANNENBERG, Systematische T. Bd. 1, Göttingen 1998 • JOHN POLKINGHORNE / MICHAEL WELKER, An den lebendigen Gott glauben, Gütersloh 2005.

Gregor Etzelmüller

TIELE-WINCKLER, EVA VON

T.-W. (1866–1930) aus Miechowitz war Gründerin des Diakonissenhauses »Friedenshort« in Schlesien (inzwischen nach Freudenberg/Siegerland umgezogen). Sie stammte aus einer schlesischen Großgrundbesitzerfamilie, verlor früh ihre Mutter und hatte als Sechzehnjährige ein Bekehrungserlebnis. Gegen den Widerstand ihres Vaters absolvierte sie eine Krankenpflegeausbildung in Bethel. Nach Schlesien zurückgekehrt, gründete sie mit den Zinsen ihres mütterlichen Erbes 1890 den »Friedenshort« als Waisenhaus und 1893 eine Schwesternschaft. Friedrich. v. →Bodelschwingh d.Ä. holte sie 1895 als Oberin der Sarepta-Schwestern nach Bethel. Krankheitsbedingt kehrte sie 1901 nach Oberschlesien zurück und wirkte dort weiter in der Arbeit mit verwaisten Kindern, Heimatlosen, Gefangenen u. in der äußeren →Mission. In zahlreichen Schriften u. Gedichten beschrieb die der Gemeinschaftsbewegung nahestehende »Mutter Eva« genannte v.T.-W. ihren Weg zwischen Diakonie u. Mystik, zwischen Hingabe an Gott und an die »Armen«.

LITERATUR: E.v.T.-W., Wie der Friedenshort entstand, o.O. 1921 • DIES., Nichts unmöglich! Erinnerungen u. Erfahrungen, o.O. 1929 • ALEX FUNKE, E.v.T.-W., Hamburg 1986 • WALTER THIEME, Mutter Eva, Bad Wildbad 2007 • ADELHEID M. v. HAUFF, E.v.T.-W., in: DIES., Frauen gestalten Diakonie Bd. 2, Stuttgart 2006, 451–466.

Beate Hofmann

TODT, RUDOLF

T. (1839–1887), Pfarrer in Barenthin (Brandenburg), befasste sich schon früh mit der →Sozialen Frage. Das Ergebnis ist sein Buch »Der radikale deutsche Sozialismus u. die christliche Gesellschaft«, das in seiner kenntnisreichen Darstellung eines der wenigen theologisch bedeutsamen Werke der Auseinandersetzung mit dem Sozialismus ist. Der erste Satz ist Programm: »Wer die Soziale Frage verstehen und zu ihrer Lösung beitragen will, muss in der Rechten die Nationalökonomie, in der Linken die wissenschaftliche Literatur der Sozialisten und vor sich aufgeschlagen das NT haben.« Der radikale Sozialismus ist Reaktion auf die soziale Frage. Er sei der neutestamentlichen Kommunio-Ethik entlehnt und ist säkularisierte Gemeindeethik. T.s Analyse wird so zu einer Anfrage an die Kirche.

Sein Ziel ist, die diakonische Aktivität der →Kirche zu wecken. Aber er sieht klar, dass die →Innere Mission keine Antwort auf den Sozialismus ist. Daher müsse der Theologe bei seinem Studium notwendig die Sozialwissenschaften mit aufnehmen. T. entwickelt keine eigene Sozialtheorie, sondern stellt verschiedene Theorien dar und gibt Maßstäbe zu ihrer kritischen Prüfung.

LITERATUR: R.T., Der radikale dt. Sozialismus u. die christl. Gesellschaft, Wittenberg 1878 • GÜNTER BRAKELMANN, Kirche u. Sozialismus im 19. Jh., Witten 1966.

Martin Wolff

TRANSPARENZ

Diakonische u. caritative →Einrichtungen verwenden Mittel in treuhänderischer Verantwortung. Sie sind verantwortlich, ihre Mittel im Sinne ihres Auftrags wirksam, wirtschaftlich u. nachhaltig einzusetzen und dies nach außen hin offenzulegen. Ihre Verpflichtung zur T. (Durchschaubarkeit, Nachvollziehbarkeit) besteht gegenüber den auf ihre Dienste angewiesenen hilfesuchenden Menschen, den öffentlichen Leistungsträgern u. Zuwendungsgebern, ihren Spendern, Mitarbeitenden u. der allgemeinen Öffentlichkeit. Der Deutsche →Caritasverband und →Diakonie Deutschland haben »T.standards für Caritas u. Diakonie« mit Soll-Modulen (Strukturdaten, Leistungsbericht, Wirtschaftsbericht, Spendenbericht) und Kann-Modulen (Ehrenamtsbericht, Sozialbericht, Umweltbericht) beschlossen, die empfehlenden Charakter haben und darauf zielen, dass möglichst alle Rechtsträger caritativer u. sozialer Dienste ihre Unternehmenspolitik der Öffentlichkeit offenlegen.

Georg Cremer

TRAUERBEGLEITUNG

T. bietet Rahmenbedingungen für gestaltete Trauerprozesse und somit einen geschützten Ort, an dem Menschen trauern dürfen und in ihrer individuellen Trauer unterstützt u. begleitet werden. Dabei handelt es sich um eine mitmenschliche, solidarische (→Solidarität), aber qualifizierte Begleitung (keine Psychotherapie). T. ist geprägt durch eine empathische (→Empathie), wertschätzende u. unterstützende Grundhaltung gegenüber Trauer u. Trauernden. Dazu gehört das Verstehen der Trauer, aber auch Trauersymptome u. Ressourcen der Trauernden zu beobachten und zu erkennen, wann es möglicherweise therapeutischer Unterstützung bedarf. Menschen, die andere in Trauerprozessen professionell begleiten, verfügen über entsprechende Wissens-, Handlungs- u. Haltungskompetenzen (→Professionalität), die sie sich im Rahmen von Qualifikationen zur Trauerbegleiterin/zum Trauerbegleiter o. entsprechenden Zusatzausbildungen erworben haben.

LITERATUR: ARNOLD LANGENMAYR, Einführung i.d. T., Göttingen 2013 • MONIKA MÜLLER / SYLVIA BRATHUHN / MATTHIAS SCHNEGG, Handbuch Trauerbegegnung u. -begleitung, Göttingen 2014 • www.bv-trauerbegleitung.de.

Andrea Klimt

Uhlhorn, Gerhard

Der lutherische Theologe und Abt des Klosters Loccum U. (1826–1901) wirkte nach Theologiestudium (in Göttingen) und Habilitation (Kirchengeschichte) ab 1855 zunächst als Schlossprediger in Hannover und wurde 1864 Oberkonsistorialrat. Von 1860 bis 1868 war er zudem nebenberuflich erster Geistlicher des Diakonissenhauses (→Diakonisse) Henriettenstiftung in Hannover. Von 1878 bis zu seinem Tod war er auch Abt in Loccum. U. war nach 1866 maßgeblich an der organisatorischen Eingliederung der →Landeskirche in Preußen beteiligt. Sein besonderes Interesse galt der →Inneren Mission, die er besonders förderte. Bemerkenswert sind seine zahlreichen Schriften zur Geschichte der Inneren Mission und zur sozialen Frage. Seine Darstellung »Die christl. Liebestätigkeit« (1882–1890) kann als erstes »Standardwerk der Diakoniegeschichte« bezeichnet werden.

Literatur: Axel Makowski, Diakonie als im Reich Gottes begründete Praxis unbedingter Liebe. Studien zum Diakonieverständnis bei G.U., Münster 2001.

Norbert Friedrich

UN-Konventionen über die Rechte von Menschen mit Behinderung (BRK), Frauen, Kinder

I. Die jeweiligen UN-Konventionen für die →Menschenrechte von Frauen, Kindern u. Behinderten (→Behinderung) besitzen gegenüber anderen UN-Menschenrechtskonventionen einen speziellen Status: Sie verdanken sich gruppenspezifischen Diskriminierungserfahrungen, die die *formalen* Gleichheitsgebote anderer Menschenrechtskonventionen – etwa der Art. 2 des *Paktes über bürgerliche u. politische Rechte* (ICCPR) in Form der Achtung aller »Personen ohne Unterschied wie insbes. der Rasse, der Hautfarbe, des Geschlechts, der Sprache, der Religion, der politischen o. sonstigen Anschauung, der nationalen o. sozialen Herkunft, des Vermögens, der Geburt oder des sonstigen Status« – allein nicht verhindern konnten. Andere menschenrechtliche Ansprüche, wie sie sich etwa aus dem *Pakt über wirtschaftliche, soziale u. kulturelle Rechte* (ICESCR) ergeben, erwiesen sich für die gruppenspezifischen Lebenslagen von Frauen, Kindern o. behinderten Menschen als zu unspezifisch. Sie erfahren nun eine Spezifizierung, die für die Betroffenen substantielle Realisierungen gewährleisten sollen. Diese Gründe konnten sich gegen ein gewichtiges Gegenargument durchsetzen: Gruppenspezifische Menschenrechtskonventionen bergen die Gefahr einer »Besonderung« (hier: von Frauen, Kindern u. Menschen mit Behinderungen) und stellen darin eine subtile Form von Diskriminierung dar.

II. Das *Übereinkommen zur Beseitigung jeder Form von Diskriminierung der Frau* (CEDAW, Frauenrechtskonvention/FRK) wurde 1979 von der UN-Generalversammlung beschlossen und trat 1985 in der Bundesrepublik Deutschland in Kraft. Die FRK dient vorrangig der Sicherstellung substantieller (im juristischen Sinne materieller) Gleichheit zwischen den Geschlechtern. Im Mittelpunkt steht deshalb die Definition von Diskriminierung: Frauen gelten dann als diskriminiert, wenn sie allein aus Gründen ihres Geschlechtes daran gehindert werden, ihre Grundfreiheiten u. Menschenrechte im politischen, wirtschaftlichen, sozialen, kulturellen, staatsbürgerlichen *»oder jedem sonstigen Bereich«* (Art. 1) in Anspruch zu nehmen. Damit erstreckt sich die Konvention prinzipiell auch auf den privaten Bereich, was lange Zeit sehr umstritten war. Bezog sich bei der Verabschiedung 1979 die Diskriminierung noch auf das *weibliche* Geschlecht im Sinne des biologischen Unterschieds (*sex*), so ist sie heute, wie der offizielle *General Comment* von 2010 feststellt, v.a. im Sinne der →*Gender*-Konzeption zu lesen. Diese interpretatorische Fortschreibung ist konsequent. Denn Art. 5 verpflichtet alle Vertragsstaaten darauf, in der Bevölkerung auf alle Denkgewohnheiten u. Verhaltensmuster einzuwirken, die offen o. subtil zur sexistischen Diskriminierung beitragen und die »de-facto-equality« verhindern.

III. Das *Übereinkommen über die Rechte des Kindes* (CRC, Kinderrechtskonvention/KRK) wurde 1989 von der UN-Generalversammlung beschlossen und trat nach ersten Vorbehalten bzgl. einiger Bestimmungen 2010 in Deutschland vollgültig in Kraft. Zum ersten Mal hebt mit der KRK eine Menschenrechtskonvention nicht auf die vorfindliche Fähigkeit einer Person zur willentlichen Rechtsausübung als Geltungsgrund menschenrechtlicher Ansprüche ab, sondern allein auf die »(mutmaßlichen) Interessen« von Personen – hier von Kindern als Personen, die das 18. Lebensjahr noch nicht vollendet haben (vgl. Art. 1 KRK). Auch ihnen stehen unmittelbar individuelle Menschenrechtsansprüche zu. Zwar werden sie – abhängig vom jeweiligen Entwicklungsstand – behelfsweise von anderen, besonders u. vorrangig von den Erziehungsberechtigen zur Geltung gebracht. Doch das Elternrecht (Art. 5) steht selbst im Dienst bzw. unter dem Primat des Kindeswohles (Art. 3) und ist in diesem Sinne abgeleitet und damit grundsätzlich eingeschränkt. Das wirkt bis in den elterlichen Erziehungsstil hinein: Zwar konnte sich das kategorische Verbot von →Gewalt als Erziehungsmittel nicht durchsetzen. Gleichwohl sichert die KRK Kindern das Recht zu, in allen sie betreffenden Fragen – je nach Entwicklungsstand – freimütig ihre Meinung zu äußern und ihren Willen erfolgreich zur Geltung zu bringen – ein Recht, das Art. 12 KRK keinesfalls auf den öffentlichen Raum beschränkt.

IV. Bereits die KRK bedenkt ausdrücklich die menschenrechtliche Situation von Kindern mit Behinderungen (Art. 23). Endgültig findet die vollgültige Einbeziehung (→»Inklusion«) von Menschen mit Behinderungen in die Gesellschaft in der 2006 von der UN-Generalversammlung verabschiedeten und 2009 in Deutschland in Kraft getretenen *Konvention über die Rechte von Menschen mit Behinderungen* (CRPD; Behindertenrechtskonvention/BRK) ihre menschenrechtliche Fundierung u. Ausgestaltung. Zielpunkt der BRK ist die »Achtung der dem Menschen innewohnenden Würde, seiner individuellen Autonomie (→Selbstbestimmung), einschließlich der Freiheit, eigene Entscheidungen zu treffen« (Art. 3). Die sich aus ihrer Würde ergebenden menschenrechtlichen Ansprüche können für Menschen mit Behinderungen nur durch volle u. wirksame →Partizipation u. Inklusion sowie durch Achtung ihrer Unterschiedlichkeit (einschließlich der sich daraus ergebenden differenten Unterstützungsbedarfe [vgl. Art. 5]) und durch ihre Akzeptanz als Teil der menschlichen Vielfalt (→Diversität) realisiert werden (Art. 3). Dieses umfassende Verständnis von Partizipation u. Inklusion realisiert die BRK bereits selbst: Erstmals wirk(t)en Betroffene(-verbände) als NGO's an ihrer Entstehung und ihren nationalen Implementierungsprozessen mit. Damit fördert die BRK unmittelbar das, was sie von Staaten u. Gesellschaften insgesamt fordert: die Stärkung des Zugehörigkeitsgefühls (enhanced feeling of belonging) von Menschen mit Behinderungen inmitten ihres alltäglichen Lebens als »gewöhnlicher« Teil der Gesellschaft. Das erfordert den konsequenten Abbau von umwelt- u. v.a. einstellungsbedingten Barrieren, die Menschen mit Behinderung an der Realisierung ihrer Menschenrechte hindern – ein Abbau, der wesentlich auch durch konsequente Menschenrechtsbildung u. Bewusstseinsarbeit auf Seiten der Mehrheitsgesellschaft vorangetrieben werden muss (Art. 8).

V. Diakonisches Handeln steht in der (Selbst-)Verpflichtung, die menschenrechtlichen Ansprüche besonders vulnerabler Gruppen besonders zu respektieren, zu schützen und zur Realisierung zu verhelfen. Solche diakonische Menschenrechtsassistenz für Frauen, Kinder u. Menschen mit Behinderungen entspricht einer vorrangigen Option für die Armen, die die vorrangige Option *Jesu* und damit aller christl. Kirchen ist. Ihre volle menschenrechtliche wie theologische Dignität entfaltet diakonisches Handeln immer dann, wenn Frauen, Kinder u. Menschen mit Behinderungen selbst darüber entscheiden (können), ob sie die diakonischen Unterstützungsangebote annehmen und an ihrer höchstpersönlichen Lebensführung beteiligen lassen wollen.

LITERATUR: ARND POLLMANN / GEORG LOHMANN (Hg.), Menschenrechte, Stuttgart/Weimar 2012.

Andreas Lob-Hüdepohl

UNTERNEHMEN

Das Wort U. ist eine Substantivierung des Verbs »unternehmen«, das eine zielorientierte Folge von Handlungen bezeichnet, die einen gewünschten Zustand herbeiführen soll. Das Nomen bezeichnet das entsprechende Vorhaben und ist auf nahezu alle Lebensbereiche anwendbar. Ein Familienausflug, eine Militärmission, das Aushandeln eines Vertrages, die Gründung einer Bank und auch der Überfall auf eine solche: all dies und sehr viel mehr kann als »U.« bezeichnet werden.

Ausgehend von diesem Bedeutungsfeld wird der Begriff genutzt zur Bezeichnung von Rechtsträgern, die sich am volkswirtschaftlich relevanten Leistungstausch – und damit am →Markt – in der Rolle des Lieferanten beteiligen, was in der Folge einschließt, dass sie, gegenüber ihren Zulieferern, zugleich die Rolle eines →Kunden einnehmen.

Zu unterscheiden sind U. damit
— von Haushalten, die im Leistungstausch ausschließlich die Kundenrolle innehaben,
— von Behörden u.a. staatlichen Institutionen, die ihre Leistungen nicht tauschen, sondern, unbeschadet der Erhebung etwaiger Gebühren, »hoheitlich gewähren«, sowie
— von zivilgesellschaftlichen Organisationen, die, unbeschadet der Einwerbung von Zuwendungen Dritter, ihre Leistungen den Nutzern »einseitig gewähren«.

Entsprechend weit gefasst ist der als »funktional« zu bezeichnende U.sbegriff in der Rechtsprechung des Europäischen Gerichtshofes. Dort umfasst er »jede eine wirtschaftliche Tätigkeit ausübende Einheit, unabhängig von ihrer Rechtsform und der Art ihrer Finanzierung« (EuGH, RS C-41/90). Entgegen der landläufigen Sicht sowie der früher allgemein anerkannten Definition des Ökonomen Erich Gutenberg ist das Streben nach →Gewinn nicht konstitutiv für ein U. Ausdrücklich bestimmt § 2 (1) UStG: »Unternehmer ist, wer eine gewerbliche o. berufliche Tätigkeit selbständig ausübt. Das U. umfasst die gesamte gewerbliche o. berufliche Tätigkeit des Unternehmers. Gewerblich o. beruflich ist jede nachhaltige Tätigkeit zur Erzielung von Einnahmen, auch wenn die Absicht, Gewinn zu erzielen, fehlt oder eine Personenvereinigung nur gegenüber ihren Mitgliedern tätig wird.«

Auch Rechtsträger der →Diakonie sind somit, unter bestimmten Voraussetzungen, als U. anzusehen, obwohl sie nicht zu dem Zweck existieren, Gewinne zu erzielen und diese auszuschütten. Freilich sind nicht alle Rechtsträger der Diakonie U. Die »einseitige Gewährung« von Leistungen, die nicht oder nicht vollständig durch sozialrechtliche Bestimmungen gesichert sind, prägt die Tätigkeit vieler, v.a. kleinerer diakonischer Träger, die zwar »unternehmerisch« geführt werden können, deshalb aber noch nicht als U. anzusprechen sind. Von einem diakonischen U. ist vielmehr erst dann zu reden, wenn sich ein Rechtsträger mit dem überwiegenden Anteil seines Leistungsspektrums in der Rolle eines Lieferanten am Markt für Gesundheits- u. Sozialdienstleistungen (→Dienstleistung, soziale) beteiligt. Dies ist regelmäßig dann der Fall, wenn ihm seine Leistung vom Nutzer oder einem Dritten vertragsgemäß vergütet wird. Im Gesundheits- u. Sozialwesen tritt diese Konstellation in allen Fällen ein, in denen dem Nutzer einer Leistung vom Gesetzgeber ein Rechtsanspruch auf den Bezug solcher Leistung zugesprochen wurde und dieser mit einer anteiligen o. vollständigen Finanzierungszusage gegenüber dem Nutzer o. Leistungserbringer unterlegt ist. Dementsprechend agieren diakonische U. vornehmlich auf den Sektoren des →Gesundheitswesens, der →Pflege, der Jugend- (→Kinder- und Jugendhilfe), →Behinderten- u. Sozialhilfe sowie der arbeitsmarktpolitischen →Bildungs- u. Qualifizierungsmaßnahmen. Wenn, was meist der Fall ist, diakonische U. ergänzend Leistungen auch »einseitig gewähren«, indem sie diese ganz o. teilw. aus eigenen Ressourcen finanzieren, dann verändert dies nicht ihren Charakter als U., sondern geschieht in Wahrnehmung der gesellschaftlichen →Verantwortung (→CSR), die auch diakonischen U. zukommt. Schließlich können auch »normale« U., von der Weinkellerei bis zum Reinigungsdienst, im hier gemeinten Sinne diakonische U. sein, indem sie, etwa als Integrationsunternehmen, statt einer formalen Gewinnerzielungsabsicht dem diakonischen Sachziel die Priorität einräumen.

Die hier zum Tragen kommende Sachzieldominanz ist dem diakonischen U. inhärent. Diakonische U. dienen letztlich immer dem diakonischen Zweck und keinem anderen. Würde etwa eine Kirchengemeinde ein Krankenhaus betreiben mit dem Ziel, aus dessen Erlösen den gemeindlichen Haushalt zu stärken, handelte es sich bei diesem Krankenhaus zwar um ein kirchliches, nicht aber um ein diakonisches U. im hier gemeinten Sinn. Betreibt hingegen ein diakonisches U. ein Rechenzentrum mit dem Ziel, dessen Gewinne in die eigene Investitions- u. Innovationskraft zu lenken, dann handelt es sich auch bei diesem Rechenzentrum um ein diakonisches U., weil seine Geschäftstätigkeit dem übergreifenden diakonischen Sachziel gewidmet ist.

Die steuerrechtliche Kategorie der →Gemeinnützigkeit ist mit der Sachzielorientierung eines diakonischen U. zwar i.d.R. in Deckung, nicht aber mit ihr identisch. Die Mitgliedschaft in einem →Diakonischen Werk als Spitzenverband der freien Wohlfahrtspflege setzt zwar derzeit regelmäßig die Anerkennung der steuerrechtlichen Gemeinnützigkeit voraus. Dies muss aber nicht notwendigerweise auf Dauer so bleiben. Würden einmal Leistungen, z.B. des Gesundheitswesens, aus dem Geltungsbereich der steuerrechtlichen Gemeinnützigkeit herausfallen, bliebe die Sachzieldominanz eines diakonischen Krankenhauses dennoch weiter bestehen.

Das Autonomieprinzip ist konstitutiv für jedes U., weshalb Staatsbetriebe und auch Einrichtungen der Kirche nicht als U. anzusehen sind. U. bewegen sich grundsätzlich im privatrechtlichen und nicht im öffentlich-rechtlichen Raum. Sie sind selbst Träger ihrer Rechte u. Pflichten und haften für die Folgen der Rechtsgeschäfte, die ihre Organvertreter in ihrem Namen tätigen. Sie sind damit frei zur Wahrnehmung sich bietender Chancen. Sie sind aber auch Träger der damit einhergehenden Risiken. Während der Geltungsphase des Prinzips der →Selbstkostendeckung (ca. 1972–1992) waren diakonische U. weitestgehend freigestellt vom wirtschaftlichen Risiko, da ihnen, in gewissen Grenzen, die Erstattung ihrer Kosten garantiert war. Die damit zwangsläufig einhergehende Begrenzung möglicher Gewinne hinderte diakonische U. jedoch auch an der Wahrnehmung von Chancen durch selbstbestimmte Investitionen in innovative Vorhaben. Diakonische U. waren zwar formalrechtlich autonom, nicht aber wirtschaftlich, wodurch ihre U.seigenschaft weitestgehend in Vergessenheit geriet.

Seit der Abkehr vom Selbstkostendeckungsprinzip honoriert die öffentliche Hand bei der Gestaltung ihrer Vergütungssätze mehr und mehr nur die tatsächlich erbrachte Leistung unter tendenzieller Außerachtlassung der damit einhergehenden Kosten. Gewinne sind zulässig und mit Blick auf den nachhaltigen Bestand des U. sogar unabdingbar. Doch auch etwaige Verluste verbleiben beim Träger – eine nachträgliche Erstattung ist unzulässig. Das Autonomieprinzip war restituiert, der U.scharakter trat wieder in den Vordergrund. Der zeitgleich errichtete europäische →Binnenmarkt trug zur Dynamisierung dieser Entwicklung bei. In Deutschland begann mit der Einführung des Pflegeversicherungsgesetzes die Gleichstellung von gemeinnützigen u. gewerblichen Anbietern im entstehenden Gesundheits- u. →Sozialmarkt, der seitdem geprägt ist von einem sich stetig verschärfenden Wettbewerb.

Zum Markt hat jedes U. ein durchaus ambivalentes Verhältnis. Es ist angewiesen auf den Markt. Hier findet es seine Kunden u. Lieferanten. Hier nutzt es seine Chancen zu →Innovation u. Wachstum. Zugleich aber ist es im Marktgeschehen durch das Agieren alternativer Anbieter, durch die drohende Abwanderung der Kundschaft, durch eine Monopolbildung auf der Nachfrageseite, aber auch durch Forderungen sowohl der Lieferanten als auch der Mitarbeiterschaft (→Mitarbeitende), permanent in seiner Existenz bedroht. So ist die grundsätzliche Angewiesenheit eines U. auf den Markt begleitet vom Interesse, die Zahl der wettbewerbswirksamen Faktoren nach Möglichkeit zu reduzieren. Den Regeln, unter denen ein Markt etabliert wird, kommt deshalb eine besondere Bedeutung zu. Sie determinieren das Verhalten der U. und führen so zu angemessenen oder aber suboptimalen Ergebnissen.

Auf die Wirkung wettbewerblicher Faktoren waren diakonische U. unterschiedlich gut vorbereitet. Manche nutzten frühzeitig die sich ergebenden Chancen. Andere erlagen alsbald den damit einhergehenden Risiken. Das große Feld dazwischen trat ein in eine Phase der Reorganisation u. Restrukturierung, der Abwicklung, Sanierung, Übernahme u. →Fusion, welche noch lange nicht abgeschlossen ist.

Begleitet wird die Wiederkehr des diakonischen Unternehmertums, das im 19. Jh. geradezu der Wurzelgrund des diakonischen Engagements protestantischer Bürgerinnen u. Bürger gewesen war, von einem kontroversen Diskurs über die Frage, ob das Modell des U. überhaupt dazu geeignet sei, diakonische Ziele zu treiben und zu realisieren. Ob nicht vielmehr die »Ökonomisierung des Sozialen« die diakonischen Ziele konterkariere und soziale Einrichtungen ununterscheidbar mache.

In der Tat kann der Druck des Wettbewerbs auch diakonische U. in prekäre Situationen führen, in denen die Verantwortlichen vor ethisch problematischen Entscheidungen stehen oder gar Fehlentscheidungen treffen. Dabei handelt es sich jedoch nicht um die zwingende Folge der unternehmerischen Verfassung als solcher, sondern meist entweder um Fehlleistungen des Ordnungsgebers durch Setzung fehlsteuernder Marktanreize oder um die Folgen einer, oft über Jahre sich hinziehenden, problematischen Führung (→Leitung) des einzelnen U. Wobei die Problematik häufig darin besteht, dass eine Organisation, die sich in Märkten bewegt, ihre Zukunft gefährdet, wenn sie nicht als U. organisiert u. geführt wird.

Den bedeutsamsten Einfluss auf die Grundsätze der Führung diakonischer Unternehmen hat seit den 1980er Jahren des 20. Jh. das »St. Galler Management Modell«, wie es grundlegend von Hans Ulrich entwickelt und durch den ev. Theologen Alfred →Jäger in die Diakonie des deutschsprachigen Raumes eingeführt wurde. Ulrich überwindet die einseitige Orientierung der U.sführung auf die (meist kurzfristige) Generierung von Gewinnen für die Anteilseigner. Er begreift die Unternehmung vielmehr als ein »produktives soziales System«, das in eine Vielfalt von Umweltanforderungen eingebettet ist und seinen Erfolg nur dadurch nachhaltig sichern kann, dass es dieser Vielfalt an Anforderungen auch gerecht wird. Die Rentabilität des U. bleibt ein bedeutsamer Faktor. Hinzu treten aber eine Vielzahl von Ansprüchen zuerst der Kunden, dann aber auch der Mitarbeitenden, der Lieferanten, des Staates, der Gesellschaft und der natürlichen Umwelt. All dies vor dem Horizont grundlegender Normen u. →Werte, an denen eine Unternehmung auszurichten ist, soll sie langfristigen Bestand haben. Wenngleich ursprünglich für U. jeder Art entwickelt, ist Ulrichs ganzheitlicher Ansatz gut geeignet, dem Selbstverständnis diakonischer U. einen nachvollziehbaren u. theologisch anschlussfähigen Ausdruck zu verleihen. Zudem bewährt sich das St. Galler Management-Modell auch praktisch, indem es die meisten erfolgreichen diakonischen U. im deutschsprachigen Raum seit Jahren tiefgreifend prägt.

LITERATUR: HANS ULRICH, Die Unternehmung als produktives soziales System, o.O. 1970. • ALFRED JÄGER, Diakonie als christl. U., Gütersloh 1986 • HANNS-STEPHAN HAAS, Theologie u. Ökonomie, Stuttgart 2010 • JOHANNES RÜEGG-STÜRM, Das St. Galler Management-Modell, Bern 2014.

Christian Dopheide

UNTERNEHMENSDIAKONIE

siehe unter: Unternehmen

UNTERNEHMENSKULTUR

U. ist ein Konzept aus der Organisationstheorie, mit dem die gemeinsamen Überzeugungen u. Wahrnehmungen der Alltagspraktiken in der Organisation beschrieben werden. U. wird von E. Schein definiert als »ein Muster gemeinsamer Grundprämissen, das die Gruppe bei der Bewältigung ihrer Probleme externer Anpassung u. interner Integration erlernt hat, das sich bewährt hat und somit als bindend gilt; und das daher an neue Mitglieder als rational u. emotional korrekter Ansatz für den Umgang mit Problemen weitergegeben wird« (Schein 1995, 25). U. entsteht überall dort, wo Menschen miteinander leben o. arbeiten. Über sie wird geregelt, was in der Organisation gilt und was sie typisch macht. Zur Beschreibung von U. hat Schein ein Mehr-Ebenen-Modell entwickelt, das sowohl Grundannahmen wie ein christl. →Menschenbild u. eine christl. Weltdeutung, als auch in →Leitbildern explizierte →Werte wie →Nächstenliebe o. die Achtung der Menschenwürde (→Menschenrechte) und Artefakte wie →Rituale, →Symbole, Raumsprache, Geschichte u. Helden miteinander in Beziehung setzt. Dieses Beziehungsmodell lässt sich als Wasserpflanze beschreiben, um die unterschiedlichen Ebenen der Sichtbarkeit (Artefakte als Blüte über dem Wasser, explizite Werte als Stängel im Wasser und Grundannahmen als Wurzel im Boden, aus der sich alles speist) und den dynamischen Zusammenhang zum Ausdruck zu bringen.

U. wird in der Betriebswirtschaft seit den 1980er Jahren intensiv erforscht, weil sie als zentraler Faktor bei der Bewältigung von Veränderungsprozessen und für nachhaltigen Erfolg von Organisationen identifiziert wurde. Als zentrale Funktionen von U. werden Stabilisierung, Komplexitätsreduktion, Sinngebung u. Orientierung für die Mitglieder bzw. →Mitarbeitenden einer Organisation beschrieben (Sackmann 2002, 40).

Umstritten ist, inwieweit sich U. beeinflussen lässt. Eher mechanistische Ansätze sehen die Kultur als eine Variable, die das →Management zu gestalten hat. Andere, eher kulturanthropologische Zugänge zielen auf das Verstehen der Kultur einer Organisation. Dazwischen liegen Konzepte, die den dynamischen Charakter von Kultur betonen, der durch gezielte Interventionen von Führungskräften (→Leitung) beeinflusst werden kann (Sackmann 2006, 21). Solche Schlüsselmomente liegen u.a. in der Gestaltung von unterschiedlichen Schwellensituationen in der Beziehung zu den Zielgruppen der Organisation, in der Begleitung der Mitarbeitenden in ihrer Organisationsbiografie (Bewerbung, Stellenantritt, Jubiläen, Verabschiedung), in der Gestaltung von Kommunikation (Sitzungen, Außendarstellung, Projekte) und Mitarbeitergemeinschaft (Betriebsausflug, Weihnachtsfeier, Geburtstage) und in der Wahrnehmung von Räumen u. Zeiten (Hofmann 2008).

In →Diakonie u. →Caritasverband wurde das Konzept einer diakonischen U. im Kontext von →Profil- u. Qualitätsentwicklung rezipiert. Der Diskurs über diakonische U. wurde durch drei in kurzen Abständen publizierte Konzepte angeregt (Hanselmann 2007, Hofmann 2008, Reber 2009). Über die Beschreibung von »Rahmenbedingungen einer christl. U. in Caritas u. Diakonie« (2011) wurde versucht, spirituelle u. ethische Elemente mit den professionellen u. ökonomischen Aspekten diakonischen Handelns zu verknüpfen, um zu beschreiben, wie der christl. Glaube im organisationalen Handeln Ausdruck finden kann. In den Diskursen um diakonische Identität in religiöser Pluralität erhält U. neue Beachtung als Träger von organisationaler Identität. Auch in Veränderungsprozessen, z.B. bei →Fusionen o. →Dezentralisierung, wurde die bewusste Wahrnehmung und Gestaltung bzw. Anpassung der U. an die neuen Rahmenbedingungen zu einem zentralen Faktor für das Gelingen des Prozesses.

In der diakonischen Organisationsentwicklung hat das Konzept zum einen als Analyseinstrument gewirkt, um die Alltagspraktiken der eigenen Organisation bewusst zu machen, zum anderen wurde dadurch die normative Reflexion angeregt: Was soll uns ausmachen, woran wollen wir erkennbar sein, was soll für uns wichtig

u. leitend sein? Hier fließen theologische, ethische, historische u. fachliche Überlegungen zusammen. Entsprechend hat das Konzept für die eigene Tradition sensibilisiert und zur Gestaltung von Artefakten angeregt.

LITERATUR: PAUL-GERHARDT HANSELMANN, Qualitätsentwicklung in der Diakonie, Stuttgart 2007 • BEATE HOFMANN, Diakonische U., Stuttgart 2008/2010 • JOACHIM REBER, Spiritualität in soz. Unternehmen, Stuttgart 2009 • SONJA SACKMANN, U., Neuwied 2002 • SONJA SACKMANN, Messen, werten, optimieren – Erfolg durch U., Gütersloh 2006 • EDGAR H. SCHEIN, U., Frankfurt a.M. 1995.

Beate Hofmann

VERANTWORTUNG

I. V. signalisiert entweder die Bereitschaft einer Person, Gruppe o. Institution, sich für einen Sachverhalt (Handlung, Unterlassung, Problem, prekäre Lebenslage usw.) zuständig zu fühlen, oder deren Versuch, anderen Personen, Gruppen o. Institutionen diese Zuständigkeit zuzuschreiben u./o. als Verursacherinnen »haftbar« zu machen. Letzteres steht für V. im Sinne der *Accountability,* auf die ein juristisches Verständnis fokussiert: Verantwortlich ist der, der durch sein Handeln u. Verhalten einen (beklagenswerten) Zustand herbeigeführt o. zumindest zugelassen und nicht verhindert hat, obwohl es in seiner Macht gestanden hätte. Ihm kann also der eingetretene Sachverhalt zugerechnet werden. Von dieser Zurechenbarkeit unterscheidet sich V. im Sinne einer *Responsibility:* V. durch sein engagiertes Handeln übernimmt auch der, der einen beklagenswerten Zustand zwar nicht selbst verursacht hat, sich aber aus moralischen Gründen zur Abhilfe verpflichtet und darin zuständig fühlt. Besonders auf diesen Aspekt von V. hebt die theologische bzw. diakonische Tradition ab: Das couragierte Engagement von Christinnen antwortet auf den Ruf leidender und in →Not geratener Menschen – unabhängig davon, wer für diese Notlagen ursächlich ist und eigentlich verantwortlich *(accountable)* gemacht werden müsste. Dieses diakonale Engagement macht Gottes heilsam-befreiendes Handeln in den alltäglichen Krisen u. Konflikten erfahrbar. Diese Form christl. V. ist die therapeutische Dimension christl. Erlösung. Christen sind – anders als Kain zu behaupten trachtet (vgl. 1Mose 4,9) – grundsätzlich immer die Hüter, oder heute besser: die Mitsorgenden u. Mitverantwortlichen ihrer Brüder u. Schwestern.

II. Die Übernahme beider Formen von V. steht spätestens heute vor gewaltigen Herausforderungen. V. setzt immer voraus, etwas durch sein Handeln u. Verhalten tatsächlich bewirken zu können. In einer hoch komplexen Gesellschaft scheint diese Voraussetzung zunehmend zu erodieren: Die Unüberschaubarkeit systemischer Zwänge und die Ungewissheit von Effekten u. Nebeneffekten auch professioneller Handlungen lässt das Gefühl moralischer Verbindlichkeiten verdunsten und selbst die respondierende V. zunehmend diffundieren. Gegen solche Ohnmachtstendenzen muss das gewohnte V.skonzept (»Ich höchstpersönlich bin vor jemanden für etwas verantwortlich«) aus seiner individualisierenden Engführung befreit werden. Natürlich wird der Sinn höchstpersönlicher V. für das individuelle Einzelhandeln nicht überflüssig. Aber diese *individuelle* V. einer Person ist immer eingebettet in ihre *intermediäre* V., der sie im sozial vernetzten Gemeinschaftshandeln (z.B. als Teil einer sozialen Bewegung bzw. der →Zivilgesellschaft) für die lebensdienliche Gestaltung des sozialen Nahraumes übernimmt. Oder sie kann sich in jener *korporativen* V. verdichten, die im rollengebundenen (→Leitungs-)Handeln einer Organisation ein gesellschaftspolitisches Mandat für die vitalen Interessen sozial u. politisch benachteiligter Menschen wahrnimmt (→Anwaltschaft). Zudem kann sich diakonisches Handeln durch die Signatur christl. Hoffnung zu einer gewissen Gelassenheit motiviert sehen: Christl. Hoffnung besteht in der Zuversicht, dass etwas zu beginnen Sinn macht, ohne die Gewissheit zu haben, das etwas gut ausgeht.

III. Diakonisches Handeln unterstützt den »aufrechten Gang« eines »krummen Holzes« (Gollwitzer). Es zielt auf die Kompetenz eigenständiger u. darin eigenverantwortlicher Lebensführung von Menschen, die dazu keinesfalls automatisch in der Lage sind. In der V. für die eigene Lebensgestaltung manifestiert sich die Würde jedes Menschen als Gottes Ebenbild (→Gottebenbildlichkeit), dem die Sorge für sich und die Welt im Mitschöpfungsauftrag anvertraut ist (1Mose 1,26ff). Eigenv. ist freilich ein ambivalenter Begriff. Er kann als schnell zynisch wirkende *Privatisierung menschlicher Lebensrisiken* missverstanden werden: »Hilf Dir zunächst einmal selbst!« Zwar besitzt jeder Mensch eine *Erst*zuständigkeit für seine Lebensgestaltung. Nur sie sichert ihm die Subjekthaftigkeit u. Autorschaft über sein Leben. Diese Erstzuständigkeit bedeutet aber nie eine *Alleinzuständigkeit*. Die höchstpersönliche Lebensgestaltung ist immer eine Lebensgestaltung *inmitten* jenes mitmenschlichen (intersubjektiven) Beziehungsnetzwerkes, innerhalb dessen ein jeder Mensch werden u. bleiben kann und für das ein jeder je nach Fähigkeit u. Lage wechselseitig V. trägt. Darin zeigt sich V. als →*Solidarität*, als *Gemeinsame-Sache-Machen*. So besehen kennt die Verweigerung von Eigenv. zwei Möglichkeiten: die Nichtzuständigkeitserklärung für die eigene Lebensführung (»Andere sollen es für mich machen«) *und* die Nichtzuständigkeitserklärung für die Belange der Anderen (»Ich bin nicht der Hüter meines Bruders!«).

LITERATUR: HANS JONAS, Das Prinzip V., Frankfurt a.M. 1984 • KARL-OTTO APEL, Diskurs u. V., Frankfurt a.M. 1988 • FRANZ-XAVER KAUFMANN, Der Ruf nach V., Freiburg i.Br. 1992.

Andreas Lob-Hüdepohl

VERBAND DIAKONISCHER DIENSTGEBER IN DEUTSCHLAND (VDDD)

Der Verband diakonischer Dienstgeber in Deutschland e.V. (VdDD) vertritt als diakonischer Bundesverband die Interessen von rund 180 Mitgliedsunternehmen und fünf Regionalverbänden mit mehr als 400.000 Beschäftigten. Schwerpunkte der Verbandsarbeit sind die Weiterentwicklung des kirchlich-diakonischen Tarif- und →Arbeitsrechts, Themen aus →Personalwirtschaft u. -management sowie die unternehmerische Interessenvertretung der Träger u. Einrichtungen innerhalb der Ev. Kirche und gegenüber der Politik u. Gesellschaft. Der Verein wird durch einen ehrenamtlichen Vorstand und eine hauptamtliche Geschäftsführung vertreten.

Corinna Schwetasch

VERBAND ENTWICKLUNGSPOLITIK UND HUMANITÄRE HILFE (VENRO)

(Verband Entwicklungspolitik u. Humanitäre Hilfe) ist ein freiwilliger Zusammenschluss der entwicklungspol. u. humanitären Nichtregierungsorganisationen (→NRO) in Deutschland. 1995 gegründet, gehören dem Verband heute rund 120 Organisationen an. Die Mitglieder sind private u. kirchliche Organisationen der Entwicklungszusammenarbeit (→Entwicklung und Zusammenarbeit), der humanitären Hilfe sowie der entwicklungspol. →Bildungs-, Öffentlichkeits- u. Lobbyarbeit. Der Verband sieht sich als Sprachrohr der entwicklungspol. →Zivilgesellschaft gegenüber Politik, Medien u. Gesellschaft. Das zentrale Ziel von VENRO ist die gerechte Gestaltung der →Globalisierung, insbes. die Überwindung der weltweiten →Armut. VENRO setzt sich für eine zukunftsfähige Entwicklungspolitik, für die Verwirklichung der →Menschenrechte und die Bewahrung der natürlichen Lebensgrundlagen ein.

LITERATUR: www.venro.org

Jürgen Lieser

VERBAND EVANGELISCHER DIAKONEN-, DIAKONINNEN UND DIAKONATSGEMEINSCHAFTEN IN DEUTSCHLAND E.V. (VEDD)

Der VEDD (Verband Ev. Diakonen-, Diakoninnen- u. Diakonatsgemeinschaften in Deutschland e.V.) ist Dach- u. Fachverband von 22 Diakonischen →Gemeinschaften.

Die Gemeinschaften im Verband sind Bildungsgemeinschaften zur Reflexion des →Glaubens – als geistlich-spirituelle Orte – und zur Vergewisserung professionellen Handelns (→Professionalität).

Mitglieder sind ca. 8.500 →Diakone u. Diakoninnen nach ihrer diakonisch-theologischen Ausbildung, in Verbindung mit einem staatlich anerkannten sozial-pädagogischen Abschluss, und der →Einsegnung in das Diakonenamt sowie andere Mitarbeitende im →Diakonat.

Sie alle wirken in kirchlich-diakonischen Arbeitsfeldern mit, um im Diakonat der Kirche »Christi Liebe in Wort u. Tat zu verkündigen« (EKD, Art. 15). Diakone u. Diakoninnen haben – mit ihrer doppelten Qualifikation – eine »Brückenfunktion« einer diakonischen Kirche im Sozialraum.

Der VEDD, gegründet 1913, setzt sich dafür ein,
– die Kompetenz der doppelten Qualifikation weiterzuentwickeln,
– Diakonische Gemeinschaften für Kirche u. Diakonie attraktiv zu gestalten und
– die Mitgliedsgemeinschaften in ihrem Auftrag zu begleiten.

Heidi Albrecht

VERBAND KIRCHLICHER MITARBEITERINNEN UND MITARBEITER (VKM)

siehe unter: Mitarbeitende

VERBÄNDE IM DIAKONAT

siehe unter: Diakonat

VEREIN

Ein V. ist eine auf Freiwilligkeit beruhende Vereinigung von Menschen mit gemeinsamen Zielen und Strukturen. Heute sind V.e durch das GGz geschützt (Art. 9,1), i.d.R. sind sie gemeinnützig (→Gemeinnützigkeit).

Die Entstehung des heutigen diakonischen V.swesens geht auf den Beginn des 19. Jh. zurück. Im Kontext der bürgerlichen Gesellschaft wurden V.e auch ein zentrales Konstitutionselement kirchlicher →sozialer Arbeit, unabhängig von der Kirche.

In den letzten Jahrzehnten hat es unterschiedliche Entwicklungen gegeben, einerseits sind für die praktische Arbeit gemeinnützige u. gewerbliche Gesellschaften (z.B. GmbHs) gegründet worden, andererseits hat, gerade zunächst nach 1945, eine Verkirchlichung der Arbeit eingesetzt, z.B. durch das →Hilfswerk.

Der V. bleibt aber durch die Unabhängigkeit − neben anderen Gesellschaftsformen (z.B. Aktiengesellschaft, Körperschaft des öffentlichen Rechts, (g)GmbH) − eine zukunftsfähige Organisationsform selbstständiger ev. →Unternehmen.

Norbert Friedrich

VERGABE (EUROPARECHT)

siehe unter: Binnenmarkt, europäischer

VERGEBUNG

V. wird im christl. Kontext oft verkürzt zu »V. der Sünden«. Verbindet man V. aber mit dem Gebot der Selbst-, →Nächsten- u. →Gottesliebe (z.B. Lk 10,27), so wird es entsprechend dreiteilig: sich vergeben lassen. »*Sich* vergeben« wäre dann die Voraussetzung für das *Vergeben* der Taten anderer; Voraussetzung für diesen ersten Akt ist jedoch das »Sich vergeben *lassen*« durch →Gott. Dieser »Dreierakt« ist die Konsequenz der Erfahrung von →Rechtfertigung. Dabei heißt V. nicht, etwas für ungeschehen zu erachten, was jemand getan hat. V. heißt vielmehr, die Vergangenheit eines/einer anderen keinen Einwand dagegen sein lassen, dass ich ihn/sie annehme: »V. heißt nicht das Ja zu einer vergangenen →Schuld, wohl aber das Ja zu einem Menschen *mit* seiner vergangenen Schuld« (O.H. Pesch).

Erfahrungen von V. werden in diesem vielschichtigen Kontext von Selbst-, Nächsten- u. Gottesliebe immer auch schon im Medium des Films thematisiert.

Der Film: Calvary, Michael McDonagh, IR/GB 2014, dt.: »Am Sonntag bist du tot« zeigt die Verbindung von Sünde, V. u. Annahme anhand des Schicksals eines Priesters, dem seine Ermordung angedroht wird. »Meiner Meinung nach wird zu viel über Sünden geredet und zu wenig über Tugenden«, sagt dieser Priester dort. »Was wäre denn Tugend Nummer eins«?, fragt seine Tochter. − »Ich halte Vergebung für schwer unterschätzt«, antwortet er.

LITERATUR: OTTO H. PESCH, V., in: Neues Glaubensbuch, Freiburg 1979, 312.

Inge Kirsner

VERKÜNDIGUNG

Die Wertschätzung der »V.« leitet sich von dem Zeugnis des Auftretens u. Wirkens →Jesu ab. »Er verkündigte das Evangelium →Gottes« von dem Gekommensein der befreienden Herrschaft Gottes in der Person seines Sohnes (Mk 1,11.14f), in dessen heilender Zuwendung zu den Armen, Kranken, Bedürftigen u. Sündern. Inhalt der V. sind weniger Reden u. Gebote als vielmehr der Zuspruch von der zum »→Dienen« bis zur Lebenshingabe bereiten Hinwendung Gottes zu den Menschen (Mk 10,45).

»V. des Glaubens« (Gal 3,2.5) ist die V. Jesu u. der Apostel in doppelter Hinsicht: Sie hat den gewissen →Glauben an die Wertschätzung u. Nähe Gottes in Christus zum Inhalt und zum Ziel. Sie spricht die →Versöhnung u. Erlösung durch Gott zu und weckt darin das Vertrauen zu ihm. Eine evangeliumsgemäße V. will den Glauben nicht durch appellativen Charakter o. rhetorische Wirkung hervorrufen, sondern im Bewusstsein der wirksamen Zusage Gottes (Röm 10,17 / 1Kor 1,18ff).

Hans-Joachim Eckstein

VERSÖHNUNG

Die Tragweite des christl. Liebesgebots (→Liebe) zeigt sich neben dem Gebot der Feindesliebe und den Mahnungen zum Gewalt- u. Racheverzicht v.a. in der Aufforderung zu einer Grundhaltung der Versöhnlichkeit und einer unbegrenzten Vergebungsbereitschaft. Während die Bewertung des Verzeihens in der antiken →Ethik von wenigen Ausnahmen abgesehen der stoischen Maxime folgte, dass der Weise alle erlittenen Beleidigungen u. Schmähungen im Gedächtnis bewahrt und nichts verzeiht, fordert →Jesus von seinen Jüngern, denen bedingungslos u. ohne Einschränkung zu vergeben, die an ihnen schuldig werden. Auf die Frage des Petrus, wie häufig er dem Bruder, der sich ihm gegenüber verfehlte, verzeihen muss, präzisierte Jesus: »Nicht siebenmal, sondern siebenundsiebzigmal« (Mt 18,22). Er weist damit jede Orientierung an einer Grenze zurück, jenseits derer die Verpflichtung zu einer versöhnlichen Grundeinstellung gegenüber dem Nächsten erlischt. Vielmehr sollen die Jünger Jesu in grenzenloser Vergebungsbereitschaft gegenüber allen Menschen die Vollkommenheit seines himmlischen Vaters nachahmen, der seine Sonne über Bösen u. Guten aufgehen lässt (vgl. Mt 5,45). Die Dringlichkeit der zwischenmenschlichen V. wird auch in der Mahnung ersichtlich, sich »zuerst« mit dem Bruder zu versöhnen, bevor jemand die eigene Opfergabe zum Altar trägt (vgl. Mt 5,23f).

Obwohl die Forderung nach einer unbegrenzten, einseitigen V.sbereitschaft über das allen zumutbare Maß vernünftiger Humanität u. rationaler Konfliktlösungsbereitschaft hinausgeht, lassen sich Gründe angeben, warum Vergeben-Können eine unverzichtbare Einstellung gegenüber den anderen ist. In dem Augenblick, in dem →Vergebung als einseitiger Schritt zur V. gewährt wird, weiß der Vergebende noch nicht, ob seine Initiative beim Gegenüber auf Resonanz stößt, wie es ein auf Reziprozität angelegtes Deeskalationsmodell als erwartbare Reaktion unterstellt. Doch verbindet sich die Erstinitiative der Vergebung, auch wenn sie aus unbegrenzter Bereitschaft zur Wiederholung erfolgt, mit der Hoffnung, die unversöhnliche Abwehrhandlung des anderen aufbrechen und ihn zur produktiven Aufarbeitung der Konflikte u. Interessengegensätze in einem versöhnten Miteinander bewegen zu können.

Den Auftrag zur V. bildet die Bereitschaft, eine neue gedankliche Beziehung zu demjenigen einzunehmen, der an uns schuldig (→Schuld) wurde. Doch beschränkt sich V. nicht darauf, dass wir dem anderen im Herzen nicht mehr böse sind und ihm das Unrecht nicht mehr übel nehmen, das er uns zufügte. Die gedankliche Wiederanerkennung des anderen stellt nur den Beginn eines Prozesses dar, der nach einer äußeren Wiederanknüpfung der Beziehung und einer in der Sprache der Vergebung geäußerten V. verlangt, in der eine neue Wertschätzung des Gegenübers sichtbar wird.

In den Analysen ihres Werkes »Vita activa oder Vom tätigen Leben« beschrieb Hannah Arendt diese Initiative zur V. als ein schöpferisches Handeln, in dem die endliche Freiheit des Menschen an das Vorrecht der göttlichen Liebe rührt, Nicht-Seiendes hervorzubringen. In der bedingungslos gewährten V. ereignet sich der Höchstfall schöpferischer Freiheit, weil die V.sbereitschaft zwar durch das erlittene Unrecht veranlasst wird, aber dennoch eine unvorhersehbare Antwort darauf darstellt, die beide Seiten – dem, der V. anbietet und dem, der in sie aufgenommen wird – von den zerstörerischen Folgen des Unrechts befreit. Die Fähigkeit, vergeben zu können und die Bereitschaft zur V. sind gemäß Ahrendts Analysen das einzige Heilmittel gegen die Unwiderruflichkeit der Folgen unserer aneinander geübten Verfehlungen ebenso, wie das Versprechen-Können das einzige Heilmittel gegen die Ungewissheit über unsere zukünftigen Absichten ist.

Die Aufforderung Jesu zur grenzenlosen Vergebungsbereitschaft will ein unversöhntes Festhalten-Wollen an dem erlittenen Unrecht überwinden. Damit ist jedoch keineswegs ein Vergessen von Unrechtserfahrungen gemeint, das im Gegensatz zu der anamnetischen →Solidarität stünde, die dem Andenken der Leidenden und der Opfer des Unrechts zu erweisen ist. Dies gilt innerhalb einer christl. Gedächtniskultur schon deshalb, weil man nur das Unrecht verzeihen kann, das einem selbst zugefügt wurde. Fremdes Leid stellvertretend für die Opfer zu vergeben, die dazu (noch) nicht bereit sind, ist nicht der Sinn des biblischen V.sauftrages. Auch →Gott vergibt den schuldig Gewordenen nicht anstelle derer, die sie durch ihr Unrecht-Tun verletzten; vielmehr heilt Gott durch sein Erbarmen die durch die menschliche Sünde gestörte Beziehung zwischen ihm und den Menschen, um in der Folge zwischenmenschliche V. zu ermöglichen. Wird das generelle Bedingungsverhältnis zwischen göttlichem u. menschlichem Tun richtig gedeutet, kann die göttliche Vergebung für die Schuld der Menschen nur der Ermöglichungsgrund, nicht jedoch der Ersatz für die V. unter den Menschen sein.

LITERATUR: HANNAH ARENDT, Vita activa oder Vom tätigen Leben, München/Zürich 1981 • C. BOSMEIER / T. TRAPPE, Art. Verzeihen/Vergeben, in: Histor. Wörterbuch d. Philosophie, Band 11, 2020–2026 • PAUL RICŒUR, Vergessen u. verzeihen, in: DERS., Das Rätsel d. Vergangenheit. Erinnern – vergessen – verzeihen, Göttingen 2002, 131–156 u. 234ff • KARIN SCHREIBER, Vergebung, Tübingen 2006.

Eberhard Schockenhoff

VIELFALT

siehe unter: Diversität

VINZENZ VON PAUL

V.v.P. (1581–1660) war Priester u. Begründer der neuzeitlichen, organisierten Caritas; sein Hl.-Gedenktag ist der 27.09.

Sozialpolitischen Einfluss gewann V. in Paris u.a. als Almosenverwalter für Königin Margareta de Valois und als königlicher Armenfürsorger unter Ludwig XIII. Motiviert durch de Bérulle (Pariser Oratorium) und Franz von Sales organisierte V. die Mission der französischen Landpfarreien und gründete dazu ab 1625 eine Weltpriesterbewegung in St. Lazare, Paris (»Lazaristen«).

Schlüsselerlebnis für V. war die Beobachtung der umfangreichen, aber nicht wirkungsvoll organisierten Armenfürsorge in Châtillon 1617, worauf er die erste »Confrèrie des Dames de la Charité« gründete. Mit Louise de →Marillac baute er Gruppen u. Einrichtungen (Waisenhäuser, Lazarette, Pflege) auf, die weltweit Verbreitung fanden. Mit der »Confrèrie des Filles de la Charité« (heute »Vinzentinerinnen«) schuf V. 1633 bleibende Organisationsformen caritativen Handelns – heute insbes. für freiwilliges/ehrenamtliches Engagement (F. Ozanam).

LITERATUR: SAINT VINCENT DE PAUL, Correspondance, entretiens, documents, éd. publiée et annotée par Pierre Coste, Paris 1920.

Frank Barrois

VORSORGEVOLLMACHT

Mit einer V. werden andere Personen dazu berechtigt, den Vollmachtgeber rechtlich zu vertreten. Sie kann für einzelne Teilbereiche, wie z.B. Gesundheits- o. Vermögensangelegenheiten, getrennt erteilt werden. Das Erteilen einer Vollmacht ist ein Rechtsgeschäft und setzt die Geschäftsfähigkeit des Vollmachtgebers voraus. Zu ihrer Wirksamkeit bedarf es grundsätzlich nicht der notariellen Beurkundung. Sie ist jederzeit widerruflich.

Regelt die V. ausdrücklich auch Fragen der Heilbehandlung, Aufenthaltsbestimmung, freiheitsentziehenden Maßnahmen etc., sorgt der Vollmachtgeber selbst damit für die Erledigung u. Vertretung seiner Angelegenheiten in seinem Interesse gegenüber Ärzten, Vermietern, Behörden etc. Dann erübrigt sich die Bestellung eines rechtlichen Betreuers (→Betreuung, gesetzlich). Im Gegensatz zu diesem unterliegt ein Vorsorgebevollmächtigter nicht der staatlichen Kontrolle, weshalb es eines besonderen Vertrauensverhältnisses zwischen Vollmachtgeber und Bevollmächtigtem bedarf.

Sieglind Scholl

WACHSTUM

Mehrere W.sbegriffe sind für diakonische →Unternehmen relevant. A) W. als Zunahme von Populationen, z.B. Bevölkerungsw. B) Wirtschaftliches W. ist die volkswirtschaftliche Zunahme der Leistungsfähigkeit einer Volkswirtschaft. Gemessen wird das wirtschaftliche W. (auch Wirtschaftsw.) regelmäßig durch das Bruttoinlandsprodukt (BIP). Ausgedrückt wird damit die Steigerung der inländischen Produktion und letztendlich die Entwicklung des im Inland erzielten Einkommens einer Volkswirtschaft.

Thomas Eisenreich

WEBER, HELENE

Die kath. Sozialpolitikerin H.W. (1881–1962) wurde zunächst Volksschullehrerin, später studierte sie Romanistik, Philosophie, Volkswirtschaft u. Geschichte. Ab 1909 war sie Oberlehrerin an verschiedenen höheren Mädchenschulen. Bereits vor dem Ersten Weltkrieg wurde W. Mitglied des 1903 gegründeten Kath. deutschen Frauenbundes (KDFB), ab 1921 bis zu ihrem Tod bekleidete sie das Amt der stellvertretenden Vorsitzenden. 1916 wurde sie Leiterin der von ihr mitgegründeten Sozialen Frauenschule des KDFB in Köln. Neben dieser Arbeit engagierte sie sich ab 1918 als Vorsitzende des Vereins kath. deutscher Sozialbeamtinnen. Ab 1920 war sie die erste Ministerialrätin der Weimarer Republik im Preußischen Wohlfahrtsministerium, wo sie u.a. für die Ausbildung von Wohlfahrtspflegerinnen und die Jugendpflege zuständig war. Seit 1925 war sie Vorstandsmitglied der deutschen Akademie für soziale u. pädagogische Frauenarbeit Berlin und arbeitete dort mit Alice Salomon zusammen. Am 30. Juni 1933 wurde H.W. wegen »politischer Unzuverlässigkeit« als Ministerialrätin entlassen.

W. ist nicht nur eine der vier »Mütter des Grundgesetzes«, sondern war bereits an der Entstehung der Weimarer Verfassung als Zentrumsabgeordnete beteiligt. Nach dem Zweiten Weltkrieg nahm sie ihre sozialpolitische Tätigkeit wieder auf, u.a. als Vorstandsmitglied im Deutschen Verein für öffentliche u. private Fürsorge, als Vorsitzende des Müttergenesungswerkes und im Vorstand der Internationalen Vereinigung des Sozialen Dienstes (Union International de Service Social).

LITERATUR: www.helene-weber.de.

Annett Büttner

WERKE DER BARMHERZIGKEIT / DER GERECHTIGKEIT

W.d.B. sind Resonanz auf die →Not von Mitmenschen wie auf die erfahrene →B. Gottes. B. (hebr. *chäsäd* u. *rächäm*, griech. *eleos*) prägt die biblischen Vorstellungen von →Gott. Kaum eine andere Aussage über Gott wird im AT so häufig aufgenommen wie die Gnadenformel (2Mose 34,6: »Jahwe ist ein barmherziger u. gnädiger Gott, langmütig, reich an Huld u. Treue«; vgl. u.a. Ps 103; 118; 136). Von ihr her richtet sich an die Menschen und ihr zwischenmenschliches Handeln die ethische Erwartung von B. als dankbare Antwort (→Dank) und als Bezeugung von Gottes B.

B. eint u. konkretisiert →Gottes- u. →Nächstenliebe. Implizit wird diese Antwort auch dort gegeben, wo Menschen, ohne selbst zu glauben oder den Gott →Jesu Christi zu kennen, sich ansprechen lassen von der Not ihrer Mitmenschen, Mitleid spüren und helfen wie der →barmherzige Samariter (Lk 10,28–37). In der Endgerichtsrede Jesu nach Mt 25,31–46 wird die Praxis oder das Fehlen der W.d.B. zum (ent-)scheidenden Kriterium: Hungernden zu essen geben, Dürstenden zu trinken, Fremde beherbergen, Nackte bekleiden, für Kranke sorgen, Gefangene besuchen. Sie werden exemplarisch verstanden und in der Tradition ergänzt, um »Tote begraben«, sowie angereichert durch weitere sieben »geistige W.d.B.«: Unwissende lehren; Zweifelnden recht raten; Betrübte trösten; Sünder zurechtweisen; Lästige geduldig ertragen; denen, die uns beleidigen, gerne verzeihen; für die Lebenden und für die Toten beten. Leibliche wie geistige W.d.B. sind stets offen für situative Konkretisierungen, Ergänzungen

u. Weiterentwicklungen in der Logik der Nächstenliebe, zu der jeder und alle Menschen gerufen sind.

W.d.B. finden sich kultur- u. religionsgeschichtlich bereits in vorchristl. Listen wie altägyptischen Totentafeln oder alttestamentlichen Aufzählungen (vgl. Jes 58,6f / Tob 1,18–20), ebenso in frühjüdischer Tradition (→Judentum), welche das Nachahmen der B. Jahwes und die zentrale Bedeutung solchen Handelns unterstreicht: »Die Tora enthält an ihrem Anfang und an ihrem Ende Liebeswerke. An ihrem Anfang, wie geschrieben steht: Jahwe-Elohim macht für Adam und seine Frau Röcke (1Mose 3,21) und an ihrem Ende, wie geschrieben steht: Gott begrub Mose im Tal (5Mose 34,6)« (Babyl. Talmud, Sota 14a). Jesus beschließt seine Worte zur Feindesliebe in Feldrede u. Bergpredigt mit der Aufforderung (Lk 6,36, vgl. Mt 5,48), die unbegrenzte B. Gottes, des Vaters, nachzuahmen: »Seid barmherzig, wie es auch euer Vater ist«, nicht unbarmherzig wie der »unbarmherzige Schuldner« (Mt 18,23–35).

Dass es die W.d.B. sind, die im Gericht entscheidendes Kriterium sind, überrascht nach Mt 25 alle; sie hatten – wie der barmherzige Samariter – im »selbstvergessenen →Helfen« nicht erwartet, sich mit ihrem Verhalten etwas zu »verdienen«. Umso bewusster sollen W.d.B. das Ethos der urchristl. Gemeinde als Antwort auf die barmherzige Liebe Gottes prägen im Wissen darum, was das wichtigste im Gesetz ist (vgl. Lk 10,25–27 parr; vgl. Mt 23,23: »G., B. u. Treue«). Die W.d.B. konkretisieren jene →G., die »weit größer ist als die der Schriftgelehrten u. Pharisäer« (Mt 5,20) und um die es zuerst gehen soll (vgl. Mt 6,33). Wegen ihr spricht Jesus von »Gerechten« (Mt 25,37.46). Im frühchristl. *Hirten des Hermas* wird in Entsprechung zu Mt 25,31–46 und zum Beispiel vom reichen Mann und dem armen Lazarus (Lk 16,19–31) die Praxis der W.d.B. als entscheidend für die Erlangung des ewigen Heiles motiviert. Der Wunsch, selbst das Heil zu erlangen, schließt keineswegs aus, dass in den W.d.B. mit →Empathie und dem Wunsch gehandelt wird, die Situation des anderen wirklich zu verbessern. Es droht jedoch schnell die Schieflage von Verdienstdenken und Verzweckung notleidender Menschen für das eigene Heil. Wie jede ethische o. religiöse Praxis können die W.d.B. durch extrinsische u. egoistische →Motivationen benutzt, verzerrt u. missbraucht werden, etwa im Sinne von Werkg. (M. →Luther), Machtausübung (M. Foucault) und Manipulation o. Proselytismus (Abwerben von Gläubigen; Benedikt XVI.). Daran ändert auch das mittelalterliche Verständnis von einer gewissen Gegenseitigkeit im Geben u. Empfangen nichts, dass Notleidende, welche Hilfe erfahren, diesseits u. jenseits dankbar in →Gebet Fürsprache für ihre Wohltäter einlegen.

W.d.B. betreffen nicht nur die individuelle Ebene, sondern auch die gesellschaftliche bzw. soziale u. politische. Schon die Urgemeinde verstand, dass die W.d.B. nicht nur individuelle Aufgaben sind, sondern dass sie als Gemeinschaft und zwischen den Gemeinden solche W.d.B. praktizieren »muss«, um glaubwürdig eine Gemeinschaft »in Christus« sein, die →Sakramente feiern und seine Botschaft verkünden zu können. Die frühe Kirche bildete erstmals Einrichtungen u. Strukturen der Hilfe für Arme, Kranke u. Fremde aus. So gelang es den Christen mit ihrer Hilfekultur, die Armen u. Leidenden ins Zentrum der Gesellschaft zu rücken. Mit der Ausbildung von Strukturen der Hilfe aus Nächstenliebe ist die Einsicht in die Aufgabe verbunden, durch W.d.B. mehr G. zu schaffen: Nöte auf Dauer zu beseitigen, ihre Ursachen zu bekämpfen und wo möglich die Notleidenden zur →Selbsthilfe zu befähigen – d.h. stets zuerst, den Notleidenden in ihrer Würde als Gottes Ebenbilder (→Menschenrechte; Gottebenbildlichkeit) gerecht zu werden (vgl. II. Vatikanisches Konzil, *Apostolicam Actuositatem* 8). Dies impliziert Einsatz für gerechtere soziale Strukturen u. sozialpolitische →Anwaltschaft als gemeinsame W.d.B. Sie bedürfen individual- wie sozialethischer Kompetenz zur Unterscheidung, Klärung u. Umsetzung. Sie bedürfen jedoch auch der stets neuen Inspiration auf persönlicher u. gemeinschaftlicher Ebene durch die Liebe u. B. Gottes.

Literatur: Mark Grundeken, Community Building in the Shepherd of Hermas, Leiden/Boston 2005 • Klaus Baumann, Wieso »B.«? G. als Mindestmaß der Liebe, in: Edeltraud Koller / Michael Rosenberger / Anita Schwantner (Hg.), W.d.B., Linz 2013, 72–90 • Thomas Söding, Nächstenliebe, Freiburg 2015 • George Augustin (Hg.), B. leben, Freiburg 2016.

Klaus Baumann

Werkstätten für Menschen mit Behinderung

Begriff u. Aufgaben der W. sind in den §§ 136ff des SGB IX beschrieben. Sie sind Einrichtungen zur →Teilhabe behinderter Menschen am Arbeitsleben. Sie haben denjenigen behinderten Menschen, die aufgrund der Art u. Schwere ihrer →Behinderung nicht, noch nicht o. noch nicht wieder auf dem ersten Arbeitsmarkt beschäftigt werden können, angemessene berufliche Bildung u. Beschäftigung anzubieten. Sie sollen ihnen ermöglichen, ihre Leistungs- u. Erwerbsfähigkeit zu erhalten, zu entwickeln o. wiederzugewinnen. Die W. fördern den Übergang geeigneter Personen auf den ersten Arbeitsmarkt durch geeignete Maßnahmen.

Allen anerkannten W. sind Einzugsgebiete zugeordnet, aus denen sie alle behinderten Menschen aufnehmen, die die Aufnahmevoraussetzungen erfüllen, wenn Leistungen durch den Rehabilitationsträger (→Rehabilitation) gewährleistet sind. W. gliedern sich in das Eingangsverfahren, den Berufsbildungs- u. Arbeitsbereich. Im Arbeitsbereich ist ein den Leistungen angemessenes Entgelt aus dem Arbeitsergebnis zu zahlen.

Ausführliche Informationen unter www.bagwfbm.de

Klaus-Dieter Tichy

Werner, Gustav

W. (1809–1887) ist der bedeutendste Diakoniegründer in Württemberg. Im Mittelpunkt seiner Theologie steht die Hoffnung auf das →Reich Gottes. Durch →Liebe, →Gerechtigkeit u. »Haushalterschaft« sollen alle Lebensgebiete auf dieses Ziel hin umgestaltet werden. Zur Realisierung gründet er 1840 in Reutlingen ein Rettungshaus, das »Bruderhaus«, mit zahlreichen pädagogischen Schwerpunkten, mit über 30 »Tochteranstalten« in Notstandsgebieten; die »Hausgenossenschaft«, eine diakonische →Gemeinschaft aus Männern u. Frauen; ein Netzwerk von Freunden u. »christl. Fabriken« als Alternative zum kapitalistischen Produktionssystem. Der Kapitalbedarf zwingt das Werk 1866 zur Gründung eines »Aktienvereins«. Seit 1881/82 ist das Gesamtwerk unter dem Namen »G.-W.-Stiftung zum Bruderhaus« – seit 2001 »Bruderhausdiakonie« – eine Stiftung bürgerlichen Rechts.

Literatur: Paul Wurster, G.W.s Leben u. Wirken, Reutlingen 1888 • Gerhard K. Schäfer et al. (Hg.), Dem Reich Gottes Bahn brechen. G.W. Briefe – Predigten – Schriften, Stuttgart 1999 •

WALTER GÖGGELMANN, Dem Reich Gottes Raum schaffen. Königsherrschaft Christi, Eschatologie u. Diakonie im Wirken G.W.s, Heidelberg 2007.

Walter Göggelmann

WERTE

Im Kontext der →Ethik ist mit dem Begriff einer »Orientierung an W.n« die Ausrichtung des Handelns (einer Person oder einer Organisation) an bestimmten Grundsätzen u. Leitprinzipien gemeint. Im ev. Verständnis zeichnen sich W. jedoch auch dadurch aus, dass sie immer wieder neu plausibel gemacht werden müssen.

Auch für diakonisches Handeln relevante W. sind bspw. Menschenwürde (→Menschenrechte), Freiheit, Nachhaltigkeit o. →Gerechtigkeit. An diesen W. als Leitprinzipien muss sich dann der Umgang mit dem konkreten Gegenüber orientieren, aber auch die institutionelle Ausrichtung der Diakonie in der Frage, was letztlich Ziel diakonischen Handelns sein soll. Vermittelt werden die eher abstrakten W. durch konkretere Normen.

LITERATUR: PETER DABROCK, Art. W. u. Normen, in: REINER ANSELM ET AL. (Hg.), Ev. Ethik kompakt, Gütersloh 2015, 228–234.

Clemens Wustmans

WERTHMANN, LORENZ

1858–1921. 1877–1884 Philosophie- u. Theologie-Studium in Rom (Gregoriana, Germanicum), 1883 Priesterweihe, ab 1886 Sekretär des Erzbischofs Roos in Freiburg und Seelsorger für italienische Wanderarbeiter. Sensibilisiert für die →soziale Frage u. die disparate Situation kath. caritativer Dienste gründete er am 09.11.1897 mit F. Hitze, M. Brandts, C. Fröhlich u. Ritter von Buß in Köln den »Charitasverband für das kath. Deutschland« (→Caritasverband, Deutscher) mit Sitz in Freiburg, um die Caritasarbeit mehr zu *organisieren, publizieren* und *studieren*. Als erster Präsident (1897–1921) trieb er die Gründung von Orts- u. Diözesancaritasverbänden voran. Er erwirkte am 23.08.1916 nach jahrzehntelangen Widerständen die Anerkennung des Verbandes als »die legitime Zusammenfassung der Diözesanverbände zu einer einheitlichen Organisation« durch die Fuldaer Bischofskonferenz (die sich ein Aufsichtsrecht vorbehielt). Unermüdlich lag ihm an der Weiterentwicklung vielfältiger freier sozialer Dienste gegen staatliche Monopolisierung des Sozialen und initiierte 1919 das »Berliner Büro« (erster Leiter: B. →Kreutz) für politische Lobbyarbeit des DCV mit bedeutendem Einfluss auf die Weimarer Sozialgesetzgebung (→Subsidiarität).

LITERATUR: WILHELM LIESE, L.W. u. der Deutsche Caritasverband, Freiburg 1929 • PETER NEHER, L.W., Freiburg 2008.

Klaus Baumann

WICHERN, JOHANN HINRICH

W. (1808–1881) ist untrennbar mit dem »Rauhen Haus« in Hamburg und dem »Central-Ausschuss für →Innere Mission« verbunden. Er gilt als Vordenker u. Wegbereiter der modernen Diakonie. Sein Werdegang startete unter schwierigen Bedingungen: Der frühe Tod seines Vaters zwang den Fünfzehnjährigen, zum Lebensunterhalt der kinderreichen Familie durch Nachhilfe- u. Klavierstunden beizutragen. Finanzielle Zuwendungen von Persönlichkeiten aus der Hamburger Erweckungsbewegung ermöglichten ihm ein Studium der Theologie in Göttingen u. Berlin. 1832 übernahm W. die Position eines Oberlehrers an der Sonntagsschule für arme Kinder in der Hamburger Vorstadt St. Georg. Das »Rauhe Haus« in Horn war als »Rettungsdorf« konzipiert: Kinder u. Erzieher lebten in pädagogisch angeleiteten Gruppen, die sich an Familienstrukturen orientierten.

Zur Verbreitung der bekehrungspädagogischen u. volksmissionarischen Ideen von W. erschienen seit 1844 in der »Agentur« des Rauhen Hauses die »Fliegenden Blätter« mit einer überregionalen Verbreitung. Um die sozialen Probleme seiner Zeit zu bewältigen, wollte W. die Unterschichten rechristianisieren und eine lebendige Volkskirche errichten. In einer Rede richtete W. auf dem Kirchentag in Wittenberg 1848 einen leidenschaftlichen Appell an die Kirche, sich zur Inneren Mission zu bekennen. Daraufhin wurde der »Central-Ausschuss für die innere Mission der dt. ev. Kirche« gegründet. Neben seiner 1849 publizierten »Denkschrift an die dt. Nation« gilt dies als Gründungsimpuls für eine flächendeckende Ausbreitung der Inneren Mission in Deutschland. Weitere Initiativen von ihm bestanden in der Rekrutierung zahlreicher Freiwilliger zur pflegerischen u. geistlichen Betreuung von Soldaten (»Felddiakonie«) in den Kriegen von 1864, 1866 u. 1870/71. Seine Ämterfülle charakterisiert ihn als korporativ gesinnten Netzwerker, während er als theoriegeleiteter Impulsgeber sowohl innovativ als auch strukturkonservativ wirkte. W. konnte Menschen begeistern und Gemeinschaft stiften. Sein Diakonie-Verständnis bietet bis heute Anhaltspunkte für die aktuellen Herausforderungen diakonischer Arbeit.

LITERATUR: JOCHEN-CHRISTOPH KAISER, Art. W., in: Religion in Geschichte und Gegenwart, Bd. 8 (2005), 1511–1514 ◆ HANS-WALTER SCHMUHL, Senfkorn u. Sauerteig: Die Geschichte des Rauhen Hauses von 1833 bis 2008, Hamburg 2008.

Ursula Krey

WIRKUNGSMESSUNG

Gemeinnützige Organisationen (→Gemeinnützigkeit) u. Social-Entrepreneurs (→Entrepeneurship, Social) sind zunehmend deren →Stakeholdern verpflichtet, die soziale Wirkung ihrer Arbeit nachzuweisen. Die Wirkung kann dabei auf einzelne Personen der Zielgruppe (Outcomes) u./o. auf die Gesellschaft bzw. gesellschaftliche Gruppen (Impacts) zielen. Die Wirkung sozialer Arbeit lässt sich nur schwer exakt messen. Daher wird versucht, anhand der Wirkungslogik (Input – Output – Outcome – Impact) die Ergebnisse herzuleiten. Instrumente der W. sind dabei u.a. Evaluation und Monitoring.

Thomas Eisenreich

WIRTSCHAFTLICHKEIT

W. ist die bewertete Beziehung zwischen dem Mitteleinsatz und dem Ergebnis der daraus durchgeführten Handlungen. Insofern beschränkt sich die W. nicht nur auf den reinen Geldeinsatz, was bspw. die Bewertung von unentgeltlichen Arbeitseinsätzen zu einer realen Bewertung der W. erforderlich macht. Anders als die Rentabilität erfolgt kein Bezug auf das eingesetzte Kapital. Gemessen wird die unternehmerische W. durch eine Beziehung der Erträge u. Aufwände (Gewinn-u.-Verlust-Rechnung) bzw. der Erlöse u. Kosten (Kostenrechnung) zueinander.

Thomas Eisenreich

WIRTSCHAFTSPRÜFUNG

Die W. erfolgt zur Prüfung der Finanzberichterstattung von →Unternehmen. Geprüft wird, ob die jeweils geltenden Rechnungslegungsstandards vom geprüften Unternehmen eingehalten wurden. Seitens der Wirtschaftsprüfer, die nicht in einem arbeitsvertraglichen Verhältnis mit dem geprüften Unternehmen stehen dürfen, werden die Buchhaltung und der Jahresabschluss (Gewinn-u.-Verlust-Rechnung, Bilanzierung, Lagebericht und dessen Anhang) geprüft. Die →Wirtschaftlichkeit des Unternehmens wird nur zur Abgabe, oder Versagung, der positiven Fortführungsprognose geprüft. Über das Prüfungsergebnis erstellt der Wirtschaftsprüfer einen Bericht und erteilt ein eingeschränktes o. uneingeschränktes Testat. Bestimmte Unternehmen unterliegen der gesetzlichen Pflicht zur W. Dazu können auch Nicht-Kapitalgesellschaften wie →Vereine o. Stiftungen zählen. Die Voraussetzungen, nach denen eine Prüfpflicht vorliegt, sind in §§ 316f Handelsgesetzbuch, § 3 I Publizitätsgesetz, § 268 III Handelsgesetzbuch sowie in Satzungen u. Gesellschaftsverträgen definiert.

Thomas Eisenreich

WOHLFAHRTSVERBÄNDE

W. lassen sich als spezifische Ausformung sozialer Bewegungen u. der gemeinnützigen Trägerschaft (→Gemeinnützigkeit; Kostenträger) sozialer →Einrichtungen u. Dienste im Dritten Sektor (→Dienstleistung, soziale) jenseits öffentlicher (kommunaler, staatlicher) Wohlfahrt sowie gewinnwirtschaftlicher Trägerschaft (→Sozialwirtschaft) bzw. zwischen formellem (amtlichen, unternehmerischen) sowie informellem Sektor (→Familie, Freunde, Nachbarschaft →Nachbarschaftshilfe) verstehen.

Geschichte: Aufbauend auf z.T. sehr alte kirchliche u. bürgerliche Stiftungen sowie Hilfsinitiativen, die im Zuge sozialer Bewegungen im 19. u. 20. Jh. entstanden sind, bilden sich in Europa (Schmid 1996) zahlreiche W. bzw. -einrichtungen, -dienste u. -vereine. Dies geschieht in Deutschland religiös fundiert in a) ev.-sozialen (→Diakonie), b) kath.-sozialen (→Caritasverband) u. c) jüdisch-sozialen Bewegungen (→Judentum); humanistisch motiviert etwa d) in der internationalen Rotkreuz-Bewegung (→DRK) u. im Rahmen e) der →Arbeiterbewegung. Seit der Mitte des 19. Jh. entstehen (mit Unterbrechung durch Verbote bzw. Pervertierung durch Gleichschaltung während der nationalsozialistischen Herrschaft) →Spitzenverbände der Freien Wohlfahrtspflege (FW) auf nationalstaatlicher Ebene. Die bürgerlichen unter ihnen gründen 1924 eine sog. →Liga. Kritisch gegenüber dem sich ausformenden System der Verbändewohlfahrt positionier(t)en sich insbes. Akteure der Arbeiterbewegung. So war die Arbeiterwohlfahrt während der Weimarer Republik nicht Mitglied der Liga, sondern setzte sich neben konkreter Hilfeleistung für eine →Kommunalisierung der FW ein. Ferner gab es mitgliederstarke kommunistische Initiativen (Bauer 1978). In der Bundesrepublik werden die (teils vermeintlich, teils tatsächlich) von Bürokratisierung, →Professionalisierung, Verrechtlichung u. inzwischen Vermarktlichung geprägten W. durch u.a. alternativ, autonom o. bürgerlich ausgerichtete (→Selbsthilfe-)Initiativen infrage gestellt u. ergänzt, deren Träger insbes. über Beitritte zum f) Paritätischen W. (DPWV) weitgehend in das Spitzenverbandssystem integriert wurden, sodass auch derzeit die Religionsgemeinschaften u. etablierten W. das Gros der FW repräsentieren. Voraussetzungen, Chancen, Grenzen u. Risiken eines muslimischen W. (→Islam) werden derzeit diskutiert.

Struktur: In ihrer Organisationsstruktur (→Organisationsformen) unterscheiden sich die W. Alle gliedern sich in rechtlich selbständige Einheiten (insbes. →Vereine, zunehmend gGmbHs) auf lokaler (zum Teil auch Quartiers- u. kirchengemeindlicher) sowie regionaler Ebene. Auf diesen Ebenen ist i.d.R. auch die →Mitgliedschaft natürlicher Personen und die Trägerschaft von Einrichtungen u. Diensten angesiedelt. Hinzu kommen bei einem Teil der W. große verbandsangeschlossene o. -interne Stiftungen u. Werke, teils prägt der plurale Zusammenschluss unterschiedlich motivierter Hilfsorganisationen den Charakter (so beim DPWV). Neben der vertikalen Gliederung (lokal bis international) der W. bestehen in und zwischen ihnen sowie mit Dritten horizontale Geflechte von Fachvereinigungen (für Jugend- [→Kinder- und Jugendhilfe], →Altenhilfe usw.) sowie Vereinigungen von Beschäftigten (etwa Verband kirchlicher →Mitarbeiter_innen) u. Arbeitgeber_innen (→VdDD). Auf lokaler u. regionaler Ebene wirken W. in Ligen zusammen, auf nationaler Ebene in der Bundesarbeitsgemeinschaft der FW. Diese unterhält (wie einzelne W.) auf EU-europäischer Ebene eine Vertretung und ist dort (neben europäischen Zusammenschlüssen einzelner W., etwa in →Eurodiaconia) über die Social Platform mit anderen sozialen Nichtregierungsorganisationen vernetzt.

Sozialpolitische (Be-)Deutungen: Mit inzwischen ca. 1,5 Mio. Beschäftigten und schätzungsweise ebenso vielen Ehrenamtlichen (→Ehrenamt) sind W. (je nach Verbandsprofil in unterschiedlicher Intensität u. je nach Handlungsfeld deutlich unterschiedlich gewichtig im Vergleich mit öffentlichen u. gewerblichen Trägern; Boeßenecker/Vilain 2013) in einer Fülle von sozialen Problem- u. gesellschaftlichen Gestaltungsbereichen aktiv. Diese reichen von der →Alten-, Jugend- u. →Quartiersarbeit über die →Bewährungs-, Drogen- u. Wohnungslosenhilfe (→Wohnungslosigkeit) bis zur (internationalen) Entwicklungs- (→Entwicklung und Zusammenarbeit), →Flüchtlings- u. →Katastrophenhilfe. W. agieren dabei als Agenturen für solidarische Selbsthilfe u. ehrenamtliche Hilfeleistung für Dritte sowie als professionelle soziale Dienstleister (→Professionalität) und − mit beiden Profilelementen zusammenhängend − als Träger sozialer u. ökonomischer, also pol. Interessen (darunter auch fach- u. verbandspol.). Hierbei unterstützen sie teils die Selbstvertretung (→Empowerment) von Mitgliedern u. Hilfebedürftigen, teils deren innerverbandliche u. gesellschaftliche →Mitbestimmung u./o. treten für sie gegenüber Behörden, Parlamentarier_innen u. →Unternehmen (etwa der Wohnungswirtschaft) anwaltschaftlich [→Anwaltschaft] auf.

W. generieren neben Freiwilligenengagement erhebliche →Spenden, tragen zur Aufdeckung, Linderung u. Lösung sozialer Probleme bei, wirken als sozialpol. Sprachrohre u. Bündnispartner. Sie konzipieren, leisten, professionalisieren (→Professionalisierung) u. evaluieren Hilfepraxis, bilden u. binden gesellschaftskritisches Engagement. W. sind auch etablierte, unter Leistungs- u. Preisdruck stehende soziale Dienstleister in einem (je nach Handlungsfeld unterschiedlich stark) zunehmend (quasi-)marktmäßig gesteuerten sozialpol. Institutionengefüge, innerhalb Deutschlands sowie im EU-europäischen (→Europäische Sozialpolitik) u. internationalen Kontext (Freihandelspolitik). Diese Verbandsumwelt und unterschiedlichen Ansprüche, Merkmale u. Funktionen produzieren eine Reihe gewichtiger Spannungen bezogen auf das Selbstverständnis u. Wirken dieser formal eigenständigen Akteure mit faktisch begrenzten, gleichwohl vorhandenen Handlungsoptionen sowie konkurrierenden Interessen bereits innerhalb der einzelnen W.

LITERATUR: RUDOLPH BAUER, W. i.d. Bundesrepublik, Weinheim/Basel 1978 • KARL-HEINZ BOESSENECKER / MICHAEL VILAIN, Spitzenverbände d. Freien Wohlfahrtspflege, Weinheim/Basel 2013 • JOSEF SCHMID, W. in modernen Wohlfahrtsstaaten, Opladen 1996.

Benjamin Benz

WOHNUNGSLOSIGKEIT

W. gilt als Oberbegriff für eine sehr randständige Lebenslage, die durch ein hohes Ausmaß an →Armut, Unterversorgung, Benachteiligung u. →Ausgrenzung gekennzeichnet ist. Als wohnungslos gelten Personen, die weder über einen mietvertraglich noch eigentumsrechtlich abgesicherten Wohnraum verfügen. Sie leben entweder ohne eine Unterbringung auf der Straße, in Baracken, Wohnwagen, Gartenlauben sowie vorübergehend bei Freunden, Bekannten o. Familienmitgliedern oder sind auf der Grundlage von Ordnungs- o. Sozialrecht institutionell in Behelfs-, Ersatz- o. Notunterkünften sowie sozialen Einrichtungen untergebracht. Aufgrund fehlender Statistiken wird die Zahl wohnungsloser Menschen in der BRD auf 284.000 geschätzt. 24.000 davon fristen ihre Existenz auf der Straße, 32.000 sind minderjährig und jeder vierte Erwachsene ist weiblichen Geschlechts. Während 178.000 Personen als Alleinstehende leben, begründen 106.000 einen Haushalt als Paar o. Familie.

LITERATUR: STEFAN GILLICH / FRANK NIESLONY, Armut u. W., Köln 2000 • RONALD LUTZ / TITUS SIMON, Lehrbuch d. Wohnungslosenhilfe, Weinheim/München 2012 • BEATE NAKAMURA / MARIA ANNA LEENEN / THOMAS KATER / THOMAS OSTERFELD, Ausweg Straße!? Arbeitsbuch zum Thema W., Münster 2013.

Detlef Brem

WREDE, MATHILDA

Die schwedisch-finnische Adlige W. (1864–1928) wuchs als Tochter des Gouverneurs der Provinz Vaasa auf. Bereits als Kind kam sie in Berührung mit Gefangenen, die auf dem Landgut ihres Vaters arbeiteten. Nach einem Bekehrungserlebnis auf einer Veranstaltung des schwedischen Missionsbundes im Jahr 1883 begann sie, ihren christl. Glauben unter Gefangenen zu verbreiten. In der folgenden Zeit besuchte sie zahlreiche finnische Gefängnisse und bemühte sich um die Verbesserung der Unterbringung und medizinischen Versorgung der Häftlinge. Das Geschenk eines Hauses durch ihren Vater ermöglichte ihr die Eröffnung eines Heims für Haftentlassene.

LITERATUR: FRIEDRICH SEEBASS, M.W., Gießen 1987.

Annett Büttner

XENODOCHION

Von griech. *xénos* (fremd) u. *doché* (Empfang), lat.: *Hospitalium*. X. (latinisiert: *Xenodochium*) waren erste öffentliche Einrichtungen für Hilfebedürftige jeder Art in der

Spätantike. Die →Sorge um den notleidenden Menschen gehörte aufgrund der Verbindung von →Gottes- u. →Nächstenliebe von Beginn an zum Christentum, war aber in den ersten drei Jahrhunderten aufgrund der unsicheren sozialen Stellung und z.T. wegen der Verfolgung nur im privaten Bereich der Familie bzw. →Gemeinde und oft nur im Verborgenen möglich. Nach der Konstantinischen Wende (313) wurden in Kleinasien (→Basilius), später auch im römischen Westen, erste X. gegründet. Obgleich sie als Vorläufer des Krankenhauses betrachtet werden können, dienten sie eher der Versorgung u. →Pflege Kranker, →Alter, Obdachloser, Fremder etc. als der Heilung. Die Konzilien von Nicäa (325) und Karthago (398) verpflichteten jeden →Bischof dazu, ein X. in seiner Diözese zu errichten.

LITERATUR: FRANZ BAUER, Geschichte d. Krankenpflege, Kulmbach 1965 • EDUARD SEIDLER, Geschichte d. Pflege d. kranken Menschen, Stuttgart u.a. 1993.

Petra Zeil / Stephan Koch

ZEHLENDORFER VERBAND

Zum Z.V. für Ev. Diakonie e.V. gehören zehn Schwesternschaften u. Diakonische →Gemeinschaften in ganz Deutschland mit ca. 4.000 Schwestern u. Brüdern. Die Schwestern tragen den Titel »Diakonieschwester«, sind oft verheiratet und erhalten Tarifgehalt. Die Anstellung in →Krankenhäusern u. Pflegeeinrichtungen (→Pflege) wird z.T. durch Gestellungsverträge geregelt. Der Verband ist aus der 1916 gegründeten »Zehlendorfer Konferenz« hervorgegangen, die ihren Namen vom Heimathaus-Standort des Ev. Diakonievereins Berlin-Zehlendorf übernommen hat, zu welchem die größte Schwesternschaft im Verband gehört.

Das verbindende Anliegen aller Mitglieder des Z.V. ist die Stärkung des Diakonischen →Profils durch Teilhabe am →Diakonat der Kirche und die Zusammenarbeit, um gemeinsame Interessen zu vertreten. Um diese Aufgaben wahrzunehmen, fördert der Z.V. diakonische →Bildung und ist u.a. Mitglied im EWDE (→Diakonie Deutschland; Brot für die Welt), in der »Arbeitsgemeinschaft christl. Schwesternverbände u. Pflegeorganisationen« (ADS) und im »Weltbund für Schwesternschaften u. Gemeinschaften in der Diakonie« (DIAKONIA). Er ist einer der »Verbände im Diakonat« (ViD).

Der Impuls, Frauen in sozialer Arbeit zu fördern, v.a. durch Fachausbildung und christl. Bildung der Gesamtpersönlichkeit, geht auf den Herborner Theologieprofessor Friedrich Zimmer (1855–1919) zurück, der 1894 den Ev. Diakonieverein Berlin-Zehlendorf gründete.

LITERATUR: WERNER BELLARDI (Hg.), Fünfzig Jahre Z.V. f. Ev. Diakonie. 1916–1966, Berlin 1966 • REINHARD NEUBAUER, Kurzgeschichte d. Z.V.es, Berlin 1999 • www.zehlendorfer-verband.de.

Martin Zentgraf

ZENTRALISIERUNG

Die Entwicklung einer Organisation erfolgt in erheblichem Maß durch die Verteilung von Zuständigkeiten auf ihre Untergliederungen. Die Z. von Zuständigkeiten steigert deren Effizienz und sichert die Einheitlichkeit ihrer Durchführung. Allerdings geht dies zu Lasten der Entscheidungsgeschwindigkeit, der Flexibilität sowie nicht zuletzt der Motivation aller Beteiligten bei der Problemlösung. Insofern bestimmen der Grad der Z. sowie die Art der zentralisierten Funktionen in erheblichem

Maße die Leistungsfähigkcit einer Organisation. Das Verhältnis von Z. u. →Dezentralisierung muss deshalb im Zeitverlauf stets neu justiert werden.

Christian Dopheide

ZINZENDORF, NIKOLAUS LUDWIG GRAF VON

Z. (1700–1760) war von der Reformbewegung Philipp J. Speners und A.H. →Franckes geprägt. Der Jurist schlichtete ab 1727 Konflikte, die zwischen Siedlern auf seinem Gut Herrnhut in der Oberlausitz ausgebrochen waren. Die von ihm formulierten Statuten, die das Zusammenleben nach Art der Urgemeinde regeln sollten, gelten als Gründungsdokument der noch heute bestehenden Herrnhuter Brüdergemeine, der bedeutendsten Gruppenbildung des →Pietismus. Auf Missionsreisen durch ganz Europa u. Nordamerika versuchte Z., das religiöse Leben der Herrnhuter zum Ausgangspunkt einer Bewegung hin zur Vereinigung der Kirchen zu machen. Von der Brüdergemeine gingen wichtige Impulse u.a. für die Emanzipation der Frau und die Überwindung des Konfessionalismus sowie für diakonische Initiativen aus; auch die wirtschaftliche Tätigkeit herrnhutischer Siedlungen (z.B. Neuwied, Bethlehem/Pennsylvania) war zeitweise beispielgebend.

LITERATUR: DIETRRICH MEYER, Z. u.d. Herrnhuter Brüdergemeine. 1700–2000, o.O. 2009.

Martin Friedrich

ZIVILGESELLSCHAFT

DEFINITION

Der Begriff der Z. hat sowohl eine beschreibende als auch eine normative Bedeutung. Es lassen sich darunter Vereinigungen, Organisationen u. Bewegungen verstehen, die sich mit gesellschaftlichen Problemlagen beschäftigen. Dabei nehmen sie wahr, welche gesellschaftlichen Probleme in den privaten Lebensbereichen Resonanz finden, nehmen diese Reaktionen auf, verdichten u. verstärken sie und geben sie an die politische Öffentlichkeit weiter. Den Kern der Z. bildet ein Assoziationswesen, das sich mit Fragen von allgemeinem Interesse öffentlich auseinandersetzt (Jürgen Habermas 1994). →Vereine, Assoziationen, Nonprofit-Organisationen (→NPO), →Stiftungen u. Bewegungen lassen sich also als Teil der Z. beschreiben, die zwischen dem Staat, dem →Markt und den privaten Haushalten situiert sind. Die Z. geht aber über organisational verfasste Akteure hinaus und beinhaltet auch Bewegungen, lose Vereinigungen u. punktuelle Zusammenkünfte wie etwa Demonstrationen, in denen Bürgerinnen u. Bürger sich zu Belangen des Gemeinwesens artikulieren, wo sie für Interessen eintreten, die über ihre je privaten Interessen hinausgehen.

Damit werden der Z. bereits bestimmte Funktionen zugewiesen, u.a. die Vertretung von Gemeinwohlinteressen oder der Schutzes der freien Sphäre des öffentlichen Meinungsaustausches gegenüber den machtvollen Einflüssen von Staat u. Markt (Cohen/Arato 1994). Als intermediäre Sphäre, in der vertikal zwischen Staat u. Bürgern und horizontal zwischen unterschiedlichen Werthaltungen Vermittlungsprozesse stattfinden, kommt der Z. auch eine Demokratisierungsfunktion zu, die in Übergangsgesellschaften ebenso von Belang ist wie in etablierten Demokratien. Z. ermöglicht u. ermutigt die →Teilhabe von Bürgerinnen u. Bürgern an den Belangen des Gemeinwesens durch Formen politischer (direkte Demokratie) und gesellschaftlicher

→Partizipation (bürgerschaftliches Engagement). Individuen durchlaufen in Vereinen u. Vereinigungen eine demokratische Sozialisation, indem sie die Funktionsweise demokratischer Strukturen u. Entscheidungsprozesse kennenlernen, weswegen die Z. auch als »Schule der Demokratie« bezeichnet wird (Putnam 2000). Der Z. werden häufig auch sozial-integrative Funktionen zugeschrieben. In den Vereinen u. Assoziationen des Gemeinwesens würde →Sozialkapital aufgebaut, also ein Vermögen potentieller u. aktueller vertrauensbasierter sozialer Beziehungen, das als soziales Bindemittel positive Auswirkungen auf Staat u. Wirtschaft haben soll (Putnam 2000). Diese stark vereinfachende Perspektive unterschlägt jedoch auch die trennenden Wirkungen und unzivilen Prozesse, die sich in der Z. abspielen. Hoch attraktiv hingegen ist die sozialintegrative Funktion für reformpolitische Debatten im Zusammenhang mit der Frage nach dem Ab- o. Umbau des Wohlfahrtsstaates. Ausgehend von der Diagnose, der Staat sei als →Sozialstaat überfordert und die Aufgabenverteilung zwischen Staat u. Gesellschaft müsse neu kalibriert werden, trägt das Z.skonzept zu einer Stärkung des Subsidiaritätsgedankens (→Subsidiarität) bei und betont die aktive Rolle der Bürgerinnen u. Bürger in ihrem Engagement für das Gemeinwesen.

Normativ wird Z. verstanden als Sphäre »zivilen« Handelns. Zivilität wird dabei als gewaltfrei, verständigungsorientiert, an den Belangen der Gesamtgesellschaft, solidarisch (→Solidarität) oder auch als kritische Auseinandersetzung mit der Macht des Staates und der Ökonomie verstanden. Eine weitere normative Implikation des Begriffs wird besonders im demokratietheoretischen Diskurs deutlich. Z. steht darin im Spannungsfeld zwischen negativen Freiheitsrechten einer liberalen Demokratietradition und dem republikanischen Demokratieverständnis mit seiner Betonung von positiven Teilnahmerechten u. demokratischer →Selbstbestimmung. Das Z.skonzept betont also, dass nur unter der Wahrung negativer Freiheit positive Freiheit denkbar ist.

Abschließend ist festzuhalten, dass das deskriptive, bereichslogische Verständnis von Z. als Sphäre der gemeinnützigen Vereinigungen u. Nonprofit-Organisationen und das normative Verständnis von Z. als Sammelkategorie »ziviler« Handlungsmuster unabhängig von ihrer Verortung in gesellschaftlichen Bereichen durchaus zueinander in Spannung stehen und eine eindeutige Begriffsbestimmung erschweren.

KIRCHE U. DIAKONIE ALS TEIL DER Z.

Die →Kirchen, insbes. die ev. Kirchen in Deutschland, wurden noch bis weit ins 20. Jh. als staatsanaloge Institutionen verstanden. Die aktuelle Ortsbestimmung von Kirche wird demgegenüber in der Trias von Staat, Kirche u. Gesellschaft gedacht. Kirche kann so einerseits als Gemeinschaft von Menschen mit geteilten Werthaltungen verstanden werden, die eine Stimme im demokratischen Pluralismus darstellt. Andererseits wird sie aber auch als intermediäre Institution in der Z. verstanden, die gerade aufgrund ihrer Tradition, ihres Wertekanons und ihrer spezifischen Botschaft in der Lage ist, diese Vermittlungsleistung zu vollbringen. Ihre spezifisch intermediäre Aufgabe ist dann, zwischen den Einzelnen und ihren gesellschaftlichen Lebenszusammenhängen, v.a. aber zwischen den Einzelnen und der geglaubten Wirklichkeit Gottes zu vermitteln (Huber 1999, 269).

→Diakonie als wesentlicher Teil des theologischen u. öffentlichen Auftrags von Kirche wird durchaus als zivilgesellschaftliche Diakonie verstanden, die als Anwalt der Schwachen (→Anwaltschaft) in der Z. auftritt und entsprechende soziale Dienste anbietet (Lob-Hüdepohl 2002). Über die Bereitstellung konkreter Hilfe leistet Diakonie auch einen Beitrag zu einer Kultur des →Helfens in der Gesellschaft (Huber 1999). Schließlich dient die Diakonie auch als Entwicklungs- u. Experimentallabor für die Entwicklung neuer sozialer Dienste, die nicht sofort vom Staat in der Breite der Gesellschaft angeboten werden können. Damit erfüllt die Diakonie vier zentrale Rollen zivilgesellschaftlicher Organisationen in Wohlfahrtsstaaten (Kramer 1981): die des Anwalts, des Dienstleisters, des Pioniers und des Wertewächters. Zur Erfüllung dieser Aufgaben greift die Diakonie auch auf wesentliche Ressourcen der Z. wie freiwilliges Engagement, Sach- u. Geldspenden zurück.

LITERATUR: RALF M. KRAMER, Voluntary Agencies in the Welfare State, Berkeley 1981 ♦ JEAN COHEN / ANDREW ARATO, Civil Societey a. Political Theory, Cambridge 1994 ♦ WOLFGANG HUBER, Kirche i.d. Zeitenwende, Gütersloh 1999 ♦ ANDREAS LOB-HÜDEPOHL, Kirche i.d. Welt?, in: RUPERT STRACHWITZ ET AL. (Hg.), Kirche zw. Staat u. Z., Berlin 2002, 42–61 ♦ JÜRGEN KOCKA, Z. in histor. Perspektive, in: Forschungsjournal Neue Soz. Bewegungen 16 (2/2003), 29–37.

Andreas Schröer

ZOELLNER, WILHELM

Der westfälische konservative (sog. modern-positive) Theologe Z. (1860–1937) wuchs in Gütersloh auf. Nach verschiedenen Pfarrstellen übernahm er 1897 die Position des Vorstehers der Kaiserswerther Diakonissenanstalt. Im Jahr 1905 wählte ihn die westfälische Synode zum Generalsuperintendenten, dieses Amt bekleidete er bis 1931. Währenddessen unterstützte er den Aufbau diakonischer Strukturen, setzte sich für die deutsche Auslandsdiaspora insbes. in Brasilien und die Westfälische Frauenhilfe ein. Von 1931 bis 1935 war er Vorsitzender der Reichsfrauenhilfe. Ab 1935 versuchte Z. als Vorsitzender des Reichskirchenausschusses und damit als höchster Repräsentant des dt. Protestantismus vergeblich, eine Einigung zwischen den dt. Christen und der Bekennenden Kirche zu erreichen. Daraufhin trat er im Februar 1937 von diesem Amt zurück.

LITERATUR: THOMAS MARTIN SCHNEIDER, Z.W., in: Biographisch-Bibliographisches Kirchenlexikon, Bd. 14 (1998), 567–572.

Annett Büttner

ZUORDNUNG

Der Rechtsbegriff der Z. regelt den Zusammenhang rechtlich selbständiger Einrichtungen, also solcher, die nicht selbst Religionsgemeinschaft im Sinne des Art. 140 GG in Verbindung mit Art. 137 WRV sind, zur →Kirche. Die Kirche erkennt durch die Z. an, dass diese Einrichtung am Auftrag der Kirche teilhat. Nur wenn diese Z. vorliegt, erstrecken sich die Regelungen des deutschen →Staatskirchenrechts auch auf diese Einrichtungen (z.B. kirchliches →Arbeitsrecht). Die Einzelheiten sind im Z.sgesetz der →EKD (ZuOG-EKD) geregelt.

Im Kern betont dieses Gesetz den ev. Auftrag, der daran erkennbar wird, Räume u. Zeiten für →Andachten u. →Seelsorge vorzuhalten, sich am kirchlichen Auftrag zu orientieren (in den Statuten und in der Praxis der Einrichtung) oder an der »Qualifizierung u. Begleitung der →Mitarbeitenden im Blick auf die geistliche Dimension von Leben u. Arbeit« (§§ 4–6 ZuOG-EKD).

Literatur: Anne-Ruth Glawatz, Die Z. privatrechtlich organisierter Diakonie zur ev. Kirche, Frankfurt a.M. 2003.

Jörg Kruttschnitt

Zwangsarbeit

Unter Z. wird die während des Zweiten Weltkrieges von ausländischen Arbeitskräften erzwungene Arbeit, vorwiegend in der Landwirtschaft u. Rüstungsindustrie, verstanden. Z. war ein allgemeines Phänomen der Kriegszeit und mit umfangreichen Diskriminierungen insbes. der durch die nationalsozialistische Ideologie abgewerteten osteuropäischen Menschen (»Ostarbeiter«, Polen etc.) verbunden. Auch in Einrichtungen der Kirchen und ihrer Diakonie, in landwirtschaftlichen Betrieben, Krankenhäusern o. auch Pfarrerfamilien fanden sich Zwangsarbeiter u. Zwangsarbeiterinnen. Obwohl die Erlebnisse dieser Menschen in kirchlichen Einrichtungen oft als relativ besser als in der Industrie beschrieben werden, bleibt festzuhalten, dass sich kirchliche Einrichtungen angesichts eigenen Arbeitskräftemangels in der Kriegszeit ganz selbstverständlich der durch den NS-Staat eingeführten Z. bedienten.

Literatur: Jochen-Christoph Kaiser (Hg.), Z. i.d. Kirche, Stuttgart 2005.

Uwe Kaminsky

BIBELSTELLEN

PERSONEN

Herausgeberinnen/Herausgeber und Autorinnen/Autoren

Die Herausgeberinnen und Herausgeber

Dr. Norbert Friedrich, Vorstand der Fliedner-Kulturstiftung Kaiserswerth

Dr. Klaus Baumann, Professor für Caritaswissenschaft an der Albert-Ludwigs-Universität Freiburg

Christian Dopheide, Pfr., Theologischer Vorstand der Evangelischen Stiftung Hephata, Mönchengladbach

Dr. Johannes Eurich, Professor für Praktische Theologie / Diakoniewissenschaft an der Ruprechts-Karls-Universität Heidelberg

Dr. Astrid Giebel, Theologin im Vorstandsbüro des Evangelischen Werkes für Diakonie und Entwicklung, Berlin

Dr. Beate Hofmann, Professorin für Diakoniewissenschaft und Diakoniemanagement an der Kirchlichen Hochschule Wuppertal/Bethel

Dr. Traugott Jähnichen, Professor für Christliche Gesellschaftslehre an der Ruhr-Universität Bochum

Dr. h.c. Frank Otfried July, Bischof der Evangelischen Landeskirche in Württemberg

Dr. Jörg Kruttschnitt, Vorstand Recht, Sozialökonomie und Personal des Evangelischen Werkes für Diakonie und Entwicklung, Berlin

Martin Wolff, Pfr. i.R., ehemals Geistlicher Vorsteher der Evangelischen Stiftung Tannenhof, Remscheid

Die Autorinnen und Autoren

Albert, Anika Christina, Diakoniewissenschaftliches Institut – Universität Heidelberg – → *Gabe* → *Helfen* → *Helfersyndrom* → *Rechtfertigung*

Albert, Jürgen, Dr. Dr., Kronberg/Taunus → *Krimm, Herbert* → *Philippi, Paul*

Albrecht, Heidi, Diakonin, Verband Evangelischer Diakonen-, Diakoninnen und Diakonatsgemeinschaften in Deutschland e.V., Berlin → *Brüderhaus* → *Verband Evangelischer Diakonen-, Diakoninnen und Diakonatsgemeinschaften in Deutschland e.V. (VEDD)*

Amrhein, Volker, Evangelisches Werk für Diakonie und Entwicklung, Berlin → *Ländlicher Raum*

Bachert, Robert, Diakonisches Werk Württemberg, Kernen → *Corporate Governance Codex Diakonie*

Barrois, Frank, St. Anna-Stift GmbH, Freiburg → *Marillac, Louise de* → *Vinzenz von Paul*

Bartmann, Peter, Dr., Evangelisches Werk für Diakonie und Entwicklung, Berlin → *Behindertenhilfe*

Baumann, Klaus, Prof. Dr. → *Basilius von Cäsarea* → *Bewährungshilfe* → *Caritasverband, Deutscher* → *Caritaswissenschaft* → *Flammenkreuz* → *Johannes von Gott* → *Kamillus von Lellis* → *Kolping, Adolph* → *Liebe* → *Saunders, Cicely* → *Werke der Barmherzigkeit* → *Werthmann, Lorenz*

Baumann, Vanessa, Evangelische Zusatzversorgungskasse, Darmstadt → *Kirchliche Zusatzversorgungskasse (KZV)*

Becker, Uwe, Prof. Dr., Pfr., Evangelische Hochschule Rheinland-Westfalen-Lippe, Bochum → *Arbeit* → *Sozialpolitik*

Becker, Judith, Dr., Johannes-Gutenberg-Universität Mainz → *Barmer Theologische Erklärung*

Beese, Dieter, Landeskirchenrat Prof. Dr., Evangelische Kirche von Westfalen, Bielefeld → *Barmherzigkeit* → *Gerechtigkeit* → *Sakrament, evangelisch und katholisch* → *Taufe*

Behrendt-Raith, Nina, MA, Lehrstuhl für christliche Gesellschaftslehre an der Ruhruniversität Bochum → *Diakoniestation*

BENEKE, DORIS, Evangelisches Werk für Diakonie und Entwicklung, Berlin → *Kinder- und Jugendhilfe*

BENGEL, JÜRGEN, Prof. Dr., Albert-Ludwigs-Universität Freiburg → *Rehabilitation*

BENZ, BENJAMIN, Prof. Dr., Evangelische Hochschule Rheinland-Westfalen-Lippe, Bochum → *Wohlfahrtsverbände*

BERTELSMANN, HILKE, Prof. Dr., Fachhochschule der Diakonie Bielefeld → *Prävention*

BESCHNIDT, GYBURG, Dr., Diakonische Arbeitsgemeinschaft evangelischer Kirchen, Berlin → *Baptisten*

BIELEFELDT, HEINER, Prof. Dr. Dr., Friedrich-Alexander-Universität Erlangen-Nürnberg → *Menschenrechte*

BIER, GEORG, Prof. Dr., Albert-Ludwigs-Universität Freiburg → *Bischof* → *Katholisch* → *Kirchenrecht* → *Staatskirchenrecht*

BLOCH-JESSEN, GEORG, Evangelisches Werk für Diakonie und Entwicklung, Berlin → *Haltung, diakonische*

BORN, JÜRGEN, Dr., Institut für Kirche und Gesellschaft, Schwerte → *Outsourcing*

BRANDSTÄTER, JOHANNES, Evangelisches Werk für Diakonie und Entwicklung, Berlin → *Einwanderungsgesellschaft*

BRAUNE-KRICKAU, TOBIAS, Philipps-Universität Marburg → *Leiden* → *Meditation*

BREM, DETLEF, Dr., Evangelische Bahnhofsmission e.V., Fürth → *Wohnungslosigkeit*

BRUCKDORFER, MATTHIAS, Evangelisches Werk für Diakonie und Entwicklung, Berlin → *Schuldnerberatung* → *Tafeln*

BURBACH, CHRISTIANE, Prof. Dr., Hochschule Hannover → *Motivation*

BURKOWSKI, PETER, Pfr., Führungsakademie für Kirche und Diakonie, Berlin → *Bundesakademie für Kirche und Diakonie (BAKD)* → *Führungsakademie für Kirche und Diakonie (FAKD)*

BÜSCHER, MARTIN, Prof. Dr., Institut für Diakoniewissenschaft und DiakonieManagement, Bielefeld → *Gewinn* → *Management* → *Markt* → *Ökonomie* → *Qualität/QM* → *Sozialwirtschaft* → *Stakeholder*

BUSSKAMP, FRAUKE, Diakonie Rheinland-Westfalen-Lippe e.V. → *Sozialstation*

BÜTTNER, ANNETT, Dr., Fliedner-Kulturstiftung Kaiserswerth, Düsseldorf → *Averdieck, Elise* → *Brandström, Elsa* → *Frauenhilfe* → *Scheppler, Luise* → *Sieveking, Amalie* → *Weber, Helene* → *Wrede, Mathilda* → *Zoellner, Wilhelm*

CANTOW, JAN, Hoffnungstaler Stiftung Lobetal → *Braune, Paul Gerhard*

CLESS, GOTTFRIED, Evangelisches Werk für Diakonie und Entwicklung, Berlin → *Gemeinnützigkeit* → *Mitgliedschaft*

COENEN-MARX, CORNELIA, OKR'in i.R., Evangelische Kirche in Deutschland, Hannover → *Care* → *Ehrenamt* → *Familie* → *Gemeinschaften, Diakonische* → *Medien* → *Personenzentrierung* → *Stadtentwicklung*

COORS, MICHAEL, Dr., Zentrum für Gesundheitsethik an der Evangelischen Akademie Loccum → *Patientenverfügung*

CREMER, GEORG, Prof. Dr., Deutscher Caritasverband Freiburg → *Dreieck, sozialrechtliches* → *Transparenz*

DALLMANN, HANS-ULRICH, Prof. Dr., Evangelische Fachhochschule Ludwigshafen → *Fundraising* → *Soziale Arbeit*

DAVID, MICHAEL, Evangelisches Werk für Diakonie und Entwicklung, Berlin → *Hartz IV*

DECKER, STEFFEN, Verband diakonischer Dienstgeber in Deutschland, Berlin → *Dienstleistung, soziale* → *Personalwirtschaft*

DEMANDT, JOHANNES, Pfr. Dr., Düsseldorf → *Falk, Johannes Daniel*

DEUTSCH, WILHELM OTTO, Pfr., Saarbrücken → *Sterbebegleitung*

DIETZ, ALEXANDER, Hochschule Hannover → *Anwaltschaft* → *Gesundheitswesen*

DOPHEIDE, CHRISTIAN, Pfr. → *Jäger, Alfred* → *Kommunalisierung* → *Kunde* → *Ökonomisierung* → *Soziales Unternehmertum* → *Unternehmen* → *Zentralisierung*

DREYER, INGO, Verband diakonischer Dienstgeber in Deutschland, Berlin → *Dienstgeber* → *Schlichtung, verbindliche*

DROSTE, EDITH, Evangelisches Werk für Diakonie und Entwicklung, Berlin → *Hospiz*

DUCHROW, JULIA, Evangelisches Werk für Diakonie und Entwicklung, Berlin → *Menschenhandel*

DÜRR, MALTE, Dr., Lehrer, Lehrbeauftragter an der Ruhruniversität Bochum → *Mitarbeitervertretung*

DZIEWAS, RUTH, Evangelisches Werk für Diakonie und Entwicklung, Berlin → *Dienstgemeinschaft*

DZIEWAS, RALF, Prof. Dr., Theologische Hochschule Elstal → *Alter*

ECKSTEIN, HANS-JOACHIM, Prof. Dr., Eberhard-Karls-Universität Tübingen → *Verkündigung*

EHMANN, JOHANNES, PD Dr., Ruprecht-Karls-Universität Heidelberg → *Jolberg, Regine*

EHMER, HERMANN, Dr., KR, Stuttgart → *Landeskirche*

EIDT, ELLEN, Dr., Evangelische Hochschule Ludwigsburg → *Diakoniewissenschaft*

EISENREICH, THOMAS, Verband diakonischer Dienstgeber in Deutschland → *Balanced Scorecard* → *Budget* → *Corporate Social Responsibility (CSR)* → *Entrepreneurship, social* → *Finanzierung diakonischer Arbeit* → *Pflegesatz* → *Rendite* → *Wachstum* → *Wirkungsmessung* → *Wirtschaftlichkeit* → *Wirtschaftsprüfung*

ELEYTH, NATHALIE, MA, Gemeindereferentin und Jugendpastorin der Mennonitengemeinde Krefeld → *Prostitution*

ETZELMÜLLER, GREGOR, Prof. Dr., Ruprecht-Karls-Universität Heidelberg → *Dogmatik/Glaubenslehre* → *Jesus Christus* → *Theologie*

EURICH, JOHANNES, Prof. Dr. → *Assistenz* → *Demografischer Wandel* → *Dezentralisierung* → *Diakoniewissenschaft* → *Fusion* → *Integration* → *Kunde* → *Obdachlosenhilfe* → *Selbstbestimmung*

FEY, DETLEV, Kirchenamt der Evangelischen Kirche in Deutschland, Hannover → *Dritter Weg, arbeitsrechtlich*

FISCHMANN-SCHULZ, GABRIELE, Diakonie Rheinland-Westfalen-Lippe e.V. → *Arbeitsrecht, kirchliches*

FRICK, ECKHARD, Prof. Dr., Hochschule für Philosophie, München → *Seele*

FRIEDRICH, NORBERT, Dr. → *Chalmers, Thomas* → *Fliedner, Theodor* → *Frick, Constantin* → *Fry, Elizabeth* → *Goßner, Johannes E.* → *Johanniter* → *Lohmann, Theodor* → *Luther, Martin* → *Mahling, Friedrich* → *Nightingale, Florence* → *Oberlin, Johann Friedrich* → *Ohl, Otto* → *Phöbe* → *Schröder, Brigitte* → *Seeberg, Reinhold* → *Stoecker, Adolph* → *Ulhorn, Gerhard* → *Verein*

FRIEDRICH, MARTIN, Prof. Dr., Gemeinschaft Evangelischer Kirchen in Europa, Berlin → *Francke, August Hermann* → *Pietismus* → *Zinzendorf, Nikolaus Ludwig Graf von*

FÜLLKRUG-WEITZEL, CORNELIA, Evangelisches Werk für Diakonie und Entwicklung, Berlin → *Brot für die Welt* → *Diakonie Katastrophenhilfe*

GAUSE, UTE, Prof. Dr., Ruhr-Universität Bochum → *Reformation*

GEBELEIN, ULRIKE, Evangelisches Werk für Diakonie und Entwicklung, Berlin → *Familienbildung* → *Kinderrechte*

GELDBACH, ERICH, Prof. Dr. i.R., Ruhr-Universität Bochum → *Freikirchen*

GLOBIG, CHRISTINE, Prof. Dr., Fliedner Fachhochschule, Düsseldorf → *Sorge*

GÖGGELMANN, WALTER, Dr., Pfr. i.R., Reutlingen → *Werner, Gustav*

GÖRGE, MAGDALENE, Albert-Ludwigs-Universität Freiburg → *Rehabilitation*

GRAF, CLAUDIA, Evangelische Stadtmission Heidelberg → *Bahnhofsmission* → *Mobilität, soziale* → *Obdachlosenhilfe*

GRAUMANN, SIGRID, Evangelische Hochschule Rheinland-Westfalen-Lippe, Bochum → *Behinderung* → *International Classification of Functioning, Disability and Health (ICF)*

GREVEL, JAN PETER, Dr., KR, Evangelischer Oberkirchenrat, Stuttgart → *Kirche*

HAGEMANN, TIM, Prof. Dr., Fachhochschule der Diakonie, Bielefeld → *Gesundheitsmanagement, Betrieblich*

HAHN, JOACHIM, Pfr. Dr., Evangelischer Oberkirchenrat, Plochingen → *Judentum*

HÄNDEL, RICHARD B., Evangelische Hochschule Darmstadt → *Leitbild*

HAUSCHILDT, EBERHARD, Prof. Dr., Rheinische Friedrich-Wilhelms-Universität Bonn → *Evangelische Kirche in Deutschland (EKD)* → *Gemeinde, kirchlich*

HÄUSLER, MICHAEL, Dr., Evangelisches Werk für Diakonie und Entwicklung, Berlin → *Archiv* → *Gerstenmeier, Eugen* → *Hase, Hans-Christoph von* → *Kronenkreuz* → *Schober, Theodor*

HECKEL, ULRICH, OKR Prof. Dr., Evangelischer Oberkirchenrat, Stuttgart → *Reich Gottes*

HEINIG, HANS MICHAEL, Prof. Dr., Georg-August Universität Göttingen → *Kirchenrechtliches Institut*

HENZE, BARBARA, Dr., Albert-Ludwigs-Universität Freiburg → *Orden* → *Mallinckrodt, Pauline von*

HEPTNER, KORBINIAN, Evangelisches Werk für Diakonie und Entwicklung, Berlin → *Organe* → *Steuergesetzgebung*

HERRMANN, VOLKER, Prof. Dr., Evangelische Fachhochschule Darmstadt / Hephata, Schwalmstadt → *Diakoniegeschichte* → *Hilfswerk, Evangelisches* → *Innere Mission* → *Liga*

HERRMANN, ANNETT, Dr., Bundesverband evangelischer Ausbildungsstätten für Sozialpädagogik, Berlin → *Professionalisierung* → *Professionalität*

HEYL, ANDREAS von, Prof. Dr., Pastoralkolleg Neuendettelsau → *Salutogenese*

HILGENDIEK, HEIKE, Pfr'in, Institut für Kirche und Gesellschaft, Iserlohn → *Soziale Frage*

HIRTE, SABINE, Evangelische Stiftung Hephata, Mönchengladbach → *Ambulant* → *Betreutes Wohnen* → *Fachleistungsstunde* → *Heimvertrag*

HOBURG, RALF, Prof. Dr., Hochschule Hannover → *Euthanasie* → *Sterbehilfe*

HOFFMANN, WOLFGANG, Bundesakademie für Kirche und Diakonie gGmbH, Berlin → *Bundesakademie für Kirche und Diakonie (BAKD)*

HOFMANN, BEATE, Prof. Dr. → *Empowerment* → *Müttergenesung* → *Nopitsch, Antonie* → *Ritual* → *Tiele-Winckler, Eva von* → *Unternehmenskultur*

HOFSTETTER, SIMON, Universität Bern → *Mehrgenerationenhäuser*

HOHNWALD, ANNETTE, Pfr'in, Evangelisches Werk für Diakonie und Entwicklung, Berlin → *Besuchsdienst*

HONOLD, MATTHIAS, Löhe-Kulturstiftung in der Diakonie Neuendettelsau → *Diakonisches Jahr* → *Löhe, Wilhelm*

HORSKY, OLIVER, Ass. Dr., Evangelisches Werk für Diakonie und Entwicklung, Berlin → *Pflegerecht*

HÜBNER, INGOLF, Dr., Evangelisches Werk für Diakonie und Entwicklung, Berlin → *Kirchenkreis*

HUSTER, ERNST-ULRICH, Prof. Dr., Evangelische Hochschule Rheinland-Westfalen-Lippe, Bochum → *Armut* → *Daseinsvorsorge*

JÄHNICHEN, TRAUGOTT, Prof. Dr. → *Charisma* → *Ethik* → *Gesundheitspolitik* → *Globalisierung* → *Gottebenbildlichkeit* → *Huber, Viktor A.* → *Marketing* → *Marktwirtschaft* → *Raiffeisen,*

Friedrich Wilhelm → Reichtum → Sozialgesetzgebung → Sozialversicherungen → Sozialwort → Teilhabe

Jenner, Harald, Dr., Berlin → *Diakonie Österreich → Herntrich, Volkmar → Schäfer, Theodor*

July, Frank Otfried, Dr. h.c. → *Gemeindediakonie → Kirche*

Just, Wolf-Dieter, Prof. Dr., Evangelische Hochschule Rheinland-Westfalen-Lippe, Bochum → *Abschiebung → Asyl → Dublin III → Flüchtlinge → Flüchtlingshilfe → Integrationskurse → Kirchenasyl*

Kalesse, Dieter, Evangelische Stiftung Hephata, Mönchengladbach → *Barthold, Karl*

Kaminsky, Uwe, Dr., Berlin → *Beratung → Heimerziehung → Zwangsarbeit*

Kastrup, Martin, Dr., Evangelischer Oberkirchenrat, Stuttgart → *Clearing-Verfahren*

Kath, Renate, Dekanin, Kirchheim/Teck → *Dekanat (Superintendentur, Probstei)*

Kerner, Hanns, Prof. Dr., Friedrich-Alexander Universität Erlangen-Nürnberg → *Andacht → Gesangbuch → Gottesdienst → Kirchenjahr → Symbol*

Kiessling, Klaus, Prof. Dr. Dr., Philosophisch-Theologische Hochschule Sankt Georgen → *Kramer, Hannes*

Kirsner, Inge, PD Dr., Evangelisches Hochschulpfarramt Ludwigsburg → *Vergebung*

Klimt, Andrea, Prof. Dr., Theologische Hochschule Elstal → *Trauerbegleitung*

Kloke, Marianne, Dr. med., Kliniken Essen-Mitte Evangelische Huyssens-Stiftung / Knappschaft GmbH, Essen → *Palliative Care*

Koch, Stefan, Albert-Ludwigs-Universität Freiburg → *Almosen → Fußwaschung → Liturgie → Luckner, Gertrud → Theodizee*

Köser, Silke, Dr., Führungsakademie für Kirche und Diakonie, Berlin → *Gender*

Kreisel, Melanie, St. Ansgar Jugendhilfe, Hildesheim → *Erziehungshilfe*

Kreuzer, Thomas, Dr., Fundraising Akademie gGmbH, Frankfurt → *Dank → Stiftungen*

Krey, Ursula, Dr., Institut für Diakonie- und Sozialgeschichte, Bielefeld → *Bodelschwingh, Friedrich d.Ä. → Bodelschwingh, Friedrich d.J. → Heuss-Knapp, Elly → Wichern, Johann Hinrich*

Krüger, Dietmar, Bank für Sozialwirtschaft AG, Köln → *Bank, kirchliche*

Kruse, Georg, Christophorus-Werk Lingen e.V. → *Berufsbildungswerk*

Kruttschnitt, Jörg, Dr. → *Diakonie Deutschland → Geld → Zuordnung*

Lenz, Joachim, Pfr., Berliner Stadtmission, Berlin → *Stadtmission*

Lepp, Claudia, Prof. Dr., Forschungsstelle für Kirchliche Zeitgeschichte d. EKD, München → *Denkschriften*

Liedke, Ulf, Evangelische Fachhochschule für Soziale Arbeit Dresden → *Inklusion*

Lieser, Jürgen, Wittnau → *Hilfswerke, katholische → Nichtregierungsorganisationen / Non-Governmental Organizations (NRO/NGO) → Verband Entwicklungspolitik und Humanitäre Hilfe (VENRO)*

Lilie, Ulrich, Pfr., Präsident der Diakonie Deutschland; Stv. Vors. des Evangelischen Werkes für Diakonie und Entwicklung, Berlin → *Diakonie → Profil, diakonisches*

Lob-Hüdepohl, Andreas, Prof. Dr., Katholische Hochschule für Sozialwesen Berlin → *Ausgrenzung → Community Organizing → Leib → UN-Konvention über die Rechte von Menschen mit Behinderung (BRK), Frauen, Kinder → Verantwortung*

Loerbrocks, Katharina, Evangelisches Werk für Diakonie und Entwicklung, Berlin → *Missbrauch*

Loheide, Maria, Evangelisches Werk für Diakonie und Entwicklung, Berlin → *Fachverbände → Patientenverfügung → Sozialraumorientierung*

Lohn, Christine, Evangelisches Werk für Diakonie und Entwicklung, Berlin → *Kindertageseinrichtung*

Loo, Gerhard van de, Evangelische Stiftung Hephata, Mönchengladbach → *Doppik* → *Kameralistik* → *Projekt* → *Selbstkostendeckung*

Lörcher, Anna, Pfr'in, Theologische Assistentin des Bischofs der Evangelischen Landeskirche in Württemberg → *Bach, Ulrich* → *Elisabeth von Thüringen*

Lunk, Johanna, Dr., Schwarzenbach a.d. Saale → *Gebet*

Mähner, Tobias, Dr., Diakonisches Werk Bayern → *Diakonische Werke*

Manterfeld, Norbert, Stephanus Stiftung, Berlin → *Organisationsformen*

Melzl, Thomas, Gottesdienst-Institut der Evang.-Luth. Kirche Bayern, Nürnberg → *Aussegnung* → *Bestattung*

Meyer, Wolfgang, Sozialwerk St. Georg e.V., Gelsenkirchen → *Ambient Assisted Living*

Mildenberger, Georg, Dr., Centrum für Soziale Investitionen und Innovationen der Universität Heidelberg → *Social Return on Investment (SROI)*

Mletzko, Uwe, Bundesverband evangelische Behindertenhilfe e.V., Bremen → *Bundesverband evangelische Behindertenhilfe e.V. (BeB)*

Moos, Thorsten, Dr., Forschungsstätte der Evangelischen Studiengemeinschaft e.V., Heidelberg → *Kultur, diakonische*

Mussgnug, Friederike, Dr., Evangelisches Werk für Diakonie und Entwicklung, Berlin → *Sozialrecht*

Nagel, Alexander-Kenneth, Prof. Dr., Georg-August Universität Göttingen → *Pluralisierung, religiöse*

Neher, Peter, Dr., Deutscher Caritasverband e.V., Freiburg → *Hüssler, Georg* → *Not*

Noller, Annette, Prof. Dr., Evangelische Hochschule Ludwigsburg → *Dienen* → *Ehe/Lebensgemeinschaft* → *Gemeinwesenarbeit* → *Gemeinwesendiakonie*

Nolting, Thorsten, Pfr., Diakonie Düsseldorf → *Kunst* → *Nachbarschaftshilfe* → *Sozialkaufhaus*

Nothelle-Wildfeuer, Ursula, Prof. Dr., Albert-Ludwigs-Universität Freiburg → *Anerkennung* → *Gemeinwohlorientierung* → *Nell-Breuning, Oswald von* → *Solidarität* → *Sozialethik*

Oelschlägel, Christian, Dipl. theol. Dr., Evangelisches Werk für Diakonie und Entwicklung, Berlin → *Diakonie* → *Selbstbestimmung*

Oeming, Manfred, Prof. Dr., Ruprecht-Karls-Universität Heidelberg → *Klage*

Pickel, Gert, Prof. Dr., Universität Leipzig → *Konversion* → *Säkularisierung*

Piroth, Nicole, Prof. Dr., Hochschule Hannover → *Gemeindepädagogik* → *Lernen, lebenslang* → *Pädagogik*

Plathow, Michael, Prof. Dr., Ruprecht-Karls-Universität Heidelberg → *Kirchengemeinschaft*

Preller, Mario, Johanniter Unfallhilfe, Berlin → *Rettungsdienst/Rettungswesen*

Proksch, Roland, Prof. Dr., Evangelische Fachhochschule Nürnberg → *Mediation*

Rabe, Anna, Evangelisches Werk für Diakonie und Entwicklung, Berlin → *Sozialmarkt*

Rehm, Johannes, Prof. Dr., Kuratorium Deutsche Altershilfe, Nürnberg → *Abendmahl*

Renkert, Thomas, Diakoniewissenschaftliches Institut – Universität Heidelberg → *Eschatologie* → *Nächstenliebe* → *Sozialkapital*

Richter, Rose, Institut für Kirche und Gesellschaft, Schwerte → *Gewerkschaft*

Riesenbeck, Klaus, Pfr., Kaiserswerther Diakonie, Düsseldorf → *Segen*

Rolf, Sibylle, PD Dr., Ruprecht-Karls-Universität Heidelberg → *Ekklesiologie* → *Glaube* → *Kreuz*

Rolfsmeier, Axel, Institut für Kirche und Gesellschaft, Schwerte → *Existenzsicherung*

Roos, Käthe, Arbeitsgemeinschaft Evangelische Krankenhaus-Hilfe, Märkische Höhe → *Grüne Damen*

Rose, Christian, Prof. Dr., Prälat, Evangelische Landeskirche in Württemberg, Reutlingen → *Einsegnung*

Roser, Traugott, Prof. Dr., Westfälische Wilhelms-Universität Münster → *Seelsorge*

RUDLOFF, WILFRIED, Dr., Universität Kassel → *Sozialstaat*

SAUSELE-BAYER, INES, Dr., Friedrich-Alexander-Universität Erlangen-Nürnberg → *Mitarbeitendengespräche*

SCHELL, MAXIMILIAN, Ruhr-Universität Bochum → *Arbeiterbewegung* → *Mitbestimmung* → *Organspende* → *Pränatale Diagnostik (PD)*

SCHILLING, ANNEGRETH, Dr., Ruhr-Universität Bochum → *Globalisierung* → *Ökumene*

SCHMID, FRIEDRICH, Deutscher Caritasverband e.V., Freiburg → *Sozialgesetzbuch (SGB)*

SCHMIDT, HEINZ, Prof. em. Dr., Diakoniewissenschaftliches Institut – Universität Heidelberg → *Bildung*

SCHOCKENHOFF, EBERHARD, Prof. Dr., Albert-Ludwigs-Universität Freiburg → *Schuld* → *Versöhnung*

SCHOEN, URSULA, Dekanin Dr., Evangelische Kirche in Hessen und Nassau, Frankfurt/Main → *Subsidiarität*

SCHOLL, SIEGLIND, Evangelisches Werk für Diakonie und Entwicklung, Berlin → *Betreuung, gesetzlich* → *Vorsorgevollmacht*

SCHÖLLER, FALK, Pfarrer, Graf-Recke-Stiftung, Düsseldorf → *Recke-Volmerstein, Adelbert von der*

SCHOLZ, STEPHANIE, Dr., Evangelisches Werk für Diakonie und Entwicklung, Berlin → *Beihilferecht* → *Betrauungsakt* → *Eurodiakonia*

SCHREINER, STEFAN, Prof. Dr., Eberhard-Karls-Universität Tübingen → *Islam*

SCHRÖER, ANDREAS, Prof. Dr., Evangelische Hochschule Darmstadt → *Innovation, soziale* → *Leitung* → *Nonprofit Organisation (NPO)* → *Zivilgesellschaft*

SCHULZ, CLAUDIA, Prof. Dr., Evangelische Hochschule Ludwigsburg → *Kirchenmitgliedschaft* → *Milieu(s)*

SCHWAB, ULRICH, Prof. Dr., Ludwig-Maximilians-Universität München → *Kindheit und Jugend*

SCHWARTZ, WERNER, Pfr. i.R. Dr., Ludwigshafen → *Anstalt* → *Einrichtungen, diakonische*

SCHWARZ, HANS, Präsident, DRK-Landesverband Nordrhein e.V., Düsseldorf → *Deutsches Rotes Kreuz (DRK)*

SCHWARZ, KLAUS, Dekan i.R., Böblingen → *Orthodox*

SCHWETASCH, CORINNA, Verband diakonischer Dienstgeber in Deutschland, Berlin → *Verband diakonischer Dienstgeber in Deutschland (VdDD)*

SCHWÖBEL, CHRISTOPH, Prof. Dr., Eberhard-Karls-Universität Tübingen → *Gott*

SIEMENS-WEIBRING, HELGA, Diakonie Rheinland-Westfalen-Lippe e.V. → *Tagesstätten*

SIGRIST, CHRISTOPH, PD Dr., Zürich → *Bibel* → *Diakonie Schweiz* → *Kollekte*

SKRABAK, ULRICH, Evangelisches Werk für Diakonie und Entwicklung, Berlin → *Datenschutz*

SPANKEREN, REINHARD VAN, Diakonie Rheinland-Westfalen-Lippe e.V. → *Diakoniesammlung* → *Diakoniesonntag*

SPRINGHART, HEIKE, PD Dr., Theologisches Studienhaus Heidelberg → *Gesundheit/Krankheit* → *Menschenbild*

STÄDLER-MACH, BARBARA, Prof. Dr., Evangelische Hochschule Nürnberg → *Pflege*

STARNITZKE, DIERK, Prof. Dr., Diakonische Stiftung Wittekindshof, Bad Oeynhausen → *Diversität*

STEIN, CORNELIA VOM, Pfr'in, Evangelische Kirche im Rheinland, Wermelskirchen → *Organisationsberatung*

STILLER, HOLGER, Dr. med., Kaiserswerther Diakonie, Düsseldorf → *Fallpauschalen, DRG* → *Krankenhäuser, konfessionelle* → *Medizinisches Versorgungszentrum (MVZ)*

STOCKMEIER, JOHANNES, Präsident i.R., Evangelisches Werk für Diakonie und Entwicklung, Berlin → *Bundesarbeitsgemeinschaft der Freien Wohlfahrtspflege (BAGFW)*

STORK, REMI, Dr., Diakonie Rheinland-Westfalen-Lippe e.V. → *Partizipation*

Tichy, Klaus Dieter, Evangelische Stiftung Hephata, Mönchengladbach → *Controlling* → *Integrationsunternehmen* → *Kostenträger* → *Marke* → *Werkstätten f. MmB*

Tillmann, Antje, Evangelisches Werk für Diakonie und Entwicklung, Berlin → *Sponsoring*

Utsch, Annegret, Ass., Evangelisches Werk für Diakonie und Entwicklung, Berlin → *Arbeitsgemeinschaft Christlicher Kirchen in Deutschland e.V. (ACK)* → *Loyalität* → *Tarifverträge*

Utsch, Michael, Prof. Dr., Evangelische Zentralstelle für Weltanschauungsfragen, Berlin → *Sekten* → *Spiritualität*

Veddeler, Angelika, Vereinte Evangelische Mission, Wuppertal → *Mission*

Vilain, Michael, Prof. Dr., Evangelische Hochschule Darmstadt → *Führen durch Ziele*

Vogelbusch, Friedrich, Prof. Dr., Warth & Klein Grant Thornton AG Wirtschaftsprüfungsgesellschaft Niederlassung Dresden → *Bank, kirchliche*

Vries, Bodo de, Evangelisches Johanneswerk e.V., Bielefeld → *Altenhilfe* → *Quartiersmanagement*

Wagner, Andreas, Evangelisches Werk für Diakonie und Entwicklung, Berlin → *Öffentlichkeitsarbeit*

Wahle, Stephan, Dr., Albert-Ludwigs-Universität Freiburg → *Beichte*

Warning, Claudia, Prof. Dr., Evangelisches Werk für Diakonie und Entwicklung, Berlin → *Entwicklung und Zusammenarbeit*

Weber, Elena, Evangelisches Werk für Diakonie und Entwicklung, Berlin → *Arbeitsmarktpolitik, aktive*

Wegner, Katharina, Evangelisches Werk für Diakonie und Entwicklung, Berlin → *Binnenmarkt, europäischer* → *Sozialpolitik, europäische* → *Europäische Union*

Werner, Dietrich, Prof. Dr. Dr. h.c., Evangelisches Werk für Diakonie und Entwicklung, Berlin → *Eine Welt*

Weth, Rudolf, Dr., Pfr. i.R., ehem. Direktor des Neukirchener Erziehungsvereins, Neukirchen-Vluyn → *Bräm, Andreas*

Wiefel-Jenner, Katharina, Pastorin Dr., Berlin → *Kaiserswerther Verband* → *Mutterhäuser*

Wietschorke, Jens, Dr., Ludwig-Maximilians-Universität München → *Settlement*

Windgassen, Klaus, Prof. Dr.med., Evangelische Stiftung Tannenhof, Remscheid → *Burnout* → *Demenz* → *Gerontopsychiatrie* → *Psychiatrie* → *Psychosomatische Medizin* → *Psychosoziales Zentrum* → *Psychotherapie* → *Suchthilfe*

Wolff, Martin, Pfr. → *Barth, Karl* → *Calvin, Jean* → *Diakonisse* → *Gewalt* → *Kirchensteuer* → *Leistung* → *Medizin* → *Musik* → *Salbung* → *Schwäche/Stärke* → *Spenden* → *Todt, Rudolf*

Wolff, Joachim, Pfr., Diakonisches Werk des Kirchenkreises Kleve e.V. → *Familienzentrum* → *Gemeindebrief* → *Testament*

Wolff, Angelika, Evangelisches Werk für Diakonie und Entwicklung, Berlin → *Schwangerschaftskonfliktberatung*

Wulz, Gabriele, Prälatin, Evangelische Prälatur Ulm → *Ordination*

Wustmans, Clemens, Dr., Ruhr-Universität Bochum → *Beruf, Berufung* → *Empathie* → *Migration* → *Mitarbeitende* → *Nationales Visum* → *Selbsthilfe* → *Werte*

Zeeb, Frank, KR Dr., Evangelischer Oberkirchenrat, Stuttgart → *Evangelisch*

Zeil, Petra, Albert-Ludwigs-Universität Freiburg → *Almosen* → *Bedürftigkeit* → *Gottesliebe* → *Kreutz, Benedikt* → *Luckner, Gertrud* → *Samariter, barmherziger* → *Xenodochien*

Zentgraf, Martin, Dr., Hessischer Diakonieverein e.V., Darmstadt → *Diakonat* → *Zehlendorfer Verband*

Zippert, Thomas, Prof. Dr., Fachhochschule der Diakonie, Bielefeld → *Diakon/Diakonin* → *Schulen*

Zywitz, Brigitte, Pfr'in, Burgarchiv Iserlohn → *Griesenbeck, Theophilus Jacobus*

Abkürzungen

Abkürzung	ausgeschrieben		Mrd.	Milliarde
			NT	Neues Testament
AT	Altes Testament		o.	oder
bspw.	beispielsweise		o.Ä.	oder Ähnliche/r/s
(dies)bzgl.	(dies)bezüglich		o.g.	oben genannte/r/s
bzw.	beziehungsweise		röm.	römisch
ca.	circa		s.o.	siehe oben
christl.	christlich		(...)pol.	politisch
d.h.	das heißt		SGB	Sozialgesetzbuch
dt.	deutsch		sog.	sogenannte/r/s
etc.	et cetera		staatl.	staatlich [anerkannt]
ev.	evangelisch		teilw.	teilweise
gem.	gemäß [Gesetz]		u.a.	unter anderem
GG	Grundgesetz		u.ä.	und Ähnlichem
ggf.	gegebenenfalls		usw.	und so weiter
griech.	griechisch		u.U.	unter Umständen
hebr.	hebräisch		u.v.m.	und viele mehr
i.d.R.	in der Regel		v.a.	vor allem
insbes.	insbesondere		vgl.	vergleiche
Jh.	Jahrhundert		z.T.	zum Teil
kath.	katholisch		z.Z.	zur Zeit
Mio.	Million